CU004O1847

CAMPING
FRANCE 2006

MICHELIN

Sélection 2006

Près de **3 000** terrains sélectionnés dont :
2 137 avec chalets, bungalows, mobile homes
781 pour camping-cars

Selection 2006

Nearly
3,000 selected sites
including:
2,137 with chalets,
bungalows, mobile homes
781 with camper van
facilities

Auswahl 2006

Eine Auswahl von etwa
3 000 Campingplätzen,
darunter:
2 137 mit Chalets,
Bungalows, Mobil-Homes
781 ausgestattet für
Wohnmobile

Selectie 2006

Een selectie van ongeveer
3.000 campings,
waarvan:
2.137 met huisjes,
bungalows, stacaravans
781 geschikt voor
campers

Cher lecteur

Amateur d'« hébergement au grand air », sous tente, en caravane, en camping-car, dans un bungalow ou dans un mobile home à louer, pour vous Michelin a préparé avec le plus grand soin ce guide qui est une sélection des meilleurs terrains et emplacements en France, ceux qui offrent les cadres les plus agréables et des services de qualité.

Fidèle à l'esprit de classification cher à Michelin, ce guide vous propose en outre de connaître de chaque terrain grâce à un symbole, allant de 1 à 5 tentes.

Quelques clefs pour utiliser ce guide

→ Pour choisir un terrain

Le guide est découpé en 21 régions. Reportez-vous donc d'abord à la carte (p. 6) et au sommaire des régions (p. 8). Votre choix fait, vous trouverez pour chaque région, reconnaissable à son bandeau de couleur, une carte détaillée où sont situées toutes les localités où se trouve au moins un terrain.

→ Pour retrouver une localité

Reportez-vous à l'index en fin de guide qui répertorie par ordre alphabétique toutes les localités citées.

→ Pour décider selon certains critères

Dans le tableau des localités (p. 28 à 61), classées par département, sont spécifiés des aménagements ou services particuliers comme la piscine, la proximité d'un plan d'eau ou des animations.

→ Pour une description détaillée

Pour bien profiter de la présentation de chaque terrain, consultez dans votre langue la légende des « Signes conventionnels » (p. 12 à 15), puis reportez vous aux descriptions des terrains à partir de la page 66.

→ Pour les non francophones

Reportez-vous au lexique (p. 62) qui vous permettra de mieux comprendre les renseignements et descriptions.

Liebe Leser,

für Sie als Liebhaber der „Freiluftunterkunft" jeglicher Art – ob im Zelt, im Wohnwagen, in einem gemieteten Bungalow oder Mobil-Home – hat Michelin mit größter Sorgfalt diesen Führer zusammengestellt. Er enthält eine Auswahl der besten Camping- und Stellplätze in Frankreich, die eine angenehme Umgebung und gute Dienstleistungen bieten.

Dank der von Michelin vorgenommenen Art der Klassifizierung können Sie außerdem anhand dieses Führers durch das zeite-Symbol (1 bis 5 Zelte) auf einen Blick die Einstufung der Plätze erkennen.

Einige Hinweise zur Benutzung des Führers

→ Auswahl eines Campingplatzes

Der Führer ist in 21 Regionen unterteilt. Schauen Sie sich zunächst die Karte (S. 6) und das Verzeichnis der Regionen (S. 8) an. Nachdem Sie so eine Auswahl getroffen haben, finden Sie zu jeder Region, die an ihrer farbigen Markierung zu erkennen ist, eine Detailkarte mit allen Orten, die mindestens einen Platz besitzen.

→ Ortswahl

Im Register am Ende dieses Bandes sind alle aufgeführten Orte alphabetisch aufgelistet.

→ Auswahl nach bestimmten Kriterien

In der nach Departements geordneten Ortstabelle (S. 28 bis 61) sind Besonderheiten der Ausstattung oder Dienstleistungen, wie beispielsweise ein Swimmingpool, die Nähe eines Sees oder Freizeitangebote, angegeben.

→ Detaillierte Beschreibung

Um die Beschreibung eines jeden Platzes voll nutzen zu können, sollten Sie sich zunächst mit der „Zeichenerklärung" (S. 20 bis 23) in Ihrer Sprache vertraut machen. Ab S. 66 finden Sie die Beschreibung der Campingplätze.

→ Für nicht französischsprachige Leser

Das Glossar (S. 62) hilft Ihnen, die Informationen und Beschreibungen besser zu verstehen.

B este lezer,

Als liefhebber van een "verblijf in de buitenlucht", waarbij u in een tent, caravan, camper, bungalow of stacaravan overnacht, heeft Michelin met de grootste zorg deze gids voor u gemaakt, een selectie van de beste kampeerterreinen in Frankrijk, die stuk voor stuk in een mooie omgeving liggen en uitstekende kwaliteit bieden.

Zoals u weet maakt Michelin graag een indeling in categorieën, zodat u in deze gids in één oogopslag kunt zien welke klasse elk kampeerterrein heeft, dankzij een symbool van 1 tot 5 tenten.

Aanwijzingen voor een optimaal gebruik van deze gids

→ Om een kampeerterrein te kiezen

De gids is onderverdeeld in 21 streken. U kunt dus het beste eerst naar de kaart (blz. 6) en het overzicht van de streken (blz. 8) gaan. Als u uw keuze hebt bepaald, vindt u voor elke streek een gedetailleerde kaart waarop alle plaatsnamen staan vermeld die ten minste één kampeerterrein hebben. De streken zijn gemakkelijk terug te vinden dankzij de kleurstroken.

→ Om een plaatsnaam terug te vinden

In de index achter in de gids staan alle genoemde plaatsen op alfabetische volgorde.

→ Om op basis van bepaalde criteria te beslissen

In de lijst van plaatsnamen (blz. 28-61), die per departement zijn ingedeeld, staat vermeld welke voorzieningen of bijzondere diensten worden aangeboden, zoals een zwembad, de nabijheid van een recreatiewater of een animatieprogramma.

→ Voor een gedetailleerde beschrijving

Om een zo goed mogelijk beeld te krijgen van elk kampeerterrein, kunt u in uw taal de legenda van de "tekens" (blz. 24-27) raadplegen en daarna de beschrijvingen van de kampeerterreinen doornemen (vanaf blz. 66).

→ Voor wie geen Frans spreekt

Aan de hand van de woordenlijst (blz. 62) kunt u de gegevens en beschrijvingen beter begrijpen.

 D ear Reader,

If you love the outdoor life – in a tent, a caravan, a camper van, a bungalow or a rental mobile home – this Michelin guide is for you. We have carefully prepared this selection of the best camping grounds in France, those with the nicest surroundings and the best facilities.

In the Michelin tradition of classification, this guide offers a quick reference for evaluating the category of the site: from 1 to 5 tents.

A few tips for using the guide

→ To select a campsite

The guide covers 21 regions. First, look at the map (p. 6) and at the table of regions (p .8). Once you have narrowed down your choice, turn to the detailed map for that region, easily recognized by the coloured band, where you can see all of the localities that have at least one camping ground.

→ To find a specific locality

Turn to the index at the end of the guide, where all the places are listed in alphabetical order.

→ To make a selection based on specific criteria

In the table of localities (p. 28 to 61), classified by "départements", all of the facilities and services can be seen at a glance: swimming pool, beach, activities, etc.

→ For a detailed description

To get the most information about a given camping site, look at the key to "Conventional Signs" (p. 16 to 19) to understand the symbols for each site, descriptions for which start on page 66.

→ To understand French terms

For further assistance in reading the descriptions, turn to the Lexicon (p. 62) for a translation of common terms

4

5

ALSACE
AQUITAINE
AUVERGNE
BOURGOGNE
BRETAGNE
CENTRE
CHAMPAGNE-ARDENNE
CORSE
FRANCHE-COMTE
ÎLE-DE-FRANCE
LANGUEDOC-ROUSSILLON
LIMOUSIN
LORRAINE
MIDI-PYRENEES
NORD-PAS-DE-CALAIS
NORMANDIE
PAYS-DE-LA-LOIRE
PICARDIE
POITOU-CHARENTES
PROVENCE
RHÔNE-ALPES

7

9

1

Informations pratiques sur la localité et référence des publications Michelin
Practical information for each location and cross-reference
to Michelin publications
Praktische Hinweise zu dem Ort und anderen Michelin-Publikationen
Praktische inlichtingen over de plaats en verwijzing naar de Michelin-uitgaven

2

Classement Michelin des terrains
Michelin classification of selected sites
Michelin-Klassifizierung des Campingplatzes
Classificatie van de kampeerterreinen volgens Michelin

3

Coordonnées et fonctionnement du terrain
Addresses and facilities
Adresse und Ausstattung des Campingplatzes
Adressen en service van het kampeerterrein

4

Descriptif du terrain
Description of the site
Beschreibung des Campingplatzes
Beschrijving van het kampeerterrein

5

Confort, services et loisirs proposés
Comfort, service and leisure facilities available
Komfort, Serviceangebot und Freizeitmöglichkeiten
Comfort, voorzieningen en ontspanningsmogelijkheden

6

Tarifs haute saison
Peak season rates
Tarif in der Hochsaison
Tarieven hoogseizoen

7

Types de locations proposées et tarifs
Hire options and rates
Optionen und Preise
Huurmogelijkheden en tarieven

8

Mention d'accès au camping
Directions to the camp site
Anfahrtsweg zum Campingplatz
Aanduiding toegangswegen naar het terrein

SARLAT-LA-CANÉDA

✉ 24200 – 329 I6 – G. Périgord Quercy – 9 707 h. – alt. 145
🛈 Office de tourisme, rue Tourny ℘ 05 53 31 45 45, Fax 05 53 59 19 44
Paris 526 – Bergerac 74 – Brive-la-Gaillarde 52 – Cahors 60 – Périgueux 77.

La Palombière 28 avr.-16 sept.
℘ 05 53 59 42 34, la.palombiere@wanadoo.fr,
Fax 05 53 28 45 40, www.lapalombiere.fr – **R** conseillée
8,5 ha/4 campables (177 empl.) peu incliné et en terrasses,
pierreux, herbeux
Tarif : 🔲 26,60 € [注] (10A) – pers. suppl. 6,90 € – frais de
réservation 20 €
Location : 33 [▥] (4 à 6 pers.) 280 à 740 €/sem. – 10 [▥]
(4 à 6 pers.) 350 à 860 €/sem.
Pour s'y rendre : NE : 9 km

Nature : 🏞 ▱ ♨♨
Loisirs : ♟ ✗ ⚘ nocturne ⚐ ⚑
🚲 ✂ ▥ 🏊 ⚓ GB ♘ ▥ ▤ 🛝 ⊙ 🎯
🏹 ▤ 🏓 🎣

Les Terrasses du Périgord mai-17 sept.
℘ 05 53 59 02 25, terrasses-du-perigord@wanadoo.fr,
Fax 05 53 59 16 48, www.terrasses-du-perigord.com
– **R** conseillée
5 ha (85 empl.) plat, en terrasses, herbeux
Tarif : 🔲 18,80 € [注] (16A) – pers. suppl. 4,80 € – frais de
réservation 8 €
Location : 11 [▥] (4 à 6 pers.) 185 à 540 €/sem. – 4 [▥]
(4 à 6 pers.) 200 à 650 €/sem.
[▥] 1 borne – 2 🔲 6,30 €
Pour s'y rendre : NE : 2,8 km
A savoir : Coquet camping disposé en terrasses fleuries

Nature : 🏞 ⬠ ▱ ♨♨
Loisirs : snack ▥ ⚑ ▥ 🏊 piste
de bi-cross
Services : 🚿 ⚓ GB ♘ ▥ ▤ 🛝 ⊙
🏹 ▤ 🏓 🎣

9
Nombres d'aires de service pour camping-cars - redevance pour l'utilisation
de la borne
Number of campervan service bays - rental charge for use of the hook-up
point
Anzahl der Service-Einrichtungen für Wohnmobile -
Gebühr für die Benutzung der Versorgungsanschlüsse
Aantal serviceplaatsen voor campers - tarief voor gebruik van de aansluitpaal

10
Particularités du camping
Characteristics of the camp site
Besonderheiten des Campingplatzes
Bijzondere kenmerken van het terrein

Pour les légendes détaillées se reporter aux pages 12 à 15
For detailed legends see pages 16 to 19
Einzelheiten der Zeichenerklärung siehe Seite 20 bis 23
Gedetailleerde verklaring van de tekens, zie blz. 24 en 27

TERRAINS

Catégories

▲▲▲ ▲▲▲	très confortable, parfaitement aménagé
▲▲▲ ▲▲▲	confortable, très bien aménagé
▲▲▲ ▲▲▲	bien aménagé, de bon confort
▲▲ ▲▲	assez bien aménagé
▲ ▲	simple mais convenable

● **Les terrains sont cités par ordre de préférence dans chaque catégorie. Notre classification indiquée par un nombre de tentes (▲▲▲ ... ▲) est indépendante du classement officiel établi en étoiles par les préfectures.**

Ouvertures

juin-sept.	terrain ouvert du début juin à fin septembre
saison	ouverture probable en saison
Permanent	terrain ouvert toute l'année

● **Les dates de fonctionnement des locations sont précisées lorsqu'elles diffèrent de celles du camping. Exemple : Location (avril-sept.) : 🏠**

Sélections particulières

❄	caravaneige — campings spécialement équipés pour les séjours d'hiver (chauffage, branchements électriques de forte puissance, salle de séchage etc.).

Agrément et tranquillité

▲▲▲ ... ▲	particulièrement agréable pour le cadre, la qualité et la variété des services proposés.
🐦🐦	terrain très tranquille, isolé — tranquille surtout la nuit
≪ ≪	vue exceptionnelle — vue intéressante ou étendue

Situation et fonctionnement

✆	Téléphone
✉	Adresse postale

N-S-E-O	Direction : Nord – Sud – Est – Ouest (indiquée par rapport au centre de la localité)
o━┉	Présence d'un gardien ou d'un responsable pouvant être contacté 24 h sur 24 mais ceci ne signifie pas nécessairement une surveillance effective — gardé le jour seulement.
🐕	Accès interdit aux chiens — En l'absence de ce signe, la présentation d'un carnet de vaccination à jour est obligatoire.
🅿	Parking obligatoire pour les voitures en dehors des emplacements
R	Réservation conseillée ou indispensable
℞	Pas de réservation
GB	Cartes Bancaires acceptées (Eurocard, MasterCard, Visa)
c͜v	Chèques-vacances acceptés

Caractéristiques générales

3 ha	Superficie en hectares
60 ha/ 3 campables	Superficie totale (d'un domaine) et superficie du camping proprement dit
(90 empl.)	Capacité d'accueil : en nombre d'emplacements
⊏⊐	Emplacements nettement délimités
♀ ♀♀ ♀♀♀	Ombrage léger — moyen — fort (sous-bois)

Confort

Ⓜ	terrain d'équipement sanitaire moderne
▥	Installations chauffées
♿	Installations sanitaires accessibles aux handicapés physiques

	Lavabos en cabines individuelles (avec ou sans eau chaude)
⌂	Salle de bains pour bébés
⌂	Postes distributeurs d'eau chaude
☺ ⌂ ⌂	Branchements individuels : Électricité – Eau – Évacuation
☎	Borne internet

Services

⛟	Aire de service pour camping-cars
⛟ 1 borne 4 € – 3 ▣ 15,50 €	Nombre de bornes – Emplacements aménagés pour camping-cars – nombre d'emplacements – redevance journalière pour l'emplacement.
▣	Lave-linge, laverie
⛒ ⌂	Supermarché — Magasin d'alimentation
☐ ✕	Bar (licence III ou IV) — Restauration
⌂	Plats cuisinés à emporter

Loisirs

	Salle de réunion, de séjour, de jeux
	Animations diverses (sportives, culturelles, détente)
⌂	Club pour enfants
	Salle de remise en forme — Sauna
	Jeux pour enfants
⌂	Location de vélos — Tir à l'arc
	Tennis : de plein air – couvert
⌂ m	Golf miniature
⌂	Au bord de l'eau avec possibilité de baignade
	Piscine : couverte – de plein air
	Bains autorisés ou baignade surveillée

⌂	Toboggan aquatique
⌂	Pêche
⌂	Voile (école ou centre nautique)
⌂	Promenade à cheval ou équitation

● **La plupart des services et certains loisirs de plein air ne sont généralement accessibles qu'en saison, en fonction de la fréquentation du terrain et indépendamment de ses dates d'ouverture.**

À prox.	Nous n'indiquons que les aménagements ou installations qui se trouvent dans les environs.

Tarifs en €

Redevances journalières :

⌂ 5 €	par personne
⌂ 2 €	pour le véhicule
▣ 7,50 €	pour l'emplacement (tente/caravane)
⌂ 2,50 € (4A)	pour l'électricité (nombre d'ampères)

Redevances forfaitaires :

▣ 25 € ⌂ (10A)	emplacement pour 2 personnes, véhicule et électricité compris

● **Les prix ont été établis en automne 2005 et s'appliquent à la haute saison (à défaut, nous mentionnons les tarifs pratiqués l'année précédente). Dans tous les cas, ils sont donnés à titre indicatif et susceptibles d'être modifiés si le coût de la vie subit des variations importantes.**

● **Le nom des campings est inscrit en caractères maigres lorsque les propriétaires ne nous ont pas communiqué tous leurs tarifs.**

● **Certaines prestations (piscine, tennis) de même que la taxe de séjour peuvent être facturées en sus.**

● **Les enfants bénéficient parfois de tarifs spéciaux ; se renseigner auprès du propriétaire.**

13

Locations et tarifs

15 ⬙	Nombre d'unités Location de caravanes ou mobile homes sans sanitaires
(4 pers.) 198 à 335 €/sem.	Prix à la semaine, basse saison 198 et haute saison 335, pour 4 personnes maximum
12 ⬙	Nombre d'unités Location de mobile homes
(4 à 6 pers.) 274 à 488 €/sem.	Prix à la semaine, basse saison 274 et haute saison 488, pour 6 personnes maximum
20 ⬠	Nombre d'unités Location de bungalows ou chalets
(4 à 6 pers.) 305 à 595 €/sem.	Prix à la semaine, basse saison 305 et haute saison 595, pour 6 personnes maximum
6 ⊨	Nombre d'unités Location de chambres. S'adresser au propriétaire pour tous renseignements

LOCALITÉS

23700	Numéro de code postal
343 B8	N° de la carte Michelin et coordonnées de carroyage
G. Bretagne	Localité décrite dans Le Guide Vert Michelin Bretagne
Rennes 47	Distance en kilomètres
1 050 h.	Population
alt. 675	Altitude de la localité
⚲	Station thermale
⊠ 05000 Gap	Code postal et nom de la commune de destination
1 200/1 900 m	Altitude de la station et altitude maximum atteinte par les remontées mécaniques
2 🚡	Nombre de téléphériques ou télécabines
14 ⛷	Nombre de remonte-pentes et télésièges
⛷	Ski de fond

⛴	Transports maritimes
ℤ	Information touristique

LÉGENDE DES SCHÉMAS

Ressources camping

(⬙)	Localité possédant au moins un terrain sélectionné
⚠	Terrain de camping situé

Voirie

▬▬▬	Autoroute
═══	Double chaussée de type autoroutier
❶ ❷	Echangeurs numérotés : complet, partiel
═══	Route principale
═══	Itinéraire régional ou de dégagement
───	Autre route
⊢─	Sens unique – Barrière de péage
─ ─ ─	Piste cyclable – Chemin d'exploitation, sentier
⟫⟫⟫	Pentes (Montée dans le sens de la flèche) 5 à 9 % – 9 à 13 % – 13 % et plus
⟫⟪ B ⚠	Col – Bac – Pont mobile
▭ ▭	Voie ferrée, gare – Voie ferrée touristique
③	Limite de charge (indiquée au-dessous de 5 tonnes)
2ᵐ8	Hauteur limitée (indiquée au-dessous de 3 m)

Curiosités

🏛 ♰ ⚔	Eglise, chapelle – Château
🗼 ⬥ ∩	Phare – Monument mégalithique – Grotte
⁝ ▲	Ruines – Curiosités diverses
⁂ ≽	Table d'orientation, panorama – Point de vue

14

Repères

 Localité possédant un plan dans le Guide Michelin France

🅱 ⊗ Information touristique – Bureau de poste principal

🛖 ⚲ Eglise, chapelle – Château

⚬⚬ ▪ ⌁ Ruines – Monument – Château d'eau

⊞ ✿ Hôpital – Usine

✩ ☾ ⚓ Fort – Barrage – Phare

♁ ⭐⭐⭐ Calvaire – Cimetière

✈ 🛬 ▲ Aéroport – Aérodrome – Vol à voile

▭ ⌐ ⊗ Stade – Golf – Hippodrome

🐎 ♈ 🐾 Centre équestre – Zoo – Patinoire

▪-◦-◦-▪ Téléphérique ou télésiège – Forêt ou bois

⛵ ⛵ 🏊 Piscine de plein air, couverte – Baignade

◆ ⚑ ✂ Base de loisirs – Centre de voile – Tennis

🛒 Centre commercial

● Localité possédant au moins un terrain de camping sélectionné

■ Localité dont un terrain au moins propose des locations

<u>Lourdes</u> Localité possédant au moins un terrain avec des emplacements pour camping-cars

Moyaux Localité disposant d'au moins un terrain agréable

🚐 Aire de service sur autoroute pour camping-cars

● En cas de contestation ou de différend, lors d'un séjour sur un terrain de camping, au sujet des prix, des conditions de réservation, de l'hygiène ou des prestations, efforcez-vous de résoudre le problème directement sur place avec le propriétaire du terrain ou son représentant.

● Faute de parvenir à un arrangement amiable, et si vous êtes certain de votre bon droit, adressez-vous aux Services compétents de la Préfecture du département concerné.

● En ce qui nous concerne, nous examinons attentivement toutes les observations qui nous sont adressées afin de modifier, le cas échéant, les mentions ou appréciations consacrées aux campings recommandés dans notre guide, mais nous ne possédons ni l'organisation, ni la compétence ou l'autorité nécessaires pour arbitrer et régler les litiges entre propriétaires et usagers.

15

PING SITES

⚠⚠⚠⚠ ⚠⚠⚠⚠	Very comfortable, ideally equipped
⚠⚠⚠ ⚠⚠⚠	Comfortable, very well equipped
⚠⚠ ⚠⚠	Well equipped, good comfort
⚠ ⚠	Reasonably comfortable
⚠ ⚠	Quite comfortable

● **Camping sites are listed in order of preference within each category. The classification we give (⚠⚠⚠⚠ ... ⚠) is totally independent of the official star classification awarded by the local "préfecture".**

Opening periods

juin-sept.	Site open from beginning June to end September
saison	Mainly open in season only
Permanent	Site open all year round

● **Opening dates for rented accommodation are given where they are different from the camping site opening dates:**
Exemple: Location (avril-sept.): 🏠

Special features

❄	Winter caravan sites – These sites are specially equipped for a winter holiday in the mountains. Facilities generally include central heating, high power electric points and drying rooms for clothes and equipment.

Peaceful atmosphere and setting

⚠⚠⚠⚠ ... ⚠	Particularly pleasant setting, quality and range of services available.
⚘⚘	Quiet isolated site – Quiet site, especially at night
≪≪	Exceptional view – Interesting or extensive view

Location and access

☎	Telephone
✉	Postal address
N-S-E-O	Direction from nearest listed locality: North – South – East – West
⚷	24 hour security – a warden will usually live on site and can be contacted during reception hours, although this does not mean round-the-clock surveillance outside normal hours – day only
🐕	No dogs. In all other cases a current vaccination certificate is required.
P	Cars must be parked away from pitches
R	Advance booking recommended or essential
R̶	Reservations not accepted
GB	Credit cards accepted (Eurocard, MasterCard, Visa)
cv	Chèque-vacances accepted

General characteristics

3 ha	Area available (in hectares; 1ha = 2.47 acres)
60 ha/ 3 campables	Total area of the property and area used for camping
(90 empl.)	Capacity (number of spaces)
⊏⊐	Marked off pitches
♀ ♀♀ ♀♀♀	Shade – Fair amount of shade – Well shaded

Comfort

M	Site with modern facilities
▦	Heating installations
♿	Sanitary installations for the physically handicapped

	Individual wash rooms or wash basins with or without hot water
	Baby changing facilities
	Running water
	Each bay is equipped with electricity – water – drainage
	Internet point

Facilities

	Service bay for camper vans
	Number of points
1 borne 4 € – 3 15,50 €	Sites equipped for campervans – number of sites – daily fee per site.
	Washing machines, laundry
	Supermarket – Food shop
	Bar (serving alcohol) – Eating places (restaurant, snack-bar)
	Take away meals

Recreational facilities

	Common room – Games room
	Miscellaneous activities (sports, culture, leisure)
	Children's club
	Exercice room – Sauna
	Playground
	Cycle hire – Archery
	Tennis courts: open air – covered
	Mini golf
	Waterside location with swimming area
	Swimming pool: covered – open air
	Bathing allowed or super-vised bathing
	Water slide
	Fishing

| | Sailing (school or centre) |
| | Pony trekking, riding |

● **The majority of outdoor leisure facil-ities are only open in season and in peak periods opening does not neces-sarily correspond to the opening of the site.**

| À prox. | We only feature facilities in close proximity to the cam-ping site |

Charges in €

Daily charge:

5 €	per person
2 €	per vehicle
7,50 €	per pitch (tent/caravan)
2,50 € (4A)	for electricity (by no of amperes)

Rates included:

| 25 € (10A) | pitch for 2 people including vehicle and electricity |

● **We give the prices which were sup-plied to us by the owners in Autumn 2005 (if this information was not avail-able we show those from the previous year). In any event these should be regarded as basic charges and may alter due to fluctuations in the cost of living.**

● **Listings in light typeface indicate that not all revised tariff information has been provided by the owners.**

● **Supplementary charges may apply to some facilities (swimming pool, ten-nis) as well as for long stays.**

● **Special rates may apply for children – ask owner for details.**

Renting and charges

	Number of units
15	Caravan hire or mobile homes without bath rooms
(4 pers.) 198 à 335 €/sem.	Weekly rates, low season 198, high season 335, for up to 4 persons
	Number of units
12	Mobile home hire

17

(4 à 6 pers.) 274 à 488 €/sem.	Weekly rates, low season 274, high season 488, for up to 6 persons		motorway characteristics
20 🏠	Number of units Bungalow/Chalet hire	❶ ❷	Numbered junctions: complete, limited
			Major road
(4 à 6 pers.) 305 à 595 €/sem.	Weekly rates, low season 305, high season 595, for up to 6 persons		Secondary road network
			Other road
6 🛏	Number of units Rooms to rent – ask owner for full details		One-way road – Toll barrier
			Cycle track – Cart track, footpath
		≫≫≫	Gradient (ascent in the direction of the arrow) 1:20 to 1:12; 1:11 to 1:8; + 1:7

LOCALITIES

23700	Postal code number		
343 B8	Michelin map number and fold	⟶×◁ B ⚠	Pass – Ferry – Drawbridge or swing bridge
G. Bretagne	Place described in the Michelin Green Guide Brittany		Railway, station – Steam railways
Rennes 47	Distance in kilometres	③	Load limit (given when less than 5tons)
1 050 h.	Population		
alt. 675	Altitude (in metres)	⊂⊃8	Headroom (given when less than 3m)
♨	Spa		

Sights of interest

✉ 05000 Gap	Postal number and name of the postal area	🛐 ♦ ⟼	Church, chapel – Castle, château
1 200/1 900 m	Altitude (in metres) of resort and highest point reached by lifts	⌁ ☖ ∩	Lighthouse – Megalithic monument – Cave
2 🚠	Number of cable-cars	⸫ ▲	Ruins – Miscellaneous sights
14 ⛷	Number of ski and chair-lifts	※ ⋙	Viewing table, panoramic view – Viewpoint
🎿	Cross country skiing		

Landmarks

⚓	Maritime services		Towns having a plan in the Michelin Guide
🄱	Tourist information Centre	🄱 ✉	Tourist Information Centre – General Post Office

KEY TO THE LOCAL MAPS

		🛐 ♦	Church, chapel – Castle, château

Camping

(○)	Locality with at least one camping site selected in the guide	⸪ ▪ 🏛	Ruins – Statue or building – Water tower
⚠	Location of camping site	⊞ ✿	Hospital – Factory or power station

Roads

		☆ ☾	Fort – Dam –
▬▬▬	Motorway	🗼	Lighthouse
══════	Dual carriageway with	✝ ✝✝✝	Wayside cross – Cemetery

18

✈ 🚁 ▲	Airport – Airfield – Gliding airfield
▭ ⚑ 🏇	Stadium – Golf course – Racecourse
🐎 ♈ ⛸	Horse riding – Zoo – Skating rink
•–○–• ■	Cable-car or chairlift – Forest or wood
🏊 ⊡ ⚓	Outdoor or indoor, Swimming pool – Bathing spot
◆ ⚓ 🎾	Outdoor leisure park/centre – Sailing – Tennis courts
🛒	Shopping centre
●	Town with at least one selected camping site
■	Locality with at least one selected site offering renting
<u>Lourdes</u>	Locality with at least one selected site with areas reserved for camper vans
Moyaux	Locality with at least one selected very quiet, isolated site
🚐	Motorway service area for camper vans

● If during your stay in a camping site you have grounds for complaint concerning your reservation, the prices, standards of hygiene or facilities offered, try in the first place to resolve the problem with the proprietor or the person responsible.

● If the disagreement cannot be solved in this way, and if you are sure that you are within your rights, it is possible to take the matter up with the Prefecture of the "département" in question.

● We welcome all suggestions and comments, be it criticism or praise, relating to camping sites recommended in our guide. We do, however, stress the fact that we have neither facilities, nor the authority to deal with matters of complaint between campers and proprietors.

19

CAMPINGPLÄTZE

Kategorie

🏕️ 🏕️	Sehr komfortabel, ausgezeichnet ausgestattet
🏕️ 🏕️	Komfortabel, sehr gut ausgestattet
🏕️ 🏕️	Mit gutem Komfort ausgestattet
🏕️ 🏕️	Ausreichend ausgestattet
🏕️ 🏕️	Einfach, aber ordentlich

● **Die Reihenfolge der Campingplätze innerhalb einer Kategorie entspricht unserer Empfehlung.**
Unsere Klassifizierung, durch eine entsprechende Anzahl von Zelten (🏕️🏕️ ... 🏕️) ausgedrückt, ist unabhängig von der offiziellen Klassifizierung durch Sterne, die von den Präfekturen vorgenommen wird.

Öffnungszeiten

juin-sept.	Campingplatz geöffnet von Anfang Juni bis Ende September
saison	Während der Hauptreisezeit (Saison) geöffnet
Permanent	Campingplatz ganzjährig geöffnet

● **Vermietungszeit: Sie wird extra angegeben, wenn sie sich von der Öffnungszeit des Campingplatzes unterscheidet.**
Beispiel: Location (avril-sept.): 🏠

Besondere Merkmale

❄️	Diese Gelände sind speziell für Wintercamping in den Bergen ausgestattet (Heizung, Starkstromanschlüsse, Trockenräume usw.).

Besonders schöne und ruhige Lage

🏕️🏕️ ... 🏕️	Besonders schöne Lage, gutes und vielfältiges Serviceangebot.
🦢 🦢	Ruhiger, abgelegener Campingplatz - Ruhiger Campingplatz, besonders nachts

≪≪	Eindrucksvolle Aussicht – Interessante oder weite Sicht

Lage und Dienstleistungen

☎ ✉	Telefon – Postanschrift
N-S-E-O	Richtung: Norden – Süden – Osten – Westen (Angabe ab Ortszentrum)
🔑 🔑	Eine Aufsichtsperson kann Tag und Nacht bei Bedarf erreicht werden: Dies bedeutet jedoch nicht, dass der Platz bewacht ist – nur tagsüber.
🐕	Hunde nicht erlaubt – wenn dieses Zeichen nicht vorhanden ist, muss ein gültiger Impfpass vorgelegt werden.
℗	Parken nur auf vorgeschriebenen Parkplätzen außerhalb der Stellplätze
R	Reservierung empfehlenswert oder erforderlich.
Ɍ	Keine Reservierung
GB	Akzeptierte Kreditkarten (Eurocard, MasterCard, Visa)
c̄v	"Chèques vacances" werden akzeptiert.

Allgemeine Beschreibung

3 ha	Nutzfläche (in Hektar)
60 ha/ 3 campables	Gesamtfläche (eines Geländes) und Nutzfläche für Camping
(90 empl.)	Anzahl der Stellplätze
🛏	Abgegrenzte Stellplätze
🌳 🌳🌳 🌳🌳🌳	Leicht schattig – ziemlich schattig – sehr schattig

Komfort

M	Campingplatz mit moderner sanitärer Ausstattung
⦀	Beheizte sanitäre Anlagen
♿	Sanitäre Einrichtungen für Körperbehinderte

🗗	Individuelle Waschräume (mit oder ohne Warmwasser)	🐟	Angeln
♨	Wickelraum	⛵	Segeln (Segelschule oder Segelclub)
🜄	Wasserstelle	🐎	Reiten

☺ 🜂 ⚡ Individuelle Anschlüsse:
Strom – Wasser – Abwasser

Die meisten dieser Freizeitmöglichkeiten stehen nur in der Hauptsaison zur Verfügung oder sie sind abhängig von der Belegung des Platzes. Auf keinen Fall sind sie identisch mit der Öffnungszeit des Platzes.

Dienstleistungen

🚐 Service-Einrichtungen für Wohnmobile (Stromanschluss, Ver-/Entsorgung Wasser)

Anzahl der Versorgungsanschlüsse
Stellplatz für Wohnmobile – Anzahl der

🚐1 borne 4 € Stellplätze –
– 3 🖳15,50 € Tagespreis/Stellplatz.

🖳	Miet-Waschmaschinen
🛒 🜂	Supermarkt – Lebensmittelgeschäft
🍸 🍴	Bar mit Alkoholausschank – Restaurant, Snack-Bar
🥡	Fertiggerichte zum Mitnehmen
📞	Internetanschluss

À proximité	Wir geben nur die Einrichtungen an, welche sich in der Nähe des Platzes befinden.

Preise in €

Tagespreise:

🧍 5 €	pro Person
🚗 2 €	für das Auto
🖳 7,50 €	Platzgebühr (Zelt/Wohnwagen)
⚡ 2,50 € (4A)	Stromverbrauch (Anzahl der Ampere)

Pauschalgebühren:

🖳 25 €	Stellplatz für 2 Personen,
⚡ (A)	Fahrzeug und Strom

Die Preise wurden uns im Herbst 2005 mitgeteilt, es sind Hochsaisonpreise (falls nicht, sind die Preise des Vorjahres angegeben). Die Preise sind immer nur als Richtpreise zu betrachten. Sie können sich bei steigenden Lebenshaltungskosten ändern.

Der Name eines Campingplatzes ist dünn gedruckt, wenn der Eigentümer uns keine Preise genannt hat.

Für einige Einrichtungen (Schwimmbad, Tennis) sowie die Kurtaxe können separate Gebühren erhoben werden.

Für Kinder erhält man im Allgemeinen spezielle Kindertarife, erkundigen Sie sich beim Eigentümer.

Freizeitmöglichkeiten

🏠	Gemeinschaftsraum, Aufenthaltsraum, Spielhalle ...
🎭	Diverse Freizeitangebote (Sport, Kultur, Entspannung)
🤸	Kinderspielraum
💪 ⬛s	Fitness-Center – Sauna
🛝	Kinderspielplatz
🚲 🎯	Fahrradverleih – Bogenschießen
🎾 🎾	Tennisplatz – Hallentennisplatz
⛳	Minigolfplatz
⛱	Am Wasser mit Bademöglichkeit
🏊 🏊	Hallenbad – Freibad
🏊	Baden erlaubt, teilweise mit Aufsicht
🛝	Wasserrutschbahn

Vermietung und Preise

	Anzahl der Wohneinheiten
15 🏠	Vermietung von Wohnwagen oder Wohnmobilen ohne Sanitäreinrichtung

(4 pers.) 198 à 335 €/sem.	Wochenpreise, Vorsaison 198 und Hochsaison 335, für maximal 4 pers.
12 🚐	Anzahl der Wohneinheiten Vermietung von Wohnmobilen
(4 à 6 pers.) 274 à 488 €/sem.	Wochenpreise, Vorsaison 274 und Hochsaison 488, für maximal 6 Pers.
20 🏠	Anzahl der Wohneinheiten Vermietung von Bungalows und Chalets
(4 à 6 pers.) 305 à 595 €/sem.	Wochenpreise, Vorsaison 305 und Hochsaison 595, für maximal 6 Pers.
6 🛏	Anzahl der Wohneinheiten Vermietung von Zimmern. Erkundigen Sie sich beim Eigentümer nach den Bedingungen

ORTE

23700	Postleitzahl
343 B8	Nr. der Michelin-Karte und Falte
G. Bretagne	Im Grünen Michelin- Reiseführer Bretagne beschriebener Ort
Rennes 47	Entfernung in Kilometern
1 050 h.	Einwohnerzahl
alt. 675	Höhe
♨	Heilbad
✉ 05000 Gap	Postleitzahl und Name des Verteilerpostamtes
1 200/1 900 m	Höhe des Wintersport- geländes und Maximal- Höhe, die mit Kabinenbahn oder Lift erreicht werden kann
2 🚡	Anzahl der Kabinenbahnen
14 🎿	Anzahl der Schlepp -oder Sessellifte
🎿	Langlaufloipen
⛴	Schiffsverbindungen
🛈	Informationsstelle

KARTENSKIZZEN

Campingplätze

(🔺)	Ort mit mindestens einem ausgewählten Campingplatz
🔺	Lage des Campingplatzes

Straßen

▬▬▬	Autobahn
═══	Schnellstraße (kreuzungs- frei)
❶ ❷	Nummerierte Anschlussstelle: Autobahneinfahrt- und/oder -ausfahrt
═══	Hauptverkehrsstraße
═══	Regionale Verbindungsstraße oder Entlastungsstrecke
═══	Andere Straße
═══╪	Einbahnstraße – Gebührenstelle
─ ─ ─	Radweg – Wirtschaftsweg, Pfad
⋙⋙⋙	Steigungen, Gefälle (Stei- gung in Pfeilrichtung 5-9 %, 9-13 %, 13 % und mehr)
⤞⤬⊟ 🔺	Pass – Fähre – Bewegliche Brücke
▭▭ ⌐⌐	Bahnlinie und Bahnhof – Museumseisenbahn-Linie
③	Höchstbelastung (angege- ben bis 5t)
2ᵐ8	Zulässige Gesamthöhe (angegeben bis 3 m)

Sehenswürdigkeiten

🛆 ✝ ⚔	Kirche, Kapelle – Schloss, Burg
♨ ⊤ ⋒	Leuchtturm – Menhir, Megalithgrab – Höhle
∴ ▲	Ruine – Sonstige Sehenswürdigkeit
☀ ≽	Orientierungstafel, Rundblick – Aussichtspunkt

22

Orientierungspunkte

 Ort mit Stadtplan im Michelin-Führer

🚩 ⊗ Informationsstelle – Hauptpost

🏠 ⚘ Kirche, Kapelle – Schloss, Burg

 Ruine – Denkmal – Wasserturm

 Krankenhaus – Fabrik

☆ ☾ Festung – Staudamm – Leuchtturm

ı ↟↟↟ Bildstock – Friedhof

 Flughafen – Flugplatz – Segelflugplatz

 Stadion – Golfplatz – Pferderennbahn

 Reitanlage – Zoo – Schlittschuhbahn

•◦◦• ▬ Seilschwebebahn oder Sessellift – Wald oder Gehölz

 Freibad – Hallenbad – Strandbad

♦ ◊ ✗ Freizeiteinrichtungen – Segelzentrum – Tennisplatz

 Einkaufszentrum

● Ort mit mindestens einem ausgewählten Campingplatz

■ Ort mit mindestens einem Campingplatz mit Vermietung

Lourdes Ort mit mindestens einem Campingplatz mit Stellplätzen die nur für Wohnmobile reserviert sind

Moyaux Ort mit mindestens einem sehr ruhigen Campingplatz

🚐 Autobahnrastplätze mit Wartungsmöglichkeiten für Wohnmobile

● **Falls bei Ihrem Aufenthalt auf dem Campingplatz Schwierigkeiten bezüglich der Preise, Reservierung, Hygiene o. ä. auftreten, sollten Sie versuchen, diese direkt an Ort und Stelle mit dem Campingplatzbesitzer oder seinem Vertreter zu regeln.**

● **Wenn Sie von Ihrem Recht überzeugt sind, es Ihnen jedoch nicht gelingt, zu einer allseits befriedigenden Lösung zu kommen, können Sie sich an die entsprechende Stelle bei der zuständigen Präfektur wenden.**

● **Unsererseits überprüfen wir sorgfältig alle bei uns eingehenden Leserbriefe und ändern gegebenenfalls die Platzbewertung im Führer. Wir besitzen jedoch weder die rechtlichen Möglichkeiten noch die nötige Autorität, um Rechtsstreitigkeiten zwischen Platzeigentümern und Platzbenutzern zu schlichten.**

23

TERREINEN

Categorie

⚑⚑⚑⚑ ⚑⚑⚑⚑	Buitengewoon comfortabel, uitstekende inrichting
⚑⚑⚑ ⚑⚑⚑	Comfortabel, zeer goede inrichting
⚑⚑⚑ ⚑⚑⚑	Goed ingericht, geriefelijk
⚑⚑ ⚑⚑	Behoorlijk ingericht
⚑ ⚑	Eenvoudig maar behoorlijk

● **De terreinen worden voor iedere categorie opgegeven in volgorde van voorkeur.**
Onze classificatie wordt aangegeven met een aantal tenten (⚑⚑⚑⚑ ... ⚑). Zij staat los van de officiële classificatie die wordt uitgedrukt in sterren.

Openingstijden

juin-sept.	Terrein geopend van begin juni tot eind september
saison	Tijdens het seizoen geopend
Permanent	Terrein het gehele jaar geopend

● **Wanneer de data voor het verhuren verschillen van die van het kampeerterrein, dan worden zij gepreciseerd. Bijv. Location (avril-sept.):** 🏠

Bijzondere kenmerken

❄❄❄	Geselecteerd caravaneige – Deze terreinen zijn speciaal ingericht voor winterverblijf in de bergen (verwarming, electriciteitsaansluiting met hoog vermogen, droogkamer, enz.).

Aangenaam en rustig verblijf

⚑⚑⚑ ... ⚑	Bijzonder aangenaam vanwege de omgeving, de kwaliteit en de diversiteit van de voorzieningen.
🦢🦢	Zeer rustig, afgelegen terrein – Rustig, vooral 's nachts
≪≪	Bijzonder mooi uitzicht – Interessant uitzicht of vergezicht

Ligging en service

✆ ✉	Telefoon – Postadres
N-S-E-O	Richting : Noord – Zuid – Oost – West (gezien vanuit het centrum van de plaats)
⚷	Er is een bewaker of een toezichthouder aanwezig die 24 uur per dag bereikbaar is. Dit betekent echter niet noodzakelijkerwijs dat er sprake is van een daadwerkelijke bewaking – alleen overdag bewaakt.
🐕	Honden niet toegelaten – Bij afwezigheid van dit teken dient men een recent vaccinatieboekje te kunnen tonen.
Ⓟ	Verplichte parkeerplaats voor auto's buiten de staanplaatsen
R	Reserveren raadzaam of noodzakelijk.
Ɍ	Reservering niet mogelijk
ⒼⒷ	Creditcards worden geaccepteerd (Eurocard, MasterCard, Visa)
c̄v	Reischeques worden geaccepteerd

Algemene kenmerken

3 ha	Oppervlakte in hectaren
60 ha/ 3 campables	Totale oppervlakte (van een landgoed) en oppervlakte van het eigenlijke kampeerterrein
(90 empl.)	Maximaal aantal staanplaatsen
▭	Duidelijk begrensde staanplaatsen
♀ ♀♀ ♀♀♀	Weinig tot zeer schaduwrijk

Comfort

Ⓜ	Terrein met moderne sanitaire voorzieningen
�🚿	Verwarmde installaties
♿	Sanitaire installaties voor lichamelijk gehandicapten

⌐⅁	Individuele wasgelegen-heid of wastafels (met of zonder warm water)
⌐⅁	Wasplaats voor baby's
🗥	Waslokalen – Stromend water
☺ 🗥 ⍦	Individuele aansluitingen : Elektriciteit – Watertoevoer en-afvoer

Voorzieningen

🚐	Serviceplaats voor campingcars
	Aantal aansluitpalen
🚐,1 borne 4 € – 3 Ⓔ15,50 €	Serviceplaats voor campingcars – aantal plaatsen – dagtarief voor de plaats.
🖳	Wasmachines, waslokaal
🛒 🖳	Supermarkt – Kampwinkel
🍷 🍴	Bar (met vergunning) – Eetgelegenheid (restaurant, snackbar)
🥘	Dagschotels om mee te nemen
📞	Internetpaal

Ontspanning

🏛	Zaal voor bijeenkomsten, dagverblijf of speelzaal
🙂	Diverse activiteiten (sport, cultuur, ontspanning)
👫	Kinderopvang
🏋 ⊜ₛ	Fitness – Sauna
🛝	Kinderspelen
🚲 ⌐@	Verhuur van fietsen – Boogschieten
🏓 🎾	Tennis: overdekt – openlucht
Γ m	Mini-golf
⚠	Aan de waterkant met mogelijkheid tot zwemmen
🏊 🏊	Zwembad : overdekt – openlucht
🏊	Vrije zwemplaats of zwemplaats met toezicht
🛝	Waterglijbaan

⌐ᠷ	Hengelsport
⛵	Zeilsport (school of water-sportcentrum)
🐎	Tochten te paard, paardrijden

● **De meeste voorzieningen en bepaal-de recreatiemogelijkheden in de open lucht zijn over het algemeen alleen toegankelijk tijdens het seizoen. Dit is afhankelijk van het aantal gasten op het terrein en staat los van de openingsdata.**

À proximité	Wij vermelden alleen de faciliteiten of voorzieningen die zich in de omgeving van de camping bevinden.

Tarieven in €

Dagtarieven:

🧍 5 €	per persoon
🚗 2 €	voor het voertuig
Ⓔ 7,50 €	voor de staanplaats (tent, caravan)
⚡ 2,50 € (4A)	voor elektriciteit (aantal ampères)

Vaste tarieven:

Ⓔ 25 € ⚡ (10A)	Staanplaats voor 2 personen, voertuig en elektriciteit inbegrepen

● **De prijzen zijn vastgesteld in het najaar van 2005 en gelden voor het hoogseizoen (indien deze niet beschikbaar zijn, vermelden wij de tarieven van het afgelopen jaar).**

● **De prijzen worden steeds ter indicatie gegeven en kunnen gewijzigd worden indien de kosten voor levensonderhoud belangrijke veranderingen ondergaan.**

● **Wanneer de naam van de camping niet in vetgedrukte letters staat, betekent dit dat de eigenaar niet alle tarieven heeft doorgegeven.**

● **Bepaalde faciliteiten (zwembad, tennisbaan), evenals de toeristenbelasting, kunnen extra in rekening worden gebracht.**

Voor kinderen geldt soms een speciaal tarief; informatie hierover bij de eigenaar.

25

Verhuur en tarieven

15	Aantal eenheden Verhuur van caravans – Stacaravans zonder sanitair
(4 pers.) 198 à 335 €/sem.	Prijs per week, laagseizoen 198 en hoogseizoen 335, voor maximaal 4 personen.
12	Aantal eenheden Verhuur van stacaravans
(4 à 6 pers.) 274 à 488 €/sem.	Prijs per week, laagseizoen 274 en hoogseizoen 488, voor maximaal 6 personen.
20	Aantal eenheden Verhuur van bungalows of huisjes
(4 à 6 pers.) 305 à 595 €/sem.	Prijs per week, laagseizoen 305 en hoogseizoen 595, voor maximaal 6 personen.
6	Aantal eenheden Verhuur van kamers. De eigenaar kan u meer informatie hierover verstrekken.

PLAATSEN

23700	Postcodenummer
343 B8	Nummer Michelinkaart en vouwbladnummer
G. Bretagne	Zie de Groene Michelingids Bretagne
Bourges 47	Afstanden in kilometers
1 050 h.	Aantal inwoners
alt. 675	Hoogte
♨	Kuuroord
⊠ 05000 Gap	Postcode en plaatsnaam bestemming
1 200/1 900 m	Hoogte van het station en maximale hoogte van de mechanische skiliften
2	Aantal kabelbanen
14	Aantal skiliften en stoeltjesliften
	Langlaufen
	Bootverbinding
	Informatie voor toeristen

VERKLARING TEKENS OP SCHEMA'S

Kampeerterreinen

(○)	Plaats met minstens één geselecteerd terrein in de gids
△	Ligging kampeerterrein

Wegen en spoorwegen

	Autosnelweg
	Dubbele rijbaan van het type autosnelweg
❶ ❷	Genummerde knooppunten : volledig, gedeeltelijk
	Hoofdweg
	Regionale of alternatieve route
	Andere weg
	Eenrichtingsverkeer – Tol
	Fietspad – Bedrijfsweg, voetpad
	Hellingen (pijlen in de richting van de helling) 5 tot 9 %, 9 tot 13 %, 13 % of meer
	Pas – Veerpont – Beweegbare brug
	Spoorweg, station – Spoorweg toeristentrein
③	Maximum draagvermogen (aangegeven onder 5 ton)
	Vrije hoogte (aangegeven onder 3 m)

Bezienswaardigheden

	Kerk, kapel – Kasteel
	Vuurtoren – Megaliet – Grot
	Ruïnes – Andere bezienswaardigheden
	Oriëntatietafel, panorama – Uitzichtpunt

Ter oriëntatie

	Plaats met een plattegrond in de Michelingids
	Informatie voor toeristen – Hoofdpostkantoor

Kerk, kapel – Kasteel	
Ruïnes – Monument – Watertoren	
Ziekenhuis – Fabriek	
Fort – Stuwdam – Vuurtoren	
Calvarie – Begraafplaats	
Luchthaven – Vliegveld – Zweefvliegen	
Stadion – Golf – Renbaan	
Manege – Dierentuin – Schaatsbaan	
Kabelbaan of stoeltjeslift – Bos	
Zwembad : openlucht, overdekt – Zwemgelegenheid	
Recreatieoord – Zeilvereniging – Tennisbaan	
Winkelcentrum	
Plaats met tenminste één geselekteerd kampeerterrein	
Plaats met minstens één terrein met huurmogelijkheden	
Lourdes — Plaats met minstens één terrein met plaatsen die alleen bestemd zijn voor campers	
Moyaux — Plaats met minstens één zeer rustig terrein	
Serviceplaats langs de autosnelweg voor campers	

● Indien er tijdens uw verblijf op een kampeerterrein een meningsverschil zou ontstaan over prijzen, reserverings-voorwaarden, hygiëne of dienstverle-ning, tracht dan ter plaatse met de eigenaar van het terrein of met zijn vervanger een oplossing te vinden.

● Mocht u op deze wijze niet tot over-eenstemming komen, terwijl u over-tuigd bent van uw goed recht, dan kunt u zich wenden tot de prefectuur van het betreffende departement.

● Van onze kant bestuderen wij zorg-vuldig alle opmerkingen die wij ont-vangen, om zo nodig wijzigingen aan te brengen in de omschrijving en waarde-ring van door onze gids aanbevolen terreinen. Onze mogelijkheden zijn echter beperkt en ons personeel is niet bevoegd om als scheidsrechter op te treden of geschillen te regelen tussen eigenaren en kampeerders.

27

Légende

Vous trouverez dans le tableau des pages suivantes un classement par région de toutes les localités citées dans la nomenclature.

Key

You will find in the following pages a classification by "region" of all the localities listed in the main body of the guide.

BRETAGNE	Nom de la région
56 – **MORBIHAN**	Numéro et nom du département
Carnac	(Localité en rouge) Localité possédant au moins un terrain agréable sélectionné (⚠ ... ⚠⚠)
⚠	Localité possédant un terrain au bord de l'eau avec possibilité de baignade
🛶	Localité possédant au moins un terrain très tranquille
P	Localité possédant au moins un terrain sélectionné ouvert toute l'année
L	(Location) Localité dont un terrain au moins propose des locations
🚐	Localité possédant au moins un terrain avec une aire de service ou des emplacements réservés aux camping-cars
🎭	Localité dont un terrain au moins propose des animations

BRETAGNE	Name of the region
56 – **MORBIHAN**	Number and name of a département
Carnac	(Name of the locality printed in red) Locality with at least one selected pleasant site (⚠ ... ⚠⚠)
⚠	Locality with at least one selected waterside location with swimming area
🛶	Locality with at least one selected very quiet, isolated site
P	Town with at least one selected camping site open all the year round
L	(Location) Locality with at least one selected site offering rental units
🚐	Locality with at least one selected site with a service bay for campervans or areas reserved for camper vans
🎭	Locality with at least one selected site offering some form of activities

● **Se reporter à la nomenclature pour la description complète des campings sélectionnés.**

● **Refer to the body of the guide for a complete description of the selected camping sites.**

Zeichenerklärung

Im folgenden Ortsregister werden alle im Führer erwähnten Orte nach Region geordnet aufgelistet.

Verklaring van de tekens

In deze lijst vindt u alle in de gids vermelde plaatsnamen, indeling in streken.

BRETAGNE	Name der Region
56 –	Nummer und Name des
MORBIHAN	Departements
Carnac	(Ortsname in Rotdruck) Ort mit mindestens einem besonders schönen Campingplatz (...)
	Ort mit mindestens einem Campingplatz am Strand mit Bademöglichkeit
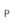	Ort mit mindestens einem sehr ruhigen Campingplatz
P	Ort mit mindestens einem ganzjährig geöffneten Campingplatz
L	(Location) Ort mit mindestens einem Campingplatz mit Vermietung
	Ort mit mindestens einem Campingplatz mit Service-Einrichtungen für Wohnmobile oder Stellplätzen, die nur für Wohnmobile reserviert sind
	Mindestens ein Campingplatz am Ort mit Animation

BRETAGNE	Naam van de streek
56 –	Nummer en naam van het
MORBIHAN	departement
Carnac	(Plaatsnaam rood gedrukt) Plaats met minstens één geselecteerd fraai terrein (...)
	Plaats met minstens één terrein aan de waterkant met mogelijkheid tot zwemmen
	Plaats met minstens één zeer rustig terrein
P	Plaats met tenminste één gedurende het gehele jaar geopend kampeerterrein
L	(Location) Plaats met minstens één terrein met huurmogelijkheden
	Plaats met minstens één terrein met een serviceplaats voor campers of met plaatsen die alleen bestemd zijn voor campers
	Plaats met minstens één kampeerterrein met animatieprogramna.

29

● **Die vollständige Beschreibung der ausgewählten Plätze befindet sich im Hauptteil des Führers.**

● **Raadpleeg het deel met gegevens over de geselecteerde terreinen voor een volledige beschrijving.**

ALSACE

67 BAS-RHIN

	Pages	⛺	🏊	Permanent	Location	🚐	🎭
Bassemberg	69	—	—	—	L	🚐	—
Dambach-la-Ville	69	—	—	—	—	—	—
Gerstheim	69	—	—	—	—	—	—
Le Hohwald	69	—	—	P	—	—	—
Keskastel	69	—	—	—	L	—	—
Lauterbourg	70	—	—	—	—	—	—
Niederbronn-les-Bains	70	—	🏊	—	—	—	—
Oberbronn	70	—	—	—	L	🚐	—
Obernai	70	—	—	P	—	🚐	—
Rhinau	71	—	—	—	—	—	—
Rothau	71	—	—	—	—	🚐	—
Saint-Pierre	71	—	—	—	—	—	—
Sélestat	72	—	—	—	—	🚐	—
Wasselonne	72	—	—	—	L	🚐	—

68 HAUT-RHIN

	Pages	⛺	🏊	Permanent	Location	🚐	🎭
Aubure	72	—	—	—	—	—	—
Biesheim	72	—	—	—	L	—	🎭
Burnhaupt-le-Haut	73	—	—	—	—	—	—
Colmar	73	—	—	—	—	—	—
Courtavon	73	—	—	—	—	—	—
Eguisheim	73	—	—	—	—	🚐	—
Fréland	73	—	—	—	—	—	—
Geishouse	74	—	—	P	—	—	—
Guewenheim	74	—	—	—	—	🚐	—
Heimsbrunn	74	—	—	P	L	—	—
Issenheim	75	—	—	—	L	—	—
Kaysersberg	75	—	—	—	—	—	—
Kruth	75	—	—	—	L	—	—
Labaroche	75	—	—	—	—	—	—
Lautenbachzell	75	—	—	—	L	—	—
Lièpvre	76	—	—	—	—	—	—
Masevaux	76	—	—	—	—	—	—
Mittlach	76	—	🏊	—	—	—	—
Moosch	76	—	🏊	—	—	🚐	—
Mulhouse	76	—	—	—	L	🚐	—
Munster	77	—	—	—	—	—	—
Orbey	77	—	—	P	—	—	—
Raedersheim	77	—	—	—	—	🚐	—
Ranspach	77	—	—	—	L	🚐	—
Ribeauvillé	77	—	—	—	—	—	—
Rombach-le-Franc	78	—	—	—	—	—	—
Rouffach	78	—	—	—	—	—	—
Sainte-Croix-en-Plaine	78	—	—	—	L	—	—
Seppois-le-Bas	79	—	—	—	L	—	—
Turckheim	79	—	—	—	—	—	—
Wattwiller	79	—	—	—	L	🚐	🎭
Wihr-au-Val	79	—	—	—	—	🚐	—

AQUITAINE

24 DORDOGNE

	Pages	⛺	🏊	Permanent	Location	🚐	🎭
Alles-sur-Dordogne	84	⛺	—	—	—	🚐	—
Angoisse	84	—	—	—	L	—	—
Antonne-et-Trigonant	84	—	—	—	—	—	—
Atur	84	—	🏊	—	L	—	—
Badefols-sur-Dordogne	85	—	—	—	L	—	🎭
Belvès	85	—	🏊	P	L	—	🎭
Bergerac	86	—	—	—	—	🚐	—
Beynac-et-Cazenac	86	—	—	—	—	🚐	—
Biron	86	—	—	—	L	—	🎭
Brantôme	86	—	🏊	—	L	—	—
Le Bugue	87	—	🏊	—	L	🚐	—
Le Buisson-de-Cadouin	87	—	🏊	—	L	—	—
Campagne	87	—	—	—	L	—	—
Carsac-Aillac	88	⛺	🏊	—	L	—	—
Castelnaud-la-Chapelle	88	—	🏊	—	L	—	—
Castels	88	—	—	—	L	—	—
Cazoulès	89	⛺	—	—	—	—	—
Cénac-et-Saint-Julien	89	—	🏊	—	L	—	—
La Chapelle-Aubareil	89	—	—	—	L	—	—
Coly	89	⛺	—	—	L	—	🎭
Coux-et-Bigaroque	90	—	🏊	—	L	—	—
Couze-et-Saint-Front	90	—	—	—	L	🚐	—
Daglan	90	—	🏊	—	L	🚐	—
Domme	91	—	🏊	—	L	—	—
Eymet	92	—	—	—	—	—	—
Les Eyzies-de-Tayac	92	—	🏊	—	L	🚐	—

	Pages	⚠	🏊	Permanent	Location	🚐	🎭
Pauillac	118	—	—	—	L	🚐	—
Petit-Palais-et-Cornemps	118	—	—	—	L	—	—
Le Porge	118	—	—	—	L	🚐	🎭
Pyla-sur-Mer	119	—	—	—	L	—	🎭
Rauzan	119	—	🏊	—	L	—	—
Saint-Christophe-de-Double	119	—	—	—	—	—	—
Saint-Émilion	120	—	—	—	L	🚐	—
Saint-Médard-de-Guizières	120	—	—	—	—	—	—
Sainte-Foy-la-Grande	120	—	—	—	—	—	—
Salles	120	—	—	P	L	—	—
Soulac-sur-Mer	121	⚠	—	—	L	🚐	—
Le Teich	121	—	—	—	L	—	🎭
La Teste-de-Buch	121	—	—	—	L	—	—
Vendays-Montalivet	122	—	—	—	L	—	—
Vensac	123	—	—	—	L	—	🎭
Villandraut	123	⚠	—	—	L	—	—

40 LANDES

	Pages	⚠	🏊	Permanent	Location	🚐	🎭
Aire-sur-l'Adour	123	—	—	—	L	—	—
Amou	123	—	—	—	—	—	—
Aureilhan	124	—	—	—	L	🚐	🎭
Azur	124	⚠	—	—	L	—	—
Bélus	124	—	—	—	L	—	—
Bias	125	—	—	—	—	—	—
Biscarrosse	125	—	—	—	L	🚐	🎭
Capbreton	126	—	—	P	—	—	—
Castets	126	—	—	—	—	—	—
Contis-Plage	127	—	—	—	L	—	🎭
Dax	127	—	🏊	—	L	—	—
Gabarret	128	—	—	—	L	—	—
Gastes	128	—	—	—	L	—	🎭
Habas	128	—	🏊	—	L	—	—
Hagetmau	128	—	—	—	—	—	—
Labenne	129	—	—	—	L	🚐	🎭
Léon	129	—	—	—	L	🚐	—
Lesperon	129	—	🏊	—	L	—	—
Linxe	130	—	—	—	L	—	—
Lit-et-Mixe	130	—	—	—	L	🚐	🎭
Messanges	130	—	—	—	L	🚐	🎭
Mézos	131	—	—	—	L	—	🎭

	Pages	⚠	🏊	Permanent	Location	🚐	🎭
Mimizan	132	—	—	—	L	🚐	🎭
Ondres	132	—	—	P	L	—	—
Parentis-en-Born	133	—	—	—	L	—	—
Le Penon	133	—	—	—	L	—	—
Pissos	133	—	—	—	L	—	—
Pontenx-les-Forges	134	—	—	P	—	—	—
Rivière-Saas-et-Gourby	134	—	—	—	L	🚐	—
Roquefort	134	—	—	—	—	—	—
Sabres	134	—	—	—	L	—	—
Saint-Girons-Plage	134	—	—	—	L	🚐	—
Saint-Julien-en-Born	135	—	—	—	—	—	—
Saint-Justin	135	—	—	—	L	—	—
Saint-Martin-de-Seignanx	135	—	—	—	L	🚐	—
Sainte-Eulalie-en-Born	136	—	—	—	L	—	—
Sanguinet	136	—	—	—	L	—	—
Sarbazan	136	—	🏊	—	L	—	—
Seignosse	136	—	—	P	L	🚐	—
Sorde-l'Abbaye	137	—	—	—	—	—	—
Sore	137	—	—	—	—	—	—
Soustons	137	—	—	—	L	—	🎭
Saint-Girons	138	⚠	—	—	L	🚐	—
Vieux-Boucau-les-Bains	139	—	—	—	L	🚐	—

47 LOT-ET-GARONNE

	Pages	⚠	🏊	Permanent	Location	🚐	🎭
Agen	139	—	—	—	L	—	🎭
Barbaste	139	—	🏊	—	L	—	—
Beauville	140	—	🏊	—	L	—	—
Casteljaloux	140	⚠	🏊	—	L	🚐	—
Castelmoron-sur-Lot	140	—	🏊	—	L	—	🎭
Castillonnès	140	—	—	—	L	—	—
Clairac	141	—	—	—	L	🚐	—
Courbiac	141	—	🏊	P	L	🚐	—
Cuzorn	141	—	—	—	L	—	—
Damazan	141	—	—	—	L	—	—
Fumel	142	—	🏊	—	L	🚐	—
Lougratte	142	⚠	—	—	L	—	—
Nérac	142	—	—	—	L	—	—
Penne-d'Agenais	142	⚠	—	—	L	—	—
Pont-du-Casse	143	—	—	P	L	—	—

33

	Pages	⚠	🥾	Permanent	Location	🚐	🎭
Cassaniouze	169	—	—	—	—	🚐	—
Champs-sur-Tarentaine	169	—	—	—	L	🚐	—
Chaudes-Aigues	169	—	—	—	—	🚐	—
Faverolles	170	—	—	—	—	—	—
Jaleyrac	170	—	—	—	L	—	—
Jussac	170	—	—	—	—	—	—
Lacapelle-Viescamp	170	—	—	—	L	—	—
Lanobre	170	—	—	—	L	—	—
Massiac	171	—	—	—	—	—	—
Mauriac	171	—	—	—	L	—	—
Maurs	171	—	—	—	L	—	—
Montsalvy	171	—	—	—	—	—	—
Murat	171	—	—	—	—	—	—
Neussargues-Moissac	172	—	—	—	L	—	—
Neuvéglise	172	—	—	—	L	🚐	—
Pers	172	—	—	—	L	🚐	—
Pleaux	172	—	—	—	L	—	—
Saignes	173	—	—	—	—	—	—
Saint-Flour	173	—	—	—	L	—	—
Saint-Gérons	173	—	🥾	—	L	—	—
Saint-Jacques-des-Blats	173	—	—	—	—	—	—
Saint-Just	173	—	—	—	L	—	—
Saint-Mamet-la-Salvetat	174	—	—	—	L	—	—
Saint-Martin-Valmeroux	174	—	—	—	L	—	—
Salers	174	—	—	—	—	—	—
Thiézac	174	—	—	—	—	—	—
Trizac	174	—	—	—	L	—	—
Vic-sur-Cère	175	—	—	—	L	—	—

43 HAUTE-LOIRE

	Pages	⚠	🥾	Permanent	Location	🚐	🎭
Alleyras	175	—	—	—	L	—	—
Brives-Charensac	176	—	—	—	L	🚐	—
Céaux-d'Allègre	176	—	—	—	L	—	—
La Chaise-Dieu	176	—	—	—	L	—	—
Le Chambon-sur-Lignon	176	—	—	—	L	—	—
Champagnac-le-Vieux	177	—	—	—	L	—	🎭
Lavoûte-sur-Loire	177	—	—	—	L	—	—
Monistrol-d'Allier	177	—	—	—	—	—	—

	Pages	⚠	🥾	Permanent	Location	🚐	🎭
Paulhaguet	177	—	—	—	—	🚐	—
Le Puy-en-Velay	177	—	—	—	—	🚐	—
Saint-Didier-en-Velay	178	—	—	—	L	—	—
Saint-Paulien	178	—	—	—	L	🚐	—
Sainte-Sigolène	178	—	—	—	L	—	🎭
Saugues	178	—	—	—	L	—	—
Vorey	179	—	—	—	L	🚐	—

63 PUY-DE-DÔME

	Pages	⚠	🥾	Permanent	Location	🚐	🎭
Ambert	179	—	—	—	L	🚐	—
Les Ancizes-Comps	180	—	—	—	L	—	—
Aydat	180	—	🥾	—	L	🚐	🎭
Bagnols	180	—	—	—	L	—	—
Billom	180	—	—	—	L	—	—
La Bourboule	181	—	—	—	L	—	🎭
Ceyrat	181	—	—	P	L	🚐	—
Chambon-sur-Lac	181	⚠	—	—	L	🚐	🎭
Châteauneuf-les-Bains	182	—	—	—	—	—	—
Châtelguyon	183	—	—	—	L	🚐	🎭
Cournon-d'Auvergne	183	⚠	—	—	L	🚐	—
Courpière	183	—	—	—	—	—	—
Cunlhat	183	—	—	—	L	—	—
Issoire	184	—	—	—	L	🚐	🎭
Lapeyrouse	184	—	—	—	L	—	—
Montaigut-le-Blanc	184	—	—	—	—	—	—
Le Mont-Dore	185	—	—	—	L	—	—
Murat-le-Quaire	185	—	—	—	L	🚐	—
Murol	185	—	—	—	L	—	🎭
Nébouzat	186	—	—	—	L	🚐	—
Nonette	186	—	—	—	L	—	—
Orcet	186	—	—	P	L	🚐	🎭
Orcival	187	—	🥾	—	L	—	—
Orléat	187	—	—	—	L	—	—
Perpezat	187	—	🥾	—	—	—	—
Pont-de-Menat	187	⚠	—	—	L	—	—
Pontgibaud	188	—	—	—	—	🚐	—
Puy-Guillaume	188	—	—	—	—	—	—
Royat	188	—	—	—	L	🚐	🎭
Saint-Amant-Roche-Savine	188	—	—	—	—	—	—
Saint-Anthème	189	—	—	—	—	🚐	—

	Pages	⌂	🏊	Permanent	Location	🚐	🎭
Saint-Clément-de-Valorgue	189	—	🏊	—	L	—	—
Saint-Éloy-les-Mines	189	⌂	—	—	—	—	—
Saint-Germain-l'Herm	189	—	—	—	L	—	—
Saint-Gervais d'Auvergne	190	⌂	—	—	L	🚐	—
Saint-Hippolyte	190	—	—	—	L	—	—
Saint-Nectaire	190	—	—	—	L	—	🎭
Saint-Rémy-sur-Durolle	191	—	—	—	L	—	—
Sauvessanges	191	—	—	—	—	—	—
Sauxillanges	191	—	—	—	—	—	—
Singles	192	—	🏊	—	L	🚐	🎭
Tauves	192	—	—	—	L	—	—
Thiers	192	—	—	—	—	🚐	—
La Tour-d'Auvergne	192	—	—	—	L	—	—
Viverols	193	—	—	—	—	🚐	—
Vollore-Ville	193	—	—	—	—	—	—

BOURGOGNE

21 CÔTE-D'OR

	Pages	⌂	🏊	Permanent	Location	🚐	🎭
Arnay-le-Duc	197	⌂	—	—	L	—	🎭
Beaune	197	—	—	—	—	—	—
Châtillon-sur-Seine	197	—	—	—	—	🚐	—
Dijon	197	—	—	—	—	🚐	—
Marcenay	197	⌂	—	—	L	—	—
Meursault	198	—	—	—	L	🚐	—
Montbard	198	—	—	—	L	—	—
Nolay	198	⌂	—	P	L	🚐	—
Pont-et-Massène	198	⌂	🏊	—	—	🚐	—
Pouilly-en-Auxois	199	—	—	—	—	—	—
Précy-sous-Thil	199	—	—	—	L	—	—
Riel-les-Eaux	199	—	🏊	—	—	—	—
Santenay	199	—	—	—	—	🚐	—
Saulieu	199	—	—	—	L	—	—
Savigny-lès-Beaune	200	—	—	—	—	🚐	—
Selongey	200	—	🏊	—	—	🚐	—
Vandenesse-en-Auxois	200	⌂	—	—	L	—	—
Venarey-les-Laumes	200	—	—	—	—	—	—
Vignoles	200	—	—	P	—	—	—

58 NIÈVRE

	Pages	⌂	🏊	Permanent	Location	🚐	🎭
La Charité-sur-Loire	201	—	—	—	—	—	—
Château-Chinon	201	—	🏊	—	—	—	—
Chevenon	201	—	—	P	—	—	—
Clamecy	202	—	—	—	—	—	—
Corancy	202	—	—	—	—	—	—
Crux-la-Ville	202	⌂	—	P	L	—	—
Gimouille	203	—	🏊	—	L	—	—
Limanton	203	—	—	—	—	—	—
Luzy	203	—	🏊	—	L	—	🎭
Montigny-en-Morvan	203	—	—	—	—	—	—
Moulins-Engilbert	203	—	—	—	—	—	—
La Nocle-Maulaix	204	—	—	—	—	—	—
Ouroux-en-Morvan	204	—	—	—	L	—	—
Prémery	204	—	—	—	L	—	—
Saint-Honoré-les-Bains	204	—	—	—	L	🚐	—
Saint-Léger-de-Fougeret	205	—	🏊	—	L	—	—
Saint-Péreuse	205	—	—	—	L	🚐	—
Les Settons	205	⌂	—	—	L	—	—
Varzy	206	—	—	—	—	—	—

71 SAÔNE-ET-LOIRE

	Pages	⌂	🏊	Permanent	Location	🚐	🎭
Anost	206	—	—	—	—	—	—
Autun	207	—	—	—	—	🚐	—
Bourbon-Lancy	207	—	—	—	L	🚐	—
Chagny	207	—	—	—	—	—	—
Chambilly	207	—	—	—	L	—	—
Charolles	207	—	—	—	—	—	—
Chauffailles	208	—	—	—	L	—	—
La Clayette	208	—	—	P	L	—	—
Cluny	208	—	—	—	—	—	—
Cormatin	208	—	—	—	L	🚐	—
Couches	209	—	—	—	—	—	—
Crêches-sur-Saône	209	—	—	—	—	—	—
Digoin	209	—	—	—	L	—	—
Dompierre-les-Ormes	210	—	—	—	L	🚐	🎭
Épinac	210	—	—	—	L	—	—
Gigny-sur-Saône	210	—	🏊	—	L	—	—
Gueugnon	210	—	—	—	L	—	—
Issy-l'Évêque	211	—	—	—	L	—	—

	Pages	⛺	🏠	Permanent	Location	🚐	🎭
Laives	211	—	—	—	—	—	—
Louhans	211	—	—	—	—	—	—
Matour	211	—	—	—	L	—	—
Mervans	212	—	—	—	—	—	—
Palinges	212	—	—	—	—	—	—
Saint-Germain-du-Bois	212	—	—	—	—	—	—
Saint-Point	212	—	—	—	L	—	—
Salornay-sur-Guye	212	—	—	—	—	🚐	—
Tournus	213	—	—	—	—	—	—

89 YONNE

	Pages	⛺	🏠	Permanent	Location	🚐	🎭
Ancy-le-Franc	213	—	—	—	—	—	—
Andryes	213	—	🏠	—	L	🚐	—
Asquins	213	—	—	—	—	—	—
Auxerre	213	—	—	—	—	🚐	—
Avallon	214	—	🏠	—	—	🚐	—
Cézy	214	—	—	—	—	—	—
Chablis	214	—	—	—	—	—	—
L'Isle-sur-Serein	214	—	—	—	—	—	—
Ligny-le-Châtel	214	—	—	—	—	—	—
Migennes	215	—	—	—	L	🚐	—
Saint-Fargeau	215	—	—	—	—	—	—
Saint-Sauveur-en-Puisaye	215	⛺	—	—	L	🚐	—
Tonnerre	215	—	—	—	L	🚐	—
Vermenton	216	⛺	—	—	—	🚐	—
Villeneuve-les-Genêts	216	—	🏠	P	L	🚐	—
Vincelles	216	—	—	—	L	—	—

BRETAGNE

22 CÔTES-D'ARMOR

	Pages	⛺	🏠	Permanent	Location	🚐	🎭
Allineuc	220	—	—	—	—	—	—
Bégard	220	—	—	—	L	🚐	—
Binic	220	—	—	—	L	🚐	—
Callac	220	—	—	—	—	🚐	—
Caurel	221	⛺	—	—	—	—	—
Châtelaudren	221	—	—	—	—	—	—
Erquy	221	—	🏠	—	L	🚐	—
Étables-sur-Mer	222	—	—	—	L	—	—
Jugon-les-Lacs	223	—	—	—	L	🚐	🎭

	Pages	⛺	🏠	Permanent	Location	🚐	🎭
Lancieux	223	—	—	—	—	—	—
Lanloup	223	—	—	—	L	—	—
Lannion	223	—	—	—	L	🚐	—
Lantic	224	—	—	—	L	—	—
Louannec	224	⛺	—	—	L	🚐	—
Matignon	224	—	—	—	L	🚐	—
Mûr-de-Bretagne	224	—	—	—	—	—	—
Paimpol	225	—	—	—	—	🚐	—
Perros-Guirec	225	—	—	—	L	🚐	🎭
Plancoët	226	—	—	—	—	—	—
Planguenoual	226	—	—	—	—	—	—
Pléhédel	226	—	—	—	—	—	—
Pléneuf-Val-André	226	—	—	—	L	—	—
Plestin-les-Grèves	226	—	—	—	L	🚐	—
Pleubian	227	⛺	🏠	—	L	—	🎭
Pleumeur-Bodou	227	⛺	🏠	—	L	🚐	—
Pléven	227	—	—	—	—	—	—
Plouézec	228	—	🏠	—	L	🚐	—
Plougrescant	228	⛺	—	—	L	🚐	—
Plouguernével	229	—	🏠	P	L	—	—
Plouha	229	—	—	—	L	—	—
Ploumanach	229	—	—	—	L	🚐	—
Plurien	230	—	—	—	—	🚐	—
Pontrieux	230	—	—	P	—	—	—
Pordic	230	—	—	—	L	—	—
Saint-Brieuc	230	—	—	—	L	—	—
Saint-Cast-le-Guildo	231	—	🏠	—	L	🚐	🎭
Saint-Michel-en-Grève	231	—	—	—	L	🚐	—
Saint-Samson-sur-Rance	232	—	—	—	—	—	—
Taden	232	—	—	—	L	🚐	—
Trébeurden	233	—	—	—	L	🚐	—
Trégastel	234	—	—	—	L	🚐	—
Trélévern	234	⛺	—	—	L	🚐	—
Trévou-Tréguignec	234	—	—	—	—	—	—

29 FINISTÈRE

	Pages	⛺	🏠	Permanent	Location	🚐	🎭
Beg-Meil	235	—	—	—	L	🚐	—
Arzano	234	⛺	—	—	L	—	🎭
Bannalec	235	—	—	—	L	—	—
Bénodet	235	⛺	—	—	L	🚐	🎭
Brest	236	—	—	P	L	—	—

36

TABLEAU DES LOCALITÉS

Localité	Pages	⚠	🦢	Permanent	Location	🚐	🛖
Paramé	263	—	—	—	—	🚐	—
Le Pertre	263	—	🦢	P	—	—	—
Rennes	263	—	—	P	—	🚐	—
Saint-Benoît-des-Ondes	263	—	—	—	—	🚐	—
Saint-Briac-sur-Mer	264	—	—	—	L	🚐	—
Saint-Coulomb	264	—	🦢	—	L	—	—
Saint-Guinoux	264	—	—	—	—	—	—
Saint-Jouan-des-Guérets	264	—	—	—	L	🚐	🛖
Saint-Lunaire	265	—	—	—	L	🚐	—
Saint-Marcan	266	—	🦢	—	L	—	—
Saint-Père	266	—	—	—	L	—	—
Tinténiac	266	—	—	—	L	🚐	—

56 MORBIHAN

Localité	Pages	⚠	🦢	Permanent	Location	🚐	🛖
Ambon	266	—	🦢	—	L	—	—
Arradon	267	—	🦢	—	L	🚐	—
Arzon	268	—	—	—	—	🚐	—
Baden	268	—	—	—	L	🚐	🛖
Baud	268	—	—	—	L	🚐	—
BELLE-ILE	268						
Bangor	268						
Le Palais	269	—	🦢	—	L	—	—
Belz	269	—	—	—	L	—	—
Bono	270						
Camors	270	—	—	—	—	🚐	—
Carnac	270	—	🦢	—	L	🚐	🛖
Crach	273	—	🦢	—	L	—	—
Erdeven	273	—	—	—	L	🚐	🛖
Faouët	274	—	—	—	L	—	—
Le Guerno	274	—	—	—	L	🚐	—
Guidel	274	—	—	—	L	—	—
Île-aux-Moines	274						
Josselin	275	—	—	—	L	🚐	—
Kervoyal	275	—	—	—	L	🚐	—
Larmor-Plage	275	—	—	P	L	🚐	—
Locmariaquer	275	—	—	—	L	—	—
Locmiquélic	276	—	—	P	—	—	—
Melrand	276						
Meucon	276	—	—	P	L	🚐	—
Muzillac	276	—	—	—	L	—	—

Localité	Pages	⚠	🦢	Permanent	Location	🚐	🛖
Naizin	277	—	—	—	—	—	—
Noyal-Muzillac	277	—	🦢	—	L	🚐	🛖
Pénestin	277	⚠	🦢	—	L	🚐	🛖
Ploemel	278	—	—	P	L	—	—
Plougoumelen	278	—	🦢	—	L	—	—
Plouharnel	279	—	—	—	L	🚐	—
Plouhinec	279	—	—	—	L	—	🛖
Pont-Scorff	279	—	—	P	L	🚐	—
Priziac	280	—	—	—	L	—	—
Quiberon	280	—	—	—	L	🚐	🛖
La Roche-Bernard	281						
Rochefort-en-Terre	281	—	🦢	—	—	—	—
Rohan	281						
Saint-Congard	281	—	🦢	—	—	—	—
Saint-Gildas-de-Rhuys	282	—	—	—	L	—	—
Saint-Jacut-les-Pins	282	—	🦢	—	—	—	—
Saint-Julien	282	—	—	—	L	🚐	—
Saint-Philibert	283	—	—	P	L	—	—
Saint-Vincent-sur-Oust	283	—	🦢	—	—	—	—
Sainte-Anne-d'Auray	283						
Sarzeau	283	⚠	🦢	—	L	🚐	—
Sérent	284	—	—	—	—	🚐	—
Taupont	285	—	🦢	—	L	🚐	🛖
Theix	285	—	—	—	L	🚐	—
Le Tour-du-Parc	285	—	—	—	L	—	—
Trédion	286						
La Trinité-sur-Mer	286	⚠	—	—	L	🚐	🛖
Vannes	287	—	—	—	—	🚐	—

CENTRE

18 CHER

Localité	Pages	⚠	🦢	Permanent	Location	🚐	🛖
Aubigny-sur-Nère	292	—	—	—	—	—	—
Bourges	292	—	—	—	—	—	—
La Chapelle-d'Angillon	292	—	—	—	—	—	—
Châteaumeillant	292	—	—	—	L	—	—
Dun-sur-Auron	293	—	—	—	—	—	—
La Guerche-sur-l'Aubois	293	—	—	—	L	—	—
Jars	293	—	—	—	L	—	—
Lunery	294	—	—	—	—	🚐	—

38

	Pages	△	✋	Permanent	Location	🚐	🎭
Saint-Amand Montrond	294	—	—	—	—	—	—
Saint-Satur	294	—	—	—	—	—	—
Sainte-Montaine	294	—	—	—	—	—	—
28 EURE-ET-LOIR							
Arrou	294	—	—	—	—	—	—
La Bazoche-Gouet	295	—	—	—	—	—	—
Bonneval	295	—	—	—	—	—	—
Brunelles	295	—	—	P	—	🚐	—
Cloyes-sur-le-Loir	295	—	—	—	L	—	—
Courville-sur-Eure	296	—	—	—	—	—	—
Fontaine-Simon	296	—	—	—	—	—	—
Maintenon	296	—	—	P	—	—	—
Nogent-le-Rotrou	297	—	—	—	—	—	—
Saint-Rémy-sur-Avre	297	—	—	—	—	—	—
Senonches	297	—	—	—	—	—	—
36 INDRE							
Argenton-sur-Creuse	297	—	—	—	—	—	—
Arpheuilles	297	—	—	—	L	—	—
Baraize	298	△	—	—	L	—	—
Le Blanc	298	—	—	—	—	—	—
Buzançais	298	—	—	—	—	—	—
Chaillac	298	—	—	P	L	—	—
Châteauroux	298	—	—	—	—	🚐	—
Châtillon-sur-Indre	299	—	—	—	—	—	—
La Châtre	299	—	—	—	—	—	—
Éguzon	299	—	—	P	L	—	—
Fougères	299	—	—	—	L	—	—
Gargilesse	300	—	—	—	—	—	—
Issoudun	300	—	—	—	—	—	—
Luçay-le-Mâle	300	—	—	—	L	—	—
Montgivray	300	—	—	—	—	—	—
La Motte-Feuilly	300	—	—	—	—	—	—
Neuvy-Saint-Sépulchre	301	—	—	—	L	—	—
Le-Pont-Chrétien-Chabenet	301	—	—	—	—	—	—
Reuilly	301	—	—	—	L	—	—
Rosnay	301	—	—	P	—	—	—
Valençay	301	—	—	—	—	—	—
Vatan	302	—	—	—	L	—	—

	Pages	△	✋	Permanent	Location	🚐	🎭
37 INDRE-ET-LOIRE							
Azay-le-Rideau	302	—	—	—	—	🚐	—
Ballan-Miré	302	—	—	—	L	🚐	—
Bléré	302	—	—	—	—	🚐	—
Bourgueil	303	—	—	—	—	—	—
Château-Renault	303	—	—	—	—	—	—
Chemillé-sur-Indrois	303	—	—	—	—	—	—
Chinon	303	—	—	—	—	🚐	—
Civray-de-Touraine	304	—	—	—	—	—	—
Descartes	304	—	—	—	L	—	—
L'Île-Bouchard	304	—	—	—	L	—	—
Limeray	304	—	—	P	L	🚐	—
Loches	305	—	—	—	L	🚐	—
Marcilly-sur-Vienne	305	—	—	—	—	—	—
La Membrolle-sur-Choisille	305	—	—	—	—	—	—
Montbazon	305	—	—	—	L	—	—
Montlouis-sur-Loire	306	—	—	—	—	🚐	—
Preuilly-sur-Claise	306	—	—	—	—	—	—
Reugny	306	—	—	—	—	—	—
Saint-Avertin	306	—	—	—	L	—	—
Sainte-Catherine-de-Fierbois	307	△	—	—	L	🚐	🎭
Sainte-Maure-de-Touraine	307	—	—	—	—	🚐	—
Savigny-en-Véron	307	—	—	—	—	🚐	—
Sonzay	307	—	—	—	L	🚐	—
La Ville-aux-Dames	308	—	—	—	L	🚐	—
Vouvray	308	—	—	—	—	—	—
Yzeures-sur-Creuse	308	—	—	—	—	—	—
41 LOIR-ET-CHER							
Bracieux	308	—	—	—	L	—	—
Candé-sur-Beuvron	309	—	—	—	L	—	—
Châtres-sur-Cher	309	—	—	—	—	—	—
Chaumont-sur-Loire	309	—	—	—	—	—	—
Chémery	310	—	—	—	—	🚐	—
Crouy-sur-Cosson	310	—	—	—	—	—	—
Fréteval	310	—	—	—	L	—	—
Mareuil-sur-Cher	310	—	—	—	—	—	—
Mennetou-sur-Cher	310	—	—	—	—	—	—
Mesland	311	—	—	—	L	—	—

	Pages	⛺	🐚	Permanent	Location	🚐	🎭
Les Montils	311	—	—	P	—	—	—
Montoire-sur-le-Loir	311	—	—	—	—	—	—
Morée	311	—	—	—	—	🚐	—
Muides-sur-Loire	312	—	—	—	L	🚐	🎭
Neung-sur-Beuvron	312	—	—	—	—	—	—
Nouan-le-Fuzelier	312	—	—	—	—	🚐	—
Onzain	313	—	—	P	L	🚐	—
Pierrefitte-sur-Sauldre	313	—	🐚	—	L	🚐	🎭
Romorantin-Lanthenay	313	—	—	—	—	🚐	—
Saint-Aignan	314	—	—	—	L	—	—
Salbris	314	—	—	—	L	🚐	—
Seillac	314	—	🐚	—	L	—	—
Suèvres	314	—	—	—	L	🚐	—
Thoré-la-Rochette	315	—	—	—	—	—	—

45 LOIRET

	Pages	⛺	🐚	Permanent	Location	🚐	🎭
Beaulieu-sur-Loire	315	—	—	—	—	🚐	—
Bellegarde	315	—	—	—	—	—	—
Châtillon-Coligny	315	—	—	—	—	—	—
Coullons	316	—	—	—	—	—	—
Gien	316	—	—	—	L	🚐	🎭
Isdes	316	—	—	—	L	—	—
Lorris	316	—	—	—	—	—	—
Montargis	317	—	—	—	—	—	—
Nibelle	317	—	—	—	L	—	—
Olivet	317	—	—	—	—	—	—
Saint-Père-sur-Loire	317	—	—	—	L	🚐	—
Vitry-aux-Loges	318	—	—	—	—	—	—

CHAMPAGNE-ARDENNE

08 ARDENNES

	Pages	⛺	🐚	Permanent	Location	🚐	🎭
Attigny	321	—	—	—	—	—	—
Bourg-Fidèle	321	—	—	P	—	—	—
Buzancy	321	—	—	—	L	🚐	—
Chesne	321	⛺	—	P	—	—	—
Haulmé	321	—	—	P	—	—	—
Juniville	322	—	—	—	—	—	—
Les Mazures	322	—	—	P	L	—	—
Mouzon	322	—	—	—	—	—	—
Sedan	323	—	—	—	—	—	—
Signy-l'Abbaye	323	—	—	—	—	—	—

10 AUBE

	Pages	⛺	🐚	Permanent	Location	🚐	🎭
Aix-en-Othe	323	—	—	—	—	—	—
Dienville	323	—	—	—	L	🚐	—
Ervy-le-Châtel	324	—	—	—	—	—	—
Géraudot	324	—	—	—	—	—	—
Radonvilliers	324	—	—	—	—	—	—
Soulaines-Dhuys	324	—	—	—	—	—	—
Troyes	324	—	—	—	—	🚐	—

51 MARNE

	Pages	⛺	🐚	Permanent	Location	🚐	🎭
Châlons-en-Champagne	325	—	—	—	—	🚐	—
Épernay	325	—	—	—	—	🚐	—
Fismes	325	—	—	—	—	—	—
Sézanne	326	—	—	—	—	—	—

52 HAUTE-MARNE

	Pages	⛺	🐚	Permanent	Location	🚐	🎭
Andelot	326	—	—	—	—	—	—
Bannes	326	—	—	P	—	—	—
Bourbonne-les-Bains	327	—	—	—	—	🚐	—
Braucourt	327	⛺	—	—	—	🚐	—
Froncles-Buxières	327	—	—	—	—	—	—
Montigny-le-Roi	327	—	—	—	—	🚐	—
Thonnance-les-Moulins	328	—	—	—	L	—	🎭

CORSE

2A CORSE-DU-SUD

	Pages	⛺	🐚	Permanent	Location	🚐	🎭
Ajaccio	331	—	—	—	L	—	—
Belvédère-Campomoro	331	—	—	—	L	—	—
Bonifacio	331	—	🐚	—	L	🚐	🎭
Cargèse	333	—	—	—	L	—	—
Figari	333	—	—	—	L	—	—
Golfe-de-la-Liscia	333	—	—	—	L	🚐	—
Olmeto	333	—	—	—	L	—	—
Piana	334	—	—	—	—	🚐	—

	Pages	△	❧	Permanent	Location	🚐	🎭
Pianottoli-Caldarello	334	—	❧	—	—	—	—
Pinarellu	335	△	❧	—	—	🚐	—
Porticcio	335	—	—	—	L	🚐	—
Portigliolo	335	—	❧	—	L	—	🎭
Porto	336	—	—	—	L	🚐	—
Porto-Vecchio	337	△	—	P	L	🚐	🎭
Plage-de-Ruppione	335	—	—	—	L	—	—
Sagone	339	—	—	—	L	🚐	🎭
Sainte-Lucie de-Porto-Vecchio	339	—	—	—	L	—	—
Serra-di-Ferro	339	△	—	—	—	🚐	—
Tiuccia	340	—	❧	—	L	—	—
Zonza	340	—	—	—	—	—	—

2B HAUTE-CORSE

	Pages	△	❧	Permanent	Location	🚐	🎭
Aléria	340	△	—	—	L	🚐	🎭
Bastia	340	△	—	—	L	🚐	—
Calacuccia	341	—	—	—	L	🚐	—
Calvi	341	—	—	—	L	🚐	—
Farinole	342	△	—	—	L	—	—
Ghisonaccia	342	△	—	—	L	🚐	🎭
L'Île-Rousse	343	—	—	—	L	🚐	—
Lozari	343	—	—	—	L	🚐	—
Lumio	344	—	❧	—	L	—	—
Moriani-Plage	344	—	—	—	L	—	—
Morsiglia	344	—	—	—	—	🚐	—
Palasca	345	—	—	—	L	—	—
Pietracorbara	345	—	—	—	—	—	—
Saint-Florent	345	—	—	—	L	🚐	—
Vivario	345	—	—	—	—	—	—

FRANCHE-COMTÉ

25 DOUBS

	Pages	△	❧	Permanent	Location	🚐	🎭
Bonnal	349	—	—	—	—	🚐	🎭
Chalezeule	349	—	—	—	—	🚐	—
Huanne-Montmartin	349	—	—	—	L	—	—
Labergement-Sainte-Marie	349	—	—	—	L	—	—
Levier	350	—	—	—	L	—	—
Maîche	350	—	—	—	L	—	—

	Pages	△	❧	Permanent	Location	🚐	🎭
Malbuisson	350	△	—	—	L	🚐	—
Mandeure	350	—	—	—	—	—	—
Montagney	351	—	—	—	—	—	—
Ornans	351	—	—	—	L	—	—
Pontarlier	351	—	—	P	L	🚐	—
Quingey	351	—	—	—	—	—	—
Saint-Hippolyte	351	—	—	—	L	—	—
Saint-Point-Lac	352	—	—	—	—	—	—

39 JURA

	Pages	△	❧	Permanent	Location	🚐	🎭
Arbois	352	—	—	—	—	—	—
Bonlieu	352	—	—	—	—	—	—
Champagnole	353	—	—	—	L	🚐	🎭
Chancia	353	—	—	—	—	—	—
Châtillon	353	—	❧	—	L	—	—
Clairvaux-les-Lacs	353	△	—	—	L	—	🎭
Dole	354	—	—	—	L	🚐	—
Doucier	354	△	—	—	L	🚐	—
Foncine-le-Haut	354	—	❧	—	L	—	—
Lons-le-Saunier	355	—	—	—	L	🚐	🎭
Maisod	355	—	—	—	—	—	—
Marigny	355	△	—	—	L	—	🎭
Mesnois	356	—	—	—	L	—	—
Monnet-la-Ville	356	—	—	—	L	—	—
Ounans	356	—	—	—	L	🚐	🎭
Poligny	357	—	—	—	—	—	—
Pont-du-Navoy	357	—	—	P	L	—	—
Saint-Claude	357	—	—	—	L	—	—
Saint-Laurent-en-Grandvaux	357	—	—	—	—	🚐	—
Salins-les-Bains	357	—	—	—	—	—	—
La Tour-du-Meix	358	—	—	—	L	—	—
Uxelles	358	—	❧	—	L	—	🎭

70 HAUTE-SAÔNE

	Pages	△	❧	Permanent	Location	🚐	🎭
Cromary	358	—	—	—	—	—	—
Fresse	358	—	—	—	L	—	—
Lure	358	—	—	—	—	—	—
Mélisey	359	—	—	—	L	—	—
Renaucourt	359	—	—	—	—	—	—

	Pages	▲	🐾	Permanent	Location	🚐	🎭
Vesoul	359	—	—	—	L	🚐	—
Villersexel	360	—	—	—	L	—	—

90 TERRITOIRE-DE-BELFORT

	Pages	▲	🐾	Permanent	Location	🚐	🎭
Belfort	360	—	—	—	—	🚐	—
Lachapelle-sous-Rougemont	360	—	—	—	—	🚐	—

ÎLE-DE-FRANCE

75 VILLE-DE-PARIS

	Pages	▲	🐾	Permanent	Location	🚐	🎭
Paris	363	—	—	P	L	🚐	—

77 SEINE-ET-MARNE

	Pages	▲	🐾	Permanent	Location	🚐	🎭
Bagneaux-sur-Loing	363	—	—	—	—	—	—
Blandy	363	—	—	—	—	—	—
Boulancourt	363	—	🐾	P	L	🚐	—
Changis-sur-Marne	364	—	—	—	—	—	—
Crèvecœur-en-Brie	364	—	—	—	L	🚐	—
La Ferté-sous-Jouarre	364	—	—	P	L	—	—
Hermé	364	▲	—	P	—	—	—
Jablines	365	—	—	—	L	🚐	—
Marne-la-Vallée	365	—	—	—	L	—	🎭
Melun	365	—	—	—	L	🚐	—
Montjay-la-Tour	365	—	—	P	—	🚐	—
Pommeuse	366	—	—	—	L	🚐	—
Touquin	366	—	🐾	—	—	—	—
Veneux-les-Sablons	366	—	—	—	—	🚐	—
Verdelot	366	—	—	—	—	—	—

78 YVELINES

	Pages	▲	🐾	Permanent	Location	🚐	🎭
Rambouillet	367	—	—	—	—	🚐	—
Versailles	367	—	—	—	L	🚐	—

91 ESSONNE

	Pages	▲	🐾	Permanent	Location	🚐	🎭
Étampes	367	—	—	—	—	—	—
Monnerville	367	—	—	—	—	—	—
Saint-Chéron	368	—	🐾	—	L	—	—
Villiers-sur-Orge	368	—	—	P	L	🚐	—

95 VAL-D'OISE

	Pages	▲	🐾	Permanent	Location	🚐	🎭
Nesles-la-Vallée	368	—	🐾	—	—	—	—

LANGUEDOC-ROUSSILLON

11 AUDE

	Pages	▲	🐾	Permanent	Location	🚐	🎭
Axat	372	—	🐾	—	L	🚐	—
Belcaire	372	—	—	—	—	—	—
Brousses-et-Villaret	372	—	🐾	—	—	—	—
Carcassonne	372	—	—	—	L	🚐	🎭
Montclar	373	—	🐾	—	L	🚐	🎭
Narbonne	374	—	—	—	L	🚐	🎭
Nébias	374	—	🐾	—	L	—	—
Puivert	374	—	—	—	—	🚐	—
Quillan	374	—	—	—	—	—	—
Rennes-les-Bains	375	—	—	—	L	—	—
Roquefort-des-Corbières	375	—	—	—	L	—	—
Saissac	375	—	—	—	—	—	—
Trèbes	375	—	—	—	—	—	—
Villegly	375	—	—	—	L	—	—
Villemoustaussou	376	—	—	—	L	🚐	—
Villepinte	376	—	—	—	—	—	—

30 GARD

	Pages	▲	🐾	Permanent	Location	🚐	🎭
Aigues-Mortes	376	—	—	—	L	🚐	🎭
Aiguèze	376	—	—	P	—	🚐	—
Allègre-les-Fumades	377	—	—	—	L	—	🎭
Anduze	377	▲	—	—	L	🚐	🎭
Bagnols-sur-Cèze	378	▲	—	—	L	—	—
Barjac	378	—	🐾	—	L	—	—
Bessèges	379	▲	—	—	L	—	—
Boisson	379	—	—	—	L	—	🎭
Cendras	379	—	—	—	L	🚐	🎭
Chambon	380	—	—	—	—	—	—
Collias	380	—	—	—	L	—	—
Connaux	380	—	—	P	L	—	—
Corbès	380	▲	🐾	—	L	🚐	—
Crespian	381	—	—	—	L	—	—
Domazan	381	—	—	P	L	—	—

42

	Pages	△	🐾	Permanent	Location	🚐	🎭
Le-Pont-de-Montvert	409	—	—	—	—	—	—
Rocles	410	—	—	P	L	—	—
Le Rozier	410	△	—	—	L	🚐	—
Saint-Léger-de-Peyre	413	—	🐾	—	L	—	—
Saint-Bauzile	411	—	—	—	—	—	—
Saint-Georges-de-Lévéjac	411	—	🐾	—	—	—	—
Saint-Germain-du-Teil	411	—	—	—	L	—	—
Saint-Paul-le-Froid	411	—	🐾	—	L	—	—
Sainte-Enimie	411	△	—	—	L	🚐	—
Les Vignes	412	△	—	—	L	—	—
Villefort	412	—	—	—	L	—	—

66 PYRÉNÉES-ORIENTALES

	Pages	△	🐾	Permanent	Location	🚐	🎭
Argelès-sur-Mer	413	△	—	—	L	🚐	🎭
Arles-sur-Tech	417	—	—	—	L	—	—
Le Barcarès	417	—	—	P	L	🚐	🎭
Bourg-Madame	418	—	—	P	L	—	—
Canet-Plage	419	△	—	—	L	🚐	🎭
Casteil	420	—	🐾	—	—	—	—
Céret	420	—	—	—	—	—	—
Égat	420	—	—	P	—	—	—
Elne	420	—	—	—	—	—	—
Enveitg	421	—	—	P	L	—	—
Err	421	—	—	P	L	—	—
Estavar	421	—	—	—	L	🚐	—
Fuilla	421	—	—	—	L	—	—
Laroque-des-Albères	422	—	🐾	—	L	—	🎭
Matemale	422	—	—	—	—	🚐	—
Maureillas-Las-Illas	422	—	—	—	L	—	—
Molitg-les-Bains	423	—	—	—	—	—	—
Palau-Del-Vidre	423	—	—	—	L	🚐	—
Prades	423	—	—	P	L	—	—
Rivesaltes	423	—	—	—	—	—	—
Saint-Cyprien	424	△	—	—	L	🚐	🎭
Saint-Génis-des-Fontaines	424	—	—	—	L	—	—
Saint-Jean-Pla-de-Corts	424	—	—	P	L	—	🎭
Saint-Laurent-de-Cerdans	424	—	—	—	L	—	—
Saint-Paul-de-Fenouillet	425	—	—	P	—	—	—

	Pages	△	🐾	Permanent	Location	🚐	🎭
Sainte-Marie	425	—	—	—	L	🚐	🎭
Torreilles	426	—	—	—	L	—	🎭
Vernet-les-Bains	427	—	—	—	L	—	—
Villeneuve-de-la-Raho	427	△	—	—	L	🚐	—

LIMOUSIN

19 CORRÈZE

	Pages	△	🐾	Permanent	Location	🚐	🎭
Argentat	431	△	—	—	L	🚐	🎭
Aubazines	432	—	—	—	L	🚐	🎭
Auriac	432	△	🐾	—	—	—	—
Beaulieu-sur-Dordogne	432	△	🐾	—	L	—	—
Beynat	432	△	—	—	L	—	—
Bort-les-Orgues	433	—	🐾	—	—	—	—
Camps	433	—	—	—	L	—	—
Chamberet	433	—	🐾	—	—	—	—
Chauffour-sur-Vell	433	—	🐾	—	L	—	—
Corrèze	434	—	—	—	—	—	—
Liginiac	434	—	—	—	—	—	—
Masseret	434	—	—	—	L	—	—
Meyssac	434	—	—	—	L	—	—
Neuvic	435	△	—	—	L	—	—
Palisse	435	—	🐾	P	L	—	—
Reygade	435	—	—	—	L	—	—
Saint-Pantaléon-de-Lapleau	435	—	🐾	—	—	🚐	—
Saint-Pardoux-Corbier	435	—	—	—	—	—	—
Seilhac	436	—	—	—	L	🚐	—
Soursac	436	△	—	—	—	—	—
Treignac	436	—	—	—	L	—	—
Ussel	436	—	—	—	L	🚐	—
Uzerche	437	—	—	—	L	—	—
Viam	437	—	—	—	—	🚐	—

23 CREUSE

	Pages	△	🐾	Permanent	Location	🚐	🎭
Bourganeuf	437	—	—	—	—	—	—
Le-Bourg-d'Hem	437	△	—	—	—	—	—
Boussac-Bourg	438	—	🐾	—	L	🚐	🎭
Bussière-Dunoise	438	—	—	—	—	—	—
La Celle-Dunoise	438	—	—	—	L	🚐	—

	Pages	⛰	✍	Permanent	Location	🚐	🎭
Chambon-sur-Voueize	438	—	—	—	—	🚐	—
Châtelus-Malvaleix	439	⛰	—	—	L	—	—
Chénérailles	439	—	—	—	—	—	—
Évaux-les-Bains	439	—	—	—	L	—	—
Guéret	439	—	—	—	—	—	—
Mérinchal	439	—	—	—	—	—	—
Royère-de-Vassivière	440	—	—	—	—	—	—
Saint-Vaury	440	—	—	—	—	—	—

87 HAUTE-VIENNE

	Pages	⛰	✍	Permanent	Location	🚐	🎭
Aixe-sur-Vienne	440	—	—	—	—	—	—
Bessines-sur-Gartempe	440	—	—	—	—	—	—
Bujaleuf	441	—	—	—	L	—	—
Bussière-Galant	441	—	—	—	—	—	—
Châteauneuf-la-Forêt	441	—	—	P	L	—	—
Châteauponsac	441	—	—	P	L	—	—
Coussac-Bonneval	442	—	—	—	—	—	—
Cromac	442	—	—	—	L	—	—
Eymoutiers	442	—	—	—	—	—	—
Ladignac-le-Long	442	—	—	—	L	—	—
Meuzac	443	—	—	—	—	—	—
Nexon	443	—	—	—	L	—	—
Pierre-Buffière	443	—	—	—	—	🚐	—
Razès	443	—	—	—	L	—	—
Saint-Germain-les-Belles	444	—	—	—	—	—	—
Saint-Hilaire-les-Places	444	—	—	P	L	🚐	—
Saint-Laurent-les-Églises	444	—	—	—	L	—	—
Saint-Léonard-de-Noblat	444	—	—	—	—	—	—
Saint-Martin-Terressus	444	—	—	—	—	—	—
Saint-Pardoux	445	—	—	—	L	—	—
Saint-Yrieix-la-Perche	445	—	—	—	—	—	—
Videix	445	⛰	✍	—	L	—	—

LORRAINE

54 MEURTHE-ET-MOSELLE

	Pages	⛰	✍	Permanent	Location	🚐	🎭
Jaulny	449	—	—	—	L	—	—
Lunéville	449	—	—	—	—	🚐	—
Magnières	449	—	—	—	L	—	—

	Pages	⛰	✍	Permanent	Location	🚐	🎭
Mandres-aux-Quatre-Tours	450	—	—	—	—	—	—
Villey-le-Sec	450	—	—	—	L	🚐	—

55 MEUSE

	Pages	⛰	✍	Permanent	Location	🚐	🎭
Revigny-sur-Ornain	450	—	—	—	—	—	—
Verdun	450	—	—	—	L	🚐	—

57 MOSELLE

	Pages	⛰	✍	Permanent	Location	🚐	🎭
Dabo	451	—	—	—	L	—	—
Metz	451	—	—	—	—	🚐	—
Morhange	451	—	—	—	L	—	—
Saint-Avold	451	—	—	P	L	—	—

88 VOSGES

	Pages	⛰	✍	Permanent	Location	🚐	🎭
Anould	452	—	—	—	L	🚐	—
La Bresse	452	—	—	P	L	🚐	—
Bulgnéville	452	—	—	—	—	—	—
Bussang	453	—	—	P	L	🚐	🎭
Celles-sur-Plaine	453	—	—	—	L	—	🎭
La Chapelle-Devant-Bruyères	453	—	—	—	L	—	—
Charmes	453	—	—	—	—	🚐	—
Contrexéville	454	—	—	—	—	—	—
Corcieux	454	—	—	P	L	🚐	🎭
Fresse-sur-Moselle	454	—	—	—	—	—	—
Gemaingoutte	454	—	—	—	—	—	—
Gérardmer	455	—	—	—	L	—	🎭
Granges-sur-Vologne	455	—	—	—	—	—	—
Herpelmont	455	⛰	—	—	—	—	—
Neufchâteau	455	—	—	—	—	—	—
Plombières-les-Bains	456	—	—	—	L	🚐	—
Saint-Dié-des-Vosges	456	—	—	P	L	—	🎭
Saint-Maurice-sur-Moselle	456	—	—	—	L	🚐	—
Sanchey	457	—	—	P	L	🚐	🎭
Saulxures-sur-Moselotte	457	⛰	—	P	L	—	—
Le Tholy	457	—	—	—	L	—	—
Le-Val-d'Ajol	457	—	—	—	L	—	—
Vittel	458	—	—	—	—	🚐	—
Xonrupt-Longemer	458	⛰	—	—	L	🚐	—

MIDI-PYRÉNÉES

09 ARIÈGE

	Pages	⚠	🦢	Permanent	Location	🚐	🛡
Aigues-Vives	462	—	🦢	—	L	🚐	—
Albiès	462	—	—	P	—	—	—
Aston	462	—	—	—	L	—	—
Augirein	462	—	—	—	L	—	—
Aulus-les-Bains	463	—	—	P	L	—	—
Ax-les-Thermes	463	—	—	—	L	🚐	—
La Bastide-de-Sérou	463	—	—	—	L	🚐	—
Cos	464	—	—	P	—	—	—
Le Fossat	464	—	—	—	—	—	—
L'Hospitalet-Près-l'Andorre	464	—	—	—	—	—	—
L'Herm	464	—	—	—	—	—	—
Luzenac	464	—	—	P	L	—	—
Mercus-Garrabet	465	⚠	—	—	L	🚐	—
Mérens-les-Vals	465	—	—	P	—	—	—
Ornolac-Ussat-les-Bains	465	—	—	—	L	—	—
Oust	465	—	—	P	L	—	—
Pamiers	465	—	—	—	L	🚐	—
Le Pla	466	—	—	P	—	—	—
Rieux-de-Pelleport	466	—	—	P	L	🚐	—
Rimont	466	—	—	—	L	—	—
Saint-Girons	466	—	—	—	L	🚐	—
Seix	467	—	—	P	L	—	—
Sorgeat	467	—	🦢	P	L	—	—
Tarascon-sur-Ariège	467	—	—	P	L	🚐	🛡
Le Trein d'Ustou	468	—	—	P	L	—	—

12 AVEYRON

	Pages	⚠	🦢	Permanent	Location	🚐	🛡
Alrance	468	⚠	—	—	L	—	—
Arvieu	468	—	—	—	—	—	—
Boisse-Penchot	468	—	—	P	L	—	—
Brusque	469	—	—	—	L	—	—
Canet-de-Salars	469	⚠	—	—	L	🚐	🛡
Capdenac-Gare	470	—	—	—	L	—	—
Conques	470	—	—	—	L	🚐	—
Entraygues-sur-Truyère	470	—	—	—	L	—	—
Le Fel	471	—	—	—	—	—	—
Flagnac	471	—	—	—	L	—	—
Golinhac	471	—	—	—	L	—	—
Grand-Vabre	471	—	—	—	L	—	—
Laguiole	471	—	—	—	—	🚐	—
Martiel	472	—	—	—	—	—	—
Millau	472	⚠	—	—	L	🚐	🛡
Najac	472	—	—	—	—	—	—
Nant	473	—	🦢	—	L	🚐	🛡
Naucelle	473	—	—	—	L	🚐	—
Le Nayrac	473	—	—	—	—	—	—
Pons	474	—	—	—	L	—	—
Pont-de-Salars	474	⚠	—	—	L	—	🛡
Rignac	475	—	—	—	—	—	—
Rivière-sur-Tarn	475	⚠	—	—	L	—	—
Rodez	475	—	🦢	—	L	🚐	🛡
Saint-Amans-des-Cots	476	⚠	—	—	L	🚐	🛡
Saint-Geniez-d'Olt	476	—	—	—	L	🚐	🛡
Saint-Rome-de-Tarn	477	⚠	—	P	L	🚐	🛡
Saint-Symphorien-de-Thénières	477	—	—	—	—	—	—
Salles-Curan	478	⚠	—	—	L	—	—
Sévérac-l'Église	478	—	—	—	L	—	—
Le Truel	478	—	—	—	L	—	—
Villefranche-de-Rouergue	479	—	—	—	L	—	—

31 HAUTE-GARONNE

	Pages	⚠	🦢	Permanent	Location	🚐	🛡
Aspet	479	—	—	—	—	—	—
Aurignac	479	—	—	—	L	—	—
Bagnères-de-Luchon	479	—	—	—	L	🚐	—
Boulogne-sur-Gesse	480	—	—	—	L	—	—
Caraman	480	—	—	—	—	—	—
Cassagnabère-Tournas	480	—	—	—	L	—	—
Garin	481	—	—	—	L	—	—
Juzet-de-Luchon	481	—	—	—	L	—	—
Mane	481	—	—	—	L	🚐	—
Martres-Tolosane	481	—	—	—	L	🚐	—
Nailloux	482	—	—	P	L	—	—
Puységur	482	—	🦢	—	L	—	—
Revel	482	—	—	—	—	—	—
Rieux	482	—	—	—	L	🚐	—

	Pages	⚠	🛶	Permanent	Location	🚐	◷
Bagnères-de-Bigorre	504	—	—	P	L	🚐	—
Bourisp	505	—	—	P	L	—	—
Bun	505	—	—	P	L	—	—
Capvern-les-Bains	505	—	—	—	L	🚐	—
Cauterets	505	—	—	—	L	🚐	—
Estaing	506	—	—	—	—	🚐	—
Gavarnie	507	—	—	—	L	—	—
Gèdre	507	—	—	—	—	—	—
Hèches	507	—	—	P	L	🚐	—
Lau-Balagnas	507	—	—	—	L	—	—
Loudenvielle	508	—	—	—	L	—	—
Lourdes	508	—	—	—	L	🚐	—
Luz-Saint-Sauveur	509	—	—	P	L	🚐	—
Madiran	511	—	—	—	—	—	—
Orincles	511	—	—	—	—	—	—
Ouzous	511	—	—	—	—	—	—
Peyrouse	511	—	—	—	L	—	—
Poueyferré	512	—	—	—	L	—	—
Pouzac	512	—	—	—	L	—	—
Saint-Lary-Soulan	512	—	—	—	L	🚐	—
Sainte-Marie-de-Campan	512	—	—	P	—	🚐	—
Sassis	513	—	—	—	L	—	—
Trébons	513	—	🛶	—	—	—	—
Vielle-Aure	513	—	—	P	L	—	—

81 TARN

	Pages	⚠	🛶	Permanent	Location	🚐	◷
Anglès	513	—	—	—	L	—	—
Le Bez	514	—	🛶	—	—	—	—
Brassac	514	—	—	—	—	—	—
Les Cabannes	514	—	—	—	L	—	—
Les Cammazes	514	—	—	—	L	—	—
Castelnau-de-Montmiral	515	—	—	—	L	—	—
Cordes-sur-Ciel	515	—	—	—	L	—	—
Damiatte	515	⚠	—	—	L	—	—
Giroussens	516	—	🛶	—	—	—	—
Mazamet	516	—	—	—	L	🚐	—
Mirandol-Bourgnounac	516	—	🛶	—	—	—	—
Nages	516	—	—	—	L	—	◷
Pampelonne	517	—	—	—	—	—	—
Rivières	517	—	—	—	L	—	—

	Pages	⚠	🛶	Permanent	Location	🚐	◷
Rouquié	517	⚠	—	—	L	—	—
Sorèze	517	—	—	—	—	—	—
Teillet	517	—	—	P	L	—	—

82 TARN-ET-GARONNE

	Pages	⚠	🛶	Permanent	Location	🚐	◷
Beaumont-de-Lomagne	518	—	—	—	L	—	◷
Caussade	518	—	—	—	—	🚐	—
Caylus	518	—	—	—	L	🚐	—
Cayriech	518	—	—	P	L	🚐	—
Lafrançaise	519	—	—	—	L	—	—
Laguépie	519	⚠	—	—	L	—	—
Lavit-de-Lomagne	519	—	—	—	L	—	—
Moissac	519	—	—	—	L	🚐	—
Montaigu-de-Quercy	520	⚠	🛶	—	L	—	—
Montpezat-de-Quercy	520	—	—	—	L	—	—
Nègrepelisse	520	—	—	—	—	🚐	—
Parisot	520	—	—	—	L	—	—
Saint-Antonin-Noble-Val	520	—	—	—	L	—	—
Saint-Nicolas-de-la-Grave	521	—	—	—	—	—	—
Touffailles	521	—	—	—	—	—	—

NORD-PAS-DE-CALAIS

59 NORD

	Pages	⚠	🛶	Permanent	Location	🚐	◷
Aubencheul-au-Bac	525	—	—	—	—	—	—
Avesnes-sur-Helpe	525	—	—	—	—	—	—
Buysscheure	525	—	—	—	—	🚐	—
Coudekerque	526	—	—	P	—	—	—
Floyon	526	—	—	—	—	—	—
Grand-Fort-Philippe	526	—	—	—	—	—	—
Leffrinckoucke	526	—	—	—	—	—	—
Maubeuge	526	—	—	—	—	—	—
Saint-Amand-les-Eaux	527	—	—	—	—	—	—
Watten	527	—	—	—	—	—	—
Willies	527	—	—	—	L	—	—

62 PAS-DE-CALAIS

	Pages	⚠	🛶	Permanent	Location	🚐	◷
Ardres	527	—	—	—	—	🚐	—
Audruicq	528	—	—	—	—	—	—
Auxi-le-Château	528	—	—	—	—	—	—

48

49

	Pages	△	ᯤ	Permanent	Location	🚐	☺
Pornic	575	—	—	—	L	🚐	☺
Le Pouliguen	575	—	—	—	—	🚐	—
Préfailles	576	—	—	—	L	🚐	☺
Saint-Brevin-les-Pins	576	—	—	P	L	🚐	☺
Saint-Étienne-de-Montluc	577	—	—	P	—	—	—
Saint-Père-en-Retz	577	—	—	—	L	—	—
Sainte-Luce-sur-Loire	577	—	—	P	—	🚐	—
Tharon-Plage	577	—	—	—	L	—	—
La Turballe	578	△	—	—	L	—	—
Vertou	578	—	—	—	—	🚐	—

49 MAINE-ET-LOIRE

	Pages	△	ᯤ	Permanent	Location	🚐	☺
Allonnes	578	—	—	—	L	—	—
Angers	579	—	—	—	L	🚐	—
Baugé	579	—	—	—	—	—	—
Bouchemaine	579	—	—	—	—	—	—
Brain-sur-l'Authion	579	—	—	—	—	—	—
Brissac-Quincé	580	—	—	—	L	🚐	—
Challain-la-Potherie	580	—	—	—	—	—	—
Chalonnes-sur-Loire	580	—	—	—	—	—	—
Châteauneuf-sur-Sarthe	580	—	—	—	—	—	—
Chemillé	581	—	—	—	L	—	—
Cholet	581	—	—	—	L	🚐	☺
Concourson-sur-Layon	582	—	—	—	L	🚐	☺
Coutures	582	—	—	—	L	—	—
Doué-la-Fontaine	582	—	—	—	—	—	—
Durtal	582	—	—	—	L	—	—
Le Lion-d'Angers	583	—	—	—	—	—	—
Montreuil-Bellay	583	—	—	—	L	—	—
Montsoreau	583	—	—	—	—	🚐	—
Noyant-la-Gravoyère	583	—	—	—	—	—	—
Nyoiseau	584	—	—	—	—	—	—
Les-Ponts-de-Cé	584	—	—	—	L	🚐	—
Pruillé	584	—	—	—	—	—	—
Les Rosiers-sur-Loire	584	—	—	—	L	—	—
Saint-Georges-sur-Layon	584	—	—	—	L	—	—
Saint-Hilaire-Saint-Florent	585	—	ᯤ	—	L	🚐	—
Saint-Lambert-du-Lattay	585	—	—	—	L	—	—
Saumur	585	—	—	—	L	🚐	—
Thouarcé	585	—	—	—	—	—	—
La Varenne	586	—	—	—	—	—	—
Varennes-sur-Loire	586	—	—	—	—	—	☺
Vihiers	586	—	—	—	—	—	—

53 MAYENNE

	Pages	△	ᯤ	Permanent	Location	🚐	☺
Ambrières-les-Vallées	586	—	—	—	L	—	—
Andouillé	587	—	—	—	L	—	—
Bais	587	—	—	—	—	—	—
Bouère	587	—	—	—	L	—	☺
Château-Gontier	587	—	—	—	L	—	—
Craon	588	—	—	—	L	—	—
Daon	588	—	—	—	L	—	—
Évron	588	—	—	P	L	🚐	—
Laval	588	—	—	—	—	—	—
Mayenne	589	—	—	—	L	—	—
Ménil	589	—	—	—	L	—	—
Meslay-du-Maine	589	—	—	—	L	—	—
Saint-Berthevin	589	—	—	—	—	—	—
La Selle-Craonnaise	590	—	—	—	L	—	☺
Villiers-Charlemagne	590	—	—	P	L	🚐	☺

72 SARTHE

	Pages	△	ᯤ	Permanent	Location	🚐	☺
Avoise	590	—	—	—	—	—	—
Beaumont-sur-Sarthe	590	—	—	—	—	🚐	—
Bessé-sur-Braye	591	—	—	—	—	🚐	—
Bouloire	591	—	—	—	—	—	—
Conlie	591	—	—	—	—	—	—
Courdemanche	591	—	—	—	—	—	—
Dollon	591	—	—	—	—	—	—
Écommoy	592	—	—	—	—	—	—
La Ferté-Bernard	592	—	—	—	—	—	—
La Flèche	592	—	—	—	—	🚐	—
Fresnay-sur-Sarthe	592	—	—	—	L	—	—
Lavaré	593	—	—	—	—	—	—
Loué	593	—	—	—	L	—	—
Luché-Pringé	593	—	—	—	L	—	—
Malicorne-sur-Sarthe	593	—	—	—	L	🚐	—
Mamers	593	—	—	P	L	—	—
Mansigné	594	—	—	—	L	—	—
Marçon	594	—	—	—	—	—	—

52

Localité	Pages	🔺	🏊	Permanent	Location	🚐	🎭
Mayet	594	—	—	—	—	—	—
Mézières-sous-Lavardin	594	—	🏊	P	—	🚐	—
Neuville-sur-Sarthe	594	—	🏊	—	L	—	—
Précigné	595	—	—	—	—	—	—
Roézé-sur-Sarthe	595	—	—	—	—	—	—
Ruillé-sur-Loir	595	—	—	—	—	—	—
Sablé-sur-Sarthe	595	—	—	—	L	—	—
Saint-Calais	595	—	—	—	—	—	—
Sillé-le-Guillaume	596	—	—	—	—	—	—
Sillé-le-Philippe	596	—	🏊	—	L	—	🎭
Tennie	596	—	—	—	L	🚐	—

85 VENDÉE

Localité	Pages	🔺	🏊	Permanent	Location	🚐	🎭
L'Aiguillon-sur-Mer	596	—	—	—	—	—	—
Aizenay	597	—	—	—	L	—	—
Angles	597	—	—	—	L	🚐	🎭
Apremont	598	—	—	—	L	—	—
Avrillé	598	—	—	—	L	—	—
La Boissière-de-Montaigu	598	—	🏊	—	L	🚐	—
Bournezeau	599	—	—	—	—	—	—
Brem-sur-Mer	599	—	—	—	L	—	🎭
Brétignolles-sur-Mer	599	—	—	—	L	🚐	—
Chaillé-les-Marais	600	—	—	—	L	🚐	—
La Chaize-Giraud	601	—	—	P	L	—	—
La Chapelle-Hermier	601	—	—	—	L	—	—
Commequiers	601	—	🏊	—	L	—	—
Les Conches	601	—	—	—	L	—	—
Les Epesses	602	—	—	—	L	🚐	—
Les Essarts	602	—	—	P	—	—	—
La Faute-sur-Mer	602	—	—	—	L	—	—
Le Fenouiller	603	—	🏊	—	L	—	—
Fromentine	603	—	—	—	L	—	🎭
Le Givre	604	—	🏊	—	—	—	—
Grand'Landes	604	—	—	P	—	—	—
NOIRMOUTIER-EN-L'ÎLE	604						
Barbâtre	604	—	—	—	L	—	—
La Guérinière	604	🔺	—	—	L	🚐	🎭
Noirmoutier-en-l'Île	605	—	—	—	—	🚐	—
Jard-sur-Mer	605	—	—	—	L	—	🎭
Landevieille	606	—	—	—	L	—	—
L'Île-d'Olonne	605	—	—	—	—	—	—
Longeville-sur-Mer	607	—	🏊	—	L	—	🎭
Les Lucs-sur-Boulogne	608	—	—	—	—	—	—
Maché	608	—	—	—	L	—	—
Maillezais	608	—	—	—	—	🚐	—
Mareuil-sur-Lay	608	—	—	—	—	—	—
Le Mazeau	609	—	—	—	—	—	—
Mervent	609	—	—	—	L	—	—
La Mothe-Achard	609	—	—	—	L	—	🎭
Mouchamps	609	—	—	—	L	—	—
Mouilleron-le-Captif	610	—	—	P	L	—	—
Nalliers	610	—	—	—	—	—	—
Notre-Dame-de-Monts	610	—	—	—	L	—	🎭
Olonne-sur-Mer	611	—	—	—	L	—	🎭
Le Perrier	612	—	—	—	L	—	—
Pouzauges	612	🔺	—	P	—	—	—
Les Sables-d'Olonne	613	—	—	—	L	—	🎭
Saint-Étienne-du-Bois	614	—	—	—	L	—	—
Saint-Gilles-Croix-de-Vie	614	—	—	—	L	🚐	🎭
Saint-Hilaire-de-Riez	615	—	—	—	L	🚐	🎭
Saint-Hilaire-la-Forêt	618	—	—	—	L	—	🎭
Saint-Jean-de-Monts	618	—	🏊	—	L	🚐	🎭
Saint-Julien-des-Landes	622	—	🏊	—	L	—	🎭
Saint-Laurent-sur-Sèvre	623	—	—	P	L	—	—
Saint-Michel-en-l'Herm	623	—	—	—	L	—	—
Saint-Révérend	623	—	—	—	L	—	—
Saint-Vincent-sur-Jard	623	—	—	—	L	—	—
Sion-sur-l'Océan	624	—	—	—	—	🚐	—
Soullans	624	—	—	—	—	—	—
Talmont-Saint-Hilaire	624	—	—	—	L	—	🎭
Tiffauges	625	—	—	—	L	—	—
La Tranche-sur-Mer	625	—	—	—	L	🚐	🎭
Triaize	626	—	—	—	L	—	—

	Pages	△	🦢	Permanent	Location	🚐	🍴
Vairé	627	—	—	P	L	🚐	—
Vix	627	—	—	—	—	—	—

PICARDIE

02 AISNE

	Pages	△	🦢	Permanent	Location	🚐	🍴
Berny-Rivière	631	—	—	P	—	🚐	—
Chamouille	631	—	—	—	L	🚐	—
Charly-sur-Marne	631	—	—	—	—	—	—
La Fère	631	—	—	—	—	—	—
Guignicourt	631	—	—	—	—	—	—
Laon	632	—	—	—	—	🚐	—
Le Nouvion-en-Thiérache	632	—	—	—	—	—	—
Ressons-le-Long	632	—	—	P	—	—	—
Seraucourt-le-Grand	633	—	—	—	—	🚐	—

60 OISE

	Pages	△	🦢	Permanent	Location	🚐	🍴
Carlepont	633	—	—	P	—	—	—
Pierrefonds	633	—	—	—	—	—	—
Saint-Leu-d'Esserent	633	—	—	—	—	🚐	—

80 SOMME

	Pages	△	🦢	Permanent	Location	🚐	🍴
Bertangles	634	—	—	—	—	—	—
Cappy	634	—	—	—	—	—	—
Cayeux-sur-Mer	634	—	—	P	L	—	—
Le Crotoy	634	—	—	—	L	—	—
Fort-Mahon-Plage	635	—	—	—	L	🚐	—
Moyenneville	636	—	—	—	L	—	—
Nampont-Saint-Martin	636	—	—	—	L	—	🍴
Pendé	636	—	—	—	—	—	—
Péronne	636	—	—	—	L	🚐	—
Poix-de-Picardie	637	—	—	—	—	—	—
Quend	637	—	🦢	—	L	🚐	—
Rue	637	—	—	—	—	—	—
Saint-Quentin-en-Tourmont	638	—	—	—	—	—	—
Saint-Valery-sur-Somme	638	—	—	—	L	🚐	—
Villers-sur-Authie	638	—	—	—	L	—	🍴
Vironchaux	638	—	—	—	—	—	—

POITOU-CHARENTES

16 CHARENTE

	Pages	△	🦢	Permanent	Location	🚐	🍴
Aunac	642	—	🦢	—	—	—	—
Cognac	642	—	—	—	L	🚐	—
Le Lindois	642	—	🦢	—	L	—	—
Mansle	643	—	—	—	L	🚐	—
Montbron	643	—	🦢	—	L	—	—
Montignac-Charente	643	—	—	—	—	—	—
Pressignac	643	△	—	—	—	—	—
Ruffec	644	—	—	—	—	—	—
Sireuil	644	—	—	—	L	—	—

17 CHARENTE-MARITIME

	Pages	△	🦢	Permanent	Location	🚐	🍴
Angoulins	644	—	—	—	L	—	🍴
Archiac	644	—	—	—	—	—	—
Arvert	645	—	—	—	L	—	—
Benon	645	—	—	—	—	—	—
Cadeuil	645	△	—	P	L	—	—
Charron	645	—	—	—	—	—	—
Châtelaillon-Plage	646	—	—	—	—	—	—
Cozes	646	—	—	—	—	—	—
Dampierre-sur-Boutonne	646	—	—	—	—	—	—
Fouras	646	—	—	P	—	—	🍴
Gémozac	646	—	—	—	L	—	—
L'Houmeau	647	—	—	—	L	—	—
ILE-DE-RÉ	647						
Ars-en-Ré	647	—	—	—	L	🚐	—
Le Bois-Plage-en-Ré	647	—	—	—	L	🚐	🍴
La Couarde-sur-Mer	649	—	—	—	L	—	—
La Flotte	649	—	—	—	L	🚐	—
Loix	650	—	—	—	L	—	—
Les-Portes-en-Ré	650	—	—	—	L	—	🍴
Saint-Clément-des-Baleines	650	—	—	—	L	🚐	—
Saint-Martin-de-Ré	650	—	—	—	—	—	—
ILE D'OLÉRON	651						
La Brée-les-Bains	651	—	—	—	L	🚐	—
Le Château-d'Oléron	651	—	🦢	—	L	🚐	🍴
Dolus-d'Oléron	652	△	—	—	L	🚐	—
Saint-Denis-d'Oléron	653	—	—	—	L	—	—

54

	Pages	⛺	🐾	Permanent	Location	🚐	🎭
Saint-Georges-d'Oléron	653	—	🐾	—	L	🚐	🎭
Saint-Pierre-d'Oléron	654	—	—	—	L	—	—
Saint-Trojan-les-Bains	655	—	—	—	L	—	—
Île-d'Aix	647	—	—	—	—	—	—
Jonzac	655	—	—	—	L	🚐	—
Lagord	655	—	—	—	L	🚐	—
Landrais	655	—	—	—	—	—	—
Marans	655	—	—	—	—	—	—
Marennes	656	—	—	—	L	—	—
Les Mathes	656	—	—	—	L	—	🎭
Médis	657	—	—	—	L	—	—
Meschers-sur-Gironde	657	—	—	—	L	—	—
Mortagne-sur-Gironde	658	—	—	—	—	—	—
Mosnac	658	—	—	—	—	—	—
La Palmyre	658	—	—	—	L	🚐	—
Pons	658	—	—	P	L	🚐	—
Pont-l'Abbé-d'Arnoult	659	—	—	—	L	—	—
Rochefort	659	—	—	—	L	—	—
Ronce-les-Bains	659	—	—	—	L	—	🎭
La Ronde	660	—	—	—	—	—	—
Royan	660	—	—	—	L	🚐	—
Saint-Augustin	662	—	🐾	—	L	🚐	—
Saint-Christophe	663	—	—	—	—	—	—
Saint-Georges-de-Didonne	663	⛺	—	P	L	🚐	🎭
Saint-Jean-d'Angély	663	—	—	—	L	🚐	—
Saint-Just-Luzac	664	—	—	—	L	🚐	🎭
Saint-Laurent-de-la-Prée	664	—	—	—	L	—	🎭
Saint-Nazaire-sur-Charente	664	—	—	—	L	🚐	—
Saint-Palais-sur-Mer	665	—	—	—	L	—	—
Saint-Savinien	665	—	—	—	L	—	—
Saint-Seurin-d'Uzet	665	—	—	—	—	—	—
Saint-Sornin	665	—	—	—	—	—	—
Saintes	666	—	—	—	—	🚐	—
Souméras	666	—	—	—	L	—	—
Thors	666	—	—	—	—	—	—
Vaux-sur-Mer	666	—	—	—	L	—	—

	Pages	⛺	🐾	Permanent	Location	🚐	🎭
79 DEUX-SÈVRES							
Argenton-Château	667	—	—	—	L	—	—
Coulon	667	—	—	—	L	🚐	—
Coulonges-sur-l'Autize	668	—	—	—	—	—	—
Mauzé-sur-le-Mignon	668	—	—	—	—	—	—
Prailles	668	—	—	—	L	🚐	—
Saint-Christophe-sur-Roc	668	—	—	—	L	—	—
Secondigny	668	—	—	—	—	—	—
86 VIENNE							
Availles-Limouzine	669	—	—	—	—	🚐	—
Avanton	669	—	—	—	L	🚐	—
Bonnes	669	—	—	—	L	—	—
Châtellerault	669	—	—	—	L	—	—
Chauvigny	670	—	—	—	—	—	—
Couhé	670	—	—	—	L	—	🎭
Dissay	670	—	—	—	—	—	—
Ingrandes	670	—	—	—	—	🚐	—
Jaunay-Clan	671	—	—	—	L	🚐	—
Lésigny	671	—	—	—	—	—	—
Loudun	671	—	—	—	—	—	—
Montmorillon	671	—	—	—	—	—	—
Neuville-de-Poitou	672	—	—	—	—	—	—
La Roche-Posay	672	—	—	—	—	—	—
Saint-Cyr	672	⛺	—	—	L	—	🎭
Saint-Georges-lès-Baillargeaux	672	—	—	P	L	🚐	—
Saint-Pierre-de-Maillé	673	—	—	—	—	—	—
Vouillé	674	—	—	—	—	—	—
Vouneuil-sur-Vienne	674	—	—	—	L	—	—
PROVENCE-ALPES-CÔTE D'AZUR							
04 ALPES-DE-HAUTE-PROVENCE							
Barcelonnette	678	—	—	—	L	🚐	—
Castellane	678	—	🐾	—	L	🚐	—
Château-Arnoux	680	—	—	P	L	🚐	—
Clamensane	680	—	—	—	L	—	—
Colmars	680	—	—	—	—	🚐	—
Col-Saint-Jean	680	—	—	—	L	🚐	🎭

	Pages	⛺	🏊	Permanent	Location	🚐	🎭
Curbans	681	—	—	—	L	—	—
Digne-les-Bains	681	—	—	—	L	🚐	—
Esparron-de-Verdon	681	⛺	—	—	L	🚐	—
Forcalquier	682	—	—	—	L	🚐	—
Gréoux-les-Bains	682	⛺	🏊	—	L	🚐	🎭
Larche	683	—	—	—	—	—	—
Les Mées	683	—	🏊	—	—	—	—
Méolans	683	—	—	—	L	🚐	🎭
Mézel	683	—	—	—	L	🚐	—
Montpezat	684	—	—	—	L	—	—
Moustiers-Sainte-Marie	684	—	—	—	L	🚐	—
Niozelles	685	—	—	—	L	—	—
Peyruis	685	—	—	—	—	—	—
Puimichel	685	—	🏊	—	—	—	—
Riez	685	—	—	—	L	—	—
Saint-André-les-Alpes	686	—	—	—	—	🚐	—
Saint-Martin-de-Brômes	686	—	🏊	—	L	—	—
Saint-Pons	686	—	—	—	L	—	—
Sainte-Croix-de-Verdon	687	—	—	—	L	🚐	—
Seyne	687	—	🏊	—	L	—	—
Sisteron	687	—	—	—	—	—	—
Thoard	687	—	🏊	—	L	—	—
Valensole	688	—	—	—	L	🚐	—
Le Vernet	688	—	—	—	L	—	—
Villars-Colmars	688	—	—	—	L	🚐	—
Volonne	688	—	—	—	L	🚐	🎭
Volx	689	—	—	—	—	—	—

05 HAUTES-ALPES

	Pages	⛺	🏊	Permanent	Location	🚐	🎭
Ancelle	689	—	🏊	—	L	—	—
L'Argentière-la-Bessée	689	—	—	—	—	—	—
Baratier	689	—	🏊	P	L	—	🎭
Barret-sur-Méouge	690	—	🏊	—	L	—	—
Briançon	691	—	—	—	L	🚐	—
Ceillac	691	—	—	—	—	—	—
Château-Queyras	691	—	—	—	—	—	—
Chorges	691	—	—	P	L	—	—
Embrun	692	—	—	—	L	🚐	🎭
Espinasses	692	—	—	—	L	—	—

	Pages	⛺	🏊	Permanent	Location	🚐	🎭
Freissinières	692	—	🏊	—	—	—	—
Gap	692	—	—	—	L	🚐	—
La Grave	693	—	—	—	—	—	—
Guillestre	693	—	—	P	L	🚐	—
Névache	694	—	🏊	—	—	—	—
Orcières	694	—	—	—	L	—	—
Orpierre	695	—	—	—	L	—	—
Pont-du-Fossé	695	—	—	—	L	—	—
Prunières	695	⛺	—	—	L	—	—
Puy-Saint-Vincent	696	—	🏊	—	—	—	—
Réallon	696	—	🏊	P	—	—	—
La Roche-de-Rame	696	—	—	P	—	🚐	—
La Roche-des-Arnauds	697	—	—	P	—	—	—
Rosans	697	—	—	—	L	—	—
Saint-Apollinaire	697	—	—	—	—	—	—
Saint-Bonnet-en-Champsaur	697	—	—	—	—	—	🎭
Saint-Clément-sur-Durance	698	—	—	—	—	—	—
Saint-Étienne-en-Dévoluy	698	—	—	P	—	—	—
Saint-Firmin	698	—	—	—	—	—	—
Le Sauze-du-Lac	698	—	—	—	L	—	—
Serres	699	—	🏊	—	L	—	—
Veynes	699	—	🏊	—	L	—	—
Villar-Loubière	699	—	—	—	—	—	—

06 ALPES-MARITIMES

	Pages	⛺	🏊	Permanent	Location	🚐	🎭
Antibes	699	—	—	—	L	🚐	—
Auribeau-sur-Siagne	700	—	—	—	L	—	—
Le Bar-sur-Loup	701	—	🏊	—	L	—	—
La Bocca	701	—	—	—	L	—	—
Cagnes-sur-Mer	702	—	—	—	L	🚐	—
La Colle-sur-Loup	703	—	—	P	L	🚐	—
Cros-de-Cagnes	703	—	—	—	L	🚐	🎭
Èze	704	—	—	—	—	—	—
Isola	704	—	—	—	L	🚐	—
La Roquette-sur-Siagne	706	—	—	—	L	—	—
Mandelieu	704	—	—	P	L	🚐	—
Menton	705	—	—	—	—	—	—
Roquebillière	705	—	—	—	L	—	—

55

	Pages	⚠	🐚	Permanent	Location	🚐	🎭
Carpentras	733	—	—	—	L	—	—
Cucuron	733	—	🐚	—	L	🚐	—
L'Isle-sur-la-Sorgue	733	—	—	—	L	🚐	—
Jonquières	734	—	—	—	L	—	—
Lourmarin	734	—	—	—	L	—	—
Malemort-du-Comtat	734	—	—	—	—	—	—
Maubec	734	—	—	—	L	🚐	—
Mazan	735	—	—	—	L	—	—
Mondragon	735	—	—	P	—	—	—
Monteux	735	—	—	—	—	—	—
Murs	735	—	🐚	—	—	—	—
Orange	736	—	—	—	L	🚐	—
Pernes-les-Fontaines	736	—	—	—	—	🚐	—
Pertuis	736	—	—	—	L	🚐	—
Le-Pontet	736	—	—	—	L	—	—
Roussillon	737	—	🐚	—	—	—	—
Le Thor	737	—	—	—	L	🚐	—
La Tour-d'Aigues	737	—	—	—	—	—	—
Vaison-la-Romaine	737	—	🐚	—	L	🚐	🎭
Vedène	738	—	—	—	L	🚐	—
Villes-sur-Auzon	738	—	—	—	L	—	—
Violès	739	—	—	—	—	—	—
Visan	739	—	—	—	—	—	—

RHÔNE-ALPES

01 AIN

	Pages	⚠	🐚	Permanent	Location	🚐	🎭
Ars-sur-Formans	744	—	—	—	—	—	—
Artemare	744	—	—	—	—	—	—
Bourg-en-Bresse	744	—	—	—	—	—	—
Champdor	744	—	—	P	L	—	—
Champfromier	744	—	—	—	—	—	—
Châtillon-sur-Chalaronne	745	—	—	—	—	🚐	—
Chavannes-sur-Suran	745	—	—	—	—	—	—
Cormoranche-sur-Saône	745	—	—	—	L	—	—
Culoz	745	—	—	—	L	—	—
Divonne-les-Bains	746	—	—	—	L	—	—
Dompierre-sur-Veyle	746	—	—	—	—	—	—
Gex	746	—	—	—	—	—	—
Hautecour	746	—	—	—	—	—	—

	Pages	⚠	🐚	Permanent	Location	🚐	🎭
Massignieu-de-Rives	747	⚠	—	—	L	🚐	—
Matafelon-Granges	747	—	—	—	L	—	—
Montrevel-en-Bresse	747	⚠	—	—	L	🚐	🎭
Murs-et-Gélignieux	747	—	—	—	L	🚐	—
Poncin	748	—	—	—	L	🚐	—
Pont-de-Vaux	748	—	—	—	L	—	—
Saint-Paul-de-Varax	748	—	—	—	L	—	—
Serrières-de-Briord	748	⚠	—	—	L	—	—
Seyssel	749	—	—	—	L	—	—
Villars-les-Dombes	749	—	—	—	L	—	—
Virieu-le-Grand	749	—	—	—	—	—	—

07 ARDÈCHE

	Pages	⚠	🐚	Permanent	Location	🚐	🎭
Asperjoc	750	—	🐚	—	L	—	—
Aubenas	749	—	—	—	L	—	—
Berrias-et-Casteljau	750	—	—	—	L	—	—
Bessas	751	—	🐚	—	L	—	—
Casteljau	751	⚠	—	—	L	—	—
Chassagnes	751	⚠	🐚	—	L	—	—
Chassiers	752	⚠	—	—	L	🚐	—
Chauzon	752	—	🐚	—	L	—	—
Le Cheylard	752	—	—	—	—	—	—
Cruas	753	—	—	—	L	🚐	—
Darbres	753	—	—	—	L	—	—
Eclassan	753	—	🐚	—	L	—	—
Félines	753	—	—	—	L	—	—
Gravières	754	—	🐚	—	—	—	—
Grospierres	754	—	🐚	—	L	🚐	—
Issarlès	754	—	—	—	—	—	—
Jaujac	755	—	—	—	L	—	—
Joannas	755	—	🐚	—	L	🚐	—
Joyeuse	755	—	—	—	L	—	—
Labeaume	756	⚠	—	—	L	—	—
Lablachère	756	—	—	—	L	—	—
Lagorce	756	—	—	—	L	—	—
Lalouvesc	756	—	—	—	L	—	—
Lamastre	757	—	—	—	L	🚐	🎭
Larnas	757	—	—	—	L	—	🎭
Laurac-en-Vivarais	757	—	—	—	L	—	—
Maison-Neuve	757	—	—	—	L	—	—
Malarce-sur-la-Thines	758	—	🐚	—	L	—	—
Malbosc	758	—	—	—	—	—	—

57

	Pages	▲	⌂	Permanent	Location	🚐	🎭
Romans-sur-Isère	787	—	—	—	—	—	—
Sahune	787	—	—	—	—	—	—
Saint-Avit	787	—	—	—	L	—	—
Saint-Donat-sur-l'Herbasse	787	—	—	—	L	🚐	—
Saint-Ferréol-Trente-Pas	788	—	—	—	L	—	—
Saint-Jean-en-Royans	788	—	—	—	L	🚐	—
Saint-Martin-en-Vercors	788	—	—	—	L	—	—
Saint-Nazaire-en-Royans	788	—	—	—	—	—	—
Saint-Nazaire-le-Désert	789	—	—	—	—	—	—
Saint-Vallier	789	—	—	—	—	—	—
Tain-l'Hermitage	789	—	—	—	—	🚐	—
Tulette	790	—	⌂	—	L	—	—
Vassieux-en-Vercors	790	—	⌂	—	—	—	—
Vercheny	790	—	—	—	L	—	—
Vinsobres	790	—	—	P	L	🚐	—

38 ISÈRE

	Pages	▲	⌂	Permanent	Location	🚐	🎭
Les Abrets	791	—	⌂	—	L	—	🎭
Allevard	791	—	⌂	—	L	—	—
Auberives-sur-Varèze	791	—	—	P	—	🚐	—
Autrans	792	—	—	—	L	🚐	—
Les Avenières	792	—	—	P	—	🚐	—
Bilieu	792	▲	—	—	—	—	—
Le-Bourg-d'Arud	792	—	—	—	L	🚐	—
Le-Bourg-d'Oisans	793	—	—	—	L	—	—
Charavines	793	—	—	—	—	—	—
Choranche	793	—	—	—	L	🚐	—
Entre-Deux-Guiers	794	—	—	—	L	🚐	—
Faramans	794	—	—	P	—	🚐	—
La Ferrière	794	—	⌂	—	L	—	—
Le Freney-d'Oisans	794	—	—	—	L	—	—
Gresse-en-Vercors	795	—	⌂	—	L	🚐	—
Hières-sur-Amby	795	—	—	—	—	—	—
Lalley	795	—	—	—	—	🚐	—
Méaudre	795	—	—	—	L	🚐	—
Meyrieu-les-Étangs	796	—	—	—	L	—	—
Monestier-de-Clermont	796	—	—	—	—	—	—
Montalieu-Vercieu	796	—	—	—	L	—	—

	Pages	▲	⌂	Permanent	Location	🚐	🎭
Morestel	797	—	—	—	—	—	—
Paladru	797	—	—	—	—	—	—
Petichet	797	▲	—	—	L	🚐	—
Rochetaillée	797	—	—	—	L	—	🎭
Roybon	798	—	—	—	—	—	—
Saint-Christophe-en-Oisans	798	—	⌂	—	—	—	—
Saint-Clair-du-Rhône	798	—	⌂	—	L	🚐	—
Saint-Laurent-du-Pont	798	—	—	—	—	—	—
Saint-Laurent-en-Beaumont	799	—	—	—	L	🚐	—
Saint-Martin-de-Clelles	799	—	—	—	—	—	—
Saint-Martin-d'Uriage	799	—	—	—	—	—	—
Saint-Pierre-de-Chartreuse	799	—	—	—	L	🚐	—
Saint-Théoffrey	800	▲	—	—	—	—	—
La Salle-en-Beaumont	800	—	⌂	—	L	🚐	—
Theys	800	—	—	—	L	🚐	—
Trept	800	▲	—	—	L	—	—
Vernioz	801	—	⌂	—	L	🚐	—
Villard-de-Lans	801	—	—	—	L	🚐	—
Vizille	801	—	—	—	L	—	—

42 LOIRE

	Pages	▲	⌂	Permanent	Location	🚐	🎭
Balbigny	801	—	⌂	—	—	🚐	—
Belmont-de-la-Loire	802	—	—	—	L	—	—
Charlieu	802	—	—	—	—	—	—
Cordelle	802	—	—	—	L	—	🎭
Feurs	802	—	—	—	—	🚐	—
Jeansagnière	802	—	⌂	—	L	—	—
Montbrison	803	—	—	—	L	🚐	—
Les Noës	803	—	—	—	L	—	—
Noirétable	803	—	—	—	—	—	—
La Pacaudière	803	—	—	—	—	—	—
Poncins	804	—	⌂	—	L	—	—
Pouilly-sous-Charlieu	804	—	—	—	—	—	—
Saint-Galmier	804	—	—	—	L	—	—
Saint-Genest-Malifaux	804	—	—	—	L	—	—
Saint-Paul-de-Vézelin	805	▲	⌂	—	—	—	—
Saint-Sauveur-en-Rue	805	—	—	—	—	—	—

69 RHÔNE

	Pages	⛺	👟	Permanent	Location	🚐	🎭
Anse	805	—	—	—	L	🚐	—
Cublize	805	—	—	—	L	—	—
Dardilly	806	—	—	P	L	🚐	—
Fleurie	806	—	—	—	L	🚐	—
Mornant	806	—	—	—	—	—	—
Poule-les-Écharmeaux	806	—	—	—	—	—	—
Propières	806	—	—	—	L	—	—
Saint-Symphorien-sur-Coise	807	—	—	—	—	🚐	—
Sainte-Catherine	807	—	👟	—	—	—	—
Villefranche-sur-Saône	807	—	—	—	—	—	—

73 SAVOIE

	Pages	⛺	👟	Permanent	Location	🚐	🎭
Aigueblanche	807	—	—	—	L	—	—
Aix-les-Bains	808	—	—	—	—	🚐	—
Les Allues	808	—	—	—	—	—	—
Aussois	808	—	—	P	—	—	—
La Bâthie	808	—	—	P	—	—	—
Beaufort	808	—	—	—	—	🚐	—
Le-Bourget-du-Lac	809	⛺	—	—	L	🚐	🎭
Bourg-Saint-Maurice	809	—	—	—	L	🚐	—
Bramans	809	—	—	—	—	—	—
Brides-les-Bains	810	—	—	—	L	🚐	—
Challes-les-Eaux	810	—	—	—	—	—	—
Chanaz	810	—	—	—	L	—	—
Le Châtelard	810	—	—	—	—	—	—
Chindrieux	811	—	—	—	L	—	—
Flumet	811	—	—	P	—	—	—
Landry	811	—	—	—	—	—	—
Lanslevillard	811	—	—	—	—	🚐	—
Lépin-le-Lac	812	⛺	—	—	—	—	—
Lescheraines	812	⛺	—	—	L	—	—
Les Marches	812	—	—	—	L	🚐	—
Marthod	813	—	—	—	—	—	—
Modane	813	—	—	—	—	—	—
Novalaise	813	—	—	—	L	—	—
Pralognan-la-Vanoise	813	—	—	—	L	🚐	—
La Rochette	814	—	—	—	L	—	—
La Rosière-1850	814	—	—	—	L	—	—
Ruffieux	814	—	—	—	L	—	—

	Pages	⛺	👟	Permanent	Location	🚐	🎭
Saint-Alban-de-Montbel	814	—	—	—	—	—	—
Saint-Colomban-des-Villards	815	—	—	—	L	🚐	—
Saint-Jean-de-Couz	815	—	👟	—	—	—	—
Saint-Jean-de-Maurienne	815	—	—	—	—	🚐	—
Saint-Pierre-d'Albigny	816	—	—	P	—	—	—
Séez	816	—	—	—	—	—	—
Sollières-Sardières	816	—	—	—	—	—	—
Termignon	816	—	—	—	L	—	—
La Toussuire	817	—	—	—	L	🚐	—
Valloire	817	—	—	P	—	🚐	—
Villarembert	817	—	—	—	—	—	—

74 HAUTE-SAVOIE

	Pages	⛺	👟	Permanent	Location	🚐	🎭
Alex	817	—	—	—	—	—	—
Amphion-les-Bains	818	—	—	—	L	—	—
Argentière	818	—	—	—	—	—	—
La Balme-de-Sillingy	818	—	👟	—	L	🚐	—
Les Bossons	818	—	—	—	L	—	—
Bout-du-Lac	819	⛺	—	—	L	—	—
Chamonix-Mont-Blanc	819	—	—	—	L	🚐	—
Châtel	820	—	—	—	L	🚐	🎭
Choisy	820	—	👟	—	L	—	—
La Clusaz	820	—	—	—	L	—	—
Contamine-Sarzin	821	—	—	—	L	—	—
Les Contamines-Montjoie	821	—	—	—	L	—	—
Doussard	821	⛺	—	—	L	—	—
Duingt	823	—	—	—	L	🚐	—
Excenevex	823	—	—	—	L	🚐	🎭
Les Gets	823	—	—	—	—	—	—
Le Grand-Bornand	824	—	—	—	L	🚐	—
Groisy	824	—	—	—	L	🚐	—
Lathuile	824	—	—	—	L	—	🎭
Lugrin	825	—	—	—	L	—	—
Megève	825	—	—	—	—	—	—
Menthon-Saint-Bernard	826	—	—	—	L	—	—
Morzine	826	—	—	—	L	—	—
Neydens	826	—	—	—	L	🚐	🎭
Praz-sur-Arly	827	—	—	P	L	🚐	—

	Pages	⛺	✎	Permanent	Location	🚐	🛖
Les-Praz-de-Chamonix	826	—	—	—	—	—	—
Présilly	827	—	—	—	—	—	—
Rumilly	827	—	—	—	L	🚐	—
Saint-Ferréo	827	—	—	—	—	—	—
Saint-Gervais-les-Bains	828	—	—	—	—	🚐	—
Saint-Jean-d'Aulps	828	—	—	P	—	—	—
Saint-Jorioz	828	⛺	—	—	L	🚐	—
Sallanches	829	—	—	—	L	—	🛖
Samoëns	829	—	—	P	L	🚐	🛖
Sciez	829	—	—	—	L	🚐	—
Sévrier	830	—	—	—	L	🚐	🛖
Seyssel	830	—	—	—	—	—	—

	Pages	⛺	✎	Permanent	Location	🚐	🛖
Taninges	830	—	—	P	—	🚐	—
Vallières	830	—	—	—	L	—	—
Vallorcine	831	—	—	—	—	—	—
Verchaix	831	—	—	P	—	—	—

PRINCIPAUTÉ D'ANDORRE

ANDORRA-LA-VELLA

	Pages	⛺	✎	Permanent	Location	🚐	🛖
Canillo	833	—	—	—	L	—	—
La Massana	833	—	—	—	L	—	—
Ordino	834	—	—	—	L	—	—
Sant Julià-de-Lòria	834	—	—	P	—	—	—

LEXIQUE	LEXICON	GLOSSAR	WOORDENLIJST
accès difficile	difficult approach	schwierige Zufahrt	moeilijke toegang
accès direct à	direct access to...	Zufahrt zu...	rechtstreekse toegang tot...
accidenté	uneven, hilly	uneben	heuvelachtig
adhésion	membership	Beitritt	lidmaatschap
août	August	August	augustus
après	after	nach	na
Ascension	Ascension Day	Himmelfahrt	Hemelvaartsdag
assurance obligatoire	insurance cover compulsory	Versicherungspflicht	verzekering verplicht
automne	autumn	Herbst	herfst
avant	before	vor	voor
avenue (av.)	avenue	Avenue	laan
avril	April	April	april
baie	bay	Bucht	baai
base de loisirs	leisure facilities	Freizeitanlagen	recreatiepark
bois, boisé	wood, wooded	Wald, bewaldet	bebost
bord de...	shore	Ufer, Rand	aan de oever van...
boulevard (bd)	boulevard	Boulevard	boulevard
au bourg	in the town	im Ort	in het dorp
«Cadre agréable»	pleasant setting	angenehme Umgebung	aangename omgeving
«Cadre sauvage»	wild setting	urwüchsige Umgebung	woeste omgeving
carrefour	crossroads	Kreuzung	kruispunt
cases réfrigérées	refrigerated food storage facilities	Kühlboxen	Koelvakken
centre équestre	horseriding stables	Reitzentrum	manege
château	castle	Schloss, Burg	kasteel
chemin	path	Weg	weg
conseillé	advisable	empfohlen	aanbevolen
cotisation obligatoire	membership charge obligatory	ein Mitgliedsbeitrag wird verlangt	verplichte bijdrage
croisement difficile	difficult access	schwierige Überquerung	gevaarlijk Kruispunt
en cours d'aménagement, de transformations,	work in progress rebuilding	wird angelegt, wird umgebaut	in aanbouw, wordt verbouwd
crêperie	pancake restaurant, stall-	Pfannkuchen-Restaurant	pannekoekenhuis
décembre (déc.)	December	Dezember	december
«Décoration florale»	floral decoration	Blumenschmuck	bloemversiering
derrière	behind	hinter	achter
discothèque	disco	Diskothek	discotheek
à droite	to the right	nach rechts	naar rechts
église	church	Kirche	kerk
électricité (élect.)	electricity	Elektrizität	elektriciteit
entrée	way in, entrance	Eingang	ingang
«Entrée fleurie»	flowered entrance	blumengeschmückter Eingang	door bloemen omgeven ingang
étang	pond, pool	Teich	vijver
été	summer	Sommer	zomer
exclusivement	exclusively	ausschließlich	uitsluitend
falaise	cliff	Steilküste	steile kust
famille	family	Familie	gezin
fermé	closed	geschlossen	gesloten
février (fév.)	February	Februar	februari
forêt	forest, wood	Wald	bos
garage	parking facilities	überdachter Abstellplatz	parkeergelegenheid
garage pour caravanes	garage for caravans	Unterstellmöglichkeit für Wohnwagen	garage voor caravans

garderie (d'enfants)	children's crèche	Kindergarten	kinderdagverblijf
gare (S.N.C.F.)	railway station	Bahnhof	station
à gauche	to the left	nach links	naar links
gorges	gorges	Schlucht	bergengten
goudronné	surfaced road	geteert	geasfalteerd
gratuit	free, no charge	kostenlos	kosteloos
gravier	gravel	Kies	grint
gravillons	fine gravel	Rollsplitt	steenslag
herbeux	grassy	mit Gras bewachsen	grasland
hiver	winter	Winter	winter
hors saison	out of season	außerhalb der Saison	buiten het seizoen
île	island	Insel	eiland
incliné	sloping	abfallend	hellend
indispensable	essential	unbedingt erforderlich	noodzakelijk, onmisbaar
intersection	crossroads	Kreuzung	kruispunt
janvier (janv.)	January	Januar	januari
juillet (juil.)	July	Juli	juli
juin	June	Juni	juni
lac	lake	See	meer
lande	heath	Heide	hei
licence obligatoire	camping licence or international camping carnet	Lizenz wird verlangt	vergunning verplicht
lieu-dit	spot, site	Flurname, Weiler	oord
mai	May	Mai	mei
mairie	town hall	Bürgermeisteramt	stadhuis
mars	March	März	maart
matin	morning	Morgen	morgen
mer	sea	Meer	zee
mineurs non accompagnés non admis	people under 18 must be accompanied by an adult	Minderjährige ohne Begleitung nicht zugelassen	minderjarigen zonder geleide niet toegelaten
montagne	mountain	Gebirge	gebergte
Noël	Christmas	Weihnachten	Kerstmis
non clos	open site	nicht eingefriedet	niet omheind
novembre (nov.)	November	November	november
océan	ocean	Ozean	oceaan
octobre (oct.)	October	Oktober	oktober
ouverture prévue	opening scheduled	Eröffnung vorgesehen	vermoedelijke opening
Pâques	Easter	Ostern	Pasen
parcours de santé	fitness trail	Fitness-Pfad	trimbaan
passage non admis	no touring pitches	kein Kurzaufenthalt	niet toegankelijk voor kampeerders op doorreis
pente	slope	Steigung, Gefälle	helling
Pentecôte	Whitsun	Pfingsten	Pinksteren
personne (pers.)	person	Person	persoon
pierreux	stony	steinig	steenachtig
pinède	pine grove	Kiefernwäldchen	dennenbos
place (pl.)	square	Platz	plein
places limitées pour le passage	limited number of touring pitches	Plätze für kurzen Aufenthalt in begrenzter Zahl vorhanden	beperkt aantal plaatsen voor kampeerders op doorreis

plage	beach	Strand	strand
plan d'eau	stretch of water	Wasserfläche	watervlakte
plat	flat	eben	vlak
poneys	ponies	Ponys	pony's
pont	bridge	Brücke	brug
port	port, harbour	Hafen	haven
prairie	grassland	Wiese	weide
près de...	near	nahe bei...	bij...
presqu'île	peninsula	Halbinsel	schiereiland
prévu	projected	geplant	verwacht, gepland
printemps	spring	Frühjahr	voorjaar
en priorité	giving priority to...	mit Vorrang	voorrangs...
à proximité	nearby	in der Nähe von	in de nabijheid
quartier	(town) quarter	Stadtteil	wijk
Rameaux	Palm Sunday	Palmsonntag	Palmzondag
réservé	reserved	reserviert	gereserveerd
rive droite, gauche	right, left bank	rechtes, linkes Ufer	rechter, linker oever
rivière	river	Fluss	rivier
rocailleux	stony	steinig	vol kleine steentjes
rocheux	rocky	felsig	rotsachtig
route (rte)	road	Landstraße	weg
rue (r.)	street	Straße	straat
ruisseau	stream	Bach	beek
sablonneux	sandy	sandig	zanderig
saison	(tourist) season	Reisesaison	seizoen
avec sanitaires individuels	with individual sanitary arrangements	mit sanitären Anlagen für jeden Stellplatz	met eigen sanitair
schéma	local map	Kartenskizze	schema
semaine	week	Woche	week
septembre (sept.)	September	September	september
site	site	Landschaft	landschap
situation	situation	Lage	ligging
sortie	way out, exit	Ausgang	uitgang
sous-bois	underwood	Unterholz	geboomte
à la station	at the filling station	an der Tankstelle	bij het benzinestation
supplémentaire (suppl.)	additional	zuzüglich	extra
en terrasses	terraced	in Terrassen	terrasvormig
toboggan aquatique	water slide	Wasser-rutschbahn	waterglijbaan
torrent	torrent	Wildbach	bergstroom
Toussaint	All Saints' Day	Allerheiligen	Allerheiligen
tout compris	everything included	alles inbegriffen	alles inbegrepen
vacances scolaires	school holidays	Schulferien	schoolvakanties
vallonné	undulating	hügelig	heuvelachtig
verger	orchard	Obstgärten	boomgaard
vers	in the direction of	nach (Richtung)	naar (richting)
voir	see	sehen, siehe	zien, zie

Les terrains sélectionnés

Selected camping sites

Ausgewählten Campingplätze

De geselekteerde terreinen

ALSACE

R. Mattes/Michelin

Si l'Alsace vous était contée, l'histoire décrirait le romantisme des châteaux forts érigés au pied des Vosges, les douces collines submergées d'une mer de ceps ou la féerie des villages de poupée égayant la plaine. Elle exalterait Colmar et l'adorable « petite Venise » avec ses balcons fleuris et ses cigognes, et inviterait à flâner dans Strasbourg dont le marché de Noël fait resplendir la cathédrale... Il se dégage de la capitale de l'Europe une chaleur que même la rudesse de l'hiver ne peut atténuer : nid douillet de la « Petite France » dont les belles maisons à colombages se reflètent dans l'Ill, ambiance conviviale des brasseries propices à la dégustation d'une bonne bière, et pittoresque décor des winstubs aptes à calmer les appétits les plus féroces avec force choucroutes, bäeckeoffes et kouglofs.

Alsace is perhaps the most romantic of France's regions, a place of fairy-tale castles, gentle vine-clad hills and picture-perfect villages perched on rocky outcrops or nestling in lush green valleys. From Colmar's Little Venice with its flower-decked balconies and famous storks to the lights of Strasbourg's Christmas market or the half-timbered houses reflected in the meanders of the River Ill, Alsace radiates a warmth that even the winter winds cannot chill. So make a beeline for the boisterous atmosphere of a brasserie and sample a real Alsace beer or head for a local "winstub" and tuck into a steaming dish of choucroute — sauerkraut with smoked pork — and a huge slice of kugelhof cake, all washed down with a glass of fruity Sylvaner or Riesling wine.

Localité citée avec camping

Localité citée avec camping et locatif

Lourdes — Localité disposant d'emplacements camping-car

Moyaux — Localité disposant d'au moins un terrain agréable

Aire de service pour camping-car sur autoroute

DEUTSCHLAND

ELLE

St-Avold

A 320

A 4

Sarreguemines

Wissembourg

Lauterbourg

Niederbronn-les-Bains

Keskastel

Oberbronn

A 65

Morhange

Haguenau

N 63

A 4

A 35

Château-Salins

Sarrebourg

RHIN

MOSELLE

Lunéville

Sarre

N 4

BAS-RHIN

A 5

N 59

Meurthe

Dabo

Wasselonne

STRASBOURG

Molsheim

res

Celles-s-Plaine

Obernai

A 35

Rothau

Gerstheim

le Hohwald

St-Pierre

St-Dié-des-Vosges

Bassemberg

Rombach-le-Franc

Dambach-la-Ville

Rhinau

la Chapelle-devant-Bruyères

Corcieux

Gemaingoutte

Liepvre

Sélestat

Anould

N 59

Aubure

Ribeauvillé

Herpelmont

N 415

Fréland

Kaysersberg

Xonrupt-Longemer

Orbey

Labaroche

Granges-s-V.

le Tholy

Turckheim

COLMAR

Gérardmer

D 417

Munster

Éguisheim

Biesheim

la Bresse

Wihr-au-Val

Ste-Croix-en-Plaine

Saulxures-s-Moselotte

Mittlach

Lautenbachzell

Rouffach

ns

N 66

Kruth

Issenheim

A 35

Bussang

Ranspach

Raedersheim

Fresse-s-M.

Geishouse

HAUT-RHIN

St-Maurice-s-M.

Moosch

Wattwiller

BARTENHEIM

Thann

N 66

Fresse

Masevaux

A 36

Mélisey

Guewenheim

MULHOUSE

Lachapelle-s/s-Rougemont

Heimsbrunn

Lure

N 19

A 36

Burnhaupt-le-Haut

LA PORTE D'ALSACE

A 5

ÔNE

BELFORT

Altkirch

A 35

BASEL

Seppois-le-Bas

A 3

Montbéliard

Courtavon

SUISSE

Mandeure

A 36

St-Hippolyte

BASSEMBERG

✉ 67220 – 🔳 H7 – 232 h. – alt. 280
Paris 432 – Barr 21 – St-Dié 35 – Sélestat 19 – Strasbourg 59.

▲▲ Le Giessen
      𝒫 03 88 58 98 14, *cplgiessen@atciat.com*,
      Fax 03 88 57 02 33 – **R** conseillée
      4 ha (175 empl.) plat, herbeux
      Location : 🚐 – bungalows toilés (avec sanitaires)
      🖚 🖾 1 borne
      Pour s'y rendre : Sortie NE sur D 39, rte de Villé, bord du
      Giessen
      À savoir : Près d'un complexe aquatique

> Nature : ≤ 🖂
> Loisirs : 🍸 🏕
> Services : 🕭 🖛 ▥ 🗟 🛎 ⊛ 🛁 ⚏ 🖵
> À prox. : ✗ 🖾 ⚓ 🖴 🏊 ⚲

DAMBACH-LA-VILLE

✉ 67650 – 🔳 I7 – G. Alsace Lorraine – 1 973 h. – alt. 210
🚹 *Office de tourisme, 11, place du Marché* 𝒫 *03 88 92 61 00, Fax 03 88 92 47 11*
Paris 443 – Barr 17 – Obernai 24 – Saverne 61 – Sélestat 8 – Strasbourg 52.

▲ Municipal
      𝒫 03 88 92 48 60, Fax 03 88 92 60 09, *www.dambachlaville*
      – **R** conseillée
      1,8 ha (120 empl.) plat, herbeux
      Pour s'y rendre : E : 1,2 km par D 210 rte d'Ebersheim et
      chemin à gauche
      À savoir : Cadre ombragé

> Nature : 🌳🌳
> Services : 🕭 🖛 🗟 ⊛ 🛁 🖵
> À prox. : ✗

GERSTHEIM

✉ 67150 – 🔳 K6 – G. Alsace Lorraine – 2 785 h. – alt. 154
Paris 514 – Marckolsheim 37 – Obernai 23 – Sélestat 28 – Strasbourg 29.

▲ **Municipal Au Clair Ruisseau** avr.-sept.
      𝒫 03 88 98 30 04, *mairie.gerstheim@wanadoo.fr*,
      Fax 03 88 98 43 26, *www.gerstheim.fr* – **R** conseillée
      3 ha (70 empl.) plat, herbeux
      Tarif : 🛉 3,10 € 🔲 3,10 € 🔌 3,10 €
      Pour s'y rendre : Sortie NE par D 924 vers le Rhin et
      chemin à gauche, bord d'un étang et d'un cours d'eau

> Nature : 🐟 ♀
> Loisirs : 🏕 ⚓
> Services : 🖛 🗳 🗟 🏖 ⊛

69

Le HOHWALD

✉ 67140 – 🔳 H6 – G. Alsace Lorraine – 386 h. – alt. 570 – Sports d'hiver : 600/1 100 m 🎿1 🎿
🚹 *Office de tourisme, 15, rue Principale* 𝒫 *03 88 08 33 92*
Paris 430 – Lunéville 89 – Molsheim 33 – St-Dié 46 – Sélestat 26 – Strasbourg 51.

▲▲ Municipal
      𝒫 03 88 08 30 90, Fax 03 88 08 30 90 – alt. 615 – **R** conseil-
      lée
      2 ha (100 empl.) accidenté, en terrasses, herbeux, gravillons
      Pour s'y rendre : Sortie O par D 425 rte de Villé
      À savoir : À la lisière d'une forêt

> Nature : 🌳🌳
> Loisirs : 🛖 🏕 parcours sportif
> Services : 🖛 ▥ 🗟 ⊛ 🖭

KESKASTEL

✉ 67260 – 🔳 G3 – 1 438 h. – alt. 215
Paris 403 – Lunéville 75 – Metz 77 – Nancy 88 – St-Avold 33 – Sarreguemines 20 – Strasbourg 87.

▲▲ **Municipal les Sapins** fermé vac. de fév., Toussaint,
      Noël
      𝒫 03 88 00 19 25, Fax 03 88 00 34 66 – places limitées pour
      le passage – **R** conseillée
      6,5 ha/2,5 campables (150 empl.) plat, herbeux
      Tarif : (Prix 2005) 🔲 17,50 € 🔌 (10A) – pers. suppl. 4,50 €
      Location : 8 🏠 (4 à 6 pers.) 196 à 416 €/sem. – huttes
      Pour s'y rendre : Au NE de la commune
      À savoir : Au bord d'un plan d'eau

> Nature : 🌳🌳
> Loisirs : 🍸 🏕 ⚓ 🎣
> Services : 🕭 🖛 🗳 ▥ 🗟 ⊛ 🖭 sè-
> che-linge
> À prox. : ✗

LAUTERBOURG

✉ 67630 – 315 N3 – 2 269 h. – alt. 115

🛈 *Office de tourisme, 21, rue de la 1ère Armée* ℰ *03 88 94 66 10, Fax 03 88 54 61 33*
Paris 519 – Haguenau 40 – Karlsruhe 22 – Strasbourg 63 – Wissembourg 20.

Municipal des Mouettes 15 mars-1er nov.
ℰ 03 88 54 68 60, *camping-lauterbourg@wanadoo.fr,*
Fax 03 88 54 68 60, *camping-lauterbourg.fr.st* – places limi-
tées pour le passage – **R** conseillée ✗
2,7 ha (136 empl.) plat, herbeux
Tarif : (Prix 2005) ✚ 3,50 € ⟶ 3 € 🗉 5,40 € [⚡] (6A) 3,50 €
Pour s'y rendre : SO : 1,5 km par D 3 et chemin à gauche, à
100 m d'un plan d'eau (accès direct)

| Loisirs : 🍴 snack |
| Services : 🚿 ⟷ 📶 🗐 ☺ 🗑 |
| À prox. : 🚣 ⛵ |

NIEDERBRONN-LES-BAINS

✉ 67110 – 315 J3 – G. Alsace Lorraine – 4 319 h. – alt. 190 – ♨

🛈 *Office de tourisme, 6, place de l'Hôtel de Ville* ℰ *03 88 80 89 70, Fax 03 88 80 37 01*
Paris 460 – Haguenau 23 – Sarreguemines 55 – Saverne 40 – Strasbourg 52 – Wissembourg 34.

Heidenkopf mars-oct.
ℰ 03 88 09 08 46, *heidenkopf@tiscali.fr,* Fax 03 88 09 08 46,
www.camping-alsace.com – **R** conseillée
2 ha (85 empl.) en terrasses et peu incliné, herbeux
Tarif : ✚ 3 € 🗉 4,80 € [⚡] (6A) 2,90 €
Pour s'y rendre : N : 3,5 km par rte de Bitche et RF à droite
À savoir : À l'orée de la forêt

| Nature : 🐟 ≤ 🌳 |
| Loisirs : 🍴 🚣 |
| Services : 🚿 ⟷ ⅁ᵬ ⋌ 📶 🗐 ☺ 🗑 |
| À prox. : ✗ 🗐 |

Pour choisir et suivre un itinéraire
Pour calculer un kilométrage
Pour situer exactement un terrain (en fonction des
indications fournies dans le texte) :
Utilisez les **cartes MICHELIN** *détaillées à 1/150 000,*
compléments indispensables de cet ouvrage.

70

OBERBRONN

✉ 67110 – 315 J3 – G. Alsace Lorraine – 1 424 h. – alt. 260
Paris 460 – Bitche 25 – Haguenau 24 – Saverne 36 – Strasbourg 53 – Wissembourg 37.

L'Oasis 13 mars-12 nov.
ℰ 03 88 09 71 96, *oasis.oberbronn@laregie.fr,*
Fax 03 88 09 97 87 – **R** conseillée
2,5 ha (148 empl.) plat et peu incliné, herbeux, pierreux
Tarif : ✚ 3,70 € ⟶ 1,80 € 🗉 2,40 € [⚡] 3,90 €
Location (permanent) : 15 🛖 (4 à 6 pers.) 225 à
540 €/sem. – huttes, gîte d'étape
🗊 1 borne 3,90 €
Pour s'y rendre : S : 1,5 km par D 28, rte d'Ingwiller et
chemin à gauche
À savoir : À la lisière d'une forêt

| Nature : 🐟 ≤ |
| Loisirs : 🍴 🚣 ✗ parcours sportif |
| Services : 🚿 ⟷ ⅁ᵬ ⋌ 📶 🗐 ☺ 🗑 |
| À prox. : 🏊 |

OBERNAI

✉ 67210 – 315 I6 – G. Alsace Lorraine – 10 471 h. – alt. 185
🛈 *Office de tourisme, place du Beffroi* ℰ *03 88 95 64 13, Fax 03 88 49 90 84*
Paris 488 – Colmar 50 – Erstein 15 – Molsheim 12 – Sélestat 27 – Strasbourg 31.

Municipal le Vallon de l'Ehn Permanent
ℰ 03 88 95 38 48, *camping@obernai.fr,* Fax 03 88 48 31 47,
www.obernai.fr – **R** conseillée
3 ha (150 empl.) plat, peu incliné, herbeux
Tarif : ✚ 3,60 € ⟶ 2,20 € 🗉 4,40 € [⚡] (16A) 3,50 €
🗊 1 borne 2 €
Pour s'y rendre : Sortie O par D 426 rte d'Ottrott, pour
caravanes : accès conseillé par rocade au S de la ville

| Nature : ≤ |
| Loisirs : 🍴 🏐 |
| Services : 🚿 ⟷ ⅁ᵬ ⋌ 📶 🗐 ☺ |
| 🏕 🗑 |
| À prox. : 🚣 ✗ 🗐 🏊 🐎 (centre équestre) parc public |

RHINAU

☒ 67860 – ▨▨ K7 – G. Alsace Lorraine – 2 348 h. – alt. 158
🛈 *Office de tourisme, 35, rue du Rhin ℘ 03 88 74 68 96, Fax 03 88 74 83 28*
Paris 525 – Marckolsheim 26 – Molsheim 38 – Obernai 28 – Sélestat 28 – Strasbourg 39.

Ferme des Tuileries avr.-sept.
℘ 03 88 74 60 45, *camping.fermetuileries@9online.fr*,
Fax 03 88 74 85 35, *www.fermedestuileries.com* – ℝ ✖
4 ha (150 empl.) plat, herbeux
Tarif : ✹ 3,30 € 🔲 3,30 € 🔌 (6A) 3,10 €
Pour s'y rendre : Sortie NO rte de Benfeld

Nature : ▨ ♀
Loisirs : ▨ ✖ ♨ ⎓ ✍
Services : ⚬▬ ⬟✓ ▥ 🔲 ⊕ ▨

ROTHAU

☒ 67570 – ▨ ▨ H6 – 1 557 h. – alt. 340
Paris 418 – Barr 28 – St-Dié 91 – Saverne 50 – Sélestat 43 – Strasbourg 55.

Municipal mai-sept.
℘ 03 88 97 07 50, *rothau-mairie@wanadoo.fr*,
Fax 03 88 47 45 41 – ℝ conseillée
1 ha (39 empl.) plat et terrasse, peu incliné, herbeux
Tarif : 🔲 10 € – pers. suppl. 3 €
🔲, 1 borne 4 €
Pour s'y rendre : Sortie SO par N 420 rte de St-Dié et
chemin à droite, bord de la Bruche

Services : ⚬▬ (juil.-août) ⊕ ▨

ST-PIERRE

☒ 67140 – ▨▨ I6 – 532 h. – alt. 179
Paris 498 – Barr 4 – Erstein 21 – Obernai 12 – Sélestat 15 – Strasbourg 40.

Municipal Beau Séjour 13 mai-1er oct.
℘ 03 88 08 52 24, *commune.saintpierre@wanadoo.fr*,
Fax 03 88 08 52 24, *www.pays-de-barr.com* – ℝ conseillée
0,6 ha (47 empl.) plat, herbeux
Tarif : 🔲 13 € – pers. suppl. 3 €
Pour s'y rendre : Au bourg, derrière l'église, bord du
Muttbach

Loisirs : ✖
Services : ⚬▬ ⬟✓ ⊕

Le lac de Schiessrothried

R. Mattes/Michelin

SÉLESTAT

✉ 67600 – 315 I7 – G. Alsace Lorraine – 17 179 h. – alt. 170

🏢 *Office de tourisme, boulevard Leclerc* ✆ *03 88 58 87 20, Fax 03 88 92 88 63*

Paris 441 – Colmar 24 – Gérardmer 65 – St-Dié 44 – Strasbourg 55.

⚠ **Municipal les Cigognes** 15 avr.-sept.

✆ 03 88 92 03 98, *accueil@selestat-tourisme.com, www.se lestat-tourisme.com* – **R** conseillée

0,7 ha (48 empl.) plat, herbeux

Tarif : 🔲 13,20 € – pers. suppl. 3,30 €

🚐 1 borne 4,15 €

Pour s'y rendre : R. de la 1ère D.F.L.

Nature : ♀	
Services : ⌾ ⚲ ♂ 🗓 ⊙ 🔳	
À prox. : ✕ 🔳 ⤓	

WASSELONNE

✉ 67310 – 315 I5 – G. Alsace Lorraine – 5 542 h. – alt. 220

🏢 *Office de tourisme, 22, place du Général Leclerc* ✆ *03 88 59 12 00*

Paris 464 – Haguenau 42 – Molsheim 15 – Saverne 15 – Sélestat 51 – Strasbourg 27.

⚠ **Municipal** 15 avr.-15 oct.

✆ 03 88 87 00 08, *wasselonne.tourisme@wanadoo.fr*,

Fax 03 88 87 00 08 – **R** conseillée

1,5 ha (100 empl.) en terrasses, herbeux

Tarif : 🔲 14,80 € 🔌 (10A) – pers. suppl. 3,50 €

Location (permanent) : 6 🏠 (4 à 6 pers.) 315 à 425 €/sem.

🚐 1 borne 2 € – 6 🔲 14,80 €

Pour s'y rendre : O : 1 km par D 224 rte de Wangenbourg

À savoir : Dans l'enceinte du centre de loisirs

Nature : ⪦ ♀	
Loisirs : 🏇 🔳	
Services : ⌾ ⚲ GB ♂ 🗓 ⊙ 🔳 ⚖	
À prox. : ✕ ⤬ 🔳	

Haut-Rhin (68)

AUBURE

✉ 68150 – 315 H7 – G. Alsace Lorraine – 400 h. – alt. 800

Paris 435 – Colmar 27 – Gérardmer 48 – St-Dié 38 – Ste-Marie-aux-Mines 14 – Sélestat 28.

⚠ Municipal la Ménère

✆ 03 89 73 92 99, *aubure@cc-ribeauville.fr*,

Fax 03 89 73 93 45 – **R** conseillée

1,8 ha (70 empl.) en terrasses, herbeux, gravillons

Pour s'y rendre : Au bourg, près de la poste, accès conseillé par sortie S, rte de Ribeauvillé et chemin à droite

À savoir : À l'orée d'une pinède

Nature : ⪥ ⪦ ♀	
Services : ⌾ ⚲ 🗓 ⊙	
À prox. : 🏇	

BIESHEIM

✉ 68600 – 315 J8 – G. Alsace Lorraine – 2 315 h. – alt. 189

Paris 520 – Strasbourg 85 – Freiburg im Breisgau 37 – Basel 68 – Mulhouse 50.

⚠ **Intercommunal l'Île du Rhin** déb.avr.-déb.oct.

✆ 03 89 72 57 95, *camping@shn.fr*, Fax 03 89 72 14 21, *www.campingiledurhin.com* – **R** conseillée

3 ha (251 empl.) plat et peu incliné, herbeux

Tarif : (Prix 2005) 🔲 17,17 € – pers. suppl. 4 €

Location : 14 🏠 (4 à 6 pers.) 255 à 520 €/sem.

Pour s'y rendre : 4,5 km au SE par D 12, puis D 52

À savoir : Site et cadre agréables entre le Rhin et le canal d'Alsace

Nature : ♀	
Loisirs : snack 🏠 🕯 diurne (juil.-août) 🚴	
Services : ♿ ⌾ GB ♂ 🗓 ⊙ ⚹ 🍴 🔳 sèche-linge ⚖ 🚿	
À prox. : 🔳 ⤓ ⩘ ⚓ ski nautique, port de plaisance	

BURNHAUPT-LE-HAUT

✉ 68520 – G10 – 1 505 h. – alt. 300
Paris 454 – Altkirch 16 – Belfort 32 – Mulhouse 17 – Thann 12.

△△ **Les Castors**
  ℘ 03 89 48 78 58, camping.les.castors@wanadoo.fr,
  Fax 03 89 62 74 66, www.camping.alsace.com/burnhaupt
  – **R** conseillée
  2 5 ha (135 empl.) plat, herbeux
  Pour s'y rendre : 2,5 km au NO par D 466, rte de Guewen-heim
  À savoir : Cadre champêtre en bordure de rivière et d'un étang

> Nature : ♀
> Loisirs : ♈ ✗ ≛ ♿ ⌗ ⚲
> Services : ⅗ ⚲⚮ ⊡ ♌ ⚲ ☺ ⊞ sèche-linge

COLMAR

✉ 68000 – ▨▨▨ I8 – G. Alsace Lorraine – 65 136 h. – alt. 194
🛈 Office de tourisme, 4, rue D'Unterlinden ℘ 03 89 20 68 92
Paris 450 – Basel 68 – Freiburg 51 – Nancy 140 – Strasbourg 78.

△△ **L'Ill** 21 mars-21 déc.
  ℘ 03 89 41 15 94, campingdelill@calixo.net,
  Fax 03 89 41 15 94 – **R** conseillée
  2,2 ha (200 empl.) plat et terrasses, herbeux
  Tarif : (Prix 2005) ▣ 14,50 € ⚡ (6A) – pers. suppl. 3,40 €
  Pour s'y rendre : 2 km à l'E par N 415, rte de Fribourg, à Horbourg, bord de l'ill

> Nature : ♀♀
> Loisirs : ♈ snack ⌗ ≛ ⚲
> Services : ⅗ ⚲⚮ ⌷⌷ ♋ ⊟ ⊡ ⚲ ☺ ☒ ♨ ⚮

COURTAVON

✉ 68480 – ▨▨▨ H12 – 326 h. – alt. 480
Paris 457 – Altkirch 24 – Basel 41 – Belfort 42 – Delémont 29 – Montbéliard 38.

△ **Plan d'Eau de Courtavon**
  ℘ 03 89 08 12 50 – **R** conseillée
  2 ha (70 empl.) peu incliné, herbeux
  Pour s'y rendre : NE : 1,2 km par D 473, rte de Liebsdorf
  À savoir : Près du plan d'eau

> Services : ⅗ ⚲⚮ ⊡ ☺
> **À prox.** : ♈ ≋

73

ÉGUISHEIM

✉ 68420 – ▨▨▨ H8 – G. Alsace Lorraine – 1 548 h. – alt. 210
🛈 Office de tourisme, 22a, Grand'Rue ℘ 03 89 23 40 33, Fax 03 89 41 86 20
Paris 452 – Belfort 68 – Colmar 7 – Gérardmer 52 – Guebwiller 21 – Mulhouse 42 – Rouffach 11.

△ **Municipal des Trois Châteaux** avr.-sept.
  ℘ 03 89 23 19 39, camping.eguisheim@wanadoo.fr,
  Fax 03 89 24 10 19
  2 ha (121 empl.) plat et peu incliné, herbeux, gravier
  Tarif : (Prix 2005) ♣ 3,50 € ▣ 3,70 € ⚡ 3,40 €
  ⛽ 1 borne 2,50 €
  Pour s'y rendre : à l'O du bourg
  À savoir : Situation agréable près du vignoble

> Nature : ⚑ ≤ ♀
> Services : ⅗ ⚲⚮ ♋ ⊡ ⚲ ☺ ⊞

FRÉLAND

✉ 68240 – ▨▨▨ H7 – 1 292 h. – alt. 425
Paris 435 – Colmar 20 – Gérardmer 43 – St-Dié 38 – Ste-Marie-aux-Mines 21 – Sélestat 32.

△ **Les Verts Bois** mars-oct.
  ℘ 03 89 47 57 25, marcel.florence@wanadoo.fr,
  Fax 03 89 47 57 25, www.camping-lesvertsbois.com
  – **R** conseillée
  0,6 ha (33 empl.) en terrasses, herbeux
  Tarif : (Prix 2005) ♣ 2,50 € ⇔ 1 € ▣ 2,40 € ⚡ (16A) 2,50 €
  – frais de réservation 20 €
  Pour s'y rendre : Sortie NO par rte d'Aubure et à gauche r. de la Fonderie, bord d'un ruisseau

> Nature : ≤ ♀
> Loisirs : ♈ ⌗
> Services : ⚲⚮ ⚲ ☺ ⊞

GEISHOUSE

✉ 68690 – **315** G9 – 472 h. – alt. 730
Paris 467 – Belfort 53 – Bussang 23 – Colmar 55 – Mulhouse 32.

Au Relais du Grand Ballon Permanent
℘ 03 89 82 30 47, *aurelaisgeishouse@wanadoo.fr*,
Fax 03 89 82 30 47, *www.aurelaisdugrandballon.com* –
places limitées pour le passage – **R** indispensable
0,3 ha (24 empl.) plat herbeux
Tarif : ♣ 3,80 € ⟺ 1,50 € 🅴 3,80 € (½) (10A) 3 €
Pour s'y rendre : Sortie S, 17 Grande R.

Nature : 🐾 ⌂ ⚲
Loisirs : ▼ ✗
Services : ৬ ⚡ GB ⚙ 𝄞 🗄 🖧 ☺ 🖳 sèche-linge

GUEWENHEIM

✉ 68116 – **315** G10 – 1 176 h. – alt. 323
Paris 458 – Altkirch 23 – Belfort 36 – Mulhouse 21 – Thann 9.

La Doller avr.-oct.
℘ 03 89 82 56 90, *campeurs-doller@wanadoo.fr*,
Fax 03 89 82 82 31 – **R** conseillée
0,8 ha (40 empl.) plat, herbeux
Tarif : 🅴 14,20 € (½) (6A) – pers. suppl. 3,85 €
🚐 1 borne 3,50 €
Pour s'y rendre : 1 km au N par D 34 rte de Thann et chemin à dr., bord de la Doller
À savoir : Ambiance familiale dans un cadre verdoyant et fleuri

Nature : 🐾 ⚲
Loisirs : ▼ 🏛 ⛹ ⚲
Services : ৬ ⚡ GB ⚙ 𝄞 🗄 🖧 🖳 ☺ 🛁 🖳
À prox. : ✗ 🏇

HEIMSBRUNN

✉ 68990 – **315** H10 – 1 218 h. – alt. 280
Paris 456 – Altkirch 14 – Basel 50 – Belfort 34 – Mulhouse 10 – Thann 17.

Parc la Chaumière Permanent
℘ 03 89 81 93 43, *accueil@camping-lachaumiere.com*,
Fax 03 89 81 93 43, *www.camping-lachaumiere.com* –
places limitées pour le passage – **R** conseillée
1 ha (66 empl.) plat, herbeux, gravillons
Tarif : 🅴 12 € (½) (10A) – pers. suppl. 3 €
Location ⚡ : 12 🚐 (2 à 4 pers.) 100 à 330 €/sem.
Pour s'y rendre : Sortie S par D 19, rte d'Altkirch
À savoir : Dans un agréable cadre arbustif

Nature : 🐾 ⌂ ⚲
Loisirs : ⛹ 🏊 (petite piscine)
Services : ⚡ GB ⚙ 𝄞 🗄 ☺ 🛁

74

Le lac Blanc

R. Mattes/Michelin

ISSENHEIM

✉ 68500 – 🗺 H9 – G. Alsace Lorraine – 3 296 h. – alt. 245
Paris 487 – Strasbourg 98 – Colmar 24 – Mulhouse 22 – Belfort 52.

⚠ **Le Florival** avr.-oct.
    𝒫 03 89 74 20 47, *contact@camping-leflorival.com*,
    Fax 03 89 74 20 47 – **R** conseillée
    3,5 ha (85 empl.) plat, pierreux, herbeux
    Tarif : 🏕 3,20 € 🗐 6 € 🔌 3 €
    Location 🛖 : 10 🏠 (4 à 6 pers.) 240 à 520 €/sem.
    Pour s'y rendre : 2,5 km au SE par D 430 rte de Mulhouse
    et D 5 à gauche, rte d'Issenheim

Nature : 🖙
Loisirs : 🏊 🏄
Services : 🔥 ⚬📞 GB 🐾 ▥ 🛎 ⊕ 🔲 sèche-linge
À prox. : 🔲 ⟁ 🏊

KAYSERSBERG

✉ 68240 – 🗺 H8 – G. Alsace Lorraine – 2 676 h. – alt. 242
🛈 Office de tourisme, rue du Gal-de-Gaulle 𝒫 03 89 78 22 78, Fax 03 89 78 27 44
Paris 438 – Colmar 12 – Gérardmer 46 – Guebwiller 35 – Munster 22 – St-Dié 41 – Sélestat 24.

⚠ **Municipal** avr.-sept.
    𝒫 03 89 47 14 47, *camping@ville-kaysersberg.fr*,
    Fax 03 89 47 14 47 – **R** 🛖 (juil.-août)
    1,6 ha (120 empl.) plat, herbeux
    Tarif : 🏕 3,70 € 🚗 1,80 € 🗐 2,50 € 🔌 4,25 €
    Pour s'y rendre : Sortie NO par N 415 rte de St-Dié et r. des
    Acacias à droite, bord de la Weiss

Nature : ≤ Ω
Loisirs : 🏊 🏄 ✂
Services : ⚬📞 GB 🐾 ▣ 🛎 ⊕ ⚱ ⟁ 🔲

KRUTH

✉ 68820 – 🗺 F9 – G. Alsace Lorraine – 1 010 h. – alt. 498
Paris 453 – Colmar 63 – Épinal 68 – Gérardmer 31 – Mulhouse 40 – Thann 20 – Le Thillot 29.

⚠ **Le Schlossberg** Pâques-fin sept.
    𝒫 03 89 82 26 76, *info@schlossberg.fr*, Fax 03 89 82 20 17,
    www.schlossberg.fr – **R** conseillée
    5,2 ha (200 empl.) peu incliné, terrasse, herbeux
    Tarif : 🏕 4,20 € 🗐 3,70 € 🔌 (6A) 3 € – frais de réserva-
    tion 10 €
    Location (permanent) : 6 🏠 (4 à 6 pers.) 240 à
    485 €/sem.
    Pour s'y rendre : NO : 2,3 km par D 13B, rte de La Bresse et
    rte à gauche, bord de la Bourbach
    À savoir : Site agréable au coeur du Parc des Ballons

Nature : 🏞 ≤ Ω
Loisirs : 🍴 🏊 🏄
Services : 🔥 ⚬📞 ▥ ▣ 🛎 ⚱ ⊕ 🔲

75

LABAROCHE

✉ 68910 – 🗺 H8 – 1 985 h. – alt. 750
🛈 Office de tourisme, 2, impasse Prés. Poincaré 𝒫 03 89 49 80 56, Fax 03 89 49 80 68
Paris 441 – Colmar 17 – Gérardmer 49 – Munster 25 – St-Dié 44.

⚠ **Municipal des 2 Hohnack**
    𝒫 03 89 49 83 72 – **R** conseillée
    1,3 ha (66 empl.) non clos, plat et en terrasses, herbeux
    Pour s'y rendre : S : 4,5 km par D 11[1] et D 11, rte des
    Trois-Épis puis rte du Linge à droite
    À savoir : Cadre agréable à l'orée d'une forêt

Nature : 🏞 🖙 Ω
Loisirs : 🍴
Services : ⚱ ⊕ ⟁ 🔲

LAUTENBACHZELL

✉ 68610 – 🗺 G9 – 935 h. – alt. 400
Paris 474 – Belfort 59 – Guebwiller 8 – Colmar 32 – Mulhouse 30 – Thann 28.

⚠ **Municipal Vert Vallon**
    𝒫 03 89 74 01 80, *mairie.lautenbachzell@wanadoo.fr*,
    Fax 03 89 74 01 80 – **R** conseillée
    0,5 ha (34 empl.) peu incliné à incliné, herbeux
    Location : chambres d'hôte
    Pour s'y rendre : Au bourg, près de l'église
    À savoir : Au coeur d'un village blotti dans une vallée

Nature : ≤
Services : ⚬📞 ▥ ⊕
À prox. : ✗ ✂

LIEPVRE

✉ 68660 – 🗺 H7 – 1 632 h. – alt. 272
Paris 428 – Colmar 35 – Ribeauvillé 27 – St-Dié-des-Vosges 31 – Sélestat 15.

Haut-Koenigsbourg 15 mars-15 nov.
🕿 03 89 58 43 20, *camping.haut-koenigsbourg@tiscali.fr*,
Fax 03 89 58 98 29, *www.camping-alsace.com/liepvre*
– **R** conseillée
1 ha (77 empl.) plat et peu incliné, herbeux
Tarif : 🔲 13 € 🔌 (8A) – pers. suppl. 3,40 €
Pour s'y rendre : E : 0,9 km par C 1 rte de la Vancelle
À savoir : Entrée bordée par un séquoia centenaire

> Nature : 🌳 ♀
> Loisirs : 🏠 🏇
> Services : 🔥 ⚡ GB ⚖ ▥ 🗄 ☺ 🖼

MASEVAUX

✉ 68290 – 🗺 F10 – G. Alsace Lorraine – 3 329 h. – alt. 425
🅱 *Office de tourisme, 36, fossé des Flagellants* 🕿 03 89 82 41 99, Fax 03 89 82 49 44
Paris 440 – Altkirch 32 – Belfort 24 – Colmar 57 – Mulhouse 30 – Thann 15 – Le Thillot 38.

Municipal Pâques-sept.
🕿 03 89 82 42 29, *camping-masevaux@tv-com.net*,
Fax 03 89 82 42 29 – **R** conseillée
3,5 ha (149 empl.) plat, herbeux
Tarif : ⚹ 2,75 € 🔲 2,75 € 🔌 (6A) 5 €
Pour s'y rendre : R. du stade, bord de la Doller
À savoir : Agréable cadre boisé et fleuri

> Nature : 🌳 ♀♀
> Loisirs : snack 🏠 🏇 🐟
> Services : 🔥 ⚡ GB ⚖ ▥ 🗄 ☺
> 🖼 sèche-linge sèche-linge
> À prox. : 🍴 ✗ 🖼 ⚓ terrain omnis-
> ports

MITTLACH

✉ 68380 – 🗺 G8 – 290 h. – alt. 550
Paris 467 – Colmar 28 – Gérardmer 42 – Guebwiller 44 – Thann 46.

Municipal Langenwasen mai-sept.
🕿 03 89 77 63 77, *mairiemittlach@wanadoo.fr*,
Fax 03 89 77 74 36, *www.mittlach.net* – alt. 620 – **R** conseillée
3 ha (150 empl.) peu incliné, plat et terrasses, herbeux, gravier
Tarif : ⚹ 3,45 € 🚗 1,15 € 🔲 2,45 € 🔌 (10A) 6 €
Pour s'y rendre : SO : 3 km, bord d'un ruisseau
À savoir : Site boisé au fond d'une vallée

> Nature : 🌳 ← 🏠 ♀
> Loisirs : 🏠
> Services : ⚡ (juil.-août) GB ⚖ ☺
> 🖼

MOOSCH

✉ 68690 – 🗺 G9 – G. Alsace Lorraine – 1 912 h. – alt. 390
Paris 463 – Colmar 51 – Gérardmer 42 – Mulhouse 28 – Thann 8 – Le Thillot 30.

La Mine d'Argent 15 avr.-15 oct.
🕿 03 89 82 30 66, *serge.sorribas@free.fr*,
Fax 03 89 82 30 66 – places limitées pour le passage
– **R** conseillée
2 ha (75 empl.) peu incliné, plat, en terrasses, herbeux
Tarif : 🔲 13,65 € – pers. suppl. 3,40 € – frais de réser-
vation 16 €
🚐 1 borne 2 €
Pour s'y rendre : 1,5 km au SO par r.de la Mairie et r. de la
Mine-d'Argent, bord d'un ruisseau
À savoir : Dans un site vallonné et verdoyant

> Nature : 🌳 ← ♀
> Loisirs : 🏠 🏇
> Services : ⚡ GB ⚖ 🗄 ☺ 🖼 sèche-
> linge

MULHOUSE

✉ 68100 – 🗺 I10 – G. Alsace Lorraine – 110 359 h. – alt. 240
🅱 *Office de tourisme, 9, avenue du Maréchal Foch* 🕿 03 89 35 48 48, Fax 03 89 45 66 16
Paris 465 – Basel 34 – Belfort 43 – Besançon 130 – Colmar 46 – Dijon 218 – Freiburg 59 – Nancy 174 – Reims 379.

L'Ill
🕿 03 89 06 20 66, *campingdelill@aol.com*,
Fax 03 89 61 18 34, *www.camping-de-lill.com*
5 ha (210 empl.) plat, herbeux
Location 🏠 : 4 🚐
🚐 1 borne – 20 🔲
Pour s'y rendre : Au SO de la ville, r. Pierre-de-Coubertin,
par A 36, sortie Dornach
À savoir : Cadre boisé en bordure de rivière

> Nature : ♀♀
> Loisirs : 🏠
> Services : 🔥 ⚡ ▥ 🗄 ⚓ ☺ 🖼 ⚖
> À prox. : patinoire ✗ 🎿 🖼 ⚓
> pistes de bi-cross et skate-board

MUNSTER

⊠ 68140 – ▮▮▮ G8 – G. Alsace Lorraine – 4 884 h. – alt. 400
▯ Office de tourisme, 1, rue du Couvent ℘ 03 89 77 31 80, Fax 03 89 77 07 17
Paris 458 – Colmar 19 – Gérardmer 34 – Guebwiller 40 – Mulhouse 60 – St-Dié 54 – Strasbourg 96.

△ **Escapades Terre Océane Le Parc de la Fecht** 13
mai-16 sept.
℘ 03 89 77 31 08, Fax 03 89 77 45 98, www.campingterreo
ceane.com – **R** conseillée
4 ha (260 empl.) plat, herbeux
Tarif : ▣ 16 € – pers. suppl. 4 € – frais de réservation 25 €
Pour s'y rendre : E : 1 km par D 10, rte de Turckheim
À savoir : Cadre boisé, au bord de la Fecht

Nature : 🔆🔆	
Loisirs : 🛋 🏄	
Services : 🔌 ⛽ ♻ 🗄 ♨ ⚫	
À prox. : 🏊	

ORBEY

⊠ 68370 – ▮▮▮ G8 – G. Alsace Lorraine – 3 548 h. – alt. 550
▯ Office de tourisme, 48, rue du Général-de-Gaulle ℘ 03 89 71 30 11, Fax 03 89 71 34 11
Paris 434 – Colmar 23 – Gérardmer 42 – Munster 21 – Ribeauvillé 21 – St-Dié 37 – Sélestat 35.

△ **Les Moraines** Permanent
℘ 03 89 71 25 19, camp.moraines@wanadoo.fr, camping-
les-moraines.com – alt. 700 – **R** indispensable
1 ha (46 empl.) plat et peu incliné, herbeux, gravier
Tarif : ▣ 18,60 € 🔌 (6A) – pers. suppl. 4,20 €
Pour s'y rendre : SO : 3,5 km rte des lacs, à Pairis, bord
d'un ruisseau

Nature : 🔄 ⬛ 🔆	
Services : 🔌 ⛽ ♻ 🗄 ♨ ⚫ 🖼 ♻	
À prox. : ✂	

RAEDERSHEIM

⊠ 68190 – ▮▮▮ H9 – 967 h. – alt. 228
Paris 473 – Colmar 27 – Guebwiller 7 – Mulhouse 20 – Thann 20.

△ **Le Verger** mai-15 sept.
℘ 03 89 48 13 88, campingleverger@wanadoo.fr,
Fax 03 89 48 82 71 – **R** conseillée
1,1 ha (32 empl.) plat, herbeux
Tarif : ▣ 14,90 € 🔌 (8A) 3,50 € – pers. suppl. 3,80 €
🚐 1 borne – 5 ▣
Pour s'y rendre : Au bourg

Nature : 🐚 ⬛	
Loisirs : 🛋	
Services : ♿ 🔌 ♻ 🗄 ♨ ⚫ ♻ ↙	

RANSPACH

⊠ 68470 – ▮▮▮ G9 – G. Alsace Lorraine – 893 h. – alt. 430
Paris 459 – Belfort 54 – Bussang 15 – Gérardmer 38 – Thann 13.

△ **Les Bouleaux** 30 mars-15 oct.
℘ 03 89 82 64 70, contact@alsace-camping.com,
Fax 03 89 39 14 17, www.alsace-camping.com – **R** conseillée
1,75 ha (100 empl.) plat, herbeux
Tarif : ▣ 15,50 € 🔌 (6A) – pers. suppl. 4 €
Location (permanent) : 5 🚐 (4 à 6 pers.) 294 à
413 €/sem. – 2 🏠 (4 à 6 pers.) 294 à 420 €/sem.
🚐 1 borne 4 €
Pour s'y rendre : Au S du bourg par N 66

Nature : 🔄 🔆	
Loisirs : 🍴 snack 🛋 🏄 🏊	
Services : ♿ 🔌 ⛽ ♻ 🗄 ♨ ♻ ⚫	
🖼 sèche-linge	

RIBEAUVILLÉ

⊠ 68150 – ▮▮▮ H7 – G. Alsace Lorraine – 4 929 h. – alt. 240
Paris 439 – Colmar 16 – Gérardmer 56 – Mulhouse 60 – St-Dié 42 – Sélestat 14.

△△ **Municipal Pierre-de-Coubertin** 15 mars-15 nov.
℘ 03 89 73 66 71, camping.ribeauville@wanadoo.fr,
Fax 03 89 73 66 71 – **R**
3,5 ha (260 empl.) plat, herbeux
Tarif : (Prix 2005) 👤 3,80 € ▣ 4 € 🔌 (6A) 4 €
Pour s'y rendre : Sortie E 106 puis r. de Landau à gauche

Nature : 🐚 🔄 🔆🔆	
Loisirs : 🛋 🏄 ✂	
Services : ♿ 🔌 ⛽ ♻ 🗄 ♨ ⚫	
♻ ↙ 🖼 ⬛ sèche-linge	
À prox. : 🔲 🏊 ⛷	

ROMBACH-LE-FRANC

✉ 68660 – 315 H7 – 820 h. – alt. 290

Paris 431 – Colmar 38 – Ribeauvillé 30 – St-Dié 34 – Sélestat 18.

▲ **Municipal les Bouleaux** 15 avr.-15 oct.

      ⌀ 03 89 58 93 99, Fax 03 89 58 93 21 – croisement difficile
pour caravanes – **R** conseillée

1,3 ha (50 empl.) non clos, plat et peu incliné, herbeux

Tarif : (Prix 2005) ⚹ 2,30 € ⇋ 1,60 € 🅴 1,60 €
[⚡] (13A) 2,15 €

Pour s'y rendre : NO : 1,5 km par rte de la Hingrie

À savoir : Dans un vallon entouré de sapins et traversé par
un ruisseau

> **Nature** : 🐟 ♀
> **Loisirs** : 🏠 🚣
> **Services** : 🚿 ⌾ 🐾 🔧 ⓐ

ROUFFACH

✉ 68250 – 315 H9 – G. Alsace et Lorraine – 4 187 h. – alt. 204

🚩 *Office de tourisme, place de la République* ⌀ *03 89 78 53 15, Fax 03 89 49 75 30*

Paris 479 – Basel 61 – Belfort 57 – Colmar 16 – Guebwiller 10 – Mulhouse 28 – Thann 26.

▲ **Municipal** mai-sept.

      ⌀ 03 89 49 78 13, Fax 03 89 78 03 09 – **R** conseillée

0,4 ha (30 empl.) plat, herbeux

Tarif : (Prix 2005) ⚹ 2 € 🅴 2 € [⚡] (10A) 2,50 €

Pour s'y rendre : Au S. du bourg, près du stade et de la
piscine

> **Nature** : ♀
> **Loisirs** : 🏠
> **Services** : ⌾ 🐾 🔥 ⓐ
> **À prox.** : 🍴 🏊

STE-CROIX-EN-PLAINE

✉ 68127 – 315 I8 – 2 121 h. – alt. 192

Paris 471 – Belfort 78 – Colmar 10 – Freiburg-im-Breisgau 49 – Guebwiller 21 – Mulhouse 37.

▲▲ **Clairvacances** Pâques-15 oct.

      ⌀ 03 89 49 27 28, *clairvacances@wanadoo.fr,*
Fax 03 89 49 31 37, *www.clairvances.com* – **R** conseillée ✂

4 ha (135 empl.) plat, herbeux

Tarif : 🅴 20 € [⚡] (8A) – pers. suppl. 7 €

Location : 9 🛖 (4 à 6 pers.) 305 à 620 €/sem.

Pour s'y rendre : 2,7 km au NO par D 1, rte d'Herrlisheim

À savoir : Agréable décoration arbustive

> **Nature** : 🌲
> **Loisirs** : 🏠 🚣 ▪ ⛵
> **Services** : 🚿 ⌾ 🍴 🐾 Ⓜ 🚻 🔥 ☂
> ⓐ 🅿 sèche-linge

Les chaumes de la route des Crêtes

R. Mattes/Michelin

78

SEPPOIS-LE-BAS

✉ 68580 – 🖫 H11 – 946 h. – alt. 390
Paris 454 – Altkirch 13 – Basel 42 – Belfort 38 – Montbéliard 34.

⋏⋏ **Municipal les Lupins** avr.-oct.
  ℰ 03 89 25 65 37, *leslupins@wanadoo.fr*,
  Fax 03 89 25 65 37, *www.camping-alsace.com* – **R** conseillée
  3,5 ha (158 empl.) plat, terrasses, herbeux
  Tarif : (Prix 2005) ⋆ 3,50 € ▣ 3,50 € [2] (6A) 3,20 €
  Location (permanent) **P** : 10 🏠 (4 à 6 pers.) 270 à 501 €/sem.
  Pour s'y rendre : Sortie NE par D 17 rte d'Altkirch et r. de la gare à dr.
  À savoir : Sur le site verdoyant de l'ancienne gare

> Nature : 🌳 ⚬⚬
> Loisirs : 🏠 🏕 🎣 ⛴
> Services : 🚿 ⌐ ☷ ⊘ 📶 📅 🍴 ⚙
> 🖥 sèche-linge
> À prox. : ✗ ✗

TURCKHEIM

✉ 68230 – 🖫 H8 – G. Alsace Lorraine – 3 594 h. – alt. 225
🖪 *Office de tourisme, 6, rue du Conseil ℰ 03 89 27 38 44, Fax 03 89 80 83 22*
Paris 471 – Colmar 7 – Gérardmer 47 – Munster 14 – St-Dié 51 – Le Thillot 66.

⋏⋏ **Les Cigognes** 15 mars-1ᵉʳ nov.
  ℰ 03 89 27 02 00 – **R** conseillée
  2,5 ha (102 empl.) plat, herbeux
  Tarif : (Prix 2005) ⋆ 3,50 € ▣ 3,80 € [2] (10A) 4,80 €
  Pour s'y rendre : à l'O du bourg, derrière le stade - accès par chemin entre le passage à niveau et le pont
  À savoir : Au bord d'un petit canal et près de la Fecht

> Nature : 🗂 ⚬
> Loisirs : 🏠
> Services : 🚿 ⌐ 📶 📅 ⚙ ⚓ ⊙ 🖥
> À prox. : ✗

WATTWILLER

✉ 68700 – 🖫 H10 – 1 593 h. – alt. 356
Paris 478 – Strasbourg 116 – Freiburg im Breisgau 81 – Basel 56 – Mulhouse 23.

⋏⋏⋏ **Les Sources** avr.-sept.
  ℰ 03 89 75 44 94, *camping.les.sources@wanadoo.fr*,
  Fax 03 89 75 71 98, *www.camping-les-sources.com* – **R** conseillée
  15 ha (360 empl.) en terrasses, pierreux, gravier
  Tarif : ▣ 25,90 € – pers. suppl. 7 € – frais de réservation 14 €
  Location : 66 🛖 (4 à 6 pers.) 210 à 651 €/sem. – 20 🏠 (4 à 6 pers.) 315 à 686 €/sem.
  🚐 1 borne
  Pour s'y rendre : 2 km à l'O par D 5 III, rte des Crètes

> Nature : 🌳 🗂 〰
> Loisirs : 🍹 ✗ pizzeria 🏠 ⚙ diurne (juil.-août) 🏕 🎣 ✗ 🎣 ⛴ ⛴
> Services : 🚿 ⌐ ☷ ⊘ 📅 ⚙ ⚓ ⚓
> 🖥 sèche-linge ⚖ ⚙
> À prox. : poneys

WIHR-AU-VAL

✉ 68230 – 🖫 H8 – 1 232 h. – alt. 330
Paris 463 – Colmar 14 – Gérardmer 38 – Guebwiller 35 – St-Dié-des-Vosges 58.

⋏ **La Route Verte** 29 avr.-sept.
  ℰ 03 89 71 10 10, *info@camping-routeverte.com*,
  www.camping-routeverte.com – **R** conseillée
  1,2 ha (60 empl.) plat, peu incliné, herbeux
  Tarif : ⋆ 2,65 € ▣ 3,65 € [2] 2,65 €
  🚐 1 borne
  Pour s'y rendre : Sortie S par D 43 rte de Soultzbach-les-Bains

> Nature : 🌳 ⚬
> Loisirs : 🏕
> Services : ☷ ⊘ 📅 ⚓ ⊙ 🖥
> À prox. : 🍹 ✗

79

AQUITAINE

A. Thuillier/Michelin

Bienvenue en Aquitaine, immuable terre d'accueil où déjà l'homme préhistorique avait élu domicile. La région se compose d'une mosaïque de paysages, mais tous ses habitants partagent le même sens de l'hospitalité. Après une visite aux maîtres ès foies gras et confits du Périgord et du Quercy, suivie d'un crochet par le Bordelais, ses châteaux et son vignoble si justement réputé, direction la Côte d'Argent, ses surfeurs, ses bars à tapas et ses amateurs de rugby ou de corridas élevés au gâteau basque et au piment d'Espelette… On cultive ici le goût du défi et de la fête, comme en témoignent ces paisibles villages préparant derrière leurs façades à colombages et volets rouges de fougueuses réjouissances où danses, jeux et chants célèbrent l'identité d'un peuple aux traditions toujours vivantes.

Aquitaine has welcomed mankind throughout the ages. Its varied mosaic of landscapes is as distinctive as its inhabitants' hospitality and good humour: a quick stop to buy confit of goose can easily lead to an invitation to look around the farm! No stay in Aquitaine would be complete without visiting at least one of Bordeaux' renowned vineyards. Afterwards head for the « Silver Coast », loved by surfers and rugby fans alike, have a drink in a tapas bar or even take ringside seats for a bullfight This rugged, sunny land between the Pyrenees and the Atlantic remains fiercely proud of its identity: spend a little time in a sleepy Basque village and you'll soon discover that, at the first flourish of the region's colours, red and green, the locals still celebrate their traditions in truly vigorous style.

ALLES-SUR-DORDOGNE

✉ 24480 – **329** G6 – 321 h. – alt. 70
Paris 534 – Bergerac 36 – Le Bugue 12 – Les Eyzies-de-Tayac 22 – Périgueux 54 – Sarlat-la-Canéda 41.

⚠ **Port de Limeuil** mai-sept.
   ℰ 05 53 63 29 76, *didierbonvallet@aol.com*,
Fax 05 53 63 04 19, *www.leportdelimeuil.com* – **R** conseillée
7 ha/4 campables (90 empl.) plat, herbeux, sablonneux
Tarif : 🔲 28,40 € 🔋 (5A) – pers. suppl. 5,50 € – frais de
réservation 15 €
🚐 1 borne
Pour s'y rendre : NE : 3 km sur D 51ᴱ, près du pont de
Limeuil, au confluent de la Dordogne et de la Vézère

Nature : 🌿 ♀ ⛰
Loisirs : 🍸 🛋 🚣 🎠 🏸 🎿
Services : 🚿 ⚡ GB 🚗 🍴 🛒 🌀
🖼 🗑 💈
À prox. : ✖ 🐎

ANGOISSE

✉ 24270 – **329** H3 – 572 h. – alt. 345
Paris 445 – Bordeaux 180 – Périgueux 51 – Limoges 53 – Brive 55.

⚠ **Rouffiac en Périgord** (location exclusive de mobile
homes et chalets)
   ℰ 05 53 52 68 79, *contact@semitour.com*, *www.semi
tour.com* – empl. traditionnels également disponibles
– **R** conseillée
54 ha/6 campables en terrasses et peu incliné, herbeux
Location : 2 🚐 – 7 🏠
Pour s'y rendre : 4 km au SE par D 80, rte de Payzac, à
150 m d'un plan d'eau (accès direct)
À savoir : Site agréable près d'une base nautique

Nature : 🌿 🗔 ♀♀
Loisirs : 🛋
Services : 🚿 ⚡ 🖼
À prox. : 🍸 ✖ 🎣 🏹 🏊 (plage) 🚣 🛶
mur d'escalade, téléski nautique,
canoë, pédalos

Benutzen Sie
– zur Wahl der Fahrtroute
– zur Berechnung der Entfernungen
– zur exakten Lokalisierung eines Campingplatzes (mit Hilfe der Angaben im Ortstext)
die für diesen Führer unentbehrlichen **MICHELIN-Karten** *im Ma1 : 150 000.*

ANTONNE-ET-TRIGONANT

✉ 24420 – **329** F4 – 1 079 h. – alt. 106
Paris 484 – Bordeaux 139 – Périgueux 10 – Limoges 91 – Brive 67.

⚠ **Au Fil de l'Eau** 15 juin-15 sept.
   ℰ 05 53 06 17 88, *campingaufildeleau@wanadoo.fr*,
Fax 05 53 08 97 76, *http://camping-aufildeleau.mon
site.wanadoo.fr* – **R** conseillée
1,5 ha (50 empl.) non clos, plat, herbeux
Tarif : 🔲 13,50 € 🔋 (5A) – pers. suppl. 3 €
Pour s'y rendre : Sortie NE et rte d'Escoire à dr., bord de
l'Isle

Nature : ♀
Loisirs : 🚣 🏊 ⟲ canoë
Services : 🚿 ⚡ 🚗 🍴 🌀 🖼

ATUR

✉ 24750 – **329** F5 – 1 491 h. – alt. 224
Paris 499 – Bordeaux 134 – Périgueux 6 – Brive 83 – Angoulême 92.

⚠ **Le Grand Dague** Pâques-20 sept.
   ℰ 05 53 04 21 01, *info@legranddague.fr*,
Fax 05 53 04 22 01, *www.legranddague.fr* – **R** conseillée
22 ha/7 campables (93 empl.) incliné, herbeux
Tarif : 🔲 24 € 🔋 (6A) – pers. suppl. 6,25 € – frais de réser-
vation 23 €
Location : 18 🚐 (4 à 6 pers.) 185 à 635 €/sem. – 7 🏠
(4 à 6 pers.) 260 à 650 €/sem.
Pour s'y rendre : 3 km au SE par rte de St-Laurent-sur-
Manoire et chemin, par déviation S - venant de Brive ou
Limoges : prendre dir. Bergerac et chemin à dr.
À savoir : Pub aménagé dans une ferme restaurée

Nature : 🌿 🗔 ♀♀
Loisirs : 🍸 ✖ (dîner seulement) 🛋
🚣 🎿 painball
Services : 🚿 ⚡ GB 🚗 🛖 🍴 💈 🌀
🗑 💈 🖼

BADEFOLS-SUR-DORDOGNE

✉ 24150 – ▨ ▨ F6 – G. Périgord Quercy – 187 h. – alt. 42
Paris 542 – Bergerac 27 – Périgueux 54 – Sarlat-la-Canéda 47.

▲▲▲ **Les Bö-Bains** 8 avr.-sept.
    📞 05 53 73 52 52, *info@bo-bains.com*, Fax 05 53 73 52 55,
    www.bo-bains.com – places limitées pour le passage – **R** indispensable
    5 ha (97 empl.) plat, terrasse, herbeux
    Tarif : ▣ 28 € 🔌 (10A) – pers. suppl. 7,50 €
    Location : 🛖 (4 à 6 pers.) 240 à 742 €/sem. – 🏠 (4 à 6 pers.) 240 à 791 €/sem.
    Pour s'y rendre : Sortie Ouest, par D 29, rte de Lalinde, bord de la Dordogne

> Nature : 🏞 ♨♨
> Loisirs : 🍴 🍴 snack 🍱 🎶 nocturne 🏓 🏊 🚲 🎯 🎳 🏊 🛶 canoë
> Services : 🚿 🔌 GB 🅰 🖥 ♨ ⚡ 🚰
> 📞 🖥 💈 🚿
> À prox. : 🎿 🐎

BELVÈS

✉ 24170 – ▨ ▨▨ H7 – G. Périgord Quercy – 1 431 h. – alt. 175
🅸 *Office de tourisme, 1, rue des Filhols* 📞 05 53 29 10 20
Paris 553 – Bergerac 52 – Le Bugue 24 – Les Eyzies-de-Tayac 25 – Sarlat-la-Canéda 34 – Villeneuve-sur-Lot 66.

▲▲▲ **Les Hauts de Ratebout**
    📞 05 53 29 02 10, *camping@hauts-ratebout.fr*,
    Fax 05 53 29 08 28, *www.hauts-ratebout.fr* – **R** conseillée
    🈁
    11 ha/6 campables (200 empl.) plat, incliné, en terrasses, herbeux
    Location : 🛖 – maisons périgourdines
    Pour s'y rendre : SE : 7 km par D 710 rte de Fumel, D 54 et rte à gauche
    À savoir : Sur les terres d'une ferme périgourdine restaurée, domine la vallée

> Nature : 🌳 ≤ ♨
> Loisirs : 🍴 🍴 🍱 🎶 nocturne 🏓 🏊 🎿 🎯 🏊 🎳
> Services : 🚿 🔌 🍴 🖥 ♨ ⚡ 🚰 🖥
> 💈 🚿

▲▲▲ **Le Moulin de la Pique** 15 avr.-7 oct.
    📞 05 53 29 01 15, *info@lemoulindelapique.fr*,
    Fax 05 53 28 29 09, *www.rcn-campings.fr* – **R** indispensable
    15 ha/6 campables (180 empl.) plat, terrasses, herbeux
    Tarif : ▣ 43,50 € – pers. suppl. 5 € – frais de réservation 12,50 €
    Location : 30 🛖 (4 à 6 pers.) 230 à 635 €/sem.
    Pour s'y rendre : SE : 3 km par D 710 rte de Fumel, bord de la Nauze, d'un étang et d'un bief
    À savoir : Autour d'un moulin du 18e s, cadre champêtre agrémenté d'un étang

> Nature : 🏞 ♨♨
> Loisirs : 🍴 snack 🍱 🎶 nocturne 🏓 🏊 🚲 🎿 🎳 🏊 🛶
> Services : 🚿 🔌 GB 🅰 🍴 🖥 ♨ ⚡ 🏊 🚰 🖥 🚿

85

▲▲ **Les Nauves** 29 avr.-23 sept.
    📞 05 53 29 12 64, *campinglesnauves@hotmail.com*,
    Fax 05 53 29 12 64, *www.lesnauves.com* – **R** conseillée
    40 ha/5 campables (100 empl.) peu incliné, herbeux
    Tarif : ▣ 18,20 € 🔌 (6A) – pers. suppl. 4,60 € – frais de réservation 14 €
    Location : 19 🛖 (4 à 6 pers.) 210 à 640 €/sem.
    Pour s'y rendre : SO : 4,5 km par D 53, rte de Monpazier et rte de Larzac à gauche

> Nature : 🌳 🏞 ♨
> Loisirs : 🍴 🍱 🏊
> Services : 🚿 🔌 GB 🅰 🖥 🏊 ⚡ 🖥

▲▲ **Les Gîtes du Greil-Haut** (location exclusive de 14 chalets)
    📞 05 53 59 51 00, *ggh@le-perigord.com*,
    Fax 05 53 28 85 85 – **R** conseillée
    5 ha en terrasses, herbeux
    Location : 🏠
    Pour s'y rendre : 5 km au Sud de Belvès par D 710

> Nature : 🌳 ♨♨♨
> Loisirs : 🍱 🎿 🎳 🏊
> Services : 🔌 🍴 🖥

---

*Les localités possédant des ressources sélectionnées dans ce guide sont signalées sur les **cartes MICHELIN** détaillées à 1/150 000.*

BERGERAC

✉ 24100 – 329 D6 – G. Périgord Quercy – 26 053 h. – alt. 37

🛈 *Office de tourisme, 97, rue Neuve d'Argenson* 🖉 *05 53 57 03 11, Fax 05 53 61 11 04*

Paris 534 – Agen 91 – Angoulême 110 – Bordeaux 94 – Pau 216 – Périgueux 48.

⚠ Municipal la Pelouse 16 fév.-oct.
🖉 05 53 57 06 67, Fax 05 53 57 06 67 – **R** conseillée
1,5 ha (70 empl.) plat et peu incliné, herbeux
Tarif : (Prix 2005) 🛉 2,80 € ⇌ 1,15 € 🔳 2,05 € 🗲 3,70 €
🚐 1 borne
Pour s'y rendre : R. J.-J.-Rousseau, par rte de Bordeaux et
rue Boileau à droite, bord de la Dordogne

| Nature : ⩽ 🎍🎍 |
| Loisirs : 🏄🏃 🎣 |
| Services : 🕭 ⚊ 🖤 ⟊ 🎪 🔄 🛁 🅰 🖻 |

BEYNAC-ET-CAZENAC

✉ 24220 – 329 H6 – G. Périgord Quercy – 506 h. – alt. 75

🛈 *Office de tourisme, La Balme* 🖉 *05 53 29 43 08*

Paris 537 – Bergerac 62 – Brive-la-Gaillade 63 – Fumel 60 – Gourdon 28 – Périgueux 66 – Sarlat-la-Canéda 12.

Schéma à Domme

⚠ Le Capeyrou Pâques-sept.
🖉 05 53 29 54 95, *lecapeyrou@wanadoo.fr,*
Fax 05 53 28 36 27, *www.campinglecapeyrou.com*
– **R** conseillée
4,5 ha (100 empl.) plat, herbeux
Tarif : 🛉 5 € 🔳 6,70 € 🗲 (10A) 4 € – frais de réservation 10 €
🚐 1 borne
Pour s'y rendre : Sortie Est, face à la station-service, bord
de la Dordogne

| Nature : ⩽ 🎍🎍 |
| Loisirs : snack 🎣 🏄🏃 🏊 ⚊ 🎣 |
| Services : 🕭 ⚊ GB ⟊ 🔄 🛁 🅰 🅰 ⚊ |
| 🖻 🛁 |
| À prox. : 🎿 🍷 ✖ 🍴 canoë |

Utilisez le guide de l'année.

86

BIRON

✉ 24540 – 329 G8 – G. Périgord Quercy – 140 h. – alt. 200

Paris 583 – Beaumont 25 – Bergerac 46 – Fumel 20 – Sarlat-la-Canéda 58 – Villeneuve-sur-Lot 35.

⚠⚠ Sunêlia Le Moulinal avr.-23 sept.
🖉 05 53 40 84 60, *lemoulinal@perigord.com,*
Fax 05 53 40 81 49, *www.lemoulinal.com* – places limitées
pour le passage – **R** conseillée
10 ha/5 campables (290 empl.) plat, terrasses, herbeux
Tarif : (Prix 2005) 🔳 42 € 🗲 (6A) – pers. suppl. 9 € – frais de
réservation 30 €
Location : 140 🛏 (4 à 6 pers.) 280 à 770 €/sem. – 70
🛖 (4 à 6 pers.) 322 à 826 €/sem. – **bungalows toilés**
Pour s'y rendre : S : 4 km rte de Lacapelle-Biron puis 2 km
par rte de Villeréal à droite
À savoir : Situation agréable au bord d'un étang, végé-
tation luxuriante et variée

| Nature : 🌳 ⩽ ☐ 🎍🎍 |
| Loisirs : 🍷 ✖ 🎣 🏵 nocturne 🏃 |
| salle d'animation 🏄🏃 🚲 🏌 ✂ 🏊 |
| ⚊ (plage) 🎣 terrain omnisports |
| Services : 🕭 ⚊ GB ⟊ 🔄 🛁 🅰 🅰 |
| ⚊ 🖻 🛁 🛁 |
| À prox. : 🐎 |

BRANTÔME

✉ 24310 – 329 E3 – G. Périgord Quercy – 2 043 h. – alt. 104

🛈 *Syndicat d'initiative, boulevard Charlemagne* 🖉 *05 53 05 80 52*

Paris 470 – Angoulême 58 – Limoges 83 – Nontron 23 – Périgueux 27 – Ribérac 38 – Thiviers 26.

⚠ Escapade Terre Océane 13 mai-16 sept.
🖉 05 53 05 75 24, *info@campingterreoceane.com,*
Fax 05 53 04 53 25, *www.campingterreoceane.com*
– **R** conseillée
5 ha (170 empl.) plat, herbeux
Tarif : 🔳 19 € – pers. suppl. 4 € – frais de réservation 25 €
Location : 5 🛏 (4 à 6 pers.) 205 à 630 €/sem.
Pour s'y rendre : 1 km à l' E par D 78, rte de Thiviers, bord
de la Dronne

| Nature : 🌳 🎍🎍 |
| Loisirs : 🏃 🏄🏃 ✂ ⚊ 🎣 |
| Services : 🕭 GB ⟊ 🛁 🅰 🖻 |
| À prox. : 🚲 canoë kayak |

Le BUGUE

✉ 24260 – 🗓 🗓 G6 – G. Périgord Quercy – 2 778 h. – alt. 62

🛈 *Office de tourisme, rue du Jardin Public* ℘ 05 53 07 20 48, Fax 05 53 54 92 30

Paris 522 – Bergerac 47 – Brive-la-Gaillarde 72 – Cahors 86 – Périgueux 42 – Sarlat-la-Canéda 32.

⚠ **Les Trois Caupain** avr.-oct.
℘ 05 53 07 24 60, *info@camping-bugue.com*,
Fax 05 53 08 72 66, *www.caupain.net* – **R** conseillée
4 ha (160 empl.) plat, herbeux
Tarif : 🔳 20,10 € 🔌 (16A) – pers. suppl. 4,50 €
Location : 30 🛖 (4 à 6 pers.) 135 à 570 €/sem.
🔧 🚰 1 borne 4,50 €
Pour s'y rendre : 1,5 km au SE par D 703, rte de Sarlat
-la-Canéda et à dr. au bord de la Vézère

| Nature : 🌊 𝟡𝟡 |
| Loisirs : pizzeria, snack 🛶 canoë-kayak, terrain omnisports |
| Services : 🔧 ⚊ GB 🕎 🛒 🛎 ⊙ 🚿 🧺 🖼 sèche-linge 🛒 |
| À prox. : 🎣 |

⚠ **La Linotte** avr.-sept.
℘ 05 53 07 17 61, *infos@campinglalinotte.com*,
Fax 05 53 54 16 96, *www.campinglalinotte.com* – **R** indispensable
1 ha/2,5 campables (92 empl.) en terrasses, plat et peu
incliné, herbeux
Tarif : 🔳 23,65 € 🔌 (10A) – pers. suppl. 6,10 € – frais de
réservation 16 €
Location 🚫 : 4 🛖 (2 à 4 pers.) 133 à 431 €/sem. – 30
🛖 (4 à 6 pers.) 168 à 543 €/sem. – 7 🏠 (4 à 6 pers.)
196 à 634 €/sem. – bungalows toilés
🔧 🚰 1 borne 4,60 €
Pour s'y rendre : NE : 3,5 km par D 710, rte de Périgueux,
D 32ᴱ à droite, rte de Rouffignac et chemin
À savoir : Bel espace aquatique, emplacements soignés

| Nature : 🌊 ← 🏞 𝟡𝟡 |
| Loisirs : 🏠 🚣 🛶 🏊 |
| Services : 🔧 ⚊ GB 🕎 🛒 🛎 ⊙ 🚿 🖼 🛒 |

Le BUISSON-DE-CADOUIN

✉ 24480 – 🗓🗓 G6 – 2 075 h. – alt. 63

🛈 *Syndicat d'initiative, place du Général-de-Gaulle* ℘ 05 53 22 06 09

Paris 532 – Bergerac 38 – Périgueux 52 – Sarlat-la-Canéda 36 – Villefranche-du-Périgord 35.

⚠ **Domaine de Fromengal** avr.-oct.
℘ 05 53 63 11 55, *fromengal@domaine-fromengal.com*,
Fax 05 53 73 03 28, *www.domaine-fromengal.com*
- **R** conseillée
22 ha/3 campables (90 empl.) en terrasses, herbeux, bois
attenant
Tarif : (Prix 2005) 🔳 27,10 € 🔌 (6A) – pers. suppl. 6,80 € –
frais de réservation 18 €
Location : 23 🛖 (4 à 6 pers.) 260 à 800 €/sem. – 18 🏠
(4 à 6 pers.) 310 à 810 €/sem.
Pour s'y rendre : SO : 6,5 km par D 29, rte de Lalinde, D 2 à
gauche, rte de Cadouin et chemin à droite

| Nature : 🌊 🏞 🍃 |
| Loisirs : 🏠 🏕 🚣 🚴 🎣 🎾 🛶 🏊 |
| Services : 🔧 ⚊ (juil.-août) GB 🕎 🛒 🛎 ⊙ 🚿 🖼 🛒 |

CAMPAGNE

✉ 24260 – 🗓🗓 G6 – G. Périgord Quercy – 310 h. – alt. 60

Paris 542 – Bergerac 51 – Belvès 19 – Les Eyzies-de-Tayac 7 – Sarlat-la-Canéda 27.

⚠ **Le Val de la Marquise** avr.-oct.
℘ 05 53 54 74 10, *val-marquise@wanadoo.fr*,
Fax 05 53 54 00 70, *www.levaldelamarquise.com* – **R** indispensable
4 ha (104 empl.) plat et en terrasses, herbeux
Tarif : 🔳 18,80 € 🔌 (15A) – pers. suppl. 4,40 €
Location 🚫 : 8 🏠 (4 à 6 pers.) 280 à 630 €/sem.
Pour s'y rendre : E : 0,5 km par D 35, rte de St-Cyprien,
bord d'un étang

| Nature : 🏞 |
| Loisirs : 🏠 🚣 🛶 🎣 |
| Services : 🔧 ⚊ GB 🕎 🏪 🛒 🛎 🏊 ⊙ 🖼 🛒 |

87

CARSAC-AILLAC

✉ 24200 – **329** I6 – G. Périgord Quercy – 1 217 h. – alt. 80
Paris 536 – Brive-la-Gaillarde 59 – Gourdon 18 – Sarlat-la-Canéda 9.

Schéma à Domme

⚠ **Le Plein Air des Bories** mai-21 sept.
 ℰ 05 53 28 15 67, *camping.lesbories@wanadoo.fr*,
 Fax 05 53 28 15 67 – **R** conseillée
 3,5 ha (110 empl.) plat, sablonneux, herbeux
 Tarif : 🔳 18,80 € 🕯 (6A) – pers. suppl. 5 € – frais de réservation 10 €
 Pour s'y rendre : S : 1,3 km par D 703, rte de Vitrac et chemin à gauche, bord de la Dordogne
 À savoir : Décoration arbustive et florale des emplacements

Nature : 🌳 ⌂ 00 ⚘	
Loisirs : 🍽 ⌂ 🏓 🎿 🎣	
Services : 🚿 🔌 ⒼⒷ 🐾 🗓 🗑 ⊛ 📷	
À prox. : canoë	

⚠ **Le Rocher de la Cave** 15 mai-15 sept.
 ℰ 05 53 28 14 26, *rocher.de.la.cave@wanadoo.fr*,
 Fax 05 53 28 27 10, *www.rocherdelacave.com* – **R** conseillée
 5 ha (150 empl.) plat, herbeux
 Tarif : (Prix 2005) ✚ 4,70 € 🔳 6,05 € 🕯 2,66 €
 Location : 18 🚐 (4 à 6 pers.) 220 à 570 €/sem. – bungalows toilés
 Pour s'y rendre : S : 1,7 km par D 703, rte de Vitrac et chemin à gauche, bord de la Dordogne

Nature : 🌳 00 ⚘	
Loisirs : 🍽 snack 🏓 🚲 🎿 🎣	
Services : 🚿 🔌 ⒼⒷ 🐾 🗓 ⊛ 📷 🛁	
À prox. : canoë	

CASTELNAUD-LA-CHAPELLE

✉ 24250 – **329** H7 – G. Périgord Quercy – 426 h. – alt. 140
Paris 539 – Le Bugue 29 – Les Eyzies-de-Tayac 27 – Gourdon 25 – Périgueux 71 – Sarlat-la-Canéda 13.

Schéma à Domme

⚠ **Maisonneuve** avr.-7 oct.
 ℰ 05 53 29 51 29, *campmaison@aol.com*,
 Fax 05 53 30 27 06, *www.campingmaisonneuve.com*
 – **R** conseillée
 6 ha/3 campables (140 empl.) non clos, plat, herbeux
 Tarif : (Prix 2005) ✚ 4,90 € 🔳 6,80 € 🕯 (10A) 4 €
 Location : 8 🚐 (4 à 6 pers.) 210 à 560 €/sem.
 Pour s'y rendre : SE : 1 km par D 57 et chemin à gauche, bord du Céou
 À savoir : Ancienne ferme restaurée et fleurie

Nature : ≤ ⌂ 00	
Loisirs : 🍽 snack 🏠 🏓 🎿 🏊 🎿	
Services : 🚿 🔌 ⒼⒷ 🐾 🗓 🗑 ⚲ ⊛ 📷 🛁	

⚠ **Lou Castel** juin-15 sept.
 ℰ 05 53 29 89 24, *loucastel2@wanadoo.fr*,
 Fax 05 53 28 94 85, *www.loucastel.com* – **R** conseillée
 5,5 ha/2,5 campables (110 empl.) plat, herbeux, pierreux, bois attenant
 Tarif : ✚ 4,70 € 🔳 5,90 € 🕯 (16A) 3,50 €
 Location (permanent) : 8 🛖 (2 à 4 pers.) 122 à 490 €/sem. – 24 🚐 (4 à 6 pers.) 180 à 640 €/sem. – 10 🏠 (4 à 6 pers.) 190 à 690 €/sem.
 Pour s'y rendre : Sortie S par D 57 puis 3,4 km par rte du château à dr. - pour caravanes, accès fortement conseillé par Pont-de-Cause et D 50, rte de Veyrines-de-Domme
 À savoir : Agréable chênaie

Nature : 🌳 ⌂ 00	
Loisirs : 🏠 🏓 🚲 🎿 🎿	
Services : 🚿 🔌 🐾 🗓 🗑 ⊛ ⚲ 🚗 📷	

CASTELS

✉ 24220 – **329** H6 – 445 h. – alt. 50
Paris 551 – Bordeaux 181 – Montauban 145 – Brive-la-Gaillarde 73 – Périgueux 56.

⚠ **La Noyeraie** (location exclusive de 12 chalets)
 Permanent
 ℰ 05 53 31 24 43, *lanoyeraie@fr.st*, Fax 05 53 31 24 43,
 www.lanoyeraie.fr.st – **R** conseillée
 1,5 ha herbeux
 Location Ⓟ : 🏠 (4 à 6 pers.) 190 à 580 €/sem.
 Pour s'y rendre : 3 km au SE par D 703, rte de Sarlat-la-Canéda

Nature : 0	
Loisirs : 🏠 🏓 🎿	
Services : 🔌 🐾 🚰 📷 sèche-linge	

CAZOULÈS

⊠ 24370 – 🄳 🄹🄶 J6 – 436 h. – alt. 101
Paris 519 – Brive-la-Gaillarde 43 – Gourdon 25 – Sarlat-la-Canéda 24 – Souillac 5.

⚠ **Municipal la Borgne** juin-15 sept.
𝒫 05 53 29 81 64, Fax 05 53 31 45 26 – **R** conseillée
5 ha (100 empl.) plat, herbeux
Tarif : ✻ 4,50 € ⬅ 2 € 🄴 3,50 € [⚡] (10A) 3,50 €
Pour s'y rendre : SO : à 1,5 km du bourg, bord de la
Dordogne

Nature : 🦐 🕯 ⚘
Loisirs : 🛝
Services : ♿ ⛽ (14 juil.-15 août) ⚙
🍴 🌊 ⊕ 🔲

CÉNAC-ET-ST-JULIEN

⊠ 24250 – 🄱 🄲🄶 I7 – G. Périgord Quercy – 1 068 h. – alt. 70
Paris 537 – Le Bugue 34 – Gourdon 20 – Sarlat-la-Canéda 12 – Souillac 32.

Schéma à Domme

⚠ **Le Pech de Caumont** avr.-sept.
𝒫 05 53 28 21 63, jmilhac@perigord.com,
Fax 05 53 29 99 73, www.pech-de-caumont.com
– **R** conseillée
2,2 ha (100 empl.) en terrasses, peu incliné, herbeux
Tarif : 🄴 17,85 € [⚡] (6A) – pers. suppl. 4,50 € – frais de
réservation 12,50 €
Location 🛖 : 14 🚐 (4 à 6 pers.) 223 à 481 €/sem. – 6
🏠 (4 à 6 pers.) 273 à 533 €/sem.
Pour s'y rendre : S : 2 km
À savoir : Domine la vallée de la Dordogne, face au village
de Domme

Nature : 🦐 🕯 ⚘
Loisirs : 🍹 🎪 🛝
Services : ♿ ⛽ 🏧 ⚙ 🍴 🌊 ⊕ 🔲
🚰 🔲 🔧

Avant de vous installer, consultez les tarifs en cours,
affichés obligatoirement à l'entrée du terrain,
et renseignez-vous sur les conditions particulières de séjour.
Les indications portées dans le guide ont pu être modifiées depuis la mise à jour.

89

La CHAPELLE-AUBAREIL

⊠ 24290 – 🄱🄲🄶 I5 – 373 h. – alt. 230
Paris 515 – Brive-la-Gaillarde 40 – Les Eyzies-de-Tayac 21 – Montignac 9 – Sarlat-la-Canéda 19.

⚠ **La Fage** mai-sept.
𝒫 05 53 50 76 50, camping.lafage@wanadoo.fr,
Fax 05 53 50 79 19, www.camping-lafage.com – **R** conseillée
5 ha (60 empl.) en terrasses, peu incliné, herbeux
Tarif : 🄴 19,50 € [⚡] (10A) – pers. suppl. 5 € – frais de réservation 9 €
Location : 12 🚐 (4 à 6 pers.) 225 à 555 €/sem. – 3 🏠
(4 à 6 pers.) 265 à 575 €/sem.
Pour s'y rendre : NO : 1,2 km par rte de St-Amand-de-Coly
(vers D 704) et chemin à gauche

Nature : 🦐 🕯 ⚘
Loisirs : snack 🎪 🛝
Services : ♿ ⛽ 🏧 ⚙ 🍴 🌊 ⊕ 🔲
🚰 🔲 🔧

COLY

⊠ 24120 – 🄱🄲🄶 I5 – 230 h. – alt. 113 – Base de loisirs
Paris 504 - Brive-la-Gaillarde 29 – Lanouaille 45 – Périgueux 53 – Sarlat-la-Canéda 24.

⚠ **Résidence Le Domaine** (location exclusive de 22
chalets) Permanent
𝒫 05 53 50 86 29, infos@ledomaine-perigord.com,
Fax 05 53 50 84 76, www.ledomaine-perigord.com
– **R** conseillée
18 ha plat, herbeux, étangs
Location : 🏠 (4 à 6 pers.) 245 à 980 €/sem.
Pour s'y rendre : SE : 2 km par D 62, rte de la Cassagne,
bord d'un plan d'eau

Nature : 🦐 🕯 ⚘
Loisirs : 🍹 ✕ nocturne 🎪 🛝 🚲 🛝 pédalos, canoë
Services : ♿ ⛽ ⚙ 🔲 🔧

COUX-ET-BIGAROQUE

✉ 24220 – 329 G7 – 818 h. – alt. 85

Paris 548 – Bergerac 44 – Le Bugue 14 – Les Eyzies-de-Tayac 17 – Sarlat-la-Canéda 31 – Villeneuve-sur-Lot 73.

⚠ **Les Valades** avr.-sept.
℘ 05 53 29 14 27, camping.valades@wanadoo.fr,
Fax 05 53 28 19 28, http://perso.wanadoo.fr/les-valades
– **R** conseillée
11 ha/2,5 campables (45 empl.) en terrasses, herbeux,
étang, sous bois
Tarif : ⚹ 4,60 € ▤ 6,20 € [₺] (10A) 3 € – frais de réservation 15 €
Location : 6 ⬚ (4 à 6 pers.) 200 à 580 €/sem. – 11 ⬚
(4 à 6 pers.) 200 à 560 €/sem.
Pour s'y rendre : NO : 4 km par D 703, rte des Eyzies puis à
gauche, au lieu-dit les Valades
À savoir : Cadre naturel et vallonné

Nature : 🏞 ⟨ 🏕 ♀
Loisirs : pizzeria 🎬 🏓 🛝 🏊
Services : & ⊶ 🚐 🗑 🖳 🍴 ⚖ 🚿

COUZE-ET-ST-FRONT

✉ 24150 – 329 F7 – 759 h. – alt. 45

Paris 544 – Bergerac 21 – Lalinde 4 – Mussidan 46 – Périgueux 57.

⚠ **Les Moulins** avr.-oct.
℘ 06 89 85 76 24, camping-des-moulins@wanadoo.fr,
Fax 05 53 24 99 72, www.campingdesmoulins.com
– **R** conseillée
2,5 ha (42 empl.) plat et peu incliné, herbeux
Tarif : ▤ 19 € [₺] (10A) – pers. suppl. 7,50 € – frais de réser-
vation 10 €
Location : 24 ⬚ (4 à 6 pers.) 200 à 600 €/sem.
⬚ 1 borne 6 €
Pour s'y rendre : Sortie Sud-Est par D 660 rte de Beau-
mont et à droite, près du terrain de sports, bord de la
Couze
À savoir : Cadre verdoyant face au village perché sur un
éperon rocheux

Nature : ⟨ 🏕 ♀
Loisirs : 🍽 🎬 🏓 🛝 ⚙ ✂ 🏊 🎣
Services : & ⊶ 🚐 🖳 🗑

90

DAGLAN

✉ 24250 – 329 I7 – 535 h. – alt. 101

🛈 Syndicat d'initiative, le Bourg ℘ 05 53 29 88 68

Paris 547 – Cahors 48 – Fumel 40 – Gourdon 18 – Périgueux 80 – Sarlat-la-Canéda 22.

⚠ **Le Moulin de Paulhiac** 13 mai-16 sept.
℘ 05 53 28 20 88, francis.armagnac@wanadoo.fr,
Fax 05 53 29 33 45, www.moulin-de-paulhiac.com
– **R** conseillée
5 ha (150 empl.) plat, herbeux
Tarif : ⚹ 6,50 € ▤ 9,20 € [₺] (10A) 4 € – adhésion obligatoire 8 €
Location : ⬚ (4 à 6 pers.) 230 à 680 €/sem.
⬚ 1 borne
Pour s'y rendre : NO : 4 km par D 57, rte de St-Cybranet,
bord du Céou

Nature : 🏞 🏕 ♀♀
Loisirs : 🍽 snack 🎬 🏓 🛝 (dé-
couverte en saison) 🏊 🚣 ⛵ 🎣
Services : & ⊶ 🅶🅱 🚐 🗑 🖳 ⚖ 🚿
🍴 🖳 🚿 🏊

⚠ **Le Daguet**
℘ 05 53 28 29 55, camping-le-daguet@wanadoo.fr,
Fax 05 53 59 61 81 – croisement difficile pour caravanes –
places limitées pour le passage – **R** conseillée
3 ha (45 empl.) non clos, plat et peu incliné, herbeux,
pierreux
Pour s'y rendre : Sortie N par D 57, rte de St-Cybranet puis
3,5 km par chemin du Mas-de-Causse, à gauche
À savoir : Au milieu des vignes et des bois, belle situation
dominant la vallée

Nature : 🏞 ⟨ 🏕 ♀♀
Loisirs : snack 🎬 🏓 🚲 🏊
Services : & ⊶ 🗑 🖳 🖳 🚿

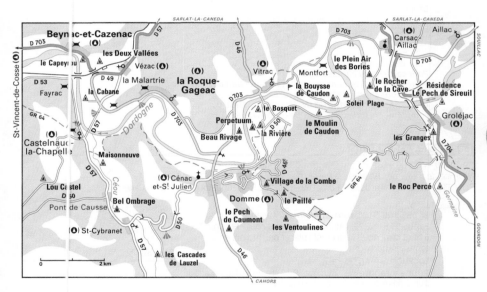

⚠ **La Peyrugue** avr.-1ᵉʳ oct.
🅰 05 53 28 40 26, *camping@peyrugue.com*,
Fax 05 53 28 86 14, *www.peyrugue.com* – **R** conseillée
5 ha/2,5 campables (85 empl.) non clos, peu incliné à
incliné, herbeux, pierreux
Tarif : 🎫 18,70 € – pers. suppl. 4,85 €
Location : 8 🏚 (4 à 6 pers.) 220 à 490 €/sem.
Pour s'y rendre : N : 1,5 km par D 57, rte de St-Cybranet, à
1 50 m du Céou

| Nature : 🌲 ♀ |
| Loisirs : 🍴 🏠 🛶 🏊 |
| Services : 🚿 ⛱ GB ⚡ 📷 ♨ ☺ 🔧 |
| À prox. : 🍴 |

DOMME

📫 24250 – 🗺 I7 – G. Périgord Quercy – 987 h. – alt. 250
🛈 *Office de tourisme, place de la Halle* 🅰 05 53 31 71 00, Fax 05 53 31 71 09
Paris 538 – Cahors 51 – Fumel 50 – Gourdon 20 – Périgueux 76 – Sarlat-la-Canéda 12.

⚠ **Village de la Combe** (location exclusive de 12 chalets)
mars-oct.
🅰 05 53 29 77 42, *lacombe24@wanadoo.fr, www.villagede lacombe.com*
2 ha plat, en terrasses, herbeux
Location : 🏚 (4 à 6 pers.) 380 à 680 €/sem.
Pour s'y rendre : SE : 1,5 km

| Nature : 🌲 ♀♀ |
| Loisirs : 🏠 🏊 |
| Services : 🚿 ⛱ ⚡ 📷 ▥ 🔧 |

⚠ **Les Ventoulines** (location exclusive de 18 chalets) fin
mars-déb. nov.
🅰 05 53 28 36 29, *lesventoulines@wanadoo.fr*,
Fax 05 53 29 47 25, *www.cottage-ventoulines.com* – **R** indispensable ✄
3 ha non clos, en terrasses, herbeux
Location : 🏚 (4 à 6 pers.) 270 à 835 €/sem.
Pour s'y rendre : SE : 3,6 km

| Nature : 🌲 ♀♀♀ |
| Loisirs : 🏠 🛶 🏊 |
| Services : 🚿 ⛱ 🅿 GB ⚡ ▥ 🔧 |

91

DOMME

⚐ **Le Moulin de Caudon** 15 mai-20 sept.

℘ 05 53 31 03 69, Fax 05 53 31 03 69, *http://www.cam pingdordogne.com* – **R** conseillée

2 ha (60 empl.) plat, herbeux

Tarif : (Prix 2005) ♣ 3,30 € ▣ 2,70 € [t] (6A) 2,70 €

Pour s'y rendre : NE : 6 km par D 46ᴱ et D 50, rte de Groléjac, près de la Dordogne - Pour les caravanes, accès conseillé par Vitrac-Port

| Nature : ⌂ 00 |
| Loisirs : 🎣 ⛹ |
| Services : & ⊶ (saison) ⚙ Ⓜ 🛏 ♨ ☺ 🔧 |
| À prox. : ≋ |

EYMET

✉ 24500 – 329 D8 – G. Périgord Quercy – 2 552 h. – alt. 54

🛈 *Office de tourisme, 45, place Gambetta* ℘ 05 53 23 74 95, Fax 05 53 27 98 76

Paris 560 – Bergerac 24 – Castillonnès 19 – Duras 22 – Marmande 33 – Ste-Foy-la-Grande 31.

⚐ **Le Château** avr.-15 oct.

℘ 05 53 23 80 28, *jeanjacques@eymetcamping.com*, Fax 05 53 83 02 20 – **R** conseillée

1,5 ha (66 empl.) plat, herbeux, jardin public attenant

Tarif : ▣ 12,50 € [t] (10A) – pers. suppl. 3,50 €

Pour s'y rendre : R. de la Sole, derrière le château, bord du Dropt

À savoir : Site agréable bordé par la rivière, le parc et les remparts

| Nature : ⌂ 00 |
| Loisirs : ➰ |
| Services : & ⊶ ⚙ 🛏 ☺ 🔧 |
| À prox. : ⛹ |

Pour choisir et suivre un itinéraire
Pour calculer un kilométrage
Pour situer exactement un terrain (en fonction des indications fournies dans le texte) :
*Utilisez les **cartes MICHELIN** détaillées à 1/150 000, compléments indispensables de cet ouvrage.*

92

Les EYZIES-DE-TAYAC

✉ 24620 – 329 H6 – G. Périgord Quercy – 909 h. – alt. 70

🛈 *Office de tourisme, 19, av. de la Préhistoire* ℘ 05 53 06 97 05, Fax 05 53 06 90 79

Paris 536 – Brive-la-Gaillarde 62 – Fumel 62 – Lalinde 35 – Périgueux 47 – Sarlat-la-Canéda 21.

⚑ Le Mas

℘ 05 53 29 68 06, *camping-le-mas@wanadoo.fr*, Fax 05 53 31 12 73, *www.mas-vacances.com* – **R** conseillée

5 ha/3 campables (136 empl.) plat et peu incliné, en terrasses, herbeux

Location 🏠 : 🚐 – 🏚 – 🛏

Pour s'y rendre : E : 7 km par D 47 rte de Sarlat-la-Canéda puis 2,5 km par rte de Sireuil à gauche

| Nature : 🌳 ⌂ 00 |
| Loisirs : 🍴 ⛹ 🎿 🏊 |
| Services : & ⊶ 🛏 ♨ ☺ 🚿 🔧 🗑 ♨ |
| À prox. : ✗ |

⚑ **La Rivière** 8 avr.-oct.

℘ 05 53 06 97 14, *la-riviere@wanadoo.fr*, Fax 05 53 35 20 85, *www.lariviereleseyzies.com* – **R** indispensable

3 ha (120 empl.) plat, herbeux

Tarif : ▣ 20,40 € [t] (6A) – pers. suppl. 4,90 €

Location : 8 🚐 (4 à 6 pers.) 200 à 590 €/sem. – 🛏 🚐, 1 borne 4,50 €

Pour s'y rendre : NO : 1 km par D 47, rte de Périgueux et rte à gauche après le pont, à 200 m de la Vézère (accès direct)

| Nature : ⌂ 00 |
| Loisirs : 🍴 ✗ ⛹ 🚲 🎿 |
| Services : & ⊶ 🅖🅑 ⚙ 🛏 ♨ ☺ 🚿 🗑 🔧 |
| À prox. : ≋ canoë |

⚐ **La Ferme du Pelou** 15 mars-15 nov.

℘ 05 53 06 98 17, Fax 05 53 06 98 17 – **R** conseillée

1 ha (65 empl.) plat et peu incliné, herbeux

Tarif : ♣ 3,30 € ▣ 3,30 € [t] (10A) 2,60 €

🚐, 1 borne – 5 ▣

Pour s'y rendre : NE : 4 km par D 706, rte de Montignac puis rte à droite

| Nature : 🌳 ⌂ ♀ |
| Loisirs : 🎣 🎿 |
| Services : & ⊶ ⚙ 🛏 🚿 ☺ 🔧 |
| À prox. : 🐎 |

FOSSEMAGNE

✉ 24210 – 🄱 🄶 G5 – 528 h. – alt. 70

Paris 492 – Brive-la-Gaillarde 49 – Excideuil 33 – Les Eyzies-de-Tayac 27 – Périgueux 26.

⚠ **Municipal le Manoire** 15 juin-15 sept.
 𝄢 05 53 04 43 46, Fax 05 53 06 49 90 – **R** conseillée
 1 ha (35 empl.) plat, herbeux
 Tarif : ✦ 2,20 € 🔳 2 € 🅟 2 €
 Pour s'y rendre : Au Sud-Ouest du bourg, près d'un plan d'eau
 À savoir : Belle ornementation des emplacements

| Nature : 🔲 ΩΩ ⚠ |
| Services : 👤 GB 🐾 ☺ 🔥 |
| À prox. : 🍴 🎣 |

GROLÉJAC

✉ 24250 – 🄱 🄶 I7 – 580 h. – alt. 67

Paris 537 – Gourdon 14 – Périgueux 80 – Sarlat-la-Canéda 13.

Schéma à Domme

▵▵▵ **Les Granges**
 𝄢 05 53 28 11 15, *lesueur.francine@wanadoo.fr*,
 Fax 05 53 28 57 13, *lesgranges-fr.com* – places limitées pour le passage – **R** conseillée
 6 ha (188 empl.) plat, incliné et en terrasses, herbeux
 Location : 🚐 – 🏠
 Pour s'y rendre : Au bourg

| Nature : 🔆 🔲 ΩΩ |
| Loisirs : 🍷 🍴 pizzeria 🎦 🎯 🏸 🚲 🏋 🛝 🏊 |
| Services : 👤 🔌 🔳 🛁 ☺ 🔥 🗑 ⚓ 📷 |
| À prox. : 🏊 |

▵▵▵ **Résidence le Pech de Sireuil** (location exclusive de 14 chalets)
 𝄢 05 53 28 34 93, *martine@pechdesireuil.com*,
 Fax 05 53 28 53 09
 5 ha non clos, plat, vallonné, herbeux
 Location : 🏠
 Pour s'y rendre : N : 2 km par D 704 et à droite, rte de Milhac

| Nature : 🔆 🔲 ΩΩ |
| Loisirs : 🏊 |
| Services : 👤 🔌 🅿 🎟 📷 |

⚠ **Municipal le Roc Percé**
 𝄢 05 53 59 48 70, Fax 05 53 29 39 74, *www.baseloisirs-grolejac.com* – **R** conseillée
 2 ha (92 empl.) non clos, plat, herbeux
 Pour s'y rendre : S : 2 km par D 704, D 50 rte de Domme et rte de Nabirat à gauche, bord d'un plan d'eau

| Nature : 🔆 ◁ 🔲 💧 ⚠ |
| Loisirs : 🏊 canoë, pédalos |
| Services : 👤 🔌 🔳 ☺ 🔥 📷 |

Enclos - Pays basque

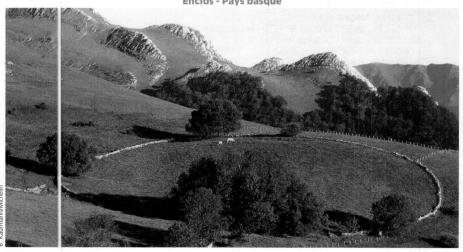

B. Kaufmann/Michelin

LANOUAILLE

✉ 24270 – 329 H3 – 966 h. – alt. 209 – Base de loisirs
🏛 *Syndicat d'initiative, place Thomas Robert Bugeaud* ℰ *05 53 62 17 82*
Paris 446 – Brantôme 47 – Limoges 55 – Périgueux 46 – Uzerche 47.

⚠ **Moulin de la Jarousse** (location exclusive de 8 chalets)
Permanent
ℰ 05 53 52 37 91, *jarousse@wanadoo.fr,*
Fax 05 53 52 40 43, *www.chalets-en-perigord.com –* 🅁 ✀
(juil.-août)
8 ha plat, terrasse, herbeux, gravillons
Location : 🛖 (4 à 6 pers.) 330 à 750 €/sem.
Pour s'y rendre : 7 km au N par D 704, D 80 et rte secondaire, au lieu-dit La Jarousse
À savoir : Cadre sauvage et boisé dominant le lac

| Nature : ≫ ≤ 🗻 |
| Loisirs : 🚣 🚲 ⊐ 🎣 |
| Services : ⚬━ 🅿 ⊘ 🏧 🍴 🗄 |

Benutzen Sie
– zur Wahl der Fahrtroute
– zur Berechnung der Entfernungen
– zur exakten Lokalisierung eines Campingplatzes (mit Hilfe der Angaben im Ortstext)
die für diesen Führer unentbehrlichen **MICHELIN-Karten** *im Ma1 : 150 000.*

LIMEUIL

✉ 24510 – 329 G6 – G. Périgord Quercy – 315 h. – alt. 65
🏛 *Syndicat d'initiative, Le Bourg* ℰ *05 53 63 38 90*
Paris 528 – Bergerac 43 – Brive-la-Gaillarde 78 – Périgueux 48 – Sarlat-la-Canéda 38.

⚠ **La Ferme des Poutiroux** avr.-7 nov.
ℰ 05 53 63 31 62, *camping.les.poutiroux@tiscali.fr,*
Fax 05 53 58 30 84, *www.poutiroux.com –* 🅁 conseillée
1,5 ha (25 empl.) plat, en terrasses, peu incliné, herbeux
Tarif : 🔲 16,40 € (¼) (6A) – pers. suppl. 4,50 € – frais de
réservation 10 €
Location : 14 🚐 (4 à 6 pers.) 170 à 470 €/sem.
🚐 1 borne 3 €
Pour s'y rendre : Sortie Nord-Ouest par D 31, rte de
Trémolat puis 1 km par chemin de Paunat à droite

| Nature : ≫ ≤ |
| Loisirs : 🚣 ⊐ |
| Services : ᴴ ⚬━ ⊘ ⊕ 🗄 |

MAISON-JEANNETTE

✉ 24140 – 329 E5
Paris 506 – Bergerac 24 – Périgueux 25 – Vergt 11.

⚠ **Orphéo-Négro** 15 juin-15 sept.
ℰ 05 53 82 96 58, Fax 05 53 80 45 50 – 🅁 conseillée
7 ha/2 campables (100 empl.) peu incliné à incliné, plat,
terrasse, herbeux, pierreux, étang
Tarif : 🔲 20 € – pers. suppl. 5,50 €
Pour s'y rendre : NE : par N 21 au lieu-dit les Trois Frères,
près de l'hôtel Tropicana

| Nature : ≫ ⊏ 🗻 ⚠ |
| Loisirs : 🏊 🚣 ⊐ 🏹 🎣 |
| Services : ᴴ ⚬━ ⊘ 🗄 ⊕ 🗄 |
| À prox. : ✗ |

MARCILLAC-ST-QUENTIN

✉ 24200 – 329 I6 – 664 h. – alt. 235
Paris 522 – Brive-la-Gaillarde 48 – Les Eyzies-de-Tayac 18 – Montignac 21 – Périgueux 74 – Sarlat-la-Canéda 10.

⚠ **Les Tailladis** Permanent
ℰ 05 53 59 10 95, *tailladis@aol.com*, Fax 05 53 29 47 56,
www.tailladis.com – 🅁 conseillée
25 ha/8 campables (83 empl.) plat, en terrasses et incliné,
herbeux, pierreux
Tarif : 🌟 5 € 🔲 6,50 € (¼) 3,40 € – frais de réservation 10 €
Location : 7 🚐 (4 à 6 pers.) 407 à 543 €/sem.
Pour s'y rendre : N : 2 km, à proximité de la D 48, bord de
la Beune et d'un petit étang

| Nature : ≫ ⊏ 🗻 |
| Loisirs : 🍴 ✗ ⊐ 🛶 🎣 🐎 |
| Services : ᴴ ⚬━ ᴳᴮ ⊘ 🗄 🔥 ⊕ 🗄 |
| 🏊 🚣 |

94

MAREUIL

✉ 24340 – ▓▓ D3 – G. Périgord Quercy – 1 112 h. – alt. 124

🚩 *Syndicat d'initiative, 12, rue Pierre Degail* ℘ *05 53 60 99 85*

Paris 484 – Angoulême 38 – Nontron 23 – Périgueux 48 – Ribérac 27.

△ **Municipal du Vieux Moulin** juin-sept.
℘ 05 53 60 99 80, Fax 05 53 60 51 72 – **R** conseillée
0,5 ha (20 empl.) plat, herbeux
Tarif : (Prix 2005) ✷ 3 € ▣ 2 € [2] 1,50 €
Pour s'y rendre : Sortie Sud-Ouest par D 708, rte de Ribérac et D 99 à gauche, rte de la Tour-Blanche, bord d'un ruisseau

> Nature : 🌿 ♀♀
> Services : 🔧 🚿 📮 ♨ ☺
> À prox. : ✗

MÉNESPLET

✉ 24700 – ▓▓ B5 – 1 289 h. – alt. 43

Paris 532 – Bergerac 44 – Bordeaux 69 – Libourne 35 – Montpon-Ménestérol 5 – Périgueux 60.

△ **Camp'Gite** Permanent
℘ 05 53 81 84 39, *campgite.ber@perigord.tm.fr*,
Fax 05 53 81 62 74, *www.camp-gite.com* – **R**
1 ha (29 empl.) plat, herbeux
Tarif : ✷ 5 € ⇔ 2 € ▣ 3 € [2] (16A) 4 €
Location : ⊨
Pour s'y rendre : 3,8 km au SO du bourg, au lieu-dit Les Loges par rte de Laser
À savoir : Sur place également chambres et table d'hôte

> Nature : 🌿 🏕 ♀
> Loisirs : 🏛
> Services : 🔧 🚿 🚲 📮 ♨ ☺ 🔶

MIALET

✉ 24450 – ▓▓ G2 – 717 h. – alt. 320

Paris 436 – Limoges 49 – Nontron 23 – Périgueux 51 – Rochechouart 37.

🏔 **Le Vivale** (location exclusive de 20 chalets)
℘ 05 53 52 66 05, *vivale@wanadoo.fr*, Fax 05 53 62 86 47 –
R indispensable
30 ha plat et vallonné, herbeux
Location : 🏠 (4 à 6 pers.) 360 à 610 €/sem.
Pour s'y rendre : 0,7 km à l'O par D 79, rte de Nontron
À savoir : Bord du lac

> Nature : 🌿 ≤ 🏕 ♀
> Loisirs : 🍸 🏛 ⚓ 🚴 🏊 🛶 canoë, barques
> Services : 🔧 🚿 🅿 GB 🚲 🔶

95

MOLIÈRES

✉ 24480 – ▓▓ F7 – G. Périgord Quercy – 292 h. – alt. 150

Paris 542 – Bergerac 31 – Le Bugue 20 – Les Eyzies-de-Tayac 31 – Sarlat-la-Canéda 47 – Villeneuve-sur-Lot 56.

🏔 **La Grande Veyière** avr.-2 nov.
℘ 05 53 63 25 84, *la-grande-veyiere@wanadoo.fr*,
Fax 05 53 63 18 25, *www.lagrandeveyiere.com* – **R** conseillée
4 ha (64 empl.) peu incliné à incliné, en terrasses, herbeux
Tarif : (Prix 2005) ✷ 4,26 € ▣ 6,05 € [2] 2,50 € – frais de réservation 10 €
Location : 8 🏠 (2 à 4 pers.) 150 à 375 €/sem. – 14 🏠 (4 à 6 pers.) 170 à 510 €/sem.
Pour s'y rendre : SE : 2,2 km par D 27, rte de Cadouin et chemin à droite
À savoir : Agréable cadre naturel, verdoyant

> Nature : 🌿 🏕 ♀♀♀
> Loisirs : 🍸 🏛 ⚓ 🏊
> Services : 🔧 🚿 GB 🚲 📮 ♨ ☺ 🔶

MONPAZIER

✉ 24540 – ▓▓ G7 – G. Périgord Quercy – 516 h. – alt. 180

🚩 *Office de tourisme, place des Cornières* ℘ *05 53 22 68 59, Fax 05 53 74 30 08*

Paris 575 – Bergerac 47 – Fumel 26 – Périgueux 75 – Sarlat-la-Canéda 50 – Villeneuve-sur-Lot 46.

🏔 **Le Moulin de David** 20 mai-9 sept.
℘ 05 53 22 65 25, *info@moulin-de-david.com*,
Fax 05 53 23 99 76, *www.moulin-de-david.com* – **R** conseillée
3 ha (160 empl.) plat, terrasse, herbeux
Tarif : ▣ 29,30 € [2] (10A) – pers. suppl. 6,80 €
Location : 43 🏠 (4 à 6 pers.) 233 à 710 €/sem. – tentes
🏠, 1 borne – 3 ▣
Pour s'y rendre : SO : 3 km par D 2 rte de Villeréal et chemin à gauche, bord d'un ruisseau

> Nature : 🌿 🏕 ♀♀
> Loisirs : 🍸 snack, pizzeria 🏛 nocturne ⚽ 🚴 ♨ 🏊 (petite piscine) ⚓ (plan d'eau)
> Services : 🔧 🚿 GB 🚲 📮 ♨ ☺ 🔶 📮 🏊 🛶

MONPLAISANT

✉ 24170 – 329 G7 – 251 h. – alt. 190
Paris 551 – Belvès 2 – Bergerac 50 – Le Bugue 22 – Les Eyzies-de-Tayac 23 – Sarlat-la-Canéda 32.

▲ **La Lénotte** avr.-oct.
℘ 05 53 30 25 80, *campinglalenotte@libertysurf.fr*,
Fax 05 53 30 25 80, *www.la-lenotte.com* – **R** conseillée
3,2 ha (69 empl.) plat, herbeux
Tarif : 回 14,50 € (2) (10A) – pers. suppl. 3,80 €
Location : 14 ⬚⬚ (4 à 6 pers.) 190 à 540 €/sem. –
bungalows toilés
⬚⬚ 1 borne 6 €
Pour s'y rendre : NE : 2,3 km par D 710, rte de Soriac-en-
Périgord
À savoir : Bord de la Nauze

Nature : ⬚
Loisirs : ♬ ⟆
Services : 🔧 ⟁ GB ↻ 🔳 ⊕ 🔳 ⟆

MONTIGNAC

✉ 24290 – 329 H5 – G. Périgord Quercy – 3 023 h. – alt. 77
🅸 *Office de tourisme, place Bertran-de-Born* ℘ *05 53 51 82 60, Fax 05 53 50 49 72*
Paris 513 – Brive-la-Gaillarde 39 – Périgueux 54 – Sarlat-la-Canéda 25.

▲ **Le Moulin du Bleufond** avr.-15 oct.
℘ 05 53 51 83 95, *le.moulin.du.bleufond@wanadoo.fr*,
Fax 05 53 51 19 92, *www.bleufond.com* – **R** conseillée
1,3 ha (84 empl.) plat, herbeux
Tarif : ♣ 4,80 € 回 5,60 € (2) 3 €
Location : 17 ⬚⬚ (4 à 6 pers.) 194 à 560 €/sem.
⬚⬚ 1 borne 4 €
Pour s'y rendre : S : 0,5 km par D 65 rte de Sergeac, près
de la Vézère
À savoir : Beaux emplacements disposés autour de l'ancien moulin

Nature : ⟆ ⬚ ♀
Loisirs : snack ⬚ ⟆ ⟆⟆ ⟆
Services : 🔧 ⟁ (saison) GB ↻ 🔳
🔳 ⟁ ⊕ ⟆ ⟆ 🔳 ⟆
À prox. : ✂ ⟆ canoë

MONTPON-MÉNESTÉROL

✉ 24700 – 329 B5 – 5 385 h. – alt. 93
🅸 *Office de tourisme, place Clemenceau* ℘ *05 53 82 23 77, Fax 05 53 81 86 74*
Paris 532 – Bergerac 40 – Bordeaux 75 – Libourne 43 – Périgueux 56 – Ste-Foy-la-Grande 23.

▲ **Escapades Terre Océane le Port Vieux** 17 juin-16
sept.
℘ 05 53 80 30 98, *info@campingterreoceane.com*,
Fax 05 53 82 26 62, *www.campingterreoceane.com*
– **R** conseillée
2 ha (120 empl.) plat, herbeux
Tarif : 回 15 € – pers. suppl. 3 € – frais de réservation 25 €
Pour s'y rendre : Sortie N par D 708, rte de Ribérac et à
gauche avant le pont
À savoir : Bord de l'Isle

Nature : ⬚ ♀♀
Loisirs : ⬚ ⟆⟆ ⟆⟆ ♬ ⟆
Services : 🔧 ⟁ GB ↻ 🔳 🔳 ⟆ ⊕
⟆ ⟆ 🔳
À prox. : ⟆

PARCOUL

✉ 24410 – 329 B4 – G. Périgord Quercy – 411 h. – alt. 70
Paris 503 – Bergerac 69 – Blaye 72 – Bordeaux 75 – Périgueux 67.

▲ **Le Paradou** 15 mai-15 sept.
℘ 05 53 91 42 78, *le.paradou.24@wanadoo.fr*,
Fax 05 53 90 49 92, *www.leparadou24.fr* – **R** conseillée
20 ha/4 campables (100 empl.) plat, herbeux, pierreux
Tarif : 回 12,50 € – pers. suppl. 4,20 €
Location : ⬚⬚ (4 à 6 pers.) 246 à 495 €/sem. – ⟆ (4 à 6
pers.) 206 à 366 €/sem.
Pour s'y rendre : SO : 2 km par D 674 rte de La Roche-
Chalais
À savoir : Au parc de loisirs

Nature : ⬚ ♀♀
Loisirs : ⟆
Services : 🔧 ⟁ GB ↻ 🔳 ⊕ ⟆ 🔳
À prox. : au parc de loisirs : ♟ café-
téria ⟆ ⬚ ⟆⟆ ✂ ♬ ⟆ (étang)
⟆ pédalos

PEYRIGNAC

✉ 24210 – B I5 – 394 h. – alt. 200
Paris 508 – Brive-la-Gaillarde 33 – Juillac 33 – Périgueux 44 – Sarlat-la-Canéda 37.

La Garenne Permanent
℘ 05 53 50 57 73, *slagarenne@aol.com*, Fax 05 53 50 57 73,
http://membres.lycos.fr/campinglagarenne/ – **R** conseillée
4 ha/1,5 campable (70 empl.) plat, peu incliné, herbeux
Tarif : (Prix 2005) 🔲 16 € 🛵 (10A) – pers. suppl. 3,50 €
Location (mars-oct.) : 7 🛖 (4 à 6 pers.) 210 à
380 €/sem. – 5 🏠 (4 à 6 pers.) 320 à 450 €/sem.
Pour s'y rendre : 0,8 km au N du bourg, près du stade

Nature : 🌿 ♨♨♨
Loisirs : 🛖 🏊 ⛷
Services : 🚿 ⚡ GB 🐕 Ⓜ 🏧 🛒 🛎
☺ 🌳 ♨ 🖼 🍴
À prox. : ✂ ✉

PEYRILLAC-ET-MILLAC

✉ 24370 – B J6 – 213 h. – alt. 88
Paris 521 – Brive-la-Gaillarde 45 – Gourdon 23 – Sarlat-la-Canéda 22 – Souillac 8.

Au P'tit Bonheur 15 avr.-15 sept.
℘ 05 53 29 77 93, *auptitbonheur@wanadoo.fr*,
Fax 05 53 29 77 93, *camping-auptitbonheur.com*
– **R** conseillée
2,8 ha (90 empl.) incliné et en terrasses, herbeux, pierreux
Tarif : 🔲 17,70 € 🛵 (10A) – pers. suppl. 4,50 € – frais de
réservation 10 €
Location (8 avr.-sept.) 🍴 (mi-juil.-mi-août) : 12 🛖 (2 à
4 pers.) 170 à 430 €/sem. – 11 🛖 (4 à 6 pers.) 200 à
570 €/sem. – 8 🏠 (4 à 6 pers.) 230 à 930 €/sem.
🚐 🔋 1 borne
Pour s'y rendre : N : 2,5 km par rte du Bouscandier, à
Millac
À savoir : Plaisante décoration arbustive et florale

Nature : 🌿 ← 🏠 🌊
Loisirs : 🍴 snack 🛖 🏊 🚲 ⛷
Services : 🚿 ⚡ GB 🐕 🛒 🛎 ☺ 🌳
🖼 🍴

97

PLAZAC

✉ 24580 – B G. Périgord Quercy – 577 h. – alt. 110
Paris 527 – Bergerac 65 – Brive-la-Gaillarde 53 – Périgueux 40 – Sarlat-la-Canéda 32.

Le Lac mai-15 sept.
℘ 05 53 50 75 86, *contact@campinglelac-dordogne.com*,
Fax 05 53 50 58 36, *www.campinglelac-dordogne.com*
– **R** conseillée
7 ha/2,5 campables (100 empl.) peu incliné et plat, en
terrasses, herbeux
Tarif : 🔲 17,30 € – pers. suppl. 4,90 € – frais de réser-
vation 12 €
Location : 16 🛖 (4 à 6 pers.) 230 à 465 €/sem.
Pour s'y rendre : SE : 0,8 km par D 45, rte de Thonac
À savoir : Bord du lac

Nature : 🌿 🏠 ♨♨ ⛰
Loisirs : 🍴 snack 🛖 🎣 ✂ ⛷ ✒
Services : 🚿 ⚡ (15 mai-1er sept.)
GB 🐕 🛒 ☺ 🌳 🍴 🖼 🍴
À prox. : pédalos

La ROCHE-CHALAIS

✉ 24490 – B B5 – 2 801 h. – alt. 60
🏛 *Syndicat d'initiative, 9, place du Puits qui Chante* ℘ 05 53 90 18 95
Paris 510 – Bergerac 62 – Blaye 67 – Bordeaux 68 – Périgueux 70.

Municipal de Gerbes 15 avr.-sept.
℘ 05 53 91 40 65, *camping.la.roche.chalais@wanadoo.fr*,
Fax 05 53 90 32 01 – **R** conseillée
3 ha (100 empl.) plat et terrasses, herbeux, petit bois
attenant
Tarif : (Prix 2005) 🛖 2,20 € 🔲 2,70 € 🛵 (10A) 3,20 €
Pour s'y rendre : à 1 km, à l'Ouest de la localité, par la rue
de la Dronne, bord de la rivière

Nature : 🌿 🏠 ♨♨
Loisirs : 🛖 🏊 ⛵ ✒ canoë
Services : 🚿 ⚡ 🐕 🛒 ☺ 🖼

La ROQUE-GAGEAC

✉ 24250 – **329** I7 – G. Périgord Quercy – 449 h. – alt. 85
🄸 *Office de tourisme, le Bourg* ✆ *05 53 29 17 01*
Paris 535 – Brive-la-Gaillarde 71 – Cahors 53 – Fumel 52 – Lalinde 45 – Périgueux 71 – Sarlat-la-Canéda 9.
Schéma à Domme

▲▲▲ **Beau Rivage** mars-sept.
✆ 05 53 28 32 05, *camping.beau.rivage@wanadoo.fr*,
Fax 05 53 29 63 56, *www.camping.beau.rivage.com*
– **R** conseillée
8 ha (199 empl.) plat et en terrasses, herbeux, sablonneux
Tarif : 📧 21,50 € *(½)* (6A) – pers. suppl. 5,20 € – frais de réservation 18 €
Location 🏠 : 31 🛏 (4 à 6 pers.) 235 à 570 €/sem.
Pour s'y rendre : E : 4 km
À savoir : Bord de la Dordogne

Nature : 🞇🞇 ▲
Loisirs : ♈ ✗ 🛋 ⬦ nocturne 🏇
🛶 ⬦⚘ 🐟 🛝 🌊 canoë
Services : 🚻 🍴 GB ⬥ 🏧 🛆 🚿 ☺
🞇 🚮 📷 🗑 🛢 🚰
À prox. : 🚲

Benutzen Sie
– zur Wahl der Fahrtroute
– zur Berechnung der Entfernungen
– zur exakten Lokalisierung eines Campingplatzes (mit Hilfe der Angaben im Ortstext)
die für diesen Führer unentbehrlichen **MICHELIN-Karten** *im Ma1 : 150 000.*

ROUFFIGNAC

✉ 24580 – **329** G5 – G. Périgord Quercy – 1 484 h. – alt. 300
🄸 *Syndicat d'initiative, le Bourg* ✆ *05 53 05 39 03*
Paris 531 – Bergerac 58 – Brive-la-Gaillarde 57 – Périgueux 32 – Sarlat-la-Canéda 37.

▲▲ **La Nouvelle Croze** mai-sept.
✆ 05 53 05 38 90, *nvlcroze@ifrance.com*,
Fax 05 53 46 61 71, *www.vacances-perigord.com/nouvelle croze* – **R** conseillée
1,3 ha (40 empl.) plat, herbeux
Tarif : 📧 17,90 € – pers. suppl. 4,60 €
Location (avr.-1er nov.) : 17 🛏 (4 à 6 pers.) 162 à 480 €/sem.
Pour s'y rendre : SE : 2,5 km par D 31, rte de Fleurac et chemin à droite

Nature : 🌿 ♀
Loisirs : ♈ 🛋 🛶 🛝 golf (9 trous)
Services : 🚻 🍴 (juil.-août) GB ⬥
🗑 ☺ 🞇 🚮 🚰

▲▲ **La Ferme Offrerie** 15 avr.-sept.
✆ 05 53 35 33 26, *campingoffrerie@aol.com*,
Fax 05 53 05 76 30, *www.camping-ferme-offrerie.com* –
places limitées pour le passage – **R** conseillée
2 ha (28 empl.) plat, peu incliné, terrasses, herbeux
Tarif : ✶ 3,80 € 📧 3,80 € *(½)* 2,50 €
Location : 14 🛏 (4 à 6 pers.) 260 à 498 €/sem.
Pour s'y rendre : S : 2 km par D 32, rte des Grottes de Rouffignac et à droite

Nature : 🌿 🚮 ♀
Loisirs : 🛋 🛝
Services : 🍴 ⬥ 🗑 ☺ 📷 🚰

ST-ANTOINE-D'AUBEROCHE

✉ 24330 – **329** G5 – 146 h. – alt. 152
Paris 491 – Brive-la-Gaillarde 96 – Limoges 105 – Périgueux 24.

▲▲ **La Pelonie** avr.-4 nov.
✆ 05 53 07 55 78, *lapelonie@aol.com*, Fax 05 53 03 74 27,
www.lapelonie.com – **R** conseillée
3 ha (60 empl.) non clos, plat, herbeux
Tarif : 📧 20,60 € – pers. suppl. 5 € – frais de réservation 15 €
Location : 11 🛏 (4 à 6 pers.) 175 à 615 €/sem.
Pour s'y rendre : SO : 1,8 km en direction de Milhac-Gare, à la Bourgie, de Fossemagne, 6 km par RN 89 et chemin à droite

Nature : 🚮 ♀
Loisirs : ♈ snack 🛶 🛝
Services : 🚻 🍴 GB ⬥ Ⓜ 🗑 ☺ ☺
📷 🚰

ST-ANTOINE-DE-BREUILH

✉ 24230 – ▯ ▯ B6 – 1 844 h. – alt. 18
Paris 555 – Bergerac 30 – Duras 28 – Libourne 34 – Montpon-Ménestérol 23.

⚲ **La Rivière Fleurie** 10 avr.-20 sept.
  ✆ 05 53 24 82 80, *info@la-riviere-fleurie.com*,
  Fax 05 53 24 82 80, *la-riviere-fleurie.com* – **R** conseillée
  2,5 ha (60 empl.) plat, herbeux
  Tarif : (Prix 2005) ▤ 20 € ⚡ (10A) – pers. suppl. 5 €
  Location ⚲ : 5 ⟨⟩ (2 à 4 pers.) 140 à 330 €/sem. – 12
  ▯ ▯ (4 à 6 pers.) 260 à 550 €/sem. – studios
  Pour s'y rendre : SO : 3 km, à St-Aulaye, à 100 m de la
  Dordogne
  À savoir : Décoration arbustive et florale autour de la
  piscine

> Nature : ▨ ▭ ♀♀
> Loisirs : ♈ snack ▭ ⚔ ⬆
> Services : ⚲ ⚬ ⚲ ▯ ⚲ ☺ ▯ ⚲
> À prox. : ⚲ canoë

ST-ASTIER

✉ 24110 – ▯ ▯ E5 – G. Périgord Quercy – 5 098 h. – alt. 70
▯ *Office de tourisme, place de la République* ✆ 05 53 54 13 85
Paris 509 – Brantôme 36 – Mussidan 21 – Périgueux 22 – Ribérac 24.

⚲ **Municipal du Pontet** avr.-sept.
  ✆ 05 53 54 14 22, *info@ville-saint-astier.fr*,
  Fax 05 53 04 39 36, *www.ville-saint-astier.fr* – **R** conseillée
  3,5 ha (150 empl.) plat, herbeux
  Tarif : ▤ 14,55 € – pers. suppl. 4 € – frais de réservation 8 €
  Location : 6 ⟨⟩ (4 à 6 pers.) 230 à 550 €/sem. – 12
  bungalows toilés – (avec sanitaires)
  Pour s'y rendre : Sortie Est par D 41, rte de Montanceix,
  bord de l'Isle

> Nature : ♀
> Loisirs : ▭ ⚔ ⚔ ⚲ ⬆ ⬆ (pe-
> tite piscine)
> Services : ⚲ ⚬ GB ⚲ ▯ ☺ ☺ ▯

ST-AULAYE

✉ 24410 – ▯ ▯ B4 – G. Périgord Quercy – 1 399 h. – alt. 61
▯ *Syndicat d'initiative, place Pasteur* ✆ 05 53 90 63 74
Paris 504 – Bergerac 56 – Blaye 79 – Bordeaux 81 – Périgueux 56.

⚲ **Municipal de la Plage** 15 juin-15 sept.
  ✆ 05 53 90 62 20, *mairie-staulaye@voila.fr*,
  Fax 05 53 90 59 89 – **R** conseillée
  7 ha (70 empl.) plat, herbeux
  Tarif : ▤ 9 € – pers. suppl. 1,70 €
  Location : 13 ⟨⟩ (4 à 6 pers.) 115 à 340 €/sem. – 19 ⚲
  (4 à 6 pers.) 105 à 310 €/sem.
  ▯ 1 borne 3 €
  Pour s'y rendre : Sortie Nord par D 38, rte de Aubeterre,
  bord de la Dronne

> Nature : ♀♀
> Loisirs : ▭ ⚔ ⚲ ⚲ ⬆ ⚲
> Services : ⚲ ⚬ ⚲ ▯ ☺ ⚲ ▯
> À prox. : snack ⚲ ⚲ (plage) ⚲

ST-AVIT-DE-VIALARD

✉ 24260 – ▯ ▯ G6 – 118 h. – alt. 210
Paris 520 – Bergerac 39 – Le Bugue 7 – Les Eyzies-de-Tayac 17 – Périgueux 40.

⚲ **St-Avit Loisirs** avr.-sept.
  ✆ 05 53 02 64 00, *contact@saint-avit-loisirs.com*,
  Fax 05 53 02 64 39, *www.saint-avit-loisirs.com* – places limitées pour le passage – **R** conseillée
  40 ha/6 campables (350 empl.) plat, peu incliné, herbeux
  Tarif : ▤ 34,90 € – pers. suppl. 8,60 € – frais de réservation 15 €
  Location (7 janv.-16 déc.) : ⟨⟩ (4 à 6 pers.) 491 à
  940 €/sem. – ⚲ (4 à 6 pers.) 441 à 981 €/sem. – ▭ –
  appartements
  ▯ 1 borne
  Pour s'y rendre : NO : 1,8 km, rte de St-Alvère
  À savoir : Vaste domaine vallonné et boisé, bel espace
  aquatique

> Nature : ▨ ⚲ ▭ ♀♀
> Loisirs : ♈ ✗ self-service, pizzeria
> ▭ ⚲ nocturne ⚔ ▯ salle d'ani-
> mation ⚔ ⚲ ⚲ ⚲ ⬆ ▯ ⬆ ⚲
> terrain omnisports
> Services : ⚲ ⚬ GB ⚲ ▯ ▯ ☺ ☺
> ⚲ ⚲ ▯ ⚲ ⚲

ST-AVIT-SÉNIEUR

⊠ 24440 – 329 F7 – G. Périgord-Quercy – 403 h. – alt. 164
Paris 545 – Bergerac 33 – Cahors 77 – Périgueux 65 – Villeneuve-sur-Lot 53.

Le Hameau des Laurières (location exclusive de 10 chalets) Permanent
 05 53 23 76 99, efeyfant@club-internet.fr,
Fax 05 53 23 77 02, http://www.lehameau.com/laurieres –
R indispensable
1 ha en terrasses, incliné, herbeux
Location : ⌂ (4 à 6 pers.) 235 à 798 €/sem.
Pour s'y rendre : SE : 1 km direction Montferrand, au lieu-dit les Gaudounes

> Nature : 🍃
> Loisirs : 🏠 🏊
> Services : ♿ ⚷ ℗ ⌸ ♒ ▯ ▤
> sèche-linge
> À prox. : ✕

ST-CIRQ

⊠ 24260 – 329 G6 – 106 h. – alt. 50
Paris 541 – Bergerac 53 – Le Bugue 6 – Les Eyzies-de-Tayac 6 – Périgueux 45.

Brin d'Amour 8 avr.-sept.
 05 53 07 23 73, brindamour2@wanadoo.fr,
Fax 05 53 07 23 73, www.campings-dordogne.com/brinda
mour – **R** conseillée
4 ha (60 empl.) peu incliné et plat, en terrasses, herbeux, petit étang
Tarif : ★ 4,50 € ▣ 5,50 € [₰] (16A) 3 € – frais de réservation 12,20 €
Location : 4 ⌷ (4 à 6 pers.) 210 à 490 €/sem. – 10 ⌂ (4 à 6 pers.) 250 à 570 €/sem.
Pour s'y rendre : N : 3,3 km par D 31, rte de Manaurie et chemin à droite

> Nature : 🍃 < 🏕 ♨
> Loisirs : 🍹 🏠 ✕ 🏊
> Services : ♿ ⚷ ♒ ⌸ ☺ ♒ ▽ ▤
> 🍴

100

ST-CRÉPIN-ET-CARLUCET

⊠ 24590 – 329 I6 – G. Périgord Quercy – 407 h. – alt. 262
Paris 514 – Brive-la-Gaillarde 40 – Les Eyzies-de-Tayac 29 – Montignac 21 – Périgueux 74 – Sarlat-la-Canéda 14.

Les Peneyrals 13 mai-16 sept.
 05 53 28 85 71, camping.peneyrals@wanadoo.fr,
Fax 05 53 28 80 99, www.peneyrals.com – **R** conseillée
12 ha/8 campables (199 empl.) en terrasses, herbeux, pierreux, étang
Tarif : ▣ 28,60 € [₰] (10A) – pers. suppl. 7,30 € – frais de réservation 18 €
Location : 26 ⌷ (4 à 6 pers.) 250 à 830 €/sem. – 21 ⌂ (4 à 6 pers.) 310 à 840 €/sem.
⌷, 1 borne
Pour s'y rendre : À St-Crépin, sur D 56, rte de Proissans
À savoir : Cadre vallonné avec emplacements en sous-bois ou au bord d'un étang

> Nature : 🍃 🏕 ♨♨
> Loisirs : 🍹 ✕ snack 🏠 🌙 nocturne
> ⛹ 🎣 🚲 ✕ 🎣 ▯ 🏊 ⛷ 🎣
> Services : ♿ ⚷ ⌸ ♒ ▯ 🍴 ♒ ☺
> ▤ 🍴 🍴

Le Pigeonnier - Club 24
 05 53 28 92 62, Fax 05 53 30 27 17, www.lepigeon
nier24.com – **R** conseillée
2,5 ha (100 empl.) peu incliné, herbeux
Location : ⌷
Pour s'y rendre : NO : 1,3 km sur D 60 rte de Sarlat-la-Canéda

> Nature : 🏕 ♨
> Loisirs : 🍹 🏠 🏊 ⛷ bowling
> Services : ♿ ⚷ ▯ ☺ ♒ ▤
> À prox. : ✕

Les Combas (location exclusive de 20 chalets) Permanent
 05 53 28 64 00, combas@perigordgites.com,
Fax 05 53 28 64 09, www.perigordgites.com
4 ha vallonné, herbeux
Location ♿ ℗ : ⌂ (4 à 6 pers.) 300 à 860 €/sem.
Pour s'y rendre : 2 km à l'O par D 60 et à gauche
À savoir : Anciens bâtiments de ferme, en pierre, réaménagés en gîtes

> Nature : 🍃 ♨
> Loisirs : 🍹 🏠 🎣 ✕ 🏊
> Services : ⌸ ♒ ▯ ▤ 🍴

ST-CYBRANET

✉ 24250 – 🄱🄰🄿 I7 – 350 h. – alt. 78
Paris 542 – Cahors 51 – Les Eyzies-de-Tayac 29 – Gourdon 21 – Sarlat-la-Canéda 16.

Schéma à Domme

⚠ Bel Ombrage
🕿 05 53 28 34 14, *belombrage@wanadoo.fr*,
Fax 05 53 59 64 64, *www.belombrage.com*
6 ha (180 empl.) plat, herbeux
Pour s'y rendre : NO : 0,8 km, bord du Céou

> Nature : 🏞 ⌁ 🌳 ▲
> Loisirs : 🏕 🏊 🛶
> Services : ⚒ 🏪 ⊕ 🖨

⚠ Les Cascades 15 mai-15 sept.
🕿 05 53 28 32 26, *les-cascades@wanadoo.fr*,
Fax 05 53 29 18 44, *camping-dordogne.com/les cascades*
– **R** conseillée
2 ha (100 empl.) non clos, plat, peu incliné, herbeux
Tarif : (Prix 2005) 🚶 4,40 € ▣ 4,95 € 🔌 (6A) 3,10 € – frais de réservation 20 €
Location (avr.-15 sept.) : 7 🛏 (4 à 6 pers.) 230 à 450 €/sem.
Pour s'y rendre : SE : 2 km par D 50, rte de Domme et chemin à droite, bord du Céou

> Nature : 🏞 🌳 ▲
> Loisirs : 🍽 🏊 🛶
> Services : ⚒ ⊶ 🅶🅱 🗓 🏪 ⊕ 🖨

ST-GENIÈS

✉ 24590 – 🄱🄰🄿 I6 – G. Périgord Quercy – 815 h. – alt. 232
Paris 515 – Brive-la-Gaillarde 41 – Les Eyzies-de-Tayac 29 – Montignac 13 – Périgueux 66 – Sarlat-la-Canéda 14.

⚠ La Bouquerie 15 avr.-23 sept.
🕿 05 53 28 98 22, *labouquerie@wanadoo.fr*,
Fax 05 53 29 19 75, *www.labouquerie.com* – places limitées pour le passage – **R** indispensable
8 ha/4 campables (183 empl.) plat, peu incliné et en terrasses, herbeux, pierreux, étang
Tarif : ▣ 25 € – pers. suppl. 6,50 € – frais de réservation 15 €
Location : 82 🛏 (4 à 6 pers.) 250 à 790 €/sem.
Pour s'y rendre : NO : 1,5 km par D 704 rte de Montignac et chemin à droite
À savoir : Beaux emplacements sous une chênaie

> Nature : 🏞 ⌁ 🌳
> Loisirs : 🍽 🍴 snack 🎳 🌙 nocturne 🏃 🏊 ♨ 🛶 🎣
> Services : ⚒ ⊶ 🅶🅱 🗓 🎦 🖨 🗑 ⊕ 🖨 🚿 ⛲
> À prox. : 🐎

ST-JORY-DE-CHALAIS

✉ 24800 – 🄱🄰🄿 G3 – 596 h. – alt. 260
Paris 442 – Brantôme 31 – Châlus 23 – St-Yrieix-la-Perche 28 – Thiviers 13.

⚠ Maisonneuve avr.-oct.
🕿 05 53 55 10 63, *camping.maisonneuve@wanadoo.fr*,
Fax 05 53 55 10 63, *www.camping-maisonneuve.com*
– **R** conseillée
10 ha/3 campables (43 empl.) plat, peu incliné, herbeux, petit étang
Tarif : ▣ 25 € – pers. suppl. 5 €
🛏 1 borne 5 € – 2 ▣ 25 €
Pour s'y rendre : Sortie NE par D 98, rte de Chalais et chemin à dr.
À savoir : Autour de bâtisses anciennes en pierres du pays

> Nature : 🏞 ⌁ 🌳
> Loisirs : 🍽 snack 🚴 🛶 🎣
> Services : ⚒ ⊶ 🗓 🖨 ⊕ 🚿 🛟 🖨 🚿

ST-JULIEN-DE-LAMPON

✉ 24370 – 🄱🄰🄿 J6 – 576 h. – alt. 120
Paris 528 – Brive-la-Gaillarde 51 – Gourdon 17 – Sarlat-la-Canéda 17 – Souillac 14.

⚠ Le Mondou avr.-15 oct.
🕿 05 53 29 70 37, *lemondou@camping-dordogne.info*,
Fax 05 53 29 70 37, *www.camping-dordogne.info*
– **R** conseillée
1,2 ha (60 empl.) peu incliné, pierreux, herbeux
Tarif : ▣ 16,70 € 🔌 (10A) – pers. suppl. 4,40 €
Pour s'y rendre : E : 1 km par D 50 rte de Mareuil et chemin à droite

> Nature : 🏞 ← ⌁ ⚱
> Loisirs : 🎳 🛶
> Services : ⚒ ⊶ 🅶🅱 🗓 🖨 ⊕ 🖨

ST-LÉON-SUR-VÉZÈRE

✉ 24290 – 329 H5 – G. Périgord Quercy – 419 h. – alt. 70
Paris 523 – Brive-la-Gaillarde 48 – Les Eyzies-de-Tayac 16 – Montignac 10 – Périgueux 47 – Sarlat-la-Canéda 24.

Le Paradis avr.-25 oct.
℘ 05 53 50 72 64, *le-paradis@perigord.com*,
Fax 05 53 50 75 90, *www.le-paradis.com* – **R** indispensable
7 ha (200 empl.) plat, herbeux
Tarif : ♣ 7,10 € 🔲 11 € 🔋 (10A) 3 € – frais de réservation 25 €
Location : 🏠 (4 à 6 pers.) 330 à 755 €/sem.
🚐 1 borne 1,50 €
Pour s'y rendre : SO : 4 km sur D 706 rte des Eyzies-de-
Tayac, bord de la Vézère
À savoir : Installations de qualité autour d'une ancienne
ferme restaurée

> Nature : 🌳 🚐 99
> Loisirs : 🍴 ✕ 🏠 🎗 nocturne ⛹
> 🏇 🚲 ⚽ 🏊 piste de bi-cross,
> canoë
> Services : ৬ 🚿 GB ⟲ M 🏢 🖥 ☒
> ⊕ 🛁 ♨ 🌊 🖥 ♨ ♨

ST-MARTIAL-DE-NABIRAT

✉ 24250 – 329 I7 – 513 h. – alt. 175
Paris 546 – Cahors 42 – Fumel 45 – Gourdon 11 – Périgueux 83 – Sarlat-la-Canéda 20.

Calmésympa Pâques-sept.
℘ 05 53 28 43 15, *duarte-jacqueline@wanadoo.fr*,
Fax 05 53 30 23 65, *www.tourisme-céou.com/calme
sympa.htm* – **R** conseillée
2,7 ha (25 empl.) en terrasses et peu incliné, herbeux
Tarif : 🔲 13 € – pers. suppl. 3,25 €
Location (permanent) : 6 🏠 (2 à 4 pers.) 110 à
250 €/sem. – 5 🏠 (4 à 6 pers.) 169 à 490 €/sem. – gîtes
Pour s'y rendre : NO : 2,2 km par D 46, rte de Domme et
chemin à gauche, au lieu-dit la Grèze

> Nature : 🚐 𝄞
> Loisirs : 🏊
> Services : ৬ 🚿 ⟲ 🌊 ⊕ 🖥

ST-RÉMY

✉ 24700 – 329 C6 – 353 h. – alt. 80
Paris 542 – Bergerac 33 – Libourne 46 – Montpon-Ménestérol 10 – Ste-Foy-la-Grande 16.

La Tuilière mai-15 sept.
℘ 05 53 82 47 29, *la-tuiliere@wanadoo.fr*,
Fax 05 53 82 47 29, *www.campinglatuiliere.com* – **R** conseillée
8 ha (100 empl.) peu incliné, plat, herbeux
Tarif : ♣ 3,50 € 🔲 5 € 🔋 (10A) 3,20 € – frais de réservation 10 €
Location : 3 🏠 (2 à 4 pers.) 180 à 360 €/sem. – 12 🏠
(4 à 6 pers.) 215 à 480 €/sem. – 3 🏡 (4 à 6 pers.) 240 à
480 €/sem.
Pour s'y rendre : NO : 2,7 km par D 708, rte de Montpon-
Ménesterol, bord d'un étang

> Nature : 999
> Loisirs : 🍴 ✕ crêperie 🏠 🏇 🚲
> 🎗 ⚽ 🏔 🏊 🏊 🎣
> Services : ৬ 🚿 GB ⟲ 🏢 🖥 ☒ ⊕
> 🖥 ♨

ST-SAUD-LACOUSSIÈRE

✉ 24470 – 329 F2 – 868 h. – alt. 370
Paris 443 – Brive-la-Gaillarde 105 – Châlus 23 – Limoges 57 – Nontron 16 – Périgueux 62.

Château Le Verdoyer 15 avr.-14 oct.
℘ 05 53 56 94 64, *chateau@verdoyer.fr*, Fax 05 53 56 38 70,
www.verdoyer.fr – **R** conseillée
15 ha/5 campables (150 empl.) peu incliné et en terrasses,
herbeux, pierreux, étangs
Tarif : 🔲 31,40 € 🔋 (10A) – pers. suppl. 6 €
Location : 10 🏠 (4 à 6 pers.) 270 à 630 €/sem. – 10 🏡
(4 à 6 pers.) 285 à 700 €/sem. – 5 🛏 – 1 appartement
🚐 1 borne
Pour s'y rendre : 2,5 km au NO par D 79, rte de Nontron et
D 96, rte d'Abjat-sur-Bandiat, près d'étangs
À savoir : Cadre et site agréables autour du château et de
ses dépendances

> Nature : 🌳 🚐 999
> Loisirs : 🍴 ✕ (dîner seulement)
> snack 🏠 ⛹ 🏇 🚲 ⚽ 🏔 🏊 🏊
> 🏊 🎣
> Services : ৬ 🚿 GB ⟲ 🖥 ☒ ⊕ 🛁
> ♨ 🖥 sèche-linge ♨ 🌊 cases ré-
> frigérées
> À prox. : 🏊 ♫

ST-VINCENT-DE-COSSE

✉ 24220 – 🔲 H6 – 351 h. – alt. 80
Paris 540 – Bergerac 61 – Brive-la-Gaillarde 65 – Fumel 58 – Gourdon 31 – Périgueux 64 – Sarlat-la-Canéda 14.

⚐ **Le Tiradou**
    𝄞 05 53 30 30 73, *contact@camping-le-tiradou.com*,
    Fax 05 53 31 16 24, *www.camping-le-tiradou.com*
    – **R** conseillée
    2 ha (60 empl.) plat, herbeux
    Location : 🚐 – 🏠
    Pour s'y rendre : À 0,5 km au Sud-Ouest du bourg, bord
    d'un ruisseau

> Nature : 🗬 ♀
> Loisirs : 🎱 🏊 🟥
> Services : ᵹ ⊶ 🔲 ⊕ 🗄

SALIGNAC-EYVIGUES

✉ 24590 – 🔲 I6 – G. Périgord Quercy – 1 008 h. – alt. 297
🛈 *Syndicat d'initiative, place du 19 Mars 1962 𝄞 05 53 28 81 93, Fax 05 53 28 85 26*
Paris 509 – Brive-la-Gaillarde 34 – Cahors 84 – Périgueux 70 – Sarlat-la-Canéda 18.

⚐ **Le Temps de Vivre** 15 avr.-15 oct.
    𝄞 05 53 28 93 21, *contact@temps-de-vivre.com*,
    Fax 05 53 28 93 21, *www.tempsdevivre.com* – **R** conseillée
    7 ha (50 empl.) en terrasses et peu incliné, pierreux,
    herbeux, bois attenant
    Tarif : 🔲 19 € ⚡ (10A) – pers. suppl. 5 € – frais de réservation 9 €
    Location (avr.-1er nov.) : 18 🚐 (4 à 6 pers.) 182 à
    578 €/sem.
    Pour s'y rendre : S : 1,5 km par D 61, rte de Carlux et
    chemin à droite
    À savoir : Terrasses bordées de haies

> Nature : 🌿 🗬 ♀
> Loisirs : 🍴 snack 🎱 🏊 🟥
> Services : ᵹ ⊶ GB ♻ 🅼 🗄 🛁 ⊕
> 🗄 🍽

Benutzen Sie
– zur Wahl der Fahrtroute
– zur Berechnung der Entfernungen
– zur exakten Lokalisierung eines Campingplatzes (mit Hilfe der Angaben im Ortstext)
*die für diesen Führer unentbehrlichen **MICHELIN-Karten** im Ma1 : 150 000.*

SARLAT-LA-CANÉDA

✉ 24200 – 🔲 I6 – G. Périgord Quercy – 9 707 h. – alt. 145
🛈 *Office de tourisme, rue Tourny 𝄞 05 53 31 45 45, Fax 05 53 59 19 44*
Paris 526 – Bergerac 74 – Brive-la-Gaillarde 52 – Cahors 60 – Périgueux 77.

SARLAT-LA-CANÉDA

⋀⋀⋀ **La Palombière** 28 avr.-16 sept.
  𝒞 05 53 59 42 34, *la.palombiere@wanadoo.fr*,
  Fax 05 53 28 45 40, *www.lapalombiere.fr* – **R** conseillée
  8,5 ha/4 campables (177 empl.) peu incliné et en terrasses,
  pierreux, herbeux
  Tarif : 🔲 26,60 € ᵢ₄ᵢ (10A) – pers. suppl. 6,90 € – frais de
  réservation 20 €
  Location : 33 ⟨⟩ (4 à 6 pers.) 280 à 740 €/sem. – 10 ⌂
  (4 à 6 pers.) 350 à 860 €/sem.
  Pour s'y rendre : NE : 9 km

> Nature : 🐾 ⌨ 〰
> Loisirs : ♈ ✗ ⍟ nocturne 🏃 ⛹
> 🚴 ✂ ⌗ ⤮ ⟋
> Services : ⅋ ⚬─ GB ⟋ 🗄 🖨 ⚬ ⚲
> ⟽ 🔲 ⚌ ⤸

⋀⋀⋀ **Le Moulin du Roch** 29 avr.-16 sept.
  𝒞 05 53 59 20 27, *moulin.du.roch@wanadoo.com*,
  Fax 05 53 59 20 95, *www.moulin-du-roch.com* – **R** indis-
  pensable ⤮
  8 ha (200 empl.) plat, peu incliné et en terrasses, herbeux,
  petit étang
  Tarif : 🔲 30 € ᵢ₄ᵢ (6A) – pers. suppl. 7,80 € – frais de réser-
  vation 19,50 €
  Location : 31 ⟨⟩ (4 à 6 pers.) 230 à 700 €/sem. – 10 ⌂
  – (sans sanitaires) - bungalows toilés
  Pour s'y rendre : NO : 10 km par D 47, rte des Eyzies-de-
  Tayac, bord d'un ruisseau (hors schéma)
  À savoir : Ancien moulin périgourdin

> Nature : ⌨ 〰
> Loisirs : ♈ ✗ snack ⌂ ⍟ nocturne
> 🏃 ⛹ ⌗ ⤮ ⟋ ⤮ poneys
> Services : ⅋ ⚬─ GB ⟋ Ⓜ 🖨 ⚬
> ⚲ ⤸ ⟽ 🔲 ⚌ ⤸

⋀⋀⋀ **Les Grottes de Roffy** 22 avr.-24 sept.
  𝒞 05 53 59 15 61, *roffy@perigord.com*, Fax 05 53 31 09 11,
  www.roffy.fr – **R** conseillée
  5 ha (166 empl.) en terrasses, herbeux
  Tarif : (Prix 2005) ⅋ 6,65 € 🔲 11,75 € ᵢ₄ᵢ (6A) – frais de
  réservation 13 €
  Location : 15 ⟨⟩ (4 à 6 pers.) 295 à 755 €/sem.
  Pour s'y rendre : E : 8 km

> Nature : 🐾 ≺ ⌨ 〰
> Loisirs : ⍓ ✗ (dîner seulement)
> snack ⌂ ⛹ 🚴 ⤮ ⌗
> Services : ⅋ ⚬─ GB ⟋ 🗄 ⚬ ⚲
> ⟽ 🔲 ⚌ ⤸

⋀⋀⋀ **Aqua Viva** mi-avr.-fin sept.
  𝒞 05 53 31 46 00, *aqua-viva@perigord.com*,
  Fax 05 53 29 36 37, *www.aquaviva.fr* – **R** conseillée
  11 ha (186 empl.) plat, accidenté et en terrasses, herbeux
  Tarif : ⅋ 6,80 € 🔲 9,90 € ᵢ₄ᵢ (6A) 3,50 € – frais de réser-
  vation 15 €
  Location ⓟ : 35 ⌂ (4 à 6 pers.) 380 à 760 €/sem.
  Pour s'y rendre : SE : 7 km, bord de l'Enéa et d'un petit
  étang

> Nature : 〰
> Loisirs : ♈ snack ⌂ ⍟ nocturne
> 🏃 ⛹ 🚴 ⌗ ⤮ ⤮ ⤮ piste de
> bi-cross, terrain omnisports, canoë
> Services : ⅋ ⚬─ GB ⟋ 🖨 ⚬ ⚲
> 🔲 ⚌ ⤸

⋀⋀⋀ **La Châtaigneraie** juin-15 sept.
  𝒞 05 53 59 03 61, *lachataigneraie@wanadoo.fr*,
  Fax 05 53 29 86 16, *lachataigneraie24.com* – **R** conseillée
  9 ha (140 empl.) plat, en terrasses, herbeux, sablonneux
  Tarif : (Prix 2005) ⅋ 6,60 € 🔲 10 € ᵢ₄ᵢ (6A) 3,20 € – frais de
  réservation 15 €
  Location (mai-15 sept.) ⤮ : 39 ⟨⟩ (4 à 6 pers.) 310 à
  680 €/sem.
  Pour s'y rendre : E : 10 km
  À savoir : Jolie piscine entourée de murets de pierres du
  pays

> Nature : 🐾 ⌨ 〰
> Loisirs : ♈ snack ⌂ ⛹ ⤮ ⌗
> ⤮ piste de bi-cross, parcours spor-
> tif
> Services : ⅋ ⚬─ (juil.-août) GB ⟋
> 🗄 ⚬ ⚲ ⤸ ⟽ 🔲 ⚌ ⤸

⋀⋀⋀ Les Chênes Verts
  𝒞 05 53 59 21 07, *chenes-verts@wanadoo.fr*,
  Fax 05 53 31 05 51, *www.chenes-verts.com* – **R** conseillée
  8 ha (143 empl.) plat, peu incliné, en terrasses, herbeux
  Location ⤮ : ⟨⟩ – ⌂
  Pour s'y rendre : SE : 8,5 km

> Nature : 🐾 ⌨ 〰
> Loisirs : ♈ ⌂ ⛹ 🚴 ⤮ (décou-
> verte l'été) ⌗
> Services : ⅋ ⚬─ 🗄 ⚬ ⚲ 🔲 ⚌ ⤸

SARLAT-LA-CANÉDA

▲▲▲ **Domaine de Loisirs le Montant** mai-20 sept.
 05 53 59 18 50, *contact@camping-sarlat.com*,
Fax 05 53 59 37 73, *www.camping-sarlat.com* – **R** conseillée
7 ha/5 campables (70 empl.) en terrasses, herbeux
Tarif : ✿ 4,90 € ▣ 6,85 € (g) (10A) 3,55 € – frais de réservation 9 €
Location (Pâques-Toussaint) ⚡ (juil.-août) : 6 ⊞ (4 à 6 pers.) 215 à 595 €/sem. – 33 ⌂ (4 à 6 pers.) 230 à 640 €/sem. – gîtes
Pour s'y rendre : SO : 2 km par D 57, rte de Bergerac puis 2,3 km par chemin à droite
À savoir : Cadre sauvage vallonné et boisé autour de 2 gîtes aménagés dans d'anciennes bories

| Nature : ⚬ ≤ ▱ 00 |
| Loisirs : ▼ ⌂ ⊙ nocturne ⚹ ⊜ ⚶ ⊙ ⛫ ⌇ ⊥ terrain omnisports |
| Services : ⚹ ⚬ GB ⊘ ☰ ⊙ ⚶ ⚇ |
| ⚶ |
| À prox. : ✕ |

▲▲ **Village Vacances d'Argentouleau** (location exclusive de 20 chalets) Permanent
 05 53 59 30 23, *vilvac.argentouleau@wanadoo.fr*,
Fax 05 53 59 30 23, *www.sarlat-location.com*
2 ha plat, herbeux, gravier
Location ⚹ ⓟ : ⌂ (4 à 6 pers.) 250 à 620 €/sem.
Pour s'y rendre : 2 rte d'Argentouleau, devant la caserne des pompiers

| Nature : ⚬ ≤ 00 (pinède) |
| Loisirs : ⚶ ⊥ |
| Services : ⚬ ⊘ ▥ ⚶ |

▲▲ **Les Terrasses du Périgord** mai-17 sept.
 05 53 59 02 25, *terrasses-du-perigord@wanadoo.fr*,
Fax 05 53 59 16 48, *www.terrasses-du-perigord.com*
– **R** conseillée
5 ha (85 empl.) plat, en terrasses, herbeux
Tarif : ▣ 18,80 € (g) (16A) – pers. suppl. 4,80 € – frais de réservation 8 €
Location : 11 ⊞ (4 à 6 pers.) 185 à 540 €/sem. – 4 ⌂ (4 à 6 pers.) 200 à 650 €/sem.
⊞ 1 borne – 2 ▣ 6,30 €
Pour s'y rendre : NE : 2,8 km
À savoir : Coquet camping disposé en terrasses fleuries

| Nature : ⚬ ≤ ▱ 00 |
| Loisirs : snack ⌂ ⚶ ⌇ ⊥ piste de bi-cross |
| Services : ⚹ ⚬ GB ⊘ ▥ ☰ ⚇ ⊙ |
| ⚶ ⚶ ⚶ ⚶ ⚶ |

105

▲▲ Les Périères
 05 53 59 05 84, *les-perieres@wanadoo.fr*,
Fax 05 53 28 57 51, *www.lesperieres.com* – **R** conseillée
11 ha/4 campables (100 empl.) en terrasses, herbeux
Location : maisonnettes
⊞
Pour s'y rendre : NE : 1 km, à la sortie de la ville
À savoir : Beaux emplacements en terrasses autour d'un espace aquatique moderne

| Nature : 00 |
| Loisirs : ▼ ⌂ ⊜ ⚶ ✕ ▨ ⊥ parcours sportif |
| Services : ⚹ ⚬ ▥ ☰ ⊙ ⚶ ⚶ ⚶ |

▲▲ **La Ferme de Villeneuve** avr.-oct.
 05 53 30 30 90, *contact@fermedevilleneuve.com*,
Fax 05 53 30 24 44, *www.fermedevilleneuve.com*
– **R** conseillée
20 ha/2,5 campables (100 empl.) en terrasses, incliné, herbeux, étang
Tarif : ✿ 4,90 € ▣ 5,50 € (g) (6A) 3 €
Location ⚡ : 14 ⊞ (2 à 4 pers.) 130 à 260 €/sem. – 8 ⊞ (4 à 6 pers.) 265 à 535 €/sem.
Pour s'y rendre : NO : 8 km par D 47, rte des Eyzies-de-Tayac et rte à gauche

| Nature : ⚬ ≤ ▱ 000 |
| Loisirs : ▼ ⚹ ⚶ ⊙ ⊥ ♪ |
| Services : ⚹ ⚬ GB ⊘ Ⓜ ☰ ⚇ ⊙ |
| ▥ ⚶ |
| À prox. : salle d'animation |

SARLAT-LA-CANÉDA

▲▲ **Les Charmes** Vac. de printemps-15 oct.
      ℘ 05 53 31 02 89, *les.charmes@wanadoo.fr*,
Fax 05 53 31 06 32, *//perso.wanadoo.fr/camping.charmes/*
– **R** conseillée
5,5 ha/1,8 campable (100 empl.) plat et peu incliné, en
terrasses, herbeux
Tarif : ▣ 18,40 € – pers. suppl. 4,80 €
Location : 5 ⌂⌐ (2 à 4 pers.) 147 à 362 €/sem. – 5 ⌂⌂ (4
à 6 pers.) 178 à 599 €/sem.
Pour s'y rendre : O : 10 km par D 47, rte des Eyzies-de-
Tayac puis 2,8 km par rte à gauche et D 25 à gauche (hors
schéma)

> Nature : ⌇⌇ ⌐⌐ ◍◍◍
> Loisirs : ⛾ ⚐ 🚲 ▣ (découverte
> en saison) ⚘ terrain omnisports
> Services : ⚕ ⚯ ⚐ ⚒ ⚖ ⚘ ⚑ ⚙

▲▲ **Les Acacias** avr.-sept.
      ℘ 05 53 31 08 50, *camping-acacias@wanadoo.fr*,
Fax 05 53 59 29 30, *www.acacias.fr* – **R** conseillée
4 ha/1,5 campable (89 empl.) plat, peu incliné, terrasses,
herbeux
Tarif : ▣ 15,80 € [⚡] (6A) – pers. suppl. 4 € – frais de réservation 10 €
Location ⚐ : 12 ⌂⌐ (4 à 6 pers.) 220 à 500 €/sem.
⛽ 1 borne 1,50 €
Pour s'y rendre : SE : 6 km par D 704 et à droite à l'hyper-
marché Leclerc

> Nature : ≤ ⌐⌐ ⚘
> Loisirs : ⛾ snack ⚐ 🚲 ⚒
> Services : ⚕ ⚯ ⚎ ⚒ Ⓜ ⚑ ⚖ ⚙
> ⚖ ⚘

SIGOULÈS

✉ 24240 – 🔢 D7 – 694 h. – alt. 105 – Base de loisirs
🛈 *Syndicat d'initiative, rue de la Mayade* ℘ *05 53 58 48 16*
Paris 551 – Agen 85 – Bergerac 15 – Castillonnès 22 – Duras 25 – Ste-Foy-la-Grande 22.

▲▲ **La Gardonnette**
      ℘ 05 53 58 81 94, *campingdelagardonnette@wanadoo.fr*,
Fax 05 53 58 81 94 – **R** conseillée
14 ha/3 campables (90 empl.) plat et peu incliné, herbeux,
bois attenant
Location : ⌂⌐ – ⌂⌂
Pour s'y rendre : N : 1,4 km par D 17, rte de Pomport,
bord de la Gardonnette et près d'un lac, à la base de loisirs

> Nature : ⌇⌇ ⚘
> Loisirs : ⌂ ⚐ ⚒ ⚓ (plage) ⚘
> ⚓ pédalos, canoë
> Services : ⚕ ⚯ ⚑ ⚖ ⚙

SIORAC-EN-PÉRIGORD

✉ 24170 – 🔢 G7 – G. Périgord Quercy – 893 h. – alt. 77
🛈 *Syndicat d'initiative, le bourg* ℘ *05 53 31 63 51*
Paris 548 – Bergerac 45 – Cahors 68 – Périgueux 60 – Sarlat-la-Canéda 29.

▲▲ **Le Port** 15 mai-sept.
      ℘ 05 53 31 63 81, Fax 05 53 28 42 65 – **R** conseillée
1,5 ha (66 empl.) plat, herbeux
Tarif : ▣ 15 € – pers. suppl. 4,25 €
Pour s'y rendre : Au Nord-Est du bourg, accès par D 25,
rte de Buisson-Cussac et chemin devant Intermarché, bord
de la Dordogne et de la Nauze

> Nature : ⌐⌐ ⚘⚘
> Loisirs : ⌂ ⚐ ⚓ parcours de
> santé
> Services : ⚕ ⚯ (saison) ⚒ ⚑ ⚖ ⚙
> À prox. : ⚑ cafétéria ⚒

TAMNIÈS

✉ 24620 – 🔢 H6 – 317 h. – alt. 200
Paris 522 – Brive-la-Gaillarde 47 – Les Eyzies-de-Tayac 14 – Périgueux 60 – Sarlat-la-Canéda 14.

▲▲ **Le Pont de Mazerat**
      ℘ 05 53 29 14 95, *le.pont.de.mazerat@wanadoo.fr*,
Fax 05 53 31 15 90, *www.campings-dordogne.com/pont-
de-mazerat* – **R** conseillée
2,8 ha (83 empl.) plat et en terrasses, herbeux
Location : ⌂⌐ – ⌂⌐
Pour s'y rendre : E : 1,6 km par D 48, bord du Beune et à
proximité d'un plan d'eau

> Nature : ⌐⌐ ⚘⚘
> Loisirs : ⌂ ⚐ ⚓ ⚒
> Services : ⚕ ⚯ ⚑ ⚖ ⚙ ⚘
> À prox. : ⚑ snack ⚒ ⚓ ⚓

TERRASSON-LAVILLEDIEU

✉ 24120 – 🅱 29 I5 – G. Périgord Quercy – 6 180 h. – alt. 90
🅱 Office de tourisme, place Voltaire ℰ 05 53 50 37 56, Fax 05 53 51 01 22
Paris 497 – Brive-la-Gaillarde 22 – Juillac 28 – Périgueux 53 – Sarlat-la-Canéda 32.

La Salvinie juil.-août
ℰ 05 53 50 06 11 – **R** conseillée
2,5 ha (70 empl.) plat, herbeux
Tarif : 🔲 12,30 € (6A) – pers. suppl. 3,50 €
Pour s'y rendre : Sortie Sud par D 63, rte de Chavagnac
puis 3,4 km par rte de Condat, à droite après le pont

| Nature : ≤ 🗀 ♀ |
| Loisirs : 🏠 ⅃ |
| Services : & o—🚽 ✓ ⌂ ☺ |

THENON

✉ 24210 – 329 H5 – 1 205 h. – alt. 194
🅱 Syndicat d'initiative, avenue de la IVe République ℰ 05 53 06 35 10
Paris 515 – Brive-la-Gaillarde 41 – Excideuil 36 – Les Eyzies-de-Tayac 33 – Périgueux 34.

Le Jarry Carrey avr.-sept.
ℰ 05 53 05 20 78, lejarrycarrey@aol.com,
Fax 05 67 34 05 00, www.lejarrycarrey.com – **R** conseillée
9 ha/3 campables (67 empl.) non clos, peu incliné et en
terrasses, incliné, herbeux
Tarif : 🔲 15,90 € (10A) – pers. suppl. 4 €
Location : 6 🛖 (4 à 6 pers.) 199 à 499 €/sem. – 3 🏠 (4
à 6 pers.) 179 à 469 €/sem.
Pour s'y rendre : SE : 4 km par D 67, rte de Montignac,
près de deux étangs

| Nature : ≤ ♀ |
| Loisirs : 🍸 ⅃ 🐟 |
| Services : o—🚽 GB ✓ ⌂ ☺ 🖥 |

THIVIERS

✉ 24800 – 329 G3 – G. Périgord Quercy – 3 261 h. – alt. 273
🅱 Office de tourisme, place du Marechal Foch ℰ 05 53 55 12 50
Paris 449 – Brive-la-Gaillarde 81 – Limoges 62 – Nontron 33 – Périgueux 34 – St-Yrieix-la-Perche 32.

Municipal le Repaire
ℰ 05 53 52 69 75, mairie-thiviers@wanadoo.fr,
Fax 05 53 52 69 75
10 ha/4,5 campables (100 empl.) plat, peu incliné, terrasses,
herbeux, bois attenants
Location 🅿 : 10 🏠
🚐 1 borne
Pour s'y rendre : 2 km au SE par D 707, rte de Lanouaille et
chemin à dr.
À savoir : Beaux emplacements autour d'un petit étang

| Nature : 🗀 ♀ |
| Loisirs : 🏃 ⅃ 🐟 parcours de santé |
| Services : & o—🚽 ⌂ ☺ 🖥 |
| À prox. : ✂ 🛥 (plage) |

107

Vignes près de Moirax

J. Malburet/Michelin

TOCANE-ST-APRE

✉ 24350 – 329 D4 – 1 484 h. – alt. 95

🄸 *Syndicat d'initiative, Mairie* ℰ 05 53 90 44 94, Fax 05 53 90 44 94

Paris 498 – Brantôme 24 – Mussidan 33 – Périgueux 25 – Ribérac 15.

⚠ **Municipal le Pré Sec** mai-15 sept.
  ℰ 05 53 90 40 60, Fax 05 53 90 25 03 – **R** conseillée
  1,8 ha (80 empl.) non clos, plat, herbeux
  Tarif : (Prix 2005) 🅔 9,50 € – pers. suppl. 1,80 €
  Location : 8 🏠 (4 à 6 pers.) 228 à 340 €/sem.
  Pour s'y rendre : Au N du bourg par D 103, rte de Monta-
  grier, au stade, bord de la Dronne

> Nature : 🐾 ⛺ ♋♋
> Loisirs : 🍴 🏌 🎾 ≈ 🎣 canoë,
> piste de skate
> Services : ♿ ⛽ (saison) 🐾 🗄 ⓐ ♨
> 🗑

TOURTOIRAC

✉ 24390 – 329 H4 – G. Périgord Quercy – 612 h. – alt. 140

Paris 465 – Brive-la-Gaillarde 57 – Lanouaille 20 – Limoges 75 – Périgueux 35 – Uzerche 64.

⛰ **Les Tourterelles** 15 avr.-1er oct.
  ℰ 05 53 51 11 17, *les-tourterelles@tiscali.fr*,
  Fax 05 53 50 53 44, *les-tourterelles.com* – **R** conseillée
  12 ha/3,5 campables (113 empl.) plat et peu incliné, en
  terrasses, herbeux
  Tarif : ✳ 3,80 € 🚗 1,80 € 🅔 8,85 € ⓖ (6A) 3,50 € – frais de
  réservation 17,50 €
  Location : 21 🛖 (4 à 6 pers.) 200 à 550 €/sem. – 8 🏠
  (4 à 6 pers.) 240 à 645 €/sem.
  Pour s'y rendre : NO : 1,5 km par D 73, rte de Coulaures
  À savoir : Cadre boisé et fleuri

> Nature : 🐾 ⛺ ♋♋
> Loisirs : 🍴 ✗ 🏌 🎿 🎾 🏌 🐎
> poneys
> Services : ♿ ⛽ 🐾 🗄 🚿 ⓐ 🗑 ♨

TRÉMOLAT

✉ 24510 – 329 F6 – G. Périgord Quercy – 571 h. – alt. 53 – Base de loisirs

🄸 *Syndicat d'initiative, îlot Saint-Nicolas* ℰ 05 53 22 89 33

Paris 532 – Bergerac 34 – Brive-la-Gaillarde 87 – Périgueux 46 – Sarlat-la-Canéda 50.

⛰ Centre Nautique
  ℰ 05 53 22 81 18, *contact@semitour.com*,
  Fax 05 53 22 81 18
  7 ha/2 campables (100 empl.) plat, herbeux
  Location : 🛖
  Pour s'y rendre : NO : 0,7 km par D 30e, rte de Mauzac et
  chemin de la base nautique, bord de la Dordogne (plan d'eau)
  À savoir : Site et cadre agréables

> Nature : 🐾 ⛺ ♋♋ ⛰
> Loisirs : 🍴 snack 🏌 🎾 🏌
> école de ski nautique
> Services : ♿ 🗄 ⓐ ♨ 🗑
> À prox. : 🚲 🔥

TURSAC

✉ 24620 – 329 H6 – G. Périgord Quercy – 340 h. – alt. 75

Paris 536 – Bordeaux 172 – Périgueux 48 – Brive 57 – Bergerac 61.

⛰ **Le Vézère Périgord** Pâques-Toussaint
  ℰ 05 53 06 96 31, *info@levezereperigord.com*,
  Fax 05 53 06 79 66, *www.levezereperigord.com* – **R** conseillée
  3,5 ha (103 empl.) en terrasses et peu incliné, herbeux,
  pierreux
  Tarif : 🅔 22 € ⓖ (6A) – pers. suppl. 6 €
  Location : 15 🛖 (4 à 6 pers.) 230 à 640 €/sem.
  Pour s'y rendre : NE : 0,8 km par D 706 rte de Montignac
  et chemin à droite
  À savoir : Agréable sous-bois

> Nature : 🐾 ⛺ ♒♒
> Loisirs : 🍴 snack 🏌 🎾 🏌
> Services : ♿ ⛽ 🔖 🐾 🗄 🚿 ⓐ 🗑
> ♨

VERTEILLAC

✉ 24320 – 329 D3 – 675 h. – alt. 185

🄸 *Syndicat d'initiative, avenue d'Aquitaine* ℰ 05 53 90 37 78

Paris 492 – Angoulême 46 – Brantôme 31 – Chalais 32 – Périgueux 50 – Ribérac 13.

⚠ Municipal Pontis Sud-Est
  ℰ 05 53 90 37 74
  1 ha (24 empl.) peu incliné, herbeux
  Pour s'y rendre : NE : à 0,6 km du bourg, près du stade

> Nature : ≤ ⛺ ♋♋
> Services : ♿ ⓐ
> À prox. : 🎾 🏌

VEYRINES-DE-DOMME

✉ 24250 – 329 H7 – 196 h. – alt. 180
Paris 544 – Cahors 57 – Fumel 45 – Gourdon 27 – Périgueux 69 – Sarlat-la-Canéda 19.

▲ **Les Pastourels** avr.-18 nov.
  𝄞 05 53 29 52 49, *francis.vierge@free.fr*,
  Fax 05 53 29 15 19, *http://www.campings-dordogne.com/
  les-pastourels* – **R** conseillée
  3,5 ha (55 empl.) plat et peu incliné, en terrasses, herbeux,
  pierreux
  Tarif : ✶ 4,50 € 国 5,50 € [½] 4 €
  Location : 12 (4 à 6 pers.) 200 à 560 €/sem.
  Pour s'y rendre : N : à 2,7 km du bourg, au lieu-dit le
  Brouillet
  À savoir : Site dominant le château des Milandes et la vallée
  de la Dordogne

| Nature : 🏞 ⩽ 🏕 ⑳ |
| Loisirs : 🏠 ⚓ 🛝 |
| Services : 🚿 ⛽ GB 🗜 ⊛ 🛒 🗑 |

Benutzen Sie
– zur Wahl der Fahrtroute
– zur Berechnung der Entfernungen
– zur exakten Lokalisierung eines Campingplatzes (mit Hilfe der Angaben im Ortstext)
die für diesen Führer unentbehrlichen MICHELIN-Karten im Ma1 : 150 000.

VÉZAC

✉ 24220 – 329 I6 – 594 h. – alt. 90
Paris 535 – Bergerac 65 – Brive-la-Gaillarde 60 – Fumel 53 – Gourdon 27 – Périgueux 69 – Sarlat-la-Canéda 9.
Schéma à Domme

▲ **Les Deux Vallées**
  𝄞 05 53 29 55 55, *les2v@perigord.com*, Fax 05 53 31 09 81,
  www.les-2-vallees.com – **R** conseillée
  2,5 ha (100 empl.) plat, herbeux
  Location : 11
  Pour s'y rendre : O : derrière l'ancienne gare, bord d'un
  petit étang
  À savoir : De certains emplacements, vue imprenable sur
  le château de Beynac

| Nature : 🏞 ⩽ 🏕 ⑳⑳ |
| Loisirs : 🍸 snack 🏠 ⚓ 🚲 🛝 |
| Services : 🚿 ⛽ 🗄 🗜 🛒 ⊛ 🛑 🗑 🗜 réfrigérateurs |

▲ **La Cabane** avr.-oct.
  𝄞 05 53 29 52 28, *contact@lacabanedordogne.com*,
  http://www.lacabanedordogne.com – **R** conseillée
  2,25 ha (98 empl.) non clos, plat, herbeux, sablonneux
  Tarif : ✶ 3,80 € 国 3,80 € [½] (10A) 3,20 €
  Location : 🚐 – gîte d'étape
  Pour s'y rendre : SO : 1,5 km, bord de la Dordogne et d'un
  étang

| Nature : 🏞 ⑳ ⌂ |
| Loisirs : 🏠 ⚓ 🏓 🛝 (couverte hors saison) 🏊 |
| Services : 🚿 ⛽ 🗜 🗄 ⊛ 🗑 |

VITRAC

✉ 24200 – 329 I7 – G. Périgord Quercy – 767 h. – alt. 150
🏢 Office de tourisme, lieu-dit le bourg 𝄞 05 53 28 57 80
Paris 541 – Brive-la-Gaillarde 64 – Cahors 54 – Gourdon 23 – Lalinde 52 – Périgueux 85 – Sarlat-la-Canéda 8.
Schéma à Domme

▲ **Soleil Plage** avr.-sept.
  𝄞 05 53 28 33 33, *info@soleilplage.fr*, Fax 05 53 28 30 24,
  www.soleilplage.fr – **R** conseillée
  8 ha/5 campables (199 empl.) plat, herbeux
  Tarif : ✶ 6,80 € 国 11,30 € [½] 3,50 € – frais de réservation 35 €
  Location 🅿 : 20 🏠 (4 à 6 pers.) 280 à 700 €/sem.
  🚐 1 borne 10 € –
  Pour s'y rendre : E : 2,5 km, bord de la Dordogne
  À savoir : Espace aquatique paysager près d'un joli petit
  village de chalets

| Nature : 🏞 ⩽ 🏕 ⑳⑳ |
| Loisirs : 🍸 🍴 pizzeria 🏠 🎦 noc- turne 🏃 ⚓ 🎣 🏓 🛝 🏊 (plage) 🏊 canoë, terrain omnis- ports |
| Services : 🚿 ⛽ GB 🗜 M 🗄 🗑 ⊛ 🗑 🗜 🛑 🗑 🗜 |
| À prox. : golf |

VITRAC

▲▲▲ **La Bouysse** Vac. de printemps-sept.
  𝒫 05 53 28 33 05, *la-bouysse.24@wanadoo.fr*,
  Fax 05 53 30 38 52, *labouysse.com* – **R** conseillée
  6 ha/3 campables (160 empl.) plat, peu incliné, herbeux,
  petit bois attenant
  Tarif : ✳ 5,50 € 🔲 7,20 € 🔌 (10A) 3,70 €
  Location ⚡ 🅿 (chalets) : 9 🏠 (4 à 6 pers.) 260 à
  610 €/sem. – appartements
  Pour s'y rendre : E : 2,5 km, près de la Dordogne
  À savoir : Décoration florale et arbustive

Nature : 〰 ⟨ ⌑ ♨
Loisirs : 🍷 🚣 ✂ 🎯 ➟ (plage) canoë
Services : ⚟ ⛱ GB 🔧 🍴 ⛺ 🔥 ⚕ 🅿 🧺 🚿
À prox. : golf, practice de golf

▲▲ **Perpetuum** mai-10 oct.
  𝒫 05 53 28 35 18, *luc.parsy@wanadoo.fr*,
  Fax 05 53 29 63 64, *www.campings-dordogne.com/perpe
  tuum* – **R** conseillée
  4,5 ha (120 empl.) plat, herbeux
  Tarif : ✳ 5,30 € 🔲 6 € 🔌 (10A) 3 € – frais de réservation 10 €
  Location ⚡ : 7 🏠 – 20 🚐 (4 à 6 pers.) 180 à
  600 €/sem.
  🚐 1 borne
  Pour s'y rendre : S : 2 km, bord de la Dordogne

Nature : 〰 ⌑ ♨
Loisirs : 🏠 🎣 ⛴ salle d'anima-tion 🚣 ⛵
Services : ⚟ ⛱ 🔧 🍴 ⛺ 🔥 ⚕ 🅿
À prox. : ➟

▲ **Le Bosquet** avr.-sept.
  𝒫 05 53 28 37 39, *info@lebosquet.com*, Fax 05 53 29 41 95,
  www.lebosquet.com – **R** conseillée
  1,5 ha (60 empl.) plat, herbeux
  Tarif : ✳ 3,80 € 🔲 4,20 € 🔌 (6A) 2,50 €
  Location : 14 🚐 (4 à 6 pers.) 190 à 490 €/sem.
  Pour s'y rendre : S : 0,9 km de Vitrac-Port

Nature : 〰 ⟨ ⌑ ♨
Loisirs : snack 🏠 🚣 ⛵
Services : ⚟ ⛱ GB 🔧 🍴 🚿 ⚕ 🅿 🧺

▲ **La Rivière de Domme** 14 avr.-sept.
  𝒫 05 53 28 33 46, *sarl.camping-lariv-domme@wanadoo.fr*,
  Fax 05 53 29 56 04, *www.campingrivieredomme.fr.st*
  – **R** conseillée
  1,5 ha (50 empl.) plat et peu incliné, herbeux
  Tarif : 🔲 13,25 € – pers. suppl. 3,55 €
  Location : 8 🚐 (4 à 6 pers.) 200 à 490 €/sem.
  Pour s'y rendre : S : 1,6 km, à 300 m de la Dordogne

Nature : 〰 ⌑ ♨
Loisirs : 🚣 ⛵
Services : ⚟ ⛱ 🔧 🍴 🚿 ⚕ 🅿
À prox. : ➟

Gironde (33)

ABZAC

✉ 33230 – 🄳🄸🄶 K4 – 1 599 h. – alt. 30
Paris 530 – Bergerac 64 – Blaye 51 – Bordeaux 53 – Coutras 4 – Mussidan 47.

▲ Le Paradis
  𝒫 05 57 49 05 10, *campingleparadis@free.fr*,
  Fax 05 57 49 18 88, *http://www.residentiel-leparadis.com* –
  places limitées pour le passage – **R** indispensable
  5 ha (90 empl.) plat, herbeux
  Pour s'y rendre : SE : 1,5 km par D 247, à 300 m de la N 89,
  bord de l'Isle et d'un lac

Nature : ♨
Loisirs : snack 🏠 🚣 ➟ (plage) ⛵
Services : ⛱ 🍴 ⚕ 🅿 🧺

Benutzen Sie
– zur Wahl der Fahrtroute
– zur Berechnung der Entfernungen
– zur exakten Lokalisierung eines Campingplatzes (mit Hilfe der Angaben im Ortstext)
die für diesen Führer unentbehrlichen **MICHELIN-Karten** *im Ma1 : 150 000.*

L'AMÉLIE-SUR-MER

✉ 33780 – 🗺 E2
Paris 524 – Bordeaux 95 – La Rochelle 88 – Rochefort 56 – Saintes 53.

Les Lacs avr.-5 nov.
℘ 05 56 09 76 63, *info@camping-les-lacs.com*,
Fax 05 56 09 98 02, *www.camping-les-lacs.com* – **R** conseillée
5 ha (187 empl.) plat, sablonneux, herbeux
Tarif : 🅔 27,80 € ⚡ (5A) – pers. suppl. 4,75 €
Location : 35 🚐 (4 à 6 pers.) 220 à 798 €/sem. – 7 🏠 (4 à 6 pers.) 255 à 745 €/sem.
Pour s'y rendre : 3 km à l'E par D 101, rte des lacs

Nature : 🏖 🛏 💧
Loisirs : 🍽 pizzeria, snack 🏠 🎣 🧗
🛶 ⛳ 🎱 🏊 🛶
Services : 🛁 🔌 🏧 🐾 Ⓜ 🏪 🛍 ♿
🗑 🚿 🧺 🚻 🚮 🚰
À prox. : 🐎

Le Lilhan 15 avr.-15 sept.
℘ 05 56 09 82 87, *contact@lelilhan.com*,
Fax 05 56 09 94 82, *www.lelilhan.com* – **R** conseillée
4 ha (185 empl.) plat, sablonneux
Tarif : 🅔 22,50 € ⚡ (10A) – pers. suppl. 4 € – frais de réservation 16 €
Location (avr.-sept.) : 40 🚐 (4 à 6 pers.) 299 à 595 €/sem. – appartements
Pour s'y rendre : E : 2,8 km par D 101ᴱ² et D 101

Nature : 🏖 💧
Loisirs : snack 🏠 ⛲ jacuzzi 🛶
✂ 🎱 🏊
Services : 🛁 🔌 🐾 🛍 ♿ 🚮 🚰 🚿
🗑

L'Océan juin-15 sept.
℘ 05 56 09 76 10, *camping.ocean@wanadoo.fr*,
Fax 05 56 09 74 75, *http://perso.wanadoo.fr/camping.ocean* – **R** conseillée
6 ha (300 empl.) plat, sablonneux, herbeux
Tarif : (Prix 2005) 🅔 22,90 € – pers. suppl. 4,10 € – frais de réservation 12 €
Pour s'y rendre : Sortie Est par D 101ᴱ² et D 101, à 300 m de la plage

Nature : 🏖 ⚓
Loisirs : 🍽 🏠 🚲 ✂
Services : 🛁 🔌 🐾 🛍 🚮 ♿ 🚰 🚿
🚿

ARES

33740 – **E6** – 4 680 h. – alt. 6

🅱 *Office de tourisme, esplanade G. Dartiquelongue* 🖉 *05 56 60 18 07, Fax 05 56 60 39 41*
Paris 627 – Arcachon 47 – Bordeaux 48.

Schéma à la Test-de-Buch

Les Rives de St-Brice (location exclusive de 70 chalets)
🖉 05 57 26 99 31, Fax 05 57 70 23 24, *www.residence-ne mea.com* – **R** conseillée
4 ha plat
Location **P** : 🏠
Pour s'y rendre : 1,7 km au SE près d'étangs et à 450 m du bassin

Nature : 🦢
Loisirs : 🏛 🏄 🚲 🛶
Services : 🚿 ⚡ ▥ 🖼
À prox. : 🐟

Les Goëlands mars-oct.
🖉 05 56 82 55 64, *camping-les-goelands@wanadoo.fr*,
Fax 05 56 82 07 51, *www.goelands.com* – **R** indispensable
10 ha/6 campables (400 empl.) plat et vallonné, sablonneux
Tarif : 🔲 21 € ⚡ (6A) – pers. suppl. 5 € – frais de réservation 16,50 €
Location : 7 🚐 (4 à 6 pers.) 350 à 580 €/sem.
Pour s'y rendre : 1,7 km du centre d'Andernos, près d'étangs et à 500 m du bassin

Nature : 🌳🌳
Loisirs : 🍴 🏸 🏄 🎣
Services : 🚿 ⚡ GB 🅰 🖥 ♨ 🛒 🔧 🖼 sèche-linge ♨ 🛒
À prox. : 🚣 (étang) 🦢 🐟

La Cigale 5 mai-sept.
🖉 05 56 60 22 59, *campinglacigaleares@wanadoo.fr*,
Fax 05 56 70 41 66, *www.camping-lacigale-ares.com* – **R** conseillée
2,4 ha (100 empl.) plat, herbeux, sablonneux
Tarif : 🔲 29 € – pers. suppl. 4,90 € – frais de réservation 16 €
Pour s'y rendre : Sortie N par rte de Lège-Cap-Ferret

Nature : 🏕 🌳🌳
Loisirs : 🍴 snack 🏛 🏄 🛶
Services : 🚿 ⚡ GB 🅰 🖥 ♨ 🖼 🛒

Pasteur mars-sept.
🖉 05 56 60 33 33, *pasteur.vacances@wanadoo.fr*,
www.atlantic-vacances.com – places limitées pour le passage – **R** conseillée
1 ha (50 empl.) plat, herbeux, sablonneux
Tarif : 🔲 26,50 € ⚡ (6A) – pers. suppl. 5 € – frais de réservation 15 €
Location (fév.-oct.) : 6 🚐 (4 à 6 pers.) 200 à 610 €/sem. – 24 🏠 (4 à 6 pers.) 200 à 620 €/sem.
🚐 1 borne
Pour s'y rendre : Par sortie SE, à 300 m du bassin, chemin face à la Mairie

Nature : 🌳🌳
Loisirs : 🏄 🚲 🛶 (petite piscine)
Services : 🚿 ⚡ 🅰 🖥 ♨ 🖼

Les Abberts
🖉 05 56 60 26 80, Fax 05 56 60 26 80 – **R** conseillée
2 ha (125 empl.) plat, sablonneux, herbeux
Location : 2 🚐 – 3 tentes
Pour s'y rendre : sortie N puis r. des Abberts à gauche

Nature : 🌳🌳
Loisirs : 🍴 snack 🏛 🏄 🛶 (petite piscine)
Services : 🚿 ⚡ 🖥 ♨ 🖼 🛒

Si vous recherchez :

🔺 *Un terrain au bord de l'eau avec possibilité de baignade*
🍃 *Un terrain agréable ou très tranquille*
L *Un terrain effectuant la location de caravanes, de mobile homes, de bungalows ou de chalets*
P *Un terrain ouvert toute l'année*
🚐 *Un terrain possédant une aire de services pour camping-cars*
Consultez le tableau des localités

BAZAS

✉ 33430 – 🅱🅱🅱 J8 – G. Aquitaine – 4 357 h. – alt. 70

🛈 *Office de tourisme, 1, place de la Cathédrale* 🕿 *05 56 25 25 84*

Paris 637 – Agen 84 – Bergerac 105 – Bordeaux 62 – Langon 17 – Mont-de-Marsan 70.

   ▲ **Le Grand Pré** avr.-sept.

     🕿 05 56 65 13 17, *legrandpre@wanadoo.fr,*

     Fax 05 56 25 90 52, *http://perso.wanadoo.fr/legrandpre/*

     – **R** conseillée

     70 ha/5 campables (30 empl.) plat, peu incliné, herbeux

     Tarif : 🖾 23,65 € 🗗 (16A) – pers. suppl. 3,95 €

     Location : 2 ⛺ (4 à 6 pers.) 258 à 472 €/sem. – ⛺

     🚐 1 borne

     Pour s'y rendre : SE : 2,1 km par D 655, rte de Casteljaloux

     et chemin à droite, au château d'Arbien

Nature : ⑤ ‹ Château et cathédrale ⌐
Loisirs : 🍽 🏠 ⚡ 🛶
Services : ⚕ ⚮ 🖃 Ⓜ ♨ ⊕ ⚘ 🖲 🏠

*Om een reisroute uit te stippelen en te volgen,
om het aantal kilometers te berekenen,
om precies de ligging van een terrein te bepalen
(aan de hand van de inlichtingen in de tekst),
gebruikt u de **Michelinkaarten** schaal 1 : 150 000 ;
een onmisbare aanvulling op deze gids.*

BIGANOS

✉ 33380 – 🅱🅱🅱 F7 – 6 950 h. – alt. 16

🛈 *Office de tourisme, rue Jean Zay* 🕿 *05 57 70 67 56*

Paris 629 – Andernos-les-Bains 15 – Arcachon 27 – Bordeaux 47.

       Schéma à la Test-de-buch

   ▲ **Le Marache** mars-oct.

     🕿 05 57 70 61 19, *contact@marachevacances.com,*

     Fax 05 56 82 62 60, *www.marachevacances.com*

     – **R** conseillée

     1,4 ha (64 empl.) plat, herbeux

     Tarif : 🖾 22 € – pers. suppl. 5 €

     Location (permanent) : 26 ⛺ (4 à 6 pers.) 240 à

     620 €/sem. – 3 🏠 (4 à 6 pers.) 360 à 650 €/sem. –

     bungalows toilés

     Pour s'y rendre : Sortie Nord par D 3, rte d'Audenge et rte

     à droite

Nature : ⌐ ♧♧
Loisirs : 🍽 🏠 ⚡ nocturne 🛶 terrain omnisports
Services : ⚕ ⚮ 🖃 ⊕ 🖲 🏠

BLASIMON

✉ 33540 – 🅱🅱🅱 K6 – 711 h. – alt. 80

🛈 *Office de tourisme, 8, Lousteau Neuf* 🕿 *05 56 71 59 62*

Paris 607 – Bordeaux 47 – Mérignac 63 – Pessac 60 – Talence 57.

   ▲ Le Lac

     🕿 05 56 71 59 62, *blasimon@entredeuxmers.com,*

     Fax 05 56 71 53 37

     50 ha/0,5 campable (35 empl.) plat, herbeux

     Pour s'y rendre : 2 km au NO par D 17 et à gauche devant

     l'Abbaye

Nature : ⑤ ⌐
Services : ⚕ ⚮ 🖃 ⊕ 🖲
à la base de loisirs : snack 🏠 🛶 ✂ ⚓ (plage)

BLAYE

✉ 33390 – 🅱🅱🅱 H4 – G. Aquitaine – 4 666 h. – alt. 7

🛈 *Office de tourisme, allées Marines* 🕿 *05 57 42 12 09, Fax 05 57 42 91 94*

Paris 546 – Bordeaux 49 – Jonzac 52 – Libourne 45.

   ▲ **Municipal la Citadelle** mai-29 sept.

     🕿 05 57 42 00 20 – **R**

     1 ha (47 empl.) plat, peu incliné, terrasses, herbeux

     Tarif : (Prix 2005) 🖾 12,50 € 🗗 (15A) – pers. suppl. 4,80 €

     Pour s'y rendre : À l'Ouest, dans l'enceinte de la citadelle

Nature : ⑤ ‹ ⌐ ♧
Services : ⚮ ⊕

CARCANS

✉ 33121 – 335 E4 – 1 551 h. – alt. 22

🛈 *Office de tourisme, 127, avenue de Maubuisson* ✆ *05 56 03 34 94*

Paris 626 – Andernos-les-Bains 43 – Bordeaux 53 – Lesparre-Médoc 29 – Soulac-sur-Mer 53.

⚠ **Les Mimosas** mai-sept.
✆ 05 56 03 39 05, *lesmimosas33@wanadoo.fr*,
Fax 05 56 03 37 25, *www.les-mimosas-camping.com*
– **R** conseillée
4,7 ha (100 empl.) plat, herbeux, sablonneux
Tarif : 🖃 21 € 🗲 (6A) – pers. suppl. 4,60 €
Location : 12 ⟅🏠⟆ (4 à 6 pers.) 250 à 540 €/sem. –
bungalows toilés
Pour s'y rendre : NO : 2,2 km par D 3, rte d'Hourtin et rte
de Barrade à gauche

| Nature : 🐾 ♀ |
| Loisirs : 🏕️ 🚲 🛝 |
| Services : 🕭 🔵 GB 🐂 🛁 ♨ ☺ 🗄 ⚖ |

⚠ **Le Cap de Ville** mai-15 oct.
✆ 05 56 03 33 74 – **R** conseillée
2 ha (40 empl.) plat, herbeux, sablonneux
Tarif : (Prix 2005) 🖃 14,30 € 🗲 (5A) – pers. suppl. 1 €
Pour s'y rendre : O : 2,3 km par D 207, rte de Carcans-
Plage

| Services : 🕭 🔵 🐂 🖭 ♨ ☺ |

⚠ Les Arbousiers
✆ 05 56 03 38 93, Fax 05 56 03 38 93 – **R** conseillée
2,3 ha (63 empl.) plat, sablonneux, herbeux
Pour s'y rendre : O : 2,3 km par D 207, rte de Carcans-
plage et à droite

| Nature : ♀ |
| Services : 🕭 🔵 ♨ ☺ 🗄 |

CASTILLON LA BATAILLE

✉ 33350 – 335 K5 – G. Aquitaine – 3 113 h. – alt. 17

🛈 *Office de tourisme, allée Marcel Paul* ✆ *05 57 40 27 58, Fax 05 57 40 49 76*

Paris 549 – Bergerac 46 – Libourne 18 – Montpon-Ménestérol 27 – Sauveterre-de-Guyenne 21.

⚠ **Municipal la Pelouse** mai-15 oct.
✆ 05 57 40 04 22 – **R** conseillée
0,5 ha (38 empl.) plat, herbeux
Tarif : 🖃 10 € 🗲 (15A) – pers. suppl. 3 €
Pour s'y rendre : À l'Est du bourg, bord de la Dordogne

| Nature : ♀♀ |
| Loisirs : 🏕️ |
| Services : 🔵 🅿 🖭 ☺ 🗄 |

CAZAUX

✉ 33260 – 335 E7

🛈 *Syndicat d'initiative, place du Général-de-Gaulle* ✆ *05 56 22 91 75*

Paris 649 – Arcachon 18 – Belin-Béliet 51 – Biscarrosse 136 – Bordeaux 67.

⚠ **Municipal du Lac** avr.-sept.
✆ 05 56 22 22 33, Fax 05 56 22 97 89 – **R** conseillée
1,5 ha (90 empl.) plat, herbeux, sablonneux
Tarif : (Prix 2005) 🖈 3,50 € 🚗 1,75 € 🖃 6 € 🗲 2,80 €
⟅🏠⟆ 1 borne 3 €
Pour s'y rendre : SO : 1,3 km par rte du lac, à 100 m du
canal des Landes et à proximité de l'étang de Cazaux

| Loisirs : 🏕️ |
| Services : 🕭 🔵 (10 juil.-20 août) 🐂 ☺ 🗄 ⚖ |
| À prox. : 🍷 ✕ 🏊 |

GRADIGNAN

✉ 33170 – 335 H6 – 22 193 h. – alt. 26

Paris 592 – Bordeaux 9 – Lyon 550 – Nantes 336 – Toulouse 241.

⚠ **Beausoleil** Permanent
✆ 05 56 89 17 66, *campingbeausoleil@wanadoo.fr*,
Fax 05 56 89 17 66 – **R** conseillée
0,5 ha (31 empl.) plat, peu incliné, gravillons, herbeux
Tarif : 🖃 14,50 € 🗲 (10A) – pers. suppl. 3,50 €
Location 🦶 : 3 ⟅🏠⟆ (4 à 6 pers.) 250 à 375 €/sem.
Pour s'y rendre : 371 cours du Gén.-de-Gaulle, sur rocade
sortie 16, Gradignan

| Nature : 🏞️ ♀ |
| Services : 🕭 🔵 🐂 Ⓜ 🛗 🖭 ☺ 🛁 ♻ 🗄 |

HOURTIN

✉ 33990 – 🗺 E3 – G. Aquitaine – 2 324 h. – alt. 18
🛈 *Office de tourisme, rue du Port* ☎ 05 56 09 19 00, Fax 05 56 09 22 33
Paris 638 – Andernos-les-Bains 55 – Bordeaux 65 – Lesparre-Médoc 17 – Pauillac 26.

⋀⋀⋀ **Les Ourmes** 15 avr.-24 sept.
☎ 05 56 09 12 76, *lesourmes@free.fr*, Fax 05 56 09 23 90,
www.lesourmes.com – **R** conseillée
7 ha (270 empl.) plat, herbeux, sablonneux
Tarif : 🔲 22 € (✸) (6A) – pers. suppl. 3 €
Location 🏷 : 26 ⌂ (4 à 6 pers.) 250 à 520 €/sem.
⌂, 1 borne
Pour s'y rendre : O : 1,5 km par av. du Lac

Nature : 🌲 🎋🎋
Loisirs : 🍷 snack 🍴 🌙 nocturne 🏃 🏊 🛝
Services : 🚿 ⚡ (20 juin-10 sept.) 🏧 ✂ 🏠 🗄 🛒
À prox. : 🍴 🎣 🐴 (centre équestre)

⋀⋀⋀ La Mariflaude
☎ 05 56 09 11 97, Fax 05 56 09 24 01, *www.camping-la ma riflaude.com* – **R** conseillée
6,2 ha (166 empl.) plat, herbeux, sablonneux
Location : ⌂ – ⌂
Pour s'y rendre : E : 1,2 km par D 4 rte de Pauillac

Nature : 🌳
Loisirs : 🍷 snack 🍴 🌙 nocturne 🏃 🏊 🚲 🍴 🎣
Services : 🚿 ⚡ 🏧 ✂ 🏠 🛒

⋀⋀ **La Rotonde - Le Village Western** avr.-sept.
☎ 05 56 09 10 60, *la-rotonde@wanadoo.fr*,
Fax 05 56 73 81 37, *www.village-western.com* – **R** conseillée
10 ha (300 empl.) plat, herbeux, sablonneux
Tarif : 🔲 22,59 € (✸) (6A) – pers. suppl. 4,90 €
Location : 32 ⌂ (4 à 6 pers.) 280 à 665 €/sem. – 10 ⌂ (4 à 6 pers.) 250 à 580 €/sem.
Pour s'y rendre : O : 1,5 km par av. du Lac et chemin à gauche, à 500 m du lac (accès direct)
À savoir : Original décor Western

Nature : 🌲
Loisirs : 🍷 Tex-Mex 🍴 🌙 nocturne 🏃 🏊
Services : 🚿 ⚡ 🏧 ✂ 🛒 🗄 ✂
À prox. : 🍴 🎣 🐴 (centre équestre)

⋀⋀ **L'Orée du Bois** avr.-oct.
☎ 05 56 09 15 88, *loree-du-bois@wanadoo.fr*,
Fax 05 56 09 15 80, *http://perso.wanadoo.fr/camping-lo ree.du.bois* – **R** conseillée
2 ha (90 empl.) plat, sablonneux
Tarif : 🔲 21 € – pers. suppl. 4 €
Location 🏷 : 8 ⌂ (2 à 4 pers.) 175 à 399 €/sem. – 6 ⌂ (4 à 6 pers.) 245 à 569 €/sem. – ⌂ (4 à 6 pers.) 245 à 569 €/sem. – bungalows toilés
Pour s'y rendre : S : 1,3 km, rte de Carcans

Loisirs : 🍷 snack 🍴 🏃 🛝
Services : 🚿 ⚡ 🏧 ✂ 🏠 🛒

⋀ **Aire Naturelle l'Acacia** 15 mai-15 oct.
☎ 05 56 73 80 80, *camping.lacacia@wanadoo.fr*, *www.cam ping-lacacia.com* – **R** conseillée
4 ha (25 empl.) plat, herbeux, sablonneux
Tarif : ✸ 3,70 € 🔲 3,50 € (✸) 2,30 €
Location 🏷 : 4 ⌂ (2 à 4 pers.) 220 à 280 €/sem.
Pour s'y rendre : SO : 7 km par D 3, rte de Carcans et chemin à droite, au lieu-dit Ste-Hélène-de-Hourtin

Nature : 🌲 🌳
Loisirs : 🚲
Services : ⚡ ✂ 🛒

HOURTIN-PLAGE

✉ 33990 – 🗺 D3
Paris 556 – Andernos-les-Bains 66 – Bordeaux 76 – Lesparre-Médoc 26 – Soulac-sur-Mer 42.

⋀⋀⋀ **La Côte d'Argent** 20 juin-18 sept.
☎ 05 56 09 10 25, *info@camping-cote-dargent.com*,
Fax 05 56 09 24 96, *www.cca33.com* – **R** conseillée
20 ha (750 empl.) plat, vallonné, en terrasses, sablonneux
Tarif : (Prix 2005) 🔲 44 € (✸) (6A) – pers. suppl. 6 €
Location 🏷 : ⌂ (4 à 6 pers.) 343 à 945 €/sem.
⌂, 1 borne 11 €
Pour s'y rendre : À 500 m de la plage

Nature : 🌲 🎋🎋
Loisirs : 🍷 🍴 pizzeria 🍴 🌙 nocturne 🏃 🏊 🚲 🍴 🎣 🛝
Services : 🚿 ⚡ 🏠 🛒 🗄 🛒
🗄 ✂ cases réfrigérées

115

LA HUME

⊠ 33470 – 🮲🮳🮴 E7 – G. Aquitaine
Paris 645 – Bordeaux 59 – Mérignac 62 – Pessac 56 – Talence 56.
                                                   Schéma à la Test-de-Buch

    ▲▲▲ **Village Club Khélus** (location exclusive de 120 chalets
et maisonettes) Permanent
       ℰ 05 56 66 88 88, *khelus@enfrance.com*,
Fax 05 56 66 94 89, *www.khelus.com* – **Ƥ**
20 ha plat, sablonneux
Location : 🏠 (4 à 6 pers.) 315 à 892 €/sem. – maisonnettes
Pour s'y rendre : 6,5 km au SO par A 660, rte d'Arcachon
et D 652, rte de la Hume puis chemin à gauche, à proximité
du parc Aqualand

> Nature : 🦢 ♀♀
> Loisirs : 🍽 ✗ pizzeria 🎲 ⑨ noc-
> turne 👫 discothèque 🛝 🚲 ⁃⁃
> ✗ 🍴 ⤢
> Services : ⚬⤙ (juil.-août) GB ⚲ 🖼
> ⤳

    ▲ **Municipal de Verdalle** mi-avr.-déb. oct.
       ℰ 05 56 66 12 62, *info@campingdeverdalle.fr*,
Fax 05 56 66 12 62, *www.campingdeverdalle.fr* – **Ƥ** conseillée
1,5 ha (108 empl.) plat, sablonneux, pierreux
Tarif : 🔲 19 € 🔋 (8A) – pers. suppl. 5 € – frais de réservation 11 €
Pour s'y rendre : Au Nord de la localité, par av. de la Plage
et chemin à droite, près du bassin, accès direct à la plage

> Nature : ⇐ ⌑ ♀
> Services : ⚭ ⚬⤙ GB ⚲ ⨀ 🖼

LACANAU

⊠ 33680 – 🮲🮳🮴 E5 – 3 142 h. – alt. 17
Paris 625 – Bordeaux 47 – Mérignac 45 – Pessac 51 – Talence 56.

    ▲▲ **Le Gîte Autrement** (location exclusive de 6 chalets)
Permanent
       ℰ 05 56 03 57 48, *gite-autrement@wanadoo.fr*,
Fax 05 56 03 57 48, *www.gite-autrement.com* – **Ƥ** indispen-
sable
1 ha plat, herbeux
Location : 🏠 (4 à 6 pers.) 248 à 588 €/sem.
Pour s'y rendre : 2 km au NE par D 104, rte de Brach, à
Narsot

> Nature : ♀♀
> Services : ⚬⤙ ⚲ ▥

LACANAU-OCÉAN

⊠ 33680 – 🮲🮳🮴 D4 – G. Aquitaine
🄸 *Office de tourisme, place de L'Europe* ℰ 05 56 03 21 01, Fax 05 56 03 11 89
Paris 636 – Andernos-les-Bains 38 – Arcachon 87 – Bordeaux 63 – Lesparre-Médoc 52.

    ▲▲▲ **Yelloh-Village les Grands Pins** 15 avr.-23 sept.
       ℰ 05 56 03 20 77, *reception@lesgrandspins.com*,
Fax 05 57 70 03 89, *www.lesgrandspins.com* – **Ƥ** indispensable
11 ha (570 empl.) vallonné et en terrasses, sablonneux
Tarif : 🔲 38 € – pers. suppl. 9 € – frais de réservation 30 €
Location : 131 🛖 (4 à 6 pers.) 210 à 994 €/sem.
🚐 1 borne 1 €
Pour s'y rendre : Au N de la station, av. des Grands- Pins, à
500 m de la plage (accès direct)

> Nature : 🦢 ⌑ ♀♀(pinède)
> Loisirs : 🍽 ✗ pizzeria 🎲 ⑨ 👫 ⅃ᴛ
> 🛝 🚲 ✗ ⅃ terrain omnisports,
> parcours de santé et de VTT
> Services : ⚭ ⚬⤙ ℗ (saison) GB ⚲
> 🖼 ⤳ ⨀ 🍴 🖼 ⤴ ⤳ cases réfri-
> gérées

    ▲▲▲ **Airotel de l'Océan** 8 avr.-24 sept.
       ℰ 05 56 03 24 45, *airotel.lacanau@wanadoo.fr*,
Fax 05 57 70 01 87, *www.airotel-ocean.com* – **Ƥ** conseillée
9 ha (550 empl.) plat et en terrasses, vallonné, sablonneux
Tarif : 🔲 37 € – pers. suppl. 7,50 € – frais de réservation 28 €
Location ⤴ : 40 🛖 (2 à 4 pers.) 155 à 480 €/sem. – 93
🛖 (4 à 6 pers.) 207 à 720 €/sem.
🚐 1 borne 8 € – 25 🔲 37 €
Pour s'y rendre : au N de la station, r. du Repos

> Nature : ♀♀(pinède)
> Loisirs : 🍽 ✗ 🎲 ⑨ 👫 ⅃ᴛ disco-
> thèque 🛝 🚲 ✗ ⅃ ⤢ école de
> surf
> Services : ⚭ ⚬⤙ GB ⚲ 🖼 ⨀ ⤳
> 🍴 🖼 ⤴ ⤳ cases réfrigéréees

LÈGE-CAP-FERRET

⊠ 33950 – 圆圆圆 E6 – 6 307 h. – alt. 9

🖫 *Office de tourisme, 12, avenue de l'Océan* 𝄞 *05 56 60 63 26*

Paris 629 – Arcachon 65 – Belin-Beliet 56 – Bordeaux 50 – Cap-Ferret 24.

Schéma à la Test-de-Buch

⚠ **La Prairie** Permanent

𝄞 05 56 60 09 75, *camping.la.prairie@wanadoo.fr,*
www.campinglaprairie.com – **R** conseillée
2,5 ha (118 empl.) plat, herbeux
Tarif : 📧 17 € 🔋 (10A) – pers. suppl. 3 €
Location (avr.-oct.) : 5 🚐 (4 à 6 pers.) 210 à 570 €/sem.
– 5 bungalows toilés
Pour s'y rendre : 1 km au NE par D 3, rte du Porge

| Nature : 🏕 🌳 |
| Loisirs : 🏠 🏄 🛶 |
| Services : 🚿 ⚡ 🛒 📮 🔄 ♿ 🚽 |

MAUBUISSON

⊠ 33121 – 圆圆圆 E4 – G. Aquitaine

Paris 637 – Bordeaux 59 – Mérignac 57 – Pessac 63 – Talence 68.

⚠ **La Dune Bleue**

𝄞 05 57 70 12 12, *bombannes@ucpa.asso.fr,*
Fax 05 57 70 12 10, *http://camping.bombannes.free.fr*
4 ha (280 empl.) vallonné, sablonneux, herbeux
Location : bungalows toilés
Pour s'y rendre : 2 km au NO, rte de Lacanau-Océan,
Domaine de Bombannes

| Nature : 🌲🌲(pinède) |
| Services : 🚿 ⚡ 📮 ♿ 🚽 |
| À prox. : 🍴 🍽 snack 🏸 🏄 ⛱ 🛶 |
| 🏊 🎣 🚤 canoë, pédalos |

Raadpleeg, voordat U zich op een kampeerterrein installeert,
de tarieven die de beheerder verplicht
is bij de ingang van het terrein aan te geven.
Informeer ook naar de speciale verblijfsvoorwaarden.
De in deze gids vermelde gegevens kunnen
sinds het verschijnen van deze heeditie gewijzigd zijn.

117

Le MOUTCHIC

⊠ 33680 – 圆圆圆 E4

Paris 632 – Bordeaux 55 – Mérignac 51 – Pessac 57 – Talence 63.

⛰ **Talaris Vacances** 15 avr.-16 sept.

𝄞 05 56 03 04 15, *talarisvacances@free.fr,*
Fax 05 56 26 21 56, *www.talaris-vacances.fr* – **R** conseillée
10 ha (336 empl.) plat, herbeux, petit étang
Tarif : 📧 30,60 € – pers. suppl. 5,50 € – frais de réservation 30 €
Location (avr.-17 sept.) : 36 🚐 (4 à 6 pers.) 230 à
659 €/sem.
Pour s'y rendre : E : 2 km sur rte de Lacanau
À savoir : Agréable cadre boisé

| Nature : 🌲🌲 |
| Loisirs : 🍴 🏠 🎭 nocturne 🏸 🚴 |
| 🏓 ⛱ 🛝 🏊 |
| Services : 🚿 ⚡ GB 🍴 📮 ♿ 🔄 |
| 🔥 🚻 🧺 |

⚠ **Tedey** 29 avr.-20 sept.

𝄞 05 56 03 00 15, *campingletedey@wanadoo.fr,*
Fax 05 56 03 01 90, *www.le-tedey.com* – **R** conseillée 🎿
(juil-août)
14 ha (700 empl.) plat, sablonneux, dunes boisées
attenantes
Tarif : 📧 23,80 € – pers. suppl. 4,20 € – frais de réservation 20 €
Location 🎿 : 36 🚐 (4 à 6 pers.) 270 à 630 €/sem.
🚐 1 borne
Pour s'y rendre : S : 3 km par rte de Longarisse et chemin
à gauche
À savoir : Sous les pins, agréable situation au bord de
l'étang et à proximite de l'océan

| Nature : 🏞 🏕 🌲🌲 🚿 |
| Loisirs : 🍴 🎭 nocturne 🏄 🚴 ⛱ |
| Services : 🚿 ⚡ GB 🍴 📮 ♿ 🔄 |
| 🔥 🚻 🧺 |
| À prox. : 🚤 |

NOAILLAN

✉ 33730 – **🗺** I8 – 1 015 h. – alt. 34
Paris 635 – Bordeaux 56 – Mérignac 63 – Pessac 56 – Talence 53.

⚠ **La Grange du Gelat** (location exclusive de 6 chalets)
Permanent
📞 05 56 25 37 18, *lagrangedugelat@wanadoo.fr*,
Fax 05 56 25 36 19, *www.lagrangedugelat.fr*
4 ha plat, herbeux
Location 🏕 **℗** : 🏠 (4 à 6 pers.) 180 à 750 €/sem.
Pour s'y rendre : 2 km à l'O par rte de Balézac

Nature : 🌿 ♀
Loisirs : 🏊 ⊿ 🎣
Services : ⊶ ⚲ ▥ 🖩

PAUILLAC

✉ 33250 – **🗺** G3 – G. Aquitaine – 5 175 h. – alt. 20
🄱 *Office de tourisme, La Verrerie* 📞 *05 56 59 03 08, Fax 05 56 59 23 38*
Paris 625 – Arcachon 113 – Blaye 16 – Bordeaux 54 – Lesparre-Médoc 23.

🏕 **Municipal les Gabarreys** 3 avr.-7 oct.
📞 05 56 59 10 03, *camping.les.gabarreys@wanadoo.fr*,
Fax 05 56 73 30 68, *www.pauillac-medoc.com* – **R** conseillée
1,6 ha (59 empl.) plat, gravillons, herbeux
Tarif : 🔲 16,50 € 🔋 (10A) – pers. suppl. 4,40 € – frais de
réservation 9 €
Location : 6 🏚 (4 à 6 pers.) 210 à 450 €/sem.
🚐 1 borne 3,70 €
Pour s'y rendre : S : 1 km par rue de la Rivière, près de la
Gironde

Nature : 🌿 ⊏ ♀
Loisirs : 🏠 🏊 🛶
Services : ⅙ ⊶ ☰ ⚲ 🗄 ☺ 🖩

Benutzen Sie
– zur Wahl der Fahrtroute
– zur Berechnung der Entfernungen
– zur exakten Lokalisierung eines Campingplatzes (mit Hilfe der Angaben im Ortstext)
die für diesen Führer unentbehrlichen **MICHELIN-Karten** *im Ma1 : 150 000.*

PETIT-PALAIS-ET-CORNEMPS

✉ 33570 – **🗺** K5 – G. Aquitaine – 551 h. – alt. 35
Paris 532 – Bergerac 51 – Castillon-la-Bataille 18 – Libourne 20 – Montpon-Ménestérol 20 – La Roche-Chalais 22.

🏕 **Le Pressoir** 26 mars-2 oct.
📞 05 57 69 73 25, *camping.le.pressoir.@wanadoo.fr*,
Fax 05 57 69 77 36, *www.campinglepressoir.com*
– **R** conseillée
2 ha (100 empl.) peu incliné et plat, herbeux
Tarif : 🔲 22,50 € – pers. suppl. 6,25 € – frais de réser-
vation 15 €
Location : bungalows toilés
Pour s'y rendre : NO : 1,7 km par D 21, rte de St-Médard-
de-Guizières et chemin de Queyray à gauche

Nature : 🌿 ⊏ ♀
Loisirs : ♀ ✕ 🏊 ⊿
Services : ⅙ ⊶ ☰ 🗄 ☺ ♻ 🖩

Le PORGE

✉ 33680 – **🗺** E5 – 1 507 h. – alt. 8
🄱 *Office de tourisme, 3, place Saint-Seurin* 📞 *05 56 26 54 34, Fax 05 56 26 59 48*
Paris 624 – Andernos-les-Bains 18 – Bordeaux 47 – Lacanau-Océan 21 – Lesparre-Médoc 54.

🏕 Municipal la Grigne
📞 05 56 26 54 88, *campingduporge@wanadoo.fr*,
Fax 05 56 26 52 07 – **R** conseillée
30 ha (700 empl.) vallonné, plat, sablonneux
Location : 24 🏚
🚐 1 borne
Pour s'y rendre : 9,5 km à l'O par D 107, à 1 km du Porge-
Océan

Nature : ♀♀(pinède)
Loisirs : ♀ snack 🏠 ⊕ 🏊 🚲 ✂
🏊
Services : ⅙ ⊶ 🗄 ☺ ⊿ ♻ 🖩
sèche-linge 🛒 ⅃

PYLA-SUR-MER

✉ 33115 – 🄸🄸🄵 D7

🄸 *Office de tourisme, rond-point du Figuier* ☎ *05 56 54 02 22, Fax 05 56 22 58 84*
Paris 648 – Arcachon 8 – Biscarrosse 34 – Bordeaux 66.

Schéma à la Test-de-Buch

Yelloh-Village Panorama du Pyla 21 avr.-2 oct.
☎ 05 56 22 10 44, *mail@camping-panorama.com*,
Fax 05 56 22 10 12, *www.camping-panorama.com*
– **R** conseillée
15 ha/10 campables (450 empl.) accidenté et en terrasses,
plat, sablonneux
Tarif : 🄴 39 € 🄸 (10A) – pers. suppl. 8 €
Location : 60 🏠 (4 à 6 pers.) 245 à 931 €/sem. – 5 🏠
(4 à 6 pers.) 420 à 973 €/sem.
Pour s'y rendre : S : 7 km par D 218, rte de Biscarrosse,
accès piétonnier à la plage par escalier abrupt et chemin

Nature : ≤ 🌳🌳(pinède)
Loisirs : 🍽 ✗ crêperie 🏠 🎣 🏃
🛥 jacuzzi 🏊 🎯 🎱 🛝
Services : 🦽 ⚡ 🔰 🛒 🐾 📷 🧺
🚲, 🛒 cases réfrigérées
À prox. : delta-plane, aile volante

Pyla-Camping 14 avr.-24 sept.
☎ 05 56 22 74 56, *info@pyla-camping.com*,
Fax 05 56 22 10 31, *www.pyla-camping.com* – **R** conseillée
9 ha (450 empl.) vallonné, accidenté et en terrasses, plat,
sablonneux
Tarif : 🄴 32 € 🄸 (10A) – pers. suppl. 8,50 € – frais de réservation 18 €
Location (avr.-sept.) 🏕 : 7 🏠 (2 à 4 pers.) 195 à
560 €/sem. – 80 🏠 (4 à 6 pers.) 305 à 860 €/sem.
Pour s'y rendre : S : 6 km par D 218, rte de Biscarrosse
À savoir : Accès à la plage et à un superbe panorama par la
dune

Nature : 🌲 🌳🌳
Loisirs : 🍽 ✗ pizzeria 🏠 🏃 🏊
🛝 plate-forme pour aile-delta et
aile volante, parapente
Services : 🦽 ⚡ 🏧 🛒 🛝 🏠 📷 🧺
🚲, 🛒

Si vous désirez réserver un emplacement pour vos vacances,
faites-vous préciser au préalable les conditions particulières de séjour,
les modalités de réservation, les tarifs en vigueur et les conditions de paiement.

119

RAUZAN

✉ 33420 – 🄸🄸🄵 K6 – 1 035 h. – alt. 69

🄸 *Syndicat d'initiative, 12, rue de la Chapelle* ☎ *05 57 84 03 88, Fax 05 57 84 05 09*
Paris 596 – Bergerac 57 – Bordeaux 39 – Langon 35 – Libourne 21.

Le Vieux Château avr.-15 oct.
☎ 05 57 84 15 38, *hoekstra.camping@wanadoo.fr*,
Fax 05 57 84 18 34, *www.vieux-chateau.com* – **R** conseillée
2,5 ha (61 empl.) non clos, plat, peu incliné, herbeux
Tarif : 🄴 21 € 🄸 (6A) – pers. suppl. 4,50 € – frais de réser-
vation 14 €
Location : 6 🏠 (4 à 6 pers.) 195 à 495 €/sem.
Pour s'y rendre : Sortie Nord par D 123, rte de St-Jean-de-
Blaignac et chemin à gauche (1,2 km), chemin piétonnier
reliant le camping au village
À savoir : Au pied des ruines d'une forteresse du 12e s.

Nature : 🌿 🌳🌳
Loisirs : 🏠 🏊 🛝
Services : 🦽 ⚡ 🏧 🛝 📷 🧺

ST-CHRISTOPHE-DE-DOUBLE

✉ 33230 – 🄸🄸🄵 L4 – 578 h. – alt. 89
Paris 520 – Bergerac 58 – Blaye 65 – Bordeaux 67 – Libourne 33 – Périgueux 74.

Municipal la Forêt mai-mi-sept.
☎ 05 57 49 50 02, *stchristophe-de-double@wanadoo.fr*,
Fax 05 57 49 57 20 – **R** conseillée
0,7 ha (30 empl.) peu incliné, sablonneux, pierreux, herbeux
Tarif : 🄴 14 € – pers. suppl. 5 €
Pour s'y rendre : S : 0,8 km par D 123, rte de St-Antoine-
sur-l'Isle et à droite, près d'un étang

Nature : 🌿 ≤ 🌳
Loisirs : ✗ 🏊 🎣
Services : 🦽 ⚡ 🏧 🛒 🛝 📷 🏠
🚿
À prox. : 🎱 🏖 (plage)

ST-ÉMILION

✉ 33330 – 335 K5 – G. Aquitaine – 2 345 h. – alt. 30
🛈 *Office de tourisme, place des Créneaux* 𝒫 *05 57 55 28 28, Fax 05 57 55 28 29*
Paris 584 – Bergerac 58 – Bordeaux 40 – Langon 49 – Libourne 9 – Marmande 59.

⋏⋏ **Domaine de la Barbanne** avr.-23 sept.
𝒫 05 57 24 75 80, *barbanne@wanadoo.fr,*
Fax 05 57 24 69 68, *www.camping-saint-emilion.com* – traversée de St-Émilion interdite aux caravanes et camping-cars – **R** conseillée
4,5 ha (160 empl.) plat, herbeux
Tarif : 🔲 27,90 € ⚡ (10A) – pers. suppl. 7,50 € – frais de réservation 20 €
Location : 18 🛖 (4 à 6 pers.) 260 à 690 €/sem. – 🛏
🛖 1 borne 4,50 €
Pour s'y rendre : N : 3 km par D 122 rte de Lussac et rte à droite, navette gratuite pour St-Émilion
À savoir : Les vignes et un petit lac offrent un cadre pittoresque et charmant

| Nature : 🐾 ⌂ 𝟡𝟡 |
| Loisirs : ✗ 🏠 👬 ⛷ 🚲 ⚒ ♨ 🏊 ♨ ⚓ |
| Services : ⅙ ⌐ GB 🐾 🗏 ⊕ 🖼 ⚒ 🛀 |

*Donnez-nous votre avis
sur les terrains que nous recommandons.
Faites-nous connaître vos observations et vos découvertes.*

STE-FOY-LA-GRANDE

✉ 33220 – 335 M5 – G. Périgord Quercy – 2 788 h. – alt. 10
🛈 *Office de tourisme, 102, rue de la République* 𝒫 *05 57 46 03 00, Fax 05 57 46 16 62*
Paris 555 – Bordeaux 71 – Langon 59 – Marmande 53 – Périgueux 67.

⋏ **La Bastide** avr.-oct.
𝒫 05 57 46 13 84, *camping@paysfoyen.com,*
Fax 05 57 46 13 84 – **R** indispensable
1,2 ha (60 empl.) plat, herbeux
Tarif : 🟊 3,25 € 🔲 5 € ⚡ 3 €
Pour s'y rendre : Sortie Nord-Est par D 130, bord de la Dordogne
À savoir : Cadre fleuri

| Nature : 🐾 𝟡𝟡 |
| Loisirs : 🏠 |
| Services : ⅙ ⌐ 🐾 🗏 ⊕ 🖼 |
| À prox. : ♨ |

ST-MÉDARD-DE-GUIZIÈRES

✉ 33230 – 335 K4 – 2 106 h. – alt. 15
Paris 528 – Bergerac 57 – Bordeaux 56 – Chalais 34 – Périgueux 87 – Ste-Foy-la-Grande 41.

⋏ **Municipal le Gua**
𝒫 05 57 69 82 37
1,5 ha (54 empl.) plat, herbeux
Pour s'y rendre : N : 1,5 km par D 21 et à gauche, au bord de la rivière

| Nature : 🐾 𝟡𝟡 |
| Services : ⅙ ⊕ |
| À prox. : ⚒ ♨ ⚓ |

SALLES

✉ 33770 – 335 F7 – 4 487 h. – alt. 23
🛈 *Office de tourisme, rue de la Haute Landes* 𝒫 *05 56 88 30 11, Fax 05 56 88 43 95*
Paris 632 – Arcachon 36 – Belin-Béliet 11 – Biscarrosse 122 – Bordeaux 49.

⋏⋏ **Le Val de l'Eyre** avr.-15 oct.
𝒫 05 56 88 47 03, *levaldeleyre2@wanadoo.fr,*
Fax 05 56 88 47 27, *www.valdeleyre.com* – **R** conseillée
13 ha/4 campables (150 empl.) plat, vallonné, sablonneux, herbeux
Tarif : 🔲 24,50 € ⚡ (6A) – pers. suppl. 3,50 €
Location (permanent) : 23 🛖 (4 à 6 pers.) 231 à 659 €/sem. – 8 🏠 (4 à 6 pers.) 267 à 666 €/sem.
Pour s'y rendre : Sortie SO par D 108$^{E\ S}$, rte de Lugos, bord de l'Eyre et d'un étang - par A 63 : sortie 21

| Nature : 🐾 𝟡𝟡 |
| Loisirs : 🍷 snack 🏠 👬 ♨ ♨ |
| Services : ⅙ ⌐ 🐾 ▥ 🗏 ⊕ 🛀 🖼 🛀 |
| À prox. : 🛒 canoë |

SALLES

▲ **Le Bilos** Permanent
 ℰ 05 56 88 36 53, *www.lebilos@aol.com*,
 Fax 05 56 88 45 14, *www.lebilos.fr.st* – places limitées pour
 le passage – **R** conseillée
 1,5 ha (85 empl.) plat, herbeux, sablonneux
 Tarif : ★ 2,50 € 🗉 2,30 € [½] (6A) 3,30 €
 Pour s'y rendre : 4 km au SO par D 108, rte de Lugos et rte
 à dr.

| Nature : 🏞 ΩΩ |
| Loisirs : 🛏 🛶 |
| Services : 🔧 ⚬━ 🖉 🗓 🔊 ⊕ 🗑 |

SOULAC-SUR-MER

✉ 33780 – E1 – G. Aquitaine – 2 720 h. – alt. 7
🛈 *Office de tourisme, 68, rue de la plage* ℰ 05 56 09 86 61, Fax 05 56 73 63 76
Paris 515 – Bordeaux 99 – Lesparre-Médoc 31 – Royan 12.

Schéma à l'Amélie-sur-Mer

▲ **Les Sables d'Argent** avr.-sept.
 ℰ 05 56 09 82 87, *sables@lelilhan.com*, Fax 05 56 09 94 82,
 www.sables-d-argent.com – **R** conseillée
 2,5 ha (152 empl.) plat, sablonneux, dune
 Tarif : (Prix 2005) 🗉 22,50 € [½] (10A) – pers. suppl. 4 € – frais
 de réservation 16 €
 Location : 20 🛖 (4 à 6 pers.) 259 à 659 €/sem. – 6 🏠
 (4 à 6 pers.) 315 à 729 €/sem.
 🚐 🛒 1 borne 14,50 €
 Pour s'y rendre : 1,5 km au SO par rte de l'Amélie-sur-Mer
 À savoir : Bord de mer (accès direct à la plage)

| Nature : 🏞 🗔 ΩΩ ⚠ |
| Loisirs : snack 🛶 🚲 🎣ₘ |
| Services : 🔧 ⚬━ 🖮 🖉 🗓 🔊 ⊕ 🛒 ⟟ 🗑 🛗 |
| À prox. : ✂ 🐎 **parcours sportif** |

*The classification (1 to 5 tents, **black** or red) that we award to
selected sites in this Guide is a system that is our own.
It should not be confused with the classification (1 to 4 stars) of official organisations.*

121

Le TEICH

✉ 33470 – E7 – 4 822 h. – alt. 5
🛈 *Office de tourisme, 1, place Dubernet* ℰ 05 56 22 80 46, Fax 05 56 22 89 65
Paris 633 – Arcachon 20 – Belin-Béliet 34 – Bordeaux 50.

Schéma à la Test-de-Buch

▲ **Ker Helen** 14 avr.-5 nov.
 ℰ 05 56 66 03 79, *camping.kerhelen@wanadoo.fr*,
 Fax 05 56 66 51 59, *www.kerhelen.com* – **R** conseillée
 4 ha (140 empl.) plat, herbeux
 Tarif : ★ 4,90 € 🗉 8,70 € [½] 3,60 € – frais de réserva-
 tion 16 €
 Location 🚫 : 31 🛖 (4 à 6 pers.) 238 à 607 €/sem. – 10
 🏠 (4 à 6 pers.) 205 à 615 €/sem. – bungalows toilés
 Pour s'y rendre : O : 2 km par D 650 rte de Gujan-Mestras

| Nature : ΩΩ |
| Loisirs : 🍷 snack 🌙 nocturne 🛶 🎣ₘ 🏊 |
| Services : 🔧 ⚬━ 🖉 🗓 🔊 ⊕ ⟟ 🛒 🗑 🛗 🛗 |

La TESTE-DE-BUCH

✉ 33260 – E7 – G. Aquitaine – 22 970 h. – alt. 5
🛈 *Office de tourisme, place Jean Hameau* ℰ 05 56 54 63 14, Fax 05 56 54 45 94
Paris 642 – Andernos-les-Bains 35 – Arcachon 5 – Belin-Béliet 44 – Biscarrosse 34 – Bordeaux 60.

▲ **La Pinède** mai-sept.
 ℰ 05 56 22 23 24, *info@campinglapinede.net*,
 Fax 05 56 22 98 03 – **R** conseillée
 5 ha (200 empl.) plat, sablonneux, herbeux
 Tarif : (Prix 2005) ★ 4,50 € 🗉 12 € [½] 4,50 € – frais de
 réservation 35 €
 Location (permanent) : 33 🛖 (4 à 6 pers.) 400 à
 790 €/sem.
 Pour s'y rendre : Bord du canal des Landes
 À savoir : Agréable pinède

| Nature : 🗔 Ω |
| Loisirs : 🍷 snack 🛏 🏊 |
| Services : 🔧 ⚬━ 🖮 🖉 🗓 ⊕ 🗑 |
| À prox. : base de ski nautique |

La TESTE-DE-BUCH

VENDAYS-MONTALIVET

✉ 33930 – **335** E2 – 1 827 h. – alt. 9

🛈 *Office de tourisme, 62, avenue de l'Ocean* ℰ 05 56 09 30 12, Fax 05 56 09 36 11

Paris 535 – Bordeaux 82 – Lesparre-Médoc 14 – Soulac-sur-Mer 21.

△ **Le Mérin** avr.-1er nov.

    ℰ 05 56 41 78 64, Fax 05 56 41 78 64 – **R** conseillée

    3,5 ha (165 empl.) plat, herbeux, sablonneux

    Tarif : ⭑ 2,55 € ▣ 5 € [⚡] (10A) 3,15 €

    Location 🏠 : 10 🏚 – (sans sanitaires)

    Pour s'y rendre : NO : 3,7 km par D 102, rte de Montalivet

    et chemin à gauche

Nature : ⛱ 🏕 ♀
Loisirs : 🏖
Services : ⚷ 🛁 🚿 ⓐ 🖼

Informieren Sie sich über die gültigen Gebühren,
bevor Sie Ihren Platz beziehen. Die Gebührensätze
müssen am Eingang des Campingplatzes angeschlagen sein.
Erkundigen Sie sich auch nach den Sonderleistungen.
Die im vorliegenden Band gemachten Angaben
können sich seit der Überarbeitung geändert haben.

VENSAC

✉ 33590 – 🖪🖪🖪 E2 – 694 h. – alt. 5
Paris 528 – Bordeaux 82 – Lesparre-Médoc 14 – Soulac-sur-Mer 18.

△△ **Les Acacias** juin-20 sept.
   ℘ 05 56 09 58 81, *les.acacias.en.medoc@wanadoo.fr*,
   Fax 05 56 09 50 67, *www.les-acacias-du-medoc.fr*
   – **R** conseillée
   3,5 ha (175 empl.) plat, herbeux, sablonneux
   Tarif : 🔲 20 € – pers. suppl. 3,50 €
   Location : 30 🛖 (4 à 6 pers.) 405 à 600 €/sem.
   Pour s'y rendre : NE : 1,5 km par N 215, rte de Verdon-sur-Mer et chemin à droite

> Nature : 🌳
> Loisirs : snack 🍴 ⚹ nocturne 🏊 🎣 🛝
> Services : 🔥 ⚡ (juil.-août) 🅶🅱 ✂
> 🍴 🛒 ⊕ 🧺 ♿ 🔅 🧊 ⚒

VILLANDRAUT

✉ 33730 – 🖪🖪🖪 I8 – G. Aquitaine – 815 h. – alt. 5
🅱 *Office de tourisme, place du Général-de-Gaulle ℘ 05 56 25 31 39*
Paris 634 – Bordeaux 56 – Mérignac 63 – Pessac 56 – Talence 53.

△△△ **Le Roi Kysmar** (location exclusive de 20 chalets)
   ℘ 05 56 25 33 91, Fax 05 56 25 32 27
   15 ha vallonné, herbeux
   Location 🔥 🅿 : 20 🛖
   Pour s'y rendre : 1 km au NO par D 110, rte de Balizac
   À savoir : Site agréable autour d'un lac

> Nature : 🌿 ⛰
> Loisirs : 🍴 ✕ 🚣 hammam jacuzzi 🏊 🎱 🛝 🧊 pédalos, barques, manèges enfants
> Services : ⚡ 🎱 ⚒

Landes (40)

123

AIRE-SUR-L'ADOUR

✉ 40800 – 🖪🖪🖪 J12 – G. Aquitaine – 6 003 h. – alt. 80
🅱 *Office de tourisme, place Général-de-Gaulle ℘ 05 58 71 64 70*
Paris 722 – Auch 84 – Condom 68 – Dax 77 – Mont-de-Marsan 33 – Orthez 59 – Pau 51 – Tarbes 72.

△ **Les Ombrages de l'Adour** 15 mars-nov.
   ℘ 05 58 71 75 10, *hetapsarl@yahoo.fr*, Fax 05 58 71 32 59,
   www.camping-adour-landes.com – **R** conseillée
   2 ha (100 empl.) plat, herbeux
   Tarif : 🔸 3,50 € 🚗 2 € 🔲 4 € 🔋 2,80 €
   Location : 4 🛖 (4 à 6 pers.) 170 à 390 €/sem.
   Pour s'y rendre : Près du pont, derrière les arènes, bord de l'Adour
   À savoir : Location à la nuitée hors sais.

> Nature : 🌳🌳
> Loisirs : 🏊🎣
> Services : ⚡🎱 (avr.-sept.) ✂ 🍴 ⊕ ⚒

AMOU

✉ 40330 – 🖪🖪🖪 G13 – 1 452 h. – alt. 44
🅱 *Office de tourisme, 90, place de la Técouère ℘ 05 58 89 02 25, Fax 05 58 89 02 25*
Paris 760 – Aire-sur-l'Adour 51 – Dax 31 – Hagetmau 17 – Mont-de-Marsan 47 – Orthez 14 – Pau 50.

△ **Municipal la Digue** avr.-oct.
   ℘ 05 58 89 00 22, *commune-amou@wanadoo.fr*,
   Fax 05 58 89 22 67 – **R** conseillée
   0,5 ha (33 empl.) plat, peu incliné, herbeux
   Tarif : 🔸 2 € 🚗 1 € 🔲 4 €
   Pour s'y rendre : Au Sud du centre bourg par D 346, rte de Bonnegarde, et chemin à droite devant la piscine, au stade, bord du Luy

> Nature : 🌿 🛒 🌳🌳
> Loisirs : 🏊🎣 🛶 parcours sportif
> Services : ⊕ ♿
> À prox. : 🧊 canoë

AUREILHAN

✉ 40200 – 图图图 D9 – G. Aquitaine – 640 h. – alt. 10
Paris 689 – Bordeaux 103 – Mont 79 – La Teste 59 – Dax 64.

▲▲▲ **Eurolac** mars-oct.
℘ 05 58 09 02 87, *eurolac@camping-parcsaintjames.com*,
Fax 05 58 09 41 89, *www.camping-parcsaintjames.com* –
places limitées pour le passage – **R̄**
15 ha (620 empl.) plat, herbeux, sablonneux
Tarif : 🖻 26 € – pers. suppl. 4,50 €
Location (8 avr.-sept.) : 520 ⟦⟧ (4 à 6 pers.) 206 à
676 €/sem. – 60 ⟦⟧ (4 à 6 pers.) 280 à 825 €/sem.
Pour s'y rendre : Sortie N, près du lac

Nature : ⁂ ⟨⟨⟨
Loisirs : ▼ snack, pizzeria ⊞ ⊘ diurne ⊹⊹ ⊸⊸ ⊘ ⊘ ⊗ ⊞ ⊟
Services : ⊛ ⊶ ⊞⊟ ⊘ ⊟ ⊟ ⊟ ⊘ ⊠ ⊟ ⊟
À prox. : ⊠ ⊸ ⊗ ⊹

▲ **Escapades Terre Océane Aurilandes** 16 mai-16
sept.
℘ 05 58 09 10 88, *info@campingterreoceane.com*,
Fax 05 58 09 01 89, *www.campingterreoceane.com*
– **R** conseillée
6 ha (440 empl.) plat, herbeux, sablonneux
Tarif : 🖻 29 € – pers. suppl. 4,75 € – frais de réservation 25 €
⟦⟧ 1 borne – 10 🖻 25 €
Pour s'y rendre : NE : 1 km, près du lac

Nature : ⁂ ⟨⟨
Loisirs : ⊞ ponton d'amarrage
Services : ⊛ ⊶ (juil.-août) ⊞⊟ ⊘ ⊟ ⊘ ⊠ ⊟ ⊟
À prox. : ⊠ ⊸ poneys

AZUR

✉ 40140 – 图图图 D12 – 447 h. – alt. 9
Paris 730 – Bayonne 54 – Dax 25 – Mimizan 79 – Soustons 8 – Tartas 52.

▲▲▲ **La Paillotte** 27 mai-23 sept.
℘ 05 58 48 12 12, *info@paillotte.com*, Fax 05 58 48 10 73,
www.paillotte.com – **R** indispensable ⊗
7 ha (310 empl.) plat, sablonneux, herbeux
Tarif : (Prix 2005) 🖻 35 € [⒣] (10A) – pers. suppl. 7 €
Location (22 avr.-sept.) : 104 ⟦⟧ (4 à 6 pers.) 161 à
1 057 €/sem. – 50 ⟦⟧ (4 à 6 pers.) 378 à 1 155 €/sem.
Pour s'y rendre : 1,5 km au SO, bord du lac de Soustons
À savoir : Cadre, plantations et chalets aux couleurs exoti-
ques

Nature : ⁂ ⟨ ⊞ ⟨⟨ ⊿
Loisirs : ▼ ✗ ⊞ ⊹⊹ ⊸⊸ ⊿ ⊿ ⊸ canoë, pédalos
Services : ⊛ ⊶ (juil.-août) ⊞⊟ ⊘ ⊟ ⊟ ⊟ ⊘ ⊠ ⊘ ⊗ sèche-linge ⊟ ⊟
À prox. : ⊘ ⊘ ⊗ ⊹ ⊞ ⊿

▲▲ **Municipal Azur Rivage** 15 juin-15 sept.
℘ 05 58 48 30 72, *azurivage@wanadoo.fr*,
Fax 05 58 48 30 72, *www.campingazurivage.com*
– **R** conseillée
6,5 ha (250 empl.) plat, sablonneux, pierreux, herbeux
Tarif : (Prix 2005) 🖻 17 € [⒣] (10A) – pers. suppl. 3,70 € – frais
de réservation 12 €
Pour s'y rendre : 2 km au SO, à 100 m du lac de Soustons
À savoir : Piscine ludique

Nature : ⁂ ⟨⟨
Loisirs : ⊸⊸ ⊿ ⊸
Services : ⊛ ⊞⊟ ⊘ ⊟ ⊟ ⊘ ⊠ ⊞ ⊟ ⊟ cases réfrigérées
À prox. : ⊘ ⊘ ⊗ ⊹ ⊞ ⊠ canoë, pédalos

BÉLUS

✉ 40300 – 图图图 E13 – 433 h. – alt. 135
Paris 749 – Bayonne 37 – Dax 18 – Orthez 36 – Peyrehorade 7.

▲▲ **La Comtesse** avr.-sept.
℘ 05 58 57 69 07, *campinglacomtesse@wanadoo.fr*,
Fax 05 58 57 62 50, *www.campinglacomtesse.com*
– **R** conseillée
6 ha (115 empl.) plat, herbeux
Tarif : ⊹ 3,60 € ⇔ 2,50 € 🖻 6,50 € [⒣] 3,50 € – frais de
réservation 15 €
Location : ⟦⟧ (4 à 6 pers.) 260 à 610 €/sem.
Pour s'y rendre : NO : 2,5 km par D 75 et rte à droite
À savoir : Agréable peupleraie autour de l'étang

Nature : ⁂ ⊞ ⟨⟨
Loisirs : ▼ ⊞ ⊹⊹ ⊗ ⊿
Services : ⊛ ⊶ ⊞⊟ ⊘ ⊟ ⊘ ⊠
À prox. : ✗ ⊟

BIAS

✉ 40170 – ▮▮▮ D10 – 514 h. – alt. 41
Paris 706 – Castets 33 – Mimizan 7 – Morcenx 30 – Parentis-en-Born 32.

⚠ **Municipal le Tatiou** Pâques-Toussaint
℘ 05 58 09 04 76, campingletatiou@wanadoo.fr,
Fax 05 58 82 44 30, www.campingletatiou.com – **R** conseillée ✍
10 ha (460 empl.) plat, sablonneux, herbeux
Tarif : 🔲 19,40 € – pers. suppl. 4,50 € – frais de réservation 16 €
Pour s'y rendre : O : 2 km par rte de Lespecier

Nature : 🌿 ⚘(pinède)
Loisirs : 🍷 snack, pizzeria 🎪 ⛹ 🚴 🎣 ⛷
Services : 🚿 ⛇ 🅶🅱 📺 Ⓜ 🔲 �️ 🏪 🚮 🚽 🔋 🧺 🚰
À prox. : ✂

BISCARROSSE

✉ 40600 – ▮▮▮ E8 – G. Aquitaine – 9 281 h. – alt. 22
🅱 Office de tourisme, 55, place Georges Dufau ℘ 05 58 78 20 96, Fax 05 58 78 23 65
Paris 656 – Arcachon 40 – Bayonne 128 – Bordeaux 74 – Dax 91 – Mont-de-Marsan 84.

⚠ **Domaine de la Rive** avr.-sept.
℘ 05 58 78 12 33, info@camping-de-la-rive.fr,
Fax 05 58 78 12 92, www.larive.fr – **R** indispensable
15 ha (640 empl.) plat, sablonneux, herbeux
Tarif : 🔲 41 € 🔌 (6A) – pers. suppl. 7 € – frais de réservation 30 €
Location ✍ : 🛖 (4 à 6 pers.) 301 à 994 €/sem. – 🏠
(4 à 6 pers.) 371 à 1 113 €/sem.
🚐 1 borne
Pour s'y rendre : NE : 8 km par D 652, rte de Sanguinet,
puis 2,2 km par rte à gauche, bord de l'étang de Cazaux
À savoir : Bel ensemble aquatique avec décoration florale
et arbustive

Nature : 🌿 ⚘
Loisirs : 🍷 🍴 snack, pizzeria 🎪 ⚑ 🏹 ⛹ 🚴 ✂ 🎣 🔲 ⛷ ≈ (plage) ⛱ 🦅 💧 terrain omnisports, ski nautique, théâtre de plein air
Services : 🚿 ⛇ 🅶🅱 📺 📦 🏪 🚮 🚽 🔋 🧺 🚰 cases réfrigérées

⚠ **Yelloh-Village Mayotte Vacances** mai-24 sept.
℘ 05 58 78 00 00, mayotte@yellohvillage.com,
Fax 05 58 78 83 91, www.mayottevacances.com
– **R** conseillée
15 ha (630 empl.) plat, sablonneux, herbeux
Tarif : 🔲 38 € – pers. suppl. 5 € – frais de réservation 30 €
Location : 200 🛖 (4 à 6 pers.) 175 à 980 €/sem. – 16
🏠 (4 à 6 pers.) 245 à 952 €/sem.
Pour s'y rendre : N : 6 km par rte de Sanguinet puis, à
Goubern, 2,5 km par rte à gauche, à 150 m de l'étang de
Cazaux (accès direct)

Nature : 🌿 🌳 ⚘
Loisirs : 🍷 🍴 🎪 ⚑ discothèque, ⚑ 🏹 🚴 🎣 🔲 ⛷
Services : 🚿 ⛇ 🅶🅱 📺 📦 🏪 🚮 🚽 🔋 🧺 🚰
À prox. : ≈ 🦅 💧

⚠ **Les Écureuils** avr.-sept.
℘ 05 58 09 80 00, camping.les.ecureuils@wanadoo.fr,
Fax 05 58 09 81 21, www.ecureuils.fr – places limitées pour
le passage – **R** conseillée
6 ha (230 empl.) plat, herbeux, sablonneux
Tarif : 🔲 33,50 € 🔌 (10A) – pers. suppl. 5,50 € – frais de
réservation 32 €
🚐
Pour s'y rendre : N : 4,2 km par rte de Sanguinet et rte de
Navarrosse à gauche, à 400 m de l'étang de Cazaux
À savoir : Belle décoration arbustive et florale

Nature : 🌳 ⚘
Loisirs : 🍷 snack, pizzeria 🎪 ⚑ 🏹 🚴 ✂ 🎣 🔲 ≈ (plage)
Services : 🚿 ⛇ 🅶🅱 📺 📦 🏪 🚮 🔋 🧺
À prox. : 🐎 🦅 💧

⚠ **Bimbo** mai-sept.
℘ 05 58 09 82 33, campingbimbo@free.fr,
Fax 05 58 09 80 14, www.campingbimbo.com – **R** conseillée
6 ha (177 empl.) plat, sablonneux, herbeux
Tarif : 🔲 26 € 🔌 (10A) – pers. suppl. 7 € – frais de réser-
vation 15 €
Location (permanent) : 7 🛖 (4 à 6 pers.) 250 à
759 €/sem. – 10 🏠 (4 à 6 pers.) 375 à 880 €/sem.
Pour s'y rendre : N : 3,5 km par rte de Sanguinet et rte de
Navarrosse à gauche

Nature : 🌳 ⚘
Loisirs : 🍷 snack, pizzeria 🎪 ⛹ ✂ 🔲
Services : 🚿 ⛇ 🅶🅱 📺 📦 🏪 🚮 🚽 🔋 🧺 🚰
À prox. : 🚴 🔲

125

BISCARROSSE

⚠ **La Fontaine de Nava** (location exclusive de 80 mobile homes) juil.-août
🖉 05 58 09 83 11, *lesfontainesdenava@wanadoo.fr*,
Fax 05 58 09 82 62, *www.lesfontainesdenava.com* – **R**
12 ha/7 campables plat, sablonneux, herbeux
Location ✂ : 🏠 (4 à 6 pers.) 450 à 720 €/sem.
Pour s'y rendre : N : 3,5 km par rte de Sanguinet et rte de Navarrosse

Nature : ⌗ ⌂
Loisirs : ⛾ 🏠 🔲 ⛴
Services : ⚬ⲧ GB ⚗ 🖼

⚠ **Campéole de Navarrosse** 28 avr.-24 sept.
🖉 05 58 09 84 32, *cplnavarrosse@atciat.com*,
Fax 05 58 09 86 22, *www.campeole.com* – **R** conseillée
9 ha (500 empl.) plat, sablonneux, herbeux
Tarif : 🔲 27,40 € – pers. suppl. 8 €
Location : 52 🏠 (4 à 6 pers.) 280 à 819 €/sem. – bungalows toilés
Pour s'y rendre : N : 5 km par rte de Sanguinet et rte de Navarrosse à gauche, au bord de l'étang de Cazaux

Nature : ⌗ ⌂⌂
Loisirs : ⛾ fast-food 🏠 🏃 ⛷
⚔ ⛵ ⛴
Services : ♿ ⚬ⲧ GB ⚗ 🖥 🧺 ⊕ 🖼
🛁
À prox. : 🚲 🕯

⚠ **Lou Galip** avr.-17 sept.
🖉 05 58 09 81 81, Fax 05 58 09 86 03 – places limitées pour le passage – **R** indispensable
4 ha (263 empl.) plat, sablonneux, herbeux
Tarif : 🔲 23,90 € (⚡) (10A) – pers. suppl. 5,40 €
Location : 62 🏠 (4 à 6 pers.) 175 à 712 €/sem.
Pour s'y rendre : N : 4,2 km par rte de Sanguinet et rte de Navarrosse à gauche, près de l'étang de Cazaux

Nature : ⌗ ⌂⌂
Loisirs : ⛾ snack 🏃 ⛴
Services : ♿ ⚬ⲧ ⚗ 🖥 ⊕ 🖼 🛁
À prox. : ⛱ ⛵ (plage) 🎣 🕯

à Biscarrosse-Plage NO : 9,5 km par D 146 – ✉ 40600

⚠ **Campéole le Vivier** mai-15 sept.
🖉 05 58 78 25 76, Fax 05 58 78 35 23 – **R** conseillée
17 ha (830 empl.) plat, vallonné, sablonneux, herbeux
Tarif : (Prix 2005) 🔲 33,40 € – pers. suppl. 9,90 €
Location : 38 🏠 (4 à 6 pers.) 259 à 809 €/sem. – 150 bungalows toilés – (avec sanitaires)
Pour s'y rendre : Au Nord de la station, à 700 m de la plage

Nature : ⌂⌂(pinède)
Loisirs : ⛾ 🏠 ⛾ 🏃 salle d'animation 🏃 🚲 ⚔ ⛴
Services : ♿ ⚬ⲧ GB ⚗ 🖥 ⊕ 🖼 🛁 cases réfrigérées, point d'informations touristiques
À prox. : ⛱

CAPBRETON

✉ 40130 – 🮐🮐🮐 C13 – G. Aquitaine – 6 659 h. – alt. 6
🅑 *Office de tourisme, avenue Georges Pompidou* 🖉 05 58 72 12 11, Fax 05 58 41 00 29
Paris 749 – Bayonne 22 – Biarritz 29 – Mont-de-Marsan 90 – St-Vincent-de-Tyrosse 12 – Soustons 19.

⚠ **Municipal Bel Air** Permanent
🖉 05 58 72 12 04 – **R** conseillée
1,5 ha (119 empl.) plat, sablonneux
Tarif : ⚘ 5,40 € 🔲 6,05 € (⚡) 3,15 €
Pour s'y rendre : Sortie N par D 152, rte d'Hossegor, près du Parc des Sports

Nature : ⌗ ⌂⌂
Services : ♿ ⚬ⲧ GB ⚗ 🖥 🔥 ⊕ 🖼 sèche-linge
À prox. : ⚔

CASTETS

✉ 40260 – 🮐🮐🮐 E11 – 1 808 h. – alt. 48
🅑 *Office de tourisme, place du Sablar* 🖉 05 58 89 44 79
Paris 710 – Dax 21 – Mimizan 40 – Mont-de-Marsan 61 – St-Vincent-de-Tyrosse 32.

⚠ **Municipal de Galan** fév.-nov.
🖉 05 58 89 43 52, *camping.legalan@wanadoo.fr*,
Fax 05 58 55 00 07, *www.camping-legalan.com* – **R** conseillée
4 ha (200 empl.) plat, peu incliné, sablonneux, herbeux
Tarif : ⚘ 3 € 🚗 1 € 🔲 6 € (⚡) (10A) 1,50 €
Pour s'y rendre : E : 1 km par D 42, rte de Taller et rte à droite

Nature : ⌂⌂
Loisirs : 🏠 🏃
Services : ♿ ⚬ⲧ GB ⚗ 🖥 ⊕ 🛁 🖼
À prox. : ⚔

CONTIS-PLAGE

✉ 40170 – 🔲🔲🔲 D10
Paris 714 – Bayonne 87 – Castets 32 – Dax 52 – Mimizan 24 – Mont-de-Marsan 76.

ᴀᴀ **Yelloh-Village Lous Seurrots** avr.-sept.
    ☎ 05 58 42 85 82, *info@lous-seurrots.com*,
    Fax 05 58 42 49 11, *www.lous-seurrots.com* – **R** indispensable
    14 ha (610 empl.) plat et vallonné, incliné, sablonneux, herbeux
    Tarif : (Prix 2005) 🔳 34 € – pers. suppl. 6 € – frais de réservation 20 €
    Location : 100 🔲🔲 (4 à 6 pers.) 250 à 805 €/sem. – 100 🏠 (4 à 6 pers.) 300 à 770 €/sem.
    Pour s'y rendre : Sortie Sud-Est par D 41, près du Courant de Contis, à 700 m de la plage

> Nature : ♔(pinède)
> Loisirs : ⍩ ✗ 🎱 ⛱ 🏓 ⛵ 🚴 ·🎯
> 🎿 🎭 théâtre de plein air
> Services : 👤 ⛽ GB ⍩ ▥ 🎦 🏪 🛒 ⊛
> 🖨 🚿 🍴 cases réfrigérées
> À prox. : 🏇 ⚓ ✗

    🚿 ✗ *ATTENTION...*
    🍴   *ces éléments ne fonctionnent généralement qu'en saison,*
    🎿 ✗ *quelles que soient les dates d'ouverture du terrain.*

DAX

✉ 40100 – 🔲🔲🔲 E12 – G. Aquitaine – 19 515 h. – alt. 12 – ♨
🛈 *Office de tourisme, 11, cours Foch* ☎ 05 58 56 86 86, Fax 05 58 56 86 80
Paris 727 – Bayonne 54 – Biarritz 61 – Bordeaux 144 – Mont-de-Marsan 54 – Pau 85.

ᴀᴀᴀ **Les Chênes** 25 mars-4 nov.
    ☎ 05 58 90 05 53, *camping-chenes@wanadoo.fr*,
    Fax 05 58 90 42 43, *www.camping-les-chenes.fr*
    – **R** conseillée
    5 ha (230 empl.) plat, herbeux, sablonneux, gravillons
    Tarif : 🔳 15,60 € ⚡ (5A) – pers. suppl. 5 €
    Location : 34 🔲🔲 (4 à 6 pers.) 268 à 467 €/sem. – studios
    Pour s'y rendre : O : à 1,8 km du centre ville, au bois de Boulogne, à 200 m de l'Adour
    À savoir : Agréable chênaie près d'un étang

> Nature : 🗔 ⚭⚭
> Loisirs : 🎱 🏓 ⛵ 🚴 🎿
> Services : 👤 ⛽ GB ⍩ ▥ 🎦 🛒
> ⊛ 🚿 ⛾ 🖨 🚿 🍴
> À prox. : ⍩ ✗ ⚓ 🏇 practice de
> golf, parcours de santé

ᴀᴀ **Les Pins du Soleil** avr.-28 oct.
    ☎ 05 58 91 37 91, *pinsoleil@aol.com*, Fax 05 58 91 00 24,
    pinsoleil.com – **R** conseillée
    6 ha (140 empl.) plat et peu incliné, herbeux, sablonneux
    Tarif : 🔳 23,50 € – pers. suppl. 6 € – frais de réservation 10 €
    Location : 46 🔲🔲 (4 à 6 pers.) 273 à 693 €/sem. – 10 🏠 (4 à 6 pers.) 336 à 693 €/sem.
    Pour s'y rendre : NO : 5,8 km par N 124, rte de Bayonne et à gauche par D 459

> Nature : 🗔 ⚭⚭
> Loisirs : 🎱 🏓 ⛵ 🚴 🎿
> Services : 👤 ⛽ GB ⍩ ▥ 🛒 ⊛
> ⛾ 🖨 🍴

ᴀ **Le Bascat**
    ☎ 05 58 56 16 68, *camping.bascat@wanadoo.fr*,
    Fax 05 58 56 20 56 – **R** conseillée
    3,5 ha (160 empl.) plat et en terrasses, gravier, herbeux
    Location : 28 🔲🔲
    Pour s'y rendre : O : à 2,8 km du centre ville par le bois de Boulogne, rue de Jouandin, accès à partir du Vieux Pont (rive gauche) et av. longeant les berges de l'Adour

> Nature : 🐟 🗔 ⚭⚭
> Loisirs : 🎱
> Services : 👤 ⛽ ▥ 🖨 ⊛ ⛾ 🍴 🖨
> 🍴

ᴀᴀ **Abesses** 18 mars-29 oct.
    ☎ 05 58 91 65 34, Fax 05 58 91 65 34 – **R** conseillée
    4 ha (198 empl.) plat, herbeux, sablonneux
    Tarif : 🔳 14,20 € ⚡ (10A) – pers. suppl. 3,55 €
    Pour s'y rendre : NO : 7,5 km par rte de Bayonne, D 16 à droite et chemin d'Abesse

> Nature : 🐟 🗔 ⚭
> Loisirs : 🎱 🎿
> Services : 👤 ⛽ GB ⍩ ▥ 🖨 ⊛ ⛾
> 🖨 🚿

127

DAX

L'Étang d'Ardy 8 avr.-28 oct.
05 58 97 57 74, *info@etangardy.com*, Fax 05 58 97 52 82,
www.etangardy.com – **R** conseillée
5 ha/3 campables (102 empl.) plat, herbeux, sablonneux
Tarif : 24,15 € (10A) – pers. suppl. 4,50 €
Location : 13 (4 à 6 pers.) 280 à 520 €/sem. – 15
(4 à 6 pers.) 265 à 595 €/sem.
Pour s'y rendre : NO : 5,5 km par N 124, rte de Bayonne
puis avant la bretelle de raccordement, 1,7 km par chemin
à gauche, bord d'un étang

Nature :
Loisirs :
Services : – 60 sanitaires individuels (wc)

GABARRET

40310 – L11 – 1 296 h. – alt. 153
Syndicat d'initiative, 111, rue Armagnac 05 58 44 35 77
Paris 715 – Agen 66 – Auch 76 – Bordeaux 140 – Mont-de-Marsan 47 – Pau 94.

Parc Municipal Touristique la Chêneraie
mars-oct.
05 58 44 92 62, Fax 05 58 44 35 38 – **R** indispensable
0,7 ha (36 empl.) peu incliné, plat, herbeux
Tarif : 2 € 2,60 € 1,70 €
Location (permanent) : 10 (4 à 6 pers.) 159 à
273 €/sem.
Pour s'y rendre : Sortie Est par D 35 rte de Castelnau-
d'Auzan et chemin à droite

Nature :
Services :
À prox. :

GASTES

40160 – E9 – 410 h. – alt. 24
Paris 667 – Arcachon 51 – Biscarrosse 18 – Mimizan 17 – Parentis-en-Born 9.

La Réserve 29 avr.-23 sept.
05 58 09 74 79, *reservations@reserve.fr*,
Fax 05 58 09 78 71, *www.camping-lareserve.fr* – places limitées pour le passage – **R** indispensable
27 ha (628 empl.) plat, herbeux, sablonneux
Tarif : (Prix 2005) 39 € (6A) – pers. suppl. 6 €
Location : (4 à 6 pers.) 224 à 1 344 €/sem.
Pour s'y rendre : SO : 3 km par D 652 rte de Mimizan et
chemin à droite, à 100 m de l'étang (accès direct)

Nature :
Loisirs : fast-food noc-
turne (plage) practice de golf,
terrain omnisports
Services :

HABAS

40290 – F13 – 1 311 h. – alt. 105
Syndicat d'initiative, 218, rue Centrale 05 58 98 04 56
Paris 751 – Bayonne 57 – Dax 22 – Orthez 20 – Salies-de-Béarn 15.

Aire Naturelle les Tilleuls mai-1er nov.
05 58 98 04 21 – **R** conseillée
0,5 ha (12 empl.) peu incliné, herbeux
Tarif : (Prix 2005) 11 € – pers. suppl. 4,50 €
Pour s'y rendre : N : 1,2 km par D 3 et chemin à gauche

Nature :
Loisirs :
Services : réfrigérateurs

HAGETMAU

40700 – H13 – G. Aquitaine – 4 403 h. – alt. 96
Office de tourisme, place de la République 05 58 79 38 26, Fax 05 58 79 47 27
Paris 737 – Aire-sur-l'Adour 34 – Dax 45 – Mont-de-Marsan 29 – Orthez 25 – Pau 56 – Tartas 30.

Municipal de la Cité Verte juin-sept.
05 58 79 79 79, Fax 05 58 79 79 99 – **R** conseillée
0,4 ha (24 empl.) plat, herbeux
Tarif : (Prix 2005) 20 €
Pour s'y rendre : Au Sud de la ville par av. du Dr-Edouard-
Castera, près des arènes et de la piscine, bord d'une rivière
À savoir : Proche des structures municipales sportives et
de loisirs

Nature :
Loisirs : self-service
Services : – 24 sanitaires
individuels (wc)
À prox. : parcours sportif,
golf

LABENNE

✉ 40530 – ▨▨▨ C13 – 3 345 h. – alt. 12

🛈 *Office de tourisme, place de la République* ℘ *05 59 45 40 99, Fax 05 59 45 75 59*

Paris 755 – Bayonne 12 – Capbreton 6 – Dax 36 – Hasparren 37 – Peyrehorade 37.

à Labenne Océan O : 4 km par D 126 – ✉ 40530

▱▱ **Yelloh-Village le Sylvamar** 14 avr.-23 sept.
   ℘ 05 59 45 75 16, *camping@sylvamar.fr*,
   Fax 05 59 45 46 39, *www.sylvamar.fr* – **R** indispensable
   15 ha/10 campables (510 empl.) plat, sablonneux, herbeux
   Tarif : ▣ 36 € [8] (10A) – pers. suppl. 7 €
   Location ⇶ : 110 ⟅▦⟆ (4 à 6 pers.) 175 à 994 €/sem. –
   60 ⟨🏠⟩ (4 à 6 pers.) 245 à 1 225 €/sem. – 10 bungalows
   toilés
   Pour s'y rendre : Par D 126, rte de la Plage, près du
   Boudigau
   À savoir : Bel ensemble aquatique et quelques chalets
   grand confort

> Nature : 🐾 ⛺ 🌳🌳
> Loisirs : 🍴 snack, pizzeria 🎰 🏋 🚴
> 🎣 ⛸ 🚲 🎿 ⛵ 🏊 théâtre de
> plein air, terrain omnisports
> Services : 🚿 🔑 🔌 📶 📋 🅿 🍳 🛒
> 🚮 🖭 sèche-linge ☕ 🍴 cases ré-
> frigérées, point d'informations tou-
> ristiques
> À prox. : 🐾 parc animalier

▱▱ **Côte d'Argent** avr.-oct.
   ℘ 05 59 45 42 02, *info@camping-cotedargent.com*,
   Fax 05 59 45 73 31, *www.camping-cotedargent.com*
   – **R** conseillée
   4 ha (215 empl.) plat, herbeux, sablonneux
   Tarif : (Prix 2005) ▣ 26,10 € [8] (6A) – pers. suppl. 4,45 € –
   frais de réservation 20 €
   Location : 20 ⟅▦⟆ (4 à 6 pers.) 252 à 738 €/sem. – 35 ⟨🏠⟩
   (4 à 6 pers.) 190 à 694 €/sem. – 6 bungalows toilés –
   chalets (sans sanitaires)
   ⟨🚐⟩ borne 3,10 € – 20 ▣
   Pour s'y rendre : Par D 126 rte de la plage

> Nature : 🌳🌳
> Loisirs : 🍴 snack 🌙 diurne 🏋 🚣
> 🚲 ⛸ 🎿 terrain omnisports
> Services : 🚿 🔑 🔌 📶 📋 🍳 🅿 🖭
> 🙂 ☕ 🚮 🖭 sèche-linge 🍴
> À prox. : 🛝 ⛵ parc aquatique

Benutzen Sie
– zur Wahl der Fahrtroute
– zur Berechnung der Entfernungen
– zur exakten Lokalisierung eines Campingplatzes (mit Hilfe der Angaben im Ortstext)
*die für diesen Führer unentbehrlichen **MICHELIN-Karten** im Ma1 : 150 000.*

129

LÉON

✉ 40550 – ▨▨▨ D11 – G. Aquitaine – 1 453 h. – alt. 9

🛈 *Syndicat d'initiative, rue de la Poste* ℘ *05 58 48 76 03*

Paris 724 – Castets 14 – Dax 30 – Mimizan 42 – Mont-de-Marsan 75 – St-Vincent-de-Tyrosse 32.

▱▱ **Lou Puntaou** avr.-1er oct.
   ℘ 05 58 48 74 30, *reception@loupuntaou.com*,
   Fax 05 58 48 70 42, *www.puntaou.com* – **R** conseillée
   14 ha (720 empl.) plat, herbeux, sablonneux
   Tarif : [8] 39 € – pers. suppl. 6 € – frais de réservation 28 €
   Location ⇶ : 30 ⟅▦⟆ (4 à 6 pers.) 320 à 819 €/sem.
   ⟨🚐⟩
   Pour s'y rendre : NO : 1,5 km sur D 142, à 100 m de l'étang
   de Léon

> Nature : ⛺ 🌳🌳
> Loisirs : 🍴 🎰 🏋 🚣 🚲 🎿 🎿
> 🏊
> Services : 🚿 🔑 🔌 📶 📋 🍳 🅿 🍳
> 🚮 🖭 ☕ 🍴
> À prox. : 🎯 🐾 🚣 🎣

LESPERON

✉ 40260 – ▨▨▨ E11 – 864 h. – alt. 75

Paris 698 – Castets 12 – Mimizan 34 – Mont-de-Marsan 59 – Sabres 43 – Tartas 30.

▱ **Parc de Couchoy** avr.-15 sept.
   ℘ 05 58 89 60 15, *colinmrose@aol.com*, Fax 05 58 89 60 15,
   www.parcdecouchoy.com – **R** conseillée
   1,3 ha (71 empl.) plat, herbeux, sablonneux
   Tarif : ▣ 21 € – pers. suppl. 5,50 €
   Location ⇶ : ⟅▦⟆ (4 à 6 pers.) 190 à 450 €/sem.
   Pour s'y rendre : O : 3 km par D 331, rte de Linxe

> Nature : 🐾 🌳🌳
> Loisirs : 🍴 🎿
> Services : 🔑 🔌 📶 📋 🍳 🅿 🍳 🖭
> 🖭

LINXE

✉ 40260 – 🌐 D11 – 1 056 h. – alt. 33
🛈 *Office de tourisme, 57, route de l'Océan 𝒫 05 58 42 93 01*
Paris 712 – Castets 10 – Dax 31 – Mimizan 37 – Soustons 27.

⚠ **Municipal le Grandjean** 25 juin-27 août
𝒫 05 58 42 90 00, Fax 05 58 42 94 67 – **R** conseillée
2 ha (100 empl.) plat, sablonneux, gravillons
Tarif : (Prix 2005) 🔲 11,35 € – pers. suppl. 2,83 €
Pour s'y rendre : NO : 1,5 km par D 42, rte de St-Girons et
D 397, rte de Mixe à droite
À savoir : Agréable pinède

> Nature : ♀♀
> Loisirs : 🛋 🏃
> Services : ♿ ⛽ GB ✂ 🗄 ⊛ 🏠 🏴

LIT-ET-MIXE

✉ 40170 – 🌐 D10 – 1 441 h. – alt. 13
🛈 *Office de tourisme, 23, rue de l'Église 𝒫 05 58 42 72 47, Fax 05 58 42 43 02*
Paris 710 – Castets 21 – Dax 42 – Mimizan 22 – Tartas 46.

⚠ **Les Vignes** juin-15 sept.
𝒫 05 58 42 85 60, *contact@les-vignes.com,*
Fax 05 58 42 74 36, *www.les-vignes.com* – **R** conseillée ✗
15 ha (450 empl.) plat, sablonneux, herbeux
Tarif : 🔲 35 € – pers. suppl. 6 €
Location : 108 🚐 (4 à 6 pers.) 140 à 1 071 €/sem. – 114
🏠 (4 à 6 pers.) 140 à 1 071 €/sem. – bungalows toilés
Pour s'y rendre : SO : 2,7 km par D 652 et D 88, à droite,
rte du Cap de l'Homy
À savoir : Bel ensemble agrémenté de plantations

> Nature : ♀(pinède)
> Loisirs : 🍽 ✗ snack 🛋 🍴 diurne
> 🏃 chapiteau d'animations 🏹
> 🚲 ⚒ ♪ 🎿 🐎 terrain omnis-
> ports
> Services : ♿ GB ✂ 🗄 ⊛ 🏠 ♨
> 📞 🏴 ♨ 🚿

⚠ **Municipal du Cap de l'Homy** mai-sept.
𝒫 05 58 42 83 47, *camplage@wanadoo.fr,*
Fax 05 58 42 49 79, *www.camping-cap.com* – **R** conseillée
10 ha (444 empl.) vallonné et plat, sablonneux
Tarif : (Prix 2005) 🔲 20,45 € – pers. suppl. 4,60 €
🚐
Pour s'y rendre : O : 8 km par D 652 et D 88 à droite, à
Cap-de-l'Homy, à 300 m de la plage (accès direct)

> Nature : ♨ ♀♀
> Loisirs : 🍽 🛋
> Services : ♿ ⛽ GB 🗄 ⊛ 🏠 ♨ 🏴
> À prox. : 🛒 ✗

MESSANGES

✉ 40660 – 🌐 C12 – 647 h. – alt. 8
🛈 *Office de tourisme, le bourg 𝒫 05 58 48 93 10*
Paris 734 – Bayonne 45 – Castets 24 – Dax 33 – Soustons 13.

⚠ **Airotel le Vieux Port** avr.-sept.
𝒫 08 25 70 40 40, *contact@levieuxport.com,*
Fax 05 58 48 01 69, *www.levieuxport.com* – places limitées
pour le passage – **R** conseillé
40 ha/30 campables (1406 empl.) plat, sablonneux, herbeux
Tarif : 🔲 41,50 € – pers. suppl. 6 € – frais de réservation 36 €
Location ✗ : 30 🚐 (2 à 4 pers.) 250 à 560 €/sem. – 300
🚐 (4 à 6 pers.) 330 à 756 €/sem. – 60 🏠 (4 à 6 pers.)
360 à 896 €/sem.
🚐 1 borne
Pour s'y rendre : SO : 2,5 km par D 652 rte de Vieux-
Boucau-les-Bains puis 0,8 km par chemin à droite, à 500 m
de la plage (accès direct)

> Nature : ♀♀(pinède)
> Loisirs : 🍽 ✗ pizzeria, cafétéria 🛋
> 🏃 🏹 🚲 ⚒ ♪ 🎿 🐎
> poneys terrain omnisports
> Services : ♿ ⛽ GB ✂ 🗄 ⊛ 🏠
> 🚿 📞 🏴 🛒 ♨ cases réfrigérées

MESSANGES

Airotel Lou Pignada (location exclusive de caravanes, mobile homes et chalets)

⚲ 0 825 70 40 40, *contact@loupignada.com*,
Fax 05 58 48 26 53, *www.loupignada.com* – empl. traditionnels également disponibles – **R** conseillée
8 ha plat, sablonneux, herbeux
Tarif : 🔲 39,50 € 🔋 (6A) – pers. suppl. 6 € – frais de réservation 36 €
Location 🏖 : 🚐 (2 à 4 pers.) 225 à 525 €/sem. – 🏚
(4 à 6 pers.) 315 à 721 €/sem. – 🏠 (4 à 6 pers.) 345 à
820 €/sem.
🚐, 1 borne
Pour s'y rendre : S : 2 km par D 652 puis 0,5 km par rte à
gauche

Nature : 🌲🌲(pinède)
Loisirs : 🏆 ✗ pizzeria 🎯 ⛹ 🎿 ⛵
🛶 🚴 ✗ 🎱 🏊 🏄 terrain omnis-
ports
Services : 🚿 🔌 (juil.- août) 🅖🅑 🚗
🍴 👶 ♿ 🚰 🧺 👕 🔥
À prox. : 🛒 🐴 poneys

La Côte avr.-sept.

⚲ 05 58 48 94 94, *info@campinglacote.com*,
Fax 05 58 48 94 44, *www.campinglacote.com* – **R** conseillée
3,5 ha (143 empl.) plat, herbeux, sablonneux
Tarif : 🔲 17,90 € 🔋 (10A) – pers. suppl. 3,30 €
Location : 10 🏚 (4 à 6 pers.) 215 à 460 €/sem.
🚐 1 borne
Pour s'y rendre : SO : 2,3 km par D 652, rte de Vieux-
Boucau-les-Bains et chemin à droite

Nature : 🌊 🌲🌲
Loisirs : 🏠 🛶
Services : 🚿 🔌 🅖🅑 🚗 🍴 👶 ♿ 🌿
👕 🔥
À prox. : 🛒

Domaine de la Marina 15 mai-15 sept.

⚲ 0 825 70 40 40, *contact@domainedelamarina.com*,
Fax 05 58 49 00 41, *www.domainedelamarina.com* – places
limitées pour le passage – **R** conseillée
4 ha (223 empl.) plat, sablonneux, herbeux
Tarif : 🔲 29,50 € – pers. suppl. 6 € – frais de réserva-
tion 36 €
Pour s'y rendre : SO : 2,5 km par D 652 rte de Vieux-
Boucau puis 0,3 km par chemin à droite

Nature : 🗔
Loisirs : ⛹ 🛶
Services : 🚿 🔌 (juil.-août) 🅖🅑 🚗
Ⓜ 🍴 👶 ♿ 🚰 🧺 🧊 cases réfrigérées
À prox. : 🛒 🏆 ✗ cafétéria pizzeria
🚴 ✗ 🎿 quad

Les Acacias 25 mars-25 oct.

⚲ 05 58 48 01 78, *lesacacias@lesacacias.com*,
Fax 05 58 48 23 12, *www.lesacacias.com* – **R** conseillée
1,7 ha (128 empl.) plat, herbeux, sablonneux
Tarif : 🔲 16,90 € 🔋 (10A) – pers. suppl. 3,30 €
Location : 🏚 (4 à 6 pers.) 200 à 540 €/sem.
🚐 1 borne
Pour s'y rendre : S : 2 km par D 652, rte de Vieux-Boucau-
les-Bains puis 1 km par rte à gauche

Nature : 🌊 🌲
Loisirs : 🏠 🛶
Services : 🚿 🔌 🅖🅑 🚗 🍴 👶 ♿ 🧊 👕
À prox. : 🛒

Le Moussaillon Pâques-fin oct.

⚲ 05 58 48 92 89, Fax 05 58 48 92 89 – places limitées pour
le passage – **R** conseillée
2,8 ha (159 empl.) plat, herbeux, sablonneux
Tarif : 🔲 16 € 🔋 (10A) – pers. suppl. 4 € – frais de réservation 15 €
Pour s'y rendre : Sortie S par D 652, rte de Vieux-Boucau-
les-Bains

Nature : 🌲
Loisirs : 🏠
Services : 🚿 🔌 🅖🅑 🚗 👶 🔥

131

✉ 40170 – 🗺 E 0 – 817 h. – alt. 23
🛈 *Office de tourisme, avenue de la Gare* ⚲ *05 58 42 64 37, Fax 05 58 42 64 60*
Paris 700 – Bordeaux 118 – Castets 24 – Mimizan 16 – Mont-de-Marsan 62 – Tartas 47.

Le village tropical Sen Yan 24 mai-17 sept.

⚲ 05 58 42 60 05, *reception@sen-yan.com*,
Fax 05 58 42 64 56, *www.sen-yan.com* – **R** indispensable
8 ha (310 empl.) plat, sablonneux
Tarif : 🔲 34 € – pers. suppl. 6 € – frais de réservation 26 €
Location 🏖 : 116 🏚 (4 à 6 pers.) 350 à 840 €/sem. –
41 🏠 (4 à 6 pers.) 350 à 870 €/sem.
Pour s'y rendre : E : 1 km par rte du Cout
À savoir : Bel ensemble avec piscines, palmiers et plantations

Nature : 🌊 🌲
Loisirs : 🏆 ✗ 🏠 🎯 ⛹ 🎿 ⛵ 🛶
🚴 🎣 ✗ 🎱 🏊 🏄 terrain omnisports
Services : 🚿 🔌 🅖🅑 🚗 🍴 👶 ♿ 🌿
👕 🔥 🧺 🧊

MIMIZAN

✉ 40200 – ▯▯▯ D9 – G. Aquitaine – 6 864 h. – alt. 13

🛈 *Office de tourisme, 38, avenue Maurice Martin* ℰ *05 58 09 11 20, Fax 05 58 09 40 31*

Paris 692 – Arcachon 67 – Bayonne 109 – Bordeaux 109 – Dax 72 – Langon 107 – Mont-de-Marsan 77.

⚠ Les Écureuils 15 juin-15 sept.
ℰ 05 58 09 00 51, *muriell@free.fr*, Fax 05 58 09 00 51,
http://les-ecureuils.free.fr – **R** conseillée
2,7 ha (100 empl.) plat, sablonneux, herbeux
Tarif : ▯ 18 € ▯ (6A) – pers. suppl. 5,20 €
Location (avr.-sept.) : 11 ▯▯ (4 à 6 pers.) 250 à
580 €/sem.
Pour s'y rendre : S : 2,5 km par D 652, rte de Bias

Nature : ♀♀
Loisirs : ▭ ▭
Services : ⅄ ⌐ GB ⌀ ▯ ▯ ▯ ▯ ▯
▯

⚠ Municipal du Lac
ℰ 05 58 09 01 21, Fax 05 58 09 43 06, *www.mimizan.com*
– **R** conseillée
8 ha (466 empl.) plat, sablonneux, herbeux
Pour s'y rendre : 2 km au N par D 87, rte de Gastes, bord
de l'étang d'Aureilhan

Nature : ♀♀
Loisirs : ▭
Services : ⅄ ⌐ ▯ ▯ ▯ ▯ ▯
À prox. : ▭ ▭ ▯ golf, pédalos, canoë

à Mimizan-Plage O : 6 km – ✉ 40200

🛈 *Office de tourisme, 38, av. Maurice Martin* ℰ *05 58 09 11 20, Fax 05 58 09 40 31*

⚠ Airotel Club Marina-Landes 12 mai-18 sept.
ℰ 05 58 09 12 66, *contact@clubmarina.com*,
Fax 05 58 09 16 40, *www.marinalandes.com* – **R** conseillée
9 ha (583 empl.) plat, sablonneux
Tarif : (Prix 2005) ▯ 38 € ▯ (10A) – pers. suppl. 6 € – frais de
réservation 31 €
Location : 82 ▯▯ (4 à 6 pers.) 190 à 920 €/sem. – 24 ▯▯
(4 à 6 pers.) 170 à 680 €/sem. – studios – bungalows
toilés
▯▯ 1 borne
Pour s'y rendre : À 500 m de la plage Sud

Nature : ▭ ♀♀
Loisirs : ▯ ✕ self-service ▭ ▯ ▯ ▯ salle d'animation, discothèque ▯ ▯ ✂ ▯ ▯ ▯
Services : ⅄ ⌐ GB ⌀ ▯ ▯ ▯ ▯ ▯ ▯ ▯ ▯
À prox. : ▯

⚠ Municipal de la Plage 14 avr.-1er oct.
ℰ 05 58 09 00 32, *contact@mimizan-camping.com*,
Fax 05 58 09 44 94, *www.mimizan-camping.com*
– **R** conseillée
16 ha (680 empl.) plat, vallonné, sablonneux, herbeux
Tarif : ▯ 18 € ▯ (16A) – pers. suppl. 8 € – frais de réser-
vation 16 €
Location ⓟ (chalets) : 25 ▯▯ (4 à 6 pers.) 220 à
585 €/sem. – 15 ▯▯ (4 à 6 pers.) 260 à 620 €/sem.
▯▯ 1 borne 1,50 € – 32 ▯ 14 €
Pour s'y rendre : Quartier N, bd de l'Atlantique

Nature : ▭
Loisirs : ▯ ▯ ▯ terrain omnisports, mur d'escalade
Services : ⅄ ⌐ (mars-oct.) GB ⌀ ▯ ▯ ▯ ▯ ▯ cases réfrigérées

ONDRES

✉ 40440 – ▯▯▯ C13 – 3 650 h. – alt. 37

🛈 *Office de tourisme, 1750, avenue du 11 novembre 1918* ℰ *05 59 45 19 19, Fax 05 59 45 19 20*

Paris 761 – Bayonne 8 – Biarritz 15 – Dax 48.

⚠ Le Lac Permanent
ℰ 05 59 45 28 45, *contact@camping-du-lac.fr*,
Fax 05 59 45 29 45, *www.camping-du-lac.fr* – **R** indispensable
3 ha (100 empl.) plat, terrasses, herbeux, sablonneux
Tarif : ▯ 28 € – pers. suppl. 4 € – frais de réservation 18 €
Location ▯ : 5 ▯▯ (4 à 6 pers.) 240 à 650 €/sem. – 15
▯▯ (4 à 6 pers.) 260 à 740 €/sem. – 7 bungalows toilés
Pour s'y rendre : 2,2 km au N par N 10 puis D 26, rte
d'Ondres-Plage puis dir. le Turc, chemin à dr., près d'un
étang

Nature : ▭ ▭ ♀♀
Loisirs : ▯ ✕ ▭ ▭ ▭
Services : ⅄ ⌐ GB ⌀ ▯ ▯ ▯ ▯ ▯ sèche-linge ▯
À prox. : ▯

132

PARENTIS-EN-BORN

✉ 40160 – 🔲🔲🔲 E8 – G. Aquitaine – 4 429 h. – alt. 32

🅱 *Office de tourisme, place du Général-de-Gaulle* 𝒫 05 58 78 43 60

Paris 658 – Arcachon 43 – Bordeaux 76 – Mimizan 25 – Mont-de-Marsan 76.

⚠ **La Forêt Lahitte**
𝒫 05 58 78 47 17, *laforet3@wanadoo.fr*, Fax 05 58 78 43 64,
www.camping-lahitte.com – pour les caravanes, accès
conseillé par la D 652, rte de Biscarrosse et chemin à gauche
– **R** conseillée
3 ha (135 empl.) non clos, plat, sablonneux
Location : 🏠 – 🏠 – huttes
Pour s'y rendre : 3,5 km à l'O par D 652, au lieu-dit le Lac
À savoir : Au bord du lac

Nature : 🌳 ♀(pinède)	
Loisirs : crêperie, snack 🏠 🏃 🏃🏊	
Services : ♿ ⚡ Ⓜ 🔲 🔻 ☺ 🔲 🏠 réfrigérateurs	
À prox. : 🏊 🎣 🚣	

⚠ **Municipal Pipiou** 5 fev.-12 nov.
𝒫 05 58 78 57 25, *pipiou@parentis.com*, Fax 05 58 78 93 17
– **R** conseillée
6 ha (324 empl.) plat, sablonneux
Tarif : 🔲 19,15 € 🔌 (10A) – pers. suppl. 3,55 € – frais de
réservation 15 €
Location 🏠 : 22 🏠 (4 à 6 pers.) 195 à 549 €/sem.
Pour s'y rendre : O : 2,5 km par D 43 et rte à droite, à
100 m de l'étang

Nature : 🔲	
Loisirs : 🍷 snack, pizzeria 🏃 🏊 (plage)	
Services : ♿ ⚡ ⒼⒷ 🐾 Ⅶ 🔲 🔻 ☺ 🔲 🏠 🏠	
À prox. : 🔲 🚣 🎣	

⚠ **L'Arbre d'Or**
𝒫 05 58 78 41 56, Fax 05 58 78 49 62, *www.arbre-dor.com*
– **R** conseillée
4 ha (200 empl.) non clos, plat, sablonneux, herbeux
Location : 🏠
Pour s'y rendre : O : 1,5 km par D 43 rte de l'étang

Nature : ♀♀(pinède)	
Loisirs : 🍷 🏠 🏃 🔲 (découverte l'été) 🏊	
Services : ♿ ⚡ 🔲 🔲 ☺ 🔲 🏠	

PENON

✉ 40510 – 🔲🔲🔲 C13 – G. Aquitaine

Paris 752 – Bordeaux 166 – Mont 89 – Bayonne 29 – Anglet 36.

⚠ **Les Chevreuils** 27 mai-17 sept.
𝒫 05 58 43 32 80, *contact@chevreuils.cegeteldsl.com*,
Fax 05 58 43 32 80, *www.chevreuils.com* – **R** indispensable
8 ha (240 empl.) plat, sablonneux
Tarif : 🔲 25,20 € 🔌 (12A) – pers. suppl. 5,60 € – frais de
réservation 25 €
Location : 27 🏠 (4 à 6 pers.) 266 à 777 €/sem.
Pour s'y rendre : N : 3,5 km, sur D 79, rte de Vieux-
Boucau-les-Bains

Nature : ♀♀(pinède)	
Loisirs : 🍷 snack 🏠 🏃 🏊 🍽 🏊	
Services : ♿ ⚡ ⒼⒷ 🐾 🔲 ☺ 🔲 🏠 🏠 cases réfrigérées	

⚠ **Village Camping Océliances**
𝒫 05 58 43 30 30, Fax 05 58 41 64 21 – **R** conseillée
20 ha (542 empl.) plat, vallonné, sablonneux
Location : 40 🏠 – 10 bungalows toilés
Pour s'y rendre : Sur D 79E, à 500 m de la plage

Nature : ♀♀	
Loisirs : 🍷 snack 🏠 🏊	
Services : ♿ ⚡ 🔲 🔲 ☺ 🏠 🏠 🏠 🏠 cases réfrigérées	
À prox. : 🏌 golf (18 trous), parc de loisirs aquatiques (1,5 km), terrain omnisports	

PISSOS

✉ 40410 – 🔲🔲🔲 G9 – G. Aquitaine – 1 097 h. – alt. 46

Paris 657 – Arcachon 72 – Biscarrosse 34 – Bordeaux 75 – Dax 85.

⚠ **Municipal** juil.-15 sept.
𝒫 05 58 08 90 38, *mairie.pissos@wanadoo.fr*,
Fax 05 58 08 92 93, *www.perso.wanadoo.fr/mairie-de-
pissos* – **R**
3 ha (74 empl.) plat, sablonneux
Tarif : 🔲 3 € 🔲 4,90 € 🔌 2 €
Location : 🏠 (4 à 6 pers.) 251 €/sem.
Pour s'y rendre : E : 1,2 km par D 43, rte de Sore et chemin
à droite, après la piscine
À savoir : Agréable situation sous les pins

Nature : 🌳 ♀	
Loisirs : 🏠	
Services : ♿ ⚡ 🐾 🔲 ☺ 🏠 🏠 🔲	
À prox. : 🚲 🍽 🏊 🐴	

PONTENX-LES-FORGES

✉ 40200 – 335 E9 – 1 086 h. – alt. 15
Paris 681 – Biscarrosse 91 – Labouheyre 18 – Mimizan 11 – Mont-de-Marsan 72 – Pissos 115.

⚠ **Municipal le Guilleman** Permanent
  ✆ 05 58 07 40 48, camping.guilleman@wanadoo.fr,
  Fax 05 58 07 49 48, leguilleman.com – **R** indispensable
  3 ha (100 empl.) plat, herbeux, sablonneux
  Tarif : 🔲 15 € 🔌 (10A) – pers. suppl. 5 €
  Pour s'y rendre : Sortie Sud-Est rte de Labouheyre puis rte
  de Ménéou et à droite

| Nature : 🏞 ♀ |
| Loisirs : 🚴 🎿 |
| Services : ♿ ⚡ GB 🐾 🔥 ⊛ 🗄 |

RIVIÈRE-SAAS-ET-GOURBY

✉ 40180 – 335 E12 – G. Aquitaine – 939 h. – alt. 50
Paris 742 – Bordeaux 156 – Mont 68 – Bayonne 44 – Anglet 47.

⚠ **Lou Bascou** mars-10 nov.
  ✆ 05 58 97 57 29, loubascou@wanadoo.fr,
  http://perso.wanadoo.fr/loubascou/ – **R** conseillée
  1 ha (60 empl.) plat, herbeux
  Tarif : 🔲 19 € 🔌 (10A) – pers. suppl. 4 €
  Location : 6 🏠 – sans sanitaires
  🚐 1 borne – 15 🔲 10 €
  Pour s'y rendre : Au Nord-Est du bourg

| Nature : 🏞 < ♀ |
| Loisirs : 🏠 |
| Services : ♿ ⚡ 🐾 🔥 ⊛ 🗄 |
| À prox. : 🔄 ✕ |

ROQUEFORT

✉ 40120 – 335 J10 – G. Aquitaine – 1 894 h. – alt. 69
🚩 Syndicat d'initiative, place du Soleil d'Or ✆ 05 58 45 50 46, Fax 05 58 45 53 63
Paris 683 – Barbotan-les-Thermes 29 – Captieux 30 – Labrit 20 – Mont-de-Marsan 23.

⚠ **Municipal de Nauton**
  ✆ 05 58 45 59 99 – **R**
  1,5 ha (36 empl.) plat, herbeux, sablonneux
  Pour s'y rendre : N : 1,5 km par D 932, rte de Bordeaux

| Nature : ♀♀ |
| Services : ♿ ⊛ 🔥 🚽 |
| À prox. : ✕ |

SABRES

✉ 40630 – 335 G10 – G. Aquitaine – 1 107 h. – alt. 78
Paris 676 – Arcachon 92 – Bayonne 111 – Bordeaux 94 – Mimizan 41 – Mont-de-Marsan 36.

⚠ **Domaine de Peyricat** 15 juin-15 sept.
  ✆ 05 58 07 51 88, relaisoleil.aquitaine@wanadoo.fr,
  Fax 05 58 07 51 86, www.relaisoleil.com/villages/aquitaine
  – **R** conseillée
  20 ha/2 campables (69 empl.) plat, sablonneux, herbeux
  Tarif : 🔲 17,70 € 🔌 (5A) – pers. suppl. 4,40 €
  Location : 6 🏠 (4 à 6 pers.) 440 à 580 €/sem.
  Pour s'y rendre : Sortie Sud, rte de Luglon
  À savoir : Nombreuses activités sportives

| Nature : ♀♀ |
| Services : ♿ ⚡ (juil.-août) GB 🐾 🚽 ⊛ |
| au Village Vacances : 🗄 🍽 ✕ 🏠 🏃 🚴 ⛳ terrain omnisports - 🏊 🎿 ✕ 🏇 golf (3 trous) |

ST-GIRONS-PLAGE

✉ 40560 – 335 C11
Paris 728 – Bordeaux 142 – Mont 79 – Bayonne 73 – Anglet 76.

⚠ **Eurosol** 13 mai-16 sept.
  ✆ 05 58 47 90 14, contact@camping-eurosol.com,
  Fax 05 58 47 76 74, www.camping-eurosol.com – **R** conseillée
  18 ha (590 empl.) vallonné, plat, incliné, sablonneux,
  herbeux
  Tarif : 🔲 30 € 🔌 (10A) – pers. suppl. 4 € – frais de réservation 25 €
  Location 🏄 : 101 🚐 (4 à 6 pers.) 259 à 784 €/sem. –
  16 🏠 (4 à 6 pers.) 259 à 728 €/sem.
  🚐 1 borne – 10 🔲 31 €
  Pour s'y rendre : À 700 m de la plage

| Nature : ♀♀♀ |
| Loisirs : 🍴 snack, pizzeria 🏠 🏃 🎿 ✕ 🔥 🎿 terrain omnis-ports |
| Services : ♿ ⚡ GB 🐾 🚽 🔄 ⊛ 🚿 🗄 🛒 |
| À prox. : 🏇 |

ST-GIRONS-PLAGE

🔺 **Campéole les Tourterelles** mai-sept.
℘ 05 58 47 93 12, *cpltourterelles@otciat.com*,
Fax 05 58 47 92 03, *www.campeole.com* – **R** conseillée
18 ha (822 empl.) plat, incliné, vallonné, sablonneux
Tarif : 🗉 18,90 € – pers. suppl. 4,50 €
🖃 🖏 1 borne 3,50 €
Pour s'y rendre : O : 5,2 km par D 42, à St-Girons-Plage, à
300 m de l'océan (accès direct)

> Nature : 🌿
> Services : ♿ ⟿ GB ♈ 🛉 ⊕ 🚿 🏠

ST-JULIEN-EN-BORN

✉ 40170 – 🔳🔲 D10 – 1 316 h. – alt. 22
🛈 *Office de tourisme, rue des Écoles* ℘ 05 58 42 89 80, Fax 05 58 42 42 45
Paris 706 – Castets 23 – Dax 43 – Mimizan 18 – Morcenx 30.

🔺 **Municipal la Lettre Fleurie** avr.-sept.
℘ 05 58 42 74 09, *camping-la-lettre-fleurie@saint-julien-en-born.fr*, Fax 05 58 42 41 51, *www.saint-julien-en-born.fr*
– **R** indispensable
8,5 ha (457 empl.) plat et sablonneux
Tarif : 🛉 3,60 € 🚗 1,50 € 🗉 3,50 € 🛉 3,50 €
Pour s'y rendre : NO : 4 km par rte de Mimizan et rte de
Contis-Plage

> Nature : 🌿 🌿(pinède)
> Loisirs : 🍴 🛝 🚲 🎯 ⛵
> Services : ♿ ⟿ GB ♈ 🛉 ⊕ 🚿 🏠
> 🏊 🛒

🔺 **Aire Naturelle le Tress** juin-sept.
℘ 05 58 42 80 24 – **R** conseillée 🐾
1,5 ha (25 empl.) non clos, plat, herbeux, sablonneux
Tarif : 🗉 11,50 € – pers. suppl. 2,60 €
Pour s'y rendre : NO : 3 km par D 652, rte de Mimizan et
D 41, rte de Contis-Plage à gauche

> Nature : 🌿 🌿(pinède)
> Loisirs : 🎪 🛝
> Services : ⟿ ♈ 🏊 ⊕ 🏠

*Les indications d'accès à un terrain sont généralement indiquées,
dans notre guide, à partir du centre de la localité.*

135

ST-JUSTIN

✉ 40240 – 🔳🔲🔳 J11 – 888 h. – alt. 90
🛈 *Office de tourisme, place des Tilleuls* ℘ 05 58 44 86 06, Fax 05 58 44 86 06
Paris 694 – Barbotan-les-Thermes 19 – Captieux 41 – Labrit 31 – Mont-de-Marsan 25 – Villeneuve-de-Marsan 17.

🔺 **Le Pin** avr.-sept.
℘ 05 58 44 88 91, *camping.lepin@wanadoo.fr*,
Fax 05 58 44 88 91, *www.campinglepin.com* – **R** conseillée
3 ha (70 empl.) plat, herbeux, sablonneux
Tarif : (Prix 2005) 🗉 21 € 🛉 (6A) – pers. suppl. 5 €
Location : 9 🏚 (2 à 4 pers.) 150 à 380 €/sem. – 4 🏠 (4 à 6 pers.) 185 à 525 €/sem. – 7 🏠 (4 à 6 pers.) 185 à 550 €/sem.
Pour s'y rendre : 2,3 km au N par D 626 rte de Roquefort,
bord d'un petit étang

> Nature : 🌳
> Loisirs : 🍴 ✗ 🛝 ⛵ 🐎
> Services : ♿ ⟿ 🛉 🏊 ⊕ 🏠 🛒

ST-MARTIN-DE-SEIGNANX

✉ 40390 – 🔳🔲🔳 C13 – 3 903 h. – alt. 57
Paris 766 – Bayonne 11 – Capbreton 15 – Dax 42 – Hasparren 31 – Peyrehorade 26.

🔺 **Lou P'tit Poun** juin-15 sept.
℘ 05 59 56 55 79, *contact@louptitpoun.com*,
Fax 05 59 56 53 71, *www.louptitpoun.com* – **R** conseillée
6,5 ha (168 empl.) plat et peu incliné, en terrasses, herbeux
Tarif : 🗉 25,50 € 🛉 (10A) – pers. suppl. 6,30 €
Location 🐾 : 13 🏚 (4 à 6 pers.) 240 à 670 €/sem. – 16
🏠 (4 à 6 pers.) 260 à 690 €/sem.
🖃 🖏 1 borne 6,50 €
Pour s'y rendre : 4,7 km au SO par N 117 rte de Bayonne
et chemin à gauche

> Nature : 🌿
> Loisirs : 🎪 🛝 ⛵
> Services : ♿ ⟿ (juil-août) GB ♈ 🛉 ⊕ 🚿 🏠 🛒

STE-EULALIE-EN-BORN

✉ 40200 – 335 D9 – 785 h. – alt. 26
Paris 673 – Arcachon 58 – Biscarrosse 98 – Mimizan 11 – Parentis-en-Born 15.

 Les Bruyères mai-sept.
    📞 05 58 09 73 36, *bonjour@camping-les-bruyeres.com,*
    Fax 05 58 09 75 58, *www.camping-les-bruyeres.com*
    – **R** conseillée
    3 ha (177 empl.) plat, sablonneux, herbeux
    Tarif : 🎫 20,90 € 🚿 (10A) – pers. suppl. 4,90 € – frais de
    réservation 16 €
    Location : 8 🛖 (2 à 4 pers.) 140 à 460 €/sem. – 25 🏚
    (4 à 6 pers.) 210 à 590 €/sem.
    Pour s'y rendre : N : 2,5 km par D 652 et rte de Lafont
    À savoir : Produits régionaux maison à déguster et à emporter

Nature : 🏞 ⌐ 🌲🌲(pinède)
Loisirs : 🍴 snack 🎮 🎯 🏊
Services : 🚿 ⚡ GB 🚗 🛒 ⊕ 🧺 ♨
🔥 🏧 🚿

SANGUINET

✉ 40460 – 335 E8 – G. Aquitaine – 1 982 h. – alt. 24
🈺 *Office de tourisme, 1, place de la Mairie 📞 05 58 78 67 72, Fax 05 58 78 67 26*
Paris 643 – Arcachon 27 – Belin-Béliet 26 – Biscarrosse 120 – Bordeaux 60.

🏕 **Municipal Lou Broustaricq** 15 mars-15 nov.
    📞 05 58 82 74 82, *loubrousta@wanadoo.fr,*
    Fax 05 58 82 10 74, *www.lou-broustaricq.com* – **R** indispensable
    18,8 ha (555 empl.) plat, sablonneux
    Tarif : 🎫 29 € 🚿 (10A) – pers. suppl. 2,90 € – frais de réservation 25 €
    Location : 122 🏚 **(4 à 6 pers.) 180 à 630 €/sem.**
    Pour s'y rendre : NO : 2,8 km par rte de Bordeaux et
    chemin de Langeot, à 300 m de l'étang de Cazaux

Nature : 🏞 ⌐ 🌲🌲(pinède)
Loisirs : 🍴 snack 🎮 🏃 🚲 🏊 ♪
🏊 🎿
Services : 🚿 ⚡ GB 🚗 🚽 🧺 🧺 ⊕
🚿 🔥 🏧 🚿
À prox. : ⚓

136

SARBAZAN

✉ 40120 – 335 J10 – 941 h. – alt. 90
Paris 685 – Barbotan-les-Thermes 27 – Captieux 32 – Labrit 24 – Mont-de-Marsan 25.

🏕 **Municipal** avr.-oct.
    📞 05 58 45 64 93, Fax 05 58 45 69 91 – **R**
    1 ha (50 empl.) non clos, plat, peu incliné, herbeux,
    sablonneux
    Tarif : 🎫 10,60 € – pers. suppl. 1,60 €
    Location : 6 🛖 **(4 à 6 pers.) 120 à 260 €/sem.**
    Pour s'y rendre : À l'Est du bourg
    À savoir : Sous de grands pins, près d'un petit étang

Nature : 🏞 🌲🌲(pinède)
Loisirs : 🏄
Services : 🚿 🚽 ⊕ 🧺 🚿
À prox. : 🎮 🏊 ♪ parcours de
santé

SEIGNOSSE

✉ 40510 – 335 C12 – 2 427 h. – alt. 15
🈺 *Office de tourisme, avenue des Lacs 📞 05 58 43 32 15, Fax 05 58 43 32 66*
Paris 747 – Biarritz 36 – Dax 32 – Mont-de-Marsan 85 – Soustons 11.

🏕 **La Pomme de Pin** avr.-sept.
    📞 05 58 77 00 71, *info@camping-pommedepin.com,*
    Fax 05 58 77 11 47, *www.camping-pommedepin.com*
    – **R** conseillée
    5 ha (229 empl.) plat, sablonneux
    Tarif : 🎫 19 € – pers. suppl. 4,50 € – frais de réservation 20 €
    Location : 19 🏚 **(4 à 6 pers.) 275 à 650 €/sem.**
    🚐 1 borne
    Pour s'y rendre : 2 km au SE par D 652 et D 337, rte de
    Saubion
    À savoir : Bel espace aquatique

Nature : 🌲🌲(pinède)
Loisirs : 🍴 pizzeria 🎮 🏄 🔲 (découverte en saison)
Services : 🚿 ⚡ 🚗 🚽 🧺 🍖 ⊕ 🍴 🔥
sèche-linge 🏧 🚿 cases réfrigérées

▲ Le Motel de Seignosse (location exclusive de 28 chalets et studios)
𝒫 05 58 72 87 81, *motelseignosse@wanadoo.fr*,
Fax 05 58 72 83 79, *www.multimania.com/motelseignosse*
– **R** conseillée
2 ha plat, herbeux, sablonneux
Location : 🏠 – studios
Pour s'y rendre : 2 km à l'E, rte de Tyrosse

Nature : 🌿 ♧♧
Services : ⚿ ▥ ▣

SORDE-L'ABBAYE

✉ 40300 – ▨ ▨ E13 – G. Aquitaine – 535 h. – alt. 17
Paris 758 – Bayonne 47 – Dax 27 – Oloron-Ste-Marie 63 – Orthez 28.

▲ **Municipal la Galupe** 15 juin-15 sept.
𝒫 05 58 73 18 13, *mairie.sordelabbaye@wanadoo.fr*,
Fax 05 58 73 16 41 – **R** conseillée
0,6 ha (28 empl.) plat, herbeux, pierreux
Tarif : 🔲 9,50 € – pers. suppl. 2 €
Pour s'y rendre : O : 1,3 km par D 29, rte de Peyrehorade,
D 123 à gauche et chemin avant le pont, près du Gave
d'Oloron

Nature : 🌿 ▭ ♧
Services : ⚒ ⊘ ▥ ▣ ☺

Benutzen Sie
– zur Wahl der Fahrtroute
– zur Berechnung der Entfernungen
– zur exakten Lokalisierung eines Campingplatzes (mit Hilfe der Angaben im Ortstext)
die für diesen Führer unentbehrlichen **MICHELIN-Karten** *im Ma1 : 150 000.*

SORE

✉ 40430 – ▨ ▨ ▨ H9 – 898 h. – alt. 73
Paris 651 – Bazas 39 – Belin-Béliet 39 – Labrit 29 – Mont-de-Marsan 56 – Pissos 99.

▲ **Aire Naturelle Municipale** 15 juin-15 sept.
𝒫 05 58 07 60 06, Fax 05 58 07 64 72 – **R** conseillée ✿
1 ha (16 empl.) plat, herbeux, sablonneux
Tarif : 🔲 3,60 € 🔲 3,60 €
Pour s'y rendre : S : 1 km par D 651, rte de Mont-de-Marsan et chemin à gauche, à 50 m de la Petite Leyre

Nature : 🌿 ♧
Loisirs : 🏕
Services : ⚒ ☺ ▣
À prox. : 🏊 🎿 parcours sportif

SOUSTONS

✉ 40140 – ▨▨ D12 – G. Aquitaine – 5 743 h. – alt. 9
🛈 Office de tourisme, grange de Labouyrie 𝒫 05 58 41 52 62, Fax 05 58 41 30 63
Paris 732 – Biarritz 53 – Castets 23 – Dax 29 – Mont-de-Marsan 81 – St-Vincent-de-Tyrosse 13.

▲▲▲ **L'Airial** avr.-15 oct.
𝒫 05 58 41 12 48, *contact@camping-airial.com*,
Fax 05 58 41 53 83, *www.camping-airial.com* – **R** conseillée
16 ha (480 empl.) plat, vallonné, sablonneux
Tarif : (Prix 2005) 🔲 23,40 € 🔲 (10A) – pers. suppl. 4,70 € – frais de réservation 18,30 €
Location : 20 🛖 (4 à 6 pers.) 240 à 630 €/sem. – 28 🏠 (4 à 6 pers.) 270 à 660 €/sem. – 8 studios
Pour s'y rendre : 2 km à l'O par D 652 rte de Vieux-Boucau-les-Bains, à 200 m de l'étang de Soustons

Nature : ♧♧
Loisirs : 🍸 🏠 🎦 diurne 🏕 🚲 🏊 🐴 🔲
Services : ⚒ ⚿ GB ⊘ ▣ ☺ ▣ sèche-linge ⚐, cases réfrigérées

▲ **Le Dunéa** (location exclusive de 22 chalets) avr.-15 oct.
𝒫 05 58 48 00 59, *clubdunea@libertysurf.fr*,
Fax 05 58 48 03 22, *www.club-dunea.com*
0,5 ha plat, vallonné, sablonneux
Location : 🏠 (4 à 6 pers.) 250 à 1 000 €/sem.
Pour s'y rendre : À 200 m du lac, à Port-d'Albret-Sud
À savoir : Location à la nuitée hors sais.

Nature : 🌿 ♧
Loisirs : 🏠 🎿
Services : ℗ GB ⊘ ▣
À prox. : 🏊 🐴 golf

137

VIELLE-ST-GIRONS

⊠ 40560 – 335 D11 – 1 026 h. – alt. 27

🖪 *Office de tourisme, route de Linxe* 𝒫 *05 58 47 94 94, Fax 05 58 47 90 00*

Paris 719 – Castets 16 – Dax 37 – Mimizan 32 – Soustons 28.

⚠ Le Col Vert 8 avr.-24 sept.

𝒫 05 58 42 94 06, *contact@colvert.com*,
Fax 05 58 42 91 88, *www.colvert.com* – **R** conseillée
24 ha (800 empl.) plat, sablonneux, herbeux
Tarif : 🔲 36,70 € 🔋 (3A) – pers. suppl. 6 € – frais de réservation 30 €
Location : 126 🚐 (4 à 6 pers.) 224 à 742 €/sem. – 34 🏠 (4 à 6 pers.) 315 à 854 €/sem. – bungalows toilés
🚐 1 borne – 2 🔲 36,70 €
Pour s'y rendre : S :5,5 km par D 652, bord de l'étang de Léon
À savoir : Site agréable

Nature : 🌳🌳(pinède) ⚴
Loisirs : 🍹 ✕ 🏠 🏕 🚣 🚴 ⛵ 🎾 🔲 ⛷ terrain omnisports
Services : 🔧 🔌 GB 🐄 🗑 🏕 💧 🚿 🛁 🧺 🛒 cases réfrigérées
À prox. : 🏕 🦆 🐴 poneys

⚠ L'Océane juil.-août

𝒫 05 58 42 94 37, *camping.oceane@cario.fr*,
Fax 05 58 42 00 48, *www.camping.oceane.fr* – places limitées pour le passage – **R**
3 ha (50 empl.) non clos, plat, sablonneux, herbeux
Tarif : 🔲 14,10 € – pers. suppl. 4,30 €
Location (Pâques-oct.) : 41 🚐 (4 à 6 pers.) 225 à 595 €/sem.
Pour s'y rendre : N : 1 km par rte des lacs
À savoir : Agréable pinède

Nature : 🌳🌳🌳
Loisirs : 🍹 🏠 🚣
Services : 🔌 (juil.-août) 🐄 💧 🏕 🛒

⚠ Le Parc du Bel Air juin-sept.

𝒫 05 58 42 99 28, *camping-belair2@wanadoo.fr*,
Fax 05 58 42 99 28 – **R** indispensable
1 ha (50 empl.) plat, herbeux, sablonneux
Tarif : 🔲 17,40 € 🔋 (6A) – pers. suppl. 2,80 €
Pour s'y rendre : SO : 5,2 km par D 652, rte de Léon et D 328, rte de Pichelèbe à droite

Nature : 🐿 🌳(pinède)
Loisirs : 🏕
Services : 🔧 🔌 M 💧 🏕

Avant de prendre la route, consultez **www.ViaMichelin.fr** *:*
votre meilleur itinéraire, le choix de votre hôtel, restaurant, camping, des propositions de visites touristiques.

La Vallée de Laurhibar

B. Kaufmann/Michelin

VIEUX-BOUCAU-LES-BAINS

✉ 40480 – ⬛⬛⬛ C12 – G. Aquitaine – 1 379 h. – alt. 5
🅱 *Office de tourisme, 11, promenade du Mail* 𝒫 *05 58 48 13 47*
Paris 740 – Bayonne 41 – Biarritz 48 – Castets 28 – Dax 37 – Mimizan 55 – Mont-de-Marsan 90.

⋀⋀ **Municipal les Sablères** avr.-15 oct.
𝒫 05 58 48 12 29, *camping.lessableres@wanadoo.fr*,
Fax 05 58 48 20 70, *www.les-sableres.com* – **R** indispensable
1,7 ha (560 empl.) vallonné, sablonneux, herbeux
Tarif : 🖃 22,95 € – pers. suppl. 2,70 €
Location : 7 🚐 (4 à 6 pers.) 195 à 500 €/sem. – 11 🏠 (4 à 6 pers.) 225 à 735 €/sem.
🚐⚡ 1 borne
Pour s'y rendre : Au NO de la localité par bd du Marensin, à 250 m de la plage (accès direct)

> Nature : 🌿
> Loisirs : 🏃 terrain omnisports
> Services : ♿ ⚲ GB ⌖ 🗟 🛁 ⊕ 🎱
> ⟟ 🖼 sèche-linge cases réfrigérées
> À prox. : 🏖, 🍴 snack pizzeria 🍽

Lot-et-Garonne (47)

AGEN

✉ 47000 – ⬛⬛ F4 – G. Aquitaine – 30 170 h. – alt. 50
🅱 *Office de tourisme, 107, boulevard Carnot* 𝒫 *05 53 47 36 09*
Paris 662 – Auch 74 – Bordeaux 141 – Pau 159 – Toulouse 116.

⋀⋀⋀ **Château d'Allot** (location exclusive de 50 mobile homes) 15 avr.-sept.
𝒫 05 53 68 33 11, *gb@grandbleu.fr*, Fax 05 53 68 33 11 – **R**
12 ha/3 campables plat, herbeux
Location : 🚐 (4 à 6 pers.) 147 à 735 €/sem.
Pour s'y rendre : S : 10 km par D 305, puis D 17 rte de Layrac et à gauche avant le pont de la Garonne, A 62, sortie 7 Agen puis Layrac par RN 21 et Agen par D 17, à droite du pont de la Garonne

> Nature : 🏞 🌳🌳
> Loisirs : 🍴 🗙 🔲 🛶 🏊 🍽 🏊 parcours de santé
> Services : ⚲ 🅿 GB ⌖ 🖼

139

⋀⋀ **Le Moulin de Mellet** avr.15 oct.
𝒫 05 53 87 50 89, *moulin.mellet@wanadoo.fr*,
Fax 05 53 47 13 41, *www.camping-moulin-mellet.com* – **R** conseillée
3,5 ha (48 empl.) plat, herbeux, ruisseau, petit étang
Tarif : 🖃 18 € 🔌 (16A) – pers. suppl. 4,70 €
Pour s'y rendre : NO : 8 km par N 113 et à droite par D 107 rte de Prayssas

> Nature : 🌳🌳
> Loisirs : 🏃 🏊 🎣
> Services : ♿ ⚲ ⌖ 🗟 🛁 ⊕ 🖼

BARBASTE

✉ 47230 – ⬛⬛ D4 – 1 416 h. – alt. 45
🅱 *Syndicat d'initiative, place de la Mairie* 𝒫 *05 53 65 84 85*
Paris 700 – Agen 34 – Condom 29 – Damazan 17 – Gabarret 33.

⋀ **Chalets René Queyreur** (location exclusive de 20 chalets) Permanent
𝒫 05 53 65 51 38, *mairie.barbaste@wanadoo.fr*,
Fax 05 53 97 18 36
5 ha plat, sablonneux
Location : 🏠 (4 à 6 pers.) 178 à 433 €/sem.
Pour s'y rendre : 3,5 km au SE par rte de Réaup et à gauche chemin du stade
À savoir : Cadre sauvage et boisé, au milieu des fougères

> Nature : 🍃 🌳🌳
> Loisirs : 🏊
> Services : ⌖ 🔥 🖼

BEAUVILLE

✉ 47470 – 336 H4 – G. Aquitaine – 553 h. – alt. 208
🛈 *Office de tourisme, place de la Mairie* ℘ 05 53 47 63 06, Fax 05 53 66 72 63
Paris 641 – Agen 26 – Moissac 32 – Montaigu-de-Quercy 16 – Valence 25 – Villeneuve-sur-Lot 28.

⚠ **Les 2 Lacs** 15 janv.-15 déc.
℘ 05 53 95 45 41, camping-les-2-lacs@wanadoo.fr,
Fax 05 53 95 45 31, *http://camping.les2lacs.com* – accès
aux emplacements par forte pente, mise en place et sortie
des caravanes à la demande – **R** conseillée
22 ha/2,5 campables (50 empl.) non clos, plat et terrasse,
herbeux
Tarif : 🗐 15,30 € – pers. suppl. 3,75 €
Location : 5 🛖 (4 à 6 pers.) 215 à 610 €/sem. – 5
bungalows toilés
Pour s'y rendre : SE : 0,9 km par D 122, rte de Bourg-de-
Visa
À savoir : Situation agréable près de deux plans d'eau

Nature : 🌳 🚫 ♀
Loisirs : 🚣 🏓 ≤
Services : 🚿 ⚲ ⌴ 🚐 ⟲ 🔳 ⓐ 🚮 ⚐ 🖭
À prox. : 🎣

CASTELJALOUX

✉ 47700 – 336 C4 – G. Aquitaine – 4 755 h. – alt. 52 – Base de loisirs
🛈 *Office de tourisme, Maison du Roy* ℘ 05 53 93 00 00, Fax 05 53 20 74 32
Paris 674 – Agen 55 – Langon 55 – Marmande 23 – Mont-de-Marsan 73 – Nérac 30.

⚠ **Les Chalets de Clarens** (location exclusive de 25
chalets) Permanent
℘ 05 53 93 07 45, *location-chalets@cegetel.net*,
Fax 05 53 93 07 45, *http://castel-chalets.monsite.wana
doo.fr* – **R** conseillée
4 ha plat, sablonneux
Location : 🏠 (4 à 6 pers.) 275 à 480 €/sem.
🛖, 1 borne 10 € – 15 🗐 10 €
Pour s'y rendre : 2,5 km au SO par D 933, rte de Mont-de-
Marsan, bord du lac et près de la base de loisirs

Nature : 🌳 ≤ ♀♀(pinède) ⛰
Loisirs : 🏠 🚣 ⚓
Services : 🚿 ⚲ ⟲ 🔳
À prox. : 🍴 🍽 snack 🏓 🎯 ≤ 🐎
(centre équestre) golf, pédalos, VTT

CASTELMORON-SUR-LOT

✉ 47260 – 336 E3 – 1 664 h. – alt. 49
🛈 *Syndicat d'initiative, Mairie* ℘ 05 53 84 90 36, Fax 05 53 88 19 21
Paris 600 – Agen 33 – Bergerac 63 – Marmande 35 – Villeneuve-sur-Lot 21.

⚠ **Port-Lalande** (location exclusive de 60 chalets) 15
avr.-sept.
℘ 05 53 79 37 04, *gb@grandbleu.fr*, Fax 05 53 79 37 04,
www.grandbleu.fr – **R**
4 ha plat, herbeux
Location : 🏠 (4 à 6 pers.) 189 à 847 €/sem.
Pour s'y rendre : SE : 1,5 km du bourg
À savoir : Bord du Lot et d'un petit port de plaisance

Nature : 🌳 ≤
Loisirs : 🏠 🚣 ⚓ 🎯 ≤ 🏊 ⚓ pon-
ton d'amarrage
Services : 🚿 🅿 ⌴ ⟲ 🔳 🖭

CASTILLONNÈS

✉ 47330 – 336 F2 – G. Aquitaine – 1 325 h. – alt. 119
🛈 *Office de tourisme, place des Cornières* ℘ 05 53 36 87 44
Paris 561 – Agen 64 – Bergerac 27 – Marmande 44 – Périgueux 75.

⚠ **Municipal la Ferrette** juil.-août
℘ 05 53 36 94 68, *mairie.castillonnes@wanadoo.fr*,
Fax 05 53 36 88 77 – **R** conseillée
1 ha (32 empl.) non clos, plat et peu incliné, herbeux
Tarif : (Prix 2005) 🗐 11 € 🔌 (6A) – pers. suppl. 3 €
Location : gîtes
Pour s'y rendre : Sortie Nord par N 21, rte de Bergerac

Nature : 🚫 ♀♀
Services : 🚿 ⚲ ⟲ 🔳 ⓐ 🖭
À prox. : 🏓 ≤

CLAIRAC

47320 – E3G E3 – G. Aquitaine – 2 385 h. – alt. 52

🛈 *Office de tourisme, 18, rue Gambetta* 🌐 *05 53 88 71 59*

Paris 690 – Agen 42 – Casteljaloux 34 – Marmande 24 – Villeneuve-sur-lot 30.

🔺 **Le Papagayo**
  🌐 05 53 84 34 48, *papagayo.clairac@wanadoo.fr*,
  Fax 05 53 84 34 48, *www.le-papagayo.com* – **R** conseillée
  0,8 ha (50 empl.) plat, herbeux
  Location : 🏠
  ⚡ 🅁
  Pour s'y rendre : Au bourg, au bord du Lot

> Nature : 🏞 ♨
> Loisirs : 🍸 🍴
> Services : 🚿 ⚬ Ⓜ 🗑 ⊛ 🖼 🍴
> À prox. : 🏊 (plage) 🌊 ponton d'amarrage

COURBIAC

47370 – E3G I3 – 112 h. – alt. 145

Paris 623 – Bordeaux 172 – Agen 46 – Montauban 59 – Bergerac 79.

🔺 **Le Pouchou** Permanent
  🌐 05 53 40 72 68, *le.pouchou@wanadoo.fr*,
  Fax 05 53 40 72 68, *www.camping.le.pouchou.com*
  – **R** conseillée
  15 ha/2 campables (20 empl.) non clos, peu incliné, herbeux
  Tarif : 🔲 14,50 € 🔌 (10A) – pers. suppl. 3,50 €
  Location : 5 🏠 (2 à 4 pers.) 203 à 252 €/sem. – 6 🏡 (4 à 6 pers.) 222 à 465 €/sem.
  ⚡ 🅁, 1 borne 3 €
  Pour s'y rendre : 1,8 km à l'O par rte de Tournon-d'Agenais et chemin à gauche
  À savoir : Cadre agréable, vallonné autour d'un petit étang

> Nature : 🏞 ≤ ♨
> Loisirs : 🍸 🏠 🚴 🛶 🌊 départ sentiers pédestres, billard
> Services : 🚿 ⚬ 🐾 ⊛ 🖼 sèche-linge

Benutzen Sie
– zur Wahl der Fahrtroute
– zur Berechnung der Entfernungen
– zur exakten Lokalisierung eines Campingplatzes (mit Hilfe der Angaben im Ortstext)
die für diesen Führer unentbehrlichen MICHELIN-Karten im Ma1 : 150 000.

CUZORN

47500 – E3G H2 – 870 h. – alt. 95

Paris 581 – Bergerac 59 – Cahors 55 – Fumel 7 – Villeneuve-sur-Lot 32.

🔺 **Les Loges de Mélis** (location exclusive de 10 chalets)
  Permanent
  🌐 05 53 40 96 46, *loges-de-melis@wanadoo.fr*,
  Fax 05 53 40 84 03, *www.loges-melis.com* – **R** indispensable
  7 ha/1 campable en terrasses, herbeux
  Location : 10 🏡 (4 à 6 pers.) 250 à 680 €/sem.
  Pour s'y rendre : 3 km au N par D 710 et chemin à gauche
  À savoir : Location au w.-end et à la nuitée hors sais.

> Nature : 🏞 ≤
> Loisirs : 🏠 🛶 🚴 🎯 🌊 golf (4 trous)
> Services : 🚿 ⚬ (juil.-août) 🅿 🐾 🛒 🖼

DAMAZAN

47160 – E3G D4 – 1 237 h. – alt. 45

🛈 *Syndicat d'initiative, place Armand Fallières* 🌐 *05 53 88 26 36*

Paris 681 – Agen 38 – Aiguillon 7 – Casteljaloux 19 – Marmande 32 – Nérac 22.

🔺 **Municipal du Lac** 15 juin-15 sept.
  🌐 05 53 79 40 15, *mairie.damazan@wanadoo.fr*,
  Fax 05 53 79 26 92 – **R** conseillée
  4 ha (66 empl.) non clos, plat et peu incliné, herbeux
  Tarif : 🔲 8,50 € 🔌 (12A) – pers. suppl. 2 €
  Location (permanent) : 🏡 (4 à 6 pers.) 180 à 350 €/sem.
  Pour s'y rendre : S : 1 km par D 108, rte de Buzet-sur-Baïse puis chemin à droite, bord du lac

> Nature : 🏞 ♨
> Loisirs : 🛶 🌊
> Services : 🐾 🗑 ⊛ 🖼 réfrigérateurs
> À prox. : 🍴 🎯 🏊 (plage)

FUMEL

✉ 47500 – **336** H3 – G. Aquitaine – 5 423 h. – alt. 70

🚹 *Office de tourisme, place Georges Escande* ℰ *05 53 71 13 70, Fax 05 53 71 40 91*

Paris 594 – Agen 55 – Bergerac 64 – Cahors 48 – Montauban 76 – Villeneuve-sur-Lot 27.

⚠ **Domaine de Guillalmes** (location exclusive de 18 chalets) déb. avr.-déb. nov.
ℰ 05 53 71 01 99, *contactguillalmes@free.fr*,
Fax 05 53 71 02 57, *www.guillalmes.com* – **R** conseillée
3 ha plat, herbeux
Location : 🏠 (4 à 6 pers.) 185 à 617 €/sem.
Pour s'y rendre : E : 3 km par D 911, rte de Cahors puis à la sortie de Condat, 1 km par rte à droite, bord du Lot

> Nature : 🏞 ♀
> Loisirs : ♈ ✗ 🚲 ❀ ♨ canoë
> Services : ♿ ⚡ 🅿 ☕ ☂ 🗄 ♨

⚠ **Les Catalpas** avr.-oct.
ℰ 05 53 71 11 99, Fax 05 53 71 11 99 – **R** conseillée
2,3 ha (80 empl.) plat, herbeux, goudronné
Tarif : 🔲 18 € 🔌 (10A) – pers. suppl. 4 €
🚐 1 borne
Pour s'y rendre : E : 2 km par D 911 rte de Cahors puis, à la sortie de Condat, 1,2 km par rte à droite, bord du Lot

> Nature : 🏞 ♀♀
> Loisirs : ♨ ≊ (bassin)
> Services : ⚡ ☕ ☂ ▥ ⊕ ☒

Benutzen Sie
– zur Wahl der Fahrtroute
– zur Berechnung der Entfernungen
– zur exakten Lokalisierung eines Campingplatzes (mit Hilfe der Angaben im Ortstext)
*die für diesen Führer unentbehrlichen **MICHELIN-Karten** im Ma1 : 150 000.*

LOUGRATTE

✉ 47290 – **336** F2 – 393 h. – alt. 120

Paris 569 – Agen 56 – Castillonnès 9 – Marmande 44 – Monflanquin 18 – Villeneuve-sur-Lot 25.

⚠ **Municipal St-Chavit** juin-15 sept.
ℰ 05 53 01 70 05, Fax 05 53 41 18 04 – **R**
3 ha (90 empl.) non clos, plat à peu incliné, herbeux
Tarif : (Prix 2005) ✱ 2,60 € 🔲 2,50 € 🔌 2,50 €
Pour s'y rendre : SE : 1 km, bord d'un plan d'eau

> Nature : ♀♀ ⌂
> Loisirs : 🍴 🛝
> Services : ♿ ☂ ⌂ ⊕ ☒
> À prox. : ❀ ⚓ canoë

NÉRAC

✉ 47600 – **336** D5 – G. Aquitaine – 6 787 h. – alt. 65

🚹 *Office de tourisme, 7, avenue Mondenard* ℰ *05 53 65 27 75, Fax 05 53 65 97 48*

Paris 710 – Bordeaux 132 – Montauban 111 – Agen 28 – Mont-de-Marsan 83.

⚠ **Les chalets de Nérac** (location exclusive de 12 chalets)
Permanent
ℰ 05 53 97 02 66 – **R** conseillée
1 ha plat, herbeux
Location : 🏠 (4 à 6 pers.) 150 à 400 €/sem.
Pour s'y rendre : 2 km au SE, dir. Agen et chemin à gauche après le Parc Royal

> Nature : ♀
> Loisirs : 🛝 ♨
> Services : ⚡ ☂ 🗄
> À prox. : ❀

PENNE-D'AGENAIS

✉ 47140 – **336** G3 – G. Aquitaine – 2 330 h. – alt. 207

🚹 *Syndicat d'initiative, rue du 14 juillet* ℰ *05 53 41 37 80*

Paris 636 – Agen 33 – Bergerac 68 – Bordeaux 156 – Cahors 59.

⚠ Municipal du Lac de Ferrié
ℰ 05 53 41 30 97, *tourisme@ville-pennedagenais.fr*,
Fax 05 53 36 25 29, *www.ville-pennedagenais.fr*
1,6 ha (69 empl.) plat et peu incliné, herbeux
Location : 🏠 – gîtes
Pour s'y rendre : SO : 1,4 km par D 159, direction Haute-fage par D 103, au bord de l'étang et d'un bassin aménagé

> Nature : ⌂ ♀♀ ⌂
> Loisirs : 🍴 ♨
> Services : ♿ ⚡ 🗄 ⊕ ☂ ☂ 🗄
> À prox. : ♈ snack 🛝 ❀ ≊

PONT-DU-CASSE

✉ 47480 – 🗺 G4 – 4 259 h. – alt. 67
Paris 658 – Bordeaux 147 – Toulouse 122 – Montauban 96 – Agen 7.

⚠ **Village de Loisirs Darel** (location exclusive de 12 chalets)
🞄' 05 53 67 96 41, Fax 05 53 67 51 05 – **R** conseillée
3,4 ha/2 campables plat, vallonné, herbeux
Location ⚞ **P** : 🏠
Pour s'y rendre : 3 km au SE, rte de Ferreol, à dr.
À savoir : Situation agréable en sous-bois, proche du centre équestre

Nature : 🐾 ♧♧
Loisirs : 🛋 ♣♣ 🐴 poneys
Services : ⚡ ▥ ▦
À prox. : golf

ST-SYLVESTRE-SUR-LOT

✉ 47140 – 🗺 G3 – 2 060 h. – alt. 65
Paris 614 – Agen 36 – Bergerac 65 – Bordeaux 154 – Cahors 62.

⚠ **Les Berges du Lot** 15 mai-sept.
🞄' 05 53 41 22 23 – **R** conseillée
0,4 ha (24 empl.) plat, herbeux
Tarif : ★ 2 € 🔲 2,50 € (½) 2,50 €
Pour s'y rendre : Dans le bourg, derrière la mairie, près du Lot

Nature : 🌊 ♧
Loisirs : ⚒ (petite piscine) ponton d'amarrage
Services : ⚡ ⚐ ▦ ▧ ▦
À prox. : 🎣 ♣♣

STE-LIVRADE-SUR-LOT

✉ 47110 – 🗺 F3 – 5 865 h. – alt. 56
🛈 Syndicat d'initiative, rue Nationale 🞄 05 53 01 45 88, Fax 05 53 01 23 84
Paris 597 – Agen 27 – Marmande 42 – Villeneuve-sur-Lot 10.

⚠ **Municipal Fonfrède** 25 juin-10 sept.
🞄 05 53 01 00 64, ot@sainte-livrade.fr, Fax 05 53 01 23 84,
www.sainte-livrade.fr – **R**
2 ha (75 empl.) plat, herbeux
Tarif : ★ 1,90 € 🚗 1,70 € 🔲 1,70 € (½) 1,70 €
Pour s'y rendre : E : 1 km par D 911^E, rte de Villeneuve-sur-Lot et chemin à gauche, derrière le stade

Nature : ♧
Loisirs : 🛋 ♣♣ 🚲
Services : ♿ ⚡ ⚐ ▧ ▦ ▦
À prox. : ✕

Bassin d'Arcachon depuis Petit-Piquey

J. Malburet/Michelin

SALLES

✉ 47150 – **336** H2 – 257 h. – alt. 120
Paris 588 – Agen 59 – Fumel 12 – Monflanquin 11 – Villeneuve-sur-Lot 29 – Villeréal 18.

⚠ **Des Bastides** 15 avr.-15 sept.
  𝒫 05 53 40 83 09, *info@campingdesbastides.com*,
  Fax 05 53 40 81 76, *www.campingdesbastides.com*
  – **R** conseillée
  6 ha (96 empl.) en terrasses, herbeux
  Tarif : 🔲 23 € 🔋 (6A) – pers. suppl. 6 € – frais de réservation 18 €
  Location 🏠 : 10 🚐 (4 à 6 pers.) 215 à 560 €/sem. – 4 🏡 (4 à 6 pers.) 215 à 650 €/sem.
  Pour s'y rendre : NE : 1 km rte de Fumel, au croisement des D 150 et D 162

Nature : ≤ 🛆 ♨
Loisirs : 🍸 snack 🛝 🚲 🏊
Services : 🔧 ⚷ GB 🖨 ▥ 🍴 🛒 🚰 📷 🛁

Benutzen Sie
– zur Wahl der Fahrtroute
– zur Berechnung der Entfernungen
– zur exakten Lokalisierung eines Campingplatzes (mit Hilfe der Angaben im Ortstext)
*die für diesen Führer unentbehrlichen **MICHELIN-Karten** im Ma1 : 150 000.*

SAUVETERRE-LA-LÉMANCE

✉ 47500 – **336** I2 – 623 h. – alt. 100
Paris 572 – Agen 68 – Fumel 14 – Monflanquin 27 – Puy-l'Évêque 17 – Villefranche-du-Périgord 10.

⚠ **Moulin du Périé** 5 mai-22 sept.
  𝒫 05 53 40 67 26, *moulinduperie@wanadoo.fr*,
  Fax 05 53 40 62 46, *www.camping-moulin-perie.com*
  – **R** conseillée
  4 ha (125 empl.) plat, herbeux
  Tarif : 🔲 25 € 🔋 (6A) – pers. suppl. 6,30 € – frais de réservation 20 €
  Location 🏠 : 20 🚐 (4 à 6 pers.) 285 à 740 €/sem. – 4 🏡 (4 à 6 pers.) 370 à 690 €/sem.
  🚐 2 bornes
  Pour s'y rendre : E : 3 km par rte de Loubejac, bord d'un ruisseau

Nature : 🌿 🛆 ♨(peupleraie)
Loisirs : 🍸 ✕ 🛖 🛝 🚲 🏊 ≥ (petit étang)
Services : 🔧 ⚷ GB 🖨 🍴 🛒 🚰 📷

SÉRIGNAC-PÉBOUDOU

✉ 47410 – **336** F2 – 169 h. – alt. 139
Paris 567 – Agen 64 – Bergerac 34 – Marmande 41 – Périgueux 81.

⚠ **La Vallée de Gardeleau** 27 mai-16 sept.
  𝒫 05 53 36 96 96, *valleegardeleau@wanadoo.fr*,
  Fax 05 53 36 96 96, *http://perso.wanadoo.fr/camping-val leegardeleau.fr* – **R** conseillée
  2 ha (33 empl.) plat, peu incliné, herbeux
  Tarif : ✶ 3,90 € 🔲 6 € 🔋 (5A) 3 € – frais de réservation 10 €
  Location 🏠 : 7 🚐 (4 à 6 pers.) 220 à 530 €/sem. – bungalows toilés

Nature : 🌿 🛆 ♨(chênaie)
Loisirs : 🍸 brasserie 🛝 🏊
Services : 🔧 ⚷ GB 🖨 🍴 🛒 🚰 📷

TONNEINS

✉ 47400 – **336** D3 – 9 041 h. – alt. 26
🛈 *Office de tourisme, 3, boulevard Charles-de-Gaulle 𝒫 05 53 79 22 79, Fax 05 53 79 39 94*
Paris 683 – Agen 44 – Nérac 38 – Villeneuve-sur-Lot 37.

⚠ Municipal Robinson
  𝒫 05 53 79 02 28, *office-tourisme-tonneins@wanadoo.fr*,
  Fax 05 53 79 39 94, *www.tonneins-tourisme.com*
  0,6 ha (38 empl.) plat, herbeux
  Pour s'y rendre : Sortie Sud par N 113, rte d'Agen, à 100 m de la Garonne

Nature : 🛆 ♀
Services : 🔧 ⚷ 🍴 🚰 📷

TRENTELS

⌧ 47140 – ▨▨ H3 – 825 h. – alt. 50
Paris 607 – Agen 42 – Bergerac 72 – Cahors 60 – Montauban 82 – Villeneuve-sur-Lot 15.

▲ **Municipal de Lustrac**
⌀ 05 53 70 77 22, Fax 05 53 40 03 41 – **R** conseillée
0,5 ha (23 empl.) plat, herbeux
Location : 🏠
Pour s'y rendre : NE : 2,5 km par D 911, rte de Fumel et chemin à droite, direction Lustrac, bord du Lot

Nature : 🔊 ⌂ ♨
Loisirs : 🛶 canoë
Services : 👥 🗄 ⊛ 🔲
À prox. : ✖

VILLERÉAL

⌧ 47210 – ▨▨ G2 – G. Aquitaine – 1 186 h. – alt. 103
🛈 *Office de tourisme, place de la Halle* ⌀ *05 53 36 09 65*
Paris 566 – Agen 61 – Bergerac 35 – Cahors 76 – Marmande 56 – Sarlat-la-Canéda 65 – Villeneuve-sur-Lot 31.

▲▲▲ **Château de Fonrives** 2 avr.-oct.
⌀ 05 53 36 63 38, *chateau.de.fonrives@wanadoo.fr*,
Fax 05 53 36 09 98, *www.campingchateaufonrives.com*
– **R** conseillée
20 ha/10 campables (200 empl.) plat, peu incliné, terrasses, herbeux, pierreux
Tarif : 🔲 28,50 € ⚡ (6A) – pers. suppl. 4,20 € – frais de réservation 20 €
Location : 50 🚐 (4 à 6 pers.) 185 à 725 €/sem. – 37 🏠 (4 à 6 pers.) 180 à 725 €/sem.
Pour s'y rendre : NO : 2,2 km par D 207, rte d'Issigeac et à gauche, au château

Nature : 🔊 ≪ ⌂ ♨
Loisirs : 🍽 ✖ 🛶 ⚹ ⚒ 🚲 ✖ 🏓 🔲 (découverte en saison) ⚓ 🎣 parcours sportif
Services : 👥 ⚓ 🏧 ◉ 🗄 ♨ ⊛ ♨ ♻ ⚒ 🔲 🚿

▲▲ **Fontaine du Roc** 15 avr.-sept.
⌀ 05 53 36 08 16, *fontaine.du.roc@wanadoo.fr*,
Fax 05 53 61 60 23, *www.fontaineduroc.com* – **R** conseillée
2 ha (50 empl.) plat, herbeux
Tarif : 🔲 17,50 € ⚡ (10A) – pers. suppl. 4 € – frais de réservation 10 €
Location : 3 🏠 (4 à 6 pers.) 320 à 510 €/sem.
Pour s'y rendre : SE : 7,5 km sur D 255 et à gauche

Nature : 🔊 ≪ ♀
Loisirs : 🛶 ⚒ ♨
Services : 👥 ⚓ ◉ 🗄 ⊛ ♨ 🔲

145

Pyrénées-Atlantiques (64)

AINHOA

⌧ 64250 – ▨▨▨ C5 – G. Aquitaine – 599 h. – alt. 130
Paris 791 – Bayonne 28 – Biarritz 29 – Cambo-les-Bains 11 – Pau 125 – St-Jean-de-Luz 26.

▲ **Aire Naturelle Harazpy** Juin-sept.
⌀ 05 59 29 89 38, Fax 05 59 29 89 38 – **R**
1 ha (25 empl.) peu incliné, terrasses, herbeux
Tarif : 🔲 12 € – pers. suppl. 5 €
🚐 1 borne
Pour s'y rendre : Au NO du bourg, accès par place de l'Église

Nature : 🔊 ≪ ♀
Loisirs : 🛶
Services : 👥 ⚓ 🏧 🗄 ⊛ 🔲 sèche-linge

▲ **Xokoan** Permanent
⌀ 05 59 29 90 26, Fax 05 59 29 73 82 – **R**
0,6 ha (30 empl.) plat, peu incliné, herbeux
Tarif : 🔲 14,50 € ⚡ (10A) – pers. suppl. 5 €
Location ✖ : 2 🚐 (4 à 6 pers.) à 350 €/sem. – 6 ⤵
🚐 1 borne 5 €
Pour s'y rendre : 2,5 km au SO de Dancharia puis à gauche avant la douane, bord d'un ruisseau (frontière)

Nature : 🔊 ♨
Loisirs : 🍽 ✖ 🛶
Services : 👥 ⚓ 🏧 🗄 ⊛ ♨ 🔲 sèche-linge ♻
À prox. : 🛒

ANGLET

✉ 64600 – **342** C2 – G. Aquitaine – 35 263 h. – alt. 20

🛈 *Office de tourisme, 1, avenue de la Chambre d'Amour* ℰ 05 59 03 77 01, Fax 05 59 03 55 91

Paris 773 – Bordeaux 187 – Pamplona 108 – Donostia-San Sebastián 51 – Pau 117.

🏕 **Camping de Parme** avr.-oct.

ℰ 05 59 23 03 00, *campingdeparme@wanadoo.fr*,
www.campingdeparme.com – **R** indispensable
3,5 ha (197 empl.) en terrasses, plat, peu incliné, herbeux,
gravier
Tarif : 🔲 27,80 € – pers. suppl. 6 € – frais de réservation 17 €

Location 🏠 : 26 🛖 (2 à 4 pers.) 210 à 470 €/sem. – 20
🛖 (4 à 6 pers.) 250 à 680 €/sem. – 14 🛖 (4 à 6 pers.)
330 à 830 €/sem.

Pour s'y rendre : 2 allée Etchecopar, quartier Brindos, près
de l'aéroport

| Nature : 🏞 ⚲⚲ |
| Loisirs : 🍴 snack 🎬 🏄 🚲 🏊 terrain omnisports |
| Services : 🚿 ⚡ GB 🖊 🗑 ⚤ 🧺 🛒 sèche-linge 🗜 🌡 |

⛺ **Fontaine-Laborde**

ℰ 05 59 03 48 16, Fax 05 59 03 11 72, *www.fontaine-la
borde.com* 🏊
1 ha (99 empl.) plat, herbeux, terrasse, sablonneux

Pour s'y rendre : Allée Fontaine-Laborde, à 300 m de la plage

À savoir : Fréquenté en majorité par jeunes surfeurs –
réservé aux tentes

| Nature : ⚲ |
| Loisirs : 🍴 snack |
| Services : 🗑 ⚤ 🗜 |

ARAMITS

✉ 64570 – **342** H6 – G. Aquitaine – 653 h. – alt. 293

Paris 829 – Mauléon-Licharre 27 – Oloron-Ste-Marie 15 – Pau 49 – St-Jean-Pied-de-Port 61.

🏕 **Barétous-Pyrénées** 28 janv.-4 nov.

ℰ 05 59 34 12 21, *atso64@hotmail.com*, Fax 05 59 34 67 19,
www.camping-baretous-pyrenees.com – **R** conseillée
2 ha (50 empl.) plat, herbeux
Tarif : 🔲 24 € ⚡ (10A) – pers. suppl. 4,50 €

Location : 10 🛖 (4 à 6 pers.) 200 à 495 €/sem. – 3
bungalows toilés

Pour s'y rendre : Sortie O par D 918, rte de Mauléon-
Licharre, bord du Vert de Barlanes

| Nature : 🏞 🏞 ⚲⚲ |
| Loisirs : 🍴 snack 🎬 🏄 🚲 🏊 |
| Services : 🚿 ⚡ GB 🖊 🎵 🗑 ⚤ 🛒 🌡 |

ASCAIN

✉ 64310 – **342** C4 – G. Aquitaine – 3 097 h. – alt. 24

🛈 *Office de tourisme, rue Ernest Fourneau* ℰ 05 59 54 00 84

Paris 791 – Biarritz 23 – Cambo-les-Bains 26 – Hendaye 18 – Pau 135 – St-Jean-de-Luz 7.

🏕 **Zélaïa** (location exclusive de 7 chalets et de 6 mobile homes)

ℰ 05 59 54 02 36, *campingzelaia@wanadoo.fr*,
Fax 05 59 54 03 62, *www.zelaia-mabilhome.fr.st*
– **R** conseillée
2,4 ha plat

Location : 🛖 – 🛖

Pour s'y rendre : 2,5 km à l'O sur D 4 rte d'Urrugne (et du
Col d'Ibardin)

| Nature : ⚲⚲ |
| Loisirs : 🍴 🎬 🏄 🏊 |
| Services : 🚿 ⚡ 🍽 🗑 🌡 |

LA-BASTIDE-CLAIRENCE

✉ 64240 – **342** E4 – G. Aquitaine – 881 h. – alt. 50

🛈 *Office de tourisme, maison Darrieux* ℰ 05 59 29 65 05

Paris 767 – Bayonne 26 – Hasparren 9 – Peyrehorade 29 – Sauveterre-de-Béarn 40.

🏕 **Les Collines Iduki** (location exclusive de 34

maisonnettes) Permanent
ℰ 05 59 70 20 81, *iduki@iduki.net*, Fax 05 59 70 20 25,
www.iduki.net
2,5 ha en terrasses

Location : 🛖 (4 à 6 pers.) 240 à 1 400 €/sem.

Pour s'y rendre : Au bourg

| Nature : 🏞 ≤ ⚲⚲ |
| Loisirs : 🍴 🎬 🏄 🏊 |
| Services : 🚿 🅿 GB 🖊 🗑 |
| À prox. : ✖ |

LA-BASTIDE-CLAIRENCE

△ **Les Chalets de Pierretoun** (location exclusive de 28 chalets)
℘ 05 59 29 68 88, *www.chalets-de-pierretoun.com*
– R conseillée
5 ha en terrasses, herbeux
Location : 🏠
Pour s'y rendre : SE : 10 km par D 123, à Pessarou

Nature : 🦆 ♉
Loisirs : 🛏 🛝
Services : ⊙ 🖥

BAUDREIX

✉ 64800 – 342 K5 – 473 h. – alt. 245 – Base de loisirs
Paris 791 – Argelès-Gazost 39 – Lourdes 26 – Oloron-Ste-Marie 48 – Pau 17 – Tarbes 40.

▲▲▲ **Les Ôkiri** avr.-sept.
℘ 05 59 92 97 73, *les-okiri@wanadoo.fr*, Fax 05 59 13 93 77
– R conseillée
20 ha/2 campables (60 empl.) plat, herbeux
Tarif : (Prix 2005) 🔳 21,40 € [⚡] (16A) – pers. suppl. 4,50 €
Location (permanent) 🐾 🅿 (chalets) : 3 🛏 (2 à 4 pers.) 180 à 380 €/sem. – 5 🛖 (4 à 6 pers.) 218 à 550 €/sem. – 24 🏠 (4 à 6 pers.) 228 à 670 €/sem. – ⛺
❲🅱 1 borne 2,20 €
Pour s'y rendre : À la base de loisirs

Nature : 🦆 ← 🛖 ♉ △
Loisirs : 🍷 ✗ 🚣 🐎 🛝 🚣 canoë, pédalos, sports en eaux vives, mur d'escalade, terrain omnisports
Services : ♿ ⊙ 🅶🅱 🖉 🖥 @ 🧺 🖥 🚿
À prox. : 🚲

We recommend that you consult the up to date price list posted at the entrance of the site.
Inquire about possible restrictions.
The information in this Guide may have been modified since going to press.

BIARRITZ

✉ 64200 – 342 C4 – G. Aquitaine – 30 055 h. – alt. 19
🅱 Office de tourisme, square d'Ixelles - Javalquinto ℘ 05 59 22 37 00, Fax 05 59 24 14 19
Paris 772 – Bayonne 9 – Bordeaux 190 – Pau 122 – San Sebastian 47.

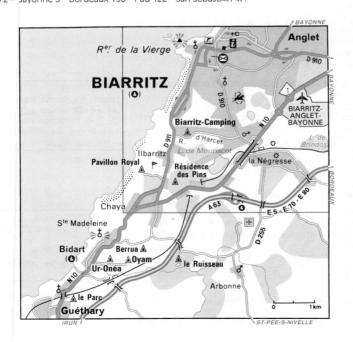

BIARRITZ

▲▲ **Biarritz-Camping** 6 mai-16 sept.
℘ 05 59 23 00 12, *biarritz.camping@wanadoo.fr*,
Fax 05 59 43 74 67, *www.biarritz.camping.fr* – **R** conseillée
⤴
3 ha (190 empl.) plat et peu incliné, terrasses, herbeux
Tarif : (Prix 2005) ▣ 19,90 € ⚡ (6A) – pers. suppl. 4,20 € –
frais de réservation 15 €
Location : 32 ⟦⟧ (4 à 6 pers.) 215 à 580 €/sem.
Pour s'y rendre : 28 rue d'Harcet

| Nature : ♀♀(peupleraie) |
| Loisirs : ▼ snack jacuzzi ⛹ ⤢ |
| Services : ⚊ ⟿ GB ⟲ 🗑 ♨ ⊛ 🖳 |
| sèche-linge ⟐ ⤸ |
| À prox. : ⤢ golf (18 trous) |

BIDART

✉ 64210 – ▨▨▨ C2 – G. Aquitaine – 4 670 h. – alt. 40
🛈 *Office de tourisme, rue d'Erretegia* ℘ *05 59 54 93 85, Fax 05 59 54 70 51*
Paris 783 – Bordeaux 196 – Pau 119 – Bayonne 13 – Anglet 9.

Schéma à Biarritz

▲▲ **Berrua** avr.-8 oct.
℘ 05 59 54 96 66, *contact@berrua.com*, Fax 05 59 54 78 30,
www.berrua.com – **R** conseillée
5 ha (270 empl.) peu incliné et en terrasses, herbeux
Tarif : ▣ 33,70 € ⚡ (6A) – pers. suppl. 5,90 € – frais de
réservation 30 €
Location : 110 ⟦⟧ (4 à 6 pers.) 264 à 910 €/sem. – 10
⌂ (4 à 6 pers.) 342 à 882 €/sem.
⟦⟧ 1 borne
Pour s'y rendre : 0,5 km à l'E par rte d'Arbonne
À savoir : Cadre soigné et fleuri

| Nature : ▭ ♀♀ |
| Loisirs : ▼ snack, pizzeria ▥ ⤸ ⤢ |
| hammam ⛹ ⛳ ⚻ ✗ ⤢ ⤢ |
| Services : ⚊ ⟿ GB ⟲ M 🗑 ♨ ⤸ |
| 🖳 sèche-linge ⟐ ⤸ |

▲▲ **Résidence des Pins** 13 mai-sept.
℘ 05 59 23 00 29, *contact@campingdespins.com*,
Fax 05 59 41 24 59, *www.campingdespins.com* – **R** indispensable
6 ha (400 empl.) en terrasses, peu incliné, herbeux,
sablonneux
Tarif : ▣ 29 € ⚡ (10A) – pers. suppl. 5,70 € – frais de réservation 30 €
Location ⤴ : 34 ⟦⟧ (4 à 6 pers.) 266 à 700 €/sem. – 46
⌂ (4 à 6 pers.) 280 à 735 €/sem.
⟦⟧ 1 borne 29 €
Pour s'y rendre : 2 km au N
À savoir : Belle décoration florale

| Nature : ▭ ♀♀ |
| Loisirs : ▼ snack, pizzeria ▥ ⤸ |
| diurne ⛹ ⛹ ✗ ⤢ école de surf |
| Services : ⚊ ⟿ GB ⟲ ♨ 🗑 ⊛ ⤸ |
| 🖳 sèche-linge ⟐ ⤸ |
| À prox. : ⤢ ⤢ golf (18 trous), disco-
| thèque |

▲▲ **Le Ruisseau** (location exclusive de 100 mobile homes) 29
avr.-18 sept.
℘ 05 59 41 94 50, *françoise.dumont3@wanadoo.fr*,
Fax 05 59 41 95 73, *www.camping-le-ruisseau.fr* – empl. traditionnels également disponibles – **R** conseillée
15 ha/7 campables plat et en terrasses, herbeux
Location : ⟦⟧ (4 à 6 pers.) 200 à 740 €/sem.
⟦⟧ 1 borne
Pour s'y rendre : 2 km à l'E par rte d'Arbonne, bord de
l'Ouhabia et d'un ruisseau
À savoir : Bel espace aquatique

| Nature : ▭ ♀♀ |
| Loisirs : ▼ cafétéria, pizzeria ▥ ⤸ |
| ⛹ ⤢ ⥰ jacuzzi ⛹ ⛳ ✗ ⤢ |
| ▣ ⤢ ⟐ ⤸ parcours de santé |
| Services : ⚊ ⟿ GB ⟲ ♨ ⤸ 🖳 |
| sèche-linge ⟐ ⤸ |

▲▲ **Pavillon Royal** 15 mai-25 sept.
℘ 05 59 23 00 54, *info@pavillon-royal.com*,
Fax 05 59 23 44 47, *www.pavillon-royal.com* – **R** indispensable ⤴
5 ha (303 empl.) plat et en terrasses, sablonneux, herbeux
Tarif : ▣ 41 € ⚡ (5A) – pers. suppl. 8 € – frais de réservation 25 €
⟦⟧ 1 borne
Pour s'y rendre : 2 km au N, av. Prince-de-Galles, bord de
la plage
À savoir : Situation privilégiée entre golf, château et océan

| Nature : ⤢ ⟨ ▭ ♀ ⛰ |
| Loisirs : ▼ ✗ pizzeria ▥ ⛹ ⤢ |
| Services : ⚊ ⟿ ⒫ (tentes) GB ⟲ |
| 🗑 ♨ ⊛ ⟐ ⥰ ⤸ 🖳 ⟐ ⤸ |
| À prox. : ⤢ ⤢ ⤢ golf (18 trous),
| discothèque |

148

▲▲▲ **Ur-Onea** 8 avr.-16 sept.
    ℰ 05 59 26 53 61, *uronea@wanadoo.fr*, Fax 05 59 26 53 94,
www.uronea.com – **R** conseillée
5 ha (280 empl.) peu incliné et en terrasses, herbeux,
sablonneux
Tarif : (Prix 2005) 🄴 26,50 € ⚡ (10A) – pers. suppl. 4,50 € –
frais de réservation 23,50 €
Location (11 fév.-7 oct.) 🏖 : 49 ⛺ **(4 à 6 pers.) 200 à**
6 0 €/sem. – 5 🏠 (4 à 6 pers.) 285 à 660 €/sem.
Pour s'y rendre : 0,3 km à l'E, rue de la Chapelle, à 500 m
de la plage

Nature : 🔊🔊
Loisirs : 🍹 pizzeria, snack 🖼 🎯
🏊
Services : 🅰 ⚊ (juin-sept.) ☎ 🚗
Ⓜ 🍴 ⊕ 🚿 🗑 🍳 sèche-linge ⚗
cases réfrigérées, réfrigérateurs

▲▲▲ **Le Parc** juin-18 sept.
    ℰ 05 59 26 54 71, *info@camping-leparc.com*,
Fax 05 59 26 54 71, *www.camping-leparc.com* – **R** indispensable
3 ha (200 empl.) en terrasses, herbeux
Tarif : 🄴 23,50 € ⚡ (10A) – frais de réservation 28 €
Location 🏖 : **16** ⛺ **(4 à 6 pers.) 250 à 550 €/sem. –**
pavillons
🗑, 1 borne
Pour s'y rendre : 1,2 km au S, à 400 m de la plage

Nature : 🔊🔊
Loisirs : 🍹 🖼 🎯 🏊
Services : 🅰 ⚊ ☎ 🚗 Ⓜ 🍴 🚿 🗑
⊕ 🗑

▲▲▲ **Oyam** juin-sept.
    ℰ 05 59 54 91 61, *accueil@camping-oyam.com*,
Fax 05 59 54 91 61, *www.camping-oyam.com* – **R** conseillée
5 ha (230 empl.) plat, peu incliné, terrasses, herbeux
Tarif : (Prix 2005) 🄴 26,65 € ⚡ (3A) – pers. suppl. 4,80 €
Location (avr.-sept.) : **50** ⛺ **(4 à 6 pers.) 220 à**
550 €/sem. – 20 🏠 (4 à 6 pers.) 235 à 740 €/sem. – 14
appartements – bungalows toilés
Pour s'y rendre : 1 km à l'E par rte d'Arbonne puis rte à dr.

Nature : 🌳 🔊🔊(peupleraie)
Loisirs : 🍹 snack 🖼 🎯 🏓 🏊
Services : 🅰 ⚊ 🚗 🚿 🗑 ⊕ 🗑 ⚗

*En juillet et août, beaucoup de terrains sont saturés
et leurs emplacements retenus longtemps à l'avance.
N'attendez pas le dernier moment pour réserver.*

BUNUS

✉ 64120 – 🆖 F5 – 139 h. – alt. 186
Paris 820 – Bayonne 61 – Hasparren 38 – Mauléon-Licharre 22 – St-Jean-Pied-de-Port 21 – St-Palais 21.

▲ **Inxauseta** 20 juin-août
    ℰ 05 59 37 81 49, Fax 05 59 37 81 49, *www.inxauseta.com*
– **R** conseillée
0,8 ha (40 empl.) peu incliné, terrasses, herbeux
Tarif : 👤 3,30 € 🄴 3,30 € ⚡ (5A) 2 €
Pour s'y rendre : Au bourg, près de l'église
À savoir : Belles salles de détente dans une ancienne mai-
son basque rénovée

Nature : 🏞 ≤ 🔊🔊
Loisirs : 🖼
Services : ⚊ 🚗 ⊕

CAMBO-LES-BAINS

✉ 64250 – 🆖 D4 – G. Aquitaine – 4 416 h. – alt. 67 – ♨ (fin février-mi déc.)
🅑 *Syndicat d'initiative, avenue de la Mairie* *ℰ* 05 59 29 70 25, Fax 05 59 29 90 77
Paris 783 – Bayonne 20 – Biarritz 21 – Pau 115 – St-Jean-de-Luz 31 – St-Jean-Pied-de-Port 35 – San Sebastion 62.

▲ **Bixta-Eder** 15 avr.-15 oct.
    ℰ 05 59 29 94 23, *camping.bixtaeder@wanadoo.fr*,
Fax 05 59 29 23 70, *www.camping.bixtaeder.com*
– **R** conseillée
1 ha (90 empl.) plat et peu incliné, herbeux, gravier
Tarif : 🄴 18 € ⚡ (10A) – pers. suppl. 3,90 €
Pour s'y rendre : 1,3 km au SO par D 918, rte de St-Jean-
de-Luz

Nature : 🌳 🔊🔊
Loisirs : 🖼
Services : 🅰 ⚊ (juin-sept.) ☎ 🚗
🍴 🚿 ⊕ 🗑 sèche-linge
À prox. : 🍴 🏊

ESLOURENTIES-DABAN

✉ 64420 – **342** L5 – 193 h. – alt. 385
Paris 776 – Aire-sur-l'Adour 54 – Auch 59 – Mirande 59 – Pau 27 – Tarbes 24.

△ **Municipal les Noisetiers** juin-sept.
  𝄞 05 59 04 15 84, *camping-eslou@wanadoo.fr*,
  Fax 05 59 04 15 84 – **R** conseillée
  1 ha (20 empl.) plat, herbeux
  Tarif : ✹ 3 € 🔲 5 € 🔌 2,50 €
  Pour s'y rendre : Au Nord-Ouest du bourg

Nature : 🏞 ♀♀
Loisirs : 🏠 ✗
Services : ⚹ ⚷ 🐕 ⊛
À prox. : 🐎

HASPARREN

✉ 64240 – **342** E4 – G. Aquitaine – 5 477 h. – alt. 50
🛈 *Office de tourisme, 2, place Saint-Jean* 𝄞 *05 59 29 62 02, Fax 05 59 29 13 80*
Paris 783 – Bayonne 24 – Biarritz 34 – Cambo-les-Bains 9 – Pau 106.

△ Chapital
  𝄞 05 59 29 62 94, Fax 05 59 29 69 71 – **R** conseillée
  2,5 ha (138 empl.) plat, en terrasses, peu incliné, herbeux
  Location : 5 🏠 – 3 studios
  Pour s'y rendre : 0,5 km à l'O par D 22 rte de Cambo-les-Bains

Nature : ♀♀
Loisirs : 🏠
Services : ⚹ ⚷ 🔲 ⊛ 🖥
À prox. : 🛒

The Guide changes, so renew your Guide every year.

HENDAYE

✉ 64700 – **342** B4 – G. Aquitaine – 12 596 h. – alt. 30
🛈 *Office de tourisme, 12, rue des Aubépines* 𝄞 *05 59 20 00 34, Fax 05 59 20 79 17*
Paris 799 – Biarritz 31 – Pau 143 – St-Jean-de-Luz 12 – San Sebastian 21.

à la Plage N : 1 km

🜂 **Ametza** juin-sept.
  𝄞 05 59 20 07 05, *ametza@neuf.fr*, Fax 05 59 20 32 16,
  www.camping.ametza.com – **R** conseillée
  4,5 ha (300 empl.) en terrasses, plat, peu incliné, herbeux
  Tarif : (Prix 2005) 🔲 23,60 € 🔌 (6A) – pers. suppl. 4,60 € –
  frais de réservation 12 €
  Location (23 avr.-15 oct.) : 30 🛖 (4 à 6 pers.) 250 à
  640 €/sem. – 6 🏠 (4 à 6 pers.) 340 à 610 €/sem.
  Pour s'y rendre : 1 km à l'E, rue de l'Empereur

Nature : ♀♀ (peupleraie)
Loisirs : 🍸 snack 🏠 ⚡ ⚡ ✗ ♒
Services : ⚹ ⚷ ⊟ 🐕 🔲 🔥 ⊛ 🖥
sèche-linge ♨ 🚿

La Corniche
℘ 05 59 20 06 87, *campingdelacorniche@wanadoo.fr*,
Fax 05 59 20 06 87, *www.camping-corniche.com*
– **R** conseillée
5 ha (268 empl.) en terrasses, plat et peu incliné, herbeux,
bois attenant
Location ⌀ : 5 ⫴
Pour s'y rendre : 3 km au NE par D 912 et chemin à dr.
(hors schéma)

Nature : ⌘ ♀♀
Loisirs : ♟ snack, pizzeria ⚐ ♨
✂ ⌘
Services : ⚄ ⊶ ⌸ ♨ ⚒ ⊕ ⊞
sèche-linge ⚲

Eskualduna 15 juin-sept.
℘ 05 59 20 04 64, Fax 05 59 20 69 28, *www.camping-es
kualduna.fr* – **R** conseillée
10 ha (285 empl.) plat, incliné et en terrasses, herbeux
Tarif : ⊟ 25 € – pers. suppl. 5 € – frais de réservation 20 €
Location (mai-oct.) : 50 ⫴ (4 à 6 pers.) 180 à
635 €/sem.
Pour s'y rendre : 2 km à l'E, bord d'un ruisseau

Nature : ♀♀♀
Loisirs : ♟ snack ⚐ ⚘ ♨ ♨ ⌘
Services : ⊶ GB ⚲ ⌸ ♨ ⊕ ♨ ⚲ ⚲
⚲ ⊞ ⚒ ⚲ réfrigérateurs
À prox. : navettes gratuites pour les
plages

Dorrondeguy avr.-1er nov.
℘ 05 59 20 26 16, *camping.dorrondeguy@wanadoo.fr*,
Fax 05 59 20 26 16, *www.camping-dorrondeguy.com* – **R**
4 ha (120 empl.) terrasse, plat, peu incliné, herbeux
Tarif : ⊟ 23,50 € – pers. suppl. 5 €
Location (permanent) ⌀ : 23 ⫴ (4 à 6 pers.) 215 à
630 €/sem. – 5 ⌂ (4 à 6 pers.) 270 à 690 €/sem. –
bungalows toilés
Pour s'y rendre : 5 km au NE par D 912 et D 658 à dr., rte
de la Glaciére

Nature : ⌘ ⊡ ♀♀
Loisirs : ♟ ⚐ ♨ ⌘ fronton pe-
lote basque
Services : ⚄ ⊶ GB ⚲ ⌸ ♨ ⊕ ⊞
⚲

Alturan juin-sept.
℘ 05 59 20 04 55, *www.camping-alturan.com* – **R**
4 ha (299 empl.) en terrasses, herbeux
Tarif : ⊟ 25,30 € ⚡ (10A) – pers. suppl. 5,80 €
Pour s'y rendre : Rue de la Côte, à 100 m de la plage

Nature : ♀♀
Loisirs : ♟ snack ⚐
Services : ⊶ ℗ (tentes) ⚲ ⌸ ♨
⊕ ⚲ ⊞ ⚒ ⚲

151

IHOLDY

✉ 64640 - ⁅342⁆ E5 – G. Aquitaine – 412 h. – alt. 135
Paris 800 - Bayonne 41 – Cambo-les-Bains 26 – Hasparren 18 – St-Jean-Pied-de-Port 22 – St-Palais 19.

Municipal Ur-Alde juil.-août
℘ 05 59 37 61 99, *iholdy@wanadoo.fr* – **R**
1,5 ha (47 empl.) plat et peu incliné, herbeux
Tarif : ✹ 1,90 € ⇌ 1 € ⊟ 3 € ⚡ 2,60 €
Pour s'y rendre : Sortie E, rte de St-Palais et chemin à dr.,
bord d'un plan d'eau

Nature : ⌘ ♀♀
Loisirs : ⚲
Services : ⚲ ⊕ ⚲

ITXASSOU

✉ 64250 – ⁅342⁆ D5 – G. Aquitaine – 1 770 h. – alt. 39
Paris 787 – Bayonne 24 – Biarritz 25 – Cambo-les-Bains 5 – Pau 119 – St-Jean-de-Luz 34 –
St-Jean-Pied-de-Port 32.

Hiriberria 15 fév.-15 déc.
℘ 05 59 29 98 09, *hiriberria@wanadoo.fr*,
Fax 05 59 29 20 88 – **R** conseillée
4 ha (228 empl.) plat, en terrasses, peu incliné, herbeux
Tarif : ⊟ 18 € ⚡ (5A) – pers. suppl. 5 €
Location : 15 ⫴ (4 à 6 pers.) 195 à 555 €/sem. – 10 ⌂
(4 à 6 pers.) 295 à 555 €/sem.
⫴ 1 borne 3,50 €
Pour s'y rendre : 1 km au NO par D 918, rte de Cambo-les-
Bains et chemin à dr.
À savoir : Agréable petit village de chalets

Nature : ≤ ⊡ ♀♀(peupleraie)
Loisirs : ⚐ ♨ ⌘
Services : ⚄ ⊶ GB ⚲ ⍖ ⌸ ♨ ⊕
♨ ⚲ ⊞

LAÀS

✉ 64390 – 342 G4 – G. Aquitaine – 125 h. – alt. 75
Paris 789 – Oloron-Ste-Marie 33 – Orthez 19 – Pau 54 – St-Jean-Pied-de-Port 55 – Sauveterre-de-Béarn 9.

⚠ **St-Jacques** Permanent
  ☎ 05 59 38 59 62, *jean-pierre.biensan@wanadoo.fr*,
  Fax 05 59 66 19 45, *arts-vacances.com* – **R** conseillée
  1 ha (20 empl.) plat, herbeux
  Tarif : 🔲 10,50 € – pers. suppl. 3,50 €
  🚐 1 borne 2,50 €
  Pour s'y rendre : À l'Ouest du bourg
  À savoir : Ensemble soigné et très verdoyant

| Nature : 🐟 🚃 ⵚ |
| Loisirs : 🍴 ✂ |
| Services : 🚹 ⚓ 🚲 🔲 ⊕ 📶 |

LARRAU

✉ 64560 – 342 G4 – 214 h. – alt. 636
Paris 840 – Bordeaux 254 – Pamplona 110 – Donostia-San Sebastián 142 – Pau 74.

⚠ **Les Chalets d'Iraty** (location exclusive de 40 chalets)
  Permanent
  ☎ 05 59 28 51 29, *chalets.diraty@wanadoo.fr*,
  Fax 05 59 28 72 38, *www.chaletsdiraty.com* – alt. 1 327
  – **R** conseillée
  2 000 ha/4 campables plat, incliné, herbeux, pierreux
  Location 🅿 (hiver) : 🏠 (4 à 6 pers.) 280 à 316 €/sem.
  Pour s'y rendre : 11 km à l'O par D 19, rte d'Iraty, au Col
  Bagargui
  À savoir : Implantés dans la forêt d'Iraty

| Nature : 🐟 ⵚⵚ |
| Loisirs : 🍴 ✗ 🚲 ✂ |
| Services : ⚓ GB 🚲 🔲 📶 ⊕ 🛒 |
| À prox. : 🎿 🐎 ski de fond |

⚠ **Camping d'Iraty** juin-oct.
  ☎ 05 59 28 51 29, *chalets.diraty@wanadoo.fr*,
  Fax 05 59 28 72 38, *www.chaletsdiraty.com* – alt. 1 000
  – **R** conseillée
  5 ha (70 empl.) non clos, plat, incliné, herbeux, pierreux
  Tarif : (Prix 2005) 👤 2,60 € 🚗 1,70 € 🔲 4,15 € (½) 2,30 €
  Location (permanent) : 4 🏠
  Pour s'y rendre : 13 km à l'O par D 19, rte d'Iraty
  À savoir : Dans la fôret d'Iraty GR 10

| Nature : 🐟 ⵚⵚ |
| Loisirs : 🎣 |
| Services : ⚓ GB 🚲 🔲 ⊕ 🏊 |

LARUNS

✉ 64440 – 342 J7 – 1 425 h. – alt. 523
🛈 *Office de tourisme, Maison de la Vallée d'Ossau* ☎ 05 59 05 31 41, *Fax 05 59 05 35 49*
Paris 811 – Argelès-Gazost 49 – Lourdes 51 – Oloron-Ste-Marie 34 – Pau 39.

⚠ **Les Gaves** Permanent
  ☎ 05 59 05 32 37, *campingdesgaves@wanadoo.fr*,
  Fax 05 59 05 47 14, *www.campingdesgaves.com* – places limitées pour le passage – **R** conseillée
  2,4 ha (101 empl.) plat, herbeux, gravier
  Tarif : (Prix 2005) 👤 3,70 € 🔲 9,60 € (½) (10A) 7,30 € – frais
  de réservation 17 €
  Location ✂ 🅿 (chalets) : 6 🏠 (4 à 6 pers.) 301 à
  588 €/sem. – 5 🏠 (4 à 6 pers.) 336 à 651 €/sem. – 5
  appartements – gîtes
  Pour s'y rendre : 1,5 km au SE par rte du col d'Aubisque et
  chemin à gauche, bord du Gave d'Ossau

| Nature : ✼ 🐟 ⌁ 🚃 ⵚⵚ |
| Loisirs : 🍴 🔲 🚣 |
| Services : ⚓ GB 🚲 🔲 ⊕ 🏊 🚿 📶 |

Des vacances réussies sont des vacances bien préparées !
Ce guide est fait pour vous y aider... mais :
– N'attendez pas le dernier moment pour réserver
– Évitez la période critique du 14 juillet au 15 août
Pensez aux ressources de l'arrière-pays,
à l'écart des lieux de grande fréquentation.

LESCUN

✉ 64490 – 🔲🔲 I7 – G. Aquitaine – 203 h. – alt. 900
Paris 846 – Lourdes 89 – Oloron-Ste-Marie 37 – Pau 70.

⛺ **Le Lauzart** mai-25 sept.
𝒫 05 59 34 51 77, *campinglauzart@wanadoo.fr*,
Fax 05 59 34 77 99 – ℞
1 ha (50 empl.) plat et peu incliné, en terrasses, pierreux,
herbeux
Tarif : ★ 2,50 € ⇔ 1,20 € 🔲 4 € (½) (10A) 2,80 €
🚐, 1 borne
Pour s'y rendre : SO : 1,5 km par D 340
À savoir : Cadre sauvage et montagnard

Nature : ⬡ ≤ ⬡
Services : ♿ ⇌ ⚲ ⧈ ♨ ⚙ ⊕ 🗑
🗑

LESTELLE-BÉTHARRAM

✉ 64800 – 🔲🔲 K6 – 786 h. – alt. 299
🅑 *Office de tourisme, Mairie* 𝒫 05 59 61 93 59, Fax 05 59 91 99 19
Paris 801 – Laruns 35 – Lourdes 17 – Pau 28.

⛺ **Le Saillet** 15 juin-15 sept.
𝒫 05 59 71 98 65, *info@tempslibre-vacances.com*,
Fax 05 59 71 98 65, *www.tempslibre-vacances.com*
– ℞ conseillée
4 ha (90 empl.) plat, herbeux
Tarif : 🔲 13,30 € (½) (5A) – pers. suppl. 3,30 € – adhésion
obligatoire 28 €
Location (permanent) : 🏠 (4 à 6 pers.) 250 à
627 €/sem.
Pour s'y rendre : Au bourg, au bord du Gave de Pau

Nature : ⬡ ⌑ 00
Services : ♿ ⇌ ⚲ ⊡ ⊕ 🗑
À prox. : ⛵ ⚜ ↗ 🏇 sports en
eaux vives

Benutzen Sie
– zur Wahl der Fahrtroute
– zur Berechnung der Entfernungen
– zur exakten Lokalisierung eines Campingplatzes (mit Hilfe der Angaben im Ortstext)
*die für diesen Führer unentbehrlichen **MICHELIN-Karten** im Ma1 : 150 000.*

153

MAULÉON-LICHARRE

✉ 64130 – 🔲🔲 G5 – G. Aquitaine – 3 347 h. – alt. 140
🅑 *Office de tourisme, 10, rue Doct Jean-Baptiste Heugas* 𝒫 05 59 28 02 37, Fax 05 59 28 02 21
Paris 802 – Oloron-Ste-Marie 31 – Orthez 39 – Pau 60 – St-Jean-Pied-de-Port 40 – Sauveterre-de-Béarn 25.

⛰ **Uhaitza le Saison** mars-15 nov.
𝒫 05 59 28 18 79, *camping.uhaitza@wanadoo.fr*,
Fax 05 59 28 06 23, *www.camping.uhaitza.com* – ℞ conseil-
lée
1 ha (50 empl.) plat, herbeux
Tarif : ★ 4,10 € ⇔ 2,50 € 🔲 4,10 € (½) (10A) 4,70 €
Location (permanent) 🛏 : 2 🚐 (4 à 6 pers.) 237 à
480 €/sem. – 5 🏠 (4 à 6 pers.) 275 à 520 €/sem.
🚐, 1 borne
Pour s'y rendre : 1,5 km au S par D 918 rte de Tardets-
Sorholus, bord du Saison

Nature : ⬡ ⌑ 00
Loisirs : ▾ ⛴ ⛵ ≈ ⤢
Services : ♿ ⇌ ⚲ ⊡ ♨ ⚙ ⊕ ⚱
⚒ 🗑

⛺ **Aire Naturelle la Ferme Landran** 8 avr.-sept.
𝒫 05 59 28 19 55, *landran@wanadoo.fr*, Fax 05 59 28 23 20,
www.gites64.com/la-ferme-landran – ℞ conseillée
1 ha (25 empl.) incliné et en terrasses, herbeux
Tarif : 🔲 11,30 € – pers. suppl. 2 €
Location (permanent) 🛏 : 2 🏠 (4 à 6 pers.) 230 à
310 €/sem. – gîte d'étape
Pour s'y rendre : 4,5 km au SO par D 918, rte de St-Jean-
Pied-de-Port puis 1,5 km par chemin de Lambarre à dr.
À savoir : Camping à la ferme

Nature : ⬡ ≤ ⬡
Loisirs : ⛴ ⛵
Services : ♿ ⇌ ⚲ ⊡ ⊕ 🗑

MONTORY

☒ 64470 – 🔢 H4 – 349 h. – alt. 350
Paris 827 – Bordeaux 241 – Pamplona 121 – Pau 56 – Irun / Irún 125.

⚠ **Les Chalets de Soule** (location exclusive de 15 mobile homes) Permanent
  ℘ 05 59 28 53 28, *leschaletsdesoule@wanadoo.fr*, *www.leschaletsdesoule.com* – **R** conseillée
  2 ha plat, herbeux
  Location 🅿 : 🚐 (4 à 6 pers.) 210 à 450 €/sem.
  Pour s'y rendre : 15 km au SE par D 26, rte de Tardets et D 918 rte d'Oloron-Ste-Marie

| Nature : 🌿 🏕 ⌗ |
| Loisirs : 🏃 ♒ m |
| Services : ⚬ 🐕 ▥ ▣ |
| À prox. : ✗ quad |

NAVARRENX

☒ 64190 – 🔢 H5 – G. Aquitaine – 1 133 h. – alt. 125
🛈 *Office de tourisme, place des Casernes* ℘ 05 59 66 14 93, Fax 05 59 66 54 80
Paris 787 – Oloron-Ste-Marie 23 – Orthez 22 – Pau 43 – St-Jean-Pied-de-Port 62 – Sauveterre-de-Béarn 22.

⚠ **Beau Rivage** 15 mars.-15 oct.
  ℘ 05 59 66 10 00, *curtisrw@free.fr*, *www.beaucam ping.com* – **R** conseillée
  2 ha (60 empl.) plat, en terrasses, herbeux
  Tarif : ▣ 16 € 🔌 (8A) – pers. suppl. 3,40 €
  Location : chalets (sans sanitaires)
  Pour s'y rendre : À l'O du bourg, entre le Gave d'Oloron et les remparts du village

| Nature : ≤ ⌗ ♀ |
| Loisirs : 🏃 |
| Services : ⚬ 🐕 GB ▥ ▣ ☺ ▣ |
| À prox. : ✗ ⏛ ♒ |

Benutzen Sie
– zur Wahl der Fahrtroute
– zur Berechnung der Entfernungen
– zur exakten Lokalisierung eines Campingplatzes (mit Hilfe der Angaben im Ortstext)
*die für diesen Führer unentbehrlichen **MICHELIN-Karten** im Ma1 : 150 000.*

154

OLORON-STE-MARIE

☒ 64400 – 🔢 I5 – G. Aquitaine – 10 992 h. – alt. 224
🛈 *Office de tourisme, rue de la Poste* ℘ 05 59 39 98 00
Paris 809 – Bayonne 105 – Dax 83 – Lourdes 58 – Mont-de-Marsan 101 – Pau 34.

⚠ **Le Stade** avr.-sept.
  ℘ 05 59 39 11 26, *camping-du-stade@wanadoo.fr*, Fax 05 59 36 12 01 – **R** conseillée
  5 ha (170 empl.) plat, herbeux
  Tarif : ▣ 17,50 € – pers. suppl. 4 €
  Location (permanent) : 11 🏠 (4 à 6 pers.) 260 à 470 €/sem.
  🚐 1 borne 4 €
  Pour s'y rendre : 4,5 km au S, dir.Saragosse, chemin la Gravette

| Nature : 🌿 ♀ |
| Loisirs : 🍸 ⏛ 🏃 |
| Services : & ⚬ 🐕 ▥ ▣ ☺ ⏚ ⚒ ▣ |
| À prox. : ⏛ snack ✗ 🎯 ♒ ♒ 🏊 |

ORTHEZ

☒ 64300 – 🔢 H4 – G. Aquitaine – 10 121 h. – alt. 55 – Base de loisirs
🛈 *Office de tourisme, rue Bourg-Vieux* ℘ 05 59 69 37 50
Paris 765 – Bayonne 74 – Dax 39 – Mont-de-Marsan 57 – Pau 47.

⚠ **La Source** avr.-oct.
  ℘ 05 59 67 04 81, *jeanmariejeanmarie@wanadoo.fr*, Fax 05 59 67 02 38, *www.camping-orthez.com* – **R** conseillée
  2 ha (31 empl.) plat, en terrasses, herbeux
  Tarif : ✦ 2,70 € 🚗 2 € ▣ 5 € 🔌 2,70 €
  Location : 5 🏠 (4 à 6 pers.) 230 à 430 €/sem.
  Pour s'y rendre : 1,5 km à l'E de la ville sur la rte reliant N 117 (accès conseillé) et D 933, bord d'un ruisseau

| Nature : ♀ |
| Loisirs : 🏃 |
| Services : & ⚬ 🐕 ☺ ⏚ ▣ |
| À prox. : 🎯 |

OSSÈS

⊠ 64780 – 🔲🔲 E5 – 694 h. – alt. 102
Paris 805 – Biarritz 43 – Cambo-les-Bains 23 – Pau 129 – St-Étienne-de-Baïgorry 10 – St-Jean-Pied-de-Port 14.

△ **Aire Naturelle Mendikoa** 15 juin-1er sept.
  𝒫 05 59 37 73 67, Fax 05 59 37 70 29 – croisement difficile
  pour caravanes – **R** conseillée
  1 ha (25 empl.) plat, peu incliné, herbeux
  Tarif : 🔲 8 € (3A) – pers. suppl. 1 €
  Pour s'y rendre : Sortie S par D 918, rte de St-Jean-Pied-
  de-Port puis 1,7 km par chemin à gauche
  À savoir : Sur les terres d'une ferme

Nature : 🔲 ⩽ 🔲🔲
Loisirs : 🔲
Services : 🔲 🔲 🔲

ST-ÉTIENNE-DE-BAÏGORRY

⊠ 64430 – 🔲🔲 D5 – G. Aquitaine – 1 525 h. – alt. 163
🅱 Office de tourisme, place de l'Église 𝒫 05 59 37 47 28, Fax 05 59 37 49 58
Paris 813 – Biarritz 51 – Cambo-les-Bains 31 – Iruëa/Pamplona 72 – Pau 116 – St-Jean-Pied-de-Port 11.

△ **Municipal l'Irouleguy** mars-15 déc.
  𝒫 05 59 37 43 96, Fax 05 59 37 48 20 – **R** indispensable
  1,5 ha (67 empl.) plat, herbeux
  Tarif : 🔲 2,50 € 🔲 2,50 € 🔲 2,50 €
  Pour s'y rendre : Sortie NE par D 15, rte de St-Jean-Pied-
  de-Port et chemin à gauche devant la piscine, bord de la
  Nive
  À savoir : Cadre verdoyant bordé par la rivière

Nature : ⩽ 🔲🔲
Services : 🔲 🔲 🔲 🔲 🔲
À prox. : 🔲 🔲 snack 🔲 🔲

ST-JEAN-DE-LUZ

⊠ 64500 – 🔲🔲 C4 – G. Aquitaine – 13 247 h. – alt. 3
🅱 Office de tourisme, place du Maréchal Foch 𝒫 05 59 26 03 16, Fax 05 59 26 21 47
Paris 785 – Bayonne 24 – Biarritz 18 – Pau 129 – San Sebastian 31.

ST-JEAN-DE-LUZ

ＡＡＡ **Itsas-Mendi** avr.-sept.
  𝒫 05 59 26 56 50, *itsas@wanadoo.fr*, Fax 05 59 26 54 44,
  www.itsas-mendi.com – **R** conseillée
  8,5 ha (472 empl.) en terrasses et incliné, herbeux
  Tarif : 🈺 28,70 € – pers. suppl. 5 € – frais de réserva-
  tion 10 €
  Location 🏖 : 40 🚐 (4 à 6 pers.) 200 à 720 €/sem.
  Pour s'y rendre : 5 km au NE, à 500 m de la plage
  À savoir : Bel espace aquatique

| Nature : 🞈🞈 |
| Loisirs : 🍸 🍴 🎮 🏓 🛶 jacuzzi ⛷ 🚴 ✂ 🛝 ⛵ ecole de surf |
| Services : 🚿 ⚡ 🏧 ᴄⱽ 📷 🛁 🅰 🔲 ♨ 🚰 cases réfrigérées |

ＡＡＡ **Atlantica** 15 mars-sept.
  𝒫 05 59 47 72 44, *camping.atlantica@wanadoo.fr*,
  Fax 05 59 54 72 27, *www.camping.atlantica.com*
  – **R** conseillée
  3,5 ha (200 empl.) plat, en terrasses, herbeux
  Tarif : 🈺 28,50 € – pers. suppl. 5,35 €
  Location 🏖 : 51 🚐 (4 à 6 pers.) 250 à 650 €/sem. – 3
  🏠 (4 à 6 pers.) 320 à 700 €/sem.
  🚐 1 borne
  Pour s'y rendre : 5 km au NE, à 500 m de la plage
  À savoir : Décoration arbustive et florale

| Nature : ⌂ 🞈🞈 |
| Loisirs : 🍸 snack 🍴 🎮 diurne ⛷ 🛶 🛝 terrain omnisports |
| Services : 🚿 ⚡ 🏧 ᴄⱽ 📷 🛁 🅰 ♨ 🚰 🔲 🚰 cases réfrigérées |

ＡＡ **Inter-Plages** avr.-sept.
  𝒫 05 59 26 56 94, *www.campinginterplages.com* – **R**
  2,5 ha (100 empl.) plat, incliné, herbeux
  Tarif : (Prix 2005) 🈺 27,50 € 🔌 (10A) – pers. suppl. 7 €
  Location 🏖 : 10 🚐 (4 à 6 pers.) 300 à 575 €/sem. – 5
  🏠 (4 à 6 pers.) 310 à 615 €/sem.
  🚐 1 borne 4,50 €
  Pour s'y rendre : 5 km au NE, quartier Acotz, à 150 m de la
  plage (accès direct)
  À savoir : Belle situation surplombant l'océan

| Nature : 🌊 ⚓ ⌂ 🞈 |
| Loisirs : 🍴 ⛷ 🚴 🛶 |
| Services : 🚿 ⚡ ᴄⱽ 📷 🛁 🅰 ♨ 🚰 🔲 |
| À prox. : 🚰 🍸 🍴 snack 🚰 🛝 école de surf |

ＡＡ **La Ferme Erromardie** 15 mars-15 oct.
  𝒫 05 59 26 34 26, *contact@camping-erromardie.com*,
  Fax 05 59 51 26 02, *www.camping-erromardie.com*
  – **R** conseillée
  2 ha (176 empl.) plat, herbeux
  Tarif : (Prix 2005) 🈺 23,70 € – pers. suppl. 5,20 €
  Location : 15 🚐 (4 à 6 pers.) 240 à 580 €/sem.
  Pour s'y rendre : 1,8 km au NE, près de la plage

| Nature : ⌂ 🞈🞈 |
| Loisirs : 🍸 snack 🍴 |
| Services : 🚿 ⚡ 🏧 ᴄⱽ 📷 🛁 🅰 ♨ 🔲 🚰 🚰 |

Ａ **Les Tamaris-Plage**
  𝒫 05 59 26 55 90, *tamaris1@wanadoo.fr*,
  Fax 05 59 47 70 15, *www.tamaris-plage.com* – **R** conseillée
  1,5 ha (79 empl.) plat et peu incliné, herbeux
  Location : 30 🚐
  Pour s'y rendre : 5 km au NE, à 80 m de la plage

| Nature : ⌂ 🞈 |
| Loisirs : 🍴 ⛷ ⛷ |
| Services : 🚿 ⚡ 🅼 📷 🛁 🅰 🔲 |
| À prox. : 🚰 🍸 🍴 snack 🚰 🛝 école de surf |

Ａ **Merko-Lacarra** avr.-oct.
  𝒫 05 59 26 56 76, *camping-merko-lacarra@wanadoo.fr*,
  Fax 05 59 54 73 81, *www.merko-lacarra.com* – **R** conseillée
  2 ha (128 empl.) plat, peu incliné à incliné, herbeux
  Tarif : 🈺 27,80 € 🔌 (16A) – pers. suppl. 5,50 €
  Location 🏖 : 16 🚐 (4 à 6 pers.) 250 à 690 €/sem.
  🚐 1 borne 5 €
  Pour s'y rendre : 5 km au NE, à 150 m de la plage

| Loisirs : 🍴 ⛷ |
| Services : 🚿 ⚡ 🏧 ᴄⱽ 📷 🛁 🅰 🔲 |
| À prox. : 🚰 🍸 🍴 🚰 🛝 école de surf |

Ａ **Iratzia**
  𝒫 05 59 26 14 89, Fax 05 59 26 69 69 – **R**
  4,2 ha (280 empl.) plat, peu incliné et en terrasses, herbeux
  Pour s'y rendre : 1,5 km au NE, à 300 m de la plage

| Nature : 🞈🞈 |
| Loisirs : 🍸 ⛷ |
| Services : 🚿 ⚡ 📷 🛁 🅰 🔲 🚰 🚰 |

▲ **Playa** avr.-11 nov.
  𝒫 05 59 26 55 85, Fax 05 59 26 55 85, *www.camping-playa.com* – **R** conseillée
  2,5 ha (100 empl.) plat, en terrasses, herbeux, incliné
  Tarif : 回 25 € ⚡ (6A) – pers. suppl. 5,50 €
  Location 🛶 : 25 🚐 (4 à 6 pers.) 350 à 600 €/sem.
  Pour s'y rendre : 5 km au NE, bord de plage
  À savoir : À la pointe de la crique, offre une vue imprenable sur l'océan

Nature : 🐟 ⋖ 🏠
Loisirs : 🍷 🎮
Services : 🖲 🔌 ⛽ GB ⊘⋁ 🗄 ⊕ 🔲 🚿
À prox. : 🚤 ✕ snack 🎱

ST-JEAN-PIED-DE-PORT

✉ 64220 – 🅑 🅘🅑 E6 – G. Aquitaine – 1 417 h. – alt. 159
🅱 *Office de tourisme, place Charles-de-Gaulle* 𝒫 *05 59 37 03 57, Fax 05 59 37 34 91*
Paris 817 – Bayonne 54 – Biarritz 55 – Dax 105 – Oloron-Ste-Marie 70 – Pau 106 – San Sebastion 96.

▲▲▲ **Europ'Camping** Pâques-fin sept.
  𝒫 05 59 37 12 78, Fax 05 59 37 29 82, *www.europ-camping.com* – **R** conseillée
  2 ha (110 empl.) peu incliné, plat, herbeux
  Tarif : (Prix 2005) ✦ 5,40 € 回 7,50 € ⚡ (6A) 3,80 € – frais de réservation 21,35 €
  Location 🛶 : 21 🚐 (4 à 6 pers.) 200 à 600 €/sem.
  🚐 1 borne 6 €
  Pour s'y rendre : 2 km au NO par D 918 rte de Bayonne et chemin à gauche, à Ascarat
  À savoir : Location à la nuitée sauf en saison

Nature : 🐟 ⋖ 🌳🌳
Loisirs : 🍷 snack 🎮 🛍️ 🏊
Services : 🖲 🔌 GB ⊘⋁ 🗄 ⊕ 🚿 🚿
À prox. : 🎣

▲▲ **Narbaïtz** mi-mars-fin sept.
  𝒫 05 59 37 10 13, *camping-narbaitz@wanadoo.fr,*
  Fax 05 59 37 21 42, *www.camping-narbaitz.com*
  – **R** conseillée
  2,5 ha (133 empl.) plat et peu incliné, herbeux
  Tarif : (Prix 2005) 回 21 € ⚡ (6A) – pers. suppl. 3,50 € – frais de réservation 18 €
  Location 🛶 : 12 🚐 (4 à 6 pers.) 190 à 520 €/sem.
  Pour s'y rendre : 2,5 km au NO par D 918 rte de Bayonne et à gauche, rte de Ascarat, bord d'un ruisseau et à 50 m de la Nive

Nature : ⋖ 🌳🌳
Loisirs : 🎮 🤾 🏊
Services : 🖲 🔌 GB ⊘⋁ ▥ 🗄 🚿 ⊕
🔲 🚿
À prox. : 🎣

ST-PÉE-SUR-NIVELLE

✉ 64310 – 🅑🅘🅑 C2 – 4 331 h. – alt. 30
Paris 790 – Bordeaux 204 – Pamplona 89 – Donostia-San Sebastián 47 – Pau 130.

▲▲ **Goyetchea** 3 juin-16 sept.
  𝒫 05 59 54 19 59, *c-goyetchea@wanadoo.fr, www.camping-goyetchea.com* – **R** conseillée
  3 ha (140 empl.) plat et peu incliné, herbeux
  Tarif : 回 21,50 € – pers. suppl. 4,10 € – frais de réservation 11 €
  Location (15 avr.-16 sept.) 🛶 : 14 🚐 (4 à 6 pers.) 190 à 550 €/sem.
  Pour s'y rendre : 3,8 km à l'O de St-Pée-sur-Nivelle par D 918 et D 855, rte d'Ahetze à Ibarron

Nature : 🐟 ⋖ 🌳🌳
Loisirs : 🎮 🤾 🏊
Services : 🖲 🔌 GB ⊘⋁ 🗄 🚿 ⊕ 🔲
sèche-linge 🚿

▲ **Ibarron** mai-sept.
  𝒫 05 59 54 10 43, *camping.dibarron@wanadoo.fr,*
  Fax 05 59 54 51 95, *www.camping-ibarron.com* – **R** conseillée
  2,9 ha (194 empl.) plat, herbeux
  Tarif : 回 22 € – pers. suppl. 4,30 €
  Location 🛶 : 15 🚐 (4 à 6 pers.) 210 à 550 €/sem.
  🚐 1 borne 3,50 €
  Pour s'y rendre : 3 km à l'O de St-Pée-sur-Nivelle, par D 918, à Ibarron

Nature : 🌳🌳
Loisirs : 🎮 🤾 🏊
Services : 🖲 🔌 ⊘⋁ 🗄 ⊕ 🔲
À prox. : 🍷🍷 ✕ 🚿 🚲

157

SALIES-DE-BÉARN

✉ 64270 – 342 G4 – G. Aquitaine – 4 759 h. – alt. 50 – ♨
🛈 Office de tourisme, rue des Bains ℘ 05 59 38 00 33
Paris 762 – Bayonne 60 – Dax 36 – Orthez 17 – Pau 64 – Peyrehorade 26.

⚠ **Municipal de Mosqueros** 14 mars-oct.
℘ 05 59 38 12 94, *mairie-salies@wanadoo.fr* – **R** conseillée
0,7 ha (67 empl.) plat, en terrasses, herbeux
Tarif : (Prix 2005) ♦ 2,60 € 回 5,30 € ♦ 2,55 €
🚐 6 回
Pour s'y rendre : Sortie O par D 17, rte de Bayonne
À savoir : À la base de plein air

Nature : 🌊 ♀♀
Loisirs : 🏠
Services : 🔥 ⛽ 🅿 🗑 ♨ ⊕ 🚿 🚽 🖥
À prox. : ✕ 🏊

SARE

✉ 64310 – 342 C5 – G. Aquitaine – 2 184 h. – alt. 70
🛈 Office de tourisme, le bourg ℘ 05 59 54 20 14
Paris 794 – Biarritz 26 – Cambo-les-Bains 19 – Pau 138 – St-Jean-de-Luz 14 – St-Pée-sur-Nivelle 9.

⚠ **La Petite Rhune** mai-sept.
℘ 05 59 54 23 97, *la-petite-rhune@wanadoo.fr*,
Fax 05 59 54 23 42, *www.gites64.com/la-petite-rhune* –
places limitées pour le passage – **R** conseillée
1,5 ha (56 empl.) peu incliné, herbeux
Tarif : 回 22,60 € ♦ (10A) – pers. suppl. 4,20 €
Location (permanent) : 12 🏠 (4 à 6 pers.) 200 à
540 €/sem. – 3 appartements – 1 gîte
Pour s'y rendre : 2 km au S, sur rte reliant D 406 et D 306

Nature : 🌊 ≤ ♀♀
Loisirs : 🏠 🎣 ✕ 🍴 (petite piscine)
Services : ⛽ ⛽ 🗑 ♨ ♨ ⊕ 🖥 🖥 sèche-linge
À prox. : 🍴 ✕

SAUVETERRE-DE-BÉARN

✉ 64390 – 342 G4 – G. Aquitaine – 1 304 h. – alt. 69
🛈 Office de tourisme, place Royale ℘ 05 59 38 58 65
Paris 772 – Bayonne 70 – Mauléon-Licharre 25 – Oloron-Ste-Marie 42 – Orthez 21 – Peyrehorade 25.

⚠ Le Gave
℘ 05 59 38 53 30, *camping-du-gave@wanadoo.fr*,
Fax 05 59 36 19 88 – **R** conseillée
1,5 ha (55 empl.) plat, herbeux
Pour s'y rendre : Sortie S par D 933, rte de St-Palais puis
chemin à gauche avant le pont, bord du Gave d'Oloron

Nature : 🌊 ♀♀
Loisirs : 🎣
Services : ⛽ ⊕ 🚿 🚽 🖥 sèche-linge
À prox. : canoë, sports en eaux vives

SOCOA

✉ 64122 – 342 B2 – G. Aquitaine
Paris 793 – Bordeaux 207 – Pau 130 – Bayonne 25 – Anglet 21.
Schéma à St-Jean-de-Luz

⚠ **Larrouleta** Permanent
℘ 05 59 47 37 84, *info@larrouleta.com*, Fax 05 59 47 42 54,
www.larrouleta.com – **R** conseillée
5 ha (263 empl.) plat et peu incliné, herbeux
Tarif : 回 18 € – pers. suppl. 5,50 €
🚐 1 borne – 20 回
Pour s'y rendre : 3 km au S, bord d'un plan d'eau et d'une
rivière

Nature : ♀♀(peupleraie)
Loisirs : 🍴 snack 🏠 🎣 ✕ 🍴 (découverte en saison) 🚣 🎣 pédalos
Services : 🔥 ⛽ 🏧 🗑 ♨ ♨ ⊕ 🚿 🚽 🖥 sèche-linge 🧺 🚗

URDOS

✉ 64490 – 342 I7 – G. Aquitaine – 108 h. – alt. 780
Paris 850 – Jaca 38 – Oloron-Ste-Marie 41 – Pau 75.

⚠ Le Gave d'Aspe
℘ 05 59 34 88 26, *legavedaspe@aol.com* – **R** conseillée
1,5 ha (80 empl.) non clos, plat et peu incliné, terrasse,
herbeux, pierreux
Pour s'y rendre : NO : 1,5 km par N 134 et chemin devant
l'ancienne gare, bord du Gave d'Aspe

Nature : 🌊 ≤ ♀
Loisirs : 🏠 🎣
Services : 🔥 ⛽ ⊕ 🖥

URRUGNE

⊠ 64122 – ⬜ B4 – G. Aquitaine – 7 043 h. – alt. 34

🅱 *Office de tourisme, place René Soubelet* ✆ *05 59 54 60 80, Fax 05 59 54 63 49*

Paris 791 – Bayonne 29 – Biarritz 23 – Hendaye 8 – San Sebastian 27.

⋀⋀⋀ **Col d'Ibardin** avr.-sept.
✆ 05 59 54 31 21, *info@col-ibardin.com*,
Fax 05 59 54 62 28, *www.col-ibardin.com* – **R** conseillée
8 ha (191 empl.) peu incliné, herbeux
Tarif : 🖃 28 € 🔌 (6A) – pers. suppl. 5 €
Location (avr.-oct.) 🚫 : 37 🛖 (4 à 6 pers.) 195 à
620 €/sem.
Pour s'y rendre : 4 km au S par D 4, rte d'Ascain, bord d'un
ruisseau
À savoir : Au milieu d'une forêt de chênes, emplacements
bordés par un ruisseau

> Nature : 🐾 🗒 🌳(chênaie)
> Loisirs : 🍴 🏠 🏇 ⛷ 🎿 🏊 terrain omnisports
> Services : 🚿 ⛽ 🔌 🗄 🚮 ⚗ ♨
> 🧺 🗑 🖼 sèche-linge 🛁 🧷

URT

⊠ 64240 – ⬜ E4 – 1 702 h. – alt. 41

🅱 *Office de tourisme, place du Marché* ✆ *05 59 56 20 43*

Paris 757 – Bayonne 17 – Biarritz 24 – Cambo-les-Bains 28 – Pau 97.

⋀⋀⋀ **Etche Zahar** 20 mars-12 nov.
✆ 05 59 56 27 36, *info@etche-zahar.fr, www.etche-za
har.fr* – **R** conseillée 🚫 (1er-20 août)
1,5 ha (43 empl.) non clos, plat, herbeux, peu incliné
Tarif : 🖃 20,30 € 🔌 (10A) – pers. suppl. 3,50 € – frais de
réservation 11 €
Location : 6 🛖 (4 à 6 pers.) 240 à 515 €/sem. – 6 🏠 (4
à 6 pers.) 260 à 546 €/sem. – 5 bungalows toilés
Pour s'y rendre : 1 km à l'O par D 257 direction Urcuit et à
gauche, allée de Mesples
À savoir : Bel ensemble de chalets entre bois et cultures

> Nature : 🐾 🗒
> Loisirs : 🏠 🚲 🏊
> Services : 🚿 ⛽ 🔌 Ⓜ 🗄 ⚗ ♨ 🖼
> sèche-linge 🧷
> À prox. : 🛒

AUVERGNE

J. Damase/Michelin

Chut... ! Chefs d'orchestre d'une symphonie muette depuis des millé-naires, imperturbables sanctuaires de la nature à l'état brut, les volcans d'Auvergne dorment paisiblement. Seuls remous perceptibles : les gronde-ments de Vulcania où de spectaculaires animations célèbrent ces titans assoupis... Dômes et puys sculptés par le feu forment un immense château d'eau se déversant en une multitude de lacs, de rivières et de sources pures, élixirs chargés de vertus légendaires. Pour mieux s'abandonner à ces « thermes de Jouvence », les curistes en quête de bien-être s'immergent dans l'ambiance élégante des villes d'eau où la tentation reste grande, malgré les conseils diététiques, de céder à la chaleur revigorante d'une potée, aux effluves d'un cantal affiné ou à l'inimitable saveur sucrée-salée d'un pourti.

Shhh! Auvergne's volcanoes are dormant and have been for many millennia, forming a natural rampart against the inroads of man and ensuring that this beautiful wilderness will never be entirely tamed. If you listen very carefully, you may just make out a distant rumble from Vulcania, where spectacular theme park attractions celebrate these sleeping giants. The region's domes and peaks are the source of countless mountain springs that cascade down the steep slopes into brooks, rivers and crystal-clear lakes. Renowned for the therapeutic qualities of its waters, the region has long played host to well-heeled *curistes* in its elegant spa resorts, but many visitors find it impossible to follow doctor's orders when faced with the enticing aroma of a country stew or a full-bodied Cantal cheese!

ABREST

✉ 03200 – 🗺 🗓 H6 – 2 428 h. – alt. 290 – Base de loisirs
Paris 361 – Clermont 70 – Moulins 63 – Montluçon 94 – Roanne 73.

⚠ **La Croix St-Martin** mai-sept.
    🖋 04 70 32 67 74, *chantrainenc@aol.com*,
    Fax 04 70 32 67 74, *www.camping-vichy.com* – **R** conseillée
    3 ha (100 empl.) plat, herbeux
    Tarif : 🟊 4 € 🔲 4 € 🔌 2,60 €
    Location 🍴 : 9 🏠 (4 à 6 pers.) 320 à 420 €/sem.
    Pour s'y rendre : N : par av. des Graviers et chemin, près
    de l'Allier

> Nature : ♀
> Loisirs : 🏊
> Services : ৬ ⊶ ᏀᏴ ♻ 🗑 ☺ 🖳
> À prox. : ⌖ casino 🛇 🔭 🔲 golf,
> canoë, swin golf

BRAIZE

✉ 03360 – 🗺 🗓 C2 – 257 h. – alt. 240
Paris 297 – Dun-sur-Auron 30 – Cérilly 16 – Culan 35 – Montluçon 40.

⚠ **Champ de la Chapelle** 15 avr.-15 sept.
    🖋 04 70 06 15 45, *ccdlp@aol.com*, Fax 04 70 06 15 45
    – **R** conseillée
    5,5 ha (80 empl.) plat et peu incliné, accidenté, herbeux
    Tarif : 🔲 12,40 € – pers. suppl. 2,50 € – frais de réser-
    vation 10 €
    Pour s'y rendre : S : 5,7 km par D 28 rte de Meaulnes et
    D 978ᴬ à gauche, rte de Tronçais puis 1 km par chemin
    empierré, à gauche
    À savoir : Agréable situation en forêt

> Nature : 🐎 ♀♀
> Loisirs : 🏖 🏊 (plage)
> Services : ৬ ⊶ ♻ 🗑 ☺ 🛶 🖳
> à l'étang de St-Bonnet : 🍷 ✕ 🛇 🔭
> �♫ club nautique

*LES GUIDES VERTS **MICHELIN***
Paysages, monuments
Routes touristiques
Géographie
Histoire, Art
Itinéraire de visite
Plans de villes et de monuments

163

CHÂTEL-DE-NEUVRE

✉ 03500 – 🗺 🗓 G4 – G. Auvergne – 515 h. – alt. 224
Paris 313 – Montmarault 38 – Moulins 20 – St-Pourçain-sur-Sioule 13 – Vichy 41.

⚠ **Deneuvre** avr.-sept.
    🖋 04 70 42 04 51, *campingdeneuvre@wanadoo.fr*,
    Fax 04 70 42 04 51, *www.deneuvre.com* – **R** conseillée
    1,3 ha (75 empl.) plat, herbeux
    Tarif : 🔲 14,40 € 🔌 (4A) – pers. suppl. 3,95 €
    Pour s'y rendre : N : 0,5 km par N 9 puis chemin à droite,
    bord de l'Allier

> Nature : 🏞 ♀
> Loisirs : snack 🏖 🚲 🎣
> Services : ৬ ⊶ ♻ 🗑 🛁 ☺ 🖳

COULEUVRE

✉ 03320 – 🗺 🗓 E2 – 645 h. – alt. 267
Paris 289 – Bourbon-l'Archambault 18 – Cérilly 10 – Cosne-d'Allier 27 – Moulins 42.

⚠ **Municipal la Font St-Julien** avr.-sept.
    🖋 04 70 66 10 45, *mairie-couleuvre@wanadoo.fr*,
    Fax 04 70 66 10 09 – **R** conseillée 🍴
    2 ha (50 empl.) peu incliné, herbeux
    Tarif : 🟊 1,85 € 🔲 2,05 € 🔌 2,30 €
    Pour s'y rendre : Sortie Sud-Ouest par D 3, rte de Cérilly et
    à droite
    À savoir : Bord d'un étang

> Nature : 🐎 ♀
> Loisirs : 🏖 🛇 🏊 🎣 parc anima-
> lier
> Services : ♻ 🗑 ☺ 🖳

DOMPIERRE-SUR-BESBRE

✉ 03290 – **326** J3 – 3 477 h. – alt. 234
🛈 *Office de tourisme, place Yves Déret* ℘ 04 70 34 61 31
Paris 324 – Bourbon-Lancy 19 – Decize 46 – Digoin 27 – Lapalisse 36 – Moulins 31.

⚠ **Municipal** 15 mai-15 sept.
℘ 04 70 34 55 57, Fax 04 70 48 11 39 – **R** conseillée
2 ha (70 empl.) plat, herbeux
Tarif : (Prix 2005) 🅴 7,60 € – pers. suppl. 1,90 €
🚐 1 borne 2,30 €
Pour s'y rendre : Sortie Sud-Est par N 79, rte de Digoin, près de la Besbre et à proximité d'un étang
À savoir : Décoration arbustive et florale

> Nature : 🏞 ⛰ ♀
> Loisirs : 🏇 🚲 ✖
> Services : ⚡ ⚕ 🏪 ⊕ 🛒 ♨ 🏕
> À prox. : 🏕 🛶 parc animalier et parc d'attractions

Le DONJON

✉ 03130 – **326** J4 – 1 168 h. – alt. 300
Paris 346 – Digoin 23 – Dompierre-sur-Besbre 25 – Lapalisse 22 – Moulins 50 – Vichy 46.

⚠ **Municipal** mai-oct.
℘ 04 70 99 56 35, Fax 04 70 99 58 02 – **R̸**
0,5 ha (40 empl.) peu incliné, herbeux
Tarif : 🧍 1,50 € �car 1 € 🅴 1,50 € 🔌 2 €
Pour s'y rendre : Sortie Nord par D 166, rte de Monétay-sur-Loire

> Nature : 🏞
> Loisirs : 🏠 🏇
> Services : ⚡ 🍴 ⊕ 🛒 ♨

FERRIÈRES-SUR-SICHON

✉ 03250 – **326** I6 – 561 h. – alt. 545
Paris 375 – Lapalisse 30 – Roanne 50 – Thiers 35 – Vichy 27.

⚠ **Municipal le Galizan** juin-sept.
℘ 04 70 41 10 10, *mairie.ferrieres@wanadoo.fr* – **R** conseillée
0,7 ha (32 empl.) plat, herbeux, pierreux
Tarif : 🧍 2 € 🚗 1 € 🅴 1 € 🔌 2 €
Pour s'y rendre : SE : à 0,7 km du bourg par D 122, rte Thiers et chemin à gauche après le petit pont, près du Sichon et d'un étang

> Nature : 🏞 ♀
> Loisirs : ✖
> Services : 🍴 ⊕
> À prox. : 🛥 (étang) 🎣

GANNAT

✉ 03800 – **326** G6 – G. Auvergne – 5 838 h. – alt. 345
🛈 *Office de tourisme, 6, rue Notre-Dame* ℘ 04 70 90 17 78, Fax 04 70 90 19 45
Paris 383 – Clermont-Ferrand 49 – Montluçon 78 – Moulins 58 – Vichy 20.

⚠ **Municipal le Mont Libre** avr.-oct.
℘ 04 70 90 12 16, *Gannat.camping@wanadoo.fr*,
Fax 04 70 90 12 16, *www.ville-gannat.fr/-camping* – **R** indispensable
1,5 ha (70 empl.) en terrasses, herbeux
Tarif : 🅴 11,95 € 🔌 (10A) – pers. suppl. 2,15 €
Location : 10 🏠 (4 à 6 pers.) 200 à 365 €/sem.
🚐 1 borne 3,25 €
Pour s'y rendre : S : 1 km par N 9 et rte à droite

> Nature : ⟨ ⛰ ♀
> Loisirs : 🏠 🏇 🛶 (petite piscine)
> Services : ♿ ⚡ 🅶🅱 ⚕ 🍴 ⊕ 🖻
> À prox. : 🏕 ✖ 🎿 🏂 (découverte l'été)

ISLE-ET-BARDAIS

✉ 03360 – **326** D2 – 321 h. – alt. 285
Paris 280 – Bourges 60 – Cérilly 9 – Montluçon 52 – St-Amand-Montrond 26 – Sancoins 22.

⚠ **Les Écossais** avr.-sept.
℘ 04 70 66 62 57, *campingecossais.aol.com*,
Fax 04 70 66 63 99 – **R** conseillée
2 ha (70 empl.) plat, peu incliné, herbeux
Tarif : (Prix 2005) 🅴 10,40 € – pers. suppl. 2,58 € – frais de réservation 12 €
Location (permanent) : 7 🏠 (4 à 6 pers.) 220 à 344 €/sem. – huttes
Pour s'y rendre : S : 1 km par rte des Chamignoux
À savoir : Au bord de l'étang de Pirot et à l'orée de la forêt de Tronçais

> Nature : 🏞 ⛰ ♀♀
> Loisirs : 🍷 🏠 🚲 ✖ 🎣 🚣 🛥 (plage)
> Services : ⚡ 🅶🅱 ⚕ 🍴 ⊕ 🖻
> À prox. : 🏇 🎣

JENZAT

✉ 03800 – 🗺️ G6 – G. Auvergne – 450 h. – alt. 312
Paris 346 – Aigueperse 17 – Montmarault 32 – St-Éloy-les-Mines 38 – St-Pourçain-sur-Sioule 21 – Vichy 24.

△ **Municipal Champ de Sioule** 15 avr.-17 sept.
℘ 04 70 56 86 35, *mairie-jenzat@pays-allier.com*,
Fax 04 70 56 85 38 – **R** conseillée
1 ha (51 empl.) plat, herbeux
Tarif : 🚶 2,30 € 🚗 1 € 🏕️ 2,30 € 🔌 (10A) 2,80 € – frais de réservation 15 €
Pour s'y rendre : Sortie Nord-Ouest par D 42, rte de Chantelle, près de la Sioule

Nature : ♀
Loisirs : 🎣 (découverte l'été)
Services : ⚡ (juil.-août) 🔋 ⊕ 🖼️
À prox. : 🛒 ✂️ ⛸️ 🎣 🏕️ 🐎

LAPALISSE

✉ 03120 – 🗺️ I5 – G. Auvergne – 3 332 h. – alt. 280
🏛️ *Office de tourisme, 26, rue Winston Churchill ℘ 04 70 99 08 39, Fax 04 70 99 28 09*
Paris 346 – Digoin 45 – Mâcon 122 – Moulins 50 – Roanne 49 – St-Pourçain-sur-Sioule 30.

△ **Municipal** avril-sept.
℘ 04 70 99 26 31, *office.tourisme@cc-paysdelapalisse.fr*,
Fax 04 70 99 33 53, *www.cc-paysdelapalisse.com*
– **R** conseillée
0,8 ha (66 empl.) plat, herbeux
Tarif : (Prix 2005) 🚶 2,10 € 🚗 1,55 € 🏕️ 1,55 € 🔌 2,10 €
Location (mars-nov.) 🏠 : 6 🏘️ (4 à 6 pers.) 215 à 325 €/sem.
Pour s'y rendre : Sortie Sud-Est par N 7, rte de Roanne, bord de la Besbre, chemin piétonnier reliant le camping au centre ville

Nature : ♀
Loisirs : 🎣 ✂️ 🎣 parcours de santé
Services : 🚿 ⚡ 🐕 ⊕ 🖼️

MARIOL

✉ 03270 – 🗺️ H6 – 659 h. – alt. 280
Paris 367 – Le Mayet-de-Montagne 21 – Riom 40 – Thiers 23 – Vichy 14.

△△ **Les Marrants**
℘ 04 70 59 44 70 – **R** conseillée
2 ha/1,5 campable (45 empl.) plat, herbeux
Pour s'y rendre : NO : 1,3 km sur D 260, à 300 m du D 906
À savoir : Cadre ombragé avec accès direct à un étang

Nature : ♀
Loisirs : 🎣 ✂️ ⛸️
Services : 🚿 ⚡ 🔋 ⊕ 🖼️
À prox. : 🎣

165

Le Lac Chambon

J. Damase/Michelin

Le MAYET-DE-MONTAGNE

✉ 03250 – 326 J6 – G. Auvergne – 1 598 h. – alt. 535
🛈 *Office de tourisme, rue Roger Degoulange* 📞 *04 70 59 38 40*
Paris 369 – Clermont-Ferrand 81 – Lapalisse 23 – Moulins 73 – Roanne 47 – Thiers 44 – Vichy 27.

△ **Municipal du Lac** 15 mars-oct.
📞 04 70 59 70 52, Fax 04 70 59 38 38 – ⊞
1 ha (50 empl.) peu incliné, plat, herbeux
Tarif : (Prix 2005) ▣ 7 € 🔌 (10A) – pers. suppl. 1,75 €
Location 🚫 : huttes
Pour s'y rendre : S : 1,2 km par D 7 rte de Laprugne et chemin de Fumouse
À savoir : Près du lac des Moines

| Nature : 🏞 ⌑ ♀ |
| Loisirs : 🏛 🚣 ✗ |
| Services : ♿ ⊶ (juil.-août) 🏠 ⊛ 🗑 |
| À prox. : 🏇 🛶 |

NÉRIS-LES-BAINS

✉ 03310 – 326 C5 – G. Auvergne – 2 708 h. – alt. 364
🛈 *Office de tourisme, avenue Marx Dormoy* 📞 *04 70 03 11 03*
Paris 336 – Clermont-Ferrand 86 – Montluçon 9 – Moulins 73 – St-Pourçain-sur-Sioule 55.

△ **Municipal du Lac** avr.-22 oct.
📞 04 70 03 24 70, Fax 04 70 03 79 99, *www.ville-neris-les-bains.fr* – ⊞
3,5 ha (135 empl.) plat, peu incliné, terrasse, herbeux, gravillons
Tarif : (Prix 2005) ▣ 12,62 € – pers. suppl. 3,46 €
Location : 26 🏠 (4 à 6 pers.) 191 à 278 €/sem. – studios – huttes
🚐 1 borne 1 € – 6 ▣
Pour s'y rendre : Au Sud-Ouest de la ville, par D 155, rte de Villebret, bord de la rivière
À savoir : Situation agréable près de l'ancienne gare et d'un lac

| Nature : 🏞 ⌑ ♀ |
| Loisirs : 🍽 snack 🏛 🏇 🚣 🏊 |
| Services : ♿ ⊶ 🅶🅱 🚿 🏠 ⊛ 🗑 🍴 🗑 |
| À prox. : 🚲 ✗ 🎣 🏇 🏊 parcours de santé, golf |

Utilisez le guide de l'année.

PIERREFITTE-SUR-LOIRE

✉ 03470 – 326 J3 – 534 h. – alt. 228
Paris 324 – Bourbon-Lancy 20 – Lapalisse 50 – Moulins 42 – Paray-le-Monial 28.

△ **Municipal le Vernay** 15 mars-15 oct.
📞 04 70 47 02 49, *mairie-pierrefitte-sur-loire@wanadoo.fr*, Fax 04 70 47 03 72 – ⊞ conseillée
2 ha (35 empl.) plat, herbeux
Tarif : 🚶 2,30 € ▣ 3,05 € 🔌 1,50 €
Pour s'y rendre : Sortie NO par N 79, rte de Dompierre, D 295 à gauche, rte de Saligny-sur-Roudon puis 0,9 km par chemin à droite après le pont, à 200 m du canal
À savoir : Près d'un plan d'eau

| Nature : ≼ ⌑ |
| Services : ♿ ⊶ (juil.août) 🏠 🗑 ⊛ |
| À prox. : 🍽 ✗ 🚣 🏇 🏊 (plage) 🏊 parcours de santé, pédalos, canoë |

ST-BONNET-TRONÇAIS

✉ 03360 – 326 D3 – G. Auvergne – 783 h. – alt. 224
Paris 301 – Bourges 57 – Cérilly 12 – Montluçon 44 – St-Amand-Montrond 20 – Sancoins 30.

△ **Champ Fossé** avr.-sept.
📞 04 70 06 11 30, *champfosse.aol.com*, Fax 04 70 06 15 01 – ⊞ conseillée
3 ha (110 empl.) peu incliné, herbeux
Tarif : (Prix 2005) ▣ 13,50 € – pers. suppl. 3,90 € – frais de réservation 12 €
Location (permanent) : gîtes
Pour s'y rendre : SO : 0,7 km
À savoir : Belle situation au bord de l'étang de St-Bonnet

| Nature : 🏞 ≼ ♀ |
| Loisirs : 🏛 |
| Services : ⊶ 🏠 ⊛ 🗑 |
| À prox. : 🚣 🚲 ✗ 🏇 🏊 (plage) 🏊 🏇 |

ST-POURÇAIN-SUR-SIOULE

⊠ 03500 – 🄑 🄒🄖 G5 – G. Auvergne – 5 266 h. – alt. 234

🄑 Office de tourisme, 29, rue Marcellin Berthelot *&* 04 70 45 32 73, Fax 04 70 45 60 27

Paris 325 – Montluçon 66 – Moulins 33 – Riom 61 – Roanne 79 – Vichy 28.

⚠ **Municipal de l'Ile de la Ronde** juin-août
& 04 70 45 45 43, *hdv.st.pourcain.s.sioule@wanadoo.fr*,
Fax 04 70 45 55 27, *www.ville-saint-pourcain-sur-sioule.com* – **R** conseillée
1,5 ha (50 empl.) plat, herbeux
Tarif : (Prix 2005) ⚘ 1,90 € 🄴 3,65 € 🄓 2,10 €
🄑 🄑, 1 borne 5 €
Pour s'y rendre : Quai de la Ronde
À savoir : Dans un parc public, agréable à côtoyer en bordure de la Sioule

Nature : 🗔 🎙	
Loisirs : 🏄🏻 🐎	
Services : ⚬🚽 🖥 🖨 ☺ 🔥	
À prox. : 🛒 🍴 🏊	

Pour choisir et suivre un itinéraire
Pour calculer un kilométrage
Pour situer exactement un terrain (en fonction des
indications fournies dans le texte) :
Utilisez les cartes MICHELIN détaillées à 1/150 000,
compléments indispensables de cet ouvrage.

ST-YORRE

⊠ 03270 – 🄒🄖 H6 – G. Auvergne – 2 840 h. – alt. 275

Paris 362 – Clermont-Ferrand 65 – Montluçon 108 – Moulins 65 – Roanne 67.

⚠ **Municipal la Gravière** mai-sept.
& 04 70 59 21 00, *mairie@ville-saint-yorre.fr*,
Fax 04 70 59 20 09, *mairie-saint-yorre.fr* – **R** conseillée
4,5 ha (80 empl.) plat, herbeux
Tarif : (Prix 2005) ⚘ 2,85 € 🄴 3,15 € 🄓 (10A) 2,55 €
Pour s'y rendre : Sortie Sud-Ouest par D 55ᴱ rte de Randan, près de l'Allier avec accès direct (rive gauche)

Nature : 🗔 🎙🎙	
Loisirs : 🏄🏻	
Services : ⛄ ⚬🚽 🖥 🏖 🏔 ☺ 🏊 ⚡ 🖥	
À prox. : 🛒 🍴 🏓 🏓 🏊 🐎 parcours sportif	

167

SAZERET

⊠ 03390 – 🄒🄖 E4 – 149 h. – alt. 370

Paris 348 – Gannat 44 – Montluçon 34 – Montmarault 4 – Moulins 49 – St-Pourçain-sur-Sioule 31.

⚠ **La Petite Valette**
& 04 70 07 64 57, *la.petite.valette@wanadoo.fr*,
Fax 04 70 07 25 48, *www.valette.nl* – croisement difficile à certains endroits (chemin) – **R** conseillée
4 ha (55 empl.) plat, peu incliné, herbeux, étang
Pour s'y rendre : NE : 5,5 km, accès par rte des Deux-Chaises longeant la N 79 et chemin des Prugnes à gauche. Par A 71 sortie 11 puis 1 km par D 46 et 4 km à gauche par rte des Deux-Chaises longeant la N 79
À savoir : Décoration arbustive et florale autour d'une ancienne ferme

Nature : 🌳 🗔 🎙	
Loisirs : 🚲 🏊 🐎	
Services : ⛄ ⚬🚽 🎏 🖥 ☺ 🔥	
À prox. : 🍴 🐴	

TREIGNAT

⊠ 03380 – 🄒🄖 B4 – 475 h. – alt. 450

Paris 342 – Boussac 11 – Culan 27 – Gouzon 25 – Montluçon 25.

⚠ **Municipal de l'Étang d'Herculat** Pâques-sept.
& 04 70 07 03 89, Fax 04 70 07 03 72 – **R** conseillée
1,6 ha (35 empl.) incliné, peu incliné, plat, herbeux
Tarif : 🄴 7,13 € – pers. suppl. 1,60 €
Location : studios – huttes
Pour s'y rendre : NE : 2,3 km, accès par chemin à gauche, après l'église
À savoir : Situation agréable au bord de l'étang

Nature : 🌳 🗔 🛆	
Loisirs : 🛋 🏄🏻 🐎	
Services : ⛄ ⚬🚽 (juil.-août) 🖥 ☺ 🔥	

VALLON-EN-SULLY

✉ 03190 – 326 C3 – G. Auvergne – 1 712 h. – alt. 192
Paris 313 – La Châtre 55 – Cosne-d'Allier 23 – Montluçon 25 – Moulins 89 – St-Amand-Montrond 28.

△ **Municipal les Soupirs** 15 juin-15 sept.
  ℘ 04 70 06 50 96, *mairie-vallonensully@wanadoo.fr*
  – **R** conseillée
  2 ha (50 empl.) plat, herbeux, étang
  Tarif : (Prix 2005) 🏕 1,50 € ⇔ 1,50 € 🔲 1,50 € (2) (20A) 4 €
  Pour s'y rendre : SE : 1 km par D 11, entre le Cher et le
  Canal du Berry, et chemin à droite

> Nature : 🐟 ⚲
> Loisirs : 🎣 🏹
> Services : ⚬ⶲ ⊚
> À prox. : 🍴 snack 🏄 🎿

VARENNES-SUR-ALLIER

✉ 03150 – 326 H5 – 4 072 h. – alt. 245
🅸 *Office de tourisme, place de l'Hôtel de Ville* ℘ 04 70 47 45 86
Paris 327 – Digoin 59 – Lapalisse 20 – Moulins 31 – St-Pourçain-sur-Sioule 11 – Vichy 26.

△ **Château de Chazeuil** avr.-15 oct.
  ℘ 04 70 45 00 10, *info@camping-dechazeuil.com*,
  Fax 04 70 45 00 10, *www.camping-dechazeuil.com*
  12 ha/1,5 campable (60 empl.) plat, herbeux
  Tarif : 🔲 20,65 € (2) (6A) – pers. suppl. 4,95 €
  🚐 1 borne
  Pour s'y rendre : NO : 2 km rte de Moulins, carrefour N 7
  et D 46
  À savoir : Agréable parc boisé

> Nature : 🐟 ⚲
> Loisirs : 🏠 🏄 🎿 parcours spor-
> tif
> Services : 🚿 ⚬ⶲ 🔲 ⊚ 🧺 ☕ 🔲

Cantal (15)

ARNAC

✉ 15150 – 330 B4 – 173 h. – alt. 620
Paris 541 – Argentat 38 – Aurillac 35 – Mauriac 36 – Égletons 61.

🛖 **Village de Vacances la Gineste** (location exclusive
  de 75 mobile homes et de 40 chalets)
  ℘ 04 71 62 91 90, *lagineste@mairie-arnac.fr*,
  Fax 04 71 62 92 72 – **R** indispensable
  3 ha en terrasses, herbeux
  Location : 🚐 (4 à 6 pers.) 180 à 370 €/sem. – 🏠 (4 à 6
  pers.) 190 à 585 €/sem.
  Pour s'y rendre : NO : 3 km par D 61 rte de Pleaux puis
  1,2 km par chemin à droite, à la Gineste
  À savoir : Situation agréable sur une presqu'île du lac
  d'Enchanet

> Nature : 🐟 ⊰ ⛺ ⚲
> Loisirs : 🍴 🍽 🏠 🏄 🚲 🎿 🎿
> ⚓ (plage) 🏹 🏇
> Services : ⚬ⶲ ⧉ ☕ 🔲 🔥

ARPAJON-SUR-CÈRE

✉ 15130 – 330 C5 – 5 545 h. – alt. 613
Paris 559 – Argentat 56 – Aurillac 5 – Maurs 44 – Sousceyrac 46.

△ **Municipal de la Cère** 3 juin-sept.
  ℘ 04 71 64 55 07, Fax 04 71 64 55 07 – **R** conseillée
  2 ha (106 empl.) plat, herbeux
  Tarif : 🔲 13 €
  Location : 10 🚐 (4 à 6 pers.) 250 à 470 €/sem.
  Pour s'y rendre : Au Sud de la ville, accès par D 920, face à
  la station Esso, bord de la rivière
  À savoir : Cadre boisé et soigné

> Nature : ⛺ ⚲
> Loisirs : 🏠
> Services : 🚿 ⚬ⶲ ☕ 🔲 ⊚ 🔲
> À prox. : 🚵 🎿 🗺 🎿 🔲 🎿 golf (9
> trous)

AURILLAC

✉ 15000 – ▮▮ C5 – G. Auvergne – 30 551 h. – alt. 610

🄸 Office de tourisme, place du square ℘ 04 71 48 46 58, Fax 04 71 48 99 39

Paris 557 – Brive-la-Gaillarde 98 – Clermont-Ferrand 158 – Montauban 174 – Montluçon 263.

⚠ **Municipal l'Ombrade**
℘ 04 71 48 28 87, Fax 04 71 48 28 87 – **R** conseillée
7,5 ha (200 empl.) plat et en terrasses, herbeux
Pour s'y rendre : N : 1 km par D 17 et chemin du Gué-
Bouliaga à droite, de part et d'autre de la Jordanne

> Nature : ♤♤
> Loisirs : 🏊 ♨ (petite piscine)
> Services : ♿ ⚡ 🏪 ⊕ 🚿 ⟲ 🖭
> À prox. : 🛒

CASSANIOUZE

✉ 15340 – ▮▮ C6 – 547 h. – alt. 638

Paris 590 – Aurillac 35 – Entraygues-sur-Truyère 26 – Montsalvy 18 – Rodez 53.

⚠ **Coursavy** 20 avr.-20 sept.
℘ 04 71 49 97 70, camping.coursavy@wanadoo.fr,
Fax 04 71 49 97 70, www.campingcoursavy.com
– **R** conseillée
2 ha (50 empl.) plat, terrasse, herbeux
Tarif : ✶ 3,10 € 🖭 10,50 € [⚡] 2,50 €
Pour s'y rendre : SO : 10 km par D 601, rte de Conques et
D 141 à gauche, rte d'Entraygues, bord du Lot et d'un
ruisseau
À savoir : Cadre champêtre dans la vallée verdoyante du
Lot

> Nature : ♤ ≤ ♤
> Loisirs : 🏊
> Services : ♿ ⚡ 🐾 🔥 ⊕ 🖭

CHAMPS-SUR-TARENTAINE

✉ 15270 – ▮▮ D2 – G. Auvergne – 1 044 h. – alt. 450

🄸 Syndicat d'initiative, le bourg ℘ 04 71 78 76 33

Paris 500 – Aurillac 90 – Clermont-Ferrand 82 – Condat 24 – Mauriac 38 – Ussel 36.

⚠ **Municipal de la Tarentaine**
℘ 04 71 78 71 25, contact@champs-marchal.org,
Fax 04 71 78 75 09
4 ha (126 empl.) plat, herbeux
Location : 🏠 – 🏚
Pour s'y rendre : SO : 1 km par D 679 et D 22, rte de
Bort-les-Orgues et rte de Saignes, bord de la Tarentaine

> Nature : ♤ 🏕 ♤
> Loisirs : 🏊
> Services : ♿ ⚡ 🏪 🔥 ⊕ ⟲ 🖭
> À prox. : 🏊 🚲 ✂ 🎯 🐎 🏹

⚠ **Aire Naturelle l'Ecureuil** mai-sept.
℘ 04 71 78 71 85, alain.couard@wanadoo.fr,
Fax 04 71 78 71 85, jardin.ecureuil.monsite.wanadoo.fr
– **R** conseillée
2 ha (25 empl.) plat, herbeux
Tarif : 🖭 14,50 € [⚡] (10A) – pers. suppl. 4 €
🏚, 1 borne 4 €
Pour s'y rendre : SE : 4,6 km par D 679, rte de Condat
À savoir : Situation agréable dans les gorges de la Rhue

> Nature : ♤ ≤
> Loisirs : 🏊
> Services : ♿ ⚡ 🐾 ⊕ 🖭

CHAUDES-AIGUES

✉ 15110 – ▮▮ G5 – G. Auvergne – 986 h. – alt. 750 – ♨ (fin avril-fin oct.)

🄸 Syndicat d'initiative, 1, avenue Georges Pompidou ℘ 04 71 23 52 75, Fax 04 71 23 51 98

Paris 538 – Aurillac 94 – Entraygues-sur-Truyère 62 – Espalion 54 – St-Chély-d'Apcher 30 – St-Flour 27.

⚠ **Municipal le Château du Couffour** mai-20 oct.
℘ 04 71 23 57 08, Fax 04 71 23 57 08, www.chaudesai
gues.com – alt. 900 – **R** conseillée
2,5 ha (170 empl.) plat, peu incliné, terrasses, herbeux
Tarif : (Prix 2005) ✶ 2,50 € 🚗 1 € 🖭 1,50 € [⚡] (6A) 2,50 €
🏚 1 borne
Pour s'y rendre : S : 2 km par D 921, rte de Laguiole puis
chemin à droite, au stade

> Nature : ♤ ≤ ♤
> Loisirs : 🏊 🏊 ✂
> Services : ♿ ⚡ 🐾 🍴 🔥 ⊕ 🖭
> À prox. : casino 🚲 🎯 ♨ escalade

FAVEROLLES

✉ 15320 – **330** C5 – 334 h. – alt. 950
Paris 526 – Chaudes-Aigues 26 – Langeac 62 – St-Chély-d'Apcher 21 – St-Flour 20.

△ **Municipal** 15 juin-15 sept.
℘ 04 71 23 49 91, *faverolles.mairie@wanadoo.fr*,
Fax 04 71 23 49 65 – **R** conseillée
0,6 ha (33 empl.) plat et en terrasses, herbeux
Tarif : ▦ 10,40 € – pers. suppl. 3,20 €
Pour s'y rendre : Sortie Sud par D 248, rte de St-Chély-d'Apcher et à droite

| Nature : ⌂ ▭ ♀ |
| Loisirs : ⌂ ⚓ ※ |
| Services : ⅊ ⊶ (juil.-août) ⌖ ▤ ⊕ ⌂ ▦ |
| À prox. : ⚞ poneys |

JALEYRAC

✉ 15200 – **330** C3 – 374 h. – alt. 450
Paris 495 – Aurillac 61 – Bort-les-Orgues 23 – Mauriac 10 – Salers 24 – Ussel 51.

△ **Municipal le Lac de Lavaurs** 15 juin-15 sept.
℘ 04 71 69 73 65, *mairie.jaleyrac@wanadoo.fr*,
Fax 04 71 69 74 19 – **R** conseillée
1 ha (33 empl.) plat et peu incliné, herbeux
Tarif : (Prix 2005) ▦ 8,45 € – pers. suppl. 1,75 €
Location : huttes
Pour s'y rendre : SO : 7 km par D 138, D 922, rte de Mauriac et D 38 à droite, au lieu-dit Lavaurs, près d'un étang, accès conseillé par D 922, rte de Mauriac et D 38 à droite

| Nature : ⌂ ▭ |
| Loisirs : ⌂ ※ |
| Services : ⅊ ⊶ ▤ ⊕ ▦ |
| À prox. : ✕ |

JUSSAC

✉ 15250 – **330** C5 – 1 779 h. – alt. 630
Paris 560 – Aurillac 11 – Laroquebrou 28 – Mauriac 43 – Vic-sur-Cère 31.

△ **Municipal du Moulin** 17 juin-2 sept.
℘ 04 71 46 69 85, Fax 04 71 46 69 85 – **R** conseillée
1 ha (52 empl.) plat, herbeux
Tarif : ▦ 9 €
Pour s'y rendre : À l'Ouest du bourg par D 922 vers Mauriac et chemin près du pont, bord de l'Authre

| Nature : ▭ |
| Loisirs : ⌂ |
| Services : ⅊ ⊶ ⌖ ▤ ⌂ ⊕ ⌂ |
| À prox. : ※ ⛵ (plage) ⚞ |

170

LACAPELLE-VIESCAMP

✉ 15150 – **330** B5 – 434 h. – alt. 550
Paris 547 – Aurillac 19 – Figeac 57 – Laroquebrou 12 – St-Céré 48.

△△ **Le Puech des Ouilhes** 15 juin-5 oct.
℘ 04 71 46 42 38, *campingpuech@infonie.fr*,
Fax 04 71 47 75 08 – **R** conseillée ※
2 ha (97 empl.) peu incliné à incliné, pierreux, herbeux
Tarif : ▦ 15,50 € – pers. suppl. 3,50 € – frais de réservation 10 €
Location : ⌂ (4 à 6 pers.) 275 à 499 €/sem. – huttes
Pour s'y rendre : SO : 3 km par D 18, rte d'Aurillac et rte à droite, à 150 m du lac de St-Étienne-Cantalès
À savoir : Site et situation agréables dans une presqu'île du lac

| Nature : ⌂ ≤ Cadre agréable dans une presqu'île ♀♀(pinède) |
| Loisirs : ※ ⛌ |
| Services : ⅊ ⊶ (juil.-août) GB ⌖ ▤ ⌂ ⊕ ▦ |
| À prox. : ⛵ ☂ snack ⛵ |

LANOBRE

✉ 15270 – **330** D2 – G. Auvergne – 1 416 h. – alt. 650
Paris 493 – Bort-les-Orgues 7 – La Bourboule 33 – Condat 30 – Mauriac 38 – Ussel 33.

△△ **Escapades Terre Océane la Siauve** 17 juin-16 sept.
℘ 04 71 40 31 85, *info@campingterreoceane.com*,
Fax 04 71 40 34 33, *www.campingterreoceane* – alt. 660
– **R** conseillée
8 ha (220 empl.) en terrasses, herbeux
Tarif : ▦ 14 € – pers. suppl. 3,25 € – frais de réservation 25 €
Location : 25 ⌂ (4 à 6 pers.) 170 à 325 €/sem. – huttes
Pour s'y rendre : SO : 3 km par D 922, rte de Bort-les-Orgues et rte à droite, à 200 m du lac (accès direct)

| Nature : ⌂ ≤ ▭ ♀ |
| Loisirs : ⌂ ⚓ ⬥ |
| Services : ⅊ ⊶ GB ⌖ ▤ ⌂ ⊕ ⌂ ▿ ▦ |
| À prox. : ※ ⛌ ⛵ (plage) |

MASSIAC

✉ 15500 – 🬀🬀🬀 H3 – G. Auvergne – 1 857 h. – alt. 534
🛈 *Office de tourisme, place de la Gare* 𝄞 04 71 23 07 76, Fax 04 71 23 08 50
Paris 484 – Aurillac 84 – Brioude 23 – Issoire 38 – Murat 37 – St-Flour 30.

⚠ **Municipal de l'Alagnon** 24 mai-10 sept.
𝄞 04 71 23 03 93, Fax 04 71 23 03 93 – **R** conseillée
2,5 ha (90 empl.) plat, herbeux
Tarif : (Prix 2005) ⚡ 1,80 € ⛖ 1,40 € ▣ 1,60 € 🔌 2 €
Pour s'y rendre : O : 0,8 km par N 122, rte de Murat, bord
de la rivière

Nature : ≤ 0̥0̥
Loisirs : 🏊
Services : ⛃ ⚬🍽 ☖☖ ⛾ 🚻 ☺ 🗑
À prox. : ✕ 🏇 ✂ 🛶

MAURIAC

✉ 15200 – 🬀🬀🬀 B3 – G. Auvergne – 4 019 h. – alt. 722
🛈 *Office de tourisme, 1, rue Chappe d'Auteroche* 𝄞 04 71 67 30 26, Fax 04 71 68 25 08
Paris 490 – Aurillac 53 – Le Mont-Dore 77 – Riom-és-Montagnes 37 – Salers 20 – Tulle 73.

⚠ **Val St-Jean** 30 avr.-1er oct.
𝄞 04 71 67 31 13, *info@camping-massifcentral.com*,
Fax 04 71 68 17 34, *www.camping-massifcentral.com*
– **R** conseillée
3,5 ha (93 empl.) en terrasses, peu incliné, herbeux
Tarif : (Prix 2005) ▣ 18 € 🔌 (10A) – pers. suppl. 5,20 € – frais
de réservation 10 €
Location (2 avr.-6 nov.) : 20 🛖 (4 à 6 pers.) 250 à
620 €/sem. – huttes
Pour s'y rendre : O : 2,2 km par D 681, rte de Pleaux et
D 682 à droite, accès direct à un plan d'eau

Nature : 🌳 ≤ 🖵 Ω
Loisirs : 🎣
Services : ⛃ ⚬🍽 ☖☖ ⛾ 🚻 ☺ 🏕 🚽 🗑
À prox. : 🍴 snack 🏊 🚲 🛶 🛶 🚤 (plage) ⛵ 🏇 golf

MAURS

✉ 15600 – 🬀🬀🬀 B6 – G. Auvergne – 2 253 h. – alt. 290
🛈 *Office de tourisme, place de l'Europe* 𝄞 04 71 46 73 72, Fax 04 71 46 74 81
Paris 568 – Aurillac 43 – Entraygues-sur-Truyère 50 – Figeac 22 – Rodez 60 – Tulle 93.

⚠ **Municipal le Vert** mai-sept.
𝄞 04 71 49 04 15 – **R** conseillée
1,2 ha (58 empl.) plat, herbeux
Tarif : ⚡ 2,30 € ⛖ 1,25 € ▣ 4,25 €
Location (permanent) : 4 🛖 (4 à 6 pers.) 280 à
450 €/sem.
Pour s'y rendre : SE : 0,8 km par D 663, rte de Decazeville,
bord de la Rance

Nature : 🖵 0̥0̥
Loisirs : 🎣 🏊 ✂ 🛶
Services : ⛃ ⚬🍽 ⛾ 🚻 ☺ 🏕 🚽 🗑
À prox. : 🍴 🚲 🏇

MONTSALVY

✉ 15120 – 🬀🬀🬀 C6 – G. Auvergne – 896 h. – alt. 800
🛈 *Office de tourisme, rue du Tour-de-Ville* 𝄞 04 71 49 21 43, Fax 04 71 49 65 56
Paris 586 – Aurillac 31 – Entraygues-sur-Truyère 14 – Figeac 57 – Rodez 56.

⚠ **Municipal la Grangeotte** juin-15 sept.
𝄞 04 71 49 26 00, *mairie-montsalvy@wanadoo.fr*,
Fax 04 71 49 26 93, *www.montsalvy.fr* – **R** 🚫
1 ha (50 empl.) plat, herbeux, peu incliné et plat, herbeux
Tarif : (Prix 2005) ▣ 17,20 € – pers. suppl. 4,20 €
Pour s'y rendre : SE : 1 km par D 920, rte d'Entraygues-
sur-Truyère et à droite

Nature : ≤ 🖵 Ω
Loisirs : ✂ 🛶
Services : ⚬🍽 ⛾ ☺ 🏕 🗑

MURAT

✉ 15300 – 🬀🬀🬀 H4 – G. Auvergne – 2 153 h. – alt. 930
🛈 *Office de tourisme, 2, rue du faubourg Notre-Dame* 𝄞 04 71 20 09 47, Fax 04 71 20 21 94
Paris 520 – Aurillac 48 – Brioude 59 – Issoire 74 – St-Flour 23.

⚠ **Municipal de Stalapos** mai-sept.
𝄞 04 71 20 01 83, *ville.murat@wanadoo.fr*,
Fax 04 71 20 20 63 – **R**
3,8 ha (250 empl.) plat et peu incliné, herbeux
Tarif : (Prix 2005) ⚡ 2 € ▣ 1,53 € 🔌 (10A) 3,80 €
Pour s'y rendre : Sortie Sud-Ouest par N 122, rte d'Aurillac
puis 1 km par chemin à gauche, bord de l'Alagnon

Nature : 🌳 ≤
Loisirs : 🏓
Services : ⚬🍽 (juil.-août) ⛾ ☺ 🗑

NEUSSARGUES-MOISSAC

✉ 15170 – ❸❸❶ F4 – 1 030 h. – alt. 834
🛈 *Syndicat d'initiative, 2, place Administrative* ℰ 04 71 20 56 69
Paris 509 – Aurillac 58 – Brioude 49 – Issoire 64 – St-Flour 22.

⚠ **Municipal de la Prade** 15 juin-15 sept.
    ℰ 04 71 20 50 21 – **R** conseillée
    1 ha (32 empl.) en terrasses, plat, herbeux, petit bois
    Tarif : 🔲 8,90 € – pers. suppl. 1,60 €
    Location (permanent) 🅿 (chalets) : 4 🏠 (4 à 6 pers.)
    240 à 306 €/sem. – 6 🏠 (4 à 6 pers.) 237 à 366 €/sem.
    Pour s'y rendre : Sortie Ouest par D 304, rte de Murat,
    bord de l'Alagnon

| Nature : ⇐ 🏕 |
| Loisirs : 🍴 ⛹ 🏊 |
| Services : 🚿 ⛽ 🚐 Ⓜ 🗄 🛁 ☺ 🛒 🍴 |
| 🛁 |

NEUVÉGLISE

✉ 15260 – ❸❸❶ F5 – G. Auvergne – 1 022 h. – alt. 938
🛈 *Office de tourisme, le Bourg* ℰ 04 71 23 85 43
Paris 528 – Aurillac 78 – Entraygues-sur-Truyère 70 – Espalion 66 – St-Chély-d'Apcher 42 – St-Flour 17.

⚠ **Le Belvédère du Pont de Lanau** 15 avr.-15 oct.
    ℰ 04 71 23 50 50, *belvedere.cantal@wanadoo.fr,*
    Fax 04 71 23 58 93, *www.campinglebelvedere.com* – accès
    aux emplacements par forte pente, mise en place et sortie
    des caravanes à la demande – alt. 670 – **R** conseillée
    5 ha (120 empl.) en terrasses, herbeux, pierreux
    Tarif : 🔲 21 € – pers. suppl. 4 €
    Location : 20 🏠 (4 à 6 pers.) 220 à 520 €/sem.
    🚐 1 borne
    Pour s'y rendre : S : 6,5 km par D 48, D 921, rte de Chau-
    des-Aigues et chemin de Gros à droite
    À savoir : Agréable situation dominante

| Nature : 🌳 ⇐ gorges de la Truyère |
| 🏕 ♀ |
| Loisirs : 🍴 snack 🍴 🏊 |
| Services : 🚿 ⛽ 🚱 🚐 🗄 🛁 🛒 ☺ |
| 🍴 🛒 🛁 🏊 |

PERS

✉ 15290 – ❸❸❶ B5 – 234 h. – alt. 570
Paris 547 – Argentat 45 – Aurillac 25 – Maurs 24 – Sousceyrac 25.

⚠ **Le Viaduc** Pâques-fin sept.
    ℰ 04 71 64 70 08, *campingduviaduc@wanadoo.fr,*
    Fax 04 71 64 70 08, *www.campauvergne.com* – **R** conseillée
    1 ha (65 empl.) en terrasses, herbeux, gravillons
    Tarif : (Prix 2005) 🔲 15 € – pers. suppl. 3,40 € – frais de
    réservation 12 €
    Location 🌿 : 7 🏠 (4 à 6 pers.) 200 à 450 €/sem.
    🚐 1 borne
    Pour s'y rendre : NE : 5 km par D 32, D 61 et chemin du
    Ribeyres à gauche, bord du lac de St-Etienne-Cantalès
    À savoir : Situation agréable

| Nature : 🌳 ⇐ 🏕 ♀ |
| Loisirs : 🍴 🍴 ⛹ |
| Services : 🚿 ⛽ 🚐 🏊 ☺ 🛒 |

PLEAUX

✉ 15700 – ❸❸❶ B4 – 1 823 h. – alt. 641
🛈 *Office de tourisme, place Georges Pompidou* ℰ 04 71 40 91 40
Paris 534 – Argentat 29 – Aurillac 46 – Égletons 44.

⚠ **Municipal de Longayroux** avr.-28 oct.
    ℰ 04 71 40 48 30, *pleaux@wanadoo.fr,* Fax 04 71 40 49 03,
    http://mairie.wanadoo.fr/pleaux/ – croisement difficile sur
    6 km – places limitées pour le passage – **R** conseillée
    0,6 ha (48 empl.) peu incliné, herbeux, gravillons
    Tarif : (Prix 2005) 🔲 12,50 € 🔌 (5A) – pers. suppl. 3 €
    Location : huttes
    Pour s'y rendre : S : 15 km par D 6, rte de St-Christophe-
    les-Gorges et rte de Longayroux à droite, bord du lac
    d'Enchanet
    À savoir : Dans un site agréable

| Nature : 🌳 ⇐ 🏕 ♀ |
| Loisirs : 🍴 ⛹ 🏊 (plage) 🎣 |
| Services : 🚿 ⛽ 🚐 ☺ 🛒 |

SAIGNES

✉ 15240 – 🅱 🗓 C2 – G. Auvergne – 1 006 h. – alt. 480
Paris 483 – Aurillac 78 – Clermont-Ferrand 91 – Mauriac 26 – Le Mont-Dore 55 – Ussel 39.

⚠ **Municipal Bellevue** juil.-août
   ℘ 04 71 40 68 40, *saignes.mairie@wanadoo.fr*,
   Fax 04 71 40 61 65 – **R** conseillée
   1 ha (42 empl.) plat, herbeux
   Tarif : (Prix 2005) ✱ 1,86 € ⇔ ,93 € 🅴 1,11 € [⚡] 2 €
   Pour s'y rendre : Sortie Nord-Ouest du bourg, au stade

| Nature : ≤ 🖵 ♀ |
| Loisirs : 🏠 🚴 🎣 ✕ 🛷 |
| Services : 🛆 ⊶ 🗓 ⊕ |

ST-FLOUR

✉ 15100 – 🅱 🗓 G4 – G. Auvergne – 6 625 h. – alt. 783
🅱 *Office de tourisme, 17 bis, place d'Armes ℘ 04 71 60 22 50, Fax 04 71 60 05 14*
Paris 513 – Aurillac 70 – Issoire 67 – Millau 132 – Le Puy-en-Velay 94 – Rodez 111.

⚠ **International Roche-Murat** avr.-1er nov.
   ℘ 04 71 60 43 63, *courrier@camping-saint-flour.com*,
   Fax 04 71 60 02 10, *www.camping-saint-flour.com*
   – **R** conseillée
   3 ha (119 empl.) en terrasses, herbeux, pinède attenante
   Tarif : 🅴 12,50 € [⚡] (10A) – pers. suppl. 2,60 €
   Location (permanent) : 11 🏕 (4 à 6 pers.) 255 à
   400 €/sem.
   Pour s'y rendre : NE : 4,7 km par D 921, N 9, rte de
   Clermont-Ferrand et avant l'échangeur de l'autoroute A 75,
   chemin à gauche, au rond-point - par A 75 : sortie 28

| Nature : ≤ 🖵 |
| Loisirs : 🛷 |
| Services : 🛆 ⊶ 🗳 ▥ 🗓 ⊕ 🛆 ❦ |
| 🖪 |

ST-GÉRONS

✉ 15150 – 🅱 🗓 B5 – 177 h. – alt. 526
Paris 538 – Argentat 35 – Aurillac 24 – Maurs 33 – Sousceyrac 25.

⚠ **La Presqu'île d'Espinet** 15 juin-août
   ℘ 04 71 62 28 90, *camping.despinet@wanadoo.fr*,
   Fax 04 71 62 28 90, *www.camping-espinet.com* – **R** conseillée
   3 ha (105 empl.) peu incliné, herbeux, bois
   Tarif : 🅴 14,60 € [⚡] (10A) – pers. suppl. 3 €
   Location (juin-août) : 20 🛖 (4 à 6 pers.) 270 à
   450 €/sem.
   Pour s'y rendre : SE : 8,5 km par rte d'Espinet, à 300 m du
   lac de St-Étienne-Cantalès
   À savoir : Dans un site agréable

| Nature : 🌳 🖵 𝕎 |
| Loisirs : 🛷 ♏ 🛷 |
| Services : 🛆 ⊶ 🗳 🗓 ⊕ 🖪 |
| À prox. : ♟ snack ✕ ➿ (plage) 🦯 |

173

ST-JACQUES-DES-BLATS

✉ 15800 – 🅱 🗓 E4 – 325 h. – alt. 990
Paris 536 – Aurillac 32 – Brioude 76 – Issoire 91 – St-Flour 39.

⚠ **Municipal** mai-sept.
   ℘ 04 71 47 06 00, *mairie-st-jacques-des-blats@wanadoo.fr*,
   Fax 04 71 47 07 09 – **R** conseillée
   1 ha (50 empl.) plat, herbeux
   Tarif : (Prix 2005) ✱ 2,40 € ⇔ 1,30 € 🅴 1,40 € [⚡] 2,40 €
   Pour s'y rendre : À l'Est du bourg par rte de Nierevèze,
   bord de la Cère

| Nature : 🌳 ≤ 🖵 ♀ |
| Loisirs : 🏠 🛷 |
| Services : 🛆 ⊶ 🗳 ▥ 🗓 ⊕ 🛆 ❦ |
| 🖪 |
| À prox. : ✕ ♏ |

ST-JUST

✉ 15320 – 🅱 🗓 I5 – 222 h. – alt. 950
Paris 531 – Chaudes-Aigues 29 – Ruynes-en-Margeride 22 – St-Chély-d'Apcher 16 – St-Flour 28.

⚠ **Municipal** 15 avr.-sept.
   ℘ 04 71 73 72 57, *commune.stjust@wanadoo.fr*,
   Fax 04 71 73 71 44, *www.saintjust.com* – **R** conseillée
   2 ha (60 empl.) plat et peu incliné, terrasse, herbeux
   Tarif : 🅴 11 € [⚡] (10A) – pers. suppl. 2 €
   Location (permanent) : 🏕 (4 à 6 pers.) 193 à
   390 €/sem. – gîtes
   Pour s'y rendre : Au Sud-Est du bourg, bord d'un ruisseau. Par A 75, sortie 31 ou 32

| Nature : 🌳 ♀ |
| Loisirs : 🏠 🚴 |
| Services : ⊶ 🗳 🗓 ⊕ 🖪 |
| À prox. : 🏊 ♟ ✕ 🛝 discothèque |
| ✕ 🛷 |

ST-MAMET-LA-SALVETAT

✉ 15220 – 330 B5 – 1 321 h. – alt. 680

🛈 *Office de tourisme, le Bourg* 𝄞 04 71 49 33 00

Paris 555 – Argentat 53 – Aurillac 20 – Maurs 24 – Sousceyrac 27.

⚠ **Municipal**

𝄞 04 71 64 75 21, Fax 04 71 64 79 80 – **R** conseillée

0,8 ha (41 empl.) peu incliné, herbeux

Location : 🛏 – 🏠

Pour s'y rendre : À l'Est du bourg, accès par D 20, rte de Montsalvy et chemin du stade, à droite.

| Nature : 🕏 ⌂ |
| Loisirs : 🎠 |
| Services : 🚿 🟊 🗑 ⊛ 🖩 |
| À prox. : 💥 🏊 🛝 |

ST-MARTIN-VALMEROUX

✉ 15140 – 330 C4 – G. Auvergne – 911 h. – alt. 646

🛈 *Syndicat d'initiative, le Bourg* 𝄞 04 71 69 27 62, Fax 04 71 69 24 52

Paris 510 – Aurillac 33 – Mauriac 21 – Murat 53 – Salers 10.

⚠ **Municipal le Moulin du Teinturier** 15 juin-15 sept.

𝄞 04 71 69 43 12, Fax 04 71 69 24 52 – **R** conseillée 🏕

3 ha (100 empl.) plat, herbeux

Tarif : (Prix 2005) 🖩 11,50 € – pers. suppl. 2,30 €

Location (permanent) : 10 🏠 (4 à 6 pers.) 470 €/sem.

Pour s'y rendre : À l'Ouest du bourg, sur D 37, rte de Ste-Eulalie-Nozières, bord de la Maronne

| Nature : < ⌂ |
| Loisirs : 🎠 |
| Services : 🚿 🟊 🗑 🖩 🛒 🗑 |
| À prox. : 💥 🛝 🏊 poneys |

Avant de vous installer, consultez les tarifs en cours,
affichés obligatoirement à l'entrée du terrain,
et renseignez-vous sur les conditions particulières de séjour.
Les indications portées dans le guide ont pu être modifiées depuis la mise à jour.

174

SALERS

✉ 15140 – 330 C4 – G. Auvergne – 401 h. – alt. 950

🛈 *Office de tourisme, place Tyssandier d'Escous* 𝄞 04 71 40 70 68, Fax 04 71 40 70 94

Paris 509 – Aurillac 43 – Brive-la-Gaillarde 100 – Mauriac 20 – Murat 43.

⚠ **Municipal le Mouriol** mai-15 oct.

𝄞 04 71 40 73 09 – 🏕

1 ha (100 empl.) plat, peu incliné, herbeux

Tarif : (Prix 2005) ★ 2,60 € 🚗 1,05 € 🖩 1,05 € 🔋 3,60 €

Pour s'y rendre : NE : 1 km par D 680 rte du Puy Mary

| Nature : 🕏 ♀ |
| Loisirs : 🎠 💥 |
| Services : 🚿 🟊 🗑 ⊛ 🖩 |
| À prox. : 🐎 escalade |

THIÉZAC

✉ 15800 – 330 E4 – G. Auvergne – 614 h. – alt. 805

🛈 *Office de tourisme, le Bourg* 𝄞 04 71 47 03 50

Paris 542 – Aurillac 26 – Murat 23 – Vic-sur-Cère 7.

⚠ **Municipal de la Bédisse**

𝄞 04 71 47 00 41, *otthiezac@wanadoo.fr*

1,5 ha (116 empl.) plat, herbeux

Pour s'y rendre : Sortie Sud-Est par D 59, rte de Raulhac et à gauche, sur les deux rives de la Cère

| Nature : 🕏 < ⌂ ♀♀ |
| Loisirs : 🎠 |
| Services : 🚿 🟊 🗑 🛒 🖩 ⊛ 🖩 |
| À prox. : 💥 🛝 🏊 |

TRIZAC

✉ 15400 – 330 D3 – G. Auvergne – 657 h. – alt. 960

Paris 518 – Aurillac 69 – Mauriac 24 – Murat 50.

⚠ **Municipal le Pioulat** 15 juin-15 sept.

𝄞 04 71 78 64 20 – **R** conseillée

1,5 ha (60 empl.) plat, peu incliné et en terrasses, herbeux

Tarif : ★ 1,60 € 🚗 1,20 € 🖩 1,40 € 🔋 (16A) 2 €

Location : huttes

Pour s'y rendre : Sortie Sud rte de Mauriac, bord d'un étang

| Nature : < ⌂ |
| Loisirs : 🏊 |
| Services : 🚿 🟊 🖩 🗑 ⊛ 🖩 |
| À prox. : 💥 |

VIC-SUR-CÈRE

✉ 15800 – 🗺 D5 – G. Auvergne – 1 890 h. – alt. 678
🛈 *Office de tourisme, avenue André Mercier* 📞 04 71 47 50 68, Fax 04 71 47 58 56
Paris 549 – Aurillac 19 – Murat 29.

⚠ **La Pommeraie** mai-15 sept.
📞 04 71 47 54 18, *pommeraie@wanadoo.fr*,
Fax 04 71 49 63 30, *www.camping-la-pommeraie.com* –
alt. 750 – **R** conseillée
2,8 ha (100 empl.) en terrasses, herbeux, pierreux
Tarif : 🔲 28 € – pers. suppl. 6 € – frais de réservation 16 €
Location : 40 🛖 (4 à 6 pers.) 210 à 600 €/sem. –
studios
Pour s'y rendre : SE : 2,5 km par D 54, D 154 et chemin à
droite
À savoir : Belle situation dominante

> Nature : 🐾 ≤ les monts, la vallée et
> la ville 🏕 ♀
> Loisirs : ▾ ✕ 🏠 🎯 🎡 ♦ ⚽ ⅃
> Services : 🕭 ⌾ GB 🚐 🔲 🖂 🛃 ☺
> 🛁 🗄 💤 🛅 🚿

⚠ **Municipal du Carladez** avr.-sept.
📞 04 71 47 51 04, *vicsurcere@wanadoo.fr*,
Fax 04 71 47 50 59 – **R** conseillée
3 ha (250 empl.) plat, herbeux
Tarif : (Prix 2005) 🚶 2,70 € 🚗 1,50 € 🔲 1,50 €
🔌 (6A) 2,50 € – frais de réservation 8 €
Pour s'y rendre : Rte de Salvanhac, bord de la Cère

> Nature : ≤ ♀
> Loisirs : 🏠 🎯
> Services : 🕭 ⌾ 🚐 🔲 🖂 🗄 ⊛ 🛅
> À prox. : 🐴 ⚽ 🎣 ⅃ 🏊

Haute-Loire (43)

ALLEYRAS

✉ 43580 – 🗺 E4 – 231 h. – alt. 779
Paris 549 – Brioude 71 – Langogne 43 – Le Puy-en-Velay 32 – St-Chély-d'Apcher 59.

⚠ **Municipal** avr.-oct.
📞 04 71 57 56 86, Fax 04 71 57 56 86 – alt. 660 – **R** conseillée
0,9 ha (60 empl.) plat et peu incliné, terrasse, herbeux
Tarif : 🔲 10,50 € – pers. suppl. 3,50 €
Location : huttes
Pour s'y rendre : 2,5 km au NO, à Pont-d'Alleyras, accès
direct à l'Allier

> Nature : 🐾 ≤
> Loisirs : 🎯
> Services : 🕭 ⌾ (juil.-août) 🚐 ⊛ 🗄
> sèche-linge sèche-linge
> À prox. : 🏊 ⚽ 🎣 canoë

Le lac de Guéry et massif du Sancy

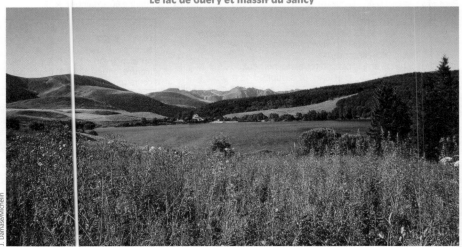

J. Damase/Michelin

BRIVES-CHARENSAC

☒ 43700 – **331** F3 – 4 356 h. – alt. 607
Paris 548 – Clermont 131 – Le Puy 5 – Saint 73 – Valence 107.

⚠ **Municipal d'Audinet** avr.-sept.
  𝄞 04 71 09 10 18, camping.audinet@wanadoo.fr,
  Fax 04 71 09 10 18 – alt. 610 – **R** conseillée
  3 ha (177 empl.) plat, herbeux
  Tarif : (Prix 2005) 🔲 10,70 € – pers. suppl. 2,50 €
  🚐 1 borne 4,60 €
  Pour s'y rendre : 0,5 km au S par D 15 et chemin à dr., près
  de la Loire

> Nature : ⩽ ♀
> Loisirs : pizzeria 🎱 ⚲⁺
> Services : ⅋ ⊶ ⚱ 🗟 ♨ ☺ ⌧ ☒ 🠮
> À prox. : ⚲ ☆ 𝄞 🝙 ⚱ ⟋

CEAUX-D'ALLEGRE

☒ 43270 – **331** E2 – 412 h. – alt. 905
Paris 523 – Allègre 5 – La Chaise-Dieu 21 – Craponne-sur-Arzon 23 – Le Puy-en-Velay 25 – Retournac 38.

⚠ **Municipal** (location exclusive de 5 yourtes)
  𝄞 04 71 00 79 66, www.laviemoderne.com – empl. traditionnels également disponibles – **R**
  0,5 ha plat, herbeux, pierreux
  Location : yourtes
  Pour s'y rendre : 1 km au NE par D 134, rte de Bellevue-la-
  Montagne et chemin à gauche, bord de la Borne et près
  d'un étang

> Nature : 🝙 ⫘
> Services : ⅋ ☺ ⚲
> À prox. : ☆ ⟋

La CHAISE-DIEU

☒ 43160 – **331** E2 – G. Auvergne – 772 h. – alt. 1 080
🛈 Office de tourisme, place de la Mairie 𝄞 04 71 00 01 16, Fax 04 71 00 03 45
Paris 503 – Ambert 29 – Brioude 35 – Issoire 59 – Le Puy-en-Velay 42 – St-Étienne 81 – Yssingeaux 59.

⚠ **Municipal les Prades**
  𝄞 04 71 00 07 88, Fax 04 71 00 03 43
  3 ha (100 empl.) peu incliné, herbeux
  Location : huttes
  Pour s'y rendre : 2 km au NE par D 906, rte d'Ambert, près
  du plan d'eau de la Tour (accès direct)

> Nature : ♀♀(sapinière)
> Loisirs : ⚲⁺
> Services : ⅋ ⊶ 🗟 ☺ ⌧
> À prox. : ☆ ⚱ 🐎 poneys

Le CHAMBON-SUR-LIGNON

☒ 43400 – **331** H3 – G. Vallée du Rhône – 2 642 h. – alt. 967
🛈 Office de tourisme, 1, place du Marché 𝄞 04 71 59 71 56, Fax 04 71 65 88 78
Paris 573 – Annonay 48 – Lamastre 32 – Le Puy-en-Velay 45 – Privas 75 – St-Étienne 60 – Yssingeaux 22.

⚠ **Les Hirondelles** 25 juin-août
  𝄞 04 71 59 73 84, les.hirondelles.bader@wanadoo.fr,
  Fax 04 71 65 88 80, www.campingleshirondelles.fr –
  alt. 1 000 – **R** conseillée
  1 ha (45 empl.) plat, en terrasses, herbeux
  Tarif : 🔲 21,65 € ⒢ (6A) – pers. suppl. 4,15 €
  Location (25 juin-2 sept.) ⚒ : 3 🏠 (4 à 6 pers.) 255 à
  470 €/sem. – 🛏 – 1 appartement
  Pour s'y rendre : 1 km au S par D 151 et D 7 à gauche, rte
  de la Suchère
  À savoir : Cadre agréable dominant le village

> Nature : 🝙 ⩽ ⫘ ♀
> Loisirs : ⟟ 🎱 ⚲⁺
> Services : ⅋ ⊶ 🗟 ♨ ☺ ⌧ ⚲⁺
> Au plan d'eau : 🠮 ☆ 🕮 ⚱ 🐎
> (centre équestre) - À prox.: par-
> cours sportif, golf

⚠ **Camping du Lignon** mai-sept.
  𝄞 04 71 59 72 86, campingdulignon@wanadoo.fr,
  Fax 04 71 59 72 86, www.campingdulignon.com – alt. 1 000
  – **R** conseillée
  2 ha (130 empl.) plat, herbeux
  Tarif : 🔲 15,50 € ⒢ (8A) – pers. suppl. 3 €
  Location : 9 bungalows toilés
  Pour s'y rendre : Sortie SO par D 15, rte de Mazet-sur-Voy
  et à dr. avant le pont, près de la rivière

> Nature : ♀
> Loisirs : 🎱 ⚲⁺🚲
> Services : ⅋ ⊶ ⚱ 🎟 🗟 ☺ ⌧
> au plan d'eau : 🠮 ☆ 🕮 ⚱ ⟋ 🐎
> (centre équestre) - parcours spor-
> tif, golf, parcours aventures

176

CHAMPAGNAC-LE-VIEUX

✉ 43440 – 331 D1 – G. Auvergne – 277 h. – alt. 880
Paris 486 – Brioude 16 – La Chaise-Dieu 25 – Clermont-Ferrand 76 – Le Puy-en-Velay 67.

⚠ **Le Chanterelle** avr.-oct.
℘ 04 71 76 34 00, camping@champagnac.com,
Fax 04 71 76 34 00, www.champagnac.com – **R** conseillée
4 ha (90 empl.) en terrasses, herbeux, gravillons
Tarif : (Prix 2005) ✦ 2,50 € ⇔ 1,50 € 🗉 5 € 🔋 2,50 €
Location : 20 🏠 (4 à 6 pers.) 235 à 520 €/sem. – 10
bungalows toilés
Pour s'y rendre : 1,4 km au N par D 5, rte d'Auzon, et
chemin à dr.
À savoir : Dans un site verdoyant, près d'un plan d'eau

Nature : 🌳 🗗 00	
Loisirs : 🌀 🛞	
Services : 🖗 ⚓ 🖘 🚿 🏢 🗄 ⊕ 🛒	
🖤 🖼 sèche-linge	
À prox. : 🛶 🎿 ⚲ (plage) 🎣 🐎 (centre équestre) parcours de santé	

LAVOÛTE-SUR-LOIRE

✉ 43800 – 331 F3 – 687 h. – alt. 561
Paris 540 – La Chaise-Dieu 37 – Craponne-sur-Arzon 28 – Le Puy-en-Velay 13 – St-Étienne 70 – Saugues 56.

⚠ **Municipal les Longes** mai-15 sept.
℘ 04 71 08 18 79, mairie.lavoutesurloire@wanadoo.fr,
Fax 04 71 08 16 96, www.cc/emblavez.fr – **R** conseillée
1 ha (57 empl.) plat, herbeux
Tarif : ✦ 2,15 € ⇔ 1,80 € 🗉 2,15 € 🔋 1,90 €
Location 🍃 : 5 🏠 (4 à 6 pers.) 150 à 420 €/sem.
Pour s'y rendre : 1 km à l'E par D 7, rte de Rosières puis
0,4 km par rue à gauche, près de la Loire (accès direct)

Nature : ≼ 🗗	
Loisirs : 🎿	
Services : 🖗 ⚓ 🚿 🗄 ⊕ 🖼	
À prox. : 🛶 🎣	

MONISTROL-D'ALLIER

✉ 43580 – 331 D4 – G. Auvergne – 256 h. – alt. 590
Paris 535 – Brioude 58 – Langogne 56 – Le Puy-en-Velay 28 – St-Chély-d'Apcher 57 – Saugues 16.

⚠ **Municipal le Vivier** 15 avr.-15 sept.
℘ 04 71 57 24 14, mairiemonistroldallier@wanadoo.fr,
Fax 04 71 57 25 03, www.monistroldallier.com – **R** conseillée
1 ha (48 empl.) plat, herbeux, pierreux
Tarif : 🗉 12,90 € 🔋 (10A) – pers. suppl. 3 €
Pour s'y rendre : Au S du bourg, près de l'Allier (accès
direct

Nature : ≼ 🌳	
Loisirs : 🛶	
Services : 🖗 ⚓ 🚿 🗄 ⊕	
À prox. : pizzeria 🎿 ⚲ 🎿 🎣 m 🛶 sports en eaux vives	

PAULHAGUET

✉ 43230 – 331 D2 – 981 h. – alt. 562
🛈 Office de tourisme, place Lafayette ℘ 04 71 76 62 67
Paris 495 – Brioude 18 – La Chaise-Dieu 24 – Langeac 15 – Le Puy-en-Velay 47.

⚠ **La Fridière** avr.-oct.
℘ 04 71 76 65 54, camping.paulhaguet@wanadoo.fr,
www.campingfr.nl – **R** conseillée
3 ha (45 empl.) plat, herbeux
Tarif : 🗉 16,50 € 🔋 (16A) – pers. suppl. 3,50 €
🚐 1 borne
Pour s'y rendre : SE : par D 4, bord de la Senouire

Nature : 🌳 🗗	
Loisirs : 🍴 🛶 🎿 🎣	
Services : 🖗 ⚓ 🏢 🗄 ⊕ 🛒 ✎ 🖼	

Le PUY-EN-VELAY

✉ 43000 – 331 F3 – G. Auvergne – 20 490 h. – alt. 629
🛈 Office de tourisme, place du Clauzel ℘ 04 71 09 38 41, Fax 04 71 05 22 62
Paris 539 – Aurillac 168 – Clermont-Ferrand 129 – Lyon 134 – Mende 87 – St-Étienne 76 – Valence 110.

⚠ **Camping du Puy-en-Velay** Rameaux-sept.
℘ 04 71 09 55 09 – **R** conseillée
1 ha (80 empl.) plat, herbeux
Tarif : (Prix 2005) ✦ 2,69 € ⇔ 1,69 € 🗉 2,85 € 🔋 (6A) 3 €
🚐 1 borne 3,05 € – 5 🗉 6,10 €
Pour s'y rendre : NO : à Aiguilhe, bord de la Borne

Nature : 00	
Loisirs : 🛶	
Services : 🖗 ⚓ 🚿 🏢 🗄 🗕 ⊕ 🖼	
À prox. : 🎿 🏊 🛶	

ST-DIDIER-EN-VELAY

✉ 43140 – **331** H2 – 2 891 h. – alt. 830

🛈 Office de tourisme, 11, rue Hôtel de Ville 𝒫 04 71 66 25 72, Fax 04 71 61 25 83

Paris 538 – Annonay 49 – Monistrol-sur-Loire 11 – Le Puy-en-Velay 58 – St-Étienne 25.

⚠ **La Fressange** 30 avr.-1er oct.

𝒫 04 71 66 25 28, Fax 04 71 66 25 28 – **R** conseillée

1,5 ha (104 empl.) incliné, peu incliné, en terrasses, herbeux

Tarif : (Prix 2005) ▣ 14 € 戊 (5A) – pers. suppl. 3 €

Location : 11 🛖

Pour s'y rendre : 0,8 km au SE par D 45 rte de St-Romain-Lachalm et à gauche, bord d'un ruisseau

Loisirs : 🏌️ 🚲	
Services : & ⊶ ⊖⊟ ⊘ 🗄 🔥 ⊚ 🗑	
À prox. : 🍴 ⛷ parcours sportif	

ST-PAULIEN

✉ 43350 – **331** E3 – 1 912 h. – alt. 795

🛈 Office de tourisme, place Saint-Georges 𝒫 04 71 00 50 01, Fax 04 71 00 50 01

Paris 529 – La Chaise-Dieu 28 – Craponne-sur-Arzon 25 – Le Puy-en-Velay 14 – St-Étienne 89 – Saugues 44.

⚠ **La Rochelambert** mai-sept.

𝒫 04 71 00 54 02, info@camping-rochelambert.com,
Fax 04 71 00 54 32, www.camping-rochelambert.com
– **R** conseillée

3 ha (100 empl.) plat, herbeux, en terrasses

Tarif : ★ 3,60 € ⊷ 1,95 € ▣ 2,90 € 戊 (10A) 2,90 €

Location : 11 🛖 (4 à 6 pers.) 251 à 415 €/sem. – huttes
⊡, 1 borne 2,50 € – 5 ▣ 13 €

Pour s'y rendre : 2,7 km au SO par D 13, rte d'Allègre et
D 25 à gauche, rte de Loudes, près de la Borne (accès direct)

Nature : ⌂	
Loisirs : 🍸 snack ⛷ 🍴 ⛷	
Services : & ⊶ (juil.-août) ⊘ 🗄 ⊚	
🗑 sèche-linge	

*Demandez à votre libraire le catalogue des **publications MICHELIN**.*

178

STE-SIGOLÈNE

✉ 43600 – **331** H2 – 5 432 h. – alt. 808

🛈 Office de tourisme, place du 8 mai 𝒫 04 71 66 13 07

Paris 551 – Annonay 50 – Monistrol-sur-Loire 8 – Montfaucon-en-Velay 14 – Le Puy-en-Velay 55 – St-Étienne 39.

⚠ **Camping de Vaubarlet** mai-sept.

𝒫 04 71 66 64 95, camping@vaubarlet.com,
Fax 04 71 66 11 98, www.vaubarlet.com – alt. 600
– **R** conseillée

15 ha/3 campables (131 empl.) plat, herbeux

Tarif : ▣ 20 € – pers. suppl. 3 €

Location : 12 ⊞ (4 à 6 pers.) 180 à 590 €/sem. – 5 🛖
(4 à 6 pers.) 285 à 590 €/sem. – 12 bungalows toilés

Pour s'y rendre : 6 km au SO par D 43, rte de Grazac

À savoir : Dans une vallée verdoyante traversée par la Dunière

Nature : 🌿 ⟨	
Loisirs : 🍸 pizzeria 🚗 ⊙ diurne 🧗	
⛷ 🚲 ⛷	
Services : & ⊶ ⊖⊟ ⊘ 🗄 ⊛ ⊚ 🗑	
sèche-linge ⊱	

SAUGUES

✉ 43170 – **331** D4 – G. Auvergne – 2 013 h. – alt. 960

🛈 Office de tourisme, cours Dr Gervais 𝒫 04 71 77 71 38, Fax 04 71 77 71 38

Paris 529 – Brioude 51 – Mende 72 – Le Puy-en-Velay 43 – St-Chély-d'Apcher 42 – St-Flour 52.

⚠ **Municipal Sporting de la Seuge** 15 juin-15 sept.

𝒫 04 71 77 80 62, ot.saugues@haut.allier.com,
Fax 04 71 77 66 40 – **R** conseillée

3 ha (112 empl.) plat, herbeux, pierreux

Tarif : ▣ 13,10 € – pers. suppl. 2,74 €

Location (permanent) : 15 🛖 (4 à 6 pers.) 140 à
455 €/sem.

Pour s'y rendre : Sortie O par D 589, rte du Malzieu-Ville et
à dr., bord de la Seuge et près de deux plans d'eau et d'une pinède

Nature : ⩽ ♀	
Loisirs : 🚗 ⛷ 🍴 🏊 ⟋	
Services : & ⊶ (juil.-août) ⊘ 🗄 ⊱	
⊚ 🗑 sèche-linge	
À prox. : ⊱ 🏊 🎣 🐎 parcours	
sportif, terrain omnisports, pédalos	

VOREY

✉ 43800 – 🗺 🎨 F2 – 1 451 h. – alt. 540
🏛 *Office de tourisme, rue Louis Jouvet* 📞 *04 71 01 30 67*
Paris 544 – Ambert 53 – Craponne-sur-Arzon 18 – Le Puy en Velay 23 – St-Étienne 70 – Yssingeaux 28.

⚠ Les Moulettes mai-15 sept.
📞 *04 71 03 70 48, campinglesmoulettes@libertysurf.fr,*
www.camping-les-moulettes.fr – **R** conseillée
1,5 ha (45 empl.) plat, herbeux
Tarif : 🔲 14,40 € ⚡ (10A) – pers. suppl. 3,50 €
Location : 4 🚐 (4 à 6 pers.) 230 à 420 €/sem.
🚐, 1 borne 3 € – 5 🔲 2 €
Pour s'y rendre : À l'O du centre bourg, bord de l'Arzon

Nature : 🌳 ♤♤
Loisirs : 🍴 snack 🛋 🏊 🎣 🏊
Services : ♿ 🔌 🗑 🔥 ☺ 🏕 📶 🖼
À prox. : ✂ 🚣

Puy-de-Dôme (63)

AMBERT

✉ 63600 – 🗺 🎨 J9 – G. Auvergne – 7 309 h. – alt. 535
🏛 *Office de tourisme, 4, place de Hôtel de Ville* 📞 *04 73 82 61 90, Fax 04 73 82 48 36*
Paris 438 – Brioude 63 – Clermont-Ferrand 77 – Montbrison 47 – Le Puy-en-Velay 71 – Thiers 53.

⚠ Municipal les Trois Chênes 8 mai-sept.
📞 *04 73 82 34 68, tourisme@ville-ambert.fr,*
Fax 04 73 82 12 01 – **R** conseillée
3 ha (120 empl.) plat, herbeux
Tarif : 🔲 16,50 € – pers. suppl. 4 €
Location (permanent) : 11 🏠 (4 à 6 pers.) 275 à
470 €/sem.
🚐, 1 borne 2 € – 5 🔲 14,60 €
Pour s'y rendre : 1,5 km au S par D 906, rte de la Chaise-
Dieu, près de la Dore
À savoir : Agréable cadre verdoyant

Nature : ← 🌳 ♤♤
Loisirs : 🛋 🏊 🏊
Services : ♿ 🔌 🅶🅱 🔥 ☺ 🏕
📶 🖼 sèche-linge
Au plan d'eau : 🍴 🏊 ̂ 🏊 🚣 ter-
rain omnisports, parcours de santé
- 🛒 snack 🍴

179

Le Val d'Allier

J. Damase/Michelin

Les ANCIZES-COMPS

✉ 63770 – 326 D7 – G. Auvergne – 1 821 h. – alt. 710

🅱 OFFICE DU TOURISME, rue du Pont du Bouchet ℰ 04 73 86 86 19, Fax 04 73 86 83 71

Paris 392 – Clermont-Ferrand 36 – Pontaumur 17 – Pontgibaud 19 – Riom 32 – St-Gervais-d'Auvergne 17.

△ **Comps-les-Fades** mai-sept.
ℰ 04 73 86 81 64, ancizes.tourisme@wanadoo.fr,
Fax 04 73 86 83 71 – **R** conseillée
2,3 ha (90 empl.) peu incliné, herbeux
Tarif : 🔲 8 € – pers. suppl. 1,50 €
Location : 5 🏠 (4 à 6 pers.) 200 à 390 €/sem.
Pour s'y rendre : 1,8 km au N par D 62 et rte de Comps à gauche

Nature : 🐾 �]️ ♀
Loisirs : ♈ 🚣
Services : ⓑ ⚓ (juil.-août) ⚒ 🔋 🔊
⊕ 🔳
À prox. : 🛒 🚲 ✂ 🔲 ⚓ 🏊 🐎

AYDAT

✉ 63970 – 326 E9 – G. Auvergne – 1 647 h. – alt. 850

🅱 Office de tourisme, Sauteyras ℰ 04 73 79 37 69

Paris 438 – La Bourboule 33 – Clermont-Ferrand 21 – Issoire 38 – Pontgibaud 31 – Rochefort-Montagne 28.

🔺 **Le Chadelas** 28 avr.-1er oct.
ℰ 04 73 79 38 09, reception@campingchadelas.com,
Fax 04 73 79 34 12, www.campingchadelas.com – **R** conseillée
7 ha (150 empl.) accidenté et plat, en terrasses, herbeux, pierreux
Tarif : 🔲 19 € 🚗 (10A) – pers. suppl. 5 € – frais de réservation 16 €
Location (permanent) : 4 🚐 (2 à 4 pers.) 150 à 390 €/sem. – 20 🚙 (4 à 6 pers.) 200 à 460 €/sem. – 14 🏠 (4 à 6 pers.) 300 à 610 €/sem.
🚐 1 borne
Pour s'y rendre : 2 km au NE par D 90 et chemin à dr., près du lac
À savoir : Agréable pinède

Nature : ♀♀
Loisirs : ♈ snack 🍴 🎮 🚣
Services : ⓑ ⚓ 🚪 GB ⚒ 🔊 🔋 ♨ ⊕
🔳 sèche-linge
À prox. : 🚲 🎣 ⚓ 🚴 🏊 (plage)
🐾 🐎

△ **Des Volcans** juin-fin août
ℰ 04 73 79 33 90, keith_harvey@compuserve.com,
Fax 04 73 79 33 90 – alt. 1 020 – **R** conseillée
1,3 ha (54 empl.) peu incliné, herbeux
Tarif : ♦ 2,60 € 🚗 1 € 🔲 2 € 🚗 (4A) 2,60 €
Pour s'y rendre : À la Garandie, O : 3,2 km d'Aydat par D 788

Nature : 🐾 ≤ ♀
Loisirs :
Services : ⚓ ⚒ ⊕
au lac : ♈ snack 🚲 🚴 🏊 (plage) ♨
🐾 mur d'escalade

BAGNOLS

✉ 63810 – 326 C9 – G. Auvergne – 532 h. – alt. 862

Paris 483 – Bort-les-Orgues 19 – La Bourboule 23 – Bourg-Lastic 38 – Clermont-Ferrand 64.

△ **Municipal la Thialle** 8 avr.-6 nov.
ℰ 04 73 22 28 00, Fax 04 73 22 20 04 – **R** conseillée
2,8 ha (70 empl.) plat, herbeux, gravillons
Tarif : ♦ 2,50 € 🚗 1,50 € 🔲 1,70 € 🚗 (10A) 3,80 €
Location : 3 🏠 (4 à 6 pers.) 212 à 416 €/sem. – huttes
Pour s'y rendre : Sortie SE par D 25, rte de St-Donat, bord de la Thialle

Nature : ♀
Loisirs : 🍴 🚣 🎯 ⊥ (petite piscine) 🌊
Services : ⓑ ⚓ (saison) ⚒ 🔋 ⊕
🔳
À prox. : 🚲 ✗

BILLOM

✉ 63160 – 326 H8 – G. Auvergne – 4 246 h. – alt. 340

🅱 Office de tourisme, 13, rue Carnot ℰ 04 73 68 39 85, Fax 04 73 68 38 91

Paris 437 – Clermont-Ferrand 28 – Cunlhat 30 – Issoire 31 – Thiers 27.

🔺 **Municipal le Colombier** juin-15 sept.
ℰ 04 73 68 91 50, mairie-billom@wanadoo.fr,
Fax 04 73 73 37 60, www.billon.fr – **R** conseillée
1 ha (40 empl.) plat et peu incliné, herbeux
Tarif : ♦ 1,20 € 🚗 2 € 🔲 2,50 € 🚗 2,50 €
Location (permanent) : 12 🏠 (4 à 6 pers.) 320 à 351 €/sem.
Pour s'y rendre : Au Nord-Est de la localité par rte de Lezoux et rue des Tennis

Nature : 🚗 ♀
Loisirs : 🍴 🚣
Services : ⓑ ⚓ GB ⚒ 🔋 ⊕ 🔳
À prox. : 🚲 ✂ 🎮 🔲 ⊥ 🐎

La BOURBOULE

✉ 63150 – 326 D9 – G. Auvergne – 2 043 h. – alt. 880 – ⚕ (début février-fin oct.)

🏛 *Office de tourisme, place de la République* ✆ *04 73 65 57 71*

Paris 469 – Aubusson 82 – Clermont-Ferrand 50 – Mauriac 71 – Ussel 51.

⚠ Les Clarines 15 déc.-15 nov.

✆ *04 73 81 02 30, clarines.les@wanadoo.fr,*
Fax *04 73 81 09 34, www.camping-les-clarines.com*
– **R** conseillée
3,75 ha (194 empl.) incliné, peu incliné, en terrasses, herbeux, gravillons
Tarif : 🔲 18,74 € 🔌 (10A) – pers. suppl. 4,64 € – frais de réservation 12,20 €
Location : 20 🏚 (4 à 6 pers.) 254 à 585 €/sem. – gîtes
Pour s'y rendre : Av. du Gén.-Leclerc

Nature : 🔆
Loisirs : 🍷 🛋 ☺ diurne (juil.-août) 🏊 ☕
Services : 🔌 GB 🐕 🗑 ♨ 🛁 ☺ 🚿 🚰 🖨 sèche-linge
À prox. : 🛒 🛶

⚠ Municipal les Vernières vac. de printemps-sept.

✆ *04 73 81 10 20, Fax 04 73 65 54 98* – **R**
1,5 ha (165 empl.) plat et terrasse, herbeux
Tarif : (Prix 2005) ⚑ 2,90 € 🔲 2,45 € 🔌 (10A) 5,20 €
Pour s'y rendre : Sortie E par D 130, rte du Mont-Dore, près de la Dordogne

Nature : 🔆 🛋 ♀
Loisirs : 🛋 🏊
Services : 🛁 🔌 🐕 🖩 🗑 ☺ 🖨
À prox. : 🍴 🚿 ☕

Om een reisroute uit te stippelen en te volgen,
om het aantal kilometers te berekenen,
om precies de ligging van een terrein te bepalen
(aan de hand van de inlichtingen in de tekst),
gebruikt u de **Michelinkaarten** *schaal 1 : 150 000 ;*
een onmisbare aanvulling op deze gids.

CEYRAT

✉ 63122 – 326 F8 – G. Auvergne – 5 593 h. – alt. 560

🏛 *Syndicat d'initiative, 1, rue Frédéric Brunmurol* ✆ *04 73 61 53 23*

Paris 423 – Clermont-Ferrand 6 – Issoire 36 – Le Mont-Dore 42 – Royat 5.

⚠ Le Chanset Permanent

✆ *04 73 61 30 73, camping.lechanset@wanadoo.fr,*
Fax *04 73 61 30 73, www.ceyrat.com* – alt. 600 – **R** conseillée
5 ha (140 empl.) plat et incliné, herbeux
Tarif : 🔲 17,35 € 🔌 (10A) – pers. suppl. 2,95 €
Location : 15 🏚 (4 à 6 pers.) 128 à 512 €/sem.
🚐 1 borne 2 €
Pour s'y rendre : Av. J.-B.-Marrou

Nature : ♀
Loisirs : 🍷 snack 🛋 🏊 🏊
Services : 🛁 🔌 GB 🐕 🖩 🗑 ☺ 🚿 🖨 sèche-linge ♨ ☕

CHAMBON-SUR-LAC

✉ 63790 – 326 E9 – G. Auvergne – alt. 877 – Sports d'hiver : 1 150/1 760 m ⚡9 🎿

Paris 456 – Clermont-Ferrand 37 – Condat 39 – Issoire 32 – Le Mont-Dore 18.

CHAMBON-SUR-LAC

⚠ **Le Pré Bas** mai-sept.
 𝒫 04 73 88 63 04, *prebas@campingauvergne.com,*
 Fax 04 73 88 65 93, *www.campingauvergne.com*
 – **R** conseillée
 3,8 ha (180 empl.) plat et peu incliné, herbeux
 Tarif : ✳ 5 € ⇦ 2,10 € ▣ 9,50 € [⚡] (6A) 4,40 € – frais de
 réservation 15 €
 Location : 81 ⟨⟩ (4 à 6 pers.) 193 à 732 €/sem.
 ⟨⟩ 1 borne
 Pour s'y rendre : À Varennes, près du lac (accès direct)
 À savoir : Belle décoration florale et arbustive

> Nature : ⇐ ⌂ ♀
> Loisirs : 🍸 snack, pizzeria ⌂ ☺ 👫
> 🚣 🎣 ⛵ terrain omnisports
> Services : 🚿 ⌐ ⤳ ⊞ ☂ ☺ 📞 🛒
> sèche-linge ⤳
> À prox. : ⚑ ⛵ 🏊 canoë, quad

⚠ **Serrette** juin-15 sept.
 𝒫 04 73 88 67 67, *camping.de.serrette@wanadoo.fr,*
 Fax 04 73 88 81 73, *http://perso.wanadoo.fr/cam*
 ping.de.serrette – alt. 1 000 – **R** conseillée
 2 ha (75 empl.) en terrasses, incliné, herbeux, pierreux
 Tarif : ▣ 17,50 € [⚡] (6A) – pers. suppl. 4 € – frais de réservation 10 €
 Location 🐾 : 6 ⟨⟩ (2 à 4 pers.) 150 à 350 €/sem. – 4
 ⟨⟩ (4 à 6 pers.) 350 à 550 €/sem.
 Pour s'y rendre : O : 2,5 km par D 996, rte du Mont-Dore
 et D 636 (à gauche) rte de Chambon des Neiges (hors
 schéma)

> Nature : ⛰ ⇐ lac et montagnes ♀
> Loisirs : ⌂ 🏊 (découverte l'été)
> Services : 🚿 ⌐ ⤳ ⊞ ☺ ▣
> Au lac : ✗ 🎣 ⛵ (plage) 🐎

⚠ **La Plage** mai-sept.
 𝒫 04 73 88 60 04, *camping@lac-chambon-plage.com,*
 Fax 04 73 88 80 08, *www.lac-chambon-plage.com*
 – **R** conseillée
 7 ha (372 empl.) plat, incliné, en terrasses, herbeux,
 pierreux
 Tarif : ▣ 16,50 € – pers. suppl. 3,50 €
 Location : 18 ⌂ (4 à 6 pers.) 300 à 570 €/sem. – 10 ⟨⟩ –
 hôtel
 Pour s'y rendre : 3 km à l'E par D 996, rte de Murol et
 chemin à dr.
 À savoir : Agréable situation près du lac

> Nature : ⇐ ⌂ ♀♀ 🌊
> Loisirs : 🍸 ✗ ⌂ salle d'animation
> et de spectacles 🚣 🎣 ⛵
> Services : 🚿 ⌐ (juil.-août) 🏧 ⤳
> ⊞ ☺ ▣ sèche-linge ⚑ ⤳

⚠ Municipal les Bombes
 𝒫 04 73 88 64 03, *mairie-de-chambon-sur-lac@wana*
 doo.fr, Fax 04 73 88 62 59 – **R** conseillée
 2,4 ha (150 empl.) plat, herbeux
 ⟨⟩ 1 borne
 Pour s'y rendre : À l'Est de Chambon-sur-Lac vers rte de
 Murol et à droite, bord de la Couze de Chambon (hors
 schéma)

> Nature : ⇐ Vallée de Chaudefour ♀
> Loisirs : ⌂
> Services : 🚿 ⌐ ⊞ ☺ ▣
> Au lac : 🍸 ✗ 🎣 ⛵ 🐎

CHÂTEAUNEUF-LES-BAINS

✉ 63390 – 326 E6 – G. Auvergne – 303 h. – alt. 390 – ♨ (mai-oct.)
Paris 381 – Aubusson 81 – Clermont-Ferrand 50 – Montluçon 56 – Riom 33 – Ussel 102.

⚠ **Municipal les Prés Dimanche** mai-15 oct.
 𝒫 04 73 86 41 50, *mairie-chat-les-bains@wanadoo.fr,*
 Fax 04 73 86 41 71, *www.chateauneuflesbains.com*
 – **R** conseillée
 0,5 ha (45 empl.) plat, herbeux, pierreux
 Tarif : ▣ 10 € – pers. suppl. 1 €
 Pour s'y rendre : Sortie NE par D 109, rte de Pont-de-
 Menat, près de la Sioule (accès direct)

> Nature : ⇐ ⌂
> Loisirs : ⌂ 🚣
> Services : 🚿 ⌐ ⤳ ⊞ ☺ ▣ sèche-
> linge
> À prox. : 🛒 🍸 ✗ 🎣 ⛵ 🏊 🐎
> canoë

Ne pas confondre :
⚠ ... à ... ⚠⚠ : *appréciation* **MICHELIN**
et
★ ... à ... ★★★★ : *classement officiel*

CHÂTELGUYON

✉ 63140 – 326 F7 – G. Auvergne – 5 241 h. – alt. 430 – ♨ (début mai-fin sept.)
🛈 *Office de tourisme, 1, avenue de l'Europe* ℘ *04 73 86 01 17, Fax 04 73 86 27 03*
Paris 411 – Aubusson 93 – Clermont-Ferrand 21 – Gannat 31 – Vichy 43 – Volvic 11.

    ▲▲▲   **Clos de Balanède** 15 avr.-2 oct.
        ℘ 04 73 86 02 47, *closde.pougheon@wanadoo.fr*,
        Fax 04 73 86 05 64, *www.balanede.com* – **R** conseillée
        4 ha (285 empl.) plat et peu incliné, herbeux
        Tarif : 🔲 17 € (2) (10A) – pers. suppl. 4,50 €
        Location : 34 🛖 (4 à 6 pers.) 210 à 460 €/sem.
        🖭, 1 borne – 15 🔲 17 €
        Pour s'y rendre : Sortie SE par D 985, rte de Riom

> Nature : 🌳🌳
> Loisirs : 🍽 snack 🏠 🎬 diurne nocturne (juil.-août) 🏊 ⛵ 🚴 🎯 ≥
> Services : & ⚡ GB 🐾 🔥 ♨ ⊕ ♨
> 🚿 🖥 sèche-linge 🧺

COURNON-D'AUVERGNE

✉ 63800 – 326 G8 – G. Auvergne – 18 866 h. – alt. 380 – Base de loisirs
Paris 422 – Clermont-Ferrand 12 – Issoire 31 – Le Mont-Dore 54 – Thiers 40 – Vichy 61.

    ▲▲   **Municipal le Pré des Laveuses** nov.- 1er avr.
        ℘ 04 73 84 81 30, *camping@cournon-auvergne.fr*,
        Fax 04 73 84 65 90, *www.cournon-auvergne.fr/camping*
        – **R** conseillée
        5 ha (150 empl.) plat, herbeux, pierreux, gravier
        Tarif : 🔲 3,35 € 🔲 4,55 € (2) (10A) 4,55 €
        Location (permanent) 🛖 : 18 🛖 (4 à 6 pers.) 233,70 à
        396,10 €/sem.
        🖭, 1 borne 2,05 € – 10 🔲 4,10 €
        Pour s'y rendre : 1,5 km à l'E par rte de Billom et rte de la
        plage à gauche
        À savoir : Entre un plan d'eau aménagé et l'Allier

> Nature : 🌳🌳 ≤
> Loisirs : 🍽 🏠 🏊
> Services : & ⚡ GB 🐾 🔥 🔥 ⊕ 🖥
> sèche-linge
> À prox. : 🚴 🎯 🏊 (couverte l'hiver) 🛶 🎣

The Guide changes, so renew your Guide every year.

183

COURPIÈRE

✉ 63120 – 326 I8 – G. Auvergne – 4 612 h. – alt. 320
🛈 *Office de tourisme, place de la Cité Administrative* ℘ *04 73 51 20 27, Fax 04 73 51 20 27*
Paris 399 – Ambert 40 – Clermont-Ferrand 50 – Issoire 53 – Lezoux 18 – Thiers 15.

    ▲   **Municipal les Taillades** 12 juin-3 sept.
        ℘ 04 73 51 22 80, *mairie.courpiere@wanadoo.fr*,
        Fax 04 73 51 21 55 – **R** conseillée
        0,5 ha (40 empl.) plat, herbeux
        Tarif : 🔲 2,60 € �car 3,50 € 🔲 8,20 € (2) 3,90 €
        Pour s'y rendre : Sortie Sud par D 906, rte d'Ambert, D 7 à
        gauche rte d'Aubusson-d'Auvergne et chemin à droite, à la
        piscine et près d'un ruisseau

> Nature : 🌿 🔲
> Loisirs : 🏊
> Services : & ⚡ 🐾 🔥 ⊕ 🖥
> À prox. : 🚴 🎯 🎿 🐎 (centre équestre)

CUNLHAT

✉ 63590 – 326 I9 – 1 350 h. – alt. 700
🛈 *Office de tourisme, 8, Grande Rue* ℘ *04 73 82 57 00*
Paris 420 – Ambert 26 – Clermont-Ferrand 58 – Issoire 38 – Thiers 36.

    ▲▲   **La Barge** 3 juin-16 sept.
        ℘ 04 73 82 57 10, *info@camping-massifcentral.com*,
        Fax 04 73 82 57 15, *www.camping-massifcentral.com*
        – **R** conseillée
        6 ha/1 campable plat et en terrasses, herbeux
        Tarif : (Prix 2005) 🔲 8,20 € (2) (5A) – pers. suppl. 2,60 € – frais
        de réservation 10 €
        Location (avr. - 29 oct.) : 🛖 (4 à 6 pers.) 179 à
        389 €/sem.
        Pour s'y rendre : S : 1,2 km par D 105, rte de St-Amant-
        Roche-Savine, à la base de loisirs, près d'un plan d'eau

> Nature : ≤
> Loisirs : 🏠 🎿
> Services : & GB 🐾 ⊕ 🖥
> Au plan d'eau : 🍽 🎯 🏊 🎣 🛶 🎣 (plage) 🏊

ISSOIRE

✉ 63500 – 326 G9 – G. Auvergne – 13 773 h. – alt. 400

🛈 *Office de tourisme, place Charles de Gaulle* ℰ 04 73 89 15 90

Paris 446 – Aurillac 121 – Clermont-Ferrand 36 – Le Puy-en-Velay 94 – Rodez 177 – St-Étienne 173 – Thiers 56 – Tulle 169.

⋀⋀ **La Grange Fort** 15 avr.-15 oct.
ℰ 04 73 71 02 43, *chateau@lagrangefort.com,*
Fax 04 73 71 07 69, *www.lagrangefort.com* – par A 75 sortie
13 dir. Parentignat – **R** conseillée
23 ha/4 campables (120 empl.) plat, peu incliné, herbeux
Tarif : 🛉 5,30 € – 🚗 1,75 € – 🔟 8,10 € – (6A) 3 € – frais de
réservation 18 €
Location (permanent) 🏠 : 8 🛏 (4 à 6 pers.) 250 à
550 €/sem. – 16 🛖 (4 à 6 pers.) 275 à 635 €/sem. – 🏚 –
appartements
🚐 1 borne 3 € – 8 🔟 15 €
Pour s'y rendre : 4 km au SE par D 996, rte de la Chaise-
Dieu puis à dr., 3 km par D 34, rte d'Auzat-sur-Allier
À savoir : Autour d'un pittoresque château médiéval dominant l'Allier

Nature : 🏞 ⩽ 🛏 ♀
Loisirs : 🍸 ✗ snack 🎱 🎮 🏇 ぷ 🚴
✗ 🔲 🔲
Services : 🛠 🔌 🅿 🕳 🔔 🛒 🔥 🔥
🔥 ⊕ ♨ 🔥 sèche-linge 🔥

⋀⋀ **Municipal du Mas** avr.-oct.
ℰ 04 73 89 03 59, *camping-mas@wanadoo.fr,*
Fax 04 73 89 41 05, *http://monsite.wanadoo.fr/cam
pingmas* – **R** conseillée
3 ha (138 empl.) plat, herbeux
Tarif : 🔟 14,80 € – pers. suppl. 3,75 €
🚐 1 borne – 6 🔟 2,45 €
Pour s'y rendre : 2,5 km à l'E par D 9, rte d'Orbeil et à dr., à
50 m d'un plan d'eau et à 300 m de l'Allier. Par A 75 sortie
12

Nature : ⩽ ♀
Loisirs : 🎱 ⛲ diurne (juil.-août) 🏇 ♨
Services : 🔌 🕳 🔔 🛒 🔥 ⊕ ♨ 🔥
🔥 sèche-linge
À prox. : 🛒 ✗ 🚲 ♨ ✗ ♨ bowling, VTT

184

Gebruik de gids van het lopende jaar.

LAPEYROUSE

✉ 63700 – 326 E5 – 587 h. – alt. 510

Paris 350 – Clermont-Ferrand 74 – Commentry 15 – Montmarault 14 – St-Éloy-les-Mines 14 – Vichy 55.

⋀⋀ **Municipal les Marins** 15 juin-1er sept.
ℰ 04 73 52 02 73, *mairie.lapeyrouse63@wanadoo.fr,*
Fax 04 73 52 03 89, *http://63lapeyrouse.free.fr* – **R** conseil-
lée
2 ha (68 empl.) plat, herbeux
Tarif : 🔟 15 € – pers. suppl. 4 €
Location (permanent) : 6 🛖 (4 à 6 pers.) 450 à
550 €/sem.
Pour s'y rendre : 2 km au SE par D 998, rte d'Echassières
et D 100 à dr., rte de Durmignat
À savoir : Décoration arbustive des emplacements, près
d'un plan d'eau

Nature : 🏞 🛏
Loisirs : 🎱 ⛲ 🚲 ♨ (plage) ♨
Services : 🔌 🕳 🔥 🔥 ⊕ 🔥
À prox. : 🍸 ✗

MONTAIGUT-LE-BLANC

✉ 63320 – 326 F9 – G. Auvergne – 601 h. – alt. 500

Paris 443 – Clermont-Ferrand 33 – Issoire 17 – Pontgibaud 46 – Rochefort-Montagne 43 – St-Nectaire 10.

⋀ **Municipal le Pré** 15 mai-sept.
ℰ 04 73 96 75 07, *montaigut-le-blanc@wanadoo.fr,*
Fax 04 73 96 70 05, *www.ville-montaigut-le-blanc.fr*
– **R** conseillée
3 ha (100 empl.) plat, herbeux
Tarif : (Prix 2005) 🔟 13,90 € – pers. suppl. 3,60 €
Pour s'y rendre : Au bourg, près de la poste, bord de la
Couze de Chambon

Nature : ⩽ 🛏 ♀
Loisirs : 🎱 ⛲
Services : 🔌 🕳 (juil.-août) 🔥 🔥 ⊕
🔥
À prox. : ✗ 🔥 🔥

Le MONT-DORE

✉ 63240 – 326 D9 – G. Auvergne – 1 682 h. – alt. 1 050 – 🌲 (début mai-fin oct.) – Sports d'hiver : 1 050/1 850 m 🚡2 🎿18 🎿

🛈 *Office de tourisme, avenue de la Libération* ☎ 04 73 65 20 21, Fax 04 73 65 05 71
Paris 462 – Aubusson 87 – Clermont-Ferrand 43 – Issoire 49 – Mauriac 77 – Ussel 56.

⚠ **Municipal l'Esquiladou** 27 avr.-15 oct.
   ☎ 04 73 65 23 74, *camping.esquiladou@wanadoo.fr*,
   Fax 04 73 65 23 74 – alt. 1 010 – **R** conseillée
   1,8 ha (100 empl.) en terrasses, gravillons
   Tarif : ⋆ 3 € 🔲 2,65 € [⚡] (10A) 5,45 €
   Location : 17 🛏 (4 à 6 pers.) 250 à 500 €/sem.
   Pour s'y rendre : À Queureuilh, par D 996, rte de Murat-le-Quaire et rte des cascades à dr.
   À savoir : Dans un site montagneux, verdoyant et boisé

> Nature : ⋖ 🗀
> Loisirs : 🏠 🏊
> Services : 👤 ⚡ GB 🚲 🏍 🔲 ⊛ 🗑
> sèche-linge
> À prox. : 🏓 m 🏠 🛷 🏇 🎿

MURAT-LE-QUAIRE

✉ 63150 – 326 D9 – G. Auvergne – 499 h. – alt. 1 050
Paris 478 – Clermont 45 – Aurillac 120 – Cournon 60 – Riom 60.

⚠ **Le Panoramique** 15 mai-15 sept.
   ☎ 04 73 81 18 79, *camping.panoramique@wanadoo.fr*,
   Fax 04 73 65 57 34, *http://menbres.lycos.fr/campingpanoramique/* – alt. 1 000 – **R** conseillée
   3 ha (85 empl.) en terrasses, herbeux
   Tarif : 🔲 18,40 € [⚡] (6A) – pers. suppl. 4,50 €
   🛏 1 borne 3 €
   Pour s'y rendre : 1,4 km à l'E par D 219, rte du Mont-Dore et chemin à gauche
   À savoir : Belle situation dominante

> Nature : 🌄 ⋖ Les Monts Dore et la vallée
> Loisirs : 🍴 snack 🏠 🏊 🛷
> Services : 👤 ⚡ 🚲 🏍 🔲 ⛺ ⊛ 🗑 ♨
> 🗑

⚠ **Municipal les Couderts** avr.-15 oct.
   ☎ 04 73 65 54 81 – alt. 1 040 – **R** conseillée
   1,7 ha (58 empl.) plat, peu incliné, en terrasses, herbeux
   Tarif : 🔲 13,20 € [⚡] (10A) – pers. suppl. 2,80 €
   Location : huttes
   Pour s'y rendre : Sortie N, rte de la Banne d'Ordanche, bord d'un ruisseau

> Nature : 🌄 ⋖ 🗀 ♀
> Loisirs : 🏊
> Services : 👤 ⚡ 🚲 🏍 🔲 ⛺ ♨ ⊛ 🗑
> sèche-linge

⚠ **Municipal du Plan d'Eau** juil.-août
   ☎ 04 73 81 10 05 – alt. 1 050 – **R** conseillée
   0,8 ha (40 empl.) plat, peu incliné, herbeux
   Tarif : 🔲 13,20 € – pers. suppl. 2,80 €
   Pour s'y rendre : 1 km au N sur D 609, rte de la Banne-d'Ordanche, bord d'un ruisseau et près d'un plan d'eau

> Nature : 🌄 ⋖ 🗀
> Loisirs : 🍴 🏠 🏊
> Services : 👤 ⚡ 🚲 🔲 ⊛ 🗑
> À prox. : 🏊 ✗ 🏓 🚣 (plan d'eau)
> 🏊 parcours de santé

185

MUROL

✉ 63790 – 326 E9 – G. Auvergne – 563 h. – alt. 830
Paris 456 – Besse-en-Chandesse 10 – Clermont-Ferrand 37 – Condat 37 – Issoire 30 – Le Mont-Dore 19.
Schéma à Chambon (Lac)

⚠ **La Ribeyre** mai-15 sept.
   ☎ 04 73 88 64 29, *laribeyre@free.fr*, Fax 04 73 88 68 41,
   www.laribeyre.free.fr – **R** conseillée
   10 ha (400 empl.) plat, herbeux, étang
   Tarif : 🔲 25,80 € [⚡] (6A) – pers. suppl. 5,70 € – frais de réservation 15 €
   Location 🏊 : 44 🛏 (4 à 6 pers.) 245 à 763 €/sem. – chalets sans sanitaires
   Pour s'y rendre : 1,2 km au S, rte de Jassat, bord d'un ruisseau
   À savoir : Dans une vallée verdoyante

> Nature : 🌄 ⋖ ♀
> Loisirs : pizzeria 🏠 🎦 diurne (saison) 🏊 🏓 🛷 (plan d'eau)
> Services : 👤 ⚡ 🚲 🔲 ⛺ ♨ ⊛ ♨
> 🗑 🗑 sèche-linge
> À prox. : 🛶 canoë

MUROL

▲▲ **Le Repos du Baladin** 29 avr.-16 sept.
Ø 04 73 88 61 93, *reposbaladin@free.fr*, Fax 04 73 88 66 41,
http://reposbaladin.free.fr – **R** conseillée
1,6 ha (62 empl.) plat et peu incliné, terrasses, herbeux
Tarif : ▣ 19,70 € (≇) (5A) – pers. suppl. 3,90 €
Location : 12 ⌂⌂ (4 à 6 pers.) 180 à 600 €/sem. – 6 ⊨
Pour s'y rendre : 1,5 km à l'E par D 146, rte de St-Diéry, à
Groire

Nature : ≼ ⊡ ◊◊
Loisirs : ▼ ✗ ⌂ ⇆ ⇄ ⤴
Services : ⅙ ⊶ ⌀ ▤ ⊛ ⊕ ▣ ≗

▲ **Les Fougères** 28 avr.-10 sept.
Ø 04 73 88 67 08, *camping-les-fougeres@wanadoo.fr*,
Fax 04 73 88 64 63, *www.les-fougeres.com* – **R** conseillée
1,7 ha (70 empl.) en terrasses, herbeux
Tarif : ▣ 21,10 € – pers. suppl. 4,30 € – frais de réser-
vation 16 €
Location : 11 ⌂⌂ (4 à 6 pers.) 277 à 561 €/sem. – 28 ⌂
(4 à 6 pers.) 285 à 633 €/sem.
Pour s'y rendre : 0,6 km à l'O par D 996, rte de Chambon-
Lac

Nature : ≼
Loisirs : ▼ ⇄ ⤴
Services : ⅙ ⊶ ⊖⊟ ⌀ ▤ ⊕ ▣
sèche-linge
À prox. : ⤳ ✗ ✗ ᵐ⊤ ≊ (plage)

✉ 63210 – ③②⑥ E8 – 635 h. – alt. 860
Paris 434 – La Bourboule 34 – Clermont-Ferrand 20 – Pontgibaud 19 – St-Nectaire 30.

▲▲ **Les Dômes** 10 avr.-15 sept.
Ø 04 73 87 14 06, *camping.les-domes@wanadoo.fr*,
Fax 04 73 87 18 81, *www.les-domes.com* – alt. 815
– **R** conseillée
1 ha (65 empl.) plat, herbeux
Tarif : ▣ 19,50 € (≇) (10A) – pers. suppl. 6 €
Location : 3 ⌂⌂ (4 à 6 pers.) 282 à 469 €/sem. – 5 ⌂ (4
à 6 pers.) 329 à 595 €/sem. – bungalows
⌐⌐ 1 borne 5 € – 10 ▣ 19,50 €
Pour s'y rendre : Aux 4 Routes, par D 216, rte de Roche-
fort-Montagne
À savoir : Entrée fleurie, cadre verdoyant soigné

Nature : ≼ ◊
Loisirs : ⌂ ▣ (découverte en sai-
son)
Services : ⊶ ⌀ ▤ ⊛ ⋒ ⊕ ≗ ▽
▣
À prox. : ▼ ✗ ≊ ◊ ✾

✉ 63340 – ③②⑥ G10 – G. Auvergne – 289 h. – alt. 480

▲▲ **Les Loges** Pâques-10 sept.
Ø 04 73 71 65 82, *les.loges.nonette@wanadoo.fr*,
Fax 04 73 71 67 23, *www.lesloges.com* – **R** conseillée
4 ha (126 empl.) plat, herbeux
Tarif : ✷ 4,35 € ▣ 6,90 € (≇) (6A) 3,35 € – frais de réser-
vation 9 €
Location : 3 ⌂⌂ (2 à 4 pers.) 257 à 410 €/sem. – 31 ⌂⌂
(4 à 6 pers.) 218 à 577 €/sem.
Pour s'y rendre : 2 km au S par D 722 rte du Breuil-sur-
Couze puis 1 km par chemin près du pont, bord de l'Allier

Nature : ⧉ ⊡ ◊
Loisirs : ▼ ⇄ ⤴ ⤳ canoë-kayak
Services : ⅙ ⊶ ⌀ ▤ ⊛ ⋒ ⊕ ▣
≗
À prox. : ✗

✉ 63670 – ③②⑥ G8 – 2 681 h. – alt. 400
Paris 424 – Billom 16 – Clermont-Ferrand 14 – Issoire 25 – St-Nectaire 30.

▲▲ **Clos Auroy** Permanent
Ø 04 73 84 26 97, *contact@campingclub.info*,
Fax 04 73 84 26 97, *www.camping-le-clos-auroy.com*
– **R** conseillée
3 ha (91 empl.) plat et en terrasses, herbeux
Tarif : ▣ 21,30 € (≇) (10A) – pers. suppl. 4,20 € – frais de
réservation 20 €
Location ✾ : 8 ⌂⌂ (4 à 6 pers.) 275 à 660 €/sem.
⌐⌐ 1 borne 4,50 €
Pour s'y rendre : à 200 m au S du bourg, près de l'Auzon
À savoir : Belle délimitation arbustive des emplacements

Nature : ⊡
Loisirs : snack ⌂ ⊕ diurne
(juil.-août) jacuzzi ⇄ ⤴
Services : ⅙ ⊶ ⌀ ▥ ▤ ⊕ ≗ ▽
▣ sèche-linge
À prox. : ✗

ORCIVAL

✉ 63210 – 326 E8 – G. Auvergne – 244 h. – alt. 840
🛈 *Office de tourisme, le bourg* 𝄞 04 73 65 89 77, *Fax 04 73 65 89 78*
Paris 441 – Aubusson 82 – Clermont-Ferrand 27 – Le Mont-Dore 17 – Rochefort-Montagne 5 – Ussel 55.

⚠ **L Étang de Fléchat** mai-sept.
  𝄞 04 73 65 82 96 – alt. 920 – ℝ
  3 ha (83 empl.) plat, peu incliné et en terrasses, herbeux
  Tarif : 🔳 16,10 € [i] (10A) – pers. suppl. 3,80 €
  Location : 5 🚐 (4 à 6 pers.) 308 à 363 €/sem.
  Pour s'y rendre : 1,5 km au S par D 27, rte du Mont-Dore
  puis 2,5 km par D 74, rte de Rochefort-Montagne et chemin
  à dr.

Nature : 🌳 ≤ ▱ 00
Loisirs : 🍷 brasserie 🏠 🏊 🎿 🛶
Services : 🔌 GB 🧺 🚿 🗑 🛎 ⊕ 🖩

ORLÉAT

✉ 63190 – 326 H7 – 1 623 h. – alt. 380
Paris 440 – Clermont 34 – Roanne 76 – Vichy 38 – Moulins 98.

⚠ **Le Pont-Astier** 4 juin.-1er oct.
  𝄞 04 73 53 64 40, *info@camping-massifcentral.com*,
  Fax 04 73 53 64 40, *www.camping-massifcentral.com*
  – ℝ conseillée
  2 ha (90 empl.) plat, herbeux
  Tarif : (Prix 2005) 🔳 12,30 € [i] (10A) – pers. suppl. 3,10 € –
  frais de réservation 10 €
  Location (30 avr.-1er oct.) : 6 🚐 (4 à 6 pers.) 109 à
  449 €/sem.
  Pour s'y rendre : 5 km à l'E par D 85, D 224 et chemin à
  gauche, à Pont-Astier, bord de la Dore

Nature : ≤ ▱
Loisirs : 🍷 🍴 🏊 ※ ♨ 🛶
Services : 🔥 🔌 (saison) GB 🧺 🗑 ⊕ 🖩
À prox. : 🎣

Si vous recherchez :

⚠ *Un terrain au bord de l'eau avec possibilité de baignade*
🌳 *Un terrain agréable ou très tranquille*
L   *Un terrain effectuant la location de caravanes, de mobile homes,*
    de bungalows ou de chalets
P   *Un terrain ouvert toute l'année*
🚐 *Un terrain possédant une aire de services pour camping-cars*
Consultez le tableau des localités

187

PERPEZAT

✉ 63210 – 326 D8 – 384 h. – alt. 900
Paris 451 – La Bourboule 17 – Clermont-Ferrand 36 – Mauriac 80 – Ussel 50.

⚠ **La Jollère** 15 juin-15 sept.
  𝄞 04 73 65 84 48 – ℝ conseillée
  1 ha (25 empl.) vallonné, herbeux
  Tarif : ✶ 3 € 🔳 3 € [i] 2,30 €
  Pour s'y rendre : O : 6,5 km par D 552, D 11 rte de Heume-
  l'Eglise et D 134 à gauche, au lieu-dit Jollère

Nature : 🌳 ≤
Loisirs : 🏠 🏊 🚲
Services : 🔥 🔌 🧺 ⊕

PONT-DE-MENAT

✉ 63560 – 326 E6 – G. Auvergne
Paris 369 – Aubusson 85 – Clermont-Ferrand 53 – Gannat 26 – Montluçon 42 – Riom 35 –
St-Pourçain-sur-Sioule 51.

⚠ **Municipal les Tarteaux**
  𝄞 04 73 85 52 47, *mairiemenat@wanadoo.fr*,
  Fax 04 73 85 50 22 – ℝ
  1,7 ha (100 empl.) plat et peu incliné, herbeux
  Location : 14 🏠
  Pour s'y rendre : 0,8 km au SO, rive gauche de la Sioule
  À savoir : Agréable site dans les gorges

Nature : 🌳 ≤ ▱ 00 ⚠
Loisirs : 🎣
Services : 🔥 🗑 🎿 ⊕ 🖩
À prox. : 🍷 🍴 🏊 ※ 🛶

PONTGIBAUD

⊠ 63230 – 🗷🗷🗗 E8 – G. Auvergne – 776 h. – alt. 735
🛈 *Office de tourisme, rue du Commerce* ☎ *04 73 88 90 99, Fax 04 73 88 90 09*
Paris 432 – Aubusson 68 – Clermont-Ferrand 23 – Le Mont-Dore 37 – Riom 26 – Ussel 68.

🔺 **Municipal de la Palle** 15 avr.-15 oct.
☎ 04 73 88 96 99, Fax 04 73 88 77 77 – **R** conseillée
4,5 ha (120 empl.) plat, herbeux
Tarif : 🔲 11,40 € 🔌 (10A) – pers. suppl. 2,70 €
🚐 1 borne 2 €
Pour s'y rendre : 0,5 km au SO par D 986, rte de Rochefort-Montagne, bord de la Sioule

Nature : 🗁	
Loisirs : 🏊🛶 ⌇	
Services : 🕭 ⊶ (juil.-août) 🖼 🏧	
🖼 😊 🖼	
À prox. : 🍸 ✕	

PUY-GUILLAUME

⊠ 63290 – 🗷🗷🗗 H7 – 2 624 h. – alt. 285
Paris 374 – Clermont-Ferrand 53 – Lezoux 27 – Riom 35 – Thiers 15.

🔺 **Municipal de la Dore** mai-sept.
☎ 04 73 94 78 51, *mairie.puyguillaume@wanadoo.fr,*
Fax 04 73 94 12 98, *www.puy-guillaume.com* – **R** conseillée
3 ha (100 empl.) plat, herbeux
Tarif : 🔆 3,25 € 🔲 3,80 € 🔌 3,25 €
Pour s'y rendre : Sortie O par D 63 rte de Randan et à dr.
avant le pont, près de la rivière

Nature : ♀	
Loisirs : 🏠 🏊 ⛵ ⌇	
Services : 🕭 ⊶ 🏧 🖼 😊 🖼	
À prox. : 🍸 ✕ ✂ parcours de santé	

Raadpleeg, voordat U zich op een kampeerterrein installeert,
de tarieven die de beheerder verplicht
is bij de ingang van het terrein aan te geven.
Informeer ook naar de speciale verblijfsvoorwaarden.
De in deze gids vermelde gegevens kunnen
sinds het verschijnen van deze hereditie gewijzigd zijn.

188

ROYAT

⊠ 63130 – 🗷🗷🗗 F8 – G. Auvergne – 4 658 h. – alt. 450 – ♨ (fin mars-fin oct.)
🛈 *Syndicat d'initiative, 1, avenue Auguste Rouzaud* ☎ *04 73 29 74 70, Fax 04 73 35 81 07*
Paris 423 – Aubusson 89 – La Bourboule 47 – Clermont-Ferrand 5 – Le Mont-Dore 40.

🔺 **Indigo Royat** 8 avr.-29 oct.
☎ 04 73 35 97 05, *royat@camping-indigo.com,*
Fax 04 73 35 67 69, *www.camping-indigo.com* – **R** conseillée
7 ha (200 empl.) en terrasses, peu incliné, gravier, herbeux
Tarif : 🔲 25,20 € 🔌 (10A) – pers. suppl. 4,70 € – frais de
réservation 16 €
Location : 31 🚍 (4 à 6 pers.) 330 à 640 €/sem. – 18 🏠
(4 à 6 pers.) 380 à 710 €/sem. – huttes
🚐 1 borne – 8 🔲
Pour s'y rendre : 2 km au SE par D 941ᶜ, rte du Mont-Dore
et à droite D 5, rte de Charade
À savoir : Agréable cadre, verdoyant et ombragé

Nature : 🗁 ♀	
Loisirs : 🍸 snack, pizzeria 🏠 🖼	
diurne nocturne (juil.-août) 🏃	
🏊 🚲 ✂ ⛵	
Services : 🕭 ⊶ 🏧 🖼 🖼 🖼 🏧 😊	
🐾 🖼	

ST-AMANT-ROCHE-SAVINE

⊠ 63890 – 🗷🗷🗗 I9 – 530 h. – alt. 950
Paris 474 – Ambert 12 – La Chaise-Dieu 39 – Clermont-Ferrand 65 – Issoire 45 – Thiers 48.

🔺 **Municipal Saviloisirs** mai-oct.
☎ 04 73 95 73 60, *saviloisirs@wanadoo.fr,*
Fax 04 73 95 72 62, *www.saviloisirs.com* – **R**
1,3 ha (19 empl.) en terrasses, herbeux
Tarif : 🔆 2,60 € 🚗 1,45 € 🔲 1,55 €
Pour s'y rendre : À l'E du bourg

Nature : ⇐ 🗁	
Loisirs : 🏠 🏃 🏊	
Services : 🕭 ⊶ 🏧 🖼 🖼 😊 ⛺ ⚇	
🖼 sèche-linge	
À prox. : ✂	

ST-ANTHÈME

☒ 63660 – 回回回 K9 – G. Vallée du Rhône – 809 h. – alt. 950

🄑 *Office de tourisme, place de l'Aubépin* ℰ 04 73 95 47 06, Fax 04 73 95 41 06

Paris 461 – Ambert 23 – Feurs 50 – Montbrison 24 – St-Bonnet-le-Château 24 – St-Étienne 57.

⚠ **Municipal de Rambaud** 15 avr.-1er nov.

ℰ 04 73 95 48 79, Fax 04 73 95 81 79 – **R** conseillée

0,5 ha (50 empl.) plat, herbeux

Tarif : (Prix 2005) 🄴 10 € 🄸 (18A) – pers. suppl. 2,50 €

🄶 🄱 1 borne

Pour s'y rendre : 0,6 km au S, entre D 996 et D 261, près d'un plan d'eau et à 100 m de l'Ance

| Nature : ≤ |
| Loisirs : 🏠 🚣 |
| Services : ৬ ⚬↦ (juil.-août) ৵ ▥ 🗊 😊 🛁 🛒 🖾 |
| À prox. : 🍽 snack ⚄ ✂ 🔟 🚣 |
| terrain omnisports, parcours spor- |
| tif |

ST-CLÉMENT-DE-VALORGUE

☒ 63660 – 回回回 K10 – 215 h. – alt. 900

Paris 465 – Ambert 27 – Clermont-Ferrand 104 – Montbrison 28 – St-Anthème 4 – Usson-en-Forez 15.

⚠ **Les Narcisses** mai-sept.

ℰ 04 73 95 45 76, *nobilet.catherine@wanadoo.fr,*
Fax 04 73 95 45 76, *www.campinglesnarcisses.com*
– **R** conseillée

1,4 ha (50 empl.) plat et terrasse, herbeux

Tarif : 🄴 13 € 🄸 (6A) – pers. suppl. 3 €

Location (avr.-sept.) ⚡ : 4 🛖 (4 à 6 pers.) 150 à 400 €/sem. – 7 🏠 (4 à 6 pers.) 240 à 500 €/sem.

Pour s'y rendre : 1,2 km au NO par rte de Mascortel, à proximité de l'Ance

| Nature : 🦕 ≤ 🌿 |
| Loisirs : 🍽 snack ⚄ 🚣 🛶 |
| Services : ৬ ⚬↦ ৵ 🗊 😊 🖾 sèche- |
| linge 🛁 |
| À prox. : ✂ 🔟 🚣 (plan d'eau) 🎣 |
| terrain omnisports, parcours spor- |
| tif |

Benutzen Sie
– zur Wahl der Fahrtroute
– zur Berechnung der Entfernungen
– zur exakten Lokalisierung eines Campingplatzes (mit Hilfe der Angaben im Ortstext)
die für diesen Führer unentbehrlichen **MICHELIN-Karten** *im Ma1 : 150 000.*

189

ST-ÉLOY-LES-MINES

☒ 63700 – 回回回 E6 – 4 134 h. – alt. 490

Paris 358 – Clermont-Ferrand 64 – Guéret 86 – Montluçon 31 – Moulins 72 – Vichy 58.

⚠ **Municipal la Poule d'Eau** saison

ℰ 04 73 85 45 47, Fax 04 73 85 07 75 – **R** conseillée

1,8 ha (50 empl.) peu incliné, herbeux

Tarif : 🄵 1,67 € 🄴 2,13 € 🄸 2,16 €

Pour s'y rendre : Sortie S par N 144 rte de Clermont puis à dr., 1,2 km par D 110, rte de Pionsat

À savoir : Cadre verdoyant au bord de deux plans d'eau

| Nature : ≤ 🗆 🌿 ⚠ |
| Loisirs : 🚣 🎣 |
| Services : ৬ ⚬↦ GB ৵ 🐾 😊 |
| À prox. : 🏇 🍽 snack ✂ 🖾 🎿 🚣 |
| (plage) parcours de santé |

ST-GERMAIN-L'HERM

☒ 63630 – 回回回 I10 – G. Auvergne – 515 h. – alt. 1 050

🄑 *OFFICE DU TOURISME, rue du Commerce* ℰ 04 73 72 05 95

Paris 476 – Ambert 27 – Brioude 33 – Clermont-Ferrand 66 – Le Puy-en-Velay 69 – St-Étienne 107.

⚠ **St-Éloy** 4 juin-17 sept.

ℰ 04 73 72 05 13, *info@camping-massifcentral.com,*
Fax 04 73 72 05 13, *www.camping-massifcentral.com*
– **R** conseillée

3 ha (63 empl.) plat, en terrasses et vallonné, herbeux

Tarif : (Prix 2005) 🄴 12,30 € 🄸 (8A) – pers. suppl. 3,10 € – frais de réservation 10 €

Location (7 mai - 1er oct.) : 10 🏠 (4 à 6 pers.) 280 à 490 €/sem. – huttes

Pour s'y rendre : Sortie Sud-Est, sur D 999, rte de la Chaise-Dieu

| Nature : ≤ |
| Loisirs : 🏠 🚣 🛶 |
| Services : ৬ ⚬↦ GB ৵ 🗊 😊 🛁 🖾 |
| À prox. : ✂ 🚣 |

ST-GERVAIS-D'AUVERGNE

⊠ 63390 – 326 D6 – G. Auvergne – 1 272 h. – alt. 725 – Base de loisirs
🛈 Office de tourisme, rue du Général Desaix 🖉 04 73 85 80 94
Paris 377 – Aubusson 72 – Clermont-Ferrand 55 – Gannat 41 – Montluçon 47 – Riom 39 – Ussel 87.

⚑ **Municipal de l'Étang Philippe** avr.-sept.
🖉 04 73 85 74 84, camping.stgervais-auvergne@wana
doo.fr, Fax 04 73 85 74 84, www.ville-stgervais-auvergne.fr
– **R** conseillée
3 ha (130 empl.) plat et peu incliné, herbeux
Tarif : 🔲 8,90 € – pers. suppl. 1,35 €
Location (permanent) : 6 🏠 (4 à 6 pers.) 214 à
355 €/sem.
🚐 1 borne 2 €
Pour s'y rendre : Sortie N par D 987, rte de St-Éloy-les-
Mines, près d'un plan d'eau

Nature : ⬚ ⚲ ⛰
Loisirs : 🏠
Services : ♿ ⚬⇥ 🐕 🗄 ⊕ 🗑
À prox. : 🎯 🛶 ✂ ⛳ ≅ (plage)
🌊 🐎

*Si vous désirez réserver un emplacement pour vos vacances,
faites-vous préciser au préalable les conditions particulières de séjour,
les modalités de réservation, les tarifs en vigueur et les conditions de paiement.*

ST-HIPPOLYTE

⊠ 63140 – 326 F7 – G. Auvergne
Paris 409 – Clermont 20 – Montluçon 77 – Vichy 46 – Moulins 90.

⚑ **La Croze** mai-20 oct.
🖉 04 73 86 08 27, campinglacroze@wanadoo.fr,
Fax 04 73 86 43 32, www.campingcroze.com – **R** conseillée
3,7 ha (100 empl.) plat, peu incliné et en terrasses, herbeux,
pierreux
Tarif : 🔲 11,90 € ⚡ (6A) – pers. suppl. 2,50 €
Location (permanent) : 7 🛖 (4 à 6 pers.) 270 €/sem. –
7 🏠 (4 à 6 pers.) 450 €/sem.
Pour s'y rendre : 1 km au SE par D 227, rte de Riom

Nature : 🌳 ⚲
Loisirs : 🛶
Services : ♿ ⚬⇥ 🐕 🗄 🍳 ⊕ 🗑 sè-
che-linge

ST-NECTAIRE

⊠ 63710 – 326 E9 – G. Auvergne – 675 h. – alt. 700 – ♨ (mi avril-mi oct.)
🛈 Office de tourisme, les Grands Thermes 🖉 04 73 88 50 86, Fax 04 73 88 40 48
Paris 453 – Clermont-Ferrand 43 – Issoire 27 – Le Mont-Dore 24.

⚑ **le Viginet** 30 avr.-1er oct.
🖉 04 73 88 53 80, info@camping-massifcentral.com,
Fax 04 73 88 41 93, www.camping-massifcentral.com
– **R** conseillée
2 ha (61 empl.) plat, peu incliné et incliné, herbeux, pierreux
Tarif : (Prix 2005) 🔲 17 € ⚡ (10A) – pers. suppl. 4 € – frais de
réservation 10 €
Location (2 avr.-24 sept.) : 10 🏠 (4 à 6 pers.) 225 à
560 €/sem. – huttes
Pour s'y rendre : Sortie SE par D 996 puis 0,6 km par
chemin à gauche (face au garage Ford)
À savoir : Situation dominante

Nature : 🌳 ← ⬚ ⚲
Loisirs : 🏠 ⊙diurne 🛶 🏊
Services : ♿ ⚬⇥ ⊖🅱 🐕 🗄 ⊕ 🗑
À prox. : ✂ ⛳ parcours de santé,

⚑ **La Clé des Champs** avr.-1er oct.
🖉 04 73 88 52 33, campingcledeschamps@free.fr,
www.campingcledeschamps.com – **R** conseillée
1 ha (84 empl.) plat, peu incliné et en terrasses, herbeux
Tarif : 🔲 19,50 € ⚡ (6A) – pers. suppl. 4 €
Location (permanent) : 4 🛖 (4 à 6 pers.) 180 à
580 €/sem. – 6 🏠 (4 à 6 pers.) 200 à 650 €/sem.
Pour s'y rendre : Sortie SE par D 996 et D 642, rte des
Granges, bord d'un ruisseau et à 200 m de la Couze de
Chambon

Nature : ⬚ ⚲
Loisirs : 🏠 🛶 🏊 🎣
Services : ♿ ⚬⇥ 🐕 🗄 ⊕ 🏊 🚿 🗑

ST-RÉMY-SUR-DUROLLE

✉ 63550 – 326 I7 – G. Auvergne – 1 925 h. – alt. 620
Paris 395 – Chabreloche 13 – Clermont-Ferrand 55 – Thiers 7.

Municipal les Chanterelles mai-sept.
℘ 04 73 94 31 71, campingstremysurdurolle@wanadoo.fr,
Fax 04 73 94 31 71 – **R** conseillée
5 ha (150 empl.) incliné et en terrasses, herbeux
Tarif : (Prix 2005) ✦ 2,70 € ⇔ 1,45 € 🔲 1,75 € [₰] 2,95 €
Pour s'y rendre : 3 km au NE par D 201 et chemin à dr., par
A 72, sortie 3
À savoir : Situation agréable en moyenne montagne et à
proximité d'un plan d'eau

Nature : ≤ ♀
Loisirs : 🏠 🏋
Au plan d'eau : 🏊 🦆 ⚓ 🍴 🎾 🗺 🏕
🏄 ≈ (plage) ⛱ 🎾 squash

Parc résidentiel de la Motte (location exclusive de
25 chalets) mai-1er oct.
℘ 04 73 93 60 00, contact@chalets-de-flore.com,
Fax 04 73 93 71 00, www.chalet-de-flore.fr – **R** conseillée
3 ha plat, herbeux, incliné
Location : 25 🏠 (4 à 6 pers.) 150 à 475 €/sem.
Pour s'y rendre : 2,5 km au NE par D 201 et chemin à dr.
Par A 72 sortie 3

Nature : 🌿
Loisirs : 🏠 🏋
Services : 🔒 🌐 ⚓ 🗄
Au plan d'eau : 🦆 🏊 🍴 🎾 🗺 🏕 🏄
≈ (plage) ⛱ 🎾 squash

*LES GUIDES VERTS **MICHELIN***
Paysages, monuments
Routes touristiques
Géographie
Histoire, Art
Itinéraire de visite
Plans de villes et de monuments

191

SAUVESSANGES

✉ 63840 – 326 K10 – 531 h. – alt. 910
Paris 469 – Ambert 32 – La Chaise-Dieu 29 – Craponne-sur-Arzon 8 – Montbrison 44 – St-Étienne 55.

Municipal le Bandier avr.-oct.
℘ 04 73 95 34 66, sauvessanges.mairie@wanadoo.fr,
Fax 04 73 95 33 95 – places limitées pour le passage
– **R** conseillée
1,5 ha (23 empl.) plat, herbeux
Tarif : ✦ 1,70 € ⇔ 1,10 € 🔲 2,10 € [₰] 2,20 €
Pour s'y rendre : SE : 2 km par D 251, rte d'Usson-en-
Forez, près du stade et à 100 m de l'Ance

Nature : 🌿 🗒
Loisirs : 🏠 🏋
Services : 🔒 🌐 (juil.-août) ⚓ ⓐ 🏕
🚰

SAUXILLANGES

✉ 63490 – 326 H9 – G. Auvergne – 1 082 h. – alt. 460
🛈 Syndicat d'initiative, 2, place Saint-Martin ℘ 04 73 96 37 63
Paris 455 – Ambert 46 – Clermont-Ferrand 45 – Issoire 14 – Thiers 45 – Vic-le-Comte 20.

Sauxillanges 15 juin-15 sept.
℘ 04 73 96 86 26, ericbronkhorst@wanadoo.fr,
Fax 04 73 71 07 69, http://www.lagrangefort.com
– **R** conseillée
1,5 ha (72 empl.) plat, herbeux
Tarif : 🔲 15 € [₰] (6A) – pers. suppl. 4 € – frais de réservation 18 €
Pour s'y rendre : Sortie Ouest rte d'Issoire et à gauche,
bord de l'Eau Mère et à 100 m d'un étang

Nature : 🌿 🗒 ♀♀
Services : 🔒 🌐 ⚓ 🍴 ⓐ 🗄
À prox. : 🏋 🎾 🗺 🏄 🎾 🐎
poneys parcours sportif

SINGLES

✉ 63690 – 326 C9 – 210 h. – alt. 737
Paris 484 – Bort-les-Orgues 27 – La Bourboule 23 – Bourg-Lastic 20 – Clermont-Ferrand 65.

Le Moulin de Serre 14 avr.-17 sept.
📞 04 73 21 16 06, *moulin-de-serre@wanadoo.fr*,
Fax 04 73 21 12 56, *www.moulindeserre.com* – **R** conseillée
7 ha/2,6 campables (90 empl.) plat, herbeux
Tarif : 🔲 19,50 € – pers. suppl. 3,90 € – frais de réservation 14 €
Location 🛖 : 23 ⬛ (4 à 6 pers.) 139 à 590 €/sem. – 12 bungalows toilés
⬛ 1 borne 4 €
Pour s'y rendre : 1,7 km au S de la Guinguette, par D 73, rte de Bort-les-Orgues, bord de la Burande
À savoir : Cadre verdoyant dans une petite vallée

Nature : ≶ ≤ ⌑ ♀
Loisirs : Ⓨ snack ⌑ 🕸 👫 ⚡ 🚲 ✗ ⚒ ⚓ canoë
Services : ♿ ⚬ 🈺 ✂ ▥ ⬛ ♨
⬛ sèche-linge ⚒

*La catégorie (1 à 5 tentes, **noires** ou rouges) que nous attribuons*
aux terrains sélectionnés dans ce guide est une appréciation qui nous est propre.
Elle ne doit pas être confondue avec le classement (1 à 4 étoiles)
établi par les services officiels.

TAUVES

✉ 63690 – 326 C9 – G. Auvergne – 863 h. – alt. 820
Paris 474 – Bort-les-Orgues 27 – La Bourboule 13 – Bourg-Lastic 29 – Clermont-Ferrand 55.

Municipal Les Aurandeix juin-15 sept.
📞 04 73 21 14 06, Fax 04 73 21 16 87 – **R** conseillée
2 ha (90 empl.) plat, en terrasses, incliné, herbeux
Tarif : (Prix 2005) 🔲 12,98 € 🔌 (4A) – pers. suppl. 3 € – frais de réservation 8 €
Location (vac. de fév., vac. de Printemps et juin-15 sept.) : huttes
Pour s'y rendre : à l'E du bourg, au stade

Nature : ⌑ ♀
Loisirs : ⌑ ⚡ ✗ ⚓
Services : ♿ ⚬ (juil.-août) ✂ ▥ ⬛
♨ ⬛ sèche-linge
À prox. : parcours de santé - au plan d'eau à la Tour d'Auvergne : ⚓ ⬛ 🏊

THIERS

✉ 63300 – 326 I7 – G. Auvergne – 13 338 h. – alt. 420 – Base de loisirs
🛈 *Office de tourisme, maison du Pirou* 📞 04 73 80 65 65, Fax 04 73 80 01 32
Paris 388 – Clermont-Ferrand 43 – Roanne 75 – St-Étienne 108 – Vichy 36.

Base de Loisirs Iloa
📞 04 73 80 92 35, *communication@ville-thiers.fr*,
Fax 04 73 80 88 81, *www.ville-thiers.fr*
1 ha (46 empl.) plat, herbeux
⬛ 1 borne
Pour s'y rendre : 6,5 km à l'O par rte de Vichy, D 94 à gauche et D 44, rte de Dorat, à 350 m d'un plan d'eau (accès direct), par A 72 : sortie Thiers-Ouest

Loisirs : ⚡ ✗ ▥
Services : ♿ ▥ ⬛ ♨ ⚒ ⚓ ▥
À la base de loisirs : Ⓨ ✗ ⚓ ⬛ ⚓ ✗
⚓

La TOUR-D'AUVERGNE

✉ 63680 – 326 D9 – G. Auvergne – 719 h. – alt. 1 000 – Sports d'hiver : 1 150/1 450 m ⚡3 ⚡
🛈 *OFFICE DU TOURISME, rue de la Pavade* 📞 04 73 21 79 78, Fax 04 73 21 79 70
Paris 477 – Besse-en-Chandesse 31 – Bort-les-Orgues 27 – La Bourboule 13 – Clermont-Ferrand 58 – Le Mont-Dore 18.

La Chauderie
📞 04 73 21 55 01, *camping-la-chauderie63680@club-internet.fr*, Fax 04 73 21 55 01 – **R** conseillée
1,5 ha (90 empl.) plat et en terrasses, peu incliné, herbeux, pierreux
Location : ⬛ – huttes
Pour s'y rendre : SE : 1,3 km par D 203, rte de Besse-en-Chandesse, bord de la Burande

Nature : ≤ ⌑
Loisirs : Ⓨ snack ⌑ ♪
Services : ♿ ⚬ ▥ ⚓ ♨ ▥
À prox. : ✗ ⚓ ⚓ 🐴 (centre équestre)

VIVEROLS

⌧ 63840 – 🄼 🄼 K10 – 390 h. – alt. 860
Paris 463 – Ambert 25 – Clermont-Ferrand 103 – Montbrison 38 – St-Étienne 57.

⚠ **Municipal le Pradoux** 8 avr.-29 oct.
      𝒫 04 73 95 34 31, *viverols@wanadoo.fr*, Fax 04 73 95 33 07
– places limitées pour le passage – **R** conseillée
1,2 ha (49 empl.) plat, herbeux
Tarif : ⚹ 1,70 € ⬅ 1,70 € ▣ 2,80 € 🄵 2 €
🖵 , 1 borne 2 €
Pour s'y rendre : Au SO du bourg par D 111, rte de Medey-
rolles, près de la Ligonne

> Loisirs : 🛶 🛝
> Services : 🚿 🖫 🖢 ⊕ 🖅 🖵
> À prox. : ✗ 🎣 🖂

VOLLORE-VILLE

⌧ 63120 – 🄼 🄼 I8 – 684 h. – alt. 540
Paris 406 – Ambert 45 – Clermont-Ferrand 57 – Issoire 60 – Lezoux 24 – Thiers 18.

⚠ **Le Grun Chignore** avr.-oct.
      𝒫 04 73 53 73 37, *ymauch@free.fr* – **R** conseillée
1,5 ha (33 empl.) plat et terrasse, herbeux
Tarif : ⚹ 2,50 € ⬅ 1,30 € ▣ 3 € 🄵 (6A) 3,10 €
Pour s'y rendre : 1 km au NE par D 7, rte de Celles-sur-
Durolle, à 150 m d'un étang

> Nature : ← 🖾
> Loisirs : 🍺 snack 🏊 (petite piscine)
> Services : 🚿 🗝 🅖🅑 🖢 🖫 ⊕ 🖅
> Au lac d'Aubusson : ✗ 🏖 (plage)
> 🎣 🛶

BOURGOGNE

S. Sauvignier/Michelin

Découvrir la Bourgogne c'est un peu se transporter, avec une machine à remonter le temps, à l'époque des grands-ducs d'Occident. Nés de leur goût d'absolu, nobles châteaux et riches abbayes témoignent d'un passé où grandiloquence rimait avec prestige. Qui oserait leur reprocher cette folie des grandeurs après avoir visité Dijon, cité d'art par excellence ? Et comment leur contester le titre de « princes des meilleurs vins de la chrétienté » lorsque des légions de gourmets sillonnent la Côte d'Or pour explorer ses caves, antres capiteux où mûrissent des crus d'exception ? Les ripailles se poursuivent autour de moelleuses gougères, d'un odorant époisses ou d'un délicieux pain d'épice. Après ces péchés gourmands, un retour à des plaisirs plus sages s'impose, telle une promenade en péniche au fil des canaux.

A visit to Burgundy takes travellers back through time to an era when its mighty Dukes rivalled even the kings of France; stately castles and rich abbeys still bear witness to a golden age of ostentation and prestige. As we look back now, it is difficult to reproach them for the flamboyance which has made Dijon a world-renowned city of art. And who would dispute Burgundy's claim to the "best wines in Christendom« when wine-lovers still flock to the region in search of the finest vintages? A dedication to time-honoured traditions also rules the region's cuisine, from strong-smelling époisses cheese to gingerbread dripping with honey. After such extravagant pleasures, what could be better than a barge trip down the region's canals and rivers to digest in peace amid unspoilt countryside?

ARNAY-LE-DUC

✉ 21230 – 320 G7 – G. Bourgogne – 1 829 h. – alt. 375
🛈 *Office de tourisme, 15, rue Saint-Jacques* ✆ *03 80 90 07 55*
Paris 285 – Autun 28 – Beaune 36 – Chagny 38 – Dijon 59 – Montbard 74 – Saulieu 29.

l'Étang de Fouché 15 avr.-15 oct.
✆ 03 80 90 02 23, *info@campingfouche.com*,
Fax 03 80 90 11 91, *www.campingfouché.com* – **R** conseillée
8 ha (209 empl.) plat, peu incliné, herbeux
Tarif : 🔲 18,20 € – pers. suppl. 4,30 € – frais de réservation 10 €
Location : 19 🏠 (4 à 6 pers.) 210 à 530 €/sem.
Pour s'y rendre : E : 0,7 km par D 17C, rte de Longecourt
À savoir : Situation plaisante au bord d'un étang

Nature : 🐟 ≤ ☐ ⚲ ⚠
Loisirs : 🍷 snack, brasserie 🎱 diurne 🏓 🛝 🚲 ⚓
Services : 🕭 ⚬ GB ꙥ 🛢 🗓 ☺ ⚱ ⚒ ⚒ 🖼 sèche-linge 🛢 🔧
À prox. : ✖ ⚘ (plage) 🏖

BEAUNE

✉ 21200 – 320 I7 – G. Bourgogne – 21 923 h. – alt. 220
🛈 *Office de tourisme, 1, rue de l'Hôtel Dieu* ✆ *03 80 26 21 30, Fax 03 80 26 21 39*
Paris 308 – Autun 49 – Auxerre 149 – Chalon-sur-Saône 29 – Dijon 45 – Dole 65.

Municipal les Cent Vignes 15 mars-oct.
✆ 03 80 22 03 91 – **R** conseillée
2 ha (116 empl.) plat, herbeux, gravillons
Tarif : (Prix 2005) 🚶 3,35 € 🔲 4,20 € 🔌 3,20 €
Pour s'y rendre : Sortie N par r. du Faubourg-St-Nicolas et D 18 à gauche, 10 r. Auguste-Dubois
À savoir : Belle délimitation des emplacements et entrée fleurie

Nature : ☐ ⚲
Loisirs : 🍷 snack 🎱 🛝 terrain omnisports
Services : 🕭 ⚬ GB ꙥ 🗓 ☺ ⚱ 🖼 🔧

CHÂTILLON-SUR-SEINE

✉ 21400 – 320 H2 – G. Bourgogne – 6 269 h. – alt. 219
🛈 *Office de tourisme, place Marmont* ✆ *03 80 91 13 19, Fax 03 80 91 21 46*
Paris 233 – Auxerre 85 – Avallon 75 – Chaumont 60 – Dijon 83 – Langres 74 – Saulieu 79 – Troyes 69.

Municipal Louis-Rigoly avr.-sept.
✆ 03 80 91 03 05, *tourism-chatillon-sur-seine@wanadoo.fr*, Fax 03 80 91 21 46 – **R** conseillée
0,8 ha (54 empl.) peu incliné, plat, herbeux, goudronné
Tarif : 🔲 12,55 € 🔌 (6A) – pers. suppl. 3 €
🚐 1 borne 4,10 €
Pour s'y rendre : Esplanade St-Vorles par rte de Langres
À savoir : Sur les hauteurs ombragées de la ville

Nature : 🐟 ☐ ⚲
Services : 🕭 ⚬ ⚒ ☺ ⚱ 🖼
À prox. : 🍷 ✖ 🗼 🖼 🏊

DIJON

✉ 21000 – 320 K6 – G. Bourgogne – 149 867 h. – alt. 245
🛈 *Office de tourisme, 34, rue des Forges* ✆ *08 92 70 05 58, Fax 03 80 30 90 02*
Paris 316 – Besançon 93 – Chalon 72 – Le Creusot 91 – Dole 51.

Municipal du Lac
✆ 03 80 43 54 72, Fax 03 80 43 54 72, *www.ville-dijon.fr*
2,5 ha (121 empl.) plat, herbeux
🚐 2 bornes – 14 🔲
Pour s'y rendre : 3 bd Chamoine-Kir

Nature : ☐ ⚲
Services : 🕭 ⚬ 🗓 ☺ 🖼
À prox. : 🗼 🖼 ⚓ ⚲

MARCENAY

✉ 21330 – 320 G2 – 116 h. – alt. 220
Paris 232 – Auxerre 72 – Chaumont 73 – Dijon 89 – Montbard 35 – Troyes 66.

Les Grèbes avr.-15 oct.
✆ 03 80 81 61 72, *marcenay@club-internet.fr*,
Fax 03 80 81 61 99 – **R** conseillée
2,4 ha (90 empl.) plat, herbeux
Tarif : 🔲 13,15 € – pers. suppl. 2,65 €
Location : 5 🏠 (4 à 6 pers.) 250 à 300 €/sem.
Pour s'y rendre : N : 0,8 km
À savoir : Situation agréable près d'un lac

Nature : 🐟 ☐ ⚠
Loisirs : 🍷 🎱
Services : 🕭 ⚬ (juil.-août) GB ꙥ ꙥ 🗓 ☺ ⚱ 🖼 🔧
À prox. : ✖ 🗼 🖼 (plage)

MEURSAULT

✉ 21190 – ③②⓪ I8 – G. Bourgogne – 1 598 h. – alt. 243
🛈 *Office de tourisme, place de l'Hôtel de Ville* ✆ 03 80 21 25 90

⚠ **La Grappe d'Or** avr.-15 oct.
✆ 03 80 21 22 48, *info@camping-meursault.com*,
Fax 03 80 21 65 74, *www.camping-meursault.com*
– **R** conseillée
4,5 ha (170 empl.) en terrasses, peu incliné, plat, herbeux,
gravillons
Tarif : 🔲 19 € [⚡] (10A) – pers. suppl. 3,70 €
Location ⚡ : 10 ▦ (4 à 6 pers.) 240 à 399 €/sem.
🚐 1 borne 3,50 €
Pour s'y rendre : Sortie Nord, rte de Volnay

> Nature : ≤ ♀
> Loisirs : snack 🏌 🚲 ✗ 🏊 ⛵
> Services : ⊶ (15 juin-15 sept.) ⬛
> ⚒ ♨ ⊕ 🔻 ⛽

MONTBARD

✉ 21500 – ③②⓪ G4 – G. Bourgogne – 6 300 h. – alt. 221
🛈 *Office de tourisme, place Henri Vincenot* ✆ 03 80 92 53 81, Fax 03 80 89 17 38
Paris 240 – Autun 87 – Auxerre 81 – Dijon 81 – Troyes 100.

⚠ **Municipal** mars-28 oct.
✆ 03 80 92 22 10, *mairie.montbard@wanadoo.fr*,
Fax 03 80 92 21 60, *www.montbard.com* – **R** conseillée
2,5 ha (80 empl.) plat, herbeux, gravillons
Tarif : 🔲 16,50 € [⚡] (16A) – pers. suppl. 3,50 €
Location : huttes
Pour s'y rendre : Par D 980 déviation Nord-Ouest de la
ville, près de la piscine
À savoir : Agréable décoration arbustive des emplace-
ments

> Nature : ≤ ⛺ ♀
> Loisirs : 🎦 🏌
> Services : ⚹ ⊶ ⬛ ⚒ ▦ 🔧 ⊕ 🔻
> ♨ 🔋
> À prox. : ♨ hammam 🏊 ⛵ ⛵
> (centre aquatique)

NOLAY

✉ 21340 – ③②⓪ H8 – G. Bourgogne – 1 547 h. – alt. 299
🛈 *Office de tourisme, 24, rue de la République* ✆ 03 80 21 80 73
Paris 316 – Autun 30 – Beaune 20 – Chalon-sur-Saône 34 – Dijon 64.

⚠ **Municipal les Chaumes du Mont** 28 avr.-15 sept.
✆ 03 80 21 79 61, *contact@campingnolay.com, www.cam
pingnolay.com* – **R** conseillée
1,5 ha (70 empl.) en terrasses et peu incliné, herbeux
Tarif : (Prix 2005) 🚹 2,60 € 🔲 4,50 € [⚡] (6A) 2,50 €
Pour s'y rendre : SO : 0,8 km par D 33ᴬ, rte de Couches
À savoir : Près d'un plan d'eau

> Nature : ≤ ⛺ ♀ ⛰
> Loisirs : snack ✗
> Services : ⚹ ⊶ (25 juin-25 août) ⚒
> 🔧 ⊕ 🔋

⚠ **La Bruyère** Permanent
✆ 03 80 21 87 59, *camping-la-bruyere@mutualite21.org*,
Fax 03 80 21 87 59 – **R** conseillée
1,2 ha (22 empl.) plat, terrasses, herbeux
Tarif : (Prix 2005) 🔲 15,65 € – pers. suppl. 1,57 €
Location : 3 ▦ (4 à 6 pers.) 161 à 280 €/sem.
🚐 1 borne
Pour s'y rendre : O : 1,2 km par D 973, rte d'Autun et
chemin à gauche

> Nature : 🌳 ≤
> Loisirs : 🎦
> Services : ⚹ ⊶ ⚒ ▦ ♨ ⊕ 🔋

PONT-ET-MASSÈNE

✉ 21140 – ③②⓪ G5 – 173 h. – alt. 265
Paris 250 – Dijon 79 – Auxerre 85 – Le Creusot 94 – Beaune 76.

⚠ **Municipal du Lac de Pont** 15 mai-23 sept.
✆ 03 80 97 01 26, *camping-lac@wanadoo.fr*,
Fax 03 80 97 01 26 – **R** conseillée
2,5 ha (150 empl.) plat, peu incliné, herbeux, bois attenant
Tarif : (Prix 2005) 🚹 3,70 € 🚗 1,60 € 🔲 1,80 € [⚡] 2,50 €
🚐 1 borne 4,20 €
Pour s'y rendre : Au bourg, accès par le pont, sur D 103ᶻ
en direction de Précy-sous-Thil
À savoir : Agréable site boisé, près d'un lac

> Nature : 🌳 ≤ ⛺ ♀♀ ⛰
> Loisirs : pizzeria 🎦 🏌 🚲 ✗ ⛵
> Services : ⚹ ⊶ ⬛ ⚒ 🔧 ♨ ⊕ 🔋
> 🔻
> À prox. : 🍴 ✗ club nautique

POUILLY-EN-AUXOIS

✉ 21320 – 320 H6 – G. Bourgogne – 1 502 h. – alt. 390
🛈 *Office de tourisme, le village* 𝒫 03 80 90 74 24
Paris 270 – Avallon 66 – Beaune 42 – Dijon 44 – Montbard 59.

  ▲ **Le Vert Auxois** Pâques-15 oct.
     𝒫 03 80 90 71 89, *vert.auxois@wanadoo.fr, http://camping.vertauxois.free.fr* – **R** conseillée
     1 ha (70 empl.) plat, herbeux
     Tarif : ★ 2,80 € ⇌ 1 € 🅴 2,70 € ⌁ (10A) 3,30 €
     Pour s'y rendre : Vers sortie Nord-Ouest, rue du 8-Mai et à gauche après l'église

> Services : o—ᴡ ⫫ ☺ ≄ ⫩ 🗑 sèche-linge

PRÉCY-SOUS-THIL

✉ 21390 – 320 F5 – G. Bourgogne – 708 h. – alt. 323
🛈 *Syndicat d'initiative, rue de l'Église* 𝒫 03 80 64 40 97
Paris 246 – Auxerre 86 – Avallon 41 – Beaune 77 – Dijon 65 – Montbard 33 – Saulieu 16.

  ▲ **Municipal** 15 avr.-1er nov.
     𝒫 03 80 64 43 32, Fax 03 80 64 43 37 – **R**
     1 ha (50 empl.) peu incliné et plat, herbeux
     Tarif : (Prix 2005) ★ 2,50 € 🅴 4 € ⌁ 2,40 €
     Location : gîte d'étape, huttes
     Pour s'y rendre : Dans le parc de l'Hôtel-de-ville, accès direct au Serein

> Nature : ⌓ ♀
> Loisirs : 🛋
> Services : ⚕ o—ᴡ ⫫ 🗉 ☺ ≄ ⫩ 🗑
> À prox. : ✗

RIEL-LES-EAUX

✉ 21570 – 320 I2 – 96 h. – alt. 220
🛈 *Syndicat d'initiative, plan d'eau de Riel* 𝒫 03 80 93 78 40
Paris 232 – Bar-sur-Aube 42 – Bar-sur-Seine 36 – Châtillon-sur-Seine 18 – Chaumont 52 – Dijon 101.

  ▲ **Le Marais** avr.-oct.
     𝒫 03 80 93 72 76, Fax 03 80 93 72 76 – **R** conseillée
     7 ha/0,4 campable (18 empl.) plat, herbeux, gravillons
     Tarif : 🅴 10,40 € – pers. suppl. 2,20 €
     Pour s'y rendre : O : 2 km, sur D 13 rte d'Autricourt
     À savoir : Près d'un plan d'eau

> Nature : ⌇ ⌓
> Loisirs : � ≅ ⟋
> Services : ⚕ o—ᴡ GB ⫫ 🗉 ⩔ ☺

199

SANTENAY

✉ 21590 – 320 I8 – 904 h. – alt. 225
🛈 *Office de tourisme, rue de la Gare* 𝒫 03 80 20 63 15
Paris 330 – Autun 39 – Beaune 18 – Chalon-sur-Saône 25 – Le Creusot 29 – Dijon 63 – Dole 83.

  ▲▲ **Les Sources** 15 avr.-oct.
     𝒫 03 80 20 66 55, *info@campingsantenay.com,*
     Fax 03 80 20 67 36, *www.campingsantenay.com*
     – **R** conseillée
     2,5 ha (130 empl.) peu incliné et plat, herbeux
     Tarif : 🅴 19 € ⌁ (6A) – pers. suppl. 3,70 €
     ⛺ borne 5 €
     Pour s'y rendre : SO : 1 km par rte de Cheilly-les-Maranges, près du centre thermal

> Nature : ≤ ♀
> Loisirs : snack 🛋 ▟
> Services : ⚕ o—ᴡ GB ⫫ 🗉 ☺ 🗑 ⩯ ⟋
> À prox. : ✗ ≋

SAULIEU

✉ 21210 – 320 F6 – G. Bourgogne – 2 837 h. – alt. 535
🛈 *Syndicat d'initiative, 24, rue d'Argentine* 𝒫 03 80 64 00 21
Paris 248 – Autun 40 – Avallon 39 – Beaune 65 – Clamecy 78 – Dijon 73.

  ▲ **Municipal le Perron** 10 avr.-25 sept.
     𝒫 03 80 64 16 19, *camping.saulieu@wanadoo.fr,*
     Fax 03 80 64 16 19, *www.saulieu.fr* – **R** conseillée
     8 ha (157 empl.) plat et peu incliné, herbeux
     Tarif : (Prix 2005) 🅴 15 € ⌁ (10A) – pers. suppl. 3 €
     Location : huttes
     Pour s'y rendre : NO : 1 km par N 6, rte de Paris, près d'un étang

> Loisirs : 🛶 🛋 🚲 ✗ ▟ ≋
> Services : ⚕ o—ᴡ GB ⫫ ▥ 🗉 ⩯ ☺
> ≄ ⫩ 🗑

SAVGNY-LÈS-BEAUNE

21420 – 320 I7 – G. Bourgogne – 1 422 h. – alt. 237

Syndicat d'initiative, rue Vauchey Very ℘ *03 80 26 12 56, Fax 03 80 21 56 63*
Paris 314 – Dijon 39 – Chalon 38 – Le Creusot 51 – Dole 70.

⚠ **Municipal les Premiers Prés** mai-sept.
℘ 03 80 26 15 06, *mairie-savigny-les-beaune@wanadoo.fr*,
Fax 03 80 21 56 63 – **R** conseillée
1,5 ha (90 empl.) plat et peu incliné, herbeux
Tarif : (Prix 2005) ⚹ 2,05 € ⇌ 1,10 € 🗐 3 € (ǵ) 3,30 €
🚐 1 borne
Pour s'y rendre : NO : 1 km par D 2 rte de Bouilland
À savoir : Cadre verdoyant au bord d'un ruisseau

Nature : 🗣	
Loisirs : ⚶⇟	
Services : ⚹ 🗐 ☻	

SELONGEY

21260 – 320 L4 – 2 233 h. – alt. 295
Paris 324 – Châtillon-sur-Seine 73 – Dijon 36 – Langres 38 – Gray 40.

⚠ **Municipal les Courvelles** mai-sept.
℘ 03 80 75 52 38, *mairie.selongey@wanadoo.fr*,
Fax 03 80 75 56 65, *www.selongey.com* – **R** conseillée
0,3 ha (22 empl.) peu incliné, herbeux
Tarif : ⚹ 2,50 € ⇌ 1,50 € 🗐 1,70 € (ǵ) 1,70 €
🚐 1 borne
Pour s'y rendre : Au Sud du bourg, par rte de l'Is-sur-Tille,
près du stade, rue Henri-Jevain

Nature : 🗣	
Services : ⚹ ♉ ☻	
À prox. : ✗ 🛝	

VANDENESSE-EN-AUXOIS

21320 – 320 H6 – 216 h. – alt. 360
Paris 275 – Arnay-le-Duc 16 – Autun 42 – Châteauneuf 3 – Dijon 44.

⚠ **Le Lac de Panthier**
℘ 03 80 49 21 94, *info@lac-de-panthier.com*,
Fax 03 80 49 25 80, *www.lac-de-panthier.com* – **R** conseillée
5,2 ha (207 empl.) en terrasses, plat et peu incliné, herbeux
Location : 24 🏚 – 14 🏠
Pour s'y rendre : NE : 2,5 km par D 977 bis, rte de Comma-
rin et rte à gauche, près du lac

Nature : 🗣 ⟵ 🗅 ♀ ⚠	
Loisirs : ⛾ ✗ pizzeria, grill 🍴 ⚶ 🛶 ⚶⇟ ⛴ 🖾 🛝 ⚄ 🐟	
Services : ⚹ ♉ 🗐 ☁ 🕱 ☻ 🗐 🛱	
À prox. : 🏊 ◊	

VENAREY-LES-LAUMES

21150 – 320 G4 – G. Bourgogne – 3 274 h. – alt. 235
Office de tourisme, place de Bingerbrück ℘ *03 80 96 89 13*
Paris 259 – Avallon 54 – Dijon 66 – Montbard 15 – Saulieu 42 – Semur-en-Auxois 13 – Vitteaux 20.

⚠ **Municipal Alésia**
℘ 03 80 96 07 76, *ville-venarey@wanadoo.fr*,
Fax 03 80 96 07 76
1,5 ha (67 empl.) plat, herbeux, gravillons
Pour s'y rendre : Sortie Ouest par D 954, rte de Semur-en-
Auxois et rue à droite, avant le pont, bord de la Brenne et
près d'un plan d'eau

Nature : 🗅 ♀	
Loisirs : 🍴 ⚶⇟ 🐟	
Services : ⚹ ♉ 🁢 🗐 ☻ ⚄ 🕱 🗐	
À prox. : ✗ 🏊 (plage)	

VIGNOLES

21200 – 320 J7 – 727 h. – alt. 202
Paris 317 – Dijon 40 – Chalon 34 – Le Creusot 51 – Dole 60.

⚠ **Les Bouleaux** Permanent
℘ 03 80 22 26 88 – **R** conseillée
1,6 ha (46 empl.) plat, herbeux
Tarif : ⚹ 3,35 € ⇌ 1,60 € 🗐 2,70 € (ǵ) (6A) 4,20 €
Pour s'y rendre : À Chevignerot, bord d'un ruisseau

Nature : 🗅 ♀	
Loisirs : 🍴	
Services : ⚹ ♉ 🁢 🗐 🛝 ☻ 🗐	
À prox. : 🖾 🐎	

200

La CHARITÉ-SUR-LOIRE

✉ 58400 – ⬛⬛⬛ B8 – G. Bourgogne – 5 460 h. – alt. 170
🔖 *Syndicat d'initiative, 5, place Sainte-Croix* 𝒫 *03 86 70 15 06, Fax 03 86 70 21 55*
Paris 212 – Bourges 51 – Clamecy 54 – Cosne-sur-Loire 30 – Nevers 25.

⚠ **Municipal la Saulaie**
  𝒫 03 86 70 00 83, *contact@lacharitesurloire-tourisme.com*,
  Fax 03 86 70 00 83 – **R** conseillée
  1,7 ha (100 empl.) plat, herbeux
  Pour s'y rendre : Sortie Sud-Ouest, rte de Bourges
  À savoir : Dans l'Île de la Saulaie, près de la plage

Nature : 🌳
Loisirs : 🏠 ⛱ 🎣
Services : ♿ ⚡ 🗑 ⓦ 🚿 🚰
À prox. : ✖ 🎯 canoë

CHÂTEAU-CHINON

✉ 58120 – ⬛⬛⬛ G9 – G. Bourgogne – 2 990 h. – alt. 510
🔖 *Syndicat d'initiative, place Saint-Christophe* 𝒫 *03 86 85 06 58*
Paris 281 – Autun 39 – Avallon 60 – Clamecy 65 – Moulins 89 – Nevers 65 – Saulieu 45.

⚠ **Municipal du Pertuy d'Oiseau** mai-sept.
  𝒫 03 86 85 08 17 – **R** conseillée
  1,8 ha (52 empl.) peu incliné, herbeux
  Tarif : ♟ 2 € ➡ 1 € 🔲 1,50 € 🔌 2,50 €
  Pour s'y rendre : Sortie Sud par D 27, rte de Luzy et à droite
  À savoir : À l'orée d'une forêt

Nature : 🐟 ⛰ 🌳
Loisirs : 🏠
Services : ♿ ⚡ (juil.-août) 🐕 🗑 ⓦ 🚿

*Les localités possédant des ressources sélectionnées dans ce guide sont signalées sur les **cartes MICHELIN** détaillées à 1/150 000.*

CHEVENON

✉ 58160 – ⬛⬛⬛ C10 – G. Bourgogne – 662 h. – alt. 190
Paris 251 – Dijon 188 – Moulins 51 – Tours 231.

⚠ **Municipal** Permanent
  𝒫 03 86 68 71 71 – **R** conseillée
  4 ha/2 campables (63 empl.) plat et peu incliné, herbeux
  Tarif : (Prix 2005) ♟ 2,20 € ➡ 1,10 € 🔲 1,70 € 🔌 (16A) 9 €
  Pour s'y rendre : SO : 1,4 km par D 200, rte de Magny-Cours

Nature : 🏞
Services : ♿ ⚡ 🐕 🗑 ⓦ
À prox. : 🎣 🏊 (plage) 🚿 🎣

House boat sur le canal de Bourgogne

S. Sauvignier/Michelin

CLAMECY

✉ 58500 – **319** E7 – G. Bourgogne – 4 806 h. – alt. 144

🛈 *Office de tourisme, rue du Grand Marché* 𝄞 *03 86 27 02 51*

Paris 208 – Auxerre 42 – Avallon 38 – Bourges 105 – Cosne-sur-Loire 52 – Dijon 145 – Nevers 69.

⚠ **S.I. Pont Picot** mai-sept.
𝄞 03 86 27 05 97, *tourisme.clamecy@wanadoo.fr*,
www.vaux-yonne.com – **R** conseillée
1 ha (90 empl.) plat, herbeux
Tarif : ✸ 2,80 € ⇌ 2 € 🅴 2 € ⌁ 2,80 €
Pour s'y rendre : S : bord de l'Yonne et du canal du
Nivernais, accès conseillé par Beaugy
À savoir : Situation agréable dans une petite île

Nature : 🐟 ♀
Loisirs : 🐟
Services : ♿ ⚷ ⓐ
À prox. : canoë

Utilisez le guide de l'année.

CORANCY

✉ 58120 – **319** G9 – G. Bourgogne – 366 h. – alt. 368

Paris 275 – Château-Chinon 7 – Corbigny 38 – Decize 59 – Nevers 69 – St-Honoré-les-Bains 32.

⚠ **Les Soulins** 15 avr.-sept.
𝄞 03 86 78 01 62, *info@corancy.com*, Fax 03 86 78 01 90,
www.corancy.com – **R** conseillée
1,2 ha (42 empl.) plat et peu incliné, herbeux
Tarif : 🅴 16,25 € – pers. suppl. 3,25 €
Pour s'y rendre : NO : 3,5 km par D 12, D 161 rte de
Montigny-en-Morvan et D 230 à gauche après le pont
À savoir : Près du lac

Nature : 🐟 ≤
Loisirs : 🏠 🏄 🐟
Services : ♿ ⚷ (juin-15 sept.) ⚡ 🍴
ⓐ 📷
À prox. : 🏊

CRUX-LA-VILLE

✉ 58330 – **319** E9 – 453 h. – alt. 319

Paris 248 – Autun 85 – Avallon 138 – La Charité-sur-Loire 45 – Clamecy 39 – Nevers 41.

⚠ **Le Merle** Permanent
𝄞 03 86 58 38 42, *camping.etang.du.merle@wanadoo.fr*,
Fax 03 86 58 38 42, *www.camping-chalets-le-merle.com*
– **R** conseillée
2,6 ha (100 empl.) plat, peu incliné, herbeux
Tarif : (Prix 2005) 🅴 17 € ⌁ (6A) – pers. suppl. 4 €
Location : 5 🏚 (4 à 6 pers.) 200 à 424 €/sem. – 5 🏡 (4
à 6 pers.) 156 à 487 €/sem.
Pour s'y rendre : SO : 4,5 km par D 34 rte de St-Saulge et
D 181 à droite, rte de Ste-Marie, bord d'un l'étang
À savoir : Cadre boisé dans un site agréable

Nature : 🐟 ♀♀ ⚠
Loisirs : snack 🏠 🏄 🚲 🏊 🐟
Services : ♿ ⚷ 🏧 ⚡ 🍴 🔥 ⓐ 📷
🚰
À prox. : pédalos, canoë

GIMOUILLE

✉ 58470 – B⦿⦿ B10 – 512 h. – alt. 210
Paris 257 – Dijon 195 – Nevers 11 – Bourges 59 – Montluçon 91.

△△△ **Domaine du Grand Bois** (location exclusive de 67
chalets et 7 roulottes) avr.-4 nov.
📞 03 86 21 09 21, *info@grand-bois.com*,
Fax 03 86 21 09 22, *www.grand-bois.com* – ℝ
15 ha vallonné, herbeux
Location ⅚ (5 chalets) 🅿 : 🏠 (4 à 6 pers.) 378 à
1 211 €/sem. – roulottes
Pour s'y rendre : SE : 2 km par D134 puis rte de Fertot

> Nature : ⬡
> Loisirs : 🍸 🏠 🎣 🚣 🚴 ✂ ▢ 🌊 🐎 poneys (centre équestre) canoë
> Services : ⊶ GB ⅗ ▣ sèche-linge 🌊
> À prox. : ✗

LIMANTON

✉ 58290 – ⦿⦿ F10 – 300 h. – alt. 300
Paris 287 – Bourges 116 – Dijon 143 – Moulins 73 – Troyes 182.

△ **Municipal au Bord de l'Eau** 15 juin-15 sept.
📞 03 86 84 32 70, *mairie.limanton@laposte.net*,
Fax 03 86 84 94 77 – ℝ
0,9 ha (48 empl.) plat, herbeux
Tarif : ⭑ 4,50 € 🚗 (5A) 1,50 €
Pour s'y rendre : S : 4,9 km par D 132 et D 111, rte de
Panneçot, chemin à droite, après le passage à niveau
À savoir : Proche d'un petit port de plaisance

> Nature : ⬡ ♀
> Loisirs : 🏠 🚣 ✂ 🌊
> Services : ⅚ 🍴 ⊕ 🌊
> À prox. : canoë, kayak

LUZY

✉ 58170 – ⦿⦿ G11 – G. Bourgogne – 2 234 h. – alt. 275
🈯 *Syndicat d'initiative, place Chanzy* 📞 03 86 30 02 65
Paris 314 – Autun 34 – Château-Chinon 39 – Moulins 62 – Nevers 78.

△△△ **Château de Chigy** 29 avr.-sept.
📞 03 86 30 10 80, *chateau.de.chigy@wanadoo.fr*,
Fax 03 86 30 09 22, *www.chateaudechigy.com.fr*
– ℝ conseillée
70 ha/15 campables (200 empl.) plat, peu incliné et en
terrasses, herbeux
Tarif : 🔲 25,85 € – pers. suppl. 6,90 €
Location (permanent) : 30 🏠 (4 à 6 pers.) 230 à
700 €/sem. – 2 appartements – 6 gîtes
Pour s'y rendre : SO : 4 km par D 973, rte de Bourbon-
Lancy puis chemin à gauche
À savoir : Vaste domaine autour d'un château : prairies,
bois, étangs

> Nature : ⬡ ≤
> Loisirs : 🍸 ✗ snack 🏠 ▢ 🚴 🎿 ♨ 🌊 ≈ 🌊
> Services : ⅚ ⊶ GB ⅗ 🍴 ♨ ⊕ ▣ 🌊

203

MONTIGNY-EN-MORVAN

✉ 58120 – ⦿⦿ G9 – 357 h. – alt. 350
Paris 269 – Château-Chinon 13 – Corbigny 26 – Nevers 64 – Prémery 56 – St-Saulge 38.

△ **Municipal du Lac**
📞 03 86 84 71 77, *montignyenmorvan@free.fr* – ℝ
2 ha (59 empl.) plat et peu accidenté, pierreux, herbeux
Pour s'y rendre : NE : 2,3 km par D 944, D 303 rte du
barrage de Pannecière-Chaumard et chemin à droite, au
Nord-Est du lieu-dit Bonin
À savoir : Site agréable près d'un lac

> Nature : ⬡ ♀
> Loisirs : 🚣 🌊
> Services : ⅚ ⊶ 🍴 🌊 ⊕
> À prox. : ≈

MOULINS-ENGILBERT

✉ 58290 – ⦿⦿ F10 – G. Bourgogne – 1 571 h. – alt. 215
Paris 294 – Autun 48 – Château-Chinon 17 – Corbigny 39 – Moulins 73 – Nevers 57.

△ **Municipal de l'Escame**
📞 03 86 84 26 12, Fax 03 86 84 35 12 – ℝ conseillée
0,5 ha (20 empl.) peu incliné et en terrasses, gravier,
herbeux
Pour s'y rendre : N : 1,5 km par D 37, rte de Château-
Chinon, près d'un ruisseau et à 100 m d'un étang

> Nature : ▱
> Loisirs : 🌊
> Services : ⊶ ⊕ 🌊 🍴
> À prox. : ✂ 🌊

La NOCLE-MAULAIX

✉ 58250 – 319 F11 – 332 h. – alt. 330
Paris 301 – Bourbon-Lancy 20 – Decize 32 – Gueugnon 36 – Luzy 19 – Nevers 65.

△ **Municipal de l'Étang Marnant** mai-sept.
℘ 03 86 30 84 13, Fax 03 86 30 84 23 – **R** conseillée
1 ha (15 empl.) peu incliné, herbeux
Tarif : ⌷ 10,30 € – pers. suppl. 2,20 €
Pour s'y rendre : Sortie Ouest, par D 30
À savoir : Au bord d'un étang

Nature : ⌷ ♀	
Loisirs : ⚓	
Services : ⚲ ⊕ ⚏ ▣	
À prox. : ≈ pédalos	

OUROUX-EN-MORVAN

✉ 58230 – 319 G8 – G. Bourgogne – 670 h. – alt. 555
🏢 *Syndicat d'initiative, place Jean Gautherin* ℘ *03 86 78 20 11*
Paris 263 – Autun 44 – Avallon 48 – Château-Chinon 23 – Clamecy 53 – Nevers 75 – Saulieu 34.

△ **Les Genêts** 15 avr.-sept.
℘ 03 86 78 22 88, *josette.guyollot@wanadoo.fr*
– **R** conseillée
1 ha (70 empl.) en terrasses, plat et peu incliné, herbeux
Tarif : ⌷ 12,20 € – pers. suppl. 2,65 €
Location ⬢ : 3 ⬛ (4 à 6 pers.) 215 à 360 €/sem.
Pour s'y rendre : Sortie Nord-Ouest par D 17, rte de Lormes et D 232 à gauche, rte de Pannecière
À savoir : Cadre verdoyant

Nature : ☆ ← ⌷	
Loisirs : ⬛	
Services : ⚲ ⚬ (juil.-août) ⬛ ⚲	
▣ ⊕ ▦ sèche-linge	
À prox. : ✗	

PRÉMERY

✉ 58700 – 319 C8 – G. Bourgogne – 2 201 h. – alt. 237
🏢 *Office de tourisme, Tour du Château* ℘ *03 86 68 99 07, Fax 03 86 37 98 72*
Paris 231 – La Charité-sur-Loire 28 – Château-Chinon 57 – Clamecy 41 – Cosne-sur-Loire 49 – Nevers 29.

204

△ **Municipal** mai-sept.
℘ 03 86 37 99 42, *contact@mairie-premery.com*,
Fax 03 86 37 98 72 – **R** conseillée
1,6 ha (46 empl.) plat et peu incliné, herbeux, gravillons
Tarif : (Prix 2005) ⌷ 9,30 € – pers. suppl. 3,10 €
Location (permanent) : 10 ⌂ (4 à 6 pers.) 169 à
416 €/sem. – huttes
Pour s'y rendre : Sortie Nord-Est par D 977, rte de Clamecy et chemin à droite
À savoir : Près de la Nièvre et d'un plan d'eau

Loisirs : ⚓	
Services : ⚲ ⚬ (juil.-août) ⬛ ⊕ ⚏	
▣	
À prox. : ⚴ ✗ ≈	

ST-HONORÉ-LES-BAINS

✉ 58360 – 319 G10 – G. Bourgogne – 763 h. – alt. 300 – ♨ (2 avril-13 oct.)
🏢 *Syndicat d'initiative, 13, rue Henri Renaud* ℘ *03 86 30 71 70*
Paris 303 – Château-Chinon 28 – Luzy 22 – Moulins 69 – Nevers 67 – St-Pierre-le-Moutier 68.

⚠ **Les Bains** avr.-oct.
℘ 03 86 30 73 44, *camping-les-bains@wanadoo.fr*,
Fax 03 86 30 61 88, *www.campinglesbains.com* – **R** conseillée
4,5 ha (130 empl.) plat, herbeux
Tarif : ⌷ 18,70 € (6A) – pers. suppl. 4,50 €
Location (fermé janv.) : 19 gîtes
⛗ 1 borne 5 €
Pour s'y rendre : Sortie Ouest, rte de Vandenesse

Nature : ⌷ ♀	
Loisirs : ▱ snack ⚶ ⚴ ⊓ ⛴ ⚏	
⚶ poneys	
Services : ⚲ ⚬ GB ⬛ ▣ ⚏ ⊕ ⚴	
▣ sèche-linge ⚏	
À prox. : ✗	

△ **Municipal Plateau du Gué** avr.-23 oct.
℘ 03 86 30 76 00, *mairie-de-st-honore-les-bains@wana
doo.fr*, Fax 03 86 30 73 33 – **R** conseillée
1,2 ha (73 empl.) peu incliné et plat, herbeux
Tarif : ★ 2,40 € ⇔ 1,70 € ⌷ 1,70 € ⚡ 2,70 €
⛗ 1 borne 2 €
Pour s'y rendre : Au bourg, 13 rue Eugène-Collin, à 150 m de la poste

Nature : ♀	
Loisirs : ⬛ ⚴	
Services : ⚲ ⚬ (saison) ⬛ ▥ ▣ ⊕	
▣	

ST-LÉGER-DE-FOUGERET

⊠ 58120 – G9 – 356 h. – alt. 500
Paris 308 – Dijon 122 – Nevers 65 – Le Creusot 69 – Beaune 90.

▲ **L'Étang de Fougeraie** mai-sept.
  ℘ 03 86 85 11 85, campingfougeraie@aol.com,
  Fax 03 86 79 45 72, www.campingfougeraie.com
  – **R** conseillée
  7 ha (60 empl.) plat et vallonné, terrasses, herbeux
  Tarif : 16,50 € – pers. suppl. 2,60 €
  Location (permanent) : 3 🏠 (4 à 6 pers.) 260 à
  450 €/sem.
  Pour s'y rendre : SE : 2,4 km par D 157 rte d'Onlay
  À savoir : Cadre champêtre autour d'un étang

Nature :
Loisirs : 🍸 ✕ (dîner seulement) 🚲
Services : 🚿 ⚬🚐 GB 🏧 🗑 🗄 ⊕ 🖥
sèche-linge 🛒 réfrigérateur

ST-PÉREUSE

⊠ 58110 – F9 – 286 h. – alt. 355
Paris 289 – Autun 54 – Château-Chinon 15 – Clamecy 57 – Nevers 53.

▲▲▲ **Manoir de Bezolle** mai-15 sept.
  ℘ 03 86 84 42 55, info@bezolle.com, Fax 03 86 84 43 77,
  www.bezolle.com – **R** conseillée
  8 ha/5 campables (140 empl.) en terrasses, plat, peu incliné,
  herbeux, petits étangs
  Tarif : 30 € – pers. suppl. 6 € – frais de réservation 10 €
  Location (permanent) : 16 🏠 (4 à 6 pers.) 450 à
  850 €/sem.
  🚐 1 borne
  Pour s'y rendre : SE : sur D 11, à 300 m de la D 978, rte de
  Château-Chinon
  À savoir : Dans le parc du Manoir

Nature :
Loisirs : 🍸 ✕ 🛖
Services : 🚿 ⚬🚐 GB 🏧 🗑 🗄 ⊕
sèche-linge

Les SETTONS

⊠ 58230 – H8 – G. Bourgogne – Base de loisirs
Paris 259 – Autun 41 – Avallon 44 – Château-Chinon 25 – Clamecy 60 – Nevers 87 – Saulieu 23.

▲ **Les Mésanges** mai-15 sept.
  ℘ 03 86 84 55 77, Fax 03 86 84 55 77
  5 ha (100 empl.) peu incliné et en terrasses, herbeux, étang
  Tarif : (Prix 2005) 👤 3,80 € 🚗 2,40 € 🗨 3 € 🔌 (4A) 3,20 €
  Pour s'y rendre : S : 4 km par D 193, D 520, rte de Planchez
  et rte de Chevigny à gauche, à 200 m du lac
  À savoir : Situation agréable au bord d'un étang

Nature :
Loisirs :
Services : 🚿 ⚬🚐 🗑 🗄 ⊕
sèche-linge
À prox. :

▲ **Plage du Midi**
  ℘ 03 86 84 51 97, campPlageDuMidi@aol.com,
  Fax 03 86 84 57 31, www.settons-camping.com – **R** conseil-
  lée
  4 ha (160 empl.) peu incliné, herbeux
  Location : 10 🏠
  Pour s'y rendre : SE : 2,5 km par D 193 et rte à droite
  À savoir : Au bord d'un lac

Nature :
Loisirs : 🍸
Services : 🚿 ⚬🚐 🗑 🗄 ⊕ 🖥 sèche-
linge
À prox. : ✕ 🍴 🦆 pédalos

▲ **La Plage des Settons** Pâques-sept.
  ℘ 03 86 84 51 99, camping@settons-tourisme.com,
  Fax 03 86 84 54 81, www.settons-tourisme.com
  – **R** conseillée
  2,6 ha (68 empl.) en terrasses, gravillons, herbeux
  Tarif : 👤 3,40 € 🚗 1,90 € 🗨 2,40 € 🔌 3,20 €
  Pour s'y rendre : Au S du barrage à 300 m
  À savoir : Agréables emplacements en terrasses, face au
  lac

Nature :
Loisirs : 🛖
Services : 🚿 ⚬🚐 GB 🏧 🗑 ⊕ 🖥
À prox. : 🍸 ✕ 🍴 🍴

205

Les SETTONS

△ **La Cabane Verte** avr.-15 oct.

    𝓟 03 86 76 02 25, Fax 03 86 76 02 25 – **R** conseillée

3,8 ha (100 empl.) en terrasses, peu incliné, herbeux

Tarif : 🏕 3,15 € ⬅ 2,25 € 🔲 2,40 € 🔌 (10A) 3,15 €

Pour s'y rendre : S : 8 km par D 193, D 520, rte de Planchez puis à gauche, par Chevigny, rte de Gien-sur-Cure et D 501 à gauche

À savoir : Près d'un lac

Nature : 🦋 🔲
Loisirs : snack 🛖 🏇 🚲 🎣
Services : ♿ ⚡ 🐕 🔲 ② 🔲 sèche-linge
À prox. : 🏊 pédalos

VARZY

✉ 58210 – **319** D7 – G. Bourgogne – 1 303 h. – alt. 249

🏢 *Office de tourisme, 8, rue Delangle* 𝓟 *03 86 29 74 08*

Paris 224 – La Charité-sur-Loire 37 – Clamecy 17 – Cosne-sur-Loire 43 – Nevers 53.

△ **Municipal du Moulin Naudin** mai-sept.

    𝓟 03 86 29 43 12, Fax 03 86 29 72 73 – **R** conseillée

3 ha (50 empl.) plat, peu incliné et terrasse, herbeux

Tarif : (Prix 2005) 🏕 2,50 € ⬅ 1,60 € 🔲 2 € 🔌 (5A) 2 €

Pour s'y rendre : N : 1,5 km par D 977

À savoir : Près d'un plan d'eau

Nature : 🔲 ⛰
Loisirs : 🎣
Services : ② 🔲 🔲
À prox. : 🍴 🏊

ANOST

✉ 71550 – **320** E7 – G. Bourgogne – 679 h. – alt. 454

Paris 274 – Autun 24 – Château-Chinon 20 – Luzy 49 – Saulieu 33.

△ **Municipal Pont de Bussy**

    𝓟 03 85 82 79 07, *mairie@anost.com*, Fax 03 85 82 74 75, *www.anost.com* – **R** conseillée

1,5 ha (45 empl.) plat et peu incliné, herbeux

Pour s'y rendre : O : 0,5 km par D 88, rte d'Arleuf, bord d'un ruisseau et près d'un petit plan d'eau

Nature : 🔲
Loisirs : 🛖
Services : ♿ ⚡ 🔲 ② 🔲
À prox. : 🍴 🏊 terrain omnisports

Une péniche sur le canal de Bourgogne

S. Sauvignier/Michelin

AUTUN

⊠ 71400 – |⏸20| F8 – G. Bourgogne – 16 419 h. – alt. 326
🔹 *Office de tourisme, 2, avenue Charles de Gaulle* ✆ *03 85 86 80 38, Fax 03 85 86 80 49*
Paris 287 – Auxerre 128 – Avallon 78 – Chalon-sur-Saône 51 – Dijon 85 – Mâcon 111 – Moulins 97 – Nevers 104.

Municipal de la Porte d'Arroux avr.-oct.
✆ 03 85 52 10 82, contact@camping-autun.com,
Fax 03 85 52 88 56, www.camping-autun.com – **R** conseillée
2,8 ha (104 empl.) plat, herbeux
Tarif : ✱ 3,10 € 🚗 1,50 € 🅴 5,60 € [⚡] (6A) 2,85 €
⛽ 🔖 1 borne 3 € – 4 🅴 16,80 €
Pour s'y rendre : Sortie Nord par D 980, rte de Saulieu, faubourg d'Arroux
À savoir : Beaux emplacements ombragés au bord du Ternin

Nature : 🏕 🞈🞈
Loisirs : 🍸 brasserie 🛖 ≅
Services : ఉ ⌇ 🆖 🖥 🍳 🔥 ⊕ 🗜 ⚓

BOURBON-LANCY

⊠ 71140 – |⏸20| C10 – G. Bourgogne – 5 634 h. – alt. 240 – ♨ (début avril-fin oct.) – Base de loisirs
🔹 *Office de tourisme, place d'Aligre* ✆ *03 85 89 18 27*
Paris 308 – Autun 62 – Mâcon 110 – Montceau-les-Mines 55 – Moulins 36 – Nevers 72.

Saint-Prix avr.-oct.
✆ 03 85 89 20 98, aquadis1@wanadoo.fr,
Fax 03 85 89 20 98, www.aquadis-loisirs.com – **R** conseillée
2,5 ha (128 empl.) plat, peu incliné et en terrasses, herbeux
Tarif : 🅴 17 € – pers. suppl. 4 €
Location : 22 🛖 (4 à 6 pers.) 309 à 487 €/sem.
⛽ 🔖 1 borne 2 €
Pour s'y rendre : Vers sortie Sud-Ouest rte de Digoin, proche de la piscine
À savoir : À 200 m d'un plan d'eau

Nature : 🏕 ⚲
Loisirs : 🛖
Services : ⌇ 🆖 🖥 ⊕ 🗜 ⚓ ⚑
À prox. : ⎘ 🍸 snack 🏊 ⚽ ⛵ 🐴 terrain omnisports, cinéma

CHAGNY

⊠ 71150 – |⏸20| I8 – G. Bourgogne – 5 591 h. – alt. 215
🔹 *Office de tourisme, 2, place des Halles* ✆ *03 85 87 25 95*
Paris 327 – Autun 44 – Beaune 15 – Chalon-sur-Saône 20 – Mâcon 77 – Montceau 47.

Le Pâquier Fané
✆ 03 85 87 21 42, paquierfane@aol.com,
http://site.voila.fr/campingdupaquierfane
1,8 ha (85 empl.) plat, herbeux
Pour s'y rendre : À l'Ouest de la ville, rue Pâquier-Fané
À savoir : Cadre agréable au bord de la Dheune

Nature : 🏕 ⚲
Loisirs : snack 🚲
Services : ఉ ⌇ 🖥 🞇 ⊕ 🖥 ⚓
À prox. : ⚽ ⛵

CHAMBILLY

⊠ 71110 – |⏸20| E12 – 497 h. – alt. 249
Paris 363 – Chauffailles 28 – Digoin 27 – Dompierre-sur-Besbre 55 – Lapalisse 36 – Roanne 34.

La Motte aux Merles avr.-oct.
✆ 03 85 25 37 67 – **R** conseillée
1 ha (25 empl.) plat, herbeux, peu incliné
Tarif : 🅴 12 € – pers. suppl. 2,90 €
Location : 3 🛖 – (sans sanitaires)
Pour s'y rendre : SO : 5 km par D 990, rte de Lapalisse et chemin à gauche

Nature : 🞈 ⬅
Loisirs : 🏊 🚲 ⛵ (petite piscine)
Services : ఉ ⌇ 🍳 🖥 ⊕ 🖥

CHAROLLES

⊠ 71120 – |⏸20| F11 – G. Bourgogne – 3 027 h. – alt. 279
🔹 *Office de tourisme, 24, rue Baudinot* ✆ *03 85 24 05 95, Fax 03 85 24 28 12*
Paris 374 – Autun 80 – Chalon-sur-Saône 67 – Mâcon 55 – Moulins 81 – Roanne 61.

Municipal avr.-1er oct.
✆ 03 85 24 04 90, mairie.charolles@wanadoo.fr,
Fax 03 85 24 04 90 – **R** conseillée
1 ha (60 empl.) plat, herbeux, gravillons
Tarif : (Prix 2005) 🅴 9,50 € – pers. suppl. 2 €
Pour s'y rendre : Sortie Nord-Est, rte de Mâcon et D 33 rte de Viry à gauche
À savoir : Cadre agréable au bord de l'Arconce

Nature : 🏕 ⚲
Services : ఉ ⌇ 🍳 ⊕ 🗜 ⚑ 🖥
À prox. : 🛖 ⛵ 🎣

CHAUFFAILLES

✉ 71170 – 320 G12 – 4 119 h. – alt. 405

🅑 *Office de tourisme, 1, rue Gambetta* ℰ *03 85 26 07 06, Fax 03 85 26 03 92*
Paris 404 – Charolles 32 – Lyon 77 – Mâcon 64 – Roanne 33.

Municipal les Feuilles mai-sept.
ℰ 03 85 26 48 12, *mairie.admchauffailles@wanadoo.fr*,
Fax 03 85 26 55 02 – **R** conseillée
4 ha (75 empl.) plat et peu incliné, herbeux, gravillons
Tarif : (Prix 2005) 🅔 13,32 € (½) (10A) – pers. suppl. 3,10 €
Location : huttes
Pour s'y rendre : Au Sud-Ouest de la ville, par rue du Chatillon
À savoir : Cadre verdoyant au bord du Botoret

Nature : 🏞 ♀
Loisirs : 🏠 🚣 ✗
Services : & ⚡ (saison) ⊖ ✗ 🚿
⚲ ⊛ ♨ 🗑
À prox. : ⚓

La CLAYETTE

✉ 71800 – 320 F12 – G. Bourgogne – 2 069 h. – alt. 369

🅑 *Office de tourisme, 3, route de Charolles* ℰ *03 85 28 16 35, Fax 03 85 28 28 34*
Paris 387 – Charolles 20 – Lapalisse 64 – Lyon 85 – Mâcon 54 – Roanne 41.

Municipal les Bruyères Permanent
ℰ 03 85 28 09 15, *camping-la.clayette@wanadoo.fr*,
Fax 03 85 28 17 16 – **R** conseillée
2,2 ha (100 empl.) plat, peu incliné, herbeux, gravier
Tarif : 🅔 15 € – pers. suppl. 3,40 €
Location 🏠 : 10 🏠 (4 à 6 pers.) 185 à 355 €/sem.
Pour s'y rendre : E : sur D 79, rte de St-Bonnet-de-Joux
À savoir : Face au lac et au château

Nature : ♀
Loisirs : 🏠
Services : & ⚡ ⊖ ✗ 🚿 🗑 ⊛ 🗑
À prox. : ✗ 🎣 ⚓ ⚓ ⚲

Benutzen Sie
– zur Wahl der Fahrtroute
– zur Berechnung der Entfernungen
– zur exakten Lokalisierung eines Campingplatzes (mit Hilfe der Angaben im Ortstext)
die für diesen Führer unentbehrlichen MICHELIN-Karten im Ma1 : 150 000.

CLUNY

✉ 71250 – 320 H11 – G. Bourgogne – 4 376 h. – alt. 248

🅑 *Office de tourisme, 6, rue Mercière* ℰ *03 85 59 05 34, Fax 03 85 59 06 95*
Paris 384 – Chalon-sur-Saône 49 – Charolles 43 – Mâcon 25 – Montceau-les-Mines 44 – Roanne 81 – Tournus 33.

Municipal St-Vital
ℰ 03 85 59 08 34, *cluny-camping@wanadoo.fr*,
Fax 03 85 59 08 34 – **R** conseillée
3 ha (174 empl.) plat, herbeux, peu incliné
Pour s'y rendre : Sortie Est par D 15, rte d'Azé

Nature : ≼
Services : ⚡ 🚿 🗑 ⊛ 🗑
À prox. : ✗ 🏠 ⚓ ⚕

CORMATIN

✉ 71460 – 320 I10 – G. Bourgogne – 452 h. – alt. 212

🅑 *Office de tourisme, le bourg* ℰ *03 85 50 71 49*
Paris 371 – Chalon-sur-Saône 37 – Mâcon 36 – Montceau-les-Mines 41.

Le Hameau des Champs avr.-sept.
ℰ 03 85 50 76 71, *camping.cormatin@wanadoo.fr*,
Fax 03 85 50 76 98, *www.le-hameau-des-champs.com*
– **R** conseillée
5,2 ha (60 empl.) plat, herbeux
Tarif : 🛉 3,30 € 🅔 5,30 € (½) 3,10 €
Location (permanent) : 10 🏠 (4 à 6 pers.) 329 à 457 €/sem.
🚐 1 borne
Pour s'y rendre : Sortie Nord par D 981, rte de Chalon-sur-Saône, à 150 m d'un plan d'eau et de la Voie Verte Givry-Cluny

Nature : 🏞
Loisirs : 🍴 snack 🚣 🚲
Services : & ⚡ ⊖ ✗ 🗑 ⊛ ♨ ⚕
🗑
À prox. : 🎣

COUCHES

⊠ 71490 – 320 H8 – G. Bourgogne – 1 409 h. – alt. 320
🛈 *Syndicat d'initiative, 3, Grande Rue* ℰ *03 85 49 69 47*
Paris 328 – Autun 26 – Beaune 31 – Le Creusot 16 – Chalon-sur-Saône 26.

⚠ **Municipal la Gabrelle**
ℰ 03 85 45 59 49, *danielemaire@aol.com*,
Fax 03 85 98 19 29
1 ha (50 empl.) en terrasses, herbeux
Pour s'y rendre : NO : 1,7 km par D 978 rte d'Autun, près
d'un petit plan d'eau

Nature : 🏞	
Loisirs : 🍺 snack 🏠 🛝	
Services : ♿ ⊶ ☺ 🖾	

CRÈCHES-SUR-SAÔNE

⊠ 71680 – 320 I12 – 2 753 h. – alt. 180
🛈 *Syndicat d'initiative, 466, route nationale 6* ℰ *03 85 37 48 32, Fax 03 85 36 57 91*
Paris 398 – Bourg-en-Bresse 45 – Mâcon 9 – Villefranche-sur-Saône 30.

⚠ **Municipal Port d'Arciat** 15 mai-15 sept.
ℰ 03 85 37 11 83, *camping-creches.sur.saone@wana
doo.fr*, Fax 03 85 36 57 91, *http://membres.lycos.fr/cam
pingduportdarciat* – **R** conseillée
5 ha (160 empl.) plat, herbeux
Tarif : (Prix 2005) 🖾 13 € – 🛱 (6A) – pers. suppl. 3,30 €
Pour s'y rendre : E : 1,5 km par D 31, rte de Pont de Veyle
À savoir : En bordure de Saône et près d'un plan d'eau,
accès direct

Nature : 🌳	
Loisirs : 🛝 🎣	
Services : ♿ ⊶ 🖃 🅿 🖾 🔥 ☺ 🖾	
À prox. : 🍺 snack 🛝 🚣 🏊	

DIGOIN

⊠ 71160 – 320 D11 – G. Bourgogne – 8 947 h. – alt. 232
🛈 *Office de tourisme, 8, rue Guilleminot* ℰ *03 85 53 00 81, Fax 03 85 53 27 54*
Paris 337 – Autun 69 – Charolles 26 – Moulins 57 – Roanne 57 – Vichy 69.

⚠ **La Chevrette** mars-oct.
ℰ 03 85 53 11 49, *lachevrette@wanadoo.fr*,
Fax 03 85 88 59 70, *www.lachevrette.com* – **R** conseillée
1,6 ha (100 empl.) plat et terrasse, herbeux, gravillons
Tarif : 🖾 17 € – pers. suppl. 3,60 €
Location 🏕 : 2 🏠 (4 à 6 pers.) 350 à 430 €/sem.
Pour s'y rendre : Sortie Ouest en direction de Moulins, vers
la piscine municipale et près de la Loire

Nature : 🏞 🌳	
Loisirs : snack 🏠 🚲	
Services : ♿ ⊶ 🖃 🅿 🍴 ☺ 🚿 🖾	
À prox. : 🏊 🛶 🎣	

209

Vignoble de Chablis en automne

S. Sauvignier/Michelin

DOMPIERRE-LES-ORMES

✉ 71520 – 320 G11 – 792 h. – alt. 480
Paris 405 – Chauffailles 28 – Cluny 23 – Mâcon 35 – Montceau-les-Mines 52 – Paray-le-Monial 37.

Le Village des Meuniers
📞 03 85 50 36 60, *levillagedesmeuniers@wanadoo.fr*,
Fax 03 85 50 36 61, *www.villagedesmeuniers.com*
– **R** conseillée
3 ha (113 empl.) en terrasses, plat et peu incliné, herbeux
Location : 15 🏠 – gîtes
🚐 1 borne
Pour s'y rendre : Sortie Nord-Ouest par D 41, rte de la
Clayette et chemin à droite, près du stade
À savoir : Situation dominante et panoramique

Nature : 🐾 ≤ ☐
Loisirs : ☎ snack 🚗 ☺ nocturne 🏃 🎯 🏊 🎣
Services : 🚿 ⚡ 🍴 ☺ ♨ 🔌 🚽 🗑
À prox. : 🎾 terrain omnisports

ÉPINAC

✉ 71360 – 320 H8 – 2 522 h. – alt. 340
🛈 *Office de tourisme, 10, rue Roger Salengro* 📞 03 85 82 04 20
Paris 304 – Arnay-le-Duc 20 – Autun 19 – Chagny 29 – Beaune 34.

Municipal le Pont Vert avr.-sept.
📞 03 85 82 00 26, *camping_du_pont_vert@club-inter
net.fr*, Fax 03 85 82 13 67, *www.campingdupontvert.com*
– **R** conseillée
2,9 ha (71 empl.) plat, herbeux
Tarif : (Prix 2005) 🧍 2,50 € 🚙 1,50 € 🔲 2,40 € [½] 3 €
Location : huttes
Pour s'y rendre : Sortie Sud par D 43 et chemin à droite,
bord de la Drée

Nature : 🐾 ☐ 🌳
Loisirs : 🚗
Services : 🚿 ⚡ GB 🐾 🍴 🏊 ☺ 🗑
À prox. : ☎ snack 🏃 🎣

*Avant de vous installer, consultez les tarifs en cours,
affichés obligatoirement à l'entrée du terrain,
et renseignez-vous sur les conditions particulières de séjour.
Les indications portées dans le guide ont pu être modifiées depuis la mise à jour.*

210

GIGNY-SUR-SAÔNE

✉ 71240 – 320 J10 – 504 h. – alt. 178
Paris 355 – Chalon-sur-Saône 29 – Le Creusot 51 – Louhans 30 – Mâcon 47 – Tournus 13.

Château de l'Épervière avr.-sept.
📞 03 85 94 16 90, *domaine-de-leperviere@wanadoo.fr*,
Fax 03 85 94 16 97, *www.domaine-eperviere.com* – places
limitées pour le passage – **R** conseillée
7 ha (100 empl.) plat, herbeux, gravillons
Tarif : 🧍 6,90 € 🔲 10,20 € [½] (10A) 4,70 € – frais de réser-
vation 20 €
Location 🐕 : gîtes
Pour s'y rendre : S : 1 km, à l'Épervière
À savoir : Agréable parc boisé au bord d'un étang

Nature : 🐾 ☐ 🌳🌳
Loisirs : ☎ ✗ (dîner seulement) piz-zeria 🚗 🏃 🚲 🏊 🏊 ≈ (bas-sin) 🎣
Services : 🚿 ⚡ GB 🍴 🏊 ☺ 🗑 🚽 🚿
À prox. : 🎾

GUEUGNON

✉ 71130 – 320 E10 – 8 563 h. – alt. 243
Paris 335 – Autun 53 – Bourbon-Lancy 27 – Digoin 16 – Mâcon 87 – Montceau-les-Mines 29 – Moulins 63.

Municipal de Chazey
📞 03 85 85 23 11, *economie.tourisme@ville-gueugnon.fr*,
Fax 03 85 85 50 61, *www.gueugnon.fr*
1 ha (20 empl.) plat, herbeux
Location : 🏠
Pour s'y rendre : S : 4 km par D 994, rte de Digoin et
chemin à droite
À savoir : Près d'un petit canal et de deux plans d'eau

Nature : 🐾 ☐
Loisirs : 🚗 🏃
Services : 🚿 ⚡ 🍴 ☺ 🔌 🗑
À prox. : 🎣 ≈ (plage) 🎣

ISSY-L'EVÊQUE

✉ 71760 – 🗺️2️⃣0️⃣ D9 – 907 h. – alt. 310
Paris 325 – Bourbon-Lancy 25 – Gueugnon 17 – Luzy 12 – Montceau-les-Mines 39 – Paray-le-Monial 37.

⚠️ **L'Étang Neuf** mai-15 sept.
📞 03 85 24 96 05, *info@camping-etang-neuf.com*,
www.camping-etang-neuf.com – **R** conseillée
6 ha/3 campables (71 empl.) plat, peu incliné, herbeux,
gravillons
Tarif : 🔲 20 € ⚡ (6A) – pers. suppl. 4,50 € – frais de réservation 10 €
Location 🏷️ : 🛖 (4 à 6 pers.) 350 à 499 €/sem. – 4 🏠
(4 à 6 pers.) 420 à 579 €/sem.
Pour s'y rendre : O : 1 km par D 42, rte de Grury et chemin
à droite
À savoir : Situation agréable en bordure d'un étang et d'un
bois

| Nature : 🏖️ ≤ 🖼️ |
| Loisirs : 🍹 🛖 ♨️ 🏊 |
| Services : ♿ 🚐 GB 🅒 📮 🚿 ⊕ 🖼️ |
| À prox. : 🛖 🎿 🐎 |

LAIVES

✉ 71240 – 🗺️3️⃣2️⃣0️⃣ J10 – 901 h. – alt. 198
Paris 355 – Chalon-sur-Saône 20 – Mâcon 48 – Montceau-les-Mines 49 – Tournus 14.

⚠️ **Les Lacs de Laives - la Héronnière** mai-15 sept.
📞 03 85 44 98 85, *camping.laives@wanadoo.fr*,
Fax 03 85 44 98 85, *http:/perso.wanadoo.fr/camping.laives*
– **R** conseillée
4,5 ha (80 empl.) plat, herbeux
Tarif : 🔲 19,45 € – pers. suppl. 4,15 €
Pour s'y rendre : N : 4,2 km par D 18, rte de Buxy et rte à
droite
À savoir : Près des lacs de Laives

| Nature : 🏖️ 🖼️ ♨️ |
| Loisirs : 🚲 🏊 |
| Services : ♿ 🚐 🅒 📮 ⊕ 🖼️ |
| À prox. : 🍹 snack 🎿 |

211

LOUHANS

✉ 71500 – 🗺️3️⃣2️⃣0️⃣ L10 – G. Bourgogne – 6 237 h. – alt. 179
🅱 Office de tourisme, 1, place Saint-Jean 📞 03 85 75 05 02, Fax 03 85 75 48 70
Paris 373 – Bourg-en-Bresse 61 – Chalon-sur-Saône 38 – Dijon 85 – Dole 76 – Tournus 31.

⚠️ **Municipal** avr.-sept.
📞 03 85 75 19 02, *mairiedelouhanschateaurenaud@ya
hoo.fr*, Fax 03 85 76 75 11 – **R** conseillée
1 ha (60 empl.) plat, herbeux, gravillons
Tarif : (Prix 2005) 🔲 10,60 € – pers. suppl. 1,80 €
Pour s'y rendre : SO : 1 km par D 971, rte de Tournus et
D 12, rte de Romenay, à gauche après le stade
À savoir : Cadre verdoyant en bordure de rivière

| Nature : 🖼️ ♨️ |
| Services : ♿ 🚐 (juil.-août) 🅒 📮 ⊕ |
| À prox. : 🍴 🏊 🎿 |

MATOUR

✉ 71520 – 🗺️3️⃣2️⃣0️⃣ G12 – G. Bourgogne – 998 h. – alt. 500
🅱 Office de tourisme, le bourg 📞 03 85 59 72 24
Paris 405 – Chauffailles 22 – Cluny 24 – Mâcon 36 – Paray-le-Monial 47.

⚠️ **Municipal le Paluet** mai-sept.
📞 03 85 59 70 58, *mairie.matour@wanadoo.fr*,
Fax 03 85 59 74 54, *www.matour.com* – **R** conseillée
3 ha (75 empl.) plat et peu incliné, terrasses, herbeux,
gravillons
Tarif : 🔲 15,90 € – pers. suppl. 4 €
Location (avr.-4 nov.) : 10 🏠 (4 à 6 pers.) 285 à
455 €/sem.
Pour s'y rendre : O : rte de la Clayette et à gauche
À savoir : Au bord d'un étang et proche d'un complexe de
loisirs

| Nature : 🏖️ 🖼️ ♨️ |
| Loisirs : 🛖 🔫 🚲 🎿 🏊 🛷 🛶 |
| terrain omnisports |
| Services : ♿ 🚐 🅒 📮 ⊕ 🚰 🖼️ |
| sèche-linge |

MERVANS

✉ 71310 – 320 L9 – 1 169 h. – alt. 195
Paris 359 – Chalon-sur-Saône 34 – Lons-le-Saunier 36 – Louhans 21 – Poligny 46 – Tournus 44.

⚠ **Municipal** juin-15 sept.
   ✆ 03 85 76 16 63, *mairie-de-mervans@wanadoo.fr*,
Fax 03 85 76 16 93 – **R**
0,8 ha (46 empl.) plat, herbeux
Tarif : ★ 1,35 € 回 1,70 € ⚡ 1,70 €
Pour s'y rendre : Sortie Nord-Est par D 313, rte de Pierre-
de-Bresse, près d'un étang

| Services : 🚿 🔄 |
| À prox. : 🍴 🎣 |

PALINGES

✉ 71430 – 320 F10 – 1 494 h. – alt. 274
Paris 352 – Charolles 16 – Lapalisse 70 – Lyon 136 – Mâcon 70 – Paray-le-Monial 19.

⚠ **Le Lac** avr.-sept.
   ✆ 03 85 88 14 49 – **R** conseillée
1,5 ha (30 empl.) en terrasses, peu incliné, herbeux
Tarif : 回 16 € ⚡ (10A) – pers. suppl. 2,10 €
Pour s'y rendre : NE : 1 km par D 128, rte de Génelard
À savoir : Près d'un plan d'eau

| Nature : 🔲 |
| Loisirs : 🏠 🚲 |
| Services : 👤 ⚡ 🚿 📅 🅿 ⓦ 📷 |
| À prox. : 🏊 (plage) 🎣 |

ST-GERMAIN-DU-BOIS

✉ 71330 – 320 L9 – 1 765 h. – alt. 210
Paris 367 – Chalon-sur-Saône 33 – Dole 58 – Lons-le-Saunier 29 – Mâcon 75 – Tournus 40.

⚠ **Municipal de l'Étang Titard** mai-15 sept.
   ✆ 03 85 72 06 15, *mairie-71330-saint-germain-du-
bois@wanadoo.fr*, Fax 03 85 72 03 38 – **R** conseillée
1 ha (40 empl.) plat, terrasse, peu incliné, herbeux
Tarif : (Prix 2005) ★ 1,90 € 回 1,95 € ⚡ 1,85 €
Pour s'y rendre : Sortie Sud par D 13, rte de Louhans
À savoir : Près d'un étang

| Nature : ♀ |
| Loisirs : 🏠 |
| Services : 👤 ⚡ 🚿 📅 ⓦ 🔥 📷 |
| À prox. : 🍴 🔲 🏊 🎣 parcours sportif |

ST-POINT

✉ 71520 – 320 H11 – G. Bourgogne – 316 h. – alt. 335
Paris 396 – Beaune 90 – Cluny 14 – Mâcon 26 – Paray-le-Monial 55.

⚠ **Lac de St-Point-Lamartine** avr.-oct.
   ✆ 03 85 50 52 31, *camping.stpoint@wanadoo.fr*,
Fax 03 85 50 51 92, *http://perso.wanadoo.fr/cam
ping.stpoint* – **R** conseillée
3 ha (102 empl.) plat et peu incliné, terrasses, herbeux
Tarif : (Prix 2005) 回 17 € ⚡ (13A) – pers. suppl. 2 €
Location : 🛖 (4 à 6 pers.) 219 à 416 €/sem.
Pour s'y rendre : Sortie Sud par D 22, rte de Tramayes, au
bord d'un lac

| Nature : 🌊 ⩽ 🔲 |
| Loisirs : 🏠 ⚓ |
| Services : 👤 ⚡ 🚿 📅 ⓦ 🔥 📷 |
| À prox. : 🍴 snack 🏊 🎣 terrain om-nisports |

SALORNAY-SUR-GUYE

✉ 71250 – 320 H10 – 702 h. – alt. 210
Paris 377 – Chalon-sur-Saône 51 – Cluny 12 – Paray-le-Monial 44 – Tournus 29.

⚠ **Municipal de la Clochette** 20 mai-3 sept.
   ✆ 03 85 59 90 11, *mairie.salornay@wanadoo.fr*,
Fax 03 85 59 47 52 – **R** conseillée
1 ha (60 empl.) plat et terrasse, herbeux
Tarif : ★ 1,60 € 回 2 € ⚡ (8A) 2,40 €
🚐 1 borne
Pour s'y rendre : Au bourg, accès par chemin devant la
poste
À savoir : Au bord de la Gande

| Nature : 🔲 ♀ |
| Loisirs : 🎣 |
| Services : 👤 ⚡ 🚿 📅 ⓦ |
| À prox. : 🍴 |

212

TOURNUS

✉ 71700 – 320 J10 – G. Bourgogne – 6 231 h. – alt. 193
🛈 Office de tourisme, 2, place Carnot ℰ 03 85 27 00 20, Fax 03 85 27 00 21
Paris 360 – Bourg-en-Bresse 70 – Chalon-sur-Saône 28 – Lons-le-Saunier 58 – Louhans 31 – Mâcon 37 – Montceau-les-Mines 65.

△ **Municipal En Bagatelle** mai-sept.
ℰ 03 85 51 16 58 – **R** conseillée
ha (90 empl.) plat, herbeux
Tarif : (Prix 2005) ⚭ 2,80 € ⚭ 2,80 € ▣ 2,90 € 🗲 2,60 €
Pour s'y rendre : À 1 km au Nord de la localité par rue St-Laurent, en face de la gare, attenant à la piscine et à 50 m de la Saône (accès direct)

Loisirs : 🛁
Services : ⚓ ⚓ ⚓ 🖬 ♨ ⊕ 🖬
À prox. : ⚔ 🖾 🛦

Yonne (89)

ANCY-LE-FRANC

✉ 89160 – 319 H5 – G. Bourgogne – 1 108 h. – alt. 180
🛈 Syndicat d'initiative, 59, Grande Rue ℰ 03 86 75 03 15
Paris 215 – Auxerre 54 – Châtillon-sur-Seine 38 – Montbard 27 – Tonnerre 18.

△ **Municipal** 15 juin-15 sept.
ℰ 03 86 75 13 21, mairie.ancylefranc@wanadoo.fr,
Fax 03 86 75 19 51
0,5 ha (30 empl.) plat, herbeux
Tarif : ⚭ 2 € ⚭ 1 € ▣ 2 € 🗲 2 €
Pour s'y rendre : Sortie Sud par D 905, rte de Montbard, face au château, bord d'un ruisseau et près d'un étang

Nature : 🟢🟢
Services : ⚓ ⊕
À prox. : ⚔

ANDRYES

✉ 89480 – 319 D6 – 445 h. – alt. 162
Paris 204 – Auxerre 39 – Avallon 44 – Clamecy 10 – Cosne-sur-Loire 49.

🅜 **Au Bois Joli** avr.-oct.
ℰ 03 86 81 70 48, info@campingauboisjoli.com,
Fax 03 86 81 70 48, www.campingauboisjoli.com – **R** conseillée
5 ha (100 empl.) incliné et en terrasses, herbeux, pierreux
Tarif : ▣ 19,30 € – pers. suppl. 3,50 €
Location : 5 🛏 (4 à 6 pers.) 220 à 500 €/sem.
🚐 1 borne
Pour s'y rendre : SO : 0,8 km par rte de Villeprenoy
À savoir : Cadre boisé

Nature : 🍃 🟢🟢
Loisirs : brasserie, (dîner seulement) 🛁 ⚔ ⚙ 🛦 quad
Services : ⚓ ⚓ ⚓ 🎔 🖬 ⊕ ♨ ⚓
🖬 ⚗
À prox. : ⚔

ASQUINS

✉ 89450 – 319 F7 – G. Bourgogne – 280 h. – alt. 146

△ **Municipal le Patis** mai-mi-sept.
ℰ 03 86 33 30 80, mairie.asquins@wanadoo.fr,
Fax 03 86 33 20 07 – **R**
1 ha (33 empl.) plat, herbeux
Tarif : ⚭ 2 € ⚭ 2 € ▣ 2 € 🗲 3 €
Pour s'y rendre : E : 0,3 km bord de la Cure

Nature : 🟢
Loisirs : 🛁 ⚔
Services : ⚓ ⚓ (juil.-août) 🖬 🖬 ⚗
⊕
À prox. : ≋

AUXERRE

✉ 89000 – 319 E5 – G. Bourgogne – 37 790 h. – alt. 130
🛈 Office de tourisme, 1-2, quai de la République ℰ 03 86 52 06 19, Fax 03 86 51 23 27
Paris 166 – Bourges 144 – Chalon-sur-Saône 176 – Chaumont 143 – Dijon 152 – Nevers 110 – Sens 59 – Troyes 81.

🅜 **Municipal** avr.-sept.
ℰ 03 86 52 11 15, camping.mairie@auxerre.com,
Fax 03 86 51 17 54 – **R** indispensable
4,5 ha (220 empl.) plat, herbeux
Tarif : ▣ 10,90 € 🗲 (6A) – pers. suppl. 2,95 €
🚐 1 borne 2,30 €
Pour s'y rendre : Au Sud-Est de la ville, près du stade, 8 rte de Vaux, à 150 m de l'Yonne

Nature : 🟢🟢
Loisirs : 🛁 ⚔ 🐟
Services : ⚓ ⚓ ⊖🖭 ⚓ 🖬 🖬 ⊕ ⚓
🖬 sèche-linge ⚖
À prox. : ⚔ 🖾 🛦 🛦

213

AVALLON

319 G7 – G. Bourgogne – 8 217 h. – alt. 250

🛈 *Syndicat d'initiative, 6, rue Bocquillot* 🖉 *03 86 34 14 19, Fax 03 86 34 28 29*

Paris 220 – Dijon 106 – Auxerre 55 – Autun 80 – Cosne 91.

△ **Municipal Sous Roches**
🖉 03 86 34 10 39, *campingsousroches@ville-avallon.fr*,
Fax 03 86 34 10 39 – **R** conseillée
2,7 ha (402 empl.) en terrasses, plat, herbeux
🚐 1 borne
Pour s'y rendre : SE : 2 km par D 944 et D 427 à gauche près du Cousin

Nature : 🐟	
Loisirs : 🏠 🚣 🎣	
Services : 🚿 ⚡ ♿ 🏪 sèche-linge	

CÉZY

✉ 89410 – 319 D4 – 1 038 h. – alt. 82

Paris 143 – Auxerre 34 – Joigny 6 – Montargis 59 – Sens 28.

△ **L'Île de l'Entonnoir** mai-sept.
🖉 03 86 63 17 87, *info@camping-cezy.com*,
Fax 03 86 63 17 87, *www.camping-cezy.com* – **R** conseillée
1 ha (70 empl.) plat, herbeux
Tarif : 🏕 10 € 🔌 (6A) – pers. suppl. 2,50 €
Pour s'y rendre : Sortie Nord-Est sur D 134, rte de St-Aubin sur-Yonne, à 250 m du canal. Pour caravanes accès conseillé par St-Aubin-sur-Yonne

Nature : ♀	
Loisirs : 🎣	
Services : 🚿 ⚡ 🛁 🏪 🗑 ♿ 🏪	
À prox. : 🚴 🐎 canoë kayak,	

Si vous désirez réserver un emplacement pour vos vacances,
faites-vous préciser au préalable les conditions particulières de séjour,
les modalités de réservation, les tarifs en vigueur et les conditions de paiement.

CHABLIS

✉ 89800 – 319 F5 – G. Bourgogne – 2 594 h. – alt. 135

🛈 *Office de tourisme, 1, rue du Maréchal de Lattre* 🖉 *03 86 42 80 80, Fax 03 86 42 49 71*

Paris 181 – Dijon 138 – Orléans 172 – Troyes 76.

△ **Municipal du Serein** juin-20 sept.
🖉 03 86 42 44 39, *ot-chablis@chablis.net*,
Fax 03 86 42 49 71, *www.chablis.net* – **R** conseillée
2 ha (50 empl.) plat, herbeux
Tarif : 🏕 1,80 € 🏕 4,60 € 🔌 1,80 €
Pour s'y rendre : O : 0,6 km par D 956 rte de Tonnerre et chemin à droite après le pont, bord du Serein

Nature : 🏞 ♀	
Loisirs : 🚣	
Services : ⚡ 🗑 ♿	

L'ISLE-SUR-SEREIN

✉ 89440 – 319 H6 – 716 h. – alt. 190

Paris 209 – Auxerre 50 – Avallon 17 – Montbard 36 – Tonnerre 36.

△ **Municipal le Parc du Château** mai-sept.
🖉 03 86 33 93 50, Fax 03 86 33 91 81 – **R** conseillée
1 ha (40 empl.) plat, herbeux
Tarif : 🏕 9,50 € – pers. suppl. 2 €
Pour s'y rendre : S : 0,8 km par D 86, rte d'Avallon, au stade, à 150 m du Serein (accès direct)

Nature : ♀	
Services : ⚡ 🏛 🗑 ♿ 🛶	
À prox. : 🚣 🍴 parcours sportif	

LIGNY-LE-CHÂTEL

✉ 89144 – 319 F4 – G. Bourgogne – 1 289 h. – alt. 130

Paris 178 – Auxerre 22 – Sens 60 – Tonnerre 28 – Troyes 64.

△ **Municipal la Noue Marou** mai-sept.
🖉 03 86 47 56 99, Fax 03 86 47 44 02 – **R** conseillée
2 ha (42 empl.) plat, herbeux
Tarif : 🏕 2,30 € 🚗 1,60 € 🏕 2,50 € 🔌 2,50 €
Pour s'y rendre : Sortie Sud-Ouest par D 8, rte d'Auxerre et chemin à gauche, bord du Serein

Nature : 🐟	
Loisirs : 🎣	
Services : 🚿 ⚡ 🗑 ♿ 🏪	
À prox. : 🚣 🍴 🚴	

MIGENNES

⊠ 89400 – ▥ E4 – 8 165 h. – alt. 87
🛈 *Office de tourisme, place François Mitterrand* ℘ *03 86 80 03 70, Fax 03 86 92 95 32*

△ **Les Confluents** avr.-5 nov.
℘ 03 86 80 94 55, *planethome2003@yahoo.fr*,
Fax 03 86 80 94 55, *www.les-confluents.com* – **R** conseillée
,5 ha (63 empl.) plat, herbeux
Tarif : ✦ 3,20 € ▣ 4,20 € [½] (10A) 3,50 €
Location : 6 ▭ (4 à 6 pers.) 305 à 355 €/sem.
▥ 1 borne 3 €
Pour s'y rendre : Sortie Migennes par D 277, allée Léo-
Lagrange

Nature : ▭ ♀	
Loisirs : snack ▭ ⚓ ॐ ⅏	
Services : ⚬ GB ⅏ ▥ 🛆 ⚙ 🛆 ☗ 🖻 ⚖	
À prox. : ☖ ✁ ⚓ canoë sports nau-tiques	

ST-FARGEAU

⊠ 89170 - ▥ B6 – G. Bourgogne – 1 814 h. – alt. 175 – Base de loisirs
🛈 *Office de tourisme, 3, place de la République* ℘ *03 86 74 10 07*
Paris 180 – Auxerre 45 – Cosne-sur-Loire 38 – Gien 41 – Montargis 54.

△ **Municipal la Calanque** 8 avr.-24 sept.
℘ 03 86 74 04 55, Fax 03 86 74 04 55 – **R**
6 ha (225 empl.) plat et accidenté, sablonneux, herbeux
Tarif : ▣ 13,10 € [½] (10A) – pers. suppl. 2,30 €
Pour s'y rendre : SE : 6 km par D 85, D 185 à droite et rte à
gauche, près du réservoir du Bourdon
À savoir : Cadre et site agréables

Nature : ॐ ♀♀	
Loisirs : ⚓	
Services : ⚭ ⚬ ⅏ 🖻 🛆 ⚙ 🖻 sèche-linge	
À prox. : ♟ snack ≋ ◊ pédalos, canoë-kayak, parc aventure	

*Demandez à votre libraire le catalogue des **publications MICHELIN.***

ST-SAUVEUR-EN-PUISAYE

215

⊠ 89520 - ▥ C6 – G. Bourgogne – 939 h. – alt. 259
🛈 *Office de tourisme, place du Château* ℘ *03 86 45 61 31, Fax 03 86 45 63 13*
Paris 174 – Dijon 184 – Moulins 146 – Tours 242 – Troyes 120.

△ **Parc des Joumiers** 15 mars-15 nov.
℘ 03 86 45 66 28, *campingmoteljoumiers@wanadoo.fr*,
Fax 03 86 45 60 27 – **R** conseillée
21 ha/7 campables (100 empl.) plat et peu incliné, herbeux,
étang
Tarif : ✦ 3,50 € ⇔ 2,50 € ▣ 2,50 € [½] (10A) 3,80 €
Location : 10 ▭ (4 à 6 pers.) 300 à 430 €/sem. – 3 ▭
(4 à 6 pers.) 350 à 450 €/sem. – motel
▥ 1 borne
Pour s'y rendre : NO : 2,3 km par D 7, rte de Mézilles et
chemin à droite
À savoir : Au bord d'un étang

Nature : ॐ ▭ ▲	
Loisirs : ✗ ⅏ ⚓	
Services : ⚭ ⚬ GB ⅏ ▥ 🖻 ⚙ 🛆 ☗ 🖻	
À prox. : pédalos	

TONNERRE

⊠ 89700 – ▥ G4 – G. Bourgogne – 5 979 h. – alt. 156
🛈 *Office de tourisme, place Marguerite de Bourgogne* ℘ *03 86 55 14 48, Fax 03 86 54 41 82*
Paris 199 – Auxerre 38 – Montbard 45 – Troyes 60.

△ **Municipal de la Cascade** fin mars.-déb. nov.
℘ 03 86 55 15 44, *ot.tonnerre@wanadoo.fr, www.ton
nerre.fr* – **R** conseillée
3 ha (115 empl.) plat, herbeux
Tarif : (Prix 2005) ✦ 2,70 € ⇔ 1,10 € ▣ 3,10 €
[½] (10A) 3,20 €
Location (permanent) : 6 ▭ (4 à 6 pers.) 250 à
350 €/sem.
▥ 1 borne 2,50 €
Pour s'y rendre : Sortie Nord par D 905, rte de Troyes et
D 944, direction centre-ville, au bord du canal de l'Yonne

Nature : ♀	
Loisirs : ▭ ॐ	
Services : ⚭ ⚬ GB ⅏ ▥ 🖻 ⚙ 🖻	
À prox. : ≋ ⚓	

VERMENTON

89270 – **319** F6 – G. Bourgogne – 1 199 h. – alt. 125
Syndicat d'initiative, 25, rue Général-de-Gaulle 03 86 81 60 76, Fax 03 86 81 67 54
Paris 190 – Auxerre 24 – Avallon 28 – Vézelay 28.

Municipal les Coullemières avr.-sept.
03 86 81 53 02, *mairie.vermenton@free.fr*,
Fax 03 86 81 53 02, *www.vermenton.fr* – **R** conseillée
1 ha (50 empl.) plat, herbeux
Tarif : (Prix 2005) 13 € (6A) – pers. suppl. 3 €
1 borne – 4 13,40 €
Pour s'y rendre : Au Sud-Ouest de la localité, derrière la gare
À savoir : Cadre agréable près de la Cure (plan d'eau)

Nature :
Loisirs :
Services : (saison)
À prox. : (plage) canoë, parcours sportif

VILLENEUVE-LES-GENÊTS

89350 – **319** B5 – 258 h. – alt. 186
Paris 162 – Auxerre 43 – Bléneau 14 – Joigny 42 – Montargis 47 – St-Fargeau 11.

Le Bois Guillaume Permanent
03 86 45 45 41, *camping@bois-guillaume.com*,
Fax 03 86 45 49 20, *www.bois-guillaume.com* – **R** conseillée
8 ha/3 campables (80 empl.) plat, sous-bois, petit étang
Tarif : 3,60 € 2,50 € 2,50 € (10A) 3,50 €
Location (mars-oct.) : 3 (4 à 6 pers.) 305 à 495 €/sem. – 7 (4 à 6 pers.) 265 à 495 €/sem.
1 borne
Pour s'y rendre : NE : 2,7 km
À savoir : Agréable cadre boisé

Nature :
Loisirs :
Services :

VINCELLES

89290 – **319** E5 – 841 h. – alt. 110
Paris 180 – Auxerre 14 – Avallon 38 – Clamecy 39 – Cosne-sur-Loire 72.

Les Ceriselles avr.-oct.
03 86 42 50 47, *lesceriselles@cc-payscoulangeois.fr*,
Fax 03 86 42 39 39, *www.cc-pays-coulangeois.fr*
– **R** conseillée
1,5 ha (79 empl.) plat, herbeux
Tarif : (Prix 2005) 2,50 € 8 € (10A)
Location : 4 (4 à 6 pers.) 325 à 380 €/sem. – 2 (4 à 6 pers.) 325 à 380 €/sem.
Pour s'y rendre : Au Nord du bourg, accès par D 38, rte de Vincelottes, près du canal du Nivernais (halte nautique) et à 150 m de l'Yonne

Loisirs : snack
Services :
À prox. :

216

BRETAGNE

S. Sauvignier/Michelin

Brute comme ses côtes de granit, riante comme ses petits ports de pêche avec leurs flottes colorées, émouvante comme ses calvaires et ses enclos paroissiaux, mystérieuse comme ses dolmens, ses menhirs et ses forêts enchantées, la Bretagne doit son charme à son essence maritime, à la variété de ses paysages et à l'originalité de sa culture. Attachés à leurs légendes, leur langue et leurs coutumes héritées d'un lointain passé celte, les Bretons cultivent leur identité à travers force manifestations folkloriques, festoù-noz et autres rassemblements où se défient bardes, sonneurs et bagadoùs. Des pauses friandes ponctuent généreusement cette riche palette festive de bolées de cidre, de crêpes, de galettes-saucisses et de tous les trésors gourmands qui font la réputation de la gastronomie locale.

Brittany — Breizh to its inhabitants — is a region of harsh granite coastlines, mysterious forests, pretty ports and brightly painted fishing boats. Its charm lies in its brisk sea breeze, its incredibly varied landscapes and the people themselves, born, so they say, with a drop of salt water in their blood. Proud of the language handed down from their Celtic ancestors, today's Bretons nurture their identity with intense and vibrant celebrations of folklore and custom. Of course, such devotion to culture requires plenty of good, wholesome nourishment: sweet and savoury pancakes, thick slices of butter cake and mugs of cold cider. However, Brittany's gastronomic reputation extends much further and gourmets can feast on the oysters, lobster and crab for which it is famous.

MANCHE

Légende:
- ● Localité citée avec camping
- ■ Localité citée avec camping et locatif
- Lourdes Localité disposant d'emplacements camping-car
- Moyaux Localité disposant d'au moins un terrain agréable
- 🚐 Aire de service pour camping-car sur autoroute

Île d'Ouessant

Île de Sein

OCÉAN   ATLANTIQUE

Perros-Guirec
Ploumanach
Trégastel
Trévou-Tréguignec
Plougrescant
Pleubian
Trébeurden
Primel-Trégastel
Trélévern
Paimpol
St-Pol-de-Léon
Santec
Roscoff
Plougasnou
Pleumeur-Bodou
Louannec
Pontrieux
Plouézec
Brignogan-Plages
Cléder
Plougoulm
St-Jean-du-Doigt
Lannion
Pléhédel
Plouguerneau
Carantec
St-Michel-en-Grève
Bégard
Landéda
Plounévez-Lochrist
Plestin-les-Grèves
Lantic
Ploudalmézeau
Lampaul-Ploudalmézeau
Morlaix
Plouigneau
Guingamp
Lanildut
N 12
N 12
Châtelaudren
Plouarzel
St-Renan
Landerneau
BREST
Elorn
Sizun
Callac
Locmaria-Plouzané
Plougastel-Daoulas
le Conquet
Plougonvelin
Logonna-Daoulas
Huelgoat
Camaret-s-Mer
le Fret
FINISTÈRE
Carhaix-Plouguer
CÔTES-
Crozon
Dinéault
Morgat
Plouguernével
Caurel
Telgruc-s-Mer
Châteaulin
Pentrez-Plage
N 164
Mur-de-Bretagne
Ste-Anne-la-Palud
Plomodiern
Aulne
Cléden-Cap-Sizun
Tréboul
Ploéven
Kervel
Douarnenez
Odet
Scaër
le Faouët
Priziac
Pontivy
Poullan-s-M.
Primelin
Plouhinec
Quimper
Rosporden
Plozévet
Fouesnant
Bannalec
Melrand
Plonéour-Lanvern
Plomelin
la Forêt-Fouesnant
Blavet
Tréguennec
Mousterlin
Cap-Coz
Arzano
Quimperlé
Plomeur
Bénodet
Concarneau
Pont-Scorff
Penmarch
Trégunc
Moëlan-s-Mer
Baud
Guilvinec
Beg-Meil
Camors
Treffiagat
Loctudy
Névez
Guidel
Lesconil
Plobannalec-Lesconil
le Pouldu
Ste-Anne-d'Auray
Raguenès-Plage
LORIENT
N 165
Port-Manech
Larmor-Plage
Locmiquélic
Ploemel
Plougoumelem
Île de Groix
Plouhinec
Belz
Bono
Erdeven
Crach
Baden
Plouharnel
Carnac
la Trinité
Arzon
St-Julien
Quiberon
St-Philibert
Locmariaquer

Belle-Île-en-Mer

ALLINEUC

✉ 22460 – **309** E5 – 497 h. – alt. 190
Paris 456 – Lamballe 43 – Loudéac 21 – Pontivy 37 – Rostrenen 43 – St-Brieuc 27.

⚠ **Municipal de Bosméléac**
📞 02 96 28 87 88, *mairieallineuc@wanadoo.fr*,
Fax 02 96 28 80 97
1 ha (49 empl.) plat, peu incliné, herbeux, pierreux
Pour s'y rendre : SO : 3 km par D 41, rte d'Uzel et à droite rte du barrage
À savoir : Près d'un plan d'eau

Nature : 🐟
Loisirs : 🍽 crêperie 🏠 🏸 🚲
Services : ♿ 🍳 ⊛ 📷
À prox. : 🏊 🎣

BÉGARD

✉ 22140 – **309** C3 – 4 474 h. – alt. 142
Paris 499 – Rennes 147 – Saint 46 – Lannion 20 – Morlaix 50.

⛰ **Donant** Pâques-mi-sept.
📞 02 96 45 46 46, *camping.begard@wanadoo.fr*,
Fax 02 96 45 46 48, *www.camping-donant-bretagne.com*
– **R** conseillée
4 ha (91 empl.) en terrasses, plat, herbeux
Tarif : 🚶 3,10 € 🚗 1,80 € 🅿 4,10 € 🔋 2,60 €
Location (permanent) : 15 🏠 (4 à 6 pers.) 170 à 430 €/sem.
🚐 1 borne 3,50 €
Pour s'y rendre : Sortie Sud : 1,7 km par D 767, rte de Guingamp, en face du parc de loisirs "Armoripark"

Loisirs : 🏠 🏸
Services : ♿ 🔌 (10 juil.-août) 🏧 🍳 🍳 ⊛ 📷 sèche-linge
À prox. : 🍽 🔭 🏊 ⛵

BINIC

✉ 22520 – **309** F3 – G. Bretagne – 3 110 h. – alt. 35
🛈 *Office de tourisme, avenue du Général-de-Gaulle* 📞 02 96 73 60 12
Paris 463 – Guingamp 37 – Lannion 69 – Paimpol 31 – St-Brieuc 15 – St-Quay-Portrieux 6.

⛰ **Le Panoramic** avr.-sept.
📞 02 96 73 60 43, *camping.le.panoramic@wanadoo.fr*,
Fax 02 96 69 27 66, *www.lepanoramic.net* – **R** conseillée
4 ha (150 empl.) plat, peu incliné, en terrasses, herbeux
Tarif : 🅿 19,20 € – pers. suppl. 4,50 €
Location : 15 🏠 (4 à 6 pers.) 288 à 565 €/sem.
Pour s'y rendre : S : 1 km

Nature : 🌳 🌿
Loisirs : 🍽 🏠 🏸 🏊
Services : 🔌 🏧 🍳 🚿 ⊛ 📷
À prox. : 🚴 🎾 🔭 🎣 🏇 poneys golf, canoë de mer

⚠ **Municipal les Fauvettes**
📞 02 96 73 60 83, *binic@ville.binic.fr*, *http://www.villebinic.fr*
1 ha (83 empl.) plat, terrasse, peu incliné, herbeux
Location : 4 🏠
🚐 1 borne
Pour s'y rendre : Au N.E. de la ville, rue des Fauvettes, à 50 m de la plage par sentier des douaniers, accès conseillé par D 786 rte de St-Quay-Portrieux et au rond-point à droite
À savoir : Agréable situation dominante et panoramique

Nature : ≤ sur la baie de St-Brieuc
Loisirs : 🏸
Services : ♿ 🔌 🍳 ⊛ 📷

CALLAC

✉ 22160 – **309** B4 – G. Bretagne – 2 459 h. – alt. 172
🛈 *Syndicat d'initiative, Mairie* 📞 02 96 45 81 30, Fax 02 96 45 91 70
Paris 510 – Carhaix-Plouguer 22 – Guingamp 28 – Morlaix 41 – St-Brieuc 58.

⚠ **Municipal Verte Vallée**
📞 02 96 45 58 50, Fax 02 96 45 91 70 – **R** conseillée
1 ha (60 empl.) peu incliné et incliné, herbeux
🚐 1 borne
Pour s'y rendre : Sortie Ouest par D 28, rte de Morlaix et av. Ernest-Renan à gauche, à 50 m d'un plan d'eau

Nature : 🐟 🌳
Loisirs : 🚴 🎾 🔭
Services : ♿ 🔌 🌳 ⊛

CAUREL

⊠ 22530 – 🅱 09 D5 – 387 h. – alt. 188
Paris 461 – Carhaix-Plouguer 45 – Guingamp 48 – Loudéac 24 – Pontivy 22 – St-Brieuc 48.

ⵯ **Nautic International** 15 mai-25 sept.
🏕 02 96 28 57 94, *contact@campingnautic.fr.st*,
Fax 02 96 26 02 00, *www.campingnautic.fr.st* – **R** conseillée
3,5 ha (120 empl.) peu incliné et plat, en terrasses, herbeux
Tarif : 🚶 5 € – 🚗 1,60 € – 🔲 8 € – 🔌 (10A) 4,30 € – frais de réservation 15,24 €
Pour s'y rendre : SO : 2 km, au lieu-dit Beau-Rivage, bord du lac de Guerlédan
À savoir : Agréable cadre verdoyant

Nature : 🏞 ⌂ ♀ ⚓
Loisirs : 🛋 🏓 🎯 🛷 🎣 ponton d'amarrage
Services : 🚿 ⊶ 🅶🅱 🗑 🔥 ② 🚰 🚽 📺 sèche-linge 🔧
À prox. : 🍴 ✕ crêperie 🛶 canoë

CHÂTELAUDREN

⊠ 22170 – 🅱 09 E3 – 921 h. – alt. 105
🔲 Syndicat d'initiative, 31, rue de la gare 🏕 02 96 74 12 02, Fax 02 96 79 51 05
Paris 469 – Guingamp 17 – Lannion 49 – St-Brieuc 18 – St-Quay-Portrieux 21.

ⵯ **Municipal de l'Étang** mai-sept.
🏕 02 96 74 17 71, *mairiechatelaudren@wanadoo.fr*,
Fax 02 96 74 22 19 – **R**
0,2 ha (17 empl.) plat, herbeux
Tarif : (Prix 2005) 🚶 2,50 € 🔲 3,35 € 🔌 2,50 €
Pour s'y rendre : Au bourg, rue de la gare, bord d'un étang

Nature : ⌂
Services : 🚿 🔥 🗑 ②
À prox. : 🏓 🐎 poneys

ERQUY

⊠ 22430 – 🅱 09 H3 – G. Bretagne – 3 760 h. – alt. 12
🔲 Office de tourisme, boulevard de la Mer 🏕 02 96 72 30 12, Fax 02 96 72 02 88
Paris 451 – Dinan 46 – Dinard 39 – Lamballe 21 – Rennes 102 – St-Brieuc 33.

ⵯ **Le Vieux Moulin** 29 avr.-9 sept.
🏕 02 96 72 34 23, *camp.vieux.moulin@wanadoo.fr*,
Fax 02 96 72 36 63, *www.campingvieuxmoulin.com*
– **R** conseillée
2,5 ha (173 empl.) plat et peu incliné, herbeux
Tarif : 🔲 34,70 € 🔌 (9A) – pers. suppl. 5,60 € – frais de réservation 20 €
Location : 65 🛖 (4 à 6 pers.) 320 à 880 €/sem.
🚐 1 borne 5 €
Pour s'y rendre : E : 2 km
À savoir : Cadre verdoyant, convivial et soigné

Nature : ⌂ ♀
Loisirs : 🍴 pizzeria, grill 🛋 🎵 discothèque 🏓 🛷 🎣
Services : 🚿 ⊶ 🔥 🗑 🛁 🚰 ② 🚽 📺 🔧 🚿
À prox. : 🛒 ✕ 🎮 🛶 ♨ 🐎 (centre équestre) école de plongée, canoë de mer

ERQUY

▲▲▲ Yelloh-Village les Pins
　🕾 02 96 72 31 12, *camping.des.pins@wanadoo.fr,*
　Fax 02 96 63 67 94, *www.yellohvillage-les-pins.com*
　– **R** conseillée
　10 ha (385 empl.) peu incliné et plat, herbeux
　Location : 🚐 – 🏠 – bungalows toilés
　Pour s'y rendre : N : 1 km

Nature : 🦅 🗔 ♀
Loisirs : ♟ ✗ 🏛 ⚡ ⅙ ⛵ 🏊
Services : 🛁 ⚬━ 🗔 🄰 🖼 sèche- linge 🌀 🚲
À prox. : 🛒 🖼 🅼 🛟 🐎 école de plongée, canoë de mer

▲▲ **Bellevue** 15 avr.-15 sept.
　🕾 02 96 72 33 04, *campingbellevue@yahoo.fr,*
　Fax 02 96 72 48 03, *http://www.campingbellevue.fr*
　– **R** conseillée
　2 ha (140 empl.) plat, herbeux
　Tarif : 🄳 25,30 € 🔌 (10A) – pers. suppl. 4,80 €
　Location ⚡ : 7 🚐 (4 à 6 pers.) 270 à 590 €/sem. – 🏠
　– (sans sanitaires)
　🚎 1 borne
　Pour s'y rendre : SO : 5,5 km
　À savoir : Entrée fleurie et décoration arbustive des empla-
　cements

Nature : 🗔 ♀
Loisirs : ♟ 🏛 ⚡ 🅼 🏊
Services : 🛁 ⚬━ 🄶🄱 ⚙ 🗔 🌀 🄰
🖼 sèche-linge
À prox. : 🛒 crêperie ·◉ 🖼 🅼 🛟 🐎 (centre équestre) école de plongée, canoë de mer

▲▲ **St-Pabu** avr.-10 oct.
　🕾 02 96 72 24 65, *camping@saintpabu.com,*
　Fax 02 96 72 87 17, *www.saintpabu.com* – **R** conseillée
　5,5 ha (409 empl.) plat, peu incliné et en terrasses, herbeux
　Tarif : 🄳 21,10 € 🔌 (6A) – pers. suppl. 4,60 € – frais de
　réservation 20 €
　Location : 32 🚐 (4 à 6 pers.) 270 à 585 €/sem.
　🚎 1 borne 6 €
　Pour s'y rendre : SO : 4 km
　À savoir : Face à la baie d'Erquy, près de la plage

Nature : 🦅 ⪡ 🗔
Loisirs : ♟ 🏛 ⚡
Services : 🛁 ⚬━ 🄶🄱 ⚙ 🗔 🌀 🄰
🖼 sèche-linge 🌀
À prox. : 🛒 ·◉ ✗ 🖼 🅼 🛟 🐎 (centre équestre) école de plongée, char à voile

▲▲ **Les Roches** avr.-15 sept.
　🕾 02 96 72 32 90, *info@camping-les-roches.com,*
　Fax 02 96 63 57 84, *www.camping-les-roches.com* – **R** conseillée
　3 ha (160 empl.) plat, peu incliné et en terrasses, herbeux
　Tarif : 🄳 16,40 € 🔌 (10A) – pers. suppl. 3,60 €
　Location (avr.-2 nov.) ⚡ : 17 🚐 (4 à 6 pers.) 273 à
　448 €/sem.
　🚎 1 borne
　Pour s'y rendre : SO : 3 km
　À savoir : Décoration arbustive

Nature : 🦅
Loisirs : 🏛 ⚡ 🅼
Services : 🛁 ⚬━ 🄶🄱 ⚙ ⚙ 🗔 🌀 🄰
🖼 sèche-linge 🌀
À prox. : 🛒 ·◉ ✗ 🖼 🅼 🛟 🐎 (centre équestre) école de plongée, canoë de mer

▲ **Les Hautes Grées** 15 avr.-25 sept.
　🕾 02 96 72 34 78, *hautesgrees@wanadoo.fr,*
　Fax 02 96 72 30 15, *www.camping-hautes-grees.com*
　– **R** conseillée
　2,5 ha (148 empl.) plat et peu incliné, herbeux
　Tarif : ⭐ 4,70 € 🄳 8 € 🔌 3,20 € – frais de réservation 15,50 €
　Location : 18 🚐 (4 à 6 pers.) 260 à 580 €/sem.
　🚎 1 borne
　Pour s'y rendre : NE : 3,5 km, à 400 m de la plage St-Michel

Nature : 🦅 ⪡
Loisirs : ⚡
Services : 🛁 ⚬━ (15 juin-15 sept.) 🄶🄱 ⚙ 🗔 🄰 🖼 sèche-linge
À prox. : 🛒 ·◉ ✗ 🖼 🅼 🛟 🐎 école de plongée, canoë de mer

ÉTABLES-SUR-MER

✉ 22680 – **309** E3 – G. Bretagne – 2 514 h. – alt. 65
🄱 *Office de tourisme, 9, rue de la République* 🕾 *02 96 70 65 41, Fax 02 96 70 68 27*
Paris 467 – Guingamp 31 – Lannion 56 – St-Brieuc 19 – St-Quay-Portrieux 3.

▲▲ **L'Abri-Côtier** 5 mai-11 sept.
　🕾 02 96 70 61 57, *camping.abricotier@wanadoo.fr,*
　Fax 02 96 70 65 23, *www.camping-abricotier.fr* – **R** indispensable
　2 ha (140 empl.) plat et peu incliné, herbeux
　Tarif : 🄳 20,70 € 🔌 (10A) – pers. suppl. 4,60 €
　Location : 10 🚐 (4 à 6 pers.) 250 à 560 €/sem.
　Pour s'y rendre : N : 1 km par rte de St-Quay-Portrieux et
　à gauche, rue de la Ville-es-Rouxel

Nature : 🦅
Loisirs : ♟ jacuzzi 🏊 (couverte hors saison)
Services : 🛁 ⚬━ 🄶🄱 ⚙ ⚙ 🗔 🄰 🌀 🔻 🖼 🚲 sèche-linge
À prox. : ✗ 🅼 🛟 🐎 poneys , golf, canoë de mer

JUGON-LES-LACS

22270 – 三09 I4 – G. Bretagne – 1 348 h. – alt. 29
🛈 Office de tourisme, place du Martray ℘ 02 96 31 70 75
Paris 417 – Lamballe 22 – Plancoët 16 – St-Brieuc 59 – St-Méen-le-Grand 35.

⚠ Au Bocage du Lac mai-25 sept.

℘ 02 96 31 60 16, camping-le-bocage@wanadoo.fr,
Fax 02 96 31 75 04, www.campingjugon.fr – **R** conseillée
4 ha (180 empl.) plat et peu incliné, herbeux
Tarif : 🔲 18,30 € 🖹 (5A) – pers. suppl. 4,30 €
Location (avr.-oct.) : 6 🚐 (4 à 6 pers.) 240 à 500 €/sem.
– 10 🏠 (4 à 6 pers.) 240 à 540 €/sem. – bungalows
toilés – gîtes
🚐 1 borne
Pour s'y rendre : SE : 1 km par D 52 rte de Mégrit
À savoir : Au bord du grand étang de Jugon

> Nature : 🌳 ♀
> Loisirs : 🍴 🏠 🎯 🚴 🔥 🛝 🏊
> Services : 🚿 ⚡ 🅖🅑 🚰 🛒 🗑 ⊕ 📷
> À prox. : 🍽 🛶 canoë de mer

LANCIEUX

22770 – 三09 J3 – G. Bretagne – 1 220 h. – alt. 24
🛈 Office de tourisme, square Jean Conan ℘ 02 96 86 25 37
Paris 413 – Dinan 22 – Dol-de-Bretagne 36 – Lamballe 39 – St-Brieuc 60 – St-Malo 15.

⚠ Municipal les Mielles avr.-sept.

℘ 02 96 22 82 98, campinglesmielles@wanadoo.fr,
Fax 02 96 86 28 20 – **R**
2,5 ha (153 empl.) plat à peu incliné, herbeux
Tarif : (Prix 2005) 🔲 6,85 € 🖹 (6A) – pers. suppl. 2,85 €
Pour s'y rendre : Au Sud-Ouest du bourg, rue Jules-
Jeunet, à 300 m de la plage

> Services : 🚿 ⚡ (juil.-août) 🅖🅑 🚰
> 🗑 🏞 ⊕ 📷
> À prox. : 🍽 🥅 🔥 ♀ 🐎 golf

LANLOUP

22580 – 三09 E2 – G. Bretagne – 214 h. – alt. 58
Paris 484 – Guingamp 29 – Lannion 44 – St-Brieuc 36 – St-Quay-Portrieux 15.

⚠ Le Neptune avr.-oct.

℘ 02 96 22 33 35, contact@leneptune.com,
Fax 02 96 22 68 45, www.leneptune.com – **R** conseillée
2 ha (84 empl.) plat, peu incliné, herbeux
Tarif : 🏕 4,50 € 🔲 7,50 € 🖹 (6A) 3 € – frais de réserva-
tion 10 €
Location : 7 🚐 (4 à 6 pers.) 255 à 560 €/sem. – 6 🏠 (4
à 6 pers.) 275 à 580 €/sem.
Pour s'y rendre : sortie Ouest
À savoir : Cadre arbustif plaisant

> Nature : 🌳 ♀
> Loisirs : 🍴 🏠 🎯 🚴 🔥 🛝 🖼 (dé-
> couverte en saison)
> Services : 🚿 ⚡ 🅖🅑 🚰 🛒 🗑 ⊕ 📷
> 🚾
> À prox. : 🍽

LANNION

22300 – 三09 B2 – G. Bretagne – 18 368 h. – alt. 12
🛈 Office de tourisme, 2, quai d'Aiguillon ℘ 02 96 46 41 00, Fax 02 96 37 19 64
Paris 516 – Brest 96 – Morlaix 42 – St-Brieuc 65.

⚠ Municipal des 2 Rives avr.-sept.

℘ 02 96 46 31 40, anthony.pezron@ville-lannion.fr,
Fax 02 96 46 53 35, www.ville-lannion.fr – **R** conseillée
2,3 ha (105 empl.) plat et peu incliné, herbeux
Tarif : (Prix 2005) 🏕 3,10 € 🚗 2 € 🔲 4,60 € 🖹 2 €
Location (permanent) : 10 🏠 (4 à 6 pers.) 250 à
425 €/sem. – 8 bungalows toilés
🚐 1 borne 7,10 €
Pour s'y rendre : SE : 2 km par D 767, rte de Guingamp et
rte à droite après le centre commercial Leclerc
À savoir : Plaisante décoration arbustive sur les deux rives
du Léguer

> Nature : 🌳
> Loisirs : 🍴 🎯 🎣
> Services : 🚿 ⚡ (juil.-août) 🅖🅑 🚰
> 🗑 🛒 🏞 ⚒ 📷 sèche-linge
> À prox. : 🏕 🍽 🥅 🖼 🐎 (centre
> équestre) sentier pédestre, canoë

LANTIC

✉ 22410 – ᠍᠍ E3 – 1 117 h. – alt. 50
Paris 466 – Brest 139 – Lorient 133 – Rennes 116 – St-Brieuc 18.

⚠ **Les Étangs** 5 avr.-sept.
℘ 02 96 71 95 47, *contact@campinglesetangs.com*,
Fax 02 96 71 95 47, *www.campinglesetangs.com*
– **R** conseillée
1,5 ha (82 empl.) peu incliné, plat, herbeux
Tarif : ▣ 14,60 € ⊠ (6A) – pers. suppl. 3,50 €
Location ⚋ (juil.-août) : 6 ▭ (4 à 6 pers.) 200 à
600 €/sem.
Pour s'y rendre : E : 2 km par D 4, rte de Binic, près de
deux étangs

Nature : 🦌 ♀
Loisirs : 🏊 ⅃
Services : 🚻 ⚲ GB ♒ 🗄 🛁 🚿 ⚘ 🖶
À prox. : 🍴 ♭ 🏹 🐴 poneys golf, canoë de mer

LOUANNEC

✉ 22700 – ᠍᠍ B2 – 2 384 h. – alt. 53
Paris 527 – Rennes 175 – Saint 73 – Lannion 10 – Morlaix 48.

Schéma à Perros-Guirec

⛰ **Municipal Ernest Renan** juin-sept.
℘ 02 96 23 11 78, *mairie-louannec@wanadoo.fr*,
Fax 02 96 49 04 47 – **R** conseillée
4 ha (265 empl.) plat, herbeux
Tarif : (Prix 2005) ▣ 15,10 € – pers. suppl. 3,10 €
Location (avr.-sept.) : 8 ▭ (4 à 6 pers.) 205 à
510 €/sem.
▭ 1 borne 3,70 €
Pour s'y rendre : O : 1 km, bord de mer

Nature : ≼ ⛰
Loisirs : ♀ 🎪 🏊 ⅃ ♦
Services : 🚻 ⚲ GB ♒ 🗄 🛁 ⚘ 🗜 🖶 sèche-linge 🔌 🌡
À prox. : 🐴 🐕

224

Pour choisir et suivre un itinéraire
Pour calculer un kilométrage
Pour situer exactement un terrain (en fonction des
indications fournies dans le texte) :
*Utilisez les **cartes MICHELIN** détaillées à 1/150 000,*
compléments indispensables de cet ouvrage.

MATIGNON

✉ 22550 – ᠍᠍ I3 – 1 537 h. – alt. 70
🛈 *Office de tourisme, place du Général-de-Gaulle* ℘ 02 96 41 12 53, Fax 02 96 41 29 70
Paris 425 – Dinan 30 – Dinard 23 – Lamballe 23 – St-Brieuc 44 – St-Cast-le-Guildo 7.

⚠ **Le Vallon aux Merlettes** mai-24 sept.
℘ 02 96 41 11 61, *giblanchet@wanadoo.fr*, *www.camping-matignon.com* – **R** conseillée
3 ha (100 empl.) plat, peu incliné, herbeux
Tarif : ▣ 13,60 € – pers. suppl. 3,30 €
Location (avr.-22 oct.) : 3 ▭ (4 à 6 pers.) 210 à
430 €/sem.
▭ 1 borne 3 €
Pour s'y rendre : SO : par D 13, rte de Lamballe, au stade

Nature : 🦌 ♀
Loisirs : 🎪 ⚙ 🖼
Services : 🚻 ⚲ GB ♒ 🗄 ⚘ 🖶
À prox. : 🏇 🖼 ♦ 🐴 (centre éques-tre) école de plongée, canoë de mer, golf

MUR-DE-BRETAGNE

✉ 22530 – ᠍᠍ E5 – G. Bretagne – 2 090 h. – alt. 225 – Base de loisirs
🛈 *Office de tourisme, place de l'Église* ℘ 02 96 28 51 41, Fax 02 96 26 35 31
Paris 457 – Carhaix-Plouguer 50 – Guingamp 47 – Loudéac 20 – Pontivy 17 – Quimper 99 – St-Brieuc 44.

⚠ **Municipal du Rond Point du Lac**
℘ 02 96 26 01 90, Fax 02 96 28 59 44 – **R**
1,7 ha (133 empl.) non clos, plat, peu incliné, incliné,
herbeux
Pour s'y rendre : O : 2,4 km par D 18, près de la base de
loisirs du Lac de Guerlédan

Nature : 🦌 ♀♀
Services : 🚻 ⚲ ⚘ 🖶
À prox. : ♀ brasserie 🍴 🖼 ♭ ♦ 🐴 poneys parcours sportif, pédalos, canoë

PAIMPOL

✉ 22500 – ▨ ▨▨ D2 – G. Bretagne – 7 932 h. – alt. 15

🛈 Office de tourisme, place de la république ✆ 02 96 20 83 16

Paris 494 – Guingamp 29 – Lannion 33 – St-Brieuc 46.

△ Municipal de Cruckin-Kérity

✆ 02 96 20 78 47, camping.cruckin@wanadoo.fr,
Fax 02 96 20 75 00 – **R** conseillée
2 ha (146 empl.) plat, herbeux
▨ 1 borne – 20 ▣

Pour s'y rendre : À Kérity, SE : 2 km par D 786, rte de
St-Quay-Portrieux, attenant au stade, à 100 m de la plage
de Cruckin

> Nature : ▨ ▨
> Loisirs : ▨ ▨
> Services : 👤 ▨ ▨ ▨ ▨ ▨ sèche-linge
> À prox. : crêperie ▨ ▨ ▨ ▨ parcours de santé, piste de bi-cross

PERROS-GUIREC

✉ 22700 – ▨▨ ▨ B2 – G. Bretagne – 7 614 h. – alt. 60

🛈 Office du tourisme, 21, place de l'Hôtel de Ville ✆ 02 96 23 21 15, Fax 02 96 23 04 72

Paris 527 – Lannion 12 – St-Brieuc 76 – Tréguier 19.

▨▨ **Yellow Village Le Ranolien** 7 avr.-10 sept.

✆ 02 96 91 65 65, info@yallohvillage-ranolien.com,
Fax 02 96 91 41 90, www.leranolien.com – places limitées
pour le passage – **R** indispensable
16 ha (580 empl.) plat, peu incliné, accidenté, herbeux,
rocheux
Tarif : ▣ 39 € – pers. suppl. 8 €
Location (avr.-sept.) : ▨ (4 à 6 pers.) 231 à
1 190 €/sem.
Pour s'y rendre : SE : 1 km, à 200 m de la mer
À savoir : Au coeur de la côte de granit rose dans un cadre
naturel et sauvage

> Nature : ▨ ▨ ▨ ▨
> Loisirs : ▨ crêperie, snack, pizzeria
> ▨ ▨ diurne ▨ ▨ ▨ ▨ ▨
> Services : 👤 ▨ GB ▨ ▨ ▨ ▨ ▨
> ▨ ▨ sèche-linge ▨ ▨
> À prox. : terrain omnisports

▨ **Claire Fontaine** juin-10 sept.

✆ 02 96 23 33 55, Fax 02 96 49 06 19, www.camping-claire-
fontaine.com – **R** conseillée
3 ha (80 empl.) plat, peu incliné, herbeux
Tarif : (Prix 2005) ▣ 18,50 € ▨ (6A) – pers. suppl. 7,50 € –
frais de réservation 10 €
Location (Pâques-fin sept.) : 3 ▨ (4 à 6 pers.) 350 à
550 €/sem. – 3 ▨
▨ 1 borne
Pour s'y rendre : SO : 2,6 km, par rue des Frères Mantrier,
rte de Pleumeur-Bodou et rte à droite
À savoir : Autour d'une ancienne ferme rénovée

> Nature : ▨
> Loisirs : ▨
> Services : ▨ ▨ ▨ ▨ ▨ ▨ sèche-linge
> À prox. : ▨ ▨ ▨ ▨ (centre équestre) golf

PLANCOËT

✉ 22130 – **309** I3 – 2 589 h. – alt. 41
🛈 *Syndicat d'initiative, 1, rue des Venelles* 𝒫 *02 96 84 00 57*
Paris 417 – Dinan 17 – Dinard 20 – St-Brieuc 46 – St-Malo 26.

⚐ **Municipal du Verger** juin-15 sept.
  𝒫 02 96 84 03 42, *mairie.plancoet@wanadoo.fr*,
  Fax 02 96 84 19 49 – **R** conseillée
  1,2 ha (100 empl.) plat, herbeux
  Tarif : 🎫 8,60 € – pers. suppl. 2,10 €
  Pour s'y rendre : Vers sortie Sud-Est rte de Dinan, derrière la caserne des sapeurs-pompiers, bord de l'Arguenon et d'un petit plan d'eau

Nature : 🏕 ♀
Loisirs : 🎣
Services : ♿ ⚙ (juil.-août) ⚗ 🗑 ♨
🅐 🖨 sèche-linge
À prox. : 🚴 ✖ 🔲 🐎 (centre équestre) golf, canoë, kayak

PLANGUENOUAL

✉ 22400 – **309** G3 – 1 550 h. – alt. 76
Paris 440 – Guingamp 52 – Lannion 84 – St-Brieuc 19 – St-Quay-Portrieux 38.

⚐ **Municipal** 15 juin-15 sept.
  𝒫 02 96 32 71 93 – **R**
  1,5 ha (64 empl.) plat et en terrasses, herbeux
  Tarif : (Prix 2005) 🎫 11,10 € – pers. suppl. 3,25 €
  Pour s'y rendre : NO : 2,5 km par D 59

Nature : 🏞 ≤
Services : ⚙ (juil.-août) ⚗ 🗑 🅐 🖨
À prox. : ✖ 🔲 🖼 🐎 (centre équestre) golf, école de plongée, canoë de mer

PLÉHÉDEL

✉ 22290 – **309** D2 – 1 122 h. – alt. 96
Paris 485 – Guingamp 21 – Lannion 43 – St-Brieuc 37 – St-Quay-Portrieux 18.

⚐ **Municipal de l'Étang** juil.-août
  𝒫 02 96 22 31 31, Fax 02 96 22 60 38 – **R**
  2 ha (73 empl.) peu incliné, herbeux
  Tarif : (Prix 2005) 🕴 3,20 € 🎫 1,80 € 🔌 2,55 €
  Pour s'y rendre : S : 0,5 km par D 21 rte de Plouha et à droite, bord d'un étang

Nature : 🏞
Loisirs : ✖ 🎣
Services : ⚗ ♨ 🅐

226

PLÉNEUF-VAL-ANDRÉ

✉ 22370 – **309** G3 – G. Bretagne – 3 680 h. – alt. 52
🛈 *Office de tourisme, 1, cours Winston Churchill* 𝒫 *02 96 72 20 55, Fax 02 96 63 00 34*
Paris 446 – Dinan 43 – Erquy 9 – Lamballe 16 – St-Brieuc 28 – St-Cast-le-Guildo 30 – St-Malo 51.

Schéma à Erquy

⚐ **Le Minihy** 15 juin-15 sept.
  𝒫 02 96 72 22 95, Fax 02 96 63 05 38 – **R**
  1 ha (65 empl.) plat et peu incliné, herbeux
  Tarif : 🎫 16,50 € – pers. suppl. 4,20 €
  Location (avr.-oct.) : 9 🏠 (4 à 6 pers.) 298 à 460 €/sem.
  Pour s'y rendre : SO : rte du port de Dahouët, rue du Minihy

Nature : ♀
Loisirs : 🍴 🚴
Services : ⚙ 🇬🇧 ⚗ 🗑 🅐 🖨
À prox. : ✖ 🔲 🐎 (centre équestre) golf, école de plongée, canoë de mer

PLESTIN-LES-GRÈVES

✉ 22310 – **309** A3 – G. Bretagne – 3 415 h. – alt. 45
🛈 *Syndicat d'initiative, place de la Mairie* 𝒫 *02 96 35 61 93, Fax 02 96 54 12 54*
Paris 528 – Brest 79 – Guingamp 46 – Lannion 18 – Morlaix 24 – St-Brieuc 77.

⚑ **Municipal St-Efflam** avr.-sept.
  𝒫 02 96 35 62 15, *campingmunicipalplestin@wanadoo.fr*,
  Fax 02 96 35 09 75, *www.plestinlesgreves.com* – **R** conseillée
  4 ha (190 empl.) plat, peu incliné, terrasses, herbeux
  Tarif : (Prix 2005) 🕴 2,60 € 🚗 1,60 € 🎫 3,40 € 🔌 2,30 €
  Location : 9 🏘 (4 à 6 pers.) 183 à 340 €/sem. – 8 🏠 (4 à 6 pers.) 198 à 360 €/sem.
  🚐 1 borne 2 €
  Pour s'y rendre : NE : 3,5 km, à St-Efflam, par N 786 rte de St-Michel-en-Grève, à 200 m de la mer
  À savoir : Face à la mer, situation en terrasses, à l'orée d'un petit bois

Nature : ≤
Loisirs : 🍸 🚴 🚴
Services : ♿ ⚙ (juil.-août) 🇬🇧 ⚗ 🗑 ⛽ 🅐 🖨
À prox. : ✖ ♨

▲ **Aire Naturelle Ker-Rolland** 19 juin-9 sept.
𝄞 02 96 35 08 37, *erickero22@aol.com*, Fax 02 96 35 08 37
– **R** conseillée
1,5 ha (22 empl.) plat, herbeux
Tarif : 🖭 10,50 € – pers. suppl. 2,60 €
Pour s'y rendre : SO : 2,2 km par D 786, rte de Morlaix et à
gauche, rte de Plouégat-Guérand
À savoir : Sur le domaine d'une ferme en activité

Loisirs : 🏠
Services : ᵴ ⛟ 🔥 ⊛ 🖼

PLEUBIAN

✉ 22610 – 🗓 D1 – G. Bretagne – 2 691 h. – alt. 48
🛈 *Office de tourisme, place du Château* 𝄞 02 96 22 84 85
Paris 506 – Lannion 31 – Paimpol 13 – St-Brieuc 58 – Tréguier 13.

▲▲ **Port la Chaîne** 29 avr.-16 sept.
𝄞 02 96 22 92 38, *info@portlachaine.com*,
Fax 02 96 22 87 92, *www.portlachaine.com* – **R** conseillée
4,9 ha (200 empl.) en terrasses, plat et peu incliné, herbeux
Tarif : 🖭 24,50 € – pers. suppl. 5,50 € – frais de réser-
vation 15 €
Location : 38 🏕 (4 à 6 pers.) 280 à 590 €/sem.
Pour s'y rendre : N : 2 km par D 20 rte de Larmor-Pleubian
et rue à gauche
À savoir : Cadre boisé au bord de la mer

Nature : 🐟 ♨ 🏔
Loisirs : 🍸 🏠 🔆 nocturne 🏌 ⛱
Services : ᵴ ⛟ 🅶🅱 🛒 🖯 ♨ 🔥 ⊛
🔥 🗑 🖼 sèche-linge 🛁
À prox. : 🐎

Avant de vous installer, consultez les tarifs en cours,
affichés obligatoirement à l'entrée du terrain,
et renseignez-vous sur les conditions particulières de séjour.
Les indications portées dans le guide ont pu être modifiées depuis la mise à jour.

227

PLEUMEUR BODOU

✉ 22560 – 🗓 A2 – G. Bretagne – 3 825 h. – alt. 94
🛈 *Office de tourisme, 11, rue des Chardons* 𝄞 02 96 23 91 47, Fax 02 96 23 91 48
Paris 523 – Lannion 8 – Perros-Guirec 10 – St-Brieuc 72 – Trébeurden 4 – Tréguier 26.
Schéma à Trébeurden

▲ **Le Port** avr.-8 oct.
𝄞 02 96 23 87 79, *renseignements@camping-du-
port.com*, Fax 02 96 15 30 40, *www.camping-du-port.com*
– **R** conseillée
2 ha (80 empl.) non clos, plat et peu incliné, accidenté,
herbeux, rochers
Tarif : 🚶 5,50 € 🚗 3,30 € 🖭 5,50 € 🔌 2,60 € – frais de
réservation 10 €
Location : 9 🏕 (4 à 6 pers.) 190 à 590 €/sem. – 6 🏡 (4
à 6 pers.) 190 à 590 €/sem.
🏕 1 borne 5 €
Pour s'y rendre : À Landrellec, N : 6 km
À savoir : Au bord de la mer, quelques emplacements ont
les pieds dans l'eau

Nature : 🐟 ⩽ 🏔
Loisirs : 🍸 snack 🏌 🚲
Services : ᵴ ⛟ 🅶🅱 🛒 🖯 ♨ ⊛ 🔥
🖼
À prox. : 🛒 🍴 🔥 🖼 ♨ 🐎 (centre
équestre) golf

PLÉVEN

✉ 22130 – 🗓 I4 – 565 h. – alt. 80
Paris 431 – Dinan 21 – Dinard 28 – St-Brieuc 38 – St-Malo 34.

▲ **Municipal** avr.-15 nov.
𝄞 02 96 84 46 71, *camping.pleven@wanadoo.fr*,
Fax 02 96 84 46 71 – **R** conseillée
1 ha (40 empl.) plat et peu incliné, herbeux
Tarif : 🖭 7,90 € – pers. suppl. 1,50 €
Pour s'y rendre : Au bourg
À savoir : Dans l'agréable parc fleuri de la mairie

Nature : ♀
Loisirs : 🏌
Services : ⛟ 🛒 🖯 ⊛
À prox. : 🛒 🍴

PLOUÉZEC

22470 – **309** E2 – 3 181 h. – alt. 100
🚩 *Syndicat d'initiative, rue du Lieutenant-Colonel Simon* 🕿 02 96 22 72 92
Paris 489 – Guingamp 28 – Lannion 39 – Paimpol 6 – St-Brieuc 41.

⛰ **Domaine du Launay** avr.-sept.
  🕿 02 96 20 63 15, *domainedulaunay@wanadoo.fr*,
  Fax 02 96 16 43 86, *www.domaine-du-launay.com*
  – **R** conseillée
  4 ha (90 empl.) peu incliné, herbeux
  Tarif : 📧 18,50 € – pers. suppl. 4 €
  Location : 4 (2 à 4 pers.) 280 à 360 €/sem. – 15
  (4 à 6 pers.) 300 à 540 €/sem.
  1 borne 3 € – 8 📧 10 €
  Pour s'y rendre : SO : 3,1 km par D 77, rte de Yvias et rte à
  droite
  À savoir : Belle décoration arbustive

Nature : 🌳 ⬅ 🏕 ♨
Loisirs : 🍴 🏠 🎯 🚴 🏊 🎿 swin-
golf
Services : 🚿 ⛽ GB 🌐 🗄 🟦 🔲
sèche-linge
À prox. : 🍴 ♣ 🐴 poneys

⛰ **Le Cap Horn** avr.-sept.
  🕿 02 96 20 64 28, *lecaphorn@hotmail.com*,
  Fax 02 96 20 63 88, *www.lecaphorn.com* – **R** conseillée
  4 ha (149 empl.) en terrasses et peu incliné, herbeux,
  pierreux
  Tarif : 📧 21 € (6A) – pers. suppl. 4,90 €
  Location 🏊 : 20 (4 à 6 pers.) 239 à 669 €/sem.
  Pour s'y rendre : À Port-Lazo, NE : 2,3 km par D 77, accès
  direct à la plage
  À savoir : Situation dominant l'Anse de Paimpol et l'Ile de
  Bréhat

Nature : 🌳 ⬅ 🏕
Loisirs : 🍴 🏠 🎯 🎿
Services : 🚿 ⛽ GB 🌐 🗄 🟦 🔲 🟦
🔲 sèche-linge 🟦
À prox. : 🍴 ♣ 🐴 poneys

*Si vous désirez réserver un emplacement pour vos vacances,
faites-vous préciser au préalable les conditions particulières de séjour,
les modalités de réservation, les tarifs en vigueur et les conditions de paiement.*

228

PLOUGRESCANT

22820 – **309** C1 – 1 402 h. – alt. 53
Paris 516 – Lannion 26 – Perros-Guirec 23 – St-Brieuc 68 – Tréguier 8.

⛰ **Le Varlen** mars-15 nov.
  🕿 02 96 92 52 15, Fax 02 96 92 50 34, *www.levarlen.com* –
  R indispensable
  1 ha (65 empl.) plat, herbeux
  Tarif : 📧 16,30 € (10A) – pers. suppl. 3,50 € – frais de
  réservation 10 €
  Location : 11 (4 à 6 pers.) 215 à 480 €/sem. – 4
  studios
  1 borne
  Pour s'y rendre : NE : 2 km rte de Porz-Hir, à 200 m de la
  mer

Nature : 🌳 🏕
Loisirs : 🍴 🏠
Services : 🚿 ⛽ GB 🌐 🗄 🟦 🟦 🔲
🔲
À prox. : 🍴

⛰ **Le Gouffre** 15 mai-15 sept.
  🕿 02 96 92 02 95, Fax 02 96 92 02 95 – places limitées pour
  le passage – **R** indispensable
  3 ha (130 empl.) plat, peu incliné, herbeux
  Tarif : 📧 15,50 € – pers. suppl. 2,50 €
  Pour s'y rendre : N : 2,7 km par rte de la pointe du château

Nature : 🌳 ⬅ 🏕
Services : 🚿 ⛽ (15 juin-15 sept.)
GB 🌐 🅼 🗄 🟦 🔲
À prox. : 🍴 🔳 ♣ 🐴 (centre éques-
tre) canoë

⛰ **Municipal Beg-ar-Vilin** Pentecôte-17 sept.
  🕿 02 96 92 56 15, *mairie.plougrescant@wanadoo.fr*,
  Fax 02 96 92 56 15 – **R** conseillée
  3 ha (99 empl.) plat, sablonneux, herbeux
  Tarif : (Prix 2005) ⛺ 2,30 € 📧 4,20 € (2) 3,15 €
  Location : 8 bungalows toilés
  Pour s'y rendre : NE : 2 km, bord de mer

Nature : 🌳 ⬅ ⛰
Loisirs : 🏠 🎯
Services : 🚿 ⛽ (août-sept.) 🌐 🗄
🟦 🔲 sèche-linge
À prox. : canoë

PLOUGUERNÉVEL

⊠ 22110 – �333 C5 – 2 222 h. – alt. 219
Paris 479 – Carhaix-Plouguer 28 – Guingamp 45 – Loudéac 42 – Pontivy 34 – St-Brieuc 54.

⊿ **Municipal Kermarc'h** Permanent
    ℘ 02 96 29 10 95 – ℝ
    3,5 ha/0,5 campable (24 empl.) en terrasses et peu incliné,
    herbeux
    Tarif : ★ 3,38 € ⇔ 1,79 € ▣ 1,79 € (₰) 2,32 €
    Location : gîte d'étape, gîtes
    Pour s'y rendre : SO : 3,8 km, au Village de Vacances
    À savoir : Autour d'une ancienne ferme restaurée

| Nature : |
| Loisirs : |
| Services : |

PLOUHA

⊠ 22580 – �333 E2 – G. Bretagne – 4 397 h. – alt. 96
🛈 Office de tourisme, 5, avenue Laennec ℘ 02 96 20 24 73, Fax 02 96 22 57 05
Paris 479 – Guingamp 24 – Lannion 49 – St-Brieuc 31 – St-Quay-Portrieux 10.

⋀⋀ **Domaine de Kéravel** 15 juin-15 sept.
    ℘ 02 96 22 49 13, keravel@wanadoo.fr, www.keravel.com
    – ℝ conseillée
    5 ha/2 campables (116 empl.) en terrasses et peu incliné,
    herbeux
    Tarif : ▣ 26,70 € (₰) (10A) – pers. suppl. 6,30 €
    Location (permanent) : 6 ▦ (4 à 6 pers.) 300 à
    690 €/sem. – appartements
    Pour s'y rendre : NE : 2 km rte de la Trinité, près de la
    chapelle
    À savoir : Dans l'agréable parc d'un manoir

| Nature : |
| Loisirs : |
| Services : sèche-linge |
| À prox. : poneys golf, canoë de mer |

229

PLOUMANACH

⊠ 22700 – �333 E2 – G. Bretagne
Paris 533 – Rennes 181 – Saint 80 – Lannion 16 – Morlaix 53.
Schéma à Perros-Guirec

⊿ **West Camping** Pâques-sept.
    ℘ 02 96 91 43 82, info@westcamping.com,
    Fax 02 96 91 43 82, www.westcamping.com – ℝ conseillée
    0,9 ha (50 empl.) plat, peu incliné, herbeux
    Tarif : ▣ 22,55 € – pers. suppl. 6,50 €
    Location (Pâques-10 nov.) ⌁ (juil.-août) : 8 ▦ (4 à 6
    pers.) 235 à 570 €/sem.
    ▦, 1 borne 4 € – 10 ▣ 16,05 €
    Pour s'y rendre : S : 0,7 km par D 788, au carrefour de
    Ploumanach
    À savoir : À la lisière d'une agréable pinède

| Nature : |
| Loisirs : |
| Services : |
| À prox. : (centre équestre) golf, terrain omnisports |

Si vous recherchez :
⊿ *Un terrain au bord de l'eau avec possibilité de baignade*
⌁ *Un terrain agréable ou très tranquille*
L *Un terrain effectuant la location de caravanes, de mobile homes,*
    de bungalows ou de chalets
P *Un terrain ouvert toute l'année*
▦ *Un terrain possédant une aire de services pour camping-cars*
Consultez le tableau des localités

PLURIEN

✉ 22240 – 309 H3 – 1 235 h. – alt. 48
🛈 *Office de tourisme,* 𝄞 02 96 72 18 52
Paris 436 – Dinard 34 – Lamballe 25 – Plancoët 23 – St-Brieuc 37 – St-Cast-le-Guildo 18.

△ **Municipal la Saline** juin-15 sept.
  𝄞 02 96 72 17 40 – **R** conseillée
  3 ha (150 empl.) plat, peu incliné et en terrasses, herbeux
  Tarif : (Prix 2005) ⚊ 2,65 € ⇔ 1,05 € 🅴 2,10 € ⚡ 2,10 €
  🚐 1 borne 3,70 €
  Pour s'y rendre : NO : 1,2 km par D 34, rte de Sables-d'Or-les-Pins, à 500 m de la mer

Nature : ≤
Loisirs : 🛝
Services : & ⊶ ⚱ 🖵 ☺ 🖾 sèche-linge
À prox. : 🍴 ✗ 🎣 🛶 ♨ 🐎 (centre équestre) golf, école de plongée, canoë de mer

PONTRIEUX

✉ 22260 – 309 D2 – 1 121 h. – alt. 13
🛈 *Syndicat d'initiative, place de Trocquer* 𝄞 02 96 95 14 03
Paris 491 – Guingamp 18 – Lannion 27 – Morlaix 67 – St-Brieuc 43.

△ **Traou-Mélédern** Permanent
  𝄞 02 96 95 68 72, *http://campingpontrieux.free.fr*
  – **R** conseillée
  1 ha (50 empl.) plat, herbeux
  Tarif : 🅴 11,50 € – pers. suppl. 2,50 €
  Pour s'y rendre : S : à 400 m du bourg, bord du Trieux

Nature : 🗀
Loisirs : 🛝
Services : & ⊶ (juil.-août) ⚱ 🗚 ☺ 🖾
À prox. : port de plaisance, canoë

PORDIC

✉ 22590 – 309 F3 – 5 176 h. – alt. 97
Paris 459 – Guingamp 33 – Lannion 65 – St-Brieuc 11 – St-Quay-Portrieux 12.

⚠ **Les Madières** avr.-5 nov.
  𝄞 02 96 79 02 48, *campinglesmadieres@wanadoo.fr,*
  Fax 02 96 79 46 67, *www.campinglesmadieres.com*
  – **R** conseillée
  1,6 ha (83 empl.) plat et peu incliné, herbeux
  Tarif : 🅴 21 € ⚡ (10A) – pers. suppl. 5 €
  Location : 15 🛖 (4 à 6 pers.) 280 à 540 €/sem.
  Pour s'y rendre : NE : 2 km par rte de Binic et à droite, rte de Vau Madec
  À savoir : Agréable cadre verdoyant et ombragé

Nature : 🌳 🗀 🌿
Loisirs : 🍴 snack 🏊
Services : & ⊶ ⊞ ⚱ 🖵 ☺ 🖾 sèche-linge
À prox. : 🍴 ✗ 🛶 ♨ 🐎 poneys golf, canoë de mer

⚠ **Le Roc de l'Hervieu** 20 mai-sept.
  𝄞 02 96 79 30 12, *le.roc.de.lhervieu@wanadoo.fr,*
  Fax 02 96 79 30 12, *www.campinglerocdelhervieu.fr* –
  places limitées pour le passage – **R** conseillée
  2,5 ha (179 empl.) plat, herbeux
  Tarif : 🅴 18,15 € ⚡ (10A) – pers. suppl. 3,85 €
  Pour s'y rendre : NE : 3 km par rte de la Pointe de Pordic et chemin à droite

Nature : 🌳 🗀
Loisirs : 🎣 🛝
Services : & ⊶ ⚱ 🖵 🌊 ☺ 🖾
À prox. : 🍴 ✗ 🛶 ♨ 🐎 poneys golf, canoë de mer

ST-BRIEUC

✉ 22000 – 309 F3 – G. Bretagne – 46 087 h. – alt. 78
🛈 *Office de tourisme, 7, rue Saint-Gouéno* 𝄞 08 25 00 22 22, Fax 02 96 61 42 16
Paris 451 – Brest 144 – Dinan 61 – Lorient 115 – Morlaix 84 – Quimper 127 – St-Malo 71.

⚠ **Les Vallées** Pâques-15 oct.
  𝄞 02 96 94 05 05, *campingdesvallees@wanadoo.fr,*
  Fax 02 96 94 05 05 – **R** conseillée
  4 ha (108 empl.) plat, terrasses, herbeux
  Tarif : (Prix 2005) 🅴 19 € ⚡ (10A) – pers. suppl. 4,20 € – frais de réservation 15 €
  Location (permanent) : 18 🛖 (4 à 6 pers.) 410 à 600 €/sem.
  Pour s'y rendre : Boulevard Paul-Doumer, à proximité du Parc de Brézillet

Nature : 🗀 🌿
Loisirs : 🍴 snack 🎣 🛝 🚲 🛶 🏊
Services : & ⊶ (juil.-août) ⊞ ⚱ 🏨 🖵 🐟 ☺ 🌊 🖾 sèche-linge 🧺
À prox. : 🍴 🏋 hammam ⛳ ✗ 🎣 🏊 🐎 (centre équestre) nouveau centre aquatique

230

ST-CAST-LE-GUILDO

✉ 22380 – █ 09 I3 – G. Bretagne – 3 187 h. – alt. 52
🚹 *Office de tourisme, place Charles-de-Gaulle* ☏ *02 96 41 81 52, Fax 02 96 41 76 19*
Paris 427 – Avranches 91 – Dinan 32 – St-Brieuc 50 – St-Malo 31.

▲▲▲ **Château de Galinée** 6 mai-16 sept.
☏ 02 96 41 10 56, *chateaugalinee@wanadoo.fr*,
Fax 02 96 41 03 72, *www.chateaudegalinee.com* – **R** conseillée
12 ha (272 empl.) plat, herbeux
Tarif : 🔲 30,30 € 🛱 (10A) – pers. suppl. 4 € – frais de réservation 20 €
Location (15 avr.-16 sept.) 🛖 : 50 🚐 (4 à 6 pers.) 230 à 800 €/sem. – bungalows toilés
Pour s'y rendre : S : 7 km, accès par D 786, près du carrefour avec la rte de St-Cast-le-Guildo
À savoir : Bel ensemble de piscines et plantations

> Nature : 🌿 🖵 ♀
> Loisirs : 🍴 🏛 🏌 🏊 🚴 🎱 🏓 🛝
> Services : 🚭 ⚓ (15 avr.-16 sept.)
> ⊖⊟ 🗒 ☍ ♨ 🖰 🗑 🙍 🚿
> À prox. : 🖾 ⌁ 🐎 golf, canoë de mer

▲▲▲ **Le Châtelet** 28 avr.-10 sept.
☏ 02 96 41 96 33, *chateletcp@aol.com*, Fax 02 96 41 97 99,
www.lechatelet.com – **R** conseillée
7,6 ha/3,9 campables (180 empl.) en terrasses, plat et peu incliné, herbeux, petit étang
Tarif : ✸ 6,10 € 🔲 19,60 € 🛱 (8A) 5,20 € – frais de réservation 22 €
Location 🛖 : 36 🚐 (4 à 6 pers.) 340 à 700 €/sem.
🚐 1 borne
Pour s'y rendre : O : 1 km, rue des Nouettes, à 250 m de la mer et de la plage (accès direct)
À savoir : Cadre et situation dominante, agréables sur la baie de la Frênaye

> Nature : 🌿 ≼ 🖵 ♀
> Loisirs : 🍴 snack 🛖 🖰 🏊 🛝 🎣
> Services : 🚭 ⚓ (10 juil. -août) ⊖⊟
> ⊘ 🗒 ☍ ♨ 🖰 sèche-linge 🙍
> 🚿
> À prox. : 🖾 🖾 🛝 ⌁ 🐎 golf, canoë de mer

▲▲ **Les Mielles** (location exclusive de 20 mobile homes)
fermé 16 nov.-14 mars
☏ 02 96 41 87 60, *info@campings-vert-bleu.com*,
Fax 02 96 81 04 77, *www.campings-vert-bleu.com*
– **R** conseillée
3,5 ha plat, herbeux
Location : 🚐 (4 à 6 pers.) 315 à 608 €/sem.
Pour s'y rendre : Sortie Sud par D 19, rte de St-Malo, bd de la Vieuxville, attenant au stade et à 200 m de la plage

> Nature : 🖵
> Loisirs : 🛖 🖰 diurne 🛝
> Services : 🚭 ⚓ ⊖⊟ ⊘ 🗒 ☍ ⊛ 🖰
> sèche-linge
> À prox. : 🖾 🖾 🛝 🛝 ⌁ 🐎 golf,
> canoë de mer

231

ST-MICHEL-EN-GRÈVE

✉ 22300 – █ 09 A2 – G. Bretagne – 399 h. – alt. 12
🚹 *Syndicat d'initiative, rue de la Côte-des-Bruyères* ☏ *02 96 35 74 87*
Paris 526 – Guingamp 43 – Lannion 11 – Morlaix 31 – St-Brieuc 75.

▲▲▲ **Les Capucines** 15 mars -5 nov.
☏ 02 96 35 72 28, *les.capucines@wanadoo.fr*,
Fax 02 96 35 78 98, *www.lescapucines.fr* – **R** conseillée
4 ha (100 empl.) peu incliné, plat, herbeux
Tarif : 🔲 26 € 🛱 (7A) – pers. suppl. 5,30 €
Location : 5 🚐 (4 à 6 pers.) 260 à 600 €/sem. – 5 🏠 (4 à 6 pers.) 360 à 634 €/sem.
🚐 1 borne
Pour s'y rendre : N : 1,5 km par rte de Lannion et chemin à gauche
À savoir : Cadre agréable avec décoration arbustive soignée

> Nature : 🌿 🖵 ♀
> Loisirs : 🍴 🛖 🏊 🚴 🎱 🏓 🛝
> Services : 🚭 ⚓ ⊖⊟ ⊘ 🗒 ☍ ⊛ ♨
> 🚿 🖰 sèche-linge 🙍 🚿

ST-MICHEL-EN-GRÈVE

⚲ **Le Dauphin** juin-15 sept
  𝒫 02 96 35 44 56, *camping.ledauphin@wanadoo.fr*
  – **R** conseillée
  1,8 ha (90 empl.) peu incliné et en terrasses, herbeux
  Tarif : (Prix 2005) 🜉 2,60 € 🚗 1,50 € 🔳 4,90 €
  🔌 (6A) 2,80 €
  Location : 10 bungalows toilés
  Pour s'y rendre : NE : 2 km par rte de Lannion

Nature : 🏞 🌳
Loisirs : 🏠 ⛳ 🏓 🏊 (petite pis-cine)
Services : ♿ ⚡ ✂ 🗑 ⊕ 🔥

ST-SAMSON-SUR-RANCE

✉ 22100 – ③⓪⑨ J4 – 1 151 h. – alt. 64
Paris 401 – Rennes 57 – Saint 64 – Saint 24 – Fougères 79.
                                        Schéma à Taden

⚲ **Municipal Beauséjour** juin-sept.
  𝒫 02 96 39 53 27, *stsamson.mairie@wanadoo.fr*,
  Fax 02 96 87 94 12, *perso.wanadoo.fr/stsamson*
  – **R** conseillée
  3 ha (120 empl.) plat, herbeux
  Tarif : (Prix 2005) 🜉 3,60 € 🔳 4,70 € 🔌 (10A) 2,85 €
  Pour s'y rendre : E : 3 km, par D 57 et D 12 à droite
  À savoir : Décoration arbustive

Loisirs : 🏠 🏊
Services : ♿ ⚡ 🅶🅱 ✂ 🗑 ⊕ 🔥
À prox. : 🍽 🎣 🍴 🏸 🏓 🐎
poneys (centre équestre)

TADEN

✉ 22100 – ③⓪⑨ J4 – G. Bretagne – 1 741 h. – alt. 46
Paris 405 – Rennes 56 – Saint 65 – Saint 27 – Fougères 74.

⚲ **Municipal de la Hallerais** 11 mars-5 nov.
  𝒫 02 96 39 15 93, *camping.la.hallerais@wanadoo.fr*,
  Fax 02 96 39 94 64, *http://www.wdirect.fr/hallerais.htm*
  – **R** conseillée
  5 ha (228 empl.) plat, peu incliné et en terrasses, herbeux
  Tarif : 🜉 3,80 € 🔳 11,90 € 🔌 (6A)
  Location : 🏠 (4 à 6 pers.) 242 à 561 €/sem.
  Pour s'y rendre : Au Sud-Ouest du bourg
  À savoir : Cadre et situation dominante sur la vallée de la Rance

Nature : 🐿 🏞 🌳🌳
Loisirs : 🍽 🍴 🏠 ⛳ 🏸 🏓 🏊
Services : ♿ ⚡ 🅶🅱 ✂ 🏧 🗑 ⊕ ♨
🌀 🔥 sèche-linge 🧺 🚿
À prox. : 🎣 🐕 🛶 🐎 poneys (cen-tre équestre) canoë 🚣

TRÉBEURDEN

✉ 22560 – ▊▐9▐ A2 – G. Bretagne – 3 451 h. – alt. 81

🛈 *Office de tourisme, place de Crec'h Héry* ✆ *02 96 23 51 64, Fax 02 96 15 44 87*

Paris 525 – Lannion 10 – Perros-Guirec 14 – St-Brieuc 74.

▲▲ **Armor Losirs** avr.-sept.
✆ 02 96 23 52 31, *info@armorloisirs.com,*
Fax 02 96 15 40 36, *www.armorloisirs.com* – **R** conseil-lée
2,2 ha (112 empl.) en terrasses, incliné, à peu incliné, plat, pierreux, herbeux
Tarif : [🛈] 20 € – pers. suppl. 5 € – frais de réservation 8 €
Pour s'y rendre : S : 1 km, à 400 m de la plage de Porz Mabo

Nature : 🐚 ⇐ 🖵
Loisirs : ♟ snack 🎪 🚣 🏊
Services : 🚹 ⚐ 🔲 ⚙ 🗓 ⊛ 🖼
sèche-linge 🐾

▲ **L'Espérance** avr.-sept.
✆ 02 96 91 95 05, *accueil@camping-esperance.com,*
www.camping-esperance.com – **R** conseillée
1 ha (70 empl.) non clos, plat, herbeux
Tarif : (Prix 2005) ♟ 4,30 € 🚗 2,80 € 📧 4,80 €
[⚡] (10A) 3,50 € – frais de réservation 15 €
Location : 6 🛏 (4 à 6 pers.) 210 à 500 €/sem.
🚐 1 borne
Pour s'y rendre : NO : 5 km par D788, rte de Trégastel, près de la mer

Nature : ⇐ 🖵
Loisirs : ♟ 🖼
Services : 🚹 ⚐ ⚙ 🗓 🔥 ⊛ 🖼
sèche-linge
À prox. : 🛒 🍴 ✂ 🏊 ⛵ 🐎 (centre équestre) golf

LES GUIDES VERTS **MICHELIN**
Paysages, monuments
Routes touristiques
Géographie
Histoire, Art
Itinéraire de visite
Plans de villes et de monuments

TRÉGASTEL

22730 – 309 B2 – G. Bretagne – 2 234 h. – alt. 58

🛈 *Office de tourisme, place Sainte-Anne* ✆ *02 96 15 38 38*

Paris 526 – Lannion 11 – Perros-Guirec 9 – St-Brieuc 75 – Trébeurden 11 – Tréguier 26.

Tourony-Camping 8 avr.-23 sept.
✆ 02 96 23 86 61, *contact@camping-tourony.com*,
Fax 02 96 15 97 84, *www.camping-tourony.com* – **R** conseillée
2 ha (100 empl.) plat, herbeux
Tarif : 🔲 18,70 € – pers. suppl. 4,50 € – frais de réservation 13 €
Location : 13 ▥▥ (4 à 6 pers.) 200 à 500 €/sem. – 4 ▥
(4 à 6 pers.) 236 à 460 €/sem.
▱, 1 borne
Pour s'y rendre : E : 1,8 km par D 788, rte de Perros-Guirec, à 500 m de la plage
À savoir : Près de la mer et d'un étang

> Nature : ♀
> Loisirs : 🍸 snack 🏊
> Services : 🚿 ⚡ (juil.-août) 🅶🅱 ✂
> 🗑 ♨ ⊙ ♨ ♨ sèche-linge
> À prox. : 🛒 ♨ ✗ 🖼 ♨ 🐎 (centre équestre) golf, terrain omnisports

TRÉLÉVERN

22660 – 309 B2 – 1 309 h. – alt. 76

Paris 524 – Lannion 13 – Perros-Guirec 9 – St-Brieuc 73 – Trébeurden 19 – Tréguier 15.

Port-l'Épine 8 avr.-22 sept.
✆ 02 96 23 71 94, *camping-de-port-lepine@wanadoo.fr*,
Fax 02 96 23 77 83, *www.camping-port-lepine.com* – **R** indispensable
3 ha (160 empl.) plat, peu incliné, terrasses, herbeux
Tarif : 🔲 27 € (16A) – pers. suppl. 5 € – frais de réservation 15 €
Location ✗ : 36 ▥▥ (4 à 6 pers.) 150 à 630 €/sem. – 15 ▥ (4 à 6 pers.) 200 à 660 €/sem. – 5 bungalows toilés
▱, 1 borne
Pour s'y rendre : NO : 1,5 km puis chemin à gauche, à Port-l'Épine
À savoir : Au calme entre plage de galets et collines

> Nature : ♨ ⟵ ▭ ♀ ♨
> Loisirs : 🍸 snack 🏊 🚲 ♨
> Services : 🚿 ⚡ 🅶🅱 ✂ 🗑 ♨ ⊙ ♨
> ♨ 🖼 ♨

TRÉVOU-TRÉGUIGNEC

22660 – 309 B2 – 1 144 h. – alt. 56

🛈 *Syndicat d'initiative, 28, rue de Trestel* ✆ *02 96 23 74 05, Fax 02 96 91 73 82*

Paris 524 – Guingamp 36 – Lannion 14 – Paimpol 27 – Perros-Guirec 11 – St-Brieuc 72 – Tréguier 12.

Les Macareux avr.-sept.
✆ 02 96 23 71 45 – **R** conseillée
1 ha (45 empl.) plat, herbeux
Tarif : 🔲 16,20 € – pers. suppl. 3,60 € – frais de réservation 8 €
Pour s'y rendre : Sortie Nord rte de Port Blanc et à gauche, à 500 m de la mer

> Nature : ▭ ♀
> Loisirs : 🏊
> Services : ⚡ ✂ ♨ ⊙ 🖼
> À prox. : ♨

Finistère (29)

ARZANO

29300 – 308 K7 – 1 324 h. – alt. 91

Paris 508 – Carhaix-Plouguer 54 – Châteaulin 82 – Concarneau 40 – Pontivy 46 – Quimper 58.

Ty-Nadan avr.-7 sept.
✆ 02 98 71 75 47, *infos@camping-ty-nadan.fr*,
Fax 02 98 71 77 31, *www.camping-ty-nadan.fr* – **R** conseillée
12 ha/5 campables (325 empl.) plat et peu incliné, herbeux
Tarif : ♦ 8,40 € 🔲 21 € (10A) 6,30 € – frais de réservation 25 €
Location : 22 ▥▥ (4 à 6 pers.) 240 à 840 €/sem. – 9 ▥
(4 à 6 pers.) 360 à 1 064 €/sem. – gîtes et 2 appartements
Pour s'y rendre : O : 3 km par rte de Locunolé, bord de l'Ellé

> Nature : ♨ ▭ ♀♀ ♨
> Loisirs : 🍸 ✗ crêperie, pizzeria 🖼
> 🎬 nocturne 🏃 ♨ jacuzzi discothèque 🏊 🚲 ♨ ✗ 🖼 ♨ ♨
> 🐎 mur d'escalade
> Services : 🚿 ⚡ 🅶🅱 ✂ 🗑 ♨ ⊙ ♨
> ♨ 🖼 ♨ ♨
> À prox. : canoë de mer

BANNALEC

✉ 29380 – 808 I17 – 4 785 h. – alt. 98
🛈 Office de tourisme, Kerbail ℘ 02 98 39 43 34, Fax 02 98 39 53 44

⚠ **Les Genêts d'Or** avr.- sept.
℘ 02 98 39 54 35, info@holidaybrittany.com,
Fax 02 98 39 54 35, www.holidaybrittany.com – **R** conseillée
3 ha (52 empl.) plat, herbeux
Tarif : 🔲 16 € ⚡ (6A) – pers. suppl. 3,50 €
Location 🏠 : 3 🚐 (4 à 6 pers.) 225 à 450 €/sem.
Pour s'y rendre : Sortie Sud, direction le Trévoux

Nature : 🌿 ♀(verger)
Loisirs : 🎮
Services : 🚿 🔌 ♨ 🖼 sèche-linge

BEG-MEIL

✉ 29170 – 308 H7 – G. Bretagne
Paris 562 – Rennes 211 – Quimper 23 – Brest 95 – Lorient 65.

Schéma à Fouesnant

⚠ **La Piscine** 15 mai-15 sept.
℘ 02 98 56 56 06, contact@campingdelapiscine.com,
Fax 02 98 56 57 64, www.campingdelapiscine.com
– **R** conseillée
3,8 ha (185 empl.) plat, herbeux, petit étang
Tarif : 🔲 26,40 € ⚡ (10A) – pers. suppl. 5,50 € – frais de réservation 20 €
Location (15 avr.-15 sept.) 🏠 : 24 🚐 (4 à 6 pers.) 240 à 630 €/sem.
Pour s'y rendre : NO : 4 km

Nature : 🌿 🔲 ♀
Loisirs : 🎮 🏓 🍴 🎣 🏊 🎿 🚣
piste de bi-cross
Services : 🚿 🔌 GB 🔧 🖥 🛒 ♨ ♨
🧺 🖼 sèche-linge 🚾 🚗
À prox. : 🎯 🐎 🚴 golf 🎦

⚠ **La Roche Percée** avr.-sept.
℘ 02 98 94 94 15, contact@camping-larochepercee.com,
Fax 02 98 94 48 05, www.camping-larochepercee.com
– **R** conseillée
2 ha (123 empl.) plat, peu incliné, herbeux
Tarif : 🔲 26 € – pers. suppl. 5 € – frais de réservation 16 €
Location : 30 🚐 (4 à 6 pers.) 250 à 730 €/sem.
🎦 1 borne
Pour s'y rendre : N : 1,5 km par D 45, rte de Fouesnant à 500 m de la plage de Kerveltrec

Nature : 🌿 🔲
Loisirs : 🍴 🚴 🏊 🎿
Services : 🔌 GB 🔧 🖥 🛒 ♨ ♨ 🖼
sèche-linge
À prox. : 🍴 crêperie 🐎 golf

235

⚠ **Le Kervastard** 24 mai-11 sept.
℘ 02 98 94 91 52, camping.le.kervastard@wanadoo.fr,
Fax 02 98 94 99 83, www.campinglekervastard.com
– **R** conseillée
2 ha (118 empl.) plat, herbeux
Tarif : 🧍 5,30 € 🔲 10 € ⚡ (10A) 3,70 € – frais de réservation 16 €
Location (avr.-sept.) : 21 🚐 (4 à 6 pers.) 274 à 630 €/sem.
🎦 1 borne 3 €
Pour s'y rendre : Au bourg, à 300 m du port et 600 m des plages

Nature : 🔲
Loisirs : 🎮 🏊 ♀
Services : 🚿 🔌 GB 🔧 🖥 🛒 ♨ ♨
🖼 sèche-linge
À prox. : 🚾 🍴

BÉNODET

✉ 29950 – 308 G7 – G. Bretagne – 2 750 h.
🛈 Office de tourisme, 29, avenue de la Mer ℘ 02 98 57 00 14, Fax 02 98 57 23 00
Paris 563 – Concarneau 19 – Fouesnant 8 – Pont-l'Abbé 13 – Quimper 17 – Quimperlé 47.

⚠ **Le Letty** 15 juin-6 sept.
℘ 02 98 57 04 69, reception@campingduletty.com,
Fax 02 98 66 22 56, www.campingduletty.com – **R** conseillée
10 ha (493 empl.) plat, herbeux
Tarif : 🧍 5 € 🚗 2 € 🔲 9 € ⚡ 4 €
Location 🏠 : 13 🚐 (2 à 4 pers.) 330 à 500 €/sem.
🎦 1 borne
À savoir : Agréable situation en bordure de plage

Nature : 🌿 ♀ ⛰
Loisirs : 🍴 🎮 🎳 🎣 🚣 bibliothèque, salle d'animation 🏓 🎯
🐎 squash
Services : 🚿 🔌 GB 🔧 🖥 ♨ 🧺
🚾 🖼 sèche-linge 🚾 🚗
À prox. : 🖼 🐎 ♀ 🐎

BÉNODET

La Pointe St-Gilles 28 avr.-17 sept.
📞 02 98 57 05 37, *information@camping-stgilles.fr*,
Fax 02 98 57 27 52, *www.camping-stgilles.fr* – places limi-
tées pour le passage – **R** conseillée ⚡
11 ha/7 campables (486 empl.) plat, herbeux
Tarif : 38 € – pers. suppl. 7 €
Location : 90 (4 à 6 pers.) 336 à 805 €/sem.
Pour s'y rendre : À la pointe St-Gilles, à 50 m de la plage
À savoir : Agréable situation face à l'océan

> Nature : 🏖 ≤ ⌂
> Loisirs : 🍴 pizzeria 🎡 🎶 nocturne ⚙ jacuzzi 🚣 🎯 🏊 parcours sportif
> Services : 👥 🔌 🏧 🚿 🍽 ♨ 🧺 ⛲ 🗑 ♻
> À prox. : 🎣 🚲 🐎

Le Poulquer 15 mai-sept.
📞 02 98 57 04 19, *campingdupoulquer@wanadoo.fr*,
Fax 02 98 66 20 30, *www.campingdupoulquer.com*
– **R** conseillée
3 ha (240 empl.) plat et peu incliné, herbeux
Tarif : 🧍 5,80 € 🚗 2,70 € 🔋 6,50 € (10A) 4 € – frais de réservation 16 €
Location ⚡ : 23 (4 à 6 pers.) 230 à 580 €/sem.
Pour s'y rendre : R. du Poulquer, à 150 m de la mer
À savoir : Cadre verdoyant et ombragé

> Nature : ⌂ 🌳
> Loisirs : 🍴 snack 🎡 🚣 🏊 🎯
> Services : 👥 🔌 🚿 🗑 ♨ 📶 sèche-linge
> À prox. : 🍽 🎣 🚲 🐎

BREST

✉ 29200 – 🅑🅞🅑 E4 – G. Bretagne – 149 634 h. – alt. 35
🅐 *Office de tourisme, 8, avenue Georges Clemenceau 📞 02 98 44 24 96, Fax 02 98 44 53 73*
Paris 596 – Lorient 133 – Quimper 72 – Rennes 246 – St-Brieuc 145.

Le Goulet Permanent
📞 02 98 45 86 84, *campingdugoulet@wanadoo.fr*,
Fax 02 98 45 86 84, *www.campingdugoulet.com*
– **R** conseillée
3 ha (150 empl.) en terrasses, herbeux, gravier
Tarif : 17 € (6A) – pers. suppl. 4 €
Location : 41 (4 à 6 pers.) 200 à 525 €/sem.
Pour s'y rendre : O : 6 km par D 789 rte du Conquet puis à gauche rte de Ste-Anne-du-Portzic, au lieu-dit Lanhouarnec
À savoir : Décoration arbustive

> Nature : ⌂
> Loisirs : 🚣
> Services : 👥 🔌 🚿 🎰 🗑 ♨ ⛲ 🚰 📶 🗑 sèche-linge

*Les localités possédant des ressources sélectionnées dans ce guide sont signalées sur les **cartes MICHELIN** détaillées à 1/150 000.*

BRIGNOGAN-PLAGES

✉ 29890 – ⬛ F3 – G. Bretagne – 849 h. – alt. 17
🛈 *Office de tourisme, 7, avenue du Général-de-Gaulle* 𝓟 *02 98 83 41 08*
Paris 585 – Brest 41 – Carhaix-Plouguer 83 – Landerneau 27 – Morlaix 49 – St-Pol-de-Léon 31.

⚠ **La Côte des Légendes** Pâques-Toussaint.
  𝓟 02 98 83 41 65, *camping-cote-des-legendes@wana
  doo.fr*, Fax 02 98 83 59 94, *www.campingcotedeslegen
  des.com* – **R** conseillée
  3,5 ha (150 empl.) plat, herbeux, sablonneux
  Tarif : (Prix 2005) 🔲 15 € – pers. suppl. 3,60 €
  Location : 11 ⬛ (4 à 6 pers.) 240 à 450 €/sem.
  ⬛ 1 borne 2 € – 5 🔲 7 €
  Pour s'y rendre : NO : 2 km par rte de la plage
  À savoir : Bord de plage

Nature : 🌿 ⛰
Loisirs : 🏠 🏃
Services : 🔧 ⚡ GB ⚐ 🗓 🎣 ☺ 📞
📷
À prox. : 💧

⚠ **Les Nymphéas** juil.-août
  𝓟 02 98 83 52 57, Fax 02 98 83 52 57, *www.campingles
  nympheas.com* – **R** conseillée
  1,2 ha (52 empl.) plat, herbeux
  Tarif : 🔲 14 € – pers. suppl. 3 €
  Location (mai-sept.) : 7 ⬛ (4 à 6 pers.) 450 €/sem.
  Pour s'y rendre : Sortie S par D 770 rte de Lesneven
  À savoir : Décoration florale et arbustive variée

Nature : 🌳 ♀
Loisirs : 🏠 🏊 (petite piscine)
Services : ⚡ ⚐ 🗓 ☺ 📷

CAMARET-SUR-MER

✉ 29570 – ⬛ D5 – G. Bretagne – 2 668 h. – alt. 4
🛈 *Office de tourisme, 15, quai Kleber* 𝓟 *02 98 27 93 60, Fax 02 98 27 87 22*
Paris 597 – Brest 4 – Châteaulin 45 – Crozon 11 – Morlaix 91 – Quimper 60.
                                                Schéma à Crozon

⚠ **Le Grand Large** avr.-sept.
  𝓟 02 98 27 91 41, *contact@campinglegrandlarge.com*,
  Fax 02 98 27 93 72, *www.campinglegrandlarge.com*
  – **R** conseillée
  2,8 ha (123 empl.) plat et peu incliné, herbeux
  Tarif : 🔲 25,50 € – pers. suppl. 4,50 € – frais de réser-
  vation 16 €
  Location : 24 ⬛ (4 à 6 pers.) 255 à 655 €/sem. – 3 🏠
  (4 à 6 pers.) 255 à 555 €/sem.
  ⬛ borne
  Pour s'y rendre : NE : 3 km par D 355 et rte à droite, à
  400 m de la plage, à Lambézen

Nature : 🌳 ⬅ 🌳
Loisirs : 🍽 🏠 🏃 🎣 🏊 🚣
Services : 🔧 ⚡ GB ⚐ 🗓 🎣 ☺ 🚿
🛒 📷 sèche-linge 🚰 🧺

⚠ **Plage de Trez Rouz** 15 mars-15 oct.
  𝓟 02 98 27 93 96, *camping-plage-de-trez-rouz@wana
  doo.fr*, Fax 02 98 27 84 54, *www.trezrouz.com* – **R** conseillée
  3 ha/1 campable (80 empl.) peu incliné, herbeux
  Tarif : 🔲 18,20 € 🔌 (10A) – pers. suppl. 4,60 € – frais de
  réservation 10 €
  ⬛ 1 borne 3,50 €
  Pour s'y rendre : NE : 3,5 km par D 355
  À savoir : Près de la plage

Nature : ⬅ Anse de Camaret
Loisirs : 🏃
Services : 🔧 ⚡ GB ⚐ 🗓 ☺ 📷

CAP-COZ

✉ 29170 – ⬛ H7 – G. Bretagne
Paris 558 – Rennes 207 – Quimper 22 – Brest 93 – Lorient 61.
                                                Schéma à Fouesnant

⚠ Les Mimosas
  𝓟 02 98 56 55 81, *contact@camping-les-mimosas.com*,
  Fax 02 98 51 62 56, *www.camping-les-mimosas.com*
  – **R** conseillée
  1,2 ha (95 empl.) plat et peu incliné, terrasses, herbeux
  Location : ⬛
  Pour s'y rendre : NO : 1 km

Nature : 🌳 ♀
Loisirs : 🏊
Services : ⚡ 🗓 🌿 ☺ 📷
À prox. : 🎾 ⬛ 💧 🐎 golf

237

CAP-COZ

⚠ **Pen an Cap** mai-15 sept.
    ℘ 02 98 56 09 23, *contact@penancap.com, www.penan cap.com* – **R** conseillée
    1,3 ha (100 empl.) peu incliné, herbeux, verger
    Tarif : (Prix 2005) 🎫 15,50 € – pers. suppl. 3,50 €
    Location : 8 🏠 (4 à 6 pers.) 250 à 460 €/sem.
    Pour s'y rendre : Au N de la station, à 300 m de la mer

> Nature : 🌳 🛁
> Loisirs : 🏠 🏕 🏊
> Services : ⚡ 🍴 🛒 🛁 ⊛ 🖥
> À prox. : 🍴 🎾 🛁 🐎 golf

CARANTEC

✉ 29660 – ⬛⬛⬛ H2 – G. Bretagne – 2 724 h. – alt. 37
🛈 *Office de tourisme, 4, rue Pasteur* ℘ 02 98 67 00 43, *Fax 02 98 67 90 51*
Paris 552 – Brest 71 – Lannion 53 – Morlaix 14 – Quimper 90 – St-Pol-de-Léon 10.

🏞 **Yelloh Village Les Mouettes** 29 avr.-10 sept.
    ℘ 02 98 67 02 46, *camping@les-mouettes.com,*
    Fax 02 98 78 31 46, *www.les-mouettes.com* – places limi-tées pour le passage – **R** conseillée
    7 ha (273 empl.) plat et en terrasses, herbeux, étang
    Tarif : 🎫 42 € – pers. suppl. 7,20 €
    Location 🏕 : 86 🏠 (4 à 6 pers.) 245 à 1 267 €/sem.
    🚐 1 borne
    Pour s'y rendre : SO : 1,5 km par rte de St-Pol-de-Léon et rte à droite, à la Grande Grève, près de la mer
    À savoir : Agréable parc aquatique paysager

> Nature : 🌳 🛁 🌿
> Loisirs : 🍴 pizzeria 🏠 🎆 nocturne 🏕 🎣 🏊 🏊
> Services : ⚡ ⛽ 🆎 🍴 🛒 🛁 ⊛ 🚿 🖥 🖥 🚮
>

CARHAIX-PLOUGUER

✉ 29270 – ⬛⬛⬛ J5 – G. Bretagne – 7 648 h. – alt. 138
🛈 *Office de tourisme, rue Brizeux* ℘ 02 98 93 04 42, *Fax 02 98 93 23 83*
Paris 506 – Brest 86 – Concarneau 66 – Guingamp 49 – Lorient 74 – Morlaix 51 – Pontivy 59 – Quimper 61 – St-Brieuc 79.

⚠ Municipal de la Vallée de l'Hyères
    ℘ 02 98 99 10 58, *communication@ville-carhaix.com, www.ville-carhaix.com* – **R** conseillée
    1 ha (62 empl.) plat, herbeux
    🚐 1 borne
    Pour s'y rendre : O : 2,3 km en direction de Morlaix et rte devant la gendarmerie, bord de l'Hyères et d'étangs
    À savoir : Belle décoration arbustive autour des étangs

> Nature : 🌳 🌿
> Loisirs : 🍴
> Services : ⛽ ⊛
> À prox. : 🐎 (centre équestre) par-cours de santé, canoë

CHÂTEAULIN

✉ 29150 – ⬛⬛⬛ G5 – G. Bretagne – 5 157 h. – alt. 10
🛈 *Office de tourisme, quai Cosmao* ℘ 02 98 86 02 11
Paris 548 – Brest 49 – Douarnenez 27 – Châteauneuf-du-Faou 24 – Quimper 29.

🏞 **Municipal Rodaven** 15 juin-sept.
    ℘ 02 98 86 32 93, *fc-ssport@chateaulin.fr,*
    Fax 02 98 86 31 03, *www.chateaulin.fr* – **R** conseillée
    2 ha (100 empl.) plat, herbeux
    Tarif : 🎫 12,30 € – pers. suppl. 2 €
    Pour s'y rendre : Au Sud de la ville, bord de l'Aulne (rive droite)

> Loisirs : 🏕 🎣
> Services : ⛽ ⛽ (15 juil.-15 août) 🆎 🍴 🛒 🚿
> À prox. : 🍴 🎾 🛁 canoë

⚠ **La Pointe Superbe** 15 mars-oct.
    ℘ 02 98 86 51 53, *lapointecamping@aol.com,*
    Fax 02 98 86 51 53 – **R** conseillée
    2,5 ha (60 empl.) plat et peu incliné, terrasses, herbeux, forêt
    Tarif : 🎫 16,50 € ⚡ (10A) – pers. suppl. 3 € – frais de réser-vation 15 €
    🚐 1 borne 4 €
    Pour s'y rendre : S : 1,6 km par D 770 rte de Quimper et chemin à gauche, direction St-Goulitz
    À savoir : Cadre agréable et soigné en lisière de forêt

> Nature : 🌳 🛁 🌿
> Loisirs : 🏠 🏕
> Services : ⛽ ⛽ 🍴 🛒 🚿 ⊛

CLÉDEN-CAP-SIZUN

✉ 29770 – 🔲 D6 – 1 037 h. – alt. 30
Paris 608 – Audierne 11 – Douarnenez 27 – Quimper 46.

▲ **La Baie** Permanent
  ℰ 02 98 70 64 28 – **R**
0,4 ha (27 empl.) peu incliné et terrasse, herbeux
Tarif : ⋆ 2,80 € – ⇦ 1 € – 🗐 2,40 € – (≵) 2,30 €
Pour s'y rendre : O : 2,5 km, à Lescleden

Nature : 🐾 ≼
Loisirs : 🍴 ✕ (dîner seulement)
Services : ⚬ ☺ ⊿

CLÉDER

✉ 29233 – 🔲 G3 – 3 641 h. – alt. 51
🚹 *Office de tourisme, 2, rue de Plouescat ℰ 02 98 69 43 01*
Paris 564 – Brest 56 – Brignogan-Plages 22 – Morlaix 28 – St-Pol-de-Léon 9.

⚠ **Camping Village de Roguennic** mai-15 sept.
  ℰ 02 98 69 63 88, *semcleder@wanadoo.fr*,
Fax 02 98 61 95 45, *www.campingvillageroguennic.com*
– **R** conseillée
8 ha (300 empl.) plat et accidenté, sablonneux, herbeux,
dunes, bois attenant
Tarif : 🗐 12,45 € – (≵) (6A) – pers. suppl. 2,80 €
Location (permanent) : 50 🏠 (4 à 6 pers.) 217 à
490 €/sem.
🛒 1 borne 3,50 €
Pour s'y rendre : N : 5 km
À savoir : Au bord d'une très belle plage de sable fin

Nature : 🐾 ⛰
Loisirs : 🍴 ⛳ 🎯 🏊
Services : ♿ ⚬ (juil.-août) GB ✂
🗐 ☺ 🖼 🛒
Au centre de loisirs : snack pizzeria
✕ ⛷ **parcours sportif**

CONCARNEAU

✉ 29900 – 🔲 H7 – G. Bretagne – 19 453 h. – alt. 4
🚹 *Office de tourisme, quai d'Aiguillon ℰ 02 98 97 01 44, Fax 02 98 50 88 81*
Paris 546 – Brest 96 – Lorient 49 – Quimper 22 – St-Brieuc 131 – Vannes 102.

▲ **Les Prés Verts** mai-22 sept.
  ℰ 02 98 97 09 74, *info@pres-verts.com*, Fax 02 98 97 32 06,
www.presverts.com – **R** conseillée
2,5 ha (150 empl.) plat et peu incliné, herbeux
Tarif : 🗐 27,60 € – (≵) (6A) – pers. suppl. 6,50 €
Location ➰ : 4 🛖 (4 à 6 pers.) 310 à 550 €/sem.
Pour s'y rendre : NO : 3 km par rte du bord de mer et à
gauche, à 250 m de la plage (accès direct)
À savoir : Décoration florale et arbustive

Nature : 🐾 ♀
Loisirs : 🍴 ⛳ ⛷ 🎯
Services : ⚬ GB ✂ 🗐 🛒 ☺ 🖼
À prox. : 🛒 ✕ 🖼 ♨ 🐴 poneys

▲ **Lochrist** 15 juin-15 sept.
  ℰ 02 98 97 25 95, *campingdelochrist@wanadoo.fr*,
Fax 02 98 50 66 99, *www.campingdelochrist.com* – **R** conseillée
1,5 ha (100 empl.) plat, herbeux
Tarif : 🗐 18,20 € – (≵) (10A) – pers. suppl. 3,80 €
Location (avr.-oct.) : 7 🛖 (4 à 6 pers.) 184 à 535 €/sem.
Pour s'y rendre : N : 3,5 km par D 783 rte de Quimper et
chemin à gauche
À savoir : Dans un verger, autour d'une ancienne ferme
restaurée

Loisirs : 🍴 🛖 ⛳
Services : ⚬ ✂ 🗐 ☺ 🖼 sèche-linge
À prox. : 🛒 ✕ 🖼 ♨ 🐴

▲ **Les Sables Blancs** mai-sept.
  ℰ 02 98 97 16 44, *contact@camping-lessablesblancs.com*,
Fax 02 98 97 16 44, *www.camping-lessablesblancs.com*
– **R** conseillée
3 ha (149 empl.) en terrasses, peu incliné, plat, herbeux
Tarif : 🗐 18 € – (≵) (10A) – pers. suppl. 4 €
Location (8 avr.-15 oct.) : 13 🛖 (4 à 6 pers.) 190 à
600 €/sem. – 4 🏠 (4 à 6 pers.) 210 à 550 €/sem.
🛒 1 borne 2 €
Pour s'y rendre : NO : 1,5 km par rte du bord de mer, à
200 m de la plage

Nature : 🐾 ⛺ ♀
Loisirs : 🍴 snack ⛳
Services : ♿ ⚬ GB ✂ 🗐 🛒 ☺ 🖼
À prox. : 🛒 ✕ 🖼 ♨ 🐴

Le CONQUET

✉ 29217 – 308 C4 – G. Bretagne – 2 408 h. – alt. 30
🛈 *Office de tourisme, place de Brest* ☎ *02 98 89 11 31*
Paris 619 – Brest 24 – Brignogan-Plages 59 – St-Pol-de-Léon 85.

⚐ Le Théven
☎ *02 98 89 06 90, camping.theven.conquet@wanadoo.fr,*
Fax 02 98 89 06 90 – **R** conseillée
12 ha (360 empl.) plat, sablonneux, herbeux
🚐 1 borne

Pour s'y rendre : NE : 5 km par rte de la plage des Blancs Sablons, à 400 m de la plage, chemin et passerelle pour piétons reliant le camping à la ville

Nature : 🏖 🗖	
Services : ઙ 🖛 ⊕ 🔲 sèche-linge 🚿	

CROZON

✉ 29160 – 308 E5 – G. Bretagne – 7 535 h. – alt. 85
🛈 *Office de tourisme, boulevard de Pralognan* ☎ *02 98 27 07 92, Fax 02 98 27 24 89*
Paris 587 – Brest 60 – Châteaulin 35 – Douarnenez 40 – Morlaix 81 – Quimper 49.

⚐ **Les Pieds dans l'Eau** 15 juin-15 sept.
☎ *02 98 27 62 43, lespiedsdansleau@free.fr, lespiedsdans leau.free.fr* – **R** conseillée
1,8 ha (118 empl.) peu incliné, herbeux
Tarif : 🔳 17,80 € – pers. suppl. 4 €

Pour s'y rendre : NO : 6 km par rte de Roscanvel et à droite, à St-Fiacre, bord de mer

Nature : 🏖 ≤ 🌲	
Loisirs : 🍴 🏊	
Services : ઙ 🖛 ਐ 🖪 ⊕ 🚿 🔲	

⚠ **Plage de Goulien** 10 juin-15 sept.
    ℘ 02 98 27 17 10, *camping.delaplage.degoulien@pres
quile-crozon.com*, Fax 02 98 26 23 16, *www.presquile-cro
zon.com* – **R** conseillée
1,8 ha (115 empl.) plat et incliné, terrasses, herbeux
Tarif : ✱ 4 € ⇔ 2,20 € 🔲 4,20 € (½) 3,20 €
Location : 16 ⊞ (4 à 6 pers.) 300 à 500 €/sem.
Pour s'y rendre : O : 5 km par D 308 rte de la Pointe de
Dinan et rte à droite, à 200 m de la plage

> Nature : 🐚 ⌂ 🎋
> Services : 🚐 ⚕ 🕎 ⊕ 📷
> À prox. : 🍴 crêperie

⚠ **L'Aber**
    ℘ 02 98 27 02 96, *camping.aber.plage@presquile-cro
zon.com*, Fax 02 98 27 28 48, *www.presquile-crozon.com/
camping-aber-plage/* – **R** conseillée
1,6 ha (100 empl.) en terrasses, plat, peu incliné, herbeux
Location : 10 ⊞
Pour s'y rendre : E : 5 km par D 887, rte de Châteaulin, puis
à Tal-ar-Groas, 1 km à droite, rte de l'Aber
À savoir : Agréable situation en terrasses dominant la mer

> Nature : ≤ baie de Douarnenez
> Loisirs : 🍴 snack 🎋
> Services : 🚿 🚐 🕎 ⊕ 📷

*On een reisroute uit te stippelen en te volgen,
om het aantal kilometers te berekenen,
om precies de ligging van een terrein te bepalen
(aan de hand van de inlichtingen in de tekst),
gebruikt u de **Michelinkaarten** schaal 1 : 150 000 ;
een onmisbare aanvulling op deze gids.*

DINÉAULT

✉ 29150 – ▨▨▨ G5 – 1 391 h. – alt. 160
Paris 560 – Rennes 208 – Quimper 36 – Brest 54 – Concarneau 58.

⚠ **Ty Provost** juin-15 sept.
    ℘ 02 98 86 29 23, *contact@typrovost.com*,
Fax 02 98 86 00 27, *www.typrovost.com* – **R** conseillée
1,2 ha (50 empl.) terrasses, plat et peu incliné, herbeux
Tarif : 🔲 15 € (½) (6A) – pers. suppl. 3 €
Location (permanent) : 5 ⊞ (4 à 6 pers.) 180 à
390 €/sem. – 7 🏠 (4 à 6 pers.) 150 à 440 €/sem.
🛒 🅿 1 borne 3 € – 5 🔲 5,50 €
Pour s'y rendre : NO : 4,5 km par rte de la gare et chemin
à droite, De Dineault, Sud-Est 4 km par C 1, rte de Châteaulin et chemin à gauche
À savoir : Cadre et situation agréables

> Nature : ≤
> Loisirs : 🍴 🏠 🎣
> Services : 🚿 🚐 ⚕ 🕎 🍴 ⊕ 📷 sè-
> che-linge

La FORÊT-FOUESNANT

✉ 29940 – ▨▨▨ H7 – G. Bretagne – 2 809 h. – alt. 19
🚹 *Office de tourisme, 2, rue du Port* ℘ 02 98 51 42 07, Fax 02 98 51 44 52
Paris 553 – Rennes 202 – Quimper 18 – Brest 94 – Lorient 56.
                                Schéma à Fouesnant

⚠⚠⚠ **Manoir de Pen ar Steir** fév.-15 nov.
    ℘ 02 98 56 97 75, *info@camping-penarsteir.com*,
Fax 02 98 56 80 49, *www.camping-penarsteir.com*
– **R** conseillée
3 ha (105 empl.) plat, peu incliné et en terrasses, herbeux
Tarif : ✱ 5 € 🔲 8 € (½) (10A) 3,30 € – frais de réservation 15 €
Location : 5 ⊞ (4 à 6 pers.) 260 à 560 €/sem.
🛒 🅿 1 borne 5 € – 2 🔲
Pour s'y rendre : Sortie Nord-Est, rte de Quimper et à
gauche
À savoir : Entrée accueillante avec mini-golf aménagé en
jardin d'agrément

> Nature : 🐚 ⌂ 🎋
> Loisirs : 🏠 🎣 🎾 🎋
> Services : 🚿 🚐 ⊖🅱 ⚕ 🍴 🕎 🍴 ⊕
> 🏊 🚰 📷
> À prox. : ⛵ 🐎 golf, école de plon-
> gée

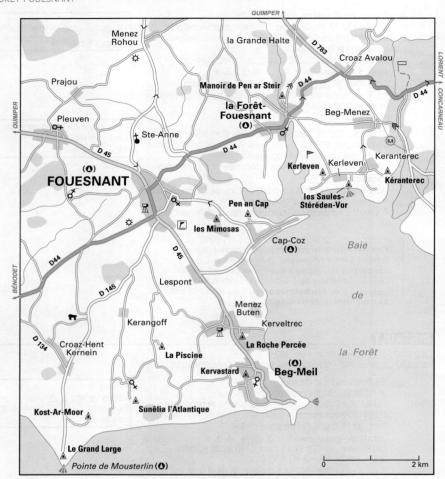

▲▲▲ **Kéranterec**
  ℰ 02 98 56 98 11, *info@camping-keranterec.com*,
  Fax 02 98 56 81 73, *www.camping-keranterec.com*
  – **R** conseillée
  6,5 ha (265 empl.) plat, peu incliné et en terrasses, herbeux
  Location : 40 🚐
  Pour s'y rendre : SE : 2,8 km
  À savoir : Autour d'une ancienne ferme restaurée, au bord
  de l'océan

Nature : 〽️ 🏕️ ♀ ▲
Loisirs : pizzeria 🏠 🗓 nocturne 🏃 salle d'animation 🏄 ✕ 🎿 🛶
Services : ﴿ ☞ 🗄️ 🛁 ♨️ 🚰 🗑️ sèche-linge
À prox. : ♦ 🐎 golf, école de plongée

▲▲ **Kerleven** 15 juin-sept.
  ℰ 02 98 56 98 83, *contact@camping-de-kerleven.com*,
  Fax 02 98 56 82 22, *www.camping-de-kerleven.com*
  – **R** conseillée
  4 ha (185 empl.) plat et en terrasses, herbeux
  Tarif : 👤 7 € 🚗 3 € 🅿️ 7 € 🔌 (10A) 4,60 € – frais de réser-
  vation 8 €
  Location (24 avr.-1er oct.) : 54 🚐 (4 à 6 pers.) 230 à
  560 €/sem.
  🚐 1 borne 2 €
  Pour s'y rendre : SE : 2 km, à 200 m de la plage

Nature : 🏕️ ♀
Loisirs : ♈ crêperie, snack 🏠 🗓 diurne 🏃 🏄 🎣 🎿 🛶
Services : ﴿ ☞ (juil.-août) 🟢 ✂️ 🗄️ 🛁 ♨️ ☺️ 🗄️ 🗑️
À prox. : ✕ ♦ 🐎

La FORÊT-FOUESNANT

Les Saules - Stéréden-Vor 20 mai-16 sept.
ℰ 02 98 56 98 57, *camping.les.saules@wanadoo.fr*,
Fax 02 98 56 86 60, *www.camping-les-saules.com* – **R** indispensable
3,5 ha (177 empl.) plat et peu incliné, herbeux
Tarif : 国 27,50 € (6A) – pers. suppl. 6,30 € – frais de réservation 15 €
Location (15 avr.-16 sept.) : 33 (4 à 6 pers.) 270 à 750 €/sem.
Pour s'y rendre : SE : 2,5 km, près de la plage de Kereven (accès direct)

Nature : ⊏⊐ ♀ ≜
Loisirs : crêperie 🏠 🛝 ⚡ 🔄
Services : ⊶ GB 🅰 📷 🛗 🔆 ⌓ ⓦ 🗑
À prox. : 🎿 🏞 ♦ 🐎 golf

FOUESNANT

✉ 29170 – 308 G7 – G. Bretagne – 8 076 h. – alt. 30
🛈 *Syndicat d'initiative, la Cale Beg Meil* ℰ 02 98 94 97 47
Paris 555 – Carhaix-Plouguer 69 – Concarneau 11 – Quimper 16 – Quimperlé 39 – Rosporden 18.

Sunêlia L'Atlantique 29 avr.-10 sept.
ℰ 02 98 56 14 44, *sunelia@latlantique.fr*, Fax 02 98 56 18 67
– places limitées pour le passage – **R** conseillée 🎿
10 ha (432 empl.) plat, herbeux
Tarif 国 38 € – pers. suppl. 7 €
Location : 140 (4 à 6 pers.) 336 à 805 €/sem.
🔄 borne 15 € – 5 国
Pour s'y rendre : S : 4,5 km, à 400 m de la plage (accès direct)
À savoir : Bel ensemble aquatique

Nature : 🌿 ⊏⊐ ♀
Loisirs : 🍽 snack 🏠 🛝 🛝 ⚡ 🚲 🎿 🔆 🔄
Services : 🅰 ⊶ GB 🅰 📷 🛗 🔆 ⓦ ⌓ 🗑 🔆 🔆
À prox. : ♦ 🐎 golf

Le FRET

✉ 29160 – 308 D5 – G. Bretagne
Paris 591 – Rennes 239 – Quimper 56 – Brest 10 – Concarneau 79.
Schéma à Crozon

243

Gwêl Kaër avr.-sept.
ℰ 02 98 27 61 06, *info@camping-gwel-kaer.com*,
Fax 02 98 27 61 06, *www.camping-gwel-kaer.com*
– **R** conseillée
2,2 ha (98 empl.) en terrasses, plat et peu incliné, herbeux
Tarif : 🚶 3,70 € 🚗 1,90 € 国 3,70 € (4A) 2,90 €
Location 🎿 : 7 (4 à 6 pers.) 300 à 495 €/sem.
Pour s'y rendre : Sortie Sud-Est par D 55, rte de Crozon, bord de mer

Nature : 🌿 ≤ ♀ ≜
Loisirs : ⚡
Services : 🅰 ⊶ (juin-15 sept.) GB 🅰 📷 🔆 ⓦ 🗑

GUILVINEC

✉ 29730 – 308 F8 – G. Bretagne – 3 042 h. – alt. 5
🛈 *Office de tourisme, 62, rue de la Marine* ℰ 02 98 58 29 29, Fax 02 98 58 34 05
Paris 584 – Douarnenez 44 – Pont-l'Abbé 10 – Quimper 30.

Yelloh! Village la Plage 5 mai- 9 sept.
ℰ 02 98 58 61 90, *info@campingsbretagnesud.com*,
Fax 02 98 58 89 06, *www.campingsbretagnesud.com*
– **R** conseillée
7 ha (410 empl.) plat, herbeux, sablonneux
Tarif : 国 37 € (10A) – pers. suppl. 6 €
Location : 93 (4 à 6 pers.) 245 à 1 113 €/sem. – bungalows toilés
Pour s'y rendre : O : 2 km, rte de la Corniche vers Penmarch, à 100 m de la plage (accès direct)

Loisirs : 🍽 crêperie 🏠 🛝 ⚡ 🚲 🎿 🔆 🔄
Services : 🅰 ⊶ (5 mai- 9 sept.) GB 🅰 📷 🔆 ⓦ ⌓ 🗑 🔆
À prox. : ♦

Utilisez le guide de l'année.

HUELGOAT

✉ 29690 – 308 I4 – G. Bretagne – 1 687 h. – alt. 149

🛈 *Syndicat d'initiative, 5, rue des Cendres* ℘ 02 98 99 72 32

Paris 523 – Brest 66 – Carhaix-Plouguer 18 – Châteaulin 36 – Landerneau 45 – Morlaix 30 – Quimper 57.

La Rivière d'Argent 20 avr.-sept.

℘ 02 98 99 72 50, campriviere@aol.com,
Fax 02 98 99 90 61, www.campriviere.com – **R** conseillée
5 ha (90 empl.) plat, herbeux
Tarif : ✹ 3,50 € 🔳 5 € 🔌 2,50 €
Location : 4 🛖 (4 à 6 pers.) 350 à 430 €/sem.
Pour s'y rendre : E : 3,4 km par D 769A, rte de Locmaria-Berrien et chemin à droite
À savoir : Bord de rivière et lisière de forêt

Nature : 🐟 🖵 ♀
Loisirs : ▼ snack 🎱 🏊 🎣
Services : 🚿 ⊶ (juil.-août) GB 🐾
🛢 ⊕ 🛆 🗑 🚿

Municipal du Lac 15 juin-15 sept.

℘ 02 98 99 78 80, mairie.huelgoat@wanadoo.fr,
Fax 02 98 99 75 72 – ℟
1 ha (85 empl.) plat, herbeux
Tarif : (Prix 2005) ✹ 2,95 € 🔳 3,45 € 🔌 2 €
Pour s'y rendre : O : 0,8 km par rte de Brest, bord d'une rivière et d'un étang

Nature : 🖵
Services : 🚿 ⊶ (juil.-août) 🐾 ⊕ 🛆
🌿
À prox. : 🏊

KERVEL

✉ 29550 – 308 F6

Paris 586 – Rennes 234 – Quimper 24 – Brest 67 – Concarneau 47.

International de Kervel 15 mai-10 sept.

℘ 02 98 92 51 54, camping.kervel@wanadoo.fr,
Fax 02 98 92 54 96, www.kervel.com – **R** conseillée
7 ha (330 empl.) plat, herbeux
Tarif : 🔳 27,80 € 🔌 (10A) – pers. suppl. 5,50 € – frais de réservation 12 €
Location (avr.-10 sept.) : 57 🛖 (4 à 6 pers.) 200 à 690 €/sem. – 3 🏠 (4 à 6 pers.) 260 à 800 €/sem.

Nature : ♀
Loisirs : ▼ 🍴 🎦 nocturne 🏃 🤾
🚵 🎱 🎣 🏊 terrain omnisports
Services : 🚿 ⊶ GB 🐾 🛢 🛆 ⊕ 🛆
🌿 🗑 🚿 🚿

LAMPAUL-PLOUDALMEZEAU

✉ 29830 – 308 D3 – 606 h. – alt. 24

Paris 613 – Brest 27 – Brignogan-Plages 36 – Ploudalmézeau 4.

Municipal des Dunes 15 juin-sept.

℘ 02 98 48 14 29, lampaul-ploudalmezeau.mairie@wanadoo.fr, Fax 02 98 48 19 32 – ℟
1,5 ha (150 empl.) non clos, plat, sablonneux, herbeux, dunes
Tarif : (Prix 2005) 🔳 9,40 € – pers. suppl. 3,20 €
Pour s'y rendre : N : à 0,7 km du bourg, à côté du terrain de sports et à 100 m de la plage (accès direct)

Nature : 🐟
Loisirs : 🎦
Services : 🚿 ⊶ (juil.-août) 🐾 🗑 🚿
⊕ 🖼 sèche-linge

LANDÉDA

✉ 29870 – 308 D3 – 2 949 h. – alt. 52

Paris 604 – Brest 28 – Brignogan-Plages 25 – Ploudalmézeau 17.

Les Abers 29 avr.-sept.

℘ 02 98 04 93 35, info@camping-des-abers.com,
Fax 02 98 04 84 35, www.camping-des-abers.com
– **R** conseillée
4,5 ha (180 empl.) plat, en terrasses, sablonneux, herbeux, dunes
Tarif : 🔳 16,30 € 🔌 (8A) – pers. suppl. 3,30 €
Location : 22 🛖 (4 à 6 pers.) 250 à 530 €/sem.
🚐 1 borne
Pour s'y rendre : NO : 2,5 km, aux dunes de Ste-Marguerite
À savoir : Situation agréable au bord de la plage

Nature : 🐟 ⋞ ⛰
Loisirs : 🎦 🎦 🏄 🚵
Services : 🚿 ⊶ GB 🐾 🗑 🛆 ⊕ 🖼
sèche-linge 🚿
À prox. : ▼ ✗

LANDERNEAU

✉ 29800 – ▓▓▓ F4 – G. Bretagne – 14 281 h. – alt. 10
🛈 Office de tourisme, 4, rue du Pontic ℰ 02 98 85 13 09
Paris 575 – Brest 24 – Carhaix-Plouguer 60 – Morlaix 39 – Quimper 65.

△ **Municipal les Berges de l'Elorn** mi-mai-mi-oct.
ℰ 02 98 21 66 59, ti-ker-landerne@mairie-landerneau.fr,
Fax 02 98 85 43 35, www.ville-landerneau.fr – **R** conseillée
0,5 ha (42 empl.) plat, herbeux
Tarif : (Prix 2005) 🔳 12,20 € – pers. suppl. 2,70 €
Location (permanent) 🏠 : 9 ▱ (4 à 6 pers.) 178 à
359 €/sem.
▱ 1 borne 2 € – 6 🔳 11,15 €
Pour s'y rendre : Au SO de la ville, rte de Quimper près du
stade et de la piscine
À savoir : Au bord de l'Elorn (rive gauche)

Nature : ▱ ♀
Loisirs : ⚓ ✕
Services : ⚭ ⛽ ⌯ ⊛ ▨
À prox. : ⚓ ⚘

Ne pas confondre :
△ ... à ... △△△ : appréciation **MICHELIN**
et
★ ... à ... ★★★★ : classement officiel

LANILDUT

✉ 29840 – ▓▓▓ C4 – 830 h. – alt. 10
Paris 619 – Brest 28 – Brignogan-Plages 46 – Ploudalmézeau 11.

△ **Municipal du Tromeur**
ℰ 02 98 04 31 13, lanildut.mairie@wanadoo.fr,
Fax 02 98 04 41 15, www.lanildut.fr – **R** conseillée
2,7 ha (70 empl.) plat, peu incliné, herbeux, bois attenant
Pour s'y rendre : SO par D 27 puis 1,5 km par rte à droite,
Chemin piétonnier reliant le camping au bourg

Nature : ⬩
Loisirs : ▱
Services : ⚭ ⛽ ⊛ ▨
À prox. : ⛰

LESCONIL

✉ 29740 – ▓▓▓ F3 – G. Bretagne
Paris 581 – Douarnenez 41 – Guilvinec 6 – Loctudy 7 – Pont-l'Abbé 9 – Quimper 28.

△△ **Les Dunes** 3 juin-9 sept.
ℰ 02 98 87 81 78, Fax 02 98 82 27 05 – **R** conseillée
2,8 ha (120 empl.) plat, herbeux
Tarif : 🔳 23,30 € – pers. suppl. 4,60 €
Pour s'y rendre : O : 1 km par rte de Guilvinec, à 150 m de
la plage (accès direct)
À savoir : Entrée fleurie agrémentée d'objets marins divers

Nature : ▱
Loisirs : ▱ ⚓
Services : ⚭ ⛽ GB ⌯ ▭ ⚘ ▨ ⊛ ▨
À prox. : ⚓ ✕ ▣ ▵ ⚘

△△ **La Grande Plage** Pâques-sept.
ℰ 02 98 87 88 27, campinggrandeplage@hotmail.com,
Fax 02 98 87 88 27 – **R** conseillée
1,8 ha (100 empl.) plat et incliné, herbeux
Tarif : 🔳 20,10 € ▯ (6A) – pers. suppl. 4,20 €
Location : 5 ▱ (4 à 6 pers.) 250 à 535 €/sem.
▱ 1 borne 4,30 €
Pour s'y rendre : O : 1 km par rte de Guilvinec, à 300 m de
la plage (accès direct)

Nature : ▱ ♀
Loisirs : ▱
Services : ⚭ ⛽ ⌯ Ⓜ ▭ ⚘ ⊛ ▨
À prox. : ⚓ ✕ ▣ ▵ ⚘

△ **Keralouet** 8 avr.-sept.
ℰ 02 98 82 23 05, campingkeralouet@wanadoo.fr,
Fax 02 98 87 76 65, www.campingkeralouet.com
– **R** conseillée
1 ha (64 empl.) plat, herbeux
Tarif : 🔳 13,45 € ▯ (4A) – pers. suppl. 2,80 €
Location (permanent) : 4 ▱ (2 à 4 pers.) 176 à
317 €/sem. – 5 ▱ (4 à 6 pers.) 252 à 529 €/sem.
Pour s'y rendre : E : 1 km sur rte de Loctudy

Nature : ♀
Loisirs : ⚓
Services : ⚭ ⛽ (juin-sept.) ⌯ ▭ ⚘ ⊛ ▨
À prox. : ⚓ ✕ ▣ ▵ ⚘

LESCONIL

△ **Les Sables Blancs** avr.-sept.
℘ 02 98 87 84 79, *sriviere@magic.fr, www.campingdessa
blesblancs.fr* – **R** conseillée
2,2 ha (80 empl.) plat, herbeux
Tarif : 🔲 11,20 € 🔋 (6A) – pers. suppl. 2,30 €
Location : 8 🚐 (2 à 4 pers.) 232 à 290 €/sem.
Pour s'y rendre : E : 1,5 km par rte de Loctudy et rte à
gauche

Nature : 🏞 ♀
Loisirs : 🏌 ⚓ ₘ
Services : ⚍ (juil.-août) 🅰 🗄 ⚄ ⊕ 🍴
À prox. : ⚓ 🍴 🎿 🔲 ⊘ 🐎

LOCMARIA-PLOUZANÉ

✉ 29280 – 🔢 D4 – 4 246 h. – alt. 65
Paris 610 – Brest 15 – Brignogan-Plages 50 – Ploudalmézeau 23.

△ **Municipal de Portez** mai-sept.
℘ 02 98 48 49 85, *camping-portez@wanadoo.fr,*
Fax 02 98 48 49 85 – **R** indispensable
2 ha (110 empl.) non clos, plat, en terrasses, herbeux
Tarif : (Prix 2005) 🏕 2,80 € 🚗 3,70 € 🔲 3,70 € 🔋 2,30 €
Pour s'y rendre : SO : 3,5 km par D 789 et rte de la plage
de Trégana, à 200 m de la plage

Nature : ≤ 🗀
Loisirs : 🎮 ⚓
Services : ⚍ ⚍ (15 juin-15 sept.) 🅰 🗄 ⚄ ⊕ 🍴 sèche-linge

LOCTUDY

✉ 29750 – 🔢 F8 – G. Bretagne – 3 659 h. – alt. 8
🅱 *Office de tourisme, place des Anciens Combattants* ℘ 02 98 87 53 78, Fax 02 98 87 57 07
Paris 578 – Bénodet 18 – Concarneau 35 – Pont-l'Abbé 6 – Quimper 25.

△ **Les Hortensias** avr.-sept.
℘ 02 98 87 46 64, *leshortensias@libertysurf.fr, www.cam
ping-les-hortensias.com* – **R** conseillée
1,5 ha (100 empl.) plat, herbeux
Tarif : 🔲 19,10 € 🔋 (6A) – pers. suppl. 3,75 €
Location 🦌 : 12 🚐 (4 à 6 pers.) 205 à 590 €/sem.
Pour s'y rendre : SO : 3 km par rte de Larvor, à 500 m de la
plage de Lodonnec

Nature : ♀
Loisirs : ₘ
Services : ⚍ ⚍ 🆖 🅰 🗄 ⊕ 🍴 sèche-linge
À prox. : 🍴 🎿 🔲 ⊘

LOGONNA-DAOULAS

✉ 29460 – 🔢 F5 – G. Bretagne – 1 579 h. – alt. 45
Paris 571 – Brest 27 – Camaret-sur-Mer 50 – Le Faou 12 – Landerneau 19.

△ **Municipal du Roz** juin-sept.
℘ 02 98 20 67 86, *mairie.logonnadaoulas@wanadoo.fr,*
Fax 02 98 20 68 59 – **R** conseillée
1 ha (65 empl.) peu incliné, incliné, herbeux
Tarif : (Prix 2005) 🔲 11,30 € 🔋 (16A) – pers. suppl. 2,60 €
🚐 1 borne 2 €
Pour s'y rendre : O : 2 km par rte de la Pointe du Bindy, à
50 m de la plage

Nature : 🏞 🗀
Loisirs : 🏌 ⚓
Services : ⚍ ⚍ 🅰 🗄 🔲 ⊕ ⚰ 🍴 🍴

MOËLAN-SUR-MER

✉ 29350 – 🔢 J8 – G. Bretagne – 6 592 h. – alt. 58
🅱 *Office de tourisme, 20, place de l'Église* ℘ 02 98 39 67 28, Fax 02 98 39 63 93
Paris 523 – Carhaix-Plouguer 66 – Concarneau 27 – Lorient 27 – Quimper 50 – Quimperlé 10.

△ **L'Île Percée** vac. de Pâques-24 sept.
℘ 02 98 71 16 25 – **R** conseillée
1 ha (65 empl.) plat, herbeux
Tarif : 🔲 18,50 € – pers. suppl. 3,60 € – frais de réser-
vation 8 €
Pour s'y rendre : O : 5,8 km par D 116, rte de Kerfany-les-
Pins, puis 1,7 km par rte à gauche, à la plage de Trenez
À savoir : Agréable site sauvage surplombant l'océan

Nature : 🏞 ≤
Loisirs : 🍴
Services : ⚍ ⚍ 🅰 🗄 ⚄ 🔲 ⊕ 🍴
À prox. : snack 🐎 sentiers pédes-tres

MORGAT

✉ 29160 – 🔲🔲🔲 E5 – G. Bretagne
Paris 590 – Rennes 238 – Quimper 55 – Brest 15 – Concarneau 79.

    🔺 **Les Bruyères** juin-15 sept.
       𝒫' 02 98 26 14 87, Fax 02 98 26 14 87, *www.presquile-cro zon.com* – **R** conseillée
       4 ha (130 empl.) plat, herbeux
       Tarif : 🔳 15,90 € – pers. suppl. 3,70 €
       Pour s'y rendre : O : 1,8 km par D 255, rte du cap de la Chèvre et chemin à droite menant au village et à la plage

> Nature : 🔲
> Services : ⚬━ (juil.-août) GB 🔲 🔲 🔲 🔲 🔲

MOUSTERLIN

✉ 29170 – 🔲🔲🔲 G7 – G. Bretagne
Paris 563 – Rennes 212 – Quimper 22 – Brest 94 – Lorient 65.
                            Schéma à Fouesnant

    🔺🔺🔺 **Le Grand Large** 8 avr.-9 sept.
       𝒫 02 98 56 04 06, *info@campingsbretagnesud.com*,
       Fax 02 98 56 58 26, *www.campingsbretagnesud.com*
       – **R** conseillée
       5,8 ha (300 empl.) plat, herbeux
       Tarif : 🔳 38 € 🔲 (10A) – pers. suppl. 6 €
       Location : 120 🔲 (4 à 6 pers.) 210 à 1 113 €/sem. – bungalows toilés
       🔲 1 borne
       Pour s'y rendre : À la Pointe de Mousterlin, près de la plage

> Nature : 🔲 🔲
> Loisirs : crêperie 🔲 🔲 🔲 ja-cuzzi 🔲 🔲 🔲 🔲 🔲 terrain om-nisports
> Services : 🔲 ⚬━ GB 🔲 🔲 🔲 🔲 🔲 🔲 🔲
> À prox. : 🔲 🔲

    🔺🔺 **Kost-Ar-Moor**
       𝒫 02 98 56 04 16, *kost.ar.moor@wanadoo.fr*,
       Fax 02 98 56 65 02, *www.camping-kost-ar-moor.com*
       – **R** conseillée
       4 ha (360 empl.) plat, herbeux
       Location : 13 🔲 – 18 🔲 – 5 appartements – 6 gîtes
       Pour s'y rendre : À 500 m de la plage

> Nature : 🔲
> Loisirs : 🔲 🔲
> Services : 🔲 ⚬━ 🔲 🔲 🔲 🔲 sèche-linge 🔲
> À prox. : 🔲 🔲 🔲 golf

NÉVEZ

✉ 29920 – 🔲🔲🔲 I🔲 – G. Bretagne – 2 466 h. – alt. 40
🔲 *Office de tourisme, place de l' Église* 𝒫 02 98 06 87 90, Fax 02 98 06 73 09
Paris 541 – Concarneau 14 – Pont-Aven 8 – Quimper 40 – Quimperlé 25.

    🔺 **Les Chaumières** 12 mai-17 sept.
       𝒫 02 98 06 73 06, *campingdeschaumieres@wanadoo.fr*,
       Fax 02 98 06 78 34 – **R** conseillée
       3 ha (110 empl.) plat, herbeux
       Tarif : 🔳 17,90 € 🔲 (10A) – pers. suppl. 4,20 €
       Location (avr.-17 sept.) : 6 🔲 (4 à 6 pers.) 230 à 500 €/sem.
       Pour s'y rendre : S : 3 km par D 77 et rte à droite, à Kéras coët

> Nature : 🔲 🔲 🔲
> Loisirs : 🔲
> Services : 🔲 ⚬━ (juil.-août) GB 🔲 🔲 🔲 🔲 sèche-linge
> À prox. : 🔲 crêperie 🔲 🔲 🔲 🔲 poneys

PENMARCH

✉ 29760 – 🔲🔲🔲 E8 – G. Bretagne – 5 889 h. – alt. 7
🔲 *Office de tourisme, place Maréchal Davout* 𝒫 02 98 58 81 44
Paris 585 – Audierne 40 – Douarnenez 45 – Pont-l'Abbé 12 – Quimper 31.

    🔺 **Municipal de Toul ar Ster** 15 juin-15 sept.
       𝒫 02 98 58 86 88, Fax 02 98 58 41 57 – **R** conseillée
       3 ha (202 empl.) plat, herbeux, sablonneux
       Tarif : (Prix 2005) 🔲 2,50 € 🔲 1,70 € 🔳 2,30 € 🔲 2,10 €
       Pour s'y rendre : SE : 1,4 km par rte de Guilvinec par la côte et rte à droite, à 100 m de la plage (accès direct)

> Nature : 🔲
> Services : 🔲 ⚬━ (juil.-août) 🔲 🔲 🔲
> À prox. : 🔲

247

PENTREZ-PLAGE

⊠ 29550 – 308 F5
Paris 566 – Brest 55 – Châteaulin 18 – Crozon 18 – Douarnenez 23 – Quimper 33.

Schéma à Plomodiern

Ker-Ys mai-15 sept.
🌀 02 98 26 53 95, *camping-kerys@wanadoo.fr*,
Fax 02 98 26 52 48, *www.ker-ys.com* – **R** conseillée
3 ha (190 empl.) plat et peu incliné, herbeux
Tarif : 🖃 23,20 € – pers. suppl. 5,30 €
Location (Pâques-24 sept.) : 30 🚐 (4 à 6 pers.) 230 à
600 €/sem.
Pour s'y rendre : Près de la plage

Nature : 𝟀
Loisirs : 🎪 🏊 ⚓ ⚒
Services : ⚒ ⊶ ⒼⒷ ⚒ 🗄 ⚒ ⚒ 🖃
À prox. : 🍴 crêperie 🍴

PLOBANNALEC-LESCONIL

⊠ 29740 – 308 F8 – 3 007 h. – alt. 16
Paris 578 – Audierne 38 – Douarnenez 38 – Pont-l'Abbé 6 – Quimper 25.

Yelloh-Village le Manoir de Kerlut 24 mai-2 sept.
🌀 02 98 82 23 89, *info@campingsbretagnesud.com*,
Fax 02 98 82 26 49, *www.campingsbretagnesud.com*
– **R** conseillée
12 ha/8 campables (240 empl.) plat, herbeux
Tarif : 🖃 37 € 🔌 (5A) – pers. suppl. 6 €
Location : 137 🚐 (4 à 6 pers.) 245 à 1 113 €/sem. – 21
🏠 (4 à 6 pers.) 315 à 875 €/sem. – bungalows toilés
Pour s'y rendre : S : 1,6 km par D 102, rte de Lesconil et
chemin à gauche, accès à la plage par navettes gratuites

Nature : 🏕 𝟀
Loisirs : 🍴 🎪 🌲 🎯 ⚓ 🚴 🍴 ⚒ ⚒
Services : ⚒ ⊶ (24 mai- 2 sept.) ⒼⒷ ⚒ 🗄 ⚒ ⚒ 🖃 ⚒
À prox. : 🛒 🖃 ⚒ 🐎

PLOÉVEN

⊠ 29550 – 308 F6 – 436 h. – alt. 60
🛈 *Syndicat d'initiative, Mairie* 🌀 *02 98 81 51 84, Fax 02 98 81 58 79*
Paris 585 – Brest 64 – Châteaulin 15 – Crozon 25 – Douarnenez 15 – Quimper 25.

Schéma à Plomodiern

La Mer 15 juin-déc.
🌀 02 98 81 29 19 – **R** conseillée
1 ha (54 empl.) plat, herbeux
Tarif : (Prix 2005) 👤 2,50 € 🚗 1,40 € 🖃 2,50 € 🔌 2,20 €
Pour s'y rendre : SO : 3 km, à 300 m de la plage de Ty-an-Quer

Services : ⊶ ⚒ ⚒ ⚒ 🖃

PLOMEUR

⊠ 29120 – 308 F7 – G. Bretagne – 3 203 h. – alt. 33
🛈 *Office de tourisme, 2, place de l'Église* 🌀 *02 98 82 09 05*
Paris 579 – Douarnenez 39 – Pont-l'Abbé 6 – Quimper 26.

Lanven avr.-sept.
🌀 02 98 82 00 75, *campinglanven@wanadoo.fr*,
Fax 02 98 82 04 37, *www.campinglanven.com* – **R** conseillée
2,2 ha (120 empl.) plat, herbeux
Tarif : 🖃 14,50 € – pers. suppl. 3,45 €
🚐 1 borne 4 €
Pour s'y rendre : NO : 3,5 km par D 57 rte de Plonéour-
Lanvern puis à gauche rte de la chapelle Beuzec et chemin à
droite

Nature : 🏞 🏕 𝟀
Loisirs : 🍴 crêperie, (dîner seule-ment) ⚓
Services : ⊶ ⒼⒷ ⚒ 🗄 ⚒ ⚒ 🖃

Aire Naturelle Kéraluic avr.-sept.
🌀 02 98 82 10 22, *camping@keraluic.fr*, Fax 02 98 82 10 22,
www.keraluic.fr – **R** indispensable
1 ha (25 empl.) plat, herbeux
Tarif : 🖃 15,50 € – pers. suppl. 3,50 €
Location : 6 🛌
Pour s'y rendre : NE : 4,3 km par D 57, rte de Plonéour-
Lanvern et à St-Jean-Trolimon à droite, rte de Pont-l'Abbé
À savoir : Ancien corps de ferme agréablement rénové

Nature : 🏞
Loisirs : ⚓
Services : ⚒ ⊶ ⚒ 🗄 ⚒ 🖃

248

PLOMODIERN

✉ 29550 – 🖪 08 F5 – G. Bretagne – 2 076 h. – alt. 60
🖪 *Syndicat d'initiative, place de l'Église* ℘ *02 98 81 27 37*
Paris 559 – Brest 60 – Châteaulin 12 – Crozon 25 – Douarnenez 18 – Quimper 28.

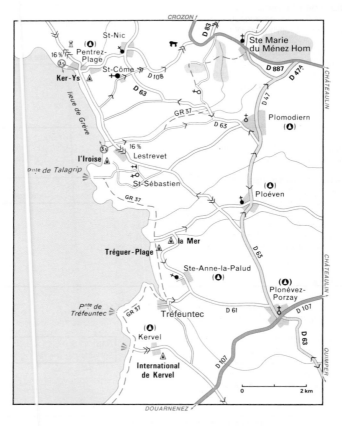

△△△ **L'Iroise** 15 avr.-sept.
℘ 02 98 81 52 72, *campingiroise@aol.com*,
Fax 02 98 81 26 10, *www.camping-iroise.com* – **R** conseillée
2,5 ha (132 empl.) peu incliné, en terrasses, herbeux
Tarif : 🛉 6,10 € 🗉 12,10 € 🗗 (10A) 4,60 € – frais de réservation 16 €
Location : 11 ⛺ (4 à 6 pers.) 260 à 610 €/sem. – 15 🏠
(4 à 6 pers.) 245 à 610 €/sem.
🚐 1 borne
Pour s'y rendre : SO : 5 km, à 150 m de la plage de Pors-ar-
Vag
À savoir : Cadre et situation agréables

Nature : 🦫 ⋖ Lieue de Grève
Loisirs : 🍸 🛁 jacuzzi 🏊 🎯 🛝
Services : 👤 ⚡ ☎ 🚗 🗄 🛒 ⓐ 🛁
🚰 🖼 sèche-linge 🛒
À prox. : ✗ club nautique

Raadpleeg, voordat U zich op een kampeerterrein installeert,
de tarieven die de beheerder verplicht
is bij de ingang van het terrein aan te geven.
Informeer ook naar de speciale verblijfsvoorwaarden.
De in deze gids vermelde gegevens kunnen
sinds het verschijnen van deze heeditie gewijzigd zijn.

PLONÉOUR-LANVERN

⊠ 29720 – 🛢🛢🛢 F7 – 4 800 h. – alt. 71

🛈 *Syndicat d'initiative, place Charles-de-Gaulle* 🕿 *02 98 82 70 10, Fax 02 98 82 70 19*

Paris 578 – Douarnenez 25 – Guilvinec 14 – Plouhinec 21 – Pont-l'Abbé 7 – Quimper 25.

⚠ **Municipal de Mariano** 15 juin-15 sept.

🕿 02 98 87 74 80, *mairie@ploneour-lanvern.fr,*

Fax 02 98 82 66 09, *www.ploneour-lanvern.fr* – **R** conseillée

1 ha (59 empl.) plat, herbeux

Tarif : 🔳 12,50 € – pers. suppl. 2 €

Pour s'y rendre : N : impasse du Plateau

À savoir : Agréable décoration arbustive

| Nature : 🏞 ← ⌂ ♀ |
| Loisirs : 🏚 ✖ |
| Services : ⚲ ⚷ (juil.-août) ⚐ ⚲ ⓐ 🛢 |
| À prox. : 🐎 (centre équestre) |

PLOUARZEL

⊠ 29810 – 🛢🛢🛢 C4 – 2 458 h. – alt. 89

🛈 *Office de tourisme, place Saint-Arzel* 🕿 *02 98 89 69 46, Fax 02 98 89 69 22*

Paris 614 – Brest 23 – Brignogan-Plages 52 – Ploudalmézeau 15.

⚠ **Municipal de Porsévigné** 15 mai-15 sept.

🕿 02 98 89 69 16, *plouarzel.mairie@wanadoo.fr,*

Fax 02 98 89 32 02, *www.plouarzel.com* – **R** conseillée

1,9 ha (100 empl.) peu incliné, herbeux, sablonneux

Tarif : (Prix 2005) 🔳 12,05 € – pers. suppl. 1,70 €

Pour s'y rendre : O : 5,2 km par rte de Trezien et rte à
droite (île Segal), à 100 m de la mer (plage)

| Nature : 🏞 ← |
| Services : ⚲ ⚷ (juil.-août) ⚐ ⓐ |

PLOUDALMÉZEAU

⊠ 29830 – 🛢🛢🛢 D3 – 4 994 h. – alt. 57

🛈 *Office de tourisme, rue Auguste Caroff* 🕿 *02 98 48 12 88, Fax 02 98 48 11 88*

Paris 611 – Brest 26 – Landerneau 40 – Morlaix 75 – Quimper 95.

⚠ Municipal Tréompan

🕿 02 98 48 09 85, Fax 02 98 48 79 89

2 ha (134 empl.) non clos, plat, herbeux, sablonneux, dunes

Pour s'y rendre : N : 3,5 km par D 26, rte de Portsall, à
200 m de la plage de Tréompan (accès direct)

| Nature : 🏞 |
| Services : ⚲ ⚷ ⓐ |

Marée basse dans le Finistère

R.Mattes/MICHELIN

PLOUGASNOU

✉ 29630 – ▨▨▨ I2 – G. Bretagne – 3 393 h. – alt. 55
🛈 Syndicat d'initiative, place du Général Leclerc ℘ 02 98 67 31 88
Paris 545 – Brest 76 – Guingamp 62 – Lannion 34 – Morlaix 22 – Quimper 95.

⚠ **De Mesqueau** avr.-1er nov.
℘ 02 98 67 37 45, ocarron@yahoo.com, Fax 02 98 67 82 79,
www.campsiteinbrittany.com – **R** conseillée ✀
10 ha/3 campables (100 empl.) plat, herbeux
Tarif : 回 10,50 € – pers. suppl. 2,30 €
Pour s'y rendre : S : 3,5 km par D 46, rte de Morlaix puis
0,8 km par rte à gauche, à 100 m d'un plan d'eau (accès
direct)

Nature : 🌿 ♀
Loisirs : 🏠 �充 ✗
Services : ⅊ ⚬━ ㎆ ⊘ ▤ ☺ 📷

PLOUGASTEL-DAOULAS

✉ 29470 – ▨▨▨ E4 – 12 248 h. – alt. 113
🛈 Office de tourisme, 4 bis, place du Calvaire ℘ 02 98 40 34 98, Fax 02 98 40 68 85
Paris 596 – Brest 12 – Morlaix 60 – Quimper 64.

⚠⚠ **St-Jean** Permanent
℘ 02 98 40 32 90, campingsaintjean@wanadoo.fr,
Fax 02 98 04 23 11, www.campingsaintjean.com
– **R** conseillée
1,6 ha (125 empl.) plat, peu incliné, en terrasses, herbeux,
gravillons
Tarif : 回 18 € [∮] (10A) – pers. suppl. 4,40 €
Location : 29 ▭▭ (4 à 6 pers.) 140 à 525 €/sem. – 6 🏠
(4 à 6 pers.) 225 à 560 €/sem.
▭▭ 1 borne 4 € – 10 回 9,50 €
Pour s'y rendre : NE : 4,6 km par D 29, au lieu-dit St-Jean,
par N 165 sortie centre commercial Leclerc
À savoir : Situation et site agréables au bord de l'Estuaire
de l'Elorn

Nature : 🌿 < 🏞 ⚠
Loisirs : 🍷 🏠 �充 🏊
Services : ⅊ ⚬━ ㎆ ⊘ ▥ ▤ ⚲ ☺
🏊 ⚐ 📷

251

Benutzen Sie
– zur Wahl der Fahrtroute
– zur Berechnung der Entfernungen
– zur exakten Lokalisierung eines Campingplatzes (mit Hilfe der Angaben im Ortstext)
*die für diesen Führer unentbehrlichen **MICHELIN-Karten** im Maß 1 : 150 000.*

PLOUGONVELIN

✉ 29217 – ▨▨▨ C4 – 2 868 h. – alt. 44
🛈 Office de tourisme, boulevard de la Mer ℘ 02 98 48 30 18, Fax 02 98 48 25 94
Paris 616 – Brest 21 – Brignogan-Plages 56 – Quimper 95 – St-Pol-de-Léon 82.

⚠⚠ **Les Terrasses de Bertheaume** (location exclusive de
30 mobile homes) Permanent
℘ 02 98 48 32 37, Fax 02 98 48 32 37, hp.ms/camping –
empl. traditionnels également disponibles – **R** conseillée
2 ha en terrasses, herbeux
Location : ▭▭ (4 à 6 pers.) 260 à 510 €/sem.
Pour s'y rendre : E : 1,2 km près de la plage de Perzel
(accès direct)

Nature : 🌿 <
Loisirs : 🏠 �充 🏊
Services : ⚬━ ⊘ ☺ ▤ sèche-linge
À prox. : école de plongée

⚠ **Parc St-Yves** (location exclusive de 15 mobile homes et
5 bungalows) Permanent
℘ 02 98 48 32 11, tourisme@plougonvelin-fr.com,
Fax 02 98 48 25 94, www.plougonvelin.fr.com – **R** conseillée
0,8 ha plat, herbeux
Location : ▭▭ (4 à 6 pers.) 230 à 500 €/sem. – 🏠 (4 à 6
pers.) 230 à 500 €/sem.
Pour s'y rendre : NE : 1,6 km par rte de la plage de
Trez-Hir, à 300 m de la plage

Nature : 🌿 🏞
Loisirs : 🏠
Services : ⚬━ (avr.-sept.) ⊘ ▤ sè-
che-linge
À prox. : 🐴 �充 ✗ ⚓ centre nau-
tique, complexe aquatique

PLOUGOULM

✉ 29250 – 308 G3 – 1 621 h. – alt. 60
Paris 560 – Brest 58 – Brignogan-Plages 27 – Morlaix 24 – Roscoff 10.

⚠ **Municipal du Bois de la Palud** 15 juin-15 sept.
  𝒫 02 98 29 81 82, *mairie-de-plougoulm@wanadoo.fr*,
  Fax 02 98 29 92 26 – **R** conseillée
  0,7 ha (34 empl.) en terrasses et peu incliné, herbeux
  Tarif : 回 14 € – pers. suppl. 3,50 €
  Pour s'y rendre : O :1km, par rte de Plouescat et chemin à droite

Nature : ⛰ ⇐ ⊏ ♀
Services : ⅙ ⊶ ⊘ ⊕ ⌂
À prox. : 🏇

PLOUGUERNEAU

✉ 29880 – 308 D3 – 5 628 h. – alt. 60
🛈 *Office de tourisme, 𝒫 02 98 04 70 93*
Paris 604 – Brest 27 – Landerneau 33 – Morlaix 68 – Quimper 93.

⚠ **Le Vougot** Pâques-sept.
  𝒫 02 98 25 61 51, Fax 02 98 25 61 51 – **R** conseillée
  2,5 ha (55 empl.) plat, peu incliné, sablonneux, herbeux
  Tarif : 回 19,30 € (₰) (10A) – pers. suppl. 2,80 €
  Location : 17 🛖 (4 à 6 pers.) 364 à 558 €/sem.
  Pour s'y rendre : NE : 7,4 km par D 13 et D 10 rte de Guisseny, puis D 52 grève du Vougot, à 250 m de la mer
  À savoir : Emplacements spacieux et agréablement délimités par arbustes

Nature : ⛰ ⊏
Loisirs : 🏇
Services : ⊶ ⊘ 🗄 ⊕
À prox. : centre nautique

⚠ **La Grève Blanche** 15 mai-10 oct.
  𝒫 02 98 04 70 35, *lroudaut@free.fr*, Fax 02 98 04 63 97,
  www.campinggreveblanche.fr.st – **R** conseillée
  2,5 ha (100 empl.) plat, peu incliné, herbeux, sablonneux, rochers
  Tarif : ⋆ 2,80 € ⟵ 1,60 € 回 2,80 € (₰) (9A) 2,30 €
  🛒 1 borne 3 €
  Pour s'y rendre : N : 4 km par D 32, rte de St-Michel et à gauche, bord de plage

Nature : ⇐ ⛰
Loisirs : ♟ 🏇
Services : ⅙ ⊶ (juil.-août) ⊘ ⊕

252

PLOUHINEC

✉ 29780 – 308 E6 – 4 106 h. – alt. 101
🛈 *Office de tourisme, 1, rue Saint-Vinoc 𝒫 02 98 70 74 55, Fax 02 98 70 72 76*
Paris 594 – Audierne 5 – Douarnenez 18 – Pont-l'Abbé 27 – Quimper 33.

⚠ **Kersiny-Plage** avr.-sept.
  𝒫 02 98 70 82 44, *mail@camping-kersiny.com*,
  Fax 02 98 70 73 38, *www.camping-kersiny.com* – **R** conseillée
  2 ha (100 empl.) en terrasses, peu incliné, herbeux
  Tarif : 回 14 € (₰) (8A) – pers. suppl. 3,50 €
  Pour s'y rendre : SO par D 784 rte d'Audierne puis Sud, à 1 km par rte de Kersiny, à 100 m de la plage (accès direct)
  À savoir : Agréable situation

Nature : ⛰ ⇐ mer et côte ⊏
Services : ⊶ GB ⊘ ⋈ ⊕ 🗄
À prox. : ✂

PLOUIGNEAU

✉ 29610 – 308 I3 – 4 138 h. – alt. 156
Paris 526 – Brest 72 – Carhaix-Plouguer 43 – Guingamp 44 – Lannion 32 – Morlaix 11.

⚠ **Aire Naturelle la Ferme de Croas Men** avr.-oct.
  𝒫 02 98 79 11 50, *croasmen@wanadoo.fr*,
  Fax 02 98 79 11 50, *camping.croasmen.free.fr* – **R** conseillée
  1 ha (25 empl.) plat, herbeux, verger
  Tarif : (Prix 2005) 回 12,90 € (₰) (6A) – pers. suppl. 2,80 €
  Pour s'y rendre : NO : 2,5 km par D 712 et D 64, rte de Lanmeur puis 4,7 km par rte de Lanleya à gauche et rte de Garlan
  À savoir : Sur le domaine d'une ferme en activité

Nature : ⛰
Loisirs : 🖼 🏇
Services : ⅙ ⊶ ⊘ 🗄 ⋈ ⊕ 🗄
À prox. : 🏇

PLOUNÉVEZ-LOCHRIST

✉ 29430 – 🔲🔲🔲 F3 – 2 278 h. – alt. 70
Paris 576 – Brest 41 – Landerneau 24 – Landivisiau 22 – St-Pol-de-Léon 22.

⚠ **Municipal Odé-Vras** 10 juin-9 sept.
℘ 02 98 61 65 17 – **R** conseillée
3 ha (135 empl.) plat, sablonneux, herbeux
Tarif : ✱ 2,40 € 🔲 1,95 € 🔋 2,06 €
Pour s'y rendre : N : à 4,5 km du bourg, par D 10, à 300 m
de la baie de Kernic (accès direct)

Nature : 🔲
Loisirs : 🏠 🚣
Services : ⊶ 🐾 🔲 🛁 ☺ 🔲

PLOZÉVET

✉ 29710 – 🔲🔲🔲 E7 – G. Bretagne – 2 748 h. – alt. 70
🔲 Office de tourisme, place de l'Église ℘ 02 98 91 45 15, Fax 02 98 91 47 00
Paris 588 – Audierne 11 – Douarnenez 19 – Pont-l'Abbé 22 – Quimper 27.

⚠ **La Corniche** avr.-sept.
℘ 02 98 91 33 94, infos@campinglacorniche.com,
Fax 02 98 91 41 53, www.campinglacorniche.com
– **R** conseillée
2 ha (120 empl.) plat, herbeux
Tarif : ✱ 4,30 € 🚗 1,80 € 🔲 5,80 € 🔋 (6A) 3 € – frais de
réservation 10 €
Location : 5 🛖 (4 à 6 pers.) 280 à 550 €/sem. – 13 🏠
(4 à 6 pers.) 320 à 590 €/sem.
🚐 1 borne
Pour s'y rendre : Sortie Sud par rte de la mer

Nature : 🏖
Loisirs : 🍴 🏠 🚣 🌊
Services : ⚡ ⊶ 🅖🅱 🐾 🔲 🛁 ☺ 🌊
🗑 🔲 sèche-linge
À prox. : 🛒

PORT-MANECH

✉ 29920 – 🔲🔲🔲 I8 – G. Bretagne
Paris 545 – Carhaix-Plouguer 73 – Concarneau 18 – Pont-Aven 12 – Quimper 44 – Quimperlé 29.

⚠ **St-Nicolas** mai-17 sept.
℘ 02 98 06 89 75, cpsn@club-internet.fr,
Fax 02 98 06 74 61, www.campinglesaintnicolas.com
– **R** conseillée
3 ha (180 empl.) plat, incliné et en terrasses, herbeux
Tarif : ✱ 4,90 € 🔲 8,90 € 🔋 (10A) 4 € – frais de réserva-
tion 15 €
Location (avr.-sept.) 🚿 : 9 🛖 (4 à 6 pers.) 210 à
610 €/sem.
Pour s'y rendre : Au Nord du bourg, à 200 m de la plage
À savoir : Décoration arbustive et florale

Nature : 🔲 🌳🌳
Loisirs : 🏠 🚣 🌊
Services : ⚡ ⊶ 🅖🅱 🐾 🔲 🌊 ☺ 🔲
À prox. : 🍴 🍹

Le POULDU

✉ 29360 – 🔲🔲🔲 J8 – G. Bretagne
Paris 521 – Concarneau 37 – Lorient 25 – Moëlan-sur-Mer 10 – Quimper 61 – Quimperlé 14.

⚠ **Les Embruns** 8 avr.-16 sept.
℘ 02 98 39 91 07, camping-les-embruns@wanadoo.fr,
Fax 02 98 39 97 87, www.camping-les-embruns.com
– **R** conseillée
4 ha (180 empl.) plat et peu incliné, herbeux, sablonneux,
verger
Tarif : 🔲 27 € 🔋 (10A) – pers. suppl. 5,20 € – frais de réservation 20 €
Location : 26 🛖 (4 à 6 pers.) 250 à 670 €/sem.
🚐 1 borne 4 € – 10 🔲 11,50 €
Pour s'y rendre : Au bourg, rue du Philosophe-Alain, à
350 m de la plage
À savoir : Belle décoration arbustive et florale

Nature : 🔲 🍹
Loisirs : 🍴 🏠 🚣 🔲 🌊 (décou-
verte en saison)
Services : ⚡ ⊶ 🅖🅱 🐾 Ⓜ 🔲 🛁 🌊
☺ 🗑 🔲 sèche-linge 🍴 🚿
À prox. : 🍴 🍹 🐴

Le POULDU

Keranquernat juin-10 sept.
℘ 02 98 39 92 32, *camping.keranquernat@wanadoo.fr*,
Fax 02 98 39 99 84, *www.camping.keranquernat.com*
– **R** conseillée
1,5 ha (100 empl.) plat et peu incliné, herbeux
Tarif : ★ 3,50 € 🅴 7,50 € 🔌 (5A) 3,50 € – frais de réservation 8 €
Location : 10 🚐 (4 à 6 pers.) 245 à 426 €/sem.
Pour s'y rendre : Sortie Nord-Est
À savoir : Cadre agréable sous les pommiers, au milieu des fleurs

Nature : 🦅 ☐
Loisirs : 🎰 ⚽ 🛝
Services : ⚡ ⚒ 🗑 🔥 ☺ 🔲
À prox. : 🍴 ⚓ 🐎 poneys

Les Grands Sables 8 avr.-17 sept.
℘ 02 98 39 94 43, *campinggrandssables@tiscali.fr*,
Fax 02 98 39 97 47, *www.camping-lesgrandssables.com*
– **R** conseillée
2,4 ha (147 empl.) plat, peu incliné, terrasses, herbeux, sablonneux
Tarif : 🅴 17,70 € 🔌 (6A) – pers. suppl. 4,20 € – frais de réservation 8 €
Location : 10 🚐 (2 à 4 pers.) 153 à 335 €/sem. – 11 🚐 (4 à 6 pers.) 220 à 465 €/sem.
Pour s'y rendre : Au bourg, rue du Philosophe-Alain, à 200 m de la plage
À savoir : Dans un cadre verdoyant et ombragé

Nature : 🌳
Loisirs : ⚽
Services : ⚡ ⚒ 🗑 🔥 ☺ 🔲
À prox. : 🍴 ⚓

Locouarn juin-5 sept.
℘ 02 98 39 91 79, *campinglocouarn@wanadoo.fr*,
Fax 02 98 39 97 62, *www.camping-locouarn.com*
– **R** conseillée
2,5 ha (100 empl.) plat et peu incliné, herbeux
Tarif : 🅴 15,80 € 🔌 (6A) – pers. suppl. 2 €
Location (28 avr.-9 sept.) : 11 🚐 (4 à 6 pers.) 179 à 479 €/sem.
Pour s'y rendre : N : 2 km par D 49 rte de Quimperlé
À savoir : Cadre verdoyant

Loisirs : 🛝
Services : ♿ ⚡ ⚒ 🗑 🔥 ☺ 🛁 🍴
🔲 sèche-linge
À prox. : 🏊 🍷 🍴 ⚓ 🐎 poneys

POULLAN-SUR-MER

✉ 29100 – 🏙 E6 – 1 517 h. – alt. 79
Paris 596 – Rennes 244 – Quimper 30 – Brest 80 – Concarneau 57.

Le Pil Koad 20 mai-16 sept.
℘ 02 98 74 26 39, *info@pil-koad.com*, Fax 02 98 74 55 97,
www.pil-koad.com – **R** conseillée
5,7 ha/4,2 campables (110 empl.) plat, herbeux
Tarif : 🅴 27,50 € 🔌 (10A) – pers. suppl. 4,50 €
Location (8 avr.-30 sept.) : 🚐 (4 à 6 pers.) 210 à 710 €/sem. – 🏠 (4 à 6 pers.) 290 à 740 €/sem.
Pour s'y rendre : E : à 0,6 km de la localité de Poullan-sur-Mer

Nature : 🦅 ☐ 🌳
Loisirs : 🍷 🎦 nocturne 🎪 salle d'animation ⚽ 🏓 🍴 🎯 🏊
Services : ♿ ⚡ 🏧 ⚒ 🗑 🛁 ☺ 🛁
🍴 🔲 🛁 🍴

PRIMEL-TRÉGASTEL

✉ 29630 – 🏙 I2 – G. Bretagne
Paris 554 – Rennes 198 – Quimper 105 – Brest 79 – Lannion 38.

Municipal de la Mer fin mai-fin sept.
℘ 02 98 72 37 06, *commune-de-plougasnou@wanadoo.fr*,
www.mairie-plougasnou.fr – **R**
1 ha (63 empl.) plat et peu incliné, terrasse, herbeux
Tarif : (Prix 2005) 🅴 15,30 € – pers. suppl. 3,40 €
Pour s'y rendre : N : 4 km par D 46

Nature : 🦅 ‹ île de Batz et Roscoff ⛰
Loisirs : 🎰 ⚽
Services : ♿ ⚡ (juil.-août) 🏧 ⚒
🗑 ☺ 🔲 sèche-linge
À prox. : 🍷 snack crêperie

PRIMELIN

29770 – 308 D6 – 787 h. – alt. 78
Paris 605 – Audierne 7 – Douarnenez 28 – Quimper 44.

Municipal de Kermalero mars-1er déc.
02 98 74 84 75, campingkermalero@wanadoo.fr,
Fax 02 98 74 84 75 – **R** conseillée
1 ha (75 empl.) plat et peu incliné, herbeux
Tarif : 11,40 € (6A) – pers. suppl. 2,55 €
Location : 5 (2 à 4 pers.) 156,80 à 251,30 €/sem.
1 borne 2 € – 6 2 €
Pour s'y rendre : Sortie O vers le port

Nature : ≤
Loisirs :
Services : (juil.-août)
À prox. :

QUIMPER

29000 – 308 G7 – G. Bretagne – 63 238 h. – alt. 41 – Base de loisirs
Office de tourisme, 7, rue de la Déesse 02 98 53 04 05, Fax 02 98 53 31 33
Paris 564 – Brest 73 – Lorient 67 – Rennes 215 – St-Brieuc 130 – Vannes 121.

L'Orangerie de Lanniron 15 mai-15 sept.
02 98 90 62 02, orangerie@lanniron.com,
Fax 02 98 52 15 56, www.lanniron.com – **R** conseillée
17 ha/4 campables (199 empl.) plat, herbeux
Tarif : 33 € (10A) – pers. suppl. 6,50 € – frais de réservation 20 €
Location (permanent) : 21 (4 à 6 pers.) 294 à 960 €/sem. – gîtes
1 borne 4 €
Pour s'y rendre : S : 3 km par bd périphérique puis sortie vers Bénodet et rte à droite, près de la zone de loisirs de Creac'h Gwen
À savoir : Dans le parc d'un manoir du XVe s., au bord de l'Odet

Nature :
Loisirs : nocturne
Services :
À prox. : patinoire parcours sportif, canoë

QUIMPERLÉ

29300 – 308 J7 – G. Bretagne – 10 850 h. – alt. 30
Office de tourisme, 45, place Saint-Michel 02 98 96 04 32, Fax 02 98 96 16 12
Paris 517 – Carhaix-Plouguer 57 – Concarneau 32 – Pontivy 76 – Quimper 49 – Rennes 169 – Saint Brieuc 110 – Vannes 74.

Municipal de Kerbertrand juin-15 sept.
02 98 39 31 30, ot.quimperle@wanadoo.fr,
Fax 02 98 96 16 12, www.quimperletourisme.com
– **R** conseillée
1 ha (40 empl.) plat, herbeux
Tarif : 8,37 € – pers. suppl. 2,47 €
Pour s'y rendre : O : 1,5 km par D 783, rte de Concarneau et chemin à droite, après le stade, face au centre Leclerc

Nature :
Loisirs :
Services :
À prox. : canoë

RAGUENÈS-PLAGE

29920 – 308 8 – G. Bretagne
Paris 545 – Carhaix-Plouguer 73 – Concarneau 17 – Pont-Aven 12 – Quimper 38 – Quimperlé 29.

Les Deux Fontaines 6 mai-9 sept.
02 98 06 81 91, info@les2fontaines.fr,
Fax 02 98 06 71 80, www.les2fontaines.com – **R** conseillée
8 ha (293 empl.) plat, herbeux
Tarif : 32,20 € (6A) – pers. suppl. 5,60 € – frais de réservation 15 €
Location : 17 (4 à 6 pers.) 260 à 809 €/sem. – 11 (4 à 6 pers.) 280 à 805 €/sem.
1 borne 8 €
Pour s'y rendre : N : 1,3 km par rte de Névez et rte de Trémorvezen

Nature :
Loisirs :
Services : sèche-linge
À prox. : poneys

Le Raguenès-Plage 14 avr.-17 sept.
  ✆ 02 98 06 80 69, *info@camping-le-raguenes-plage.com*,
  Fax 02 98 06 89 05, *camping-le-raguenes-plage.com*
  – **R** conseillée
  6 ha (287 empl.) plat, herbeux
  Tarif : 🔲 30,60 € 🔁 (10A) – pers. suppl. 5,50 €
  Location (avr.-sept.) 🔲 (juil.-août) : 44 🚐 (4 à 6
  pers.) 275 à 720 €/sem.
  À savoir : Agréable cadre boisé, près de l'océan (accès
  direct)

Nature : 🎋🎋
Loisirs : 🍸 snack, pizzeria 🏠 🎪 diurne 🛝 🚣 🏊 🎣
Services : 🚿 🔌 GB 📶 🗄 🏕 ♨ ⓐ 🚮 🚻 🧺 🔥 sèche-linge 🔻 🍴
À prox. : 💧

L'Océan 15 mai-15 sept.
  ✆ 02 98 06 87 13, Fax 02 98 06 78 26 – **R** conseillée
  2,2 ha (150 empl.) plat, herbeux, sablonneux
  Tarif : 🚶 4,90 € 🔲 8,70 € 🔁 (6A) 3,50 €
  Location 🔲 : 7 🚐 (4 à 6 pers.) 325 à 530 €/sem.
  🚐 1 borne
  Pour s'y rendre : Sortie Nord par rte de Névez et à droite,
  à 350 m de la plage (accès direct)
  À savoir : Décoration florale

Nature : 🦆 ← 🛏 🌳
Loisirs : 🏠 🚣 🏊
Services : 🚿 🔌 GB 📶 🗄 ♨ ⓐ 🖥
À prox. : 🍴 💧 🐎 poneys

Le Vieux Verger-Ty Noul Pâques-fin sept.
  ✆ 02 98 06 86 08, Fax 02 98 06 76 74 – **R** conseillée
  2,5 ha (128 empl.) plat, herbeux
  Tarif : 🚶 4,20 € 🚗 2 € 🔲 3,90 € 🔁 (10A) 3,90 €
  Pour s'y rendre : Sortie Nord rte de Névez

Nature : 🌳
Loisirs : 🚣
Services : 🚿 🔌 📶 🗄 ⓐ 🖥

ROSPORDEN

✉ 29140 – 🔢 I7 – G. Bretagne – 6 441 h. – alt. 125
🅱 *Syndicat d'initiative, rue Lebas* ✆ 02 98 59 27 26
Paris 544 – Carhaix-Plouguer 51 – Châteaulin 50 – Concarneau 15 – Quimper 22 – Quimperlé 28.

Municipal Roz-an-Duc 19 juin-3 sept.
  ✆ 02 98 59 90 27, *mairie.rosporden@oleane.fr*,
  Fax 02 98 59 92 00 – **R** conseillée
  1 ha (49 empl.) non clos, plat et en terrasses, herbeux
  Tarif : 🚶 2,30 € 🚗 1,20 € 🔲 2,25 € 🔁 (10A) 2,35 €
  Pour s'y rendre : N : 1 km par D 36 rte de Châteauneuf-du-
  Faou et à droite, à la piscine, à 100 m d'un étang
  À savoir : Agréable cadre boisé au bord de l'Aven

Nature : 🦆 🛏 🎋🎋
Services : 🚿 🔌 (juil.-août) 📶 ⓐ 🖥 sèche-linge
À prox. : 🎯 🍴 🎱 🏊 🎣 parcours sportif

*Demandez à votre libraire le catalogue des **publications MICHELIN**.*

ST-JEAN-DU-DOIGT

✉ 29630 – 🗺 I2 – G. Bretagne – 628 h. – alt. 15
Paris 544 – Brest 77 – Guingamp 61 – Lannion 33 – Morlaix 22 – Quimper 96.

⚠ **Municipal du Pont Argler** 24 juin-août
📞 02 98 67 32 15, *st-jean-du-doigt-mairie@wanadoo.fr*,
Fax 02 98 67 84 64 – **R** conseillée
1 ha (34 empl.) plat et en terrasses, herbeux
Tarif : ⚹ 2,60 € 🚗 1,30 € 🔲 3,10 € ⚡ 2,40 €
Pour s'y rendre : Au bourg, face à l'église

Nature : 🐟 🗋
Loisirs : 🏠 🛝
Services : ♿ ⚷ (juil.-août) ⊘ 🏧 ⊛
🚿 ▦

ST-POL-DE-LÉON

✉ 29250 – 🗺 H2 – G. Bretagne – 7 121 h. – alt. 60
🅱 *Office de tourisme, place de l'Evêché* 📞 *02 98 69 05 69, Fax 02 98 69 01 20*
Paris 557 – Brest 62 – Brignogan-Plages 31 – Morlaix 21 – Roscoff 6.

🔺 **Ar Kleguer** avr.-23 sept.
📞 02 98 69 18 81, *info@camping-ar-kleguer.com*,
www.camping-ar-kleguer.com – **R** conseillée
5 ha/4 campables (173 empl.) plat, peu incliné, accidenté,
herbeux, rochers
Tarif : 🔲 21,20 € – pers. suppl. 4,60 € – frais de réservation 18 €
Location : 34 🛖 (4 à 6 pers.) 270 à 580 €/sem. – 9 🛖
(4 à 6 pers.) 270 à 580 €/sem.
Pour s'y rendre : À l'Est de la ville, rte de Ste-Anne, près de
la plage
À savoir : Agréable parc paysager et animalier

Nature : 🐟 ⇇ 🗋 ♨ ⚠
Loisirs : 🍷 🏠 🛝 ✂ 🎯 ⚓ 🏊
terrain omnisports couvert
Services : ♿ ⚷ (juil.-août) GB ⊘
Ⓜ 🍴 🏖 🏧 ⊛ ▦ sèche-linge

🔺 **Le Trologot** mai-sept.
📞 02 98 69 06 26, *camping-trologot@wanadoo.fr*,
Fax 02 98 29 18 30, *www.camping-trologot.com*
– **R** conseillée
2 ha (100 empl.) plat, herbeux
Tarif : (Prix 2005) ⚹ 4,20 € 🚗 1,60 € 🔲 5,50 € ⚡ 2,90 € –
frais de réservation 15 €
Location (avr.-sept.) : 14 🛖 (4 à 6 pers.) 240 à
520 €/sem.
Pour s'y rendre : À l'Est de la ville, rte de l'îlot St-Anne,
près de la plage

Nature : 🗋
Loisirs : 🍷 🛝 🏊
Services : ♿ ⚷ GB ⊘ 🍴 🏖 ⊛ ▦
sèche-linge

257

---

le lac de Guerlédan

G. Targat/Michelin

ST-RENAN

✉ 29290 – ███ D4 – 6 818 h. – alt. 50

🛈 *Office de tourisme, place du Vieux Marché* ☎ *02 98 84 23 78, Fax 02 98 32 60 18*

Paris 605 – Brest 14 – Brignogan-Plages 43 – Ploudalmézeau 14.

⚠ **Municipal de Lokournan** juin-15 sept.
☎ 02 98 84 37 67, Fax 02 98 32 43 20 – **R** conseillée
0,8 ha (30 empl.) plat, sablonneux, herbeux
Tarif : 🛉 2,60 € 🔳 2,20 € 🕃 2,80 €

Pour s'y rendre : Sortie Nord-Ouest par D 27 et chemin à droite, près du stade

À savoir : Près d'un petit lac

> Nature : ⤳ ⬚ ♀♀
> Services : ⅊ ⚘ ☺
> À prox. : ▨

STE-ANNE-LA-PALUD

✉ 29550 – ███ F6 – G. Bretagne – alt. 65

Paris 587 – Rennes 235 – Quimper 25 – Brest 65 – Concarneau 48.

⚠ **Tréguer-Plage** 15 juin-15 sept.
☎ 02 98 92 53 52, *camping-treguer-plage@wanadoo.fr*,
Fax 02 98 92 54 89, *www.camping-treguer-plage.com*
– **R** conseillée
5,8 ha (272 empl.) plat, sablonneux, herbeux
Tarif : 🔳 17,10 € 🕃 (6A) – pers. suppl. 3,80 €
Location : 17 ⌂ (2 à 4 pers.) 155 à 360 €/sem.
🚐 1 borne

Pour s'y rendre : N : 1,3 km

À savoir : Agréable cadre sauvage au bord de la plage

> Nature : ⤳ ← ▲
> Loisirs : ♟ snack 🎱 🛝
> Services : ⚘ ⅊ ᴳᴮ ⅄ ⚘ ☺ 🔲 sè-
> che-linge
> À prox. : ✕

SANTEC

✉ 29250 – ███ G2 – 2 133 h. – alt. 10

Paris 560 – Brest 63 – Landivisiau 25 – Morlaix 24 – Plouescat 15 – Roscoff 5 – St-Pol-de-Léon 4.

⚠ **Municipal du Dossen** 20 juin-août
☎ 02 98 29 75 34, *mairie-de-santec@wanadoo.fr*,
Fax 02 98 29 79 12 – **R**
4 ha (100 empl.) plat, peu incliné, vallonné, herbeux, sablonneux, dunes, bois attenant
Tarif : 🛉 2,20 € 🚗 1,20 € 🔳 3,40 € 🕃 2,60 €

Pour s'y rendre : O : 2,6 km, près de la plage du Dossen

À savoir : Cadre sauvage près d'une belle plage de sable blanc

> Nature : ⤳
> Services : ⚘ ⅊ ⅄ 🔲 ☺ ⚘ 🔲
> À prox. : ◑

SCAËR

✉ 29390 – ███ I6 – 5 267 h. – alt. 190

🛈 *Office de tourisme, 6, rue Emile Zola* ☎ *02 98 59 49 37, Fax 02 98 57 66 89*

Paris 544 – Carhaix-Plouguer 38 – Concarneau 29 – Quimper 35 – Quimperlé 25 – Rosporden 15.

⚠ **Municipal de Kérisole** 15 juin-15 sept.
☎ 02 98 57 60 91, *mairie@ville-scaer.fr*, Fax 02 98 59 42 10,
www.ville-scaer.fr – **R** conseillée
4 ha/2,3 campables (83 empl.) plat, peu incliné, herbeux
Tarif : (Prix 2005) 🔳 11,60 € – pers. suppl. 2,30 €
Location (fin mars-fin sept.) : 3 ⌂ (4 à 6 pers.) 280 à 404 €/sem.

Pour s'y rendre : Sortie Est par rte du Faouët

> Nature : ⤳
> Loisirs : 🎱 🛝
> Services : ⚘ ⅊ ⅄ 🔲 ☺ 🔲 sèche-linge
> À prox. : ✕ ⏚ parcours de santé 🚐

SIZUN

✉ 29450 – ███ G4 – G. Bretagne – 1 850 h. – alt. 112

🛈 *Office de tourisme, 3, rue de l'Argoat* ☎ *02 98 68 88 40*

Paris 572 – Brest 37 – Carhaix-Plouguer 44 – Châteaulin 36 – Landerneau 16 – Morlaix 36 – Quimper 59.

⚠ **Municipal du Gollen** Pâques-sept.
☎ 02 98 24 11 43, *mairie.sizun@wanadoo.fr*,
Fax 02 98 68 86 56, *www.mairie-sizun.fr* – **R**
0,6 ha (30 empl.) non clos, plat, herbeux
Tarif : 🛉 2,60 € 🚗 2 € 🔳 3,50 € 🕃 3 €

Pour s'y rendre : S : 1 km par D 30, rte de St-Cadou et à gauche, bord de l'Elorn - passerelle piétons pour rejoindre le centre du bourg

> Nature : ⤳
> Loisirs : ⤳
> Services : ⚘ ⅄ 🔲 ☺ ⚘
> À prox. : ✕ ⏚ 🚐

TELGRUC-SUR-MER

✉ 29560 – ⬛⬛ E5 – 1 822 h. – alt. 90

🛈 *Syndicat d'initiative, 6, rue du Ménez-Hom* ✆ *02 98 27 78 06*

Paris 572 – Châteaulin 25 – Douarnenez 29 – Quimper 39.

⚠ **Armorique** avr.-sept.

✆ 02 98 27 77 33, *contact@campingarmorique.com*,
Fax 02 98 27 38 38, *www.campingarmorique.com*
– **R** conseillée
2,5 ha (100 empl.) en terrasses, plat à peu incliné, herbeux
Tarif : 🧍 5 € 🔲 9 € 🔌 (5A) 3 € – frais de réservation 16 €
Location : 13 🛖 (4 à 6 pers.) 200 à 670 €/sem.
🛱 1 borne
Pour s'y rendre : SO : 1,2 km par rte de Trez-Bellec-Plage

Nature : 🏞 ≤ ♀(pinède)	
Loisirs : 🍴 ✗ ⛵ 🏊 🛝	
Services : & 🔌 GB 🛒 🗑 🧺 🐾 ⊕	
🖼 sèche-linge 🚿	

TRÉBOUL

✉ 29100 – ⬛⬛ E6

Paris 591 – Rennes 239 – Quimper 29 – Brest 75 – Concarneau 53.

⚠ **Kerleyou** mai-24 sept.

✆ 02 98 74 13 03, *camp-kerleyou@infonie.fr*,
Fax 02 98 74 09 61, *www.camping-kerleyou.com*
– **R** conseillée
3,5 ha (100 empl.) plat et peu incliné, herbeux
Tarif : 🧍 3,70 € 🚗 1,75 € 🔲 6,30 € 🔌 2,90 € – frais de réservation 11 €
Location (15 avr.-24 sept.) : 17 🛖 (4 à 6 pers.) 200 à 530 €/sem. – 13 🏠 (4 à 6 pers.) 228 à 558 €/sem.
Pour s'y rendre : O : 1 km par rue du Préfet-Collignon

Nature : 🏞 ⛱ ♀♀	
Loisirs : 🍴 crêperie, pizzeria ⛱ 🏊	
Services : & 🔌 🗑 ⊕ 🖼	

⚠ **Trézulien** 8 avr.-sept.

✆ 02 98 74 12 30, *francoise.guenneau@wanadoo.fr*,
Fax 02 98 74 01 16, *www.camping-trezulien.com*
– **R** conseillée
3 ha (150 empl.), en terrasses, peu incliné, plat, herbeux
Tarif : (Prix 2005) 🔲 13,60 € 🔌 (10A) – pers. suppl. 3 € – frais de réservation 9 €
Location : 9 🛖 (4 à 6 pers.) 160 à 470 €/sem.
Pour s'y rendre : Par rue Frédéric-Le-Guyader

Nature : 🏞 ≤ ♀♀	
Loisirs : 🍴 ⛵	
Services : & 🔌 (saison) GB 🛒 🗑	
⊕ 🖼	

259

TREFFIAGAT

✉ 29730 – ⬛⬛ F8 – 2 168 h. – alt. 20

Paris 582 – Audierne 39 – Douarnenez 41 – Pont-l'Abbé 8 – Quimper 28.

⚠ **Les Ormes** mai-sept.

✆ 02 98 58 21 27, *campingdesormes@aol.com*,
Fax 02 98 58 91 36 – **R** conseillée
2 ha (76 empl.) plat, herbeux
Tarif : (Prix 2005) 🧍 3,40 € 🚗 1,90 € 🔲 3,45 € 🔌 (10A) 3,10 €
Pour s'y rendre : S : 2 km, à Kerlay, à 400 m de la plage (accès direct)

Nature : 🏞 ⛱	
Loisirs : ⛵	
Services : 🔌 (juil.-août) GB 🗑 ⊕ 🖼	
À prox. : ⚓	

TRÉGUENNEC

✉ 29720 – ⬛⬛ F7 – 342 h. – alt. 31

Paris 582 – Audierne 27 – Douarnenez 27 – Pont-l'Abbé 11 – Quimper 29.

⚠ **Kerlaz** avr.-sept.

✆ 02 98 87 76 79, *contact@kerlaz.com, www.kerlaz.com*
– **R** conseillée
1,2 ha (80 empl.) plat, herbeux
Tarif : 🧍 3,70 € 🚗 2,20 € 🔲 5,10 € 🔌 3,40 € – frais de réservation 10 €
Location : 10 🛖 (4 à 6 pers.) 255 à 500 €/sem. – 5 🏠 (4 à 6 pers.) 290 à 570 €/sem.
🛱 1 borne
Pour s'y rendre : Au bourg, par D 156

Nature : ♀	
Loisirs : 🍴 ⛵ 🏐 (découverte en saison)	
Services : 🔌 (juil.-août) GB 🗑 🐾 ⊕ 🖼	
À prox. : 🏊 crêperie 🐎 (centre équestre)	

TRÉGUNC

✉ 29910 – 🎚🎚🎚 H7 – 6 354 h. – alt. 45

🛈 *Office de tourisme, Kérambourg* 𝒫 02 98 50 22 05, Fax 02 98 50 18 48

Paris 543 – Concarneau 7 – Pont-Aven 9 – Quimper 29 – Quimperlé 27.

⋀⋀ La Pommeraie avr.-sept.
𝒫 02 98 50 02 73, *pommeraie@club-internet.fr*,
Fax 02 98 50 07 91, *campingdelapomeraie.com* – **R** indispensable
7 ha (198 empl.) plat, herbeux, verger
Tarif : 🔲 30,70 € 🔋 (10A) – pers. suppl. 5,60 €
Location : 26 🚐 (4 à 6 pers.) 200 à 710 €/sem.
🚐 1 borne
Pour s'y rendre : S : 6 km par D 1, rte de la Pointe de Trévignon et à gauche rte de St-Philibert

> Loisirs : crêperie 🏓 salle d'animation 🚲 🎯 ♨
> Services : 🚿 🛒 🏧 🚙 🔲 🚰 🛁 ⚲ ⌨
> 🛝 🚽 📞 🪣 sèche-linge 🔌 🛒

⋀⋀ Le Pendruc mai-sept.
𝒫 02 98 97 66 28, *info@domainedependruc.com*,
Fax 02 98 50 24 30, *www.domainedependruc.com*
– **R** conseillée
3,6 ha (170 empl.) plat, herbeux
Tarif : 🔆 4,90 € 🚗 1,80 € 🔲 7 € 🔋 2,80 € – frais de réservation 10 €
Location (avr.-sept.) : 32 🚐 (4 à 6 pers.) 220 à 769 €/sem. – bungalows toilés
Pour s'y rendre : SO : 2,8 km rte de Pendruc et à gauche

> Nature : 🌳 🏞
> Loisirs : 🍴 , snack 🏓 🎯 🎯 🚲
> ♨
> Services : 🛒 🏧 🚙 🔲 ⌨ 🪣 sèche-linge
> À prox. : ✂ 🦆

Ille-et-Vilaine (35)

CANCALE

✉ 35260 – 🎚🎚🎚 K2 – G. Bretagne – 5 203 h. – alt. 50

🛈 *Office de tourisme, 44, rue du Port* 𝒫 02 99 89 63 72, Fax 02 99 89 75 08

Paris 398 – Avranches 61 – Dinan 35 – Fougères 73 – Le Mont-St-Michel 49 – St-Malo 16.

⋀⋀ Le Bois Pastel avr.-1er oct.
𝒫 02 99 89 66 10, *camping.bois-pastel@wanadoo.fr*,
Fax 02 99 89 60 11, *www.campingboispastel.fr* – **R** conseillée
4,2 ha (199 empl.) plat, herbeux
Tarif : 🔆 4,50 € 🚗 2 € 🔲 11 € 🔋 (6A) 4 € – frais de réservation 13 €
Location : 16 🚐 (4 à 6 pers.) 250 à 550 €/sem.
🚐 1 borne 3,50 €
Pour s'y rendre : NO : 7 km par D 201, rte côtière et à gauche rue de la Corgnais

> Nature : 🌳 🌿
> Loisirs : 🍴 🎯 🏓
> Services : 🚿 🛒 🏧 🚙 🔲 ⌨ 🪣
> sèche-linge 🔌 🛒
> À prox. : ✂ 🎯 🦆 🐎 poneys canoë
> de mer

⋀ Notre-Dame du Verger 15 mai-15 sept.
𝒫 02 99 89 72 84, Fax 02 99 89 60 11 – **R**
2,5 ha (56 empl.) en terrasses et peu incliné, herbeux
Tarif : 🔲 23 € 🔋 (6A) – pers. suppl. 3,70 €
🚐 1 borne 3,50 €
Pour s'y rendre : NO : 6,5 km par D 201, rte côtière, à 500 m de la plage (accès direct par sentier)

> Loisirs : 🍴 🏓
> Services : 🛒 🏧 🚙 🔲 ⌨ 🛝 🚽 🪣
> sèche-linge
> À prox. : ✂ 🎯 🦆 🐎 poneys canoë
> de mer

La CHAPELLE-AUX-FILTZMEENS

✉ 35190 – 🎚🎚🎚 L4 – 382 h. – alt. 40

⋀⋀ Le Domaine du Logis avr.-sept.
𝒫 02 99 45 25 45, *domainedulogis@wanadoo.fr*,
Fax 02 99 45 30 40, *www.domainedulogis.com* – **R** conseillée 🐾
20 ha/6 campables (180 empl.) plat, herbeux
Tarif : 🔲 30 € 🔋 (10A) – pers. suppl. 5 € – frais de réservation 20 €
Location : 30 🚐 (4 à 6 pers.) 290 à 650 €/sem.
Pour s'y rendre : SO : 0,8 km par D 13, rte de St-Domineuc et à droite

> Nature : 🌿 🌿
> Loisirs : 🍴 snack, brasserie 🏓 🎯
> 🎯 🏓
> Services : 🚿 🛒 🏧 🚙 🔲 ⌨ 🪣 🔌
> 🛒
> À prox. : 🎣

CHÂTEAUGIRON

✉ 35410 – 📖 M6 – G. Bretagne – 5 500 h. – alt. 45

🛈 *Office de tourisme, ruelle du Château* ℘ *02 99 37 89 02*

Paris 336 – Angers 114 – Châteaubriant 45 – Fougères 56 – Nozay 66 – Rennes 17 – Vitré 32.

⚠ **Municipal les Grands Bosquets** avr.-sept.
℘ 02 99 37 41 69, *mairie@ville-chateaugiron.fr*,
Fax 02 99 37 43 55 – **R** indispensable
0,6 ha (33 empl.) plat, herbeux
Tarif : (Prix 2005) 🚶 1,53 € 🔲 2,40 € 🔌 2 €
Pour s'y rendre : Sortie E. par D 34, rte d'Ossé
À savoir : Au bord d'un plan d'eau

Nature : 🌳 🔺
Services : ☕ (août) 🅰
À prox. : 🛹 🎾 terrain omnisports

CHÂTILLON-EN-VENDELAIS

✉ 35210 – 📖 O5 – 1 551 h. – alt. 133

Paris 311 – Fougères 17 – Rennes 49 – Vitré 13.

⚠ **Municipal du Lac**
℘ 02 99 76 06 32, Fax 02 99 76 12 39
0,6 ha (61 empl.) peu incliné, herbeux
Pour s'y rendre : N : 0,5 km par D 108, bord de l'étang de Châtillon
À savoir : Site agréable et cadre verdoyant

Nature : 🌿 ≤ 🛖 🌳 🔺
Loisirs : 🎣
Services : ☕ 🗑 🅰
À prox. : 🍽 crêperie 🎾 pédalos

*Donnez-nous votre avis
sur les terrains que nous recommandons.
Faites-nous connaître vos observations et vos découvertes.*

DOL-DE-BRETAGNE

✉ 35120 – 📖 L3 – G. Bretagne – 4 563 h. – alt. 20

🛈 *Syndicat d'initiative, 5, place de la Cathédrale* ℘ *02 99 48 15 37, Fax 02 99 48 14 13*

Paris 378 – Alençon 154 – Dinan 26 – Fougères 54 – Rennes 56 – St-Malo 28.

261

🏕🏕🏕 **Les Ormes** 20 mai-10 sept.
℘ 02 99 73 53 00, *info@lesormes.com*, Fax 02 99 73 53 55,
www.lesormes.com – places limitées pour le passage
- **R** conseillée
160 ha/40 campables (750 empl.) plat et peu incliné,
herbeux
Tarif : 🔲 40,30 € – pers. suppl. 7 € – frais de réservation 20 €
Location (mars-nov.) : 38 🚐 (4 à 6 pers.) 306 à 1 010 €/sem. – 10 🏠 (4 à 6 pers.) 465 à 989 €/sem. – hôtel, studios, gîtes, cabanes perchées
Pour s'y rendre : S : 7,5 km par D 795, rte de Combourg puis chemin à gauche, à Epiniac
À savoir : Grands espaces et nombreuses activités autour d'un château du 16e s.

Nature : 🌿 ≤ 💧
Loisirs : 🍽 🍴 pizzeria 🎥 🎮 🏓 discothèque, salle d'animation 🏇 🚴 🎣 🎾 ♟ 🏊 ⛷ 🏹 🐎 poneys (centre équestre) golf, théâtre de plein air, terrain omnisports, pratice de golf
Services : 🚿 ☕ 🏧 🗑 🅰 📞 🌐 sèche-linge 🧊 🍾

🏕🏕 **Le Vieux Chêne** avr.-sept.
℘ 02 99 48 09 55, *vieux.chene@wanadoo.fr*,
Fax 02 99 48 13 37, *www.camping-vieuxchene.fr*
- **R** conseillée
4 ha/2 campables (199 empl.) plat, peu incliné, herbeux
Tarif : 🔲 31,50 € 🔌 (10A) – pers. suppl. 5,75 € – frais de réservation 15 €
Location : 🚐 (4 à 6 pers.) 300 à 700 €/sem. – 16 🏠 (4 à 6 pers.) 250 à 750 €/sem.
🚐 1 borne 5 € – 5 🔲
Pour s'y rendre : E : 5 km, par N 176, rte de Pontorson, à Baguer-Pican, accès conseillé par la déviation, sortie Dol-de-Bretagne-Est et D 80
À savoir : Situation plaisante autour d'une ferme bordée d'étangs

Nature : 🌿 🛖 💧💧
Loisirs : 🍽 snack, crêperie 🎥 🏇 🎾 ♟ 🏊 ⛷ 🎣 poneys
Services : 🚿 ☕ (juil.-25 août) 🏧 🌐 🗑 🏊 🅰 🚿 🍾 📞 🌐 sèche-linge 🍾 🍾

FEINS

✉ 35440 – 309 M5 – 710 h. – alt. 104
Paris 369 – Avranches 55 – Fougères 44 – Rennes 30 – St-Malo 50.

Municipal l'Étang de Boulet mai-sept.
    𝒫 02 99 69 63 23, *feins@wanadoo.fr*, Fax 02 99 69 66 25,
www.feins.fr – **R** conseillée
1,5 ha (40 empl.) plat, herbeux
Tarif : ⚘ 2,50 € 🗐 2,90 € 🔌 2,45 €
Pour s'y rendre : NE : 2 km par D 91, rte de Marcillé-Raoul
et chemin à gauche
À savoir : Situation agréable près de l'étang de Boulet

> Nature : 🦢 ⟨ 🗔 ⚠
> Loisirs : 🏠 🏇
> Services : & ⚡ (juil.août) 🐾 🗓 ☺
> 🔥 ☕ 🖼 sèche-linge
> À prox. : 🛶 ◊ 🏇 (centre équestre)

FOUGÈRES

✉ 35300 – 309 O4 – G. Bretagne – 21 779 h. – alt. 115
🛈 Syndicat d'initiative, 2, rue Nationale 𝒫 02 99 94 12 20, Fax 02 99 94 77 30
Paris 326 – Caen 148 – Le Mans 132 – Nantes 158 – St-Brieuc 148.

Municipal de Paron saison
    𝒫 02 99 99 40 81, *fougeres.mda@wanadoo.fr*,
Fax 02 99 94 27 94 – **R** conseillée
2,5 ha (90 empl.) plat et peu incliné, herbeux
Tarif : (Prix 2005) ⚘ 2,15 € 🚐 1,50 € 🗐 2,40 €
🔌 (10A) 3,15 €
Pour s'y rendre : E : 1,5 km par D 17 rte de la Chapelle-
Janson, accès recommandé par rocade Est
À savoir : Agréable cadre arbustif

> Nature : 🗔 ⚬⚬
> Loisirs : 🏇
> Services : ⚡ (juil.-août) 🆖 🐾 🗓
> ☺ 🖼
> À prox. : 🛒 ◊ ✗ 🖼 ♨ 🖼 🏇 (cen-
> tre équestre) canoë

MARCILLÉ-ROBERT

✉ 35240 – 309 N7 – 856 h. – alt. 65
Paris 333 – Bain-de-Bretagne 33 – Châteaubriant 30 – La Guerche-de-Bretagne 11 – Rennes 39 – Vitré 26.

Municipal de l'Étang mai-oct.
    𝒫 02 99 43 67 34, *mairie.marcille.robert@wanadoo.fr*,
Fax 02 99 43 54 34 – **R** conseillée
0,5 ha (22 empl.) plat, en terrasses, herbeux
Tarif : (Prix 2005) ⚘ 2,65 € 🗐 1,85 € 🔌 3,65 €
Pour s'y rendre : Sortie Sud par D 32 rte d'Arbrissel
À savoir : Au bord d'un étang

> Nature : 🦢 ⟨ 🗔 ⚬
> Services : & 🐾 🗓 🔥 ☺
> À prox. : 🏇 ☕ pédalos

MARTIGNÉ-FERCHAUD

✉ 35640 – 309 O8 – 2 634 h. – alt. 90
🛈 Syndicat d'initiative, place Sainte-Anne 𝒫 02 99 47 84 37
Paris 340 – Bain-de-Bretagne 31 – Châteaubriant 15 – La Guerche-de-Bretagne 16 – Rennes 46.

Municipal du Bois Feuillet juin-sept.
    𝒫 02 99 47 84 38, *mairie-de-martigne-ferchaud@wana
doo.fr*, *www.ville-martigne-ferchaud.fr* – **R** conseillée
1,7 ha (50 empl.) en terrasses, herbeux, plat
Tarif : (Prix 2005) ⚘ 2,80 € 🗐 1,90 € 🔌 2 €
🚐 1 borne
Pour s'y rendre : NE du bourg
À savoir : Près de l'étang des Forges (accès direct)

> Nature : ⟨ 🗔
> Loisirs : 🗔
> Services : & ⚡ (juil.-août) 🐾 🗓 ☺
> 🔥 ☕ 🖼
> À prox. : 🏇 ✗ 🛶 (plage) ☕ ◊
> pédalos

PAIMPONT

✉ 35380 – 309 I6 – G. Bretagne – 1 395 h. – alt. 159
🛈 Syndicat d'initiative, 5, esplanade de Brocéliande 𝒫 02 99 07 84 23, Fax 02 99 07 84 27
Paris 390 – Dinan 60 – Ploërmel 26 – Redon 47 – Rennes 41.

Municipal Paimpont Brocéliande mai-sept.
    𝒫 02 99 07 89 16, *mairie.paimpont@wanadoo.fr*,
Fax 02 99 07 88 18, *paimpont.fr* – **R**
1,5 ha (90 empl.) plat, herbeux
Tarif : (Prix 2005) ⚘ 2,60 € 🚐 1,05 € 🗐 2,30 € 🔌 (5A) 2,50 €
🚐 1 borne 2 €
Pour s'y rendre : Sortie N. par D 773, à proximité de l'étang

> Loisirs : 🗔 🏇
> Services : & ⚡ (juil.-août) 🐾 ☺ 🖼
> sèche-linge
> À prox. : ✗

PARAMÉ

✉ 35400 – 309 K3
Paris 404 – Rennes 71 – Saint 5 – Saint 91 – Fougères 89.
Schéma à St-Jouan-des-Guérets

▲ **Municipal les Îlots** juil.-août
✆ 02 99 56 98 72, *camping@ville-saint-malo.fr*,
Fax 02 99 21 92 62, *http://www.ville-saint-malo.fr/cam
pings* – **R** conseillée
2 ha (156 empl.) plat, herbeux
Tarif : 🔳 15,50 € – pers. suppl. 5,35 €
🚐 1 borne 3,70 €
Pour s'y rendre : À Rothéneuf, av. de la Guimorais, près de
la plage du Havre

Loisirs : ⛵
Services : ⚒ ⛟ GB ⚐ 🛒 ⊛
À prox. : ✗ ⊠ 🏊 ⚖ 🅿 🐎 (centre équestre)

Le PERTRE

✉ 35370 – 309 P6 – 1 361 h. – alt. 174
Paris 303 – Châteaubriant 55 – Laval 25 – Redon 116 – Rennes 53 – Vitré 20.

▲ **Municipal le Chardonneret** Permanent
✆ 06 79 50 41 77, *mairielepertre@wanadoo.fr, lepertre.fr* – **R**
1 ha (31 empl.) plat et peu incliné, herbeux
Tarif : 🔳 9,50 € – pers. suppl. 2,40 €
Pour s'y rendre : Sortie Sud-Ouest par D 43 rte de Brielles
et rue à droite
À savoir : Près d'un plan d'eau

Nature : 🌳 ⊡
Services : ⚒ ⚐ ⊞ ⊛
À prox. : ⛵ ✗ ⊠ 🏊 ≌ (plage)

RENNES

✉ 35000 – 309 L6 – G. Bretagne – 206 229 h. – alt. 40
🅱 Office de tourisme, 11, rue Saint-Yves ✆ 02 99 67 11 11, Fax 02 99 67 11 00
Paris 349 – Angers 129 – Brest 246 – Caen 185 – Le Mans 155 – Nantes 108.

▲▲ **Municipal des Gayeulles** Permanent
✆ 02 99 36 91 22, *camping.rennes@wanadoo.fr*,
Fax 02 23 20 06 34, *www.camping-rennes.com* – **R** conseillée
3 ha (179 empl.) plat, herbeux
Tarif : ⚹ 3,20 € �car 1,50 € 🔳 7 € 🔌 2,70 €
🚐 1 borne 2 €
Pour s'y rendre : Sortie Nord-Est vers N 12 rte de Fougères puis av. des Gayeulles et rue Maurice-Audin, près d'un étang
À savoir : Dans l'agréable parc des Gayeulles

Nature : 🌳
Loisirs : ⛵
Services : ⚒ ⛟ GB ⚐ 🛒 ⊛ 🅿
🚮 🖼 sèche-linge
À prox. : 🛒 patinoire ⚖ ✗ ⊠ 🏊 🖥
(découverte en saison) parc animalier

263

La RICHARDAIS

✉ 35780 – 309 J3 – G. Bretagne – 2 120 h. – alt. 40
Paris 404 – Rennes 71 – Saint 9 – Saint 79 – Fougères 89.

▲ **Municipal Bellevue** avr.-15 sept.
✆ 02 99 88 50 80, *info@ville-larichardais.fr*,
Fax 02 99 88 52 12, *www.ville-larichardais.fr* – **R** conseillée
1 ha (70 empl.) plat, peu incliné, herbeux
Tarif : (Prix 2005) 🔳 10,50 € – pers. suppl. 2,47 €
Pour s'y rendre : À l'Ouest du bourg

Nature : ♀
Loisirs : ⛵
Services : ⛟ (juil.-août) GB ⚐ ⊛ 🖼
À prox. : ✗ ⊠ 🏊 🅿 🐎 (centre équestre) golf

ST-BENOÎT-DES-ONDES

✉ 35114 – 309 K3 – 799 h. – alt. 1
Paris 390 – Cancale 9 – Dinard 21 – Dol-de-Bretagne 13 – Le Mont-St-Michel 41 – Rennes 68 – St-Malo 15.

▲ **L'Île Verte** mai-sept.
✆ 02 99 58 62 55 – **R** conseillée
1,2 ha (43 empl.) plat, herbeux
Tarif : 🔳 20,40 € 🔌 (6A) – pers. suppl. 3,70 €
🚐 1 borne
Pour s'y rendre : Au Sud du bourg, près de l'église, à 400 m du bord de mer
À savoir : Agréable cadre fleuri

Nature : 🌳 ⊡
Loisirs : ⛵ 🚲
Services : ⚒ ⛟ (juin-10 sept.) ⚐ 🛒
⊛ 🚮 🖼 sèche-linge
À prox. : ✗ 🅿

ST-BRIAC-SUR-MER

✉ 35800 – 🔲 J3 – G. Bretagne – 2 054 h. – alt. 30
🛈 *Office de tourisme, 49, Grande Rue* ℘ *02 99 88 32 47*
Paris 411 – Dinan 24 – Dol-de-Bretagne 34 – Lamballe 41 – St-Brieuc 62 – St-Cast-le-Guildo 22 – St-Malo 13.

⛰ **Émeraude** 8 avr.-24 sept.
℘ 02 99 88 34 55, *camping.emeraude@wanadoo.fr*,
Fax 02 99 88 99 13, *www.camping-emeraude.com*
– **R** conseillée
3,2 ha (194 empl.) plat et peu incliné, herbeux
Tarif : 🔲 28,90 € 🔌 (6A) – pers. suppl. 5,85 € – frais de réservation 15 €
Location : 35 🏠 (4 à 6 pers.) 275 à 580 €/sem. – 14 🏠 (4 à 6 pers.) 325 à 630 €/sem.
🚐 1 borne 5 €
Pour s'y rendre : Chemin de la Souris
À savoir : Bel espace aquatique

| Nature : 🏞 ♀ |
| Loisirs : 🍴 snack 🎮 🏊 🏇 ⛵ 🎣 |
| Services : 🚿 🛒 GB 🗑 M 🗑 🛁 ♿ 🚐 ⚡ 🖥 sèche-linge 🏖 |
| À prox. : 🍴 🎮 🎣 🏇 golf |

ST-COULOMB

✉ 35350 – 🔲 K2 – 2 168 h. – alt. 35
Paris 398 – Cancale 6 – Dinard 18 – Dol-de-Bretagne 21 – Rennes 76 – St-Malo 6.

⛰ **Du Guesclin** 15 avr.-15 sept.
℘ 02 99 89 03 24 – places limitées pour le passage
– **R** conseillée
0,9 ha (43 empl.) peu incliné, herbeux
Tarif : 🔲 14,60 € 🔌 (6A) – pers. suppl. 3,20 €
Pour s'y rendre : NE : 2,5 km par D 355, rte de Cancale et rte à gauche

| Nature : 🏞 ← 🌊 |
| Services : 🚿 🛒 🗑 🛁 ♿ 🚐 ⚡ |

⛰ **Le Tannée** début mai- fin sept.
℘ 02 99 89 41 20, Fax 02 99 89 41 20 – **R** conseillée
0,44 ha (23 empl.) peu incliné, plat
Tarif : 🔲 17,80 € 🔌 (10A) – pers. suppl. 3,60 € – frais de réservation 8 €
Location (début avr.-fin oct.) : 6 🏠 (4 à 6 pers.) 340 à 540 €/sem.
Pour s'y rendre : NE : 2.5 km par D 355, rte de Cancale et rte à gauche
À savoir : Belle vue sur le fort Duguesclin

| Nature : 🏞 ← 🌊 |
| Services : 🚿 🛒 🗑 🛁 ♿ 🖥 |

ST-GUINOUX

✉ 35430 – 🔲 K3 – 733 h. – alt. 25
Paris 389 – Cancale 15 – Dinard 19 – Dol-de-Bretagne 12 – Rennes 64 – St-Malo 18.

⛰ **Municipal le Bûlot** juil.-août
℘ 02 99 58 88 56 – **R** conseillée
0,5 ha (45 empl.) plat, herbeux
Tarif : 🔲 14,90 € – pers. suppl. 4,20 €
Pour s'y rendre : Sortie Est par D 7 rte de la Fresnais

| Nature : ♀ |
| Services : 🚿 🛒 🛁 ♿ |

ST-JOUAN-DES-GUÉRETS

✉ 35430 – 🔲 K3 – 2 484 h. – alt. 31
Paris 396 – Rennes 63 – Saint 8 – Saint 83 – Fougères 81.

⛰ **Le P'tit Bois** 8 avr.-9 sept.
℘ 02 99 21 14 30, *camping.ptitbois@wanadoo.fr*,
Fax 02 99 81 74 14, *www.ptitbois.com* – **R** conseillée
6 ha (274 empl.) plat, herbeux
Tarif : 🔲 39 € 🔌 (10A) – pers. suppl. 8 € – frais de réservation 30 €
Location : 110 🏠 (4 à 6 pers.) 315 à 910 €/sem.
🚐 1 borne 7 €
Pour s'y rendre : Accès par N 137
À savoir : Bel ensemble paysager

| Nature : 🌊 ♀ |
| Loisirs : 🍴 pizzeria, snack 🎮 🏊 hammam jacuzzi salle d'animation 🏊 🎱 🏇 🎣 🏊 🛝 terrain omnisports |
| Services : 🚿 🛒 GB 🗑 🖥 🛁 ♿ 🚐 ⚡ 🖥 sèche-linge 🖥 🏖 |
| À prox. : 🏇 poneys |

264

ST-LUNAIRE

✉ 35800 – **309** J3 – G. Bretagne – 2 250 h. – alt. 20
🛈 *Office de tourisme, 72, boulevard du Général-de-Gaulle* ℰ *02 99 46 31 09*
Paris 410 – Rennes 76 – Saint 14 – Saint 67 – Fougères 95.

La Touesse avr.-sept.
ℰ 02 99 46 61 13, *camping.la.touesse@wanadoo.fr*,
Fax 02 99 16 02 58, *www.campinglatouesse.com* – **R** indispensable
2,5 ha (160 empl.) plat, herbeux
Tarif : 回 22,60 € ⚡ (10A) – pers. suppl. 4,90 € – frais de
réservation 16 €
Location : 6 🛏 (2 à 4 pers.) 155 à 400 €/sem. – 50 🚐
(4 à 6 pers.) 240 à 580 €/sem. – 3 studios
🚐 1 borne
Pour s'y rendre : E : 2 km par D 786 rte de Dinard, à 400 m
de la plage

| Nature : ♀ |
| Loisirs : ♈ snack, pizzeria 🎱 🛶 🏌 |
| Services : ⚕ ⚓ 🧺 ⬚ 🛢 ♨ ⚐ 🔧 🖵 sèche-linge 🏊 🍴 |
| A prox. : ✗ 🎯 🎣 🏓 ♞ 🐴 poneys golf |

Benutzen Sie
– zur Wahl der Fahrtroute
– zur Berechnung der Entfernungen
– zur exakten Lokalisierung eines Campingplatzes (mit Hilfe der Angaben im Ortstext)
die für diesen Führer unentbehrlichen **MICHELIN-Karten** *im Ma1 : 150 000.*

ST-MARCAN

✉ 35120 – M3 – 380 h. – alt. 60
Paris 370 – Dinan 42 – Dol-de-Bretagne 14 – Le Mont-St-Michel 17 – Rennes 68 – St-Malo 32.

△ **Le Balcon de la Baie** avr.-oct.
℘ 02 99 80 22 95, Fax 02 99 80 22 95, *www.pays-de-dol.com* – **R** conseillée
2,8 ha (66 empl.) peu incliné, plat, herbeux
Tarif : 🔲 15 € 🔌 (6A) – pers. suppl. 3,80 €
Location : 12 🛖 (4 à 6 pers.) 250 à 520 €/sem.
Pour s'y rendre : SE : 0,5 km par D 89 rte de Pleine-Fougères et à gauche

> Nature : ⛰ ≤ Baie du Mont-St-Michel ♨♨
> Loisirs : 🏠 🏊 🎿
> Services : ⚕ ⛽ GB ⚗ 🗑 ♨ ⚱ ☺
> 🖼

ST-PÈRE

✉ 35430 – 309 K3 – 1 750 h. – alt. 50
Paris 392 – Cancale 14 – Dinard 15 – Dol-de-Bretagne 16 – Rennes 62 – St-Malo 16.

△ **Bel Évent** 8 avr.-29 oct.
℘ 02 99 58 83 79, *contact@camping-bel-event.com*,
Fax 02 99 58 82 24, *www.camping-bel-event.com*
– **R** conseillée
2,5 ha (109 empl.) plat, herbeux
Tarif : 🚶 3,60 € 🚗 2,10 € 🔲 9,20 € 🔌 (10A) 4,20 € – frais de réservation 15 €
Location 🏠 : 17 🛖 (4 à 6 pers.) 210 à 560 €/sem.
Pour s'y rendre : SE : 1,5 km par D 74 rte de Châteauneuf et chemin à droite

> Loisirs : 🍸 🏠 🏊 🚲 🎿
> Services : ⚕ ⛽ GB ⚗ 🍽 🗑 ♨ ⚱
> ☺ 🖼 sèche-linge 🍴
> À prox. : 🐎

TINTÉNIAC

✉ 35190 – 309 K5 – G. Bretagne – 2 434 h. – alt. 40
🛈 Syndicat d'initiative, 17, rue de la Libération ℘ 02 99 68 09 62
Paris 377 – Avranches 70 – Dinan 28 – Dol-de-Bretagne 30 – Fougères 75 – Rennes 30 – St-Malo 42.

△ **Les Peupliers** mars-oct.
℘ 02 99 45 49 75, *camping.les.peupliers@wanadoo.fr*
– **R** conseillée
4 ha (100 empl.) plat, herbeux
Tarif : 🔲 19 € 🔌 (5A) – pers. suppl. 4,60 €
Location (avr.-sept.) : 6 🛖 (4 à 6 pers.) 250 à 480 €/sem.
🛖 1 borne
Pour s'y rendre : SE : 2 km par l'ancienne rte de Rennes, à la Besnelais, bord d'étangs, par N 137, sortie Tinténiac Sud
À savoir : En bordure d'étangs ombragés par des sapins et des peupliers

> Nature : 🏞
> Loisirs : 🍸 🏠 🏊 🚲 ✂ 🎿
> Services : ⚕ ⛽ GB ⚗ Ⓜ 🗑 ⚱ ☺
> 🍴 🍴 🖼 sèche-linge

Morbihan (56)

AMBON

✉ 56190 – 308 P9 – 1 255 h. – alt. 30
🛈 Syndicat d'initiative, 1, place du Requerio ℘ 02 97 41 20 49
Paris 465 – Muzillac 7 – Redon 42 – La Roche-Bernard 22 – Sarzeau 20 – Vannes 24.

△ **Le Bédume** avr.-oct.
℘ 02 97 41 68 13, *campingdubedume@free.fr*,
Fax 02 97 41 56 79, *www.bedume.com* – **R** indispensable
4,5 ha (200 empl.) plat, herbeux
Tarif : 🔲 34,10 € – pers. suppl. 5 €
Location (avr.-sept.) 🏠 : 50 🛖 (4 à 6 pers.) 199 à 730 €/sem.
Pour s'y rendre : SE : 6 km par rte de Bétahon
À savoir : Près de la plage (accès direct)

> Nature : 🏞 ♨
> Loisirs : 🍸 🏠 🏊 🚲 🎿 ⚽
> terrain omnisports
> Services : ⚕ ⛽ GB ⚗ 🗑 ⚱ ☺ 🖼
> 🍴 ☕

⚠️ **Les Peupliers** avr.-oct.
📞 02 97 41 12 51, Fax 02 97 41 12 51, *www.campingdes
peupliers.com* – **R** conseillée
4 ha (165 empl.) plat, peu incliné, herbeux
Tarif : (Prix 2005) 🔲 18,10 € – pers. suppl. 4,30 €
Location : 6 🛖 (4 à 6 pers.) 450 à 500 €/sem.
Pour s'y rendre : Sortie par D 140, rte de Damgan puis
Ouest 0,8 km par chemin à droite

> Nature : 🌿
> Loisirs : 🍴 🏠 🏊 🎣 🛶 terrain omnisports
> Services : 👤 ☕ 🅿 🔷 ♨ 🔄 🏪

⚠️ **Le Kermadec**
📞 02 97 41 15 90, Fax 02 32 54 57 40 – **R** conseillée
1,2 ha (35 empl.) plat, herbeux
Location : 6 🛖 – 8 🛖 – 12 🏠
Pour s'y rendre : SO : 2,5 km par D 140, rte de Damgan et
rte à droite

> Nature : 🌳 🔲 🌿
> Loisirs : 🏊 🛶
> Services : 🅿 ♨ 🔷 🏪

⚠️ **L'Escale** mai-sept.
📞 02 97 41 16 25, *camp.escale@wanadoo.fr*,
Fax 02 97 41 16 25, *www.campingescale.com* – places limitée pour le passage – **R** conseillée
4 ha (120 empl.) plat, herbeux
Tarif : (Prix 2005) 🧍 3,20 € 🔲 4,70 € 🔌 (10A) 2,80 €
Location (avr.-oct.) 🏊 : 12 🛖 (4 à 6 pers.) 187 à
530 €/sem.
Pour s'y rendre : S : 5 km au lieu-dit Tréhervé

> Nature : 🔲
> Loisirs : 🍴
> Services : 👤 ☕ 📺 🅿 🔷 🏪
> À prox. : 🏊 🚴 💧 poneys

*Les indications d'accès à un terrain sont généralement indiquées,
dans notre guide, à partir du centre de la localité.*

ARRADON

✉️ 56610 – 🔲🔲🔲 09 – 4 719 h. – alt. 40
🛈 *Syndicat d'initiative, rue Bouruet Aubertot* 📞 02 97 44 77 44
Paris 467 – Auray 18 – Lorient 62 – Quiberon 49 – Vannes 8.

⚠️ **Penboch** 8 avr.-23 sept.
📞 02 97 44 71 29, *info@camping.penboch.fr*,
Fax 02 97 44 79 10, *www.camping-penboch.fr* – **R** conseillée
3,5 ha (175 empl.) plat, herbeux
Tarif : 🔲 34 € 🔌 (10A) – pers. suppl. 5,90 € – frais de réservation 20 €
Location 🏊 (juil.-août) : 30 🛖 (4 à 6 pers.) 250 à
850 €/sem. – 4 🏠 (4 à 6 pers.) 350 à 800 €/sem.
🛖 1 borne 3 €
Pour s'y rendre : SE : 2 km par rte de Roguedas, à 200 m
de la plage

> Nature : 🌳 🔲 🌿
> Loisirs : 🍴 snack 🏠 🏊 🎣 🛶 terrain omnisports
> Services : 👤 ☕ 📺 ☕ 🅿 🔷 ♨ 🏪 🔄 🌊 sèche-linge 🏪
> À prox. : 🏊 🎣

⚠️ **L'Allée** avr.-sept.
📞 02 97 44 01 98, *campingdelallee@free.fr*,
Fax 02 97 44 73 74, *www.camping-allee.com* – **R** conseillée
3 ha (100 empl.) plat et peu incliné, herbeux
Tarif : (Prix 2005) 🧍 4,20 € 🔲 8 € 🔌 (10A) 4 € – frais de
réservation 20 €
Location 🏊 : 14 🛖 (4 à 6 pers.) 280 à 630 €/sem.
Pour s'y rendre : O : 1,5 km par rte du Moustoir et à
gauche

> Nature : 🌳 🔲 🌿
> Loisirs : 🏠 🏊 🛶
> Services : 👤 ☕ (juil.-août) 📺 ☕ 🅿 🔷 ♨ 🏪
> À prox. : 🏊 💧 🐴 golf

⚠️ **Municipal du Parc Priol** 17 juin-17 sept.
📞 02 97 44 70 49, *info.tourisme@arradon.fr*,
Fax 02 97 44 77 05 42, *www.arradon.com* – **R**
1 ha (20 empl.) plat, herbeux
Tarif : (Prix 2005) 🔲 11,05 € – pers. suppl. 2,45 €
🛖 1 borne 2 €
Pour s'y rendre : Rue de la Mairie, face au parc Priol

> Loisirs : 🏃
> Services : ☕ 🔷 ♨ 🏪
> À prox. : ✖️ 🍴 🏊 🎣 💧

ARZON

56640 – 308 N9 – G. Bretagne – 2 056 h. – alt. 9
B *Office de tourisme, place des Huniers* 🖉 *02 97 53 69 69, Fax 02 97 53 76 10*
Paris 487 – Auray 52 – Lorient 94 – Quiberon 81 – La Trinité-sur-Mer 66 – Vannes 33.

Schéma à Sarzeau

Municipal du Tindio
🖉 02 97 53 75 59, *letindio@arzon.fr*, Fax 02 97 53 91 23 – **R**
5 ha (220 empl.) plat et peu incliné, herbeux
1 borne
Pour s'y rendre : NE : 0,8 km à Kerners
À savoir : En bordure de mer

Loisirs :
Services :
À prox. : (centre équestre) golf

BADEN

56870 – 308 N9 – 3 360 h. – alt. 28
Paris 473 – Auray 9 – Lorient 52 – Quiberon 40 – Vannes 15.

Mané Guernehué 8 avr.-sept.
🖉 02 97 57 02 06, *mane-guernehue@wanadoo.fr*,
Fax 02 97 57 15 43, *www.mane-guernehue.com*
– **R** conseillée
18 ha (200 empl.) plat, peu incliné à incliné et en terrasses,
herbeux, étangs
Tarif : 📧 36 € [½] (10A) – pers. suppl. 6,60 € – frais de réservation 20 €
Location : 70 (4 à 6 pers.) 220 à 735 €/sem. – 14 (4 à 6 pers.) 340 à 798 €/sem.
1 borne 6 €
Pour s'y rendre : SO : 1 km par rte de Mériadec et à droite

Nature :
Loisirs : snack, pizzeria nocturne (soirées à thème) jacuzzi salle d'animation parcours sportif, terrain omnisports
Services : sèche-linge
À prox. : golf

*The classification (1 to 5 tents, **black** or red) that we award to
selected sites in this Guide is a system that is our own.
It should not be confused with the classification (1 to 4 stars) of official organisations.*

BAUD

56150 – 308 M7 – G. Bretagne – 4 813 h. – alt. 54
B *Office de tourisme, place Mathurin Martin* 🖉 *02 97 39 17 09*
Paris 469 – Auray 28 – Locminé 17 – Lorient 37 – Pontivy 28 – Vannes 35.

Municipal de Pont-Augan avr.-sept.
🖉 02 97 51 04 74, *contact@blavet.com*, Fax 02 97 39 07 23,
www.blavet.com – **R** conseillée
0,9 ha (50 empl.) plat, herbeux, pierreux
Tarif : (Prix 2005) 🏕 1,70 € 🚗 1,70 € 📧 1,70 € [½] 2 €
Location : 4 gîtes
Pour s'y rendre : O : 7 km par D 3 rte de Bubry
À savoir : Au bord d'un plan d'eau et du Blavet

Nature :
Loisirs :
Services : (juil.-août) sèche-linge
À prox. : canoë, sentier VTT

BELLE-ÎLE-EN-MER

56360 – 308 – G. Bretagne – 2 457 h. – alt. 7
*En été réservation indispensable pour le passage des véhicules et des caravanes. Départ Quiberon
(Port-Maria), arrivée au Palais - Traversée 45 mn - renseignements et tarifs : Société Morbihannaise de
Navigation, 56360 Le Palais (Belle-Île-en-Mer)* 🖉 *08 20 05 60 00*
B *Office de tourisme, quai Bonnelle, Le Palais* 🖉 *02 97 31 81 93, Fax 02 97 31 56 17*

Bangor 56360 – 738 h. – alt. 45

Municipal de Bangor avr.-sept.
🖉 02 97 31 89 75, Fax 02 97 31 89 75 – **R** conseillée
0,8 ha (55 empl.) incliné, peu incliné, herbeux
Tarif : (Prix 2005) 🏕 2,55 € 🚗 1,25 € 📧 2,35 € [½] 2,05 €
Pour s'y rendre : À l'O. du bourg

Nature :
Services :
À prox. : poneys

Le Palais ⊠ 56360 – 2 457 h. – alt. 7

▲▲▲ **Bordenéo** avr.-20 sept.
    ℘ (2 97 31 88 96, *camping.bordeneo@wanadoo.fr*,
Fax 02 97 31 87 77, *www.bordeneo.com* – **R** conseillée
3 ha (202 empl.) plat, herbeux
Tarif : ✿ 5,20 € ⊟ 1,60 € ▣ 7,50 € (5A) 2,60 € – frais de
réservation 15 €
Location ✌ : 57 ▭ (4 à 6 pers.) 280 à 670 €/sem.
Pour s'y rendre : NO : 1,7 km par rte de Port Fouquet, à
500 m de la mer
À savoir : Décoration florale et arbustive

> Nature : ⊰ ⊡ ⊙⊙
> Loisirs : ▼ snack ⌂ ⚶ ⭕ ✗ ⊐
> ⊿ ⛎ poneys
> Services : & ⊶ GB ⊘ ⬚ ⛳ ⊛ ☝
> ▣ ⊒
> À prox. : ⊱ ⊠ ⬩ canoë de mer,
> école de plongée

269

▲▲ **L'Océan** avr.-15 oct.
    ℘ 0 2 97 31 83 86, Fax 02 97 31 87 60, *www.camping-
ocean-belle-ile.com* – **R** conseillée
2,7 ha (125 empl.) plat, peu incliné, herbeux
Tarif : (Prix 2005) ✿ 4,60 € ▣ 7,65 € (4) 3,05 €
Location (mars-15 nov.) : 39 ⌂ (4 à 6 pers.) 329 à
680 €/sem. – bungalows toilés
Pour s'y rendre : Au SO du bourg, à 500 m du port

> Nature : ⊰ ⊡ ⊙⊙(pinède)
> Loisirs : snack, crêperie ⚶ ⊐
> Services : & ⊶ GB ⊘ ⬚ ⊛ ⊒
> ☝ ▣ ⊒
> À prox. : ⊱ ✗ ⊠ ⬩ ⛎ poneys
> école de plongée, canoë de mer,
> golf

BELZ

⊠ 56550 – 308 .8 – 3 289 h. – alt. 12

▲ **Le Moulin des Oies** 29 avr.-sept.
    ℘ 02 97 55 53 26, *moulindesoies@wanadoo.fr*,
Fax 02 97 55 53 26, *http://.lemoulindesoies.free.fr* ⊠
56550 Belz – **R** conseillée ✌
1,9 ha (90 empl.) plat, herbeux
Tarif : ▣ 13,95 € (4) (6A) – pers. suppl. 3,70 € – frais de
réservation 12 €
Location (avr.-sept.) : 13 ▭ (4 à 6 pers.) 235 à
595 €/sem.
Pour s'y rendre : O : 0,8 km par D 9, rte de Plouhinec et
chemin à droite - rue de la Côte
À savoir : En bordure de la Ria d'Étel

> Nature : ⊰ ⊡
> Loisirs : ⚶ ⊠ (bassin d'eau de
> mer)
> Services : ⊶ GB ⊘ ⬚ ⊛ ▣

Le BONO

✉ 56400 – 🔲🔲🔲 N9 – 1 859 h. – alt. 10
Paris 475 – Auray 6 – Lorient 49 – Quiberon 37 – Vannes 17.

⚠ Parc-Lann
  📞 02 97 57 93 93, *campingduparclann@wanadoo.fr*,
  Fax 02 97 57 93 93 – **R** conseillée
  2 ha (60 empl.) plat, herbeux
  Pour s'y rendre : NE : 1,2 km par D 101ᴱ, rte de Plougou-
  melen

| Loisirs : |
| Services : |
| À prox. : |

CAMORS

✉ 56330 – 🔲🔲🔲 M7 – 2 353 h. – alt. 113
Paris 472 – Auray 24 – Lorient 39 – Pontivy 31 – Vannes 31.

⚠ **Municipal du Petit Bois** juil.-août
  📞 02 97 39 18 36, *commune.de.camors@wanadoo.fr*,
  Fax 02 97 39 28 99, *camors56.com* – **R** conseillée
  1 ha (30 empl.) en terrasses, plat, herbeux
  Tarif : 👤 2,20 € ⇌ 1,80 € 🔲 1,80 € 🔋 2,20 €
  🚐
  Pour s'y rendre : O : 1 km par D 189, rte de Lambel-Camors
  À savoir : Près d'étangs et d'une forêt domaniale

| Nature : |
| Services : |
| À prox. : parcours |
| sportif |

*Ce guide n'est pas un répertoire de tous les terrains de camping
mais une sélection des meilleurs campings dans chaque catégorie.*

270

CARNAC

✉ 56340 – 🔲🔲🔲 M9 – G. Bretagne – 4 444 h. – alt. 16
🅸 *Office de tourisme, 74, avenue des Druides* 📞 *02 97 52 13 52, Fax 02 97 52 86 10*
Paris 490 – Auray 13 – Lorient 49 – Quiberon 19 – Quimperlé 63 – Vannes 33.

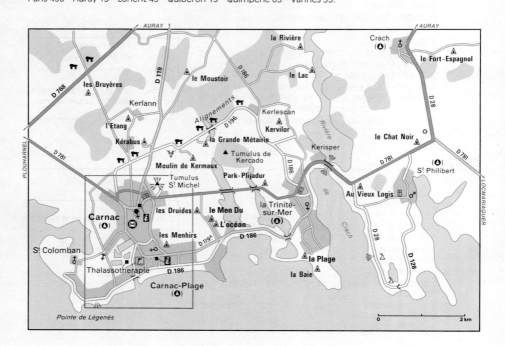

⋀⋀⋀⋀ **La Grande Métairie** avr.-9 sept.
⌁ 02 97 52 24 01, *info@lagrandemetairie.com*,
Fax 02 97 52 83 58, *www.lagrandemetairie.com* – places limitées pour le passage – **R** conseillée
15 ha/11 campables (575 empl.) plat et peu incliné, herbeux, rocheux
Tarif : 🖾 41,80 € ⚡ (6A) – pers. suppl. 7,20 €
Location : 85 🛖 (4 à 6 pers.) 240 à 865 €/sem.
🚐 ♨, 2 bornes 5 €
Pour s'y rendre : NE : 2,5 km
À savoir : Domaine au bord de l'étang de Kerloquet, bel espace aquatique

> Nature : 🗔 ♀
> Loisirs : 🍸 ✕ pizzeria 🏠 🎦 jacuzzi Cyber café, discothèque ⛷
> 🚲 ✂ ⋔ 🖾 ⊒ ⚴ poneys petit parc animalier, théâtre de plein air, piste de bi-cross
> Services : ♿ ⚷ GB ⍟ 🗄 ⊛ ⊕ ⊿ 🖢 🖬 sèche-linge 🖳 ⅋
> À prox. : 🛒 ⚮ 🐎

⋀⋀⋀ **Moulin de Kermaux** 8 avr.-15 sept.
⌁ 02 97 52 15 90, *moulin-de-kermaux@wanadoo.fr*,
Fax 02 97 52 83 85, *www.camping-moulin-de-kermaux.com* – **R** indispensable
3 ha (150 empl.) plat et peu incliné, herbeux
Tarif : 🖾 26,50 € ⚡ (6A) – pers. suppl. 4,50 €
Location ⚶ : 20 🛖 (4 à 6 pers.) 230 à 680 €/sem.
🚐, 1 borne 3,50 €
Pour s'y rendre : NE : 2,5 km

> Nature : 🗻 🗔 ♀♀
> Loisirs : 🍸 🏠 ⋔ 🖾 jacuzzi ⛷ ⋔ ⊒ ⚴ terrain omnisports
> Services : ♿ ⚷ GB ⍟ 🗄 ⊿ ⊕ ⊿ 🖢 🖬 sèche-linge 🖳 ⅋
> À prox. : 🛒 ⊶ ✂ ⚮ 🐎 golf

⋀⋀ **Les Bruyères** avr.-14 oct.
⌁ 02 97 52 30 57, *camping.les.bruyeres@wanadoo.fr*,
Fax 02 97 52 30 57 – **R** conseillée
2 ha (112 empl.) plat, herbeux
Tarif : ⋆ 3,80 € 🖾 7 € ⚡ (4A) 2,40 €
Location : 10 🛖 (4 à 6 pers.) 200 à 510 €/sem.
🚐 1 borne
Pour s'y rendre : N : 3 km

> Nature : 🗻 ♀
> Loisirs : 🏠 ⋔ ✂ ✂
> Services : ⚷ GB ⍟ 🗄 ⊛ ⊕ 🖽
> À prox. : 🛒 ⋔ ⚮ 🐎 bowling, golf

⋀⋀ **Le Lac** avr.-20 sept.
⌁ 02 97 55 78 78, *camping.dulac@wanadoo.fr*,
Fax 02 97 55 86 03, *www.camping-carnac.com* – **R** conseillée
2,5 ha (140 empl.) non clos, plat, terrasses, vallonné, herbeux
Tarif : (Prix 2005) 🖾 21 € – pers. suppl. 4,50 €
Location : 7 🛖 (4 à 6 pers.) 250 à 570 €/sem.
🚐 1 borne
Pour s'y rendre : NE : 6,3 km
À savoir : Cadre et site agréables au bord du lac

> Nature : 🗻 🗔 ♀
> Loisirs : 🏠 🎣 ⋔ ⊒ terrain multisports
> Services : ♿ ⚷ (10 juil.-août) GB ⍟ 🗄 ⊛ ⊿ ⊕ ⊿ 🖽
> À prox. : 🛒 ✂ 🖾 ⋔ ⚮ 🐎 , école de plongée, golf, bowling

⋀⋀⋀ **Le Moustoir** 14 avr.-24 sept.
⌁ 02 97 52 16 18, *info@lemoustoir.com*,
Fax 02 97 52 88 37, *www.lemoustoir.com* – **R** conseillée
5 ha (165 empl.) incliné, plat, herbeux
Tarif : 🖾 28 € – pers. suppl. 4,40 €
Location : 30 🛖 (4 à 6 pers.) 203 à 546 €/sem. – 6 🏠 (4 à 6 pers.) 231 à 581 €/sem.
🚐 1 borne
Pour s'y rendre : NE : 3 km

> Nature : 🗔 ♀
> Loisirs : 🍸 🏠 ⋔ ✂ ⊒ ⚴
> Services : ♿ ⚷ GB ⍟ 🗄 ⊛ ⊕ ⊿ 🖢 ⚑ 🖬 sèche-linge 🖳 ⅋
> À prox. : 🛒 ⚮ 🐎 golf

⋀ **L'Étang** avr.-15 oct.
⌁ 02 97 52 14 06, Fax 02 97 52 23 19 – **R** conseillée
2,5 ha (165 empl.) plat, herbeux
Tarif : 🖾 19 € – pers. suppl. 5 €
Location : 8 🛖 (4 à 6 pers.) 220 à 500 €/sem.
Pour s'y rendre : N : 2 km par D 119 direction Auray puis à gauche, à Kerlann, à 50 m de l'étang
À savoir : Cadre verdoyant

> Nature : 🗻 🗔
> Loisirs : 🍸 ⋔ ✂ ⊒ ⚴
> Services : ⚷ ⍟ 🗄 ⊛ ⊿ ⊕ 🖽
> À prox. : 🛒 ⚮ 🐎 golf

CARNAC

⚠ **Kérabus** mai-15 sept.
📞 02 97 52 24 90, *contact@camping-kerabus.com*,
Fax 02 97 52 24 90, *www.camping-kerabus.com*
– **R** conseillée
1,4 ha (73 empl.) plat, herbeux
Tarif : 🔲 17,60 € ⚡ (6A) – pers. suppl. 3,70 € – frais de
réservation 30 €
Location (avr.-15 sept.) ⚡ : 8 🚐 (4 à 6 pers.) 225 à
554 €/sem.
Pour s'y rendre : NE : 2 km

Nature : 🌿 ♀
Loisirs : 🏃
Services : ⚬ GB ⚙ 🗊 ☺ 🖳
À prox. : 🛒 ⚬ ✂ ♪ 🐎 terrain om-nisports, golf

⚠ La Rivière
📞 02 97 55 78 29 – **R** conseillée
0,5 ha (33 empl.) plat, herbeux
Pour s'y rendre : NE : 6,5 km
À savoir : Agréable cadre arbustif et ombragé

Nature : 🌿 🗘 ♀
Services : ⚬ 🗊 ☺
À prox. : 🛒 ✂ 📺 ♫ ♪ 🐎 école de plongée, bowling, golf

à Carnac-Plage S : 1,5 km – ✉ 56340

⚠ **Les Menhirs** 29 avr.-sept.
📞 02 97 52 94 67, *contact@lesmenhirs.com*,
Fax 02 97 52 25 38, *www.lesmenhirs.com* – places limitées
pour le passage – **R** conseillée
6 ha (360 empl.) plat, herbeux
Tarif : 🔲 48,83 € – pers. suppl. 7,58 € – frais de réservation 20 €
Location ⚡ : 40 🚐 (4 à 6 pers.) 316 à 739 €/sem.
Pour s'y rendre : Allée St-Michel, à 400 m de la plage

Nature : 🗘 ♀♀
Loisirs : 🍴 snack, pizzeria 🛖 ☺ nocturne 🏹 🏋 🚑 salle d'anima-tion, espace forme 🏃 ✂ 📺 🏊 ⛷ poneys terrain omnisports
Services : 🚿 ⚬ GB ⚙ 🗊 ♨ ☺ 🚰 ⚗ 🖳 sèche-linge 🛁 ♻
À prox. : 🛒 🚲 ♪

⚠ **Les Druides** 20 mai-10 sept.
📞 02 97 52 08 18, *camping-les-druides@wanadoo.fr*,
Fax 02 97 52 96 13, *www.camping-les-druides.com*
– **R** conseillée
2,5 ha (110 empl.) plat, peu incliné, herbeux
Tarif : 🔲 31,10 € ⚡ (6A) – pers. suppl. 5,30 € – frais de
réservation 16 €
Location (28 avr.-10 sept.) ⚡ : 8 🚐 (4 à 6 pers.) 240 à
650 €/sem.
🚐 1 borne
Pour s'y rendre : E : quartier Beaumer, à 500 m de la plage

Nature : ♀
Loisirs : 🛖 🏃 ⛷ terrain omnis-ports
Services : 🚿 ⚬ GB ⚙ 🗊 ♨ ☺ 🚰 ⚗ 🖳 sèche-linge
À prox. : 🛒 ✂ ♪ 🐎

⚠ **Le Men-Du** avr.-1er oct.
📞 02 97 52 04 23, *mendu@wanadoo.FR*,
Fax 02 97 52 04 23, *www.camping-mendu.com* – **R** conseillée
1,5 ha (100 empl.) plat, peu incliné, herbeux
Tarif : (Prix 2005) 🔲 26 € ⚡ (10A) – pers. suppl. 4 € – frais de
réservation 15 €
Location : 10 🚐 (4 à 6 pers.) 230 à 570 €/sem.
Pour s'y rendre : Quartier le Men-Du, à 300 m de la plage

Nature : 🗘 ♀
Loisirs : snack
Services : ⚬ ⚙ 🗊 ☺ 🖳
À prox. : 🛒 ✂ ♪ 🐎

⚠ **L'Océan** avr.-15 oct.
📞 02 97 52 03 98, *angelina.oliviero@wanadoo.fr*,
Fax 02 97 52 03 98, *www.camping-delocean.com*
– **R** conseillée
0,5 ha (50 empl.) plat et peu incliné, herbeux
Tarif : 🔲 25 € – pers. suppl. 5 €
Location : 15 🚐 (4 à 6 pers.) 250 à 570 €/sem.
🚐 1 borne 5 €
Pour s'y rendre : Quartier le Men-Du, à 250 m de la plage

Nature : ♀
Loisirs : 🏃
Services : 🚿 ⚬ ⚙ 🗊 ♨ ☺ 🖳
À prox. : 🛒 ✂ ♪ 🐎

*La catégorie (1 à 5 tentes, **noires** ou rouges) que nous attribuons*
aux terrains sélectionnés dans ce guide est une appréciation qui nous est propre.
Elle ne doit pas être confondue avec le classement (1 à 4 étoiles)
établi par les services officiels.

CRACH

✉ 56950 – 3⬛⬛ M9 – 3 030 h. – alt. 35
Paris 482 – Auray 6 – Lorient 46 – Quiberon 29 – Vannes 25.

Schéma à Carnac

ᗳ **Le Fort Espagnol** 29 avr.-10 sept.
℘ 02 97 55 14 88, *fort-espagnol@wanadoo.fr*,
Fax 02 97 30 01 04, *www.fort-espagnol.com* – **R** conseillée
5 ha (190 empl.) peu incliné et plat, herbeux
Tarif : 🔲 25,50 € ⚡ (10A) – pers. suppl. 5,50 € – frais de réservation 20 €
Location 🏚 : 16 ⬛ (4 à 6 pers.) 320 à 660 €/sem. – 4 🏠 (4 à 6 pers.) 370 à 700 €/sem. – bungalows toilés
Pour s'y rendre : E : 0,8 km par rte de la Rivière d'Auray

Nature : 🐚 ⬜
Loisirs : 🍷 pizzeria 🏛 ⚡ ⛲ 🏊
Services : ⚐ ⛽ GB ⟳ Ⓜ 🏧 🗑 ♨ ⬚ ⊕ 🖼 🔥 🍴
À prox. : 🛒 🍴 ⚓

ERDEVEN

✉ 56410 – 3⬛⬛ M9 – 2 523 h. – alt. 18
🅱 *Syndicat d'initiative, 7, rue Abbé-Le-Barh* ℘ *02 97 55 64 60, Fax 02 97 55 66 75*
Paris 492 – Auray 15 – Carnac 10 – Lorient 28 – Quiberon 20 – Quimperlé 46 – Vannes 34.

ᗳ **Les Sept Saints** 15 mai-15 sept.
℘ 02 97 55 52 65, *info@septsaints.com*, Fax 02 97 55 22 67,
www.sept.saints.com – **R** conseillée
7 ha/5 campables (200 empl.) plat et peu incliné, herbeux
Tarif : 🔺 6 € 🚗 4 € 🔲 17 € ⚡ 5 € – frais de réservation 20 €
Location (avr.-15 sept.) : 62 ⬛ (4 à 6 pers.) 250 à 750 €/sem. – 19 🏠 (4 à 6 pers.) 310 à 790 €/sem.
⬛ 1 borne
Pour s'y rendre : NO : 2 km par D 781, rte de Plouhinec et rte à gauche

Nature : ⬜ 🌲🌲(pinède)
Loisirs : 🍷 🏛 🎣 🏓 jacuzzi ⚡ 🚴 🏊 🏊 terrain omnisports
Services : ⚐ ⛽ GB ⟳ 🗑 ♨ ⊕ 🔥 🗑 sèche-linge 🔥 🔧
À prox. : 🛒 🍴 ⚓ ♨ 🐎 canoë de mer, char à voile

ᗳ **Les Mégalithes** mai-sept.
℘ 02 97 55 68 76 – **R** conseillée
4,3 ha (100 empl.) plat, herbeux
Tarif : 🔲 21 € ⚡ (10A) – pers. suppl. 5 €
⬛ 1 borne 4 €
Pour s'y rendre : S : 1,5 km par D 781, rte de Carnac et rte à droite

Nature : ⬜
Loisirs : 🏊
Services : ⚐ ⛽ GB ⟳ 🗑 ♨ ⊕ 🔥 sèche-linge
À prox. : 🍴 ♨ 🐎 (centre équestre) canoë de mer, char à voile

ᗳ **La Croëz-Villieu** mai-sept.
℘ 02 97 55 90 43, *camping-la-croez-villieu@wanadoo.fr*,
Fax 02 97 55 64 83, *www.la.croez-villieu.com* – places limitées pour le passage – **R** conseillée
3 ha (134 empl.) plat, herbeux
Tarif : 🔺 4,60 € 🚗 2 € 🔲 5,40 € ⚡ (6A) 3,20 € – frais de réservation 16 €
Location (avr.-oct.) : 30 ⬛ (4 à 6 pers.) 160 à 542 €/sem.
Pour s'y rendre : SO : 1 km par rte de Kerhillio

Nature : ⬜ 🌲
Loisirs : 🍷 🏛 ⚡ 🏊
Services : ⛽ ⟳ 🗑 ♨ ⊕ 🔥 sèche-linge
À prox. : 🛒 🍴 ♨ 🐎 (centre équestre) canoë de mer, char à voile

ᗳ **Kerzerho** mai-15 sept.
℘ 02 97 55 63 17, *info@camping-kerzerho.com*,
Fax 02 97 55 63 17, *www.camping-kerzerho.com* ✉ 56410 Erdeven – places limitées pour le passage – **R** conseillée
6 ha (300 empl.) plat, herbeux, étang
Tarif : 🔲 28,90 € ⚡ (10A) – pers. suppl. 5 € – frais de réservation 15 €
Location : ⬛ (4 à 6 pers.) 200 à 650 €/sem.
Pour s'y rendre : SE : 1 km sur D 781

Nature : ⬜ 🌲
Loisirs : snack 🏛 ♨ 🏊 🏊
Services : ⚐ ⛽ GB ⟳ 🗑 ♨ ⊕ 🔥 sèche-linge 🔧
À prox. : sentiers de randonnées

273

ERDEVEN

Idéal Camping Pâques-Toussaint
📞 02 97 55 67 66, *contact@camping-l-ideal.com*,
Fax 02 97 55 93 12, *www.camping-l-ideal.com* – **R** indispensable
0,6 ha (30 empl.) plat, herbeux
Tarif : (Prix 2005) 🔳 31 € – pers. suppl. 5 € – frais de réservation 20 €
Location : 23 (4 à 6 pers.) 260 à 750 €/sem.
Pour s'y rendre : SO : 2,2 km, rte de Kerhillis, les Lisveur

| Nature : |
| Loisirs : |
| Services : sèche-linge |

Le FAOUËT

✉ 56320 – J6 – G. Bretagne – 2 806 h. – alt. 68
🅱 *Office de tourisme, 3, rue des Cendres* 📞 *02 97 23 23 23, Fax 02 97 23 11 66*
Paris 516 – Carhaix-Plouguer 35 – Lorient 40 – Pontivy 47 – Quimperlé 21.

Municipal Beg er Roch 15 mars-sept.
📞 02 97 23 15 11, Fax 02 97 23 11 66 – **R** conseillée
3 ha (65 empl.) plat, herbeux
Tarif : (Prix 2005) 🔳 15,40 € – pers. suppl. 3,60 € – frais de réservation 9 €
Location : 6 (4 à 6 pers.) 215 à 430 €/sem. – 10 bungalows toilés
Pour s'y rendre : SE : 2 km par D 769 rte de Lorient
À savoir : Cadre agréable au bord de l'Ellé

| Nature : |
| Loisirs : |
| Services : |

Le GUERNO

✉ 56190 – Q9 – G. Bretagne – 582 h. – alt. 60
Paris 460 – Muzillac 8 – Redon 30 – La Roche-Bernard 17 – Sarzeau 34 – Vannes 34.

Municipal de Borg-Néhué avr.-oct.
📞 02 97 42 94 76, *mairie-leguerno@wanadoo.fr*,
Fax 02 97 42 84 36 – **R** conseillée
1,4 ha (50 empl.) plat, herbeux
Tarif : (Prix 2005) 🔳 10,50 € (10A) – pers. suppl. 2,50 €
Location (permanent) : 9 (4 à 6 pers.) 150 à 400 €/sem.
Pour s'y rendre : NO : 0,5 km par rte de Noyal-Muzillac

| Nature : |
| Loisirs : |
| Services : (juil.-aout) |
| À prox. : |

GUIDEL

✉ 56520 – K8 – 9 156 h. – alt. 38
🅱 *Office de tourisme, 9, rue Saint-Maurice* 📞 *02 97 65 01 74, Fax 02 97 02 90 63*
Paris 511 – Nantes 178 – Quimper 60 – Rennes 162.

Les Jardins de Kergal avr.-15 oct.
📞 02 97 05 98 18, *jardins.kergal@wanadoo.fr*,
Fax 02 97 32 88 27, *www.camping-lorient.com* – **R** conseillée
5 ha (153 empl.) plat, herbeux
Tarif : 🔳 26,50 € (10A) – pers. suppl. 5,90 € – frais de réservation 15 €
Location : 15 (4 à 6 pers.) 300 à 615 €/sem.
Pour s'y rendre : SO : 3 km par D 306 rte de Guidel-Plages et chemin à gauche
À savoir : Agréable cadre boisé

| Nature : |
| Loisirs : sèche-linge |
| À prox. : (centre équestre) parcours sportif |

ÎLE-AUX-MOINES

✉ 56780 – N9 – G. Bretagne – 610 h. – alt. 16
Paris 483 – Rennes 132 – Vannes 15 – Saint 99 – Lorient 59.

Municipal du Vieux Moulin
📞 02 97 26 30 68, Fax 02 97 26 38 27
1 ha (44 empl.) plat et peu incliné, herbeux
Pour s'y rendre : Sortie Sud-Est du bourg, rte de la Pointe de Brouel
À savoir : réservé aux tentes

| Nature : |
| Loisirs : |
| Services : |
| À prox. : |

JOSSELIN

✉ 56120 – 🗺 P7 – G. Bretagne – 2 419 h. – alt. 58

🛈 Office de tourisme, place de la Congrégation ✆ 02 97 22 36 43, Fax 02 97 22 20 44

Paris 428 – Dinan 86 – Lorient 76 – Pontivy 35 – Rennes 79 – St-Brieuc 79 – Vannes 41.

Le Bas de la Lande avr.-oct.
✆ 02 97 22 22 20, campingbasdelalande@wanadoo.fr,
Fax 02 97 73 93 85, www.josselin.com – **R** conseillée
2 ha (60 empl.) plat, peu incliné et en terrasses, herbeux,
prière attenante
Tarif : ✹ 3 € ⟷ 2 € 🔲 3 € (5A) 3,10 €
Location : 4 🏠 (4 à 6 pers.) 305 à 366 €/sem.
🔌, 1 borne
Pour s'y rendre : O : 2 km par D 778 et D 724 rte de
Guégon à gauche à 50 m de l'Oust - par voie rapide : sortie
Ouest Guégon

| Nature : 🔲 |
| Loisirs : 🍸 🏠 🏊 |
| Services : 🚿 ⟷ 🄶🄱 🛒 🗒 🛍 😊 🖼 |
| À prox. : 🎣 🐟 |

🔌 ✗ ATTENTION...
🦮 ces éléments ne fonctionnent généralement qu'en saison,
🛁 quelles que soient les dates d'ouverture du terrain.

KERVOYAL

✉ 56750 – 🗺 P9

Paris 471 – Rennes 124 – Vannes 30 – Saint 61 – Lorient 87.

Oasis avr.-20 oct.
✆ 02 97 41 10 52, campingloasis@wanadoo.fr,
Fax 02 97 41 10 52, www.campingloasis.com – **R**
3 ha (150 empl.) plat, herbeux
Tarif : 🔲 17,50 € (6A) – pers. suppl. 2,90 €
Location (15 avr.-1er oct.) 🏖 : 17 🚐 (4 à 6 pers.) 210
à 550 €/sem.
🔌 borne
Pour s'y rendre : À 100 m de la plage

| Nature : 🐚 💧 |
| Loisirs : 🏊 |
| Services : ⟷ 🗒 🔲 🏊 😊 🖼 |
| À prox. : 🍴 🔲 📯 ⚓ 🐎 |

LARMOR-PLAGE

✉ 56260 – 🗺 K8 – G. Bretagne – 8 470 h. – alt. 4 – Base de loisirs

Paris 510 – Lorient 7 – Quimper 74 – Vannes 66.

La Fontaine Permanent
✆ 02 97 33 71 28, camping-la-fontaine@sellor.com,
Fax 02 97 33 70 32, www.sellor.com – **R** conseillée
4 ha (130 empl.) plat, peu incliné, herbeux
Tarif : ✹ 4,20 € 🔲 5,70 € (16A) 3,20 € – frais de réservation 13 €
Location : 12 🚐 (4 à 6 pers.) 224 à 459 €/sem.
🔌 1 borne
Pour s'y rendre : À l'Ouest de la station, à 300 m du D 152
(accès conseillé) et à 1,2 km de la base de loisirs

| Nature : 🐚 🔲 |
| Loisirs : 🔲 🏊 🚲 |
| Services : 🚿 ⟷ 🄶🄱 🛒 🍴 🗒 😊 🛁 ᛃ 🖼 sèche-linge |
| À prox. : 🔌 🍴 🔲 🐎 📯 |

LOCMARIAQUER

✉ 56740 – 🗺 N9 – G. Bretagne – 1 367 h. – alt. 5

🛈 Office de tourisme, rue de la Victoire ✆ 02 97 57 33 05, Fax 02 97 57 44 30

Paris 488 – Auray 13 – Quiberon 31 – La Trinité-sur-Mer 10 – Vannes 31.

Lann-Brick 18 mars-oct.
✆ 02 97 57 32 79, Fax 02 97 57 45 47 – **R** indispensable
1,2 ha (98 empl.) plat, herbeux
Tarif : 🔲 19 € (6A) – pers. suppl. 4 € – frais de réservation 10 €
Location : 12 🚐 (4 à 6 pers.) 220 à 570 €/sem.
Pour s'y rendre : NO : 2,5 km par rte de Kérinis, à 200 m de
la mer

| Nature : 🔲 💧 |
| Loisirs : 🔲 🏊 🚲 🛁 balnéo |
| Services : 🚿 ⟷ (mai-sept.) 🄶🄱 🛒 🗒 😊 🖼 |
| À prox. : 🍴 📯 🚿 |

LOCMIQUÉLIC

✉ 56570 – **308** K8 – 3 945 h. – alt. 10
Paris 500 – Auray 38 – Lorient 15 – Quiberon 38 – Quimperlé 33.

△ **Municipal du Blavet** Permanent
  ℘ 02 97 33 91 73, *mairie-de-locmiquelic@megalis.org*,
  Fax 02 97 33 54 94 – **R**
  1 ha (50 empl.) plat, herbeux
  Tarif : (Prix 2005) 🗉 8,45 € – pers. suppl. 1,80 €
  Pour s'y rendre : N : par D 111, rte du port de Pen-Mané,
  près d'un plan d'eau et à 250 m du Blavet (mer)

Nature : ♀
Loisirs : 🏄
Services : 🛉 ⊛ 🖼
À prox. : ⚡ 🛁 ◊ swin golf

MELRAND

✉ 56310 – **308** M7 – 1 525 h. – alt. 112
Paris 483 – Lorient 43 – Pontivy 17 – Quimperlé 38 – Vannes 50.

△ **Municipal** juil.-août
  ℘ 02 97 39 57 53, Fax 02 97 39 59 30 – **R** conseillée
  0,2 ha (12 empl.) plat, herbeux
  Tarif : (Prix 2005) 🗉 4,96 € – pers. suppl. 1 €
  Pour s'y rendre : SO : 0,7 km par D 2 rte de Bubry
  À savoir : Au bord d'un étang et d'un ruisseau

Nature : ≤ ⌂ ♀
Loisirs : 🏄
Services : ⊶ 🛉 ⊛
À prox. : ⚡ canoë, pédalos

Donnez-nous votre avis sur les terrains que nous recommandons.
Faites-nous connaître vos observations et vos découvertes.

MEUCON

✉ 56890 – **308** O8 – 1 268 h. – alt. 80

⚠ **Le Haras** Permanent
  ℘ 02 97 44 66 06, *camping-vannes@wanadoo.fr*,
  Fax 02 97 44 49 41, *http://campingvannes.free.fr*
  – **R** conseillée
  14 ha/1 campable (50 empl.) peu incliné, plat, herbeux
  Tarif : (Prix 2005) 🛉 4 € 🚐 2 € 🗉 7 € 🛇 (10A) 6 €
  Location : 31 🛏 (4 à 6 pers.) 160 à 640 €/sem. – 6 🏠
  (4 à 6 pers.) 220 à 660 €/sem.
  🛒 1 borne – 7 🗉
  Pour s'y rendre : NE : 4 km par D 778, aérodrome de
  Vannes-Meucon

Nature : 🦋
Loisirs : 🍷 snack 🏄 🚲 ⚡ 🛁
Services : 🛗 ⊶ ⊞ 🛉 🎿 🖼
À prox. : 🍴 🐎 poneys (centre
équestre) ULM

MUZILLAC

✉ 56190 – **308** Q9 – 3 805 h. – alt. 20
🏢 *Office de tourisme, place de l'Hôtel de Ville* ℘ *02 97 41 53 04*
Paris 460 – Nantes 86 – Redon 36 – La Roche-Bernard 16 – Vannes 26.

△ **Le Relais de l'Océan** avr.-sept.
  ℘ 02 97 41 66 48, *relais-ocean@wanadoo.fr*,
  Fax 02 97 48 65 88, *www.relais-ocean.com* – **R** conseillée
  1,7 ha (90 empl.) plat, herbeux
  Tarif : 🛉 3,65 € 🗉 6,25 € 🛇 (6A) 2,80 € – frais de réser-
  vation 18 €
  Location : 31 🛏 (4 à 6 pers.) 221 à 571 €/sem.
  Pour s'y rendre : O : 3 km par D 20, rte d'Ambon et rte de
  Damgan à gauche

Nature : ⌂
Loisirs : 🛏 🏄 🚲 ⚡ 🛁
Services : 🛗 ⊶ ⊞ 🛉 🗄 🎿 ⊛
🖼 sèche-linge
À prox. : 🛒

△ **Municipal** 15 avr.-sept.
  ℘ 02 97 41 67 01, *mairie.muzillac@wanadoo.fr*,
  Fax 02 97 41 41 58, *www.muzillac.fr* – **R** conseillée
  1 ha (100 empl.) plat, herbeux
  Tarif : (Prix 2005) 🛉 2,75 € 🚐 1,05 € 🗉 2,65 € 🛇 2,65 €
  Pour s'y rendre : E : par rte de Péaule et chemin près du
  stade

Loisirs : 🛏
Services : 🛗 ⊶ 🛉 🗄 🎿 ⊛
À prox. : ⚡

276

NAIZIN

⊠ 56500 – ▨ ▨ 07 – 1 524 h. – alt. 106
Paris 454 – Ploërmel 40 – Pontivy 16 – Rennes 106 – Vannes 41.

⚠ **Municipal de Coetdan** 15 avr.-oct.
  𝒫 02 97 27 43 27, Fax 02 97 27 46 82 – **R**
  0,7 ha (28 empl.) plat et peu incliné, herbeux
  Tarif : ⋆ 1,60 € ⇔ 1,10 € ▣ 1,60 € ⑵ 1,60 €
  Pour s'y rendre : E : 0,6 km par D 17 et D 203 direction
  Réguiny
  À savoir : Cadre agréable près d'un plan d'eau

Nature : ▭ ♀	
Loisirs : ✎	
Services : ⅃ ♂ ⊛	
À prox. : ⚗ ♠ parcours de santé, pédalos, ferme animalière	

NOYAL-MUZILLAC

⊠ 56190 – ▨ ▨ Q9 – 1 920 h. – alt. 52
Paris 468 – Rennes 108 – Vannes 31 – Saint 57 – Lorient 88.

⚠⚠ **Moulin de Cadillac** mai-sept.
  𝒫 02 97 67 03 47, infos@moulin-cadillac.com,
  Fax 02 97 67 00 02, www.camping-moulin-cadillac.com
  – **R** conseillée
  4 ha (145 empl.) non clos, plat, herbeux, petit étang, bois
  attenant
  Tarif : (Prix 2005) ⋆ 3,90 € ▣ 5,20 € ⑵ (10A) 2,10 € – frais
  de réservation 8 €
  Location (Pâques-sept.) : 20 ⊡ (4 à 6 pers.) 150 à
  540 €/sem. – 19 ⌂ (4 à 6 pers.) 150 à 490 €/sem.
  ⊡ 1 borne
  Pour s'y rendre : NO : 4,5 km par rte de Berric
  À savoir : Entrée fleurie et cadre agréable, au bord du
  Kervily

Nature : ☙ ▭ ♀	
Loisirs : ♈ ⊡ ☺ nocturne , salle d'animation ⚗ ᴊ ⚘ ✎ parc animalier, terrain omnisports	
Services : ⅃ ⊶ GB ♂ ⊡ ⊗ ⊠ ⊛ ▥ sèche-linge ☒, ✎	
À prox. : ✗ poneys	

*Avant de prendre la route, consultez **www.ViaMichelin.fr** :*
votre meilleur itinéraire, le choix de votre hôtel, restaurant, camping,
des propositions de visites touristiques.

277

PÉNESTIN

⊠ 56760 – ▨ ▨ Q10 – 1 527 h. – alt. 20
🛈 Syndicat d'initiative, allée du Grand Pré 𝒫 02 99 90 37 74
Paris 458 – La Baule 29 – Nantes 84 – La Roche-Bernard 18 – St-Nazaire 43 – Vannes 48.

⚠⚠⚠ **Inly** 14 avr.-24 sept.
  𝒫 02 99 90 35 09, inly-info@wanadoo.fr,
  Fax 02 99 90 40 93, www.camping-inly.com – places limitées
  pour le passage – **R** conseillée
  30 ha/12 campables (500 empl.) plat, herbeux, pierreux
  Tarif : ▣ 30,80 € – pers. suppl. 6,50 € – frais de réser-
  vation 15 €
  Location : 92 ⊡ (4 à 6 pers.) 210 à 630 €/sem.
  Pour s'y rendre : SE : 2 km par D 201 et rte à gauche
  À savoir : Au bord d'un étang

Nature : ☙ ← ▭ ♀	
Loisirs : ♈ ✗ snack, crêperie, pizzeria ⊡ ☺ diurne nocturne (soirées à thème) ⚗ ⚗ ⚘ ✗ ᴊ ⊠ ⚘ ✎	
Services : ⊶ GB ♂ ⊡ ⊗ ⚘ ⊷ ✦ ▥ sèche-linge ☒, ✎	
À prox. : ✗ poneys	

⚠⚠⚠ **Les Îles** avr.-1er oct.
  𝒫 02 99 99 30 24, contact@camping-des-iles.fr,
  Fax 02 99 90 44 55, www.camping-des-iles.fr – **R** conseillée
  3,5 ha (184 empl.) plat, herbeux, étang
  Tarif : ▣ 37,20 € – pers. suppl. 5 € – frais de réserva-
  tion 20 €
  Location : 55 ⊡ (4 à 6 pers.) 210 à 750 €/sem. – 14 ⌂
  (4 à 6 pers.) 300 à 830 €/sem.
  ⊡ 1 borne 2 €
  Pour s'y rendre : S : 4,5 km par D 201 à droite, à la Pointe
  du Bile
  À savoir : En bordure d'Océan

Nature : ▭ ♀ ⚠	
Loisirs : ♈ snack ⊡ ☺ nocturne (soirées à thème) ⚗ ⚗ ⚘ ✗ ᴊ ⊠ terrain omnisports	
Services : ⅃ ⊶ GB ♂ ⊡ ⊗ ⊛ ▥ sèche-linge ☒, ✎	
À prox. : ✗ poneys	

PÉNESTIN

▲▲▲ **Le Cénic** 10 avr.-20 sept.
  𝒫 02 99 90 45 65, *info@lecenic.com*, Fax 02 99 90 45 05
  – **R** conseillée
  5,5 ha (220 empl.) plat, peu incliné, herbeux
  Tarif : 📧 26 € – pers. suppl. 6 € – frais de réservation 15 €
  Location 🏖 : 65 🏠 (4 à 6 pers.) 240 à 605 €/sem. – 15
  🏠 (4 à 6 pers.) 240 à 605 €/sem.
  🚐 1 borne 3 € – 7 📧 26 €
  Pour s'y rendre : E : 1,5 km par D 34 rte de la Roche-
  Bernard, bord d'un étang
  À savoir : Bel ensemble aquatique couvert

| Nature : ♀ |
| Loisirs : 🍸 🏊 salle d'animation 🏃 ▦ 🎱 ⛳ 🌊 🎣 |
| Services : 🚿 ⚡ ⊕ GB ✂ 🗑 🛎 @ 📷 🌊 sèche-linge |

▲ **Les Parcs**
  𝒫 02 99 90 30 59, *lesparcs@club-internet.fr*,
  Fax 02 99 90 37 42, *www.camping-lesparcs.com*
  – **R** conseillée
  2,5 ha (75 empl.) plat et peu incliné, herbeux
  Location : 25 🏠
  Pour s'y rendre : E : 0,5 km par D 34 rte de la Roche-
  Bernard

| Nature : 🌳 ♀♀ |
| Loisirs : 🍸 🏊 (petite piscine) |
| Services : 🚿 ⚡ ⊕ 🛎 @ 📷 |
| À prox. : 🛒 ✂ 🚣 |

PLOEMEL

✉ 56400 – ▨▨▨ M9 – 2 047 h. – alt. 46
Paris 485 – Auray 8 – Lorient 34 – Quiberon 23 – Vannes 27.

▲▲ **St-Laurent** Permanent
  𝒫 02 97 56 85 90, *camping.saint.laurent@wanadoo.fr*,
  Fax 02 97 56 85 90, *www.ploemel.com* – **R** conseillée
  3 ha (90 empl.) plat, peu incliné, herbeux
  Tarif : 📧 14,90 € – pers. suppl. 3,80 €
  Pour s'y rendre : NO : 2,5 km rte de Belz, à proximité du
  carrefour D 22 et D 186

| Nature : 🌳 ♀(pinède) |
| Loisirs : snack 🏃 🏊 |
| Services : ⚡ ⊕ GB ✂ 🗑 🛎 @ 📷 🌊 |
| À prox. : golf |

▲▲ **Kergo** mai-sept.
  𝒫 02 97 56 80 66, *camping.kergo@wanadoo.fr*,
  Fax 02 97 56 80 66, *multimania.com/campingkergo/*
  – **R** conseillée
  2,5 ha (135 empl.) peu incliné et plat, herbeux
  Tarif : 📧 15,40 € ⚡ (10A) – pers. suppl. 3,50 €
  Location (avr.-oct.) : 8 🏠 (4 à 6 pers.) 255 à 540 €/sem.
  Pour s'y rendre : SE : 2 km par D 186 rte de la Trinité-sur-
  Mer et à gauche

| Nature : 🐾 ♀ |
| Loisirs : 🍴 🏃 |
| Services : 🚿 ⚡ ⊕ GB ✂ 🗑 @ 📷 |

PLOUGOUMELEN

✉ 56400 – ▨▨▨ N9 – 1 762 h. – alt. 27
Paris 471 – Auray 10 – Lorient 51 – Quiberon 39 – Vannes 14.

▲ **Municipal Kergouguec** 15 juin-15 sept.
  𝒫 02 97 57 88 74 – **R** conseillée
  1,5 ha (80 empl.) plat à peu incliné, herbeux
  Tarif : (Prix 2005) 🚶 2,05 € ⚗ 1,05 € 📧 1,55 €
  ⚡ (6A) 2,45 €
  Pour s'y rendre : À 0,5 km au Sud du bourg, par rte de
  Baden, au stade

| Nature : ♀ |
| Loisirs : ✂ |
| Services : 🚿 ⚡ ✂ 🗑 @ 📷 |
| À prox. : golf |

▲ **La Fontaine du Hallate** avr.-sept.
  𝒫 02 97 57 84 12, *clegloanic@campinghallate.com*,
  www.campinghallate.com – **R** conseillée
  1 ha (45 empl.) peu incliné, plat, herbeux
  Tarif : 📧 11 € ⚡ (4A) – pers. suppl. 2 € – frais de réservation 15 €
  Location : 10 🏠 (4 à 6 pers.) 250 à 400 €/sem.
  Pour s'y rendre : SE : 3,2 km vers Ploeren et rte de Baden
  à droite, au lieu-dit Hallate

| Nature : 🐾 ≤ |
| Loisirs : 🏃 |
| Services : ✂ @ 📷 sèche-linge |
| À prox. : ✂ golf |

PLOUHARNEL

✉ 56340 – ▦ ▦ M9 – 1 700 h. – alt. 21
🛈 Office de tourisme, avenue de l'Océan ✆ 02 97 52 32 93
Paris 490 – Auray 13 – Lorient 33 – Quiberon 15 – Quimperlé 51 – Vannes 33.

▲▲ Kersily avr.-oct.
    ✆ 02 97 52 39 65, camping.kersily@wanadoo.fr,
    Fax 02 97 52 44 76 – **R** conseillée
    2,5 ha (120 empl.) plat et peu incliné, herbeux
    Tarif : ☀ 4,40 € ⇦ 1,80 € ▣ 5,40 € (💡) (10A) 2,60 €
    Location : 22 ▦ (4 à 6 pers.) 190 à 510 €/sem.
    ▦ ⅃ 1 borne 2 €
    Pour s'y rendre : NO : 2,5 km par D 781 rte de Lorient et
    rte de Ste-Barbe, à gauche

Nature : 🌿 ♤♤
Loisirs : snack ▭ 🚣 ⅃
Services : ⅋ ⊶ GB ⅗ 🗑 ᗢ ☺ ⌬
▽ 🅰 sèche-linge
À prox. : ✗ ⚘ 🐎 poneys , golf, terrain omnisports

▲ Les Goélands juin-15 sept.
    ✆ 02 97 52 31 92, michelinealloux@aol.com – **R** conseillée
    1,6 ha (80 empl.) plat, herbeux
    Tarif : ▣ 12,60 € (💡) (6A) – pers. suppl. 3,50 €
    Pour s'y rendre : E : 1,5 km par D 781 rte de Carnac puis
    0,5 km par rte à gauche

Nature : 🌿 ♤
Services : ⊶ ⅗ ᗢ ☺
À prox. : ✗ 🐎 poneys golf

PLOUHINEC

✉ 56680 – ▦ ▦ L8 – 4 143 h. – alt. 10
Paris 503 – Auray 22 – Lorient 18 – Quiberon 30 – Quimperlé 36.

▲▲▲ Moténo 15 avr.-9 sept.
    ✆ 02 97 36 76 63, camping-moteno@wanadoo.fr,
    Fax 02 97 85 81 84, www.camping-le-moteno.com – **R** in-
    dispensable
    4 ha (230 empl.) plat, herbeux
    Tarif : (Prix 2005) ☀ 5 € ▣ 11,50 € (💡) (10A) 3,50 € – frais de
    réservation 20 €
    Location : 80 ▦ (4 à 6 pers.) 175 à 625 €/sem. – 15 🏠
    (4 à 6 pers.) 260 à 680 €/sem.
    Pour s'y rendre : SE : 4,5 km par D 781 et à droite, rte du
    Magouër

Nature : ♤
Loisirs : 🍽 snack ▭ ⅃, salle d'ani- mation 🚣 🚴 ⅃ ⅄ terrain om- nisports
Services : ⅋ ⊶ GB ⅗ 🗑 ᗢ ☺ 🅰 sèche-linge ⚖ ᗱ

▲▲▲ La Lande du Bélier (location exclusive de chalets et
    mobile homes) avr.-sept.
    ✆ 02 97 85 80 98, batering@aol.com, Fax 02 97 85 84 59
    5,5 ha plat, herbeux, pinède
    Location : 30 ▦ (4 à 6 pers.) 250 à 610 €/sem. – 10 🏠
    (4 à 6 pers.) 360 à 650 €/sem.
    Pour s'y rendre : 1,5 km par D 781 rte de Carnac

Nature : ▭
Loisirs : 🍽 snack ▭ 🖼
Services : ⊶ ⅗
À prox. : ✗ 💧

▲ Municipal Kérabus juil.-août
    ✆ 02 97 36 61 67, mairie.plouhinec56@wanadoo.fr,
    Fax 02 97 85 88 89 – **R** conseillée
    4 ha (100 empl.) non clos, plat, herbeux, pinède attenante
    Tarif : (Prix 2005) ▣ 9,60 € (💡) (10A) – pers. suppl. 2,18 €
    Pour s'y rendre : SE : 3 km par D 781, rte de Carnac et à
    droite, rte du Magouër, au stade

Nature : 🌿 ▭
Loisirs : 🚣 ✗ poneys
Services : ⅋ ⊶ ⅗ ᗢ ☺ 🅰
À prox. : 💧

PONT-SCORFF

✉ 56620 – ▦ ▦ K8 – G. Bretagne – 2 623 h. – alt. 42
🛈 Syndicat d'initiative, rue de Lorient ✆ 02 97 32 50 27
Paris 509 – Auray 47 – Lorient 11 – Quiberon 56 – Quimperlé 13.

▲ Ty Nenez Permanent
    ✆ 02 97 32 51 16, camping-ty-nenez@wanadoo.fr,
    Fax 02 97 32 43 77 – **R** indispensable
    1,5 ha (50 empl.) plat, peu incliné, herbeux
    Tarif : ▣ 9,95 € (💡) (16A) – pers. suppl. 2,15 €
    Location : 5 ▦ (4 à 6 pers.) 413 à 462 €/sem.
    ▦ ⅃ 1 borne 2 €
    Pour s'y rendre : SO : 1,8 km par D 6 rte de Lorient

Loisirs : 🍽
Services : ⅋ ⊶ GB ⅗ 🍴 🗑 ᗢ ☺ 🅰
À prox. : ⊱ ✗

279

PRIZIAC

⊠ 56320 – 𝟛𝟘𝟠 K6 – 986 h. – alt. 163
Paris 498 – Concarneau 55 – Lorient 42 – Pontivy 39 – Rennes 148 – Saint-Brieuc 83 – Vannes 90.

Municipal Bel Air Pâques-sept.
  ℘ 02 97 34 63 55, *mairie.priziac@wanadoo.fr*,
  Fax 02 97 34 64 67 – **R** conseillée
  1,5 ha (50 empl.) plat, herbeux
  Tarif : ⚡ 2,40 € ⇐ 1,15 € 🅴 1,65 € 👁 1,95 €
  Location (mars-sept.) : 4 ⛺ (4 à 6 pers.) 205 à
  420 €/sem.
  Pour s'y rendre : N : 0,5 km par D 109 et à gauche
  À savoir : Cadre verdoyant et ombragé près d'un plan d'eau

Nature : 🌿 🎯
Loisirs : 🛏
Services : ⚕ 🛁 🖥 ⊙ 🔲
À prox. : 🍷 🏊 ✗ 🔥 🚤 (plage) 🎵
pédalos, base nautique

QUIBERON

⊠ 56170 – 𝟛𝟘𝟠 M10 – G. Bretagne – 5 073 h. – alt. 10
🅱 *Office de tourisme, 14, rue de Verdun* ℘ 02 97 50 07 84, Fax 02 97 30 58 22
Paris 505 – Auray 28 – Concarneau 98 – Lorient 47 – Vannes 47.

Le Bois d'Amour 25 mars-1er oct.
  ℘ 02 97 50 13 52, *info@homair-vacances.fr*,
  Fax 02 97 50 42 67, *www.homair-vacances.fr* – **R** conseillée
  4,6 ha (290 empl.) plat, sablonneux, herbeux
  Tarif : 🅴 39 € – pers. suppl. 9 €
  Location : 150 ⛺ (4 à 6 pers.) 217 à 700 €/sem.
  🚐
  Pour s'y rendre : SE : 1,5 km, à 300 m de la mer et du
  centre de thalassothérapie
  À savoir : Cadre arbustif

Nature : 🌳 🌿
Loisirs : 🍷 snack 🛏 🎱 🏇 🏊 🚴 🏊
Services : ⚕ 🖥 🛁 🖥 ⊙ 🔲 sè-che-linge 🍴
À prox. : ✗ 🔥 🎵 🐴 (centre éques-tre) practice de golf

▲▲ **Les Joncs du Roch** 8 avr.-sept.
  𝒫 02 97 50 24 37, Fax 02 97 50 24 37 – **R** indispensable
  2,3 ha (163 empl.) plat, herbeux
  Tarif : 🔲 23,70 € [₰] (10A) – pers. suppl. 4,60 € – frais de
  réservation 28 €
  Location : 11 🏠 (4 à 6 pers.) 275 à 600 €/sem.
  Pour s'y rendre : SE : 2 km, rue de l'aérodrome, à 500 m
  de la mer

| Nature : 🖵 🎋 |
| Loisirs : 🛏 🛶 |
| Services : 🛁 o━ (saison) GB ⚲ 🗄 ♨ ⊙ 🔥 ⚂ 🔳 sèche-linge |
| À prox. : snack ✖ 🔥 🕿 🐎 poneys (centre équestre) terrain omnisports, practice de golf |

La ROCHE-BERNARD

✉ 56130 – 🔢🔢🔢 R9 – G. Bretagne – 796 h. – alt. 38
🅱 Office de tourisme, 14, rue du Docteur Cornudet 𝒫 02 99 90 67 98, Fax 02 99 90 67 99
Paris 444 – Nantes 70 – Ploërmel 55 – Redon 28 – St-Nazaire 37 – Vannes 42.

▲ Municipal le Pâtis
  𝒫 02 99 90 60 13, Fax 02 99 90 88 28 – **R** conseillée
  1 ha (58 empl.) plat, herbeux
  Pour s'y rendre : À l'O du bourg vers le port de plaisance
  À savoir : Près de la Vilaine (accès direct)

| Nature : 🖵 🎋 |
| Loisirs : 🛏 🚲 |
| Services : 🛁 o━ ▥ 🗄 ♨ ⊙ ⚂ 🔳 |
| À prox. : 🛶 🔲 (découverte en saison) 🛶 canoë |

Benutzen Sie
– zur Wahl der Fahrtroute
– zur Berechnung der Entfernungen
– zur exakten Lokalisierung eines Campingplatzes (mit Hilfe der Angaben im Ortstext)
*die für diesen Führer unentbehrlichen **MICHELIN-Karten** im Ma1 : 150 000.*

ROCHEFORT-EN-TERRE

281

✉ 56220 – 🔢🔢🔢 Q8 – G. Bretagne – 693 h. – alt. 40
🅱 Office de tourisme, place des Halles 𝒫 02 97 43 33 57
Paris 431 – Ploërmel 34 – Redon 26 – Rennes 82 – La Roche-Bernard 27 – Vannes 36.

▲▲ **Le Moulin Neuf** 13 mai-9 sept.
  𝒫 02 97 43 37 52, Fax 02 97 43 35 45 – **R** conseillée
  2,5 ha (60 empl.) plat et incliné, herbeux
  Tarif : ✚ 6 € 🔲 8 € [₰] (10A) 4,50 €
  Pour s'y rendre : SO : 1 km par D 774, rte de Péaule et
  chemin à droite, à 500 m d'un plan d'eau

| Nature : 🌳 🖵 |
| Loisirs : 🛶 ✖ ⚼ |
| Services : 🛁 o━ 🗄 ♨ ⊙ 🔳 sèche-linge |
| À prox. : ✖ 🛶 (plage) |

ROHAN

✉ 56580 – 🔢🔢🔢 O6 – G. Bretagne – 1 521 h. – alt. 55
Paris 451 – Lorient 72 – Pontivy 17 – Quimperlé 86 – Vannes 53.

▲ **Municipal le Val d'Oust** 15 juin-15 sept.
  𝒫 02 97 51 57 58, *mairie.rohan@wanadoo.fr*,
  Fax 02 97 51 52 11 – **R** conseillée
  1 ha (45 empl.) plat, herbeux
  Tarif : (Prix 2005) ✚ 2,80 € 🚗 1,05 € 🔲 1,05 € [₰] 2,50 €
  Pour s'y rendre : Sortie NO, rte de St-Gouvry
  À savoir : Au bord du canal de Nantes-à-Brest et près d'un
  plan d'eau

| Nature : 🎋 🎋 |
| Loisirs : 🛶 |
| Services : 🛁 ⚲ ⊙ 🔳 |
| À prox. : 🍴 crêperie ✖ 🛶 (plage) parcours sportif |

ST-CONGARD

✉ 56140 – 🔢🔢🔢 R8 – 637 h. – alt. 20
Paris 420 – Josselin 33 – Ploërmel 24 – Redon 26 – Vannes 42.

▲ **Municipal du Halage** 15 juin-15 sept.
  𝒫 02 97 43 50 13, *mairie-st-congard@wanadoo.fr*,
  Fax 02 97 43 54 75 – **R** conseillée
  0,8 ha (42 empl.) plat à peu incliné, herbeux
  Tarif : (Prix 2005) ✚ 1,50 € 🔲 1,60 € [₰] 1,70 €
  Pour s'y rendre : Au bourg, près de l'église et de l'Oust

| Nature : 🌳 🖵 🎋 |
| Loisirs : 🛶 |
| Services : ⊙ |

ST-GILDAS-DE-RHUYS

✉ 56730 – 🗺 N9 – G. Bretagne – 1 436 h. – alt. 10
🛈 Office de tourisme, place Monseigneur Ropert ℘ 02 97 45 31 45
Paris 483 – Arzon 9 – Auray 48 – Sarzeau 7 – Vannes 29.

Schéma à Sarzeau

Le Menhir 25 mai-5 sept.
℘ 02 97 45 22 88, campingmenhir@aol.com,
Fax 02 97 45 37 18, www.campingdumenhir.com
– **R** conseillée
5 ha/3 campables (180 empl.) plat et peu incliné, herbeux
Tarif : ▣ 30,10 € ⚡ (10A) – pers. suppl. 5,80 € – frais de
réservation 18,50 €
Location 🏕 : 20 🚐 (4 à 6 pers.) 229 à 700 €/sem.
Pour s'y rendre : N : 3,5 km, accès conseillé par D 780 rte
de Port-Navalo

> Nature : 🏞 00
> Loisirs : 🍴 snack, pizzeria 🎏 🎣
> 🚴 ✂ 🎯 🛼 ♨ bowling
> Services : 🔥 ⚡ 🌐 ⚡ 🗑 🚿 🛎 ◎
> 🚗 🚾 🔄 🏺 🚲
> À prox. : ⚘ 🐎 (centre équestre)
> golf

Goh'Velin vac. de Printemps-20 sept.
℘ 02 97 45 21 67, camping@gohvelin.com,
Fax 02 97 45 21 67 – **R** conseillée
1 ha (93 empl.) plat et peu incliné, herbeux
Tarif : (Prix 2005) ▣ 16,30 € – pers. suppl. 3,90 € – frais de
réservation 8 €
Location : 10 🚐 (4 à 6 pers.) 205 à 510 €/sem.
Pour s'y rendre : N : 1,5 km, à 300 m de la plage

> Nature : 🏞 0
> Loisirs : 🎏 🎣 🛼
> Services : ⚡ 🌐 ⚡ 🗑 ◎ 🔄
> À prox. : 🏸 ⚘ 🐎 (centre équestre)
> golf

ST-JACUT-LES-PINS

✉ 56220 – 🗺 R8 – 1 552 h. – alt. 63
Paris 419 – Ploërmel 38 – Redon 13 – La Roche-Bernard 26 – Vannes 47.

Municipal les Étangs de Bodéan 15 juin-15 sept.
℘ 02 99 91 28 65, Fax 02 99 91 30 44 – **R**
1 ha (50 empl.) plat et peu incliné, herbeux
Tarif : (Prix 2005) 🧍 1,80 € ▣ 1,50 € ⚡ 1,80 €
Pour s'y rendre : SO : 2,5 km par D 137 rte de St-Gorgon
À savoir : Belle décoration arbustive, au bord d'un étang

> Nature : 🦆 0
> Loisirs : 🎣 🐟
> Services : 🗑 ◎

ST-JULIEN

✉ 56170 – 🗺 M10
Paris 503 – Auray 27 – Lorient 46 – Quiberon 2 – Vannes 46.

Schéma à Quiberon

Beauséjour mai-17 sept.
℘ 02 97 30 44 93, info@campingbeausejour.com,
Fax 02 97 50 44 73, www.campingbeausejour.com
– **R** conseillée
2,4 ha (160 empl.) plat et peu incliné, herbeux, sablonneux
Tarif : (Prix 2005) 🧍 3,70 € ▣ 11 € ⚡ (10A) 4,30 € – frais de
réservation 17 €
Location : 15 🚐 (4 à 6 pers.) 240 à 620 €/sem.
🚐 1 borne 3,50 €
Pour s'y rendre : N : 0,8 km, à 50 m de la mer

> Loisirs : 🎏 🎣
> Services : 🔥 ⚡ 🌐 ⚡ 🗑 🛎 ◎
> 🚗 🚾 🔄
> À prox. : 🏸 🍴 snack 🚗 ✂ 🎮 🎣 ⚘
> 🐎 école de plongée, char à voile

Do.Mi.Si.La.Mi. avr.-4 nov.
℘ 02 97 50 22 52, camping@domisilami.com,
Fax 02 97 50 26 69, www.domisilami.com – **R**
4,4 ha (349 empl.) plat et peu incliné, herbeux
Tarif : ▣ 23,80 € ⚡ (10A) – pers. suppl. 4 €
Location 🏕 : 30 🚐 (4 à 6 pers.) 230 à 682 €/sem.
🚐 1 borne
Pour s'y rendre : N : 0,6 km, à 50 m de la mer
À savoir : Décoration arbustive

> Nature : 🏞
> Loisirs : 🎏 🎣 🚴 terrain omnis-ports
> Services : 🔥 ⚡ 🌐 ⚡ 🗑 🛎 ◎
> 🚗 🚾 🔄 sèche-linge
> À prox. : 🏸 🍴 snack 🚗 ✂ 🎮 🎣 ⚘
> 🐎 école de plongé, char à voile

282

ST-PHILIBERT

✉ 56470 – 🔢 N9 – 1 258 h. – alt. 15
Paris 486 – Auray 11 – Locmariaquer 7 – Quiberon 27 – La Trinité-sur-Mer 6.

Schéma à Carnac

⚠ **Le Chat Noir**
℘ 02 97 55 04 90, chatnoir@camping-lechatnoir.com,
Fax 02 97 55 04 90, www.camping-lechatnoir.com
– **R** conseillée
1,7 ha (98 empl.) plat et peu incliné, herbeux
Location : ⌂ – ⌂
Pour s'y rendre : N : 1 km

Nature : 🌳 ୨୨
Loisirs : 🏠 🏕 ⛺ 🏊 🎣
Services : ♿ ⚡ 🖥 🛒 🚿 @ 🏪
À prox. : 🛒 🍴 🚣

⚠ **Les Palmiers** Permanent
℘ 02 97 55 01 17, contact@campinglespalmiers.com,
Fax 02 97 30 03 91, www.campinglespalmiers.com
– **R** conseillée
2 ha (92 empl.) plat et peu incliné, herbeux
Tarif : 🔲 20,40 € 🔌 (10A) – pers. suppl. 4,70 € – frais de réservation 16 €
Location : 40 ⌂ (4 à 6 pers.) 260 à 550 €/sem. – 🛏
Pour s'y rendre : O : 2 km, à 500 m de la rivière de Crach (mer)
À savoir : Ancienne ferme restaurée et fleurie

Nature : ୨
Loisirs : crêperie 🏕
Services : ♿ ⚡ 🖥 🚿 🛒 @ 🏪
À prox. : 🛒 🍴 🚣

ST-VINCENT-SUR-OUST

✉ 56350 – 🔢 S8 – 1 096 h. – alt. 54
Paris 415 – Ploërmel 40 – Redon 8 – La Roche-Bernard 35 – Vannes 54.

⚠ **Municipal de Painfaut-Île-aux-Pies** mai-sept.
℘ 02 99 91 37 77, Fax 02 99 91 23 09 – **R** ✆
1,5 ha (30 empl.) peu incliné à incliné, herbeux, bois attenant
Tarif : (Prix 2005) ⭐ 2,20 € 🔲 1,60 € 🔌 2,10 €
Pour s'y rendre : NE : 2,2 km par rte de l'Île-aux-Pies et chemin à gauche, à 250 m de l'Oust (canal)

Nature : 🦌 ୨
Loisirs : 🏕
Services : ♿ @
À prox. : 🚲 🛶 🏇 (centre équestre) canoë VTT

283

STE-ANNE-D'AURAY

✉ 56400 – 🔢 N8 – G. Bretagne – 1 844 h. – alt. 42
🛈 Office de tourisme, 1, rue de Vannes ℘ 02 97 57 69 16, Fax 02 97 57 79 22
Paris 475 – Auray 7 – Hennebont 33 – Locminé 27 – Lorient 44 – Quimperlé 58 – Vannes 16.

⚠ **Municipal du Motten** juin-sept.
℘ 02 97 57 60 27, contact@sainte-anne-auray.com,
Fax 02 97 57 72 33 – **R** conseillée
1,5 ha (115 empl.) plat, herbeux
Tarif : ⭐ 2,30 € �car 1,40 € 🔲 1,90 € 🔌 (10A) 2,60 €
Pour s'y rendre : SO : 1 km par D 17 rte d'Auray et rue du Parc à droite

Nature : ୨
Loisirs : 🏠 🏕 🍴
Services : ♿ ⚡ 🚿 @ 🏪
À prox. : 🔲

SARZEAU

✉ 56370 – 🔢 O9 – G. Bretagne – 6 143 h. – alt. 30
🛈 Office de tourisme, rue Gal-de-Gaulle ℘ 02 97 41 82 37, Fax 02 97 41 74 95
Paris 478 – Nantes 111 – Redon 62 – Vannes 23.

⚠ **An Treste** 24 mai-10 sept.
℘ 02 97 41 79 60, letreste@campingletreste.com,
Fax 02 97 41 36 21, www.campingletreste.com – **R** conseillée
5 ha (225 empl.) plat, herbeux
Tarif : ⭐ 5,45 € 🔲 9,80 € 🔌 (10A) 3,30 € – frais de réservation 12 €
Location : 15 ⌂ (4 à 6 pers.) 225 à 695 €/sem.
Pour s'y rendre : S : 2,5 km, rte du Roaliguen

Loisirs : 🍷 🏠 🏕 🏊 🎣
Services : ♿ ⚡ 🖥 🚿 🛒 @ 🏪 sèche-linge 💧
À prox. : 🛒 🍴 🎯 🚣 🏇 (centre équestre) , golf

SARZEAU

⛰ Le Bohat 26 avr.-16 sept.
℘ 02 97 41 78 68, *lebohat@campinglebohat.com,*
Fax 02 97 41 70 97, *www.campinglebohat.com* – **R** conseillée
4,5 ha (225 empl.) non clos, plat, herbeux
Tarif : 🔲 21,55 € 🔌 (10A) – pers. suppl. 4,80 €
Location 🏠 : 10 🚐 (4 à 6 pers.) 230 à 595 €/sem.
🚐 1 borne 5 €
Pour s'y rendre : O : 2,8 km

> Nature : 🦌 ♀(verger)
> Loisirs : 🍸 🛋 👫 🏊 🦌
> Services : ♿ ⚲ GB 🚗 📮 🛁 ♨ ⓐ
> 🖼 sèche-linge 🏧
> À prox. : 🍖 ✂ 🎣 ♬ 🐴 (centre
> équestre) golf

⛰ Ferme de Lann Hoedic avr.-oct.
℘ 02 97 48 01 73, *contact@camping-lannhoedic.fr,*
Fax 02 97 41 72 87, *www.camping-lannhoedic.fr*
– **R** conseillée
3,6 ha (128 empl.) peu incliné, plat, herbeux
Tarif : 🔲 4,20 € 🔲 7,50 € 🔌 2,60 € – frais de réserva-
tion 10 €
Location 🏠 : 8 🚐 (4 à 6 pers.) 230 à 590 €/sem.
Pour s'y rendre : S : 4 km rte du Roaliguen

> Nature : 🦌
> Loisirs : 👫 🚲
> Services : ⚲ 🚗 Ⓜ 🛁 🔥 ⓐ ♨ 🗒
> 🖼
> À prox. : 🐴

⛰ La Grée Penvins avr.-sept.
℘ 02 97 67 33 96, Fax 02 97 67 40 70, *www.campinglagree*
penvins.com – **R**
2,5 ha (125 empl.) plat, terrasse, herbeux, sablonneux
Tarif : (Prix 2005) 🔲 3,10 € 🔲 5,20 € 🔌 (6A) 2,30 €
Location 🏠 : 9 🚐 (4 à 6 pers.) 200 à 550 €/sem.
Pour s'y rendre : SE : 9 km par D 198
À savoir : Accès direct à la plage de la Pointe de Penvins

> Nature : 🦌 ⚠
> Services : ♿ ⚲ (avr.-sept.) 🚗 🔥
> ♨ ⓐ 🖼
> À prox. : 🍸 ✂ 🎣 ♬

SÉRENT

✉ 56460 – 🄷🄾🄷 P8 – 2 716 h. – alt. 80
Paris 432 – Josselin 17 – Locminé 31 – Ploërmel 19 – Redon 47 – Vannes 31.

⛰ Municipal du Pont Salmon mai-mi-sept.
℘ 02 97 75 91 98, *mairie.serent@wanadoo.fr,*
Fax 02 97 75 98 35 – **R** conseillée
1 ha (40 empl.) plat, herbeux
Tarif : (Prix 2005) 🔲 1,60 € 🚗 1,60 € 🔲 1,60 € 🔌 2,20 €
🚐 1 borne - 10 🔲 3,10 €
Pour s'y rendre : Au bourg, vers rte de Ploërmel, au stade

> Loisirs : 👫 🦌
> Services : ⚲ (juin-août) 🛁 ⓐ 🖼
> À prox. : ✂

TAUPONT

✉ 56800 – ▓▓▓ Q7 – 1 908 h. – alt. 81
Paris 422 – Josselin 16 – Ploërmel 5 – Rohan 37 – Vannes 50.

⚠ **La Vallée du Ninian** 15 avr.-sept.
    📞 02 97 93 53 01, *infos@camping-ninian.com,*
    Fax 02 97 93 57 27, *www.camping-ninian.com* – **R** conseillée
    2,7 ha (100 empl.) plat, herbeux
    Tarif : 🔲 15,40 € [½] (6A) – pers. suppl. 3,40 €
    Location : 5 🛖 (4 à 6 pers.) 230 à 430 €/sem. – 4 🏠 (4
    à 6 pers.) 350 à 520 €/sem.
    🚐 1 borne – 2 🔲
    Pour s'y rendre : Sortie N par D 8, rte de la Trinité-Phoët,
    puis 2,5 km par rte à gauche, accès direct à la rivière

> Nature : 🐾 ⛺ ♀(verger)
> Loisirs : 🍹 🎣nocturne 🏄 🏊 🎣
> Services : 🚿 ⚡ 🖥 🗑 🛒 ☺ 🚰
> 🚻 🖼 sèche-linge 🧺

THEIX

✉ 56450 – ▓▓▓ P9 – 5 029 h. – alt. 5
Paris 464 – Ploërmel 51 – Redon 58 – La Roche-Bernard 33 – Vannes 9.

⚠ **Rhuys** avr.-15 oct.
    📞 02 97 54 14 77, *campingderhuys@wanadoo.fr,*
    Fax 02 97 54 14 77 – **R** conseillée
    2 ha (60 empl.) peu incliné, herbeux
    Tarif : (Prix 2005) ⭐ 4,90 € 🔲 8,80 € [½] (4.90A) 2,70 € – frais
    de réservation 15 €
    Location : 10 🛖 (4 à 6 pers.) 175 à 560 €/sem.
    🚐 1 borne
    Pour s'y rendre : À 3,5 km au NO du bourg, par N 165,
    venant de Vannes : sortie Sarzeau

> Loisirs : 🏄 🏊 (petite piscine)
> Services : 🚿 ⚡ 🖥 🗑 🛒 🚰 ☺
> 🚰 🚻 🖼
> À prox. : 🛒 🍹 ✕ 🍴 🎲 🖼 🏊

Le TOUR-DU-PARC

✉ 56370 – ▓▓▓ P9 – 741 h.
Paris 476 – La Baule 62 – Redon 57 – St-Nazaire 81 – Vannes 22.

⚠ **Le Cadran Solaire** avr.-oct.
    📞 02 97 67 30 40, *cadransolaire56@yahoo.fr,*
    Fax 02 97 67 40 28 – **R** conseillée
    2 ha (115 empl.) plat, herbeux
    Tarif : ⭐ 4,10 € 🔲 8,20 € [½] (6A) 2,80 € – frais de réser-
    vation 8 €
    Location (mars-oct.) 🚫 : 8 🛖 (4 à 6 pers.) 235 à
    510 €/sem.
    Pour s'y rendre : S : 2 km par D 324, rte de Sarzeau

> Nature : ⛺ 00
> Loisirs : 🎪 🏄 🍴
> Services : 🚿 ⚡ (juil.-août) 🖥 🗑
> Ⓜ 🗑 ☺ 🚰 sèche-linge 🧺
> À prox. : ♦ 🐎 (centre équestre)

La Côte d'Émeraude

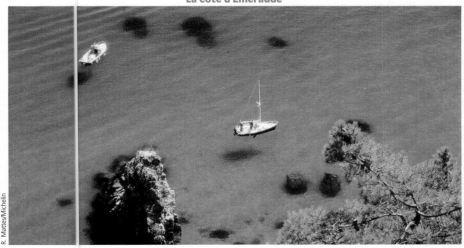

R. Mattes/Michelin

TRÉDION

✉ 56250 – 🔢 P8 – G. Bretagne – 888 h. – alt. 85
Paris 441 – Josselin 24 – Locminé 26 – Ploërmel 28 – Redon 53 – Vannes 25.

△ **Municipal l'Étang aux Biches** juil.-août
📞 02 97 67 14 06, Fax 02 97 67 13 41 – **R** conseillée
10 ha/0,5 campable (34 empl.) peu incliné et plat, herbeux, bois
Tarif : (Prix 2005) ⋆ 1,60 € 🚗 1,10 € 🔲 1,10 € [⚡] 1,90 €
Pour s'y rendre : S : 1,3 km par D 1, rte d'Elven
À savoir : Situation agréable au bord de deux étangs

| Nature : 🦆 ≪ ⌂ ♀ |
| Loisirs : 🛴 ⚒ 🎣 parcours spor-tif |
| Services : ♿ ⊛ |

La TRINITÉ-SUR-MER

✉ 56470 – 🔢 M9 – G. Bretagne – 1 530 h. – alt. 20
🅱 *Office de tourisme, cours des Quais* 📞 *02 97 55 72 21, Fax 02 97 55 78 07*
Paris 488 – Auray 13 – Carnac 4 – Lorient 52 – Quiberon 23 – Quimperlé 66 – Vannes 31.
Schéma à Carnac

🔺🔺🔺 **La Baie** 20 mai-17 sept.
📞 02 97 55 73 42, *info@campingdelabaie.fr*,
Fax 02 97 55 88 81, *www.campingdelabaie.fr* – places limi-tées pour le passage – **R** conseillée
2,2 ha (170 empl.) plat, herbeux, sablonneux
Tarif : (Prix 2005) 🔲 37,40 € [⚡] (10A) – pers. suppl. 6,35 € –
frais de réservation 20 €
Location : 20 🛏 (4 à 6 pers.) 294 à 735 €/sem.
Pour s'y rendre : S : 1,5 km, à 100 m de la plage de Kervilen

| Nature : ⌂ ♀ |
| Loisirs : 🏠 ⚐ nocturne 🏃 ⛷ 🚲 ♨ 🏊 |
| Services : ♿ ⊶ GB ⚙ 🗄 🚿 ⊛ 🌀 🚰 🖼 |
| À prox. : �. ☕ ✗ crêperie ⚒ 🎱 ♪ |

🔺🔺🔺 **La Plage** 29 avr.-17 sept.
📞 02 97 55 73 28, *camping@camping-plage.com*,
Fax 02 97 55 88 31, *www.camping-plage.com* – **R** conseillée
3 ha (200 empl.) plat et peu incliné, herbeux, sablonneux
Tarif : 🔲 36,80 € [⚡] (10A) – pers. suppl. 5 € – frais de réser-vation 15 €
Location : 18 🛏 (4 à 6 pers.) 240 à 735 €/sem.
Pour s'y rendre : S : 1 km, accès direct à la plage de Kervilen

| Nature : ⌂ ♀ ⛰ |
| Loisirs : 🏠 ⚐ nocturne 🏃 ⛷ 🚲 ♨ 🏊 |
| Services : ♿ ⊶ GB ⚙ 🗄 🚿 ⊛ 🌀 🚰 🖼 |
| À prox. : �. ☕ ✗ crêperie ⚒ 🎱 ♪ |

🔺🔺🔺 **Kervilor** mai-10 sept.
📞 02 97 55 76 75, *ebideau@camping-kervilor.com*,
Fax 02 97 55 87 26, *www.camping-kervilor.com* – **R** indis-pensable
5 ha (230 empl.) plat et peu incliné, herbeux
Tarif : 🔲 29 € – pers. suppl. 4,85 € – frais de réserva-tion 18 €
Location (avr.-10 sept.) : 64 🛏 (4 à 6 pers.) 230 à 795 €/sem.
🚐 1 borne 3,50 €
Pour s'y rendre : N : 1,6 km

| Nature : 🦆 ⌂ ♀ |
| Loisirs : ☕ 🏠 🛴 🚲 ⚒ 🎱 ♨ 🏊 |
| Services : ♿ ⊶ GB ⚙ 🗄 🚿 ⊛ 🖼 🚰 |
| À prox. : ♪ golf |

🔺🔺🔺 **Park-Plijadur** avr.-sept.
📞 02 97 55 72 05, *parkplijadur@hotmail.com*,
Fax 02 97 55 83 83, *www.parkplijadur.com* – **R** conseillée
5 ha (198 empl.) plat, herbeux, sablonneux
Tarif : 🔲 25,05 € [⚡] (10A) – pers. suppl. 4,30 € – frais de
réservation 20 €
Location ✂ (24 juin-2 sept.) : 15 🛏 (4 à 6 pers.) 250 à
650 €/sem.
🚐 1 borne 1,50 €
Pour s'y rendre : NO : 1,3 km sur D 781, rte de Carnac
À savoir : Au bord d'un étang

| Nature : ⌂ ♀♀ |
| Loisirs : ☕ 🏠 🛴 🚲 🎱 ♨ |
| Services : ♿ ⊶ GB ⚙ 🗄 🚿 ⊛ 🖼 🚰 |
| À prox. : 🛒 ⚒ ♪ 🐎 |

We recommend that you consult the up to date price list posted at the entrance of the site.
Inquire about possible restrictions.
The information in this Guide may have been modified since going to press.

VANNES

✉ 56000 – 308 O9 – G. Bretagne – 51 759 h. – alt. 20
🛈 Office de tourisme, 1, rue Thiers ✆ 02 97 47 24 34, Fax 02 97 47 29 49
Paris 459 – Quimper 122 – Rennes 110 – St-Brieuc 107 – St-Nazaire 86.

Municipal de Conleau avr.-sept.
✆ 02 97 63 13 88, *camping@mairie-vannes.fr*,
Fax 02 97 40 38 82, *www.mairie-vannes.fr* – **R** conseillée
5 ha (260 empl.) incliné à peu incliné, herbeux
Tarif : 🧍 4,10 € 🔲 8,80 € 🔌 (6A) 3,50 € – frais de réservation 20 €
🚐 1 borne 5 € – 21 🔲
Pour s'y rendre : S : direction parc du Golfe par l'avenue du Mar.-Juin, à la pointe de Conleau
À savoir : Site agréable

Nature : 🌳
Loisirs : 🍷 🏠 ⛵ 🚲
Services : 🚿 ⚡ (juil.-août) 🚻 🐕
🛖 😊 🔥 🖤 🔲 sèche-linge cases réfrigérées
À prox. : 🛒 🍴 🎣 🏊 ⛷ ⛳

287

CENTRE

Guillot M/Michelin

La Belle au bois dormant sommeillerait encore, dit-on, dans l'un des splendides châteaux qui bordent la Loire et ses affluents : Chambord, Azay-le-Rideau, Chenonceau... Autant de logis royaux au décor de conte de fées, agrémentés de jardins étourdissants de beauté. Une foule de spectacles son et lumière y font revivre aujourd'hui les fastes de la Cour, prenant le relais des écrivains qui, de Ronsard à Genevoix en passant par Balzac et George Sand, ont immortalisé la Vallée des rois, trempé leur plume aux étangs de la giboyeuse Sologne ou dépeint l'envoûtante atmosphère du bocage berrichon. Après avoir savouré un délicieux poulet en barbouille, prêtez donc l'oreille aux histoires de loups-garous contées par vos hôtes... Vous constaterez que les gens du pays manient aussi bien les mots que les casseroles !

Sleeping Beauty is said to slumber still within the thick walls of one of the Loire's fairy-tale castles, like Chambord, Azay-le-Rideau or Chenonceau. A list of the region's architectural wonders and glorious gardens would be endless; but its treasures are shown to full effect in a season of »son et lumière« shows. The landscape has inspired any number of writers, from Pierre de Ronsard, "the Prince of Poets", to Balzac and Georges Sand; all succumbed to the charm of this valley of kings, without forgetting to give the game-rich woodlands their due. To savour the region's two-fold talent for storytelling and culinary arts, first tuck into a delicious chicken stew, then curl up by the fireside to hear your hosts' age-old local legends.

Vimoutiers

St-Evroult-
N.-D.-du-Bois

Gacé

Flers

D 924

N 158

Orne

St-Rémy-
s-Avre

Dreux

Argentan

N 26

Sarthe

N 12

EURE-

N 154

Eure

Harcouët

Domfro

76

Marchainville

Senonches

Chartres

N 12

Mortagne-
au-Perche

Fontaine-Simon

ET-

Ambrières-
les-Vallées

Longny-au-Perche

Courville-s-Eure

●	Localité citée avec camping
■	Localité citée avec camping et locatif
Lourdes	Localité disposant d'emplacements camping-car
Moyaux	Localité disposant d'au moins un terrain agréable
🚐	Aire de service pour camping-car sur autoroute

N 12

Mayenne

MAYENNE

Alençon

Mamers

Bellême

Nogent-le-Rotrou

N 10

Bonneval

Fresnay-s-Sarthe

A 28

Beaumont-s-S.

La Ferté-Bernard

la Bazoche-Gouet

A 11

Arrou

Châteaudun

Bais

Évron

Mézières-
s/s-Lavardin

Sillé-
le-Guillaume

Sillé-le-Phillipe

Lavaré

Cloyes-sur-le-Loir

Mouillé

Laval

Tennie

Conlie

Neuville-s-S.

Dollon

N 171

D 21

A 81

SARTHE

Fréteval

N 157

vin

Mayenne

N 162

Meslay-du-Maine

LE MANS

Bouloire

N 157

St-Calais

Moréе

Villiers-
Charlemagne

Bouère

Loué

Roézé-s-S.

Bessé-s-Braye

Vendôme

Avoise

A 11

Sarthe

N 23

Thoré-
la-Rochette

Suèvres

Château-
Gontier

Sablé-s-Sarthe

Écommoy

A 28

Courdemanche

Montoire-
s-le-Loir

N 10

LOIR-

Nyoiseau

Ménil

Daon

Précigné

Malicorne-
s-Sarthe

D 306

Mansigné

Mayet

Ruillé-s-Loir

Marçon

ET-

Segré

Châteauneuf-s-S.

N 23

Luché-Pringé

Loir

Château-Renault

Blois

Potherie

le Lion-d'Angers

la Flèche

Durtal

A 10

Seillac

Candé-s-
Beuvron

LOIRE

INE-

ET-

LOIRE

Baugé

Sonzay

N 138

N 10

Mesland

Onzain

les Montils

Pruillé

ANGERS

Brain-l'Authion

la Membrolle-
s-Choisille

Reugny

Limeray

Chaumont-s-L.

Bouchemaine

les Ponts-de-Cé

A 87

Coutures

les Rosiers-s-L.

Vouvray

la Ville-aux-Dames

Chémery

s-L.

St-Lambert-
du-Lattay

Brissac-Quincé

Allonnes

Bourgueil

N 152

TOURS

Ballan-Miré

Montlouis-s-L.

Mareuil-
s-Cher

St-Aignan

Thouarcé

St-Hilaire-
St-Florent

Saumur

Azay-
le-Rideau

A 85

St-Avertin

Bléré

Civray-
de-Touraine

N 76

hemillé

Doué-la-Fontaine

Varennes-s-L.

Savigny-
en-Véron

Montbazon

N 143

Indre

Chemillé-s-Indrois

St-Georges-s-Layon

Montsoreau

Chinon

Ste-Catherine-
de-Fierbois

Loches

Luçay-
le-Mâle

Vihiers

Concourson-
s-Layon

Montreuil-Bellay

l'Île-
Bouchard

Ste-Maure-de-Tourraine

Cholet

INDRE- ET- LOIRE

Marcilly-
s-Vienne

Châtillon-s-Indre

Argenton-Château

Loudun

Descartes

Arpheuilles

RBIERS

N 149

Bressuire

Creuse

Preuilly-s-Claise

Buzançais

es

DEUX-SÈVRES

N 147

Ingrandes

Lésigny

Yzeures-s-Creuse

INDRE

uzauges

Châtellerault

MILLE ÉTANGS

🚐

Jaunay-Clan

St-Cyr

la Roche-Posay

Rosnay

Neuville-de-Poitou

Vouneuil-s-V.

Mervent

N 149

Dissay

St-Pierre-
de-Maillé

le Pont-Chrétien-Chabenet

N 151

Vouillé

Vienne

le Blanc

Fontenay-
le-Comte

Secondigny

Avanton

St-Georges-
lès-Baillargeaux

Bonnes

Argenton-
s-Creuse

Coulonges-s-l'Autize

Chauvigny

Chaillac

N 151

St-Christophe-s-Roc

POITIERS

Creuse

Maillezais

A 83

VIENNE

Montmorillon

20

le Mazeau

Sèvre

Niort

N 10

🚐 ROUILLÉ-PAMPROUX

AUBIGNY-SUR-NÈRE

✉ 18700 – ⅗⅖⅗ K2 – G. Châteaux de la Loire – 5 907 h. – alt. 180
🏢 *Office de tourisme, 1, rue de l'Église* 𝒫 02 48 58 40 20
Paris 180 – Bourges 48 – Cosne-sur-Loire 41 – Gien 30 – Orléans 67 – Salbris 32 – Vierzon 44.

Municipal les Étangs avr.-oct.
𝒫 02 48 58 02 37, *seta@aubigny-sur-nere.fr*,
Fax 02 48 81 50 98, *www.aubigny-sur-nere.fr* – **R** conseillée
3 ha (100 empl.) plat, herbeux
Tarif : (Prix 2005) ✱ 2,30 € ⟵ 1,20 € ▣ 2,40 €
🔌 (10A) 4,25 €
Pour s'y rendre : E : 1,4 km par D 923 rte d'Oizon, près
d'un étang (accès direct)

Nature : 🌳🌳 (chênaie)	
Loisirs : 🛖 🛶	
Services : 🚿 ⚬━ 🛒 🗑 🛢 🎪	
À prox. : 🍴 🔲 🛶	

BOURGES

✉ 18000 – ⅗⅖⅗ K4 – G. Berry Limousin – 72 480 h. – alt. 153
🏢 *Office de tourisme, 21, rue Victor Hugo* 𝒫 02 48 23 02 60
Paris 244 – Châteauroux 65 – Dijon 254 – Nevers 69 – Orléans 121 – Tours 157.

Municipal Robinson 15 mars-15 nov.
𝒫 02 48 20 16 85, Fax 02 48 50 32 39, *www.ville.bourges.fr*
– **R**
2,2 ha (116 empl.) plat, peu incliné, herbeux, gravier
Tarif : ✱ 3,60 € ▣ 4,70 € 🔌 (10A) 4,40 €
Pour s'y rendre : Vers sortie S par N 144, rte de Montluçon
et bd de l'Industrie à gauche, près du Lac d'Auron. Sortie A
71 : suivre Bourges Centre et fléchage

Nature : ▭ 🌳	
Loisirs : 🏊 🎣	
Services : 🚿 ⚬━ 🅶🅱 🗑 🛢 🎪 🛢	
À prox. : 🍴 🔲 🔲 🛶 🐴 (centre équestre) golf, canoë	

Benutzen Sie
– zur Wahl der Fahrtroute
– zur Berechnung der Entfernungen
– zur exakten Lokalisierung eines Campingplatzes (mit Hilfe der Angaben im Ortstext)
*die für diesen Führer unentbehrlichen **MICHELIN-Karten** im Ma1 : 150 000.*

La CHAPELLE-D'ANGILLON

✉ 18380 – ⅗⅖⅗ K2 – G. Berry Limousin – 667 h. – alt. 195
🏢 *Syndicat d'initiative, rue de la fontaine Saint-Jacques* 𝒫 02 48 73 43 41
Paris 193 – Aubigny-sur-Nère 14 – Bourges 35 – Salbris 35 – Sancerre 35 – Vierzon 35.

Municipal des Murailles
𝒫 02 48 73 40 12, Fax 02 48 73 48 67 – **R**
2 ha (49 empl.) plat, herbeux
Pour s'y rendre : SE : 0,8 km par D 12 rte d'Henrichemont
et chemin à droite, près de la petite Sauldre et d'un plan
d'eau
À savoir : Près d'un agréable étang dominé par un château
féodal

Nature : 🌿 🌳🌳	
Services : 🔧 🎪	
À prox. : 🍴 🏊 (plage) 🛶	

CHÂTEAUMEILLANT

✉ 18370 – ⅗⅖⅗ J7 – 2 058 h. – alt. 247
🏢 *Office de tourisme, 69, rue de la Libération* 𝒫 02 48 61 39 89
Paris 313 – Aubusson 79 – Bourges 66 – La Châtre 19 – Guéret 59 – Montluçon 46 – St-Amand-Montrond 37.

Municipal l'Étang Merlin mai-sept.
𝒫 02 48 61 31 38, *camping.chateaumeillant.chalets@wana
doo.fr*, Fax 02 48 61 33 73, *http://monsite.wanadoo.fr/cha
lets.etang.merlin* – **R** conseillée
1,5 ha (30 empl.) plat, herbeux
Tarif : ✱ 2,50 € ▣ 3 € 🔌 (5A) 2 €
Location (permanent) 🏠 : 6 🏡 (4 à 6 pers.) 147 à
275 €/sem.
Pour s'y rendre : NO : 1 km par D 70, rte de Beddes et D 80
à gauche rte de Vicq
À savoir : Chalets agréablement situés sur la rive de l'étang

Nature : ▭ 🌳	
Loisirs : 🛖 🏊 🚲 🛶	
Services : 🚿 ⚬━ 🗑 🛢 🎪 🛢	
À prox. : 🍴 🏊	

DUN-SUR-AURON

✉ 18130 – **323** L5 – G. Berry Limousin – 4 013 h. – alt. 182
🚩 *Office de tourisme, place Gustave Vinadelle* 𝒫 *02 48 59 85 26*
Paris 269 – Bourges 27 – Montluçon 75 – Moulins 81 – Nevers 57.

⚠ **Municipal de l'Auron** mai-sept.
  𝒫 *02 48 59 16 87, ville.dunsurauron@wanadoo.fr,*
  Fax 02 48 59 84 22 – **R** conseillée
  0,6 ha (25 empl.) plat, herbeux
  Tarif : (Prix 2005) ⚹ 1,40 € 🔳 1,75 € 🔌 (13A) 3,30 €
  Pour s'y rendre : Sortie SO par D 10 rte de Meillant, et à
  droite après le pont de l'ancien canal de l'Auron

Nature : 〰 ♀
Loisirs : 🎣
Services : ఈ ⚬━ ぞ ☺
À prox. : 🛒 ✂ ⤴

La GUERCHE-SUR-L'AUBOIS

✉ 18150 – **323** N5 – 3 397 h. – alt. 184
🚩 *Office de tourisme, 1, place Auguste Fournier* 𝒫 *02 48 74 25 60*
Paris 242 – Bourges 48 – La Charité-sur-Loire 31 – Nevers 22 – Sancoins 16.

⚠ Municipal le Robinson
  𝒫 *02 48 74 18 86, mairie.laguerche@wanadoo.fr,*
  Fax 02 48 74 18 86, *www.berry.tm.fr –* **R** conseillée
  1,5 ha (33 empl.) plat et peu incliné, herbeux
  Location : 🏠
  Pour s'y rendre : SE : 1,4 km par D 200, rte d'Apremont
  puis à droite, 0,6 km par D 218 et chemin à gauche
  À savoir : Situation agréable au bord d'un plan d'eau

Nature : 〰 ♀
Loisirs : 🏛 🔥 🎣
Services : ఈ ⚬━ ぞ ☺ 🗄
À prox. : 🍷 🚴 ⤳ 🚤 pédalos

JARS

✉ 18260 – **323** M2 – G. Berry Limousin – 505 h. – alt. 285
Paris 188 – Aubigny-sur-Nère 24 – Bourges 47 – Cosne-sur-Loire 21 – Gien 44 – Sancerre 15.

⚠ **La Balance** mai-11 nov.
  𝒫 *02 48 58 74 50, Fax 02 48 73 88 79 –* **R** conseillée
  0,9 ha (25 empl.) peu incliné, plat, herbeux
  Tarif : ⚹ 1,70 € 🚗 1,10 € 🔳 1,70 € 🔌 1,70 €
  Location : gîte d'étape
  Pour s'y rendre : SO : 0,8 km par D 74 et chemin à droite
  À savoir : Près d'un étang

Nature : ♀
Services : ☺ 🚿
À prox. : 🍷 ✂ 🔥 🚤 🎣 canoë

293

Paysage de la Brenne

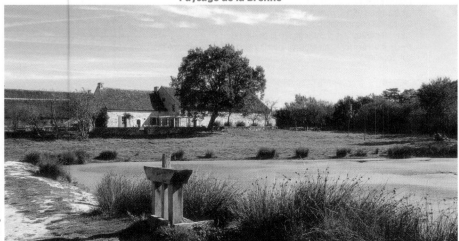

S. Sauvignier/Michelin

LUNERY

✉ 18400 – 323 J5 – 1 536 h. – alt. 150
Paris 256 – Bourges 23 – Châteauroux 51 – Issoudun 28 – Vierzon 39.

⌂ **Intercommunal de Lunery** 15 mai-15 sept.
℘ 02 48 23 22 08, *fercher@oleane.com*, Fax 02 48 55 26 78
– **R** conseillée
0,5 ha (37 empl.) plat, herbeux
Tarif : (Prix 2005) ✚ 3 € ⇔ 5 € ▣ 5 €
🚐 1 borne 5 €
Pour s'y rendre : Au bourg, près de l'église
À savoir : Autour des vestiges d'un ancien moulin, près du Cher

Nature : 🏞 ♀	
Loisirs : 🏠 ⚞	
Services : ♿ ⚡ 🚰 🗑 ⊕	
À prox. : ♟ ✗ ⚒	

ST-AMAND-MONTROND

✉ 18200 – 323 L6 – G. Berry Limousin – 11 447 h. – alt. 160
🛈 Office de tourisme, place de la République ℘ 02 48 96 16 86, Fax 02 48 96 46 64
Paris 282 – Bourges 52 – Châteauroux 65 – Montluçon 56 – Moulins 79 – Nevers 70.

⌂ **Municipal de la Roche** avr.-sept.
℘ 02 48 96 09 36, *ot-sam@wanadoo.fr*, Fax 02 48 96 09 36,
www.ville-saint-amand-montrond.fr – **R**
4 ha (120 empl.) plat, peu incliné, herbeux
Tarif : (Prix 2005) ▣ 10,90 € ⚡ (5A) – pers. suppl. 2,50 €
Pour s'y rendre : Sortie SE par N 144, rte de Montluçon et chemin de la Roche à droite avant le canal, près du Cher

Nature : 🏞 ♀	
Loisirs : 🏠 ⚞ ⚒	
Services : ♿ ⚡ 🚰 🎞 🗑 ⚓ ⊕ 🖳	
À prox. : 🏊	

ST-SATUR

✉ 18300 – 323 N2 – G. Berry Limousin – 1 731 h. – alt. 155
🛈 Office de tourisme, 25, rue du Commerce ℘ 02 48 54 01 30
Paris 194 – Aubigny-sur-Nère 42 – Bourges 50 – Cosne-sur-Loire 12 – Gien 55 – Sancerre 4.

⌂⌂ **S.I. René Foltzer** mai-sept.
℘ 02 48 54 04 67, *otsi.saintsatur@wanadoo.fr*,
Fax 02 48 54 01 30 – **R** conseillée ⚒
1 ha (85 empl.) plat, herbeux
Tarif : ✚ 2,20 € ▣ 4 € ⚡ (10A) 2,60 €
Pour s'y rendre : À St-Thibault, E : 1 km par D 2
À savoir : Près de la Loire (accès direct)

Nature : 🏞 ♀♀	
Loisirs : 🏠 ⚒	
Services : ♿ ⚡ 🗑 ⊕ ⚓ ⚓ 🖳	
À prox. : 🚲 🎣 🏊 🏊 🎿 golf, canoë	

STE-MONTAINE

✉ 18700 – 323 J2 – 170 h. – alt. 162
Paris 184 – Bourges 52 – Cosne-sur-Loire 50 – Gien 34 – Orléans 62 – Salbris 26 – Vierzon 42.

⌂ **Municipal** 8 avr.-29 oct.
℘ 02 48 58 05 16, *mairie.ste-montaine@wanadoo.fr* – **R**
0,6 ha (33 empl.) plat, herbeux
Tarif : (Prix 2005) ✚ 1,30 € ▣ ,70 € ⚡ 4,60 €
Pour s'y rendre : Au bourg, par D 79, rte de Ménétréol-sur-Sauldre

Nature : ♀♀	
Loisirs : ⚒	
Services : 🗑 ⊕	

Eure-et-Loir (28)

ARROU

✉ 28290 – 311 C7 – 1 770 h. – alt. 160
Paris 139 – Brou 15 – Chartres 53 – Châteaudun 20 – Cloyes-sur-le-Loir 16.

⌂⌂ **Municipal le Pont de Pierre** mai-sept.
℘ 02 37 97 02 13, Fax 02 37 97 10 28 – **R** conseillée
1,4 ha (75 empl.) plat, peu incliné, herbeux
Tarif : ▣ 7,60 € ⚡ (10A) – pers. suppl. 1,50 €
Pour s'y rendre : Sortie O par D 111 rte du Gault-Perche
À savoir : Près de l'Yerre et d'un petit plan d'eau (accès direct)

Nature : 🏞	
Loisirs : ⚞ ⚒ 🏖 (petite plage)	
Services : ♿ 🗑 ⊕ ⚓ ⚓ 🖳	

La BAZOCHE-GOUET

✉ 28330 – ▒▒▒ B7 – G. Châteaux de la Loire – 1 249 h. – alt. 185

🛈 *Syndicat d'initiative, place de l'Église* ✆ *02 37 49 23 45*

Paris 146 – Brou 18 – Chartres 61 – Châteaudun 33 – La Ferté-Bernard 31 – Vendôme 48.

⚠ **Municipal la Rivière** juin-sept.

✆ 02 37 49 36 49, *commune-bazoche-gouet-28330@wa nadoo.fr*, Fax 02 37 49 27 16 – **R** conseillée

1,8 ha (30 empl.) plat, herbeux

Tarif : (Prix 2005) 🧍 1,60 € ▣ 7,25 € [½] (10A) 2,61 €

Pour s'y rendre : SO : 1,5 km par D 927, rte de la Chapelle-Guillaume et chemin à gauche

À savoir : Au bord de l'Yerre et près d'étangs

| Nature : 🐟 |
| Loisirs : ⛹ 🚲 ⚓ |
| Services : ♿ ⛽ ☺ |

BONNEVAL

✉ 28800 – ▒▒▒ E6 – G. Châteaux de la Loire – 4 285 h. – alt. 128

🛈 *Office de tourisme, 2, square Westerham* ✆ *02 37 47 55 89, Fax 02 37 96 28 62*

Paris 117 – Ablis 61 – Chartres 31 – Châteaudun 14 – Étampes 90 – Orléans 60.

⚠ **Municipal le Bois Chièvre** 25 mars-oct.

✆ 02 37 47 54 01, *camping.bonneval@wanadoo.fr*, Fax 02 37 47 54 01 – **R** conseillée

4,5 ha/2,5 campables (130 empl.) plat et peu incliné, herbeux, gravier, bois attenant

Tarif : 🧍 3,05 € ▣ 3,26 € [½] (6A) 3,26 €

Pour s'y rendre : S : 1,5 km par rte de Conie et rte de Vouvray à droite, bord du Loir

À savoir : Agréable chênaie dominant le Loir

| Nature : 🐟 ▭ 🌳 |
| Loisirs : 🏠 ⛹ 🚲 🔳 ⚓ |
| Services : ♿ ⛽ GB ⚗ ▥ 🛒 ☺ 🏕 ♨ 🔥 |

*Les localités possédant des ressources sélectionnées dans ce guide sont signalées sur les **cartes MICHELIN** détaillées à 1/150 000.*

295

BRUNELLES

✉ 28400 – ▒▒▒ B6 – 489 h. – alt. 203

Paris 153 – Brou 31 – Chartres 54 – La Ferté-Bernard 29 – Nogent-le-Rotrou 7.

⚠ **Le Bois Jahan** Permanent

✆ 02 37 52 14 73, *campingboisjahan@free.fr*, Fax 02 37 52 14 73, *www.campingboisjahan.free.fr* – places limitées pour le passage – **R** conseillée

2 ha (60 empl.) en terrasses, peu incliné, herbeux, bois attenant (5 ha)

Tarif : 🧍 4 € ▣ 4,40 € [½] (10A) 4,50 €

🚐 1 borne 5 €

Pour s'y rendre : E : 2,5 km par D 110 et chemin, sur D 351-7

| Nature : 🐟 ← ▭ |
| Loisirs : ⛹ 🚲 🔖 🏊 |
| Services : ♿ ⛽ GB ⚗ 🛒 ☺ 🏕 🔳 |

CLOYES-SUR-LE-LOIR

✉ 28220 – ▒▒▒ D8 – G. Châteaux de la Loire – 2 636 h. – alt. 97

🛈 *Office de tourisme, 11, place Gambetta, Fax 02 37 98 55 27*

Paris 143 – Blois 54 – Chartres 57 – Châteaudun 13 – Le Mans 93 – Orléans 65.

⚠ **Parc de Loisirs - Le Val Fleuri** 16 mars-14 nov.

✆ 02 37 98 50 53, *info@parc-de-loisirs.com*, Fax 02 37 98 33 84, *www.parc-de-loisirs.com* – places limitées pour le passage – **R** conseillée

5 ha (196 empl.) plat, herbeux

Tarif : ▣ 22,85 € [½] (5A) – pers. suppl. 5,45 € – frais de réservation 16 €

Location : 10 🛖 (4 à 6 pers.) 295 à 525 €/sem.

Pour s'y rendre : Sortie N par N 10 rte de Chartres puis D 23 à gauche

À savoir : Situation agréable au bord du Loir

| Nature : ▭ 🌳 |
| Loisirs : 🍴 snack, pizzeria 🏠 jacuzzi ⛹ 🚲 🔖 🏊 ⚓ poneys, canoë, pédalos |
| Services : ♿ ⛽ GB ⚗ 🛒 ☺ 🏕 🔳 🛒 🔥 |
| À prox. : 🍴 |

COURVILLE-SUR-EURE

⊠ 28190 – 🔲 D5 – 2 739 h. – alt. 170

🖪 *Syndicat d'initiative, 2, rue de l'Arsenal ℘ 02 37 23 22 22*

Paris 111 – Bonneval 47 – Chartres 20 – Dreux 37 – Nogent-le-Rotrou 35.

△ **Municipal les Bords de l'Eure** 25 mai-11 sept.
℘ 02 37 23 76 38, *secretaria-mairie@courville-sur-eure.fr*,
Fax 02 37 18 07 99, *www.courville-sur-eure.fr* – **R** conseillée
2 ha (80 empl.) plat, herbeux
Tarif : 🔳 8,95 € 🔌 (6A) – pers. suppl. 2,10 €
Pour s'y rendre : Sortie S par D 114 rte de St-Germain-le-Gaillard
À savoir : Cadre arboré sur les bords de la rivière

Nature : 🖵 ♨♨
Loisirs : 🔾
Services : ⚬� (juil.-11 sept.) ♂ 🔾
À prox. : ⚓ 🔾

FONTAINE-SIMON

⊠ 28240 – 🔲 C4 – 838 h. – alt. 200

Paris 117 – Chartres 40 – Dreux 40 – Évreux 66 – Mortagne-au-Perche 41 – Nogent-le-Rotrou 27.

⚠ **Municipal** avr.-1er nov.
℘ 02 37 81 88 11, *fontaine-simon@wanadoo.fr*,
Fax 02 37 81 83 47, *www.mairie-fontaine-simon.fr*
– **R** conseillée
4 ha (112 empl.) plat, herbeux
Tarif : 🔳 13 € – pers. suppl. 2 €
Pour s'y rendre : N : 1,2 km par rte de Senonches et rte de la Ferrière à gauche
À savoir : Au bord de l'Eure et d'un plan d'eau

Loisirs : ⚓ 🔾
Services : ⚒ 🔾 🔾 ⊕ 🔾 🔾
À prox. : 🗙 🔾 hammam 🔾 🔾 🔾 🔾 canoë, pédalos

MAINTENON

⊠ 28130 – 🔲 F4 – G. Ile de France – 4 440 h. – alt. 109

🖪 *Office de tourisme, place Aristide Briand ℘ 02 37 23 05 04*

Paris 87 – Chartres 18 – Dreux 31 – Houdan 28 – Rambouillet 22 – Versailles 55.

⚠ **Les Ilots de St-Val** Permanent
℘ 02 37 82 71 30, *lesilots@campinglesilotsdestval.com*,
Fax 02 37 82 77 67, *www.campinglesilotsdestval.com* –
places limitées pour le passage – **R** conseillée
10 ha/6 campables (153 empl.) plat et incliné, herbeux, pierreux
Tarif : 🔳 20,40 € 🔌 (10A) – pers. suppl. 4,80 €
Pour s'y rendre : NO : 4,5 km par D 983, rte de Nogent-le-roi puis 1 km par D 101³, rte de Neron à gauche

Nature : 🔾
Loisirs : 🔾 ⚓ 🗙
Services : ⚒ ⚬🚛 ⊟🔾 ♂ 🔾 🔾 ⊕ 🔾 🔾
À prox. : 🔾 🔾 (centre équestre) golf

La forêt solognote en automne

S. Sauvignier/Michelin

NOGENT-LE-ROTROU

✉ 28400 – ▦ A6 – G. Normandie Vallée de la Seine – 11 524 h. – alt. 116
🛈 *Office de tourisme, 44, rue Villette-Gaté* ✆ *02 37 29 68 86*
Paris 146 – Alençon 65 – Chartres 54 – Châteaudun 55 – Le Mans 76 – Mortagne-au-Perche 36.

△ **Municipal des Viennes** 15 mai-15 sept.
✆ 02 37 52 80 51 – **R** conseillée ✖
0,5 ha (30 empl.) plat, herbeux
Tarif : ✝ 1,10 € ⇔ 1,10 € ▣ 2,10 € [½] 2,10 €
Pour s'y rendre : Au N de la ville par av. des Prés (D 103) et rue des Viennes
À savoir : Au bord de l'Huisne

| Nature : ⌷ ♀ |
| Loisirs : 🏖 |
| Services : ⚬⚡ 🖼 ⊕ ⚲ ☡ |
| À prox. : 🛒 ✖ 🖼 🔦 |

ST-RÉMY-SUR-AVRE

✉ 28380 – ▦ D3 – 3 553 h. – alt. 98
🛈 *Syndicat d'initiative, espace Rémois* ✆ *02 37 62 52 00*
Paris 88 – Dreux 12 – Évreux 32 – Verneuil-sur-Avre 26.

△ **Municipal du Pré de l'Église**
✆ 02 37 48 93 87, Fax 02 37 48 80 15 – **R** conseillée
0,7 ha (45 empl.) plat, herbeux
Pour s'y rendre : Au bourg
À savoir : Au bord de l'Avre

| Nature : ⌷ ♀ |
| Loisirs : 🏠 🏖 |
| Services : ♿ 🎪 🖼 ⚲ ⊕ |
| À prox. : ✖ |

Utilisez le guide de l'année.

SENONCHES

✉ 28250 – ▦ C4 – 3 143 h. – alt. 223
🛈 *Syndicat d'initiative, 2, rue Louis Peuret* ✆ *02 37 37 80 11*
Paris 115 – Chartres 38 – Dreux 38 – Mortagne-au-Perche 42 – Nogent-le-Rotrou 34.

△ **Municipal du Lac** mai-sept.
✆ 02 37 37 94 63, Fax 02 37 37 92 92 – **R** conseillée
0,8 ha (50 empl.) plat, herbeux
Tarif : ▣ 6,30 € – pers. suppl. 1,20 €
Pour s'y rendre : Sortie S vers Belhomert-Guéhouville, rue de la Tourbière
À savoir : Entre deux plans d'eau

| Nature : 🏞 ⌷ ♀ |
| Services : 🖼 ⚲ ⊕ |
| À prox. : ✖ 🛶 |

297

Indre (36)

ARGENTON-SUR-CREUSE

✉ 36200 – ▦ F7 – G. Berry Limousin – 5 146 h. – alt. 100
🛈 *Office de tourisme, 13, place de la République* ✆ *02 54 24 05 30, Fax 02 54 24 28 13*
Paris 297 – Châteauroux 32 – Guéret 82 – Limoges 93 – Montluçon 103 – Poitiers 100 – Tours 128.

△ **Les Chambons**
✆ 02 54 24 15 26, Fax 02 54 22 58 80
1,5 ha (60 empl.) plat, herbeux
Pour s'y rendre : Sortie Nord-Ouest par D 927, rte du Blanc et à gauche, à St-Marcel 37 rue des Chambons
À savoir : Au bord de la Creuse

| Nature : ♀♀ |
| Services : ♿ ⚬⚡ 🖼 ⊕ |
| À prox. : 🚲 🖼 🛶 canoë |

ARPHEUILLES

✉ 36700 – ▦ D5 – 253 h. – alt. 100
Paris 300 – Le Blanc 39 – Buzançais 14 – Châteauroux 39 – La Roche-Posay 44.

△ **Aire Naturelle Municipale**
✆ 02 54 38 42 17, Fax 02 54 38 42 61
0,6 ha (8 empl.) peu incliné, herbeux
Location : gîtes
Pour s'y rendre : Au bourg, derrière l'église, bord d'un petit étang et du Rideau
À savoir : Tarifs laissés à l'appréciation du campeur

| Nature : 🏞 ♀ |
| Services : ⚲ ⊕ |

BARAIZE

✉ 36270 – 323 F8 – 301 h. – alt. 240

Paris 313 – Argenton sur Creuse 14 – La Châtre 49 – Montmorillon 7.

⚠ **Municipal Montcocu** mai-sept.

    🌀 02 54 25 34 28 – pour caravanes : à partir du lieu-dit
"Montcocu", pente à 12% sur 1 km – **R** conseillée
1 ha (26 empl.) en terrasses, herbeux
Tarif : 🔆 1,75 € 🔳 2,15 € 🔌 2,50 €
Location : bungalows toilés
Pour s'y rendre : SE : 4,8 km par D 913 rte d'Éguzon et
D 72, à gauche rte de Pont-de-Piles
À savoir : Situation et site agréables en bordure de la Creuse

| Nature : 🏞 🏕 ⛰ |
| Services : 🚿 ⛽ 🚽 🔋 ⊚ |
| À prox. : 🚲 🎿 🏊 ⛷ ⚓ 🤿 plongée, escalade, piste de bi-cross |

Le BLANC

✉ 36300 – 323 C7 – G. Berry Limousin – 6 998 h. – alt. 85

🅸 *Office de tourisme, place de la Libération* 🌀 02 54 37 05 13, Fax 02 54 37 31 93

Paris 326 – Bellac 62 – Châteauroux 61 – Châtellerault 52 – Poitiers 62.

⚠ **l'Isle d'Avant** mai-fin sept.

    🌀 02 54 37 77 99, *a.tou.vert@wanadoo.fr*,
Fax 02 54 37 20 46, *www.canoe-decouverte.com*
– **R** conseillée
1 ha (80 empl.) plat, herbeux
Tarif : 🔳 13,50 € 🔌 (6A) – pers. suppl. 3 €
Pour s'y rendre : E : 2 km sur N 151 rte de Châteauroux,
bord de la Creuse

| Nature : 🏕 ♀♀ |
| Loisirs : 🍴 🎠 |
| Services : ⛽ (juil.-août) 🚽 🔋 ⛵ ⊚ |
| À prox. : ✂ 🏊 canoë |

BUZANÇAIS

✉ 36500 – 323 E5 – 4 581 h. – alt. 111

🅸 *Syndicat d'initiative, 11, passage du Marché* 🌀 02 54 84 22 00

Paris 286 – Le Blanc 47 – Châteauroux 25 – Châtellerault 78 – Tours 91.

⚠ **Municipal la Tête Noire** mai-sept.

    🌀 02 54 84 17 27 – **R** conseillée
2,5 ha (134 empl.) plat, herbeux
Tarif : (Prix 2005) 🔆 3 € 🔳 2,50 € 🔌 2,50 €
Pour s'y rendre : Au NO de la ville par la rue des Ponts,
bord de l'Indre

| Nature : 🏞 ♀ |
| Loisirs : 🍴 🎠 |
| Services : 🚿 ⛽ 🚽 🔋 ⛵ ⊚ |
| À prox. : ✂ 🏊 terrain omnisports, piste de roller, skate-board |

CHAILLAC

✉ 36310 – 323 D8 – 1 170 h. – alt. 180

Paris 333 – Argenton-sur-Creuse 35 – Le Blanc 34 – Magnac-Laval 34 – La Trimouille 23.

⚠ **Municipal les Vieux Chênes** Permanent

    🌀 02 54 25 61 39, Fax 02 54 25 65 41 – **R** indispensable
2 ha (40 empl.) incliné à peu incliné, herbeux
Tarif : (Prix 2005) 🔆 1,65 € 🔳 2,70 € 🔌 1,65 €
Location (permanent) 🏠 : 3 🏡 (4 à 6 pers.) 165 à
270 €/sem.
Pour s'y rendre : Au SO du bourg, au terrain de sports,
bord d'un étang et à 500 m d'un plan d'eau
À savoir : Cadre verdoyant, fleuri et soigné

| Nature : 🏕 ♀ |
| Loisirs : 🎠 🚲 parcours de santé |
| Services : ⛽ 🚽 🍴 🔋 ⊚ ⛵ 🖥 |
| À prox. : ✂ 🚣 🏊 ⚓ pédalos |

CHÂTEAUROUX

✉ 36000 – 323 G6 – G. Berry Limousin – 49 632 h. – alt. 155

🅸 *Office de tourisme, 1, place de la Gare* 🌀 02 54 34 10 74

Paris 265 – Blois 101 – Bourges 65 – Châtellerault 98 – Guéret 89 – Limoges 125 – Montluçon 100 – Tours 115.

⚠ **Municipal de Rochat Belle-Isle** mai-sept.

    🌀 02 54 34 26 56 – **R** conseillée
4 ha (205 empl.) plat, herbeux, gravillons
Tarif : 🔳 16,70 € 🔌 (10A) – pers. suppl. 3,40 €
🚐 1 borne 2,50 €
Pour s'y rendre : N par av. de Paris et rue à gauche, bord
de l'Indre et à 100 m d'un plan d'eau

| Nature : 🏕 ♀♀ |
| Loisirs : 🍴 🎠 |
| Services : 🚿 ⛽ 🆔 🚽 🍴 🔋 ⊚ ⛵ 🚰 🖥 |
| À prox. : 🍷 ✗ bowling ✂ 🎣 🏊 🚣 ⛷ ⚓ parcours de santé |

CHÂTILLON-SUR-INDRE

✉ 36700 – 323 D5 – G. Berry Limousin – 3 119 h. – alt. 115
🛈 *Office de tourisme, place du Champ de Foire* 🕿 *02 54 38 74 19*
Paris 258 – Le Blanc 43 – Blois 77 – Châteauroux 49 – Châtellerault 65 – Loches 24 – Tours 68.

🔺 **Municipal de la Ménétrie** 15 mai-15 sept.
  🕿 02 54 38 75 44, Fax 02 54 38 83 70 – **R**
  0,8 ha (55 empl.) plat, herbeux
  Tarif : (Prix 2005) ✱ 1,80 € 🔲 2,20 € (4) (6A) 1,80 €
  Pour s'y rendre : Au N de la localité, en direction de Loches puis à droite vers la gare, rue du Moulin la Grange, bord d'un ruisseau

> Nature : 🌳🌳
> Loisirs : 🏠
> Services : 🛁 🐕 🗑 🚿 ⊛
> À prox. : 🚣 🏊 ⛵ parcours sportif

La CHÂTRE

✉ 36400 – 323 H7 – G. Berry Limousin – 4 547 h. – alt. 210
🛈 *Office de tourisme, 134, rue Nationale* 🕿 *02 54 48 22 64, Fax 02 54 06 09 15*
Paris 298 – Bourges 69 – Châteauroux 37 – Guéret 53 – Montluçon 65 – Poitiers 138 – St-Amand-Montrond 51.

🔺 **Intercommunal le Val Vert** juin-12 sept.
  🕿 02 54 48 32 42, Fax 02 54 48 32 87 – **R** conseillée
  2 ha (77 empl.) en terrasses, plat, herbeux
  Tarif : 🔲 10,15 € – pers. suppl. 2,35 €
  Pour s'y rendre : Sortie SE par D 943, rte de Montluçon puis 2 km par D 83ᴬ, rte de Briante à droite et chemin, à proximité de l'Indre
  À savoir : Dans un site campagnard très verdoyant

> Nature : 🌿 🗁
> Services : 🛁 ⊶ 🗑 🌡 ⊛ 🚿 ♈
> À prox. : 🍴 🎡 🏊 🛶 🏇 🎣

Pour choisir et suivre un itinéraire
Pour calculer un kilométrage
Pour situer exactement un terrain (en fonction des indications fournies dans le texte) :
*Utilisez les **cartes MICHELIN** détaillées à 1/150 000, compléments indispensables de cet ouvrage.*

299

ÉGUZON

✉ 36270 – 323 F8 – G. Berry Limousin – 1 373 h. – alt. 243 – Base de loisirs
🛈 *Office de tourisme, 2, rue Jules Ferry* 🕿 *02 54 47 43 69, Fax 02 54 47 35 60*
Paris 319 – Argenton-sur-Creuse 20 – La Châtre 47 – Guéret 50 – Montmorillon 64 – La Souterraine 39.

🔺 **Municipal du Lac Les Nugiras** Permanent
  🕿 02 54 47 45 22, Fax 02 54 47 45 22, *eguzonlac creuse.com* – **R**
  4 ha (180 empl.) plat et en terrasses, peu incliné, herbeux, pierreux
  Tarif : (Prix 2005) 🔲 10,25 € (4) (10A) – pers. suppl. 2,55 €
  Location : 7 🏠 (4 à 6 pers.) 185 à 370 €/sem. – bungalows toilés
  Pour s'y rendre : SE : 3 km par D 36, rte du lac de Chambon puis 0,5 km par rte à droite, à 450 m du lac

> Nature : ≤
> Loisirs : 🍸 🏠
> Services : 🛁 ⊶ 🐕 🗑 ⊛ 🚿 ♈ 🔲 🌡
> À prox. : 🏊 (plage) ⛵ ♨

FOUGÈRES

✉ 36190 – 323 F8
Paris 326 – Aigurande 19 – Argenton-sur-Creuse 26 – Crozant 9 – Guéret 49.

🔺 **Municipal de Fougères** avr.-oct.
  🕿 02 54 47 20 01, *campingfougeres@wanadoo.fr*, Fax 02 54 47 34 41 – **R** conseillée
  4,5 ha (150 empl.) en terrasses, plat, peu incliné, herbeux, pierreux
  Tarif : 🔲 11,10 € – pers. suppl. 3,20 €
  Location (avr.-oct. et Noël-1er janv.) : 15 🏠 (4 à 6 pers.) 198 à 410 €/sem.
  À savoir : Site agréable au bord du lac de Chambon

> Nature : ≤ 🌿
> Loisirs : 🏠 🚣 🍴 🏊 🎣
> Services : 🛁 ⊶ (15 juil.-15 août) 🅶🅱 🐕 🗑 ⊛ 🔲 🌡
> À prox. : 🍴 snack 🚲 pédalos, canoë

GARGILESSE-DAMPIERRE

✉ 36190 – ▦▦▦ F7 – G. Berry Limousin – 324 h. – alt. 220

🅱 *Office de tourisme, le Pigeonnier* ℘ 02 54 47 85 06, Fax 02 54 47 71 22

Paris 310 – Châteauroux 45 – Guéret 59 – Poitiers 113.

⚠ **La Chaumerette** avr.-oct.
℘ 02 54 47 73 44, *campinglachaumerette@wanadoo.fr* – ℞
2,6 ha (72 empl.) plat, herbeux, pierreux
Tarif : (Prix 2005) 🔲 13,50 € (ᵫ) (10A) – pers. suppl. 2,50 €
Pour s'y rendre : SO : 1,4 km par D 39, rte d'Argenton-sur-Creuse et chemin à gauche menant au barrage de la Roche au Moine
À savoir : Cadre pittoresque au bord de la Creuse

Nature : 🔖 ᵒᵒ
Loisirs : 🍸 snack
Services : ৬ ⚬ⲧ ⤬ 🗄 ⩗ ⊛ 🔳
À prox. : 🎣

ISSOUDUN

✉ 36100 – ▦▦▦ H5 – G. Berry Limousin – 13 685 h. – alt. 130

🅱 *Syndicat d'initiative, place Saint-Cyr* ℘ 02 54 21 74 02

Paris 244 – Bourges 37 – Châteauroux 29 – Tours 127 – Vierzon 35.

⚠ **Municipal les Taupeaux** juin-août
℘ 02 54 03 13 46, *tourisme@issoudun.fr*,
Fax 02 54 03 17 13, *www.issoudun.fr* – ℞
0,6 ha (50 empl.) plat, herbeux
Tarif : 🔲 6 € – pers. suppl. 2 €
Pour s'y rendre : Sortie N par D 918, rte de Vierzon, à 150 m d'une rivière

Nature : ⌁ ᵒ
Services : ৬ ⤬ ⊛ ⤙

LUÇAY-LE-MÂLE

✉ 36360 – ▦▦▦ E4 – G. Berry Limousin – 1 706 h. – alt. 160

Paris 240 – Le Blanc 73 – Blois 60 – Châteauroux 43 – Châtellerault 92 – Loches 39 – Tours 80.

⚠ **Municipal la Foulquetière** avr.-15 oct.
℘ 02 54 40 52 88, *mairie@ville-lucaylemale.fr*,
Fax 02 54 40 42 47 – ℞ conseillée
1,5 ha (30 empl.) plat, peu incliné, herbeux
Tarif : 👤 2 € 🔲 2,50 € (ᵫ) 1,50 €
Location (permanent) : 3 🏠 (4 à 6 pers.) 230 à 290 €/sem.
Pour s'y rendre : SO : 3,8 km par D 960, rte de Loches, D 13, rte d'Ecueillé à gauche et chemin à droite
À savoir : À 80 m d'un plan d'eau très prisé des pêcheurs

Nature : ⌁ ᵀ
Loisirs : ৬⤙ᵀ
Services : ৬ ⚬ⲧ ⤬ ▥ ⊛ ⤙ 🔳
À prox. : 🍸 ✗ 🍴 ⤙ᵐ 🎣 canoë, pédalos

MONTGIVRAY

✉ 36400 – ▦▦▦ H7 – 1 681 h. – alt. 210

Paris 303 – Orléans 177 – Châteauroux 35 – Bourges 71 – Montluçon 65.

⚠ **Municipal Solange Sand** 15 mars-15 oct.
℘ 02 54 06 10 34, *mairie.montgivray@wanadoo.fr*,
Fax 02 54 06 10 39 – ℞ conseillée
1 ha (70 empl.) plat, herbeux, parc attenant
Tarif : 👤 1,95 € 🔲 2,77 € (ᵫ) (10A) 5,38 €
Pour s'y rendre : Au bord de l'Indre
À savoir : Attenant au château Solange-Sand

Nature : 🔖 ᵒ
Loisirs : ৬⤙ᵀ 🎣
Services : ⚬ⲧ ⤬ 🗄 ⩗ ⊛
À prox. : 🍸 ✗ 🍴 ▦ 🎬 ⤚

La MOTTE-FEUILLY

✉ 36160 – ▦▦▦ I7 – G. Berry Limousin – 42 h. – alt. 235

Paris 309 – Aigurande 27 – Boussac 30 – Châteaumeillant 9 – La Châtre 13 – Guéret 53.

⚠ **Municipal**
℘ 02 54 31 41 87 – ℞
0,4 ha (23 empl.) plat et peu incliné, herbeux
Pour s'y rendre : À l'Ouest du bourg
À savoir : Dans le parc du château

Nature : 🔖 ⌁
Loisirs : ৬⤙ᵀ
Services : ৬ ⩗ ⊛
À prox. : 🐎 poneys

NEUVY-ST-SÉPULCHRE

⊠ 36230 – 323 G7 – G. Berry Limousin – 1 654 h. – alt. 186
Paris 295 – Argenton-sur-Creuse 24 – Châteauroux 29 – La Châtre 16 – Guéret 67 – La Souterraine 74.

△ **Municipal les Frênes** 15 juin-15 sept.
🖉 02 54 30 82 51, *mairie.neuvysaintsepulchre@wana
doo.fr*, Fax 02 54 30 88 94 – **R** conseillée
1 ha (35 empl.) plat, herbeux
Tarif : 🔲 9 € [ǥ] (9A) – pers. suppl. 2 €
Location (permanent) ⬚ : 2 🏠 (4 à 6 pers.) 173 à
203 €/sem.
Pour s'y rendre : Sortie O par D 927, rte d'Argenton-sur-
Creuse puis 0,6 km par rue à gauche et chemin à droite, à
100 m d'un étang et de la Bouzanne

Nature : ⩗ ⬚	
Loisirs : 🏌 ⩗	
Services : ⬚ ⩗ ⬚ ⩗ ⊕ ⩗ ⩗ ⬚	
À prox. : 🍽 snack 🔥	

Le PONT-CHRÉTIEN-CHABENET

⊠ 36800 – 323 E7 – 880 h. – alt. 100
Paris 300 – Argenton-sur-Creuse 6 – Le Blanc 33 – Châteauroux 34 – La Châtre 44.

△ **Municipal les Rives de la Bouzanne** 15 juin-15 sept.
🖉 02 54 25 81 40, Fax 02 54 25 87 50 – **R**
0,7 ha (52 empl.) plat, herbeux
Tarif : (Prix 2005) 🔲 9,50 € – pers. suppl. 2 €
Pour s'y rendre : Sortie vers St-Gaultier et à gauche après
le pont, bord de la Bouzanne
À savoir : Cadre ombragé au bord de la rivière

Nature : ⩗⩗	
Loisirs : 🏌 ⩗	
Services : ⩗ ⩗ ⊕ ⬚	

REUILLY

⊠ 36260 – 323 I4 – G. Berry Limousin – 1 963 h. – alt. 116
🚩 *Office de tourisme, 5, rue Rabelais* 🖉 02 54 49 24 94, Fax 02 54 49 39 26
Paris 227 – Blois 98 – Bourges 28 – Châteauroux 46 – Issoudun 17 – Vierzon 19.

△ Municipal
🖉 02 54 03 49 00, *mairie.reuilly@wanadoo.fr*,
Fax 02 54 03 49 04, *http://perso.wanadoo.fr/mairie.reuilly/*
– **R** conseillée
1 ha (30 empl.) plat, herbeux
Location : 🏠
Pour s'y rendre : Sortie Est, près de l'Arnon

Nature : ⩗	
Services : ♿ ⬚ ⬚ ⊕	
À prox. : ⩗	

301

ROSNAY

⊠ 36300 – 323 D6 – 526 h. – alt. 112
Paris 307 – Argenton-sur-Creuse 31 – Le Blanc 16 – Châteauroux 44.

△ **Municipal** Permanent
🖉 02 54 37 80 17, *rosnay-mairie@wanadoo.fr*,
Fax 02 54 37 02 86 – **R**
2 ha (18 empl.) plat, herbeux
Tarif : 🔲 10,30 € – pers. suppl. 1,80 €
Pour s'y rendre : N : 0,5 km par D 44 rte de St-Michel-en-
Brenne
À savoir : Au bord d'un étang

Nature : ⩗ ⩗	
Loisirs : ⩗ ⩗	
Services : ⬚ ⊕	

VALENÇAY

⊠ 36600 – 323 F4 – G. Châteaux de la Loire – 2 736 h. – alt. 140
🚩 *Office de tourisme, 2, avenue de la Résistance* 🖉 02 54 00 04 42
Paris 233 – Blois 59 – Bourges 73 – Châteauroux 42 – Loches 50 – Vierzon 51.

△△ **Municipal les Chênes** 29 avr.-1er oct.
🖉 02 54 00 03 92, Fax 02 54 00 03 92 – **R** indispensable
5 ha (50 empl.) plat et peu incliné, herbeux
Tarif : 🧍 3,20 € 🔲 3,30 € [ǥ] (10A) 3,50 €
Pour s'y rendre : O : 1 km sur D 960, rte de Luçay-le-Mâle
À savoir : Agréable cadre de verdure en bordure d'étang

Nature : ⬚ ⩗	
Loisirs : 🏌 ⩗ ⩗	
Services : ⬚ ⩗ ⬚ ⊕ ⬚	

VATAN

✉ 36150 – 323 G4 – G. Berry Limousin – 1 972 h. – alt. 140
🅱 *Office de tourisme, place de la République* 📞 *02 54 49 71 69*
Paris 235 – Blois 78 – Bourges 50 – Châteauroux 31 – Issoudun 21 – Vierzon 28.

▲ **Municipal** mi-avr. à mi-sept.
📞 *02 54 49 91 37, vatan.mairie1@wanadoo.fr,*
Fax 02 54 49 93 72, *vatan-en-berry.com* – **R** conseillée
2,4 ha (55 empl.) plat, herbeux, pierreux
Tarif : (Prix 2005) 🔳 10 € – pers. suppl. 4 €
Location (mars-11 nov.) : 3 🏠 (4 à 6 pers.) 140 à
230 €/sem.
Pour s'y rendre : Sortie Ouest par D 2, rte de Guilly et rue
du collège à gauche
À savoir : Bord d'un étang d'agrément

> Nature : 🗺 ♀
> Loisirs : 🏄
> Services : ♿ ⚡ 🚐 🖼 ⊕ 🛁 ▽
> À prox. : ✕

Indre-et-Loire (37)

AZAY-LE-RIDEAU

✉ 37190 – 317 L5 – G. Châteaux de la Loire – 3 100 h. – alt. 51
🅱 *Office de tourisme, 4, rue du Château* 📞 *02 47 45 44 40, Fax 02 47 45 31 46*
Paris 265 – Châtellerault 61 – Chinon 21 – Loches 58 – Saumur 47 – Tours 26.

▲ **Municipal le Sabot** 14 avr.-2 oct.
📞 *02 47 45 42 72, mairie.azaylerideau@free.fr,*
Fax 02 47 45 49 11, *M. BELTRI Stéphane* – **R** conseillée
6 ha (228 empl.) plat, herbeux
Tarif : (Prix 2005) 🔳 12,90 € 🔌 (10A) – pers. suppl. 3 €
🚐 1 borne 2 €
Pour s'y rendre : Sortie E par D 84, rte d'Artannes et rue
du Stade à droite, à proximité du château, bord de l'Indre
À savoir : Situation agréable, entrée fleurie

> Nature : 🐟 ♀
> Loisirs : 🍴 🏄 🚲 🛶
> Services : ♿ ⚡ 🅶🅱 🚐 🖼 🛁 ⊕
> À prox. : ✕ 🎣 🏊

BALLAN-MIRÉ

✉ 37510 – 317 M4 – 7 059 h. – alt. 88
🅱 *Office de tourisme, 1, place du 11 novembre* 📞 *02 47 53 87 47*
Paris 251 – Azay-le-Rideau 17 – Langeais 20 – Montbazon 13 – Tours 12.

▲▲▲ **La Mignardière** avr.-23 sept.
📞 *02 47 73 31 00, info@mignardiere.com,*
Fax 02 47 73 31 01, *www.mignardiere.com* – **R** conseillée
2,5 ha (177 empl.) plat, herbeux, petit bois attenant
Tarif : 🔳 23 € 🔌 (6A) – pers. suppl. 5 €
Location : 12 🚏 (4 à 6 pers.) 203 à 553 €/sem. – 21 🏠
(4 à 6 pers.) 203 à 651 €/sem.
🚐 1 borne 4 €
Pour s'y rendre : 2,5 km au NE du bourg, à proximité du
plan d'eau de Joué-Ballan

> Nature : 🗺 ♀
> Loisirs : 🏄 🚲 ⚾ ✕ 🏊
> Services : ♿ ⚡ 🅶🅱 🚐 🖼 🛁 ⊕
> 🛁 ▽ 🖼 🏪
> À prox. : 🍷 grill 🎣 poneys golf

BLÉRÉ

✉ 37150 – 317 O5 – G. Châteaux de la Loire – 4 576 h. – alt. 59
🅱 *Office de tourisme, 8, rue Jean-Jacques Rousseau* 📞 *02 47 57 93 00*
Paris 234 – Blois 48 – Château-Renault 36 – Loches 25 – Montrichard 16 – Tours 27.

▲ **Municipal la Gâtine** Pâques-15 oct.
📞 *02 47 57 92 60, mairie@blere-touraine.com,*
Fax 02 47 57 92 60, *www.cc-blere-valdecher.fr* – **R**
4 ha (270 empl.) plat, herbeux
Tarif : (Prix 2005) 🔳 14,30 € 🔌 (16A) – pers. suppl. 2,70 €
🚐 1 borne 4 €
Pour s'y rendre : À l'E de la ville, rue du Commandant-
Lemaître, au centre d'un complexe sports-loisirs, en bordure du Cher

> Nature : ♀
> Loisirs : 🍴
> Services : ♿ ⚡ 🚐 🖼 🛁 🛁 ⊕ 🖼
> À prox. : 🏄 ✕ 🎣 🏊 🛶 🦆 canoë,
> pédalos

BOURGUEIL

✉ 37140 – ▨▨▨ J5 – G. Châteaux de la Loire – 4 109 h. – alt. 42
🚹 Syndicat d'initiative, 16, place de l'église ℘ 02 47 97 91 39
Paris 281 – Angers 81 – Chinon 16 – Saumur 23 – Tours 45.

⚠ **Municipal Parc Capitaine** 15 mai-15 sept.
℘ 02 47 97 85 62, contact@bourgueil.fr, Fax 02 47 97 98 58
– **R** conseillée
2 ha (80 empl.) plat, herbeux
Tarif : ✶ 1,85 € ▣ 5,70 € ⚡ (10A) 1,85 €
Pour s'y rendre : S : 1,5 km par D 749, rte de Chinon
À savoir : Cadre verdoyant et ombragé près d'un plan d'eau

Nature : ▱ ♀
Loisirs : ⌿ ⌖
Services : ᴋ GB ⚸ 🗄 ⚙ ☺ 🗍
À prox. : ⌸ ♈ ⚗ ✗ ▨ 🗖 ≈ ⚒

CHÂTEAU-RENAULT

✉ 37110 – ▨▨▨ O3 – G. Châteaux de la Loire – 5 538 h. – alt. 92
🚹 Office de tourisme, 32, place Jean Jaurès ℘ 02 47 56 22 22
Paris 216 – Angers 121 – Blois 44 – Loches 63 – Le Mans 93 – Tours 31 – Vendôme 26.

⚠ **Municipal du Parc de Vauchevrier** mai-15 sept.
℘ 02 47 29 54 43, mairie@ville-chateau-renault.fr,
Fax 02 47 29 54 43, www.ville-chateau-renault.fr
– **R** conseillée ⚭
3,5 ha (110 empl.) plat, herbeux
Tarif : ✶ 1,95 € ⚘ 1 € ▣ 2,05 € ⚡ 1,95 €
Pour s'y rendre : Vers sortie O par D 766, rte d'Angers et rue à droite, à la piscine, bord de la Brenne

Nature : ▱ ♀
Loisirs : ⚘
Services : ᴋ ⚷ ⚸ 🗄 ⚙ ☺
À prox. : ⚗ ✗ ⌿ ⚒

Om een reisroute uit te stippelen en te volgen,
om het aantal kilometers te berekenen,
om precies de ligging van een terrein te bepalen
(aan de hand van de inlichtingen in de tekst),
*gebruikt u de **Michelinkaarten** schaal 1 : 150 000 ;*
een onmisbare aanvulling op deze gids.

303

CHEMILLÉ-SUR-INDROIS

✉ 37460 – ▨▨▨ P6 – 197 h. – alt. 97
🚹 Syndicat d'initiative, le bourg ℘ 02 47 92 60 75
Paris 244 – Châtillon-sur-Indre 25 – Loches 16 – Montrichard 27 – St-Aignan 21 – Tours 57.

⚠ **Les Coteaux du Lac** mai-sept.
℘ 02 47 92 77 83, lescoteaux.dulac@wanadoo.fr,
Fax 02 47 92 77 83, www.lescoteauxdulac.com – **R** conseillée
1 ha (72 empl.) plat et peu incliné, herbeux
Tarif : ▣ 19,50 € – pers. suppl. 4,50 €
Pour s'y rendre : Au SO du bourg
À savoir : Agréable situation près d'un plan d'eau

Nature : ≼
Services : ⚷ GB ⚸ ☺
À prox. : ♈ brasserie ⚗ ✗ ⚒ ≈
⚘ poneys , pédalos

CHINON

✉ 37500 – ▨▨▨ K6 – G. Châteaux de la Loire – 8 716 h. – alt. 40
🚹 Office de tourisme, place Hofheim ℘ 02 47 93 17 85, Fax 02 47 93 93 05
Paris 285 – Châtellerault 51 – Poitiers 80 – Saumur 29 – Thouars 51 – Tours 46.

⚠ **Municipal de l'Île Auger** 15 mars-15 oct.
℘ 02 47 93 08 35, Fax 02 47 98 47 92, www.ville.chinon.com – **R** conseillée
4,5 ha (277 empl.) plat, herbeux
Tarif : (Prix 2005) ✶ 1,85 € ▣ 4,20 € ⚡ 3,20 €
🚐
Pour s'y rendre : Quai Danton
À savoir : Situation agréable face au château et en bordure de la Vienne

Nature : ≼ ville et château ♀
Loisirs : ⚗ ⚘
Services : ᴋ ⚷ GB ⚸ ⚙ ☺ 🗖
À prox. : ✗ 🗖 ⚒

CIVRAY-DE-TOURAINE

✉ 37150 – 317 P5 – 1 523 h. – alt. 60
Paris 233 – Amboise 11 – Chenonceaux 2 – Montbazon 32 – Montrichard 10 – Tours 31.

▲ **Municipal de l'Isle** mi-juin-fin août
  ℘ 02 47 30 29 05, *civraydetouraine@wanadoo.fr* – ℝ ✹
  1,2 ha (50 empl.) plat, herbeux
  Tarif : ✗ 2,40 € ⇔ 2,10 € ▣ 2,40 € ⓖ 2,40 €
  Pour s'y rendre : S : 0,6 km par D 81 rte de Bléré, près du
  Cher

Nature : ⚈⚈	
Services : ⅏ ⊶ 🗑 ⚟ ⊕	
À prox. : ✗ ⤳ ⟍	

DESCARTES

✉ 37160 – 317 N7 – G. Poitou Vendée Charentes – 4 019 h. – alt. 50
🛈 *Office de tourisme, place Blaise Pascal* ℘ 02 47 92 42 20, Fax 02 47 59 72 20
Paris 292 – Châteauroux 94 – Châtellerault 24 – Chinon 51 – Loches 32 – Tours 59.

▲ **Municipal la Grosse Motte** mai-sept.
  ℘ 02 47 59 85 90, *otm@ville-descartes.fr*,
  Fax 02 47 92 72 20, *www.ville-descartes.fr* – ℝ conseillée
  1 ha (50 empl.) plat et vallonné, herbeux
  Tarif : (Prix 2005) ▣ 7,80 € – pers. suppl. 2 €
  Location (permanent) ✹ : 6 ⌂ (4 à 6 pers.) 160 à
  270 €/sem. – gîte d'étape
  Pour s'y rendre : Sortie Sud par D 750, rte du Blanc et allée
  Léo-Lagrange à droite, bord de la Creuse
  À savoir : Parc ombragé attenant à un complexe de loisirs
  et à un jardin public

Nature : ⚏ ⊐ ⚈⚈	
Loisirs : ⟍	
Services : ⊶ (juin-août) ⅍ 🗑 ♨ ⚟	
⊕	
À prox. : ⤼ ✗ ☷ ⟍ ⤴ canoë	

Raadpleeg, voordat U zich op een kampeerterrein installeert,
de tarieven die de beheerder verplicht
is bij de ingang van het terrein aan te geven.
Informeer ook naar de speciale verblijfsvoorwaarden.
De in deze gids vermelde gegevens kunnen
sinds het verschijnen van deze hereditie gewijzigd zijn.

L'ÎLE-BOUCHARD

✉ 37220 – 317 L6 – G. Châteaux de la Loire – 1 764 h. – alt. 41
🛈 *Office de tourisme, 16, place Bouchard* ℘ 02 47 58 67 75, Fax 02 47 58 67 75
Paris 284 – Châteauroux 118 – Châtellerault 49 – Chinon 16 – Saumur 42 – Tours 45.

▲ **Municipal les Bords de Vienne** 11 juin-3 sept.
  ℘ 02 47 95 23 59, *mairie.ilebouchard@wanadoo.fr*,
  Fax 02 47 58 67 35 – ℝ
  1 ha (90 empl.) plat, herbeux
  Tarif : ✗ 2 € ▣ 2,50 € ⓖ (6A) 2,80 €
  Location (permanent) : gîte d'étape
  Pour s'y rendre : Près du quartier St-Gilles, en amont du
  pont sur la Vienne, près de la rivière

Nature : ⚈⚈	
Loisirs : ⟍	
Services : ⅏ ⊶ ⅍ 🗑 ♨ ⊕ 🖿	
À prox. : 🛒 ✗ ⤴ canoë	

LIMERAY

✉ 37530 – 317 P4 – 945 h. – alt. 70
Paris 218 – Amboise 9 – Blois 30 – Château-Renault 20 – Chenonceaux 20 – Tours 32.

▲ **Le Jardin Botanique de Launay** Permanent
  ℘ 02 47 30 13 50, *info@camping-jardinbotanique.com*,
  Fax 02 47 30 17 32, *www.camping-jardinbotanique.com*
  – ℝ conseillée
  1,5 ha (74 empl.) plat, herbeux
  Tarif : ▣ 16,50 € ⓖ (10A) – pers. suppl. 3,40 €
  Location : 7 ⌂ (4 à 6 pers.) 250 à 450 €/sem.
  ⛽ 1 borne 5 €
  Pour s'y rendre : SE : à 1,6 km du bourg, rue de la Rivière,
  à 50 m de la N 152

Nature : ⊐ ⚈⚈	
Loisirs : 🍴 ⤼ ⟍ (petite piscine)	
Services : ⊶ ⅍ 🗑 ♨ ⊕ ⚟ 🖿	
À prox. : ✗	

LOCHES

✉ 37600 – 🗺 O6 – G. Châteaux de la Loire – 6 328 h. – alt. 80
🛈 *Office de tourisme, place de la Marne* ✆ *02 47 91 82 82, Fax 02 47 91 61 50*
Paris 261 – Blois 68 – Châteauroux 72 – Châtellerault 56 – Tours 42.

⚠ **La Citadelle** 20 mars-13 oct.
✆ 02 47 59 05 91, *camping@lacitadelle.com*,
Fax 02 47 59 00 35, *www.lacitadelle.com* – **R** indispensable
4 ha (164 empl.) plat, herbeux
Tarif : 🔲 23,60 € 🔌 (10A) – pers. suppl. 4,80 € – frais de
réservation 12 €
Location : 15 🚐 (4 à 6 pers.) 250 à 695 €/sem. –
bungalows toilés
🚐 1 borne 5,50 €
Pour s'y rendre : Sortie E par D 760, rte de Valencay et rue
Quintefol à droite (rte de Perusson) près de la piscine et à
proximité du stade Gén.-Leclerc
À savoir : Cadre verdoyant et soigné au bord de l'Indre

Nature : 🌳
Loisirs : 🍴 snack 🎱 ✈
Services : 🚿 ⚡ GB 🚗 🏧 🗄 🛎 ☺
🛒 ♨ 🔧
À prox. : 🍴 🏖 🏊

Si vous désirez réserver un emplacement pour vos vacances,
faites-vous préciser au préalable les conditions particulières de séjour,
les modalités de réservation, les tarifs en vigueur et les conditions de paiement.

MARCILLY-SUR-VIENNE

✉ 37800 – 🗺 M6 – 509 h. – alt. 60
Paris 280 – Azay-le-Rideau 32 – Chinon 30 – Châtellerault 29 – Descartes 18 – Richelieu 21 – Tours 47.

⚠ **Intercommunal la Croix de la Motte** 15 juin-15
sept.
✆ 02 47 65 20 38 – **R** conseillée
1,5 ha (61 empl.) plat, herbeux
Tarif : 👤 2,15 € 🔲 2,70 € 🔌 (6A) 2,60 €
Pour s'y rendre : N : 1,2 km par D 18, rte de l'Ile-Bouchard
et rue à droite
À savoir : Plaisant cadre ombragé, près de la Vienne

Nature : 🌿 🏕 🌳
Loisirs : ✈ 🎣
Services : 🚿 ⚡ 🚗 🗄 🛎 ☺ 🔧
À prox. : 🏊 (plage) canoë

305

La MEMBROLLE-SUR-CHOISILLE

✉ 37390 – 🗺 M4 – 2 928 h. – alt. 60
Paris 246 – Orléans 122 – Tours 8 – Le Mans 75 – Blois 71.

⚠ **Municipal** mai-sept.
✆ 02 47 41 20 40, Fax 02 47 54 83 96 – **R** conseillée
1,2 ha (94 empl.) plat, herbeux
Tarif : (Prix 2005) 🔲 10,30 € 🔌 (10A) – pers. suppl. 2,60 €
Pour s'y rendre : Rte de Fondettes, au stade, bord de la
Choisille

Nature : 🌳
Loisirs : 🎾 🏓
Services : 🚿 ⚡ 🗄 ☺ 🛒
À prox. : 🍴 🏊 (plan d'eau)

MONTBAZON

✉ 37250 – 🗺 N5 – G. Châteaux de la Loire – 3 434 h. – alt. 59
🛈 *Office de tourisme, la Grange rouge* ✆ *02 47 26 97 87*
Paris 247 – Châtellerault 59 – Chinon 41 – Loches 33 – Montrichard 42 – Saumur 73 – Tours 15.

⚠ **La Grange Rouge** mai-15 sept.
✆ 02 47 26 06 43, *ma.widd@wanadoo.fr*,
Fax 02 47 26 03 13, *www.camping-montbazon.com*
– **R** conseillée
2 ha (108 empl.) plat, herbeux
Tarif : (Prix 2005) 🔲 14 € 🔌 (6A) – pers. suppl. 3,60 € – frais
de réservation 9 €
Location : 6 🚐 (4 à 6 pers.) 250 à 470 €/sem.
Pour s'y rendre : Rte de Tours, après le pont sur l'Indre
À savoir : Situation plaisante en bordure de rivière et près
du centre ville

Nature : 🌳🌳
Loisirs : snack, brasserie 🎱 🏊
Services : 🚿 ⚡ GB 🚗 🗄 🛎 ☺ 🛒
À prox. : 🍴 🏖 🛴 parcours sportif

MONTLOUIS-SUR-LOIRE

✉ 37270 – **317** N4 – G. Châteaux de la Loire – 9 657 h. – alt. 60
🛈 *Office de tourisme, place François Mitterrand* 𝒫 *02 47 45 00 16, Fax 02 47 45 10 87*
Paris 235 – Amboise 14 – Blois 49 – Château-Renault 32 – Loches 39 – Montrichard 33 – Tours 11.

⚠ **Municipal les Peupliers** 15 mars-15 oct.
𝒫 02 47 50 81 90, *mairie@ville-montlouis-loire.fr*,
Fax 02 47 45 15 74 – **R** conseillée
6 ha (252 empl.) plat, herbeux
Tarif : (Prix 2005) ⚱ 2,40 € 🚗 2,60 € 🅴 7,95 €
[⚡] (16A) 4,75 €
🚐 1 borne 3 €
Pour s'y rendre : O : 1,5 km par D 751, rte de Tours, à
100 m de la Loire
À savoir : Plaisant cadre boisé

| Nature : 🏞 ΩΩ |
| Loisirs : 🍸 🛶 ⚓ |
| Services : 🛁 ⊶ GB 🦮 📅 🔥 ♨ ⊛ |
| 🖥 🏧 |
| À prox. : ✗ ⤴ 🐟 |

*Informieren Sie sich über die gültigen Gebühren,
bevor Sie Ihren Platz beziehen. Die Gebührensätze
müssen am Eingang des Campingplatzes angeschlagen sein.
Erkundigen Sie sich auch nach den Sonderleistungen.
Die im vorliegenden Band gemachten Angaben
können sich seit der Überarbeitung geändert haben.*

PREUILLY-SUR-CLAISE

✉ 37290 – **317** O7 – G. Poitou Vendée Charentes – 1 293 h. – alt. 80
Paris 299 – Le Blanc 31 – Châteauroux 64 – Châtellerault 35 – Loches 36 – Tours 84.

⚠ **Municipal** mai-15 sept.
𝒫 02 47 94 50 04, Fax 02 47 94 63 26 – **R** conseillée
0,7 ha (37 empl.) plat, herbeux
Tarif : ⚱ 2 € 🅴 3 € [⚡] 3,20 €
Pour s'y rendre : Au SO du bourg, près de la piscine, de la
Claise et d'un étang
À savoir : Cadre verdoyant au milieu d'un complexe de
loisirs

| Nature : 🏞 Ω |
| Loisirs : 🐟 |
| Services : ♨ 🖥 |
| À prox. : ⚓ ✗ 🐟 ⤴ parcours |
| sportif |

REUGNY

✉ 37380 – **317** O4 – 1 416 h. – alt. 66
🛈 *Syndicat d'initiative, rue Nationale* 𝒫 *02 47 52 94 32*
Paris 220 – Château-Renault 15 – Tours 23 – Vouvray 12.

⚠ **Municipal de la Grand'Prée** 24 juin-3 sept.
𝒫 02 47 52 29 51 – **R** conseillée
0,6 ha (32 empl.) plat, herbeux
Tarif : (Prix 2005) 🅴 6,70 € – pers. suppl. 1,60 €
Pour s'y rendre : Sortie E par D 5, rte d'Amboise, au stade,
à 100 m d'un étang et à 200 m de la Brenne

| Nature : Ω |
| Loisirs : ⚓ |
| Services : 🛁 ⊶ 🦮 📅 ♨ ⊛ |
| À prox. : ✗ 🐟 |

ST-AVERTIN

✉ 37550 – **317** N4 – 14 092 h. – alt. 49
🛈 *Office de tourisme, 29, rue Rochepinard* 𝒫 *02 47 27 01 72, Fax 02 47 27 04 86*
Paris 245 – Orléans 121 – Tours 7 – Blois 70 – Joué 9.

⚠ **Les Rives du Cher** avr.-15 oct.
𝒫 02 47 27 27 60, *contact@camping-lesrivesducher.com*,
Fax 02 47 25 82 89, *www.camping-lesrivesducher.com*
– **R** conseillée
2 ha (90 empl.) plat, herbeux
Tarif : ⚱ 3,45 € 🚗 2,30 € 🅴 6,35 € [⚡] (10A) 4,60 €
Location : 4 🛖 (4 à 6 pers.) 272 à 483 €/sem.
Pour s'y rendre : Au N par rive gauche du Cher
À savoir : Près d'un plan d'eau

| Nature : 🏞 Ω |
| Services : 🛁 ⊶ GB 🦮 🏛 📅 ♨ ⊛ |
| 🖥 |
| À prox. : ⚓ ✗ 🖼 🐟 💧 |

STE-CATHERINE-DE-FIERBOIS

✉ 37800 – ▪▪▪ M6 – G. Châteaux de la Loire – 611 h. – alt. 114
Paris 263 – Azay-le-Rideau 25 – Chinon 37 – Ligueil 19 – Tours 31.

Parc de Fierbois 15 mai-15 sept.
℘ 02 47 65 43 35, *parc.fierbois@wanadoo.fr*,
Fax 02 47 65 53 75, *fierbois.com* – **R** conseillée
30 ha/12 campables (320 empl.) plat et terrasses, herbeux
Tarif : 目 39 € – pers. suppl. 6 € – frais de réservation 15 €
Location : 80 ⌂⌂⌂ (4 à 6 pers.) 210 à 994 €/sem. – 15 ⌂
(4 à 6 pers.) 231 à 938 €/sem.
⌂⌂ 1 borne
Pour s'y rendre : S : 1,2 km
À savoir : Agréable et vaste domaine avec bois, lac et parc
aquatique

Nature :
Loisirs : ♈ ✗ (dîner seulement) pizzeria 🍴 nocturne 👟 🏇 🚲 ⚔ 🎱 🎮 ⛳
Services : 🚿 ⚡ ⊝ 🚗 ⛽ 🛒 ♨ 🗑 ⚰ ⚱ 📦 🚰 cases réfrigérées
À prox. : canoë, pédalos

Des vacances réussies sont des vacances bien préparées !
Ce guide est fait pour vous y aider... mais :
– N'attendez pas le dernier moment pour réserver
– Évitez la période critique du 14 juillet au 15 août
Pensez aux ressources de l'arrière-pays,
à l'écart des lieux de grande fréquentation.

STE-MAURE-DE-TOURAINE

✉ 37800 – ▪▪▪ M6 – G. Châteaux de la Loire – 3 909 h. – alt. 85
🅱 *Office de tourisme, rue du Château* ℘ 02 47 65 66 20, Fax 02 47 34 04 28
Paris 273 – Le Blanc 71 – Châtellerault 39 – Chinon 32 – Loches 31 – Thouars 73 – Tours 40.

Municipal de Marans 10 avr.-sept.
℘ 02 47 65 44 93 – **R** conseillée
1 ha (66 empl.) plat et peu incliné, herbeux
Tarif : (Prix 2005) 🧍 2,44 € 目 2,20 € 🔌 (10A) 2,44 €
⌂⌂ 1 borne 2 €
Pour s'y rendre : SE : 1,5 km par D 760, rte de Loches, et à
gauche, rue de Toizelet, à 150 m d'un plan d'eau

Loisirs : 🎮 parcours sportif
Services : 🚿 ⚡ (.) 🚗 ♨ 📦
À prox. : 🏊 🎣

SAVIGNY-EN-VÉRON

✉ 37420 – ▪▪▪ J5 – 1 272 h. – alt. 40
Paris 292 – Chinon 9 – Langeais 27 – Saumur 20 – Tours 54.

Municipal la Fritillaire 15 avr.-sept.
℘ 02 47 58 03 79, *camping@cc-veron.fr*,
Fax 02 47 58 03 81, *www.cc-veron.fr/camping* – **R** conseillée
2,5 ha (100 empl.) plat, herbeux, bois attenant
Tarif : (Prix 2005) 目 11,90 € – pers. suppl. 2,30 €
⌂⌂ 1 borne 3 €
Pour s'y rendre : À l'Ouest du centre bourg, à 100 m d'un
étang

Nature : 🌳
Loisirs : 👟
Services : 🚿 ⚡ ⊝ 🚗 Ⓜ 🎞 🗑 ♨ ⚰ 📦 🚰
À prox. : 🛒 🎮 🎣 🏊 🏇 🎿

SONZAY

✉ 37360 – ▪▪▪ L3 – 1 120 h. – alt. 94
Paris 257 – Château-la-Vallière 39 – Langeais 26 – Tours 25.

L'Arada Parc 25 mars-Toussaint
℘ 02 47 24 72 69, *laradaparc@free.fr*, Fax 02 47 24 72 70,
www.laradaparc.com – **R** conseillée
1,7 ha (94 empl.) plat et peu incliné, herbeux
Tarif : 目 21 € 🔌 (10A) – pers. suppl. 4,50 €
Location : 8 ⌂⌂⌂ (4 à 6 pers.) 200 à 640 €/sem.
⌂⌂ 1 borne 4,60 €
Pour s'y rendre : Sortie O par D 68 rte de Souvigné et à
droite

Nature : 🌳
Loisirs : ♈ snack 🍴 👟 🚲 🎱 🏊
Services : 🚿 ⚡ ⊝ 🚗 Ⓜ 🗑 ♨ ⚰ 📦 🚰
À prox. : 🎮 🎣

La VILLE-AUX-DAMES

⊠ 37700 – **317** N4 – 4 647 h. – alt. 50
Paris 244 – Orléans 120 – Tours 7 – Blois 53 – Joué 14.

⚠ **Les Acacias** fermé les w.-end et j. fériés oct. à mars
 𝒫 02 47 44 08 16, camplvad@aol.com, Fax 02 47 46 26 65
 – **R** conseillée
 2,6 ha (90 empl.) plat, herbeux
 Tarif : ▣ 15,10 € – pers. suppl. 2,50 €
 Location : 8 🛏 (2 à 4 pers.) 150 à 210 €/sem.
 🚐 1 borne 5 €
 Pour s'y rendre : Au NE du bourg, près du D 751

Nature : 🗘🗘
Loisirs : 🏄
Services : ᴔ ⚊ ⏏ 🖨 ▥ ☺ 🖩
À prox. : 🍸 snack ✖ 🎣 ⚒ parcours de santé

VOUVRAY

⊠ 37210 – **317** N4 – G. Châteaux de la Loire – 3 046 h. – alt. 55
🅑 Office de tourisme, 12, route Rabelais 𝒫 02 47 52 68 73, Fax 02 47 52 70 88
Paris 240 – Amboise 18 – Château-Renault 25 – Chenonceaux 30 – Tours 10.

⚠ **Le Bec de Cisse** mai-25 sept.
 𝒫 02 47 52 68 81, Fax 02 47 52 67 76 – **R** conseillée
 2 ha (33 empl.) plat, herbeux
 Tarif : ▣ 13,70 € (ﬀ) (10A) – pers. suppl. 3 €
 Pour s'y rendre : Au S du bourg, bord de la Cisse

Nature : 🏕 🗘
Services : ᴔ ⚊ 🖨 ♨ ☺ ⚒
À prox. : ✖ ⚒ ⛱ parc de loisirs de Rochecorbon

Benutzen Sie
– zur Wahl der Fahrtroute
– zur Berechnung der Entfernungen
– zur exakten Lokalisierung eines Campingplatzes (mit Hilfe der Angaben im Ortstext)
*die für diesen Führer unentbehrlichen **MICHELIN-Karten** im Ma1 : 150 000.*

308

YZEURES-SUR-CREUSE

⊠ 37290 – **317** 08 – 1 476 h. – alt. 74
Paris 318 – Châteauroux 72 – Châtellerault 28 – Poitiers 65 – Tours 85.

⚠ **Municipal Bords de Creuse** 15 juin-août
 𝒫 02 47 94 48 32, Fax 02 47 94 43 32 – **R̶**
 1,7 ha (130 empl.) plat et peu incliné, herbeux
 Tarif : (Prix 2005) ⚤ 1,90 € ▣ 1,90 € (ﬀ) 3,65 €
 Pour s'y rendre : Sortie S par D 104 rte de Vicq-sur-Gartempe, près de la Creuse

Nature : 🐾 🗘
Loisirs : 🏄
Services : ᴔ 🖊 ☺ 🖩
À prox. : ✖ ⚒

Loir-et-Cher (41)

BRACIEUX

⊠ 41250 – **318** G6 – 1 158 h. – alt. 70
🅑 Syndicat d'initiative, rue Roger Brun 𝒫 02 54 46 09 15
Paris 185 – Blois 19 – Montrichard 39 – Orléans 64 – Romorantin-Lanthenay 30.

⚠ **Municipal les Châteaux** 17 mars-13 nov.
 𝒫 02 54 46 41 84, campingdebracieux@wanadoo.fr,
 Fax 02 54 46 41 21, www.campingdeschateaux.com
 – **R** conseillée
 8 ha (380 empl.) plat, herbeux
 Tarif : ▣ 16,30 € (ﬀ) (3A) – pers. suppl. 4,20 €
 Location : 14 🛏 (4 à 6 pers.) 250 à 450 €/sem.
 Pour s'y rendre : Sortie N, rte de Blois, bord du Beuvron
 À savoir : Cadre boisé composé d'essences variées

Nature : 🐾 🗘🗘
Loisirs : 🛖 🏄 ✖ ⚒
Services : ᴔ ⚊ ⏏ 🖊 🖨 ☺ 🖩

CANDÉ-SUR-BEUVRON

✉ 41120 – ▓▓▓ E7 – 1 208 h. – alt. 70
🛈 *Syndicat d'initiative, 10, route de Blois* ✆ *02 54 44 00 44*
Paris 199 – Blois 15 – Chaumont-sur-Loire 7 – Montrichard 21 – Orléans 78 – Tours 51.

⚠ **La Grande Tortue** 15 avr.-25 sept.
✆ *02 54 44 15 20, grandetortue@libertysurf.fr,*
Fax 02 54 44 19 45, *www.la-grande-tortue.com* – **R** conseillée
5 ha (208 empl.) plat, peu incliné, herbeux, sablonneux
Tarif : 🔲 28,50 € ⚡ (10A) – pers. suppl. 7 €
Location : 20 🚐 (4 à 6 pers.) 280 à 620 €/sem. –
bungalows toilés
Pour s'y rendre : S : 0,5 km par D 751, rte de Chaumont-
sur-Loire et à gauche rte de la Pieuse, à proximité du
Beuvron

Nature : 🌿 🌳 ᎤᎤ
Loisirs : 🍸 snack 🏠 🚴 🔲 (dé-couverte en saison)
Services : ♿ ⌾ GB ⚡ 🗄 ⊕ 🚿
🖼 🛒

CHÂTRES-SUR-CHER

✉ 41320 – ▓▓▓ I8 – 1 129 h. – alt. 70
🛈 *Syndicat d'initiative, Mairie* ✆ *02 54 98 03 24, Fax 02 54 98 09 57*
Paris 206 – Bourges 54 – Romorantin-Lanthenay 21 – Selles-sur-Cher 29 – Vierzon 13.

⚠ **Municipal des Saules** 15 mai-4 sept.
✆ *02 54 98 04 55, commune.chartressurcher@wanadoo.fr*
– **R** conseillée
1 ha (80 empl.) plat, herbeux, sablonneux
Tarif : 🔆 4 € ⚡ 1,80 €
Pour s'y rendre : Au bourg, près du pont, bord du Cher
(plan d'eau)

Nature : ♀
Loisirs : 🎣
Services : ⌾ GB ⚡ ⚲ ⊕ 🖼
À prox. : ✂ 🔱 ⚓ canoë

CHAUMONT-SUR-LOIRE

✉ 41150 – ▓▓▓ E7 – G. Châteaux de la Loire – 1 031 h. – alt. 69
🛈 *Office de tourisme, 24, rue du Maréchal Leclerc* ✆ *02 54 20 91 73, Fax 02 54 20 90 34*
Paris 201 – Amboise 21 – Blois 18 – Contres 24 – Montrichard 19 – St-Aignan 35.

⚠ Municipal Grosse Grève
✆ 02 54 20 95 22, Fax 02 54 20 99 61 – **R**
4 ha (150 empl.) plat et peu accidenté, herbeux, sablonneux
Pour s'y rendre : Sortie Est par D 751, rte de Blois et rue à
gauche, avant le pont, bord de la Loire

Nature : ♀
Loisirs : 🚴 🎣
Services : ♿ ⌾ 🗄 ⊕ 🖼
À prox. : 🚲

309

Le lac de Vassivière

S. Sauvignier/Michelin

CHÉMERY

✉ 41700 – 318 F7 – 849 h. – alt. 90
🛈 *Office de tourisme, rue Nationale* ℰ *02 54 71 31 08, Fax 02 54 71 31 08*
Paris 213 – Blois 32 – Montrichard 29 – Romorantin-Lanthenay 29 – St-Aignan 15 – Selles-sur-Cher 11.

⚠ **Municipal le Gué** 15 avr.-15 sept.
    ℰ 02 54 71 37 11, *ot.chemery@wanadoo.fr,*
    Fax 02 54 71 31 08 – **R** conseillée
    1,2 ha (50 empl.) plat, herbeux
    Tarif : 🆓 10 € – pers. suppl. 3 €
    🚐 1 borne 4,50 €
    Pour s'y rendre : À l'O du bourg par rte de Couddes, au bord d'un ruisseau

Nature : 🏞 ⚲	
Loisirs : 🚴 ⛸	
Services : 🚰 (juil.-août) 🛒 ⊛ 🔲	
À prox. : 🎣	

CROUY-SUR-COSSON

✉ 41220 – 318 G6 – 472 h. – alt. 86
Paris 171 – Beaugency 19 – Blois 28 – Chambord 10 – Vendôme 60.

⚠ **Municipal le Cosson** Pâques-Toussaint
    ℰ 02 54 87 08 81, Fax 02 54 87 59 44 – **R** conseillée
    1,5 ha (60 empl.) plat, herbeux, pierreux
    Tarif : (Prix 2005) 👤 2 € 🆓 1,85 € 🔌 3,15 €
    Pour s'y rendre : Sortie S par D 33, rte de Chambourd et rte à gauche, près de la rivière

Nature : 🏞 ⚲⚲	
Loisirs : 🏠	
Services : 🚿 🛒 ⊛	
À prox. : 🍴	

FRÉTEVAL

✉ 41160 – 318 E4 – G. Châteaux de la Loire – 897 h. – alt. 89
Paris 158 – Beaugency 39 – Blois 40 – Cloyes-sur-le-Loir 17 – Vendôme 19.

⚠ **La Maladrerie** 15 mars-oct.
    ℰ 02 54 82 62 75, Fax 02 54 82 62 75 – places limitées pour le passage – **R** conseillée
    16 ha/1,5 campable (107 empl.) plat, pierreux, herbeux
    Tarif : 🆓 10,75 € 🔌 (6A) – pers. suppl. 2,50 €
    Pour s'y rendre : Au NO du bourg par rte du Plessis et chemin à gauche après le passage à niveau, bord de deux étangs

Nature : ⚲⚲	
Loisirs : 🍸 🍴 🎿 ⛸ 🎣	
Services : 🚿 🔌 🛒 🗄 ⊛ 🔲	

MAREUIL-SUR-CHER

✉ 41110 – 318 E8 – 957 h. – alt. 63
🛈 *Syndicat d'initiative, 3, rue du Passeur* ℰ *02 54 75 31 48, Fax 02 54 75 31 48*
Paris 225 – Blois 47 – Châtillon-sur-Indre 41 – Montrichard 16 – St-Aignan 6.

⚠ **Municipal le Port** Pâques-sept.
    ℰ 02 54 32 79 51, Fax 02 54 75 21 78 – **R** conseillée
    1 ha (40 empl.) plat, herbeux
    Tarif : 🆓 13,50 € 🔌 (10A) – pers. suppl. 2 €
    Pour s'y rendre : Au bourg, près de l'église et du château
    À savoir : Décoration arbustive, en bordure du Cher

Nature : 🏞 ⛺ ⚲	
Loisirs : 🚣 🚴 🍴	
Services : 🚿 🛒 🛒 ⊛ 🔥 🗑	

MENNETOU-SUR-CHER

✉ 41320 – 318 I8 – G. Berry Limousin – 903 h. – alt. 100
🛈 *Office de tourisme, 21, Grande Rue* ℰ *02 54 98 12 29*
Paris 209 – Bourges 56 – Romorantin-Lanthenay 18 – Selles-sur-Cher 27 – Vierzon 16.

⚠ **Municipal Val Rose** 2 mai-4 sept.
    ℰ 02 54 98 11 02, *mairie.mennetou@wanadoo.fr,*
    Fax 02 54 98 10 56 – **R** conseillée
    0,8 ha (50 empl.) plat, herbeux
    Tarif : 👤 1,50 € 🆓 2 € 🔌 1,80 €
    Pour s'y rendre : Au S du bourg, à droite après le pont sur le canal, à 100 m du Cher

Nature : ⛺ ⚲	
Loisirs : 🚣	
Services : 🚿 🛒 🛒 🗄 ⊛	
À prox. : 🍴 🎿 🎣 🛶 canoë	

MESLAND

✉ 41150 – 日日日 D6 – 528 h. – alt. 79
Paris 205 – Amboise 19 – Blois 23 – Château-Renault 20 – Montrichard 27 – Tours 45.

Parc du Val de Loire avr.-4 nov.
  ℘ 02 54 70 27 18, *parc.du.val.de.loire@wanadoo.fr*,
Fax 02 54 70 21 71 – **R** conseillée
15 ha (300 empl.) plat et peu incliné, herbeux
Tarif : 🔳 27,40 € 🔋 (10A) – pers. suppl. 4,80 €
Location : 56 ⬚⬚⬚ (4 à 6 pers.) 200 à 600 €/sem. – 28 ⬚⬚⬚
(4 à 6 pers.) 200 à 715 €/sem.
Pour s'y rendre : O : 1,5 km rte de Fleuray
À savoir : Cadre boisé face au vignoble

| Nature : 💭 ⬚ 🌳🌳 |
| Loisirs : 🍸 ✗ ⬚ 🏕 ⬚⬚ 🚲 ✂ ⬚ ⬚ ⬚ |
| Services : 🔧 ⬚ 🅖🅑 ⬚ ⬚ ⬚ ⬚ ⬚ ⬚ ⬚ ⬚ ⬚ |

Les MONTILS

✉ 41120 – 日日日 E7 – 1 436 h. – alt. 92
🅱 *Syndicat d'initiative, 15 bis, route de la Haye* ℘ *02 54 44 05 07*
Paris 198 – Amboise 31 – Blois 14 – Montrichard 22 – St-Aignan 30.

L'Hermitage
  ℘ 02 54 44 07 29 – **R** conseillée
1 ha (33 empl.) plat, herbeux
Pour s'y rendre : SE : 0,5 km par D 77, rte de Seur, près du
Beuvron

| Nature : 💭 🌳🌳 |
| Loisirs : ⬚ |
| Services : ⬚ ⬚ ⬚ ⬚ ⬚ ⬚ ⬚ |
| À prox. : ✂ |

Si vous recherchez :
⬚   *Un terrain au bord de l'eau avec possibilité de baignade*
💭   *Un terrain agréable ou très tranquille*
L   *Un terrain effectuant la location de caravanes, de mobile homes,*
    de bungalows ou de chalets
P   *Un terrain ouvert toute l'année*
⬚ *Un terrain possédant une aire de services pour camping-cars*
Consultez le tableau des localités

311

MONTOIRE-SUR-LE-LOIR

✉ 41800 – 日日日 C5 – G. Châteaux de la Loire – 4 275 h. – alt. 65
🅱 *Syndicat d'initiative, 16, place Clemenceau* ℘ *02 54 85 23 30, Fax 02 54 85 23 87*
Paris 186 – Blois 52 – Château-Renault 21 – La Flèche 81 – Le Mans 70 – St-Calais 24 – Vendôme 19.

Municipal les Reclusages 8 mai-20 sept.
  ℘ 02 54 85 02 53, Fax 02 54 85 05 29 – **R** conseillée
2 ha (133 empl.) plat, herbeux
Tarif : 🔶 2,50 € 🔳 1,55 € 🔋 (10A) 3,30 €
Pour s'y rendre : Sortie SO, rte de Tours et rte de Lavardin
à gauche après le pont
À savoir : Au bord du Loir

| Nature : 🌳🌳 |
| Loisirs : 🍸 ⬚ |
| Services : 🔧 ⬚ ⬚ ⬚ ⬚ ⬚ |
| À prox. : ⬚⬚ ⬚ ⬚ ⬚ |

MORÉE

✉ 41160 – 日日日 E4 – 994 h. – alt. 96
Paris 154 – Blois 42 – Châteaudun 24 – Orléans 58 – Vendôme 21.

Municipal la Varenne juin-fin août
  ℘ 02 54 82 06 16, *mairie-de-moree-@wanadoo.fr*,
Fax 02 54 89 15 10 – **R** conseillée
0,8 ha (43 empl.) plat, herbeux
Tarif : (Prix 2005) 🔶 4 € 🔳 3,50 € 🔋 (8A) 3 €
⬚⬚
Pour s'y rendre : À l'O du bourg, bord d'un plan d'eau,
accès conseillé par D 19 rte de St-Hilaire-la-Gravelle et chemin à gauche

| Nature : 💭 |
| Loisirs : ⬚ (plage) ⬚ |
| Services : 🔧 ⬚ ⬚ ⬚ ⬚ ⬚ |
| À prox. : ⬚⬚ |

MUIDES-SUR-LOIRE

✉ 41500 – ▦▦▦ G5 – 1 157 h. – alt. 82

🛈 *Syndicat d'initiative, place de la Libération* ℘ *02 54 87 58 36, Fax 02 54 87 58 36*
Paris 169 – Beaugency 17 – Blois 20 – Chambord 9 – Vendôme 53.

⩕⩕ **Château des Marais** 13 mai-15 sept.
℘ 02 54 87 05 42, *chateau.des.marais@wanadoo.fr*,
Fax 02 54 87 05 43, *www.chateau-des-marais.com*
– **R** conseillée
8 ha (198 empl.) plat, herbeux
Tarif : ▣ 38 € 🔋 (10A) – pers. suppl. 6 € – frais de réservation 25 €
Location ⸉⸉ : 12 ⌷⌷ (4 à 6 pers.) 430 à 730 €/sem. – 2 🏠 (4 à 6 pers.) 490 à 760 €/sem. – ⊨ – (hôtel)
🚐 1 borne
Pour s'y rendre : Au SE du bourg par D 103, rte de Crouy-sur-Cosson - pour caravanes : accès par D 112, rte de Chambord et D 103 à droite
À savoir : Dans l'agréable parc boisé du château (XVIIe s.)

Nature : 🌿 ♡♡
Loisirs : ♈ ✗ 🏠 ⦿ nocturne 🏃 ✗🏊 🚲 ✗ 🔲 ⌿ ⌿
Services : ⅗ ⚷ GB 🔲 🚿 ⊛ ⌿ ⌿ 🔲 🛁 🚿
À prox. : canoë

⩕ **Municipal Bellevue** 28 avr.-15 sept.
℘ 02 54 87 01 56, *mairie.muides@wanadoo.fr*,
Fax 02 54 87 01 25, *www.perso.wanadoo.fr/mairie-muides*
– **R** conseillée
2,5 ha (100 empl.) plat, herbeux, sablonneux
Tarif : ▣ 9,20 € 🔋 (5A) – pers. suppl. 2,70 €
🚐 1 borne 6 €
Pour s'y rendre : Au N du bourg par D 112, rte de Mer et à gauche avant le pont, près de la Loire

Services : ⅗ ⚷ ⌿ ⊛ 🔲
À prox. : ✗🏊 ✗

Pour choisir et suivre un itinéraire
Pour calculer un kilométrage
Pour situer exactement un terrain (en fonction des
indications fournies dans le texte) :
*Utilisez les **cartes MICHELIN** détaillées à 1/150 000,*
compléments indispensables de cet ouvrage.

312

NEUNG-SUR-BEUVRON

✉ 41210 – ▦▦▦ H6 – 1 112 h. – alt. 102
Paris 183 – Beaugency 33 – Blois 39 – Lamotte-Beuvron 20 – Romorantin-Lanthenay 21 – Salbris 26.

⩕ **Municipal de la Varenne** 14 avr.-8 oct.
℘ 02 54 83 68 52, *camping-lavarenne@wanadoo.fr*,
Fax 02 54 83 68 52 – **R** conseillée
4 ha (73 empl.) plat, peu incliné, herbeux, sablonneux
Tarif : ▣ 8,90 € – pers. suppl. 1,95 €
Pour s'y rendre : NE : 1 km, accès par rue à gauche de l'église, près du Beuvron
À savoir : Agréable cadre boisé

Nature : 🌿 ▱ ♡♡(chênaie)
Loisirs : ✗
Services : ⅗ ⚷ GB ⌿ ⊛ 🔲

NOUAN-LE-FUZELIER

✉ 41600 – ▦▦▦ J6 – 2 319 h. – alt. 113
🛈 *Syndicat d'initiative, place de la Gare* ℘ *02 54 88 76 75*
Paris 177 – Blois 59 – Cosne-sur-Loire 74 – Gien 56 – Lamotte-Beuvron 8 – Orléans 44 – Salbris 13.

⩕⩕ **La Grande Sologne** avr.-fin oct.
℘ 02 54 88 70 22, *camping-lagrandesologne@wanadoo.fr*,
Fax 02 54 88 41 74 – **R** conseillée
10 ha/4 campables (180 empl.) plat, herbeux
Tarif : (Prix 2005) ▣ 13,20 € 🔋 (10A) – pers. suppl. 4,30 €
🚐 1 borne
Pour s'y rendre : Sortie S par N 20 puis chemin à gauche en face de la gare
À savoir : Cadre boisé au bord d'un étang

Nature : ♡♡
Loisirs : 🏠 ✗🏊 🚲 🏊
Services : ⅗ ⚷ GB ⌿ 🔲 🚿 ⊛ 🔲
À prox. : ♈ ✗ ✗ 🏊

ONZAIN

✉ 41150 – 318 E6 – G. Châteaux de la Loire – 3 141 h. – alt. 69
🛈 *Syndicat d'initiative, 3, rue Gustave Marc* ℘ *02 54 20 78 52*
Paris 201 – Amboise 21 – Blois 19 – Château-Renault 24 – Montrichard 23 – Tours 44.

▲▲▲ **Le Dugny** Permanent
℘ 02 54 20 70 66, *info@camping-de-dugny.fr*,
Fax 02 54 33 71 69, *www.camping-de-dugny.fr* – **R** conseillée
8 ha (226 empl.) peu incliné, herbeux, pierreux
Tarif : 🔲 39,50 € – pers. suppl. 13 €
Location : 40 🚐 (4 à 6 pers.) 340 à 720 €/sem. – 10 🏠 (4 à 6 pers.) 340 à 720 €/sem.
🚰 1 borne
Pour s'y rendre : NE : 4,3 km par D 58, rte de Chouzy-sur-Cisse, D 45 rte de Chambon-sur-Cisse et chemin à gauche, bord d'un étang

> Nature : 🌾 ♀♀
> Loisirs : 🍴 ✕ 🛋 jacuzzi 🏇 🚲 ░
> 🔲 🔳 🏊 ⚲
> Services : & ⚡ GB 🐕 🏧 🗄 🗑 ⊕
> 🚿 🚽 📷 🍴
> À prox. : 🐎 stage ULM, location de quad

▲ **Municipal** mai-août
℘ 02 54 20 85 15, *mairie@ville-onzain.fr*,
Fax 02 54 20 74 34, *www.ville-onzain.fr* – 🅁
1,4 ha (70 empl.) plat, herbeux
Tarif : (Prix 2005) 👤 2,15 € 🚗 2 € 🔲 2 € 🔌 1,80 €
Pour s'y rendre : SE : 1,5 km par D 1, rte de Chaumont-sur-Loire, à 300 m de la Loire
À savoir : Cadre ombragé et verdoyant

> Nature : ♀
> Loisirs : 🛋
> Services : & ⚡ ⊕ 📷
> À prox. : ✕

*Donnez-nous votre avis
sur les terrains que nous recommandons.
Faites-nous connaître vos observations et vos découvertes.*

PIERREFITTE-SUR-SAULDRE

313

✉ 41300 – 318 J6 – 851 h. – alt. 125
🛈 *Syndicat d'initiative, 10, place de l'Église* ℘ *02 54 88 67 15, Fax 02 54 88 67 15*
Paris 185 – Aubigny-sur-Nère 23 – Blois 73 – Bourges 55 – Orléans 52 – Salbris 13.

▲▲▲ **Yelloh-Village Sologne Parc des Alicourts**
19 mai-9 sept.
℘ 02 54 88 63 34, *parcdesalicourts@yellohvillage.com*,
Fax 02 54 88 58 40, *www.yellohvillage.com* – **R** indispensable
21 ha/10 campables (420 empl.) plat, en terrasses, herbeux, sablonneux
Tarif : 🔲 45 € 🔌 (6A) – pers. suppl. 9 €
Location 🏖 : 102 🚐 (4 à 6 pers.) 315 à 1 099 €/sem. – 94 🏠 (4 à 6 pers.) 287 à 1 372 €/sem.
🚰 1 borne
Pour s'y rendre : NE : 6 km par D 126 et D 126⁸, au Domaine des Alicourts, bord d'un étang
À savoir : Beau domaine ou détente et plaisirs de l'eau seront comblés

> Nature : 🌾 🌲 ♀♀
> Loisirs : 🍴 ✕ 🛋 🍃 nocturne 🏇
> salle d'animation 🏇 🚲 ✕ ░ 🏊
> 🏖 (plage) 🏊 ⚲ golf, piste de bi-cross, piste de rollers et de skates, canoë, pédalos
> Services : & ⚡ GB 🐕 🗄 🗑 ⊕ 🍴
> 🚿 📷 🏊 🍴

ROMORANTIN-LANTHENAY

✉ 41200 – 318 H7 – G. Châteaux de la Loire – 18 350 h. – alt. 93
🛈 *Office de tourisme, place de la Paix* ℘ *02 54 76 43 89, Fax 02 54 76 96 24*
Paris 202 – Blois 42 – Bourges 74 – Châteauroux 72 – Orléans 67 – Tours 95 – Vierzon 38.

▲ Tournefeuille
℘ 02 54 76 16 60, *camping.romo@wanadoo.fr*,
Fax 02 54 76 00 34, *www.romorantin.fr* – **R** conseillée
1,5 ha (103 empl.) plat, herbeux
🚰 1 borne
Pour s'y rendre : Sortie Est rte de Salbris, rue de Long-Eaton, bord de la Sauldre

> Nature : 🌾 ♀
> Loisirs : snack 🛋 🏇 🚲
> Services : & ⚡ 🏧 🗑 ⊕ 🚿 🍴 📷
> À prox. : 🎣 ✕ 🎿 🏊 canoë

ST-AIGNAN

✉ 41110 – 318 F8 – G. Châteaux de la Loire – 3 542 h. – alt. 115
🏛 *Office de tourisme, 60, rue Constant Ragot* 𝒞 *02 54 75 22 85, Fax 02 54 75 50 26*
Paris 221 – Blois 41 – Châteauroux 65 – Romorantin-Lanthenay 36 – Tours 62 – Vierzon 70.

⚠ Les Cochards
  𝒞 02 54 75 15 59, *camping@lescochards.com,*
  Fax 02 54 75 44 72, *www.lescochards.com* – **R** conseillée
  4 ha (140 empl.) plat, herbeux
  Location : 🏠 – bungalows toilés
  Pour s'y rendre : SE : 1 km par D 17, rte de Couffi, bord du Cher

Nature : ♀	
Loisirs : 🍴 snack 🏠 ⚓ ⚓	
Services : 🚿 ⊶ 🗄 🛗 ⊕ 🗄 🚮	
À prox. : ✂ ◐ canoë	

SALBRIS

✉ 41300 – 318 J7 – G. Châteaux de la Loire – 6 029 h. – alt. 104
🏛 *Office de tourisme, rue du Général Girault* 𝒞 *02 54 97 22 27, Fax 02 54 97 22 27*
Paris 187 – Aubigny-sur-Nère 32 – Blois 65 – Lamotte-Beuvron 21 – Romorantin-Lanthenay 27 – Vierzon 24.

⚠ **Le Sologne** avr.-sept.
  𝒞 02 54 97 06 38, *campingdesologne@wanadoo.Fr, mon site.wanadoo.fr/camping.salbris* – **R** conseillée
  2 ha (81 empl.) plat, herbeux
  Tarif : 🔲 16 € – pers. suppl. 4,50 €
  Location : 🏠 (4 à 6 pers.) 364 €/sem.
  🚐 1 borne 6 €
  Pour s'y rendre : Sortie NE par D 55, rte de Pierrefitte-sur-Sauldre, bord d'un plan d'eau et près de la Sauldre - accès au centre-ville par chemin piétonnier

Nature : 🏞 ♀	
Loisirs : 🏠	
Services : 🚿 ⊶ GB ⊘ 🗄 ⊕ 🚮 🚮 🗄	
À prox. : 🎣 ✂ 🎮 🏊 🚣	

Benutzen Sie
– zur Wahl der Fahrtroute
– zur Berechnung der Entfernungen
– zur exakten Lokalisierung eines Campingplatzes (mit Hilfe der Angaben im Ortstext)
*die für diesen Führer unentbehrlichen **MICHELIN-Karten** im Ma1 : 150 000.*

314

SEILLAC

✉ 41150 – 318 D6 – 78 h. – alt. 115
Paris 198 – Amboise 25 – Blois 17 – Montrichard 29 – Tours 50.

⚠ **Aire Naturelle la Ferme de Prunay** 30 avr.-sept.
  𝒞 02 54 70 02 01, *contact@prunay.com,*
  Fax 02 54 70 12 72, *prunay.fr* – **R** conseillée
  2 ha (25 empl.) plat, herbeux, pièce d'eau, verger
  Tarif : 👤 7,20 € 🔲 3,30 € 🔌 3,20 €
  Location : 🏠
  Pour s'y rendre : NE : 2,5 km par D 131, rte de Chambon-sur-Cisse

Nature : 🌳 ⪡ 🏞	
Loisirs : 🏠 ⚓ 🚲 🚣	
Services : ⊶ GB ⊘ 🗄 ⊕ 🖼	

SUÈVRES

✉ 41500 – 318 F5 – G. Châteaux de la Loire – 1 371 h. – alt. 83
🏛 *Syndicat d'initiative, place de la Mairie* 𝒞 *02 54 87 85 27*
Paris 170 – Beaugency 18 – Blois 15 – Chambord 16 – Vendôme 46.

⚠⚠ **La Grenouillère** 28 avr.-9 sept.
  𝒞 02 54 87 80 37, *la.grenouillere@wanadoo.fr,*
  Fax 02 54 87 84 21, *www.camping-loire.com* – **R** indispensable
  11 ha (250 empl.) plat, herbeux
  Tarif : 🔲 35 € – pers. suppl. 7 € – frais de réservation 20 €
  Location 🎿 : 12 🏠 (4 à 6 pers.) 400 à 730 €/sem.
  🚐 1 borne
  Pour s'y rendre : NE : 3 km sur rte d'Orléans
  À savoir : Parc boisé et verger agréable

Nature : 🏞 🌳	
Loisirs : 🍴 🍴 crêperie 🏠 🚿 ⚓ 🚲 🎮 ✂ 🚣 🏊 squash	
Services : 🚿 ⊶ GB ⊘ 🗄 🛗 ⊕ 🚮 🗄 🖼 🚮 🚿	

THORÉ-LA-ROCHETTE

✉ 41100 – ▓▓▓ C5 – 883 h. – alt. 75
Paris 176 – Blois 42 – Château-Renault 25 – La Ferté-Bernard 58 – Vendôme 9.

⚑ **Intercommunal la Bonne Aventure** 15 mai-sept.
      ✆ 02 54 72 00 59, *enora.conan@cpvendome.com*,
      Fax 02 54 89 41 01 – **R** conseillée
      2 ha (60 empl.) plat, herbeux
      Tarif : (Prix 2005) ✦ 2,20 € ▣ 1,75 € [ξ] (5A) 2,20 €
      Pour s'y rendre : N : 1,7 km par D 82, rte de Lunay et rte à
      droite, près du stade, bord du Loir

| Nature : 🌳 ♀ |
| Loisirs : 🏠 🛶 🚲 ✂ 🎣 |
| Services : 🔥 ⊶ GB 🐂 🗑 ⊕ 🔲 |
| À prox. : 🏊 |

Loiret (45)

BEAULIEU-SUR-LOIRE

✉ 45630 – ▓▓▓ N6 – 1 693 h. – alt. 156
🛈 *Office de tourisme, place d'Armes* ✆ 02 38 35 87 24, Fax 02 38 35 30 10
Paris 170 – Aubigny-sur-Nère 36 – Briare 15 – Gien 27 – Cosne-sur-Loire 21.

⚑ **Municipal Touristique du Canal** Pâques-Toussaint
      ✆ 02 38 35 32 16, *beaulieu-sur-loire@libertysurf.fr*,
      Fax 02 38 35 86 57 – **R** conseillée
      0,6 ha (37 empl.) plat, herbeux
      Tarif : (Prix 2005) ✦ 2,25 € ▣ 1,12 € [ξ] (6A) 2,55 €
      🚐 1 borne
      Pour s'y rendre : Sortie E par D 926, rte de Bonny-sur-
      Loire, près du canal (halte nautique)

| Nature : 🌳 ♀ |
| Services : 🔥 🐂 ⊕ 🚿 |
| À prox. : ✕ 🎣 canoë |

BELLEGARDE

✉ 45270 – ▓▓▓ L4 – G. Châteaux de la Loire – 1 558 h. – alt. 113
🛈 *Syndicat d'initiative, 12 bis, place Charles Desvergnes* ✆ 02 38 90 25 37, Fax 02 38 90 28 32
Paris 110 – Gien 41 – Montargis 24 – Nemours 41 – Orléans 50 – Pithiviers 30.

⚑ **Municipal du Donjon** 15 mai-15 sept.
      ✆ 02 38 90 25 37, *bellegard@aol.com*, Fax 02 38 90 28 32
      – **R** conseillée
      0,5 ha (39 empl.) plat, herbeux
      Tarif : ✦ 2,70 € ▣ 4,35 € [ξ] (6A) 3,05 €
      Pour s'y rendre : Sortie SO par N 60, rte d'Orléans et
      0,5 km par rue à gauche (allée du château)

| Nature : 🌳 ♀ |
| Services : 🔥 ⊶ 🐂 ⊕ |
| À prox. : 🛶 ✂ 🏊 |

315

CHÂTILLON-COLIGNY

✉ 45230 – ▓▓▓ O5 – G. Bourgogne – 1 946 h. – alt. 130
🛈 *Office de tourisme, 2, place Coligny* ✆ 02 38 96 02 33
Paris 140 – Auxerre 70 – Gien 26 – Joigny 48 – Montargis 23.

⚑ **Municipal de la Lancière** avr.-sept.
      ✆ 02 38 92 54 73, *lalanciere@wanadoo.fr* – places limitées
      pour le passage – **R** conseillée
      1,9 ha (55 empl.) plat, herbeux
      Tarif : ✦ 2,80 € 🚗 1,10 € ▣ 1,50 € [ξ] (6A) 2,80 €
      Pour s'y rendre : Au S du bourg, entre le Loing et le canal
      de Briare (halte fluviale)

| Nature : ♀♀ |
| Loisirs : 🛶 ♫ |
| Services : ⊶ 🐂 🚿 ⊕ 🔲 cases |
| réfrigérées |

Om een reisroute uit te stippelen en te volgen,
om het aantal kilometers te berekenen,
om precies de ligging van een terrein te bepalen
(aan de hand van de inlichtingen in de tekst),
*gebruikt u de **Michelinkaarten** schaal 1 : 150 000 ;*
een onmisbare aanvulling op deze gids.

COULLONS

⊠ 45720 – 318 L6 – 2 274 h. – alt. 166
Paris 165 – Aubigny-sur-Nère 18 – Gien 16 – Orléans 60 – Sancerre 47 – Sully-sur-Loire 22.

Municipal Plancherotte avr.-oct.
✆ 02 38 29 20 42, Fax 02 38 29 23 07, *http://perso.wana doo.fr/coullons* – **R** conseillée
1,9 ha (60 empl.) plat, herbeux
Tarif : (Prix 2005) 🔲 8,94 € – pers. suppl. 1,56 €
Pour s'y rendre : O : 1 km par D 51, rte de Cerdon et rte des Brosses à gauche, à 50 m d'un plan d'eau (accès direct)
À savoir : Beaux emplacements délimités

Nature : 🦢 🏕 ⌕
Services : 🚿 ⌕ ⛽ 🅿 ⌕
À prox. : 🎣 ✗ ≌ 🐎 (centre équestre) piste de bi-cross

GIEN

⊠ 45500 – 318 M5 – G. Châteaux de la Loire – 15 332 h. – alt. 162
🛈 Office de tourisme, place Jean Jaurès ✆ 02 38 67 25 28, Fax 02 38 38 23 16
Paris 149 – Auxerre 85 – Bourges 77 – Cosne-sur-Loire 46 – Orléans 70 – Vierzon 74.

Sunelia les Bois du Bardelet avr.-sept.
✆ 02 38 67 47 39, *contact@bardelet.com*,
Fax 02 38 38 27 16, *www.bradelet.com* – **R** conseillée
12 ha/6 campables (260 empl.) plat, herbeux, étang
Tarif : 🔲 30 € 🔲 (6A) – pers. suppl. 6,10 € – frais de réservation 30 €
Location : 32 🛖 (4 à 6 pers.) 280 à 896 €/sem. – 54 🏠 (4 à 6 pers.) 220 à 987 €/sem.
🛒 1 borne 8 €
Pour s'y rendre : SO : 5 km par D 940 rte de Bourges et 2 km par rte à gauche, pour les usagers venant de Gien, accès conseillé par D 53 rte de Poilly-lez-Gien et 1ᵉʳᵉ rte à droite
À savoir : Cadre agréable, au bord d'un étang et belle piscine d'intérieur

Nature : 🦢 ♤♤
Loisirs : 🍴 ✗ 🍹 nocturne 🏇 🎣 🚴 🏓 ✗ 🏛 🏊 ≌ ⛵ 🛶 canoë
Services : 🚿 ⌕ 🅿 (locatif) 🏧 ⌕
🏛 📷 ♨ ⌕ ⌕ 🔥

ISDES

⊠ 45620 – 318 K5 – 476 h. – alt. 152
Paris 174 – Bourges 75 – Gien 35 – Orléans 40 – Romorantin-Lanthenay 61 – Vierzon 69.

Municipal les Prés Bas mai-15 sept.
✆ 02 38 29 10 82, *mail.isdes@anadoo.fr*,
Fax 02 38 29 12 53, *www.coeur-de-france.com/isdes.html* – **R** conseillée
0,5 ha (20 empl.) plat, herbeux
Tarif : (Prix 2005) 🔲 9 € – pers. suppl. 2 €
Location : gîte d'étape
Pour s'y rendre : Sortie NE par D 59 rte de Sully-sur-Loire près d'un étang

Nature : 🏕
Loisirs : 🎣
Services : 🚿 ⌕ ⌕ ⛽ ⌕ 🔥
À prox. : 🎣

LORRIS

⊠ 45260 – 318 M4 – G. Châteaux de la Loire – 2 674 h. – alt. 126
🛈 Office de tourisme, 2, rue des Halles ✆ 02 38 94 81 42
Paris 132 – Gien 27 – Montargis 23 – Orléans 55 – Pithiviers 45 – Sully-sur-Loire 19.

L'Étang des Bois avr.-sept.
✆ 02 38 92 32 00, *canal.orleans@wanadoo.fr*,
Fax 02 38 46 82 92, *canal.orleans.monsite.wanadoo.fr* – **R** conseillée
3 ha (150 empl.) plat, gravillons
Tarif : (Prix 2005) 🔲 13,20 € – pers. suppl. 2,50 €
Pour s'y rendre : O : 6 km par D 88, rte de Châteauneuf-sur-Loire, près de l'étang des Bois
À savoir : Cadre boisé dans un site agréable

Nature : 🏕 ♤♤
Loisirs : 🚣 🎣
Services : ⌕ ⌕ 📷 ⌕ ⛽ 🔥 🏛
À prox. : ✗ 🏛 ≌ (plage) ⛵ 🐎 (centre équestre)

MONTARGIS

✉ 45200 – ███ N4 – 15 030 h. – alt. 95
🛈 *Office de tourisme, rue du Port* 𝒫 *02 38 98 00 87*
Paris 109 – Auxerre 252 – Nemours 36 – Nevers 126 – Orléans 73.

△ **Municipal de la Forêt**
    𝒫 02 38 98 00 20, Fax 02 38 95 02 29 – **R** conseillée
5,5 ha (100 empl.) plat, pierreux, sablonneux, herbeux
Pour s'y rendre : Sortie Nord par D 943 et 1 km par D 815,
rte de Paucourt

> Nature : 🌳🌳(chênaie)
> Loisirs : 🏠 🏕
> Services : 🛇 ⚷ 🏢 🧊 🔲 ⊕ 🚿 🚰
> À prox. : 🎯 🛶

NIBELLE

✉ 45340 – ███ K3 – 752 h. – alt. 123
🛈 *Office de tourisme, 42, rue Saint-Sauveur* 𝒫 *02 38 32 23 66*
Paris 102 – Chartres 91 – Châteauneuf-sur-Loire 24 – Neuville-aux-Bois 27 – Pithiviers 20.

⩕ **Parc de Nibelle** mars-nov.
    𝒫 02 38 32 23 55, Fax 02 38 32 03 87, *www.parc-ni
belle.com* – **R** conseillée
10 ha (120 empl.) plat, pierreux, herbeux
Tarif : (Prix 2005) 🔲 31 € – pers. suppl. 12 €
Location (mai-oct.) : 🏠 (4 à 6 pers.) 514 à 720 €/sem.
Pour s'y rendre : E : 2 km par D 230, rte de Boiscommun
puis D 9 à droite
À savoir : Agréable cadre boisé et soigné

> Nature : 🐾 ⛱ 🌳
> Loisirs : snack 🏠 🏕 🚴 🎯 🎣 🔲
> Services : 🛇 ⚷ 🧊 🔲 ⊕ 🚿
> À prox. : ✗

*LES GUIDES VERTS **MICHELIN***
Paysages, monuments
Routes touristiques
Géographie
Histoire, Art
Itinéraire de visite
Plans de villes et de monuments

317

OLIVET

✉ 45160 – ███ I4 – G. Châteaux de la Loire – 19 195 h. – alt. 100
🛈 *Office de tourisme, 236, rue Paul Genain* 𝒫 *02 38 63 49 68, Fax 02 38 63 50 45*
Paris 137 – Orléans 4 – Blois 70 – Chartres 78 – Vierzon 82.

△ **Municipal** avril-oct.
    𝒫 02 38 63 53 94, *camping.olivet@wanadoo.fr*,
Fax 02 38 63 58 96 – **R** conseillée
1 ha (46 empl.) plat, herbeux
Tarif : (Prix 2005) 🔲 14,65 € – pers. suppl. 3,10 €
Pour s'y rendre : SE : 2 km par D 14, rte de St-Cyr-en-Val
À savoir : Situation agréable au confluent du Loiret et du
Dhuy

> Nature : ⛱ 🌳🌳
> Loisirs : 🎣
> Services : 🛇 ⚷ 🏧 🧊 🔲 🔲 ⊕ 🚿 🚰 🔲
> À prox. : 🎯 🛶

ST-PÈRE-SUR-LOIRE

✉ 45600 – ███ L5 – 1 003 h. – alt. 115
Paris 147 – Aubigny-sur-Nère 38 – Châteauneuf-sur-Loire 40 – Gien 25 – Montargis 39 – Orléans 49 – Sully-sur-Loire 2.

⩕ **Caravaning St-Père**
    𝒫 02 38 36 35 94
2,7 ha (80 empl.) plat, herbeux, pierreux, gravier
Location : 🏠
🚰, 1 borne
Pour s'y rendre : À l'Ouest du bourg, sur D 60 rte de
Châteauneuf-sur-Loire, près du fleuve

> Loisirs : 🏠 🏕
> Services : 🛇 🧊 🔲 ⊕ 🚿 🚰 🔲
> À prox. : 🎯 🏃 **parcours de santé**

VITRY-AUX-LOGES

⊠ 45530 – 318 K4 – 1 724 h. – alt. 120

Paris 111 – Bellegarde 17 – Châteauneuf-sur-Loire 11 – Malesherbes 48 – Orléans 38 – Pithiviers 30.

Étang de la Vallée avr.-sept.
℘ 02 38 59 35 77, *canal.orleans@wanadoo.fr*,
Fax 02 38 46 82 92, *canal.orleans.monsite.wanadoo.fr*
– **R** conseillée – adhésion FFCC obligatoire
3,7 ha (180 empl.) plat, herbeux
Tarif : (Prix 2005) 🔲 13,20 € – pers. suppl. 2,50 €

Pour s'y rendre : NE : à 3,3 km du bourg, à 100 m de l'étang

À savoir : Agréable cadre boisé à proximité d'une base de loisirs

Nature : ⌒ ♀
Loisirs : 🐎 ☂ ⛷ m
Services : 🦽 ⚬━ ⚕ 🗑 ☺ 🛒 ♨ 🏭
À prox. : 🍽 snack 🏊 (plage) ⚓ pédalos

CHAMPAGNE-ARDENNE

S. Sauvignier/Michelin

Le visiteur de la région Champagne-Ardenne a les yeux qui pétillent, et une soudaine effervescence s'empare de ses papilles lorsque surgit devant lui un océan de ceps. Il s'imagine déjà sablant le champagne, ce subtil breuvage baptisé « vin du diable » avant qu'un moine ne perce le secret de ses bulles. Faisant étape à Reims, il succombe à la beauté de sa cathédrale, puis à la douceur de ses biscuits roses. À Troyes, il s'éprend autant de la poésie des ruelles bordées de maisons à colombages que du fumet s'échappant de friandes andouillettes. Pour expier ses péchés, il se retire dans les profondeurs boisées des Ardennes, mais loin d'être un chemin de croix, l'escapade réserve d'agréables surprises : observation de grues cendrées, dégustation d'un ragoût de marcassin… Une autre façon de coincer la bulle !

It's easy to spot visitors bound for Champagne by the sparkle in their eyes and their delight as they look out over mile upon mile of vineyards: in their minds' eye, they are already raising a glass of the famous delicacy which was known as »devil's wine« before a monk discovered the secret of its divine bubbles. As they continue their voyage, the beautiful cathedral of Reims rises up before them. At Troyes, they drink in the sight of its half-timbered houses and feast on andouillettes, the local chitterling sausages. After these treats, our visitors can explore the Ardennes forest, by bike or along its hiking trails, but this woodland retreat, bordered by the gentle Meuse, has other delights in store: watching the graceful flight of the crane over an unruffled lake, or trying a plate of local wild boar.

ATTIGNY

✉ 08130 – **306** J6 – 1 200 h. – alt. 83
Paris 202 – Charleville-Mézières 37 – Reims 57 – Rethel 18.

� **Municipal le Vallage**
   ℰ 03 24 71 23 06, Fax 03 24 71 94 00 – **R**
   1,2 ha (68 empl.) plat, herbeux, goudronné
   Pour s'y rendre : Sortie Nord, rte de Charleville-Mézières
   et rue à gauche après le pont sur l'Aisne, près d'un étang

Nature : ⌑
Services : ⚬ ▥ ▦ ⊕ ⌕ ☇
À prox. : ⚹ ⚔

BOURG-FIDÈLE

✉ 08230 – **306** J3 – 771 h. – alt. 370
Paris 237 – Charleville-Mézières 22 – Fumay 21 – Hirson 39 – Rethel 52.

⚫ **La Murée** Permanent
   ℰ 03 24 54 24 45, Fax 03 24 54 24 45, *www.campingdela
   muree.com* – **R** conseillée
   1,5 ha (23 empl.) peu incliné, herbeux
   Tarif : ▤ 16 € – pers. suppl. 3 €
   Pour s'y rendre : N : 1 km par D 22 rte de Rocroi
   À savoir : Cadre boisé en bordure d'étangs

Nature : ⚶ ♀
Loisirs : ☓ snack ⚔ ⌇
Services : ⚱ ⚬ ⌺ ▥ ▦ ⊕ ⌕ ☇
▣

*Les localités possédant des ressources sélectionnées dans ce guide
sont signalées sur les **cartes MICHELIN** détaillées à 1/150 000.*

BUZANCY

✉ 08240 – **306** L6 – 411 h. – alt. 176
Paris 228 – Châlons-en-Champagne 86 – Charleville-Mézières 58 – Metz 130 – Reims 84.

⚫ **La Samaritaine** 14 avr.-sept.
   ℰ 03 24 30 08 88, *info@campinglasamaritaine.com*,
   Fax 03 24 30 29 39, *www.campinglasamaritaine.com* – **R** indispensable
   2 ha (110 empl.) plat, herbeux, pierreux
   Tarif : ▤ 19,50 € ⚡ (10A) – pers. suppl. 4 € – frais de réservation 10 €
   Location : 9 ⌂ (4 à 6 pers.) 350 à 574 €/sem.
   ⛽ 1 borne 3 € – 3 ▤ 4 €
   Pour s'y rendre : SO : 1,4 km par chemin à droite près de
   la base de loisirs

Nature : ⚶
Loisirs : snack ⌨
Services : ⚱ ⚬ ⊞ ⌺ Ⓜ ▦ ⊕ ⌕
☇ ▣
À prox. : ⚔

Le CHESNE

✉ 08390 – **306** K5 – G. Champagne Ardenne – 939 h. – alt. 164 – Base de loisirs
Paris 232 – Buzancy 20 – Charleville-Mézières 39 – Rethel 32 – Vouziers 18.

⚫ **Départemental Lac de Bairon**
   ℰ 03 24 30 11 66, Fax 03 24 30 11 66 – **R** conseillée
   6,8 ha (170 empl.) plat et en terrasses, herbeux, gravillons
   Pour s'y rendre : NE : 2,8 km par D 991, rte de Charleville-
   Mézières et rte de Sauville, à droite. Pour caravanes : accès
   conseillé par D 977, rte de Sedan et D 12 à gauche
   À savoir : Situation agréable au bord du lac

Nature : ⚶ ≤ ♀♀ ⌂
Loisirs : ⌨ ⚔ ⚲
Services : ⚱ ⚬ ▥ ▦ ⊕ ▣
À prox. : ⚔ ⚑ ⚓ canoë

HAULMÉ

✉ 08800 – **306** K3 – 84 h. – alt. 175
Paris 248 – Charleville-Mézières 19 – Dinant 64 – Namur 99 – Sedan 39.

⚫ **Base de Loisirs Départementale**
   ℰ 03 24 32 81 61, Fax 03 24 32 37 66
   15 ha (405 empl.) plat, herbeux
   Pour s'y rendre : Sortie Nord-Est, puis 0,8 km par chemin
   à droite après le pont
   À savoir : Au bord de la Semoy

Nature : ≤ ♀
Loisirs : ⌨ ⚔ ⚲ ⚑ ⌇
Services : ⚱ ▥ ▦ ⊕ ▣
À prox. : parcours sportif, canoë

JUNIVILLE

08310 – 306 I6 – 844 h. – alt. 80
Paris 182 – Reims 37 – Rethel 15 – Vouziers 24.

Le Moulin de la Chut
03 24 72 72 22 – **R** conseillée
2 ha (50 empl.) plat et peu incliné, herbeux, pierreux
Pour s'y rendre : E : 1,8 km par D 925 rte de Bignicourt et chemin à droite et à 80 m de la Retourne
À savoir : Cadre boisé près d'étangs

Nature :
Loisirs :
Services :
À prox. : snack

Les MAZURES

08500 – 306 J3 – 774 h. – alt. 330 – Base de loisirs
Paris 249 – Charleville-Mézières 20 – Fumay 16 – Hirson 50 – Rethel 63.

Départemental Lac des Vieilles Forges
Permanent
03 24 40 17 31, Fax 03 24 40 17 31 – **R** conseillée
12 ha/3 campables (300 empl.) en terrasses, gravillons
Tarif : (Prix 2005) 3 € 1,45 € 3 € (10A) 4,30 €
Location : gîtes
Pour s'y rendre : S : 2 km par D 40, rte de Renwez puis 2 km par rte à droite, à 100 m du lac
À savoir : Terrasses ombragées dominant le lac

Nature :
Loisirs :
Services :
À prox. : (plage)

MOUZON

08210 – 306 M5 – G. Champagne Ardenne – 2 616 h. – alt. 160
Syndicat d'initiative, place du Colombier 03 24 26 56 11
Paris 261 – Carignan 8 – Charleville-Mézières 41 – Longwy 62 – Sedan 17 – Verdun 64.

Municipal la Tour St-Jérôme 15 mai-15 sept.
03 24 26 28 02, *mairie-mouzon@wanadoo.fr,*
Fax 03 24 26 27 73 – **R** conseillée
0,5 ha (32 empl.) plat, herbeux
Tarif : (Prix 2005) 2,80 € 1,40 € 2,10 € 2,70 €
Pour s'y rendre : Sortie Sud-Est par rue Porte-de-Bourgogne et chemin à droite après le pont, près du stade

Services :
À prox. :

Rives du lac d'Orient au Mesnil-St-Père

P. Gajic/Michelin

SEDAN

✉ 08200 – **306** L4 – G. Champagne Ardenne – 20 548 h. – alt. 154
🛈 *Office de tourisme, place du Château* 𝒫 03 24 27 73 73
Paris 246 – Châlons-en-Champagne 117 – Charleville-Mézières 25 – Luxembourg 104 – Reims 101 – Verdun 81.

▲ **Municipal** avr.-sept.
𝒫 03 24 27 13 05, Fax 03 24 27 13 05 – **R** conseillée
3 ha (130 empl.) plat, herbeux
Tarif : (Prix 2005) ⚲ 2,50 € ▣ 2,80 € ⁅ (10A)
Pour s'y rendre : Bd Fabert
À savoir : Sur la prairie de Torcy, au bord de la Meuse (halte fluviale)

Nature : ♀
Loisirs : 🏊♟
Services : ⅙ ⊶ 🖥 ⊛

SIGNY-L'ABBAYE

✉ 08460 – **306** I4 – G. Champagne Ardenne – 1 340 h. – alt. 240
🛈 *Syndicat d'initiative, cour Rogelet* 𝒫 03 24 53 10 10, Fax 03 24 53 10 10
Paris 208 – Charleville-Mézières 31 – Hirson 41 – Laon 74 – Rethel 23 – Rocroi 30 – Sedan 52.

▲ **Municipal l'Abbaye** mai-sept.
𝒫 03 24 52 87 73, Fax 03 24 52 87 44 – **R** conseillée
1,2 ha (60 empl.) plat, herbeux, gravillons
Tarif : (Prix 2005) ⚲ 1,60 € ⇔ 1,10 € ▣ 1,30 € ⁅ 2,60 €
Pour s'y rendre : Au Nord du bourg, près du stade, bord de la Vaux

Services : ⊶ GB ▥ ⊛
À prox. : ✗

Aube (10)

AIX-EN-OTHE

✉ 10160 – **313** CA – G. Champagne Ardenne – 2 131 h. – alt. 149
🛈 *Office de tourisme, 21, rue des Vannes* 𝒫 03 25 80 81 71

▲ Municipal de la Nosle
𝒫 03 25 46 75 44, Fax 03 25 46 75 09
3 ha (90 empl.) plat, herbeux
Pour s'y rendre : Sortie bourg par D 374, dir. Villemoison-en-Othe

Nature : ♀
Services : ⅙ ⊛ ⌂
À prox. : 🛒 ▾ ✗ 🖼 🎣

323

DIENVILLE

✉ 10500 – **313** H3 – 747 h. – alt. 128 – Base de loisirs
Paris 209 – Bar-sur-Aube 20 – Bar-sur-Seine 33 – Brienne-le-Château 8 – Troyes 38.

▲▲ **Le Tertre** 29 mars-16 oct.
𝒫 03 25 92 26 50, *campingdutertre@wanadoo.fr*,
Fax 03 25 92 26 50, *www.campingdutertre.fr* – **R** conseillée
3,5 ha (155 empl.) plat, herbeux, gravier
Tarif : ▣ 17,20 € ⁅ (4A) – pers. suppl. 3,50 € – frais de réservation 12 €
Location (permanent) : 13 ⌂ (4 à 6 pers.) 120 à 499 €/sem.
🚐 1 borne
Pour s'y rendre : Sortie Ouest sur D 11, rte de Radonvilliers
À savoir : Face à la station nautique de la base de loisirs

Nature : 🖙
Loisirs : ▾ snack 👫 🏊♟ ⊿
Services : ⅙ ⊶ GB ⅏ 🖥 🛆 🕰 ⊛ ⌂ ⋎ 🖥
À prox. : ✗ 🏊 🎣 ski nautique jet-ski

Pour choisir et suivre un itinéraire
Pour calculer un kilométrage
Pour situer exactement un terrain (en fonction des indications fournies dans le texte) :
*Utilisez les **cartes MICHELIN** détaillées à 1/150 000,*
compléments indispensables de cet ouvrage.

ERVY-LE-CHÂTEL

✉ 10130 – 🗺 D5 – G. Champagne Ardenne – 1 214 h. – alt. 160
🛈 *Office de tourisme, boulevard des Grands Fossés* 📞 *03 25 70 04 45, Fax 03 25 70 22 04*
Paris 169 – Auxerre 48 – St-Florentin 18 – Sens 62 – Tonnerre 25 – Troyes 38.

△ **Municipal les Mottes** 15 mai-15 sept.
📞 03 25 70 07 96 – ℞
0,7 ha (53 empl.) plat, herbeux
Tarif : ✶ 2,50 € 🚗 2 € 🔲 2 € [½] (5A) 2,50 €
Pour s'y rendre : E : 1,8 km par D 374, rte d'Auxon, D 92 et
chemin à droite après le passage à niveau
À savoir : En bordure d'une petite rivière et d'un bois

| Nature : 🏞 |
| Loisirs : 🎣 |
| Services : 🚻 ⊶ 🚽 ⚙ 🏠 |

GÉRAUDOT

✉ 10220 – 🗺 F4 – G. Champagne Ardenne – 291 h. – alt. 146
Paris 192 – Bar-sur-Aube 36 – Bar-sur-Seine 28 – Brienne-le-Château 26 – Troyes 24.

△ **L'Épine aux Moines** 15 mars-15 oct.
📞 03 25 41 24 36, Fax 03 25 41 24 36 – ℞ conseillée
2,8 ha (186 empl.) plat et peu incliné, herbeux
Tarif : (Prix 2005) 🔲 14,60 € [½] (6A) – pers. suppl. 4,30 €
Pour s'y rendre : SE : 1,3 km par D 43
À savoir : Cadre verdoyant près du lac de la Forêt d'Orient

| Nature : ♀ |
| Services : 🚻 ⊶ 🚿 🚽 ⚙ 🏠 |
| À prox. : 🍴 pizzeria 🛶 ≈ (plage) 🚣 |

Om een reisroute uit te stippelen en te volgen,
om het aantal kilometers te berekenen,
om precies de ligging van een terrein te bepalen
(aan de hand van de inlichtingen in de tekst),
*gebruikt u de **Michelinkaarten** schaal 1 : 150 000 ;*
een onmisbare aanvulling op deze gids.

324

RADONVILLIERS

✉ 10500 – 🗺 H3 – 367 h. – alt. 130
Paris 206 – Bar-sur-Aube 22 – Bar-sur-Seine 35 – Brienne-le-Château 6 – Troyes 36.

△ **Municipal le Garillon**
📞 03 25 92 21 46, Fax 03 25 92 21 34
1 ha (55 empl.) plat, herbeux
Pour s'y rendre : sortie Sud-Ouest par D 11 rte de Piney et
à droite, bord d'un ruisseau et à 250 m du lac, (haut de la
digue par escalier)

| Services : 🚻 🚿 ⚙ |
| À prox. : 🍴 |

SOULAINES-DHUYS

✉ 10200 – 🗺 I3 – 267 h. – alt. 153
Paris 228 – Bar-sur-Aube 18 – Brienne-le-Château 17 – Chaumont 48 – Troyes 58.

△ **Municipal de la Croix Badeau** mai-sept.
📞 03 25 92 16 03, Fax 03 25 27 10 03 – ℞
1 ha (39 empl.) peu incliné, herbeux, gravier, gravillons
Tarif : 🔲 9,13 € – pers. suppl. 1,52 €
Pour s'y rendre : Au Nord-Est du bourg, près de l'église

| Nature : 🏕 |
| Loisirs : 🍸 |
| Services : 🚻 🚿 ⚙ 🚗 ✎ |
| À prox. : 🛝 🍴 |

TROYES

✉ 10000 – 🗺 E4 – G. Champagne Ardenne – 60 958 h. – alt. 113
🛈 *Office de tourisme, 16, boulevard Carnot* 📞 *03 25 82 62 70, Fax 03 25 73 06 81*
Paris 170 – Dijon 185 – Nancy 186.

🗼 Municipal
📞 03 25 81 02 64, Fax 03 25 81 02 64 – ℞ conseillée
3,8 ha (110 empl.) plat, herbeux
🚐 1 borne
Pour s'y rendre : NE : 2 km par rte de Nancy
À savoir : Agréable décoration arbustive

| Nature : ♀ |
| Loisirs : 🎮 🛝 🚴 🎣 |
| Services : 🚻 ⊶ 🚿 🚽 ⚙ 🏠 sèche- |
| linge |
| À prox. : 🏊 🎣 |

CHÂLONS-EN-CHAMPAGNE

✉ 51000 – ▨▨▨ I9 – G. Champagne Ardenne – 47 339 h. – alt. 83
🛈 *Office de tourisme, 3, quai des Arts* ℘ *03 26 65 17 89, Fax 03 26 65 35 65*
Paris 188 – Charleville-Mézières 101 – Metz 157 – Nancy 162 – Reims 47 – Troyes 82.

⚠ **Municipal** avr.-oct.
℘ 03 26 68 38 00, Fax 03 26 68 38 00, *camping-mairie.cha
lons@wanadoo.fr* – **R** indispensable
3,5 ha (148 empl.) plat, herbeux, gravier
Tarif : (Prix 2005) 🖃 19,90 € 🔌 (10A) – pers. suppl. 4,60 €
🚐🚿 1 borne
Pour s'y rendre : Sortie Sud-Est par N 44, rte de Vitry-le
François et D 60, rte de Sarry
À savoir : Entrée fleurie et cadre agréable au bord d'un
étang

> Nature : 🏞 ♀
> Loisirs : snack 🎰 🏊 ✂ 🎣
> Services : 🚿 ⛽ 📶 📺 🎱 🔦 ⚙ 🚿
> 🚰 🖥

ÉPERNAY

✉ 51200 – ▨▨▨ F8 – G. Champagne Ardenne – 25 844 h. – alt. 75
🛈 *Office de tourisme, 7, avenue de Champagne* ℘ *03 26 53 33 00, Fax 03 26 51 95 22*
Paris 143 – Amiens 199 – Charleville-Mézières 113 – Meaux 96 – Troyes 109.

⚠ **Municipal** 15 avr.-15 oct.
℘ 03 26 55 32 14, *camping.epernay@free.fr,*
Fax 03 26 52 36 09, *www.epernay.fr* – **R** conseillée
2 ha (119 empl.) plat, herbeux
Tarif : 🖃 15 € 🔌 (5A) – pers. suppl. 3,50 €
🚐🚿 1 borne
Pour s'y rendre : N : 1,5 km par D 301 rte de Cumière, au
bord de la Marne (halte nautique)

> Nature : 🏞 ♀
> Loisirs : 🏊 🚲 ⛰ mur d'escalade
> Services : 🚿 ⛽ 📶 📺 🔦 ⚙ 🖥

FISMES

✉ 51170 – ▨▨▨ E7 – G. Champagne Ardenne – 5 313 h. – alt. 70
🛈 *Office de tourisme, 28, rue René Letilly* ℘ *03 26 48 81 28, Fax 03 26 48 12 09*
Paris 131 – Fère-en-Tardenois 20 – Laon 37 – Reims 29 – Soissons 30.

⚠ **Municipal** 2 mai-15 sept.
℘ 03 26 48 10 26, Fax 03 26 48 82 25 – **R** conseillée
0,8 ha (33 empl.) plat, herbeux, gravillons
Tarif : (Prix 2005) 🧍 2,10 € 🚗 2,10 € 🖃 2,10 € 🔌 3,10 €
Pour s'y rendre : Nord-Ouest par N 31, près du stade

> Services : ⛽ ⚙
> À prox. : 🛒

Méandres de la Meuse

P. Gajic/Michelin

SÉZANNE

✉ 51120 – 306 E10 – G. Champagne Ardenne – 5 585 h. – alt. 137
🛈 *Office de tourisme, place de la République* ✆ *03 26 80 51 43*
Paris 116 – Châlons-en-Champagne 59 – Meaux 78 – Melun 89 – Sens 83 – Troyes 62.

⚠ **Municipal**
✆ 03 26 80 57 00, *campingdesezanne@wanadoo.fr*
– **R** conseillée
1 ha (79 empl.) incliné, herbeux
Pour s'y rendre : Sortie Ouest par D 373, rte de Paris (près N 4) puis 0,7 km par chemin à gauche et rte de Launat à droite

Loisirs :	🏖 🎣 🛝
Services :	🚿 ⚡ ♿
À prox. :	✂

Haute-Marne (52)

ANDELOT

✉ 52700 – 313 L4 – 1 004 h. – alt. 286
🛈 *Syndicat d'initiative, 36, rue Division du Général Leclerc* ✆ *03 25 03 78 60*
Paris 287 – Bologne 14 – Chaumont 23 – Joinville 33 – Langres 58 – Neufchâteau 34.

⚠ **Municipal du Moulin** mai-août
✆ 03 25 01 33 31, Fax 03 25 03 77 54 – **R**
1,9 ha (56 empl.) plat, herbeux
Tarif : (Prix 2005) 🧍 2,50 € 🚗 3 € 🔋 2,20 €
Pour s'y rendre : N : 1 km par D 147, rte de Vignes-la-Côte, bord du Rognon
À savoir : Cadre agréable en bordure de rivière

Nature :	⌑
Loisirs :	🏠 🏖 🎣
Services :	🚿 ⚡ 🚽 🔥 ♿ 🚿 🚾

BANNES

✉ 52360 – 313 M6 – 392 h. – alt. 388
Paris 291 – Chaumont 35 – Dijon 86 – Langres 9 – Nancy 128.

⚠ **Hautoreille** Permanent
✆ 03 25 84 83 40, *campinghautoreille@free.fr*,
Fax 03 25 84 83 40, *www.campinghautoreiile.com* – **R** conseillée
3,5 ha (100 empl.) plat, peu incliné, herbeux
Tarif : 🚗 16 € 🔋 (6A) – pers. suppl. 4 €
Pour s'y rendre : Sortie Sud-Ouest par D 74, rte de Langres puis 0,7 km par chemin à gauche

Nature :	🌿
Loisirs :	🍷 ✕ (dîner seulement) 🏠
Services :	🚿 ⚡ 🔥 🍴 🔥 ♿ 📷

Village et vignoble d'Hautvillers

S. Sauvignier/Michelin

BOURBONNE-LES-BAINS

✉ 52400 – ▆▆▆ 06 – G. Alsace Lorraine – 2 495 h. – alt. 290 – ♨ (début mars-fin nov.)
🛈 *Office de tourisme, place des Bains* ℘ *03 25 90 01 71, Fax 03 25 90 14 12*
Paris 313 – Chaumont 55 – Dijon 124 – Langres 39 – Neufchâteau 53 – Vesoul 58.

△ **Le Montmorency** avr.-15 oct.
℘ 03 25 90 08 64 – **R** conseillée
2 ha (74 empl.) peu incliné, herbeux, gravillons
Tarif : ✶ 3,30 € ▣ 3,30 € ⒣ 2,50 €
🚐 1 borne
Pour s'y rendre : Sortie Ouest par rte de Chaumont et rue
à droite, à 100 m du stade

| Nature : ≤ ♀ |
| Services : ⊶ ⊘ 🗑 ⊛ ⚲ ⛟ |
| À prox. : ✗ 🏊 (découverte l'été) |

BRAUCOURT

✉ 52290 – ▆▆▆ I2
Paris 220 – Bar-sur-Aube 39 – Brienne-le-Château 29 – Châlons-en-Champagne 69 – Joinville 31 – St-Dizier 17.

▵ **Presqu'île de Champaubert** avr.-sept.
℘ 03 25 04 13 20, *camping-de-braucourt@wanadoo.fr*,
Fax 03 25 94 33 51, *www.lacduder.com* – **R** conseillée
3,5 ha (195 empl.) plat et peu incliné, herbeux
Tarif : (Prix 2005) ✶ 4,60 € 🚗 3,40 € ▣ 4,50 € ⒣ (10A) 4 €
🚐 1 borne
Pour s'y rendre : NO : 3 km par D 153
À savoir : Situation agréable au bord du lac de Der-Chante-
coq

| Nature : ≤ ⌂ ♀ ⚠ |
| Loisirs : ♟ snack ⌂ |
| Services : ♿ ⊶ (juil.-août) ⊞ ⊘ |
| 🗑 ⊛ ▣ |
| À prox. : 🚴 ✗ ♨ |

Si vous recherchez :
⚠ *Un terrain au bord de l'eau avec possibilité de baignade*
⊗ *Un terrain agréable ou très tranquille*
L *Un terrain effectuant la location de caravanes, de mobile homes,*
   de bungalows ou de chalets
P *Un terrain ouvert toute l'année*
🚐 *Un terrain possédant une aire de services pour camping-cars*
Consultez le tableau des localités

327

FRONCLES-BUXIÈRES

✉ 52320 – ▆▆▆ K4 – 1 760 h. – alt. 226
Paris 288 – Bar-sur-Aube 42 – Chaumont 27 – Joinville 21 – Rimaucourt 22.

△ **Municipal les Deux Ponts**
℘ 03 25 02 31 21, *mairie.froncles@wanadoo.fr*,
Fax 03 25 02 09 80 – **R** conseillée
0,5 ha (23 empl.) plat, herbeux
Pour s'y rendre : Sortie Nord par D 253 rte de Doulain-
court, bord de la Marne et près du canal de la Marne à la
Saône

| Nature : ⊗ ⌂ |
| Loisirs : ⊗ |
| Services : ⊶ ⊛ |
| À prox. : ✗ |

MONTIGNY-LE-ROI

✉ 52140 – ▆▆▆ M6 – 2 211 h. – alt. 404
Paris 296 – Bourbonne-les-Bains 21 – Chaumont 35 – Langres 23 – Neufchâteau 50 – Vittel 50.

▵ **Le Château** 15 avr.-15 oct.
℘ 03 25 87 38 93, *campingmontigny52@wanadoo.fr*,
Fax 03 25 87 38 93, *www.mairie-val-de-meuse.fr*
– **R** conseillée
6 ha/2 campables (55 empl.) plat, en terrasses, herbeux
Tarif : (Prix 2005) ▣ 13 € – pers. suppl. 3,50 €
🚐 1 borne 2 €
Pour s'y rendre : Accès par centre bourg et rue Hubert-
Collot, chemin piétonnier pour accéder au village
À savoir : Dans un parc boisé dominant la vallée de la
Meuse

| Nature : ≤ |
| Loisirs : 🚴 ✗ |
| Services : ♿ ⊶ ⊞ ⊘ 🎣 🗑 ⛺ ⚲ |
| ⊛ |
| À prox. : snack |

THONNANCE-LES-MOULINS

✉ 52230 – **313** L3 – 107 h. – alt. 282
Paris 254 – Bar-le-Duc 64 – Chaumont 48 – Commercy 55 – Ligny-en-Barrois 38 – Neufchâteau 38 – St-Dizier 42.

La Forge de Sainte Marie 29 avr.-15 sept.
℘ 03 25 94 42 00, *la.forge.de.sainte.marie@wanadoo.fr*,
Fax 03 25 94 41 43, *www.laforgedesaintemarie.com*
– **R** conseillée
32 ha/3 campables (133 empl.) plat et en terrasses, peu
incliné, herbeux, étang
Tarif : 回 29 € – pers. suppl. 7 €
Location : (4 à 6 pers.) 240 à 570 €/sem. – 15 gîtes
Pour s'y rendre : O : 1,7 km par D 427, rte de Joinville, bord
du Rongeant
À savoir : Cadre agréable autour d'une ancienne forge
restaurée

Nature :
Loisirs :
Services : sèche-linge

CORSE

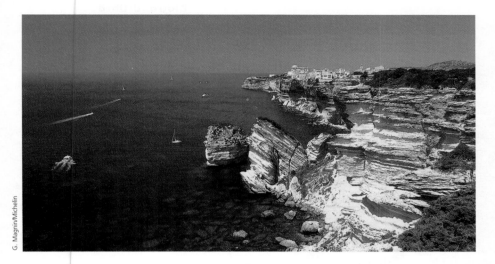

G. Magnin/Michelin

Joyau émergeant de la Méditerranée, la Corse éblouit quiconque la visite. Les citadelles campées sur ses côtes rappellent combien accéder à ses trésors se mérite. Il faut un brin de témérité pour affronter ses routes sinueuses ou s'aventurer dans le maquis, inextricable enchevêtrement végétal. Mais heureux le promeneur qui croise une chapelle isolée, traverse un village hors du temps, tombe nez à nez avec un troupeau de mouflons ou découvre un merveilleux panorama. Les Corses défendent fièrement ce patrimoine, et savent réconforter le randonneur fourbu avec une simple assiette de cochonnailles, un morceau de fromage ou une pâtisserie maison. Quant aux adeptes du farniente, les anses sableuses de l'île de Beauté, aux eaux d'une limpidité tropicale, leur promettent de merveilleux moments de détente...

Corsica catches the eye like a jewel in the Mediterranean sun. Its citadels, high on the island's rocky flanks, will reward your efforts as you follow the twisting roads. Enjoy spectacular views and breathe in the fragrance of wild rosemary as you make your way up the rugged, maquis-covered hills: the sudden sight of a secluded chapel, a vision of a timeless village or an encounter with a herd of mountain sheep are among the memories that walkers, cyclists, riders and drivers take home with them. After exploring the island's wild interior, you will be ready to plunge into the clear, turquoise sea or just recharge your solar batteries as you bask on the warm sand. And after a long day, weary travellers can always be revived with platters of cooked meats, cheese and home-made pastries.

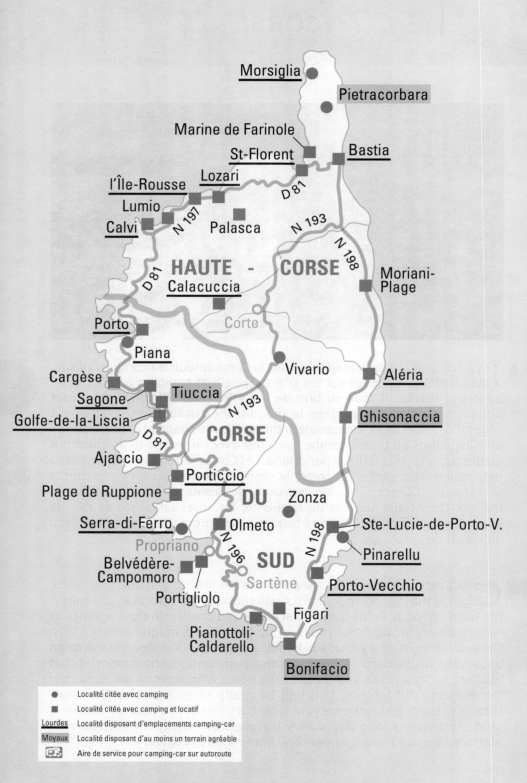

Morsiglia

Pietracorbara

Marine de Farinole

St-Florent

Bastia

Lozari

l'Île-Rousse

Lumio

Calvi

Palasca

HAUTE - CORSE

Calacuccia

Moriani-Plage

Porto

Corte

Piana

Vivario

Cargèse

Aléria

Sagone

Tiuccia

Golfe-de-la-Liscia

CORSE

Ghisonaccia

DU

Ajaccio

Porticcio

Plage de Ruppione

Zonza

Serra-di-Ferro

Olmeto

Ste-Lucie-de-Porto-V.

Propriano

Pinarellu

Belvédère-Campomoro

SUD

Sartène

Portigliolo

Porto-Vecchio

Figari

Pianottoli-Caldarello

Bonifacio

	Localité citée avec camping
	Localité citée avec camping et locatif
Lourdes	Localité disposant d'emplacements camping-car
Moyaux	Localité disposant d'au moins un terrain agréable
	Aire de service pour camping-car sur autoroute

AJACCIO

✉ 20000 – 345 B8 – G. Corse – 52 880 h.

🚢 SNCM quai l'Herminier ✆3260 (0,15 €/mn) CMN 15 bd Sampiero 04 95 11 01 00 - Fax 04 95 21 57 60

🅰 *Office de tourisme, boulevard du Roi Jérôme ✆ 04 95 51 53 03, Fax 04 95 51 53 01*

Bastia 147 – Bonifacio 131 – Calvi 166 – Corte 80 – L'Ile-Rousse 141.

△ **Les Mimosas** avr.-15 oct.
✆ 04 95 20 99 85, Fax 04 95 10 01 77 – ℝ
2,5 ha (70 empl.) plat et en terrasses
Tarif : ★ 5 € ⇌ 2,20 € 🔲 4,20 € [½] 2,80 €
Location (permanent) ⚡ : 8 🛏 (4 à 6 pers.) 260 à
490 €/sem.
Pour s'y rendre : Sortie N par D 61, rte d'Alata et à gauche,
rte des Milelli

> Nature : 🐟 🞉
> Loisirs : snack
> Services : 🚻 ⊶ ♻ 🗟 ⚲ ⊛ 📷

BELVÉDÈRE-CAMPOMORO

✉ 20110 – 345 B10 – G. Corse – 135 h. – alt. 5

Ajaccio 88 – Bonifacio 72 – Porto 82 – Sartène 24.

△ **La Vallée** mai-sept.
✆ 04 95 74 21 20, Fax 04 95 74 21 20, *www.lavallee-campo
moro.com* – ℝ ⚡
3,5 ha (199 empl.) plat, peu incliné, terrasses, herbeux,
sablonneux
Tarif : ★ 7 € ⇌ 3,10 € 🔲 6 € [½] 6 €
Location ℗ : 15 🛏 (4 à 6 pers.) 420 à 850 €/sem. –
appartements
Pour s'y rendre : Au bourg, à 50 m de la plage

> Nature : 🞉
> Services : 🚻 ⊶ 🅶🅱 ♻ 🗟 ⊛ 📷
> À prox. : 🞈

BONIFACIO

✉ 20169 – 345 D11 – G. Corse – 2 658 h. – alt. 55

🅰 *Office de tourisme, 2, rue Fred Scamaroni ✆ 04 95 73 11 88, Fax 04 95 73 14 97*

Ajaccio 132 – Corte 150 – Sartène 50.

△△△ **Pertamina Village** avr.-15 oct.
✆ 04 95 73 05 47, *pertamina@wanadoo.fr*,
Fax 04 95 73 11 42, *www.camping-pertamina.com* – ℝ in-
dispensable
15 ha/3 campables (150 empl.) plat, peu incliné, pierreux
Tarif : 🔲 28,20 € – pers. suppl. 9 € – frais de réservation 16 €
Location : 15 🛏 (4 à 6 pers.) 230 à 880 €/sem. – 60 🛏 (4
à 6 pers.) 210 à 890 €/sem. – 5 villas – 20 bungalows toilés
🚐 1 borne
Pour s'y rendre : NE : 5 km par N 198 rte de Bastia, à
Pertamina Village
À savoir : Agréable domaine

> Nature : 🐟 🏠 🞉
> Loisirs : ✗ pizzeria 🍴 🞉 🚶 🎣
> 🍴 🞈 ✗ ☒ 🞉 🞈
> Services : ⊶ 🅶🅱 ♻ 🗟 🞈 ⊛ 📷 🞈
> 🞈 cases réfrigérées

BONIFACIO

Rondinara 15 mai-sept.
04 95 70 43 15, *reception@rondinara.fr*,
Fax 04 95 70 56 79, *www.rondinara.fr* – **R**
5 ha (120 empl.) peu incliné et en terrasses, pierreux
Tarif : 22,60 € – pers. suppl. 6,50 €
Location : 31 (4 à 6 pers.) 430 à 660 €/sem.
1 borne
Pour s'y rendre : NE : 18 km par N 198, rte de Porto-Vecchio et D 158 à droite, rte de la pointe de la Rondinara, à 400 m de la plage (hors schéma)
À savoir : Belle décoration florale et site agréable

| Nature : |
| Loisirs : snack, crêperie |
| Services : |
| À prox. : canoë, pédalos, quad |

Les Îles avr.-10 oct.
04 95 73 11 89, *camping.des.iles.bonifacio@wanadoo.fr*,
Fax 04 95 73 18 77 – **R**
8 ha (100 empl.) peu incliné, vallonné, pierreux
Tarif : 7,50 € 3 € 4 € 3,50 €
Location : 22 (4 à 6 pers.) 440 à 600 €/sem. – 20 (4 à 6 pers.) 480 à 750 €/sem. – chalets sans sanitaires
1 borne
Pour s'y rendre : E : 4,5 km rte de Piantarella, vers l'embarcadère de Cavallo

| Nature : la Sardaigne et les îles |
| Loisirs : snack |
| Services : |

Pian del Fosse Pâques-20 oct.
04 95 73 16 34, *pian.del.fosse@wanadoo.fr*,
Fax 04 95 73 16 34, *www.piandelfosse.com* – **R** conseillée
5,5 ha (100 empl.) peu incliné et incliné, en terrasses, pierreux, oliveraie
Tarif : (Prix 2005) 26,30 € (4A) – pers. suppl. 7 €
Location : 15 (4 à 6 pers.) 250 à 860 €/sem. – 12 bungalows toilés
1 borne
Pour s'y rendre : NE : 3,8 km sur D 58 rte de Santa-Manza
À savoir : Belles terrasses ombragées

| Nature : |
| Loisirs : |
| Services : (juil.-août) |
| À prox. : |

La Trinité 15 avr.-15 sept.
04 95 73 10 91, Fax 04 95 73 16 90, *www.campinglatrinite.com* – **R**
4 ha (100 empl.) accidenté, plat et peu incliné, sablonneux, herbeux, rocheux
Tarif : 6 € 2,50 € 3,55 € 2,85 €
Location : 7 (2 à 4 pers.) 160 à 290 €/sem.
Pour s'y rendre : NO : 4,5 km par N 196 rte de Sartène

| Nature : Bonifacio |
| Loisirs : snack |
| Services : |
| À prox. : escalade |

Campo-di-Liccia 8 avr.-15 oct.
04 95 73 03 09, *info@campingdiliccia.com*,
Fax 04 95 73 19 94, *www.campingdiliccia.com* – **R** conseillée
5 ha (161 empl.) plat, peu incliné, terrasses
Tarif : 5,90 € 2,50 € 3,60 € 2,60 € – frais de réservation 15,50 €
Location : 40 (4 à 6 pers.) 240 à 675 €/sem. – 4 (4 à 6 pers.) 285 à 718 €/sem. – chalets sans sanitaires
1 borne 3 €
Pour s'y rendre : NE : 5,2 km par N 198, rte de Bastia
À savoir : Agréable cadre boisé

| Nature : |
| Loisirs : snack, pizzeria |
| Services : |
| cases réfrigérées |

Pour choisir et suivre un itinéraire
Pour calculer un kilométrage
Pour situer exactement un terrain (en fonction des indications fournies dans le texte) :
*Utilisez les **cartes MICHELIN** détaillées à 1/150 000, compléments indispensables de cet ouvrage.*

CARGÈSE

✉ 20130 – 345 A7 – G. Corse – 982 h. – alt. 75

🛈 *Office de tourisme, rue du Dr Dragacci* ℘ 04 95 26 41 31

Ajaccio 51 – Calvi 106 – Corte 119 – Piana 21 – Porto 33.

    ⚠ **Torraccia** mai-sept.
      ℘ 04 95 26 42 39, *contact@camping-torraccia.com*,
      Fax 04 95 20 42 39, *www.camping-torraccia.com* – **R**
      3 ha (66 empl.) en terrasses, accidenté, pierreux
      Tarif : 🏕 6,60 € � 2,80 € 🔲 3,10 € 🔌 2,80 €
      Location : 20 🏠 (4 à 6 pers.) 348 à 580 €/sem.
      Pour s'y rendre : N : 4,5 km par D 81 rte de Porto

> Nature : ≤ vallée, montagne et la côte ♀
> Loisirs : 🏊
> Services : ♿ ⊶ GB 🐕 🔥 ❄ 🔨
> 🕹

FIGARI

✉ 20114 – 345 D11 – G. Corse – 1 005 h. – alt. 80

Ajaccio 122 – Bonifacio 18 – Porto-Vecchio 20 – Sartène 39.

    ⚠ **U Moru** 15 juin-15 sept.
      ℘ 04 95 71 23 40, *u-moru@wanadoo.fr*, Fax 04 95 71 26 19
      – **R** conseillée
      6 ha/4 campables (100 empl.) peu incliné, plat, herbeux,
      sablonneux
      Tarif : 🏕 6,60 € 🚗 2,30 € 🔲 3,60 € 🔌 3 €
      Location : 🏠 (2 à 4 pers.) 410 €/sem. – 5 🏠 (4 à 6
      pers.) 600 €/sem.
      Pour s'y rendre : NE : 5 km par D 859 rte de Porto-Vecchio

> Nature : 🌿 ≤ 🏕 ♀♀
> Loisirs : snack 🍽 🛝 🏊 (petite piscine)
> Services : ⊶ GB 🐕 🔥 ❄ 🔨 🗑 réfrigérateur
> À prox. : ✂ 🐎

Utilisez le guide de l'année.

LA LISCIA (GOLFE DE)

333

✉ 20111 – 345 B7 – G. Corse

Ajaccio 26 – Calvi 131 – Corte 94 – Vico 25.

    ⚠ **La Liscia** mai-sept.
      ℘ 04 95 52 20 65, *ferraro.françois@wanadoo.fr*,
      Fax 04 95 52 30 24, *www.la.liscia.com* ✉ 20111 Calcatog-
      gio – **R** conseillée
      3 ha (100 empl.) plat et en terrasses, herbeux
      Tarif : (Prix 2005) 🏕 6 € 🚗 3 € 🔲 5,50 € 🔌 3 € – frais de
      réservation 10 €
      Location (15 avr.-15 oct.) 🛁 : 11 🏠 (2 à 4 pers.) 250 à
      400 €/sem.
      🚐 1 borne 9 €
      Pour s'y rendre : Par D 81, à 5 km au NO de Calcatoggio,
      bord de la Liscia

> Nature : ♀♀
> Loisirs : 🍷 snack, pizzeria 🍽 🚲
> Services : ♿ ⊶ GB 🐕 🔥 ❄ 🔨
> 🗑

OLMETO

✉ 20113 – 345 C9 – G. Corse – 1 115 h. – alt. 320

🛈 *Syndicat d'initiative, Village* ℘ 04 95 74 65 87, Fax 04 95 74 62 86

Ajaccio 64 – Propriano 8 – Sartène 20.

à la Plage SO : 7 km par D 157

    ⚠ **Village Club du Ras L'Bol** avr.-sept.
      ℘ 04 95 74 04 25, *fpaoletti@raslbol.com*,
      Fax 04 95 74 01 30, *www.raslbol.com* – **R** conseillée
      6 ha (150 empl.) plat, peu incliné et en terrasses, herbeux,
      rochers
      Tarif : (Prix 2005) 🔲 24 € – pers. suppl. 6,70 € – frais de
      réservation 23 €
      Location : 30 🏠 (4 à 6 pers.) 413 à 966 €/sem.
      Pour s'y rendre : À 7 km par D 157, à 50 m de la plage

> Nature : ♀
> Loisirs : 🍷 ✕ snack, pizzeria 🛝
> 🚲
> Services : ⊶ GB 🐕 🔥 ❄ 🔨 🗑
> À prox. : 🐎 discothèque, canoë, pédalos

OLMETO

L'Esplanade 15 avr.-oct.
 ℰ 04 95 76 05 03, *campinglesplanade@club-internet.fr*,
 Fax 04 95 76 16 22, *www.camping-esplanade.com* – **R**
 4,5 ha (100 empl.) en terrasses, plat, peu incliné, vallonné,
 accidenté, rochers
 Tarif : 🔲 22,90 € – pers. suppl. 6,70 €
 Location 🛖 : 50 🏠 (4 à 6 pers.) 320 à 710 €/sem.
 Pour s'y rendre : 1,6 km par D 157, à la Tour de la Calanda,
 à 100 m de la plage (accès direct)

Nature : 🔲 ＱＱ
Loisirs : pizzeria 🍴 ⛹ 🛝
Services : ⚫ ⚫ GB ⚫ 🔲 ⚫

PIANA

✉ 20115 – ③④⑤ A6 – G. Corse – 428 h. – alt. 420
🈂 *Syndicat d'initiative, place de la Mairie* ℰ *04 95 27 84 42, Fax 04 95 27 82 72*
Ajaccio 72 – Calvi 85 – Évisa 33 – Porto 13.

Plage d'Arone 15 mai-sept.
 ℰ 04 95 20 64 54 – **R**
 3,8 ha (125 empl.) plat, sablonneux, pierreux
 Tarif : ✹ 6,50 € 🚗 3 € 🔲 5 € 🔋 2,50 €
 🚐 1 borne
 Pour s'y rendre : SO : 11,5 km par D 824, à 500 m de la
 plage
 À savoir : Agréable cadre fleuri

Nature : 🌿 Ｑ
Services : ⚫ ⚫ ⚫ ⚫ 🔲 ⚫

PIANOTTOLI-CALDARELLO

✉ 20131 – ③④⑤ D11 – G. Corse – 729 h. – alt. 60
Ajaccio 113 – Bonifacio 19 – Porto-Vecchio 29 – Sartène 31.

Kévano Plage mai-sept.
 ℰ 04 95 71 83 22, Fax 04 95 71 83 83 – **R** conseillée
 6 ha (100 empl.) en terrasses, plat, peu incliné, sablonneux,
 accidenté, rochers
 Tarif : ✹ 8 € 🚗 3,50 € 🔲 8 € 🔋 (4A) 2,50 € – frais de réservation 30 €
 Pour s'y rendre : SE : 3,3 km par D 122 et rte à droite, à
 500 m de la plage
 À savoir : Cadre sauvage au milieu du maquis et des rochers de granit

Nature : 🌿 ≤ 🔲 ＱＱ
Loisirs : snack, pizzeria ⛹
Services : ⚫ ⚫ GB ⚫ ⚫ ⚫ 🔲 ⚫
⚫

Les Agriates

G. Magnin/Michelin

PINARELLU

✉ 20144 – **345** F9 – G. Corse
Ajaccio 146 – Bonifacio 44 – Porto-Vecchio 16.

California 15 mai-15 oct.
   ☎ 04 95 71 49 24, Fax 04 95 71 49 24, *www.california.net*
✉ 20144 Ste-Lucie-de-Porto-Vecchio – **R** ✾ (juil.-août)
7 ha/5 campables (100 empl.) peu accidenté et plat,
sablonneux, étang
Tarif : ⋆ 7,50 € ▣ 7,50 € ⒢ (6A) 3 €
🚐 1 borne
Pour s'y rendre : S : 0,8 km par D 468 et 1,5 km par chemin
à gauche, à 50 m de la plage (accès direct)

> Nature : 🌳 ♀ ⛰
> Loisirs : snack ⚡ ✗
> Services : ♿ ⚬⚊ Ⓟ (saison) 🗄 🔂 ☺
> 🍴 🔁 🔧
> À prox. : 🐎 sports nautiques, quad

RUPPIONE (PLAGE DE)

✉ 20166 – **345** B9 – G. Corse
Ajaccio 28 – Propriano 47 – Sartène 59.

Le Sud
   ☎ 04 95 25 40 51, *inf@camping-lesud.com*,
Fax 04 95 25 47 39, *http://camping-lesud.com* ✉ 20166
Porticcio – **R**
4 ha (200 empl.) en terrasses et accidenté
Location : 14 🏠
Pour s'y rendre : Par D 55, à 100 m de la plage

> Nature : ≤ ♀♀
> Loisirs : ♟ pizzeria 🔁
> Services : ♿ ⚬⚊ 🗄 🔂 ☺ 🍴
> À prox. : 🛒

PORTICCIO

✉ 20166 – **345** B8 – G. Corse
🅱 *Office de tourisme, Plage des Marines* ☎ *04 95 25 01 01, Fax 04 95 25 11 12*
Ajaccio 19 – Sartène 68.

335

U-Prunelli
   ☎ 04 95 25 19 23, *camping-prunelli@wanadoo.fr*,
Fax 04 95 25 16 87, *www.camping-prunelli.com* – **R** conseillée
5,5 ha (200 empl.) plat, herbeux
Location : 40 🏠
🚐 1 borne – 20 ▣
Pour s'y rendre : NE : 3,5 km par D 55, rte d'Ajaccio, au
pont de Pisciatello
À savoir : Agréable cadre fleuri, au bord du Prunelli

> Nature : ⊡ ♀♀
> Loisirs : ♟ pizzeria, snack ⚡ 🎿
> Services : ⚬⚊ 🗄 ☺ 🔂 🔧 🍴 🔁 🔧
> cases réfrigérées

PORTIGLIOLO

✉ 20110 – **345** C10 – G. Corse
Ajaccio 80 – Propriano 9 – Sartène 15.

Lecci e Murta
   ☎ 04 95 76 02 67, Fax 04 95 77 03 38, *www.camping-leccie
murta.com* ✉ 20110 Propriano – **R** conseillée ✾
4 ha (150 empl.) en terrasses, plat, pierreux, herbeux
Location ✾ : 30 🏠
Pour s'y rendre : À 500 m de la plage
À savoir : Site sauvage

> Nature : 🌳 ≤ ⊡ ♀♀
> Loisirs : ♟ ✗ pizzeria ⚡ ✗ 🎿
> Services : ⚬⚊ Ⓟ 🔂 ☺ 🍴 🔁 cases
> réfrigérées

U Livanti (location exclusive de 67 chalets) avr.-oct.
   ☎ 04 95 76 08 06, *livanti@club-internet.fr*,
Fax 04 95 76 25 14, *ulivanti.com* ✉ 20110 Propriano ✾
6 ha terrasse, incliné, peu incliné, sablonneux
Location Ⓟ : 🏠 (4 à 6 pers.) 230 à 660 €/sem.
Pour s'y rendre : Sortie SE par D 121, route de Campo-
moro
À savoir : Au bord de la plage de Portigliolo

> Loisirs : ♟ ✗ snack 🌙 nocturne
> Services : ⚬⚊ ♿ 🔂 🍴
> À prox. : 🤿 plongée, canoë, ski nau-
> tique

PORTO

✉ 20150 – 345 B6 – G. Corse
🛈 *Office de tourisme, place de La Marine* ☎ *04 95 26 10 55, Fax 04 95 26 14 25*
Ajaccio 84 – Calvi 73 – Corte 93 – Évisa 23.

Les Oliviers 25 mars-7 nov.
☎ 04 95 26 14 49, *lesoliviersporto@wanadoo.fr*,
Fax 04 95 26 12 49, *www.camping-oliviers-porto.com* ✉
20150 Ota – **R** conseillée
5,4 ha (216 empl.) en terrasses
Tarif : 🚶 8,50 € � 3,50 € 📧 5 € ⚡ 3,50 € – frais de réservation 12,50 €
Location : 36 🏠 (4 à 6 pers.) 370 à 835 €/sem.
Pour s'y rendre : Par D 81, au pont, bord du Porto

> Nature : 🌿 🏕 ♨♨
> Loisirs : snack 🎣 🦶 ☀ hammam
> 🏊 ⛵
> Services : ☎ 🅿 (juil.-août) 🏧 🚲
> 🔲 ♨ 🔥 ⊕ 🔌 🔲 ⚘ cases réfrigérées
> À prox. : 🛒 ✕ 🚲 ♨

Funtana al Ora avr.-oct.
☎ 04 95 26 11 65, Fax 04 95 26 10 83 ✉ 20150 Ota
– **R** conseillée
2 ha (70 empl.) en terrasses, rochers
Tarif : 🚶 5,70 € 🚗 2,50 € 📧 4 € ⚡ 3 €
Location : 7 🏠 (4 à 6 pers.) 275 à 660 €/sem.
🚐 1 borne – 15 📧
Pour s'y rendre : SE : 1,4 km par D 84 rte d'Evisa, à 200 m
du Porto

> Nature : 🌿 🏕 ♨♨
> Loisirs : 🛖
> Services : ♿ ☎ 🏧 🔲 ♨ ⊕ 🔲
> cases réfrigérées

Sole e Vista avr.-fin oct.
☎ 04 95 26 15 71, Fax 04 95 26 10 79, *www.camping-sole-e-vista.com* – **R** conseillée
3,5 ha (150 empl.) en terrasses, rochers
Tarif : 📧 20,80 € – pers. suppl. 6 €
🚐 1 borne
Pour s'y rendre : Accès principal par parking du supermarché - accès secondaire E : 1 km par D 124, rte d'Ota, à
150 m du Porto

> Nature : 🌿 🏕 ♀
> Services : ☎ 🅿 ♨ ⊕ 🔲
> À prox. : 🛒 ⛵

Le Porto 15 juin-sept.
☎ 04 95 26 13 67, *fceccaldi@freesurf.fr*, Fax 04 95 26 10 79,
www.camping-le-porto.com ✉ 20150 Ota – **R** conseillée
2 ha (60 empl.) en terrasses, herbeux
Tarif : 📧 18,80 € – pers. suppl. 5,60 €
Pour s'y rendre : Sortie O par D 81 rte de Piana, à 200 m
du Porto
À savoir : Belles terrasses ombragées

> Nature : ♨♨
> Services : ♿ ☎ 🏧 ♨ ⊕ 🔲
> À prox. : ⛵

*Demandez à votre libraire le catalogue des **publications MICHELIN**.*

PORTO-VECCHIO

✉ 20137 – **3 4 5** E10 – G. Corse – 10 326 h. – alt. 40
⛴ SAPV pour SNCM Port de Commerce 04 95 70 06 03 - Fax 04 95 70 33 59
🛈 *Office de tourisme, rue du Docteur Camille de Rocca Serra* ✆ *04 95 70 09 58*
Ajaccio 141 – Bonifacio 28 – Corte 121 – Sartène 59.

▲▲▲ **U Pirellu** avr.-sept.
✆ 04 95 70 23 44, *u.pirellu@wanadoo.fr*,
Fax 04 95 70 60 22, *www.u-pirellu.com* – accès à certains
emplacements par forte pente – ⛶ ⚡
5 ha (150 empl.) incliné et en terrasses, pierreux
Tarif : 👤 7,70 € 🚗 3,50 € 🔲 4 € [⚡] 3,50 €
Location : 10 🏠 (4 à 6 pers.) 310 à 920 €/sem.
Pour s'y rendre : E : 9 km à Piccovagia
À savoir : Agréable chênaie

Nature : ← ⌂ 🌳🌳
Loisirs : 🍷 pizzeria, grill ⊂s 🏌 ᵐ̅ᵐ 🏊
Services : ⚐ ☎ 🄿 (tentes) 🔲 ♨ ☺ 🖼 🍽 🍴
À prox. : 🏊 plongée, sports nautiques

▲▲ **La Vetta** juin-1ᵉʳ oct.
✆ 04 95 70 09 86, *info@campinglavetta.com*,
Fax 04 95 70 43 21, *www.campinglavetta.com* – **R** conseillée
8 ha (100 empl.) incliné, en terrasses, pierreux, herbeux,
rochers
Tarif : (Prix 2005) 👤 7 € 🚗 2 € 🔲 3 € [⚡] 3 €
Location (mai-15 oct.) : 18 🚐 (4 à 6 pers.) 378 à
1 372 €/sem.
Pour s'y rendre : N : 5,5 km

Nature : 🌳🌳
Loisirs : snack 🏌 🏊
Services : ☎ GB 🗸 🔲 ☺ ♨ 🖼

▲▲ **Arutoli** avr.-oct.
✆ 04 95 70 12 73, *info@arutoli.com*, Fax 04 95 70 63 95,
www.arutoli.com – ⛶
4 ha (150 empl.) plat, peu incliné, herbeux
Tarif : 🔲 22,80 € [⚡] (8A) – pers. suppl. 6,30 €
Location : 20 🏠 (4 à 6 pers.) 350 à 812 €/sem.
Pour s'y rendre : NO : 2 km par D 368, rte de l'Ospédale
À savoir : Agréable cadre boisé et fleuri

Nature : 🦌 🌳🌳
Loisirs : pizzeria, grill 🛋 🏊
Services : ☎ GB 🗸 🔲 ⚊ ☺ 🖼 🍽 🍴
À prox. : 🏊

PORTO-VECCHIO

⚠⚠ **Pitrera**
   ℘ 04 95 70 20 10, *michel.branca@wanadoo.fr*,
   Fax 04 95 70 54 43, *www.pitrera.com* – ℟
   3 ha (75 empl.) accidenté, incliné à peu incliné, terrasses,
   pierreux
   Location : 42 🏠
   Pour s'y rendre : N : 5,8 km par N 198, rte de Bastia

> Nature : ♤♤
> Loisirs : ✗ pizzeria ☕ nocturne 🚲
> Services : ♿ ⚡ ♨ ⌂ ⊕ 🗄 ⚒
> cases réfrigérées

⚠⚠ **Golfo di Sogno**
   ℘ 04 95 70 08 98, Fax 04 95 70 41 43, *www.golfo-di-so
   gno.fr* – ℟
   22 ha (650 empl.) plat, sablonneux
   Location 🚐 : 10 🚍 – 80 🏠 – 12 villas – chalets sans
   sanitaires
   🚐 1 borne
   Pour s'y rendre : NE : 6 km par D 468

> Nature : 🖵 ♤♤(pinède) ⚠
> Loisirs : ♆ ✗ 🎠 ✂ ⚓ ⚲ base
> nautique
> Services : ⚡ ⊕ 🗄 ⚒ ⚒

⚠ **La Baie des Voiles** mai-sept.
   ℘ 04 95 70 01 23, *labaiedesvoiles@aol.com*,
   Fax 04 95 70 01 23, *http://labaiedesvoiles.free.fr* – ℟
   3 ha (180 empl.) plat et en terrasses, sablonneux, herbeux,
   rochers
   Tarif : ⭐ 6 € 🚗 2 € 🔲 3 € ⚡ 3 €
   Pour s'y rendre : NE : 6 km, bord de la plage

> Nature : ♤♤ ⚠
> Loisirs : ♆ snack ⚒
> Services : ♿ ⚡ 🍴 ⚠ ⊕ 🗄
> À prox. : ⚒

⚠ **Bella Vista** juin-15 sept.
   ℘ 04 95 70 58 01, *camping.bella.vista@wanadoo.fr*,
   Fax 04 95 70 61 44, *www.campingbellavista.com* – ℟ 🚐
   2,5 ha (100 empl.) en terrasses, herbeux, pierreux
   Tarif : ⭐ 6,50 € 🚗 2,70 € 🔲 3,80 € ⚡ (10A) 2,50 €
   Location (mai-15 sept.) 🚐 : 7 🏠 (4 à 6 pers.) 250 à
   780 €/sem.
   Pour s'y rendre : E : 9,3 km, à Piccovagia

> Nature : ≤ ♀
> Loisirs : pizzeria, grill ⚒
> Services : ♿ ⚡ ⚠ 🍴 ⊕ 🗄
> À prox. : 🐎 plongée

⚠ **L'Oso** 15 juin-15 sept.
   ℘ 04 95 71 60 99, Fax 04 93 70 37 33 – ℟
   3,2 ha (90 empl.) plat, herbeux
   Tarif : 🔲 21,60 € – pers. suppl. 6 €
   Location 🚐 : 16 🏠 (4 à 6 pers.) 500 à 600 €/sem.
   Pour s'y rendre : NE : 8 km, bord de l'Oso

> Nature : ♀
> Loisirs : ⚒ (petite piscine)
> Services : ♿ ⚡ ⚠ 🍴 ⚠ ⊕ 🗄

⚠ **Les Îlots d'Or** 15 avr.-15 oct.
   ℘ 04 95 70 01 30, Fax 04 95 70 01 30, *www.campinglesi
   lotsdor.com*
   4 ha (180 empl.) plat et en terrasses, sablonneux, herbeux,
   rochers
   Tarif : ⭐ 6 € 🚗 2 € 🔲 3 € ⚡ 3 €
   Location 🚐 : 9 🚍 (4 à 6 pers.) 308 à 560 €/sem. – 15
   🏠 (4 à 6 pers.) 308 à 560 €/sem.
   🚐 1 borne 5 €
   Pour s'y rendre : NE : 6 km, bord de plage

> Nature : ♤♤
> Loisirs : snack
> Services : ♿ ⚡ ⚠ 🍴 ⚠ 🗄 ⊕ 🗄
> ⚒

⚠ **Les Jardins du Golfe** 15 mai-sept.
   ℘ 04 95 70 46 92, *campingjdg@adpei-corse.com*,
   Fax 04 95 72 10 28, *www.jardinsdugolfe.com* – ℟
   4 ha (200 empl.) plat, herbeux, sablonneux
   Tarif : 🔲 17,70 € – pers. suppl. 5,30 €
   Location (mars-15 nov.) : 6 🏠 (4 à 6 pers.) 315 à
   660 €/sem.
   Pour s'y rendre : S : 5,2 km par rte de Palombaggia

> Nature : ♤♤
> Loisirs : ♆ snack ⚒ (petite piscine)
> Services : ⚡ 🆒 ⚠ ⚠ ⊕ 🗄

338

⚠ **U-Stabiacciu** déb. avr.-mi-oct.
  📞 04 95 70 37 17, *stabiacciu@wanadoo.fr*,
  Fax 04 95 70 62 59, *www.stabiacciu.com* – **R**
  4,5 ha (160 empl.) plat, herbeux, sablonneux
  Tarif : (Prix 2005) ♣ 6,60 € ⇔ 2,20 € 🅴 3 € ⚡ 2,90 €
  Location 🏚 : 7 🏠 (4 à 6 pers.) 300 à 595 €/sem. –
  chalets sans sanitaires
  Pour s'y rendre : S : 2 km

| Nature : 🟢🟢 |
| Loisirs : 🍷 grill 🎳 bowling 🏊 🎯 |
| Services : 🔌 🆖 🚲 🗄 🔥 ⊙ 🅿 |
| 🚿 |
| À prox. : 🐎 |

STE-LUCIE-DE-PORTO-VECCHIO

✉ 20144 – 3️⃣4️⃣5️⃣ F9 – G. Corse
🛈 *Syndicat d'initiative*, 📞 *04 95 71 48 99*
Ajaccio 142 – Porto-Vecchio 16.

🏕 **Santa-Lucia** 8 avr.-7 oct.
  📞 04 95 71 45 28, *informations@campingsantalucia.com*,
  www.campingsantalucia.com – **R** conseillée
  3 ha (160 empl.) plat et peu incliné, sablonneux, pierreux,
  rochers
  Tarif : ♣ 7,35 € ⇔ 2,95 € 🅴 4,35 € ⚡ (6A) 2,70 € – frais de
  réservation 15 €
  Location 🏚 : 15 🏠 (4 à 6 pers.) 410 à 759 €/sem.
  Pour s'y rendre : Sortie SO, rte de Porto-Vecchio
  À savoir : Agréable cadre boisé

| Nature : 🟢🟢 |
| Loisirs : snack 🏃 🏊 🎯 🏊 |
| Services : 🚻 🔌 (15 mai-sept.) 🆖 |
| 🚲 🗄 ⊙ 🅿 🚿 |
| À prox. : 🚴 🐎 plongée |

⚠ **Fautea**
  📞 04 95 71 41 51, Fax 04 95 71 57 62 – **R**
  5 ha (100 empl.) en terrasses, sablonneux, pierreux
  Pour s'y rendre : NE : 5 km par N 198

| Nature : 🟢 |
| Loisirs : 🏊 |
| Services : 🔌 🗄 🔥 🚿 ⊙ 🅿 🚿 |
| À prox. : ✗ ✗ 🐎 plongée |

The Guide changes, so renew your Guide every year.

339

SAGONE

✉ 20118 – 3️⃣4️⃣5️⃣ B7 – G. Corse
Ajaccio 38 – Calvi 119 – Corte 106 – Sartène 110.

🏕 **Le Sagone** mai-sept.
  📞 04 95 28 04 15, *sagone.camping@wanadoo.fr*,
  Fax 04 95 28 08 28, *www.camping.sagone.com* – **R** conseil-
  lée
  9 ha (300 empl.) plat, herbeux
  Tarif : 🅴 26 € ⚡ (6A) – pers. suppl. 7,70 €
  Location (déc.-oct.) 🏚 : 10 🚐 (4 à 6 pers.) 410 à
  690 €/sem. – 52 🏠 (4 à 6 pers.) 300 à 790 €/sem.
  🚐 1 borne 7 €
  Pour s'y rendre : N : 2 km par D 70, rte de Vico
  À savoir : Agréable cadre fleuri et ombragé, au bord de la
  Sagone

| Nature : 🌊 ⛴ 🟢🟢 |
| Loisirs : pizzeria, self-service 🏠 🎮 |
| nocturne 🏊 🏊 |
| Services : 🔌 🆖 🚲 🗄 🔥 🚿 ⊙ |
| 🚿 🅿 🍴 cases réfrigérées |
| À prox. : 🚴 🐎 plongée |

SERRA-DI-FERRO

✉ 20140 – 3️⃣4️⃣5️⃣ B9 – G. Corse – 352 h. – alt. 140
Ajaccio 47 – Propriano 20 – Sartène 32.

⚠ **Alfonsi U Caseddu** juin-15 oct.
  📞 04 95 74 01 80, Fax 04 95 74 07 67 – **R**
  3,5 ha (100 empl.) plat, peu incliné, sablonneux, herbeux
  Tarif : 🅴 22 € ⚡ (10A) – pers. suppl. 5,30 €
  🚐 1 borne
  Pour s'y rendre : S : 5 km par D 155, rte de Propriano et
  D 757 à droite, à l'entrée de Porto-Pollo
  À savoir : Agréable situation en bord de mer

| Nature : 🟢 ⛰ |
| Loisirs : 🍷 ✗ pizzeria |
| Services : 🔌 🆖 🚲 🗄 ⊙ 🅿 |

TIUCCIA

✉ 20111 – 345 B7 – G. Corse
Ajaccio 30 – Cargèse 22 – Vico 22.

Les Couchants mai-fin sept.
𝒫 04 95 52 26 60, *camping.les-couchants@wanadoo.fr*,
Fax 04 95 52 31 77 ✉ 20111 Casaglione – **R**
5 ha (120 empl.) en terrasses, peu incliné, herbeux
Tarif : (Prix 2005) ★ 6,50 € ⟸ 3,50 € ▣ 5 € (⁂) 4,50 €
Location : 8 🏠 (4 à 6 pers.) 460 à 610 €/sem.
Pour s'y rendre : N : 4,9 km par D 81 et D 25 à droite, rte
de Casaglione
À savoir : Agréable cadre fleuri

| Nature : 🐟 ⛱ ♤♤ |
| Loisirs : ☂ ✕ 🐎 ♨♨ 🄺 |
| Services : 🔥 ⚷ 🗟 ⊕ 🚿 ▥ 🛁 |

ZONZA

✉ 20124 – 345 E9 – G. Corse – 1 802 h. – alt. 780
Ajaccio 93 – Porto-Vecchio 40 – Sartène 38 – Solenzara 40.

Aire Naturelle la Rivière avr.-oct.
𝒫 04 95 78 66 33, *letourisme@wanadoo.fr*,
Fax 04 95 78 73 23, *www.hoteldutourisme.fr* – **R**
3,5 ha (50 empl.) plat et peu incliné, terrasse, herbeux
Tarif : ★ 2 € ⟸ 3 € ▣ 3 €
Pour s'y rendre : N : 2,5 km par D 430 rte de Quenza

| Nature : 🐟 |
| Loisirs : ☲ 🐟 |
| Services : ⚷ ⊕ |

Haute-Corse (2B)

340

ALÉRIA

✉ 20270 – 345 G7 – G. Corse – 1 966 h. – alt. 20
🛈 *Office de tourisme, Casa Luciana* 𝒫 04 95 57 01 51, Fax 04 95 57 03 79
Bastia 71 – Corte 50 – Vescovato 52.

Marina d'Aléria 15 avr.-15 oct.
𝒫 04 95 57 01 42, *info@marina-aleria.com*,
Fax 04 95 57 04 29, *www.marina-aleria.com* – **R** conseillée
17 ha/7 campables (220 empl.) plat, sablonneux, herbeux
Tarif : ▣ 31,20 € – pers. suppl. 6,10 € – frais de réser-
vation 18 €
Location : 85 🛏 (4 à 6 pers.) 270 à 710 €/sem. – 51 🏠
(4 à 6 pers.) 205 à 665 €/sem.
🚐 1 borne
Pour s'y rendre : E : à 3 km de Cateraggio par N 200, à la
plage de Padulone, bord du Tavignano
À savoir : Décoration florale

| Nature : ♤♤ ⛰ |
| Loisirs : pizzeria, grill 🍴 🕐 diurne |
| ⛹ 🐎 🚲 🎾 🄺 |
| Services : 🔥 ⚷ 🅶🅱 🐴 🗟 🔥 ⊕ ▥ |
| 🛁 🛒 cases réfrigérées |
| À prox. : 🐎 sports nautiques |

BASTIA

✉ 20200 – 345 F3 – G. Corse – 37 884 h.
⚓ SNCM Nouveau Port 𝒫3260 (0,15 €/mn)CMN r. du Nouveau-Port 𝒫04 95 55 25 55 - Fax 04 95 32 37 01
🛈 *Office de tourisme, place Saint-Nicolas* 𝒫 04 95 54 20 40
Ajaccio 148 – Bonifacio 171 – Calvi 92 – Corte 69 – Porto 136.

San Damiano
𝒫 04 95 33 68 02, *l.pradier@wanadoo.fr*,
Fax 04 95 30 84 10, *www.campingsandamiano.com*
12 ha (280 empl.) plat, sablonneux
Location 🚿 : 24 🏠
🚐 1 borne
Pour s'y rendre : SE : 9 km par N 193 et D 107 à gauche,
direction Lido de la Marana

| Nature : ⛱ ♤♤(pinède) ⛰ |
| Loisirs : ☂ ✕ 🍴 🐎 🎾 🄺 |
| Services : 🔥 ⚷ 🗟 🛁 ⊕ ▥ 🛒 |
| À prox. : 🐴 poneys |

CALACUCCIA

✉ 20224 – 🄳🄴🄵 D5 – G. Corse – 340 h. – alt. 830
🄱 *Office de tourisme, avenue Valdoniello* 🖉 *04 95 47 12 62*
Ajaccio 107 – Bastia 76 – Porto-Vecchio 146 – Corte 27.

⚠ **Acquaviva** mi-mai-mi-oct.
🖉 04 95 47 00 39, Fax 04 95 48 08 82 – **R** conseillée
4 ha (25 empl.) plat, incliné, herbeux, pierreux
Tarif : ✦ 5 € ⟵ 2,50 € 🄴 5 € 🄵 3 €
Location : hôtel
🚐 1 borne
Pour s'y rendre : face à la station total

| Nature : ⟵ ⟵ Lac et montagnes ⟵ |
| Services : ⟵ ⟵ GB ⟵ Ⓜ ⟵ ⟵ ⟵ ⟵ |
| À prox. : ⟵ ⟵ canoë-kayak, planche à voile |

Benutzen Sie
– zur Wahl der Fahrtroute
– zur Berechnung der Entfernungen
– zur exakten Lokalisierung eines Campingplatzes (mit Hilfe der Angaben im Ortstext)
*die für diesen Führer unentbehrlichen **MICHELIN-Karten** im Ma1 : 150 000.*

CALVI

✉ 20260 – 🄳🄴🄵 B4 – G. Corse – 5 177 h.
⛴ CCR pour SNCM quai Landry 🖉 04 95 65 01 38
🄱 *Office de tourisme, Port de Plaisance* 🖉 *04 95 65 16 67, Fax 04 95 65 14 09*
Bastia 92 – Corte 88 – L'Ile-Rousse 25 – Porto 73.

341

⚠ **Paduella** 10 mai-15 oct.
🖉 04 95 65 06 16, Fax 04 95 31 43 90 – **R** conseillée
4 ha (130 empl.) plat et en terrasses, sablonneux
Tarif : ✦ 7 € ⟵ 2,70 € 🄴 2,70 € 🄵 (6A) 3,40 €
Pour s'y rendre : SE : 1,8 km par N 197 rte de l'Ile-Rousse,
à 400 m de la plage
À savoir : Agréable cadre boisé de différentes essences

| Nature : ⟵ |
| Loisirs : ⟵ |
| Services : ⟵ ⟵ ⟵ ⟵ ⟵ ⟵ ⟵ ⟵ |
| À prox. : ⟵ |

⚠ **Bella Vista** Pâques-sept.
🖉 04 95 65 11 76, Fax 04 95 65 03 03, *www.camping-bella
vista.com* – **R**
6 ha/4 campables (156 empl.) plat et peu incliné
Tarif : ✦ 7 € ⟵ 3,50 € 🄴 4,50 € 🄵 (18A) 3,80 €
Location : 9 🏠 (4 à 6 pers.) 381 à 686 €/sem.
Pour s'y rendre : S : 1,5 km par N 197 et rte de Pietramaggiore à droite

| Nature : ⟵ ⟵ |
| Loisirs : snack ⟵ |
| Services : ⟵ ⟵ Ⓟ (juil.-août) GB ⟵ ⟵ ⟵ ⟵ ⟵ ⟵ ⟵ |

CALVI

⛰ Paradella juin-fin sept.
   📞 04 95 65 00 97, *antoine.hatt@tiscali.fr,*
Fax 04 95 65 11 11, *www.camping-paradella.fr.com*
– **R** conseillée
5 ha (150 empl.) plat, sablonneux, herbeux
Tarif : 🔲 20,40 € – pers. suppl. 6,10 € – frais de réservation 10 €
Location (déb avr.- fin sept.) 🏠 : 18 🏠 (4 à 6 pers.)
280 à 660 €/sem.
🚐 1 borne 5 €
Pour s'y rendre : SE : 9,5 km par N 197 rte de l'Ile-Rousse
et D 81 à droite rte de l'aéroport
À savoir : Beaux emplacements sous les eucalyptus

| Nature : 🏕 ♤♤ |
| Loisirs : 🏊 ⛺ 🛶 🎾 🛷 |
| Services : 🛁 ⚡ ♨ @ 🔲 🔲 |

⛰ Les Castors 15 avr.-15 oct.
   📞 04 95 65 13 30, *lescastors2@wanadoo.fr,*
Fax 04 95 65 31 95, *www.castors.fr* – **R** 🏊
2 ha (80 empl.) plat, herbeux
Tarif : 👤 9,20 € 🚗 3,20 € 🔲 8,40 € 🔌 4,20 €
Location : 27 🚐 (4 à 6 pers.) 430 à 875 €/sem.
Pour s'y rendre : S : 1 km par N 197 et rte de Pietramaggiore à droite

| Loisirs : pizzeria, snack 🏊 🛷 |
| Services : ♨ GB ⚡ @ 🔲 🔲 |
| À prox. : 🏖 |

⛰ Dolce Vita mai-sept.
   📞 04 95 65 05 99, Fax 04 95 65 31 25, *www.dolce-vita.org* –
R
6 ha (200 empl.) plat, herbeux, sablonneux
Tarif : 👤 7,90 € 🚗 2,60 € 🔲 3,80 € 🔌 (10A) 3,50 €
🚐 1 borne
Pour s'y rendre : SE : 4.5 km par N 197 rte de l'Ile-Rousse,
à l'embouchure de la Figarella, à 200 m de la mer

| Nature : ♤♤ |
| Loisirs : snack 🏊 🎾 🛶 |
| Services : ♨ ⚡ 🔲 🏖 @ 🏮 🔲 🔲 |

*Les localités possédant des ressources sélectionnées dans ce guide
sont signalées sur les cartes MICHELIN détaillées à 1/150 000.*

342

FARINOLE (MARINE DE)

✉ 20253 – **345** F3 – 179 h. – alt. 250
Bastia 20 – Rogliano 61 – St-Florent 13.

⛰ A Stella mai-oct.
   📞 04 95 37 14 37, Fax 04 95 37 13 84 – **R**
3 ha (100 empl.) plat, peu incliné et en terrasses, pierreux,
herbeux
Tarif : 👤 6,50 € 🚗 3 € 🔲 6 € 🔌 3,20 €
Location : 3 🏠 (4 à 6 pers.) 580 à 650 €/sem. – appartements
Pour s'y rendre : Par D 80, bord de mer

| Nature : 🏞 ♀ 🏔 |
| Loisirs : 🚣 |
| Services : ♨ (saison) ⚡ 🏖 @ 🔲 |
| 🏖 |

GHISONACCIA

✉ 20240 – **345** F7 – G. Corse – 3 168 h. – alt. 25
🅸 *Office de tourisme, RN 198* 📞 04 95 56 12 38
Bastia 85 – Aléria 14 – Ghisoni 27 – Venaco 56.

⛰ Marina d'Erba Rossa avr.-29 oct.
   📞 04 95 56 25 14, *erbarossa@wanadoo.fr,*
Fax 04 95 56 27 23, *www.marina-erbarossa.com* – **R** indispensable
12 ha/8 campables (160 empl.) plat, herbeux
Tarif : 🔲 33,90 € – pers. suppl. 7 €
Location : 89 🚐 (4 à 6 pers.) 147 à 749 €/sem. – 114
🏠 (4 à 6 pers.) 189 à 1 001 €/sem.
Pour s'y rendre : E : 4 km par D 144, bord de plage
À savoir : Bel ensemble résidentiel

| Nature : 🏕 ♤♤ 🏔 |
| Loisirs : 🍴 🍽 pizzeria 🚣 🎯 🏊 |
| 🏊 ⛺ 🎾 🔊 🛶 parc animalier |
| Services : 🛁 ♨ (saison) GB ⚡ 🔲 |
| @ 🏖 🔲 🔲 🏖 cases réfrigérées |
| À prox. : discothèque 🐎 plongée |
| sports nautiques |

GHISONACCIA

 Arinella-Bianca 8 avr.-sept.
   04 95 56 04 78, *arinella@arinellabianca.com*,
Fax 04 95 56 12 54, *www.arinellabianca.com* – **R** indispensable
10 ha (416 empl.) plat, herbeux, sablonneux
Tarif : 39 € (6A) – pers. suppl. 9,50 €
Location (8 avr.-14 oct.) : 111 (4 à 6 pers.) 255 à
810 €/sem. – 74 (4 à 6 pers.) 305 à 955 €/sem.
2 bornes 7,50 €
Pour s'y rendre : E : 3,5 km par D 144 puis 0,7 km par
chemin à droite
À savoir : Cadre agréable au bord de la plage

Nature : 00
Loisirs : ￦ ✗ pizzeria ⌂ ⊙ ⚹
discothèque ✕ ⌙
Services : ⚹ ⚿ Ⓟ GB ⚹ ⌂ ⚹ ☺
⚹ ⚹ ⚹ ⚹ cases réfrigérées
À prox. : ⚹

ILE ROUSSE

✉ 20220 – 345 C4 – G. Corse – 2 774 h.
CCR pour SNCM av. Joseph-Calizi   04 95 60 09 56
🛈 *Syndicat d'initiative, 7, place Paoli*   *04 95 60 04 35*
Bastia 67 – Calvi 25 – Corte 63.

△ Le Bodri
   04 95 60 10 86, Fax 04 95 60 39 02, *www.campinglebo
dri.com* – **R**
6 ha (333 empl.) plat, peu incliné à incliné, pierreux
Location : 20 ⌂
1 borne
Pour s'y rendre : SO : 2,5 km rte de Calvi, à 300 m de la plage

Loisirs : snack, pizzeria ⚹
Services : ⚿ ⚹ ⌂ ⚹ cases réfri-
gérées
À prox. : ⚲

LOZARI

✉ 20226 – 345 D4 – G. Corse
Bastia 61 – Belgodère 10 – Calvi 33 – L'Ile-Rousse 8.

 Le Clos des Chênes Pâques-sept.
   04 95 60 15 13, *cdc.lozari@wanadoo.fr*,
Fax 04 95 60 21 16, *http://www.closdeschenes.fr* ✉ 20226
Belgodere – **R**
5 ha (235 empl.) plat, peu incliné, pierreux
Tarif : 27,50 € – pers. suppl. 7,30 €
Location ⚹ : 6 (2 à 4 pers.) 210 à 506 €/sem. – 18
(4 à 6 pers.) 278 à 750 €/sem. – 20 ⌂ (4 à 6 pers.)
278 à 820 €/sem.
1 borne
Pour s'y rendre : S : 1,5 km par N 197 rte de Belgodère

Nature : ⚹ ⚹
Loisirs : ￦ snack ⌂ ⚹ ✕ ⌙ ⚹
Services : ⚹ ⚿ GB ⌂ ☺ ⚹ ⚹
⚹ cases réfrigérées

Le Niolo

H. Le Gac/Michelin

LUMIO

✉ 20260 – 345 B4 – G. Corse – 1 040 h. – alt. 150
Ajaccio 158 – Bastia 83 – Corte 77 – Calvi 10.

Le Panoramic juin-15 sept.
℘ 04 95 60 73 13, *panoramic@weboffice.fr*,
Fax 04 95 60 73 13, *www.le-panoramic.com* – ℞
6 ha (100 empl.) en terrasses, pierreux, sablonneux
Tarif : ⸙ 6 € ⇔ 1,90 € 🅴 4,30 € ⒝ 3,30 €
Location ⸙ : 8 ⛺ (4 à 6 pers.) 400 à 700 €/sem.
Pour s'y rendre : NE : 2 km sur D 71, rte de Belgodère
À savoir : Belles terrasses ombragées

Nature : 🦐 ⒬⒬
Loisirs : pizzeria 🛝
Services : ⚷ ⚙ ⊛ 🖼 🗜

MORIANI -PLAGE

✉ 20230 – 345 G5 – G. Corse
Bastia 40 – Corte 67 – Vescovato 21.

Merendella 15 mai-sept.
℘ 04 95 38 53 47, *merendel@club-internet.fr*,
Fax 04 95 38 44 01, *www.merendella.com* – ℞ conseillée ⸙
7 ha (196 empl.) plat, herbeux, sablonneux
Tarif : (Prix 2005) ⸙ 6,90 € ⇔ 2,80 € 🅴 3,65 €
⒝ (5A) 3,90 € – frais de réservation 16 €
Location : chalets (sans sanitaires)
Pour s'y rendre : S : 1,2 km par N 198 rte de Porto-Vecchio, bord de plage

Nature : ▭ ⒬⒬(chênaie)
Loisirs : 🏠
Services : ⚷ ⚷ ☞ ⚙ 🗄 ⊛ 🖼 🗜
À prox. : ✕ ⚘ 🐎 (centre équestre) plongée

MORSIGLIA

✉ 20238 – 345 F2 – G. Corse – 123 h. – alt. 180
Ajaccio 189 – Bastia 42 – Corte 110 – Saint-Florent 58.

Isulottu
℘ 04 95 35 62 81, *isulottu@wanadoo.fr*, Fax 04 95 35 63 63
✉ 20238 Centuri
2,3 ha (150 empl.) incliné, peu incliné, pierreux, sablonneux
🚐 1 borne – 15 🅴
Pour s'y rendre : Sortie Bastia, direction Nord par la RD 80 puis RD 35, direction Centuri

Nature : 🦐 ⒬
Loisirs : 🍴 snack, pizzeria 🛶
Services : ⚷ ⊛ 🖼 🗜
À prox. : 🌊 plongée, parapente

Le lac de Melo

J. L. Gallo/Michelin

PALASCA

⊠ 20226 – 3▨5 D4 – 117 h. – alt. 350
Ajaccio 132 – Bastia 78 – Corte 53 – Calvi 40.

⚠ **Village de l'Ostriconi** Pâques-15 oct.
   ℘ 04 95 60 10 05, *info@village-ostriconi.com*,
   Fax 04 95 60 01 47, *www.village-ostriconi.com* – **R**
   5 ha (134 empl.) accidenté, plat, en terrasses, pierreux,
   herbeux
   Tarif : ⚹ 7 € ⇦ 3 € 🔲 3 € [½] (2A) 3,80 €
   Location 🏚 : 4 ⛺ (4 à 6 pers.) 363 à 597 €/sem. – 18
   🏠 (4 à 6 pers.) 363 à 597 €/sem. – 3 studios
   Pour s'y rendre : à 800 m de la plage de l'Ostriconi, d'une
   rivière et d'un étang

> Nature : 🌊🌊
> Loisirs : 🍷 ✗ ❊ ⅃
> Services : ⚬┳ GB 🗊 Ⓐ ⌂ cases
> réfrigérées

PIETRACORBARA

⊠ 20233 – 3▨5 F2 – G. Corse – 433 h. – alt. 150
Ajaccio 168 – Bastia 21 – Corte 89 – Saint-Florent 44.

⚠ La Pietra
   ℘ 04 95 35 27 49, Fax 04 95 35 28 57 – **R**
   3 ha (66 empl.) plat, herbeux
   Pour s'y rendre : SE : 4 km par D 232 et chemin à gauche,
   à 500 m de la plage
   À savoir : Beaux emplacements délimités

> Nature : 🌿 🗔 🌊🌊
> Loisirs : 🏛 🛝 ❊
> Services : ⚸ ⚬┳ 🗊🛎 ⌂ 🖼
> À prox. : 🐎 quad

ST-FLORENT

⊠ 20217 – 3▨5 E3 – G. Corse – 1 474 h.
🄸 *Office de tourisme,* ℘ *04 95 37 06 04*
Bastia 22 – Calvi 70 – Corte 75 – L'Île-Rousse 45.

⚠ **La Pinède** 31 mai-1er oct.
   ℘ 04 95 37 07 26, *camping.la.pinede@wanadoo.fr*,
   Fax 04 95 37 17 73, *www.camping-la-pinede.com* – **R**
   3 ha (130 empl.) plat, incliné et en terrasses, pierreux,
   herbeux
   Tarif : 🔲 37 € [½] (16A) – pers. suppl. 6 €
   Location (mai-1er oct.) 🏚 : 20 🏠 (4 à 6 pers.) 500 à
   780 €/sem.
   ⛽ 1 borne
   Pour s'y rendre : S : 1,8 km par rte de l'Ile-Rousse et
   chemin à gauche après le pont, bord de l'Aliso

> Nature : 🌿 🌊🌊
> Loisirs : ⅃ 🛝 ponton d'amarrage
> Services : ⚸ ⚬┳ GB ⟡ ⚲ ⌂ ℰ 🖼
> 🛎 réfrigérateurs
> À prox. : 🐎

345

VIVARIO

⊠ 20219 – 3▨5 E6 – G. Corse – 509 h. – alt. 850
Bastia 89 – Aléria 49 – Corte 22 – Bocognano 22.

⚠ **Aire Naturelle le Soleil** mai-15 oct.
   ℘ 04 95 47 21 16 – alt. 800 – **R** conseillée
   1 ha (25 empl.) en terrasses, peu incliné et plat, herbeux
   Tarif : (Prix 2005) 🔲 17 € [½] (10A) – pers. suppl. 5,50 €
   Pour s'y rendre : SO : 6 km par N 193, rte d'Ajaccio, à
   Tattone, près de la gare

> Nature : 🌿 ♀
> Loisirs : 🍷 pizzeria
> Services : ⚬┳ GB Ⓐ
> À prox. : 🏊

G. Benoît à la Guillaume/Michelin

Il était une fois… la Franche-Comté ! Ses contes et légendes s'inspirent d'une nature mystérieuse qui réserve bien des surprises aux visiteurs curieux. La forêt de résineux s'y étend par monts et par vaux, jetant de doux sortilèges aux explorateurs de grottes, gouffres et gorges qu'elle dissimule. La magie des lieux tient aussi à l'abondance des torrents, cascades et lacs dont les larges taches bleutées contrastent avec le vert des pâturages. Les artisans comtois transforment comme par enchantement le bois en horloges, jouets et pipes pour les touristes en quête de souvenirs. Et l'éventail des arômes déployés par les produits du terroir envoûte les gastronomes : fromage de comté au goût de noisette, savoureuses charcuteries fumées et radieux cortège de vins distillant des bouquets subtils et fruités.

Once upon a time in a land called Franche-Comté…many of France's tales and legends begin in the secret wilderness of this secluded region on the Swiss border. The Jura's peaks and dales, clad in a cloak of fragrant conifers, cast a gentle charm over its explorers: the magic spell is also woven by the waterfalls, grottoes and mysterious lakes, their dark blue waters reflecting the surrounding hills. Nimble-fingered craftsmen transform the local wood into clocks, toys and pipes which will delight anyone with a love of fine craftsmanship. Hungry travellers will want to savour the rich, hazelnut tang of Comté cheese, but beware: the delicate smoked and salted meats, in which you can almost taste the pine and juniper, plus Franche-Comté's sumptuous and subtly fruity wines may lure you back for more!

BONNAL

✉ 25680 – ▨ I1 – 24 h. – alt. 270
Paris 392 – Besançon 47 – Belfort 51 – Épinal 106 – Montbéliard 46.

Le Val de Bonnal 6 mai-10 sept.
℘ 03 81 86 90 87, *val-de-bonnal@wanadoo.fr*,
Fax 03 81 86 03 92 – **R** conseillée
120 ha/15 campables (320 empl.) plat, herbeux
Tarif : ▣ 34 € – pers. suppl. 8,50 €
🚐 1 borne
À savoir : Situation agréable en bordure de l'Ognon et près
d'un plan d'eau

> Nature : 🏞 ☐ ♀
> Loisirs : 🍸 snack 🏠 ⑬ nocturne
> 🏃 🚣 🚲 🏊 ⛷ 🎣
> Services : ♿ ⚷ (juil.-août) GB 🔲
> ☺ 🗑 ▦ 🎯 🍽
> À prox. : ✗

CHALEZEULE

✉ 25220 – ▨ G3 – 952 h. – alt. 252
Paris 410 – Dijon 96 – Lyon 229 – Nancy 209.

Municipal de la plage
℘ 03 81 88 04 26, *laplage.besan§on@ffcc.fr*,
Fax 03 81 50 54 62 – **R** conseillée
1,8 ha (113 empl.) plat, terrasse, herbeux
🚐 1 borne
Pour s'y rendre : 4,5 km au NE, sur N 83 rte de Belfort,
bord du Doubs

> Nature : ♀
> Loisirs : snack
> Services : ♿ ⚷ ▦ 🔲 🎯 ☺ ▦ sè-
> che-linge
> À prox. : ✗ ♨ 🏊 🎣

Benutzen Sie
– zur Wahl der Fahrtroute
– zur Berechnung der Entfernungen
– zur exakten Lokalisierung eines Campingplatzes (mit Hilfe der Angaben im Ortstext)
*die für diesen Führer unentbehrlichen **MICHELIN-Karten** im Ma1 : 150 000.*

HUANNE-MONTMARTIN

✉ 25680 – ▨ I2 – 72 h. – alt. 310
Paris 392 – Baume-les-Dames 14 – Besançon 37 – Montbéliard 52 – Vesoul 34.

Le Bois de Reveuge 22 avr.-16 sept.
℘ 03 81 84 38 60, *info@campingduboisdereveuge.com*,
Fax 03 81 84 44 04, *www.campingduboisdereveuge.com* –
R indispensable
20 ha/11 campables (281 empl.) en terrasses, gravier,
herbeux, sous-bois attenant
Tarif : ▣ 30 € ⚡ (6A) – pers. suppl. 6 € – frais de réser-
vation 25 €
Location 🏠 : 118 🚐 (4 à 6 pers.) 245 à 580 €/sem. –
34 🏠 (4 à 6 pers.) 290 à 700 €/sem.
Pour s'y rendre : N : 1,1 km par D 113, rte de Rougemont
À savoir : Autour de deux étangs à la lisière d'un bois

> Nature : 🏞 ☐ ♀♀
> Loisirs : snack, pizzeria 🏠 🏃
> 🚣 🚲 ⚡ 🎣 🔲 (découverte l'été)
> ⛷ 🎣
> Services : ♿ ⚷ (juil.-août) GB 🐾
> 🔲 ☺ 🗑 ▽ ▦ 🎯
> À prox. : canoë

LABERGEMENT-STE-MARIE

✉ 25160 – ▨ H6 – 920 h. – alt. 859
Paris 454 – Champagnole 41 – Pontarlier 17 – St-Laurent-en-Grandvaux 41 – Salins-les-Bains 45 –
Yverdon-les-Bains 41.

Le Lac mai-sept.
℘ 03 81 69 31 24, *camping.lac.remoray@wanadoo.fr*,
Fax 03 81 69 31 24, *www.camping-lac-remoray.com*
– **R** conseillée
1,8 ha (70 empl.) plat, peu incliné et en terrasses, herbeux
Tarif : ▣ 17,50 € ⚡ (6A) – pers. suppl. 3,20 €
Location (permanent) : 4 🚐 (4 à 6 pers.) 180 à
390 €/sem.
Pour s'y rendre : Sortie Sud-Ouest par D 437, rte de Mou-
the et rue du lac à droite
À savoir : À 300 m du lac de Remoray

> Nature : ≼
> Loisirs : 🍸 ✗ 🏠
> Services : ♿ ⚷ GB 🐾 🔲 🎯 ☺ ▦
> 🍽
> À prox. : 🏊 ⛴ 🎣

349

LEVIER

✉ 25270 – 321 G5 – 1 700 h. – alt. 719

Paris 443 – Besançon 45 – Champagnole 37 – Pontarlier 22 – Salins-les-Bains 24.

▲ **La Forêt** 15 mai-15 sept.
  𝒫 03 81 89 53 46, *camping@camping-dela-foret.com*,
  Fax 03 81 49 54 11, *www.camping-dela-forêt.com*
  – **R** conseillée
  1,5 ha (70 empl.) plat, herbeux, peu incliné et terrasse
  Tarif : (Prix 2005) 回 15,90 € – pers. suppl. 3 €
  Pour s'y rendre : NE : 1 km par D 41, rte de Septfontaines
  À savoir : À la lisière d'une forêt

Nature : ⌇ ♀♀
Loisirs : 🎮 ⚓ 🛝
Services : ᴥ ⊶ ⅁ℬ ⅏ 🗄 ☺ ♨ 🖥
À prox. : parcours sportif

MAICHE

✉ 25120 – 321 K3 – G. Jura – 3 978 h. – alt. 777

🛈 *Syndicat d'initiative, 16, rue Charles-de-Gaulle* 𝒫 *03 81 64 11 88, Fax 03 81 64 02 30*

Paris 501 – Baume-les-Dames 69 – Besançon 74 – Montbéliard 43 – Morteau 29 – Pontarlier 60.

▲ **Municipal St-Michel** fermé 3 sem. entre nov.-déc.
  𝒫 03 81 64 12 56, *camping.maiche@wanadoo.fr*,
  Fax 03 81 64 12 56, *www.mairie-maiche.fr* – **R** conseillée
  2 ha (70 empl.) peu incliné, en terrasses, herbeux, bois
  attenant
  Tarif : (Prix 2005) 回 13,70 € – pers. suppl. 2,95 €
  Location : 5 🛖 – (sans sanitaires) - gîte d'étape
  Pour s'y rendre : 1,3 km au S, sur D 422 reliant le D 464,
  rte de Charquemont et le D 437, rte de Pontarlier, accès
  conseillé par D 437, rte de Pontarlier

Nature : ♀
Loisirs : ⚓
Services : ᴥ ⊶ ⅁ℬ ⅏ 🗄 ☺ 🖥
À prox. : 🛁 hammam jacuzzi 🔲 ⚲ ⚲ complexe aquatique

Pour choisir et suivre un itinéraire
Pour calculer un kilométrage
Pour situer exactement un terrain (en fonction des
indications fournies dans le texte) :
*Utilisez les **cartes MICHELIN** détaillées à 1/150 000,*
compléments indispensables de cet ouvrage.

MALBUISSON

✉ 25160 – 321 H6 – G. Jura – 400 h. – alt. 900 – Base de loisirs

🛈 *Office de tourisme, 33, Grande Rue* 𝒫 *03 81 69 31 21, Fax 03 81 69 71 94*

Paris 456 – Besançon 74 – Champagnole 42 – Pontarlier 16 – St-Claude 72 – Salins-les-Bains 46.

▲▲ **Les Fuvettes** avr.-sept.
  𝒫 03 81 69 31 50, *les-fuvettes@wanadoo.fr*,
  Fax 03 81 69 70 46, *www.camping-fuvettes.com*
  – **R** conseillée
  6 ha (320 empl.) plat et peu incliné, herbeux, pierreux
  Tarif : 回 24,90 € (6A) – pers. suppl. 4,90 €
  Location : 30 🛖 (4 à 6 pers.) 205 à 570 €/sem. – 9 🛖
  (4 à 6 pers.) 280 à 620 €/sem.
  🚐 1 borne 3 €
  Pour s'y rendre : SO : 1 km
  À savoir : Au bord du lac de St-Point

Nature : ≤ ♀ ▲
Loisirs : 🍷 snack 🎮 ⚓ 🛝 🔲 ⚲ ⚲
Services : ᴥ ⊶ (juil.-août) ⅁ℬ ⅏ 🗄 🖥 ☺ 🖥 ♨ ⚗

MANDEURE

✉ 25350 – 321 K2 – G. Jura – 5 142 h. – alt. 336

Paris 473 – Baume-les-Dames 41 – Maîche 34 – Sochaux 15 – Montbéliard 15.

▲ **Municipal les Grands Ansanges**
  𝒫 03 81 35 23 79, *ville.mandeure@wanadoo.fr*,
  Fax 03 81 30 09 26, *www.ville-mandeure.com*
  1,7 ha (96 empl.) plat, herbeux
  Pour s'y rendre : NO : sortie vers Pont-de-Roide, rue de
  l'Église, au bord du Doubs

Nature : ♀
Loisirs : 🍷 🎮 🛝 ⚲
Services : ⊶ 🗄 ⚲ ☺ 🖥

MONTAGNEY

✉ 25680 – 321 H2 – 112 h. – alt. 255
Paris 386 – Baume-les-Dames 23 – Besançon 40 – Montbéliard 61 – Vesoul 27.

⚠ **La Forge** mai-sept.
  ℰ 03 81 86 01 70, *espacesportifdelaforge@wanadoo.fr*,
  Fax 03 81 86 01 70, *www.espacesportifdelaforge.com*
  – **R** conseillée
  1,2 ha (56 empl.) plat, herbeux
  Tarif : (Prix 2005) 📧 19 € – pers. suppl. 5 €
  Pour s'y rendre : Au Nord du bourg
  À savoir : Agréable situation au bord de l'Ognon

> Nature : 🌿
> Loisirs : ⚽ 🛶
> Services : ⚫ ⛐ (juil.-août) 🚿 🗑 ⊕ 🔻
> À prox. : canoë

ORNANS

✉ 25290 – 321 G4 – G. Jura – 4 037 h. – alt. 355
🅱 *Office de tourisme, 7, rue Pierre Vernier* ℰ *03 81 62 21 50, Fax 03 81 62 02 63*
Paris 428 – Baume-les-Dames 42 – Besançon 26 – Morteau 48 – Pontarlier 37 – Salins-les-Bains 37.

⚠ **Le Chanet** 20 mars-3 nov.
  ℰ 03 81 62 23 44, *contact@lechanet.com*,
  Fax 03 81 62 13 97, *www.lechanet.com* – **R** conseillée
  1,4 ha (95 empl.) incliné et peu incliné, herbeux
  Tarif : 📧 19,90 € 🔌 (10A) – pers. suppl. 3,70 € – frais de réservation 15 €
  Location : 12 🛖 (4 à 6 pers.) 220 à 510 €/sem. – 3 gîtes
  Pour s'y rendre : 1,5 km au SO par D 241, rte de Chassagne-St-Denis et chemin à dr., à 100 m de la Loue

> Nature : 🌿 ⩵ 🌳🌳
> Loisirs : snack, pizzeria 🍴 🏕 🛝 (petite piscine)
> Services : ⚫ ⛐ ⊖⊞ 🚿 🗑 🔻 ⊕ ♨ 🔻 sèche-linge
> À prox. : ✂ 🛶

PONTARLIER

✉ 25300 – 321 I5 – G. Jura – 18 360 h. – alt. 838
🅱 *Office de tourisme, 14 bis, rue de la Gare* ℰ *03 81 46 48 33, Fax 03 81 46 83 32*
Paris 462 – Basel 180 – Beaune 164 – Belfort 126 – Besançon 60 – Dole 88 – Genève 115 – Lausanne 67 – Lons-le-Saunier 82 – Neuchâtel 56.

⚠ **Le Larmont**
  ℰ 03 81 46 23 33, *lelarmont.pontarlier@ffcc.fr*,
  Fax 03 81 46 23 34 – alt. 880 – **R** conseillée
  4 ha (75 empl.) en terrasses, herbeux, gravier
  Location : 5 🛖
  🚐 1 borne – 5 📧
  Pour s'y rendre : Au SE de la ville en dir. de Lausanne, près du centre équestre

> Nature : 🌿 ⩵ 🗂
> Loisirs : 🏠 🏕 🐎 poneys
> Services : ⚫ ⛐ 🗑 🔻 ⊕ ♨ 🔻 🔻
> À prox. : parcours sportif

351

QUINGEY

✉ 25440 – 321 F4 – 1 049 h. – alt. 275
Paris 397 – Baume-les-Dames 40 – Besançon 23 – Morteau 78 – Pontarlier 73 – Salins-les-Bains 20.

⚠ **Municipal les Promenades**
  ℰ 03 81 63 74 01, *mairie-quingey@wanadoo.fr*,
  Fax 03 81 63 74 01 – **R** conseillée
  1,5 ha (61 empl.) plat, herbeux, gravier
  Pour s'y rendre : Sortie Sud, rte de Lons-le-Saunier et chemin à gauche après le pont

> Nature : 🗂 🌳🌳
> Loisirs : ✂ 🛶
> Services : ⚫ ⛐ 🗑 ⊕ 🔻 🔻 🔻
> À prox. : 🏕 🚴 ⚽ canoë

ST-HIPPOLYTE

✉ 25190 – 321 K3 – G. Jura – 1 045 h. – alt. 380
🅱 *Office de tourisme, place de l'Hôtel de Ville* ℰ *03 81 96 58 00*
Paris 490 – Basel 93 – Belfort 48 – Besançon 89 – Montbéliard 32 – Pontarlier 71.

⚠ **Les Grands Champs** mai-déb. sept.
  ℰ 03 81 96 54 53, *tourisme@ville-saint-hippolyte.fr*
  – **R** conseillée
  2,2 ha (65 empl.) en terrasses et peu incliné, herbeux, pierreux
  Tarif : 📧 12,10 € – pers. suppl. 2,80 €
  Location : huttes
  Pour s'y rendre : NE : 1 km par D 121, rte de Montécheroux et chemin à droite, près du Doubs (accès direct)

> Nature : 🌿 ⩵ 🌳
> Loisirs : 🛶
> Services : ⚫ ⛐ (juil.-août) 🗑 ⊕ 🔻

ST-POINT-LAC

✉ 25160 – 321 H6 – G. Jura – 190 h. – alt. 860 – Base de loisirs
Paris 453 – Champagnole 39 – Pontarlier 13 – St-Laurent-en-Grandvaux 45 – Salins-les-Bains 43 – Yverdon-les-Bains 44.

⚠ **Municipal** mai-sept.
      𝒫 03 81 69 61 64, *camping-saintpointlac@wanadoo.fr*,
      Fax 03 81 69 65 74, *www.campingsaintpointlac.com*
      – **R** conseillée
      1 ha (84 empl.) plat, herbeux, gravillons
      Tarif : 🔲 13,80 € – pers. suppl. 2,50 €
      Pour s'y rendre : Au bourg
      À savoir : Près du lac de St-Point

| Nature : ≤ |
| Loisirs : 🏠 ⛲ |
| Services : ♿ ⛽ (juil.-août) ⓖⒷ ⚹ |
| 🗑 🖼 ⊕ 🖥 |
| À prox. : 🏊 🎣 , base nautique |

Jura (39)

ARBOIS

✉ 39600 – 321 E5 – G. Jura – 3 698 h. – alt. 350
🛈 *Office de tourisme, 10, rue de l'Hôtel de Ville* 𝒫 *03 84 66 55 50, Fax 03 84 66 25 50*
Paris 407 – Besançon 46 – Dole 34 – Lons-le-Saunier 40 – Salins-les-Bains 13.

⚠ **Municipal les Vignes** avr.-sept.
      𝒫 03 84 66 14 12, Fax 03 84 66 14 12 – **R** conseillée
      2,3 ha (139 empl.) en terrasses et peu incliné, herbeux,
      gravillons, gravier
      Tarif : (Prix 2005) 🔲 15,50 € ⚡ (10A) – pers. suppl. 4 €
      Pour s'y rendre : Sortie Est par D 107, rte de Mesnay, près
      du stade et de la piscine
      À savoir : Emplacements agréablement ombragés

| Nature : ≤ 🗀 🌳 |
| Loisirs : 🏠 ⛲ |
| Services : ♿ ⛽ ⓖⒷ ⚹ 🖼 🖥 🏊 ⊕ |
| 🏖 🍴 🖼 🚿 |
| À prox. : 🎿 |

BONLIEU

✉ 39130 – 321 F7 – G. Jura – 225 h. – alt. 785
Paris 439 – Champagnole 23 – Lons-le-Saunier 32 – Morez 24 – St-Claude 42.

⚠ **L'Abbaye** mai-sept.
      𝒫 03 84 25 57 04, *camping.abbaye@wanadoo.fr*,
      Fax 03 84 25 50 82, *www.camping-abbaye.com* – **R** conseillée
      3 ha (80 empl.) incliné, plat, herbeux, herbeux
      Tarif : 🔲 15,40 € ⚡ (6A) – pers. suppl. 4,10 €
      Pour s'y rendre : E : 1,5 km par N 78, rte de St-Laurent-en-
      Grandvaux

| Nature : 🌿 ≤ 🗀 |
| Loisirs : 🍷 🍴 ⛲ |
| Services : ♿ ⛽ ⓖⒷ ⚹ 🖼 🏊 ⊕ 🖥 |
| 🚿 |
| À prox. : 🏇 |

Site de la cascade de la Billaude

A. Cassaigne/MICHELIN

CHAMPAGNOLE

✉ 39300 – 🔲🔲🔲 F6 – G. Jura – 8 616 h. – alt. 541

🛈 *Office de tourisme, rue Baronne Delort* 📞 *03 84 52 43 67, Fax 03 84 52 54 57*

Paris 420 – Besançon 66 – Dole 68 – Genève 86 – Lons-le-Saunier 34 – Pontarlier 46 – St-Claude 53.

Municipal de Boyse juin-15 sept.
📞 03 84 52 00 32, *campingboyse@wanadoo.Fr*,
Fax 03 84 52 01 16, *www.camping-champagnole.com*
– **R** conseillée
7 ha (240 empl.) plat, peu incliné, herbeux
Tarif : 🔲 16 € (10A) – pers. suppl. 4 €
Location (permanent) 🛏 : 25 🏠 (4 à 6 pers.) 235 à
500 €/sem.
🚐 1 borne 3,50 €
Pour s'y rendre : Sortie NO par D 5, rte de Lons-le-Saunier
et r. Georges Vallerey à gauche
À savoir : Accès direct à l'Ain

Nature : 🌿 🟢🟢
Loisirs : snack 🎮 🎲 🏃 🛝 🛶
Services : 🚿 ⚓ GB 🅰️ Ⓜ 🧺 🛒 ⊕
🔲 sèche-linge 🧺
À prox. : 🍴 🎯 , parcours sportif

CHANCIA

✉ 01590 – 🔲🔲🔲 D8 – 142 h. – alt. 320

Paris 452 – Bourg-en-Bresse 48 – Lons-le-Saunier 46 – Nantua 30 – Oyonnax 16 – St-Claude 29.

Municipal les Cyclamens 2 mai-sept.
📞 04 74 75 82 14, *campinglescyclamens@wanadoo.fr*,
Fax 04 74 75 82 14, *www.camping-chancia.com* – places limitées pour le passage
2 ha (160 empl.) plat, herbeux
Tarif : 🔲 12,30 € – pers. suppl. 2,50 €
Pour s'y rendre : SO : 1,5 km par D 60E et chemin à
gauche, au confluent de l'Ain et de la Bienne
À savoir : Agréable situation près du lac de Coiselet

Nature : 🌿 < 🌳
Loisirs : 🎮 🏃
Services : 🚿 ⚓ 🅰️ 🧺 🔄 ⊕ 🛝 🔲
À prox. : 🏊 🚣 🎣 , terrain omnis-
ports

CHÂTILLON

✉ 39130 – 🔲🔲🔲 E7 – 127 h. – alt. 500

Paris 421 – Champagnole 24 – Clairvaux-les-Lacs 15 – Lons-le-Saunier 19 – Poligny 24.

Domaine de l'Épinette mi-juin-mi-sept.
📞 03 84 25 71 44, *info@domaine-epinette.com*,
Fax 03 84 25 75 96, *www.domaine-epinette.com*
– **R** conseillée
7 ha (150 empl.) en terrasses, plat et peu incliné, herbeux,
pierreux
Tarif : 🔲 26,50 € – pers. suppl. 4 € – frais de réserva-
tion 30 €
Location : 33 🏠 (4 à 6 pers.) 217 à 595 €/sem.
Pour s'y rendre : S : 1,3 km par D 151, rte de Blye

Nature : 🌿 <
Loisirs : 🛝 🏊 🚣
Services : 🚿 ⚓ GB 🅰️ 🔄 🛒 ⊕ 🔲
À prox. : canoë

CLAIRVAUX-LES-LACS

✉ 39130 – 🔲🔲🔲 E7 – G. Jura – 1 472 h. – alt. 540

🛈 *Office de tourisme, 36, Grande Rue* 📞 *03 84 25 27 47, Fax 03 84 25 23 00*

Paris 428 – Bourg-en-Bresse 94 – Champagnole 34 – Lons-le-Saunier 22 – St-Claude 34 –
St-Laurent-en-Grandvaux 24.

Yelloh-Village le Fayolan 5 mai-10 sept.
📞 03 84 25 26 19, *reservation@rsl39.com*,
Fax 03 84 25 26 20, *www.relaisoleiljura.com* – **R** conseillée
13 ha (516 empl.) peu incliné, plat et en terrasses, herbeux,
gravillons, pinède
Tarif : 🔲 30 € – pers. suppl. 6,50 € – frais de réserva-
tion 20 €
Location 🛏 : 62 🏠 (4 à 6 pers.) 245 à 714 €/sem. – 7
🏠 (4 à 6 pers.) 245 à 714 €/sem.
Pour s'y rendre : SE : 1,2 km par D 118 rte de Châtel-de-
Joux et chemin à droite
À savoir : Au bord du lac

Nature : < 🏕 🌳 ⛰
Loisirs : 🍴 snack 🎮 🎲 nocturne
🏃 🏊 🛝
Services : 🚿 ⚓ GB 🅰️ 🔄 🛒 ⊕ 🛝
🌊 🔲 🛝 🧺
À prox. : 🎣 , parcours de santé

CLAIRVAUX-LES-LACS

⚠ **Le Grand Lac** 5 mai-4 sept.
      ℘ 03 84 25 22 14, *legrandlac@rsl39.com,*
      Fax 03 84 25 26 20, *www.relaisoleiljura.com* – **R** conseillée
      2,5 ha (191 empl.) peu incliné à incliné, plat, terrasses,
      herbeux
      Tarif : 🖪 17 €
      Location : 16 🛖 (4 à 6 pers.) 217 à 574 €/sem.
      Pour s'y rendre : SE 0,8 km par D 118 rte de Châtel-de-
      Joux et chemin à droite

Nature : ⩽ ♀ ▵
Services : ⅙ ⚬⊸ (juil.- 23 août) ⒼⒷ ⌇ 🖃 ♨ ⊕ 🝗
À prox. : ≅ ⍩ canoë

DOLE

✉ 39100 – ③②① C4 – G. Jura – 24 949 h. – alt. 220
🖪 *Office de tourisme, 6, place Grévy* ℘ 03 84 72 11 22, Fax 03 84 72 31 12
Paris 363 – Besançon 55 – Chalon-sur-Saône 67 – Dijon 50 – Genève 155 – Lons-le-Saunier 57.

⚠ **Le Pasquier** 15 mars-15 oct.
      ℘ 03 84 72 02 61, *lola@camping-le-pasquier.com,*
      Fax 03 84 79 23 44, *http://www.camping-le-pasquier.com*
      – **R** conseillée
      2 ha (120 empl.) plat, herbeux, gravillons
      Tarif : (Prix 2005) 🖪 16,60 € 🔌 (10A) – pers. suppl. 2,90 € –
      frais de réservation 10 €
      Location : 4 🛖 (4 à 6 pers.) 155 à 465 €/sem.
      🚐 1 borne 4,60 €
      Pour s'y rendre : SE par av. Jean-Jaurès
      À savoir : Cadre verdoyant, près du Doubs

Nature : ♀
Loisirs : ♟ snack ♣⚹ ⏌ (petite pis-cine)
Services : ⅙ ⚬⊸ ⒼⒷ ⌇ 🖃 ♨ 🝗 🝙
🖃 sèche-linge
À prox. : ≅ ⍩

DOUCIER

✉ 39130 – ③②① E7 – G. Jura – 270 h. – alt. 526
Paris 427 – Champagnole 21 – Lons-le-Saunier 25.

354

⚠⚠ **Domaine de Chalain** mai-19 sept.
      ℘ 03 84 25 78 78, *chalain@chalain.com,* Fax 03 84 25 70 06,
      www.chalin.com – **R** conseillée
      30 ha/18 campables (804 empl.) plat, herbeux, pierreux
      Tarif : (Prix 2005) 🖪 33,40 € 🔌 (7A) – pers. suppl. 7,95 €
      Location ⌇ : 40 🛖 (4 à 6 pers.) 314 à 651 €/sem. –
      huttes
      🚐 1 borne
      Pour s'y rendre : NE 3 km
      À savoir : Agréablement situé entre forêts et lac de Chalain

Nature : ⩽ ♀ ▵
Loisirs : ♟ snack 🍴 ♬ ≋ ♣⚹ ♣⚹ 🎣 ⚹ 🎾 ♏ 🎱 ⏌ ⍩ ⍩ , parcours VTT
Services : ⅙ ⚬⊸ ⒼⒷ ⌇ ▥ 🖃 ♨ ⊕ 🝗 🝙 🖃 ♨ 🝗

FONCINE-LE-HAUT

✉ 39460 – ③②① G7 – G. Jura – 945 h. – alt. 790
Paris 444 – Champagnole 24 – Clairvaux-les-Lacs 34 – Lons-le-Saunier 62 – Mouthe 13.

⚠ Municipal **Val de Saine**
      ℘ 03 84 51 93 11, *hautejouxmontnoir@wanadoo.fr,*
      Fax 03 84 51 90 19 – **R**
      1 ha (72 empl.) plat, herbeux, non clos
      Location : 🛖
      Pour s'y rendre : Sortie Sud-Ouest par D 437, rte de St-
      Laurent-en-Grandvaux et à gauche, au stade, bord de la
      Saine

Nature : ♀♀
Loisirs : ♣⚹ 🎾 ⍩
Services : ⅙ ⚬⊸ 🖃 ≋ ⊕ 🝗 🝙 🖃
À prox. : parcours de santé

⚠ **Les chalets du Val de Saine** (location exclusive de 15
      chalets) Permanent
      ℘ 03 84 51 93 11, *hautejouxmontnoir@wanadoo.fr,*
      Fax 03 84 51 90 19 – alt. 900 – **R** conseillée
      1,2 ha plat, herbeux
      Location 🅟 : 🛖 (4 à 6 pers.) 250 à 450 €/sem.
      Pour s'y rendre : au bourg

Nature : ⌇
Loisirs : ⍩
Services : ⚬⊸ ⌇ 🖃
À prox. : 🝗 ♟ ✗ 🎾 🖼

LONS-LE-SAUNIER

✉ 39000 – **321** D6 – G. Jura – 18 483 h. – alt. 255 – ⚓ (début avril-fin oct.)

🛈 *Syndicat d'initiative, place du 11 Novembre* ℘ *03 84 24 65 01, Fax 03 84 43 22 59*

Paris 408 – Besançon 84 – Bourg-en-Bresse 73 – Chalon-sur-Saône 61 – Dijon 94 – Dole 56 – Mâcon 98 – Pontarlier 82.

⚠ **La Marjorie** avr.-15 oct.
℘ 03 84 24 26 94, *info@camping-marjorie.com,*
Fax 03 84 24 08 40, *www.camping-marjorie.com* – **R** conseillée
9 ha/3 campables (204 empl.) plat, herbeux, goudronné, pierreux
Tarif : (Prix 2005) 🔲 16,95 € – 🔌 (6A) – pers. suppl. 3,70 € – frais de
réservation 15 €
Location : 4 🛖 (4 à 6 pers.) 200 à 430 €/sem. – 11 🏠
(4 à 6 pers.) 190 à 500 €/sem.
🚐 1 borne 3 €
Pour s'y rendre : Au NE de la localité en dir. de Besançon
par bd de Ceinture
À savoir : Agréable décoration arbustive, au bord d'un ruisseau

Nature : 🗭 🌣
Loisirs : 🍷 🏠 🎦 nocturne (juil.-août) 🏃
Services : 🚿 ⚡ GB 🚗 🗑 🏧 🛁 ☺ 🗑 ⟷ 📷 sèche-linge 🔌
À prox. : 🍴 🏊 🎿

MAISOD

✉ 39260 – **321** E8 – G. Jura – 271 h. – alt. 520
Paris 436 – Lons-le-Saunier 30 – Oyonnax 34 – St-Claude 29.

⚠ **Trelachaume** 29 avr.-10 sept.
℘ 03 84 42 03 26, *info@camping-trelachaume.com,*
Fax 03 84 42 03 26, *www.trelachaume.com* – **R** conseillée
3 ha (180 empl.) plat, peu incliné à incliné, herbeux, pierreux
Tarif : (Prix 2005) 🔲 15,50 € – 🔌 (5A) – pers. suppl. 3,10 €
Pour s'y rendre : S : 2,2 km par D 301 et rte à droite

Nature : 🐟 🌣
Loisirs : 🏠 🏊
Services : 🚿 ⚡ GB 🚗 🗑 ☺ 📷

MARIGNY

✉ 39130 – **321** E6 – 174 h. – alt. 519
Paris 426 – Arbois 32 – Champagnole 17 – Doucier 5 – Lons-le-Saunier 27 – Poligny 29.

⚠ **La Pergola** 15 mai-18 sept.
℘ 03 84 25 70 03, *contact@lapergola.com,*
Fax 03 84 25 75 96, *www.lapergola.com* – **R** conseillée
10 ha (350 empl.) en terrasses, herbeux, pierreux
Tarif : 🔲 36 € – pers. suppl. 6,50 € – frais de réservation 30 €
Location : 🛖 (4 à 6 pers.) 250 à 868 €/sem.
Pour s'y rendre : S : 0,8 km
À savoir : Bel ensemble de piscines dominant le lac de
Chalain

Nature : ⟨ 🗭 🌣 ⛰
Loisirs : 🍷 brasserie 🏠 🎦 nocturne 🏃 🏊 🚴 🏓 🎣
Services : 🚿 ⚡ GB 🚗 M 🗑 🛁 ☺ 🗑 ⟷ 📷 🔌
À prox. : canoë

Mouthier-Haute Pierre

G. Magnin/Michelin

MESNOIS

✉ 39130 – **321** E7 – 154 h. – alt. 460
Paris 431 – Besançon 90 – Lons 18 – Chalon 77 – Bourg 79.

Beauregard avr.-sept.
℘ 03 84 48 32 51, *reception@juracampingbeaure gard.com*, Fax 03 84 48 32 51, *www.juracampingbeaure gard.com* – **R** conseillée
4,5 ha (192 empl.) peu incliné et en terrasses, herbeux
Tarif : 🔲 22,60 € – pers. suppl. 3,10 €
Location : 16 🚐 (4 à 6 pers.) 250 à 500 €/sem. – bungalows toilés
Pour s'y rendre : Sortie S

> Nature : ≤ ⌂ ♀
> Loisirs : ♈ ✗ 🏠 🛶 🏊
> Services : 🗻 ⚮ ⊞ 🖤 🖾 🖧 ☺ 🖾
> sèche-linge 🖤

MONNET-LA-VILLE

✉ 39300 – **321** E6 – 330 h. – alt. 550
Paris 421 – Arbois 28 – Champagnole 11 – Doucier 10 – Lons-le-Saunier 25 – Poligny 25.

Le Gît juin-août
℘ 03 84 51 21 17 – **R** conseillée
4,5 ha (100 empl.) plat, peu incliné, herbeux
Tarif : (Prix 2005) ✚ 2,70 € ⬅ 2 € 🔲 2 € (≬) (5A) 2,50 €
Pour s'y rendre : À Monnet-le-Bourg, Sud-Est : 1 km par D 40, rte de Mont-sur-Monnet et chemin à droite

> Nature : 🐾 ≤
> Loisirs : 🏠
> Services : 🗻 ⚮ 🖤 ⊞ ☺ 🖾

Sous Doriat mai-sept.
℘ 03 84 51 21 43, *camping.sousdoriat@wanadoo.fr*, Fax 03 84 51 21 43, *www.camping-sous-doriat.com* – **R** conseillée
2,5 ha (130 empl.) plat, herbeux
Tarif : 🔲 14,25 € – pers. suppl. 3,50 € – frais de réservation 10 €
Location : 7 🚐 (4 à 6 pers.) 170 à 430 €/sem.
Pour s'y rendre : Sortie Nord par D 27E, rte de Ney

> Nature : ≤ ♀
> Loisirs : 🏠 🚣
> Services : 🗻 ⚮ ⊞ 🖤 ⊞ 🖧 ☺ 🖾
> À prox. : 🏊 ♈ ✗

OUNANS

✉ 39380 – **321** D5 – 282 h. – alt. 230
Paris 383 – Arbois 16 – Arc-et-Senans 13 – Dole 23 – Poligny 25 – Salins-les-Bains 21.

La Plage Blanche avr.-15 sept.
℘ 03 84 37 69 63, *reservation@la-plage-blanche.com*, Fax 03 84 37 60 21, *www.la-plage-blanche.com* – **R** conseillée
5 ha (220 empl.) plat, herbeux
Tarif : 🔲 20,20 € (≬) (6A) – pers. suppl. 5,10 € – frais de réservation 10 €
Location : 6 🚐 (4 à 6 pers.) 390 à 530 €/sem. – 20 bungalows toilés
🚐 1 borne
Pour s'y rendre : 1,5 km au N par D 71, rte de Montbarey et chemin à gauche
À savoir : Au bord de la Loue

> Nature : 🐾 ♀
> Loisirs : ♈ snack, brasserie, pizzeria
> 🏠 🚣 🏊 🐎
> Services : 🗻 ⚮ ⊞ 🖤 ⊞ ☺ 🖾
> sèche-linge 🏊 🖤
> à la base de loisirs : canoë, VTT

Le Val d'Amour avr.-sept.
℘ 03 84 37 61 89, *camping@levaldamour.com*, Fax 03 84 37 78 69, *www.levaldamour.com* – **R** conseillée
3,7 ha (100 empl.) plat, herbeux, verger
Tarif : ✚ 4,50 € 🔲 4,90 € (≬) 3 €
Location (Pâques-oct.) : 8 🚐 (4 à 6 pers.) 140 à 445 €/sem. – 8 🏚 (4 à 6 pers.) 155 à 500 €/sem.
🚐 1 borne 3,50 € – 5 🔲 10 €
Pour s'y rendre : Sortie E par D 472 dir. Chambray
À savoir : Arbres et arbustes offrent un beau cadre harmonieux

> Nature : 🐾 ♀♀
> Loisirs : snack 🖲 diurne (juil.-août) nocturne 🚣 🚲 🛶 piste de bi-cross
> Services : 🗻 ⚮ ⊞ 🖤 ⊞ 🖧 ☺ 🏊
> 🖾 sèche-linge

POLIGNY

✉ 39800 – 321 E5 – G. Jura – 4 511 h. – alt. 373
🚹 *Office de tourisme, 20, place des Déportés* 📞 *03 84 37 24 21, Fax 03 84 37 22 37*
Paris 397 – Besançon 57 – Dole 45 – Lons-le-Saunier 30 – Pontarlier 63.

🏕 **La Croix du Dan** 15 juin-sept.
📞 03 84 37 01 35, *villedepoligny.jura@wanadoo.fr*,
Fax 03 84 37 10 30 – **R** conseillée
1,5 ha (87 empl.) plat, herbeux
Tarif : (Prix 2005) ✱ 1,60 € ⇔ 1,60 € 🅿 6 €
Pour s'y rendre : SO : 1 km par N 83 direction Lons-le-Saunier

Nature : ⩽ ♀
Loisirs : 🛝
Services : ⚕ ☎ GB ⚛ 📺 ☺ ♨ 🗑

PONT-DU-NAVOY

✉ 39300 – 321 E6 – 226 h. – alt. 470
Paris 420 – Arbois 26 – Champagnole 11 – Lons-le-Saunier 23 – Poligny 23.

🏕 **Le Bivouac** Permanent
📞 03 84 51 26 95, *bivouac.jura@laposte.net*,
Fax 03 84 51 29 70 – **R** conseillée
2,3 ha (90 empl.) plat, herbeux
Tarif : ✱ 4 € 🅿 4,95 € 🔌 2,95 €
Location : 6 🏠 (4 à 6 pers.) 432 à 540 €/sem.
Pour s'y rendre : 0,5 km au S par D 27, rte de Montigny-sur-l'Ain, bord de l'Ain

Nature : ⩽
Loisirs : 🍴 snack 🏊 🎣
Services : ⚕ ☎ GB ⚛ 📺 ♨ ☺ 🗑

ST-CLAUDE

✉ 39200 – 321 F8 – G. Jura – 12 303 h. – alt. 450
🚹 *Office de tourisme, 1, avenue de Belfort* 📞 *03 84 45 34 24, Fax 03 84 41 02 72*
Paris 465 – Annecy 88 – Bourg-en-Bresse 90 – Genève 60 – Lons-le-Saunier 59.

🏕 **Municipal du Martinet** mai-sept.
📞 03 84 45 00 40 – **R** conseillée
2,9 ha (130 empl.) plat et incliné, herbeux
Tarif : (Prix 2005) 🅿 11,70 € – pers. suppl. 2,80 €
Pour s'y rendre : SE : 2 km par rte de Genève et D 290 à droite, au confluent du Flumen et du Tacon
À savoir : Blotti dans un agréable site montagneux

Nature : ⩽ ♀♀
Loisirs : 🍴 snack 🏊
Services : ⚕ ☎ ⚛ 📺 ☺ 🗑 ♨
À prox. : ✂ 🎣 ⛷ 🎣

357

ST-LAURENT-EN-GRANDVAUX

✉ 39150 – 321 F7 – G. Jura – 1 767 h. – alt. 904
🚹 *Office de tourisme, 7, place Charles Thevenin* 📞 *03 84 60 85 73, Fax 03 84 60 15 25*
Paris 442 – Champagnole 22 – Lons-le-Saunier 45 – Morez 11 – Pontarlier 57 – St-Claude 31.

🏕 **Municipal Champ de Mars** fermé oct.-14 déc.
📞 03 84 60 19 30, *camping@st-laurent39.fr*,
Fax 03 84 60 19 72, *www.st-laurent39.fr* – **R** indispensable
3 ha (150 empl.) plat et peu incliné, herbeux
Tarif : 🅿 15,89 € 🔌 (10A) – pers. suppl. 4,02 €
🚐 1 borne – 12 🅿
Pour s'y rendre : Sortie E par N 5

Nature : ❄ ⩽
Loisirs : 🏊
Services : ⚕ ☎ ⚛ 🍴 ☺ ♨ 🚽 🗑
sèche-linge

SALINS-LES-BAINS

✉ 39110 – 321 F5 – G. Jura – 3 333 h. – alt. 340 – ♨ (début mars-fin oct.)
🚹 *Office de tourisme, place des Salines* 📞 *03 84 73 01 34, Fax 03 84 37 92 85*
Paris 419 – Besançon 41 – Dole 43 – Lons-le-Saunier 52 – Poligny 24 – Pontarlier 46.

🏕 **Municipal** avr.-sept.
📞 03 84 37 92 70 – **R** conseillée
1 ha (44 empl.) plat, herbeux, gravillons
Tarif : (Prix 2005) 🅿 13,60 € – pers. suppl. 2,80 €
Pour s'y rendre : Sortie N rte de Besançon, près de l'ancienne gare

Nature : ⩽ 🗗
Loisirs : 🏊 🛝 ⛵ (petite piscine)
Services : ⚕ ☎ ⚛ 📺 ☺ 🗑

La TOUR-DU-MEIX

✉ 39270 – **321** D7 – 162 h. – alt. 470
Paris 430 – Champagnole 42 – Lons-le-Saunier 24 – St-Claude 36 – St-Laurent-en-Grandvaux 37.

Surchauffant mai-15 sept.
🕿 03 84 25 41 08, surchauffant@chalain.com,
Fax 03 84 35 56 88, www.chalain.com – **R** indispensable
2,5 ha (180 empl.) plat, herbeux, pierreux
Tarif : (Prix 2005) 🔲 18,50 € (5A) – pers. suppl. 4,40 €
Location 🛏 : 24 🏠 (4 à 6 pers.) 315 à 574 €/sem.
Pour s'y rendre : Au Pont de la Pyle, Sud-Est : 1 km par D 470
et chemin à gauche, à 150 m du lac de Vouglans (accès direct)
À savoir : Dans un site agréable

| Nature : 🌳 ≤ ♀ |
| Loisirs : 🏠 🚴 |
| Services : 🚿 ⚬ⲧ ⒼⒷ 🐕 🗓 ⚗ 🚮 |
| À prox. : ☝ ✕ 🏊 🎣 |

UXELLES

✉ 39130 – **321** I2 – 39 h. – alt. 598
Paris 440 – Besançon 93 – Genève 86 – Lausanne 102 – Annecy 136.

Relais Soleil les Crozats (location exclusive de 15
chalets et 28 chambres)
🕿 03 84 25 51 43, Fax 03 84 25 51 31
2 ha peu incliné, plat, herbeux
Location 🅿 : 15 🏠 – 28 ▭
Pour s'y rendre : au bourg

| Nature : ❄ 🌳 |
| Loisirs : ☝ ✕ 🏠 🎣 🎯 🎣 ham-mam |
| Services : ⚬ⲧ 🗓 sèche-linge 🌱 |

Haute-Saône (70)

CROMARY

✉ 70190 – **314** E8 – 164 h. – alt. 219
Paris 419 – Belfort 88 – Besançon 21 – Gray 50 – Montbéliard 72 – Vesoul 34.

L'Esplanade
🕿 03 84 91 82 00, benttom@hotmail.com,
Fax 03 84 91 82 00, www.lesplanade.nl – **R** conseillée
2 ha (44 empl.) plat, herbeux
Pour s'y rendre : Au S du bourg par D 276
À savoir : Dans un site champêtre avec un accès direct à la rivière

| Nature : 🌳 ≤ ▭ |
| Loisirs : snack 🏠 🎣 |
| Services : 🚿 ⚬ⲧ 🗓 ⚗ 🚮 |

FRESSE

✉ 70270 – **314** H6 – 634 h. – alt. 472
Paris 405 – Belfort 31 – Épinal 71 – Luxeuil-les-Bains 30 – Vesoul 48.

La Broche avr.-15 oct.
🕿 03 84 63 31 40, Fax 03 84 63 31 40, camping-de-la-broche.tellmetoo.com – **R** conseillée
2 ha (50 empl.) peu incliné, plat, terrasse, herbeux
Tarif : (Prix 2005) 🔲 10 € – pers. suppl. 2,50 €
Location : 6 🏠 (2 à 4 pers.) 150 €/sem.
Pour s'y rendre : Sortie Ouest, rte de Melesey et chemin à gauche
À savoir : Dans un site vallonné et boisé, au bord d'un étang

| Nature : 🌳 ≤ |
| Loisirs : 🎣 |
| Services : 🚿 ⚬ⲧ 🐕 🗓 ⚗ |

LURE

✉ 70200 – **314** G6 – G. Jura – 8 727 h. – alt. 290
🛈 Office de tourisme, 35, avenue Carnot 🕿 03 84 62 80 52, Fax 03 84 62 74 61
Paris 387 – Belfort 37 – Besançon 77 – Épinal 77 – Montbéliard 35 – Vesoul 30.

Intercommunal les Écuyers juin-sept.
🕿 03 84 30 43 40, magalie-sarre@pays-de-lure.org,
Fax 03 84 89 00 31 – **R** conseillée
1 ha (45 empl.) plat, herbeux
Tarif : (Prix 2005) 🔲 9 € – pers. suppl. 2,74 €
Pour s'y rendre : SE : 1,4 km par D 64 vers rte de Belfort
puis 0,8 km par D 18 à droite, rte de l'Isle-sur-le-Doubs, à
50 m de l'Ognon (accès direct)

| Loisirs : 🏠 🎣 |
| Services : 🚿 ⚬ⲧ 🗓 🏊 ⚗ 🚮 |
| À prox. : 🎯 🐎 poneys |

MÉLISEY

⊠ 70270 – 314 H6 – 1 794 h. – alt. 330
🛈 *Office de tourisme, place de la Gare* 𝒫 03 84 63 22 80
Paris 397 – Belfort 33 – Épinal 63 – Luxeuil-les-Bains 22 – Vesoul 40.

▲ **La Pierre** 15 mai-15 sept
  𝒫 03 84 63 23 08 – places limitées pour le passage
  – **R** conseillée
  1,5 ha (50 empl.) plat, peu incliné, herbeux
  Tarif : (Prix 2005) ⭑ 2,50 € ⇔ 1,10 € 🅴 2,40 € (⨕) (4A) 1,70 €
  Location (permanent) : 4 🏠 (4 à 6 pers.) 238 à
  378 €/sem.
  Pour s'y rendre : N : 2,7 km sur D 293, rte de Mélay
  À savoir : Cadre pittoresque dans un site boisé

Nature : 🐟 ⌁	
Loisirs : 🏠	
Services : 🚻 ⚙ 🗑 🏿 ☺	

RENAUCOURT

⊠ 70120 – 314 C7 – 115 h. – alt. 209
Paris 338 – Besançon 58 – Bourbonne-les-Bains 49 – Épinal 98 – Langres 55.

▲ **Municipal la Fontaine aux Fées** juin-15 sept.
  𝒫 03 84 92 04 18, Fax 03 84 92 04 18 – **R** conseillée
  2 ha (24 empl.) plat, herbeux
  Tarif : ⭑ 2 € 🅴 2,30 € (⨕) 2 €
  Pour s'y rendre : SO : 1,3 km par rte de Volon
  À savoir : À la lisière d'un bois, près d'un étang

Services : ⚷ ⚙ 🏿	
À prox. : 🏊	

VESOUL

⊠ 70000 – 314 E7 – G. Jura – 17 168 h. – alt. 221 – Base de loisirs
🛈 *Office de tourisme, rue Gevrey* 𝒫 03 84 97 10 85, Fax 03 84 97 10 84
Paris 360 – Belfort 68 – Besançon 47 – Épinal 91 – Langres 76 – Vittel 86.

▲▲ **International du Lac** mars-oct.
  𝒫 03 84 76 22 86, *camping_dulac@yahoo.fr*,
  Fax 03 84 75 74 93, *www.vesoul.fr* – **R** conseillée
  3 ha (160 empl.) plat, herbeux
  Tarif : 🅴 14,10 € (⨕) (6A) – pers. suppl. 3,30 €
  Location ⚡ : 6 🏠 (4 à 6 pers.) 250 à 510 €/sem.
  🚐 1 borne 2,50 €
  Pour s'y rendre : O : 2,5 km
  À savoir : Près d'un vaste lac

Nature : 🐟 ⌁	
Loisirs : 🏠 🏊	
Services : 🚻 ⚷ 🆖 ⚙ ⫿ 🗑 🛁 ☺	
🛒 🖼 sèche-linge	
À prox. : 🍽 ✗ snack 🎣 🎿 🏊 ⛷	

Site de Nans-sous-Sainte-Anne

G. Magnin/Michelin

VILLERSEXEL

✉ 70110 – ▯▯▯ G7 – 1 444 h. – alt. 287

🛈 *Office de tourisme, 33, rue des Cités* ℰ *03 84 20 59 59, Fax 03 84 20 59 59*

Paris 386 – Belfort 41 – Besançon 59 – Lure 18 – Montbéliard 34 – Vesoul 27.

⚑ **Le Chapeau Chinois**
ℰ 03 84 63 40 60, Fax 03 84 63 40 60 – **R** conseillée
2 ha (80 empl.) plat, herbeux
Location � : 🛏 – gîtes
Pour s'y rendre : 1 km au N par D 486, rte de Lure et chemin à dr. après le pont
À savoir : Au bord de l'Ognon

| Nature : 🌲 ♀ |
| Loisirs : 🏛 ✂ 🏊 🎣 |
| Services : 🚿 🔓 🗑 ⊛ |
| À prox. : ✕ ♂ canoë |

Territoire-de-Belfort (90)

BELFORT

✉ 90000 – ▯▯▯ F11 – G. Jura – 50 417 h. – alt. 360

🛈 *Office de tourisme, 2 bis, rue Clemenceau* ℰ *03 84 55 90 90, Fax 03 84 55 90 70*

Paris 422 – Lure 33 – Luxeuil-les-Bains 52 – Montbéliard 23 – Mulhouse 41 – Vesoul 63.

⚑ **L'Étang des Forges** 9 avr.-sept.
ℰ 03 84 22 54 92, *contact@campings-belfort.com*,
Fax 03 84 22 76 55, *www.campings-belfort.com*
– **R** conseillée
3,4 ha (90 empl.) plat, herbeux, pierreux
Tarif : 🔲 19,10 € – pers. suppl. 3,80 €
🚐 1 borne
Pour s'y rendre : 1,5 km au N par D 13, rte d'Offemont et à dr., r. Béthouart, par A sortie13

| Nature : ⟵ |
| Loisirs : 🏛 🛶 ⊸ 🏊 (bassin) |
| Services : 🚿 🔓 ⊟ ⊘ 🛢 🗑 ⊛ |
| 🛁 🔲 sèche-linge |
| À prox. : ♨ |

360

LACHAPELLE-SOUS-ROUGEMONT

✉ 90360 – ▯▯▯ G10 – 460 h. – alt. 400

Paris 442 – Belfort 16 – Basel 66 – Colmar 55 – Mulhouse 29 – Thann 18.

⚑ **Municipal la Seigneurie** avr.-oct.
ℰ 03 84 23 00 13, *mairielachapelle-rougemont@wana doo.fr*, Fax 03 84 23 05 04 – **R** conseillée
3 ha (120 empl.) plat, herbeux
Tarif : (Prix 2005) ⚡ 2,55 € 🚗 2,35 € 🔲 2,55 € (⚡) 3,30 €
🚐 1 borne
Pour s'y rendre : 3,2 km au N par D 11, rte de Lauw
À savoir : En lisière de forêt, près d'un étang

| Nature : 🌲 ♀ |
| Loisirs : 🍸 🛶 |
| Services : 🚿 🔓 ⊟ ⊘ 🗑 ⊛ 🔲 |
| À prox. : ✕ 🎣 |

ÎLE-DE-FRANCE

S. Sauvignier/Michelin

L'Île-de-France s'identifie à Paris. Historique, culturelle, moderne, la capitale, que domine la silhouette élancée de la tour Eiffel, mêle sans vergogne palais royaux devenus musées, édifices contemporains, petites maisons bohèmes et immeubles haussmanniens. Mille ambiances s'y côtoient : calme villageois des ruelles fleuries, effervescence des Grands Boulevards, convivialité bruyante des bistrots, intimité des ateliers d'artistes, décontraction des terrasses de café où s'affiche parfois une star du show-biz, affriolants spectacles de cabaret... Hors la métropole, la région recèle d'autres richesses : nobles demeures entourées de hautes futaies, parc enchanté de Disneyland, joyeuses guinguettes des bords de Marne... Sans oublier Versailles qui abrite « le plus beau château du monde », paré de tous ses ors.

Paris, the City of Light, is the heart of the île de France, a chic and cosmopolitan capital where former royal palaces are adorned with glass pyramids, railway stations become museums and alleyways of bohemian houses lead off from broad, plane-planted boulevards. Paris is never-ending in its contrasts: from bustling department stores to elegant cafés, from the bateaux-mouches, gliding past the city by night, to the whirlwind glitz of a cabaret. But the land along the Seine is not content to stay in the shadows of France's illustrious first city; the region is home to secluded chateaux, the magic of Disneyland and the gaiety of the summer cafés on the banks of the Marne. And who could forget the sheer splendour of Versailles, the most beautiful palace in the world?

Légende:

● Localité citée avec camping

■ Localité citée avec camping et locatif

Lourdes Localité disposant d'emplacements camping-car

Moyaux Localité disposant d'au moins un terrain agréable

Aire de service pour camping-car sur autoroute

PARIS

✉ 75000 Plans : 10 11 12 et 14 – G. Paris – 2 125 246 h. – alt. 30

🛈 *Office de tourisme, rue des Pyramides (1er)* ✆ *08 92 68 30 00, Fax 01 49 52 53 00 Office de tourisme, 20, bd Diderot, Gare de Lyon* ✆ *08 92 68 30 00, Fax 01 49 52 53 00 Office de tourisme, 18, rue de Dunkerque, Gare du Nord* ✆ *08 92 68 30 00, Fax 01 49 52 53 00 Office de tourisme, 11 bis, rue Scribe* ✆ *08 92 68 30 00, Fax 01 49 52 53 00 Office de tourisme, place du Tertre Montmartre* ✆ *08 92 68 30 00, Fax 01 49 52 53 00 Office de tourisme, Tour Eiffel* ✆ *08 92 68 30 00, Fax 01 49 52 53 00 Office de tourisme, Carroussel du Louvre* ✆ *08 92 68 30 00, Fax 01 49 52 53 00*

Au Bois de Boulogne – ✉ 75016

ⓜ **Le Bois de Boulogne** Permanent
✆ 01 45 24 30 00, *camping-boulogne@stereau.fr*,
Fax 01 42 24 42 95, *www.campingparis.fr* – **R** indispensable
– réservé aux usagers résidant hors Île de Fran
7 ha (510 empl.) plat, gravillons, herbeux
Tarif : (Prix 2005) 🅔 32,90 € – pers. suppl. 6,30 €
Location : 75 🛏 (4 à 6 pers.) 357 à 648 €/sem.
🚐 1 borne 5 €
Pour s'y rendre : Allée du Bord de l'Eau, entre le pont de Suresnes et le pont de Puteaux, bord de la Seine

Nature : 🌳 99	
Loisirs : 🍸 🗙	
Services : 🛁 ⊶ 🅶🅱 🚗 🏢 🗐 ☺ 🛒 🖼 🧺	

Seine-et-Marne (77)

BAGNEAUX-SUR-LOING

✉ 77167 – 🗺 F6 – 1 595 h. – alt. 45
Paris 84 – Fontainebleau 21 – Melun 39 – Montargis 30 – Pithiviers 39 – Sens 48.

ⓜ **Municipal de Pierre le Sault** avr.-oct.
✆ 01 64 29 24 44, Fax 01 64 29 24 44 – places limitées pour le passage – **R**
3 ha (160 empl.) plat, herbeux, bois attenant
Tarif : ✶ 2,50 € 🅔 2,10 € ⚡ (10A) 4,10 €
Pour s'y rendre : Au Nord-Est de la ville, près du terrain de sports, entre le canal et le Loing, à 200 m d'un plan d'eau

Nature : 🌳 ♀	
Loisirs : 🛖 🏊 🗙	
Services : 🛁 ⊶ 🏢 🗐 ☺ 🧺 🛒 🖼	
À prox. : 🚴 piste de roller skate	

BLANDY

✉ 77115 – 🗺 F4 – G. Ile de France – 721 h. – alt. 86
Paris 55 – Fontainebleau 22 – Melun 12 – Montereau-Fault-Yonne 29 – Provins 41.

ⓐ **Le Pré de l'Étang** 15 fév.-15 déc.
✆ 01 60 66 96 34, Fax 01 60 66 96 34 – **R** conseillée
1,7 ha (62 empl.) plat, herbeux, petit étang
Tarif : 🅔 17,80 € – pers. suppl. 4,10 €
Pour s'y rendre : Sortie Est, rte de St-Méry

Nature : 🐟 🌳	
Loisirs : 🏊	
Services : 🛁 ⊶ 🚗 🏢 ☺	

BOULANCOURT

✉ 77760 – 🗺 D6 – 325 h. – alt. 79
Paris 79 – Étampes 33 – Fontainebleau 28 – Melun 44 – Nemours 27 – Pithiviers 24.

ⓐ **Île de Boulancourt** Permanent
✆ 01 64 24 13 38, *camping-ile-de-boulancourt@wanadoo.fr*, Fax 01 64 24 10 43 – places limitées pour le passage – **R** conseillée
5 ha (100 empl.) plat, herbeux
Tarif : 🅔 14,50 € ⚡ (3A) – pers. suppl. 4 €
Location 🏡 : gîtes
🚐 1 borne 2 €
Pour s'y rendre : S : par D 103ᴬ, rte d'Augerville-la-Rivière
À savoir : Cadre boisé et agréable situation dans une boucle de l'Essonne

Nature : 🐟 99	
Loisirs : 🛖	
Services : ⊶ 🚗 🏢 🗐 ☺ 🖼	
À la base de loisirs de Buthiers : 🏊 golf, pratice de golf - 🗙	

363

CHANGIS-SUR-MARNE

✉ 77660 – 312 H2 – 950 h. – alt. 64
Paris 62 – Château-Thierry 38 – Meaux 12 – Melun 64 – Senlis 50 – Soissons 71.

⚠ **Les Îlettes** avr.-oct.
     ℘ 06 86 02 33 16 – places limitées pour le passage
0,4 ha (24 empl.) plat, herbeux
Tarif : ⚡ 9 € 🚗 1 € 🅿 2 €
Pour s'y rendre : Au Sud du bourg, près de la Marne

| Nature : 🌳 ⚲ |
| Services : ⚙ 🖫 ⚘ 🗖 |

CREVECOEUR-EN-BRIE

✉ 77610 – 312 G3 – 299 h. – alt. 116
Paris 51 – Melun 36 – Boulogne 59 – Argenteuil 66 – Montreuil 47.

⚠ **Caravaning des 4 Vents** mars-15 nov.
     ℘ 01 64 07 41 11, *f.george@free.fr*, Fax 01 64 07 45 07,
www.caravaning-4vents.fr – places limitées pour le passage
– **R** indispensable
9 ha (199 empl.) plat, herbeux
Tarif : 🅿 22 € (6A) – pers. suppl. 5 €
Location 🏠 : 6 🏠 (4 à 6 pers.) 560 €/sem.
🚐 1 borne
Pour s'y rendre : O : 1 km par rte de la Houssaye et rte à gauche

| Nature : 🌿 ⚲ |
| Loisirs : 🎡 🏸 🏊 |
| Services : ⚘ ⚙ 🔄 🖫 🗖 ⚘ 🗖 |
| À prox. : 🍴 🐴 poneys |

*LES GUIDES VERTS **MICHELIN***
Paysages, monuments
Routes touristiques
Géographie
Histoire, Art
Itinéraire de visite
Plans de villes et de monuments

364

La FERTÉ-SOUS-JOUARRE

✉ 77260 – 312 H2 – 8 584 h. – alt. 58
🛈 *Office de tourisme, 26, place de l'Hôtel de Ville* ℘ *01 60 23 25 63, Fax 01 60 22 99 82*
Paris 67 – Melun 70 – Reims 83 – Troyes 116.

⚠ **Le Caravaning des Bondons** Permanent
     ℘ 01 60 22 00 98, *castel@chateaudesbondons.com*,
Fax 01 60 22 97 01 – places limitées pour le passage
– **R** conseillée
30 ha/10 campables (247 empl.) plat et peu incliné, herbeux, étang
Tarif : 🅿 24 € – pers. suppl. 7 €
Location : 🏠 – (hôtel)
Pour s'y rendre : E : 2 km par D 407 et D 70, rte de Montmenard puis 1,4 km rue des Bondons
À savoir : Dans le parc du Château des Bondons

| Nature : 🌿 🌳 ⚲⚲ |
| Loisirs : 🍴 🎡 🏸 |
| Services : ⚘ ⚙ 🔄 🖫 🗖 ⚘ ⚲ 🗖 |
| À prox. : 🍴 🏊 🐴 (centre équestre) |

HERMÉ

✉ 77114 – 312 J5 – 525 h. – alt. 70
Paris 97 – Melun 57 – Montereau-Fault-Yonne 37 – Nogent-sur-Seine 15 – Provins 12.

⚠ **Les Prés de la Fontaine**
     ℘ 01 64 01 86 08, Fax 01 64 01 89 10 – places limitées pour le passage – **R**
65 ha/17 campables (350 empl.) plat, herbeux
Pour s'y rendre : SO : 5 km par rte de Noyen-sur-Seine et D 49 à droite
À savoir : Cadre champêtre au bord d'étangs

| Nature : 🌿 🌳 ⚲ ⚠ |
| Loisirs : 🍸 🍴 🎡 🌊 (plan d'eau) 🎣 |
| Services : ⚘ ⚙ 🔄 🖫 🗖 ⚘ 🗖 |
| À prox. : 🐴 (centre équestre) |

JABLINES

✉ 77450 – 312 F2 – G. Ile de France – 574 h. – alt. 46 – Base de loisirs
Paris 44 – Meaux 14 – Melun 57.

Camping International 31 mars-29 oct.
🕿 01 60 26 09 37, *welcome@camping-jablines.com*,
Fax 01 60 26 43 33, *www.camping-jablines.com* – **R** conseil-
lée
300 ha/4 campables (150 empl.) plat, herbeux
Tarif : 🔲 24 € 🔌 (10A) – pers. suppl. 6 € – frais de réser-
vation 8 €
Location 🕿 : 8 🚐 (4 à 6 pers.) 336 à 580 €/sem.
🚐 1 borne 2 €
Pour s'y rendre : SO : 2 km par D 45, rte d'Annet-sur-
Marne, à 9 km du Parc Disneyland-Paris
À savoir : Situation agréable dans une boucle de la Marne

Nature : 🌿 🗀
Services : ⚫ ⚫ 🗝 GB ⚫ 🏧 🗟 ☺ ⚫ 🏕
📶 🗂.
À la base de loisirs : 🍴 cafétéria 🏖
🚣 🏊 🗂 🛶 (plan d'eau) 🚠 télé-
ski nautique, poneys (centre équestre)

MARNE-LA-VALLÉE

✉ 77206 – 312 E2 – G. Ile de France
Paris 27 – Meaux 29 – Melun 40.

à Disneyland Paris 38 km à l'Est de Paris par A⁴ – ✉ 77777

Davy Crockett Ranch (location exclusive de 595
mobile homes) Permanent
🕿 0825 30 6030, Fax 01 60 45 69 33, *www.disneylandpa
ris.com* 🕿
57 ha plat, sablonneux
Location : 🚐 – à partir de 119 €/nuitée par pers. avec
petit déj.
Pour s'y rendre : Par A4, sortie 13 et rte Ranch Davy Crockett
À savoir : Agréable cadre boisé

Nature : 🌿 🗀 ♣♣
Loisirs : 🍴 self-service 🏠 🖾 🏖
🚴 🏊 🏓 🎱 ⚴ poneys parc animalier, théâtre de plein air
Services : ⚫ ⚫ 🗝 GB Ⓜ 🏧 ☺ ⚫ 🏕
📶 🗟 🗂.

MELUN

365

✉ 77000 – 312 E4 – G. Ile de France – 35 695 h. – alt. 43
🗓 *Office de tourisme, 18, rue Paul Doumer* 🕿 *01 64 10 03 25, Fax 01 64 10 03 25*
Paris 47 – Chartres 105 – Fontainebleau 18 – Meaux 55 – Orléans 104 – Reims 145 – Sens 75.

La Belle Étoile avr.-22 oct.
🕿 01 64 39 48 12, *info@campinglabelleetoile.com*,
Fax 01 64 37 25 55, *www.campinglabelleetoile.com*
– **R** conseillée
3,5 ha (190 empl.) plat, herbeux
Tarif : 🔶 5,40 € 🔲 5,40 € 🔌 (6A) 3,30 € – frais de réservation 8 €
Location 🕿 : 4 🚐 (4 à 6 pers.) 450 à 510 €/sem.
🚐 1 borne 2 €
Pour s'y rendre : SE par N 6, rte de Fontainebleau, av. de la
Seine et quai Joffre (rive gauche), à la Rochette près du
fleuve

Nature : ♀
Loisirs : 🏠 🏖
Services : ⚫ ⚫ 🗝 GB ⚫ 🏧 🗟 ☺ ⚫ 🏕
📶 🗟
À prox. : 🍴 🏓 🖾 🛶 (petite pis-
cine) 🚠

MONTJAY-LA-TOUR

✉ 77410 – 312 E2
Paris 38 – Melun 50 – Boulogne 45 – Argenteuil 41 – Montreuil 25.

Le Parc Permanent
🕿 01 60 26 20 79, *camping.leparc@club-internet.fr*,
Fax 01 60 27 02 75, *www.campingleparc.fr* – places limitées
pour le passage – **R** conseillée
10 ha (330 empl.) plat et en terrasses, peu incliné, gravier,
herbeux
Tarif : 🔲 24 € 🔌 (6A) – pers. suppl. 5,70 € – frais de réservation 10 €
🚐 1 borne 1 € – 5 🔲 24 €
Pour s'y rendre : Sortie Est par D 105 vers la D 104 direction Annet
À savoir : Agréable cadre boisé

Nature : 🗀 ♣♣
Loisirs : snack 🏠 🏖
Services : ⚫ ⚫ 🗝 GB 🏧 🗟 ☺ 🛎 ☺
🗟
À prox. : 🍴

POMMEUSE

✉ 77515 – 312 H3 – 2 476 h. – alt. 67
Paris 58 – Château-Thierry 49 – Créteil 54 – Meaux 23 – Melun 47 – Provins 43.

⚠ **Le Chêne Gris**
    ✆ 01 64 04 21 80, *campinglechenegris@wanadoo.fr*,
    Fax 01 64 20 05 89, *www.lechenegris.com* – **R** conseillée ✘
5 ha (160 empl.) en terrasses, herbeux, gravier
Location : 🚐
🚐 1 borne
Pour s'y rendre : SO : 2 km , derrière la gare de Fare-moutiers-Pommeuse

Nature : ⌂ ♀♀	
Loisirs : 🏠	
Services : ⚬ᵀ 🗓 ⊕ 🚿 ⚐ 🖳	
À prox. : ✗ 🎣 🎿 ⛴	

TOUQUIN

✉ 77131 – 312 H3 – 950 h. – alt. 112
Paris 57 – Coulommiers 12 – Melun 36 – Montereau-Fault-Yonne 48 – Provins 31.

⛰ **Les Étangs Fleuris** 15 avr.-15 sept.
    ✆ 01 64 04 16 36, *contact@etangs-fleuris.com*,
    Fax 01 64 04 12 28, *www.etangsfleuris.com* – **R** conseillée
5,5 ha (175 empl.) plat, peu incliné, herbeux
Tarif : 🔲 16 € – pers. suppl. 8 €
Pour s'y rendre : E : 3 km, rte de la Boisserotte
À savoir : Agréable cadre boisé

Nature : 🌳 ⌂ ♀♀	
Loisirs : ♟ 🏠 🎿 🔩 ⛵	
Services : ⚬ᵀ 🗓 ⊕ 🚿 ⚐ 🖳	
À prox. : ✗ 🐎 (centre équestre)	

Si vous recherchez :
⚠   *Un terrain au bord de l'eau avec possibilité de baignade*
🌳   *Un terrain agréable ou très tranquille*
L   *Un terrain effectuant la location de caravanes, de mobile homes,*
    de bungalows ou de chalets
P   *Un terrain ouvert toute l'année*
🚐   *Un terrain possédant une aire de services pour camping-cars*
Consultez le tableau des localités

VENEUX-LES-SABLONS

✉ 77250 – 312 F5 – 4 617 h. – alt. 76
Paris 72 – Fontainebleau 9 – Melun 26 – Montereau-Fault-Yonne 14 – Nemours 21 – Sens 45.

⛰ **Les Courtilles du Lido** 15 avr.-20 sept.
    ✆ 01 60 70 46 05, Fax 01 64 70 62 65, *www.les.courtil les.du.lido.fr* – places limitées pour le passage – **R** conseillée
5 ha (196 empl.) plat, herbeux
Tarif : ★ 3,50 € ⇌ 2,50 € 🔲 4,75 € [½] (10A) 3 €
🚐 1 borne 3 €
Pour s'y rendre : NE : 1,5 km, chemin du Passeur

Nature : ⌂ ♀♀	
Loisirs : ♟ 🎿 🔩 ⛴	
Services : ⚬ᵀ ℃ᵛ 🗓 🔊 ⊕ ⚐ 🖳	

VERDELOT

✉ 77510 – 312 J2 – G. Champagne Ardenne – 653 h. – alt. 115
Paris 89 – Melun 70 – Reims 80 – Troyes 104.

⛰ **Caravaning de la Fée** mars-nov.
    ✆ 01 64 04 80 19, *caravaninglafee@wanadoo.fr*,
    Fax 01 64 04 81 84, *www.caravaning-de-la-fee.com* – places limitées pour le passage – **R** conseillée
5,8 ha (100 empl.) peu incliné, herbeux
Tarif : 🔲 23,50 € [½] (10A) – pers. suppl. 6,50 €
Pour s'y rendre : S : 0,5 km par rte de St-Barthélémy et à droite
À savoir : Au bord du Petit Morin et d'un étang

Nature : 🌳 ⌂ ♀(verger)	
Loisirs : 🏠 🎿 🔩	
Services : ♿ ⚬ᵀ 🗓 ⊕ ⚐ 🖳	
À prox. : ✗ 🐎 (centre équestre)	

RAMBOUILLET

✉ 78120 – ▓▓▓ G4 – G. Ile de France – 24 758 h. – alt. 160
🛈 *Office de tourisme, place de la Libération* ✆ *01 34 83 21 21*
Paris 53 – Chartres 42 – Étampes 44 – Mantes-la-Jolie 50 – Orléans 93 – Versailles 35.

🏕 **Municipal de l'Étang d'Or** fermé 18 déc.-29 janv.
✆ 01 30 41 07 34, *rambouillet.tourisme@wanadoo.fr*,
Fax 01 30 41 00 17, *www.ot-rambouillet.fr* – places limitées
pour le passage – **R** conseillée
4,7 ha (220 empl.) plat, gravier, herbeux
Tarif : 🖭 17,30 € – pers. suppl. 4,30 €
🚐 1 borne 1,60 €
Pour s'y rendre : 4 km au S par N 10, rte de Chartres
À savoir : En bordure d'un étang, au coeur de la forêt

Nature : 🦌 ⌁ 🎙🎙
Loisirs : snack 🎴 🏓
Services : ᴊ ⚬ᴑᴇ GB ⚞ 🏛 🖻 🗂 ♨ 🔥
☺ 🏖 ⚡ 🏧 sèche-linge 🛁
À prox. : 🏸 🏊 🎿 🦢 parc animalier

VERSAILLES

✉ 78000 – ▓▓▓ I3 – G. Île de France – 85 726 h. – alt. 130

🏕 **Huttopia** avr.-déc.
✆ 01 39 51 23 61, *versailles@huttopia.com*,
Fax 01 39 53 68 29, *www.huttopia.com* – **R** conseillée
4,6 ha (180 empl.) incliné, peu incliné, en terrasses,
pierreux, herbeux
Tarif : 🖭 33 € 🔌 (10A) – pers. suppl. 7 € – frais de réservation 16 €
Location : 10 🏠 (4 à 6 pers.) 763 à 1 113 €/sem. –
roulottes
🚐 1 borne 3 €
Pour s'y rendre : au S de la ville, 31 r. Berthelot
À savoir : Cadre boisé proche de la ville

Nature : 🎙🎙
Loisirs : snack 🏓 🎿
Services : ᴊ ⚬ᴑᴇ GB ⚞ 🏛 🖻 🗂 ♨ ☺
🏧 sèche-linge
À prox. : 🍴

367

Essonne (91)

ÉTAMPES

✉ 91150 – ▓▓▓ B5 – G. Ile de France – 21 839 h. – alt. 80 – Base de loisirs
🛈 *Office de tourisme, place de l'Hôtel de Ville* ✆ *01 69 92 69 00, Fax 01 69 92 69 28*
Paris 51 – Chartres 59 – Évry 35 – Fontainebleau 45 – Melun 49 – Orléans 76 – Versailles 58.

🏕 **Le Vauvert** fermé 15 déc.-14 janv.
✆ 01 64 94 21 39, Fax 01 69 92 72 59 – places limitées pour
le passage – **R**
8 ha (288 empl.) plat, herbeux
Tarif : 🖭 17 € – pers. suppl. 4,50 €
Pour s'y rendre : 2,3 km au S par D 49 rte de Saclas
À savoir : Cadre agréable, au bord de la Juine

Nature : ⌁ 🎙🎙
Loisirs : 🍴 🎴 🏓 🍴
Services : ᴊ ⚬ᴑᴇ 🏛 🖻 🗂 ♨ 🏖 ⚡
À la base de loisirs : ⚬ 🏸 🏊 🎿 🐎
(centre équestre) , escalade

MONNERVILLE

✉ 91930 – ▓▓▓ B5 – 351 h. – alt. 141
Paris 64 – Ablis 28 – Chartres 59 – Étampes 15 – Évry 48.

🏕 **Le Bois de la Justice** 4 fév.-26 nov.
✆ 01 64 95 05 34, Fax 01 64 95 17 31, *www.camping-bois
lajustice.com* – places limitées pour le passage – **R** conseillée
5 ha (150 empl.) plat et peu incliné, herbeux
Tarif : ★ 6 € 🚗 2,50 € 🖭 5 € 🔌 (6A) 2,50 €
Pour s'y rendre : S : à 1,8 km du bourg

Nature : 🦌 ⌁ 🎙🎙
Loisirs : 🍴 🏓 🎿
Services : ᴊ ⚬ᴑᴇ GB ⚞ 🏛 🖻 🗂 ☺ 🏖
🏧
À prox. : 🍴 🐕 (centre équestre)

ST-CHÉRON

✉ 91530 – ▯▯▯ B4 – 4 444 h. – alt. 100

Paris 42 – Chartres 54 – Dourdan 10 – Étampes 21 – Fontainebleau 58 – Orléans 91 – Rambouillet 28 – Versailles 49.

⋀⋀⋀ Le Parc des Roches mars-15 déc.

     𝒫 01 64 56 65 50, *contact@parcdesroches.com*,

     Fax 01 64 56 54 50, *www.parcdesroches.com* – places limitées pour le passage – **R** conseillée

     23 ha/15 campables (380 empl.) plat et accidenté, herbeux

     Tarif : ▣ 23,25 € – pers. suppl. 6,55 €

     Location (17 mars-15 oct.) ⚡ : 5 ▭▭ (4 à 6 pers.) 430 à 500 €/sem.

     Pour s'y rendre : À la Petite Beauce, 3,4 km au SE par D 132, rte d'Étrechy et chemin à gauche

     À savoir : Agréable site naturel, boisé et rocheux

> Nature : 🦢 ⌂ 🌳🌳
> Loisirs : 🍸 snack 🚗 salle d'animation 🏇 🎯 🛝
> Services : ♿ ⊶ GB 🔤 🏠 🔥 ⚙ 🚿 🧺 sèche-linge ♻

VILLIERS-SUR-ORGE

✉ 91700 – ▯▯▯ C4 – 3 753 h. – alt. 75

Paris 25 – Chartres 71 – Dreux 89 – Évry 15 – Melun 41 – Versailles 32.

⋀⋀ Le Beau Village Permanent

     𝒫 01 60 16 17 86, *le-beau-village@wanadoo.fr*,

     Fax 01 60 16 31 46, *www.beau-village.com* – places limitées pour le passage – **R** indispensable

     2,5 ha (100 empl.) plat, herbeux

     Tarif : ▣ 18 € (10A) – pers. suppl. 4,50 €

     Location ⚡ : 11 ▭▭ (4 à 6 pers.) 245 à 390 €/sem. ▭▭, 1 borne 2 €

     Pour s'y rendre : SE : 0,6 km par le centre-ville, bord de l'Orge, à 800 m de la gare de St-Geneviève-des-Bois - par A 6 sortie 6

> Nature : 🦢 ⌂ 🌳
> Loisirs : 🍸 🚗 🏇
> Services : ♿ ⊶ GB ⚡ Ⓜ 🏠 🔥 🚿 ⚙ 📻
> À prox. : 🍴 📺

Val-d'Oise (95)

NESLES-LA-VALLÉE

✉ 95690 – ▯▯▯ E6 – 1 829 h. – alt. 41

Paris 45 – Beauvais 47 – l'Isle-Adam 24 – Mantes-la-Jolie 52 – Pontoise 17.

⋀ Parc de Séjour de l'Étang mars-oct.

     𝒫 01 34 70 62 89, *brehinier1@hotmail.com*,

     Fax 01 34 70 62 89, *www.campingparcset.com* – places limitées pour le passage – **R** indispensable

     6 ha (165 empl.) plat, herbeux

     Tarif : ⚡ 4 € ▣ 4 € (≱) 4,10 €

     Pour s'y rendre : Sortie E par D 64, rte d'Isle-Adam et chemin à gauche

     À savoir : Emplacements confortables autour d'un pittoresque et paisible étang

> Nature : 🦢 ⌂ 🌳🌳
> Loisirs : 🚗 🏇
> Services : ♿ ⊶ 🏠 🔥 🚿 ⚙ 🚿 📻 📻
> À prox. : 🍴 🎣 📺 🐎 (centre équestre), pédalos

LANGUEDOC-ROUSSILLON

A. Thuillier/Michelin

Kaléidoscope est le mot qui convient pour évoquer la diversité des paysages et des cultures du Languedoc-Roussillon. Au rythme endiablé des sardanes et des ferias, vous serez tour à tour conquis par la beauté vertigineuse des gorges du Tarn, l'altière splendeur des Pyrénées, l'envoûtante atmosphère des grottes, l'admirable solitude des « citadelles du vertige » cathares, les entêtants parfums de la garrigue, la splendeur des remparts de Carcassonne, l'exubérance des retables catalans, la quiétude du canal du Midi, la rude majesté des Cévennes... Cascade de sensations fortes qui mettent l'estomac à rude épreuve : à vous d'y remédier avec une assiette d'aligot, une bourride sétoise ou un cassoulet géant, suivi d'un roquefort affiné juste ce qu'il faut et arrosé d'un vin de pays à la belle couleur... rubis !

Languedoc-Roussillon is home to one of France's most diverse collages of landscape and culture: the feverish rhythm of its festivals, the dizzying beauty of the Tarn Gorges, the bewitching spell of its caves and stone statues, the seclusion of its clifftop citadels, the heady perfumes of its sunburnt garrigue, the nonchalant flamingos on its long salt flats, the splendour of Carcassonne's ramparts, the quiet waters of the Midi Canal and the harsh majesty of the Cévennes. Taking in so many sights and sensations is likely to exhaust most explorers, but remedies are close at hand: a plate of "aligot", mashed potato, garlic and cheese, and a simmering cassoulet, the famously rich combination of duck, sausage, beans and herbs, followed by a slice of Roquefort cheese and a glass of ruby-red wine.

AXAT

✉ 11140 – 344 E6 – 832 h. – alt. 398
Paris 809 – Ax-les-Thermes 52 – Belcaire 32 – Carcassonne 65 – Font-Romeu-Odeillo-Via 65 – Perpignan 66.

△ **La Crémade** Pâques-fin sept.
🖉 04 68 20 50 64, *www.lacremade.com* – **R** conseillée
4 ha (95 empl.) peu incliné, herbeux, forêt attenante
Tarif : 🗐 13,30 € (🛱) (6A) – pers. suppl. 3,60 €
Location : 7 🚐 (4 à 6 pers.) 210 à 340 €/sem. – appartements
🚐 1 borne
Pour s'y rendre : NE : 2,8 km par D 118, D 117, rte de Perpignan et chemin du château à droite
À savoir : Dans un agréable site boisé de moyenne montagne

| Nature : 🕭 ≤ ⊏ ♀♀ |
| Loisirs : 🖾 |
| Services : ⅙ ⚬━ 🖘 📼 🖈 ⊛ 🗐 |

BELCAIRE

✉ 11340 – 344 C6 – G. Languedoc Roussillon – 392 h. – alt. 1 002
🔢 Office de tourisme, avenue d'Ax les Thermes 🖉 04 68 20 75 89
Paris 810 – Ax-les-Thermes 26 – Axat 32 – Foix 54 – Font-Romeu-Odeillo-Via 82 – Quillan 29.

△ **Municipal le Lac** juin-sept.
🖉 04 68 20 39 47, *mairie.belcaire@wanadoo.fr*,
Fax 04 68 20 36 48 – **R** conseillée
0,6 ha (37 empl.) peu incliné, herbeux
Tarif : 🛉 3 € 🗐 4,50 € (🛱) 1,50 €
Pour s'y rendre : Sortie O par D 613, rte d'Ax-les-Thermes, à 150 m d'un plan d'eau

| Nature : ≤ ♀ |
| Loisirs : 🖾 |
| Services : ⅙ ⚬━ GB 📼 ⊛ 🗐 |
| À prox. : ✕ 🛥 🐎 🏊 |

Pour choisir et suivre un itinéraire
Pour calculer un kilométrage
Pour situer exactement un terrain (en fonction des indications fournies dans le texte) :
*Utilisez les **cartes MICHELIN** détaillées à 1/150 000, compléments indispensables de cet ouvrage.*

372

BROUSSES-ET-VILLARET

✉ 11390 – 344 E2 – 307 h. – alt. 412
Paris 768 – Carcassonne 21 – Castelnaudary 36 – Foix 88 – Mazamet 29 – Revel 31.

△ **Le Martinet-Rouge** avr.-15 oct.
🖉 04 68 26 51 98, *martinet.bv@free.fr*, Fax 04 68 26 51 98,
www.camping-lemartinetrouge.com – **R** conseillée
2,5 ha (35 empl.) plat et peu accidenté, herbeux, pierreux, rochers
Tarif : 🗐 16 € – pers. suppl. 4,20 €
Pour s'y rendre : S : 0,5 km par D 203 et chemin à droite, à 200 m de la Dure

| Nature : 🕭 ⊏ ♀♀ |
| Loisirs : 🍷 snack 🖾 🏋 🗲 🏊 🏄 |
| Services : ⅙ ⚬━ 📼 🖈 🗐 ⊛ 🗐 |
| À prox. : ✕ |

CARCASSONNE

✉ 11000 – 344 F3 – G. Languedoc Roussillon – 43 950 h. – alt. 110
🔢 Office de tourisme, 28, rue de Verdun 🖉 04 68 10 24 30, Fax 04 68 10 24 38
Paris 768 – Albi 110 – Béziers 90 – Narbonne 61 – Perpignan 114 – Toulouse 92.

▲▲▲ **Campéole la Cité** 15 mars-14 oct.
🖉 04 68 25 11 77, *cpllacite@atciat.com*, Fax 04 68 47 33 13,
www.campeoles.fr – **R**
7 ha (200 empl.) plat, herbeux
Tarif : (Prix 2005) 🗐 24,90 € – pers. suppl. 6,50 €
Location : 🚐 (4 à 6 pers.) 259 à 659 €/sem. – bungalows toilés
🚐 1 borne
Pour s'y rendre : Sortie E par N 113, rte de Narbonne puis 1,8 km par D 104, près d'un bras de l'Aude

| Nature : ≤ ⊏ |
| Loisirs : snack 🖾 🕭 nocturne 🕴 ✕ 🏊 |
| Services : ⅙ ⚬━ GB 📼 🗐 ⊛ 🗐 🛥 |

MONTCLAR

✉ 11250 – 3⃞4⃞4⃞ E4 – 172 h. – alt. 210
Paris 766 – Carcassonne 19 – Castelnaudary 41 – Limoux 15 – St-Hilaire 9.

▲▲▲ **Yelloh-Village Domaine d'Arnauteille** 7 avr.-26
sept.
   📞 04 68 26 84 53, *arnauteille@mnet.fr*, Fax 04 68 26 91 10,
www.arnauteille.com – **R** conseillée
115 ha/10 campables (185 empl.) plat, terrasses, peu
incliné, herbeux
Tarif : 🔲 35 € 🔋 (10A) – pers. suppl. 7,50 € – frais de réservation 10 €
Location : 40 ⌖ (4 à 6 pers.) 273 à 847 €/sem. – 10 ⌂
(4 à 6 pers.) 329 à 728 €/sem. – bungalows toilés
🚐 1 borne 2 €
Pour s'y rendre : SE : 2,2 km par D 43
À savoir : Dans un vaste et agréable domaine vallonné et
sauvage

Nature : 🌳 ⟨ ⌂ ⛰
Loisirs : ✕ 🏛 🎮 nocturne 🏃
🎿 🏇 terrain omnisports
Services : ♿ ⛟ ⬛ 🐕 Ⓜ 🏪 🗄 🧺
🅿 💈 📺 🚿

Benutzen Sie
– zur Wahl der Fahrtroute
– zur Berechnung der Entfernungen
– zur exakten Lokalisierung eines Campingplatzes (mit Hilfe der Angaben im Ortstext)
*die für diesen Führer unentbehrlichen **MICHELIN-Karten** im Ma1 : 150 000.*

NARBONNE

✉ 11100 – 344 J3 – G. Languedoc Roussillon – 46 510 h. – alt. 13

🛈 Office de tourisme, place Salengro ℰ 04 68 65 15 60, Fax 04 68 65 59 12

Paris 787 – Béziers 28 – Carcassonne 61 – Montpellier 96 – Perpignan 64.

La Nautique 15 fév.-15 nov.
ℰ 04 68 90 48 19, info@campinglanautique.com,
Fax 04 68 90 73 39, www.campinglanautique.com – **R** conseillée
16 ha (390 empl.) plat et peu incliné, gravillons, herbeux
Tarif : 🔲 32 € (🖇) (10A) – pers. suppl. 6 € – frais de réser-
vation 20 €
Location : 🏠 (4 à 6 pers.) 268 à 735 €/sem.
🚲 1 borne
Pour s'y rendre : S : 4,5 km, près de l'étang de Bages, Par
A9 sortie 38 Narbonne-Sud

Nature : ⋖ 🏕 ♀
Loisirs : ♀ ✗ 🏛 🖫 nocturne 🏃
🏇 🚲 ✗ 🎣 🛝 🛶 canoë
Services : 🗜 ⊶ 😁 🗭 – 390 sani-
taires individuels (🚿 🔥 wc) 🚗
🏧 🛎 🏪 ⚬
À prox. : ♨

Les Mimosas 24 mars-oct.
ℰ 04 68 49 03 72, info@lesmimosas.com,
Fax 04 68 49 39 45, www.lesmimosas.com – **R** conseillée
9 ha (250 empl.) plat, herbeux, sablonneux, pierreux
Tarif : (Prix 2005) 🔲 24,80 € (🖇) (6A) – pers. suppl. 5,25 € –
frais de réservation 22 €
Location : 33 🏠 (4 à 6 pers.) 251 à 689 €/sem. – 34 🏡
(4 à 6 pers.) 226 à 689 €/sem. – 4 studios
Pour s'y rendre : 6 km au SE à Mandirac

Nature : 🐸 🏕 ♀♀
Loisirs : ♀ ✗ pizzeria 🏛 🖫 noc-
turne 🏃 🎠 🛎 🏊 ✗ 🎣 🛝
Services : 🗜 ⊶ 😁 🗭 🛎 🏪 ⚬ ✗
🏧 🛎 🏪
À prox. : 🐾 (centre équestre)

NÉBIAS

✉ 11500 – 344 D5 – 244 h. – alt. 581

Paris 802 – Belcaire 27 – Carcassonne 62 – Lavelanet 28 – Quillan 10.

Le Fontaulié-Sud mai-15 sept.
ℰ 04 68 20 17 62, lefontauliesud@free.fr,
Fax 04 68 20 17 62, www.fontauliesud.com – **R** conseillée
3,5 ha (69 empl.) plat et incliné, herbeux, pinède
Tarif : 🔲 17 € (🖇) (4A) – pers. suppl. 4,50 €
Location : 12 🏠 (4 à 6 pers.) 220 à 460 €/sem.
Pour s'y rendre : Sortie NO par D 117 puis 0,6 km par
chemin à gauche
À savoir : Agréable cadre naturel et sauvage

Nature : 🐸 ⋖ 🏕 ♀♀
Loisirs : 🏛 🚲 🏊
Services : ⊶ 😁 🗭 🎣 ⚬ 🏪

PUIVERT

✉ 11230 – 344 D5 – G. Languedoc Roussillon – 410 h. – alt. 438

Paris 794 – Belcaire 22 – Carcassonne 58 – Lavelanet 20 – Quillan 17.

Municipal de Font Claire 13 mai-24 sept.
ℰ 04 68 20 00 58, mairie.puivert@libertysurf.fr,
Fax 04 68 20 82 29, www.puivert.net – **R** conseillée
1 ha (62 empl.) plat, terrasse, herbeux, pierreux
Tarif : 🔲 11 € – pers. suppl. 2 €
🚲 1 borne 2 €
Pour s'y rendre : S : 0,5 km par D 16, rte de Lescale, bord
d'un plan d'eau

Nature : 🐸 ⋖ ♀
Loisirs : 🏃
Services : ⚬ (8 juil.-27 août) 🗭 ⚬
🏪
À prox. : ✗ 🏊

QUILLAN

✉ 11500 – 344 E5 – G. Languedoc Roussillon – 3 542 h. – alt. 291

🛈 Office de tourisme, boulevard Charles-de-Gaulle ℰ 04 68 20 07 78, Fax 04 68 20 04 91

Paris 797 – Andorra-la-Vella 113 – Ax-les-Thermes 55 – Carcassonne 52 – Foix 64 – Font-Romeu-Odeillo-Via 78 –
Perpignan 76.

Municipal la Sapinette avr.-oct.
ℰ 04 68 20 13 52, Fax 04 68 20 27 80, www.villedequillan.fr
– **R** conseillée
1,8 ha (82 empl.) plat, peu incliné, terrasses, herbeux,
sapinière
Tarif : (Prix 2005) 🔲 13,85 € (🖇) (6A) – pers. suppl. 3,70 €
Pour s'y rendre : O : 0,8 km par D 79, rte de Ginoles

Nature : 🐸 ⋖
Loisirs : 🏛
Services : 🗜 ⊶ 😁 🗭 🎣 ⚬ 🛎 🏧
🏪
À prox. : 🛝

RENNES-LES-BAINS

✉ 11190 – 344 E5 – 159 h. – alt. 310 – ♨ (mi-avril à mi-nov.)
🛈 *Syndicat d'initiative, rue des Thermes* ℰ 04 68 69 88 04
Paris 793 – Axat 33 – Carcassonne 49 – Mouthoumet 26 – Perpignan 71.

⌂ **La Bernède** mai-oct.
ℰ 04 68 69 86 49, *camping.renneslesbains@wanadoo.fr*,
Fax 04 68 74 09 31 – **R** indispensable
0,8 ha (34 empl.) plat et peu incliné, herbeux
Tarif : ▣ 14,10 € [ₑ] (10A) – pers. suppl. 3,75 €
Location ⬥ : ⌂ (4 à 6 pers.) 250 à 460 €/sem.
Pour s'y rendre : Sortie S par D 14 rte de Bugarach et
chemin à gauche, près de la Sals

Nature : ⌇ ♀
Services : ⚬ (15 juil.-août) ⬥ ☺
À prox. : ⚓ ⚲ ☐ ⬧ ⚓

ROQUEFORT-DES-CORBIÈRES

✉ 11540 – 344 I5 – 664 h. – alt. 50

⌂ **Gîtes La Capelle** (location exclusive de 12 chalets) 20
mars-2 déc.
ℰ 04 68 48 82 80, *b.annest@libertysurf.fr, gitelaca
pelle.com* – **R** indispensable ⚲
0,3 ha plat
Location ⓟ : ⌂ (4 à 6 pers.) 240 à 490 €/sem.
Pour s'y rendre : au bourg, r. La-Capelle

Nature : ⌇ ♀♀
Loisirs : ⌂ ⬧
Services : ⚬ GB ⬥ ▥ ▨

SAISSAC

✉ 11310 – 344 E2 – G. Languedoc Roussillon – 923 h. – alt. 467
🛈 *Syndicat d'initiative, la Tour* ℰ 04 68 24 47 80, Fax 04 68 24 47 80
Paris 756 – Carcassonne 25 – Castelnaudary 25 – Foix 81 – Mazamet 37 – Revel 21.

⌂ **Le Moulin St-Jean** juil.-2 sept.
ℰ 04 68 24 44 89, *lemoulin-camping@wanadoo.fr*,
Fax 04 68 24 44 95 – **R** conseillée
1,9 ha (90 empl.) plat et peu incliné, herbeux
Tarif : ▣ 15 € [ₑ] (6A) – pers. suppl. 4 €
Pour s'y rendre : Sortie NO par D 629, rte de Revel et à
gauche

Nature : ⌁ ♀
Loisirs : ⬧
Services : ⚬ ▣ ☺ ▨
À prox. : ⚲ ⚞

375

TRÈBES

✉ 11800 – 344 F3 – 5 495 h. – alt. 84
🛈 *Syndicat d'initiative, 1, rue Pierre Loti* ℰ 04 68 78 89 50
Paris 776 – Carcassonne 8 – Conques-sur-Orbiel 9 – Lézignan-Corbières 28 – Olonzac 28.

⌂ **A l'Ombre des Micocouliers** avr.-sept.
ℰ 04 68 78 61 75, *infos@campingmicocouliers.com*,
Fax 04 68 78 88 77, *www.campingmicocouliers.com*
– **R** conseillée
1,5 ha (70 empl.) plat, sablonneux, herbeux
Tarif : ▣ 18 € [ₑ] (16A) – pers. suppl. 3,70 €
Pour s'y rendre : Chemin de la Lande, bord de l'Aude

Nature : ⌁ ♀
Loisirs : ⚓ ⚲
Services : ⚬ ⬥ ▣ ☺ ▨ ⚞
À prox. : ⚞ ⚲ ⬧ terrain omnis-ports

VILLEGLY

✉ 11600 – 344 F3 – 747 h. – alt. 130
Paris 778 – Lézignan-Corbières 36 – Mazamet 46 – Carcassonne 14 – Castelnaudary 53.

⌂ **Moulin de Ste-Anne** mars-déc.
ℰ 04 68 72 20 80, *campingstanne@wanadoo.fr*,
Fax 04 68 72 27 15, *www.moulindesainteanne.com*
– **R** conseillée
1,6 ha (60 empl.) plat et peu incliné, terrasses, herbeux,
pierreux
Tarif : ⚲ 4 € ▣ 7 € – frais de réservation 16 €
Location ⚲ : 12 ⌂ (4 à 6 pers.) 305 à 480 €/sem.
Pour s'y rendre : Sortie E par D 435, rte de Villarzel

Nature : ⌁
Loisirs : ▾ snack ⌂ ⬧
Services : ⚬ (15 juin-août) GB ⬥ ▣ ☺ ⚱ ▨

VILLEMOUSTAUSSOU

✉ 11620 – **344** F3 – 2 696 h. – alt. 114
Paris 775 – Montpellier 164 – Carcassonne 6 – Perpignan 129 – Béziers 80.

Schéma à Carcassonne

Das Pinhiers avr.-28 oct.
  ℘ 04 68 47 81 90, *campindaspinhiers@wanadoo.fr*,
Fax 04 68 71 43 49 – **R** conseillée
2 ha (72 empl.) plat à incliné, en terrasses, sous-bois
attenant
Tarif : ✹ 4 € ⌓ 1 € ▣ 4,10 € ⚡ 3,50 €
Location (permanent) ⚡ : 7 ⛺ (4 à 6 pers.) 230 à
450 €/sem.
⛽ 1 borne 3,50 €
Pour s'y rendre : N : 1 km du bourg
À savoir : Cadre agréable et fleuri

Nature : ≤ ⌂ ⚲
Loisirs : 🏠 🎣 ⛺ 🏊
Services : ♿ ⛕ GB 🐕 ⬚ 🖾 🗑 ☇ ⊕ 🚿 🗑 ♨
À prox. : ✂ 🐎

VILLEPINTE

✉ 11150 – **344** D3 – 1 024 h. – alt. 130
Paris 743 – Carcassonne 25 – Castelnaudary 12 – Montréal 14 – Revel 32.

Municipal Champ de la Rize 25 juin-5 sept.
  ℘ 04 68 94 30 13, *mairie-villepinte@wanadoo.fr*,
Fax 04 68 94 23 24 – **R** conseillée
1 ha (50 empl.) plat, herbeux
Tarif : ✹ 2,50 € ▣ 4,50 € ⚡ 2,50 €
Pour s'y rendre : Sortie NE
À savoir : Dans un agréable parc boisé

Nature : 🌳🌳
Loisirs : 🎣
Services : ♿ ⛕ 🐕 🗑 ♨ ☇ 🖾
À prox. : ✂

Gard (30)

AIGUES-MORTES

✉ 30220 – **339** K7 – G. Provence – 6 012 h. – alt. 3
🛈 *Office de tourisme, place Saint-Louis* ℘ 04 66 53 73 00, Fax 04 66 53 65 94
Paris 745 – Arles 49 – Montpellier 38 – Nîmes 42 – Sète 56.

Yelloh-Village la Petite Camargue 29 avr.-16 sept.
  ℘ 04 66 53 98 98, *info@yellohvillage-petitecamargue.com*,
Fax 04 66 53 98 80, *www.yellohvillage-petite.camar
gue.com* – **R** indispensable
42 ha/10 campables (553 empl.) plat, herbeux, sablonneux
Tarif : ▣ 42 € ⚡ (6A) – pers. suppl. 7,50 €
Location ⚡ : 216 ⛺ (4 à 6 pers.) 175 à 1 092 €/sem.
⛽ 1 borne
Pour s'y rendre : O : 3,5 km par D 62, rte de Montpellier,
accès à la plage par navettes gratuites

Nature : ⌂ 🌳🌳
Loisirs : 🍴 🍽 pizzeria, bodega 🏠
🕹 🎪 discothèque, bibliothèque
🎣 🚲 ✂ 🏊 🐎
Services : ♿ ⛕ GB 🐕 Ⓜ 🖾 🗑 ⊕
☇ 🗑 ♨ 🚿
À prox. : 🎣

AIGUÈZE

✉ 30760 – **339** M3 – 204 h. – alt. 91
🛈 *Office de tourisme, le village* ℘ 04 66 39 26 89
Paris 643 – Alès 58 – Aubenas 69 – Bagnols-sur-Cèze 22 – Bourg-St-Andéol 15 – Pont-St-Esprit 10.

Schéma à St-Martin-d'Ardèche

Les Cigales Permanent
  ℘ 04 66 82 18 52, *lastridulette@wanadoo.fr*,
Fax 04 66 82 25 20 – **R** conseillée
0,5 ha (36 empl.) plat et terrasse, herbeux
Tarif : (Prix 2005) ▣ 19,90 € ⚡ (10A) – pers. suppl. 4,80 €
⛽ 1 borne
Pour s'y rendre : Au SE du bourg, sur D 141, avant le pont
de St-Martin

Nature : ⌂ 🌳🌳
Loisirs : 🚲 🏊 (couverte hors sai-son)
Services : ⛕ GB 🐕 ⫿ 🖾 ♨ ⊕ 🗑

ALLÈGRE-LES-FUMADES

✉ 30500 – 𝟯𝟯𝟵 K3 – 616 h. – alt. 135

🛈 *Office de tourisme, Hameau des Fumades* ☏ *04 66 24 80 24, Fax 04 66 24 83 29*

Paris 696 – Alès 16 – Barjac 102 – La Grand-Combe 28 – St-Ambroix 14.

Domaine des Fumades 15 avr.-3 sept.
☏ *04 66 24 80 78, domaine.des.fumades@wanadoo.fr,*
Fax 04 66 24 82 42, *www.domaine.des.fumades.com* – **R**
indispensable
15 ha/6 campables (230 empl.) plat et peu incliné, herbeux,
pierreux
Tarif : 🔲 31 € 🔋 (4A) – pers. suppl. 7,20 €
Location (25 mars-23 sept.) : 59 🚐 (4 à 6 pers.) 287 à
889 €/sem. – 19 🏠 (4 à 6 pers.) 315 à 959 €/sem.
Pour s'y rendre : Accès par D 241, à proximité de l'Établis-
sement thermal, bord de l'Alauzène

Nature : 🦌 🗭 ⛲
Loisirs : 🍴 ✕ 🎱 🎳 nocturne 🏇 ⛹ salle d'animation 🏌 🚲 ✂ 🏊
Services : ♿ ⚡ GB 🐾 📷 🛁 ♨ ⊙ 🔳 🚮 ⛲
À prox. : 🐎

Avant de vous installer, consultez les tarifs en cours,
affichés obligatoirement à l'entrée du terrain,
et renseignez-vous sur les conditions particulières de séjour.
Les indications portées dans le guide ont pu être modifiées depuis la mise à jour.

ANDUZE

✉ 30140 – 𝟯𝟯𝟵 I4 – G. Languedoc Roussillon – 3 004 h. – alt. 135

🛈 *Office de tourisme, plan de Brie* ☏ *04 66 61 98 17, Fax 04 66 61 79 77*

Paris 718 – Alès 15 – Florac 68 – Lodève 84 – Montpellier 60 – Nîmes 46 – Le Vigan 52.

L'Arche avr.-sept.
☏ *04 66 61 74 08, camping.arche@wanadoo.fr,*
Fax 04 66 61 88 94, *www.camping-arche.fr* – **R** conseillée
5 ha (250 empl.) plat, peu incliné et terrasses, herbeux
Tarif : 🔲 26,20 € 🔋 (6A) – pers. suppl. 5,50 € – frais de
réservation 14 €
Location 🏖 (juil.-août) : 28 🏠 (4 à 6 pers.) 235 à
770 €/sem.
🚐 1 borne 2 €
Pour s'y rendre : NO : 2 km, bord du Gardon
À savoir : En bordure des pittoresques gorges du Gardon

Nature : 🦌 ⩔ ♨ 🏔
Loisirs : 🍴 ✕ snack 🎱 🎳 nocturne 🏇 🏌 🏉 terrain omnisports
Services : ♿ ⚡ GB 🐾 🎬 📷 🛁 ⊙ 🚮 ⛲ 📷 🚮 ⛲
À prox. : 🛒

ANDUZE

▲▲ Les Fauvettes

  📞 04 66 61 72 23, *camping-les-fauvettes@wanadoo.fr*,
Fax 04 66 61 72 23, *www.camping-les-fauvettes.fr*
– **R** conseillée
7 ha/3 campables (133 empl.) plat, peu incliné et en
terrasses, herbeux
Location : 🚐 – 🏠
Pour s'y rendre : NO : 1,7 km

| Nature : ⋖ 🛏 ♤♤ |
| Loisirs : 🍸 snack 🏠 ⚉ 🏊 🔸 🛶 |
| Services : ♿ ⊶ 🖥 🖧 ☺ 📷 🎣 |
| À prox. : 🍖 ✗ 🚲 |

▲▲ Le Malhiver 15 avr.-20 sept.

  📞 04 66 61 76 04, *campingmalhiver@wanadoo.fr*,
Fax 04 66 61 76 04, *www.campingmalhiver.com*
– **R** conseillée
2,26 ha (97 empl.) plat, herbeux
Tarif : 🔲 25,20 € 🔌 (6A) – pers. suppl. 4,50 € – frais de
réservation 15 €
Location : 10 🚐 (4 à 6 pers.) 312 à 560 €/sem.
Pour s'y rendre : SE : 2,5 km, accès direct au Gardon

| Nature : ♀ |
| Loisirs : 🏠 🏊 ✂ 🛶 🔀 |
| Services : ♿ ⊶ GB 🐾 🖥 🖧 ☺ 🏊 |
| ⚐ 📷 🎣 |
| À prox. : 🔸 golf |

BAGNOLS-SUR-CÈZE

✉ 30200 – 🄳🄳🄹 M4 – G. Provence – 18 103 h. – alt. 51
🚩 *Office de tourisme, Espace Saint-Gilles* 📞 04 66 89 54 61, Fax 04 66 89 83 38
Paris 653 – Alès 54 – Avignon 34 – Nîmes 56 – Orange 25 – Pont-St-Esprit 12.

▲▲ Les Genêts d'Or avr.-sept.

  📞 04 66 89 58 67, *info@camping-genets-dor.com*,
Fax 04 66 89 58 67, *www.camping-genets-dor.com*
– **R** conseillée ✀ (juil.-20 août)
8 ha/3,5 campables (95 empl.) plat, herbeux
Tarif : (Prix 2005) 🔲 23,70 € 🔌 (8A) – pers. suppl. 4,16 € –
frais de réservation 8 €
Location : 8 🚐 (4 à 6 pers.) 317 à 578 €/sem.
Pour s'y rendre : Sortie N par N 86 puis 2 km par D 360 à
droite, bord de la Cèze

| Nature : ♤♤ ⛰ |
| Loisirs : 🍸 ✗ 🏊 🛶 🔀 |
| Services : ♿ ⊶ GB 🐾 🖥 🖧 ☺ 📷 |
| 🏊 🎣 |
| À prox. : canoë |

▲ La Coquille Pâques-15 sept.

  📞 04 66 89 03 05, *campinglacoquille@wanadoo.fr*,
Fax 04 66 89 59 86, *www.campinglacoquille.com*
– **R** conseillée
1,2 ha (30 empl.) plat, herbeux, sablonneux
Tarif : 🔲 21 € 🔌 (6A) – pers. suppl. 3 € – frais de réser-
vation 8 €
Pour s'y rendre : Sortie N par N 86 rte de Pont-St-Esprit
puis 1,7 km par D 360 à droite, près de la Cèze (accès direct)

| Nature : ♀ |
| Loisirs : 🏠 ⚉ 🛶 |
| Services : ♿ ⊶ GB 🐾 🖥 ☺ 📷 🎣 |

BARJAC

✉ 30430 – 🄳🄳🄹 L3 – 1 379 h. – alt. 171
🚩 *Office de tourisme, place du 8 mai 1945* 📞 04 66 24 53 44
Paris 666 – Alès 34 – Aubenas 45 – Pont-St-Esprit 33 – Vallon-Pont-d'Arc 13.
Schéma à St-Remèze

▲▲ La Buissière avr.-sept.

  📞 04 66 24 54 52, *camping.labuissiere@wanadoo.fr*,
Fax 04 66 24 54 52, *www.camping-la-buissiere.com*
– **R** conseillée
1,1 ha (70 empl.) plat, terrasses, peu accidenté, pierreux
Tarif : 🔲 21,80 € – pers. suppl. 4,20 €
Location : 7 🚐 (2 à 4 pers.) 200 à 330 €/sem. – 3 🚐 (4
à 6 pers.) 300 à 495 €/sem.
Pour s'y rendre : NE : 2,5 km, sur D 176, rte d'Orgnac-
l'Aven
À savoir : Cadre sauvage

| Nature : 🌿 🛏 ♀ |
| Loisirs : 🏠 🏊 ⚉ 🔀 |
| Services : ♿ ⊶ GB 🐾 🖥 🖧 🔀 ☺ |
| 📷 |

⚠ **La Combe** avr.-sept.
📞 04 66 24 51 21, *camping.lacombe@wanadoo.fr*,
Fax 04 66 24 51 21, *www.campinglacombe.com*
– **R** conseillée
2,5 ha (100 empl.) plat et peu incliné, herbeux
Tarif : 🔲 18 € 🔌 (6A) – pers. suppl. 6 €
Location (avr.-15 nov.) : 4 🚐 (2 à 4 pers.) 180 à
320 €/sem. – 8 🚐 (4 à 6 pers.) 240 à 420 €/sem. – 4 🏠
(4 à 6 pers.) 280 à 530 €/sem.
Pour s'y rendre : O : 3 km par D 901, rte des Vans et D 384
à droite, rte de Mas Reboul

Nature : 🌿 ♀♀
Loisirs : 🍷 🏠 ✂ 🎿
Services : ⚡ ♻ 🗑 🔄 ⊕ 🔲

BESSÈGES

✉ 30160 – 🔢🔢🔢 J3 – 3 137 h. – alt. 170
🚩 *Office de tourisme, 50, rue de la République* 📞 *04 66 25 08 60*
Paris 651 – Alès 32 – La Grand-Combe 20 – Les Vans 18 – Villefort 34.

⚠ **Les Drouilhèdes** avr.-1er oct.
📞 04 66 25 04 80, *info@campingcevennes.com*,
Fax 04 66 25 10 95, *www.campingcevennes.com*
– **R** conseillée
2 ha (90 empl.) plat, herbeux, pierreux
Tarif : 🔲 23,80 € 🔌 (6A) – pers. suppl. 4,40 € – frais de
réservation 12,50 €
Location : 6 🏠 (4 à 6 pers.) 300 à 575 €/sem.
Pour s'y rendre : O : 2 km par D 17 rte de Génolhac puis
1 km par D 386 à droite, bord de la Cèze

Nature : 🌿 ← ☁ ♀♀ ⛰
Loisirs : 🍷 🏊 ✂ 🎣 🐟
Services : ⚡ ♻ GB ♻ 🗑 🔄 🔄 ⊕
🔄 🔲 🔄

Benutzen Sie
– zur Wahl der Fahrtroute
– zur Berechnung der Entfernungen
– zur exakten Lokalisierung eines Campingplatzes (mit Hilfe der Angaben im Ortstext)
die für diesen Führer unentbehrlichen MICHELIN-Karten im Ma1 : 150 000.

379

BOISSON

✉ 30500 – 🔢🔢🔢 K3
Paris 682 – Alès 19 – Barjac 17 – La Grand-Combe 28 – Lussan 17 – St-Ambroix 11.

⚠ **Château de Boisson** 8 avr.-sept.
📞 04 66 24 85 61, *reception@chateaudeboisson.com*,
Fax 04 66 24 80 14, *www.chateaudeboisson.com*
– **R** conseillée ✂ (juil.-août)
7,5 ha (174 empl.) plat, herbeux, pierreux
Tarif : 🔲 32 € 🔌 (5A) – pers. suppl. 6,20 € – frais de réser-
vation 25 €
Location ✂ : 65 🚐 (4 à 6 pers.) 210 à 777 €/sem. –
appartements
Pour s'y rendre : Au bourg
À savoir : Au pied d'un château cévenol restauré

Nature : 🌿 ☁ ♀♀
Loisirs : 🍷 ✗ snack 🏠 🌙 nocturne
🏃 🏊 ✂ 🎲 🎿
Services : ⚡ ♻ 🗑 🔄 ⊕ 🔄
🔄 🔲 🔄 cases réfrigérées
À prox. : 🔄

CENDRAS

✉ 30480 – 🔢🔢🔢 J4 – 1 952 h. – alt. 155
Paris 694 – Montpellier 76 – Nîmes 50 – Avignon 76 – Arles 81.

⚠ La Croix Clémentine
📞 04 66 86 52 69, *clementine@clementine.fr*,
Fax 04 66 86 54 84, *www.clementine.fr* – **R** conseillée
10 ha (250 empl.) plat et en terrasses, pierreux, herbeux
Location : 🏠
🚐 1 borne – 6 🔲
Pour s'y rendre : NO : 2 km par D 916 et D 32 à gauche
À savoir : Cadre agréable et boisé

Nature : 🌿 ☁ ♀♀
Loisirs : 🍷 ✗ 🏠 🌙 nocturne 🏊
🚲 ✂ 🎿
Services : ⚡ ♻ 🗑 🔄 ⊕ 🔄 🔄 🔲
🔄 🔄
À prox. : 🐟 🐴

Le CHAMBON

✉ 30450 – 339 J3 – 240 h. – alt. 260
Paris 640 – Alès 31 – Florac 59 – Génolhac 10 – La-Grand-Combe 19 – St-Ambroix 25.

▲ **Municipal le Luech** juil.-août
℘ 04 66 61 51 32, *mairie-de-chambon@wanadoo.fr*,
Fax 04 66 61 47 92 – **R** conseillée
0,5 ha (43 empl.) non clos, peu incliné et en terrasses,
pierreux, herbeux
Tarif : ★ 1,99 € ⛺ 1,43 € 🔲 1,45 € 🔌 2,76 €
Pour s'y rendre : NO : 0,6 km par D 29, rte de Chambo-
rigaud, bord du Luech

Nature : 🌳🌳	
Services : ♿ ⚡ ⚗ 🗑 ⊛	
À prox. : 🚲 ✂	

COLLIAS

✉ 30210 – 339 L5 – 829 h. – alt. 45
Paris 694 – Alès 45 – Avignon 32 – Bagnols-sur-Cèze 35 – Nîmes 25 – Pont-du-Gard 8.

⚞ **Le Barralet** avr.-20 sept.
℘ 04 66 22 84 52, *camping@barralet.com*,
Fax 04 66 22 89 17, *www.camping-barralet.com*
– **R** conseillée
2 ha (90 empl.) plat et peu incliné, herbeux
Tarif : 🔲 19,50 € – pers. suppl. 5 € – frais de réserva-
tion 10 €
Location : 21 🛏 (4 à 6 pers.) 220 à 560 €/sem.
Pour s'y rendre : NE : 1 km par D 3 rte d'Uzès et chemin à
droite

Nature : 🐟 ≤	
Loisirs : 🍸 pizzeria 🛝	
Services : ♿ ⚡ 🅶🅱 ⚗ 🗑 ⊛ 🖼 ⚓	

Utilisez le guide de l'année.

380

CONNAUX

✉ 30330 – 339 M4 – 1 623 h. – alt. 86
Paris 661 – Avignon 32 – Alès 52 – Nîmes 48 – Orange 29 – Pont-St-Esprit 20 – Uzès 21.

⚞ **Le Vieux Verger** Permanent
℘ 04 66 82 91 62, *campinglevieuxverger@wanadoo.fr*,
Fax 04 66 82 60 02, *www.levieuxverger.com* – **R** conseillée
3 ha (60 empl.) en terrasses, pierreux, herbeux
Tarif : 🔲 17 € – pers. suppl. 4,80 € – frais de réserva-
tion 25 €
Location : 10 🛏 (4 à 6 pers.) 310 à 490 €/sem.
Pour s'y rendre : Au S du bourg, à 200 m de la N86

Nature : 🛏 🌳	
Loisirs : snack 🛝	
Services : ♿ ⚡ 🅶🅱 ⚗ 🗑 ⊛ 🖼	
À prox. : ✂	

CORBES

✉ 30140 – 339 I4 – 127 h. – alt. 200
Paris 693 – Montpellier 66 – Nîmes 52 – Avignon 86 – Arles 83.

Schéma à Anduze

⚞ **Cévennes-Provence** 20 mars-Toussaint
℘ 04 66 61 73 10, *marais@camping-cevennes-provence.fr*,
Fax 04 66 61 60 74, *www.camping-cevennes-provence.fr*
– **R** conseillée
30 ha/15 campables (230 empl.) plat, accidenté et en
terrasses, herbeux
Tarif : 🔲 21,80 € 🔌 (10A) – pers. suppl. 4,30 € – frais de
réservation 10 €
Location : 16 🏠 (4 à 6 pers.) 280 à 585 €/sem.
🚐 1 borne
Pour s'y rendre : Au Mas-du-Pont, bord du Gardon de
Mialet et près du Gardon de St-Jean
À savoir : Terrasses ombragées dominant les pittoresques
gorges du Gardon

Nature : 🐟 ≤ 🛏 🌳🌳 ⚑	
Loisirs : 🍸 🏠 ♨ 🏊 ✂ 🎯 🛶	
Services : ♿ ⚡ 🅶🅱 ⚗ 🗑 ♨ 🏔 ⊛	
⚓ 🖼 ♨ ⚓	

CRESPIAN

✉ 30260 – 339 J5 – 206 h. – alt. 80
Paris 731 – Alès 32 – Anduze 27 – Nîmes 24 – Quissac 11 – Sommières 12.

▲▲ **Mas de Reilhe** 8 avr.-24 sept.
℘ 04 66 77 82 12, *info@camping-mas-de-reilhe.fr*,
Fax 04 66 80 26 50, *www.camping-mas-de-reilhe.fr*
– **R** conseillée
2 ha (90 empl.) plat, accidenté et en terrasses, herbeux,
pierreux
Tarif : 🔲 23 € 🔌 (10A) – pers. suppl. 5,20 € – frais de réservation 19 €
Location : 10 ▦ (4 à 6 pers.) 250 à 645 €/sem. – 5 ⌂
(4 à 6 pers.) 300 à 655 €/sem. – bungalows toilés
Pour s'y rendre : Sortie S par N 110, rte de Sommières

> Nature : ▱ 🎄🎄(pinède)
> Loisirs : 🍴 snack 🎬 🎠 🏊 ⛵
> Services : ⚡ GB 🅰️ 🔲 🗄️ ⚙ 🗑 ✂
> 🖼 ⛽
> À prox. : 🍽

Om een reisroute uit te stippelen en te volgen,
om het aantal kilometers te berekenen,
om precies de ligging van een terrein te bepalen
(aan de hand van de inlichtingen in de tekst),
gebruikt u de **Michelinkaarten** *schaal 1 : 150 000 ;*
een onmisbare aanvulling op deze gids.

DOMAZAN

✉ 30390 – 339 M5 – 740 h. – alt. 52
Paris 683 – Alès 60 – Avignon 17 – Nîmes 33 – Orange 32 – Pont-St-Esprit 46.

▲ **Le Bois des Écureuils** Permanent
℘ 04 66 57 10 03, *le.bois.des.ecureuils@wanadoo.fr*,
Fax 04 66 57 10 03, *www.leboisdesecureuils.fr.st*
– **R** conseillée
1,4 ha (46 empl.) plat, gravillons, gravier
Tarif : (Prix 2005) 🔲 18 € 🔌 (6A) – pers. suppl. 3,50 €
Location : 7 ▦ (4 à 6 pers.) 220 à 450 €/sem.
Pour s'y rendre : NE : 4 km, sur N 100, rte d'Avignon

> Nature : ▱ 🎄🎄(chênaie)
> Loisirs : 🎬 🎠 ⛵
> Services : ♿ ⚡ GB 🅰️ ⚙ 🖼

381

GALLARGUES-LE-MONTUEUX

✉ 30660 – 339 J6 – 2 303 h. – alt. 55
Paris 727 – Aigues-Mortes 21 – Montpellier 39 – Nîmes 25 – Sommières 11.

▲▲ **Les Amandiers** 21 avr.-10 sept.
℘ 04 66 35 28 02, *campamandiers@wanadoo.fr*,
Fax 04 66 51 48 57, *www.camping-lesamandiers.com*
– **R** conseillée
3 ha (150 empl.) plat, pierreux, herbeux
Tarif : 🔲 19,10 € 🔌 (10A) – pers. suppl. 4,20 € – frais de
réservation 10 €
Location 🚫 : ▦ (4 à 6 pers.) 255 à 576 €/sem.
Pour s'y rendre : Sortie Sud-Ouest, rte de Lunel et rue du
stade, à droite

> Nature : ▱
> Loisirs : 🍴 snack 🌙 nocturne 🎠
> 🏊 🍽 ⛵
> Services : ♿ ⚡ GB 🅰️ 🗄️ ⚙
> 🖼 ⛽
> À prox. : ⛳

GÉNOLHAC

✉ 30450 – 339 I2 – G. Languedoc Roussillon – 840 h. – alt. 490
🛈 *Office de tourisme, l'Arceau* ℘ 04 66 61 18 32, Fax 04 66 61 15 29
Paris 632 – Alès 37 – Florac 49 – La Grand-Combe 26 – Nîmes 81 – Villefort 15.

▲ **Les Esparnettes** avr.-sept.
℘ 04 66 61 44 50 – **R** conseillée
1,5 ha (63 empl.) plat, herbeux
Tarif : 🔲 10,80 € 🔌 (4A) – pers. suppl. 2,30 €
Pour s'y rendre : S : 4,5 km par D 906, rte de Chambo-
rigaud puis 0,4 km par D 278 à droite, à Pont-de-Rastel,
bord du Luech

> Nature : 🏞 ⛰ ♨
> Loisirs : 🎬 🏊 ⛵
> Services : ♿ ⚡ (juil.-août) 🗄️ ⚙ 🖼
> À prox. : 🍽

GOUDARGUES

✉ 30630 – 339 L3 – G. Provence – 945 h. – alt. 77

🛈 *Office de tourisme, 4, route de Pont-Saint-Esprit* ✆ *04 66 82 30 02*

Paris 667 – Alès 51 – Bagnols-sur-Cèze 17 – Barjac 20 – Lussan 17 – Pont-St-Esprit 25.

⚠ **Les Amarines** 2 avr.-15 oct.
✆ *04 66 82 24 92, les.amarines@wanadoo.fr,*
Fax 04 66 82 38 64, *www.campinglesamarines.com*
– **R** conseillée
3,7 ha (120 empl.) plat, herbeux
Tarif : ▣ 21,40 € – pers. suppl. 5,60 €
Location 🏖 : 9 ⏢ (4 à 6 pers.) 315 à 567 €/sem.
Pour s'y rendre : NE : 1 km par D 23, bord de la Cèze

Nature : 🏞 🕐🕐
Loisirs : 🏠 🏊 🛶 🎣
Services : 🅰 🚻 🔴 GB 🚗 🗄 ♨ 🔁 🐕 ⊙
🛁 ♨ 🔲

⚠ **St-Michelet** avr.-sept.
✆ *04 66 82 24 99, camping.st.michelet@wanadoo.fr,*
www.villages-du-gard.com – **R** conseillée
4 ha (140 empl.) plat et peu incliné, terrasse, herbeux
Tarif : ▣ 16 € – pers. suppl. 3 €
Location : 14 ⏢ (4 à 6 pers.) 180 à 480 €/sem.
Pour s'y rendre : NO : 1 km par D 371, rte de Frigoulet,
bord de la Cèze

Nature : 🌿 🕐🕐 ⛰
Loisirs : snack 🏠 🏄 🎣
Services : 🅰 🚻 🔴 GB 🚗 🗄 ♨ 🔁 🐕 ⊙
🛁 ♨ 🔲

⚠ **La Grenouille** avr.-1er oct.
✆ *04 66 82 21 36, camping-la-grenouille@wanadoo.fr,*
Fax 04 66 82 27 77, *www.la-grenouille.fr.st* – **R** indispensable
0,8 ha (50 empl.) plat, herbeux
Tarif : ▣ 18,50 € – pers. suppl. 2,50 €
⏢ 1 borne
Pour s'y rendre : Au bourg, près de la Cèze (accès direct)
et bord d'un ruisseau

Nature : 🌿 🏞 🕐🕐
Loisirs : 🏊 (petite piscine) 🎣
Services : 🅰 🚻 (juil.-août) GB 🚗
🗄 ♨ 🔁 ⊙ 🔲
À prox. : 🍴

Le GRAU-DU-ROI

✉ 30240 – 🎲🎲🎲 J7 – G. Provence – 5 875 h. – alt. 2
🛈 *Office de tourisme, 30, rue Michel Rédarès* 𝒫 *04 66 51 67 70, Fax 04 66 51 06 80*
Paris 751 – Aigues-Mortes 7 – Arles 55 – Lunel 22 – Montpellier 34 – Nîmes 49 – Sète 52.

ᴀᴀᴀ **Le Boucanet** 16 avr.-24 sept.
𝒫 04 66 51 41 48, *contact@campingboucanet.fr,*
Fax 04 66 51 41 87, *www.campingboucanet.fr* – **R** conseillée ✄
7,5 ha (458 empl.) plat, sablonneux
Tarif : 🔲 35,50 € 🔌 (6A) – pers. suppl. 8,50 € – frais de
réservation 25 €
Location : 121 🚐 (4 à 6 pers.) 287 à 791 €/sem.
🚐, 1 borne
Pour s'y rendre : NO : à 2 km du Grau-du-Roi (rive droite)
par rte de la Grande-Motte, bord de plage (hors schéma)

Nature : 🔲 ♀ ⛰
Loisirs : ♈ ✗ 🏊 🚣 🚴 ✗ 🎿
Services : 🔥 ⛟ 🗑 🍴 🛁 ⊕ 🖼
🛒 🏧 cases réfrigérées
À prox. : 🖼 🐎 golf

JUNAS

✉ 30250 – 🎲🎲🎲 J6 – 721 h. – alt. 75
Paris 730 – Aigues-Mortes 30 – Aimargues 15 – Montpellier 42 – Nîmes 26 – Sommières 5.

ᴀ **Les Chênes** vac. de printemps-mi-oct.
𝒫 04 66 80 99 07, *chenes@wanadoo.fr*, Fax 04 66 51 33 23,
www.camping-les-chenes.com – **R** conseillée
1,7 ha (90 empl.) plat et peu incliné, pierreux, herbeux
Tarif : (Prix 2005) 🔲 13,90 € 🔌 (10A) – pers. suppl. 2,50 €
Location ✄ : 10 🚐 (4 à 6 pers.) 230 à 490 €/sem.
Pour s'y rendre : S : 1,3 km par D 140, rte de Sommières et
chemin à gauche, au lieu-dit les Tuileries Basses

Nature : 🌳 ♀
Loisirs : 🏊 🎿
Services : 🔥 ⛟ 🄶🄱 ✗ 🍴 ⊕ 🖼

LANUÉJOLS

✉ 30750 – 🎲🎲🎲 F4 – 330 h. – alt. 905
Paris 656 – Alès 109 – Mende 68 – Millau 35 – Nîmes 113 – Le Vigan 49.

ᴀ **Domaine de Pradines** 10 avr.-25 oct.
𝒫 04 67 82 73 85, *contact@domainedepradines.com,*
Fax 04 67 82 73 04, *www.domainedepradines.com* – alt. 800
– **R** conseillée
30 ha (75 empl.) plat, peu incliné, herbeux
Tarif : 🔲 14,10 € 🔌 (16A) – pers. suppl. 5,60 €
Location (permanent) ✄ : 6 🚐 (4 à 6 pers.) 330 à
550 €/sem. – chambres d'hôte
Pour s'y rendre : O : 3,5 km par D 28, rte de Roujarie et
chemin à gauche

Nature : 🌳 ≤ ♀
Loisirs : ✗ 🏠 🏊 ✗ 🎿 🐎
Services : 🔥 ⛟ 🄶🄱 ✗ 🍴 ⊕ 🖼 🛁
🛒

LE MARTINET

✉ 30960 – 🎲🎲🎲 J3 – 764 h. – alt. 252
Paris 682 – Alès 21 – Aubenas 69 – Florac 61 – Nîmes 65 – Vallon-Pont-d'Arc 41.

ᴀ **Municipal Aimé Giraud** juil.-août
𝒫 04 66 24 95 00 – **R** conseillée
1 ha (27 empl.) plat, herbeux
Tarif : 🔲 12 € 🔌 (5A) – pers. suppl. 2 €
Pour s'y rendre : Sortie NO, rte de la Grand'Combe, à
l'intersection D 59 et D 162, bord de l'Auzonnet

Nature : ≤ 🔲 ♀
Loisirs : 🏠 🎣
Services : 🔥 ⛟ ✗ 🍴 ⊕ 🛁 🖼
À prox. : ✗ 🎣 🎿

Si vous désirez réserver un emplacement pour vos vacances,
faites-vous préciser au préalable les conditions particulières de séjour,
les modalités de réservation, les tarifs en vigueur et les conditions de paiement.

MASSILLARGUES-ATTUECH

✉ 30140 – 339 J4 – 522 h. – alt. 156
Paris 726 – Montpellier 56 – Nîmes 43 – Avignon 78 – Arles 74.

Schéma à Anduze

Le Fief avr.-sept.
⌀ 04 66 61 81 71, *natbrunel@cegetel.net*,
Fax 04 66 61 81 71, *campinglefiefdanduze.com* – **R** conseillée
5,5 ha (112 empl.) plat, herbeux
Tarif : (Prix 2005) 🔲 19 € (4) (6A) – pers. suppl. 3,80 €
Location : 18 ⊞ (4 à 6 pers.) 205 à 520 €/sem.
Pour s'y rendre : N : 1,5 km, à Atuech, par D 982, près d'un étang (accès direct)

Nature : 〰 ♀♀
Loisirs : pizzeria 🎣 🏓 ⚑
Services : 🔌 GB 🐕 🍴 🔏 🛒 ⊕ 🖭 🗑 🚿
À prox. : 🎣

Les PLANTIERS

✉ 30122 – 339 H4 – 228 h. – alt. 400
Paris 667 – Alès 48 – Florac 46 – Montpellier 85 – Nîmes 79 – Le Vigan 43.

La Presqu'île du Caylou avr.-oct.
⌀ 04 66 83 92 85, Fax 04 66 83 92 85 – **R** conseillée
4 ha (75 empl.) en terrasses et peu incliné, pierreux, herbeux
Tarif : 🔲 11 € (4) (10A) – pers. suppl. 2 €
Location 🏷 : 6 ⊞ (2 à 4 pers.) 180 à 200 €/sem.
Pour s'y rendre : NE : 1 km par D 20, rte de Saumane, bord du Gardon au Borgne
À savoir : Dans le coude d'une vallée rocheuse et verdoyante

Nature : ← 🏕 ♀
Loisirs : 🍷 🍽 ✗ 🔏 🎣 🏊 ⚑
Services : 🛁 🔌 🐕 🛒 ⊕ 🚿

384

PORT-CAMARGUE

✉ 30240 – 339 J7
Paris 762 – Montpellier 36 – Nîmes 47 – Avignon 93 – Béziers 99.

Schéma au Grau-du-Roi

Les Jardins de Tivoli avr.-sept.
⌀ 04 66 53 97 00, *contact@lesjardinsdetivoli.fr*,
Fax 04 66 51 09 81, *www.lesjardinsdetivoli.com* – places limitées pour le passage – **R** indispensable
6,5 ha (368 empl.) plat, sablonneux
Tarif : 🔲 52 € – pers. suppl. 7 €
Location 🏷 : 14 ⌂ (4 à 6 pers.) 250 à 665 €/sem.
Pour s'y rendre : Rte de l'Espiguette

Nature : 🏕 ♀♀
Loisirs : 🍷 ✗ snack, pizzeria 🎣 🛈 discothèque 🏓 🚲 ✗ 🔏 🏊
Services : 🔌 GB 🐕 – 368 sanitaires individuels (🚿 wc) ⊕ 🖭 🗑 🚿
À prox. : 🐎

Yelloh Village les Petits Camarguais (location exclusive de 300 mobile homes) 8 avr.-16 sept.
⌀ 04 66 51 16 16, *info@yellohvillage-petits-camarguais.com*, Fax 04 66 51 16 17, *www.yellohvillage-petits-camarguais.com* – **R** indispensable 🏷
3,5 ha plat, sablonneux, herbeux
Location : ⊞ (4 à 6 pers.) 175 à 1 120 €/sem.
Pour s'y rendre : Rte de l'Espiguette
À savoir : Navettes gratuites pour la plage

Nature : 🏕 ♀♀
Loisirs : 🍷 snack 🛈 nocturne 🏃 🎯 🏊 terrain omnisports
Services : 🔌 GB 🐕 🛒 🖭 🗑 🚿
À prox. : ✗ 🎰 🐎

La Marine (location exclusive de 261 mobile homes et caravanes) 8 avr.-sept.
⌀ 04 66 53 36 90, *contact@vacances-directes.com*,
Fax 04 65 51 50 45, *www.campinglamarine.com* – **R**
5 ha plat, herbeux, sablonneux
Location 🏷 : 28 ⊞ (2 à 4 pers.) 168 à 483 €/sem. – 261 ⊞ (4 à 6 pers.) 231 à 735 €/sem.
Pour s'y rendre : Rte de l'Espiguette

Nature : ♀
Loisirs : 🍷 pizzeria 🎣 🛈 nocturne 🏃 🏓 🚲 🔏 🏊
Services : 🛁 🔌 GB 🐕 🛒 ⊕ 🖭 🛒 🗑 🚿
À prox. : 🎣 🐎

PORT-CAMARGUE

▲▲▲ **Abri de Camargue** avr.-sept.
     ℂ 04 66 51 54 83, *contact@abridecamargue.fr*,
Fax 04 66 51 76 42, *www.abridecamargue.fr* – **R** conseillée
4 ha (277 empl.) plat, herbeux, sablonneux
Tarif : 🔲 49 € 🔥 (6A) – pers. suppl. 4 € – frais de réservation 33 €

Location : 68 🚐 (4 à 6 pers.) 329 à 728 €/sem.
🚐 1 borne 7 €
Pour s'y rendre : Route de l'Espiguette, face au parc d'attractions

Nature : 🔲 ΩΩ
Loisirs : 🍷 snack 🍳 diurne 🏃 💪 📺 🏊 salle de cinéma
Services : 🔌 GB ⚙ 🍳 ⊕ 🗑 sèche-linge 🔲 🚿

REMOULINS

✉ 30210 – 339 M5 – G. Provence – 1 996 h. – alt. 27
🛈 *Office de tourisme, place des Grands Jours* ℂ 04 66 37 22 34
Paris 685 – Alès 50 – Arles 37 – Avignon 23 – Nîmes 23 – Orange 34 – Pont-St-Esprit 40.

▲▲▲ **La Sousta** mars-oct.
     ℂ 04 66 37 12 80, *info@lasousta.com*, Fax 04 66 37 23 69,
www.lasousta.com – **R** conseillée
14 ha (300 empl.) plat et accidenté, herbeux, sablonneux
Tarif : 🔲 23,20 € – pers. suppl. 6,80 € – frais de réservation 13 €

Location : 60 🚐 (4 à 6 pers.) 357 à 602,70 €/sem.
Pour s'y rendre : NO : 2 km rte du Pont du Gard, rive droite
À savoir : Agréable cadre boisé en bordure du Gardon, proche du Pont du Gard

Nature : ΩΩ
Loisirs : 🍷 snack 🏃 💪 🎱 🎣 🏊 🐎 🚣
Services : 🔌 🔌 GB ⚙ 🍳 🔲 🚿 ⊕ 🗑 🔲 🚿

Ne pas confondre :
▲ ... à ... ▲▲▲ : *appréciation* **MICHELIN**
et
★ ... à ... ★★★★ : *classement officiel*

385

La ROQUE-SUR-CÈZE

✉ 30200 – 339 M3 – G. Provence – 194 h. – alt. 90
Paris 663 – Alès 53 – Bagnols-sur-Cèze 13 – Bourg-St-Andéol 35 – Uzès 32.

▲ **Les Cascades** avr.sept.
     ℂ 04 66 82 72 97, *info@campinglescascades.com*,
Fax 04 66 82 68 51, *www.campinglescascades.com* – **R** indispensable
5 ha (83 empl.) plat, peu incliné, en terrasses, herbeux
Tarif : 🔲 20,40 € 🔥 (10A) – pers. suppl. 4,50 € – frais de réservation 15 €

Location : 21 🚐 (4 à 6 pers.) 250 à 580 €/sem.
Pour s'y rendre : S : 0,6 km par D 166, accès direct à la Cèze

Nature : Ω
Loisirs : 🍷 snack, pizzeria 🛶 🏊 🎣 🏊 terrain omnisports
Services : 🔌 🔌 GB ⚙ 🔲 🚿 🔲 ⊕ 🚿 🗑 🚿

ST-AMBROIX

✉ 30500 – 339 K3 – 3 365 h. – alt. 142
🛈 *Office de tourisme, 17, rue de l'Hôtel de Ville* ℂ 04 66 24 33 36, Fax 04 66 24 05 83
Paris 686 – Alès 20 – Aubenas 56 – Mende 111.

▲ **Le Clos** avr.-oct.
     ℂ 04 66 24 10 08, *campingleclos@wanadoo.fr*,
Fax 04 66 60 25 62, *www.camping-le-clos.com* – **R** conseillée
1,5 ha (46 empl.) plat, herbeux
Tarif : 🔲 19,30 € 🔥 (10A) – pers. suppl. 4 €

Location : 🚐 (4 à 6 pers.) 220 à 700 €/sem.
Pour s'y rendre : Accès par centre ville en direction d'Aubenas puis rue à gauche par place de l'église, bord de la Cèze

Nature : ⬅ 🔲 Ω
Loisirs : snack 💪 🚲 🏊 🎣
Services : 🔌 🔌 ⚙ 🔲 🚿 ⊕ 🚿 🚿 🗑
À prox. : 🍴

ST-HIPPOLYTE-DU-FORT

✉ 30170 – 339 I5 – 3 391 h. – alt. 165
🛈 *Office de tourisme, les Casernes* ✆ 04 66 77 91 65, *Fax 04 66 77 25 36*
Paris 703 – Alès 35 – Anduze 22 – Nîmes 48 – Quissac 15 – Le Vigan 31.

△ **Graniers** 15 juin-3 sept.
✆ 04 66 85 21 44, *campingdegraniers@tiscali.fr*,
Fax 04 66 85 21 44 – **R** conseillée
2 ha (50 empl.) peu incliné, terrasses, herbeux, bois
attenant
Tarif : 🔲 20 € (ᵱ) (6A) – pers. suppl. 3,50 € – frais de réservation 10 €
Location 🏠 : 🛏 (4 à 6 pers.) 300 à 400 €/sem.
Pour s'y rendre : NE : 4 km par rte d'Uzès puis D 133, rte
de Monoblet et chemin à droite, bord d'un ruisseau

Nature : 🏞 ○○	
Loisirs : 🍸 🛝	
Services : o━ ⚡ 🖥 🔌 ④ 🗄	

*La catégorie (1 à 5 tentes, **noires** ou rouges) que nous attribuons*
aux terrains sélectionnés dans ce guide est une appréciation qui nous est propre.
Elle ne doit pas être confondue avec le classement (1 à 4 étoiles)
établi par les services officiels.

ST-JEAN-DE-CEYRARGUES

✉ 30360 – 339 K4 – 156 h. – alt. 180
Paris 700 – Alès 18 – Nîmes 33 – Uzès 21.

⛰ **Les Vistes** avr.-sept.
✆ 04 66 83 28 09, *info@les-vistes.com, www.lesvistes.com*
– **R** conseillée
6 ha/3 campables (52 empl.) non clos, plat, peu incliné,
pierreux, herbeux
Tarif : 🔲 18 € – pers. suppl. 4,20 €
Location : 8 🏠 (4 à 6 pers.) 220 à 460 €/sem.
Pour s'y rendre : S : 0,5 km par D 7
À savoir : Belle situation panoramique

Nature : 🏞 ≼ Mt-Aigoual ○○ (pinède)	
Loisirs : 🏓 🛝	
Services : ⚡ o━ (juin-sept.) ⚡ ♨ 🔌 ④ 🗄	

ST-JEAN-DU-GARD

✉ 30270 – 339 I4 – G. Languedoc Roussillon – 2 563 h. – alt. 183
🛈 *Office de tourisme, place Rabaut Saint-Étienne* ✆ 04 66 85 32 11, *Fax 04 66 85 16 28*
Paris 675 – Alès 28 – Florac 54 – Lodève 91 – Montpellier 74 – Nîmes 60 – Le Vigan 59.

⛰ **Le Mas de la Cam** 28 avr.-20 sept.
✆ 04 66 85 12 02, *camping@masdelacam.fr*,
Fax 04 66 85 32 07, *www.masdelacam.fr* – **R** conseillée
6 ha (200 empl.) peu incliné, en terrasses, herbeux
Tarif : (Prix 2005) 🔲 23 € (ᵱ) (6A) – pers. suppl. 4,50 € – frais
de réservation 15 €
Location 🏠 : bungalows toilés – gîtes
Pour s'y rendre : NO : 3 km par D 907, rte de St-André-de-
Valborgne, bord du Gardon de St-Jean
À savoir : Site agréable dans une vallée verdoyante

Nature : 🏞 ≼ 🏕 ○○	
Loisirs : 🍸 snack 🛋 ♨ nocturne 🏓 ✖ 🏊 ⚡ 🏸 terrain omnisports	
Services : ⚡ o━ GB ⚡ 🖥 ♨ 🔌 ④ 🗄 📶 ❄	

⛰ **Les Sources** avr.-sept.
✆ 04 66 85 38 03, *camping-des-sources@wanadoo.fr*,
Fax 04 66 85 16 09, *www.camping-des-sources.fr*
– **R** conseillée
3 ha (92 empl.) peu incliné et en terrasses, herbeux
Tarif : 🔲 22 € (ᵱ) (10A) – pers. suppl. 4,30 € – frais de réservation 8 €
Location (permanent) : 12 🏠 (4 à 6 pers.) 300 à
570 €/sem.
🛏 1 borne 2 €
Pour s'y rendre : NE : 1 km par D 983 et D 50, rte de Mialet
À savoir : Agréable cadre champêtre, ambiance familiale

Nature : 🏞 ≼ 🏕 ○○	
Loisirs : 🛋 🏓 🛝	
Services : ⚡ o━ GB ⚡ 🖥 ♨ 🔌 ④ 🗄 ❄ 🚽 🗑 🚿	

⚠ **La Forêt** mai-15 sept.
   📞 04 66 85 37 00, *laforet30@aol.com*, Fax 04 66 85 07 05,
www.campingalaforet.com – **R** conseillée
3 ha (73 empl.) plat et en terrasses, pierreux, herbeux
Tarif : (Prix 2005) 🔲 21,60 € 🔌 (6A) – pers. suppl. 3,80 €
Location (avr.-sept.) 🚿 : 3 🏠 (4 à 6 pers.) 300 à
430 €/sem.
Pour s'y rendre : N : 2 km par D 983, rte de St-Étienne-
Vallée-Française puis 2 km par D 333, rte de Falguières
À savoir : À l'orée d'une vaste pinède

Nature : 🌿 ⩤ 🏞 ⚲
Loisirs : 🎠 🏇 ⛷
Services : 🔌 GB 🐕 🗄 ⚿ ♨ ⊛ 🖼 ⚡ 🚿
À prox. : 🐎

ST-LAURENT-D'AIGOUZE

✉ 30220 – 🅳🅳🅹 K7 – 2 738 h. – alt. 3
Paris 737 – Aigues-Mortes 8 – La Grande-Motte 83 – Montpellier 42 – Nîmes 35 – Sommières 23.

⚠ **Fleur de Camargue** 8 avr.-sept.
   📞 04 66 88 15 42, *accv@aol.com*, Fax 04 66 88 10 21,
www.fleur-de-camargue.com – **R** conseillée
4 ha (160 empl.) plat, pierreux, herbeux
Tarif : 🔲 25 € 🔌 (10A) – pers. suppl. 5 € – frais de réservation 16 €
Location 🚿 : 35 🚍 (4 à 6 pers.) 190 à 610 €/sem.
Pour s'y rendre : S : 2,8 km par D 46

Nature : 🏞 ⚲
Loisirs : snack 🍴 🏇 ⛷ ⚓
Services : ♿ 🔌 GB 🐕 🗄 ♨ ⊛ 🖼 ⚡

ST-VICTOR-DE-MALCAP

✉ 30500 – 🅳🅳🅹 K3 – 538 h. – alt. 140
Paris 680 – Alès 23 – Barjac 15 – La Grand-Combe 25 – Lussan 21 – St-Ambroix 4.

⚠ **Domaine de l'Abeiller** mai-sept.
   📞 04 66 24 15 27, *campinglabeiller@wanadoo.fr*,
Fax 04 66 24 14 08, *www.campinglabeiller.com* – **R** conseillée
3 ha (132 empl.) en terrasses, plat, pierreux, herbeux
Tarif : 🔲 29 € – pers. suppl. 5 €
Location : 10 🚍 (4 à 6 pers.) 275 à 710 €/sem. – gîtes
Pour s'y rendre : SE : 1 km, accès par D 51, rte de St-Jean-
de-Maruéjols et chemin à gauche
À savoir : Agréable chênaie autour d'un bel espace aquatique

Nature : 🌿 🏞 ⚲⚲
Loisirs : 🍴 snack 🎠 🏇 ⛷ ⚓
Services : ♿ 🔌 🐕 🗄 ♨ ⊛ 🖼
À prox. : 🍴 canoë

Orlagues au pied de l'Espinouse

J. Malburet/Michelin

SOMMIÈRES

✉ 30250 – ③③⑨ J6 – 3 677 h. – alt. 34
🛈 Office de tourisme, 5, quai Frédéric Gaussorgues ℘ 04 66 80 99 30, Fax 04 66 80 06 95
Paris 734 – Alès 44 – Montpellier 35 – Nîmes 29.

⌂ **Municipal de Garanel** avr.-sept.
℘ 04 66 80 33 49, Fax 04 66 80 33 49 – **R** conseillée
7 ha (60 empl.) plat, pierreux, sablonneux
Tarif : (Prix 2005) ★ 2,30 € 🔲 3,50 € [½] (10A) 4 €
Pour s'y rendre : Derrière les arènes, près du Vidourle

Nature : ♀
Services : ⊶ ⌀ ⚲ ⊕ ⌂ 🖭
À prox. : ✗ ⚓ canoë

UZÈS

✉ 30700 – ③③⑨ L4 – G. Provence – 8 007 h. – alt. 138
🛈 Office de tourisme, place Albert 1er ℘ 04 66 22 68 88, Fax 04 66 22 95 19
Paris 682 – Alès 34 – Arles 52 – Avignon 38 – Montélimar 82 – Montpellier 83 – Nîmes 25.

⋀⋀ **Le Moulin Neuf** avr.-23 sept.
℘ 04 66 22 17 21, le.moulin.neuf@wanadoo.fr,
Fax 04 66 22 91 82, www.le-moulin-neuf.com – **R** conseillée
5 ha (131 empl.) plat, herbeux
Tarif : 🔲 19 € [½] (5A) – pers. suppl. 4,60 € – frais de réservation 10 €
Location (permanent) : 35 ⌂ (4 à 6 pers.) 240 à 535 €/sem.
Pour s'y rendre : NE : 4,5 km par D 982, rte de Bagnols-sur-Cèze et D 5 à gauche
À savoir : Agréable cadre ombragé

Nature : ⋟ ⊏⊐ ⫶⫶⫶
Loisirs : ⵙ snack ⌂ ⚑ ⚽ 🚲 ✗ ⚓ 🏊
Services : ⚙ ⊶ ⒼⒷ ⌀ 🖭 ⊕ ⌂ 🖭 ⚟ ⚲
À prox. : 🐎

⋀⋀ **Le Mas de Rey** 7 avr.-15 oct.
℘ 04 66 22 18 27, info@campingmasderey.com,
Fax 04 66 22 18 27, www.campingmasderey.com – **R** indispensable
5 ha/2,5 campables (60 empl.) plat, herbeux
Tarif : (Prix 2005) 🔲 20 € [½] (10A) – pers. suppl. 4,60 € – frais de réservation 8 €
Location : ⌂ – (sans sanitaires)
Pour s'y rendre : SO : 3 km par D 982, rte d'Arpaillargues puis chemin à gauche
À savoir : Emplacements fleuris

Nature : ⋟ ⊏⊐ ♀
Loisirs : ⌂ ⚽ 🏊
Services : ⚙ ⊶ ⒼⒷ ⌀ 🖭 ⊕ ⌂ 🖭 ⚟
À prox. : 🅿 ✗ 🐎 parcours de santé

Saint-Guilhem-le-Désert

L. Campion/Michelin

VALLABRÈGUES

✉ 30300 – 𝟛𝟛𝟡 M5 – 1 197 h. – alt. 8
Paris 698 – Arles 26 – Avignon 22 – Beaucaire 9 – Nîmes 32 – Pont-du-Gard 25.

⚠ **Lou Vincen** 3 avr.-15 oct.
      04 66 59 21 29, *campinglouvincen@wanadoo.fr*,
      Fax 04 66 59 07 41, *campinglouvincen.com* – **R** conseillée
      1,4 ha (75 empl.) plat, herbeux
      Tarif : 🔲 17 € 🔌 (6A) – pers. suppl. 4,50 € – frais de réser-
      vation 16 €
      Location 🏠 : 6 🚐 (4 à 6 pers.) 262 à 460 €/sem.
      🚐 1 borne
      Pour s'y rendre : À l'O du bourg, à 100 m du Rhône et d'un
      petit lac

> Nature : 🐾 ♀
> Loisirs : 🏖
> Services : ⚡ (mai-sept.) GB 🐕 🗑
> ⊕ 🚿 ⚐ 🔥
> À prox. : ✗ 🏇 🏊 🐎 ✈

VALLERAUGUE

✉ 30570 – 𝟛𝟛𝟡 G4 – G. Languedoc Roussillon – 1 009 h. – alt. 346
🅱 *Office de tourisme, des Horts* 🕿 *04 67 82 25 10*
Paris 684 – Mende 100 – Millau 75 – Nîmes 86 – Le Vigan 22.

⚠ **Le Pied de l'Aigoual** début juin-15 sept.
      04 67 82 24 40, *monteils30@aol.com*, Fax 04 67 82 24 23
      – **R** conseillée
      2,7 ha (80 empl.) plat, herbeux
      Tarif : 🔲 16 € 🔌 (6A) – pers. suppl. 4 €
      Location : gîtes
      Pour s'y rendre : O : 2,2 km par D 986, rte de l'Espérou, à
      60 m de l'Hérault

> Nature : ♀♀
> Loisirs : 🏕 🚣 🏊
> Services : ⚡ 🐕 🚿 ⊕ 🔥

Le VIGAN

✉ 30120 – 𝟛𝟛𝟡 G5 – G. Languedoc Roussillon – 4 429 h. – alt. 221
🅱 *Office de tourisme, place Triaire* 🕿 *04 67 81 01 72, Fax 04 67 81 86 79*
Paris 707 – Alès 66 – Lodève 50 – Mende 108 – Millau 72 – Montpellier 61 – Nîmes 77.

389

⚠⚠ **Le Val de l'Arre** avr.-sept.
      04 67 81 02 77, *valdelarre@wanadoo.fr*,
      Fax 04 67 81 71 23, *www.valdelarre.com* – **R** conseillée
      4 ha (180 empl.) plat, peu incliné et en terrasses, herbeux
      Tarif : (Prix 2005) 🔲 17,50 € – pers. suppl. 4,50 €
      Location (juin-sept.) 🏠 : 8 🚐 (4 à 6 pers.) 252 à
      539 €/sem. – chalets (sans sanitaires)
      Pour s'y rendre : E : 2,5 km par D 999 rte de Ganges et
      chemin à droite, bord de l'Arre

> Nature : ♀♀
> Loisirs : 🏕 🚣 🏊 🏖 🎣
> Services : 🚿 ⚡ GB 🐕 🗑 💧 🚿 ⊕
> 🔥 🅿 🚰

VILLENEUVE-LÈS-AVIGNON

✉ 30400 – 𝟛𝟛𝟡 N5 – G. Provence – 11 791 h. – alt. 23
🅱 *Office de tourisme, 1, place Charles David* 🕿 *04 90 25 61 55, Fax 04 90 25 91 55*
Paris 678 – Avignon 8 – Nîmes 46 – Orange 28 – Pont-St-Esprit 42.

⚠⚠⚠ **L'Île des Papes** avr.-oct.
      04 90 15 15 90, *ile.papes@wanadoo.fr*,
      Fax 04 90 15 15 91, *www.campeoles.fr* – **R** conseillée
      20 ha (348 empl.) plat, gravillons, herbeux, plan d'eau
      Tarif : 🔲 26,90 € 🔌 (10A) – pers. suppl. 6,30 €
      Location : 30 🚐 (4 à 6 pers.) 259 à 658 €/sem. – 🏠 (4
      à 6 pers.) 259 à 658 €/sem. – bungalows toilés
      Pour s'y rendre : NE : 4,5 km par D 980, rte de Roque-
      maure et D 780 à droite, rte du barrage de Villeneuve, entre
      le Rhône et le canal

> Nature : ⛰
> Loisirs : 🍹 ✗ 🏕 🎯 🚣 🚲 🏓
> 🏊 🎣
> Services : 🚿 ⚡ GB 🐕 🚽 🗑 💧 ⊕
> 🚿 ⚐ 🔥 🅿

⚠⚠ Municipal de la Laune
      04 90 25 76 06, Fax 04 90 25 76 06 – **R** conseillée
      2,3 ha (123 empl.) plat, herbeux
      🚐 1 borne
      Pour s'y rendre : Au Nord-Est de la ville, chemin St-
      Honoré, accès par D 980, près du stade et des piscines

> Nature : 🌳 ♀♀
> Loisirs : 🏕
> Services : 🚿 ⚡ 🗑 ⊕ 🔥 🚰
> À prox. : ✗ 🏊 🏊

AGDE

✉ 34300 – ▨▨▨ F9 – G. Languedoc Roussillon – 19 988 h. – alt. 5

🗓 *Office de tourisme, 1, place Molière* ℰ *04 67 94 29 68, Fax 04 67 94 03 50*
Paris 754 – Béziers 24 – Lodève 60 – Millau 118 – Montpellier 56 – Sète 25.

▲▲▲ Les Champs Blancs 8 avr.-sept.

ℰ 04 67 94 23 42, *champs.blancs@wanadoo.fr,*
Fax 04 67 94 87 81, *www.champs-blancs.fr* – places limitées
pour le passage – **R** conseillé
15 ha/4 campables (336 empl.) plat, gravillons, herbeux
Tarif : (Prix 2005) 🔳 39 € 🔌 (10A) – pers. suppl. 10 €
Location ⬜ : 80 🚐 (4 à 6 pers.) 265 à 730 €/sem. – 25
🏠 (4 à 6 pers.) 310 à 835 €/sem.
Pour s'y rendre : S : 2 km par rte de Rochelongue
À savoir : Bel espace aquatique

Nature : ⌑ ♀
Loisirs : 🍸 snack ⊕ ⚹ ⚹⚹ 💥 ⛏ ⛵
⛷ terrain omnisports
Services : ♿ ⚬-🚋 ⊟ ⬚ 🗑 – 80 sanitaires individuels (🚿 ⬚ wc) ⊛ ❅ 🗑
⬚ ⛲

▲▲▲ Yelloh-Village Mer et Soleil 8 avr.-14 oct.

ℰ 04 67 94 21 14, *contact@camping-mer-soleil.com,*
Fax 04 67 94 81 94, *www.camping-mer-soleil.com*
– **R** conseillée
8 ha (497 empl.) plat, sablonneux, herbeux
Tarif : 🔳 35 € 🔌 (6A) – pers. suppl. 6 €
Location ⬜ : 150 🚐 (4 à 6 pers.) 182 à 910 €/sem.
🚐, 1 borne 2 € – 20 🔳 10 €
Pour s'y rendre : S : 3 km par rte de Rochelongue

Nature : ⌑ ♀♀
Loisirs : 🍸 pizzeria, snack ⊕ nocturne ⚹⚹ 🎣 🛶 ⛵ 🚲 🏓 💥 ⛵
⛷
Services : ♿ ⚬-🚋 ⊟ ⬚ 🗑 ⛲ ⊛ ⬚
⛲
À prox. : 🐎

▲▲ Neptune avr.-sept.

ℰ 04 67 94 23 94, *info@campingleneptune.com,*
Fax 04 67 94 48 77, *www.campingleneptune.com* – **R** indispensable ⬜
2,1 ha (165 empl.) plat, herbeux
Tarif : (Prix 2005) 🔳 25,90 € – pers. suppl. 5,30 €
Location : 🚐 (4 à 6 pers.) 182 à 880 €/sem.
Pour s'y rendre : S : 2 km, près de l'Hérault
À savoir : Décoration arbustive et florale

Nature : ⌑ ♀
Loisirs : 🍸 🛶 🚲 ⛵
Services : ♿ ⚬-🚋 (juil.-août) ⬚ ⬚ ⊛
⛲ 🚽 🗑
À prox. : ⚹ 🎣 🐎

⚠️ **Les Romarins** 15 avr.-25 sept.
  🎫 04 67 94 18 59, *contact@romarins.com*,
  Fax 04 67 26 58 80, *www.romarins.com* – **R** indispensable
  ✂️
  1,8 ha (120 empl.) plat, herbeux, sablonneux
  Tarif : 🗏 24,05 € (½) (6A) – pers. suppl. 6,20 € – frais de
  réservation 20 €
  Location : 20 🚐 (4 à 6 pers.) 177 à 558 €/sem.
  Pour s'y rendre : S : 3 km, près de l'Hérault

Nature : ♀
Loisirs : 🍷 snack 🏊 ✂️ ⛷️
Services : ♿ ⚡ 🍴 🏠 ⊕ ⚙ 🖥️
À prox. : 🗺️ 🎣 🐎 golf, base nauti-
que, parc d'attractions aquatiques

⚠️ Le Rochelongue
  🎫 04 67 21 25 51, Fax 04 67 94 04 23 – **R** conseillée
  2 ha (100 empl.) plat, gravillons, herbeux
  Location : 🚐 – 🏠
  Pour s'y rendre : à Rochelongue, S : 4 km, à 500 m de la
  plage

Nature : 🌳 ♀
Loisirs : 🍷 snack, pizzeria 🏊 ⛷️
Services : ♿ ⚡ 🍴 🏠 ⊕ ⚙ 🖥️
🖥️
À prox. : ✂️ 🗺️ 🎣 🐎 base nautique,
golf, parc d'attractions aquatiques

⚠️ **La Mer** mai-25 sept.
  🎫 04 67 94 72 21, *camping-la-mer@wanadoo.fr*,
  Fax 04 67 94 72 07, *www.camping-la-mer.net* – **R** conseillée
  2 ha (119 empl.) plat, herbeux, sablonneux
  Tarif : 🗏 22 € – pers. suppl. 3,70 € – frais de réservation 15 €
  Location ✂️ : 8 🏠 (4 à 6 pers.) 280 à 490 €/sem.
  Pour s'y rendre : S : 4,3 km, rte de Rochelongue, à 200 m
  de la plage

Nature : 🌳 ♀♀
Loisirs : 🍷 pizzeria 🏊
Services : ♿ ⚡ ⛟ 🏠 ⊕ ⚙ 🖥️
À prox. : ✂️ 🗺️ 🎣 🐎 golf, base
nautique, parc d'attractions aquati-
ques

BALARUC-LES-BAINS

✉️ 34540 – 🗺️ H8 – G. Languedoc Roussillon – 5 688 h. – alt. 3 – ⚕️ (déb.-mars-mi déc.)
🅱️ *Syndicat d'initiative, square du Docteur Bordes* 🎫 04 67 46 81 46
Paris 781 – Agde 32 – Béziers 52 – Frontignan 8 – Lodève 54 – Montpellier 33 – Sète 9.

391

⚠️ Les Vignes
  🎫 04 67 48 04 93, *camping.lesvignes@free.fr*,
  Fax 04 67 18 74 32 – places limitées pour le passage
  – **R** conseillée
  2 ha (169 empl.) plat, herbeux, gravier
  Location : 🏠
  🚐 1 borne – 2 🗏
  Pour s'y rendre : NE : 1,7 km par D 129, D 2$^{E\,6}$, à droite, rte
  de Sète et chemin à gauche

Nature : 🌳 ♀
Loisirs : snack 🏠 🏊 ⛷️
Services : ♿ ⚡ 🍴 🏠 ⊕ ⚙ 🖥️

⚠️ **Le Mas du Padre** avr.-15 oct.
  🎫 04 67 48 53 41, *contact@mas-du-padre.com*,
  Fax 04 67 48 08 94, *www.mas-du-padre.com* – **R** conseillée
  1,8 ha (116 empl.) peu incliné, pierreux, herbeux
  Tarif : 🗏 33,90 € (½) (6A) – pers. suppl. 4,20 € – frais de
  réservation 8,50 €
  Location : 11 🚐 (4 à 6 pers.) 238 à 595 €/sem.
  Pour s'y rendre : NE : 2 km par D 2^E et chemin à droite
  À savoir : Sur une petite colline à l'ombre d'une grande
  variété d'arbres

Nature : 🌳 ♀♀
Loisirs : 🏠 🚶 🏊 ⛷️
Services : ♿ ⚡ ⛟ ⛾ 🍴 🏠 ⊕ ⚙ 🖥️
réfrigérateurs

BRISSAC

✉️ 34190 – 🗺️ H5 – G. Languedoc Roussillon – 442 h. – alt. 145
Paris 732 – Ganges 7 – Montpellier 41 – St-Hippolyte-du-Fort 19 – St-Martin-de-Londres 17 – Le Vigan 25.

⚠️ Le Val d'Hérault
  🎫 04 67 73 72 29, *p.fraisse@wanadoo.fr*,
  Fax 04 67 73 30 81, *www.camping-levaldherault.com*
  – **R** conseillée
  4 ha (135 empl.) peu incliné et en terrasses, pierreux
  Location : 🚐 – 🏠
  Pour s'y rendre : S : 4 km par D 4 rte de Causse-de-la-Selle,
  à 250 m de l'Hérault (accès direct)

Nature : 🦎 ≤ 🌳 ♀♀
Loisirs : 🍷 snack 🏠 🕯 nocturne
🏊 ⛷️
Services : ♿ ⚡ 🍴 🏠 ⊕ ⚙ 🖥️
⛴ 🖥️
À prox. : ⛵ (plage) escalade

CANET

⊠ 34800 – ③③⑨ F7 – 1 598 h. – alt. 42
Paris 717 – Béziers 47 – Clermont-l'Hérault 6 – Gignac 10 – Montpellier 39 – Sète 39.

⚊ Les Rivières
    𝒫 04 67 96 75 53, *camping-les-rivieres@wanadoo.fr,*
    Fax 04 67 96 58 35, *www.camping-les-rivieres.com*
    – **R** conseillée ⚡
    3 ha (90 empl.) plat, pierreux, herbeux
    Location : ▱ – ▱
    Pour s'y rendre : N : 1,8 km par D 131ᴱ, à la Sablière
    À savoir : Belle situation au bord de l'Hérault

| Nature : 🏞 ⌂ ♀ ⚐ |
| Loisirs : 🍴 snack, pizzeria 🍽 ✖ 🎳 🏊 |
| Services : 🚿 ⚪ 🖼 🖥 ⚙ 🗄 ⛽ |
| À prox. : 🐎 |

Le CAP-D'AGDE

⊠ 34300 – ③③⑨ G9 – G. Languedoc Roussillon
🛈 *Office de tourisme,* 𝒫 04 67 01 04 04, Fax 04 67 26 22 99
Paris 767 – Montpellier 57 – Béziers 29 – Narbonne 59 – Sète 25.

⚊ **La Clape** mi-mars-sept.
    𝒫 04 67 26 41 32, *clape@capdagde.com,*
    Fax 04 67 26 45 25, *www.camping-laclape.com* – **R** conseil-
    lée
    7 ha (450 empl.) plat, herbeux, pierreux
    Tarif : ▣ 25 € ⚡ (10A) – pers. suppl. 5,25 € – frais de réser-
    vation 22 €
    Location ⚡ : 35 ▱ (4 à 6 pers.) 263 à 577 €/sem. – 23
    ▱ (4 à 6 pers.) 313 à 660 €/sem.
    ▱ 1 borne
    Pour s'y rendre : Près de la plage (accès direct)

| Nature : ⌂ ♀♀ |
| Loisirs : 🍴 snack 🍽 🏇 🏊 |
| Services : 🚿 ⚪ 🏧 ♻ 🚽 🖴 🗄 ☔ |
| ⚙ 🗄 ⚒ ⛽ réfrigérateurs |
| À prox. : ✖ 🎣 ♠ |

CARNON-PLAGE

⊠ 34280 – ③③⑨ I7 – G. Languedoc Roussillon
🛈 *Office de tourisme, résidence la Civadière* 𝒫 04 67 50 51 15, Fax 04 67 50 54 04
Paris 758 – Aigues-Mortes 20 – Montpellier 20 – Nîmes 56 – Sète 37.

⚊ **Intercommunal les Saladelles** avr.-15 sept.
    𝒫 04 67 68 23 71, *camping.saladelles@wanadoo.fr,*
    Fax 04 67 68 23 71, *sivom-etang-or.fr* – **R** conseillée
    7,6 ha (384 empl.) plat, sablonneux
    Tarif : (Prix 2005) ▣ 18,10 € – pers. suppl. 3,60 €
    Location : ▱ (4 à 6 pers.) 160 à 570 €/sem.
    ▱ 1 borne 10 € – 18 ▣ 10 €
    Pour s'y rendre : Par D 59, Carnon Est, à 100 m de la plage

| Services : 🚿 ⚪ 🏧 ♻ 🚽 ⚙ ⚒ ⚓ |
| 🗄 |

CASTRIES

⊠ 34160 – ③③⑨ I6 – G. Midi Pyrénées – 5 146 h. – alt. 70
🛈 *Syndicat d'initiative, place des Libertés* 𝒫 04 67 91 20 39, Fax 04 67 91 20 39
Paris 746 – Lunel 15 – Montpellier 19 – Nîmes 44.

⚊ **Fondespierre** Permanent
    𝒫 04 67 91 20 03, *pcomtat@free.fr,* Fax 04 67 16 41 48,
    www.campingfondespierre.com – accès aux emplacements
    par forte pente, mise en place et sortie des caravanes à la
    demande – **R** conseillée
    3 ha (103 empl.) en terrasses et peu incliné, pierreux
    Tarif : ▣ 23,50 € ⚡ (10A) – pers. suppl. 3,50 € – frais de
    réservation 15 €
    Location : 12 ▱ (4 à 6 pers.) 250 à 510 €/sem.
    ▱ 1 borne 4 €
    Pour s'y rendre : NE : 2,5 km par N 110, rte de Sommières
    et rte à gauche

| Nature : 🏞 ⌂ ♀ |
| Loisirs : 🚲 🏊 |
| Services : 🚿 ⚪ 🏧 ♻ 🚽 🗄 ⚙ 🗄 |
| À prox. : ✖ |

CLERMONT-L'HÉRAULT

✉ 34800 – 339 F7 – G. Languedoc Roussillon – 6 532 h. – alt. 92
🛈 *Office de tourisme, rue René Gosse* ℰ *04 67 96 23 86, Fax 04 67 96 98 58*
Paris 718 – Béziers 46 – Lodève 24 – Montpellier 42 – Pézenas 22 – Sète 55.

Municipal du Lac du Salagou Permanent
ℰ 04 67 96 13 13, *centretouristique@wanadoo.fr*,
Fax 04 67 96 32 12, *www.lesalagou.fr* – **R** conseillée
7,5 ha (388 empl.) plat et en terrasses, peu incliné, pierreux,
gravier, herbeux.
Tarif : 🔲 15,15 € – pers. suppl. 2,20 € – frais de réservation 15 €
Location : 5 🛏 (4 à 6 pers.) 300 à 430 €/sem. – gîtes
Pour s'y rendre : NO : 5 km par D 156^E 4, à 300 m du lac
À savoir : Situation agréable à proximité du lac et de la base nautique

> Nature : ← ⌂ ♀
> Loisirs : 🎴 🏊
> Services : ♿ ⚡ GB ⌀ ♨ ☺ 🔲
> cases réfrigérées
> À prox. : 🍽 ✕ pizzeria ♞ 🚲 ≈ ◊

*Les localités possédant des ressources sélectionnées dans ce guide sont signalées sur les **cartes MICHELIN** détaillées à 1/150 000.*

CREISSAN

✉ 34370 – 339 D8 – 938 h. – alt. 90
Paris 774 – Béziers 21 – Murviel-lès-Béziers 20 – Narbonne 25 – Olonzac 30 – St-Chinian 12.

Municipal les Oliviers
ℰ 04 67 93 81 85, *mairie-creissan@wanadoo.fr*,
Fax 04 67 93 85 28, *www.creisan.com* – **R** conseillée
0,4 ha (20 empl.) plat, herbeux
Location : gîtes
Pour s'y rendre : Au Nord-Ouest du bourg

> Nature : ⌂ ♀
> Services : ♿ ⚡ ☺ ⚱ 🔲
> À prox. : ✕ ≈

393

DIO-ET-VALQUIÈRES

✉ 34650 – 339 E6 – 136 h. – alt. 250
Paris 718 – Bédarieux 12 – Béziers 45 – Lunas 10 – Montpellier 69.

La Garenne
ℰ 04 67 95 45 24 – accès aux emplacements par forte
pente, mise en place et sortie des caravanes à la demande
– **R** conseillée
1,9 ha (30 empl.) en terrasses, pierreux, herbeux
Location : bungalows toilés
Pour s'y rendre : À l'Est du petit village médiéval de Dio
À savoir : Sous une chênaie, domine un paysage sauvage de moyenne montagne

> Nature : 🏞 ← ⌂ ♀♀
> Loisirs : ⚱
> Services : ⚡ ♨ ☺ 🔲
> À prox. : ≈ ◊

FRONTIGNAN

✉ 34110 – 339 H8 – G. Languedoc Roussillon – 19 145 h. – alt. 2
Paris 775 – Lodève 59 – Montpellier 26 – Sète 10.

à Frontignan-Plage S : 1 km – ✉ 34110

Les Tamaris avr.-17 sept.
ℰ 04 67 43 44 77, *les-tamaris@wanadoo.fr*,
Fax 04 67 18 97 90, *www.les-tamaris.fr* – **R** conseillée
4 ha (250 empl.) plat, herbeux, pierreux
Tarif : 🔲 35 € (*) (10A) – pers. suppl. 8,50 €
Location 🏊 : 62 🛏 (4 à 6 pers.) 200 à 760 €/sem. – 23
🏠 (4 à 6 pers.) 210 à 760 €/sem.
🛏 1 borne 4,50 €
Pour s'y rendre : NE par D 60
À savoir : Cadre agréable, au bord de la plage

> Nature : ⌂ ♀ ≋
> Loisirs : 🍽 ✕ pizzeria 🎴 ⚑ nocturne ♞ 🎠 🏊 ⚱
> Services : ♿ ⚡ GB ⌀ 🔲 ♨ ☺ ⚱
> 🚿 ⚓ 🔲 ⚒ ♞ cases réfrigérées

GIGNAC

☒ 34150 – ▨▨▨ G7 – G. Languedoc Roussillon – 3 955 h. – alt. 53
🛈 *Office de tourisme, place du Gal Claparède* 𝄞 04 67 57 58 83, *Fax 04 67 57 67 95*
Paris 719 – Béziers 58 – Clermont-l'Hérault 12 – Lodève 25 – Montpellier 30 – Sète 57.

     ⚠ **Municipal la Meuse**
         𝄞 04 67 57 92 97, *camping-meuse@wanadoo.fr*,
         Fax 04 67 57 25 65, *www.ville-gignac.fr* – **R** conseillée
         3,4 ha (61 empl.) plat, herbeux
         ⌖⌖
         Pour s'y rendre : NE : 1,2 km par D 32, rte d'Aniane puis
         chemin à gauche, à 200 m de l'Hérault et d'une base nautique

> Nature : ▭ ♀
> Loisirs : snack ✂
> Services : ⅏ ⚬━ 🗓 ⚞ ⊛ 🖼
> À prox. : ⚲ ☟ 𝄞 parcours sportif,
> mur d'escalade

La GRANDE-MOTTE

☒ 34280 – ▨▨▨ J7 – G. Languedoc Roussillon – 6 458 h. – alt. 1
🛈 *Office de tourisme, allée des Parcs* 𝄞 04 67 56 42 00, *Fax 04 67 29 03 45*
Paris 747 – Aigues-Mortes 12 – Lunel 16 – Montpellier 28 – Nîmes 45 – Palavas-les-Flots 16 – Sète 47.

     ⋀⋀⋀ **Le Garden** avr.-15 oct.
         𝄞 04 67 56 50 09, Fax 04 67 56 25 69, *www.legarden.fr* – **R**
         3 ha (209 empl.) plat, herbeux, sablonneux
         Tarif : 🖾 36 € 🔌 (6A) – pers. suppl. 8,50 €
         Location : 118 ⌂⌂ (4 à 6 pers.) 320 à 760 €/sem.
         Pour s'y rendre : Sortie O par D 59, à 300 m de la plage

> Nature : ▭ ♀♀ (pinède)
> Loisirs : ♈ ✗ pizzeria 🎴 ⚐ ⚷
> ⚓
> Services : ⅏ ⚬━ ⻤⻤ Ⓜ 🗓 ♨ ⊛ ⚞
> 🖼 🏪 ⚒
> À prox. : ⚑

     ⚠ **Intercommunal les Cigales** avr.-oct.
         𝄞 04 67 56 50 85, *camping.lescigales@wanadoo.fr*,
         Fax 04 67 56 50 85, *www.sivom-etang-or.fr* – **R** indispensable
         2,5 ha (180 empl.) plat, sablonneux
         Tarif : (Prix 2005) 🖾 17,40 € 🔌 (10A) – pers. suppl. 5 €
         Location : 20 ⌂⌂ (4 à 6 pers.) 165 à 570 €/sem.
         Pour s'y rendre : Sortie O par D 59

> Loisirs : ⚐⚷
> Services : ⚬━ ⻤⻤ ⚷ ⊛ ⚞ ⚒ 🖼
> À prox. : ⚞ poneys

LATTES

☒ 34970 – ▨▨▨ I7 – G. Languedoc Roussillon – 13 768 h. – alt. 3
🛈 *Office de tourisme, 679, avenue de Montpellier* 𝄞 04 67 22 52 91
Paris 766 – Montpellier 7 – Nîmes 54 – Béziers 68 – Arles 80.

     ⋀⋀⋀ **Le Parc** 26 mars-11 nov.
         𝄞 04 67 65 85 67, *camping-le-parc@wanadoo.fr*,
         Fax 04 67 20 20 58, *www.leparccamping.com* – **R** conseillée
         1,6 ha (100 empl.) plat, herbeux, pierreux
         Tarif : 🖾 23,40 € 🔌 (10A) – pers. suppl. 5,30 € – frais de
         réservation 10 €
         Location : 16 ⌂⌂ (4 à 6 pers.) 243 à 614 €/sem.
         Pour s'y rendre : NE : 2 km par D 172

> Nature : ♀♀
> Loisirs : snack ⚐⚷ ⚓
> Services : ⅏ ⚬━ ⻤⻤ ⚷ 🗓 ♨ ⊛ 🖼
> À prox. : 🛒 🚲 ✂ ⚞ parcours de
> santé

LAURENS

✉ 34480 – 339 E7 – 932 h. – alt. 140
Paris 736 – Bédarieux 14 – Béziers 22 – Clermont-l'Hérault 40 – Montpellier 91 – Sète 61.

L'Oliveraie Permanent
℘ 04 67 90 24 36, *oliveraie@free.fr*, Fax 04 67 90 11 20,
www.oliveraie.com – **R** conseillée
7 ha (116 empl.) plat, terrasse, pierreux, herbeux
Tarif : 🎫 26,80 € – pers. suppl. 5 € – frais de réservation 20 €
Location : 12 🛏 (2 à 4 pers.) 150 à 400 €/sem. – 7 🚐 (4 à 6 pers.) 300 à 550 €/sem.
Pour s'y rendre : N : 2 km par rte de Bédarieux et chemin à droite

Nature : ⌒ ♀
Loisirs : ♈ pizzeria ♒ nocturne 🎯 ⛵ 🚲 ✂ 🎣 ♨ 🐎 poneys
Services : ♿ ⊶ 🅖🅑 📶 🗄 ♨ ☺ @ 🛠 🚰 🖼 🧺 🧹
À prox. : 🎣

LODÈVE

✉ 34700 – 339 E6 – G. Languedoc Roussillon – 6 900 h. – alt. 165
🏛 Office de tourisme, 7, place de la République ℘ 04 67 88 86 44
Paris 695 – Alès 98 – Béziers 63 – Millau 60 – Montpellier 55 – Pézenas 39.

Municipal les Vailhès avr.-sept.
℘ 04 67 44 25 98, Fax 04 67 44 01 84 – **R**
4 ha (246 empl.) en terrasses, herbeux
Tarif : (Prix 2005) 🧍 3 € 🎫 4,10 € 🔌 (10A) 2,40 €
Pour s'y rendre : S : 7 km par N 9, rte de Montpellier puis 2 km par D 148, rte d'Octon et chemin à gauche, par voie rapide sortie 54
À savoir : Belle situation au bord du lac du Salagou

Nature : 🌿 ≼ ⌒ ♀ 🏔
Loisirs : 🚲 🎣
Services : ♿ ⊶ 🗄 ☺ 🖼

Les Peupliers Permanent
℘ 04 67 44 38 08, *les-peupliers@hotmail.com*,
Fax 04 67 44 38 08 – **R** conseillée
1,5 ha (54 empl.) plat, herbeux, peu incliné, pierreux
Tarif : 🎫 15 € – pers. suppl. 3,20 €
Location 🏠 : 4 🚐 (4 à 6 pers.) 340 à 420 €/sem.
Pour s'y rendre : SE : 6,5 km par N 9, rte de Montpellier puis à droite en direction de Le Bosc, sortie 54 par la voie rapide

Nature : ♀
Loisirs : snack 🍴 🎯 🎣
Services : ♿ ⊶ 🗄 ☺ 🖼

395

MARSEILLAN

✉ 34340 – 339 G8 – G. Languedoc Roussillon – 6 199 h. – alt. 3
🏛 Office de tourisme, avenue de la Méditerranée ℘ 04 67 21 82 43, Fax 04 67 21 82 58
Paris 754 – Agde 7 – Béziers 31 – Montpellier 49 – Pézenas 20 – Sète 24.

à Marseillan-Plage S : 6 km par D 51ᴱ – ✉ 34340

Yelloh-Village la Nouvelle Floride 8 avr.-23 sept.
℘ 04 67 21 94 49, *info@nouvelle-floride.com*,
Fax 04 67 21 81 05, *www.lesméditerranées.com*
– **R** conseillée
6,5 ha (459 empl.) plat, herbeux, sablonneux
Tarif : 🎫 42 € – pers. suppl. 6 €
Location 🏠 : 151 🚐 (4 à 6 pers.) 231 à 980 €/sem.
À savoir : Situation agréable en bordure de plage

Nature : ⌒ ♀♀ 🏔
Loisirs : ♈ pizzeria, brasserie, snack ♒ nocturne 🎯 🎵 salle d'animation 🎯 🎣 🏊 terrain omnisports
Services : ♿ ⊶ 🅖🅑 📶 🗄 ♨ ☺ @ 🛠 🚰 🖼 🧺 🧹
À prox. : 💃 discothèque

Charlemagne 8 avr.-23 sept.
℘ 04 67 21 92 49, *info@charlemagne-camping.com*,
Fax 04 67 21 86 11, *www.lesmediterranees.com*
– **R** conseillée
6,7 ha (480 empl.) plat, sablonneux, herbeux
Tarif : 🎫 42 € 🔌 (10A) – pers. suppl. 6 € – frais de réservation 30 €
Location 🏠 : 280 🚐 (4 à 6 pers.) 210 à 980 €/sem.
🚐 1 borne
Pour s'y rendre : À 250 m de la plage

Nature : ⌒ ♀♀
Loisirs : ♈ ✗ pizzeria 🍴 ♒ nocturne 🎯 🎵 discothèque 🎣 🏊
Services : ♿ ⊶ 🅖🅑 📶 🗄 ♨ ☺ @ 🛠 🚰 🖼 🧺 🧹
À prox. : terrain omnisports

MARSEILLAN

⚠ **Languedoc-Camping** mars-oct.
    ℘ 04 67 21 92 55, *languedoc.camping.fr@wanadoo.fr*,
www.campinglanguedoc.com – **R** indispensable
1,5 ha (118 empl.) plat, herbeux
Tarif : 🔳 35 € – pers. suppl. 6,50 € – frais de réservation 31 €
Location 🏕 : 11 ⬛ (4 à 6 pers.) 270 à 590 €/sem.
À savoir : Au bord de la plage

> **Nature :** ⬛ 🔆 ⚠
> **Loisirs :** 🏄
> **Services :** ♿ ⚬ 🅖🅑 🐕 Ⓜ 🎏 ♨ ☺ 📷 ♨

⚠ **Le Galet** avr.-sept.
    ℘ 04 67 21 95 61, *reception@camping-galet.com*,
Fax 04 67 21 87 23, *www.camping-galet.com* – **R** indispensable
3 ha (275 empl.) plat, sablonneux, herbeux
Tarif : (Prix 2005) 🔳 31 € 🔌 (10A) – pers. suppl. 5,20 € – frais de réservation 25 €
Location : 20 ⬛ (4 à 6 pers.) 252 à 630 €/sem.
Pour s'y rendre : À 250 m de la plage

> **Nature :** ⬛ 🔆
> **Loisirs :** 🏄 🍴 ⚡
> **Services :** ♿ ⚬ 🅖🅑 🐕 🎏 ♨ ☺ 📷
> **À prox. :** 🛒 🍴 🏄

△ **La Créole** 2 avr.-10 oct.
    ℘ 04 67 21 92 69, *campinglacreole@wanadoo.fr*,
Fax 04 67 26 58 16, *www.campinglacreole.com* – **R** conseillée
1,5 ha (110 empl.) plat, sablonneux, herbeux
Tarif : 🔳 27,20 € – pers. suppl. 4,50 €
Location 🏕 : 14 ⬛ (4 à 6 pers.) 230 à 550 €/sem.
🚐, 1 borne
À savoir : En bordure d'une belle plage de sable fin

> **Nature :** ⬛ 🔆 ⚠
> **Loisirs :** 🏄
> **Services :** ♿ ⚬ 🅖🅑 🐕 🎏 ♨ 📷 ☺
> **À prox. :** 🏓 🎣 🏇 (centre équestre) golf, parc d'attractions

Donnez-nous votre avis
sur les terrains que nous recommandons.
Faites-nous connaître vos observations et vos découvertes.

MONTPELLIER

✉ 34000 – 🐣🐣🐣 I7 – G. Languedoc Roussillon – 225 392 h. – alt. 27
🏢 *Office de tourisme, 30, allée Jean de L. de Tassigny* ℘ *04 67 60 60 60, Fax 04 67 60 60 61*
Paris 758 – Marseille 173 – Nice 330 – Nîmes 55 – Toulouse 242.

△ **Le Floréal** mars-3 nov.
    ℘ 04 67 92 93 05, *info@camping-le-floreal.com*,
Fax 04 67 92 93 05, *www.camping-le-floreal.com*
– **R** conseillée
1,5 ha (134 empl.) plat, sablonneux, herbeux
Tarif : 🔳 19,70 € 🔌 (4A) – pers. suppl. 4,50 €
Location 🏕 : 14 ⬛ (4 à 6 pers.) 200 à 500 €/sem.
🚐, 1 borne
Pour s'y rendre : Sortie SE par D 986 rte de Palavas-les-Flots-accès par le 1er pont après celui de l'autoroute - par A9 sortie 30 Montpellier-Sud, direction Palavas-les-Flots

> **Nature :** ⬛ 🔆
> **Loisirs :** 🏄
> **Services :** ♿ ⚬ 🅖🅑 🐕 🎏 ♨ 📷 ☺
> **À prox. :** 📷

OCTON

✉ 34800 – 🐣🐣🐣 E7 – 397 h. – alt. 185
🏢 *Office de tourisme, le village* ℘ *04 67 96 22 79*
Paris 709 – Béziers 55 – Lodève 15 – Montpellier 56.

△ **Le Mas de Carles** avr.-15 oct.
    ℘ 04 67 96 32 33 – **R** conseillée
1 ha (40 empl.) plat et peu incliné, terrasses, herbeux, gravillons
Tarif : (Prix 2005) 🔳 20,80 € 🔌 (10A) – pers. suppl. 3,80 €
Pour s'y rendre : SE : à 0,6 km du bourg par D 148E
À savoir : Agréable cadre fleuri autour d'un mas et en plein cœur des vignes

> **Nature :** 🌳 < ⬛ 🔆
> **Loisirs :** 🏄 ⚡
> **Services :** ⚬ 📷 ☺
> **À prox. :** 🍴

PÉZENAS

✉ 34120 – 🎴🎴🎴 F8 – G. Languedoc Roussillon – 7 443 h. – alt. 15
🅱 *Office de tourisme, place Gambetta* ✆ 04 67 98 36 40
Paris 734 – Agde 22 – Béziers 24 – Lodève 39 – Montpellier 55 – Sète 38.

St-Christol 15 avr.-15 sept.
✆ 04 67 98 09 00, *saintchristol@worldonline.fr*,
Fax 04 67 98 89 61, *www.campingsaintchristol.com*
– **R** conseillée
1,5 ha (93 empl.) plat, gravier
Tarif : ✿ 3,22 € 🔲 8,22 € [⚡] (10A) 2,60 €
Location : 8 🏠 (4 à 6 pers.) 350 à 600 €/sem.
Pour s'y rendre : NE : 0,6 km par D 30ᴱ, rte de Nizas et chemin à droite

> Nature : ☲ ♉♉
> Loisirs : snack 🛋 ⚒
> Services : 🕭 ⚬━ ⒼⒷ ⒸⒻ ⊙ 🖩
> À prox. : ✖

Municipal le Castelsec
✆ 04 67 98 04 02, Fax 04 67 90 72 47 – **R** conseillée
0,8 ha (40 empl.) plat et en terrasses, herbeux, pinède attenante
Location : 🏠 – gîtes
Pour s'y rendre : Sortie Sud-Ouest, rte de Béziers et rue à droite après le centre commercial Champion

> Nature : ≪ ☲ ♉
> Loisirs : 🛋 ✖
> Services : 🕭 ⚬━ 🖸 ⊙ 🖩
> À prox. : 🛒

PORTIRAGNES

✉ 34420 – 🎴🎴🎴 F9 – 2 278 h. – alt. 10
🅱 *Office de tourisme, avenue Jean Moulin* ✆ 04 67 90 84 31, Fax 04 67 90 88 07
Paris 762 – Agde 13 – Béziers 13 – Narbonne 40 – Valras-Plage 14.

à Portiragnes-Plage S : 4 km par D 37 – ✉ 34420

Les Sablons avr.-sept.
✆ 04 67 90 90 55, *les.sablons@wanadoo.fr*,
Fax 04 67 90 82 91, *www.les.sablons.com* – **R** indispensable
15 ha (800 empl.) plat, herbeux, sablonneux, étang
Tarif : 🔲 42 € [⚡] (6A) – pers. suppl. 8 €
Location : 162 🚐 (4 à 6 pers.) 175 à 770 €/sem. – 86 🏠 (4 à 6 pers.) 200 à 945 €/sem.
Pour s'y rendre : Sortie N, rte de Portiragnes, en bordure de plage et d'un étang (accès direct)
À savoir : Situation agréable entre étang et mer

> Nature : ☲ ♉♉ ⏚
> Loisirs : 🍸 ✖ snack, pizzeria 🍹 nocturne 🕺 discothèque 🛷 🚲 •⚬
> ✖ ⚒ 🛝
> Services : 🕭 ⚬━ ⒼⒷ ⒸⒻ 🖸 🍴 ⊙ 🖩
> 🛒 🚲 cases réfrigérées
> À prox. : 🎣 ⚓

L'Émeraude 24 mai-3 sept.
✆ 04 67 90 93 76, *contact@campinglemeraude.com*,
Fax 04 67 09 91 18, *www.campinglemeraude.com*
– **R** conseillée
4,2 ha (280 empl.) plat, herbeux
Tarif : (Prix 2005) 🔲 26,50 € [⚡] (5A) – pers. suppl. 6 € – frais de réservation 15 €
Location 🍴 : 130 🚐 (4 à 6 pers.) 245 à 605 €/sem. – 11 🏠 (4 à 6 pers.) 310 à 640 €/sem.
Pour s'y rendre : N : 1 km par rte de Portiragnes

> Nature : ♉♉
> Loisirs : 🍸 snack 🛋 🍹 nocturne
> 🛷 ✖ 🛝
> Services : 🕭 ⚬━ ⒼⒷ ⒸⒻ 🖸 🍴 ⊙ 🖩
> 🛝 🚲 cases réfrigérées
> À prox. : 🐎

Les Mimosas 13 mai-2 sept.
✆ 04 67 90 92 92, *les.mimosas.portiranges@wanadoo.fr*,
Fax 04 67 90 85 39, *www.mimosas.com* – places limitées pour le passage – **R** conseillée
7 ha (400 empl.) plat, herbeux
Tarif : 🔲 34 € – pers. suppl. 8 € – frais de réservation 33 €
Location : 10 🚐 (2 à 4 pers.) 250 à 575 €/sem. – 206 🚐 (4 à 6 pers.) 310 à 820 €/sem. – 4 🏠 (4 à 6 pers.) 340 à 770 €/sem. – 10 bungalows toilés – (avec sanitaires)
🚐 1 borne 2 €
Pour s'y rendre : NE : 2.5 km par rte de Portiragnes et à droite, puis rte du port à gauche, près du canal du Midi

> Nature : ☲ ♉♉
> Loisirs : 🍸 🛋 🍹 nocturne 🕺 🎿
> 🛼 🛷 🚲 🛝 ✖ terrain omnisports
> Services : 🕭 ⚬━ ⒼⒷ ⒸⒻ 🖸 🍴 – 10 sanitaires individuels (🚿 🚾 wc) ⊙
> 🖩 🛝 🚲 cases réfrigérées
> À prox. : ponton d'amarrage

397

ST-ANDRÉ-DE-SANGONIS

✉ 34725 – 🔲🔲🔲 G7 – 3 782 h. – alt. 65
Paris 715 – Béziers 54 – Clermont-l'Hérault 8 – Gignac 5 – Montpellier 34 – Sète 61.

⚠ Le Septimanien
    ℘ 04 67 57 84 23, leseptimanien@aol.com,
    Fax 04 67 57 54 78, *www.camping-leseptimanien.com*
    – **R** conseillée
    2,6 ha (86 empl.) plat et en terrasses, pierreux
    Location : 9 🏠 – 9 🏠
    Pour s'y rendre : SO : 1 km par D 4, rte de Brignac, bord
    d'un ruisseau

Nature : 🐿 🗀
Loisirs : 🍴 snack 🎿 🏊
Services : 🚿 🗄 ⊛ 🗑 🚿
À prox. : 🎯 🐎

ST-PONS-DE-THOMIÈRES

✉ 34220 – 🔲🔲🔲 B8 – G. Languedoc Roussillon – 2 287 h. – alt. 301
🏢 *Office de tourisme, place du Foirail ℘ 04 67 97 06 65, Fax 04 67 97 95 09*
Paris 750 – Béziers 54 – Carcassonne 64 – Castres 54 – Lodève 73 – Narbonne 53.

⚠ **Aire Naturelle la Borio de Roque** juin-15 sept.
    ℘ 04 67 97 10 97, info@borioderoque.com,
    Fax 04 67 97 21 61, *www.borioderoque.com* – **R** conseillée
    100 ha/2,5 campables (25 empl.) en terrasses, herbeux
    Tarif : 🚶 4,25 € 🚗 2,10 € 🅴 8,75 € 🔋 3 € – frais de réser-
    vation 16,50 €
    Location (permanent) : gîtes
    Pour s'y rendre : NO : 3,9 km par D 907, rte de la Salvetat-
    sur-Agout, puis à droite, 1,2 km par chemin empierré, bord
    d'un ruisseau
    À savoir : Dans un site boisé de moyenne montagne

Nature : 🐿 ❮ 🗀 ♀
Loisirs : 🏡 🎿 🏊
Services : 🚿 ⚡ 🗄 ⊛
À prox. : 🎯

*Utilisez les **cartes MICHELIN** détaillées à 1/150 000,
complément indispensable de ce guide.
(◊) Ce symbole signale la localité sélectionnée
dans le **guide Michelin « CAMPING CARAVANING FRANCE ».***

398

La SALVETAT-SUR-AGOUT

✉ 34330 – 🔲🔲🔲 B7 – G. Languedoc Roussillon – 1 118 h. – alt. 700
🏢 *Office de tourisme, place des Archers ℘ 04 67 97 64 44*
Paris 725 – Anglès 17 – Brassac 26 – Lacaune 20 – Olargues 27 – St-Pons-de-Thomières 22.

⚠ **La Blaquière** saison
    ℘ 04 67 97 61 29, Fax 04 67 97 61 29, www.blaquiere.FR.ST
    – **R** conseillée
    0,8 ha (60 empl.) plat, herbeux
    Tarif : 🅴 12,30 € – pers. suppl. 3,40 €
    Location : 6 🏠 (2 à 4 pers.) 120 à 230 €/sem. – 8 🏠 (4
    à 6 pers.) 240 à 420 €/sem.
    Pour s'y rendre : Sortie N, rte de Lacaune, bord de l'Agout

Nature : ♀♀
Loisirs : 🐟 🎣
Services : ⚡ (saison) 🐾 🚿 ⊛
À prox. : 🏊 🎿 🍴 🎯

SÉRIGNAN

✉ 34410 – 🔲🔲🔲 E9 – G. Languedoc Roussillon – 6 134 h. – alt. 7
🏢 *Office de tourisme, 32, place de la Libération ℘ 04 67 32 42 21*
Paris 765 – Agde 22 – Béziers 11 – Narbonne 34 – Valras-Plage 4.

⚠⚠⚠ **Les Vignes d'Or** mai-15 sept.
    ℘ 04 67 32 37 18, info@vignesdor.com, Fax 04 67 32 00 80,
    www.vignesdor.com – **R** indispensable
    4 ha (250 empl.) plat, herbeux, pierreux
    Tarif : 🅴 27,50 € 🔋 (6A) – pers. suppl. 4 €
    Location : 30 🏠 (4 à 6 pers.) 180 à 620 €/sem. – 10 🏠
    (4 à 6 pers.) 210 à 600 €/sem. – bungalows toilés
    Pour s'y rendre : S : 3,5 km, rte de Valras-Plage, prendre la
    contre-allée située derrière le garage Citroën

Nature : 🐿 🗀 ♀
Loisirs : 🍴 brasserie, pizzeria 🕯 noc-turne 🎿 🎣 🏊
Services : 🚿 ⚡ GB 🐾 🚿 🗑 ⊛ 🗄 🚿
À prox. : 🎣 🎯 🐎

⚠ **Le Paradis** avr.-sept.
  📞 04 67 32 24 03, *Paradiscamping34@aol.com*,
Fax 04 67 32 24 03 – **R** conseillée ✄
2,2 ha (129 empl.) plat, herbeux
Tarif : 🔲 24 € – pers. suppl. 4 € – frais de réservation 16 €
Location : 22 🚐 (4 à 6 pers.) 180 à 600 €/sem.
Pour s'y rendre : S : 1,5 km par rte de Valras-Plage
À savoir : Cadre agréable

Nature : 🔲 ΩΩ
Loisirs : snack 🛋 ♨ 🏊
Services : 🚿 ⚬— GB ⚕ 🖥 🛒 ⊕ 🖼 ✈
À prox. : 🍴

à Sérignan-Plage SE : 5 km par D 37ᴱ – ✉ 34410

⚠ **Yelloh-Village le Sérignan Plage** 6 avr.-24 sept.
  📞 04 67 32 35 33, *info@leserignanplage.com*,
Fax 04 67 32 26 36, *www.leserignanplage.com* – **R** conseillée
16 ha (900 empl.) plat, herbeux, sablonneux
Tarif : 🔲 42 € – pers. suppl. 6 €
Location ✄ : 177 🚐 (4 à 6 pers.) 245 à 1 015 €/sem. –
53 🏠 (4 à 6 pers.) 245 à 1 015 €/sem.
Pour s'y rendre : En bordure de plage, accès direct
À savoir : Beaux bâtiments sur le thème d'auberge provençale avec petits commerces de proximités

Nature : ≋ 🔲 ΩΩ 🗻
Loisirs : 🍸 ✕ snack, pizzeria, crêpe-rie 🛋 ⓘ nocturne ⚡ 🎵 disco-thèque ♨ ✄ 🏊 ⚘ balnéo
Services : 🚿 ⚬— Ⓟ GB ⚕ 🛒 ⊕ 🖼 🍴 🚿
À prox. : ♨

⚠ **Aloha Village** 29 avr.-17 sept.
  📞 04 67 39 71 30, *info@yallohvillage-aloha.com*,
Fax 04 67 32 58 15, *www.yallohvillage-aloha.com*
– **R** conseillée
9,5 ha (470 empl.) plat, herbeux, sablonneux
Tarif : 🔲 42 € – pers. suppl. 6 €
Location ✄ : 90 🚐 (4 à 6 pers.) 273 à 973 €/sem. – 80 🏠 (4 à 6 pers.) 245 à 868 €/sem.
🚐
À savoir : En bordure de plage

Nature : 🔲 ΩΩ 🗻
Loisirs : 🍸 ✕ pizzeria 🛋 ⓘ noc-turne ⚡ salle d'animation ♨ 🚴 ✄ 🏊 ⚘
Services : 🚿 ⚬— GB ⚕ 🖥 🛒 ⊕ 🍴 🖼 🍴 🚿
À prox. : ♞ 🐎 école de voile, cata-maran

🔵 **399**

⚠ **Le Clos Virgile** 6 mai-15 sept.
  📞 04 67 32 20 64, *le.clos.virgile@wanadoo.fr*,
Fax 04 67 32 05 42, *www.leclosvirgile.com* – **R** conseillée
5 ha (300 empl.) plat, sablonneux, herbeux
Tarif : 🔲 35 € 🔌 (6A) – pers. suppl. 6 € – frais de réservation 20 €
Location (Ascension- 15 sept) ✄ : 82 🚐 (4 à 6 pers.) 200 à 730 €/sem. – 22 🏠 (4 à 6 pers.) 250 à 740 €/sem.
Pour s'y rendre : À 500 m de la plage

Nature : ΩΩ
Loisirs : 🍸 ✕ 🛋 ⓘ nocturne ⚡ ♨ 🏊 ⚘
Services : 🚿 ⚬— GB ⚕ 🖥 🛒 ⊕ 🖼 🍴 🚿
À prox. : ♞ 🐎

⚠ **Beauséjour** avr.-sept.
  📞 04 67 39 50 93, *info@camping-beausejour.com*,
Fax 04 67 32 01 96, *www.camping-beausejour.com*
– **R** conseillée
10 ha/6 campables (380 empl.) plat, herbeux, sablonneux
Tarif : (Prix 2005) 🔲 30,60 € 🔌 (10A) – pers. suppl. 5,50 €
Location ✄ : 🚐 (4 à 6 pers.) 240 à 656 €/sem. – 🏠 (4 à 6 pers.) 280 à 750 €/sem.
Pour s'y rendre : En bordure de plage

Nature : ≋ 🔲 ΩΩ 🗻
Loisirs : 🍸 brasserie, pizzeria ⓘ noc-turne ⚡ 🎵 discothèque ♨ piste de bi-cross
Services : 🚿 ⚬— GB ⚕ 🖥 🛒 ⊕ 🖼 🍴 🚿
À prox. : base nautique

SÈTE

✉ 34200 – 🔢🔢🔢 H8 – G. Languedoc Roussillon – 39 542 h. – alt. 4
🅱 *Office de tourisme, 60, rue Mario Roustan* 📞 *04 67 74 71 71, Fax 04 67 46 17 54*
Paris 787 – Béziers 48 – Lodève 63 – Montpellier 35.

⚠ **Le Castellas** 29 avr.-17 sept.
  📞 04 67 51 63 00, *camping.lecastellas@wanadoo.fr*,
Fax 04 67 51 63 01, *www.le-castellas.com* – **R** conseillée
23 ha (989 empl.) plat, sablonneux, gravillons
Tarif : 🔲 36 € – pers. suppl. 7 € – frais de réservation 25 €
Location : 374 🚐 (4 à 6 pers.) 203 à 777 €/sem. – 70 🏠 (4 à 6 pers.) 217 à 819 €/sem.
🚐 1 borne 9 €
Pour s'y rendre : SO : 11 km par N 112, rte d'Agde, près de la plage

Nature : 🔲 ♀
Loisirs : 🍸 cafétéria, pizzeria, snack ⓘ ⚡ ♨ 🚴 ✄ 🏊 terrain omnis-ports
Services : 🚿 ⚬— GB ⚕ 🖥 🛒 ⊕ ☏ 🖼 🍴 🚿 cases réfrigérées
À prox. : ♨ 🐎

SOUBÈS

✉ 34700 – 🔢🔢🔢 F6 – 710 h. – alt. 239

⛺ **Les Sources** 15 mai-15 sept.
   ℘ 04 67 44 32 02, *jlsources@wanadoo.fr*,
   Fax 04 67 44 32 02, *www.campingdessources.cjb.net*
   – **R** conseillée ✍
   1,4 ha (52 empl.) plat, peu incliné, terrasses, herbeux
   Tarif : 🔲 16,50 € 🗲 (6A) – pers. suppl. 4,50 €
   Pour s'y rendre : SE : 1,7 km par D 149, rte de Fozières et
   D 149ᴱ ˢ à gauche, près de la Brèze (accès direct par escalier),
   chemin piétonnier reliant le camping au village

Nature : 🐟 ← 🌳	
Loisirs : 🏇 ⛵	
Services : 🗍 ⊶ 🚐 🧺 🔥 ⌂ ⊛ 🔳	
À prox. : 🍴	

La TAMARISSIÈRE

✉ 34300 – 🔢🔢🔢 F9
Paris 761 – Montpellier 62 – Béziers 24 – Narbonne 54 – Sète 29.

Schéma à Agde

⛺ **La Tamarissière** 15 avr.-15 sept.
   ℘ 04 67 94 79 46, *contact@camping-tamarissiere.com*,
   Fax 04 67 94 78 23, *www.camping-tamarissiere.com*
   – **R** conseillée
   10 ha (700 empl.) plat, peu incliné et accidenté, sablonneux,
   herbeux
   Tarif : 🔲 22,50 € 🗲 (10A) – pers. suppl. 4 € – frais de réservation 22 €
   Location ✍ (juil.-août) : 35 🚐 (4 à 6 pers.) 230 à
   540 €/sem.
   À savoir : Situation agréable sous les pins et au bord de
   mer

Nature : 🌳🌳 ⚠	
Services : 🗍 ⊶ 🅖🅑 🚐 🔥 ⌂ 🔳	
cases réfrigérées	
À prox. : 🍸 🍴	

To select the best route and follow it with ease,
To calculate distances,
To position a site precisely from details given in the text :
Get the appropriate MICHELIN regional map, 1 : 150 000.

400

La TOUR-SUR-ORB

✉ 34260 – 🔢🔢🔢 D7 – 1 050 h. – alt. 228
Paris 717 – Béziers 40 – Clermont-l'Hérault 35 – Millau 81 – St-Affrique 75.

⛺ **Municipal** juin-août
   ℘ 04 67 95 05 44, *mairie.latoursurorb@wanadoo.fr*,
   Fax 04 67 95 31 91 – **R** conseillée
   0,7 ha (26 empl.) plat, herbeux
   Tarif : 🟊 2,80 € 🔲 2,80 € 🗲 2,80 €
   Pour s'y rendre : Sortie N, derrière Écomarché

Nature : 🏞 🌳	
Loisirs : 🏛 🏇 ✍ terrain omnis-	
ports	
Services : 🗍 🚐 🔥 ♨ ⊛	

VALRAS-PLAGE

✉ 34350 – 🔢🔢🔢 E9 – G. Languedoc Roussillon – 3 625 h. – alt. 1
🚩 *Office de tourisme, place René Cassin* ℘ 04 67 32 36 04, Fax 04 67 32 33 41
Paris 767 – Agde 25 – Béziers 16 – Montpellier 76.

⛺ **Lou Village** 30 avr.-11 sept.
   ℘ 04 67 37 33 79, *info@louvillage.com*, Fax 04 67 37 53 56,
   www.louvillage.com – **R** conseillée
   8 ha (600 empl.) plat, sablonneux, herbeux, étangs
   Tarif : 🔲 35,90 € 🗲 (6A) – pers. suppl. 6,30 € – frais de
   réservation 30 €
   Location ✍ : 12 🚐 (2 à 4 pers.) 199 à 507 €/sem. – 20
   🚐 (4 à 6 pers.) 299 à 634 €/sem. – 100 🏠 (4 à 6 pers.)
   379 à 778 €/sem.
   Pour s'y rendre : SO : 2 km, à 100 m de la plage (accès
   direct)
   À savoir : Bel espace aquatique

Nature : 🏞 🌳🌳 ⚠	
Loisirs : 🍸 🍴 pizzeria 🏛 ⊝ noc-	
turne 🏃 🏇 ✍ 🏊 ⛷	
Services : 🗍 ⊶ 🅖🅑 🚐 🔥 ♨ 🔳 ⊛	
🔳 ♨ 🍼	
À prox. : 🛒 🐎 jet-ski	

▲▲▲ Le Méditerranée Pâques-15 sept.

🕿 04 67 37 34 29, *contact@camping-lemediterranee.com*, Fax 04 67 37 58 47, *www.camping-le-mediterranee.com* – **R** conseillée

4,5 ha (367 empl.) plat, sablonneux, herbeux

Tarif : (Prix 2005) 🖪 28,50 € – pers. suppl. 5,50 €

Location 🏷 : 50 🚐 (4 à 6 pers.) 229 à 600 €/sem. – 10 🏠 (4 à 6 pers.) 305 à 673 €/sem.

Pour s'y rendre : SO : 1,5 km rte de Vendres, à 200 m de la plage

> Nature : 🖔🖔
> Loisirs : 🍷 brasserie 🖼 🏊 🎿 🏄
> Services : 🚿 ⚡ (juin-août) 🅖🅑 🚲
> 🗄 🎣 ♨ 🖴 🧺 🚃
> À prox. : 🛒 🚲 ✂ 🐎 (centre équestre)

▲▲▲ Domaine de La Yole 29 avr.-23 sept.

🕿 04 67 37 33 87, *layole34@aol.com*, Fax 04 67 37 44 89, *www.campinglayole.com* – **R** conseillée

20 ha (1007 empl.) plat, peu incliné, herbeux, sablonneux

Tarif : 🖪 34,90 € 🔌 (5A) – pers. suppl. 5,90 €

Location : 🚐 (4 à 6 pers.) 249 à 794 €/sem. – 🏠 (4 à 6 pers.) 300 à 794 €/sem.

Pour s'y rendre : SO : 2 km, à 500 m de la plage

> Nature : 🖔🖔
> Loisirs : 🍷 brasserie, pizzeria, self-service 🖼 🕓 nocturne 🏊 🚲 ✂ ∱ 🎿 terrain omnisport
> Services : 🚿 ⚡ 🅖🅑 🚲 🗄 ♨ 🎣 ☺
> ♨ 🚻 🖴 🛒 🚃
> À prox. : 🐎

▲▲▲ Les Foulègues avr.-sept.

🕿 04 67 37 33 65, *info@campinglesfoulegues.com*, Fax 04 67 37 54 75, *www.campinglesfoulegues.com* – **R** conseillée

5,3 ha (339 empl.) plat, herbeux, sablonneux

Tarif : (Prix 2005) 🖪 32,50 € – pers. suppl. 6 € – frais de réservation 25 €

Location (20 mai-23 sept.) : 21 🚐 (4 à 6 pers.) 200 à 670 €/sem.

Pour s'y rendre : À Grau-de-Vendres, SO : 5 km, à 400 m de la plage

À savoir : Cadre boisé et fleuri

> Nature : 🖙 🖔🖔
> Loisirs : 🍷 🗙 🖼 🏊 ✂ ∱ 🎿
> Services : 🚿 ⚡ 🅖🅑 🚲 🗄 ♨ ☺ ∝
> 🚻 🖴 🧺 🚃
> À prox. : 🚣 🐎

▲▲▲ L'Occitanie 27 mai-9 sept.

🕿 04 67 39 59 06, *campingoccitanie@wanadoo.fr*, Fax 04 67 32 58 20, *www.campingoccitanie.com* – **R** conseillée

6 ha (400 empl.) plat, herbeux

Tarif : 🖪 24 € – pers. suppl. 3,50 € – frais de réservation 16 €

Location 🏷 : 48 🚐 (4 à 6 pers.) 168 à 553 €/sem. – bungalows toilés

🚐 1 borne

Pour s'y rendre : Par bd du Cdt-l'Herminier

> Nature : 🖙 🖔🖔
> Loisirs : 🍷 brasserie, pizzeria 🖼 🕓 nocturne 🏊 ∱ 🎿
> Services : 🚿 ⚡ 🅖🅑 🚲 🗄 ♨ 🖴
> 🧺 🚃
> À prox. : ✂ 🐎

VALRAS-PLAGE

△△△ **La Plage et du Bord de Mer** 25 mai-5 sept.
     ℘ 04 67 37 34 38 – **R** conseillée ✇
     13 ha (655 empl.) plat, herbeux, sablonneux
     Tarif : ▣ 25 € – pers. suppl. 5 €
     Pour s'y rendre : SO : 1,5 km rte de Vendres, bord de mer
     À savoir : Au bord d'une belle plage de sable fin

> Nature : ⛰
> Loisirs : ♟ ✗ ⚐ nocturne 🏃 🎿
> 🚴 ⚒ 🛝
> Services : ⚙ ⚲ 📅 📸 ⛵ 🅿 ⚗ 📶
> 📮 🛒 ♨
> À prox. : 🐎 🏇

VIAS

✉ 34450 – ③③⑨ F9 – G. Languedoc Roussillon – 4 354 h. – alt. 10
🛈 *OFFICE DU TOURISME, avenue de la Méditerranée* ℘ *04 67 21 76 25, Fax 04 67 21 55 46*
Paris 752 – Agde 5 – Béziers 19 – Narbonne 46 – Sète 30 – Valras-Plage 20.

402

à la Plage S : 2,5 km par D 137

△△△ **Yelloh-Village Club Farret** 6 avr.-23 sept.
     ℘ 04 67 21 64 45, *info@yellohvillage-club-farret.com,*
     Fax 04 67 21 70 49, *www.yellohvillage-club-farret.com* – **R**
     7 ha (437 empl.) plat, sablonneux, herbeux
     Tarif : ▣ 42 € [½] (6A) – pers. suppl. 6 € – frais de réservation 45 €
     Location ✇ : 143 🚐 (4 à 6 pers.) 245 à 910 €/sem. –
     69 🛖 (4 à 6 pers.) 189 à 686 €/sem.
     🚐 1 borne
     Pour s'y rendre : Bord de plage
     À savoir : Bel espace aquatique

> Nature : 🌳 ♀ ⛰
> Loisirs : ♟ ✗ ⚐ nocturne 🏃 🎿
> salle de spectacle et d'animation
> 🏃 🚴 ⚒ 🛝
> Services : ⚙ ⚲ GB ⚗ 📅 📸 ♨ ⚗
> 📶 📮 🛒 ♨
> À prox. : 🏇 🐎 poneys parc d'attractions, parcours sportif

△△△ **Le Napoléon** 7 avr.-1er oct.
     ℘ 04 67 01 07 80, *reception@camping-napoleon.fr,*
     Fax 04 67 01 07 85, *www.camping-napoleon.fr* – **R** conseillée
     3 ha (250 empl.) plat, herbeux, sablonneux
     Tarif : ▣ 37 € [½] (10A) – pers. suppl. 6 €
     Location : 🚐 (4 à 6 pers.) 230 à 800 €/sem. – 🛖 (4 à 6 pers.) 290 à 900 €/sem. – appartements
     🚐 1 borne
     Pour s'y rendre : À 250 m de la plage

> Nature : 🌳 ♀♀
> Loisirs : ♟ ✗ pizzeria 🛝 ⚐ nocturne 🏃 🎿 🛶 discothèque 🏃
> 🚴 ⚒ ♨
> Services : ⚙ ⚲ GB ⚗ 📅 📸 ♨ ⚗
> 📶 📮 🛒 ♨ cases réfrigérées
> À prox. : parcours sportif, parc d'attractions

VIAS

Méditerranée-Plage 2 avr.-20 sept.
🖉 04 67 90 99 07, *contact@mediterranee-plage.com*,
Fax 04 67 90 99 17, *www.mediterranee-plage.com*
– **R** conseillée
9,6 ha (490 empl.) plat, herbeux, sablonneux
Tarif : 🔲 32,50 € 🔋 (6A) – pers. suppl. 6 € – frais de réservation 25 €
Location 🏖 (juil.-août) : 130 🚐 (4 à 6 pers.) 240 à 790 €/sem. – studios
Pour s'y rendre : SO : 6 km par D 137$^{E\,2}$, bord de plage (hors schéma)
À savoir : Cadre agréable en bordure de mer

> Nature : 🏖 ⛰
> Loisirs : 🍽 pizzeria, crêperie 🏠 🎮 nocturne 👫 🛝 🚴 🎯 ⛲ 🏊
> Services : 🚿 ⚡ GB 🐕 🛒 ♨ 🗑 ♻
> 🏦 🧺 🛒

Les Flots Bleus 8 avr.-sept.
🖉 04 67 21 64 80, *campinglesflotsbleus@wanadoo.fr*,
Fax 04 67 01 78 12, *www.camping-flotsbleus.com*
– **R** conseillée
5 ha (314 empl.) plat, herbeux, sablonneux
Tarif : 🔲 30 € 🔋 (6A) – pers. suppl. 5,50 € – frais de réservation 22 €
Location 🏖 : 43 🚐 (4 à 6 pers.) 200 à 720 €/sem. – 24 🏡 (4 à 6 pers.) 200 à 660 €/sem.
🚐 1 borne 4 €
Pour s'y rendre : SO : bord de plage

> Nature : 🌳 ⛲⛲ ⛰
> Loisirs : 🍽 snack, pizzeria 🏠 🎮 nocturne 🛝 🏊 🎯 terrain omnisports
> Services : 🚿 ⚡ (juil.-août) GB 🐕
> 🛒 ♨ ♻ 🗑 🏦 🧺 🛒
> À prox. : parcours sportif, parc d'attractions

Cap Soleil avr.-mi-sept.
🖉 04 67 21 64 77, *cap.soleil@wanadoo.fr*,
Fax 04 67 21 70 66, *www.capsoleil.fr* – **R** conseillée
4,5 ha (288 empl.) plat, herbeux
Tarif : (Prix 2005) 🔲 36,20 € 🔋 (10A) – pers. suppl. 6 € – frais de réservation 25 €
Location : 25 🚐 (4 à 6 pers.) 120 à 890 €/sem.
🚐 5 🔲
Pour s'y rendre : À 600 m de la plage
À savoir : Bel ensemble aquatique

> Nature : 🌳 ⛲⛲
> Loisirs : 🍽 pizzeria, snack 🏠 🎮 nocturne 👫 🛝 🚴 🎯 ⛲ 🏊 🏊
> Services : 🚿 ⚡ GB 🐕 🛒 ♨ ♻
> 🏦 🧺 🛒 cases réfrigérées
> À prox. : 🐎

403

Californie Plage avr.-oct.
🖉 04 67 21 64 69, *californie.plage@wanadoo.fr*,
Fax 04 67 21 54 62, *www.californie.plage.fr* – **R** conseillée
5,8 ha (371 empl.) plat, herbeux, sablonneux
Tarif : (Prix 2005) 🔲 40 € 🔋 (10A) – pers. suppl. 6 €
Location 🏖 : 99 🚐 (4 à 6 pers.) 299 à 883 €/sem.
Pour s'y rendre : Au Sud-Ouest par D 137^E et chemin à gauche, bord de plage

> Nature : ⛲⛲ ⛰
> Loisirs : 🍽 🍴 🎮 nocturne 👫 🛝
> 🚴 🎯 terrain omnisports
> Services : 🚿 ⚡ GB 🐕 🛒 ♨ ♻
> 🧺 🛒 ♨ 🗑 🛒 cases réfrigérées
> À prox. : ⛲ 🏊 parcours sportif, parc d'attractions

L'Air Marin 15 mai-16 sept.
🖉 04 67 21 64 90, *info@camping-air-marin.fr*,
Fax 04 67 21 76 79, *www.camping-air-marin.fr* – places limitées pour le passage – **R** conseillée
5,5 ha (320 empl.) plat, herbeux
Tarif : 🔲 30 € – pers. suppl. 6 € – frais de réservation 20 €
Location (8 avr.- 16 sept.) : 50 🚐 (4 à 6 pers.) 190 à 695 €/sem.
Pour s'y rendre : Près du canal du Midi

> Nature : 🌳 ⛲⛲
> Loisirs : 🍽 brasserie, snack 🎮 nocturne 👫 🛝 🚴 🎯 ⛲ 🏊 terrain omnisports, canoë, barques
> Services : 🚿 ⚡ 🗑 ♨ ♻ 🧺 🛒
> À prox. : 👫 🐎 parc d'attractions

Hélios 6 mai-sept.
🖉 04 67 21 63 66, Fax 04 67 21 63 66 – **R** conseillée
2,5 ha (200 empl.) plat, sablonneux, herbeux
Tarif : 🔲 19,30 € – pers. suppl. 3,50 € – frais de réservation 10 €
Location : 12 🚐 (4 à 6 pers.) 183 à 470 €/sem. – 6 🏡 (4 à 6 pers.) 206 à 500 €/sem.
Pour s'y rendre : Près du Libron et à 250 m de la plage

> Nature : 🏖 ⛲⛲
> Loisirs : 🍽 snack 🏠 👫
> Services : 🚿 ⚡ GB 🐕 🛒 ♨ ♻
> 🧺 🛒 🏦 🛒
> À prox. : 👫 🐎 parcours sportif, parc d'attractions

VIAS

▲ Ste Cécile 15 avr.-15 sept.
📞 04 67 21 63 70, *campingsaintececile@wanadoo.fr,*
Fax 04 67 21 48 71 – **R** conseillée
2 ha (105 empl.) plat, sablonneux, herbeux
Tarif : 📵 26,50 € (2) (3A) – pers. suppl. 4,34 € – frais de
réservation 10 €
Location : 20 🚐 (4 à 6 pers.) 155 à 565 €/sem. –
appartements
Pour s'y rendre : Près du Libron, à 500 m de la plage

> Nature : 🌿 🏕 🔟🔟
> Loisirs : 🎮 ✂ ⤢
> Services : ♿ ⛽ GB 🏧 📶 ♨ ⚬ @
> 📶 🏖
> À prox. : 🎣 🏇 parc d'attractions,
> parcours sportif

▲ Pleine Mer 2 mai-sept.
📞 04 67 21 63 83, *camping.pleinemer@wanadoo.fr,*
Fax 04 67 21 91 93 – **R** conseillée
1 ha (94 empl.) plat, sablonneux, herbeux
Tarif : 📵 29 € – pers. suppl. 4 €
Location 🏚 : 29 🚐 (4 à 6 pers.) 190 à 620 €/sem.
Pour s'y rendre : À 120 m de la plage, (accès direct)

> Nature : 🏕 ⚘ ⚠
> Loisirs : 🍽 snack 🎮
> Services : ♿ ⛽ GB 🏧 📶 ♨ ⚬ @
> ♨ 📶
> À prox. : 🎣 🏇 parc d'attractions,
> parcours sportif

▲ Le Petit Mousse (location exclusive de 306 mobile
homes et 57 caravanes) 7 avr.-sept.
📞 04 67 90 99 04, *lepetitmousse34@wanadoo.fr,*
Fax 04 67 90 97 95, *campinglepetitmousse.com* VIAS – **R**
indispensable 🏚
5,2 ha plat, sablonneux, herbeux
Location : 🚐 (2 à 4 pers.) 182 à 525 €/sem. – 🚐 (4 à 6
pers.) 245 à 700 €/sem.
Pour s'y rendre : 4 km au SO , au bord de la mer (hors
schéma)

> Nature : ⚘⚘ ⚠
> Loisirs : 🍽 ✕ pizzeria 🎮 🟢 🏃
> 🚣 🚲 ⤢ ⚘
> Services : ⛽ GB 🏧 ♨ ♥ 📶 sèche-
> linge ♨ ♨

The Guide changes, so renew your Guide every year.

404

✉ 34110 – 🔢 H8 – 2 464 h. – alt. 10
🅱 *Office de tourisme, 30, boulevard des Aresquiers* 📞 *04 67 78 94 43*
Paris 770 – Clermont-l'Hérault 55 – Montpellier 21 – Pézenas 43 – Sète 16.

▲ Le Clos Fleuri Permanent
📞 04 67.78.15.68, *reception@camping-clos-fleuri.fr,*
Fax 04 67 78 77 62, *www.camping-clos-fleuri.fr* – **R** conseillée
2 ha (121 empl.) plat, peu incliné, herbeux, sablonneux,
pierreux
Tarif : 📵 20,10 € (2) (6A) – pers. suppl. 4,60 € – frais de
réservation 20 €
Location : 4 🚐 (4 à 6 pers.) 250 à 580 €/sem. – 12 🏠
(4 à 6 pers.) 205 à 595 €/sem.
🚐 1 borne
Pour s'y rendre : Sortie E, rte de la mer

> Nature : 🌿 🏕 🔟🔟
> Loisirs : 🍽 brasserie, pizzeria 🏃
> ⤢
> Services : ♿ ⛽ GB 🏧 📶 ♨ @ 📶
> ♨

✉ 34420 – 🔢 E9 – 3 434 h. – alt. 6
🅱 *Office de tourisme, place de la Fontaine* 📞 *04 67 39 48 83*

▲ Les Berges du Canal 15 avr.-15 sept.
📞 04 67 39 36 09, *contact@lesbergesducanal.com,*
Fax 04 67 39 82 07, *www.lesbergesducanal.com*
– **R** conseillée
3 ha (102 empl.) plat, herbeux, pierreux
Tarif : 📵 23 € – pers. suppl. 4,50 € – frais de réserva-
tion 15,24 €
Location : 🚐 (2 à 4 pers.) 190 à 315 €/sem. – 🚐 (4 à 6
pers.) 390 à 555 €/sem.
Pour s'y rendre : NE du bourg, au bord du canal du Midi

> Nature : 🏕 🔟🔟
> Loisirs : 🍽 snack 🎮 🏃 ⤢ pon-
> ton d'amarrage, halte nautique
> Services : ♿ ⛽ GB 🏧 📶 ♨ @ 📶
> ♨
> À prox. : 🎣 🚐

BAGNOLS-LES-BAINS

✉ 48190 – 330 J7 – G. Languedoc Roussillon – 243 h. – alt. 913 – ♨ (déb. avr.-fin oct.)
🅱 *Office de tourisme, avenue de la gare* ℘ 04 66 47 61 13
Paris 603 – Langogne 42 – Mende 21 – Villefort 38.

▲ **Luminade** mars-oct.
℘ 04 66 47 67 96, *laluminade.maurin@wanadoo.fr*,
Fax 04 66 49 39 51 – **R** indispensable
0,5 ha (12 empl.) plat, herbeux
Tarif : 🔲 15 € – pers. suppl. 3,50 €
Location : 6 🏠 (4 à 6 pers.) 285 à 415 €/sem.
Pour s'y rendre : Sortie O par D 901, rte de Mende et chemin à droite, bord du Lot

Nature : 🖵
Loisirs : 🏇
Services : 🔲 🔧 🖵 ⊕ 🚿 🖩
À prox. : 🎣

BÉDOUÈS

✉ 48400 – 330 J8 – 299 h. – alt. 565
Paris 624 – Alès 69 – Florac 5 – Mende 39.

▲ **Chon du Tarn** avr.-20 oct.
℘ 04 66 45 09 14, Fax 04 66 45 22 91 – **R** conseillée
2 ha (100 empl.) plat, peu incliné, herbeux
Tarif : 🔲 12,10 € 🚿 (6A) – pers. suppl. 3,20 €
Pour s'y rendre : Sortie NE, rte de Cocurès
À savoir : Cadre agréable et verdoyant au bord du Tarn

Nature : 🌿 ≤ ♀(verger)
Loisirs : 🏇 🔲
Services : 🔲 🔧 🖵 ⊕ 🚿 🖩
À prox. : 🍴 snack escalade

BLAJOUX

✉ 48320 – 330 I8

▲ **Village Vacances de Blajoux** (location exclusive de 28 maisonnettes) Permanent
℘ 04 66 49 46 00, Fax 04 66 49 46 29
0,8 ha plat, terrasse
Location : 🏠 (4 à 6 pers.) 228 à 684 €/sem.
Pour s'y rendre : Sur D 907, rte de Quézac

Nature : 🌿 ≤
Loisirs : 🔲 🔲
Services : 🔲 🅿 GB 🔧 🎽 🖩

405

CANILHAC

✉ 48500 – 330 G8 – 102 h. – alt. 700
Paris 593 – La Canourgue 8 – Marvejols 26 – Mende 52 – St-Geniez-d'Olt 24 – Sévérac-le-Château 20.

▲ **Municipal la Vallée** 20 juin-5 sept.
℘ 04 66 32 91 14 – **R** conseillée
1 ha (50 empl.) plat, herbeux
Tarif : 🔲 14,50 € 🚿 (10A) – pers. suppl. 3 €
Location : 🏠 (4 à 6 pers.) 320 à 400 €/sem.
Pour s'y rendre : N : 12 km par N 9, rte de Marvejols, D 988 à gauche, rte de St-Geniez-d'Olt et chemin à gauche, bord du Lot, par A 75, sortie 40 direction St-Laurent-d'Olt puis 5 km par D 988
À savoir : Dans une petite vallée verdoyante

Nature : 🌿 ≤ 🖵 ♀
Loisirs : 🔲 🏇 🔲 🎽 🎣
Services : 🔲 🔧 🖵 M 🖵 ⊕ 🚿 🖩
À prox. : 🍴

LA CANOURGUE

✉ 48500 – 330 H8 – G. Languedoc Roussillon – 1 922 h. – alt. 563
🅱 *Syndicat d'initiative, rue de la ville* ℘ 04 66 32 83 67
Paris 588 – Marvejols 21 – Mende 40 – Millau 53 – Rodez 70.

▲ **Village Vacances de la Canourgue** (location exclusive de 48 maisonnettes) Permanent
℘ 04 66 32 87 08, Fax 04 66 32 87 08 – **R** conseillée
3 ha en terrasses
Location : 🏠 (4 à 6 pers.) 157 à 704 €/sem.
Pour s'y rendre : O : 1,5 km, route de Banassac, à droite juste avant Intermarché

Nature : 🌿 ≤ ♀
Loisirs : 🔲 🔲
Services : 🔲 🔧 GB 🔧 🎽 🖩
À prox. : 🛒

LA CANOURGUE

Val d'Urugne avr.-sept.
 04 66 32 84 00, *lozereleisure@wanadoo.fr*,
Fax 04 66 32 88 14, *www.lozereleisure.com* – **R** conseillée
8 ha (50 empl.) plat et peu incliné, pierreux, herbeux
Tarif : 15,50 € – pers. suppl. 4 €
Location : 22 (4 à 6 pers.) 255 à 654 €/sem.
 1 borne 6 €
Pour s'y rendre : SE : 3,6 km par D 988, rte de Chanac,
après le golf, au bord de l'Urugne

Nature :
Loisirs :
Services : (saison)
À prox. : snack golf (9 trous)

CHASTANIER

 48300 – K6 – 89 h. – alt. 1 090
Paris 570 – Châteauneuf-de-Randon 17 – Langogne 10 – Marvejols 71 – Mende 44 – Saugues 42.

Pont de Braye 15 mai-15 sept.
 04 66 69 53 04 – **R** conseillée
1,5 ha (35 empl.) plat et terrasses, herbeux
Tarif : (Prix 2005) 14,50 € (5A) – pers. suppl. 3,30 €
Pour s'y rendre : O : 1 km, carrefour D 988 et D 34, bord
du Chapeauroux

Loisirs :
Services :
À prox. : (centre éques-tre)

Gebruik de gids van het lopende jaar.

CHIRAC

 48100 – H7 – 1 006 h. – alt. 625

Village Vacances (location exclusive de 15 chalets)
 04 66 32 78 97, Fax 04 66 32 78 97 – **R** conseillée
1,5 ha plat, herbeux
Location : (4 à 6 pers.) 198 à 593 €/sem.
Pour s'y rendre : N : sortie du bourg, route de Marvejols -
A 75 sortie 39 puis N 9 rte de Marvejols

Nature :
Loisirs :
Services :
À prox. :

FLORAC

 48400 – J9 – G. Languedoc Roussillon – 1 996 h. – alt. 542
 Office de tourisme, avenue J. Monestier 04 66 45 01 14, Fax 04 66 45 25 80
Paris 622 – Alès 65 – Mende 38 – Millau 84 – Rodez 123 – Le Vigan 72.

Municipal le Pont du Tarn avr.-sept.
 04 66 45 18 26, *pontdutarn@aol.com*,
Fax 04 66 45 26 43, *lozere.net/pont-du-tarn.htm*
– **R** conseillée
3 ha (181 empl.) plat, terrasse, herbeux, pierreux
Tarif : 2,95 € 2,30 € 2,95 € 2,95 € – frais de
réservation 10 €
Location : 11 (4 à 6 pers.) 250 à 420 €/sem.
Pour s'y rendre : N : 2 km par N 106 rte de Mende et D 998
à droite, accès direct au Tarn

Nature :
Loisirs :
Services :
À prox. :

GRANDRIEU

 48600 – J6 – 773 h. – alt. 1 160
 Syndicat d'initiative, place du Foirail 04 66 46 34 51
Paris 554 – Langogne 28 – Châteauneuf-de-Randon 19 – Marvejols 61 – Mende 46 – Saugues 26.

Municipal le Valadio 15 juin-15 sept.
 04 66 46 31 39, *mairie.grandrieu@wanadoo.fr*,
Fax 04 66 46 37 50 – alt. 1 200 – **R** indispensable
1 ha (33 empl.) plat et en terrasses, peu incliné, pierreux,
herbeux
Tarif : 1,63 € 2,45 € 1,63 €
Pour s'y rendre : Au S du bourg, accès par rue devant la
poste, à 100 m du Grandrieu et d'un plan d'eau

Nature :
Loisirs :
Services :
À prox. :

ISPAGNAC

✉ 48320 – ⬛⬛⬛ J8 – G. Languedoc Roussillon – 759 h. – alt. 518
🅱 *Office de tourisme, le village* ✆ *04 66 44 20 89, Fax 04 66 44 20 90*
Paris 612 – Florac 11 – Mende 28 – Meyrueis 46 – Ste-Enimie 17.

Municipal du Pré Morjal avr.-oct.
✆ 04 66 44 23 77, *camping@ispagnac.com*,
Fax 04 66 44 23 84, *ispagnac.com* – **R** conseillée
2 ha (123 empl.) plat, herbeux
Tarif : 🎫 14,50 € – pers. suppl. 3,70 €
Location (permanent) : 4 🏠 (4 à 6 pers.) 200 à
420 €/sem.
Pour s'y rendre : Sortie O par D 907bis, rte de Millau et
chemin à gauche, près du Tarn
À savoir : Agréable cadre boisé aux portes des Gorges du
Tarn

| Nature : |
| Loisirs : |
| Services : |
| À prox. : |

*LES GUIDES VERTS **MICHELIN***
Paysages, monuments
Routes touristiques
Géographie
Histoire, Art
Itinéraire de visite
Plans de villes et de monuments

LAUBERT

✉ 48170 – ⬛⬛⬛ J7 – 134 h. – alt. 1 200 – Sports d'hiver : 1 200/1 264 m 🎿1 🎿
Paris 584 – Langogne 28 – Marvejols 46 – Mende 19.

Municipal la Pontière Permanent
✆ 04 66 47 72 09, *pms.laubert@wanadoo.fr*,
Fax 04 66 47 71 37 – **R** conseillée
2 ha (33 empl.) peu incliné et accidenté, pierreux, rochers,
herbeux
Tarif : 🎫 10 € – pers. suppl. 1,20 €
Pour s'y rendre : SO : 0,5 km par N 88 et D 6, rte de
Rieutort-de-Randon à droite

| Nature : |
| Loisirs : ▾ snack |
| Services : |

le MALZIEU-VILLE

✉ 48140 – ⬛⬛⬛ I5 – G. Languedoc-Roussillon – 970 h. – alt. 860
🅱 *Office de tourisme, place Souvenir* ✆ *04 66 31 82 73*
Paris 541 – Mende 51 – Le Puy-en-Velay 74 – Saint-Flour 150.

Les Chalets de la Margeride (location exclusive de
21 chalets) Permanent
✆ 04 66 42 56 00, *info@chalets-margeride.com*,
Fax 04 66 42 56 01, *www.chalets-margeride.com*
– **R** conseillée
50 ha/2 campables en terrasses, herbeux
Location : 🏠 (4 à 6 pers.) 248 à 628 €/sem.
Pour s'y rendre : NO : 4,5 km par D 989, rte de St-Chély-
d'Apcher, D 4, rte de la Garde, à droite et chemin au lieu-dit
Chassagnes - Par A 75 : sortie 32
À savoir : Agréable situation panoramique sur les Monts de
la Margeride

| Nature : |
| Loisirs : |
| Services : |
| À prox. : |

La Piscine
✆ 04 66 31 47 63, Fax 04 66 31 47 63 – **R** conseillée
1 ha (64 empl.) plat et peu incliné, pierreux, herbeux
Location : 🏠
Pour s'y rendre : N : 1,5 km par D 989 rte de St-Chély-
d'Apcher et chemin à gauche après le pont, près de la
piscine et d'un plan d'eau

| Nature : |
| Loisirs : |
| Services : |
| À prox. : |

MARVEJOLS

✉ 48100 – 330 H7 – G. Languedoc Roussillon – 5 501 h. – alt. 650
🛈 *Office de tourisme, porte du Soubeyran* 🞄 04 66 32 02 14, Fax 04 66 32 02 14
Paris 573 – Espalion 64 – Florac 50 – Mende 28 – St-Chély-d'Apcher 34.

⚠ **V.V.F. Camping et Village**
🞄 04 66 32 03 69, Fax 04 66 32 43 56 – **R** conseillée ✻
3 ha (57 empl.) plat, herbeux
Location : 9 ⌂
Pour s'y rendre : E : 1,3 km par D 999, D 1 rte de Montro-
dat et chemin à droite, bord du Colagnet, Par A75, sortie 38

Nature : 🖵 ♡♡
Loisirs : 🏠
Services : 🕹 🅿 🖼 ⊕ 🚿 ⚐ 🖳
À prox. : ⮞ ⚵ ✻ 🛶 🏇 (centre équestre) terrain omnisports

MENDE

✉ 48000 – 330 J7 – G. Languedoc Roussillon – 11 804 h. – alt. 731
🛈 *Office de tourisme, 2, rue Henri Rivière* 🞄 04 66 94 00 23
Paris 584 – Clermont-Ferrand 174 – Florac 38 – Langogne 46 – Millau 96 – Le Puy-en-Velay 88.

⚠ **Tivoli** Permanent
🞄 04 66 65 00 38, *tivoli.camping@libertysurf.fr*,
Fax 04 66 65 00 38, *www.campingtivoli.com* – **R** conseillée
1,8 ha (100 empl.) plat, herbeux
Tarif : 🅴 16,65 € 🔋 (6A) – pers. suppl. 4,37 € – frais de
réservation 10 €
Location (15 mars-1er nov.) ✻ (juil.-août) : 18 🚐 (4 à
6 pers.) 232 à 420 €/sem.
🚐 1 borne 3,05 €
Pour s'y rendre : SO : 2 km par N 88, rte de Rodez et
chemin à droite, face au complexe sportif, bord du Lot

Nature : ♡♡
Loisirs : 🍸 🖵 🏕 🛶
Services : 🕹 ⚷ ⚙ 🎦 🖼 ⊕ 🖳
À prox. : ✻

408

*The classification (1 to 5 tents, **black** or red) that we award to*
selected sites in this Guide is a system that is our own.
It should not be confused with the classification (1 to 4 stars) of official organisations.

MEYRUEIS

✉ 48150 – 330 I9 – G. Languedoc Roussillon – 851 h. – alt. 698
🛈 *Office de tourisme, Tour de l'Horloge* 🞄 04 66 45 60 33, Fax 04 66 45 65 27
Paris 643 – Florac 36 – Mende 57 – Millau 43 – Rodez 99 – Sévérac-le-Château 44 – Le Vigan 56.

⚠ **Capelan** 29 avr.-16 sept.
🞄 04 66 45 60 50, *camping.le.capelan@wanadoo.fr*,
Fax 04 66 45 60 50, *www.campingcapelan.com* – **R** conseillée
2,8 ha (100 empl.) plat, herbeux
Tarif : 🅴 21 € – pers. suppl. 3,90 € – frais de réservation 16 €
Location ✻ : 40 🚐 (4 à 6 pers.) 235 à 610 €/sem.
🚐 1 borne 4,50 €
Pour s'y rendre : NO : 1 km sur D 996 rte du Rozier, bord
de la Jonte, accès direct au village par passerelle et sentier
À savoir : Site agréable dans les gorges de la Jonte

Nature : ⇐ 🖵 ♀
Loisirs : 🍸 🖵 🏕 🛶 🎣 ~
Services : 🕹 ⚷ GB ⚙ M 🖼 🛁 – 3 sanitaires individuels (🚽 wc) ⊕ 🚿 ⚐ ⚓ 🖳 🚲
À prox. : ✻ 🏇 (centre équestre) voies d'escalades sur rochers

⚠ **Le Champ d'Ayres** 8 avr.-23 sept.
🞄 04 66 45 60 51, *campinglechampdayres@wanadoo.fr*,
Fax 04 66 45 60 51, *www.campinglechampdayres.com*
– **R** conseillée
1,5 ha (85 empl.) peu incliné, herbeux
Tarif : 🅴 21 € 🔋 (6A) – pers. suppl. 4 € – frais de réservation 15 €
Location : 8 🚐 (4 à 6 pers.) 230 à 510 €/sem. – 7 ⌂ (4
à 6 pers.) 215 à 430 €/sem.
🚐 1 borne 4 €
Pour s'y rendre : E : 0,5 km par D 57 rte de Campis, près
de la Brèze

Nature : ⌇ ⇐ 🖵 ♀
Loisirs : 🍸 🖵 🏕 🛶
Services : 🕹 ⚷ GB ⚙ 🖼 🛁 ⊕ 🖳
À prox. : ✻ 🏇 (centre équestre)

MEYRUEIS

⚑ **La Cascade** 8 avr.-1ᵉʳ oct.
  𝄞 04 66 45 45 45, *contact@causseslacascade.com*,
  Fax 04 66 45 48 48, *www.camping-la-cascade.com*
  – **R** conseillée
  1 ha (25 empl.) plat et un peu vallonné, herbeux
  Tarif : ▣ 15,40 € (ɟ) (10A) – pers. suppl. 3,30 €
  Location (8 avr.-1er nov.) ⚬ : gîte d'étape
  Pour s'y rendre : NE : 3,8 km par D 996, rte de Florac et chemin
  à droite, au lieu-dit Salvensac, près de la Jonte et d'une cascade
  À savoir : Cadre et site agréables au milieu d'une nature
  préservée

Nature : ⚬ ⪕
Loisirs : ⌂ ≞
Services : ♿ ⚬⚬ GB ⚬ 🔲 ⚬ ⚬ ⚬ 🔲
À prox. : ⚬ ⚬ ⚬ ⚬

⚑ **Le Pré de Charlet** mi-avr.-déb. oct.
  𝄞 04 66 45 63 65, *contact@camping-lepredecharlet.com*,
  Fax 04 66 45 63 24, *www.camping-lepredecharlet.com*
  – **R** conseillée
  2 ha (70 empl.) plat, peu incliné et en terrasses, herbeux
  Tarif : ▣ 14,60 € (ɟ) (16A) – pers. suppl. 3 €
  Location : 6 ⌂ (4 à 6 pers.) 245 à 450 €/sem.
  Pour s'y rendre : NE : 1 km par D 996 rte de Florac, bord
  de la Jonte

Nature : ⚬ ⪕ ♉♉
Loisirs : ⌂ ≞
Services : ♿ ⚬⚬ (15 juin-15 sept.) ⚬ 🔲 ⚬ ⚬ ⚬ 🔲
À prox. : ⚬ ⚬ ⚬ ⚬ (centre équestre)

⚑ **Aire Naturelle le Pré des Amarines** 30 juin-août
  𝄞 04 66 45 61 65 – alt. 750 – **R** conseillée
  2 ha (25 empl.) plat et un peu vallonné, herbeux
  Tarif : ▣ 13,50 € (ɟ) (4A) – pers. suppl. 2,50 €
  Pour s'y rendre : NE : 5,7 km par D 996, rte de Florac et
  chemin à droite, au Castel, près du lieu-dit Gatuzières, bord
  de la Jonte
  À savoir : Dans la vallée de la Jonte

Nature : ⚬ ⪕ ♉
Loisirs : ⚬
Services : ♿ ⚬⚬ ⚬ 🔲 ⚬ ⚬ ⚬ 🔲
À prox. : ⚬ ⚬ ⚬ ⚬ ⚬ (centre équestre)

NASBINALS

✉ 48260 – 330 G7 – 504 h. – alt. 1 180
🛈 *Office de tourisme, Village* 𝄞 04 66 32 55 73
Paris 573 – Aumont-Aubrac 24 – Chaudes-Aigues 27 – Espalion 34 – Mende 57 – Rodez 64 – St-Flour 53.

⚑ **Municipal** 15 mai-sept.
  𝄞 04 66 32 51 87, Fax 04 66 32 50 01 – alt. 1 100 – **R**
  2 ha (75 empl.) plat et peu incliné, herbeux
  Tarif : (Prix 2005) ▣ 8,30 € – pers. suppl. 2 €
  Pour s'y rendre : NO : 1 km par D 12, rte de St-Urcize

Nature : ⚬ ⪕
Services : ♿ ⚬⚬ (juil.-août) GB ⚬ 🔲 ⚬
À prox. : ⚬ (centre équestre)

NAUSSAC

✉ 48300 – 330 L6 – 189 h. – alt. 920 – Base de loisirs
Paris 575 – Grandrieu 26 – Langogne 3 – Mende 46 – Le Puy-en-Velay 53 – Thueyts 45.

⚑ **Les Terrasses du Lac**
  𝄞 04 66 69 29 62, *naussac@club-internet.fr*,
  Fax 04 66 69 24 78, *www.naussac.com* – **R** conseillée
  6 ha (180 empl.) incliné, en terrasses, herbeux, pierreux
  Location : 6 ⌂ – ⌂ – (hôtel) – huttes
  Pour s'y rendre : Au Nord du bourg par D 26, rte de
  Saugues et à gauche, à 200 m du lac (accès direct)
  À savoir : Belle situation dominant le lac

Nature : ⪕
Loisirs : ♟ ✗ ⌂ ⚬ nocturne ⚬ ⚬ ⚬ ⚬ (petite piscine)
Services : ♿ ⚬⚬ 🔲 ⚬ 🔲 ⚬ ⚬
À prox. : discothèque ≞ ⚬ (plage) ⚬ ⚬ ⚬ ⚬

Le PONT-DE-MONTVERT

✉ 48220 – 330 K8 – G. Languedoc Roussillon – 272 h. – alt. 875
🛈 *Office de tourisme, le Quai* 𝄞 04 66 45 81 94, Fax 04 66 45 81 94
Paris 629 – Le Bleymard 22 – Florac 21 – Génolhac 28 – Mende 45 – Villefort 43.

⚑ **Aire Naturelle la Barette** mai-15 sept.
  𝄞 04 66 45 82 16 – alt. 1 200 – **R** conseillée
  1 ha (20 empl.) en terrasses, herbeux, pierreux, rochers
  Tarif : ▣ 11,80 € – pers. suppl. 3,50 €
  Pour s'y rendre : N : 6 km par D 20, rte de Bleymard, à
  Finiels
  À savoir : Site agréable et sauvage

Nature : ⚬ ⪕ Mont-Lozère
Loisirs : ⌂
Services : ⚬⚬ ⚬ ⚬ 🔲
À prox. : ⚬ ⚬

ROCLES

48300 – 330 K6 – 197 h. – alt. 1 085
Paris 581 – Grandrieu 20 – Langogne 8 – Mende 44 – Le Puy-en-Velay 59 – Thueyts 50.

Rondin des Bois Permanent
04 66 69 50 46, *rondin.com@wanadoo.fr*,
Fax 04 66 69 53 83, *www.camping-rondin.com* – alt. 1 000
– **R** conseillée
2 ha (78 empl.) en terrasses, plat et peu incliné, pierreux,
rochers
Tarif : 18 € – pers. suppl. 4,50 € – frais de réservation 10 €
Location : 8 (4 à 6 pers.) 250 à 460 €/sem. – 8 (4
à 6 pers.) 420 à 590 €/sem.
Pour s'y rendre : N : 3 km par rte de Bessettes et chemin
de Vaysset, à droite
À savoir : Dans un site sauvage, à proximité du lac de
Naussac

Nature :
Loisirs :
Services :
À prox. : (centre équestre)

Le ROZIER

48150 – 330 H9 – G. Languedoc Roussillon – 153 h. – alt. 400
Syndicat d'initiative, le bourg 05 65 62 60 89, Fax 05 65 62 60 27
Paris 632 – Florac 57 – Mende 63 – Millau 23 – Sévérac-le-Château 23 – Le Vigan 72.

Les Prades mai-sept.
05 65 62 62 09, *lesprades@wanadoo.fr*,
Fax 05 65 62 62 09, *www.campinglesprades.com* 12720
Peyreleau – **R** conseillée
3,5 ha (150 empl.) plat, herbeux, sablonneux
Tarif : 22 € – pers. suppl. 6 €
Location : 22 (4 à 6 pers.) 365 à 525 €/sem. – 5
bungalows toilés – gîtes
Pour s'y rendre : O : 4 km par Peyreleau et D 187 à droite,
rte de la Cresse, bord du Tarn

Nature :
Loisirs : snack mur d'escalade, canoë-kayak
Services :
À prox. : (centre équestre)

Le St Pal mai-sept.
05 65 62 64 46, *saintpal@wanadoo.fr*, Fax 05 65 62 64 46,
www.campingsaintpal.com – **R** conseillée
1,5 ha (75 empl.) plat, herbeux
Tarif : 22 € – pers. suppl. 5 € – frais de réservation 31 €
Location : 8 (4 à 6 pers.) 270 à 518 €/sem.
Pour s'y rendre : NO : 1 km par D 907, rte de Millau, bord
du Tarn

Nature :
Loisirs :
Services :
À prox. :

Le lac de Villefort

A. Thuillier/Michelin

ST-BAUZILE

✉ 48000 – 330 J8 – 504 h. – alt. 750
Paris 598 – Chanac 19 – Florac 29 – Marvejols 30 – Mende 13 – Ste-Énimie 25.

⚠ **Municipal les Berges de Bramont** juil.-15 sept.
📞 04 66 47 05 97, mairiedestbauzile@wanadoo.fr,
Fax 04 66 47 00 45 – ℝ
1,5 ha (50 empl.) plat, terrasse, herbeux
Tarif : 🖺 12 € 🔌 (10A) – pers. suppl. 2,30 €
Pour s'y rendre : SO : 1,5 km par D 41, N 106 rte de Mende
et à Rouffiac chemin à gauche, près du Bramont et du
complexe sportif

Nature : ⇐
Loisirs : 🍴 🏊
Services : 🚿 ⚓ (juil.-août) ♿ 🗟 ⛽
⊕ 🛒 ♻
À prox. : 🍷 ✕ 🚲 🍢 🎱

ST-GEORGES-DE-LÉVÉJAC

✉ 48500 – 330 H9 – 243 h. – alt. 900
Paris 603 – Florac 53 – Mende 45 – Millau 49 – Sévérac-le-Château 20 – Le Vigan 93.

⚠ **Cassaduc** juil.-août
📞 06 65 48 57 02, Fax 04 66 48 85 80, http://cardoule.com/
camping-cassaduc – ℝ
2,2 ha (75 empl.) en terrasses et peu incliné, herbeux,
pierreux
Tarif : 🖺 15 € – pers. suppl. 5 €
Pour s'y rendre : SE : 1,4 km par rte du Point Sublime et
rte à gauche
À savoir : À 500 m du Point Sublime

Nature : 🌿 ⇐ 🟢🟢(pinède)
Services : 🚿 ⚓ ♿ ⊕ 🛒 ♻ 🖼
À prox. : 🍷 snack

ST-GERMAIN-DU-TEIL

✉ 48340 – 330 H8 – 803 h. – alt. 760
🚩 Syndicat d'initiative, croix du Rouby 📞 04 66 32 65 45

⚠ **Chalet du Plan d'Eau de Booz** (location exclusive de
43 chalets) Permanent
📞 04 66 32 69 09, Fax 04 66 32 69 09 – ℝ conseillée
5 ha plat, plan d'eau
Location : 🏠 (4 à 6 pers.) 191 à 573 €/sem.
Pour s'y rendre : SE : 6 km par D 52 - A 75, sortie 39ᵇ et à
gauche sur D 52

Nature : 🟢
Loisirs : 🍴 🍽 🏓 🏊 ⛵ pédalos, canoë-kayak, optimist
Services : 🚿 ⚓ ♿ ▥ 🖼

411

ST-PAUL-LE-FROID

✉ 48600 – 330 J6 – 186 h. – alt. 1 302

⚠ **Chalets des Bouviers** (location exclusive de 9 chalets
et 5 chalets nordiques) fermé 16 nov.-14 déc.
📞 04 66 47 41 54, bouviers 01@tiscali.fr, Fax 04 66 47 30 76,
www.lozere-resa.com – alt. 1 418
2 ha non clos, plat, en terrasses
Location : 🏠 (4 à 6 pers.) 186 à 558 €/sem. – 2 studios
Pour s'y rendre : SO : 8 km par D 59 et D 5, à la Baraque
des Bouviers - GR 43 - à la station de ski - Par A 75, sortie 34
puis N 106 jusqu'à Serverette et D 5 à gauche

Nature : 🌿 ⇐ 🟢🟢
Loisirs : 🍽
Services : GB ♿ ▥ 🖼
À prox. : 🍷 ✕ 🚲 raquettes, ski de fond

STE-ÉNIMIE

✉ 48210 – 330 I8 – G. Languedoc Roussillon – 509 h. – alt. 470
🚩 Office de tourisme, le village 📞 04 66 48 53 44, Fax 04 66 48 47 70
Paris 612 – Florac 27 – Mende 28 – Meyrueis 30 – Millau 57 – Sévérac-le-Château 49 – Le Vigan 82.

⚠ Les Fayards
📞 04 66 48 57 36, info@camping-les-fayards.com,
www.camping-les-fayards.com – ℝ conseillée
2 ha (90 empl.) plat, herbeux, pierreux
Location : 4 🏠 – 4 bungalows toilés
Pour s'y rendre : SO : 3 km par D 907 bis, rte de Millau,
bord du Tarn
À savoir : Situation agréable dans les gorges du Tarn

Nature : 🌿 ⌗ 🟢🟢
Loisirs : 🍷 🚲 🏊 🎣 canoë-kayak
Services : 🚿 ⚓ 🗟 ⊕ 🛒 🖼

STE-ÉNIMIE

Couderc avr.-fin sept.

ℰ 04 66 48 50 53, *campingcouderc@wanadoo.fr*,
Fax 04 66 48 58 59, *campingcouderc.fr* – **R** conseillée
2,5 ha (113 empl.) en terrasses, pierreux, herbeux
Tarif : (Prix 2005) ♣ 4 € ⟶ 3 € ▤ 4 € [½] (6A) 3 € – frais de réservation 15 €
Location : 7 ⟮⟯ (4 à 6 pers.) 230 à 350 €/sem.
⟮⟯ 1 borne 3 €
Pour s'y rendre : SO : 2 km par D 907 bis, rte de Millau, bord du Tarn
À savoir : Dans les gorges du Tarn

> Nature : ≤ 00 ⚠
> Loisirs : 🍷 ⟆ ⟋
> Services : ⅋ o━ ⅍ ▥ 🗟 🖳 ☺ ▦
> À prox. : canoë

Le Site de Castelbouc avr.-sept.

ℰ 04 66 48 58 08, *camping.lesite@wanadoo.fr*,
Fax 04 66 48 58 08 – **R** conseillée
1 ha (60 empl.) non clos, plat, peu incliné, herbeux
Tarif : ▤ 11 € – pers. suppl. 3,10 €
Location : 5 ⟮⟯ (4 à 6 pers.) 250 à 420 €/sem.
Pour s'y rendre : SE : 7 km par D 907[B], rte d'Ispagnac puis 0,5 km par rte de Castelbouc à droite, bord du Tarn
À savoir : Site et situation agréables dans les gorges du Tarn

> Nature : 🌲 ≤ ⟱ 00 ⚠
> Loisirs : 🌊 canoë-kayak
> Services : ⅋ o━ (juil.-août) ⅁⅀ ⅍ 🗟 🔊 ☺ ▦

Les VIGNES

✉ 48210 – 330 H9 – G. Languedoc Roussillon – 118 h. – alt. 410
🛈 Office de tourisme, le village ℰ 04 66 48 80 90
Paris 615 – Mende 52 – Meyrueis 33 – Le Rozier 12 – Ste-Enimie 25 – Sévérac-le-Château 22.

Castel de la Peyre (location exclusive de 10 maisonnettes) avr.-déc.

ℰ 04 66 48 89 81, *www.lozere-resa.com* – **R** conseillée
1 ha non clos, en terrasses
Location : ⟮⟯ (4 à 6 pers.) 243 à 591 €/sem.
Pour s'y rendre : Sud, sur D 16, rive gauche du Tarn

> Nature : 🌲 ≤
> Loisirs : ⟱ ⟋
> Services : ⅋ ⅍ ▥ 🖳

La Blaquière mai-10 sept.

ℰ 04 66 48 54 93, *campingblaquiere@wanadoo.fr*,
Fax 04 66 48 54 93, *www.campingblaquiere.fr* – **R** conseillée
1 ha (72 empl.) plat, en terrasses, herbeux, pierreux, sablonneux
Tarif : ▤ 15,10 € [½] (6A) – pers. suppl. 3,55 € – frais de réservation 13 €
Location : 4 bungalows toilés
Pour s'y rendre : NE : 6 km par D 907Bis, rte de Florac, bord du Tarn

> Nature : ⟱ 00 ⚠
> Loisirs : ⟱ 🚴 🌊
> Services : ⅋ o━ ⅍ 🗟 🖳 🔊 ☺ ▦ 🛁 ⅃
> À prox. : canoë-kayak

VILLEFORT

✉ 48800 – 330 L8 – G. Languedoc Roussillon – 620 h. – alt. 600
🛈 Office de tourisme, rue des Jardins ℰ 04 66 46 87 30
Paris 616 – Alès 52 – Aubenas 61 – Florac 63 – Mende 58 – Pont-St-Esprit 90 – Le Puy-en-Velay 85.

Morangiés - Le Lac mai-sept.

ℰ 04 66 46 81 27, *jo.genti.le@libertysurf.fr*,
Fax 04 66 69 77 49 – **R** indispensable
4 ha (75 empl.) en terrasses, herbeux, gravillons
Tarif : ▤ 15,20 € – pers. suppl. 3,50 €
Location (permanent) : 33 ⟮⟯ (4 à 6 pers.) 240 à 540 €/sem. – 19 ⟮⟯ (4 à 6 pers.) 168 à 585 €/sem.
Pour s'y rendre : N : 3,4 km par D 901, rte de Mende, D 906, rte de Prévenchère et à gauche chemin de Pourcharesses
À savoir : Agréable situation au bord du lac et d'une base nautique

> Nature : 🌲 ≤ ⟱ ♀
> Loisirs : ⟱ 🚴 ⟋
> Services : ⅋ o━ ⅍ 🗟 🖳 ☺ 🛁 ⚑ ▦
> À prox. : ✂ ⚓ ▯ 🐎

La Palhère mai-sept.
  04 66 46 80 63, http://villefort.free.fr – alt. 750 – **R** conseillée
1,8 ha (45 empl.) en terrasses, herbeux, pierreux
Tarif : 13,50 € (6A) – pers. suppl. 3,50 €
Pour s'y rendre : SO : 4 km par D 66, rte du Mas-de-la-
Barque, bord d'un torrent

Nature :
Loisirs : snack
Services :
À prox. :

ST-LÉGER-DE-PEYRE

48100 – H7 – 176 h. – alt. 780

Hameau Ste-Lucie (location exclusive de 8
maisonnettes et 4 maisons) 4 fév.-déc.
  04 66 32 09 22, infos@loupsdugevaudan.com,
Fax 04 66 32 09 22 – alt. 1 100 – **R** indispensable
30 ha/2 campables en terrasses, non clos
Location : (4 à 6 pers.) 122 à 550 €/sem. – maisonnettes
Pour s'y rendre : NO : 15 km par D 2 et N 9 puis chemin à
droite à Ste-Lucie - A 75, sortie 37 puis N 9 rte de Marvejols
et à gauche, Ste-Lucie
À savoir : Vue à 180°, sur la Lozère, au calme absolu, tout
près des loups

Nature : mont Lozère, mont Aigoual
Loisirs : (midi uniquement)
Services :
À prox. : parc aux loups du Gévau-dan

Pyrénées-Orientales (66)

ARGELÈS-SUR-MER

66700 – J7 – G. Languedoc Roussillon – 9 069 h. – alt. 19
Office de tourisme, place de l'Europe   *04 68 81 10 15*
Paris 872 – Céret 28 – Perpignan 22 – Port-Vendres 9 – Prades 66.

Centre

Pujol juin-sept.
  *04 68 81 00 25, Fax 04 68 81 21 21, www.campingdepu
jol.com* 66702 Argelès-sur-Mer Cedex – **R** indispensable
4,1 ha (249 empl.) plat, herbeux, sablonneux
Tarif : 25 € (6A) – pers. suppl. 5 €
À savoir : Espace piscine agréable

413

Nature :
Loisirs : snack
Services :
À prox. : ski nautique, jet ski

Le Stade avr.-sept.
  04 68 81 04 40, info@campingdustade.com,
Fax 04 68 95 84 55, *www.campingdustade.com* – **R** conseillée
2,4 ha (185 empl.) plat, herbeux
Tarif : 22,40 € (6A) – pers. suppl. 5 € – frais de réservation 8 €
Location : 10 (4 à 6 pers.) 300 à 500 €/sem.
Pour s'y rendre : Rte de la plage

Nature :
Loisirs : pizzeria
Services :
À prox. :

La Massane 15 mars-15 oct.
  04 68 81 06 85, camping.massane@infonie.fr,
Fax 04 68 81 59 18, *www.camping.massane.com*
– **R** conseillée
2,7 ha (184 empl.) plat, herbeux
Tarif : 24 € (6A) – pers. suppl. 5 €
Location : 7 (2 à 4 pers.) 170 à 410 €/sem. – 19
(4 à 6 pers.) 250 à 590 €/sem.

Nature :
Loisirs :
Services :
À prox. :

Paris-Roussillon 15 mai-sept.
  04 68 81 19 71, contact@parisroussillon.com,
Fax 04 68 81 68 77, *www.parisroussillon.com* 66702 Argelès-sur-Mer Cedex – **R** indispensable
3,5 ha (200 empl.) plat, herbeux
Tarif : 26 € (6A) – pers. suppl. 4,60 € – frais de réservation 12 €
Location (avr.-oct.) :

Nature :
Loisirs : snack
Services :
À prox. : ski nauti-que, jet ski

ARGELÈS-SUR-MER

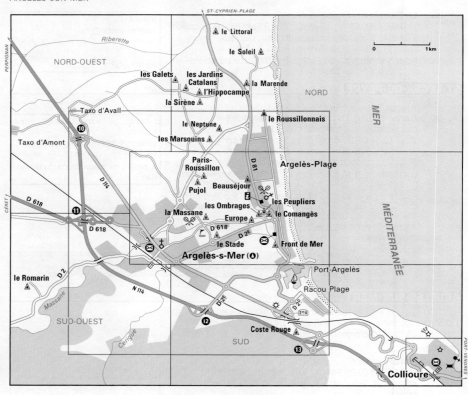

☖ Beauséjour
📞 04 68 81 10 63, Fax 04 68 95 75 08, *www.campingle beausejour.com* – places limitées pour le passage
3,5 ha plat, herbeux
Location : 🛖
Pour s'y rendre : À 300 m de la plage

| Nature : 🏞 🎋 |
| Loisirs : snack, pizzeria 🎱 🕐 nocturne 🎠 🏊 🎣 |
| Services : 🚿 🗄 🛒 ♿ 🏧 🖼 🚏 |

☖ Les Ombrages juin-sept.
📞 04 68 81 29 83, *les-ombrages@freesurf.fr*,
Fax 04 68 81 29 83, *www.les-ombrages.com* – **R** conseillée
4,1 ha (270 empl.) plat, herbeux, sablonneux
Tarif : 🔲 23 € 🔌 (10A) – pers. suppl. 5,20 € – frais de réservation 20 €
Location 🏊 : 🛖 (4 à 6 pers.) 210 à 550 €/sem.
Pour s'y rendre : À 400 m de la plage

| Nature : 🏞 🌳 |
| Loisirs : 🎱 🎠 🐎 |
| Services : 🚿 🔑 🏧 🗄 🛒 ♿ 🖼 |
| À prox. : 🚲 🎾 ⛵ 🐎 ski nautique, jet ski |

☖ Comangès 25 mars-15 oct.
📞 04 68 81 15 62, Fax 04 68 95 87 74, *www.campingco manges.com* – **R** conseillée
1,2 ha (90 empl.) plat, herbeux
Tarif : (Prix 2005) 🔲 23,30 € 🔌 (10A) – pers. suppl. 5,80 € – frais de réservation 19 €
Location : 🛖 (4 à 6 pers.) 220 à 590 €/sem.
Pour s'y rendre : À 300 m de la plage

| Nature : 🌳 🌳 |
| Loisirs : 🎠 |
| Services : 🚿 🔑 🏧 🗄 🛒 ♿ 🖼 |
| À prox. : 🚲 🎾 🎣 ⛵ 🐎 ski nautique |

ARGELÈS-SUR-MER

△ **Europe** 8 avr.-14 oct.
 𝒫 04 68 81 08 10, *camping.europe@wanadoo.fr*,
 Fax 04 68 95 71 84, *www.camping.europe.com* ✉ 66701
 Argelès-sur-Mer Cedex – **R** conseillée
 1,2 ha (91 empl.) plat, herbeux
 Tarif : 🖃 21,30 € 🔌 (10A) – pers. suppl. 4,40 € – frais de
 réservation 20 €
 Location : 11 🛖 (4 à 6 pers.) 153 à 545 €/sem.
 Pour s'y rendre : À 500 m de la plage

Nature : 𝟢𝟢
Services : ৬ ⚊ GB ⌖ 🗇 ♨ ☺ 🖾 🚿
À prox. : 🚣

△ **les Peupliers** mai-sept.
 𝒫 04 68 81 17 91 – **R** indispensable
 1,8 ha (100 empl.) plat, herbeux
 Tarif : 🖃 23,50 € 🔌 (10A) – pers. suppl. 6 €
 Pour s'y rendre : À 300 m de la plage

Nature : ▭ 𝟢𝟢
Services : ৬ ⚊ GB ⌖ 🗇 ♨ 🚿 ☺ 🖾

Nord

⋀⋀⋀⋀ **La Sirène et l'Hippocampe** 14 avr.-sept.
 𝒫 04 68 81 04 61, *contact@camping-lasirene.fr*,
 Fax 04 68 81 69 74, *www.camping-lasirene.fr* – **R** indispen-
 sable
 21 ha (903 empl.) plat, herbeux
 Tarif : 🖃 43 € 🔌 (5A) – pers. suppl. 9 € – frais de réser-
 vation 20 €
 Location : 🛖 (4 à 6 pers.) 234 à 1 351 €/sem.
 À savoir : Beau parc aquatique paysager

Nature : ▭ 𝟢𝟢
Loisirs : 🍽 ✗ pizzeria, crêperie 🎬 🖭 nocturne 🏌 discothèque 🚣 🚴 ⛵ 🎣 🏊 🛶 🐎 école de plon-gée
Services : ৬ ⚊ GB ⌖ 🗇 ♨ ☺ 🚿 ☎ 🖾 🍴 🚰

⋀⋀⋀ **Le Neptune** mai-15 sept.
 𝒫 04 68 81 02 98, Fax 04 68 81 00 41, *www.aquati
 camp.com/neptune.htm* ✉ 66702 Argelès-sur-Mer Cedex – **R** indispensable
 4,7 ha (215 empl.) plat, herbeux
 Tarif : 🖃 33 € 🔌 (10A) – pers. suppl. 9 € – frais de réservation 20 €

Nature : 𝟢
Loisirs : 🍽 pizzeria, snack 🎬 🚣 🏌 🏊 🛶
Services : ৬ ⚊ GB 🗇 ♨ 🚿 ☺ 🚰 ☎ 🖾 🍴
À prox. : ✗ 🐎

⋀⋀⋀ **Les Marsouins** 8 avr.-sept.
 𝒫 04 68 81 14 81, *marsouin@campmed.com*,
 Fax 04 68 95 93 58, *www.campmed.com* – **R** conseillée
 10 ha (587 empl.) plat, herbeux
 Tarif : 🖃 26 € 🔌 (5A) – pers. suppl. 5,50 € – frais de réser-
 vation 15 €
 Location : 137 🛖 (4 à 6 pers.) 190 à 660 €/sem.
 🚐 1 borne 4 €

Nature : 𝟢𝟢
Loisirs : 🍽 snack, pizzeria, crêperie 🖭 nocturne 🏌 🚣 🚴 🏊 école de plongée
Services : ৬ ⚊ GB ⌖ 🗇 🚿 ☺ 🚰 ☎ 🖾 🚟 🚰 bureau d'informa-tions touristiques

⋀⋀⋀ **Les Galets** 8 avr.-1ᵉʳ oct.
 𝒫 04 68 81 08 12, *lesgalets@campinglesgalets.fr*,
 Fax 04 68 81 68 76, *campmed.com* – places limitées pour le
 passage – **R** conseillée
 5 ha (232 empl.) plat, herbeux
 Tarif : 🖃 31,50 € 🔌 (6A) – pers. suppl. 7,20 € – frais de
 réservation 18 €
 Location : 119 🛖 (4 à 6 pers.) 206 à 805 €/sem.
 🚐 2 bornes 4 € – 6 🖃 10 €
 À savoir : Cadre agréable autour d'un bel espace aquatique

Nature : ▭ 𝟢𝟢
Loisirs : 🍽 ✗ 🎬 🖭 nocturne 🏌 🎠 🚣 🏊 terrain omnisports
Services : ৬ ⚊ GB ⌖ 🗇 ♨ ☺ 🖾
À prox. : 🚣 🐎 poneys (centre équestre)

⋀⋀⋀ **Le Roussillonnais** 17 avr.-sept.
 𝒫 04 68 81 10 42, *camping.rouss@infonnie.fr*,
 Fax 04 68 95 96 11, *www.leroussillonnais.com* ✉ 66702
 Argelès-sur-Mer Cedex – **R** conseillée
 10 ha (719 empl.) plat, sablonneux, herbeux
 Tarif : (Prix 2005) 🖃 23,80 € 🔌 (6A) – pers. suppl. 4,90 €
 Location (mi-mai-mi-sept.) 🏊 : 🛖 (4 à 6 pers.) 285 à
 602 €/sem. – 🏠 (4 à 6 pers.) 275 à 620 €/sem.
 🚐 1 borne – 18 🖃 10 €
 Pour s'y rendre : Près de la plage (accès direct)

Nature : 𝟢 △
Loisirs : 🍽 ✗ pizzeria 🎬 🚣 🚴 ✗ terrain omnisports
Services : ৬ ⚊ (juil.-août) GB ⌖ 🗇 ♨ 🚿 ☺ 🖾 🍴 🚰
À prox. : 🚣 ⚓ 🐎 ski nautique

415

ARGELÈS-SUR-MER

⛰ Le Soleil 13 mai-23 sept.
☎ 04 68 81 14 48, *camping.lesoleil@wanadoo.fr*,
Fax 04 68 81 44 34, *www.campmed.com* – **R** conseillée
17 ha (844 empl.) plat, herbeux, sablonneux
Tarif : 🔲 31,30 € [⚡] (6A) – pers. suppl. 8 € – frais de réservation 18,30 €
Location : 73 ▥ (4 à 6 pers.) 252 à 623 €/sem.
▱ 1 borne
Pour s'y rendre : Près de la plage (accès direct)
À savoir : Cadre agréable au bord de la mer

Nature : ▭ ♀ ⚠
Loisirs : 🍽 ✗ pizzeria, brasserie ▱
🌙 nocturne 🏓 🎿 discothèque
🏊 ⚷ 🎿 🐎 petit parc animalier
Services : 🚭 🚿 GB 🚙 🗑 🚻 ☺ 🛒
🚮 🚰

⛰ Le Littoral 8 avr.-sept.
☎ 04 68 81 17 74, *info@camping-le-littoral.com*,
Fax 04 68 95 94 89, *www.camping-le-littoral.com*
– **R** conseillée
5 ha (292 empl.) plat, herbeux
Tarif : 🔲 28 € – pers. suppl. 6 € – frais de réservation 19 €
Location ✍ : 117 ▥ (4 à 6 pers.) 189 à 794 €/sem.

Nature : ♀♀
Loisirs : snack 🌙 nocturne 🏓 🏊
🚲 🛴
Services : 🚭 🚿 GB 🚙 🗑 🚻 ☺ 🛒
🚮 🚰
À prox. : ⚷ 🐎 golf

⛰ La Marende 29 avr.-23 sept.
☎ 04 68 81 12 09, *info@marende.com*, Fax 04 68 81 88 52, *www.marende.com* – **R** indispensable
3 ha (208 empl.) plat, herbeux, sablonneux
Tarif : 🔲 28 € [⚡] (10A) – pers. suppl. 5 €
Location : 42 ▥ (4 à 6 pers.) 220 à 610 €/sem.
▱ 1 borne
Pour s'y rendre : À 400 m de la plage

Nature : ▭ ♀♀
Loisirs : 🍽 snack ☕ 🎿
Services : 🚭 🚿 GB 🚙 🗑 🚻 ☺ ☎
🖼 🚰
À prox. : ⚷ 🐎

⛰ Les Jardins Catalans (location exclusive de 130 mobile homes) fermé janv.
☎ 04 68 81 11 68, *info@Camping-JardinsCatalans-fr*,
Fax 04 68 95 75 80 – **R** conseillée
4,5 ha plat, herbeux
Location : ▥ (4 à 6 pers.) 192 à 690 €/sem.

Nature : ♀
Loisirs : 🍽 brasserie, pizzeria 🌙 nocturne 🎿 🏓 🎿
Services : 🚿 GB 🚙 🚰

Sud

⛰ Le Front de Mer avr.-sept.
☎ 04 68 81 08 70, *front.de.mer@cegetel.net*,
Fax 04 68 81 87 21, *www.camping-front-mer.com*
– **R** conseillée
10 ha (588 empl.) plat, herbeux
Tarif : 🔲 30,25 € [⚡] (6A) – pers. suppl. 5,25 €
Location : ▥ (4 à 6 pers.) 250 à 770 €/sem.
Pour s'y rendre : À 250 m de la plage

Nature : ▭ ♀♀
Loisirs : 🍽 ✗ pizzeria 🌙 nocturne
🏓 🎿 🎿 ⛷
Services : 🚭 🚿 GB 🚙 🗑 🚻 ☺
☎ 🖼 🚮 🚰

⛰ Coste Rouge juin-sept.
☎ 04 68 81 08 94, *info@lacosterouge.com*,
Fax 04 68 95 94 17, *www.lacosterouge.com* – **R** conseillée
3,7 ha (145 empl.) plat, peu incliné, terrasses, herbeux, gravier
Tarif : 🔲 24,70 € [⚡] (6A) – pers. suppl. 4,70 € – frais de réservation 13 €
Location (Pâques-oct.) : ▥ (4 à 6 pers.) 229 à 620 €/sem. – studios
Pour s'y rendre : SE : 3 km

Nature : ▭ ♀♀
Loisirs : snack 🏠 🏓 🎿
Services : 🚭 🚿 GB 🚙 🗑 🚻 ☺
🖼 🚰
À prox. : 🚲 🎿 🐎 ski nautique, jet ski

Sud-Ouest

⛰ Le Romarin 10 mai-sept.
☎ 04 68 81 02 63, *camping.romarin@libertysurf.fr*,
Fax 04 68 81 57 63, *www.camping-romarin.com*
– **R** conseillée
2,5 ha (142 empl.) plat, herbeux
Tarif : (Prix 2005) 🔲 29,50 € [⚡] (6A) – pers. suppl. 4 €
Location : 🏠 (4 à 6 pers.) 230 à 550 €/sem.
Pour s'y rendre : SO : 2,8 km

Nature : 🌊 ▭ ♀♀
Loisirs : snack 🏓 🚲
Services : 🚭 🚿 GB 🚙 🗑 ☺ 🖼

416

ARLES-SUR-TECH

✉ 66150 – ❸❹❹ G8 – G. Languedoc Roussillon – 2 700 h. – alt. 280
🛈 *Office de tourisme, Baills de la Mairie* ℘ 04 68 39 11 99
Paris 886 – Amélie-les-Bains-Palalda 4 – Perpignan 45 – Prats-de-Mollo-la-Preste 19.

⛰ **Le Vallespir** avr.-oct.
℘ 04 68 39 90 00, *camping.le.vallespir@wanadoo.fr*,
Fax 04 68 39 90 09, *www.camping-le-vallespir.com*
– **R** conseillée
2,5 ha (135 empl.) plat et peu incliné, herbeux
Tarif : 🔳 21,50 € 🔌 (10A) – pers. suppl. 5,20 € – frais de réservation 9 €
Location : 30 🛖 (4 à 6 pers.) 200 à 581 €/sem.
Pour s'y rendre : NE : 2 km rte d'Amélie-les-Bains-Palalda, bord du Tech

Nature : ≼ ⌂ ♀
Loisirs : 🍴 snack 🏛 🏊 ✗ ⚙
Services : ♿ ⚡ GB ⚙ 🖥 🛁 ☁ ⚲
🖼

🛒 ✗ *ATTENTION...*
⛵ *ces éléments ne fonctionnent généralement qu'en saison,*
⚙ 🐎 *quelles que soient les dates d'ouverture du terrain.*

Le BARCARÈS

✉ 66420 – ❸❹❹ J6 – 3 514 h. – alt. 3
Paris 839 – Narbonne 56 – Perpignan 23 – Quillan 84.

⛰ **L'Europe** Permanent
℘ 04 68 86 15 36, *reception@europe-camping.com*,
Fax 04 68 86 47 88, *www.europe-camping.com* – places limitées pour le passage – **R** indispensable
6 ha (360 empl.) plat, herbeux
Tarif : 🔳 40,70 € 🔌 (16A) – pers. suppl. 7 € – frais de réservation 28 €
Location : 28 🛖 (4 à 6 pers.) 280 à 700 €/sem. – 39 🏠 (4 à 6 pers.) 280 à 780 €/sem.
Pour s'y rendre : SO : 2 km par D 90, à 200 m de l'Agly

Nature : ⌂ ♀
Loisirs : 🍴 ✗ 🏛 ⚙ nocturne 🎯
🏊 ✗ ⚙ 🎿
Services : ♿ ⚡ GB ⚙ – 360 sanitaires individuels (🛁 ⚙ wc) ☺ ⚲
⚙ 🖼 🛒 ⚙

⛰ **California** 4 avr.-10 sept.
℘ 04 68 86 16 08, *camping-california@wanadoo.fr*,
Fax 04 68 86 18 20, *www.camping-california.fr* – **R** indispensable
5 ha (265 empl.) plat, herbeux
Tarif : 🔳 28 € – pers. suppl. 5 € – frais de réservation 25 €
Location : 80 🛖 (4 à 6 pers.) 203 à 630 €/sem. – 20 🏠 (4 à 6 pers.) 280 à 690 €/sem.
🛒 1 borne
Pour s'y rendre : SO : 1,5 km par D 90

Nature : ⌂ ♀♀
Loisirs : 🍴 snack 🏛 🏃 🎯 🛶
🚴 ⛵ ✗ 🎿 ⛸
Services : ♿ GB ⚙ 🖥 🛁 ☺ ⚲
🖼 🛒 ⚙
À prox. : 🎣 🏇 plongée, location de bateaux

⛰ **Le Soleil Bleu** avr.-28 oct.
℘ 04 68 86 15 50, *infos@lesoleilbleu.fr*, Fax 04 68 86 40 90, *www.lesoleilbleu.com* – **R** conseillée
3 ha (176 empl.) plat, herbeux, pierreux, sablonneux
Tarif : 🔳 28 € – pers. suppl. 3 € – frais de réservation 29 €
Location : 124 🛖 (4 à 6 pers.) 200 à 775 €/sem. – 31 🏠 (4 à 6 pers.) 230 à 805 €/sem.
Pour s'y rendre : SO : 1,4 km par D 90, à 100 m de l'Agly
À savoir : Agréable cadre verdoyant et ombragé

Nature : ⌂ ♀♀
Loisirs : 🍴 snack 🏛 ⚙ nocturne
🏃 🏊 🎿
Services : ♿ ⚡ GB ⚙ 🖥 ☺ ⚲ ⚙
🖼 🛒 ⚙

⛰ **Le Pré Catalan** 29 avr.-16 sept.
℘ 04 68 86 12 60, *leprecatalan@wanadoo.fr*,
Fax 04 68 86 40 17, *www.precatalan.com* – **R** conseillée
4 ha (250 empl.) plat, sablonneux, herbeux
Tarif : 🔳 34 € – pers. suppl. 7,50 €
Location : 75 🛖 (4 à 6 pers.) 245 à 854 €/sem.
Pour s'y rendre : SO : 1,5 km par D 90 puis 0,6 km par chemin à droite

Nature : ⌂ ♀
Loisirs : 🍴 ✗ 🏛 ⚙ nocturne 🏃
🏊 ⛵ ⚙ 🎿 terrain omnisports
Services : ♿ ⚡ GB ⚙ 🛁 ☺ 🖼 ⚲
À prox. : 🎣 🏇 plongée, location de bateaux

417

Le BARCARÈS

▲▲ **La Salanque** (location exclusive de 107 bungalows)
    🖉 04 68 86 14 86, *village.la.salanque@wanadoo.fr*,
    Fax 04 68 86 47 98, *www.village-salanque.com* – **R** conseillée
    3,5 ha plat, herbeux
    Location : 🏠
    Pour s'y rendre : O : 1,8 km par chemin de l'Hourtou

Loisirs : ♟ snack 🍴 🏓 🎣 🚣
🏂 ⚅ ⛹ terrain omnisports
Services : ⚿ 🚰 🛁

▲▲ **Las Bousigues** avr.-1er oct.
    🖉 04 68 86 16 19, *lasbousigues@wanadoo.fr*,
    Fax 04 68 86 28 44 – **R** conseillée
    3 ha (199 empl.) plat, sablonneux
    Tarif : 🔳 30 € 🔌 (10A) – pers. suppl. 5,30 € – frais de réservation 16 €
    Location 🐾 : 🚐 (4 à 6 pers.) 136 à 679 €/sem. – 🏠 (4 à 6 pers.) 175 à 603 €/sem.
    🚐 1 borne
    Pour s'y rendre : O : 0,9 km, av. des Corbières

Nature : 🌳 ♀♀
Loisirs : ♟ snack 🍴 🏓 🎣 ⚅ ⛹
Services : ⚿ 🚰 🐕 🛁 🔥 – 31
sanitaires individuels (🛁 🚿 wc) ⚙
🔥 🛁 ⚙

▲▲ **La Croix du Sud** avr.-15 oct.
    🖉 04 68 86 16 61, *camplacroixdusud@aol.com*,
    Fax 04 68 86 20 03, *www.lacroixdusud.fr* – places limitées pour le passage – **R** conseillée
    3,5 ha (200 empl.) plat, herbeux
    Tarif : 🔳 34 € 🔌 (10A) – pers. suppl. 8 € – frais de réservation 26 €
    Location : 82 🚐 (4 à 6 pers.) 170 à 745 €/sem. – 22 🏠 (4 à 6 pers.) 238 à 680 €/sem.
    Pour s'y rendre : SO : 1,4 km par D 90, par D 83 sortie 10

Nature : 🌳 ♀
Loisirs : ♟ 🍴 nocturne 🏓 ⚅ terrain omnisports
Services : ⚿ 🚰 GB 🐕 🛁 🔥 🛁 ⚙ ⚙
🔥 🛁

▲▲ **L'Oasis** mai-16 sept.
    🖉 04 68 86 12 43, *camping.loasis@wanadoo.fr*,
    Fax 04 68 86 46 83, *www.camping-oasis.com* – **R** conseillée
    10 ha (496 empl.) plat, herbeux, sablonneux
    Tarif : 🔳 26,50 € 🔌 (10A) – pers. suppl. 5,90 € – frais de réservation 22 €
    Location (8 avr.-16 sept.) : 23 🚐 (2 à 4 pers.) 154 à 483 €/sem. – 🚐 (4 à 6 pers.) 189 à 742 €/sem. – 🏠 – (sans sanitaires)
    Pour s'y rendre : SO : 1,3 km par D 90

Loisirs : ♟ snack, pizzeria 🍴 nocturne 🏓 🎣 ⚅ ⛹
Services : ⚿ 🚰 GB 🐕 🛁 ⚙ 🔥
🛁

▲▲ **La Presqu'Île** 8 avr.-28 oct.
    🖉 04 68 86 12 80, *contact@lapresquile.com*,
    Fax 04 68 86 25 09, *www.lapresquile.com* – places limitées pour le passage – **R** conseillée
    3,5 ha (163 empl.) plat, sablonneux, herbeux
    Tarif : (Prix 2005) 🔳 22,50 € – pers. suppl. 5,50 € – frais de réservation 20 €
    Location : 9 🚐 (2 à 4 pers.) 470 €/sem. – 31 🚐 (4 à 6 pers.) 200 à 660 €/sem. – 38 🏠 (4 à 6 pers.) 200 à 670 €/sem.
    Pour s'y rendre : sortie 11, dir. la Presqu'Île

Nature : 🌳 ♀♀
Loisirs : ♟ 🍴 🏓 🎣 🏂 🚣 ⚅ ⛹
🏊 ponton d'amarrage
Services : ⚿ 🚰 GB 🐕 🛁 ⚙ 🔥
sèche-linge 🛁 🛁

BOURG-MADAME

✉ 66760 – **344** C8 – G. Languedoc Roussillon – 1 166 h. – alt. 1 140
🅱 *Office de tourisme, 1, place Catalogne* 🖉 04 68 04 55 35
Paris 847 – Andorra-la-Vella 68 – Ax-les-Thermes 45 – Carcassonne 143 – Foix 88 – Font-Romeu-Odeillo-Via 18 – Perpignan 103.

▲▲ **Mas Piques** Permanent
    🖉 04 68 04 62 11, *campiques@wanadoo.fr*,
    Fax 04 68 04 68 32 – places limitées pour le passage – **R** conseillée
    1,5 ha (103 empl.) plat, herbeux
    Tarif : 🔳 15,70 € 🔌 (6A) – pers. suppl. 3,70 €
    Location : 8 🚐 (2 à 4 pers.) 330 €/sem. – 5 🚐 (4 à 6 pers.) 440 €/sem.
    Pour s'y rendre : Au N de la ville, rue du Train-Jaune, près du Rahur (frontière)

Nature : ≼ ♀
Loisirs : 🍴
Services : ⚿ 🚰 🛒 🏪 🛁 🔥 ⚙ 🛁
🛒 🔥
À prox. : ⚅ terrain omnisports

CANET-PLAGE

✉ 66140 – 👁️👁️ J6 – G. Languedoc Roussillon
Paris 849 – Argelès-sur-Mer 20 – Le Boulou 35 – Canet-en-Roussillon 3 – Perpignan 13 – St-Laurent-de-la-Salanque 13.

Le Brasilia 29 avr.-sept.
   𝒫 04 68 80 23 82, *camping-le-brasilia@wanadoo.fr*,
Fax 04 68 73 32 97, *www.brasilia.fr* – **R** conseillée
15 ha (826 empl.) plat, sablonneux, herbeux
Tarif : 🔲 43,50 € 🔋 (10A) – pers. suppl. 8 €
Location : 71 🚐 (4 à 6 pers.) 231 à 994 €/sem. – 42 🏠
(4 à 6 pers.) 196 à 791 €/sem. – pavillons
🚐 1 borne
Pour s'y rendre : Bord de la Têt et accès direct à la plage
À savoir : Cadre agréable, emplacements verdoyants et ombragés

> Nature : 🗺️ 💥 ⛰️
> Loisirs : 🍸 ✗ self-service 🛋️ 🎨
> nocturne 🏃 🎣 discothèque 🛹
> 🚴 ✂️ 🏊 terrain omnisports
> Services : ♿ ⚡ GB 🐾 🗄️ 🔄 ☺ ♨️
> 🔽 ✗ 🔒 ♻️ ♻️
> À prox. : ⛳ 🏇 golf

Ma Prairie 5 mai-25 sept.
   𝒫 04 68 73 26 17, *ma.prairie@wanadoo.fr*,
Fax 04 68 73 28 82, *www.maprairie.com* – **R** conseillée
4 ha (260 empl.) plat, herbeux
Tarif : 🔲 32 € 🔋 (10A) – pers. suppl. 6 € – frais de réservation 16 €
Location ✂️ : 50 🚐 (4 à 6 pers.) 224 à 714 €/sem.
Pour s'y rendre : O : 2,5 km, à Canet-Village (hors schéma) - sortir par D 11, rte d'Elne et chemin à droite
À savoir : Joli cadre bien arboré et fleuri

> Nature : 🗺️ 💥
> Loisirs : 🍸 ✗ snack 🛋️ 🎨 nocturne
> 🏃 🛹 🚴 ✂️ 🏊
> Services : ♿ ⚡ GB 🐾 🗄️ 🔄 ☺ ♨️
> 🔽 ♻️
> À prox. : ⛳ 🏇 golf

Les Peupliers juin-15 sept.
   𝒫 04 68 80 35 87, *camping.peupliers@clior.net*,
Fax 04 68 73 38 75, *www.camping.peupliers.fr* – **R** indispensable
4 ha (245 empl.) plat, herbeux
Tarif : 🔲 30,90 € 🔋 (6A) – pers. suppl. 6 € – frais de réservation 23 €
Location : 98 🚐 (4 à 6 pers.) 290 à 680 €/sem. – 9 🏠
(4 à 6 pers.) 432 à 702 €/sem.
Pour s'y rendre : À 500 m de la mer

> Nature : 🗺️ 💥
> Loisirs : 🍸 snack 🛹 🏊 ⛷️
> Services : ♿ ⚡ GB 🐾 🗄️ 🌊 ☺ ♨️
> 🔽 ♻️
> À prox. : 🛒 ✂️ 🎱 ⛳ 🔥 🏇

Domino avr.-sept.
   𝒫 04 68 80 27 25, *camping.domino@wanadoo.fr*,
Fax 04 68 73 47 41, *www.camping.domino-canet.com*
– **R** conseillée
0,7 ha (52 empl.) plat, herbeux
Tarif : 🔲 31,50 € 🔋 (10A) – pers. suppl. 5 € – frais de réservation 18 €
Location ✂️ : 15 🚐 (4 à 6 pers.) 165 à 580 €/sem.
Pour s'y rendre : R. des Palmiers, à 250 m de la plage et du port

> Nature : 🗺️ 💥
> Loisirs : snack 🛋️ 🛹
> Services : ♿ ⚡ GB 🐾 🗄️ ☺ ♨️ 🔽
> 🔒

419

CANET-PLAGE

△ **Les Fontaines** mai-1er oct.

Not applicable

📞 04 68 80 22 57, *campinglesfontaines@wanadoo.fr*,
Fax 04 68 80 22 57, *www.camping-les-fontaines.com* – **R**
indispensable
5,3 ha plat, pierreux, herbeux
Tarif : ▦ 30,50 € 💧 (16A) – pers. suppl. 5 € – frais de réservation 15 €
🚕 1 borne 5 €
Pour s'y rendre : 4 km au SO par D 11, rte de St-Nazaire
(hors schéma)

| Nature : □ |
| Loisirs : 🏠 ⛲ ♨ |
| Services : ♿ 🔑 GB ✂ 📦 🚿 ♿ 🚰 |
| 🚽 📷 |

CASTEIL

✉ 66820 – 344 F7 – 130 h. – alt. 780
🛈 *Syndicat d'initiative, 1, rue du Canigou* 📞 04 68 05 67 63, Fax 04 68 05 61 34
Paris 878 – Montpellier 215 – Perpignan 59 – Carcassonne 126 – Canet 68.

△ **Domaine St-Martin** 30 avr.-sept.

📞 04 68 05 52 09, *www.domainestmartin.com* – accès aux
emplacements par forte pente, mise en place et sortie des
caravanes à la demande – **R** conseillée
4,5 ha (45 empl.) en terrasses, pierreux, rochers
Tarif : ▦ 17,90 € 💧 (6A) – pers. suppl. 4,50 € – frais de
réservation 15,24 €
Pour s'y rendre : Sortie N par D 116 et chemin à droite
À savoir : Cadre pittoresque au pied du Massif du Canigou,
près d'une cascade

| Nature : ♨ ≤ □ 🌴 |
| Loisirs : 🍽 🏠 ♨ |
| Services : ♿ 🔑 GB ✂ 📦 🚰 |
| À prox. : 🍴 |

CÉRET

✉ 66400 – 344 H8 – G. Languedoc Roussillon – 7 291 h. – alt. 153
🛈 *Office de tourisme, 1, avenue Georges Clemenceau* 📞 04 68 87 00 53, Fax 04 68 87 00 56
Paris 875 – Gerona 81 – Perpignan 34 – Port-Vendres 37 – Prades 72.

△ **Municipal Bosquet de Nogarède** avr.-oct.

📞 04 68 87 26 72 – ℞
3 ha (95 empl.) plat et accidenté, pierreux, herbeux
Tarif : ▦ 11,10 €
Pour s'y rendre : E : 0,5 km par D 618, rte de Maureillas-las-
Illas, bord d'un ruisseau

| Nature : 🌴 |
| Loisirs : ⛲ |
| Services : ♿ 🔑 🚿 ♿ 📦 |

EGAT

✉ 66120 – 344 D7 – G. Languedoc Roussillon – 494 h. – alt. 1 650
Paris 856 – Andorra-la-Vella 70 – Ax-les-Thermes 53 – Bourg-Madame 15 – Font-Romeu-Odeillo-Via 4 –
Saillagouse 12.

△ **Las Clotes** Permanent

📞 04 68 30 26 90, Fax 04 68 30 26 90 – **R** conseillée
2 ha (80 empl.) en terrasses, herbeux, rochers
Tarif : ▦ 11,50 € 💧 (6A) – pers. suppl. 3,30 €
Pour s'y rendre : À 400 m au Nord du bourg, bord d'un
petit ruisseau
À savoir : Agréable situation dominante à flanc de colline
rocheuse

| Nature : ♨ ≤ Sierra del Cadi et |
| Puigmal |
| Loisirs : 🏠 |
| Services : ♿ 🔑 (juil.-août) ✂ 🍽 🚿 |
| ♿ 📦 |

ELNE

✉ 66200 – 344 I7 – G. Languedoc Roussillon – 6 410 h. – alt. 30
🛈 *Office de tourisme, 2, rue du couvent* 📞 04 68 22 05 07
Paris 864 – Argelès-sur-Mer 8 – Céret 29 – Perpignan 14 – Port-Vendres 17 – Prades 58.

△ **Municipal Al Mouly**

📞 04 68 22 08 46, *contact@ot-elne.fr* – **R** conseillée
5 ha (285 empl.) plat, herbeux, sablonneux
Pour s'y rendre : NE : 1,8 km par D 40, rte de St-Cyprien,
D 11 rte de Canet à gauche et rue Gustave-Eiffel à droite

| Nature : 🌴 |
| Loisirs : 🍺 snack ⛲ 🍴 ♨ |
| Services : ♿ 🔑 🚿 🚰 ♿ 🚽 📦 |
| 🚰 |

ENVEITG

✉ 66760 – 344 C8 – 621 h. – alt. 1 260
🛈 *Office de tourisme, 26, avenue du Puymorens* ✆ *04 68 04 83 58*
Paris 841 – Andorra-la-Vella 56 – Ax-les-Thermes 39 – Font-Romeu-Odeillo-Via 18 – Perpignan 107.

⚐ **Robinson**
✆ *04 68 04 80 38* – places limitées pour le passage
– **R** conseillée
2,7 ha (140 empl.), peu incliné, plat, herbeux
Location : 🛖 – bungalows toilés
Pour s'y rendre : Au Sud du bourg, derrière la mairie, accès par N 20, rte d'Andorre et D 34 à gauche, rte de la gare

Nature : 🌊 ≤ ♤♤
Loisirs : 🏠 ♣ 🕌 🎿
Services : ♿ ⊶ 🏧 🗄 👕 ⊕ 🔌 ⌇ 🔲

ERR

✉ 66800 – 344 D8 – 551 h. – alt. 1 350 – Sports d'hiver : 1 850/2 520 m ✠8 🎿
Paris 854 – Andorra-la-Vella 77 – Ax-les-Thermes 52 – Bourg-Madame 10 – Font-Romeu-Odeillo-Via 15 – Saillagouse 3.

⚐ **Le Puigmal** Permanent
✆ *04 68 04 71 83, contact@camping-le-puigmal.fr*,
Fax *04 68 04 04 88, www.camping-le-puigmal.com*
– **R** conseillée
3,2 ha (125 empl.) peu incliné, herbeux
Tarif : 🔲 17 € 🔋 (6A) – pers. suppl. 4,10 €
Location : 8 🛖 (4 à 6 pers.) 300 à 420 €/sem.
Pour s'y rendre : Par D 33B, à Err-Bas

Nature : 🌊 ≤ ♤♤
Loisirs : 🏠 ♣
Services : ♿ ⊶ GB 🐾 🏧 🗄 ⌂ ⊕ ⌇ 🔲
À prox. : ⛏ ⛷

⚐ **Las Closas** Permanent
✆ *04 68 04 71 42, camping.las.closas@wanadoo.fr*,
Fax *04 68 04 07 20, www.camping-las-closas.com*
– **R** conseillée
2 ha (118 empl.) plat et peu incliné, herbeux
Tarif : 🔲 18,30 € 🔋 (10A) – pers. suppl. 3,80 €
Location : 10 🛖 (4 à 6 pers.) 400 à 484 €/sem.
Pour s'y rendre : Par D 33B, à Err-Bas

Nature : ≤ ♤♤
Loisirs : 🏠 ♣
Services : ♿ ⊶ GB 🐾 🏧 🗄 ⊕ ⌂ ⌇ 🔲
À prox. : ✖ ⛏ ⛷

ESTAVAR

✉ 66800 – 344 D8 – 409 h. – alt. 1 200
Paris 861 – Montpellier 254 – Perpignan 98 – Saint 95 – Limoux 112.

⚐ **L'Enclave** fermé oct.
✆ *04 68 04 72 27, lenclave@camping.lenclave.com*,
Fax *04 68 04 07 15, www.camping.lenclave.com*
– **R** conseillée
3,5 ha (178 empl.) plat et peu incliné, en terrasses, pierreux, herbeux
Tarif : 🔲 23,50 € 🔋 (10A) – pers. suppl. 5 €
Location : 18 🛖 (4 à 6 pers.) 200 à 620 €/sem.
🚐 1 borne 6 €
Pour s'y rendre : Sortie E par D 33, bord de l'Angoust

Nature : 🌊 ⊡ ♤♤
Loisirs : ✖ 🏠 ♣ ✖ ⛏ 🐟
Services : ♿ ⊶ GB 🐾 🏧 🗄 👕 ⊕ ⌂ ⌇ 🔲
À prox. : 🍷 ⛏ 🕌 🐎

FUILLA

✉ 66820 – 344 F7 – 329 h. – alt. 547
Paris 902 – Font-Romeu-Odeillo-Via 42 – Perpignan 55 – Prades 9 – Vernet-les-Bains 10.

⚐ **Le Rotja** mars-oct.
✆ *04 68 96 52 75, campinglerotja.ellenetwin@wanadoo.fr*,
Fax *04 68 96 52 75, www.prades-tourisme.com/camping-lerotja* – **R** conseillée
1,2 ha (50 empl.) plat, peu incliné, herbeux, pierreux, verger
Tarif : (Prix 2005) 🔲 18 € 🔋 (4A) – pers. suppl. 3,20 € – frais de réservation 10 €
Location (permanent) : 🛖 (4 à 6 pers.) 206 à 437 €/sem.
Pour s'y rendre : Au bourg

Nature : 🌊 ≤ ⊡ ♤♤
Loisirs : snack 🚲 ⛏ (petite piscine)
Services : ♿ ⊶ GB 🐾 🗄 ⊕ 🔲
À prox. : ⛏ 🍷 ✖ ✖

421

LAROQUE-DES-ALBÈRES

⊠ 66740 – 344 I7 – 1 909 h. – alt. 100
🖪 Office de tourisme, 20, rue Carbonneil *04 68 95 49 97, Fax 04 68 95 42 58
Paris 881 – Argelès-sur-Mer 11 – Le Boulou 14 – Collioure 18 – La Jonquera 26 – Perpignan 24.

⚠ **Les Albères** avr.-sept.
*04 68 89 23 64, camping-des-alberes@wanadoo.fr,
Fax 04 68 89 14 30, www.camping-des-alberes.com
– **R** conseillée
5 ha (211 empl.) peu incliné et en terrasses, pierreux,
herbeux
Tarif : 🔳 25 € 🔋 (6A) – pers. suppl. 6 € – frais de réservation 10 €
Location : 15 🛏 (4 à 6 pers.) 330 à 550 €/sem. – 10 🏠
(4 à 6 pers.) 330 à 550 €/sem.
Pour s'y rendre : Sortie NE par D 2, rte d'Argelès-sur-Mer
puis 0,4 km par chemin à droite
À savoir : Agréable cadre boisé

Nature : 🌿 ⩽ 🏕 0.0
Loisirs : 🍸 snack 🎦 nocturne
🏊 🎾 🏊 parc animalier
Services : 🚿 ⚡ 🐕 🗑 🚰 ⊛ 📷 🔲
🚿

Do not confuse :
⚠ *... to ...* ⚠ : **MICHELIN** *classification*
and
★ *... to ...* ★★★★ : *official classification*

MATEMALE

⊠ 66210 – 344 D7 – 242 h. – alt. 1 514
🖪 Office de tourisme, 29, rue du Pont de l'Aude *04 68 30 59 57, Fax 04 68 30 95 67
Paris 855 – Font-Romeu-Odeillo-Via 20 – Perpignan 92 – Prades 46.

⚠ **Le Lac** week-ends, vacances scolaires, juin-sept.
*04 68 30 94 49, Fax 04 68 04 35 16 – alt. 1 540 – places limitées pour le passage – **R** conseillée
3,5 ha (110 empl.) plat et légèrement accidenté, herbeux,
forêt de pins attenante
Tarif : 🔳 14,40 € – pers. suppl. 4 €
Pour s'y rendre : SO : 1,7 km par D 52, rte des Angles et rte
à gauche, à 150 m du lac, accès direct au village par chemin
piétonnier
À savoir : Dans un site agréable de haute montagne

Nature : 🌿 ⩽ 0.0(pinède)
Loisirs : 🎦 🏊
Services : 🚿 ⚡ ⊝ 🐕 🏧 ⊛ 📷
À prox. : 🍸 snack discothèque 🚲 🏇
🎾 🏊 🚣 🛶 🐎 sentier sportif,
practice de golf 🛏

MAUREILLAS-LAS-ILLAS

⊠ 66480 – 344 H8 – 2 281 h. – alt. 130
🖪 Syndicat d'initiative, *04 68 83 48 00, Fax 04 68 83 14 66
Paris 873 – Gerona 71 – Perpignan 31 – Port-Vendres 31 – Prades 69.

⚠ **Les Bruyères** mai-sept.
*04 68 83 26 64, Fax 04 68 83 51 31, www.campingles
bruyeres.com – **R** indispensable
4 ha (95 empl.) en terrasses, herbeux, pierreux
Tarif : (Prix 2005) 🔆 6,74 € 🔳 6,90 € (10A) 6 €
Location 🚫 : 🛏 (4 à 6 pers.) 360 à 590 €/sem.
Pour s'y rendre : O : 1,2 km par D 618 rte de Céret
À savoir : Agréable cadre boisé de chênes-lièges

Nature : ⩽ 🏕 0.0
Loisirs : 🎦 🏊 🏊
Services : 🚿 ⚡ 🐕 🗑 ⊛ 🚣 🛜 📷
À prox. : parcours sportif, piste de
bi-cross

⚠ **Le Congo** 15 fév.-nov.
*04 68 83 23 21, campinglecongo@hotmail.com,
Fax 04 68 83 45 64, www.campinglecongo.com – **R** conseillée
2,5 ha (70 empl.) plat, herbeux
Tarif : 🔳 21 € 🔋 (10A) – pers. suppl. 6,50 €
Location (15 fév.-sept.) : 10 🛏 (4 à 6 pers.) 260 à
515 €/sem.
Pour s'y rendre : O : 1 km par D 618, rte de Céret, au bord
d'un cours d'eau

Nature : ⩽ Sur les Albères ♀
Loisirs : snack 🏊 🏊 🐍
Services : 🚿 ⚡ ⊝ 🐕 ⊛ 🚣 📷

MOLITG-LES-BAINS

✉ 66500 – ▓▓▓ F7 – G. Languedoc Roussillon – 207 h. – alt. 607 – ♨ (début avril-fin nov.)
🛈 *Syndicat d'initiative, route des Bains* ℘ 04 68 05 03 28, Fax 04 68 05 02 40
Paris 896 – Perpignan 50 – Prades 7 – Quillan 56.

⚠ **Municipal Guy Malé** avr.-nov.
℘ 04 68 05 02 12, *mairie.molitg.les.bains@wanadoo.fr*,
Fax 04 68 05 02 40 – alt. 607 – **R** indispensable
0,3 ha (19 empl.) plat et terrasse, herbeux
Tarif : 🗐 10,90 € – pers. suppl. 1,85 €
Pour s'y rendre : N : 1,3 km, au Sud-Est du village de Molitg

> Nature : 🐟 ⇐ ⌑ ♀
> Services : ⚕ ⊶ ⌀ ⊛
> À prox. : 🏃 **parcours sportif**

PALAU-DEL-VIDRE

✉ 66690 – ▓▓▓ I7 – 2 117 h. – alt. 26
🛈 *Syndicat d'initiative,* ℘ 04 68 22 46 20, Fax 04 68 89 67 65
Paris 867 – Argelès-sur-Mer 8 – Le Boulou 16 – Collioure 15 – La Jonquera 29 – Perpignan 18.

⚠ **Le Haras** 20 mars-20 oct.
℘ 04 68 22 14 50, *haras8@wanadoo.fr*, Fax 04 68 37 98 93,
www.camping-le-haras.com – **R** conseillée
2,3 ha (75 empl.) plat, herbeux
Tarif : 🗐 27,50 € 🚰 (6A) – pers. suppl. 5,20 € – frais de
réservation 20 €
Location : 15 🛏 (4 à 6 pers.) 245 à 588 €/sem.
🚐 1 borne
Pour s'y rendre : Sortie Nord-Est par D 11
À savoir : Agréable décoration arbustive et florale

> Nature : ⌑ ♀♀
> Loisirs : 🍸 ✗ 🛖 🐎 ⊹ 🛝 ⛵
> Services : ⚕ ⊶ GB ⌀ 🗐 ⊛ ⊚ 🚿 ☇
> 🖧 🛒

Raadpleeg, voordat U zich op een kampeerterrein installeert,
de tarieven die de beheerder verplicht
is bij de ingang van het terrein aan te geven.
Informeer ook naar de speciale verblijfsvoorwaarden.
De in deze gids vermelde gegevens kunnen
sinds het verschijnen van deze hereditie gewijzigd zijn.

423

PRADES

✉ 66500 – ▓▓▓ F7 – G. Languedoc Roussillon – 5 800 h. – alt. 360
🛈 *Office de tourisme, 4, rue des Marchands* ℘ 04 68 05 41 02, Fax 04 68 05 21 79
Paris 892 – Font-Romeu-Odeillo-Via 45 – Perpignan 46 – Vernet-les-Bains 11.

⚠ **Municipal Plaine St-Martin** Permanent
℘ 04 68 96 29 83, *prades-conflent@wanadoo.fr*,
Fax 04 68 05 38 09, *www.le-conflent.net/seml* – **R** conseil-
lée
1,8 ha (60 empl.) plat, herbeux, sablonneux
Tarif : 🗐 12 € – pers. suppl. 2,30 €
Location : 🏠 (4 à 6 pers.) 182 à 340 €/sem.
Pour s'y rendre : Sortie Nord par D 619, rte de Molitg-les-
Bains et à droite avant la déviation

> Nature : 🐟 ⌑ ♀♀
> Services : ⚕ ⊶ Ⓟ (locations) GB
> ⌀ 🗐 ⊛ 🚿 ☇ 🖧
> À prox. : 🏃 🛝

RIVESALTES

✉ 66600 – ▓▓▓ I6 – G. Languedoc Roussillon – 7 940 h. – alt. 13
🛈 *Office de tourisme, av Ledru-Rollin* ℘ 04 68 64 04 04
Paris 841 – Narbonne 58 – Perpignan 10 – Prades 54.

⚠ Soleil 2000
℘ 04 68 38 53 54, *rivesaltes.camping@anas.asso.fr*,
Fax 04 68 38 54 64 – **R** conseillée
1 ha (60 empl.) plat, herbeux
Pour s'y rendre : À l'Est de la ville, près du stade

> Nature : ⌑ ♀
> Loisirs : 🐎
> Services : ⚕ ⊶ 🗐 ⊛ 🖩
> À prox. : 🏃

ST-CYPRIEN

✉ 66750 – 🔢 J7 – G. Languedoc Roussillon – 8 573 h. – alt. 5
🏛 *Office de tourisme, quai A. Rimbaud* 📞 *04 68 21 01 33, Fax 04 68 21 98 33*
Paris 859 – Céret 31 – Perpignan 17 – Port-Vendres 20.

à **St-Cyprien-Plage** NE : 3 km – ✉ 66750

▲▲▲ **Cala Gogo** 13 mai-23 sept.
📞 04 68 21 07 12, *camping.calagogo@wanadoo.fr,*
Fax 04 68 21 02 19, *www.campmed.com* – **R** conseillée
11 ha (659 empl.) plat, sablonneux, herbeux, pierreux
Tarif : 🔲 31 € 🔌 (6A) – pers. suppl. 8 € – frais de réservation 18,30 €
Location : 56 🛏 (4 à 6 pers.) 252 à 623 €/sem.
🚐 1 borne
Pour s'y rendre : S : 4 km, aux Capellans, bord de plage
À savoir : Bel espace aquatique paysager

Nature : 🔲 🌳 ⛰
Loisirs : 🍴 ✗ snack 🛖 📺 nocturne discothèque 🏊 ✗ 🛶
Services : 🚿 🔌 🅶🅱 🐕 🗗 ⚐ ⊙ 🧺 🍴 🛒
À prox. : 🎿 🐎 poneys (centre équestre) golf, parc d'attractions aquatiques

ST-GENIS-DES-FONTAINES

✉ 66740 – 🔢 I7 – G. Languedoc Roussillon – 2 419 h. – alt. 63
🏛 *Office de tourisme, Accueil du Cloître* 📞 *04 68 89 84 33, Fax 04 68 89 66 22*
Paris 878 – Argelès-sur-Mer 10 – Le Boulou 10 – Collioure 17 – La Jonquera 23 – Perpignan 23.

▲ **La Pinède** juin-août
📞 04 68 89 75 29 – **R** conseillée
1 ha (71 empl.) plat, herbeux
Tarif : 🔲 18,50 € 🔌 (5A) – pers. suppl. 4,50 € – frais de réservation 19 €
Location 🚫 : 10 🛏 (4 à 6 pers.) 355 à 458 €/sem.
Pour s'y rendre : Au S du bourg par D 2, rte de Laroque-des-Albères

Nature : 🌳🌳
Loisirs : 🛶
Services : 🚿 🔌 🐕 🗗 ⚐ ⊙ 🧺
À prox. : ✗ 🐎

ST-JEAN-PLA-DE-CORTS

✉ 66490 – 🔢 H7 – 1 775 h. – alt. 116
Paris 871 – Amélie-les-Bains-Palalda 14 – Argelès-sur-Mer 23 – Le Boulou 6 – La Jonquera 21 – Perpignan 30.

▲▲ **Les Casteillets** Permanent
📞 04 68 83 26 83, *jc@campinglescasteillets.com,*
Fax 04 68 83 39 67, *www.campinglescasteillets.com* – **R** indispensable
9 ha/4 campables (132 empl.) plat, pierreux, herbeux
Tarif : 🔲 18,50 € 🔌 (6A) – pers. suppl. 4 € – frais de réservation 9 €
Location : 26 🛏 (4 à 6 pers.) 220 à 510 €/sem. – bungalows toilés
Pour s'y rendre : Sortie vers Amélie-les-Bains par D 115 et chemin à gauche, près du Tech

Nature : 🌄 ⤎ Chaîne des Albères 🌳🌳
Loisirs : 🍴 ✗ 📺 nocturne 🏊 ✗ 🛶
Services : 🚿 🔌 🅶🅱 🐕 🗗 ⊙ 🧺 🍴

ST-LAURENT-DE-CERDANS

✉ 66260 – 🔢 G8 – G. Languedoc Roussillon – 1 218 h. – alt. 675
🏛 *Syndicat d'initiative, 7, rue Joseph Nivert* 📞 *04 68 39 55 75*
Paris 901 – Amélie-les-Bains-Palalda 19 – Perpignan 60 – Prats-de-Mollo-la-Preste 23.

▲ **Municipal la Verte Rive** juin-oct.
📞 04 68 39 54 64, *contact@ville-saint-laurent-de-cerdans.fr,* Fax 04 68 39 59 59 – **R** conseillée
2,5 ha (74 empl.) peu incliné, herbeux
Tarif : 🚶 2,25 € 🚗 ,90 € 🔲 2,25 € 🔌 2,75 €
Location (permanent) : 8 🏠 (4 à 6 pers.) 197 à 398 €/sem.
Pour s'y rendre : Sortie NO par D 3 rte d'Arles-sur-Tech, bord de la Quéra

Nature : 🌄 ⤎ 🌳
Loisirs : 🏊 🛶
Services : 🚿 🔌 (juil.-août) 🐕 ⊙ 🧺
À prox. : 🎣 ✗ 🛶 🐎

ST-PAUL-DE-FENOUILLET

⊠ 66220 – **344** G6 – G. Languedoc Roussillon – 1 858 h. – alt. 260
🛈 *Syndicat d'initiative, 2, boulevard de l'Agly* ☎ *04 68 59 07 57*
Paris 831 – Carcassonne 86 – Millas 32 – Mouthoumet 34 – Narbonne 95 – Perpignan 42.

⌂ **L'Agly** Permanent
  ☎ 04 68 59 09 09, *contact@camping-agly.com*,
  Fax 04 68 51 00 28, *www.camping-agly.com* – **R** conseillée
  1 ha (42 empl.) plat, herbeux
  Tarif : ♣ 4,40 € ▣ 5,50 € ⚡ (16A) 3,90 €
  Pour s'y rendre : Au Sud du bourg, par D 619
  À savoir : Décoration arbustive

Nature : ⩽ ⌷
Services : 👤 ⊶ 🗑 🔥 ⊕
À prox. : 🚴 ✂ 🏊

STE-MARIE

⊠ 66470 – **344** J6 – 3 452 h. – alt. 4
🛈 *Office de tourisme,* ☎ *04 68 80 14 00, Fax 04 68 80 25 65*
Paris 845 – Argelès-sur-Mer 24 – Le Boulou 37 – Perpignan 14 – Rivesaltes 18 – St-Laurent-de-la-Salanque 7.

à la Plage E : 2 km

⩕⩕ **Le Palais de la Mer** 13 mai-23 sept.
  ☎ 04 68 73 07 94, *contact@palaisdelamer.com*,
  Fax 04 68 73 57 83, *www.palaisdelamer.com* – **R** conseillée
  2,6 ha (181 empl.) plat, sablonneux, herbeux
  Tarif : ▣ 30 € ⚡ (10A) – pers. suppl. 7,50 € – frais de réservation 25 €
  Location : 19 🛖 (4 à 6 pers.) 210 à 574 €/sem.
  Pour s'y rendre : N : à 600 m de la station, à 150 m de la plage (accès direct)
  À savoir : Agréable cadre arbustif et floral

Nature : ⌷ ⒬⒬
Loisirs : 🍴 snack, pizzeria 🎦 nocturne 🏓 🎣 ⚽ 🏊
Services : 👤 ⊶ 🗑 🔥 ⊕ 🚿 ⊻ 🖥 🔥 🛒
À prox. : ✂

⩕⩕ **Municipal de la Plage** mars-oct.
  ☎ 04 68 80 68 59, *camping.sainte.marie.la.mer@wanadoo.fr*, Fax 04 68 73 14 70, *www.sainte-marie-la-mer.com* – **R** indispensable
  7 ha (378 empl.) plat, sablonneux
  Tarif : ▣ 26,50 € ⚡ (6A) – pers. suppl. 6,75 €
  Location (mai-sept.) : 13 🛖 (4 à 6 pers.) 220 à 610 €/sem. – 10 🏠 (4 à 6 pers.) 180 à 555 €/sem.
  Pour s'y rendre : N : à 600 m de la station, à 150 m de la plage, (accès direct)

Nature : ⌷ ⒬
Loisirs : 🍴 snack, pizzeria 🎦 nocturne 🏓 🎣 ⚽ terrain omnisports
Services : 👤 ⊶ 🏧 ⊻ 🖥 ⊕ 🚿 ⊻ 🔥 🛒 🔥

⩕⩕ **La Pergola** juin-sept.
  ☎ 04 68 73 03 07, *camping-la-pergola@wanadoo.fr*, Fax 04 68 73 04 67, *www.camping-la-pergola.com* – **R** conseillée
  3,5 ha (181 empl.) plat, herbeux
  Tarif : (Prix 2005) ▣ 26,60 € ⚡ (10A) – pers. suppl. 6,10 €
  Location : 19 🛖 (4 à 6 pers.) 320 à 630 €/sem.
  🚐 1 borne 3 €
  Pour s'y rendre : Av. Frédéric-Mistral, à 500 m de la plage

Nature : ⒬⒬
Loisirs : snack, pizzeria 🎦 🏊 🏊
Services : 👤 ⊶ (juil.-août) 🏧 ⊻ 🖥 ⊕ 🚿 ⊻ 🛒
À prox. : 🚴 ✂ 🎣 🐎

*Informieren Sie sich über die gültigen Gebühren,
bevor Sie Ihren Platz beziehen. Die Gebührensätze
müssen am Eingang des Campingplatzes angeschlagen sein.
Erkundigen Sie sich auch nach den Sonderleistungen.
Die im vorliegenden Band gemachten Angaben
können sich seit der Überarbeitung geändert haben.*

TORREILLES

✉ 66440 – ⅜⅜⅜ I6 – 2 072 h. – alt. 4

🛈 *Office de tourisme, 1, avenue la Méditerranée* ✆ *04 68 28 41 10, Fax 04 68 28 41 10*
Paris 847 – Argelès-sur-Mer 31 – Le Boulou 35 – Perpignan 12 – Port-Barcarès 11 – Rivesaltes 14.

à la Plage NE : 3 km par D 11ᴱ

    Mar I Sol avr.-sept.
      ✆ 04 68 28 04 07, *marisol@camping-marisol.com,*
      Fax 04 68 28 18 23, *www.camping-marisol.com* – **R** conseillée
      7 ha (377 empl.) plat, herbeux, sablonneux
      Tarif : 📇 36 € 🔌 (10A) – pers. suppl. 7,80 € – frais de réservation 29,50 €
      Location : 100 🚐 (4 à 6 pers.) 203 à 847 €/sem. – 12 🏠 (4 à 6 pers.) 203 à 847 €/sem.
      Pour s'y rendre : À 150 m de la plage (accès direct)

    Les Tropiques 8 avr.-7 oct.
      ✆ 04 68 28 05 09, *camping.tropiques@wanadoo.fr,*
      Fax 04 68 28 48 90, *www.camping-les-tropiques.com* – **R** indispensable
      7 ha (450 empl.) plat, sablonneux, herbeux
      Tarif : 📇 34,50 € 🔌 (6A) – pers. suppl. 7,80 € – frais de réservation 30 €
      Location : 201 🚐 (4 à 6 pers.) 247 à 882 €/sem.

    Le Calypso avr.-sept.
      ✆ 04 68 28 09 47, *camping.calypso@wanadoo.fr,*
      Fax 04 68 28 24 76, *www.camping-calypso.com* – **R** conseillée
      6 ha (326 empl.) plat, sablonneux, herbeux
      Tarif : 📇 26,60 € – pers. suppl. 7 € – frais de réservation 20 €
      Location : 65 🚐 (4 à 6 pers.) 225 à 560 €/sem. – 37 🏠 (4 à 6 pers.) 230 à 595 €/sem.

    La Palmeraie 27 mai-sept.
      ✆ 04 68 28 20 64, *camping.lapalmeraie@free.fr,*
      Fax 04 68 59 67 41, *www.camping-la-palmeraie.com* – **R** conseillée
      4,5 ha (242 empl.) plat, sablonneux, herbeux
      Tarif : (Prix 2005) 📇 30,30 € – pers. suppl. 6,90 € – frais de réservation 25 €
      Location (15 avr.-sept.) : 20 🚐 (4 à 6 pers.) 230 à 752 €/sem. – 32 🏠 (4 à 6 pers.) 200 à 662 €/sem.
      À savoir : Décoration arbustive et florale

    Le Trivoly avr.-24 sept.
      ✆ 04 68 28 20 28, *info@camping-chadotel.com,*
      Fax 04 68 28 16 48, *www.chadotel.com* – **R** conseillée
      8 ha (270 empl.) plat, sablonneux, herbeux, gravillons
      Tarif : 📇 28 € – pers. suppl. 5,80 € – frais de réservation 25 €
      Location : 🚐 (4 à 6 pers.) 220 à 720 €/sem.

    Les Dunes de Torreilles-Plage 15 mars-15 oct.
      ✆ 04 68 28 38 29, *lesdunes@lesdunes.net,*
      Fax 04 68 28 32 57, *www.lesdunes.net* – **R** conseillée
      16 ha (615 empl.) plat, sablonneux, pierreux
      Tarif : 📇 29,60 € – frais de réservation 23 €
      Location (permanent) : 60 🚐 (4 à 6 pers.) 295 à 664 €/sem.
      Pour s'y rendre : À 150 m de la plage

426

Nature : 🏞
Loisirs : 🍽 brasserie, pizzeria, crêperie 🍹 nocturne 🎶 discothèque
Services : ♿ 🔌 GB ✂ 🗄 💧 🚾 🛒 ♨
À prox. : 🏇 🐎

Nature : 🏞 ♧♧
Loisirs : 🍽 ✕ 🍹 nocturne 🎶 discothèque 🏊 ♨ ✕ 🚣
Services : ♿ 🔌 GB ✂ 🗄 💧 ⚓ 🚾
À prox. : 🛒 🏇 🐎

Nature : 🏞 ♧♧
Loisirs : 🍽 snack, pizzeria, crêperie 🍹 nocturne 🎶 🏊 terrain omnisports
Services : ♿ 🔌 GB ✂ 🗄 ⚓ ♨ ⚲ 🚾 ♨ cases réfrigérées
À prox. : 🛒

Nature : 🏞 ♧♧
Loisirs : 🍽 snack 🍹 nocturne 🏊 terrain omnisports
Services : ♿ 🔌 GB ✂ 🗄 ⚲ 🚾 ♨ cases réfrigérées
À prox. : 🛒 ✕ 🏇 🐎

Nature : 🏞 ♀
Loisirs : 🍽 snack 🍹 🏊 ✕ 🚣 terrain omnisports
Services : ♿ 🔌 GB ✂ 🗄 ⚓ ⚲ 🚾 ♨

Nature : 🏞
Loisirs : 🍽 brasserie, pizzeria 🍹 🏇 ✕ 🚣 🏊
Services : 🔌 GB ✂ ⚲ ♨ 🚾 🛒 ♨
À prox. : 🐎

VERNET-LES-BAINS

✉ 66820 – **344** F7 – G. Languedoc Roussillon – 1 440 h. – alt. 650 – ⚕ (mi mars-fin nov.)
🛈 *Office de tourisme, 6, place de l'Ancienne Mairie* ℘ *04 68 05 55 35, Fax 04 68 05 60 33*
Paris 904 – Mont-Louis 36 – Perpignan 57 – Prades 11.

⚠ **L'Eau Vive** mars-oct.
  ℘ 04 68 05 54 14, *leauv@club-internet.fr,*
  Fax 04 68 05 78 14, *www.leau-vive.com* – **R** conseillée
  1,7 ha (77 empl.) plat et peu incliné, herbeux
  Tarif : 🔲 23,50 € 🔌 (10A) – pers. suppl. 2,50 €
  Location (fermé 1er déc.-14 déc.) : 🏠 (4 à 6 pers.) 190
  à 475 €/sem.
  Pour s'y rendre : Sortie vers Sahorre puis, après le pont,
  1,3 km par av. St-Saturnin à droite, près du Cady
  À savoir : Dans un site agréable

Nature : 📷 ≼
Loisirs : 🍷 snack ☕ (petit plan d'eau)
Services : 👤 ⚡ GB ⚙ 📷 🛁 ⊕ 🚿 ♨ 🗑

VILLENEUVE-DE-LA-RAHO

✉ 66180 – **344** I7 – 3 625 h. – alt. 60
🛈 *Office de tourisme, Château cap de Fouste* ℘ *04 68 55 86 90*
Paris 859 – Argelès-sur-Mer 16 – Céret 28 – Perpignan 10 – Port-Vendres 25 – Prades 52.

⚠ **Municipal les Rives du Lac** mars-nov.
  ℘ 04 68 55 83 51, *camping-villeneuve@worldline.fr,*
  Fax 04 68 55 86 37 – **R** conseillée
  3 ha (158 empl.) plat, herbeux
  Tarif : 🔲 16,30 € 🔌 (6A) – pers. suppl. 3 € – frais de réservation 12,70 €
  Location 🚫 : 8 🚐 (4 à 6 pers.) 240 à 420 €/sem.
  🚐 1 borne
  Pour s'y rendre : O : 2,5 km par D 39, rte de Pallestres et
  chemin à gauche
  À savoir : Au bord du lac

Nature : 📷 ≼ 🏞 ⛰
Loisirs : 🍷 snack 🎣 🐬
Services : 👤 ⚡ GB ⚙ 📷 ⊕ 🚿 ♨ 🗑 🚿
À prox. : ⛷ 💧

427

LIMOUSIN

S. Sauvignier/Michelin

Les citadins en mal de verdure viennent goûter en Limousin la simplicité de joies bucoliques : humer l'air vivifiant du plateau de Millevaches, flâner le long de rivières poissonneuses, se perdre dans les bois à la recherche de champignons... Et s'extasier devant les placides bœufs à la robe « froment vif » ou le spectacle attendrissant des agneaux tétant leur mère. En automne la forêt se pare d'une éblouissante palette d'ocres, de rouges et de bruns profonds sous-tendue de reflets mordorés, qui a inspiré bien des peintres. Détentrices de savoir-faire ancestraux — émaux, porcelaines, tapisseries — bourgs et cités paisibles ne s'en ouvrent pas moins à l'art contemporain. Les plaisirs de la table ? Authentiques, comme la région : soupe au lard, pâté de pommes de terre, potée et... viandes exquises !

Life in Limousin is lived as it should be: tired Parisians in need of greenery come to rediscover the simple joys of country life, breathe the bracing air of its high plateaux and wander through its woodlands in search of mushrooms and chestnuts. The sight of peacefully grazing cattle or lambs frolicking in a spring meadow will rejuvenate the most jaded city-dweller. Come autumn, the forests are swathed in colour: a perfect backdrop to the granite and sandstone of the peaceful towns and villages, where ancestral crafts, like Limoges porcelain and Aubusson tapestries, blend a love of tradition with an enthusiasm for the best of the new. The food is as wholesome as the region: savoury bacon soup, Limousin stew and, as any proud local will tell you, the most tender, succulent beef in the world.

ARGENTAT

✉ 19400 – 🔲🔲🔲 M5 – G. Berry Limousin – 3 125 h. – alt. 183

🏢 *Office de tourisme, place da Maïa* ℰ *05 55 28 16 05, Fax 05 55 28 45 16*

Paris 503 – Aurillac 54 – Brive-la-Gaillarde 45 – Mauriac 49 – St-Céré 40 – Tulle 29.

ᴀᴀᴀ **Le Gibanel** juin-9 sept.

ℰ 05 55 28 10 11, *contact@camping-gibanel.com*,
Fax 05 55 28 81 62, *www.camping-gibanel.com* – **R** conseillée
60 ha/8,5 campables (250 empl.) plat, terrasses, herbeux
Tarif : (Prix 2005) 🔲 18,40 € – 🔋 (6A) – pers. suppl. 4,80 € –
frais de réservation 13 €
Pour s'y rendre : NE : 4,5 km par D 18 rte d'Égletons puis
chemin à droite
À savoir : Sur les terres d'un château du XVIe s et au bord
d'un lac

```
Nature : 🌿 ≤ 🗻 ⩘
Loisirs : 🍷 ✗ 🏠 ⛱ 🚣 🏊 terrain
omnisports
Services : 🛁 ⚡ GB 🗐 🍴 🛎 🔥 ☺
🔥 🗑 📖 🛢 🚰
```

ᴀᴀᴀ **Le Vaurette** mai-21 sept.

ℰ 05 55 28 09 67, *info@vaurette.com*, Fax 05 55 28 81 14,
www.vaurette.com – **R** indispensable
4 ha (120 empl.) plat et peu incliné, herbeux
Tarif : 🔲 23 € – 🔋 (6A) – pers. suppl. 4,80 € – frais de réservation 10 €
🚐 1 borne
Pour s'y rendre : SO : 9 km par D 12 rte de Beaulieu, bord
de la Dordogne

```
Nature : 🌿 🗻 ⩘
Loisirs : 🍷 snack 🏠 🚣 salle d'ani-
mation ✗ 🏊
Services : 🛁 ⚡ GB 🗐 🍴 🛎 ☺ 📖
🛢
```

ᴀᴀ **Au Soleil d'Oc** avr.-15 nov.

ℰ 05 55 28 84 84, *info@dordogne-soleil.com*,
Fax 05 55 28 12 12, *www.dordogne-soleil.com* – **R** conseillée
4 ha (120 empl.) plat, terrasse, herbeux
Tarif : 🔲 26,80 € – pers. suppl. 5,80 € – frais de réservation 30 €
Location (mai-15 nov.) 🏄 (juil.-août) : 18 🚐 (4 à 6
pers.) 273 à 749 €/sem. – 12 🏠 (4 à 6 pers.) 315 à
826 €/sem.
Pour s'y rendre : SO : 4,5 km par D 12, rte de Beaulieu puis
D 12ᴱ, rte de Vergnolles et chemin à gauche après le pont,
bord de la Dordogne
À savoir : Agréable cadre verdoyant

```
Nature : 🌿 ≤ 🗒 🗻
Loisirs : 🍷 snack 🏠 🚣 🚲 🎣
🏊 🛶 canoë
Services : ⚡ (mai-oct.) GB 🗐
🔥 ☺ 📖 🚰
```

ᴀᴀ **Saulou** avr.-sept.

ℰ 05 55 28 12 33, *le.saulou@wanadoo.fr*,
Fax 05 55 28 80 67, *saulou.com* – **R** conseillée
5,5 ha (150 empl.) plat, herbeux, sablonneux
Tarif : 🔲 22,20 € – 🔋 (13A) – pers. suppl. 4,95 € – frais de
réservation 12,60 €
Location : 🚐 (4 à 6 pers.) 272 à 564 €/sem.
Pour s'y rendre : Sortie Sud rte d'Aurillac puis 6 km par
D 116 à droite, à Vergnolles, bord de la Dordogne

```
Nature : 🌿 ≤ 🗻 ⩘
Loisirs : 🍷 🏠 🌙 nocturne 🚣 ⛱
🏊 Services : 🛁 ⚡ (juin-août) GB 🗐
🗑 🔥 ☺ 🍴 📖 🚰
```

ᴀ **Aire Naturelle le Vieux Port** juil.-8 sept.

ℰ 05 55 28 19 55 – **R** conseillée
1 ha (25 empl.) plat et terrasse, herbeux
Tarif : ⚡ 2,20 € 🔲 2,50 € 🔋 2,20 €
Pour s'y rendre : SO : 4,3 km par D 12 rte de Beaulieu puis
D 12ᴱ, rte de Vergnolles et chemin à gauche après le pont

```
Nature : 🌿 🗻
Loisirs : 🚣
Services : ⚡ 🗐 🔥 ☺
```

Pour choisir et suivre un itinéraire
Pour calculer un kilométrage
Pour situer exactement un terrain (en fonction des
indications fournies dans le texte) :
*Utilisez les **cartes MICHELIN** détaillées à 1/150 000,*
compléments indispensables de cet ouvrage.

431

AUBAZINES

✉ 19190 – 329 L4 – G. Périgord Quercy – 732 h. – alt. 345 – Base de loisirs
🛈 Office de tourisme, le bourg ℘ 05 55 25 79 93
Paris 480 – Aurillac 86 – Brive-la-Gaillarde 14 – St-Céré 50 – Tulle 17.

⛰ **Centre Touristique du Coiroux** 14 avr.-1er oct.
℘ 05 55 27 21 96, arepos.coiroux@wanadoo.fr,
Fax 05 55 27 19 16, camping-coiroux.com – **R** conseillée
165 ha/6 campables (166 empl.) peu incliné, herbeux, bois attenants
Tarif : 🅴 20,60 € – pers. suppl. 5,40 € – frais de réservation 23 €
Location : 35 🛖 (4 à 6 pers.) 224 à 602 €/sem. – 25 bungalows toilés
🚐 1 borne
Pour s'y rendre : E : 5 km par D 48, rte du Chastang, à proximité d'un plan d'eau et d'un parc de loisirs

| Nature : 🏕 ⛰ 🌳🌳 |
| Loisirs : 🏠 🎣 ⛸ 🚴 🏓 |
| Services : ♿ ⛽ GB 🐾 Ⓜ 🍴 🛒 ☺ 🧺 🛁 🚿 |
| À prox. : 🍸 🍴 snack 🚤 🏌 🚿 🏊 (plage) 🐎 golf (9 et 18 trous) |

AURIAC

✉ 19220 – 329 N4 – 215 h. – alt. 608
Paris 517 – Argentat 27 – Égletons 33 – Mauriac 23 – Tulle 45.

⛰ **Municipal** 15 juin-15 sept.
℘ 05 55 28 25 97, mairie-auriac@wanadoo.fr,
Fax 05 55 28 29 82 – **R** conseillée
1,7 ha (70 empl.) peu incliné, plat, herbeux
Tarif : 🧍 3,15 € 🚗 1,57 € 🅴 1,57 € 🔌 3,15 €
Pour s'y rendre : Sortie Sud-Est par D 65 rte de St-Privat, près d'un étang et d'un parc boisé
À savoir : Certains emplacements dominent le plan d'eau

| Nature : 🏕 ← ⛰ 🌊 🔺 |
| Loisirs : 🏠 🚤 |
| Services : ⛽ (juil.-août) 🐾 ☺ 🧺 |
| À prox. : 🚿 🎣 |

BEAULIEU-SUR-DORDOGNE

432

✉ 19120 – 329 M6 – G. Berry Limousin – 1 286 h. – alt. 142
🛈 Office de tourisme, place Marbot ℘ 05 55 91 09 94, Fax 05 55 91 10 97
Paris 513 – Aurillac 65 – Brive-la-Gaillarde 44 – Figeac 56 – Sarlat-la-Canéda 69 – Tulle 38.

⛰ **Les Îles** déb.avr.-mi-oct.
℘ 05 55 91 02 65, jycastanet@aol.com, Fax 05 55 91 05 19, www.camping-des-iles.net – **R** conseillée
4 ha (120 empl.) plat, herbeux
Tarif : 🅴 20,80 € – pers. suppl. 5,70 €
Location 🏊 : 18 🛖 (4 à 6 pers.) 230 à 590 €/sem. – 7 bungalows toilés
Pour s'y rendre : À l'Est du centre bourg, par bd St-Rodolphe-de-Turenne
À savoir : Cadre et situation pittoresques dans une île de la Dordogne

| Nature : 🏕 🌳🌳 🔺 |
| Loisirs : 🍸 🏠 🚤 🚴 🏊 🛶 canoë |
| Services : ♿ ⛽ GB 🐾 🍴 🧺 ☺ 🛁 |
| À prox. : 🎣 |

BEYNAT

✉ 19190 – 329 L5 – 1 149 h. – alt. 420
🛈 Office de tourisme, le bourg ℘ 05 55 85 59 07
Paris 496 – Argentat 47 – Beaulieu-sur-Dordogne 23 – Brive-la-Gaillarde 21 – Tulle 21.

⛰ **Centre Touristique de Miel** 16 juin-17 sept.
℘ 05 55 85 50 66, camping.lac.de.miel@wanadoo.fr,
Fax 05 55 85 57 96 – **R** conseillée
50 ha/9 campables (140 empl.) vallonné, peu incliné, herbeux
Tarif : 🅴 20,40 € 🔌 (6A) – pers. suppl. 5,30 € – frais de réservation 19 €
Location : 8 🛖 (4 à 6 pers.) 340 à 550 €/sem. – 11 🏡 (4 à 6 pers.) 360 à 570 €/sem.
Pour s'y rendre : E : 4 km par N 121 rte d'Argentat, bord d'un plan d'eau

| Nature : ← 🌊 🔺 |
| Loisirs : 🍸 snack 🏠 🚤 🎣 🏌 |
| Services : ♿ ⛽ GB 🐾 🛁 ☺ 🧺 |
| À prox. : 🏊 (plage) poneys |

BORT-LES-ORGUES

✉ 19110 – 🔢 Q3 – G. Auvergne – 3 534 h. – alt. 430 – Base de loisirs
🅱 *OFFICE DU TOURISME, place Marmontel* 𝒫 *05 55 96 02 49, Fax 05 55 96 90 79*
Paris 500 – Aurillac 83 – Clermont-Ferrand 81 – Mauriac 32 – Le Mont-Dore 46 – St-Flour 84 – Tulle 85 – Ussel 30.

△ **Outre-Val** mai-oct.
𝒫 05 55 96 05 82, Fax 05 55 96 05 82 – accès aux emplacements par forte pente, mise en place et sortie des caravanes à la demande – **R** conseillée
3,2 ha (43 empl.) en terrasses, herbeux, sablonneux,
pierreux
Tarif : 🔲 13 € – pers. suppl. 3 € – frais de réservation 8 €
Pour s'y rendre : N : 12,3 km par D 979, rte d'Ussel et D 82,
rte de Monestier-Port-Dieu à droite

> Nature : 🐾 ⩽ château de Val ♀
> Loisirs : 🍸 ✗ 🏊 🚣
> Services : ⚬⚏ GB ⚙ 🗐 🔥 ⚗ ⊛

CAMPS

✉ 19430 – 🔢 M6 – 243 h. – alt. 520
Paris 520 – Argentat 17 – Aurillac 45 – Bretenoux 18 – Sousceyrac 27.

△ **Municipal la Châtaigneraie** mai-sept.
𝒫 05 55 28 53 15, *mairie.camps@wanadoo.fr*,
Fax 05 55 28 08 59, *www.camp.correze.net* – **R** conseillée
1 ha (18 empl.) peu incliné à incliné, herbeux
Tarif : 🔲 8,40 € – pers. suppl. 2,10 €
Location (25 mars-4 nov.) : 5 🏠 (4 à 6 pers.) 169 à
458 €/sem. – huttes
Pour s'y rendre : À l'Ouest du bourg, par D 13 et chemin à
droite
À savoir : Cadre boisé, près d'un étang avec accès direct

> Nature : 🐾 ⩽ ♀♀
> Loisirs : brasserie 🏕
> Services : ⚐ ⚬⚏ (juil.-août) ⚙ 🗐 ⊛
> 🔥
> À prox. : ✗ 🚵 🚲 ✗ 🏊 🚣

Utilisez le guide de l'année.

433

CHAMBERET

✉ 19370 – 🔢 L2 – 1 304 h. – alt. 450
🅱 *Syndicat d'initiative, 5, place du Marché* 𝒫 *05 55 98 30 14*
Paris 453 – Guéret 84 – Limoges 66 – Tulle 45 – Ussel 64.

△ **Municipal** 15 juin-15 sept.
𝒫 05 55 98 30 12, *mairie.chamberet@wanadoo.fr*,
Fax 05 55 98 79 34, *www.chamberet-correze.net* – **R**
1 ha (34 empl.) en terrasses et peu incliné, pierreux, bois
attenant
Tarif : 🧍 2,50 € 🔲 3,50 € 🔌 1,50 €
Pour s'y rendre : SO : 1,3 km par D 132, rte de Meilhards et
chemin à droite, à 100 m d'un petit plan d'eau et d'un
étang

> Nature : 🐾 ⩽ 🛏 ♀♀
> Loisirs : 🏊 (plage)
> Services : ⚐ ⚬⚏ ⚙ ⊛ 🔥
> À prox. : 🏕

CHAUFFOUR-SUR-VELL

✉ 19500 – 🔢 K5 – 320 h. – alt. 160
Paris 507 – Beaulieu-sur-Dordogne 22 – Brive-la-Gaillarde 27 – Rocamadour 31 – Souillac 27.

△ **Feneyrolles** 15 mai-15 sept.
𝒫 05 55 84 09 58, *contact@camping-feneyrolles.com*,
Fax 05 55 25 31 43, *www.camping-feneyrolles.com*
– **R** conseillée
3 ha (90 empl.) en terrasses et peu incliné, pierreux,
herbeux
Tarif : 🔲 13,50 € 🔌 (8A) – pers. suppl. 3,50 € – frais de
réservation 12 €
Location (18 mars-oct.) 🎣 : 12 🚐 (4 à 6 pers.) 160 à
440 €/sem. – 6 🏠 (4 à 6 pers.) 220 à 500 €/sem.
Pour s'y rendre : E : à 2,2 km de la commune, par chemin,
au lieu-dit Feneyrolles

> Nature : 🐾 🛏 ♀♀
> Loisirs : 🍸 🎱 🏕 ♨
> Services : ⚐ ⚬⚏ (juil.-août) GB ⚙
> 🗐 ⊛ 🔥

CORRÈZE

✉ 19800 – **329** M3 – G. Berry Limousin – 1 152 h. – alt. 455
🛈 *Office de tourisme, place de la Mairie* ✆ *05 55 21 32 82, Fax 05 55 21 63 56*
Paris 480 – Argentat 47 – Brive-la-Gaillarde 45 – Égletons 22 – Tulle 19 – Uzerche 35.

⌂ **Municipal la Chapelle** 15 juin-15 sept.
✆ 05 55 21 29 30, *mairie.correze@wanadoo.fr*,
Fax 05 55 21 68 82 – **R** conseillée
3 ha (54 empl.) non clos, plat, terrasse, peu incliné, herbeux,
forêt attenante
Tarif : (Prix 2005) ♣ 2,44 € ⇌ 1,22 € 🔲 2,29 €
⚡ (5A) 1,99 €
Pour s'y rendre : Sortie Est par D 143, rte d'Egletons et à
droite, rte de Bouysse
À savoir : Situation agréable près d'une chapelle, au bord
de la Corrèze

| Nature : 🔎 ♀ |
| Loisirs : 🏠 🚣 |
| Services : 🚿 ⊶ 🐾 🗑 ☺ 📶 |
| À prox. : 🏊 |

Avant de vous installer, consultez les tarifs en cours,
affichés obligatoirement à l'entrée du terrain,
et renseignez-vous sur les conditions particulières de séjour.
Les indications portées dans le guide ont pu être modifiées depuis la mise à jour.

LIGINIAC

✉ 19160 – **329** P3 – 630 h. – alt. 665
Paris 464 – Aurillac 83 – Bort-les-Orgues 24 – Clermont-Ferrand 107 – Mauriac 30 – Ussel 21.

⌂ **Municipal le Maury** juil.-août
✆ 05 55 95 92 28, Fax 05 55 95 91 28 – **R** conseillée
2 ha (50 empl.) plat et peu incliné, terrasses, herbeux
Tarif : ♣ 2 € 🔲 2,50 € ⚡ (16A) 2,50 €
Pour s'y rendre : SO : 4,6 km par rte de la plage, bord du
lac de Triouzoune, Accès conseillé par D 20, rte de Neuvic
À savoir : Cadre boisé

| Nature : 🔎 ⊡ ♀ |
| Loisirs : 🍴 snack 🏠 🚣 ✂ 🏊 |
| (plage) |
| Services : ⊶ 🐾 🗑 ☺ 📶 |
| À prox. : 🚣 |

MASSERET

✉ 19510 – **329** K2 – G. Berry Limousin – 608 h. – alt. 380
🛈 *Syndicat d'initiative, le Bourg* ✆ *05 55 98 24 79*
Paris 432 – Guéret 132 – Limoges 45 – Tulle 48 – Ussel 101.

⌂ Intercommunal
✆ 05 55 73 44 57 – **R** conseillée
100 ha/2 campables (80 empl.) plat et incliné, herbeux,
gravillons
Location : huttes
Pour s'y rendre : E : 3 km par D 20 rte des Meilhards, à la
sortie de Masseret-Gare
À savoir : Agréable cadre boisé près d'un plan d'eau

| Nature : 🔎 ≤ ♀♀ |
| Loisirs : 🏠 |
| Services : 🚿 ⊶ ☺ 📶 |
| À prox. : 🍴 snack 🚣 🚣 ✂ 🏊 🏖 |
| (plage) 🏊 parcours sportif, pédalos |

MEYSSAC

✉ 19500 – **329** L5 – G. Périgord Quercy – 1 100 h. – alt. 220
🛈 *Office de tourisme, avenue de l'Auvitrie* ✆ *05 55 25 32 25, Fax 05 55 25 49 16*
Paris 507 – Argentat 62 – Beaulieu-sur-Dordogne 21 – Brive-la-Gaillarde 23 – Tulle 37.

⌂⌂ **Intercommunal Moulin de Valane** mai-sept.
✆ 05 55 25 41 59, *mairiedemeyssac@i.france.com*,
Fax 05 55 25 38 88 – **R** conseillée
4 ha (120 empl.) plat et peu incliné, terrasses, herbeux
Tarif : (Prix 2005) 🔲 13,60 € – pers. suppl. 3,50 €
Location : 🏚 (4 à 6 pers.) 180 à 397 €/sem. – huttes
Pour s'y rendre : NO : 1 km rte de Collonges-la-Rouge,
bord d'un ruisseau
À savoir : Agréable cadre verdoyant

| Nature : ⊡ ♀ |
| Loisirs : 🏠 🚣 ✂ 🏊 🏖 |
| Services : 🚿 ⊶ 🏧 🐾 🗑 ☺ 📶 |
| sèche-linge |

NEUVIC

⊠ 19160 – 329 O3 – G. Berry Limousin – 1 850 h. – alt. 620 – Base de loisirs
🔼 *Office de tourisme, rue de la Tour des 5 pierres ℘ 05 55 95 88 78, Fax 05 55 95 94 84*
Paris 465 – Aurillac 78 – Mauriac 25 – Tulle 56 – Ussel 21.

△ **Municipal du Lac** 15 juin-15 sept.
℘ 05 55 95 85 48, *bgaertner.villedeneuvic@wanadoo.fr*,
Fax 05 55 95 05 30 – **R** conseillée
5 ha (100 empl.) en terrasses, herbeux, gravillons
Tarif : (Prix 2005) 🔲 8,30 € – pers. suppl. 2,20 €
Location (permanent) : gîtes
À savoir : Site agréable

Nature : 🌳 ⌁ 🌊 ⛰	
Loisirs : 🎱 ⛷	
Services : ⌿ ⌿ 🗑 ☺ 🏛	
À prox. : 🍴 ✕ ⚒ 🔥 🚣	

PALISSE

⊠ 19160 – 329 O3 – 226 h. – alt. 650
Paris 460 – Aurillac 87 – Clermont-Ferrand 102 – Mauriac 33 – Le Mont-Dore 75 – St-Flour 120 – Tulle 50 – Ussel 21.

△△ **Le Vianon** Permanent
℘ 05 55 95 87 22, *camping.vianon@wanadoo.fr*,
Fax 05 55 95 98 45, *www.levianon.com* – **R** conseillée
4 ha (60 empl.) plat et peu incliné, terrasses, herbeux, gravillons, étang, forêt
Tarif : 🚶 6,10 € 🔲 7,50 € 🚗 3,50 € – frais de réservation 15 €
Location : 16 🏠 (4 à 6 pers.) 250 à 640 €/sem.
Pour s'y rendre : N : 1,1 km par D 47, rte de Combressol et rte à droite, bord d'un étang
À savoir : Cadre boisé

Nature : 🌳 🌊	
Loisirs : 🍴 snack 🎱 ⛹ ⛷ 🚲 ⚒ 🏊 ♨	
Services : ♿ ⌿ GB ⌿ 🗑 ☺ 🏛 🚰	
À prox. : 🐎 (centre équestre) golf	

REYGADES

⊠ 19430 – 329 M5 – G. Berry Limousin – 161 h. – alt. 460
Paris 516 – Aurillac 56 – Brive-la-Gaillarde 56 – St-Céré 26 – Tulle 41.

△△ **La Belle Etoile** 15 juin-25 sept.
℘ 05 55 28 50 08, Fax 05 55 28 36 40 – **R** conseillée
5 ha/3 campables (25 empl.) terrasses, herbeux
Tarif : (Prix 2005) 🔲 15,40 € 🚗 (6A) – pers. suppl. 3,80 €
Location (permanent) : 6 🛖 (4 à 6 pers.) 250 à 435 €/sem. – 3 🏠 (4 à 6 pers.) 250 à 590 €/sem.
Pour s'y rendre : N : 1 km par D 41, rte de Beaulieu-sur-Dordogne, à Lestrade

Nature : 🌳 ⌁ ⌁ ♨	
Loisirs : ⛷ 🏊 (petite piscine) parcours de santé, quad, terrain omnisports	
Services : ♿ ⌿ ⌿ 🗑 ☺ 🏛 🚰	

ST-PANTALÉON-DE-LAPLEAU

⊠ 19160 – 329 O4 – 66 h. – alt. 600
Paris 476 – Égletons 26 – Mauriac 24 – Meymac 42 – Neuvic 12 – Ussel 33.

△ **Municipal les Combes** avr.-oct.
℘ 05 55 27 51 58, Fax 05 55 27 51 58 – **R** conseillée
0,7 ha (30 empl.) peu incliné, herbeux, bois attenant
Tarif : 🔲 7,20 € – pers. suppl. 1,80 €
🛖 1 borne – 4 🔲 5 €
Pour s'y rendre : Sortie Nord par D 55, rte de Lamazière-Basse

Nature : 🌳 ♨	
Loisirs : 🎱 ⛷ ⚒	
Services : ☺	
À prox. : 🚰 🍴 ✕ ⛷	

ST-PARDOUX-CORBIER

⊠ 19210 – 329 J3 – 323 h. – alt. 404
Paris 448 – Arnac-Pompadour 8 – Brive-la-Gaillarde 44 – St-Yrieix-la-Perche 27 – Tulle 43 – Uzerche 17.

△ Municipal du Plan d'Eau
℘ 05 55 73 69 49 – **R**
1 ha (40 empl.) en terrasses, pierreux, gravillons, herbeux
Pour s'y rendre : Sortie Est par D 50, rte de Vigeois et chemin à droite, près d'un étang

Nature : 🌳 ⌁ 🌊	
Services : ♿ ▥ 🗑 ☺ ⛺ 🚾	
À prox. : ⚒	

SEILHAC

✉ 19700 – 329 L3 – 1 635 h. – alt. 500
🛈 *Office de tourisme, place de l'Horloge* ℰ 05 55 27 97 62
Paris 461 – Aubusson 97 – Brive-la-Gaillarde 33 – Limoges 73 – Tulle 15 – Uzerche 16.

⚠ **Le lac de Bournazel** avr.-sept.
  ℰ 05 55 27 05 65 – **R** conseillée
  6,5 ha (155 empl.) en terrasses, pierreux, herbeux
  Tarif : (Prix 2005) 🔲 15,60 € – pers. suppl. 3,80 €
  Location (permanent) : 20 🏚 (4 à 6 pers.) 230 à
  460 €/sem. – 10 🏠 (4 à 6 pers.) 150 à 470 €/sem.
  🚐 1 borne
  Pour s'y rendre : NO : 1,5 km par N 120, rte d'Uzerche puis
  1 km à droite
  À savoir : Face au lac (à 100 m)

| Nature : 🌳 < ⌂ 00 |
| Loisirs : 🏠 ⚔ |
| Services : 🕭 ⌾ ↻ 🎇 🗑 ♨ ☺ 🗑 ⬚ |
| À prox. : 🍷 snack 🍸 discothèque 💱 🏖 (plage surveillée) 🚣 🐎 parcours sportif, pédalos |

Benutzen Sie
– zur Wahl der Fahrtroute
– zur Berechnung der Entfernungen
– zur exakten Lokalisierung eines Campingplatzes (mit Hilfe der Angaben im Ortstext)
*die für diesen Führer unentbehrlichen **MICHELIN-Karten** im Ma1 : 150 000.*

SOURSAC

✉ 19550 – 329 O4 – 505 h. – alt. 532
🛈 *Syndicat d'initiative, le Bourg* ℰ 05 55 27 52 61, Fax 05 55 27 67 31
Paris 525 – Égletons 27 – Mauriac 19 – Neuvic 15 – Tulle 55 – Ussel 36.

⚠ **Municipal de la Plage** 15 juin-15 sept.
  ℰ 05 55 27 55 43, Fax 05 55 27 52 61 – **R**
  10 ha/2,5 campables (90 empl.) peu incliné, en terrasses,
  herbeux, bois attenant
  Tarif : 👤 2,95 € 🔲 2,70 € 🔌 2,15 €
  Pour s'y rendre : NE : 1 km par D 16, rte de Mauriac et à
  gauche, bord d'un plan d'eau
  À savoir : site boisé

| Nature : 🌳 < 00 ⛰ |
| Loisirs : 🏠 🎣 ⚔ 🏓 🐎 ‑⚡ 🎿 |
| Services : 🕭 ⌾ (juil.-août) ↻ 🗑 ☺ |
| 🗑 🍸 |
| À prox. : 🏖 (plage) ⛵ |

TREIGNAC

✉ 19260 – 329 L2 – G. Berry Limousin – 1 415 h. – alt. 500 – Base de loisirs
🛈 *Office de tourisme, place de la République* ℰ 05 55 98 15 04, Fax 05 55 98 17 02
Paris 463 – Égletons 32 – Eymoutiers 33 – Limoges 75 – Tulle 39 – Uzerche 30.

⚠ **La Plage**
  ℰ 05 55 98 08 54, Fax 05 55 98 16 47
  3,5 ha (130 empl.) en terrasses et peu incliné, pierreux,
  herbeux, bois attenant
  Location : 🏚
  Pour s'y rendre : N : 4,5 km par rte d'Eymoutiers, à 50 m
  du lac des Barriousses

| Nature : < ⌂ 00 |
| Loisirs : 🏠 🎣 ⚔ 🚲 |
| Services : 🕭 ⌾ 🎇 🗑 ☺ 🗑 |
| À prox. : 🍴 🍸 🏓 🏖 (plage) ⛵ canoë, pédalos |

USSEL

✉ 19200 – 329 O2 – G. Berry Limousin – 10 753 h. – alt. 631
🛈 *Office de tourisme, place Voltaire* ℰ 05 55 72 11 50, Fax 05 55 72 54 44
Paris 448 – Limoges 142 – Clermont-Ferrand 82 – Brive-la-Gaillarde 89 – Montluçon 119.

⚠ **Municipal de Ponty** 15 juin-15 sept.
  ℰ 05 55 72 30 05, Fax 05 55 72 95 19 – **R** conseillée
  2 ha (50 empl.) plat, peu incliné, gravillons, herbeux
  Tarif : 👤 2,54 € 🔲 3,45 € 🔌 (10A) 2,43 €
  Location (permanent) : 18 🏠 (4 à 6 pers.) 242 à
  296 €/sem.
  🚐 1 borne 2 €
  Pour s'y rendre : 3 km à l'O par N 89 et D 157, rte de
  Meymac, près du lac (accès direct) et de la base de loisirs

| Nature : 🌳 < sur le lac ⌂ 0 |
| Loisirs : 🏠 ⚔ |
| Services : 🕭 ⌾ ↻ Ⓜ 🗑 ☺ 🗑 |
| À prox. : 🍷 🍴 snack 🚲 ‑⚡ 💱 🎇 🏖 (plage) 🚣 🐎 (centre équestre) canoë, pédalos, piste de bi-cross |

436

UZERCHE

⌧ 19140 – 329 K3 – G. Berry Limousin – 3 062 h. – alt. 380
🛈 *Office de tourisme, place de la Libération* 🖉 *05 55 73 15 71, Fax 05 55 73 88 36*
Paris 444 – Aubusson 95 – Bourganeuf 76 – Brive-la-Gaillarde 38 – Limoges 57 – Périgueux 106 – Tulle 30.

⚠ **Municipal la Minoterie** mai-sept.
🖉 05 55 73 12 75, Fax 05 55 73 12 75 – ℝ
1,5 ha (65 empl.) plat, terrasse, herbeux, pierreux
Tarif : (Prix 2005) ✦ 3 € 🖻 4 € [⨏] 2,40 €
Location : huttes
Pour s'y rendre : Au Sud-Ouest du centre bourg, accès
quai Julian-Grimau, entre la N 20 et le pont Turgot (D 3),
bord de la Vézère (rive gauche)
À savoir : Dans un site pittoresque

| Nature : 🌿 ≤ ♀ |
| Loisirs : 🚗 🏕 ᴓᴓ ᵔ♠ 🎿 ≃ 🏊 petite base de loisirs |
| Services : ♿ ⊙ ⟲ 🏪 🖼 🖻 🗑 ♨ 🖳 |
| À prox. : **mur d'escalade, canoë** |

VIAM

⌧ 19170 – 329 M2 – 132 h. – alt. 680
Paris 455 – Bugeat 6 – Eymoutiers 24 – Guéret 85 – Limoges 68 – Treignac 18.

⚠ **Municipal Puy de Veix** 15 juin-sept.
🖉 05 55 95 52 05, *viam.mairie@wanadoo.fr*,
Fax 05 55 95 21 86 – ℝ conseillée
2 ha (50 empl.) non clos, en terrasses, plat, herbeux,
pierreux, bois attenant
Tarif : ✦ 2 € ⛺ 1 € 🖻 1,30 € [⨏] 1,80 €
🚐 1 borne
Pour s'y rendre : Au Sud du bourg (accès direct)
À savoir : Agréable cadre de verdure dominant un plan
d'eau

| Nature : 🌿 ≤ 🏕 ♀ |
| Loisirs : 🏕 |
| Services : ♿ ⊙⟲ (juil.-août) ⟲ ☺ 🖼 |
| À prox. : ≃ (plage) 🏊 🛶 |

437

Creuse (23)

BOURGANEUF

⌧ 23400 – 325 H5 – G. Berry Limousin – 3 163 h. – alt. 440
🛈 *Office de tourisme, Tour Lastic* 🖉 *05 55 64 12 20, Fax 05 55 64 12 20*
Paris 391 – Aubusson 40 – Guéret 33 – Limoges 50 – Tulle 100 – Uzerche 76.

⚠ **Municipal la Chassagne** 15 juin-15 sept.
🖉 05 55 64 07 61, Fax 05 55 64 03 51 – ℝ
0,7 ha (41 empl.) plat, peu incliné, herbeux
Tarif : (Prix 2005) 🖻 9,40 € – pers. suppl. 2 €
Pour s'y rendre : N : 1,5 km par D 912, rte de la Souterraine, bord du Taurion

| Nature : 🏕 |
| Services : ⟲ ♨ ☺ |
| À prox. : ᵔ♠ 💉 golf |

Le BOURG-D'HEM

⌧ 23220 – 325 H3 – G. Berry Limousin – 235 h. – alt. 320
Paris 333 – Aigurande 20 – Le Grand-Bourg 28 – Guéret 21 – La Souterraine 37.

⚠ **Municipal** mai-sept.
🖉 05 55 62 84 36, *info@paysdes3lacs.com*,
Fax 05 55 62 11 22, *www.paysdes3lacs.com* – ℝ conseillée
0,33 ha (36 empl.) en terrasses, herbeux
Tarif : 🖻 11 € [⨏] (8A) – pers. suppl. 2,60 €
Pour s'y rendre : O : par D 48 rte de Bussière-Dunoise et
chemin à droite
À savoir : Site et situation agréables au bord de la Creuse
(plan d'eau)

| Nature : 🌿 ≤ ♀ ⛰ |
| Loisirs : 🏊 |
| Services : ♿ ⊙⟲ (juil.-août) ⟲ 🖼 ☺ �️ sèche-linge |
| À prox. : 🍷 🏕 |

BOUSSAC-BOURG

✉ 23600 – **325** K2 – G. Berry Limousin – 788 h. – alt. 423
Paris 334 – Aubusson 52 – La Châtre 37 – Guéret 43 – Montluçon 33 – St-Amand-Montrond 54.

△△△ **Le Château de Poinsouze** 13 mai-17 sept.
  ℘ 05 55 65 02 21, *info.camping-de.poinsouze@wana
doo.fr*, Fax 05 55 65 86 49, *www.camping-de-poinsouze*
– **R** conseillée 𝔖 (8 juil.-19 août)
150 ha/22 campables (134 empl.) peu incliné, herbeux
Tarif : 🔲 35 € 🔟 (16A) – pers. suppl. 5,50 €
Location (permanent) 𝔖 : 🔲 (4 à 6 pers.) 190 à
560 €/sem. – 2 gîtes
🔲 1 borne
Pour s'y rendre : N : 2,8 km par D 917, rte de la Châtre
À savoir : Vaste domaine autour d'un château du 16e s. et
d'un étang

Nature : 🐾 ≼	
Loisirs : 🍴 ✗ 🏠 nocturne 🏊	
🚴 🎯 🛝 🎱	
Services : 🔥 ⛽ 📻 📶 Ⓜ 🗄 ⚘ ☺	
⚐ 🚰 🧹 🔥 🎣	
À prox. : canoë, pédalos	

*Benutzen Sie
– zur Wahl der Fahrtroute
– zur Berechnung der Entfernungen
– zur exakten Lokalisierung eines Campingplatzes (mit Hilfe der Angaben im Ortstext)
die für diesen Führer unentbehrlichen **MICHELIN-Karten** im Ma1 : 150 000.*

BUSSIÈRE-DUNOISE

✉ 23320 – **325** H3 – 1 098 h. – alt. 450
Paris 337 – Aigurande 24 – Le Grand-Bourg 20 – Guéret 16 – La Souterraine 28.

△ **Municipal de la Vergne** juil.-août
  ℘ 05 55 81 68 90, *bussieredunaise@wanadoo.fr*,
Fax 05 55 81 60 33 – **R** conseillée
1 ha (35 empl.) plat, herbeux
Tarif : (Prix 2005) 🧍 2 € 🚗 1,50 € 🔲 1,25 € 🔟 1,70 €
Pour s'y rendre : SE : 1,5 km par D 47, rte de Guéret et
chemin à gauche
À savoir : Situation agréable près d'un plan d'eau

Nature : 🐾 ≼ 🏕 🌳🌳(chênaie)	
Services : ☺	
À prox. : 🏊 🛶 (plage) 🎣 🚣	

La CELLE-DUNOISE

✉ 23800 – **325** H3 – 598 h. – alt. 230
Paris 329 – Aigurande 16 – Aubusson 63 – Dun-le-Palestel 11 – Guéret 22.

△ **Municipal de la Baignade** avr.-oct.
  ℘ 05 55 51 21 18, *info@paysdes3lacs.com* – **R** conseillée
1,4 ha (30 empl.) plat, terrasse, herbeux
Tarif : (Prix 2005) 🧍 2,60 € 🚗 1,60 € 🔲 1,60 € 🔟 2,60 €
Location (permanent) : 3 🏠 (4 à 6 pers.) 183 à
283 €/sem.
🔲 1 borne 2 €
Pour s'y rendre : À l'Est du bourg, par D 48ᴬ rte du Bourg
d'Hem, près de la Creuse (accès direct)

Nature : 🌳	
Loisirs : 🏠 ✗	
Services : 🔥 📶 ☺ ⚘ 🔥 sèche-linge	
À prox. : 🏊 🚣 🐎 poneys canoë	

CHAMBON-SUR-VOUEIZE

✉ 23170 – **325** L3 – G. Berry Limousin – 1 012 h. – alt. 333
🅸 Syndicat d'initiative, place Aubergier *℘* 05 55 82 15 89, Fax 05 55 82 15 89
Paris 356 – Aubusson 39 – Guéret 47 – Marcillat-en-Combraille 21 – Montluçon 26.

△ **Municipal la Pouge** avr.-oct.
  ℘ 05 55 82 13 21, Fax 05 55 82 19 11 – **R**
1 ha (50 empl.) plat, herbeux
Tarif : (Prix 2005) 🧍 1,90 € 🚗 1,20 € 🔲 1,20 € 🔟 2,30 €
🔲 1 borne 2 €
Pour s'y rendre : SE : 0,8 km par D 915, rte d'Évaux-les-
Bains et chemin à gauche, longeant Écomarché, attenant
au stade, au bord de la Tardes

Nature : 🌳🌳	
Loisirs : 🏠 ✗	
Services : ⛽ 🗄 ☺ 🔥	
À prox. : 🎣 🏊 🚣	

CHÂTELUS-MALVALEIX

⊠ 23270 – ▓▓▓ J3 – 569 h. – alt. 410
Paris 333 – Aigurande 25 – Aubusson 46 – Boussac 19 – Guéret 25.

    ▲ **Municipal la Roussille** juin-sept.
         ℘ 05 55 80 52 71, Fax 05 55 80 86 32 – ℞
         0,5 ha (33 empl.) peu incliné, plat, herbeux
         Tarif : ⚊ 1,50 € ▣ 2,80 € [½] 2,20 €
         Pour s'y rendre : À l'Ouest du bourg
         À savoir : Plaisante situation en bordure d'étangs

Nature : ⌖ ⚠
Loisirs : 🏠 🚲 ⚓ circuit VTT
Services : 🔧
À prox. : 🏇 🎾

CHÉNÉRAILLES

⊠ 23130 – ▓▓▓ K4 – G. Berry Limousin – 759 h. – alt. 537
🛈 Syndicat d'initiative, 32, route de gouzon ℘ 05 55 62 91 22
Paris 369 – Aubusson 19 – La Châtre 63 – Guéret 32 – Montluçon 46.

    ▲ **Municipal la Forêt** 15 juin-15 sept.
         ℘ 05 55 62 38 26, Fax 05 55 62 95 55 – ℞ conseillée
         0,5 ha (33 empl.) peu incliné, plat, pierreux, herbeux
         Tarif : ▣ 9,40 € – pers. suppl. 1,80 €
         Pour s'y rendre : SO : 1,3 km par D 55 rte d'Ahun
         À savoir : Cadre boisé près d'un étang

Nature : ⟨ 🌳🌳
Services : ♿ ⚡ 🍴 ⊙ ⚓
À prox. : 🏇 🎾 ⚓ ⤭ ≅ (plage) ⚓

*Demandez à votre libraire le catalogue des **publications MICHELIN**.*

ÉVAUX-LES-BAINS

⊠ 23110 – ▓▓▓ L3 – G. Berry Limousin – 1 545 h. – alt. 469 – ♨ (9 avril-27 oct.)
🛈 Office de tourisme, place de la Poste ℘ 05 55 65 69 01, Fax 05 55 65 50 44
Paris 353 – Aubusson 44 – Guéret 52 – Marcillat-en-Combraille 16 – Montluçon 27.

    ▲ Municipal
         ℘ 05 55 65 55 82, Fax 05 55 65 59 24 – ℞
         1 ha (49 empl.) plat et peu incliné, herbeux
         Location : huttes
         Pour s'y rendre : Au Nord du bourg, derrière le château

439

Nature : ⌖ ⌂
Loisirs : 🏠 🏇
Services : ♿ 🍴 ⊙
À prox. : 🎾 ⤭ 🖼

GUÉRET

⊠ 23000 – ▓▓▓ I3 – G. Berry Limousin – 14 123 h. – alt. 457 – Base de loisirs
🛈 Office de tourisme, 1, rue Eugène France ℘ 05 55 52 14 29
Paris 351 – Bourges 122 – Châteauroux 90 – Clermont-Ferrand 132 – Limoges 93 – Montluçon 66 – Tulle 133.

    ▲▲ **Municipal du Plan d'Eau de Courtille** juin-sept.
         ℘ 05 55 81 92 24, Fax 05 55 51 05 37 – ℞ conseillée
         2,4 ha (70 empl.) incliné, peu incliné, plat, herbeux
         Tarif : ▣ 11 € [½] (10A) – pers. suppl. 2 €
         Pour s'y rendre : SO : 2,5 km par D 914, rte de Benevent et chemin à gauche
         À savoir : Situation agréable près d'un plan d'eau (accès direct)

Nature : ⌖ ⟨ ⌂
Loisirs : 🏇
Services : ♿ ⚡ GB 🍴 ⊙ 🖼
À prox. : 🎾 🖼 ⤭ ≅ (plage) ⚓ ⚓ canoë

MÉRINCHAL

⊠ 23420 – ▓▓▓ L5 – 821 h. – alt. 720
🛈 Office de tourisme, château de la Mothe ℘ 05 55 67 25 56, Fax 05 55 67 23 71
Paris 386 – Aubusson 33 – Clermont-Ferrand 63 – La Bourboule 57 – St-Gervais-d'Auvergne 36.

    ▲ **Municipal Château de la Mothe** avr.-oct.
         ℘ 05 55 67 25 56, *tourisme.merinchal@wanadoo.fr*,
         Fax 05 55 67 23 71 – ℞ conseillée
         0,3 ha (32 empl.) plat et peu incliné, herbeux
         Tarif : ⚊ 2,50 € ⇔ 1,50 € ▣ 2 € [½] 2 €
         Pour s'y rendre : Au bourg, à 500 m d'un étang
         À savoir : Dans le parc d'un château du XIIe s.

Nature : ⌖ ⟨
Loisirs : 🏠 🏇
Services : ♿ ⚡ 🍴 ⊙ 🖼
À prox. : 🏊 🍹 ✕ 🎾 ⚓

ROYÈRE-DE-VASSIVIÈRE

✉ 23460 – **325** I5 – 636 h. – alt. 735
🛈 *Office de tourisme, rue Alfred Auphelle* ℘ 05 55 64 75 11, Fax 05 55 64 75 40
Paris 412 – Bourganeuf 22 – Eymoutiers 25 – Felletin 29 – Gentioux 12 – Limoges 68.

🏕 **Les Terrasses du Lac** 15 avr.-14 oct.
℘ 05 55 64 76 77, *ot.vassiviere@wanadoo.fr*,
Fax 05 55 64 76 78, *www.vassiviere.com* – **R** conseillée
4 ha (142 empl.) en terrasses, plat et peu incliné, herbeux,
gravier, pierreux
Tarif : (Prix 2005) 🔳 15,50 € 🔋 (10A) – pers. suppl. 4 €
Pour s'y rendre : À Vauveix, au Sud-Ouest 10 km par D 3 et
D 35, rte d'Eymoutiers, au port (accès direct)
À savoir : Cadre et site agréables, face au lac

Nature : ≤ ⌂ ՋՋ
Loisirs : 🏠 ⚹
Services : ⚬ GB ⚙ 🎵 📁 ⚖ ☺ 🔋
À prox. : ᕷ ⚑ ✗ ≌ (plage) 🛶 ski nautique, canoë, pédalos

ST-VAURY

✉ 23320 – **325** H3 – G. Berry Limousin – 1 829 h. – alt. 450
Paris 371 – Aigurande 32 – Le Grand-Bourg 14 – Guéret 13 – La Souterraine 26.

🏕 **Municipal la Valette** 15 juin-15 sept.
℘ 05 55 80 29 82, *pointinfo.st.vaury@wanadoo.fr*,
Fax 05 55 80 22 16, *www.saintvaury.com* – **R** conseillée
1,6 ha (16 empl.) non clos, plat, terrasse, herbeux
Tarif : ⚹ 2,20 € �car 1,70 € 🔳 1,70 € 🔋 1,80 €
Pour s'y rendre : N : 2 km par D 22, rte de Bussière-
Dunoise, près de l'étang

Nature : Ջ
Loisirs : ⚹⚹ ⚓
Services : ⚙ 📁 ☺
À prox. : ≌ (plage)

Haute-Vienne (87)

440

AIXE-SUR-VIENNE

✉ 87700 – **325** D6 – G. Berry Limousin – 5 466 h. – alt. 204
🛈 *Syndicat d'initiative, avenue du Président Wilson* ℘ 05 55 70 19 71, Fax 05 55 70 48 30
Paris 400 – Châlus 21 – Confolens 60 – Limoges 14 – Nontron 55 – Rochechouart 30 – St-Yrieix-la-Perche 39.

🏕 **Municipal les Grèves** juin-sept.
℘ 05 55 70 12 98, *camping@mairie-aixesurvienne.fr*,
Fax 05 55 70 43 00 – **R** conseillée
3 ha (80 empl.) plat, herbeux
Tarif : 🔳 12,30 € 🔋 (10A) – pers. suppl. 3 €
Pour s'y rendre : Av. des Grèves, bord de la Vienne

Nature : Ջ
Loisirs : ⚑ 🏠 ⚹⚹
Services : ⚖ ⚬ GB ⚙ 📁 ☺ 🔋
À prox. : ⬛ (découverte l'été)

BESSINES-SUR-GARTEMPE

✉ 87250 – **325** F4 – 2 743 h. – alt. 335
🛈 *Office de tourisme, 6, avenue du 11 novembre* ℘ 05 55 76 09 28, Fax 05 55 76 68 45
Paris 355 – Argenton-sur-Creuse 58 – Bellac 29 – Guéret 55 – Limoges 38 – La Souterraine 21.

🏕 **Municipal de Sagnat** 15 juin-15 sept.
℘ 05 55 76 17 69, *ot.bessines@wanadoo.fr*,
Fax 05 55 76 10 40 – **R** conseillée
0,8 ha (50 empl.) en terrasses, plat, peu incliné, sablonneux,
herbeux
Tarif : 🔳 10 € – pers. suppl. 3,70 €
Pour s'y rendre : SO : 1,5 km par D 220, rte de Limoges,
D 27, rte de St-Pardoux à droite et rue à gauche, bord de
l'étang
À savoir : Situation agréable

Nature : ≤ ⌂ Ջ
Loisirs : snack 🏠 ⚹⚹ ≌ (plage)
Services : ⚖ ⚬ ⚙ 📁 ⚖ ☺ 🔋
À prox. : parcours de santé

BUJALEUF

✉ 87460 – 325 G6 – G. Berry Limousin – 927 h. – alt. 380
🛈 *Office de tourisme, Mairie* ℰ 05 55 69 54 54
Paris 423 – Bourganeuf 28 – Eymoutiers 14 – Limoges 35 – St-Léonard-de-Noblat 16.

⚠ **Municipal du Lac** 15 mai-sept.
ℰ 05 55 69 54 54, *tourisme@bujaleuf.fr*,
Fax 05 55 69 54 54, *www.bujaleuf.fr* – **R** conseillée
2 ha (110 empl.) en terrasses, herbeux
Tarif : 🔲 9,50 € – pers. suppl. 2 €
Location (permanent) : 10 🏠 (4 à 6 pers.) 170 à
350 €/sem.
Pour s'y rendre : N : 1 km par D 16 et rte à gauche, près
du lac
À savoir : Belles terrasses ombragées dominant le lac

Nature : 🔲 ≤ ♀♀
Services : ᕀ ⊶ (juil.-août) ♻ 🔄 ☺
🔄 🔲
À prox. : ♈ snack ≅ (plage) ↖ ca-
noë

Ne pas confondre :
⚠ ... à ... ⚠⚠⚠ : *appréciation* **MICHELIN**
et
★ ... à ... ★★★★ : *classement officiel*

BUSSIÈRE-GALANT

✉ 87230 – 325 D7 – 1 386 h. – alt. 410
Paris 422 – Aixe-sur-Vienne 23 – Châlus 6 – Limoges 36 – Nontron 40 – St-Yrieix-la-Perche 21.

⚠ **Municipal les Ribières** 15 juin-15 sept.
ℰ 05 55 78 86 12, Fax 05 55 78 16 75 – **R** conseillée
1 ha (25 empl.) en terrasses, peu incliné, herbeux
Tarif : 🔲 11,75 € [≴] (5A) – pers. suppl. 2,75 €
Pour s'y rendre : SO : 1,7 km par D 20, rte de la Coquille et
chemin à droite, près du stade et à 100 m d'un plan d'eau

Nature : ≤ 🔲
Services : ᕀ ⊶ (juil.-août) ♻ 🔲 ☺
🔲
À prox. : ⚒ ♬ ≅ (plage) parcours
sportif, voiturettes-vélo sur rail
(draisines)

441

CHÂTEAUNEUF-LA-FORÊT

✉ 87130 – 325 G6 – 1 613 h. – alt. 376
🛈 *Office de tourisme, avenue Amédée Tarrade* ℰ 05 55 69 63 69, Fax 05-55-69-63-69
Paris 424 – Eymoutiers 14 – Limoges 36 – St-Léonard-de-Noblat 19 – Treignac 34.

⚠ **Le Cheyenne** Permanent
ℰ 05 55 69 39 29 – **R** conseillée
1,5 ha (65 empl.) plat, herbeux
Tarif : 🔲 14 € [≴] (6A) – pers. suppl. 3 €
Location : 4 🏠 (4 à 6 pers.) 310 à 350 €/sem.
Pour s'y rendre : À 0,8 km à l'Ouest du centre bourg, rte
du stade, à 100 m d'un plan d'eau

Nature : ♀
Loisirs : ♠♣ ⚒
Services : ᕀ ⊶ GB ♻ ⩙ ☺ 🔲
À prox. : ≅ (plage)

CHÂTEAUPONSAC

✉ 87290 – 325 E4 – G. Berry Limousin – 2 252 h. – alt. 290
🛈 *Office de tourisme, place Mazurier* ℰ 05 55 76 57 57
Paris 361 – Bélâbre 55 – Limoges 48 – Bellac 21 – St-Junien 45.

⚠⚠ **Municipal la Gartempe** Permanent
ℰ 05 55 76 55 33, *chateauponsac.tourisme@wanadoo.fr*,
Fax 05 55 76 98 05, *holidayschateauponsac.com*
– **R** conseillée
1,5 ha (43 empl.) plat, peu incliné et terrasses, herbeux
Tarif : 🔲 18 € [≴] (6A) – pers. suppl. 3,50 € – frais de réser-
vation 15,50 €
Location : 14 🏠 (4 à 6 pers.) 290 à 495 €/sem.
Pour s'y rendre : Sortie Sud-Ouest par D 711 rte de Nan-
tiat, à 200 m de la rivière
À savoir : Agréable situation dominante

Nature : ♀
Loisirs : ♈ snack 🔄 ♠♣
Services : ᕀ ⊶ (juil.-août) ♻ 🔄 ☺
🔄 sèche-linge
À prox. : ♂ ♬ ⏚ ↖ canoë

COUSSAC-BONNEVAL

⊠ 87500 – 325 E7 – G. Berry Limousin – 1 379 h. – alt. 376
🅘 *Syndicat d'initiative, 11, place aux Foires* 🕿 05 55 75 28 46
Paris 432 – Brive-la-Gaillarde 61 – Limoges 42 – St-Yrieix-la-Perche 11 – Uzerche 31.

△ **Municipal les Allées** 15 juin-15 sept.
🕿 05 55 75 20 29, *mairie.coussac.bonneval@wanadoo.fr*,
Fax 05 55 75 12 94, *www.coussac-bonneval.com* – ℞
1 ha (26 empl.) peu incliné, gravillons, pierreux
Tarif : 🅔 4,24 € 🛱 1,22 €
Pour s'y rendre : N : 0,7 km par D 17, rte de la Roche
l'Abeille, au stade

| Nature : 🖵 |
| Services : 🕭 ⊛ |
| À prox. : ✕ |

CROMAC

⊠ 87160 – 325 E2 – 302 h. – alt. 224
Paris 339 – Argenton-sur-Creuse 41 – Limoges 68 – Magnac-Laval 22 – Montmorillon 39.

⚠ **Lac de Mondon** avr.-sept.
🕿 05 55 76 83 99, *cc-benaize@worldonline.fr*,
Fax 05 55 76 96 17, *www.87nord.org* – ℞ conseillée
2,8 ha (100 empl.) plat, et peu incliné, herbeux
Tarif : ✱ 3,50 € 🚗 1 € 🅔 2 € 🛱 2 €
Location (mai-sept.) : huttes
Pour s'y rendre : S : 2 km par D 105, rte de St-Sulpice-les-
Feuilles et D 60, accès conseillé par D 912
À savoir : Près du lac

| Nature : 🦢 🖵 ♀ |
| Loisirs : snack 🎳 🏇 🚲 ✕ 🏊 (plage) 🚣 pédalos |
| Services : 🕭 ⚡ (juil.-août) 🅇 🗟 ⊛ 📵 |
| À prox. : ✕ 🖈 |

Om een reisroute uit te stippelen en te volgen,
om het aantal kilometers te berekenen,
om precies de ligging van een terrein te bepalen
(aan de hand van de inlichtingen in de tekst),
*gebruikt u de **Michelinkaarten** schaal 1 : 150 000 ;*
een onmisbare aanvulling op deze gids.

442

EYMOUTIERS

⊠ 87120 – 325 H6 – G. Berry Limousin – 2 115 h. – alt. 417
🅘 *Office de tourisme, 12, boulevard Jules Guesde* 🕿 05 55 69 27 81
Paris 432 – Aubusson 55 – Guéret 62 – Limoges 44 – Tulle 71 – Ussel 69.

△ **Municipal** juin-sept.
🕿 05 55 69 10 21, Fax 05 55 69 27 19
1 ha (33 empl.) plat, incliné à peu incliné, terrasses, herbeux
Tarif : (Prix 2005) 🅔 8,50 € 🛱 (16A) – pers. suppl. 1,70 €
Pour s'y rendre : SE : 2 km par D 940, rte de Tulle et
chemin à gauche, à St-Pierre

| Nature : 🦢 🖵 ♀ |
| Services : 🕭 🅇 🗟 🦮 ⊛ |

LADIGNAC-LE-LONG

⊠ 87500 – 325 D7 – 1 089 h. – alt. 334
Paris 426 – Brive-la-Gaillarde 74 – Limoges 35 – Nontron 44 – Périgueux 64 – St-Yrieix-la-Perche 12.

⚠ **Municipal le Bel Air** mai-oct.
🕿 05 55 09 39 82, *camping-ladignac@wanadoo.fr*,
Fax 05 55 09 39 80, *www.ladignac.com* – ℞ conseillée
2,5 ha (100 empl.) en terrasses, herbeux
Tarif : (Prix 2005) 🅔 12 € – pers. suppl. 2,50 €
Location : 4 🛖 (4 à 6 pers.) 329 à 360 €/sem.
Pour s'y rendre : N : 1,5 km par D 11, rte de Nexon et
chemin à gauche
À savoir : Cadre arboré et situation agréable en bordure
d'un plan d'eau

| Nature : 🦢 ⇐ 🖵 ♀ |
| Loisirs : 🎪 ✕ |
| Services : 🕭 ⚡ (juil.-août) 🔾 🅇 🗟 ⊛ 📵 |
| À prox. : 🏊 (plage) 🚣 |

MEUZAC

✉ 87380 – 325 F7 – 691 h. – alt. 391
Paris 428 – Eymoutiers 42 – Limoges 40 – Lubersac 15 – St-Léonard-de-Noblat 40 – St-Yrieix-la-Perche 25.

△ **Municipal des Bouvreuils** 15 juin-15 sept.
    ℘ 05 55 09 97 12, *mairie.meuzac@wanadoo.fr*,
    Fax 05 55 09 95 49 – **R** conseillée
    1 ha (60 empl.) plat, herbeux
    Tarif : (Prix 2005) ⚹ 1,95 € ⇦ 1,33 € ▣ 1,33 € [₫] 2,50 €
    Pour s'y rendre : À l'Ouest du bourg, à 450 m d'un plan
    d'eau

Nature : 🌿 ⌗ 🌳
Loisirs : 🎦
Services : ☺ 🖼
À prox. : 🎿 🏔 🏊 (plage)

NEXON

✉ 87800 – 325 E6 – G. Berry Limousin – 2 325 h. – alt. 359
🛈 *Office de tourisme, 6, place de l'Église* ℘ 05 55 58 28 44
Paris 412 – Châlus 20 – Limoges 22 – Nontron 53 – Rochechouart 37 – St-Yrieix-la-Perche 23.

△ **Municipal de l'Étang de la Lande** juin-sept.
    ℘ 05 55 58 35 44, *mairie.nexon@wanadoo.fr*,
    Fax 05 55 58 33 50, *www.nexon.fr* – **R** conseillée
    2 ha (53 empl.) peu incliné, terrasse, herbeux
    Tarif : ▣ 9,60 € [₫] (6A) – pers. suppl. 3,20 € – frais de réservation 18,50 €
    Location : 🏠 (4 à 6 pers.) 212 à 458 €/sem. – huttes
    Pour s'y rendre : S : 1 km par rte de St-Hilaire, accès près
    de la pl. de l'Hôtel-de-Ville
    À savoir : Près d'un plan d'eau

Nature : ⌗ 🌳🌳
Loisirs : 🎦 🚲
Services : ♿ ⚒ 🛒 🖼 ☺ 🚿 ♻ 🖼
À prox. : 🏊 (plage) pédalos

Les localités possédant des ressources sélectionnées dans ce guide
*sont signalées sur les **cartes MICHELIN** détaillées à 1/150 000.*

443

PIERRE-BUFFIÈRE

✉ 87260 – 325 F6 – 1 106 h. – alt. 330
🛈 *Office de tourisme, place du 8 Mai 1945* ℘ 05 55 00 94 33
Paris 408 – Limoges 20 – Saint-Yrieix-la-Perche 29 – Uzerche 38.

△△ **Intercommunal de Chabanas** 15 mai-sept.
    ℘ 05 55 00 96 43, Fax 05 55 00 96 43 – **R** conseillée
    1,5 ha (60 empl.) peu incliné, plat, herbeux, bois attenant
    Tarif : ▣ 14,49 € – pers. suppl. 2,74 €
    Pour s'y rendre : S : 1,8 km par D 420, rte de Château-
    Chervix, direction A 20 et chemin à gauche, près du stade -
    Par A 20 : sortie 40
    À savoir : Décoration arbustive

Nature : ⌗
Loisirs : 🎦 🏊
Services : ♿ ⚒ 🅖🅑 🚿 🖼 ☺ ♻ 🖼
À prox. : ✗ 🚐

RAZÈS

✉ 87640 – 325 F4 – 997 h. – alt. 440
🛈 *Syndicat d'initiative, le bourg* ℘ 05 55 71 02 49
Paris 366 – Argenton-sur-Creuse 68 – Bellac 32 – Guéret 65 – Limoges 28.

△△ **Santrop** 6 mai-17 sept.
    ℘ 05 55 71 08 08, *lacsaintpardoux@wanadoo.fr*,
    Fax 05 55 71 23 93, *lac-saint-pardoux.com* – **R** conseillée
    5,5 ha (152 empl.) peu incliné à incliné, herbeux, gravier
    Tarif : ▣ 20,30 € – pers. suppl. 4,10 € – frais de réservation 16 €
    Location (permanent) : 4 🚐 (4 à 6 pers.) 230 à
    495 €/sem. – 6 🏠 (4 à 6 pers.) 160 à 570 €/sem. –
    huttes
    Pour s'y rendre : O : 4 km par D 44, bord du Lac de
    St-Pardoux
    À savoir : Situation agréable

Nature : 🌿 ⟨ 〰〰
Loisirs : 🍴 snack 🎦 🏇 🏊
Services : ♿ ⚒ 🅖🅑 🚿 🖼 🗑 ☺ 🖼
À prox. : 🎿 🏊 (plage) ⛷ ski nautique

ST-GERMAIN-LES-BELLES

✉ 87380 – 325 F7 – G. Berry Limousin – 1 112 h. – alt. 432
🛈 *Office de tourisme, Montréal* ✆ *05 55 71 87 33*
Paris 422 – Eymoutiers 33 – Limoges 34 – St-Léonard-de-Noblat 31 – Treignac 34.

▲ **Municipal de Montréal** juin-11 sept.
✆ 05 55 71 86 20, *mairiedesaintgermainlesbelles@.fr*,
Fax 05 55 71 82 85 – **R** conseillée
1 ha (60 empl.) plat et terrasse, peu incliné à incliné,
herbeux, gravier
Tarif : 🏕 2,20 € ⟷ 1,20 € ▣ 1,35 € ⚡ 2,30 €
Pour s'y rendre : Sortie Sud-Est, rte de la Porcherie, bord
d'un plan d'eau

Nature : 🏞 ⩽ ⌂
Services : ♿ ⚲ ⎕ 🗑 ⊕
À prox. : snack 🚣 ✖ 🏊 (plage)

ST-HILAIRE-LES-PLACES

✉ 87800 – 325 D7 – 780 h. – alt. 426
Paris 417 – Châlus 18 – Limoges 27 – Nontron 52 – Rochechouart 39 – St-Yrieix-la-Perche 19.

🔺 **Municipal du Lac** Permanent
✆ 05 55 58 12 14, *mairie-saint.hilaire@wanadoo.fr*,
Fax 05 55 58 35 98, *sthilaire-lesplaces.com* – **R** conseillée 🐕
2,5 ha (85 empl.) en terrasses, herbeux
Tarif : ▣ 12,45 € – pers. suppl. 3,70 €
Location : 5 🛖 (4 à 6 pers.) 190 à 365 €/sem. – 15 gîtes
🚐 1 borne
Pour s'y rendre : S : à 1,2 km du bourg par D 15A et
chemin à gauche, à 100 m du lac Plaisance

Nature : ⌂ ⩗⩗
Loisirs : 🏓 🚣
Services : ♿ ⚷ (15 juin-15 sept.) ⚲
🗑 ⊕ 🛢
À prox. : ✖ 🍴 🏊 (plage) ⛷ 🏇
(centre équestre) parcours de
santé

ST-LAURENT-LES-ÉGLISES

✉ 87240 – 325 F5 – 683 h. – alt. 388
Paris 385 – Bellac 55 – Bourganeuf 31 – Guéret 50 – Limoges 29 – La Souterraine 51.

🔺 **Municipal Pont du Dognon** 4 mars-25 nov.
✆ 05 55 56 57 25, *mairie-st-laurent-les-eglises@wana
doo.fr*, Fax 05 55 56 55 17 – **R** conseillée
3 ha (90 empl.) en terrasses, herbeux, pierreux
Tarif : ▣ 12,99 € – pers. suppl. 3,68 €
Location : huttes
Pour s'y rendre : SE : 1,8 km par D 5 rte de St-Léonard-de-
Noblat, bord du Taurion (plan d'eau)

Nature : 🏞 ⩽ ⌂
Loisirs : 🏊 🏃 🚣 🚲 ✖ 🛶
parcours de santé
Services : ♿ ⚷ ⚲ 🗑 ⊕ 🛢
À prox. : ✖ 🍴

ST-LÉONARD-DE-NOBLAT

✉ 87400 – 325 F5 – G. Berry Limousin – 4 764 h. – alt. 347
🛈 *Office de tourisme, place du Champ de Mars* ✆ *05 55 56 25 06*
Paris 407 – Aubusson 68 – Brive-la-Gaillarde 99 – Guéret 62 – Limoges 21.

🔺 **Municipal de Beaufort** 11 juin-17 sept.
✆ 05 55 56 02 79, *camping.beaufort@wanadoo.fr*,
Fax 05 55 56 53 09, *www.ville-saint-leonard.fr* – **R**
2 ha (98 empl.) plat et peu incliné, herbeux
Tarif : ▣ 10,90 € – pers. suppl. 2,15 €
Pour s'y rendre : Du centre bourg : 1,7 km par N 141, rte
de Limoges puis 1,5 km à gauche par rte de Masleon, bord
de la Vienne

Nature : ⌂ 🌳
Loisirs : 🍴 🏓 🚣
Services : ♿ ⚷ ⚲ 🗑 ⊕ 🛒 🛢 🚰

ST-MARTIN-TERRESSUS

✉ 87400 – 325 F5 – G. Berry Limousin – 475 h. – alt. 280
Paris 383 – Ambazac 7 – Bourganeuf 31 – Limoges 20 – St-Léonard-de-Noblat 12 – La Souterraine 49.

▲ **Municipal Soleil Levant** 15 juin-15 sept.
✆ 05 55 39 74 12, *mairie-st-martin-terressus@wanadoo.fr*,
Fax 05 55 39 64 30 – **R** conseillée
0,5 ha (36 empl.) plat et terrasse, peu incliné, herbeux
Tarif : 🏕 2,70 € ⟷ 1 € ▣ 2 € ⚡ 2 €
Pour s'y rendre : À l'Ouest du bourg par D 29 et chemin à
droite, bord d'un plan d'eau

Nature : 🏞 ⩽ ⌂
Loisirs : 🍴 🏓 🏊 (plage)
Services : ♿ 🗑 ⊕

ST-PARDOUX

✉ 87250 – 325 E4 – 466 h. – alt. 370 – Base de loisirs
🛈 *Office de tourisme, le Bourg ℘ 05 55 76 56 80*
Paris 366 – Bellac 25 – Limoges 33 – St-Junien 39 – La Souterraine 32.

⚠ **Le Freaudour** 3 juin-10 sept.
℘ 05 55 76 57 22, *lacsaintpardoux@aol.com*,
Fax 05 55 71 23 93, *www.lac-saint-pardoux.com*
– **R** conseillée
4,5 ha (200 empl.) peu incliné, herbeux
Tarif : 🔲 20,40 € – pers. suppl. 4,60 € – frais de réservation 16 €
Location (permanent) : 22 ⌷ (4 à 6 pers.) 235 à 510 €/sem. – 10 ⌂ (4 à 6 pers.) 190 à 510 €/sem.
Pour s'y rendre : S : 1,2 km bord du lac de St-Pardoux, à la base de loisirs
À savoir : Situation agréable

> Nature : 🐾 ≤ 🗔 ♀
> Loisirs : 🍸 🏠 🏓 🎯 🛥
> Services : 🚿 🗝 GB 🐾 🗑 🏕 🔟 ☺
> 🛆 🚽 🔲
> À prox. : ⚓ 🏊 (plage)

ST-YRIEIX-LA-PERCHE

✉ 87500 – 325 E7 – G. Berry Limousin – 7 251 h. – alt. 360
🛈 *Office de tourisme, 58, boulevard de l'Hôtel de Ville ℘ 05 55 08 20 72, Fax 05 55 08 10 05*
Paris 430 – Brive-la-Gaillarde 63 – Limoges 40 – Périgueux 63 – Rochechouart 52 – Tulle 76.

⚠ **Municipal d'Arfeuille** juin-15 sept.
℘ 05 55 75 08 75, *camping@saint-yriex.com*,
Fax 05 55 75 26 08 – **R** conseillée
2 ha (100 empl.) en terrasses, herbeux, pierreux
Tarif : (Prix 2005) 🔲 11,70 € – pers. suppl. 3,50 €
Pour s'y rendre : N : 2,5 km par rte de Limoges et chemin à gauche, bord d'un étang
À savoir : Cadre et situation agréables

> Nature : ≤ 🗔 ♀♀
> Loisirs : 🍸 🏓 🏊 (plage)
> Services : 🗝 (juil.-août) 🐾 🗑 ☺ 🔲
> À prox. : ✘ ⚓

VIDEIX

✉ 87600 – 325 B6 – 243 h. – alt. 260
Paris 443 – Angoulême 53 – Limoges 53 – Nontron 36 – Rochechouart 11.

⚠ **Hameau de gîtes** (location exclusive de 16 chalets)
Permanent
℘ 05 55 48 83 39, *ot-rochechouart-pays-de-la-meteo rite@wanadoo.fr*, Fax 05 55 48 83 39, *www.ville-rochechouart.fr* – **R** conseillée
3 ha plat, herbeux
Location : ⌂ (4 à 6 pers.) 190 à 470 €/sem.
Pour s'y rendre : N : 1,7 km par D 87, route de Pressignac, lieu-dit La Chassagne

> Nature : 🐾 ≤ Le Lac ⛰
> Loisirs : 🏠 🛥
> Services : 🚿 🗝 (juil.-août) 🅿 🐾 🎱
> 🔲
> À prox. : snack 🏓 🚣 pédalos

445

LORRAINE

S. Sauvignier/Michelin

Le pèlerinage sur les hauts lieux du souvenir militaire peut constituer la première étape de votre périple lorrain qui s'annonce riche en coups de cœur : splendide héritage architectural de Nancy magnifié par Stanislas et de Metz la « ville lumière », pétillant chapelet de stations thermales dispensatrices d'amincissants bienfaits, petites ruches créatives à l'origine du cristal de Baccarat, des émaux de Longwy et des faïences de Lunéville, silence des hauts fourneaux endormis, visions inspirées de l'histoire à Domrémy et Colombey… Sans oublier les vergers de mirabelles et les épaisses forêts vosgiennes. Accordez-vous en route une halte gourmande dans une marcairie : le gérómé y clôture des repas généreux consacrés par l'indispensable quiche, à moins qu'il ne soit le prélude à un dessert arrosé de kirsch.

If you want to do justice to the wealth of wonderful sights in Lorraine, bring your walking boots. But before you head for the hills, make time to discover Nancy's splendid artistic heritage and admire the lights of Metz. Then tour a string of tiny spa resorts and the famous centres of craftsmanship which produce the legendary Baccarat crystal, Longwy enamels and Lunéville porcelain, before reaching the poignant silence of the dormant mines and quarries at Domrémy and Colombey. The lakes, forests and wildlife of the Vosges national park will keep you entranced as you make your way down hillsides dotted with plum orchards. Stop for a little »light« refreshment in a "marcairerie", a traditional farm-inn, and try the famous quiches and tarts, a slab of Munster cheese or a kirsch-flavoured dessert.

● Localité citée avec camping
■ Localité citée avec camping et locatif
Lourdes Localité disposant d'emplacements camping-car
Moyaux Localité disposant d'au moins un terrain agréable
🚐 Aire de service pour camping-car sur autoroute

DEUTSCHLAND

LUXEMBOURG

LUXEMBOURG

Sedan
N 43
Mouzon
sne
Buzancy

Semois
Meuse
N 18
Longw
N 52
A 31
Moselle
Thionville
A 30
Moselle
A 6
Forbach
Sarre
Sarreguemines
N 43
N 3
N 18
Briey
Boulay-Moselle
🚐 METZ-ST-PRIVAT
Verdun
A 4
🚐 METZ-ST-PRIVAT
METZ
A 4
St-Avold
A 320
Keskastel
Oberbronn

MOSELLE
BAS-RHIN
Wasselonne
STRASBOUR

MEUSE
Jaulny
Lac de Madine
Morhange
Château-Salins
A 4
Hs
-Ménehould
Revigny-s-Ornain
Mandres-aux-Quatre-Tours
Sarrebourg
Seille
Dabo
Molsheim
Obernai
A 35

Bar-le-Duc
Commercy
Toul
A 31
NANCY
MEURTHE-ET-MOSELLE
Sarre
Rothau
le Hohwald
St-Pierre

Aire
N 4
A 31
Villey-le-Sec
A 33
Lunéville
N 333
N 59
Meurthe
Celles-s-Plaine
Bassemberg
Rombach-le-Franc
Dambach-la-Ville
Sélestat

St-Dizier
Braucourt
N 67
Magnières
Charmes
St-Dié-des-Vosges
Gemaingoutte
Anould
Lièpvre
Aubure
Ribeauvillé

Meuse
Thonnance-les-Moulins
Neufchâteau
Madon
Moselle
la Chapelle-devant-Bruyères
Corcieux
N 415
Fréland
Orbey
Kaysersberg
Labaroche
COLMAR
Éguisheim

Froncles-Buxières
N 74
Bulgnéville
LORRAINE-SANDAUCOURT 🚐 LES RAPPES
VOSGES
Herpelmont
Xonrupt-Longemer
Turckheim
Bie.

Andelot
Vittel
Épinal
Granges-s-V.
le Tholy
Gérardmer
Munster
Wihr-au-Val
Ste-Croix-au

HAUTE-MARNE
Contrexéville
Sanchey
D 417
la Bresse
Mittlach
Lautenbachzell
Issenheim
Rouffach
Raedersheim
A 35

Chaumont
Remiremont
Saulxures-s-Moselotte
Kruth
Ranspach
Geishouse

A 5
Montigny-le-Roi
A 31
Plombières-les-Bains
Bussang
HAUT-RHIN
Wattwiller
RHIN

N 19
Bannes
Bourbonne-les-Bains
le Val-d'Ajol
Fresse-s-M.
St-Maurice-s-M.
Moosch
Thann
N 66
MULHOUSE
A 36

Langres
N 19
Saône
Fresse
Masevaux
Guewenheim
Heimsbrunn
Burnhaupt-le-Haut

Seine
A 31
N 19
N 57
Mélisey
Lachapelle-s/s-Rougemont
A 36
LA PORTE D'ALSACE
Altkirch
A 35

Renaucourt
Vesoul
HAUTE-
SAÔNE
Lure
N 19
BELFORT
Seppois-le-Bas

Selongey
Villersexel
Montbéliard
Courtavon

Bonnal
N 57
Montagney
Mandeure
St-Hippolyte

D'OR
BESANÇON-CHAMPOUX 🚐
Huanne-Montmartin
Doubs
A 36

Cromary
Ognon
Maîche

🚐 BESANÇON-MARCHAUX

JAULNY

✉ 54470 – **307** C5 – G. Alsace Lorraine – 220 h. – alt. 230
Paris 310 – Commercy 41 – Metz 33 – Nancy 51 – Toul 41.

⚲ **La Pelouse** avr.-sept.
  ℘ 03 83 81 91 67, *lapelouse@aol.com*, Fax 03 83 81 91 67,
  www.campingdelapelouse.com – places limitées pour le
  passage – **R** conseillée
  2,9 ha (100 empl.) plat et incliné, herbeux
  Tarif : ♟ 2,35 € ⇌ 2,05 € ▣ 2,05 € ⒡ (6A) 2,65 €
  Location (permanent) : 5 ⌂ (4 à 6 pers.) 220 à 280 €/sem.
  Pour s'y rendre : 0,5 km au S du bourg, accès situé près
  du pont
  À savoir : Sur une petite colline boisée dominant la rivière

Nature : 🌿 ♋
Loisirs : snack 🍴
Services : ⚡ 🅖🅑 ⚲ 🗑 ⚒ ☺ 🅿
À prox. : ⟋⟍ 🏕

LUNÉVILLE

✉ 54300 – **307** J7 – G. Alsace Lorraine – 20 200 h. – alt. 224
🄱 *Office de tourisme, aile sud du Château* ℘ *03 83 74 06 55, Fax 03 83 73 57 95*
Paris 347 – Épinal 69 – Metz 95 – Nancy 36 – St-Dié 56 – Toul 56.

⚲ **Les Bosquets** avr.-oct.
  ℘ 03 83 73 37 58, *camping@cc-lunevillois.fr*,
  Fax 03 83 75 89 21 – **R** conseillée
  1 ha (36 empl.) plat et terrasse, herbeux
  Tarif : (Prix 2005) ♟ 2,50 € ⇌ 1,05 € ▣ 2,50 € ⒡ 2,50 €
  🚐
  Pour s'y rendre : Au N de la ville en dir. de Château-Salins et
  à dr., après le pont sur la Vézouze, chemin de la Ménagerie
  À savoir : Près du parc du château et des jardins

Nature : ♀
Loisirs : 🍴
Services : 🔥 ⚡ ⚲ ☺ ⚒ ⏚ 🅿
sèche-linge
À prox. : ⟋⟍ ✂ 🎨 🖼 🚐

MAGNIÈRES

✉ 54129 – **307** K8 – 313 h. – alt. 250
Paris 365 – Baccarat 16 – Épinal 40 – Lunéville 22 – Nancy 55.

⚲ **Le Pré Fleury** 4 mars-29 oct.
  ℘ 03 83 42 82 21, *http://campingduprefleury.free.fr* – **R**
  1 ha (34 empl.) plat et peu incliné, gravillons, herbeux, pierreux
  Tarif : ▣ 12 € ⒡ (20A) – pers. suppl. 1,50 €
  Location : chalets (sans sanitaires)
  Pour s'y rendre : 0,5 km à l'O par D 22, rte de Bayon, à
  200 m de la Mortagne
  À savoir : À l'ancienne gare et au bord d'un étang

Nature : 🌿 🏕
Loisirs : 🍴 ⟋⟍ 🚲 🏌 voiturettes
à vélos sur rail (draisines)
Services : 🔥 ⚡ ⚲ 🗑 ☺ ⏚ 🅿
À prox. : ✗ (wagon-restaurant)

La Saône coulant dans un verdoyant paysage

S. Sauvignier/Michelin

MANDRES-AUX-QUATRE-TOURS

✉ 54470 – **307** F5 – 170 h. – alt. 248
Paris 321 – Metz 55 – Nancy 41 – Pont-à-Mousson 24 – Toul 22.

▲ **Municipal l'Orée de la Reine** avr.-oct.
    𝒫 03 83 23 17 31, Fax 03 83 23 13 85 – **R**
    1 ha (33 empl.) plat, herbeux, pierreux
    Tarif : (Prix 2005) ⅄ 1,36 € 回 1,36 € ⅍ 1,36 €
    Pour s'y rendre : 1,7 km au S, rte de la forêt et du Parc Régional
    À savoir : À l'orée de la Forêt de la Reine

Nature : 🦢 〰
Services : ⊕
À prox. : 🎣

VILLEY-LE-SEC

✉ 54840 – **307** G7 – G. Alsace Lorraine – 340 h. – alt. 324
Paris 302 – Lunéville 49 – Nancy 20 – Pont-à-Mousson 51 – Toul 8.

▲▲ **Camping de Villey-le-Sec** avr.-sept.
    𝒫 03 83 63 64 28, info@campingvilleylesec.com,
    Fax 03 83 63 64 28, www.campingvilleylesec.com
    – **R** conseillée
    2,5 ha (100 empl.) plat, herbeux
    Tarif : (Prix 2005) ⅄ 2,60 € 🚗 1,70 € 回 2,40 € ⅍ 2,70 €
    Location 🛖 : 4 🚐 (4 à 6 pers.) 220 à 500 €/sem.
    🚐 1 borne 4 € – 4 回 8 €
    Pour s'y rendre : 2 km au S par D 909 rte de Maron et r. de la gare, à dr.
    À savoir : Cadre agréable au bord de la Moselle

Nature : 🦢
Loisirs : 🍴 snack 🏓 🎣
Services : 🚿 ⊶ (saison) GB ⅏ ▥ 🖥 🔥 🔥 ⊕ 🖩 sèche-linge ⚡ 🚿

Meuse (55)

REVIGNY-SUR-ORNAIN

✉ 55800 – **307** A6 – 3 660 h. – alt. 144
🛈 Syndicat d'initiative, rue du Stade 𝒫 03 29 78 73 34
Paris 239 – Bar-le-Duc 18 – St-Dizier 30 – Vitry-le-François 36.

▲ **Municipal du Moulin des Gravières** mai-sept.
    𝒫 03 29 78 73 34, contact@ot-revigny-ornain.fr,
    Fax 03 29 78 73 34, www.ot-revigny-ornain.fr – **R** conseillée
    1 ha (27 empl.) plat, herbeux
    Tarif : (Prix 2005) 回 12,25 € – pers. suppl. 2,20 €
    Pour s'y rendre : Au bourg vers sortie S, rte de Vitry-le-François et r. du stade, à dr., à 100 m de l'Ornain
    À savoir : Cadre agréable au bord d'un ruisseau

Nature : ⌇ 🌳
Loisirs : 🏠
Services : 🚿 ⊶ ⅏ 🖥 ⊕ 🖩
À prox. : 🍴 🔫 ⏃

VERDUN

✉ 55100 – **307** D4 – G. Alsace Lorraine – 19 624 h. – alt. 198
🛈 OFFICE DU TOURISME, place de la Nation 𝒫 03 29 86 14 18, Fax 03 29 84 22 42
Paris 263 – Bar-le-Duc 56 – Châlons-en-Champagne 89 – Metz 78 – Nancy 95.

▲▲▲ **Les Breuils** avr.-sept.
    𝒫 03 29 86 15 31, contact@camping-lesbreuils.com,
    Fax 03 29 86 75 76, www.camping-lesbreuils.com
    – **R** conseillée
    5,5 ha (162 empl.) plat, peu incliné et en terrasses, herbeux, gravier, sapinière
    Tarif : (Prix 2005) 回 18 € ⅍ (6A) – pers. suppl. 5 € – frais de réservation 10 €
    Location (Pâques-fin sept.) 🛖 : 9 🚐 (4 à 6 pers.) 250 à 550 €/sem.
    🚐 1 borne
    Pour s'y rendre : Sortie SO par rocade D S1 vers rte de Paris et chemin à gauche
    À savoir : Cadre champêtre au bord d'un étang

Nature : ⌇ 🌳
Loisirs : 🍴 snack 🏓 🚲 ⏃ 🏊 🎣 terrain omnisports
Services : 🚿 ⊶ GB ▥ 🖥 🔥 ⊕ 🧺 🖩 sèche-linge ⚡

LORRAINE

DABO

✉ 57850 – **307** O7 – G. Alsace Lorraine – 2 780 h. – alt. 500
🛈 *Office de tourisme, 10, place de l'Église* 📞 *03 87 07 47 73, Fax 03 87 07 47 51*
Paris 453 – Baccarat 63 – Metz 127 – Phalsbourg 18 – Sarrebourg 21.

▲ **Le Rocher** 13 avr.-1ᵉʳ nov.
📞 03 87 07 47 51, *info@ot-dabo.fr, Fax 03 87 07 47 73,*
www.ot-dabo.fr – **R** conseillée
0,5 ha (42 empl.) plat et peu incliné, herbeux
Tarif : 👤 2,50 € ⇔ 1 € 🅴 2,30 € 🔌 (10A) 3,30 €
Location : gîte d'étape
Pour s'y rendre : SE : 1,5 km par D 45, au carrefour de la
route du Rocher
À savoir : Dans une agréable forêt de sapins

Nature : 💧
Loisirs : 🏕️
Services : 🐄 🍽 🗑 ☺

METZ

✉ 57000 – **307** I4 – G. Alsace Lorraine – 123 776 h. – alt. 173
🛈 *Office de tourisme, place d'Armes* 📞 *03 87 55 53 76, Fax 03 87 36 59 43*
Paris 330 – Longuyon 80 – Pont-à-Mousson 31 – St-Avold 44 – Thionville 30 – Verdun 78.

▲ **Municipal Metz-Plage** 5 mai-23 sept.
📞 03 87 68 26 48, *campingmetz@mairie-metz.fr,*
Fax 03 87 38 03 89, *www.tourisme@mairie-metz.fr*
– **R** conseillée
2,5 ha (150 empl.) plat, herbeux, pierreux
Tarif : (Prix 2005) 🅴 11,20 € – pers. suppl. 2,40 €
🚐 8 🅴
Pour s'y rendre : Au N du centre-ville, entre le pont des
Morts et le pont de Thionville, bord de la Moselle - par A 31 :
sortie Metz-Nord Pontiffroy

Nature : 💧💧
Loisirs : snack 🎱 ⚓
Services : 🐄 ⚡ 🏧 🐄 🍽 🗑 ☺ 🚿
🚰 🅿 sèche-linge
À prox. : 🏊 🚲

MORHANGE

✉ 57340 – **307** K5 – 4 050 h. – alt. 255
Paris 381 – Lunéville 52 – Metz 49 – St-Avold 29 – Sarreguemines 41.

▲▲ **Centre de Loisirs de la Mutche**
📞 03 87 86 21 58, *mutche@wanadoo.fr, Fax 03 87 86 24 88,*
www.morhange.fr
5,5 ha (110 empl.) plat et peu incliné, gravillons, herbeux,
sapinière
Location : 20 🛖 – huttes
Pour s'y rendre : 6,5 km au N par rte de Sarreguemines,
D 78 rte d'Arprich à gauche et chemin du site touristique
À savoir : Au bord d'un plan d'eau, sur un vaste domaine
de loisirs

Nature : 🌊 🌳 💧
Loisirs : 🎱 ⚓ terrain omnisports
Services : 🐄 🍽 🚿 ☺ 🅿 sèche-linge
À prox. : 🏕️ 🚣 ⛵

451

ST-AVOLD

✉ 57500 – **307** L4 – G. Alsace Lorraine – 16 922 h. – alt. 260
🛈 *Office de tourisme, 28, rue des Américains* 📞 *03 87 91 30 19, Fax 03 87 92 98 02*
Paris 372 – Haguenau 117 – Lunéville 77 – Metz 46 – Nancy 103 – Saarbrücken 33 – Sarreguemines 29.

▲▲ **Le Felsberg** Permanent
📞 03 87 92 75 05, *cis.stavold@free.fr, Fax 03 87 92 20 69,*
www.camping-moselle.com – **R** conseillée
1,2 ha (33 empl.) plat et peu incliné, terrasses, herbeux,
pierreux
Tarif : 👤 3,20 € 🅴 6 € 🔌 (10A) 5 €
Location 🚲 : 7 🏠
Pour s'y rendre : Au N du centre-ville, près N 3, accès par
r. en Verrerie, face à la station service Record - par A 4 :
sortie St-Avold Carling
À savoir : Sur les hauteurs agréablement boisées de la ville

Nature : 🌊 🌳 💧💧
Loisirs : 🍴 snack, (dîner seulement)
🎱
Services : 🐄 ⚡ 🏧 🐄 🍽 🗑 🚿 ☺
🚿 🚰

ANOULD

✉ 88650 – **314** J3 – 2 992 h. – alt. 457
Paris 430 – Colmar 43 – Épinal 45 – Gérardmer 15 – St-Dié 12.

Les Acacias fermé 11 oct. au 30 nov.
℘ 03 29 57 11 06, *contact@acaciascamp.com*,
Fax 03 29 57 11 06, *www.acaciascamp.com* – **R**
2,5 ha (84 empl.) plat, herbeux, terrasses
Tarif : 🔲 15,60 € (10A) – pers. suppl. 3,50 €
Location : 11 🏠 (4 à 6 pers.) 220 à 475 €/sem.
🚐 1 borne – 6 🔲 9,50 €
Pour s'y rendre : Sortie O par N 415, rte de Colmar et chemin à dr.

Nature : ⌷ ♀
Loisirs : 🍸 snack 🛶 ⊐ (petite piscine)
Services : 🕭 ⌿ 🛗 🔲 🛆 ⚲ ☺ 🔲 sèche-linge

La BRESSE

✉ 88250 – **314** J4 – G. Alsace Lorraine – 4 928 h. – alt. 636 – Sports d'hiver : 650/1 350 m ⚡31 🎿
🏛 *Office de tourisme, 2a, rue des Proyes* ℘ *03 29 25 41 29, Fax 03 29 25 64 61*
Paris 437 – Colmar 52 – Épinal 52 – Gérardmer 13 – Remiremont 26 – Thann 39 – Le Thillot 20.

Municipal le Haut des Bluches Permanent
℘ 03 29 25 64 80, *hautdesbluches@labresse.fr*,
Fax 03 29 25 78 03, *www.labresse.net* – alt. 708 – **R** conseillée
4 ha (150 empl.) en terrasses, plat, peu incliné, herbeux, pierreux, rochers
Tarif : (Prix 2005) 🔲 19,35 € (13A) – pers. suppl. 2,50 €
Location : 14 ▭
🚐 1 borne 3,55 € – 17 🔲
Pour s'y rendre : 3,2 km à l'E par D 34, rte du Col de la Schlucht et à dr. chemin des Planches, bord de la Moselotte
À savoir : Cadre pittoresque traversé par un ruisseau

Nature : ❄ ≼
Loisirs : 🍸 🍴 snack 🛶 ⚓🎿 🗻
Services : 🕭 ⌿ (juil.-août) GB ⌿
🛗 🔲 🛆 ⚲ 🔲 sèche-linge ☇
À prox. : parcours sportif

Belle Hutte Permanent
℘ 03 29 25 49 75, *camping-belle-hutte@wanadoo.fr*,
Fax 03 29 25 52 63, *www.camping-belle-hutte.com* – alt. 900 – **R** conseillée
3,5 ha (125 empl.) en terrasses, herbeux, pierreux
Tarif : 🚶 5,95 € 🚗 2,50 € 🔲 3,25 € (2) 10 €
Location : 9 🏠 (4 à 6 pers.) 230 à 600 €/sem. – 2 appartements
🚐 1 borne 3 €
Pour s'y rendre : 9 km au NE par D 34, rte du col de la Schlucht, bord de la Moselotte
À savoir : Dans un agréable site boisé

Nature : ❄ ≼ ⌷
Loisirs : 🛶 ⚓🎿 ⊐ (petite piscine)
Services : 🕭 ⌿ GB ⌿ 🔲 🛆 ☺
⚲ 🔲 sèche-linge
À prox. : ✗

452

BULGNÉVILLE

✉ 88140 – **314** D3 – G. Alsace Lorraine – 1 286 h. – alt. 350
🏛 *Syndicat d'initiative, rue Gustave Deleris* ℘ *03 29 09 14 67*
Paris 331 – Contrexéville 6 – Épinal 53 – Neufchâteau 22 – Vittel 86.

Porte des Vosges 15 avr.-20 sept.
℘ 03 29 09 12 00, *camping.portedesvosges@wanadoo.fr*,
Fax 03 29 09 15 71, *www.Camping-Portedesvosges.com* – **R**
2,5 ha (100 empl.) peu incliné, plat, herbeux, gravier et gravillons
Tarif : 🔲 16 € (2) (5A) – pers. suppl. 3,30 €
Pour s'y rendre : 1,3 km au SE par D 164, rte de Contrexéville et D 14, rte de Suriauville à dr.
À savoir : Cadre champêtre

Nature : ♀
Loisirs : snack
Services : 🕭 ⌿ GB 🔲 ☺ 🛆

Si vous désirez réserver un emplacement pour vos vacances,
faites-vous préciser au préalable les conditions particulières de séjour,
les modalités de réservation, les tarifs en vigueur et les conditions de paiement.

BUSSANG

✉ 88540 – **314** J5 – G. Alsace Lorraine – 1 777 h. – alt. 605
🏢 *Office de tourisme, 8, rue d'Alsace* ✆ *03 29 61 50 37, Fax 03 29 61 58 20*
Paris 444 – Belfort 44 – Épinal 59 – Gérardmer 38 – Mulhouse 47 – Thann 27.

⚠ **Domaine de Champé** Permanent
  ✆ 03 29 61 61 51, *info@domaine-de-champe.com*,
Fax 03 29 61 56 90, *www.domaine-de-champe.com* – **R** indispensable
3,5 ha (100 empl.) plat, herbeux
Tarif : 🅔 21,20 € [4] (4A) – pers. suppl. 5 €
Location (permanent) : 4 🚐 (4 à 6 pers.) 250 à
700 €/sem. – 8 🏠 (4 à 6 pers.) 300 à 850 €/sem.
🚐 1 borne 6 €
Pour s'y rendre : Au NE de la localité, accès par rte à
gauche de l'église, bord de la Moselle et d'un ruisseau

> Nature : ≤
> Loisirs : 🍴 snack 🚐 🕐 diurne
> (juil.-août) 🚣 hammam spa 🎾 🏊
> 🏂
> Services : 🚿 ⚡ GB 🐕 �📶 🔲 ☺ 🔲

CELLES-SUR-PLAINE

✉ 88110 – **314** J2 – 840 h. – alt. 318 – Base de loisirs
Paris 391 – Baccarat 23 – Blâmont 23 – Lunéville 49 – Raon-l'Étape 11.

⚠ **Les Lacs** avr.-sept.
  ✆ 03 29 41 28 00, *camping@sma-lacs-pierre-percee.fr*,
Fax 03 29 41 18 69, *www.sma-lacs-pierre-percee.fr* – **R** indispensable
15 ha/4 campables (135 empl.) plat, herbeux, gravillons,
pierreux
Tarif : (Prix 2005) 🚶 5,15 € 🅔 5,15 € [4] (10A) 4 € – frais de
réservation 9,15 €
Location : 🏠 – (sans sanitaires)
Pour s'y rendre : Au SO du bourg
À savoir : En bordure de rivière et à proximité d'un lac

> Nature : ≤ 🚐
> Loisirs : 🍴 snack 🚐 🕐 nocturne
> (juil.-août) 🚣 🚴 🎾 🏊
> Services : 🚿 ⚡ GB 🐕 🔲 🔲 ☺
> 🔲 🔲 sèche-linge 🔲 sèche-linge
> au lac : 🏄 🛶

453

La CHAPELLE-DEVANT-BRUYÈRES

✉ 88600 – **314** I3 – 611 h. – alt. 457
Paris 416 – Épinal 31 – Gérardmer 22 – Rambervillers 26 – Remiremont 37 – St-Dié 26.

⚠ **Les Pinasses** mai-15 sept.
  ✆ 03 29 58 51 10, *pinasses@dial.oleane.com*,
Fax 03 29 58 54 21, *www.camping-les-pinasses.com*
– **R** conseillée
3 ha (139 empl.) plat, herbeux, pierreux, petit étang
Tarif : 🅔 22,30 € [4] (6A) – pers. suppl. 4,90 €
Location (avr.-15 nov.) : 8 🏠 (4 à 6 pers.) 235 à
470 €/sem.
Pour s'y rendre : 1,2 km au NO sur D 60, rte de Bruyères

> Nature : 🚐 ♡♡
> Loisirs : 🚐 🚣 🎾 🏊
> Services : ⚡ GB 🐕 🔲 ☺ 🔲 🔲
> 🔲 sèche-linge

CHARMES

✉ 88130 – **314** F2 – G. Alsace Lorraine – 4 665 h. – alt. 282
🏢 *Office de tourisme, 2, place Henri Breton* ✆ *03 29 38 17 09*
Paris 381 – Mirecourt 17 – Nancy 43 – Neufchâteau 58 – St-Dié-des-Vosges 59.

⚠ **Les Iles** avr.-sept.
  ✆ 03 29 38 87 71, *andre.michel@tiscali.fr*,
Fax 03 29 38 87 71, *http://camping-les-iles.chez.tiscali.fr*
– **R** conseillée
3,5 ha (67 empl.) plat, herbeux
Tarif : 🅔 11,20 € – pers. suppl. 2,50 €
🚐 1 borne
Pour s'y rendre : 1 km au SO par D 157 et chemin à dr.,
près du stade
À savoir : Cadre agréable entre le canal de l'Est et la
Moselle

> Loisirs : 🚴 🛶
> Services : 🚿 ⚡ 🐕 🔲 🔲
> À prox. : 🎾 🔲

CONTREXÉVILLE

✉ 88140 – **314** D3 – G. Alsace Lorraine – 3 708 h. – alt. 342 – ⊕ (fin mars-mi oct.)

🛈 *Office de tourisme, 116, rue du Shah de Perse* ℘ *03 29 08 08 68, Fax 03 29 08 25 40*

Paris 337 – Épinal 47 – Langres 75 – Luxeuil 73 – Nancy 83 – Neufchâteau 28.

△ **Municipal Tir aux Pigeons** avr.-oct.

℘ 03 29 08 15 06, *www.ville-contrexeville.fr* – **R** conseillée

1,8 ha (80 empl.) plat, herbeux, gravillons

Tarif : ✶ 2 € 🗉 2,50 € (½) (5A) 2,50 €

Pour s'y rendre : 1 km au SO par D 13 rte de Suriauville

À savoir : À l'orée d'un bois

Nature : ⊰ 👯

Loisirs : 🖼

Services : 🕭 ⊶ (juil.-août) 🗇 🔄 ⊕ 🔅 🖤 🖾

CORCIEUX

✉ 88430 – **314** J3 – 1 598 h. – alt. 534

🛈 *Office de tourisme, 9, rue Henry* ℘ *03 29 50 73 29*

Paris 424 – Épinal 39 – Gérardmer 15 – Remiremont 43 – St-Dié 18.

⋀⋀⋀ **Domaine des Bans et la Tour** Permanent

℘ 03 29 51 64 67, *les-bans@domaine-des-bans.com*, Fax 03 29 51 64 69, *www.domaine-des-bans.com* – **R** indispensable

15,7 ha (634 empl.) plat, herbeux, pierreux

Tarif : 🗉 35 € – pers. suppl. 7 € – frais de réservation 30 €

Location : 200 🛖 (4 à 6 pers.) 245 à 840 €/sem. – 40 🛖 (4 à 6 pers.) 308 à 791 €/sem. – 20 ⊨ – gîtes 🚐 1 borne – 10 🗉

Pour s'y rendre : Pl. Notre-Dame

À savoir : Cadre agréable, au bord d'un plan d'eau

Nature : ⊰ ⊡ ♀

Loisirs : 🍷 ✗ snack 🖼 ⊕ 🐾 discothèque 🛝 🚲 ✗ 🖼 🎿 ♒ Services : 🕭 ⊶ 🖸 🖭 🎢 🛢 🗇 ⊕ 🔅 🖤 🖋 🖾 sèche-linge 🗄 ⟳ sèche-linge

△ **Le Clos de la Chaume** mai-15 sept.

℘ 03 29 50 76 76, *info@camping-closdelachaume.com*, Fax 03 29 50 76 76, *www.camping-closdelachaume.com* – **R** conseillée

3,5 ha (65 empl.) plat, herbeux

Tarif : 🗉 14 € – pers. suppl. 3,20 €

Location (avr.-25 sept.) : 15 🛖 (4 à 6 pers.) 240 à 502 €/sem. – 3 🛖 (4 à 6 pers.) 262 à 546 €/sem. 🚐 1 borne 4,60 €

Pour s'y rendre : 21, r. d'Alsace

Nature : ♀

Loisirs : 🖼 🛝 ✗ 🐎 Services : 🕭 ⊶ 🖸 ✂ 🗇 ⊕ 🖾 sèche-linge

*Les localités possédant des ressources sélectionnées dans ce guide sont signalées sur les **cartes MICHELIN** détaillées à 1/150 000.*

FRESSE-SUR-MOSELLE

✉ 88160 – **314** I5 – 2 176 h. – alt. 515

Paris 447 – Metz 178 – Épinal 54 – Mulhouse 56 – Colmar 78.

△ **Municipal Bon Accueil** avr.-11 nov.

℘ 03 29 25 08 98, Fax 03 29 25 31 79 – **R** conseillée

0,6 ha (50 empl.) plat, herbeux

Tarif : (Prix 2005) ✶ 2,15 € 🗉 1,17 € (½) 2,27 €

Pour s'y rendre : Sortie NO par N 66, rte du Thillot, à 80 m de la Moselle

Nature : ⊰

Services : ✂ ⟋ ⊕

À prox. : ✗

GEMAINGOUTTE

✉ 88520 – **314** K3 – 122 h. – alt. 446

Paris 411 – Colmar 59 – Ribeauvillé 31 – St-Dié 14 – Ste-Marie-aux-Mines 12 – Sélestat 39.

△ **Municipal le Violu**

℘ 03 29 57 70 70, Fax 03 29 51 72 60

1 ha (48 empl.) plat, herbeux

Pour s'y rendre : Sortie O par N 59 rte de St-Dié, bord d'un ruisseau

Services : 🕭 ⟋ ⊕ 🖾

GÉRARDMER

✉ 88400 – ▨▨▨ J4 – G. Alsace Lorraine – 8 845 h. – alt. 669 – Sports d'hiver : 660/1 350 m ✦31 ✦
🅑 *Office de tourisme, 4, place des Déportés* ✆ *03 29 27 27 27, Fax 03 29 27 23 25*
Paris 425 – Belfort 78 – Colmar 52 – Épinal 40 – St-Dié 27 – Thann 50.

⚠ **Les Granges-Bas** fermé oct.
  ✆ 03 29 63 12 03, Fax 03 29 63 12 03 – **R** conseillée
2 ha (100 empl.) peu incliné, plat, herbeux
Tarif : ♦ 3,50 € ⇦ 1,60 € 🅴 1,60 € 🅖 4,50 €
Location : 15 ⛺ (4 à 6 pers.) 290 à 399 €/sem.
Pour s'y rendre : 4 km à l'O par D 417 puis, à Costet-Beillard, 1 km par chemin à gauche

Nature : ⛰ ⋖ ⌷
Loisirs : 🍸 snack 🎦 🕯 nocturne salle d'animation 🛝 ※
Services : ⚬🚿 GB 🐴 🖥 ⊛ 🔲 sèche-linge

⚠ **Les Sapins** avr.-10 oct.
  ✆ 03 29 63 15 01, *campinglessapins@wanadoo.fr*,
Fax 03 29 60 03 30 – **R** conseillée
1,3 ha (70 empl.) plat, herbeux, gravier
Tarif : 🅴 18,50 € 🅖 (10A) – pers. suppl. 3,90 € – frais de réservation 8 €
Location : 3 ⛺ (4 à 6 pers.) 290 à 480 €/sem.
Pour s'y rendre : 1,5 km au SO, à 200 m du lac

Nature : ⌷ ♀
Loisirs : 🍸
Services : ⚬🚿 🐴 🖥 ⊛
À prox. : 🐎

GRANGES-SUR-VOLOGNE

✉ 88640 – ▨▨▨ I4 – G. Alsace Lorraine – 2 449 h. – alt. 502
🅑 *Syndicat d'initiative, 2, place Combattants d'Indochine* ✆ *03 29 51 48 01, Fax 03 29 51 48 01*
Paris 419 – Bruyères 10 – Épinal 34 – Gérardmer 14 – Remiremont 30 – St-Dié 28.

⚠ **Les Peupliers** mai-15 sept.
  ✆ 03 29 57 51 04 – **R**
2 ha (40 empl.) plat, herbeux
Tarif : 🅴 10,20 € – pers. suppl. 2,30 €
Pour s'y rendre : Par centre bourg vers Gérardmer et chemin à dr. après le pont
À savoir : Cadre verdoyant au bord de la Vologne et d'un ruisseau

Nature : ⛰ ⋖ ♀
Loisirs : 🦐
Services : ♿ ⚬🚿 (juil.-15 sept.) ⊛ 🔲
À prox. : ※ 🐎

HERPELMONT

✉ 88600 – ▨▨▨ I3 – 218 h. – alt. 480
Paris 413 – Épinal 28 – Gérardmer 20 – Remiremont 33 – St-Dié 30.

⚠ **Domaine des Messires** 29 avr.-16 sept.
  ✆ 03 29 58 56 29, *mail@domainedesmessires.com*,
Fax 03 29 51 62 86, *www.domainedesmessire.com*
– **R** conseillée
11 ha/2 campables (100 empl.) plat, herbeux, pierreux
Tarif : 🅴 23 € 🅖 (6A) – pers. suppl. 5,50 € – frais de réservation 12 €
Pour s'y rendre : 1,5 km au N du bourg
À savoir : Situation et cadre agréables au bord d'un lac

Nature : ⛰ ⌷ ♨ ⌓
Loisirs : 🍸 ✕ snack 🎦 🛝 🦐
Services : ♿ ⚬🚿 GB 🖥 ⊛ ⛽ ⚏ 🔲 ⚒ ⚗

NEUFCHÂTEAU

✉ 88300 – ▨▨▨ C2 – G. Alsace Lorraine – 7 533 h. – alt. 300
🅑 *Office de tourisme, 3, rue de la 1ère Armée Française* ✆ *03 29 94 10 95, Fax 03 29 94 10 89*
Paris 321 – Chaumont 57 – Contrexéville 28 – Épinal 75 – Langres 78 – Toul 43.

⚠ **Intercommunal** 15 avr.-sept.
  ✆ 03 29 94 19 03, *contact@neufchateautourisme.com*,
Fax 03 29 94 33 77 – **R**
0,8 ha (50 empl.) plat, herbeux
Tarif : ♦ 2,27 € ⇦ 2,27 € 🅴 2,27 € 🅖 2,90 €
Pour s'y rendre : Sortie O, rte de Chaumont et à dr., r. G.-Joecker, près du complexe sportif

Nature : ♀♀
Services : ♿ ⚬🚿 🖥 ⊛ ⚏ ⚗
À prox. : ※ 🏞 🎿 piste de skate-board

PLOMBIÈRES-LES-BAINS

✉ 88370 – 314 G5 – G. Alsace Lorraine – 1 906 h. – alt. 429 – ♨ (début avril-fin déc.)
🛈 *Office de tourisme, place Maurice Janot* ℘ *03 29 66 01 30*
Paris 378 – Belfort 79 – Épinal 38 – Gérardmer 43 – Vesoul 54 – Vittel 61.

⚠ **L'Hermitage** 7 avr.-15 oct.
℘ 03 29 30 01 87, *camping.lo@wanadoo.fr,*
Fax 03 29 30 04 01, *www.hermitage-camping.com*
– **R** conseillée
1,4 ha (60 empl.) en terrasses, plat et peu incliné, herbeux,
gravier
Tarif : ⚹ 4,20 € 🔲 4,60 € (g) (10A) 4,70 € – frais de réservation 8 €
Location 🏠 : 3 🚐 (4 à 6 pers.) 245 à 468 €/sem.
🚐 1 borne 3,10 €
Pour s'y rendre : 1,5 km au NO par D 63 rte de Xertigny
puis D 20, rte de Ruaux

Nature : 🏕 ♀
Loisirs : snack 🏠 🏊 🏄
Services : 👤 🔌 GB 🐕 📷 ☺ 🏪

⚠ **Le Fraiteux** avr.-oct.
℘ 03 29 66 00 71, *campingdufraiteux@tiscali.fr,*
Fax 03 29 30 06 64, *http://campingdufraiteux.chez.tiscali.fr*
– **R** conseillée
0,8 ha (45 empl.) peu incliné, plat, herbeux, gravillons
Tarif : ⚹ 3,20 € 🔲 3,90 € (g) (10A) 3,85 €
Location (permanent) : 3 🏠 (4 à 6 pers.) 310 à
390 €/sem.
Pour s'y rendre : À Ruaux, O : 4 km par D 20 et D20ᴱ

Nature : 🌲 🏕
Loisirs : 🏄
Services : 🔌 🐕 🏢 📷 ☺ 🏪 sèche-linge sèche-linge

Donnez-nous votre avis
sur les terrains que nous recommandons.
Faites-nous connaître vos observations et vos découvertes.

456

ST-DIÉ-DES-VOSGES

✉ 88100 – 314 J3 – G. Alsace Lorraine – 22 569 h. – alt. 350
🛈 *Office de tourisme, 8, quai du Mal de L. de Tassigny* ℘ *03 29 42 22 22, Fax 03 29 42 22 23*
Paris 397 – Belfort 123 – Colmar 53 – Épinal 53 – Mulhouse 108 – Strasbourg 97.

⚠ **La Vanne de Pierre** Permanent
℘ 03 29 56 23 56, *vannedepierre@wanadoo.fr,*
Fax 03 29 52 89 24, *vannedepierre.com* – **R** conseillée
3,5 ha (118 empl.) plat, herbeux
Tarif : 🔲 27 € (g) (10A) – pers. suppl. 6 € – frais de réservation 20 €
Location : 2 🚐 (4 à 6 pers.) 400 à 700 €/sem. – 7 🏠 (4
à 6 pers.) 500 à 800 €/sem.
Pour s'y rendre : À l'E de la ville par le quai du Stade, près
de la Meurthe

Nature : 🏕 ♀
Loisirs : 🍷 🏠 ☕ diurne 🏄 🚴 🏊
Services : 👤 🔌 GB 🐕 🏢 📷 ☺ ☺
🚿 🗑 🧹 🏪 sèche-linge
À prox. : ✂

ST-MAURICE-SUR-MOSELLE

✉ 88560 – 314 I5 – G. Alsace Lorraine – 1 449 h. – alt. 560 – Sports d'hiver : 550/1 250 m ⚡8 🎿
🛈 *Office de tourisme, 28 bis, rue de Lorraine* ℘ *03 29 25 80 43*
Paris 441 – Belfort 41 – Bussang 4 – Épinal 56 – Mulhouse 51 – Thann 31 – Le Thillot 7.

⚠ **Les Deux Ballons** 29 avr.-17 sept.
℘ 03 29 25 17 14, *vero@camping-deux-ballons.fr,*
www.camping-deux-ballons.fr – **R** conseillée
4 ha (180 empl.) plat et en terrasses, herbeux
Tarif : 🔲 27,10 € (g) (15A) – pers. suppl. 4,50 € – frais de
réservation 12,50 €
Location 🏠 : 5 🏠 (4 à 6 pers.) 470 à 600 €/sem.
🚐 1 borne
Pour s'y rendre : Sortie SO par N 66 rte du Thillot, bord
d'un ruisseau

Nature : ≤ ♀♀
Loisirs : 🍷 snack 🏠 🏄 ✂ 🏊 🏔
Services : 👤 🔌 🏢 📷 ☺ ☺ 🏪 sè-che-linge
À prox. : 🏊

SANCHEY

⊠ 88390 – G3 – 692 h. – alt. 368
Paris 390 – Metz 129 – Épinal 8 – Nancy 69 – Colmar 100.

Lac de Bouzey Permanent

  ℘ 03 29 82 49 41, *camping.lac.de.bouzey@wanadoo.fr*,
Fax 03 29 64 28 03, *www.camping-lac-de-bouzey.com*
– **R** conseillée
3 ha (160 empl.) plat et peu incliné, en terrasses, herbeux
Tarif : ▣ 28 € (10A) – pers. suppl. 7 € – frais de réservation 25 €
Location : 29 ⚏ (4 à 6 pers.) 300 à 800 €/sem.
⚏ 1 borne
Pour s'y rendre : S : par D 41
À savoir : Face au lac, agréables installations d'accueil et de loisirs

Nature : 🐟 ⌂ ♨
Loisirs : ▾ ✗ ☺ nocturne ⛹ salle de spectacle, discothèque 🛵 ☝ ⤵ canoë
Services : ♿ ⛽ ⊟ ♺ ▥ ▤ ♨ ☺ ♨ ⚐ ♨ ▦ sèche-linge 🏧 ⚒

Utilisez le guide de l'année.

SAULXURES-SUR-MOSELOTTE

⊠ 88290 – I5 – 3 070 h. – alt. 464 – Base de loisirs
🛈 Office de tourisme, 11, rue Pasteur ℘ 03 29 24 52 13, Fax 03 29 24 56 66
Paris 431 – Épinal 46 – Gérardmer 24 – Luxeuil-les-Bains 53 – Remiremont 20 – Vesoul 86.

Lac de la Moselotte Permanent

  ℘ 03 29 24 56 56, *lac-moselotte@ville-saulxures-mtte.fr*,
Fax 03 29 24 58 31, *www.ville-saulxures-mtte.fr* – **R** conseillée
23 ha/3 campables (75 empl.) plat, herbeux, pierreux
Tarif : (Prix 2005) ⚹ 5 € ▣ 5 € (10A) 6 €
Location : 20 ⌂ (4 à 6 pers.) 255 à 635 €/sem. – huttes
Pour s'y rendre : 1,5 km à l'O sur ancienne D 43
À savoir : Dans un site boisé au bord d'un lac et près d'une base de loisirs

Nature : < ⌂ ▲
Loisirs : ▾ 🎣 ⛹ salle d'animation ⛵
Services : ♿ ⛽ ⊟ ♺ ▥ ▤ ☺ ♨ ♻ ▦
à la base de loisirs : ☝ ≋ 🚣 mur d'escalade

457

Le THOLY

⊠ 88530 – I4 – G. Alsace-Lorraine – 1 556 h. – alt. 628
🛈 Syndicat d'initiative, 3, rue Charles-de-Gaulle ℘ 03 29 61 81 82
Paris 414 – Bruyères 21 – Épinal 30 – Gérardmer 11 – Remiremont 19 – St-Amé 12 – St-Dié 38.

Noirrupt 15 avr.-15 oct.

  ℘ 03 29 61 81 27, *info@jpvacances.com*,
Fax 03 29 61 83 05, *www.jpvacances.com* – **R** conseillée
2,9 ha (70 empl.) en terrasses, plat, herbeux, pierreux
Tarif : ⚹ 5,20 € ▣ 8,60 € (6A) 5 € – frais de réservation 13 €
Location (permanent) ⚘ (juil.-août) : 12 ⌂ (4 à 6 pers.) 220 à 560 €/sem.
Pour s'y rendre : 1,3 km au NO par D 11, rte d'Épinal et chemin à gauche
À savoir : Cadre agréable

Nature : < ♀
Loisirs : ▾ snack 🎣 ⇄ ⛵ ✗ ⤵
Services : ♿ ⛽ ♺ ▥ ☺ ♨ ♻ ▦

VAL-D'AJOL

⊠ 88340 – G5 – G. Alsace Lorraine – 4 452 h. – alt. 380
🛈 Office de tourisme, 17, rue de Plombières ℘ 03 29 30 61 55, Fax 03 29 30 56 78
Paris 382 – Épinal 41 – Luxeuil-les-Bains 18 – Plombières-les-Bains 10 – St-Dié 71 – Vittel 70.

Municipal

  ℘ 03 29 66 55 17 – **R** conseillée
1 ha (50 empl.) plat, herbeux
Pour s'y rendre : Sortie NO par D 20, rte de Plombières-les-Bains et r. des Oeuvres à gauche

Nature : < ⌂
Loisirs : 🎣
Services : ♿ ⛽ ▥ ▤ ☺ ♨ ♻
À prox. : ☝ ✗ ▦ ⤵

VITTEL

⊠ 88800 – 314 D3 – G. Alsace Lorraine – 6 117 h. – alt. 347

🖪 *Office de tourisme, 136, avenue Bouloumié* 🖉 *03 29 08 08 88, Fax 03 29 08 37 99*

Paris 342 – Belfort 129 – Épinal 43 – Chaumont 84 – Langres 80 – Nancy 85.

⚠ **Municipal**
🖉 03 29 08 02 71 – **R** conseillée
3,5 ha (120 empl.) plat, herbeux, gravillons
🚐 1 borne
Pour s'y rendre : Sortie NE par D 68, rte de They-sous-Montfort

> Nature : 🏕 ♀
> Loisirs : 🏛 🛴
> Services : 🔥 🗝 📶 📷 ⊚ 🖼 sèche-linge

XONRUPT-LONGEMER

⊠ 88400 – 314 J4 – G. Alsace Lorraine – 1 489 h. – alt. 714 – Sports d'hiver : 750/1 300 m ✇ 3 ✠

Paris 429 – Épinal 44 – Gérardmer 4 – Remiremont 32 – St-Dié 25.

⚠ **Les Jonquilles** 15 avr.-10 oct.
🖉 03 29 63 34 01, Fax 03 29 60 09 28 – **R** conseillée
4 ha (247 empl.) peu incliné, herbeux
Tarif : 🔲 14,80 € 🔋 (6A) – pers. suppl. 3 € – frais de réservation 8 €
🚐 1 borne 4 € – 5 🔲 12 €
Pour s'y rendre : 2,5 km au SE
À savoir : Situation agréable au bord du lac

> Nature : ≼ lac et montagnes boisées ⚠
> Loisirs : ♟ crêperie 🏛 🛴 🎣
> Services : 🔥 🗝 GB 🕳 📷 ♨ ⊚ 🖼 🛁 🚿

⚠ **La Vologne** mai-15 sept.
🖉 03 29 60 87 23, *paulette@lavologne.com,*
Fax 03 29 60 87 23, *www.lavologne.com* – **R** conseillée
2,5 ha (100 empl.) plat, herbeux
Tarif : 🌟 3 € 🔲 3,40 € 🔋 (10A) 5,50 €
Location (10 avr.-15 oct.) : 3 🏠 (4 à 6 pers.) 230 à 500 €/sem.
Pour s'y rendre : 4,5 km au SE
À savoir : Dans un site boisé, au bord de la rivière

> Nature : ≼
> Loisirs : 🏛 🛴
> Services : 🔥 🗝 GB 🕳 📷 ♨ 🚿 ⊚

MIDI-PYRÉNÉES

A. Thuillier/Michelin

L ourdes n'a pas l'apanage des miracles : le Midi-Pyrénées tout entier « donne aux saints la nostalgie de la terre ». Voici d'abord la barrière pyrénéenne, sa coiffe immaculée, ses gaves tumultueux et ses épaisses forêts où se cachent quelques ours. Puis les cités médiévales et forteresses, qui se colorent au soleil couchant d'une palette féerique : Albi gouachée de rouge, Toulouse la rose, bastides aux reflets corail... Dans l'obscurité des grottes, c'est l'art fécond des premiers hommes qui prend un tour surnaturel. La liste des prodiges serait incomplète si l'on n'évoquait la fertilité des pays de Garonne producteurs de fruits, de légumes, de vins et de céréales, et la générosité de la table où garbure, cassoulet, confits et foies gras assouvissent l'appétit légendaire des héritiers des Mousquetaires.

L ourdes may be famous for its miracles, but some would say that the whole of the Midi-Pyrénées has been uniquely blessed: it continues to offer sanctuary to a host of exceptional fauna and flora, like the wild bears which still roam the high peaks of the Pyrenees. At sunset, the towers of its medieval cities and fortresses glow in the evening light, its forbidding Cathar castles are stained a bloody red, Albi paints a crimson watercolour and Toulouse is veiled in pink. Yet this list of marvels would not be complete without a mention of the Garonne's thriving, fertile »garden of France« , famous for its vegetables, fruit and wine. This land of milk and honey is as rich as ever in culinary tradition, and it would be a crime to leave without sampling some foie gras or a confit de canard.

AIGUES VIVES

✉ 09600 – 343 J7 – 485 h. – alt. 425
Paris 776 – Carcassonne 63 – Castelnaudary 46 – Foix 36 – Lavelanet 8 – Pamiers 34 – Quillan 40.

La Serre mars-15 nov.
℘ 05 61 03 06 16, *camping.la.serre@libertysurf.fr*, *camping-la-serre.com* – **R** indispensable
6,5 ha (40 empl.) en terrasses, plat, vallonné, gravillons
Tarif : 🔲 23 € ⚡ (5A) – pers. suppl. 5 €
Location (permanent) : 3 🛏 (2 à 4 pers.) 330 €/sem. – 4 🛏 (4 à 6 pers.) 400 à 550 €/sem. – 8 🏠 (4 à 6 pers.) 440 à 590 €/sem.
🚐 1 borne 4 € – 8 🔲
Pour s'y rendre : À l'O du bourg
À savoir : Vastes emplacements arborés, face aux Pyrénées

Nature : 🏞 🗺 ୨୨
Loisirs : 🏛 🏄 🏊 parcours VTT
Services : ♿ ⛽ 🚗 ⊕ 🖼

Pour choisir et suivre un itinéraire
Pour calculer un kilométrage
Pour situer exactement un terrain (en fonction des indications fournies dans le texte) :
*Utilisez les **cartes MICHELIN** détaillées à 1/150 000, compléments indispensables de cet ouvrage.*

ALBIÈS

✉ 09310 – 343 I8 – 156 h. – alt. 560
Paris 790 – Andorra-la-Vella 74 – Ax-les-Thermes 15 – Foix 30 – Lavelanet 43.

Municipal la Coume Permanent
℘ 05 61 64 98 99, *camping.albies@wanadoo.fr*,
Fax 05 61 64 98 99 – places limitées pour le passage
– **R** conseillée
1 ha (60 empl.) pierreux, peu incliné, en terrasses, herbeux
Tarif : (Prix 2005) 🔲 10,10 € ⚡ (10A) – pers. suppl. 2,45 €
Pour s'y rendre : Au bourg, à 100 m de l'Ariège

Nature : ⊰ 🗺 ୨୨
Loisirs : 🏛
Services : ♿ ⛽ 🚗 ▥ 🖼 ⊕ 🖼
À prox. : 🎣

ASTON

✉ 09310 – 343 I8 – 241 h. – alt. 563
Paris 788 – Andorra-la-Vella 78 – Ax-les-Thermes 20 – Foix 59 – Lavelanet 42 – St-Girons 73.

Le Pas de l'Ours juin-15 sept.
℘ 05 61 64 90 33, *contact@lepasdelours.fr*,
Fax 05 61 64 90 32, *www.lepasdelours.fr* – **R** conseillée
3,5 ha (50 empl.) plat et peu incliné, herbeux, rochers
Tarif : 🔲 18 € ⚡ (6A) – pers. suppl. 4 €
Location (fermé 15 sept.-22 oct.) : 27 🏠 (4 à 6 pers.) 150 à 520 €/sem. – 16 gîtes – gîtes
Pour s'y rendre : Au S du bourg, près du torrent

Nature : 🏞 ⊰ 🗺 ୨୨
Loisirs : 🏛 🏃 salle d'animation 🚲 ✂ 🎣
Services : ♿ ⛽ 🔲 🚗 🖼 ⊕ 🖼 sèche-linge 🧺
À prox. : 🏊 🏖 ⛷

AUGIREIN

✉ 09800 – 343 D7 – 73 h. – alt. 629
Paris 788 – Aspet 22 – Castillon-en-Couserans 12 – St-Béat 30 – St-Gaudens 38 – St-Girons 23.

La Vie en Vert 15 mai-3 sept.
℘ 05 61 96 82 66, *daffis@lavieenvert.com*,
Fax 05 61 96 82 66, *www.lavieenvert.com* – **R** conseillée
0,3 ha (15 empl.) plat, herbeux
Tarif : 🔲 18 € ⚡ (9A) – pers. suppl. 4 €
Location : 2 🛏
Pour s'y rendre : À l'E du bourg, bord de la Bouigane
À savoir : Autour d'une ferme ancienne soigneusement restaurée

Nature : 🏞 🗺 ୨୨
Loisirs : 🏛 🎣
Services : ♿ ⛽ 🚗 ⊕ 🖼
À prox. : 🍽 snack

AULUS-LES-BAINS

✉ 09140 – **343** G8 – G. Midi Pyrénées – 189 h. – alt. 750
🛈 *Office de tourisme, résidence Ars* 🕾 *05 61 96 01 79*
Paris 807 – Foix 76 – Oust 17 – St-Girons 34.

▲ **Le Coulédous** Permanent
🕾 05 61 96 02 26, *couledous@wanadoo.fr*,
Fax 05 61 96 06 74, *www.couledous.com* – **R** conseillée
1,6 ha (70 empl.) plat, herbeux, pierreux, gravillons
Tarif : 🔲 18 € ⁅₄⁆ (6A) – pers. suppl. 4,50 €
Location : 18 🏠 (4 à 6 pers.) 210 à 560 €/sem.
Pour s'y rendre : Sortie NO par D 32 rte de St-Girons, près du Garbet
À savoir : Au milieu d'un parc aux essences variées et parfois centenaires

Nature : ❄ ≤ 00
Loisirs : snack 🎱 🏊
Services : ⅊ ☕ GB ⅏ ▥ 🗄 🚿 ⊛
🖨 sèche-linge 🌡
À prox. : 🍴 🔭ₘ 🎣

AX-LES-THERMES

✉ 09110 – **343** J8 – G. Midi Pyrénées – 1 441 h. – alt. 720
🛈 *Office de tourisme, av. Théophile Delcassé* 🕾 *05 61 64 60 60*

⛰ **Résidences et chalets Isatis** (location exclusive de 21 chalets et 27 appartements)
🕾 05 34 09 20 05 – alt. 1 000
2 ha en terrasses
Location 🅿 : 🏠 – appartements
Pour s'y rendre : 5 km au NE par D 613, rte de Quillan et à gauche à Ignaux

Nature : 🏞 ≤ la Dent d'Orlu
Loisirs : 🎿
Services : ⅊ ☕ ▥ 🖨 sèche-linge

⛰ **Le Malazeou** fermé nov.
🕾 05 61 64 69 14, *camping.malazeou@wanadoo.fr*,
Fax 05 61 64 05 60, *www.campingmalazeou.com*
– **R** conseillée
6,5 ha (329 empl.) plat, herbeux, en terrasses, pierreux
Tarif : 🔲 22,15 € ⁅₄⁆ (10A) – pers. suppl. 5 € – frais de réservation 10 €
Location : 21 🚐 (4 à 6 pers.) 268 à 574 €/sem. – 1 🏠 (4 à 6 pers.) 328 à 693 €/sem.
🚐 1 borne
Pour s'y rendre : 1,5 km au NO par RN 20, dir. Foix

Nature : 00
Loisirs : 🎣
Services : ⅊ ☕ GB ⅏ ▥ 🗄 🚿 ⊛
🌡

463

La BASTIDE DE SÉROU

✉ 09240 – **343** G6 – G. Midi Pyrénées – 907 h. – alt. 410
🛈 *Office de tourisme, 117, route de Saint-Girons* 🕾 *05 61 64 53 53, Fax 05 61 64 50 48*
Paris 779 – Foix 18 – Le Mas-d'Azil 17 – Pamiers 38 – St-Girons 27.

⛰ **L'Arize** 10 mars-6 nov.
🕾 05 61 65 81 51, *camparize@aol.com*, Fax 05 61 65 83 34,
www.camping-arize.com – **R** conseillée
7,5 ha/1,5 campable (70 empl.) plat, herbeux
Tarif : 🔲 28,40 € ⁅₄⁆ (10A) – pers. suppl. 5,20 € – frais de réservation 18 €
Location : 12 🚐 (4 à 6 pers.) 316 à 719 €/sem. – bungalows toilés
🚐 1 borne 4,50 €
Pour s'y rendre : Sortie E par D 117, rte de Foix puis 1,5 km par D 15, rte de Nescus à dr., bord de la rivière

Nature : 🏞 🌳 00
Loisirs : 🎱 🎿 🎣
Services : ⅊ ☕ GB ⅏ 🗄 🚿 ⊛ 🖨
sèche-linge
À prox. : 🍴 🐎

▲ **Village Vacances les Lambrilles** (location exclusive de 24 chalets) Permanent
🕾 05 61 64 53 53, *tourisme.seronais@wanadoo.fr*,
Fax 05 61 64 50 48, *www.seronais.com*
1 ha plat
Location : 🏠 (4 à 6 pers.) 230 à 490 €/sem.
Pour s'y rendre : au bourg, bord de l'Arize

Nature : 🏞
Loisirs : 🎱 🏊 🎿 🎣
Services : ⅏ ▥ 🖨
À prox. : 🍴 🔭ₘ

COS

✉ 09000 – 343 H7 – 258 h. – alt. 486
Paris 766 – La Bastide-de-Sérou 14 – Foix 5 – Pamiers 25 – St-Girons 41 – Tarascon-sur-Ariège 23.

Municipal Permanent
℘ 05 61 02 62 35, Fax 05 61 65 39 79 – **R** conseillée
0,7 ha (32 empl.) non clos, plat, peu incliné, herbeux
Tarif : ▣ 8 € – pers. suppl. 2 €
Pour s'y rendre : 0,7 km au SO sur D 61, bord d'un ruisseau

Nature :
Loisirs :
Services :
À prox. :

Le FOSSAT

✉ 09130 – 343 G5 – 783 h. – alt. 244
🛈 Syndicat d'initiative, ℘ 05 61 68 50 12
Paris 735 – Toulouse 59 – Montauban 112 – Carcassonne 118 – Castres 132.

Municipal Laillères mai-oct.
℘ 05 61 68 56 16 – **R** conseillée
1 ha (50 empl.) non clos, plat, herbeux
Tarif : (Prix 2005) ✱ 2,10 € ⬅ 1,10 € ▣ 1,10 € ⚡ 1,60 €
Pour s'y rendre : au bourg

Nature :
Loisirs :
Services :

Utilisez le guide de l'année.

L'HERM

✉ 09000 – 343 I7 – 177 h. – alt. 502
Paris 770 – Toulouse 93 – Carcassonne 81 – Castres 109 – Colomiers 105.

La Clairière juil.-5 sept.
℘ 05 61 01 65 12, *camping.la.clairiere@tiscali.fr*,
Fax 05 61 02 73 95 – **R** conseillée
1 ha (15 empl.) plat, herbeux, bois attenant
Tarif : ▣ 10,10 € – pers. suppl. 3,80 €
Pour s'y rendre : 2 km au NO, rte de Foix, au col de Py

Nature :
Services :

L'HOSPITALET-PRÈS-L'ANDORRE

✉ 09390 – 343 I9 – 166 h. – alt. 1 446
Tunnel de Puymorens : péage en 2005, aller simple : autos 5,40, autos et caravanes 10,90, P. L. 15,90 à 27,40, deux-roues 3,10. Tarifs spéciaux A.R. : renseignements ℘ 04 68 04 97 20
Paris 822 – Andorra-la-Vella 40 – Ax-les-Thermes 19 – Bourg-Madame 26 – Foix 62 – Font-Romeu-Odeillo-Via 37.

Municipal juin-oct.
℘ 05 61 05 21 10, *mairie.lhospitalet-pres-landorre@wanadoo.fr*, Fax 05 61 05 23 08 – alt. 1 500 – **R** conseillée
1,5 ha (62 empl.) plat, herbeux, terrasse, gravillons
Tarif : (Prix 2005) ✱ 3,10 € ▣ 3,60 € ⚡ (5A) 2,30 €
Pour s'y rendre : 0,6 km au N par N 20, rte d'Ax-les-Thermes et rte à dr.

Nature :
Loisirs :
Services :
À prox. :

LUZENAC

✉ 09250 – 343 I8 – G. Midi-Pyrénées – 632 h. – alt. 608
Paris 795 – Andorra-la-Vella 68 – Foix 35 – Quillan 64.

Municipal le Castella Permanent
℘ 05 61 64 47 53, *camping.lecastella@wanadoo.fr*,
Fax 05 61 64 40 59, *www.camping.lecastella.com* – places limitées pour le passage – **R** conseillée
3 ha (150 empl.) en terrasses, plat, peu incliné, herbeux, rochers
Tarif : ▣ 13,65 € ⚡ (4A) – pers. suppl. 2,95 €
Location : 9 ⌂ (4 à 6 pers.) 176 à 370 €/sem.
Pour s'y rendre : Par RN 20 dir. Ax-les-Thermes, au bourg, chemin à dr.

Nature :
Loisirs :
Services :
🖥 sèche-linge
À prox. : parcours de santé

MERCUS-GARRABET

⊠ 09400 – 343 H7 – 1 005 h. – alt. 480
Paris 772 – Ax-les-Thermes 32 – Foix 12 – Lavelanet 25 – St-Girons 56.

Le Lac 8 avr.-1er oct.
℘ 05 61 05 90 61, *info@campinglac.com*,
Fax 05 61 05 90 61, *www.campinglac.com* – **R** conseillée
1,2 ha (58 empl.) en terrasses, plat, herbeux
Tarif : 回 25,50 € 彬 (10A) – pers. suppl. 5,50 € – frais de
réservation 15 €
Location : 2 ⊞ (4 à 6 pers.) 290 à 490 €/sem. – 16 ⚐
(4 à 6 pers.) 290 à 590 €/sem.
⊞ 1 borne
Pour s'y rendre : 0,8 km au Spar D 618, rte de Tarascon et
à dr. au passage à niveau, au bord de l'Ariège

> Nature : 心 ⚠
> Loisirs : 🏠 ⚒ (petite piscine) ⚓
> Services : 🚿 ⚐ (15 juin-15 sept.) ⚓
> Ⓜ 🈸 ⚐ ⚐ 🅿
> À prox. : ✕ ⚒ canoë

MÉRENS-LES-VALS

⊠ 09110 – 343 J9 – G. Midi Pyrénées – 180 h. – alt. 1 055
Paris 812 – Ax-les-Thermes 10 – Axat 61 – Belcaire 36 – Foix 53 – Font-Romeu-Odeillo-Via 47.

Municipal de Ville de Bau Permanent
℘ 05 61 02 85 40, *camping.merens@wanadoo.fr*,
Fax 05 61 64 03 83 – alt. 1 100 – **R** conseillée
2 ha (70 empl.) plat, herbeux, pierreux
Tarif : ⚹ 3 € 回 3 € 彬 (10A) 5 €
Pour s'y rendre : 1,5 km au SO par N 20, rte d'Andorre et
chemin à dr., bord de l'Ariège

> Nature : ≤ 🖵 心
> Loisirs : 🏠 ⚓
> Services : 🚿 ⚐ GB ⚓ 🈸 🅿 ⚐ ⚒
> ⚒ 🅿 sèche-linge ⚒

ORNOLAC-USSAT-LES-BAINS

⊠ 09400 – 343 H8 – G. Midi Pyrénées – 221 h. – alt. 500
Paris 782 – Ax-les-Thermes 24 – Foix 23 – Lavelanet 36 – Vicdessos 19.

Ariège Évasion 15 mars-oct.
℘ 05 61 05 11 11, *contact@ariege-evasion.com*,
Fax 05 61 05 11 11, *www.ariege-evasion.com* – places limitées pour le passage – **R** conseillée
1 ha (60 empl.) plat, herbeux, pierreux
Tarif : ⚹ 4,70 € 回 4,70 € 彬 (10A) 4 €
Pour s'y rendre : 1 km au SE du bourg, bord de l'Ariège
(rive droite)

> Nature : ≤ 🖵 心
> Loisirs : 🏠 ⚓ canoë
> Services : 🚿 ⚐ GB ⚓ 🈸 🅿 🅿 ⚐
> 🅿 ⚐

465

OUST

⊠ 09140 – 343 F7 – 515 h. – alt. 500
Paris 792 – Aulus-les-Bains 17 – Castillon-en-Couserans 31 – Foix 61 – St-Girons 18 – Tarascon-sur-Ariège 50.

Les Quatre Saisons Permanent
℘ 05 61 96 55 55, *r.malek@cegetel.net*, Fax 05 61 04 48 62,
www.camping4saisons.com – **R** conseillée
3 ha (108 empl.) plat, herbeux
Tarif : 回 22 € 彬 (10A) – pers. suppl. 5 €
Location : 9 ⊞ (4 à 6 pers.) 215 à 635 €/sem. – 6 ⎚ – 6
appartements
Pour s'y rendre : Sortie SE par D 32, rte d'Aulus-les-Bains,
près du Garbet

> Nature : ≤ 🖵 心
> Loisirs : 🍽 🏠 ⚓ ⚒ ⚒ ⚒
> Services : 🚿 ⚐ ⚓ 🈸 🅿 ⚐ ⚒ 🅿
> sèche-linge
> À prox. : ⚒ ⚓ (centre équestre)

PAMIERS

⊠ 09100 – 343 H6 – G. Midi Pyrénées – 13 417 h. – alt. 280
🛈 *Office de tourisme, boulevard Delcassé* ℘ 05 61 67 52 52
Paris 746 – Toulouse 70 – Carcassonne 77 – Castres 105 – Colomiers 81.

L' Apamée Pâques-oct.
℘ 05 61 60 06 89, Fax 05 61 60 06 89 – **R** conseillée
2 ha (80 empl.) plat, herbeux
Tarif : 回 20 € – pers. suppl. 7 € – frais de réservation 23 €
Location : 10 bungalows toilés
⊞ 1 borne 3 €
Pour s'y rendre : 1 km au N par D 624, rte de St-Girons,
près de l'Ariège

> Nature : 心
> Loisirs : ⚒ ⚓
> Services : 🚿 ⚐ GB ⚓ 🈸 ⚐ 🅿
> sèche-linge

Le PLA

✉ 09460 – 𝟑𝟒𝟑 K8 – 79 h. – alt. 1 070
🏢 *Office de tourisme, Mairie* 📞 *04 68 20 41 37, Fax 04 68 20 46 25*
Paris 833 – Ax-les-Thermes 31 – Foix 75 – Font-Romeu-Odeillo-Via 41 – Prades 68.

⚠ **Municipal la Pradaille** Permanent
📞 04 68 20 49 14, Fax 04 68 20 40 40 – alt. 1 169
– **R** conseillée
3,2 ha (60 empl.) plat, peu incliné et incliné, en terrasses,
herbeux, gravier, pierreux
Tarif : ✹ 3,05 € 🔲 6,10 € ⚡ 2,30 €
Pour s'y rendre : S : 1,7 km par D 16, rte de Querigut, D 25,
rte d'Ax-les-Thermes et rte de Soulades à gauche

| Nature : 🏞 ≤ ⌷ ♀ |
| Services : ⅙ ⌁ (juin-sept.) ♂ ▥ ⌸ |
| ⊚ ⚎ ⚏ ▨ |
| À prox. : ✗ snack ⚒ 🏠 🐎 |

RIEUX-DE-PELLEPORT

✉ 09120 – 𝟑𝟒𝟑 H6 – 848 h. – alt. 333
Paris 752 – Foix 13 – Pamiers 8 – St-Girons 47 – Toulouse 77.

⚠ **Les Mijeannes** Permanent
📞 05 61 60 82 23, *lesmijeannes@wanadoo.fr,*
Fax 05 61 67 74 80, *www.campinglesmijeannes.com*
– **R** conseillée
10 ha/5 campables (88 empl.) plat, herbeux, pierreux
Tarif : 🔲 20 € – pers. suppl. 3,90 €
Location : 7 ⌺ (4 à 6 pers.) 256 à 555 €/sem. – 2 🏠 (4
à 6 pers.) 285 à 575 €/sem.
🔁, 1 borne
Pour s'y rendre : 1,4 km au NE, accès sur D 311, rte de
Ferries, bord d'un canal et près de l'Ariège

| Nature : 🏞 ≤ ⌷ ♀♀ |
| Loisirs : ⛾ ⌂ 🏠 ⚏ 🏊 ⚲ |
| Services : ⅙ ⌶ ⅋ ♂ ⌸ ⊚ ▨ |
| sèche-linge |

*Demandez à votre libraire le catalogue des **publications MICHELIN.***

466

RIMONT

✉ 09420 – 𝟑𝟒𝟑 F7 – 501 h. – alt. 525
Paris 768 – Toulouse 92 – Carcassonne 114 – Colomiers 98 – Tournefeuille 89.

⚠ **Les Chalets de Rimont** (location exclusive de 5
chalets) Permanent
📞 05 61 64 53 53, *tourisme.seronais@wanadoo.fr,*
Fax 05 61 64 50 48, *www.seronais.com*
0,3 ha plat
Location : 🏠 (4 à 6 pers.) 300 à 470 €/sem.
Pour s'y rendre : 1 km au S par D 518, rte l'Abbaye de
Combelongue

| Nature : 🏞 ≤ |
| Services : ⅙ ♂ ▥ ▨ |

ST-GIRONS

✉ 09200 – 𝟑𝟒𝟑 E7 – 6 254 h. – alt. 398
🏢 *Office de tourisme, place Alphonse Sentein* 📞 05 61 96 26 60
Paris 774 – Auch 123 – Foix 45 – St-Gaudens 43 – Toulouse 101.

⚠ **Audinac** mai-sept.
📞 05 61 66 44 50, *accueil@audinac.com,*
Fax 05 61 66 44 50, *www.audinac.com* – **R** conseillée
15 ha/6 campables (100 empl.) peu incliné et plat, en
terrasses, herbeux, petit étang
Tarif : 🔲 17 € ⚡ (10A) – pers. suppl. 4 €
Location (avr.-sept.) : 14 🏠 (4 à 6 pers.) 215 à
499 €/sem. – 10 bungalows toilés
🔁, 1 borne 3 €
Pour s'y rendre : À Audinac-les-Bains, 4,5 km au NE par
D 117, rte de Foix et D 627, rte de Ste-Croix-Volvestre
À savoir : Piscine devant un ancien bâtiment des thermes
du 19e s.

| Nature : 🏞 ≤ ♀♀ |
| Loisirs : ⛾ snack, pizzeria ⌂ 🏃 |
| ⚎ ⚒ 🏊 ⚲ terrain omnisports |
| Services : ⅙ ⌶ ⅋ ♂ ▥ ⌸ ⚌ ⊚ |
| ▨ sèche-linge ⚏ réfrigérateurs |

SEIX

✉ 09140 – 🔢 F7 – G. Midi Pyrénées – 697 h. – alt. 523
🅱 *Office de tourisme, 33, place Champ de Mars* ☎ *05 61 96 00 01*
Paris 793 – Ax-les-Thermes 77 – Foix 62 – St-Girons 19.

△ **Le Haut Salat** Permanent
☎ 05 61 66 81 78, *camping.le-haut-salat@wanadoo.fr*,
Fax 05 61 66 94 17, *www.ariege.com/campinglehautsalat*
– **R** conseillée
2,5 ha (135 empl.) plat, herbeux
Tarif : 🔲 16,90 € 🔌 (5A) – pers. suppl. 4,50 €
Location : 8 🏠 (2 à 4 pers.) 190 à 360 €/sem.
Pour s'y rendre : 0,8 km au NE par D 3, rte de St-Girons, bord du Salat

Nature : ❄ ♨ ≤ ♋
Loisirs : ♟ 🏠 ♒ (petite piscine) ♒
Services : ⚡ GB ♒ ▥ ☺ 🖫 sèche-linge

SORGEAT

✉ 09110 – 🔢 J8 – 96 h. – alt. 1 050
Paris 808 – Ax-les-Thermes 6 – Axat 50 – Belcaire 23 – Foix 49 – Font-Romeu-Odeillo-Via 61.

△ **Municipal** Permanent
☎ 05 61 64 36 34, *mairie.sorgeat@wanadoo.fr*,
Fax 05 61 64 63 38 – alt. 1 000 – places limitées pour le passage – **R** conseillée
2 ha (40 empl.) non clos, en terrasses, plat, herbeux
Tarif : ⚹ 3 € 🚗 1,60 € 🔲 1,80 € 🔌 (10A) 5,70 €
Location ♒ : 2 🏠 (4 à 6 pers.) 210 à 320 €/sem. – appartements
Pour s'y rendre : 0,8 km au N
À savoir : Situation agréable surplombant la vallée d'Ax-les-Thermes

Nature : ♨ ≤ montagnes 🌲 ♋
Loisirs : 🏠
Services : ♿ ⚡ ♒ ▥ 🖫 ☺ ♒ ♒ ▥

Benutzen Sie
– zur Wahl der Fahrtroute
– zur Berechnung der Entfernungen
– zur exakten Lokalisierung eines Campingplatzes (mit Hilfe der Angaben im Ortstext)
die für diesen Führer unentbehrlichen **MICHELIN-Karten** *im Ma1 : 150 000.*

467

TARASCON-SUR-ARIÈGE

✉ 09400 – 🔢 H7 – G. Midi Pyrénées – 3 446 h. – alt. 474
🅱 *Office de tourisme, Centre Multimédia* ☎ *05 61 05 94 94, Fax 05 61 05 57 79*
Paris 777 – Ax-les-Thermes 27 – Foix 18 – Lavelanet 30.

△△△ **Le Pré Lombard** Permanent 28 janv.-15 nov.
☎ 05 61 05 61 94, *leprelombard@wanadoo.com*,
Fax 05 61 05 78 93, *www.prelombard.com* – **R** conseillée
4 ha (180 empl.) plat, herbeux
Tarif : 🔲 28 € 🔌 (10A) – pers. suppl. 12 € – frais de réservation 23 €
Location : 40 🏠 (4 à 6 pers.) 230 à 790 €/sem. – 21 🏠 (4 à 6 pers.) 280 à 770 €/sem. – 6 bungalows toilés 🏠 1 borne 3 €
Pour s'y rendre : 1,5 km au SE par D 23, rte d'Ussat, bord de l'Ariège

Nature : ♋
Loisirs : ♟ snack, pizzeria 🏠 ♒ ♒ point d'informations touristiques ♒ ♒ ♒ terrain omnisports
Services : ♿ ⚡ GB ♒ ▥ 🖫 ☺ ♒ 🖫 sèche-linge ♒
À prox. : ♒

△ **Le Sédour** Permanent
☎ 05 61 05 87 28, *info@campinglesedour.com*,
Fax 05 61 01 49 33, *www.campinglesedour.com* – places limitées pour le passage – **R** conseillée
1,5 ha (100 empl.) peu incliné, plat, herbeux, pierreux
Tarif : 🔲 18 € 🔌 (10A) – pers. suppl. 5 €
Location : 🏠 (4 à 6 pers.) 220 à 390 €/sem.
Pour s'y rendre : 1,8 km au NO par D 618 dir.Foix puis rte de Massat, chemin à dr.

Nature : ♨ ♋
Loisirs : 🏠 ♒
Services : ♿ ⚡ GB ♒ ▥ 🖫 ☺ 🖫 sèche-linge
À prox. : ♒

Le TREIN D'USTOU

✉ 09140 – 334 F8 – 351 h. – alt. 739
Paris 804 – Aulus-les-Bains 13 – Foix 73 – St-Girons 31 – Tarascon-sur-Ariège 63.

   ▲ **Le Montagnou** Permanent
          𝒫 05 61 66 94 97, *campinglemontagnou@wanadoo.fr*,
          Fax 05 61 66 91 20, *lemontagnou.com* – **R** conseillée
          1,2 ha (57 empl.) plat, herbeux
          Tarif : 🔲 16 € (₃) (10A) – pers. suppl. 4,10 €
          Location : 3 ⛺ (4 à 6 pers.) 190 à 300 €/sem.
          Pour s'y rendre : Sortie NO par D 8, rte de Seix, près de
          l'Alet

Nature : ≤ ⚲
Loisirs : 🏠 🛶
Services : ৬ ⌾ ⚙ 🏢 🔲 ⊕ 🚿 ⚐
🏢 sèche-linge ⚄
À prox. : ✗

Aveyron (12)

ALRANCE

✉ 12430 – 338 I6 – 417 h. – alt. 750
Paris 664 – Albi 63 – Millau 52 – Rodez 37 – St-Affrique 39.

   ▲ **Les Cantarelles** mai-sept.
          𝒫 05 65 46 40 35, *cantarelles@wanadoo.fr*,
          Fax 05 65 46 40 35, *www.lescantarelles.com* – **R** conseillée
          3,5 ha (165 empl.) plat, peu incliné, herbeux
          Tarif : 🔲 18,90 € (₃) (6A) – pers. suppl. 4,40 €
          Location ✗ : 3 ⛺ (4 à 6 pers.) 295 à 529 €/sem.
          Pour s'y rendre : S : 3 km sur D 25, bord du lac de
          Villefranche-de-Panat
          À savoir : Situation agréable en bordure du lac

Nature : ≤ ⚲ △
Loisirs : ☂ 🏠 ⚓
Services : ৬ ⌾ ⚙ 🔲 ⊕ 🚿 🏢
À prox. : ✗ 🏊 ⚓ 🛶

Si vous désirez réserver un emplacement pour vos vacances,
faites-vous préciser au préalable les conditions particulières de séjour,
les modalités de réservation, les tarifs en vigueur et les conditions de paiement.

ARVIEU

✉ 12120 – 338 H5 – 880 h. – alt. 730
🛈 *Syndicat d'initiative, Mairie* 𝒫 05 65 46 71 06, *Fax 05 65 63 19 16*
Paris 663 – Albi 66 – Millau 59 – Rodez 31.

   ▲ **Le Doumergal** mai-sept.
          𝒫 05 65 74 24 92, Fax 05 65 74 24 92 – **R** conseillée
          1,5 ha (25 empl.) plat, peu incliné, herbeux
          Tarif : 🔲 13 € (₃) (5A) – pers. suppl. 3 €
          Pour s'y rendre : À l'Ouest du bourg, au bord d'un ruis-
          seau

Nature : 🐟 🖵
Loisirs : ⚓
Services : ৬ ⌾ ⚙ ⊕ 🚿 ⚐
À prox. : ✗

BOISSE-PENCHOT

✉ 12300 – 338 F3 – 509 h. – alt. 169

   ▲▲ **Le Roquelongue** Permanent
          𝒫 05 65 63 39 67, *info@camping-roquelongue.com*,
          Fax 05 65 63 39 67, *www.camping-roquelongue.com*
          – **R** conseillée
          3,5 ha (66 empl.) plat, pierreux, herbeux
          Tarif : ★ 3,50 € 🔲 7 € (₃) (10A) 3,90 €
          Location : 7 🏠 (4 à 6 pers.) 320 à 580 €/sem.
          Pour s'y rendre : NO : 4,5 km par D 963, D 21 et D 42, rte
          de Boisse-Penchot, près du Lot (accès direct)

Nature : ≤ 🖵 ⚲⚲
Loisirs : ☂ snack ⚓ ✗ 🏊 🛶
Services : ⌾ ⚙ 🔲 🏊 ⊕ 🚿 ⚐ 🏢

BRUSQUE

12360 – 330 J8 – 366 h. – alt. 465
Paris 698 – Albi 91 – Béziers 75 – Lacaune 30 – Lodève 52 – Rodez 108 – St-Affrique 35.

Village Vacances Val (location exclusive de chalets et studios)
05 65 49 50 66, Fax 05 65 49 57 17 – places limitées pour le passage
14 ha

Location : – studios

Pour s'y rendre : S : 1,6 km par D 92, rte d'Arnac, bord du Dourdou et d'un petit plan d'eau

À savoir : Dans une petite vallée verdoyante et paisible

| Nature : ⌂ < |
| Loisirs : 🍴 ✕ 🏠 parcours sportif |
| Services : |
| À prox. : |

CANET-DE-SALARS

12290 – 330 I5 – 379 h. – alt. 850
Paris 654 – Pont-de-Salars 9 – Rodez 33 – St-Beauzély 28 – Salles-Curan 8.

Sunêlia le Caussanel 29 avr.-23 sept.
05 65 46 85 19, *info@lecaussanel.com*,
Fax 05 65 46 89 85, *www.le caussanel.com* – **R** conseillée
10 ha (235 empl.) plat, peu incliné, terrasses, herbeux
Tarif : 29,30 € (6A) – pers. suppl. 6,50 € – frais de réservation 20 €
Location : 30 (4 à 6 pers.) 275 à 742 €/sem. – 46 (4 à 6 pers.) 224 à 721 €/sem.
1 borne 3 €
Pour s'y rendre : SE : 2,7 km par D 538 et à droite
À savoir : Situation agréable au bord du lac de Pareloup

| Nature : ⌂ < 🌳 |
| Loisirs : 🍴 pizzeria, grill 🏠 nocturne salle d'animation 🚲 |
| Services : |
| À prox. : discothèque |

Soleil Levant avr.-sept.
05 65 46 03 65, *contact@camping-soleil-levant.com*,
Fax 05 65 46 03 62, *www.camping-soleil-levant.com*
– **R** conseillée
11 ha (206 empl.) en terrasses, peu incliné, herbeux
Tarif : 19 € (5A) – pers. suppl. 4,50 € – frais de réservation 10 €
Location : 11 (4 à 6 pers.) 180 à 580 €/sem.
Pour s'y rendre : SE : 3,7 km par D 538 et D 993, rte de Salles-Curan, à gauche, avant le pont
À savoir : Situation agréable au bord du lac de Pareloup

| Nature : ⌂ < 🌳 |
| Loisirs : 🍴 🏠 |
| Services : |
| À prox. : 🚲 |

469

La Retenue de Pareloup 17 juin-9 sept.
05 65 46 33 26, *campingdelaretenue@fr.st*,
Fax 05 65 46 03 93, *www.campingdelaretenue.fr.st*
– **R** conseillée
2 ha (80 empl.) non clos, en terrasses, pierreux, herbeux
Tarif : 22,20 € – pers. suppl. 3,50 €
Location (mai-15 sept) : 6 (4 à 6 pers.) 190 à 550 €/sem. –
Pour s'y rendre : SO : 5 km par D 538 et D 176, à droite avant le barrage
À savoir : Près du lac

| Nature : 🌳 |
| Loisirs : 🍴 snack 🚲 |
| Services : (juil.-août) |
| À prox. : (plage) |

Si vous recherchez :

Un terrain au bord de l'eau avec possibilité de baignade
🐌 *Un terrain agréable ou très tranquille*
L *Un terrain effectuant la location de caravanes, de mobile homes, de bungalows ou de chalets*
P *Un terrain ouvert toute l'année*
Un terrain possédant une aire de services pour camping-cars
Consultez le tableau des localités

CAPDENAC-GARE

✉ 12700 – 🏛 E3 – 4 587 h. – alt. 175
🛈 Office de tourisme, place du 14 juillet 𝒫 05 65 64 74 87, Fax 05 65 80 88 15
Paris 587 – Decazeville 20 – Figeac 9 – Maurs 24 – Rodez 59.

△ **Municipal les Rives d'Olt** 8 avr.-sept.
𝒫 05 65 80 88 87 – **R** conseillée
1,3 ha (60 empl.) plat, herbeux
Tarif : (Prix 2005) ★ 2,65 € ⇔ 1,75 € 🅴 2,75 € [½] 2,45 €
Location : huttes

Pour s'y rendre : Sortie Ouest par D 994 rte de Figeac et bd P.-Ramadier à gauche avant le pont, près du Lot, jardin public attenant

À savoir : Cadre agréable verdoyant et ombragé

Nature : ⊏⊐ 00	
Loisirs : ✎	
Services : ⅊ ⟞ ⚒ 🗊 ⊛ ⚍ 🖩	
À prox. : �🗜 ▼ snack ✗ ⌂ 🅇 parcours sportif	

CONQUES

✉ 12320 – 🏛 G3 – G. Midi Pyrénées – 302 h. – alt. 350
🛈 Office de tourisme, rue Florent de Gonzague 𝒫 05 65 72 85 00
Paris 601 – Aurillac 53 – Decazeville 26 – Espalion 42 – Figeac 43 – Rodez 37.

△ **Beau Rivage** avr.-sept.
𝒫 05 65 69 82 23, camping.conques@wanadoo.fr,
Fax 05 65 72 89 29, www.campingconques.com
– **R** conseillée
1 ha (60 empl.) plat, herbeux
Tarif : ★ 4 € ⇔ 3 € 🅴 5 € [½] 3,50 €
Location : 12 🛏 (4 à 6 pers.) 360 à 560 €/sem.
🚐 1 borne

Pour s'y rendre : À l'Ouest du bourg, par D 901, bord du Dourdou

Nature : ⊏⊐ 00	
Loisirs : ✗ snack ⛵ ⚓ ✎	
Services : ⅊ ⟞ (saison) ⊟ ⚒ 🗊 ⊛ 🖩 ⚏	

470

Benutzen Sie
– zur Wahl der Fahrtroute
– zur Berechnung der Entfernungen
– zur exakten Lokalisierung eines Campingplatzes (mit Hilfe der Angaben im Ortstext)
die für diesen Führer unentbehrlichen **MICHELIN-Karten** *im Ma1 : 150 000.*

ENTRAYGUES-SUR-TRUYÈRE

✉ 12140 – 🏛 H3 – G. Midi Pyrénées – 1 267 h. – alt. 236
🛈 Syndicat d'initiative, 30, Tour de Ville 𝒫 05 65 44 56 10, Fax 05 65 44 50 85
Paris 600 – Aurillac 45 – Figeac 58 – Mende 128 – Rodez 43 – St-Flour 83.

△ **Municipal du Val de Saurès** 30 avr. - 1er oct.
𝒫 05 65 44 56 92, info@camping-massifcentral.com,
Fax 04 65 44 27 21, www.camping-massifcentral.com
– **R** conseillée
4 ha (141 empl.) plat, peu incliné, pierreux, herbeux
Tarif : (Prix 2005) 🅴 12 € – pers. suppl. 3,50 € – frais de réservation 10 €
Location (9 avr. - 25 sept.) : 11 🏠 (4 à 6 pers.) 205 à 515 €/sem.

Pour s'y rendre : S : 1,6 km par D 904, rte d'Espeyrac, en bordure du Lot (accès direct)

Nature : ⌂ ⩽ ⊏⊐ ♀	
Loisirs : ⌧ ⛵ ✎	
Services : ⅊ ⟞ ⊟ ⚒ 🗊 ⊛ 🖩	
À prox. : ✗ ⚓ canoë	

△ **Le Lauradiol** 15 juin-15 sept.
𝒫 05 65 44 53 95, mairie.campouriez@wanadoo.fr,
Fax 05 65 44 81 37, www.campouriez.com – **R** conseillée
1 ha (34 empl.) plat, herbeux
Tarif : (Prix 2005) 🅴 15 €

Pour s'y rendre : NE : 5 km par D 34, rte de St-Amans-des-Cots, bord de la Selves

À savoir : Situation agréable sur deux rives, dans une petite vallée escarpée

Nature : ⌂ ⩽ ⊏⊐ 00	
Loisirs : ⌧ ✗ ⚓	
Services : ⅊ ⟞ ⚒ 🗊 ⊛ ⚍ ⚏ 🖩	

Le FEL

✉ 12140 – ░░░ H3 – 146 h. – alt. 530
Paris 595 – Aurillac 41 – Entraygues-sur-Truyère 12 – Montsalvy 10 – Mur-de-Barrez 35 – Rodez 54.

⚠ Municipal le Fel
    ✆ 05 65 48 61 12, Fax 05 65 48 63 30 – **R**
    0,4 ha (23 empl.) non clos, plat, herbeux, pierreux
    Pour s'y rendre : Au bourg
    À savoir : Belle situation dominante sur la vallée du Lot

Nature : 🏞 ≤ 🏕
Loisirs : 🏊 ✂
Services : ♿ ☺ 🚮
À prox. : 🍷 ✗

FLAGNAC

✉ 12300 – ░░░ F3 – 888 h. – alt. 220
Paris 603 – Conques 19 – Decazeville 5 – Figeac 25 – Maurs 17.

⚠ **Le Port de Lacombe** avr.-sept.
    ✆ 05 65 64 10 08, *info@campingportdelacombe.com*,
    Fax 05 65 64 11 47, *www.campingportdelacombe.com*
    – **R** conseillée
    4 ha (97 empl.) plat, herbeux
    Tarif : 🚐 20 € – pers. suppl. 4 € – frais de réservation 20 €
    Location : bungalows toilés
    Pour s'y rendre : N : 1 km par D 963 et chemin à gauche, près d' un plan d'eau et du Lot (accès direct)

Nature : 🏞 🏕 ♀
Loisirs : 🍷 brasserie 🏠 ⚡ ≈ 🎿
Services : ♿ ⚡ GB ⚙ 🚿 ☺ 🖥
À prox. : canoë

GOLINHAC

✉ 12140 – ░░░ H3 – G. Midi Pyrénées – 392 h. – alt. 630
Paris 601 – Conques 25 – Entraygues-sur-Truyère 8 – Espalion 23 – Rodez 36.

⚠ **Municipal Bellevue** avr.-oct.
    ✆ 05 65 44 50 73, *leschaletsdesaintjacques@wanadoo.fr*,
    Fax 05 65 48 65 36, *www.valleedulot-aveyron.com*
    – **R** conseillée
    2 ha (58 empl.) en terrasses, peu incliné, herbeux
    Tarif : (Prix 2005) 🚐 13,45 € – pers. suppl. 3,70 €
    Location (permanent) : 15 🏠 (4 à 6 pers.) 326 à 509 €/sem. – gîte d'étape
    Pour s'y rendre : Au Sud-Ouest du bourg

Nature : 🏞 ≤ 🏕 ♀♀
Loisirs : 🍷 snack 🏠 🚲 🎿
Services : ♿ ⚡ GB ⚙ 🚿 🖥 ☺ 🚮 ♻ 🖥 🚿
À prox. : 🏊 ⚡ ✂

471

GRAND-VABRE

✉ 12320 – ░░░ G3 – 424 h. – alt. 213
Paris 615 – Aurillac 47 – Decazeville 18 – Espalion 50 – Figeac 37 – Rodez 41.

⚠ Grand-Vabre Aventures et Nature (location exclusive de 20 bungalows)
    ✆ 05 65 72 85 67, *contact@grand-vabre.com*,
    Fax 05 65 72 85 53, *www.grand-vabre.com* – **R** conseillée
    1,5 ha plat, herbeux
    Location : 🏠
    Pour s'y rendre : SE : 1 km par D 901, rte de Conques, bord de Dourdou

Loisirs : 🏠 🚶 ⚡ 🚲 🎿
Services : ♿ ⚡ 🖥 🖥
À prox. : ✂ 🐎

LAGUIOLE

✉ 12210 – ░░░ J2 – G. Midi Pyrénées – 1 248 h. – alt. 1 004 – Sports d'hiver : 1 100/1 400 m ✦12 ⛷
🛈 Office de tourisme, allee de l'Amicale ✆ 05 65 44 35 94, Fax 05 65 44 35 76
Paris 571 – Aurillac 79 – Espalion 22 – Mende 83 – Rodez 52 – St-Flour 59.

⚠ **Municipal les Monts d'Aubrac** 15 mai-15 sept.
    ✆ 05 65 44 39 72, *mairie-laguiole@wanadoo.Fr*,
    Fax 05 65 56 26 31 – alt. 1 050 – **R** conseillée
    1,2 ha (57 empl.) plat et peu incliné, herbeux
    Tarif : (Prix 2005) 🚐 9,20 € – pers. suppl. 2,40 €
     1 borne
    Pour s'y rendre : Sortie Sud par D 921, rte de Rodez puis 0,6 km par rte à gauche, au stade

Nature : 🏞 ≤ 🏕
Services : ♿ ⚡ GB ⚙ 🖥 ☺ 🚮
À prox. : ✂ 🏐 terrain omnisports

MARTIEL

✉ 12200 – 🖽🖽 D4 – 823 h. – alt. 400
Paris 620 – Albi 76 – Cahors 51 – Montauban 74 – Villefranche-de-Rouergue 11.

⚠ Lac du Moulin de Bannac
    ℘ 05 65 29 44 52, *bannacamping@wanadoo.fr*,
Fax 05 65 29 59 41
32 ha/2 campables (47 empl.) plat et peu incliné, herbeux,
gravier
Pour s'y rendre : NO : 3,5 km par D 911, rte de Limogne-
en-Quercy et rte à gauche
À savoir : Près d'un lac bordé d'un sentier botanique

Nature : 🏞 ⛰ ⌂
Loisirs : 🍸 brasserie 🏊 🎿 🛶
Services : 👤 🔌 🅰 🚿 📷 🗑
À prox. : ⛳

MILLAU

✉ 12100 – 🖽🖽 K6 – G. Languedoc Roussillon – 21 339 h. – alt. 372
🅱 *Office de tourisme, 1, place du Beffroi ℘ 05 65 60 02 42, Fax 05 65 60 95 08*
Paris 636 – Albi 106 – Alès 138 – Béziers 122 – Mende 95 – Montpellier 114 – Rodez 67.

⚠ Les Rivages *mai-sept.*
    ℘ 05 65 61 01 07, *campinglesrivages@wanadoo.fr*,
Fax 05 65 59 03 56, *www.campinglesrivages.com*
– **R** conseillée
7 ha (314 empl.) plat, herbeux, pierreux
Tarif : 🔲 24,50 € 🔌 (6A) – pers. suppl. 4,50 € – frais de
réservation 16 €
Location : 22 🏠 (4 à 6 pers.) 336 à 580 €/sem. –
bungalows toilés
🏠 1 borne
Pour s'y rendre : E : 1,7 km par D 991 rte de Nant, bord de
la Dourbie

Nature : ⌕ 🌳🌳 ⛰
Loisirs : 🍸 🍴 🎪 🎲 nocturne squash 🏊 ⛳ 🎿 📷 🛶 🐟
Services : 👤 🔌 GB 🐾 🗄 🚿 ⚡ 🚿 🗑 💧 🚽 bureau documentation touristique
À prox. : 🚶

⚠ Viaduc *14 avr.-25 sept.*
    ℘ 05 65 60 15 75, *info@camping-du-viaduc.com*,
Fax 05 65 61 36 51, *www.camping-du-viaduc.com*
– **R** conseillée
4 ha (237 empl.) plat, herbeux
Tarif : 🔲 24 € 🔌 (6A) – pers. suppl. 4,50 € – frais de réser-
vation 16 €
Location 🏊 : 17 🏠 (4 à 6 pers.) 280 à 620 €/sem.
Pour s'y rendre : NE : 0,8 km par D 991 rte de Nant et
D 187 à gauche rte de Paulhe, bord du Tarn

Nature : ⌂ 🌳🌳 ⛰
Loisirs : 🍸 snack 🎪 ⛳ 🎿 🛶 🐟
Services : 👤 🔌 GB 🐾 🚿 🚿 ⚡ 🚿 🗑 💧 🚽
À prox. : 🛒 🏇 🐎

⚠ Les Érables *avr.-sept.*
    ℘ 05 65 59 15 13, *camping-les-erables@wanadoo.fr*,
Fax 05 65 59 06 59, *www.campingleserables.fr* – **R** conseil-
lée
1,4 ha (78 empl.) plat, herbeux
Tarif : 🔲 17 € 🔌 (6A) – pers. suppl. 3,50 € – frais de réser-
vation 16 €
Location : 4 🏠 (4 à 6 pers.) 240 à 460 €/sem.
Pour s'y rendre : NE : 0,9 km par D 991, rte de Nant et
D 187 à gauche, rte de Paulhe, bord du Tarn

Nature : ⌕ ⌂ 🌳
Loisirs : 🎪
Services : 👤 🔌 GB 🐾 🗄 ⚡ 🗑
À prox. : 🛒 🏇 🎿 🛶

NAJAC

✉ 12270 – 🖽🖽 D5 – G. Midi Pyrénées – 744 h. – alt. 315
🅱 *Syndicat d'initiative, place du Faubourg ℘ 05 65 29 72 05, Fax 05 65 29 72 29*
Paris 629 – Albi 51 – Cahors 85 – Gaillac 51 – Montauban 76 – Rodez 71 – Villefranche-de-Rouergue 20.

⚠ Municipal le Païsserou
    ℘ 05 65 29 73 96, *sogeval@wanadoo.fr*, Fax 05 65 29 37 10
4 ha (100 empl.) plat, herbeux
Location : 🏠
Pour s'y rendre : NO : 1,5 km par D 39, rte de Parisot
À savoir : Site et cadre agréables au bord de l'Aveyron

Nature : 🏞 ⌂ 🌳🌳
Loisirs : snack 🎪 ⛳ 🎿 🐟 canoë
Services : 👤 🔌 🗄 ⚡ 🗑 🚿
À prox. : 🏇 🎿 🐎

NANT

✉ 12230 – 🮐🮐🮐 L6 – G. Languedoc Roussillon – 846 h. – alt. 490
🮲 *Office de tourisme, 31, place du Claux* ℘ 05 65 60 72 75
Paris 669 – Le Caylar 21 – Millau 33 – Montpellier 92 – St-Affrique 41 – Le Vigan 42.

🮰🮰 **Val de Cantobre** 6 mai-10 sept.
℘ 05 65 58 43 00, *info@vdc12.com*, Fax 05 65 62 10 36,
www.valdecantobre.com – **R** conseillée
6 ha (200 empl.) en terrasses, rocailleux, herbeux
Tarif : 🮱 31,50 € 🮲 (6A) – pers. suppl. 7 €
Location : 10 🮲🮲 (4 à 6 pers.) 259 à 630 €/sem. – 🮲🮲 (4 à 6 pers.) 329 à 798 €/sem.
🮲🮲 1 borne
Pour s'y rendre : Domaine de Vellas, N : 4,5 km par D 991, rte de Millau et chemin à droite, bord de la Dourbie
À savoir : Autour d'une vieille ferme caussenarde du XVe s.

| Nature : 🮲 🮲 🮲 🮲 |
| Loisirs : 🮲 🮲 pizzeria 🮲 🮲 nocturne 🮲 🮲 🮲 🮲 terrain omnisports |
| Services : 🮲 🮲 GB 🮲 🮲 🮲 🮲 🮲 🮲 🮲 🮲 🮲 cases réfrigérées |

🮰 **Le Roc qui parle** avr.-sept
℘ 05 65 62 22 05, *contact@camping-roc-qui-parle-avey ron.com*, Fax 05 65 62 22 05, *www.camping-roc-qui-parle-aveyron.com* – **R** conseillée
4,5 ha (88 empl.) plat, en terrasses et incliné, herbeux, pierreux
Tarif : 🮱 15,90 € – pers. suppl. 4 €
Location : 8 🮲🮲 (4 à 6 pers.) 259 à 410 €/sem.
🮲🮲 1 borne 4,80 €
Pour s'y rendre : NO : 2,4 km par D 991, rte de Millau, au lieu-dit les Cuns
À savoir : Dans la vallée de la Dourbie

| Nature : 🮲 🮲 🮲 🮲 |
| Loisirs : 🮲 🮲 🮲 🮲 parcours de santé |
| Services : 🮲 🮲 GB 🮲 🮲 🮲 🮲 🮲 🮲 |
| À prox. : 🮲 🮲 |

Si vous désirez réserver un emplacement pour vos vacances,
faites-vous préciser au préalable les conditions particulières de séjour,
les modalités de réservation, les tarifs en vigueur et les conditions de paiement.

473

NAUCELLE

✉ 12800 – 🮐🮐🮐 G5 – 1 796 h. – alt. 490
🮲 *Office de tourisme, place Saint-Martin* ℘ 05 65 67 82 96, Fax 05 65 67 82 91
Paris 652 – Albi 46 – Millau 90 – Rodez 32 – St-Affrique 72 – Villefranche-de-Rouergue 43.

🮰🮰 **Le Lac de bonnefon** avr.-oct.
℘ 05 65 69 33 20, *camping-du-lac-de-bonnefon@wana doo.fr*, Fax 05 65 69 33 20, *www.camping-du-lac-de-bon nefon.com* – **R** conseillée
3 ha (90 empl.) peu incliné, en terrasses, herbeux
Tarif : 🮱 17,50 € – pers. suppl. 4 € – frais de réservation 20 €
Location (permanent) : 4 🮲🮲 (4 à 6 pers.) 230 à 570 €/sem. – 18 🮲🮲 (4 à 6 pers.) 180 à 690 €/sem.
🮲🮲 1 borne – 6 🮱
Pour s'y rendre : Sortie Sud-Est par D 997, rte de Naucelle-Gare puis 1,5 km par rte de Crespin et rte de St-Just à gauche, à 100 m de l'étang (accès direct)

| Nature : 🮲 🮲 🮲 |
| Loisirs : 🮲 snack 🮲 🮲 🮲 🮲 (petite piscine) |
| Services : 🮲 🮲 GB 🮲 🮲 🮲 🮲 🮲 |
| À prox. : 🮲 🮲 🮲 |

Le NAYRAC

✉ 12190 – 🮐🮐🮐 H3 – 570 h. – alt. 707
Paris 591 – Aurillac 61 – Entraygues-sur-Truyère 18 – Espalion 19 – Rodez 44.

🮰 **La Planque** juil.-août
℘ 05 65 44 44 50, *vert.tea.jeu@wanadoo.fr*,
Fax 05 65 44 44 50 – **R** conseillée
3 ha (45 empl.) en terrasses, plat, herbeux
Tarif : 🮱 10 € 🮲 (6A) – pers. suppl. 2,50 €
Pour s'y rendre : S : 1,4 km par D 97, rte d'Estaing puis chemin à gauche, bord d'un étang

| Nature : 🮲 🮲 🮲 🮲 |
| Loisirs : 🮲 |
| Services : 🮲 🮲 🮲 🮲 |
| À prox. : 🮲 🮲 🮲 🮲 parcours aventure |

PONS

☒ 12140 – 🗓🗓🗓 H2
Paris 588 – Aurillac 34 – Entraygues-sur-Truyère 11 – Montsalvy 12 – Mur-de-Barrez 24 – Rodez 53.

⚠ **Municipal de la Rivière** 15 juin-15 sept.
  ℘ 05 65 66 18 16, *mairiesainthippolyte@wanadoo.fr,*
  Fax 05 65 66 18 16, *www.sainthippolyte.fr* – **R** conseillée
  0,9 ha (36 empl.) plat, herbeux
  Tarif : 🔲 11 € – pers. suppl. 2,50 €
  Location (permanent) : 11 🏠 (4 à 6 pers.) 250 à
  350 €/sem.
  Pour s'y rendre : SE : à 1 km du bourg, sur D 526 rte
  d'Entraygues-sur-Truyère, bord du Goul
  À savoir : Agréable cadre verdoyant dans une petite vallée,
  en bordure de rivière

> Nature : 🐾 ≼ 🏕 ♀
> Loisirs : 🛖 🏇 🎿 🛶
> Services : ⚠ ⟳🚐 ⟳✓ 🚿 ⊕ 🚮 🗑

PONT-DE-SALARS

☒ 12290 – 🗓🗓🗓 I5 – 1 414 h. – alt. 700
🅱 *Office de tourisme, 34, avenue de Rodez* ℘ 05 65 46 89 90, Fax 05 65 46 81 16
Paris 651 – Albi 86 – Millau 47 – Rodez 25 – St-Affrique 56 – Villefranche-de-Rouergue 71.

⚠ **Les Terrasses du Lac** avr.-sept.
  ℘ 05 65 46 88 18, *campinglesterrasses@wanadoo.fr,*
  Fax 05 65 46 85 38, *www.campinglesterrasses.com*
  – **R** conseillée
  6 ha (180 empl.) en terrasses, herbeux
  Tarif : 🔲 23,70 € 🔌 (6A) – pers. suppl. 4,60 € – frais de
  réservation 16 €
  Location : 30 🛏 (4 à 6 pers.) 260 à 695 €/sem. –
  bungalows toilés
  Pour s'y rendre : N : 4 km par D 523 rte du Vibal
  À savoir : Agréable situation dominant le lac

> Nature : 🐾 ≼ 🏕 ♀
> Loisirs : 🍹 snack 🛖 🎇 nocturne
> 🏃 🏇 🎿 🛶
> Services : ⚠ ⟳🚐 (juil.-août) 🅶🅱 ⟳✓
> 🚿 ⊕ 🚮 🗑 🗑 🍴 🗑
> À prox. : 🍴 🏊 🚣 🏇

⚠ Le Lac
  ℘ 05 65 46 84 86, *camping.du.lac@wanadoo.fr,*
  Fax 05 65 46 60 39, *www.camping-du-lac.fr.st* – **R** conseillée ⚘
  4,8 ha (200 empl.) plat, peu incliné, en terrasses, herbeux,
  pierreux
  Location : 10 🏠 – bungalows toilés
  Pour s'y rendre : N : 1,5 km par D 523 rte du Vibal
  À savoir : Au bord du lac

> Nature : ♀ ⛰
> Loisirs : 🍹 snack 🛖 🎇 nocturne
> 🏇 🚲 🎿 🛶
> Services : ⚠ ⟳🚐 🚿 🗑 🏊 ⊕ 🚮 🗑
> 🗑
> À prox. : 🍴 🚣 (plage) 🛶

Presqu'île de Laussac

A. Thuillier/Michelin

RIGNAC

✉ 12390 – 338 F4 – 1 658 h. – alt. 500

🛈 *Office de tourisme, place du Portail-Haut* ℘ *05 65 80 26 04*

Paris 618 – Aurillac 86 – Figeac 40 – Rodez 27 – Villefranche-de-Rouergue 30.

△ **Municipal la Peyrade**
℘ 05 65 64 44 64, *mairie.rignac@wanadoo.fr,*
Fax 05 65 80 26 09 – **R** conseillée
0,7 ha (36 empl.) en terrasses, peu incliné, herbeux
Pour s'y rendre : Au Sud du bourg, pl. du Foirail, près d'un petit étang

Nature : ⚓ 🗗 ♀
Services : ⚒ ⚬ 🗟 ⊕ 🔥 🚾 🖵
À prox. : 🏋 🏛 🚣 🎣 🍴 🎿

RIVIÈRE-SUR-TARN

✉ 12640 – 338 K5 – 961 h. – alt. 380

🛈 *Syndicat d'initiative, route des Gorges du Tarn* ℘ *05 65 59 74 28*

Paris 627 – Mende 70 – Millau 14 – Rodez 65 – Sévérac-le-Château 24.

▲▲▲ **Peyrelade** 15 mai-15 sept.
℘ 05 65 62 62 54, *campingpeyrelade@wanadoo.fr,*
Fax 05 65 62 65 61, *campingpeyrelade.com* – **R** conseillée
4 ha (190 empl.) plat et en terrasses, herbeux, pierreux
Tarif : 🔲 25 € 🔌 (6A) – pers. suppl. 5 € – frais de réservation 16 €
Location (28 avr.-15 sept.) 🛒 : 30 🏠 (4 à 6 pers.) 270 à 660 €/sem. – bungalows toilés
Pour s'y rendre : E : 2 km par D 907 rte de Florac, bord du Tarn
À savoir : Cadre et situation agréables à l'entrée des Gorges du Tarn

Nature : ≤ ♀♀ ⚠
Loisirs : 🍴 snack 🏠 🏃 🚣 🎿 canoë
Services : ⚒ ⚬ GB ⚙ 🗟 ⚱ ⊕ 🔥 🚾 🖵 🏊 🚿
À prox. : 🚲 🍴

▲▲ **Les Peupliers** avr.-sept.
℘ 05 65 59 85 17, *lespeupliers12640@wanadoo.fr,*
Fax 05 65 61 09 03, *www.campinglespeupliers.fr*
– **R** conseillée
1,5 ha (112 empl.) plat, herbeux
Tarif : 🔲 23 € 🔌 (6A) – pers. suppl. 7 € – frais de réservation 25 €
Location : 11 🏠 (4 à 6 pers.) 250 à 550 €/sem.
Pour s'y rendre : Sortie Sud-Ouest rte de Millau et chemin à gauche, bord du Tarn

Nature : ≤ 🗗 ♀♀
Loisirs : 🍴 snack 🚣 🎿 🏊 canoë
Services : ⚒ ⚬ GB ⚙ 🗟 ⚱ ⊕ 🔥 🚾 🖵
À prox. : 🐎

475

RODEZ

✉ 12000 – 338 H4 – G. Midi Pyrénées – 23 707 h. – alt. 635

🛈 *Office de tourisme, place Foch* ℘ *05 65 75 76 77*

Paris 623 – Albi 76 – Alès 187 – Aurillac 87 – Brive-la-Gaillarde 167 – Clermont-Ferrand 213 – Montauban 131 – Périgueux 219 – Toulouse 155.

▲▲▲ **Village Vacances Campéole le Domaine de Combelles** (location exclusive de 124 bungalows toilés et 35 chalets) mai-oct.
℘ 05 65 77 30 04, *cpl.combelles@atciat.com,*
Fax 05 65 77 30 06, *www.campeole.com* – **R** indispensable
120 ha plat, vallonné, herbeux
Location : 🏠 – bungalows toilés – (avec sanitaires)
Pour s'y rendre : SE : 2 km par D 12, rte de Ste-Radegonde, D 62 , rte de Flavin à droite et chemin à gauche
À savoir : Au coeur d'un centre équestre, nombreuses activités

Nature : ⚓ ≤ 🗗
Loisirs : 🍴 🍽 🏠 🎭 nocturne , salle de danse 🚣 🚲 🎣 🍴 🎿 🐎 théâtre de verdure
Services : ⚬ (saison) 🅿 GB ⚙ 🖵 🚿
À prox. : 🎿 🎯 golf (18 trous), escalade

RODEZ

▲ **Municipal de Layoule** juin-sept.
    𝒫 05 65 67 09 52, *contact@mairie-rodez.fr*,
    Fax 05 65 67 11 43, *www.mairie-rodez.fr* – **R** conseillée ✻
    3 ha (79 empl.) plat et en terrasses, herbeux, gravier
    Tarif : (Prix 2005) ▣ 15 € – pers. suppl. 2 €
    Pour s'y rendre : Au Nord-Est de la ville
    À savoir : Agréable cadre verdoyant et ombragé près de
    l'Aveyron

| Nature : 〰 00 |
| Loisirs : 🎣 ⚡ |
| Services : & ⚯ 🍴 ⊙ 🗑 🚾 🏧 |
| À prox. : 🎯 ✗ 🎱 🏊 ⛵ 🐎 golf (18 trous) 🚐 |

ST-AMANS-DES-COTS

✉ 12460 – 338 H2 – 771 h. – alt. 735
🛈 *Office de tourisme, rue Principale* 𝒫 05 65 44 81 61
Paris 585 – Aurillac 54 – Entraygues-sur-Truyère 16 – Espalion 31 – Chaudes-Aigues 47.

▲ **Les Tours** 20 mai-7 sept.
    𝒫 05 65 44 88 10, *camping-les-tours@wanadoo.fr*,
    Fax 05 65 44 83 07, *www.les-tours.com* – alt. 600
    – **R** conseillée
    30 ha/10 campables (250 empl.) en terrasses, peu incliné,
    herbeux, pierreux
    Tarif : ▣ 34 € 🔌 (6A) – pers. suppl. 6,20 €
    Location : 46 🛖 (4 à 6 pers.) 217 à 712 €/sem.
    Pour s'y rendre : SE : 6 km par D 97 et D 599 à gauche,
    bord du lac de la Selves

| Nature : 🌳 < 〰 ♀ ⛰ |
| Loisirs : 🍴 ✗ 🎣 🎳 nocturne 🏃 ⚡ ☀ ✗ 🏊 🎱 practice de golf |
| Services : & ⚯ ⛽ 🍴 🗑 ⊙ 🏧 🚾 🗑 🚿 |

▲ **La Romiguière** mai-15 sept.
    𝒫 05 65 44 44 64, *campinglaromiguiere@wanadoo.fr*,
    Fax 05 65 44 86 37, *laromiguiere.com* – alt. 600 – **R** conseil-
    lée
    2 ha (62 empl.) en terrasses, pierreux, herbeux
    Tarif : ▣ 20 € 🔌 (10A) – pers. suppl. 5 € – frais de réser-
    vation 15 €
    Location : 15 🛖 (4 à 6 pers.) 200 à 500 €/sem.
    🚐 1 borne 3 €
    Pour s'y rendre : SE : 8,5 km par D 97 et D 599 à gauche,
    bord du lac de la Selves

| Nature : 🌳 < 〰 ♀ ⛰ |
| Loisirs : 🍴 brasserie, pizzeria 🎱 🗑 ponton d'amarrage, canoë, pédalos |
| Services : & ⚯ ⛽ 🍴 🗑 ⊙ 🏧 🚾 🗑 🚿 |
| À prox. : ski nautique, golf (18 trous) |

476

ST-GENIEZ-D'OLT

✉ 12130 – 338 J4 – G. Midi Pyrénées – 1 841 h. – alt. 410
🛈 *Office de tourisme, 4, rue du Cours* 𝒫 05 65 70 43 42, Fax 05 65 70 47 05
Paris 612 – Espalion 28 – Florac 80 – Mende 68 – Rodez 46 – Sévérac-le-Château 25.

▲ **Marmotel** 10 mai-10 sept.
    𝒫 05 65 70 46 51, *info@marmotel.com*, Fax 05 65 47 41 38,
    www.marmotel.com – **R** conseillée
    4 ha (173 empl.) plat, herbeux
    Tarif : ▣ 25,20 € 🔌 (10A) – pers. suppl. 4,80 € – frais de
    réservation 16 €
    Location ✻ (juil.août) : 22 🛖 (4 à 6 pers.) 225 à
    675 €/sem. – 30 🏠 (4 à 6 pers.) 180 à 375 €/sem.
    🚐 5 ▣ 15 €
    Pour s'y rendre : O : 1,8 km par D 19 rte de Prades-
    d'Aubrac et chemin à gauche, à l'extrémité du village arti-
    sanal, bord du Lot
    À savoir : Cadre verdoyant et très ombragé

| Nature : 🌳 < 〰 00 |
| Loisirs : 🍴 grill (dîner seulement) 🎳 nocturne 🏃 discothèque ⚡ ☀ ✗ 🎱 🏊 🗑 terrain omnisports |
| Services : & ⚯ ⛽ 🍴 🗑 ⊙ 🏧 🚾 🗑 |
| À prox. : 🎯 🐎 |

ST-GENIEZ-D'OLT

▲▲▲ **Campéole la Boissière** 24 avr.-24 sept.
𝄞 05 65 70 40 43, *cplboissiere@atciat.com*,
Fax 05 65 47 56 39, *www.campeoles.fr* – **R** conseillée
5 ha (220 empl.) en terrasses et plat, peu incliné, herbeux
Tarif : ▣ 22,80 € – pers. suppl. 6,10 € – frais de réservation 23 €
Location : 30 ⌂ (4 à 6 pers.) 357 à 658 €/sem. – bungalows toilés
Pour s'y rendre : NE : 1,2 km par D 988, rte de St-Laurent-d'Olt et rte de Pomayrols à gauche, bord du Lot
À savoir : Agréable cadre boisé

Nature : ⚘ ⌂ 00	
Loisirs : ♟ ⌂ ⚸ ⚹ ❅ ✂ ⦵ ⌇	
Services : ♿ ⚬ GB ⚒ ⊡ ♨ ⊕ ⊞	
À prox. : ⚘ ⚲ ⚬ ⚘	

▲▲ **Les Clédelles du Colombier** (location exclusive de 31 villas) mars-15 nov.
𝄞 05 65 47 45 72, *lescledelles.aveyron@wanadoo.fr*,
Fax 05 65 47 45 48, *www.lescledelles.com* – **R** conseillée
3 ha plat, herbeux
Location : ⌂ (4 à 6 pers.) 300 à 695 €/sem.
Pour s'y rendre : NE : 1 km par D 988, rte de St-Laurent-d'Olt et rte de Pomayrols à gauche, près du Lot

Nature : ⚘	
Loisirs : ⦵ nocturne ⚸ ⌇	
Services : ⚬ GB ⚒ ⫼ ⊞	
À prox. : ⚘	

LES GUIDES VERTS **MICHELIN**
Paysages, monuments
Routes touristiques
Géographie
Histoire, Art
Itinéraire de visite
Plans de villes et de monuments

477

ST-ROME-DE-TARN

✉ 12490 – 🄳🄳🄶 J6 – 715 h. – alt. 360
🛈 *Syndicat d'initiative, avenue Denis Affre* 𝄞 05 65 62 50 89
Paris 655 – Millau 18 – Pont-de-Salars 42 – Rodez 66 – St-Affrique 15 – St-Beauzély 20.

▲▲ **La Cascade** Permanent
𝄞 05 65 62 56 59, *campingdelacascade@wanadoo.fr*,
Fax 05 65 62 58 62, *http://perso.wanadoo.fr/campingdela cascade/* – accès aux emplacements par forte pente, mise en place et sortie des caravanes à la demande – **R** conseillée
4 ha (99 empl.) en terrasses, peu incliné, herbeux
Tarif : ▣ 25 € – pers. suppl. 6,50 €
Location : 15 ⌂ – 19 ⌂ – 10 ⌂ – bungalows toilés
⌂, 1 borne
Pour s'y rendre : N : 0,3 km par D 993, rte de Rodez, bord du Tarn
À savoir : Terrasses à flanc de colline dominant le Tarn

Nature : ⚘ ⪪ ⌂ 00 ⛰	
Loisirs : snack ⌂ ⦵ nocturne ⚸ ⚲ ⋈ ⌇ ⚘	
Services : ♿ ⚬ GB ⚒ ⊡ ♨ ⊕ ⚶ ⫰ ⊞ ⚑ ⚒	
À prox. : ⚘ canoë, pédalos	

ST-SYMPHORIEN-DE-THÉNIÈRES

✉ 12460 – 🄳🄳🄶 I2 – 228 h. – alt. 800
Paris 581 – Chaudes-Aigues 42 – Entraygues-sur-Truyère 27 – Espalion 33 – Laguiole 16 – Rodez 63.

▲ **Municipal St-Gervais** avr.-oct.
𝄞 05 65 44 82 43 – **R** conseillée
1 ha (39 empl.) peu incliné, en terrasses, plat, herbeux
Tarif : (Prix 2005) ▣ 13,50 € – pers. suppl. 6 €
Pour s'y rendre : À St-Gervais, O : 5 km par D 504
À savoir : Cadre verdoyant, près d'un plan d'eau et à proximité d'un lac

Nature : ⚘ ⪪ ⌂ 0	
Loisirs : ✂ ⚘	
Services : ♿ ⚬ ⚒ ⊡ ⊕ ⚶ ⚑ ⊞	
À prox. : ♟ snack ⚌ ⚬	

SALLES-CURAN

✉ 12410 – 🎴 I5 – 1 088 h. – alt. 887
🅱 *Syndicat d'initiative, place de la Mairie* 𝒫 05 65 46 31 73
Paris 650 – Albi 77 – Millau 39 – Rodez 40 – St-Affrique 41.

⛰ **Les Genêts** 29 mai-9 sept.
  𝒫 05 65 46 35 34, *contact@camping-les-genets.fr*,
  Fax 05 65 78 00 72, *www.camping-les-genets.fr* – alt. 1 000
  – **R** conseillée
  3 ha (163 empl.) peu incliné, en terrasses, herbeux
  Tarif : (Prix 2005) 🔲 29 € [⚡] (6A) – pers. suppl. 6,50 € – frais
  de réservation 30 €
  Location (29 avr-9 sept.) : 40 🚐 (4 à 6 pers.) 180 à
  620 €/sem. – 12 🏠 (4 à 6 pers.) 240 à 680 €/sem. –
  bungalows toilés
  Pour s'y rendre : NO : 5 km par D 993 puis à gauche par
  D 577, rte d'Arvieu et 2 km par chemin à droite
  À savoir : Au bord du lac de Pareloup

Nature : 🏞 ← ⌂ ♀ ⛰
Loisirs : 🍽 snack, pizzeria 🏃 disco-thèque 🎣 🚲 🎡 🏊
Services : ⚐ ⚡ (10 juin-9 sept.) 🅶🅱 🐾 🍴 🛒 ⊙ 🔥 ♨ 📷 🗜
À prox. : 🐎 🏄 ski nautique, jet-ski

⛰ **Parc du Charrouzech**
  𝒫 05 65 46 01 11, *patrick-vpt12@wanadoo.fr*,
  Fax 05 65 46 02 80, *www.vacancespourtous-aveyron.com*
  – **R** conseillée
  3 ha (104 empl.) en terrasses, peu incliné, herbeux
  Location : bungalows toilés
  Pour s'y rendre : NO : 5 km par D 993 puis à gauche par
  D 577, rte d'Arvieu et 3,4 km par chemin à droite, près du
  lac de Pareloup (accès direct)
  À savoir : Situation dominante sur le lac

Nature : 🏞 ← ⌂ ⛰
Loisirs : 🎣 🏃 🎣 🏊 canoë
Services : ⚐ ⚡ 🍴 ⊙ 🔥 ♨ 📷 🗜
À prox. : 🚲 🏄 🐎 ski nautique, jet-ski

⛰ **Beau Rivage** mai-sept.
  𝒫 05 65 46 33 32, *camping-beau-rivage@wanadoo.fr*,
  Fax 05 65 46 33 96, *www.beau-rivage.fr* – **R** conseillée
  2 ha (80 empl.) en terrasses, herbeux
  Tarif : 🔲 27 € [⚡] (6A) – pers. suppl. 6 € – frais de réservation 30 €
  Location (avr.-oct.) : 10 🚐 (4 à 6 pers.) 167 à
  610 €/sem. – 6 🏠 (4 à 6 pers.) 198 à 685 €/sem.
  Pour s'y rendre : N : 3,5 km par D 993, rte de Pont-de-
  Salars et D 243 à gauche, rte des Vernhes
  À savoir : Situation agréable au bord du lac de Pareloup

Nature : ← ⌂ ♀ ⛰
Loisirs : 🍽 snack 🎣 🎣 🏊 🎣
Services : ⚐ ⚡ 🅶🅱 🐾 Ⓜ 🍴 ⊙ ♨ 📷 🗜
À prox. : ✗ 🚲 🎣 🏄 🐎 ski nautique, jet-ski

SÉVÉRAC-L'ÉGLISE

✉ 12310 – 🎴 J4 – G. Midi Pyrénées – 418 h. – alt. 630
Paris 625 – Espalion 26 – Mende 84 – Millau 58 – Rodez 31 – Sévérac-le-Château 24.

⛰ **La Grange de Monteillac** mai-15 sept.
  𝒫 05 65 70 21 00, *info@la-grange-de-monteillac.com*,
  Fax 05 65 70 21 01, *www.la-grange-de-monteillac.com*
  – **R** conseillée
  4,5 ha (65 empl.) plat, en terrasses, peu incliné, herbeux
  Tarif : 🔲 23,50 € [⚡] (6A) – pers. suppl. 4,20 € – frais de
  réservation 18 €
  Location (avr.-15 oct.) : 22 🏠 (4 à 6 pers.) 191 à 753 €/sem.
  Pour s'y rendre : Sortie Nord-Est par D 28, rte de Laissac,
  face au cimetière

Nature : ← ⌂
Loisirs : 🍽 snack, pizzeria 🎣 🏃 🎣 🚲 🎡 🏊 poneys
Services : ⚐ ⚡ 🍴 ♨ ⊙ 🔥 🗜 📷
À prox. : 🎣

Le TRUEL

✉ 12430 – 🎴 I6 – 369 h. – alt. 290
Paris 677 – Millau 40 – Pont-de-Salars 37 – Rodez 52 – St-Affrique 23 – Salles-Curan 22.

⛰ **Municipal la Prade**
  𝒫 05 65 46 41 46
  0,6 ha (28 empl.) plat, pierreux, herbeux
  Location : gîte d'étape
  Pour s'y rendre : À l'Est du bourg par D 31, à gauche après
  le pont, bord du Tarn (plan d'eau)

Nature : ← ⌂ ♀
Loisirs : 🎣
Services : ⚡ 🍴 ⊙ 📷
À prox. : 🎣 🏊 🎣 🎣

VILLEFRANCHE-DE-ROUERGUE

⊠ 12200 – **338** E4 – G. Midi Pyrénées – 11 919 h. – alt. 230
🛈 *Office de tourisme, promenade du Guiraudet* ☎ *05 65 45 13 18, Fax 05 65 45 55 58*
Paris 614 – Albi 68 – Cahors 61 – Montauban 80 – Rodez 60.

Le Rouergue 15 avr.-sept.
☎ 05 65 45 16 24, *campingrouergue@wanadoo.fr,*
Fax 05 65 45 16 24, *villefranche.com/camping* – **R** conseil-
lée
1,8 ha (98 empl.) plat, herbeux
Tarif : 🔲 16 € [½] (16A) – pers. suppl. 2,30 €
Location : bungalows toilés
Pour s'y rendre : SO : 1,5 km par D 47, rte de Monteils

Nature : 🏕 ♀
Loisirs : 🍴 🏊
Services : 🔥 ⚡ ⊞ 🌳 🗑 🍴 ⊕ 🚿
À prox. : 🚲 ⛵ ✕ 🎮 🏊 🐴

Haute-Garonne (31)

ASPET

⊠ 31160 – **343** C6 – 923 h. – alt. 472
🛈 *Office de tourisme, rue Armand Latour* ☎ *05 61 94 86 51*
Paris 767 – Lannemezan 50 – St-Béat 29 – St-Gaudens 17 – St-Girons 41.

Municipal le Cagire avr.-sept.
☎ 05 61 88 51 55, *camping.aspet@wanadoo.fr,*
Fax 05 61 88 44 03 – **R** conseillée
1,5 ha (42 empl.) plat, herbeux, bois attenant
Tarif : (Prix 2005) ⛺ 2,10 € 🔲 2,20 € [½] 1,70 €
Pour s'y rendre : Sortie Sud par rte du col de Portet-
d'Aspet et chemin à droite, bord du Ger

Nature : ♀
Loisirs : 🍴
Services : ⚡ (juil.-août) 🌳 ⊕ 🗑
À prox. : ✕ 🏊

479

AURIGNAC

⊠ 31420 – **343** D5 – G. Midi Pyrénées – 980 h. – alt. 430
🛈 *Syndicat d'initiative, rue des Nobles* ☎ *05 61 98 70 06*
Paris 750 – Auch 71 – Bagnères-de-Luchon 69 – Pamiers 92 – St-Gaudens 23 – St-Girons 41 – Toulouse 77.

Municipal les Petites Pyrénées juin-sept.
☎ 05 61 98 70 08, *mairie@aurignac.fr,* Fax 05 61 98 70 08,
www.aurignac.fr – **R** conseillée
0,9 ha (40 empl.), peu incliné et plat, herbeux
Tarif : ⛺ 4 € 🔲 2 € [½] 1 €
Location : 2 🛖 (4 à 6 pers.) 206 à 305 €/sem.
Pour s'y rendre : Sortie SE par D 635 rte de Boussens et à
dr., près du stade

Nature : 🏕 ♀♀
Loisirs : 🍴
Services : ⚡ ⊕
À prox. : ✕ 🏊 🐴

BAGNÈRES-DE-LUCHON

⊠ 31110 – **343** B8 – G. Midi Pyrénées – 2 900 h. – alt. 630 – Sports d'hiver : à Superbagnères : 1 440/2 260 m
🎿1 🚡14 🎿
🛈 *Office de tourisme, 18, allée d'Étigny* ☎ *05 61 79 21 21, Fax 05 61 79 11 23*
Paris 814 – Bagnères-de-Bigorre 96 – St-Gaudens 48 – Tarbes 98 – Toulouse 141.

Pradelongue avr.-sept.
☎ 05 61 79 86 44, *camping.pradelongue@free.fr,*
Fax 05 61 79 18 64, *camping-pradelongue.com* – **R** conseillée
4 ha (135 empl.) plat, herbeux, pierreux
Tarif : ⛺ 4,85 € 🔲 4,95 € [½] (10A) 4 € – frais de réservation 11,50 €
Location 🏷 : 12 🛖 (4 à 6 pers.) 240 à 545 €/sem.
🚐, 1 borne – 13 🔲 12,50 €
Pour s'y rendre : 2 km au N par D 125, rte de Moustajon,
près du magasin Intermarché

Nature : ≤ ♀♀
Loisirs : 🍴 🏊 🏊
Services : 🔥 ⚡ ⊞ 🌳 🍴 🗑 🍴 ⊕
🌳 🚿 🗑 sèche-linge
À prox. : 🛒 🐴

BAGNERES-DE-LUCHON

▲ **Les Myrtilles** fermé nov.
    ℘ 05 61 79 89 89, *myrtilles.aubruchet@wanadoo.fr*,
Fax 05 61 79 09 41, *www.campingmyrtilles.com* – **R** conseillée
2 ha (100 empl.) plat, herbeux
Tarif : 🔲 21,20 € (❲) (10A) – pers. suppl. 3,80 € – frais de
réservation 14 €
Location : 9 🛏 (2 à 4 pers.) 160 à 340 €/sem. – 26 🛏
(4 à 6 pers.) 260 à 475 €/sem. – 5 studios – 5 bungalows
toilés – gîte d'étape
🛒 1 borne 5 € – 3 🔲
Pour s'y rendre : 2,5 km au N par D 125, à Moustajon, bord
d'un ruisseau

| Nature : ← 🏕 ♨ |
| Loisirs : 🍸 snack 🎱 🏊 ⛵ ⛸ 🛶 |
| Services : 🚿 o─🚽 🅖🅑 🗄 📻 🍴 🛗 🏧 |
| ☺ ⚖ ♻ 🗑 sèche-linge 🛗 |
| À prox. : 🏇 (centre équestre) |

▲ **La Lanette**
    ℘ 05 61 79 00 38, *camping-la-lanette@wanadoo.fr*,
Fax 05 61 79 06 16, *www.camping-la-lanette.com* – **R**
5 ha (250 empl.) peu incliné, plat, herbeux
Location : 22 🏠
Pour s'y rendre : 0,5 km au N par D 27, rte de Juzet-de-
Luchon

| Nature : 🌳 ← 🏕 ♨ |
| Loisirs : 🍸 snack 🏊 ⛵ |
| Services : 🚿 o─🚽 🗄 🍴 ☺ 📻 🛗 |

The Guide changes, so renew your Guide every year.

BOULOGNE-SUR-GESSE

✉ 31350 – ▓▓▓ B5 – 1 433 h. – alt. 320
🛈 *Office de tourisme, place de l'Hôtel de Ville* ℘ *05 61 88 13 19*
Paris 735 – Auch 47 – Aurignac 24 – Castelnau-Magnoac 13 – Lannemezan 34 – L'Isle-en-Dodon 21.

▲ **Le Lac** (location exclusive de 24 chalets) Permanent
    ℘ 05 61 88 20 54, *villagevacancesboulogne@wanadoo.fr*,
Fax 05 61 88 62 16 – empl. traditionnels également dispo-
nibles – **R** conseillée
2 ha en terrasses, herbeux
Location 🄿 : 🏠 (4 à 6 pers.) 245 à 590 €/sem.
Pour s'y rendre : 1,3 km au SE par D 633 rte de Montréjeau
et rte à gauche, à 300 m du lac
À savoir : Location à la nuitée hors sais.

| Nature : 🌳 ← Sur le lac ♨♨ |
| Loisirs : 🎱 🎣 |
| Services : 🚿 o─🚽 ⛵ 📻 |
| À prox. : 🛒 🍸 ✕ 🏊 🏄 ⛵ 🎯 🛶 |
| 🚣 pédalos |

CARAMAN

✉ 31460 – ▓▓▓ I3 – 1 944 h. – alt. 285
Paris 702 – Lavaur 25 – Puylaurens 28 – Revel 23 – Toulouse 29 – Villefranche-de-Lauragais 18.

▲ **Municipal de l'Orme Blanc** 23 juin-15 sept
    ℘ 05 62 18 81 60, *mairie-caraman@wanadoo.fr*,
Fax 05 61 83 98 83 – **R** conseillée
0,6 ha (30 empl.) plat, peu incliné, herbeux
Tarif : (Prix 2005) 👤 2,50 € 🚗 1,50 € 🔲 2,50 € (❲) 2,50 €
Pour s'y rendre : SO : 1,5 km par D 11, rte de Villefranche-
de-Lauragais et rte de Labastide-Beauvoir, près d'un étang

| Nature : 🌳 🏕 🎋 |
| Services : 🚿 o─🚽 🗄 ☺ ⚖ ♻ |
| À prox. : 🏃 parcours sportif |

CASSAGNABÈRE-TOURNAS

✉ 31420 – ▓▓▓ C5 – 389 h. – alt. 380
Paris 758 – Auch 78 – Bagnères-de-Luchon 65 – Pamiers 101 – St-Gaudens 19 – St-Girons 47 – Toulouse 86.

▲ **Pré Fixe** 15 avr.-15 sept.
    ℘ 05 61 98 71 00, *camping@instudio4.com*, *www.instu*
dio4.com/pre-fixe – **R** conseillée 🐾
1,2 ha (40 empl.) en terrasses, plat, herbeux
Tarif : 🔲 14 € (❲) (6A) – pers. suppl. 5 €
Pour s'y rendre : Au Sud-Ouest du bourg
À savoir : Jolie décoration florale et arbustive

| Nature : 🌳 ← 🏕 ♨ |
| Loisirs : 🎱 🎣 |
| Services : 🚿 o─🚽 ⛵ 🗄 ☺ 📻 🛗 |
| À prox. : 🐾 |

GARIN

✉ 31110 – 343 B8 – 102 h. – alt. 1 100
Paris 827 – Toulouse 153 – Tarbes 85 – Lourdes 84 – Saint 53.

Les Frênes (location exclusive de 9 chalets) Permanent
℘ 05 61 79 88 44, *vero.comet@wanadoo.fr*,
Fax 05 61 79 88 44, *www.chalets-luchon-peyragudes.com* –
empl. traditionnels également disponibles – **R** indispensable
0,8 ha en terrasses, peu incliné, herbeux, pierreux
Location **P** : ⌂ (4 à 6 pers.) 163 à 467 €/sem.
Pour s'y rendre : À l'E du bourg par D 618, rte de Bagnères-de-Luchon et à gauche, D 76ᴱ vers rte de Billière
À savoir : Location à la nuitée hors vacances scolaires

Nature :	
Loisirs :	
Services : ⚬⊸ ℘ ▥ ▦ sèche-linge	
À prox. : ✗	

JUZET-DE-LUCHON

✉ 31110 – 343 B8 – 379 h. – alt. 625
Paris 816 – Toulouse 140 – Tarbes 93 – Auch 113 – Muret 120.

Le Célinda (location exclusive de 8 chalets)
℘ 05 61 79 07 02, *www.celinda-luchon.com*
1 ha plat, herbeux
Location ⚹ ⚐ **P** (et garage) : 8 ⌂
Pour s'y rendre : 0,5 km au S par rte de Montauban

Loisirs :	
Services : ▥ ▦	

*Donnez-nous votre avis
sur les terrains que nous recommandons.
Faites-nous connaître vos observations et vos découvertes.*

MANE

481

✉ 31260 – 343 D6 – 1 026 h. – alt. 297
Paris 753 – Aspet 19 – St-Gaudens 22 – St-Girons 22 – Ste-Croix-Volvestre 25 – Toulouse 80.

Municipal de la Justale mai-oct.
℘ 05 61 90 68 18, *la.justale.villagevacances-mane@wana
doo.fr*, Fax 05 61 90 68 18 – **R** conseillée
3 ha (23 empl.) plat, herbeux
Tarif : ⚹ 2,45 € ⚐ 2,30 € ▣ 3,45 € (½) (6A) 2,05 €
Location (permanent) : gîtes
⚐ 1 borne
Pour s'y rendre : SO : à 0,5 km du bourg par rue près de la
mairie, bord de l'Arbas et d'un ruisseau
À savoir : Agréable cadre verdoyant

Nature :	
Loisirs :	
Services : ⚹ ⚬⊸ ℘ ▦ ⊕ ▦	
À prox. : ✗	

MARTRES-TOLOSANE

✉ 31220 – 343 E5 – G. Midi Pyrénées – 1 687 h. – alt. 268
🄸 Office de tourisme, 6, boulevard du Nord ℘ 05 61 98 66 41, Fax 05 61 98 59 29
Paris 735 – Auch 80 – Auterive 48 – Bagnères-de-Luchon 81 – Pamiers 78 – St-Gaudens 33 – St-Girons 40.

Le Moulin 15 avr.-sept.
℘ 05 61 98 86 40, *info@campinglemoulin.com*,
Fax 05 61 98 66 90, *www.campinglemoulin.com*
– **R** conseillée
6 ha/3 campables (57 empl.) plat, herbeux
Tarif : ▣ 23 € (½) (6A) – pers. suppl. 6 €
Location (9 janv.-nov.) : 3 ▭ (4 à 6 pers.) 230 à
595 €/sem. – 7 ⌂ (4 à 6 pers.) 240 à 695 €/sem.
⚐ 1 borne
Pour s'y rendre : SE : 1,5 km par rte du stade, av. de
St-Vidian et chemin à gauche après le pont, bord d'un
ruisseau et d'un canal, près de la Garonne (accès direct)
À savoir : Agréable domaine rural, ancien moulin

Nature :	
Loisirs :	
Services : ⚹ ⚬⊸ GB ℘ ▦ ⊕ ▦	

NAILLOUX

✉ 31560 – **343** H4 – 1 237 h. – alt. 285 – Base de loisirs
Paris 711 – Auterive 15 – Castelnaudary 42 – Foix 50 – Pamiers 32 – Toulouse 36.

⚠ **Le Lac de la Thésauque** Permanent
    📞 05 61 81 34 67, *camping-thesauque@caramail.com*,
    Fax 05 61 81 00 12, *www.camping-thesauque.com*
    – **R** conseillée
    2 ha (60 empl.) en terrasses, herbeux
    Tarif : (Prix 2005) ▣ 18,30 € – 🔌 (10A) – pers. suppl. 3,70 € –
    frais de réservation 10 €

    Location 🏠 : 2 🛖 (2 à 4 pers.) 180 à 250 €/sem. – 4
    🏚 (4 à 6 pers.) 300 à 430 €/sem.
    Pour s'y rendre : 3,4 km à l'E par D 622, rte de Villefranche-
    de-Lauragais, D 25 à gauche et chemin, à 100 m du lac

> Nature : 🌊 ♤♤
> Loisirs : 🍴 pizzeria 🎯 ⚡ 🎿 🏓 ⛷
> 🛶 canoë, pédalos
> Services : 🚿 ⛽ GB 🧺 ▦ 🚽 ⚐ 🗑
> ♨
> À prox. : 🗡

PUYSSÉGUR

✉ 31480 – **343** E2 – 70 h. – alt. 265
Paris 669 – Agen 83 – Auch 51 – Castelsarrasin 48 – Condom 73 – Montauban 45 – Toulouse 42.

⚠ **Namasté** avr.-oct.
    📞 05 61 85 77 84, *camping.namaste@free.fr*,
    Fax 05 61 85 77 84, *camping.namaste.free.fr* – accès aux
    emplacements par forte pente, mise en place et sortie des
    caravanes à la demande – **R** conseillée
    10 ha/2 campables (50 empl.) en terrasses, herbeux,
    gravillons, étang, bois attenant
    Tarif : ▣ 20,50 € 🔌 (10A) – pers. suppl. 6 €
    Location : 5 🏚 (4 à 6 pers.) 370 à 460 €/sem.
    Pour s'y rendre : Sortie Nord par D 1, rte de Cox et chemin
    à droite

> Nature : 🌊 🏕 ♤♤
> Loisirs : 🎯 ⚙ ⚡ 🎿 🛶
> Services : 🚿 ⛽ 🧺 🚽 ⚐ 🗑 ♨ 🗑

482

REVEL

✉ 31250 – **343** K4 – G. Midi Pyrénées – 7 985 h. – alt. 210
🛈 *Office de tourisme, place Philippe VI de Valois* 📞 05 34 66 67 68, Fax 05 34 66 67 21
Paris 727 – Carcassonne 46 – Castelnaudary 21 – Castres 28 – Gaillac 62 – Toulouse 54.

⚠ **Municipal du Moulin du Roy** 15 juin-3 sept.
    📞 05 61 83 32 47, *mairie@mairie-revel.fr*,
    Fax 05 62 18 71 41, *www.revel-lauragais.com* – **R** conseillée
    1,2 ha (50 empl.) plat, herbeux
    Tarif : ▣ 10,40 € – pers. suppl. 2,30 €
    Pour s'y rendre : Sortie Sud-Est par D 1, rte de Dourgne et
    à droite
    À savoir : Décoration arbustive et florale des emplace-
    ments

> Nature : 🏕 ♤
> Loisirs : ⚡
> Services : 🚿 ⛽ 🧺 🛏 ⚐ 🗑
> À prox. : 🍴 🎱 🎿

RIEUX

✉ 31310 – **343** F5 – G. Midi Pyrénées – 1 899 h. – alt. 210 – Base de loisirs
🛈 *Office de tourisme, rue de l'Ort* 📞 05 61 87 63 33
Paris 723 – Auterive 35 – Foix 54 – St-Gaudens 54 – Toulouse 50.

⚠ **Municipal du Plan d'Eau** avr.-oct.
    📞 05 61 87 49 64, *otrieuxvolvestre@wanadoo.fr*,
    Fax 05 61 87 63 33, *www.tourisme-volvestre.com* – places
    limitées pour le passage – **R** conseillée
    3 ha (68 empl.) en terrasses, herbeux, gravillons
    Tarif : ▣ 11 € 🔌 (10A) – pers. suppl. 3,50 € – frais de réser-
    vation 9 €
    Location : 11 🏚 (4 à 6 pers.) 196 à 280 €/sem. – 10 🏠
    🚐, 1 borne 3 €
    Pour s'y rendre : 3 km au NO par D 627, rte de Toulouse et
    rte à gauche, bord de la Garonne
    À savoir : Location à la nuitée hors sais.

> Nature : 🌊 🏕 ♧♧♧
> Loisirs : ⚡ 🎱 🛶
> Services : 🚿 ⛽ GB 🧺 ⚐ 🗑 🗑
> À prox. : 🗡 snack 🎣 🔲 🎿 ♨

ST-BERTRAND-DE-COMMINGES

✉ 31510 – 343 B6 – G. Midi Pyrénées – 237 h. – alt. 581
Paris 783 – Bagnères-de-Luchon 33 – Lannemezan 23 – St-Gaudens 17 – Tarbes 68 – Toulouse 110.

△ **Es Pibous** Permanent
    𝄐 05 61 94 98 20, Fax 05 61 95 63 83 – **R** conseillée
2 ha (80 empl.) plat, herbeux
Tarif : 🅴 14 € 🅹 (6A) – pers. suppl. 3,50 €
🚐 1 borne 3,80 €
Pour s'y rendre : SE : 0,8 km par D 26 A, rte de St-Béat et chemin à gauche

| Nature : 🔍 ⟨ la cathédrale ⟷ 🟢🟢 |
| Loisirs : 🏠 🚣 |
| Services : ⚐ 🔌 GB ℄ 🗐 ⚲ ⊛ 🅿 |

ST-FERRÉOL

✉ 31250 – 343 K4 – G. Midi Pyrénées – Base de loisirs
Paris 729 – Carcassonne 43 – Castelnaudary 19 – Castres 31 – Gaillac 65 – Toulouse 56.

△ **En Salvan** avr.-oct.
    𝄐 05 61 83 55 95, lvt-en-salvan@wanadoo.fr,
Fax 05 62 71 23 46, www.camping-ensalvan.com
– **R** conseillée – adhésion F.F.C.C. obligatoire
2 ha (150 empl.) plat et peu incliné, herbeux
Tarif : 🚶 2,95 € 🚗 1,30 € 🅴 2,95 € 🅹 (10A) 3,90 € – adhésion obligatoire 1,50 €
Location 🏠 : 28 🚙 (4 à 6 pers.) 220 à 480 €/sem. – 4 🏠 (4 à 6 pers.) 220 à 480 €/sem.
Pour s'y rendre : 1 km au SO sur D 79D rte de Vaudreuille, près d'une cascade et à 500 m du lac (haut de la digue)

| Nature : 🔍 ⟷ 🟢 |
| Loisirs : 🏠 🚣 🚣 |
| Services : ⚐ 🔌 GB ℄ 🗐 ⚲ ⊛ 🅿 |
| À prox. : ✗ 🎣 ≋ 🔱 🐎 poneys |

ST-GAUDENS

✉ 31800 – 343 C6 – G. Midi-Pyrénées – 10 845 h. – alt. 405
🅱 Office de tourisme, 2, rue Thiers 𝄐 05 61 94 77 61, Fax 05 61 94 77 50
Paris 766 – Bagnères-de-Luchon 48 – Tarbes 68 – Toulouse 94.

△ Municipal **Belvédère des Pyrénées**
    𝄐 05 62 00 16 03 – **R** conseillée
1 ha (83 empl.) plat, herbeux, gravillons
Pour s'y rendre : O : 1 km par N 117, direction Tarbes

| Nature : ⟨ Pyrénées ⟷ 🟢🟢 |
| Loisirs : 🍴 pizzeria |
| Services : ⚐ 🔌 🏢 🗐 ⊛ |
| À prox. : 🛒 |

ST-MARTORY

✉ 31360 – 343 D6 – G. Midi Pyrénées – 873 h. – alt. 268
🅱 Syndicat d'initiative, 17, rue des Écoles 𝄐 05 61 97 40 48
Paris 745 – Aurignac 12 – Bagnères-de-Luchon 66 – Cazères 16 – St-Gaudens 20 – Toulouse 72.

△ **Municipal** 15 juin-15 sept.
    𝄐 05 61 90 44 93, cccsm@wanadoo.fr, www.petitespyrenees.com – **R** conseillée
1,3 ha (50 empl.) plat, herbeux
Tarif : 🅴 9,50 € 🅹 (5A) – pers. suppl. 2 €
Pour s'y rendre : S : 0,8 km par D 117, rte de St-Girons et chemin à droite, après le stade

| Nature : 🔍 ⟷ 🟢 |
| Services : ⚐ 🔌 ℄ 🏢 ⊛ |
| À prox. : ✗ |

SALLES-ET-PRATVIEL

✉ 31110 – 343 B8 – 119 h. – alt. 625
Paris 814 – Toulouse 141 – Tarbes 86 – Lourdes 105 – Saint 41.

△ **Le Pyrénéen** Permanent
    𝄐 05 61 79 59 19, campinglepyreneen@wanadoo.fr,
Fax 05 61 79 75 75, www.campingdepyreneen-luchon.com
– **R** conseillée 🐕
1,1 ha (75 empl.) plat, pierreux, herbeux
Tarif : (Prix 2005) 🅴 18 € 🅹 (10A) – pers. suppl. 3,80 €
Location : 11 🚙 (4 à 6 pers.) 260 à 400 €/sem.
Pour s'y rendre : 0,6 km au S par D 27 et chemin, bord de la Pique

| Nature : ❄ 🔍 ⟨ ⟷ 🟢🟢 |
| Loisirs : 🍴 🏠 🚣 🏊 |
| Services : ⚐ 🔌 ℄ 🏢 🗐 🛁 ⚲ ⊛ 🚿 ⚒ 🖩 sèche-linge |
| À prox. : 🐎 |

AUCH

✉ 32000 – 🔢 F8 – G. Midi Pyrénées – 21 838 h. – alt. 169

🅱 *Office de tourisme, 1, rue Dessoles* 📞 *05 62 05 22 89, Fax 05 62 05 92 04*

Paris 713 – Agen 74 – Bordeaux 205 – Tarbes 74 – Toulouse 79.

    ⚠ **Le Castagné** juin-1er oct.

      📞 06 07 97 40 37, *lecastagne@wanadoo.fr,*

      Fax 05 62 63 32 56 – **R** conseillée

      70 ha/2 campables (24 empl.) incliné et peu incliné, herbeux

      Tarif : 🔲 14 € – pers. suppl. 4 €

      Location (permanent) : 3 🛏 (4 à 6 pers.) 274 à
460 €/sem. – 9 🏠 (4 à 6 pers.) 305 à 500 €/sem. – 🛏 –
gîtes

      Pour s'y rendre : E : 4 km par rte de Toulouse et à droite
chemin de Montegut

Nature :	🌿 ≤ ⛰
Loisirs :	🏠 🏕 🏇 🚲 🎣 🏊 🚣
Services :	🚿 🔌 🚐 ♿ 📧
À prox. : pédalos	

BARBOTAN-LES-THERMES

✉ 32150 – 🔢 B6 – G. Midi-Pyrénées

🅱 *Office de tourisme, rue d'Albret* 📞 *05 62 69 52 13*

Paris 703 – Aire-sur-l'Adour 37 – Auch 75 – Condom 37 – Mont-de-Marsan 43.

    ⚠ **Le Lac de l'Uby** 15 mars-nov.

      📞 05 62 09 53 91, *balia-vacances@wanadoo.fr,*

      Fax 05 62 09 56 97, *www.camping-uby.com* – **R** conseillée

      6 ha (290 empl.) plat, gravier, herbeux

      Tarif : 🔲 16,90 € 🔌 (10A) – pers. suppl. 4,50 €

      Location : 7 🏠 (4 à 6 pers.) 200 à 503 €/sem.
🛏 1 borne

      Pour s'y rendre : SO : 1,5 km, rte de Cazaubon et à gauche,
à la base de loisirs (bord du lac)

Nature :	🌿 🏞 ⛰
Loisirs :	🏠 🚣
Services :	🚿 🔌 GB 🚐 🍴 🔥 📧 ♿ 🚿
À prox. : 🏕 🍴 🏊 🛶 canoë, pé-dalos	

484

*The classification (1 to 5 tents, **black** or red) that we award to
selected sites in this Guide is a system that is our own.
It should not be confused with the classification (1 to 4 stars) of official organisations.*

BASSOUES

✉ 32320 – 🔢 D8 – 376 h. – alt. 225

🅱 *Syndicat d'initiative, Au Donjon* 📞 *05 62 70 97 34, Fax 05/62/70 90 47*

Paris 749 – Aire-sur-l'Adour 48 – Auch 39 – Condom 55 – Mont-de-Marsan 79 – Tarbes 56.

    ⚠ **Saint Fris** juil.-août

      📞 05 62 70 90 47, *cœur-dastarac@wanadoo.fr* – **R** conseil-
lée

      1 ha (50 empl.) non clos, plat, peu incliné, herbeux

      Tarif : (Prix 2005) 🔲 11 €

      Pour s'y rendre : E : 0,8 km par D 943, rte de Montesquiou,
près du stade et au bord de l'étang

Nature :	🌿 🏞
Loisirs :	🍴
Services :	🚐 ♿

CASTÉRA-VERDUZAN

✉ 32410 – 🔢 E7 – 830 h. – alt. 114 – Base de loisirs

🅱 *Syndicat d'initiative, avenue des Thermes* 📞 *05 62 68 10 66*

Paris 720 – Agen 61 – Auch 40 – Condom 20.

    ⚠ **La Plage de Verduzan** 30 avr.-oct.

      📞 05 62 68 12 23, *contact@camping-verduzan.com,*

      Fax 05 62 68 18 95, *www.camping-verduzan.com*
– **R** conseillée

      2 ha (100 empl.) plat, herbeux

      Tarif : 🔲 20 € 🔌 (6A) – pers. suppl. 5 €

      Location 🏕 : 16 🛏 (2 à 4 pers.) 125 à 335 €/sem. – 7
🛏 (4 à 6 pers.) 215 à 515 €/sem. – bungalows toilés

      Pour s'y rendre : Au Nord du bourg, bord de l'Aulone

      À savoir : Au bord d'un plan d'eau, emplacements soignés

Nature :	🏞 🌿
Loisirs :	🏠 🏕 🎣
Services :	🚿 🔌 GB 🚐 🔥 🚿 ♿ 🚿 📧
À prox. : 🍴 🏊 (plage) 🏄 pédalos	

CÉZAN

✉ 32410 – 🔢 E7 – 150 h. – alt. 207
Paris 712 – Auch 27 – Fleurance 18 – Lectoure 22 – Valence-sur-Baïse 14 – Vic-Fézensac 21.

⚠ **Les Angeles** avr.-10 sept.
  ☎ 05 62 65 29 80, *camping.angeles@oreka.com*,
  Fax 05 62 65 29 80, *www.camping-les-angeles.com*
  – **R** conseillée
  3 ha (62 empl.) non clos, incliné à peu incliné, terrasses,
  herbeux
  Tarif : (Prix 2005) 🔲 19,60 € [⚡] (10A) – pers. suppl. 5,15 € –
  frais de réservation 10 €
  Location (mars-sept.) : 6 🏠 (4 à 6 pers.) 230 à
  465 €/sem.
  Pour s'y rendre : SE : 2,5 km par D 303, rte de Réjaumont,
  à droite rte de Préhac puis 0,9 km par chemin

| Nature : 🌊 🏕 ♀ |
| Loisirs : 🏠 🏸 🚴 🛶 |
| Services : ⚓ GB 🐕 📺 ♿ 🖼 ᴤ |

CONDOM

✉ 32100 – 🔢 E6 – G. Midi Pyrénées – 7 251 h. – alt. 81
🅸 *Office de tourisme, place Bossuet* ☎ *05 62 28 00 80, Fax 05 62 28 45 46*
Paris 729 – Agen 41 – Auch 46 – Mont-de-Marsan 80 – Toulouse 121.

⚠ **Municipal** avr.-sept.
  ☎ 05 62 28 17 32, Fax 05 62 28 17 32 – **R** conseillée
  2 ha (75 empl.) plat, herbeux
  Tarif : (Prix 2005) 👤 3,08 € 🔲 4,40 € [⚡] (7A) 3,30 €
  Location (mars-oct.) 🛏 : 30 🏠 (4 à 6 pers.) 175 à
  560 €/sem.
  Pour s'y rendre : Sortie Sud par D 931 rte d'Eauze, près de
  la Baïse

| Nature : 🏕 ♀♀ |
| Loisirs : 🏠 🎣 |
| Services : ♿ ⚓ 🐕 Ⓜ 📺 ♿ ᴤ ᵂ |
| 🖼 |
| À prox. : 🍷 ✕ ✂ 🛶 |

ESTANG   **485**

✉ 32240 – 🔢 B6 – 643 h. – alt. 120
Paris 712 – Aire-sur-l'Adour 25 – Eauze 17 – Mont-de-Marsan 35 – Nérac 56 – Nogaro 18.

⚠⚠ **Les Lacs de Courtès** Pâques-sept.
  ☎ 05 62 09 61 98, *contact@lacs-de-courtes.com*,
  Fax 05 62 09 63 13, *www.lacs-de-courtes.com* – **R** conseillée
  7 ha (163 empl.) en terrasses, peu incliné, plat, herbeux
  Tarif : 🔲 26 € [⚡] (6A) – pers. suppl. 5 € – frais de réservation 15 €
  Location (permanent) : 50 🏠 (4 à 6 pers.) 225 à
  775 €/sem. – maisonnettes
  🚐 1 borne 10 € – 10 🔲 16 €
  Pour s'y rendre : Au Sud du bourg par D 152, près de
  l'église et au bord d'un lac

| Nature : 🌊 ♀♀ |
| Loisirs : 🍷 snack 🏠 🏸 🏸 -⚡ ⎰ |
| 🛶 🏊 🎣 canoë |
| Services : ♿ ⚓ GB 🐕 📺 ♿ 🐾 ♿ |
| 🖼 ᴤ |

GONDRIN

✉ 32330 – 🔢 D6 – 999 h. – alt. 174
🅸 *Office de tourisme, 18, place de la Liberté* ☎ *05 62 29 15 89*
Paris 745 – Agen 58 – Auch 42 – Condom 17 – Mont-de-Marsan 64 – Nérac 38.

⚠ **Le Pardaillan** 30 avr.-11 sept.
  ☎ 05 62 29 16 69, *Camplepardaillan@wanadoo.fr*,
  Fax 05 62 29 11 82, *www.camping-le-pardaillan.com*
  – **R** conseillée
  2,5 ha (100 empl.) plat, terrasses, herbeux, gravillons
  Tarif : (Prix 2005) 🔲 21,40 € [⚡] (10A) – pers. suppl. 4,90 € –
  frais de réservation 12 €
  Location : 24 🏠 (4 à 6 pers.) 215 à 550 €/sem. – 15 🏠
  (4 à 6 pers.) 245 à 680 €/sem. – bungalows toilés
  🚐 1 borne – 4 🔲 13 €
  Pour s'y rendre : À l'Est du bourg

| Nature : 🌊 🏕 ♀♀ |
| Loisirs : 🍷 pizzeria 🏠 🏸 jacuzzi |
| 🏸 ⎰ (petite piscine) 🏊 (plan |
| d'eau) |
| Services : ♿ ⚓ GB 🐕 ▦ 📺 ♿ ♿ |
| ᴤ ᵂ 🖼 ᴤ |
| À prox. : ✂ 🛶 |

LECTOURE

✉ 32700 – 336 F6 – G. Midi Pyrénées – 3 933 h. – alt. 155 – Base de loisirs
🛈 *Syndicat d'initiative, place du Général-de-Gaulle* ✆ *05 62 68 76 98*
Paris 708 – Agen 39 – Auch 35 – Condom 26 – Montauban 84 – Toulouse 114.

Yelloh-Village le Lac des 3 Vallées 20 mai-10 sept.
✆ 05 62 68 82 33, *lac.des.trois.vallees@wanadoo.fr*,
Fax 05 62 68 88 82, *lac-des-3-vallees.com* – **R** indispensable
40 ha (500 empl.) plat et peu incliné, en terrasses, herbeux,
étangs, bois attenant
Tarif : 🎟 39 € – pers. suppl. 7,50 € – frais de réservation 30 €
Location : 150 🚐 (4 à 6 pers.) 224 à 833 €/sem. –
studios - bungalows toilés
🚐 1 borne 4,50 €
Pour s'y rendre : SE : 2,4 km par N 21, rte d'Auch, puis
2,3 km par rte à gauche, au parc de loisirs, bord du lac

| Nature : 🏊 ⬅ 🏕 ♨♨ |
| Loisirs : 🍴 🗡 snack 🚙 🌙 nocturne 🏃 🎳 🛶 🕺 🎱 🏊 🎣 cinéma de plein air |
| Services : ⚙ 🚰 🅖🅑 🌙 ⬚ ♨ 🔥 ◎ 🚿 🚽 ✆ 🏠 ⊞ 🛒 |

🛳 🗡 *ATTENTION...*
🛶 *ces éléments ne fonctionnent généralement qu'en saison,*
🏊 🐎 *quelles que soient les dates d'ouverture du terrain.*

LELIN-LAPUJOLLE

✉ 32400 – 336 B7 – 207 h. – alt. 107
Paris 731 – Agen 101 – Auch 42 – Mont-de-Marsan 41 – Pau 60 – Tarbes 67.

Lahount Permanent
✆ 05 62 69 64 09, *camping.de.lahount@wanadoo.fr*,
Fax 05 62 69 68 73, *http://perso.wanadoo.fr/cam
ping.de.lahount/* – **R** conseillée
10 ha/3 campables (86 empl.) en terrasses, herbeux, étang,
bois attenant
Tarif : 🎟 14,50 € – pers. suppl. 3,25 €
Location : 7 🚐 (2 à 4 pers.) 204 à 246 €/sem. – 10 🚐
(4 à 6 pers.) 195 à 395 €/sem. – 5 🏠 (4 à 6 pers.) 245 à
595 €/sem. – pavillons
🚐 1 borne 4,50 € – 7 🎟 10 €
Pour s'y rendre : S : 2,2 km par D 169, rte de St-Germé et
rte à gauche

| Nature : 🏊 ⬅ 🏕 |
| Loisirs : snack 🚙 🏊 poneys |
| Services : ⚙ 🚰 🅖🅑 🌙 ⬚ ♨ 🏠 🚿 ⊞ 🛒 |

Site de Campan

A. Thuilier/Michelin

MASSEUBE

✉ 32140 – 336 F9 – 1 391 h. – alt. 220
🛈 *Syndicat d'initiative, 14, avenue E. Duffréchou* ℘ *05 62 66 12 22, Fax 05 62 66 96 20*
Paris 732 – Auch 26 – Mirande 21 – Rieux 69 – Toulouse 91.

⚠ **Les Cledelles** 15 juin-15 sept.
℘ 05 62 66 01 75, *cledelles.gers@wanadoo.fr*,
Fax 05 62 66 01 75, *lescledelles.com* – **R** conseillée
1 ha plat, herbeux
Tarif : 🔳 15 € – pers. suppl. 5 €
Location (permanent) : 19 🏠 (4 à 6 pers.) 280 à
580 €/sem.
Pour s'y rendre : Au bourg, près du stade et de la piscine

Nature : ♀
Loisirs : 🏠 🚣 ✗ ⚒ ⚒
Services : ও ⊶ 🅿 GB ♂ 🔲
À prox. : golf

MIRANDE

✉ 32300 – 336 E8 – G. Midi Pyrénées – 3 568 h. – alt. 173
🛈 *Office de tourisme, 13, rue de l'Evêché* ℘ *05 62 66 68 10*
Paris 737 – Auch 25 – Mont-de-Marsan 98 – Tarbes 49 – Toulouse 103.

⚠ **Municipal l'Île du Pont** 15 mai-15 sept.
℘ 05 62 66 64 11, *info@camping-gers.com*,
Fax 05 62 66 69 86, *www.camping-gers.com* – **R** conseillée
10 ha/5 campables (140 empl.) non clos, plat, herbeux
Tarif : 🔳 16 € – pers. suppl. 5 €
Location (permanent) : 9 🚐 (4 à 6 pers.) 215 à
525 €/sem. – 12 🏠 (4 à 6 pers.) 255 à 565 €/sem. –
bungalows toilés
Pour s'y rendre : À l'Est de la ville, dans une île de la Grande
Baïse
À savoir : Sur une île, site agréable entre lac et rivière

Nature : 🍃 ♀
Loisirs : 🍸 snack 🏠 🎯 salle d'ani-
mation 🚣 🏊
Services : ও ♂ 🗄 🖩 ☺ 🛁 🔲 🔲 🍴
À prox. : ⚒ parcours de santé, ca-
noë, pédalos 🚲

Benutzen Sie
– zur Wahl der Fahrtroute
– zur Berechnung der Entfernungen
– zur exakten Lokalisierung eines Campingplatzes (mit Hilfe der Angaben im Ortstext)
die für diesen Führer unentbehrlichen **MICHELIN-Karten** *im Ma1 : 150 000.*

487

MIREPOIX

✉ 32390 – 336 G7 – G. Midi Pyrénées – 171 h. – alt. 150
Paris 696 – Auch 17 – Fleurance 13 – Gimont 25 – Mauvezin 21 – Vic-Fézensac 32.

⚠ **Les Mousquetaires** (location exclusive de 11 chalets)
Permanent
℘ 05 62 64 33 66, *info@chalets-mousquetaires.com*,
Fax 05 62 64 33 66, *www.chalets-mousquetaires.com* – **R**
indispensable
1 ha non clos, plat et peu incliné, herbeux, étang
Location 🏊 : 11 🏠 (4 à 6 pers.) 250 à 540 €/sem.
Pour s'y rendre : SE : à 2 km du bourg
À savoir : Près d'une ferme, situation dominante sur la
campagne vallonnée du Gers

Nature : 🍃 ⋖ ♀
Loisirs : ⚒
Services : ⊶ ♂ 🔲
À prox. : 🏊

MONFORT

✉ 32120 – 336 G7 – G. Midi Pyrénées – 424 h. – alt. 164
Paris 681 – Auch 33 – Fleurance 15 – Gimont 24 – L'Isle-Jourdain 34.

⚠ **Municipal** mai-15 oct.
℘ 05 62 06 83 26, Fax 05 62 06 83 26 – **R** conseillée
0,2 ha (20 empl.) plat, herbeux
Tarif : ★ 3 € 🔳 2 € 🔋 1,50 €
Pour s'y rendre : Au bourg
À savoir : Belle situation dominant la campagne vallonnée
du Gers

Nature : 🍃 ⋖ 🏠 ♀
Loisirs : 🏠
Services : ☺
À prox. : ✗

MONTESQUIOU

✉ 32320 – 336 D8 – 570 h. – alt. 214

🛈 *Office de tourisme, place Centrale* ✆ 05 62 70 98 58

Paris 741 – Auch 32 – Mirande 12 – Mont-de-Marsan 87 – Pau 85.

Le Haget 15 mars-oct.

✆ 05 62 70 95 80, *info@lehaget.com*, Fax 05 62 70 94 83,
www.lehaget.com – **R** indispensable
10 ha (70 empl.) plat et peu incliné, herbeux
Tarif : 🔲 21 € – pers. suppl. 4 € – frais de réservation 10 €
Location : 19 🏠 (4 à 6 pers.) 420 à 675 €/sem. – huttes
Pour s'y rendre : O : 0,6 km par D 943 rte de Marciac puis à
gauche, 1,5 km par D 34 rte de Miélan
À savoir : Dans le parc du château

Nature : 🌳 ⁰⁰
Loisirs : 🍸 ✗ 🛋 ⅃
Services : 🚿 ⚬━ GB 🚲 📅 ⚙ 🔲
À prox. : ✗

RISCLE

✉ 32400 – 336 B8 – 1 675 h. – alt. 105

🛈 *Syndicat d'initiative, 6, place du foirail* ✆ 05 62 69 74 01

Paris 739 – Aire-sur-l'Adour 17 – Maubourguet 27 – Nogaro 14 – Plaisance 17.

Le Pont de l'Adour

✆ 05 62 69 72 45, *camping.dupontdeladour@wanadoo.fr*,
Fax 05 62 69 72 45, *camping-adour.new.fr* – **R** conseillée
2,5 ha (60 empl.) plat, herbeux
Location : 3 🛖 – 6 🛖 – pavillons
Pour s'y rendre : Sortie Nord-Est par D 935, rte de Nogaro
et à droite avant le pont, bord de l'Adour

Nature : 🌳 🏕 ⁰⁰
Loisirs : 🍸 snack 🛋 🚲
Services : 🚿 ⚬━ 📅 🔳 ⚙ 🔲 🚿
À prox. : 🏊 ✗ ⅃ parcours de santé

*Les localités possédant des ressources sélectionnées dans ce guide
sont signalées sur les **cartes MICHELIN** détaillées à 1/150 000.*

488

La ROMIEU

✉ 32480 – 336 E6 – 532 h. – alt. 188

🛈 *Syndicat d'initiative, rue du Docteur Lucante* ✆ 05 62 28 86 33

Paris 694 – Agen 32 – Auch 48 – Condom 12 – Moissac 69 – Montauban 97.

Camp de Florence avr.-8 oct.

✆ 05 62 28 15 58, *info@lecampdeflorence.com*,
Fax 05 62 28 20 04, *www.lecampdeflorence.com*
– **R** conseillée
10 ha/4 campables (183 empl.) non clos, plat, terrasses,
herbeux
Tarif : 🔲 28 € 🔌 (6A) – pers. suppl. 6,60 € – frais de réser-
vation 23 €
Location : 🛖 (4 à 6 pers.) 230 à 645 €/sem.
🚐 1 borne 4 € – 7 🔲
Pour s'y rendre : Sortie Est du bourg par D 41

Nature : 🌳 🏕 ♀
Loisirs : 🍸 ✗ (dîner seulement) 🛋 🌙 nocturne 🏕 🏊 🚲 ✗ ⅃
Services : 🚿 ⚬━ GB 🚲 📅 🛋 ⚙ 🚿 🔲 🚿

ROQUELAURE

✉ 32810 – 336 F7 – 454 h. – alt. 206

Paris 711 – Agen 67 – Auch 10 – Condom 39.

Le Talouch avr.-sept.

✆ 05 62 65 52 43, *info@camping-talouch.com*,
Fax 05 62 65 53 68, *www.camping-talouch.com* – **R** indispensable
9 ha/5 campables (147 empl.) plat, herbeux, terrasse
Tarif : 🔲 29,15 € 🔌 (4A) – pers. suppl. 6,65 €
Location (permanent) : 40 🏠 (4 à 6 pers.) 245 à
805 €/sem. – bungalows toilés
Pour s'y rendre : N : 3,5 km par D 272, rte de Mérens puis
à gauche D 148, rte d'Auch

Nature : 🌳 🏕 ♀
Loisirs : ✗ 🏕 🏊 🚲 ✗ ⅃ swin golf (9 trous)
Services : 🚿 ⚬━ GB 🚲 📅 🛋 ⚙ 🚿 🍽 🔲 🚿

ST-BLANCARD

✉ 32140 – ▨▨▨ F9 – 257 h. – alt. 332 – Base de loisirs
Paris 735 – Toulouse 84 – Pau 116 – Montauban 112 – Tarbes 76.

⚠ **Les Clédelles du lac de la Gimone** (location exclusive de 9 chalets) Permanent
℘ 05 62 66 01 18, *cledelles.gers@wanadoo.fr*,
Fax 05 62 66 01 75, *lescledelles.com*
20 ha/1 campable non clos, plat, herbeux
Location ℗ : 🏠 (4 à 6 pers.) 250 à 450 €/sem.
Pour s'y rendre : 3 km au S, rte deLalanne-Arque et chemin à gauche, au bord du lac

> Nature : 🏞 ≤ sur le lac ⛰
> Loisirs : 🎠 🎣 ⓓ
> Services : ⅙ ⊶ (juil.-août) GB ⚲
> 🗓
> À prox. : canoë, pédalos, bâteau promenade

THOUX

✉ 32430 – ▨▨▨ H7 – 163 h. – alt. 145 – Base de loisirs
Paris 681 – Auch 40 – Cadours 13 – Gimont 14 – L'Isle-Jourdain 13 – Mauvezin 16.

⚠ **Lac de Thoux - Saint Cricq** avr.-15 oct.
℘ 05 62 65 71 29, *lacdethoux@cacg.fr*, Fax 05 62 65 74 81
– **R** conseillée
3,5 ha (130 empl.) plat, peu incliné, herbeux
Tarif : 🔲 17,70 € – pers. suppl. 4,80 €
Location : 16 🏚 (4 à 6 pers.) 260 à 599 €/sem. –
bungalows toilés
🚐 1 borne – 5 🔲 5 €
Pour s'y rendre : NE : sur D 654, bord du lac

> Nature : ♀ ⛰
> Loisirs : 🏖 🚴 ⚑
> Services : ⅙ ⊶ GB ⚲ 🗄 ♨ ☺ ⚖
> ⚇ 🗓
> À prox. : 🏊 ⛄ snack 🎠 ✂ 🎯 🎣
> ⓓ

Lot (46)

ANGLARS-JUILLAC

✉ 46140 – ▨▨▨ D5 – 331 h. – alt. 98
Paris 590 – Cahors 26 – Gourdon 41 – Sarlat-la-Canéda 53 – Villeneuve-sur-Lot 52.

⚠ **Base Nautique Floiras** avr.-15 oct.
℘ 05 65 36 27 39, *campingfloiras@aol.com*,
Fax 05 65 21 41 00, *www.campingfloiras.com* – **R** conseillée
1 ha (25 empl.) non clos, plat, herbeux
Tarif : 🔲 17,45 € ⚡ (10A) – pers. suppl. 3,85 € – frais de
réservation 12 €
Pour s'y rendre : À Juillac, au bord du Lot

> Nature : 🏞 ♀ ⛰
> Loisirs : 🚴 🎣 canoë
> Services : ⅙ ⊶ 🗄 ☺ 🗓

BAGNAC-SUR-CÉLÉ

✉ 46270 – ▨▨▨ I3 – 1 519 h. – alt. 234
🛈 Syndicat d'initiative, route de Figeac ℘ 05 65 14 02 03
Paris 593 – Cahors 83 – Decazeville 16 – Figeac 15 – Maurs 8.

⚠ **Les Berges du Célé** juin-sept.
℘ 05 65 34 94 31, *lesbergesducele@aol.com*,
Fax 03 23 53 25 98, *www.lesbergesducele.com* – **R** conseillée
1 ha (44 empl.) plat, herbeux
Tarif : 🔲 13,40 € ⚡ (5A) – pers. suppl. 3,52 €
Location : 3 🏚 (4 à 6 pers.) 210 à 420 €/sem. – bungalows toilés
🚐 1 borne 3 €
Pour s'y rendre : Au Sud-Est du bourg, derrière la gare, au
bord du Célé

> Nature : ♀ ⛰
> Loisirs : ⚑
> Services : ⊶ ⚲ ☺ 🗓
> À prox. : ✂

BÉDUER

✉ 46100 – **337** H4 – 623 h. – alt. 260
Paris 572 – Cahors 63 – Figeac 9 – Villefranche-de-Rouergue 36.

⚠ **Pech Ibert** mars-déc.
℘ 05 65 40 05 85, *camping.pech.ibert@wanadoo.fr*,
Fax 05 65 40 08 33, *www.camping-pech-ibert.com*
– **R** conseillée
1 ha (18 empl.) plat, herbeux, gravillons, pierreux
Tarif : ▣ 13,10 € [½] (6A) – pers. suppl. 2,90 €
Location : 3 ⌂ (4 à 6 pers.) 270 à 425 €/sem.
🚐 1 borne 4 €
Pour s'y rendre : NO : 1 km par D 19, rte de Cajarc et rte à droite

Nature : 🏞 ≤ 🏕 ♀
Loisirs : ♀ 🏕 🏊
Services : ዿ ☛ (saison) ♉ 🍴 ♨ ⊛ 🛆 réfrigérateurs
À prox. : ✖ ✗

BELAYE

✉ 46140 – **337** D5 – G. Périgord Quercy – 223 h. – alt. 209
Paris 594 – Cahors 30 – Fumel 21 – Gourdon 46 – Montauban 67.

⚠ **La Tuque** 29 avr.-23 sept.
℘ 05 65 21 34 34, *camping@la-tuque.info*,
Fax 05 65 21 39 89, *www.la-tuque.info* – croisement difficile sur 6 km – **R** conseillée
9 ha/4 campables (90 empl.) en terrasses, accidenté, peu incliné, herbeux, pierreux
Tarif : (Prix 2005) ▣ 21 € [½] (6A) – pers. suppl. 5,25 € – frais de réservation 10 €
Location ✇ : 7 🚕 (4 à 6 pers.) 195 à 525 €/sem. – gîtes, huttes
Pour s'y rendre : Sortie Sud, 3,5 km par D 50, rte de la Boulvée et chemin à droite au lieu-dit La Tuque
À savoir : Cadre agréable dans un joli site boisé

Nature : 🏞
Loisirs : ♀ snack 🏊 ⊛ nocturne 🔥 ⚽ ✗ 🏖 🏊
Services : ዿ ☛ ⊞ ♉ 🍴 ♨ 🛆

BRENGUES

✉ 46320 – **337** G4 – G. Périgord Quercy – 175 h. – alt. 135
Paris 565 – Cajarc 16 – Cahors 54 – Figeac 21 – Livernon 11.

⚠ **Le Moulin Vieux** avr.-sept.
℘ 05 65 40 00 41, *blasquez.a@wanadoo.fr*,
Fax 05 65 40 05 65 – **R** conseillée
3 ha (91 empl.) plat, herbeux, pierreux
Tarif : ▣ 15,40 € – pers. suppl. 4,20 €
Location : 6 🚕 (2 à 4 pers.) 120 à 330 €/sem. – 6 🚕 (4 à 6 pers.) 180 à 430 €/sem. – ⊨
Pour s'y rendre : N : 1,5 km par D 41, rte de Figeac, au bord du Célé

Nature : 🏞 ≤ ♀♀ 🌳
Loisirs : ♀ ⊛ nocturne 🔥 •♒ 🏖 🏊
Services : ዿ ☛ ⊞ ♉ 🍴 ♨ 🛆 🚿
À prox. : ✖ ⚓ 🏕

BRETENOUX

✉ 46130 – **337** H2 – G. Périgord Quercy – 1 231 h. – alt. 136
🛈 *Office de tourisme, avenue de la Libération* ℘ 05 65 38 59 53
Paris 521 – Brive-la-Gaillarde 44 – Cahors 83 – Figeac 48 – Sarlat-la-Canéda 65 – Tulle 47.

⚠ **La Bourgnatelle** mai-sept.
℘ 05 65 10 89 04, *contact@dordogne-vacances.fr*,
Fax 05 65 38 61 38, *www.dordogne-vacances.fr* – **R** conseillée
2,3 ha (135 empl.) plat, herbeux
Tarif : ▣ 17,50 € [½] (5A) – pers. suppl. 4 €
Location : 50 🚕 (4 à 6 pers.) 175 à 560 €/sem.
🚐 1 borne 2,50 €
Pour s'y rendre : Sortie Nord-Ouest, à gauche après le pont

Nature : 🏞 ♀♀ 🌳
Loisirs : 🏕 🔥
Services : ዿ ☛ (juil.-août) ♉ 🍴 ♨ 🛆
À prox. : ✗ 🏊

CAHORS

✉ 46000 – 337 E5 – G. Périgord Quercy – 20 003 h. – alt. 135
🚊 Office de tourisme, place François Mitterrand ✆ 05 65 53 20 65, Fax 05 65 53 20 74
Paris 575 – Agen 85 – Albi 110 – Bergerac 108 – Brive-la-Gaillarde 98 – Montauban 64 – Périgueux 126.

Rivière de Cabessut avr.-sept.
✆ 05 65 30 06 30, camping-riviere-cabessut@wanadoo.fr,
Fax 05 65 23 99 46, www.cabessut.com – **R** conseillée
2 ha (102 empl.) plat, herbeux
Tarif : 回 16 € [¿] (10A) – pers. suppl. 3 €
Location : 8 ⛺ (4 à 6 pers.) 250 à 450 €/sem.
⛺ 1 borne 5 €
Pour s'y rendre : S : 3 km sur D 911 direction Rodez puis
chemin à gauche, quai Ludo-Rolles, bord du Lot

Nature : ← ⌁ ♀
Loisirs : 🍴 ⚡ ꭤ 🛶
Services : 🚿 ⛟ 🚐 🖪 ⊛ 🖼
À prox. : 🛝

CAJARC

✉ 46160 – 337 H5 – G. Périgord Quercy – 1 114 h. – alt. 160
🚊 Office de tourisme, Tour de Ville ✆ 05 65 40 72 89
Paris 586 – Cahors 52 – Figeac 25 – Villefranche-de-Rouergue 27.

Municipal le Terriol mai-sept.
✆ 05 65 40 72 74, Fax 05 65 40 39 05 – **R** conseillée
0,8 ha (45 empl.) plat, herbeux
Tarif : (Prix 2005) 🛉 2,50 € 回 4 € [¿] 2,50 €
Pour s'y rendre : Sortie Sud-Ouest par D 662, rte de Cahors
et à gauche

Nature : ⌁ ♀
Services : ⊛ 🖼
À prox. : ⚡ 🎿 🛶

CARLUCET

✉ 46500 – 337 F3 – G. Périgord Quercy – 171 h. – alt. 322
Paris 542 – Cahors 47 – Gourdon 26 – Labastide-Murat 11 – Rocamadour 14.

Château de Lacomté 15 mai-sept.
✆ 05 65 38 75 46, chateaulacomte@wanadoo.fr,
Fax 05 65 33 17 68, www.campingchateaulacomte.com
– **R** conseillée
12 ha/4 campables (100 empl.) plat et terrasse, peu incliné,
pierreux, herbeux, bois
Tarif : 回 31 € – pers. suppl. 8 € – frais de réservation 10 €
Location 🎿 : 4 ⛺ (4 à 6 pers.) 175 à 470 €/sem. – 6
⛺ (4 à 6 pers.) 225 à 570 €/sem.
Pour s'y rendre : NO : 1,8 km du bourg, au château

Nature : 🐿 ⌁
Loisirs : 🍴 ✗ 🍴 ⚡ 🎿 🚲 🎿 🛝
Services : 🚿 ⛟ 🖻🖪 🖪 ⊛ 🛶 🖼 🖛

491

CASSAGNES

✉ 46700 – 337 C4 – 192 h. – alt. 185
Paris 577 – Cahors 34 – Cazals 15 – Fumel 19 – Puy-l'Évêque 8 – Villefranche-du-Périgord 15.

Le Carbet mai-9 sept.
✆ 05 65 36 61 79, campingcarbet@wanadoo.fr, www.lecar
bet.fr – **R** conseillée
3 ha (25 empl.) non clos, en terrasses, pierreux, herbeux
Tarif : 回 17 € [¿] (6A) – pers. suppl. 4 €
Location : 10 ⛺ (4 à 6 pers.) 275 à 440 €/sem.
Pour s'y rendre : NO : 1,5 km par D 673, rte de Fumel, près
d'un lac

Nature : ⌁ ♀♀
Loisirs : 🍴 snack 🛝
Services : ⛟ 🖻🖪 🖻 🛶 ⊛ 🖛

CASTELNAU-MONTRATIER

✉ 46170 – 337 E6 – G. Périgord Quercy – 1 844 h. – alt. 240
🚊 Office de tourisme, 27, rue Clemenceau ✆ 05 65 21 84 39, Fax 05 65 21 84 56
Paris 600 – Cahors 30 – Caussade 24 – Lauzerte 23 – Montauban 34.

Municipal des 3 Moulins juin-sept.
✆ 05 65 21 86 54, mairiecastelnau@wanadoo.fr,
Fax 05 65 21 91 52 – **R**
1 ha (50 empl.) en terrasses, herbeux, pierreux
Tarif : 🛉 2,50 € 回 2,60 € [¿] 1,50 €
Pour s'y rendre : Sortie Nord-Ouest par D 19, rte de Lauzette

Nature : ♀♀
Services : 🖻 ⊛
À prox. : 🎿 🛝

CREYSSE

☒ 46600 – 337 F2 – G. Périgord Quercy – 257 h. – alt. 110
Paris 517 – Brive-la-Gaillarde 40 – Cahors 79 – Gourdon 40 – Rocamadour 17 – Souillac 13.

Le Port mai-sept.
℘ 05 65 32 20 82, *contact@campingduport.com*,
Fax 05 65 41 05 32, *www.campingduport.com* – **R** conseillée
3,5 ha (100 empl.), non clos, peu incliné et plat, herbeux
Tarif : 🏠 15 € 🔌 (6A) – pers. suppl. 4 €
Pour s'y rendre : Au Sud du bourg, près du château, bord
de la Dordogne

> Nature : 🏞 🔆 ⚠
> Loisirs : 🍸 🏠 🚲 🛥
> Services : ⚡ GB 🐂 🗑 🍼 ⊛ 🖼

FIGEAC

☒ 46100 – 337 I4 – G. Périgord Quercy – 9 606 h. – alt. 214
🅱 *Office de tourisme, place Vival* ℘ 05 65 34 06 25, Fax 05 65 50 04 58
Paris 578 – Aurillac 64 – Rodez 66 – Villefranche-de-Rouergue 36.

Les Rives du Célé avr.-sept.
℘ 05 65 34 59 00, *surgie.camp.lois@wanadoo.fr*,
Fax 05 65 34 83 83, *www.domainedesurgie.com*
– **R** conseillée
2 ha (150 empl.) plat, herbeux, terrasses
Tarif : (Prix 2005) 🏠 16,60 € – pers. suppl. 3,30 €
Location (permanent) : 🛖 (4 à 6 pers.) 240 à
590 €/sem. – maisons
🚐 1 borne – 10 🏠
Pour s'y rendre : À la base de loisirs, E : 1,2 km par N 140,
rte de Rodez et chemin du Domaine de Surgié, bord de la
rivière et d'un plan d'eau

> Nature : 🔆 ⚠
> Loisirs : 🏠 🏃 🎣
> Services : ♿ ⚡ 🗑 ⊛ 🖼 🍼 réfrigé-
> rateurs
> À prox. : 🍸 snack 🚣 🚲 🛥 🏄

Les indications d'accès à un terrain sont généralement indiquées,
dans notre guide, à partir du centre de la localité.

GIRAC

☒ 46130 – 337 G2 – 341 h. – alt. 123
Paris 522 – Beaulieu-sur-Dordogne 11 – Brive-la-Gaillarde 42 – Gramat 27 – St-Céré 10 – Souillac 36.

Les Chalets sur la Dordogne avr.-mi-oct.
℘ 05 65 10 93 33, *contact@camping-leschalets.com*,
Fax 05 65 10 93 34, *www.camping-leschalets.com*
– **R** conseillée
2 ha (39 empl.) non clos, plat, herbeux, sablonneux
Tarif : 🏠 16,80 € – pers. suppl. 4,40 €
Location (permanent) : 3 🛖 (4 à 6 pers.) 180 à
525 €/sem.
Pour s'y rendre : NO : 1 km par D 703, rte de Vayrac et
chemin à gauche, bord de la Dordogne

> Nature : 🔆 ⚠
> Loisirs : 🍸 grill 🛥
> Services : ♿ ⚡ GB 🐂 M 🗑 ⊛ 🖼
> 🍼
> À prox. : 🚴

GOURDON

☒ 46300 – 337 E3 – G. Périgord Quercy – 4 882 h. – alt. 250
🅱 *Office de tourisme, 24, rue du Majou* ℘ 05 65 27 52 50, Fax 05 65 27 52 52
Paris 543 – Bergerac 91 – Brive-la-Gaillarde 66 – Cahors 44 – Figeac 63 – Périgueux 94 – Sarlat-la-Canéda 26.

Aire Naturelle le Paradis mai-20 sept.
℘ 05 65 41 65 01, *contact@campingleparadis.com*,
Fax 05 65 41 65 01, *www.campingleparadis.com*
– **R** conseillée
1 ha (25 empl.) non clos, plat et en terrasses, herbeux
Tarif : (Prix 2005) 🏠 13,50 € 🔌 (6A) – pers. suppl. 4,75 €
Location : 3 🛖 (2 à 4 pers.) 250 €/sem. – 🛏
Pour s'y rendre : SO : 2 km par D 673, rte de Fumel et
chemin à gauche, près du parking Intermarché

> Nature : 🏞 ♀
> Loisirs : 🛥
> Services : ♿ ⚡ 🐂 ⊛ 🖼
> À prox. : 🛒

L'HOSPITALET

✉ 46500 – 337 F3 – G. Périgord Quercy
Paris 533 – Toulouse 165 – Cahors 63 – Brive 54 – Aurillac 91.

Les Cigales déb. avr.-sept.
  ℘ 05 65 33 64 44, *camping.cigales@wanadoo.fr*,
  Fax 05 65 33 69 60, *www.camping-cigales.com* – **R** conseillée
  3 ha (100 empl.) plat et peu incliné, pierreux, herbeux
  Tarif : ▤ 18,50 € ⚡ (6A) – pers. suppl. 5,50 € – frais de réservation 13 €
  Location (avr.-1er nov.) : 25 ⛺ (4 à 6 pers.) 250 à 600 €/sem.
  ⛽ 1 borne 5 €
  Pour s'y rendre : Sortie Est par D 36 rte de Gramat

> Nature : 🐟 ♀
> Loisirs : 🍷 snack 🏠 ⚽ 🎣 🏊
> Services : ♿ ⛽ GB 🧺 🏪 🛒 @ 🚿
> 🔧 🖼 🚜 réfrigérateurs

Le Roc avr.-1er nov.
  ℘ 05 65 33 68 50, *campingleroc@wanadoo.fr*,
  Fax 05 65 33 75 64, *www.camping-leroc.com* – **R** conseillée
  2 ha/0,5 campable (36 empl.) peu incliné, herbeux, pierreux
  Tarif : ▤ 16 € – pers. suppl. 4,50 €
  Location : 4 🏠 (4 à 6 pers.) 240 à 470 €/sem.
  ⛽ 1 borne 5 €
  Pour s'y rendre : NE : 3 km par D 673, rte d'Alvignac, à 200 m de la gare

> Nature : 🏕 ♀♀
> Loisirs : snack 🏊
> Services : ♿ ⛽ GB 🧺 🏪 @ 🚿 🔧
> 🖼 🚜

Le Relais du Campeur avr.-sept.
  ℘ 05 65 33 63 28, *contact@relais-du-campeur.com*,
  Fax 05 65 10 68 21, *relais-du-campeur.com* – **R** conseillée
  1,7 ha (100 empl.) plat, herbeux, pierreux
  Tarif : ▤ 13,70 € ⚡ (6A) – pers. suppl. 3,20 € – frais de réservation 15 €
  Location : 🛏 – (hôtel)
  ⛽ 1 borne
  Pour s'y rendre : Au bourg

> Loisirs : 🏊
> Services : ⛽ (saison) GB 🧺 🏪 @
> À prox. : 🏖 🍷 snack

493

*Ce guide n'est pas un répertoire de tous les terrains de camping
mais une sélection des meilleurs campings dans chaque catégorie.*

LACAM-D'OURCET

✉ 46190 – 337 I2 – 116 h. – alt. 520
Paris 544 – Aurillac 51 – Cahors 92 – Figeac 38 – Lacapelle-Marival 27 – St-Céré 13 – Sousceyrac 6.

Les Teuillères avr.-1er oct.
  ℘ 05 65 11 90 55, *info@lesteuilleres.com*, *www.lesteuille
  res.com* – **R** conseillée
  3 ha (30 empl.) plat et peu incliné, herbeux
  Tarif : (Prix 2005) ▤ 13,95 € ⚡ (6A) – pers. suppl. 3,75 €
  Location 🏖 : 🛏
  Pour s'y rendre : SE : 4,8 km par D 25, rte de Sousceyrac et rte de Sénaillac-Latronquière, vers le lac de Tolerme

> Nature : 🐟 ← 🏕 ♀
> Loisirs : ⚽
> Services : ♿ ⛽ @ 🖼

LACAPELLE-MARIVAL

✉ 46120 – 337 H3 – G. Périgord Quercy – 1 247 h. – alt. 375
🛈 Office de tourisme, place de la Halle ℘ 05 65 40 81 11, Fax 05 65 40 81 11
Paris 555 – Aurillac 66 – Cahors 64 – Figeac 21 – Gramat 22 – Rocamadour 32 – Tulle 75.

Municipal Bois de Sophie 15 mai-sept.
  ℘ 05 65 40 82 59, Fax 05 65 40 82 59 – **R** conseillée
  1 ha (66 empl.) peu incliné, plat, herbeux
  Tarif : ♣ 3,25 € ▤ 4,25 € ⚡ 2,70 €
  Location : bungalows toilés
  Pour s'y rendre : NO : 1 km par D 940, rte de St-Céré

> Nature : ♀♀
> Loisirs : 🏠 ⚽ ✂
> Services : ♿ ⛽ GB 🧺 🏪 🛒 @
> À prox. : 🏊

LACAVE

✉ 46200 – 337 F2 – G. Périgord Quercy – 293 h. – alt. 130
Paris 528 – Brive-la-Gaillarde 51 – Cahors 58 – Gourdon 26 – Rocamadour 11 – Sarlat-la-Canéda 41.

La Rivière mai-sept.
  ☎ 05 65 37 02 04, *campinglariviere@free.fr*,
  Fax 05 65 37 02 04, *www.campinglariviere.com* – **R** conseillée
  2,5 ha (110 empl.) plat, peu incliné, herbeux
  Tarif : ✿ 4,70 € 圓 4,70 € [호] (10A) 8,20 €
  Location : 4 ⊊⊋ (2 à 4 pers.) 328 à 410 €/sem. – 11 ⟦₁₂⟧
  (4 à 6 pers.) 350 à 530 €/sem.
  Pour s'y rendre : NE : 2,5 km par D 23, rte de Martel et
  chemin à gauche, bord de la Dordogne

| Nature : 🐟 💧 ⚲ |
| Loisirs : 🍷 snack 🏕 🎣 ⛵ |
| Services : 👩‍🦽 ⊶ 🕏 🗄 🌡 ⊕ 🖳 🏖 |

LARNAGOL

✉ 46160 – 337 G5 – 157 h. – alt. 146
Paris 580 – Cahors 42 – Cajarc 9 – Figeac 33 – Livernon 27 – Villefranche-de-Rouergue 30.

Le Ruisseau de Treil 13 mai-16 sept.
  ☎ 05 65 31 23 39, *lotcamping@wanadoo.fr*,
  Fax 05 65 21 23 21, *www.lotcamping.com* – **R** conseillée
  4 ha (49 empl.) plat, herbeux
  Tarif : 圓 25 € – pers. suppl. 5,90 €
  Pour s'y rendre : E : 0,6 km par D 662, rte de Cajarc et à
  gauche, au bord du ruisseau de Treil

| Nature : 🐟 ⚲ |
| Loisirs : 🍷 🏕 🎣 ⛵ |
| Services : 👩‍🦽 ⊶ 🕏 🗄 🌡 ⊕ 🖳 |

LEYME

✉ 46120 – 337 H3 – 943 h. – alt. 450
Paris 540 – Cahors 72 – Figeac 29 – Gramat 17 – St-Céré 13 – Sousceyrac 27.

Municipal 15 juin-15 sept.
  ☎ 05 65 38 98 73, *village.vacances.leyme@wanadoo.fr*,
  Fax 05 65 11 20 62 – **R** conseillée
  2 ha (29 empl.) plat, gravillons, herbeux
  Tarif : 圓 12,60 € – pers. suppl. 3,50 €
  Location (permanent) : gîtes
  Pour s'y rendre : À l'Ouest du bourg, accès par rte à droite
  de l'église, au village de vacances

| Nature : ⚲ |
| Loisirs : 🍷 salle d'animation 🎣 🚴 ⛵ |
| Services : 👩‍🦽 ⊶ 🕏 🗄 🌡 ⊕ 🏖 🚰 🖳 |
| À prox. : 🍴 |

LOUBRESSAC

✉ 46130 – 337 G2 – G. Périgord Quercy – 432 h. – alt. 320
🛈 *Office de tourisme, le bourg* ☎ 05 65 10 82 18
Paris 531 – Brive-la-Gaillarde 47 – Cahors 73 – Figeac 44 – Gourdon 53 – Gramat 16 – St-Céré 10.

La Garrigue avr.-sept.
  ☎ 05 65 38 34 88, *info@camping-lagarrigue.com*,
  Fax 05 65 38 34 88, *www.camping-lagarrigue.com* – **R** conseillée
  1,6 ha (38 empl.) en terrasses, plat, herbeux
  Tarif : (Prix 2005) 圓 16,20 € – pers. suppl. 4,30 €
  Location : 10 ⊊⊋ (2 à 4 pers.) 185 à 395 €/sem. – 15 ⟦₁₂⟧
  (4 à 6 pers.) 220 à 520 €/sem.
  Pour s'y rendre : S : à 200 m du bourg

| Nature : 🐟 ⛲ ⚲ |
| Loisirs : 🏕 🎣 ⛵ |
| Services : 👩‍🦽 🕏 🗄 🌡 ⊕ 🏖 🚰 🖳 🚰 |

LOUPIAC

✉ 46350 – 337 E3 – 267 h. – alt. 230
Paris 527 – Brive-la-Gaillarde 51 – Cahors 51 – Gourdon 16 – Rocamadour 26 – Sarlat-la-Canéda 30.

Les Hirondelles avr.-15 sept.
  ☎ 05 65 37 66 25, *camp.les-hirondelles@wanadoo.fr*,
  Fax 05 65 37 66 65, *www.les-hirondelles.com* – **R** conseillée
  2,5 ha (70 empl.) peu incliné, plat, herbeux, pierreux
  Tarif : 圓 15 € [호] (6A) – pers. suppl. 4 € – frais de réservation 14 €
  Location 🚫 : ⊊⊋ (2 à 4 pers.) 157 à 388 €/sem. – 4 🏠
  (4 à 6 pers.) 215 à 450 €/sem.
  Pour s'y rendre : N : 3 km par rte de Souillac et chemin à
  gauche, à 200 m de la N 20

| Nature : ⛲ 💧 |
| Loisirs : 🍷 🍴 snack 🏕 🎠 🎣 ⛵ |
| Services : 👩‍🦽 ⊶ 🕏 🗄 🌡 ⊕ 🖳 🏖 🚰 🚰 |
| À prox. : 🐎 |

MIERS

✉ 46500 – 337 G2 – 398 h. – alt. 302
Paris 526 – Brive-la-Gaillarde 49 – Cahors 69 – Rocamadour 12 – St-Céré 22 – Souillac 22.

⚠ **Le Pigeonnier** avr.-15 oct.
      ℘ 05 65 33 71 95, *veronique.bouny@wanadoo.fr*,
Fax 05 65 33 71 95, *www.campinglepigeonnier.com*
– **R** conseillée
1 ha (45 empl.) peu incliné, en terrasses, plat, herbeux
Tarif : ★ 4 € 🔲 4 € 🔌 2,80 €
Location : 2 🛖 (2 à 4 pers.) 150 à 370 €/sem. – 🚐 (4 à
6 pers.) 190 à 480 €/sem.
🚐 1 borne 5 € – 5 🔲 8 €
Pour s'y rendre : E : 0,7 km par D 91, rte de Padirac et
chemin à droite

| Nature : 🐾 ⟨ 🚗 ♀ |
| Loisirs : 🏕 🚣 🛝 |
| Services : ⚙ ⚡ 🐕 🛒 🚿 ⊕ 🖼 |

MONTCABRIER

✉ 46700 – 337 C4 – G. Périgord Quercy – 385 h. – alt. 191
Paris 584 – Cahors 39 – Fumel 12 – Tournon-d'Agenais 24.

🅰 **Moulin de Laborde** mai-15 sept.
      ℘ 05 65 24 62 06, *moulindelaborde@wanadoo.fr*,
Fax 05 65 36 51 33, *www.moulindelaborde.com* – **R** conseillée 🐾
4 ha (90 empl.) plat, herbeux, petit étang
Tarif : 🔲 22,20 € – pers. suppl. 5,80 €
Pour s'y rendre : NE : 2 km sur D 673, rte de Gourdon,
bord de la Thèze
À savoir : Autour des bâtiments d'un vieux moulin , beaux
emplacements ombragés

| Nature : ♀♀ |
| Loisirs : 🍷 🍴 (dîner seulement) 🛏 🚣 🚲 🛝 |
| Services : ⚙ ⚡ 🐕 ⊕ 🖼 🚿 |

PADIRAC

✉ 46500 – 337 G2 – 168 h. – alt. 360
🅱 *Syndicat d'initiative, place de l'Église* ℘ 05 65 33 47 17, Fax 05 65 33 47 17
Paris 531 – Brive-la-Gaillarde 50 – Cahors 68 – Figeac 41 – Gourdon 47 – Gramat 10 – St-Céré 17.

🅰 **Les Chênes** 15 avr.-15 oct.
      ℘ 05 65 33 65 54, *les_chenes@hotmail.com*,
Fax 05 65 33 71 55, *www.campingleschenes.com* – **R** indispensable
5 ha (120 empl.) peu incliné et incliné, en terrasses,
pierreux, herbeux
Tarif : 🔲 24 € 🔌 (6A) – pers. suppl. 6,50 € – frais de réservation 16 €
Location 🐾 : 29 🚐 (4 à 6 pers.) 230 à 630 €/sem. – 18
🏠 (4 à 6 pers.) 215 à 650 €/sem. – bungalows toilés
🚐 1 borne
Pour s'y rendre : NE : 1,5 km par D 90, rte du Gouffre

| Nature : 🐾 ♀♀ |
| Loisirs : 🍷 snack, pizzeria 🛏 🎯 |
| salle d'animation 🚣 🚲 🛝 |
| Services : ⚙ ⚡ 🅖🅑 🐕 🛒 🏕 🚿 ⊕ |
| 🖼 🚿 🚿 |
| Au parc de loisirs : 🛝 (1000m²) 🏊 |

PAYRAC

✉ 46350 – 337 E3 – 564 h. – alt. 320
🅱 *Syndicat d'initiative, route Nationale 20* ℘ 05 65 37 94 27
Paris 530 – Bergerac 103 – Brive-la-Gaillarde 53 – Cahors 48 – Figeac 60 – Périgueux 98 – Sarlat-la-Canéda 32.

🅰 **Les Pins** 8 avr.-15 sept.
      ℘ 05 65 37 96 32, *info@les-pins-camping.com*,
Fax 05 65 37 91 08, *www.les-pins-camping.com* – **R** conseillée
4 ha (125 empl.) plat, peu incliné, en terrasses, herbeux
Tarif : 🔲 24,60 € – pers. suppl. 6,30 € – frais de réservation 17 €
Location : 4 🛖 (2 à 4 pers.) 145 à 410 €/sem. – 40 🚐
(4 à 6 pers.) 230 à 650 €/sem. – 3 🏠 (4 à 6 pers.) 230 à
700 €/sem.
🚐 1 borne 6 €
Pour s'y rendre : Sortie Sud par N 20 rte de Cahors

| Nature : ♀♀♀ |
| Loisirs : 🍷 snack 🛏 🚣 🍴 🛝 🏊 |
| Services : ⚙ ⚡ 🅖🅑 🐕 🛒 🏕 🚿 ⊕ |
| 🚿 🚿 🖼 🚿 |
| À prox. : 🎯 parc de loisirs |

PUYBRUN

✉ 46130 – 337 G2 – 733 h. – alt. 146
Paris 520 – Beaulieu-sur-Dordogne 12 – Brive-la-Gaillarde 39 – Cahors 86 – St-Céré 12 – Souillac 33.

La Sole avr.-sept.
📞 05 65 38 52 37, *la-sole@wanadoo.fr*, Fax 05 65 10 91 09,
www.la-sole.com – **R** conseillée
2,3 ha (72 empl.) plat, herbeux
Tarif : ✦ 4,70 € 回 5 € ⓖ (6A) 3,10 €
Location : 🏠 (4 à 6 pers.) 213 à 549 €/sem. – bungalows toilés
Pour s'y rendre : Sortie Est, rte de Bretenoux et chemin à
droite après la station-service

| Nature : |
| Loisirs : |
| Services : |

PUY-L'ÉVÊQUE

✉ 46700 – 337 C4 – G. Périgord Quercy – 2 159 h. – alt. 130
🗓 *Syndicat d'initiative, place de la Truffière* 📞 05 65 21 37 63
Paris 601 – Cahors 31 – Gourdon 41 – Sarlat-la-Canéda 52 – Villeneuve-sur-Lot 43.

L'Évasion avr.-sept.
📞 05 65 30 80 09, *evasion@wanadoo.fr*, Fax 05 65 30 81 12,
www.lotevasion.com – **R** conseillée
4 ha/1 campable (50 empl.) en terrasses, pierreux, herbeux
Tarif : 回 21,70 € – pers. suppl. 9,40 €
Location (permanent) : 6 🏠 (4 à 6 pers.) 265 à
530 €/sem. – 27 🏡 (4 à 6 pers.) 295 à 620 €/sem.
Pour s'y rendre : NO : 3 km par D 28 rte de Villefranche-
du-Périgord et chemin à droite
À savoir : Chalets agréablement disposés dans une chênaie

| Nature : |
| Loisirs : |
| Services : |

Gebruik de gids van het lopende jaar.

496

ST-CÉRÉ

✉ 46400 – 337 H2 – G. Périgord Quercy – 3 515 h. – alt. 152
🗓 *Office de tourisme, 13, avenue Francois de Maynard* 📞 05 65 38 11 85
Paris 531 – Aurillac 62 – Brive-la-Gaillarde 51 – Cahors 80 – Figeac 44 – Tulle 54.

Le Soulhol mai-sept.
📞 05 65 38 12 37, *info@campinglesoulhol.com*,
Fax 05 65 38 12 37, *www.campinglesoulhol.com*
– **R** conseillée
3,5 ha (180 empl.) plat, herbeux
Tarif : 回 15 € ⓖ (10A) – pers. suppl. 4 €
Location : 4 🏠 (4 à 6 pers.) 320 à 390 €/sem. – gîtes
Pour s'y rendre : Sortie Sud-Est par D 48, quai Auguste-
Salesses, bord de la Bave

| Nature : |
| Loisirs : |
| Services : |
| À prox. : poneys |

ST-CIRQ-LAPOPIE

✉ 46330 – 337 G5 – G. Périgord Quercy – 207 h. – alt. 320
🗓 *Office de tourisme, place du Sombral* 📞 05 65 31 29 06, Fax 05 65 31 29 06
Paris 574 – Cahors 26 – Figeac 44 – Villefranche-de-Rouergue 37.

La Truffière avr.-15 sept.
📞 05 65 30 20 22, *contact@camping-truffiere.com*,
Fax 05 65 30 20 27, *www.camping-truffiere.com*
– **R** conseillée
4 ha (96 empl.) en terrasses, herbeux, pierreux
Tarif : 回 18,80 € ⓖ (6A) – pers. suppl. 5 € – frais de réser-
vation 11,50 €
Location : 8 🏡 (4 à 6 pers.) 270 à 610 €/sem.
🚐 1 borne
Pour s'y rendre : S : 3 km par D 42, rte de Concots

| Nature : |
| Loisirs : snack |
| Services : |

La Plage Permanent
   ℘ 05 65 30 29 51, *camping-laplage@wanadoo.fr*,
Fax 05 65 30 23 33, *www.campingplage.com* – **R** conseillée
3 ha (120 empl.) plat, herbeux, pierreux
Tarif : 🔲 20 € 🔌 (10A) – pers. suppl. 5 € – frais de réservation 10 €
Location : 9 🛏 (4 à 6 pers.) 250 à 600 €/sem. – 13 🏠 (4 à 6 pers.) 250 à 630 €/sem.
🚐 1 borne 2 €
Pour s'y rendre : NE : 1,4 km par D 8, rte de Tour-de-Faure, à gauche avant le pont
À savoir : Bordé par le Lot, face à l'un des plus beaux villages de France

Nature : 🏞 ⬭⬭
Loisirs : 🍴 snack, pizzeria 🏃 ⚡ 🚲 🏊 (plage) 🛶 canoë
Services : ⚑ 🔑 GB 🅰 🔄 😊 🅿 🚰 🔲 🛁

ST-GERMAIN-DU-BEL-AIR

✉ 46310 – 🟦**337** E4 – 495 h. – alt. 215
🚩 *Office de tourisme, place de la Mairie* ℘ 05 65 31 09 10
Paris 551 – Cahors 28 – Cazals 20 – Fumel 52 – Labastide-Murat 15 – Puy-l'Évêque 37.

Municipal le Moulin Vieux juin-15 sept.
   ℘ 05 65 31 00 71, Fax 05 65 31 00 71 – **R** conseillée
2 ha (90 empl.) plat, herbeux
Tarif : 🔲 18 € 🔌 (16A) – pers. suppl. 4 €
Location : 15 🏠 (4 à 6 pers.) 300 à 360 €/sem.
Pour s'y rendre : Au Nord-Ouest du bourg, bord du Céou

Nature : 🐟 ⬭
Loisirs : 🏛 ⚡ ✂
Services : 🔑 🅰 🔄 😊 🔲
À prox. : 🏊 🛶 🏊

Benutzen Sie
– zur Wahl der Fahrtroute
– zur Berechnung der Entfernungen
– zur exakten Lokalisierung eines Campingplatzes (mit Hilfe der Angaben im Ortstext)
die für diesen Führer unentbehrlichen **MICHELIN-Karten** *im Ma1 : 150 000.*

497

ST-PANTALÉON

✉ 46800 – 🟦**337** D5 – 223 h. – alt. 269
Paris 597 – Cahors 22 – Castelnau-Montratier 18 – Montaigu-de-Quercy 28 – Montcuq 7 – Tournon-d'Agenais 27.

Les Arcades Pâques-fin sept.
   ℘ 05 65 22 92 27, *des-arcades@wanadoo.fr*,
Fax 05 65 31 98 89, *www.des-arcades.com* – **R** conseillée
12 ha/2,6 campables (80 empl.) plat, herbeux, pierreux, petit étang
Tarif : 🔹 4,75 € 🔲 10 € 🔌 3,10 € – frais de réservation 17 €
Location ✄ (juil.-août) : 5 🛏 (4 à 6 pers.) 200 à 600 €/sem. – bungalows toilés
Pour s'y rendre : E : 4,5 km sur D 653 rte de Cahors, au lieu-dit St-Martial, au bord de la Barguelonnette
À savoir : Salle de réunion et petit pub dans un moulin restauré

Nature : 🏞 ⬭⬭
Loisirs : 🍴 🍴 🏠 🏃 🏊
Services : ⚑ 🔑 GB 🅰 🔄 🏊 😊 🅿 🔲 🛁

ST-PIERRE-LAFEUILLE

✉ 46090 – 🟦**337** E4 – 292 h. – alt. 350
Paris 566 – Cahors 10 – Catus 14 – Labastide-Murat 23 – St-Cirq-Lapopie 35.

Quercy-Vacances avr.-oct.
   ℘ 05 65 36 87 15, *quercyvacances@wanadoo.fr*,
Fax 05 65 36 02 39, *www.quercy-vacances.com* – **R** conseillée
3 ha (80 empl.) peu incliné, plat, herbeux
Tarif : 🔹 5 € 🔲 8,80 € 🔌 5,30 €
Pour s'y rendre : NE : 1,5 km par N 20, rte de Brive et chemin à gauche

Nature : 🐟 ⬭
Loisirs : 🍴 🍴 (dîner seulement) 🏠 🏊
Services : ⚑ 🔑 GB 🅰 🔄 😊 🔲 🛁

SÉNAILLAC-LATRONQUIÈRE

✉ 46210 – **337** I3 – 145 h. – alt. 557 – Base de loisirs
Paris 550 – Aurillac 44 – Cahors 87 – Figeac 32 – Lacapelle-Marival 24 – St-Céré 20 – Sousceyrac 9.

Tolerme 15 mai-15 sept.
  ✆ 05 65 40 21 23, Fax 05 65 11 65 06, *www.camping-to lerme.com* – **R** conseillée
  0,8 ha (37 empl.) peu incliné, plat, herbeux
  Tarif : 📧 11,64 € – pers. suppl. 3,04 €
  Location : 4 ⛺ (4 à 6 pers.) 259 à 337 €/sem.
  Pour s'y rendre : À 1 km à l'Ouest du bourg par chemin, à 100 m du lac de Tolerme

Nature : 🐾 🏕 ♀
Loisirs : 🎣
Services : & ⚬⟋ (juil.-août) ⚙ 📷 ☺
🛁 🗑
À prox. : ♟ ✗ 🚣 ⛵ (plage)

SENIERGUES

✉ 46240 – **337** F3 – 113 h. – alt. 390
Paris 540 – Cahors 45 – Figeac 46 – Fumel 69 – Rocamadour 23 – Souillac 33.

Domaine de la Faurie 8 avr.-sept.
  ✆ 05 65 21 14 36, *contact@camping-lafaurie.com*,
  Fax 05 65 31 11 17, *www.camping-lafaurie.com* – **R** conseil-lée
  27 ha/5 campables (63 empl.) peu incliné, plat, herbeux, pierreux
  Tarif : ⭐ 4,50 € 📧 6 € 🔌 3 €
  Location : 8 ⛺ (4 à 6 pers.) 235 à 620 €/sem. – 8 🏠 (4 à 6 pers.) 250 à 640 €/sem.
  ⛺ 1 borne
  Pour s'y rendre : S : 6 km par D 10, rte de Montfaucon puis D 2, rte de St-Germain-du-Bel-Air et chemin à droite, A 20 sortie 56

Nature : 🐾 ≤ ♀♀
Loisirs : snack 🎣 🚲 🏊
Services : & ⚬⟋ 🏧 ⚙ 📷 🛁 ☺ 🗑 🛁

498

Pas de publicité payée dans ce guide.

SOUILLAC

✉ 46200 – **337** E2 – G. Périgord Quercy – 3 671 h. – alt. 104
🛈 *Office de tourisme, boulevard Louis-Jean Malvy* ✆ 05 65 37 81 56, *Fax 05 65 27 11 45*
Paris 516 – Brive-la-Gaillarde 39 – Cahors 68 – Figeac 74 – Gourdon 27 – Sarlat-la-Canéda 29.

Domaine de la Paille Basse 15 mai-15 sept.
  ✆ 05 65 37 85 48, *info@lapaillebasse.com*,
  Fax 05 65 37 09 58, *www.lapaillebasse.com* – **R** indispensa-ble
  80 ha/12 campables (254 empl.) plat, accidenté et en terrasses, pierreux, herbeux
  Tarif : 📧 29,20 € 🔌 (6A) – pers. suppl. 6,70 € – frais de réservation 20 €
  Location 🏷 : 34 ⛺ (4 à 6 pers.) 175 à 795 €/sem.
  Pour s'y rendre : NO : 6,5 km par D 15, rte de Salignac-Eyvignes puis 2 km par chemin à droite
  À savoir : Vaste domaine accidenté autour d'un vieux ha-meau restauré

Nature : 🐾 🏕 ♀♀
Loisirs : ♟ ✗ (dîner seulement) snack 🎣 ⚙ nocturne 🕺 disco-thèque, salle de cinéma, salle d'ani-mation 🎯 ❀ 🏊 ⛱ tir à la carabine
Services : & ⚬⟋ 🏧 ⚙ 📷 🛁 ☺ 🛁 🍴 🗑 🛁 🧺
À prox. : 🚲 🐎 🎣

Le Pit avr.-oct.
  ✆ 05 65 32 25 04, *info@camping-lepit.com, www.campin-lepit.com* – **R** conseillée
  3 ha (50 empl.) en terrasses, herbeux, bois attenant
  Tarif : 📧 18 € 🔌 (6A) – pers. suppl. 4,60 €
  Location (permanent) : 4 ⛺ (4 à 6 pers.) 250 à 490 €/sem. – gîtes
  Pour s'y rendre : E : 9 km par D 703, rte de Martel puis 3 km par D 33, rte de St-Sozy
  À savoir : Agréable situation autour d'anciens bâtiments quercinois restaurés

Nature : 🐾 ≤ ♀
Loisirs : snack 🎣 🏊
Services : ⚬⟋ 🏧 ⚙ 📷 🗑 ☺ 📷

SOUILLAC

⚵ **Escapades Terre Océane les Ondines** 17 juin-16 sept.
    𝒫 05 65 37 86 44, *info@campingterreoceane.com*,
Fax 05 65 37 86 44, *www.campingterreoceane.com*
– **R** conseillée
4 ha (242 empl.) plat, herbeux
Tarif : 🔲 15 € – pers. suppl. 3,50 € – frais de réservation 25 €
Location : 9 ⛺ (4 à 6 pers.) 260 à 590 €/sem.
Pour s'y rendre : SO : 1 km par rte de Sarlat et chemin à gauche, près de la Dordogne

| Nature : 🔟🔟 |
| Loisirs : 🏕 |
| Services : ⟲ 🖵 🅖🅑 🛒 🖥 ☺ |
| À prox. : 🚲 ✂ 🎣 🏊 ⛵ 🏄 🐎 |
| **terrain omnisports, canoë** |

TAURIAC

✉ 46130 – 337 G2 – 329 h. – alt. 128 – Base de loisirs
Paris 521 – Brive-la-Gaillarde 40 – Cahors 83 – Rocamadour 26 – St-Céré 13 – Souillac 34.

⚵ **Le Mas de la Croux** juil.-août
    𝒫 05 65 10 89 04, *contact@dordogne-vacances.fr*,
Fax 05 65 38 61 38, *www.dordogne-vacances.fr* – **R** conseillée
1,5 ha (89 empl.) plat, herbeux
Tarif : 🔲 17,50 € – pers. suppl. 4 €
Location : 34 ⛺ (4 à 6 pers.) 560 €/sem.
Pour s'y rendre : Au Sud du bourg, au bord d'un bras de la Dordogne et près d'un plan d'eau

| Nature : 🔟 |
| Loisirs : |
| Services : ⟲ ⟲ 🖵 🛒 ☺ 🖥 |
| À prox. : 🍽 snack 🏕 🎣 🏊 |

THÉGRA

✉ 46500 – 337 G3 – 416 h. – alt. 330
Paris 535 – Brive-la-Gaillarde 58 – Cahors 64 – Rocamadour 15 – St-Céré 17 – Souillac 30.

499

⚞ **Dordogne Vacances** (location exclusive de 14 chalets)
Permanent
    𝒫 05 65 10 89 04, *contact@dordogne-vacances.fr*,
Fax 05 65 10 89 18, *www.dordogne-vacances.fr* – **R** indispensable
2,5 ha incliné, herbeux
Location : 🏠 (4 à 6 pers.) 300 à 850 €/sem.
Pour s'y rendre : N : 0,5 km derrière la nouvelle école

| Nature : 🔟 |
| Loisirs : 🏡 🏕 🏊 |
| Services : ⟲ ⟲ 🅟 🛒 ▥ 🖥 |

⚞ **Le Ventoulou** 8 avr.-sept.
    𝒫 05 65 33 67 01, *contact@leventoulou.com*,
Fax 05 65 33 73 20, *www.leventoulou.com* – **R** conseillée
2 ha (66 empl.) incliné à peu incliné, herbeux
Tarif : 🔲 22,20 € – 🔌 (10A) – pers. suppl. 5,85 € – frais de réservation 18 €
Location : 6 ⛺ (2 à 4 pers.) 140 à 420 €/sem. – 17 ⛺ (4 à 6 pers.) 210 à 549 €/sem.
Pour s'y rendre : NE : 2,8 km par D 14, rte de Loubressac et D 60, rte de Mayrinhac-Lentour à droite, au lieu-dit le Ventoulou

| Nature : 🔟 🔟 |
| Loisirs : 🍽 🏡 🏕 🏊 |
| Services : ⟲ ⟲ 🅖🅑 🛒 🖵 ☺ 🏊 |

TOUZAC

✉ 46700 – 337 C5 – 341 h. – alt. 75
Paris 603 – Cahors 39 – Gourdon 51 – Sarlat-la-Canéda 63 – Villeneuve-sur-Lot 34.

⚞ Le Ch'Timi
    𝒫 05 65 36 52 36, *info@campinglechtimi.com*,
Fax 05 65 36 53 23, *www.campinglechtimi.com* – **R** conseillée
3,5 ha (70 empl.) peu incliné, plat, herbeux
Location ✗ : ⛺ – 🏠
Pour s'y rendre : Accès direct au Lot (par escalier abrupt)

| Nature : 🔟 |
| Loisirs : snack , discothèque 🏕 🚲 ✂ 🏊 🏄 |
| Services : ⟲ 🖵 ☺ 🖥 🚿 |

VAYRAC

⊠ 46110 – **337** G2 – 1 185 h. – alt. 139 – Base de loisirs
🛈 *Office de tourisme, 29, rue Charles de Verninhac* ℘ *05 65 32 52 50*
Paris 512 – Beaulieu-sur-Dordogne 17 – Brive-la-Gaillarde 32 – Cahors 89 – St-Céré 20 – Souillac 26.

▲ **Municipal la Palanquière** mai-sept.
℘ 05 65 32 43 67, *mairie-vayrac@wanadoo.fr*,
Fax 05 65 32 41 30 – **R** conseillée
1 ha (33 empl.) plat, herbeux
Tarif : (Prix 2005) 🧍 3 € ⇌ 2,70 € 🗐 2,70 € 🔌 2,90 €
Location : huttes
Pour s'y rendre : S : 1 km par D 116, en direction de la base de loisirs

| Nature : 00 |
| Loisirs : 🏖️ |
| Services : 🛗 🚙 🗑️ ⊕ 🚿 🔲 |

▲ **Les Bungalows Mirandol** (location exclusive de 22 chalets) avr.-4 nov.
℘ 05 65 32 57 12, *bungalows-mirandol@wanadoo.fr*,
Fax 05 65 32 57 96, *www.bungalows-mirandol.com*
– **R** conseillée
2,6 ha non clos, plat, herbeux
Location : 🏠 (4 à 6 pers.) 240 à 620 €/sem.
Pour s'y rendre : S : 2,3 km par D 116, en direction de la base de loisirs

| Loisirs : 🚲 🏊 |
| Services : 🚰 (saison) 🚙 |
| À prox. : 🍴 🗙 🚣 🛶 canoë |

Om een reisroute uit te stippelen en te volgen,
om het aantal kilometers te berekenen,
om precies de ligging van een terrein te bepalen
(aan de hand van de inlichtingen in de tekst),
*gebruikt u de **Michelinkaarten** schaal 1 : 150 000 ;*
een onmisbare aanvulling op deze gids.

500

VERS

⊠ 46090 – **337** F5 – 398 h. – alt. 132
🛈 *Office de tourisme, rue Montois* ℘ *05 65 31 28 22*
Paris 565 – Cahors 15 – Villefranche-de-Rouergue 55.

▲ **La Chêneraie** avr.-sept.
℘ 05 65 31 40 29, *lacheneraie@free.fr*, Fax 05 65 31 41 70,
www.cheneraie.com – **R** indispensable
2,6 ha/0,4 campable (25 empl.) plat, herbeux
Tarif : 🗐 19 € – pers. suppl. 3,50 € – frais de réservation 9 €
Location : 🏚️ (4 à 6 pers.) 230 à 580 €/sem. – 🏠 (4 à 6 pers.) 230 à 580 €/sem.
Pour s'y rendre : SO : 2,5 km par D 653, rte de Cahors et chemin à droite après le passage à niveau

| Nature : 🍂 00(chênaie) |
| Loisirs : 🍴 grill 🍽️ 🗙 🏊 |
| Services : 🚰 ⊟ 🚙 🗑️ ⊕ 🔲 🚿 |

Le VIGAN

⊠ 46300 – **337** E3 – G. Périgord Quercy – 1 189 h. – alt. 224
Paris 537 – Cahors 43 – Gourdon 6 – Labastide-Murat 20 – Payrac 8 – Rocamadour 27.

▲ **Le Rêve** 25 avr.-15 sept.
℘ 05 65 41 25 20, *info@campinglereve.com*,
Fax 05 65 41 68 52, *www.campinglereve.com* – **R** conseillée
8 ha/2,5 campables (60 empl.) en terrasses, peu incliné et plat, bois attenant
Tarif : 🗐 17,25 € 🔌 (6A) – pers. suppl. 4,20 €
Location : 🏠 (4 à 6 pers.) 236 à 435 €/sem.
Pour s'y rendre : N : 3,2 km par D 673, rte de Souillac puis 2,8 km par chemin à gauche
À savoir : Décoration florale et arbustive, quelques emplacements en sous-bois

| Nature : 🍂 🏞️ 00 |
| Loisirs : 🍴 🏖️ 🚲 🏊 |
| Services : 🛗 🚰 🚙 🗑️ ⊕ 🔲 🚿 |

AGOS-VIDALOS

✉ 65400 – 342 L4 – 290 h. – alt. 450

🔋 *Syndicat d'initiative, 2 bis, avenue du Lavedan* ℘ *05 62 97 08 06*

Paris 859 – Toulouse 185 – Tarbes 32 – Pau 51 – Lourdes 9.

Schéma à Argelès-Gazost

ᴍ **Le Soleil du Pibeste** Permanent

℘ 05 62 97 53 23, *info@campingpibeste.com,*

Fax 05 62 97 53 23 – **R** conseillée

1,5 ha (90 empl.) plat et peu incliné, terrasses, herbeux

Tarif : 🔳 32 € ⑭ (10A) – pers. suppl. 5 € – frais de réservation 30 €

Location : 15 🛏 (4 à 6 pers.) 300 à 696 €/sem. – 10 🏠 (4 à 6 pers.) 300 à 696 €/sem.

Pour s'y rendre : Sortie S, par la N 21

| Nature : ≤ ♀ |
| Loisirs : 🏠 🚣 🏊 |
| Services : 🕭 ⚍ GB 🕳 🏢 🗄 ☺ 🛱 🚰 🗑 🛢 |

ᴍ **La Châtaigneraie** fermé janv. et 16 oct.-nov.

℘ 05 62 97 07 40, *camping.chataigneraie@wanadoo.fr,*

Fax 05 62 97 06 64, *www.camping-chataigneraie.com*

– **R** conseillée

1,5 ha (100 empl.) plat, peu incliné, terrasses, herbeux

Tarif : 🚹 3,80 € 🔳 3,80 € ⑭ (10A) 8,80 € – frais de réservation 12 €

Location : 12 🛏 (4 à 6 pers.) 200 à 430 €/sem. – studios

Pour s'y rendre : Par N 21, à Vidalos

| Nature : ≤ ♀♀ |
| Loisirs : 🏠 🚣 🏊 🪁 |
| Services : 🕭 ⚍ GB 🕳 🏢 🗄 🛢 ☺ 🖼 |

ARAGNOUET

✉ 65170 – 342 N8 – G. Midi Pyrénées – 260 h. – alt. 1 100

🔋 *Office de tourisme, PIAU* ℘ *05 62 39 61 69, Fax 05 62 39 61 19*

Paris 842 – Arreau 24 – Bagnères-de-Luchon 56 – Lannemezan 51 – La Mongie 63.

ᴀ **Fouga Pic de Bern**

℘ 05 62 39 63 37, Fax 05 62 39 62 39

3 ha (80 empl.) non clos, plat et peu incliné, terrasses, herbeux

Location : 🛏

Pour s'y rendre : À Fabian, NE : 2,8 km par D 118, rte de St-Lary-Soulan, près de la Neste-d'Avre

| Nature : 🦌 ≤ ♀ |
| Loisirs : 🍷 snack 🏠 |
| Services : 🕭 ⚍ 🏍 ☺ 🛱 |

Vallée du Lys

L. Cazenave/Michelin

ARCIZANS-AVANT

⊠ 65400 – 342 L5 – 298 h. – alt. 640
Paris 868 – Toulouse 194 – Tarbes 41 – Pau 61 – Lourdes 19.
                                   Schéma à Argelès-Gazost

⚠ **Le Lac** 15 mai-sept.
  𝒫 05 62 97 01 88, campinglac@campinglac65.fr,
  Fax 05 62 97 01 88, www.campinglac65.fr – **R** conseillée
  2 ha (90 empl.) peu incliné, herbeux
  Tarif : (Prix 2005) 🔲 21,50 € 🔌 (5A) – pers. suppl. 5,50 € –
  frais de réservation 16 €
  Location (permanent) : 5 🏠 (4 à 6 pers.) 350 à
  640 €/sem.
  Pour s'y rendre : Sortie Ouest, à proximité du lac

Nature : 🏊 ΩΩ
Loisirs : 🏠 💧
Services : 🔥 ⚡ GB 🐕 🚿 ♿ 🔧 🛒

ARGELÈS-GAZOST

⊠ 65400 – 342 L6 – G. Midi Pyrénées – 3 241 h. – alt. 462 – ♨ (mi-av.-fin oct.)
🛈 OFFICE DU TOURISME, 15, place République 𝒫 05 62 97 00 25
Paris 863 – Lourdes 13 – Pau 58 – Tarbes 32.

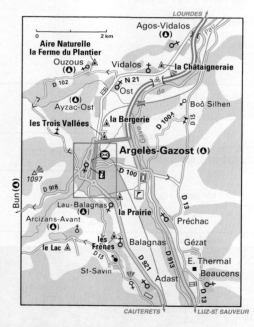

⚠ **Les Trois Vallées** 10 mars-oct.
  𝒫 05 62 90 35 47, 3-vallees@wanadoo.fr,
  Fax 05 62 90 35 48, www.camping-les-3-vallees.fr – **R** indis-
  pensable
  7 ha (380 empl.) plat, herbeux
  Tarif : 🔲 29 € – pers. suppl. 8 €
  Location 🍴 : 77 🏠 (4 à 6 pers.) 273 à 812 €/sem.
  Pour s'y rendre : Sortie Nord
  À savoir : Aménagement floral de l'espace aquatique, ludi-
  que et commercial

Nature : < ΩΩ
Loisirs : 🍴 cafétéria 🎬 🌙 nocturne 🏃 🎯 🎺 salle d'animation, disco-thèque 🚣 ⛳ ⛱ 🏓
Services : 🔥 ⚡ GB 🐕 🚿 ⛽ 🔧 🛒 ♿
À prox. : 🛒 ⚔ 🎣

Benutzen Sie den Hotelführer des laufenden Jahres.

502

ARRAS-EN-LAVEDAN

✉ 65400 – 342 L5 – 456 h. – alt. 700
🛈 *Syndicat d'initiative, impasse Bériadet* ☎ 05 62 97 59 48
Paris 868 – Toulouse 193 – Tarbes 40 – Pau 60 – Lourdes 19.

⚠ **L'Idéal** juin-15 sept.
☎ 05 62 97 03 13 – alt. 600 – **R** conseillée
2 ha (60 empl.) en terrasses, plat et peu incliné, herbeux
Tarif : ✱ 4 € 🔲 4 € 🔌 (10A) 9,50 €
Pour s'y rendre : NO : 0,3 km par D 918, rte d'Argelès-Gazost

Nature : ≤ ♀
Loisirs : 🏠 🎿
Services : ♿ ⚊ ⁂ 🔲 🖳 🛁 ☺

ARRENS-MARSOUS

✉ 65400 – 342 K7 – G. Midi Pyrénées – 697 h. – alt. 885
Paris 875 – Argelès-Gazost 13 – Cauterets 29 – Laruns 37 – Lourdes 25 – Taches 44.

⚠ **La Hèche** fév.-oct.
☎ 05 62 97 02 64, *laheche@free.fr, www.campinglahe che.com* – **R**
5 ha (166 empl.) plat, herbeux
Tarif : 🔲 11,40 € 🔌 (3A) – pers. suppl. 3,20 €
Location : 2 🚐 (4 à 6 pers.) 165 à 430 €/sem.
Pour s'y rendre : E : 0,8 km par D 918 rte d'Argelès-Gazost et chemin à droite, bord du Gave d'Arrens

Nature : ≤ ♀♀
Loisirs : 🏠 🎿
Services : ♿ ⚊ GB ⁂ 🖳 🛁 ≈ ☺ 📷
À prox. : ≈ 🛥 🎿

⚠ **Le Moulian** Permanent
☎ 05 62 97 41 18, *domec.pav@wanadoo.fr*,
Fax 05 56 85 02 02 – **R** conseillée
12 ha/4 campables (100 empl.) plat, herbeux
Tarif : ✱ 3,60 € 🔲 3,60 € 🔌 (6A) 4,50 €
Location : 4 🚐 (4 à 6 pers.) 450 à 470 €/sem.
🚐 1 borne 3,50 € – 2 🔲 13,70 €
Pour s'y rendre : À 0,5 km au Sud-Est du bourg de Marsous
À savoir : Cadre agréable dans la vallée, le long du Gave d'Azun

Nature : ≤ ♀♀
Loisirs : 🏠
Services : ♿ ⚊ GB ⁂ 🖳 ≈ ☺ 📷 🛁
À prox. : 🎿 🛥 🎿

⚠ **Le Gerrit** 25 juin-15 sept.
☎ 05 62 97 25 85, *francois.bordes@wanadoo.fr*,
Fax 05 62 97 25 85, *www.legerrit.com* – **R**
1 ha (30 empl.) plat, herbeux
Tarif : 🔲 12,20 € 🔌 (2A) – pers. suppl. 2,60 €
Location (permanent) 🏠 : 5 🚐 (4 à 6 pers.) 290 à 460 €/sem.
Pour s'y rendre : À l'Est du bourg de Marsous

Nature : ≤ ♀♀
Loisirs : 🎿
Services : ♿ ⚊ ⁂ 🖳 ≈ ☺ 📷

AUCUN

✉ 65400 – 342 K7 – 205 h. – alt. 853
Paris 872 – Argelès-Gazost 10 – Cauterets 26 – Lourdes 22 – Pau 73 – Tarbes 41.

⚠ **Lascrouts** Permanent
☎ 05 62 97 42 61, *camplascrouts@aol.com*,
Fax 05 62 97 42 62, *www.camplascrouts.com* – places limitées pour le passage – **R** conseillée
2 ha (72 empl.) plat, peu incliné, terrasse, herbeux
Tarif : 🔲 11,50 € 🔌 (6A) – pers. suppl. 3 €
Location (juil.-août) : 6 🚐 (4 à 6 pers.) 305 à 382 €/sem. – 2 🏠 (4 à 6 pers.) 382 €/sem.
Pour s'y rendre : E : 0,7 km par D 918, rte d'Argelès-Gazost et rte à droite, à 300 m du Gave d'Azun

Nature : ≤
Loisirs : 🏠 🎿
Services : ♿ ⚊ ⁂ M 🖳 ≈ ☺ 📷
À prox. : école de parapente

AUCUN

▲ **Azun Nature** juin-15 sept.
  ℘ 05 62 97 45 05, *azun.nature@wanadoo.fr,*
  Fax 05 62 97 45 05, *www.azun-nature.fr.st* – **R** conseillée
  1 ha (40 empl.) plat, herbeux
  Tarif : ✱ 3,40 € ← 1,90 € 回 1,90 € 內 3 €
  Pour s'y rendre : E : 0,7 km par D 918, rte d'Argeles-Gazost
  et rte à droite, à 300 m du Gave d'Azun

Nature : 🐟
Loisirs : 🏠 🚴
Services : 🚻 ⚡ ✂️ M 🍽 🚿 ☺ 📷
À prox. : école de parapente

AYZAC-OST

✉ 65400 – 342 L4 – 388 h. – alt. 430
Paris 862 – Toulouse 188 – Tarbes 35 – Pau 54 – Lourdes 12.
                            Schéma à Argelès-Gazost

▲ **La Bergerie** mai-sept.
  ℘ 05 62 97 59 99, *campinglabergerie@tiscali.fr,*
  Fax 05 62 97 51 89, *www.camping-labergerie.com*
  – **R** conseillée
  2 ha (105 empl.) plat, herbeux
  Tarif : 回 19,40 € 內 (6A) – pers. suppl. 4,50 € – frais de
  réservation 15 €
  Location (avr.-oct.) 🏡 : appartements
  Pour s'y rendre : Sortie Sud par N 21 et chemin à gauche

Nature : ⋖ 🌳🌳
Loisirs : 🏠 🚴 🏊
Services : 🚻 ⚡ GB ✂️ 🍽 ☺ 📷

Raadpleeg, voordat U zich op een kampeerterrein installeert,
de tarieven die de de beheerder verplicht
is bij de ingang van het terrein aan te geven.
Informeer ook naar de speciale verblijfsvoorwaarden.
De in deze gids vermelde gegevens kunnen
sinds het verschijnen van deze heeditie gewijzigd zijn.

504

BAGNÈRES-DE-BIGORRE

✉ 65200 – 342 M6 – G. Midi Pyrénées – 8 048 h. – alt. 551 – ♨ (début mars-fin nov.)
🛈 *Office de tourisme, 3, allées Tournefort* *℘* 05 62 95 50 71, Fax 05 62 95 33 13
Paris 829 – Lourdes 24 – Pau 66 – St-Gaudens 65 – Tarbes 23.

▲▲▲ **Le Monlôo** Permanent
  ℘ 05 62 95 19 65, *campingmonloo@yahoo.com,*
  Fax 05 62 95 19 65, *www.lemonloo.com* – **R** conseillée
  3 ha (137 empl.) peu incliné, plat, herbeux
  Tarif : 回 21 € 內 (6A) – pers. suppl. 3,80 €
  Location : 7 🚐 (4 à 6 pers.) 220 à 502 €/sem. – 5 🏡 (4
  à 6 pers.) 280 à 602 €/sem.
  🚐 1 borne 5 €
  Pour s'y rendre : Sortie Nord-Est, par D 938, rte de Toulouse puis à gauche 1,4 km par D 8, rte de Tarbes et chemin
  à droite

Nature : 🐟 ⋖ 🌳🌳
Loisirs : 🏠 🚴 🍴 🏊 ⛷
Services : 🚻 ⚡ GB ✂️ 🍽 🚿 ☺ 📷

▲ **Les Fruitiers** mai-oct.
  ℘ 05 62 95 25 97, *danielle.villemur@wanadoo.fr,*
  Fax 05 62 95 25 97, *www.camping-les-fruitieres.com*
  – **R** conseillée
  1,5 ha (112 empl.) plat, herbeux
  Tarif : 回 16,30 € 內 (6A) – pers. suppl. 3,80 €
  Pour s'y rendre : 91, rte de Toulouse

Nature : 🌳🌳
Loisirs : 🏠 🚴
Services : ⚡ GB ✂️ 🍽 ☺ 📷
À prox. : 🎿

▲ **Le Mesnil** mai-oct.
  ℘ 05 62 91 00 09, *camping.lemesnil@wanadoo.fr,*
  Fax 05 62 90 19 59 – **R** conseillée
  1,5 ha (17 empl.) non clos, en terrasses, plat, herbeux,
  gravier
  Tarif : 回 12 € 內 (8A) – pers. suppl. 3,10 €
  Pour s'y rendre : SE : 3 km par D 938, direction Toulouse
  puis à gauche par D 26

Nature : 🐟 ⋖ Bagnères et le Pic-du-Midi
Services : 🚻 ⚡ 🍽 ☺
À prox. : golf (18 trous)

BOURISP

✉ 65170 – 342 06 – 110 h. – alt. 790
Paris 828 – Toulouse 155 – Tarbes 70 – Lourdes 66 – Saint 64.

Le Rioumajou
  📞 05 62 39 42 38, *lerioumajou@wanadoo.fr*,
  Fax 05 62 39 58 27 – places limitées pour le passage
  – **R** conseillée
  5 ha (240 empl.) plat, gravillons, pierreux, herbeux
  Location : 🏠
  Pour s'y rendre : NO : 1,3 km par D 929 rte d'Arreau et
  chemin à gauche, bord de la Neste d'Aure

| Nature : ❄ 🦌 ⇐ 🗁 💧 |
| Loisirs : 🍸 snack 🏛 🚣 🎿 🛷 🐕 |
| Services : ♿ ⚡ 🏢 🛁 🛒 ⊕ 🚿 ♨ 🚰 |
| ☕ |

La Mousquere
  📞 05 62 39 44 99 – places limitées pour le passage
  – **R** conseillée
  0,8 ha (45 empl.) incliné, pierreux, herbeux
  Location : 🏠
  Pour s'y rendre : À l'Ouest du bourg par D 116, à 50 m du
  D 929, près d'un ruisseau

| Nature : 🌳🌳 |
| Loisirs : 🏛 |
| Services : ♿ ⚡ 🏢 ⊕ 🚿 🚰 ♨ |
| À prox. : 🍴 |

BUN

✉ 65400 – 342 L5 – 108 h. – alt. 800
Paris 874 – Toulouse 198 – Tarbes 44 – Pau 64 – Lourdes 24.

Le Bosquet Permanent
  📞 05 62 97 43 94, Fax 05 62 97 07 81 – **R** conseillée
  1,5 ha (35 empl.) plat, herbeux
  Tarif : 🚶 3,20 € ▣ 3,20 € 🚐 3,80 €
  Location : gîtes
  Pour s'y rendre : Sortie Ouest du bourg, pour les caravanes : accès conseillé par D 918, rte d'Aucun et D 13

| Nature : 🦌 ⇐ 💧 |
| Loisirs : 🏛 |
| Services : ♿ ⚡ 🐄 Ⓜ 🛒 ♨ ⊕ 🚰 |

505

CAPVERN-LES-BAINS

✉ 65130 – 342 N6 – alt. 450 – ♨ (fin avril-fin oct.)
🚩 *Office de tourisme, place des Thermes* 📞 *05 62 39 00 46, Fax 05 62 39 08 14*
Paris 804 – Arreau 31 – Bagnères-de-Bigorre 19 – Bagnères-de-Luchon 71 – Lannemezan 9 – Tarbes 31.

Les Craoues mai-15 oct.
  📞 05 62 39 02 54, Fax 05 62 39 02 54, *camping-les-
  craoues.net* – alt. 606 – **R** conseillée
  1,5 ha (78 empl.) non clos, peu incliné, herbeux
  Tarif : ▣ 17 € 🚐 (6A) – pers. suppl. 4,50 €
  Location (permanent) : 8 🏠 (4 à 6 pers.) 380 à
  570 €/sem.
  Pour s'y rendre : SE : 2,5 km, au carrefour des N 117 et
  D 938

| Nature : 🌳🌳 |
| Loisirs : 🏛 🛷 |
| Services : ♿ ⚡ 🐄 🛒 🛁 ♨ ⊕ 🚰 |
| À prox. : 🚲 |

CAUTERETS

✉ 65110 – 342 L7 – G. Midi Pyrénées – 1 305 h. – alt. 932 – ♨ – Sports d'hiver : 1 000/2 350 m ✦3 ✦18 ✦
🚩 *Office de tourisme, place Foch* 📞 *05 62 92 50 50*
Paris 880 – Argelès-Gazost 17 – Lourdes 30 – Pau 75 – Tarbes 49.

Les Glères fermé 20 oct.-nov.
  📞 05 62 92 55 34, *camping-les-gleres@wanadoo.fr*,
  Fax 05 62 92 03 53, *www.gleres.com* – **R** indispensable
  1,2 ha (80 empl.) plat, herbeux, gravillons
  Tarif : ▣ 19,70 € 🚐 (6A) – pers. suppl. 4 €
  Location 🏠 : 5 🏠 (2 à 4 pers.) 205 à 305 €/sem. – 15
  🏠 (4 à 6 pers.) 235 à 490 €/sem. – 5 🏠 (4 à 6 pers.)
  290 à 590 €/sem.
  Pour s'y rendre : Sortie Nord par D 920, bord du Gave

| Nature : ❄ ⇐ 🗁 🌳🌳 |
| Loisirs : 🏛 🚣 🐕 |
| Services : ♿ ⚡ GB 🐄 Ⓜ 🛒 🛁 |
| ♨ ⊕ 🚰 🚿 📮 |
| À prox. : patinoire 🍴 |

CAUTERETS

GR 10 juil.-1er sept.
  𝒞 05 62 92 54 02, *contact@gr10camping*,
  Fax 05 62 92 54 02, *www.gr10camping.com* – **R** indispensable
  1,5 ha (70 empl.) plat et peu incliné, terrasses, herbeux
  Tarif : 🔲 15,24 € – pers. suppl. 3,90 €
  Pour s'y rendre : N : 2,8 km par D 920, rte de Lourdes, à Concé, près du Gave de Pau

> Nature : ⟋ ⪦
> Loisirs : 🛏 ♞ ✂ ⛲
> Services : & ⊶ ✍ Ⓜ ▥ ☺ ▨

Le Cabaliros juin-sept.
  𝒞 05 62 92 55 36, *info@camping-cabaliros.com*,
  Fax 05 62 92 55 36, *www.camping-cabaliros.com* – **R** conseillée
  2 ha (100 empl.) incliné à peu incliné, herbeux
  Tarif : 🔲 15 € (⚡) (6A) – pers. suppl. 4,20 €
  Location (mai-15 oct.) : 4 🚐 (4 à 6 pers.) 240 à 480 €/sem.
  🚐 1 borne 3 €
  Pour s'y rendre : N : 1,6 km par rte de Lourdes et au pont à gauche, bord du Gave de Pau

> Nature : ⪦ ♤♤
> Loisirs : 🛏
> Services : & ⊶ ⒼⒷ ✍ ▤ ⚲ ☺ ⚮ ⚘ ▨

Le Mamelon Vert fermé 23 -27 avr., oct.-nov.
  𝒞 05 62 92 51 56, *info@mamelon-vert.com*,
  Fax 05 62 92 51 56, *www.mamelon-vert.com* – **R** conseillée
  2 ha (100 empl.) en terrasses, plat, peu incliné, herbeux, gravier, cimenté
  Tarif : 🔲 16,60 € – pers. suppl. 4 € – frais de réservation 11 €
  Location ⚘ : 10 🚐 (4 à 6 pers.) 199 à 560 €/sem.
  🚐 1 borne 5 €
  Pour s'y rendre : À 0,5 km sortie Sud du bourg et à droite

> Nature : ⪦ ♤
> Loisirs : 🛏
> Services : ⊶ (mai-sept.) ⒼⒷ ✍ ▥ ⚲ ☺ ⚮ ⚘ ⚮ ▨

506

Le Péguère avr.-fin sept.
  𝒞 05 62 92 52 91, *campingpeguere@wanadoo.fr*,
  Fax 05 62 92 52 91, *www.les-campings.com/peguere* – **R** conseillée
  3,5 ha (160 empl.) peu incliné, herbeux
  Tarif : 🔲 12,76 € – pers. suppl. 3,65 €
  Location (mars-nov.) ⚘ : 4 🚐 (4 à 6 pers.) 175 à 420 €/sem.
  🚐 1 borne 4 €
  Pour s'y rendre : N : 1,5 km par rte de Lourdes, bord du Gave de Pau

> Nature : ⪦ ♤
> Loisirs : 🛏
> Services : & ⊶ ⒼⒷ ✍ ▤ ☺ ⚮ ⚮ ▨

ESTAING _____

✉ 65400 – ③④② K7 – G. Midi Pyrénées – 67 h. – alt. 970
Paris 874 – Argelès-Gazost 12 – Arrens 7 – Laruns 43 – Lourdes 24 – Pau 69 – Tarbes 43.

Pyrénées Natura mai-20 sept.
  𝒞 05 62 97 45 44, *info@camping-pyrenees-natura.com*,
  Fax 05 62 97 45 81, *www.camping-pyrenees-natura.com* – alt. 1 000 – **R** conseillée
  3 ha (60 empl.) plat et peu incliné, terrasses, herbeux, gravier
  Tarif : 🔲 26 € (⚡) (10A) – pers. suppl. 4,50 €
  🚐 1 borne – 5 🔲 23 €
  Pour s'y rendre : Au Nord du bourg
  À savoir : Belle grange du 19e s. aménagée en espace loisirs et détente

> Nature : ⟋ ⪦ ▭
> Loisirs : ♆ 🛏
> Services : & ⊶ ⒼⒷ ✍ Ⓜ ▤ ⚘ ☺ ⚮ ⚮ ▨ ⚮

Aire Naturelle la Pose mai-fin oct.
  𝒞 05 62 97 43 10 – **R** conseillée
  2 ha (25 empl.) plat et peu incliné, en terrasses, herbeux
  Tarif : ♟ 2,50 € ⇔ 2 € 🔲 2 € (⚡) (10A) 3 €
  Pour s'y rendre : S : 3 km par D 103, près du Gave de Bun

> Nature : ⟋
> Services : ⊶ (juil.-août) ✍ ☺

GAVARNIE

✉ 65120 – 342 L8 – G. Midi Pyrénées – 164 h. – alt. 1 350 – Sports d'hiver : 1 350/2 400 m 🎿11 ⛷
🏢 *Office de tourisme, le village* ℘ *05 62 92 49 10*
Paris 901 – Lourdes 52 – Luz-St-Sauveur 20 – Pau 96 – Tarbes 71.

▲ **Le Pain de Sucre** 15 déc.-15 avr., juin-sept.
℘ 05 62 92 47 55, *camping-gavarnie@wanadoo.fr*,
Fax 05 62 92 47 55, *www.camping-gavarnie.com* – alt. 1 273
– **R** conseillée
1,5 ha (50 empl.) non clos, plat, herbeux
Tarif : ✱ 3,60 € ▣ 3,80 € 🔌 (10A) 5,95 € – frais de réservation 15 €
Location : 🚐 (2 à 4 pers.) 200 €/sem.
Pour s'y rendre : N : 3 km par D 921 rte de Luz-St-Sauveur, bord du Gave de Gavarnie

| Nature : ⩽ |
| Services : o⊸ⲅ GB ⴷⵠ ▥ ⌂ ⓐ 🖼 |

Si vous désirez réserver un emplacement pour vos vacances,
faites-vous préciser au préalable les conditions particulières de séjour,
les modalités de réservation, les tarifs en vigueur et les conditions de paiement.

GÈDRE

✉ 65120 – 342 M8 – G. Midi Pyrénées – 291 h. – alt. 1 000
🏢 *Office de tourisme, Immeuble communal* ℘ *05 62 92 47 37*
Paris 892 – Lourdes 43 – Luz-St-Sauveur 12 – Pau 87 – Tarbes 62.

▲ **Le Mousca** juil.-août
℘ 05 62 92 47 53, Fax 05 62 92 47 53
1 ha (50 empl.) plat, herbeux
Tarif : ✱ 3,20 € ▣ 3,40 € 🔌 (6A) 3,80 €
Pour s'y rendre : N : 0,7 km par D 921 rte de Luz-St-Sauveur et chemin à gauche, bord du Gave de Gavarnie

| Nature : ⌇ ⩽ |
| Services : ⴺ o⊸ⲅ 🖼 ⌂ ⓐ 🖼 |
| À prox. : ✂ 🛏 🏊 |

HÈCHES

✉ 65250 – 342 O6 – 580 h. – alt. 690
Paris 805 – Arreau 14 – Bagnères-de-Bigorre 35 – Bagnères-de-Luchon 47 – Lannemezan 14 – Tarbes 49.

▲ **La Bourie** Permanent
℘ 05 62 98 73 19, *labourie65@aol.com*, Fax 05 62 98 73 44,
www.camping-labourie.com – **R** conseillée
2 ha (100 empl.) plat, peu incliné, terrasse, herbeux
Tarif : ✱ 3,20 € ▣ 3,50 € 🔌 (6A) 4 € – frais de réservation 15 €
Location 🌿 : 5 🚐 (4 à 6 pers.) 258 à 365 €/sem.
🚐 1 borne
Pour s'y rendre : S : 2 km par D 929, rte d'Arreau et à Rebouc D 26 à gauche, bord de la Neste d'Aure

| Nature : ⩽ ♀ |
| Loisirs : snack 🛋 🛏 ⌇ |
| Services : ⴺ o⊸ⲅ ⴷⵠ ▥ 🖼 ⓐ 🖼 |

LAU-BALAGNAS

✉ 65400 – 342 L5 – 483 h. – alt. 430
Paris 864 – Toulouse 191 – Tarbes 32 – Pau 57 – Lourdes 15.
Schéma à Argelès-Gazost

⚠ **Les Frênes** 15 oct.-15 déc.
℘ 05 62 97 25 12, Fax 05 62 97 01 41 – **R** conseillée
3 ha (165 empl.) plat et terrasses, herbeux
Tarif : ✱ 4,40 € ▣ 4,70 € 🔌 (12A) 10,80 €
Location : 12 🚐 (4 à 6 pers.) 260 à 440 €/sem.
Pour s'y rendre : SE : 1,2 km

| Nature : ⩽ ♀♀ |
| Loisirs : 🛋 🛏 |
| Services : ⴺ o⊸ⲅ ⴷⵠ ▥ 🖼 ⓐ ⌂ ⛲ |
| 🖼 |

▲ **La Prairie** 15 juin-15 sept.
℘ 05 62 97 11 87, Fax 05 62 97 11 87 – **R**
1 ha (60 empl.) plat, herbeux
Tarif : ✱ 3,20 € ▣ 3,20 € 🔌 (6A) 6 €
Pour s'y rendre : Au bourg

| Nature : ⩽ montagnes ♀ |
| Services : ⴺ o⊸ⲅ ⴷⵠ ⓐ 🖼 |

507

LOUDENVIELLE

✉ 65510 – **342** 08 – 261 h. – alt. 987 – Base de loisirs

🛈 *Office de tourisme, 13, place des Badalans* 📞 *05 62 99 95 35*

Paris 833 – Arreau 15 – Bagnères-de-Luchon 27 – La Mongie 54 – Taches 77.

△ **Pène Blanche**

📞 *05 62 99 68 85, info@peneblanche.com,*
Fax 05 62 99 98 20, *peneblanche.com* – **R** conseillée
4 ha (120 empl.) en terrasses, peu incliné, herbeux

Location : 🚐 – bungalows toilés

Pour s'y rendre : Sortie Nord-Ouest par D 25, rte de Génos, près de la Neste de Louron et à proximité d'un plan d'eau

> Nature : 🏞 ≤ ♀
> Loisirs :
> Services : ⌖ 🛖 🗓 ⊙ 🔲
> À prox. : 🍴 cafétéria 🛶 ⚔ 🎿 ♞ 🛶
> 🛶 🐎 poneys , centre de remise en forme (jacuzzi, hamman, aérobains)

LOURDES

✉ 65100 – **342** L6 – G. Midi Pyrénées – 15 203 h. – alt. 420

🛈 *Office de tourisme, place Peyramale* 📞 *05 62 42 77 40, Fax 05 62 94 60 95*

Paris 850 – Bayonne 147 – Pau 45 – St-Gaudens 86 – Tarbes 19.

△ **Le Moulin du Monge** 15 mars-15 oct.

📞 *05 62 94 28 15, camping.moulin.monge@wanadoo.fr,*
Fax 05 62 42 20 54, *www.camping-lourdes.com* – **R** conseillée
1 ha (67 empl.) plat et peu incliné, en terrasses, herbeux
Tarif : 🔲 17,30 € 🔌 (6A) – pers. suppl. 4,40 €
Location : 10 🚐 (4 à 6 pers.) 308 à 525 €/sem. – appartements
🚐 1 borne 4 € – 4 🔲 17,30 €

Pour s'y rendre : N : 1,3 km

> Nature : ♀♀
> Loisirs : 🍴 🛋 🛶 🛶
> Services : ⅁ ⌖ 🏧 🗓 🔲 ⊙ 🔲

△ **Plein Soleil** Pâques-10 oct.

📞 *05 62 94 40 93, camping.plein.soleil@wanadoo.fr,*
Fax 05 62 94 51 20, *www.camping-pleinsoleil.com* – **R** conseillée
0,5 ha (35 empl.) en terrasses, pierreux, gravillons
Tarif : (Prix 2005) 🔲 23,50 € 🔌 (13A) – pers. suppl. 5 €
Location : 7 🏠 (4 à 6 pers.) 240 à 500 €/sem.

Pour s'y rendre : N : 1 km

> Nature : ≤ ♀
> Loisirs : 🍴 🛶
> Services : ⌖ 🏧 🗓 🔲 ⊙ 🛵 🛒 🔲
> À prox. : 🛒

△ **Sarsan** 17 mai-sept.
    ℰ 05 62 94 43 09, Fax 05 62 94 43 09 – **R** conseillée
    1,8 ha (66 empl.) plat et peu incliné, herbeux
    Tarif : 🔲 15,40 € [§] (10A) – pers. suppl. 3,50 €
    Location (avr.-1er nov.) : 4 [⟐] (4 à 6 pers.) 250 à
    440 €/sem.
    Pour s'y rendre : E : 1,5 km par déviation et av. Jean-
    Moulin

> Nature : ⩽ ♀
> Loisirs : 🖼 🏊
> Services : 🕭 🚐 🐄 🖷 ⚄ ⊕ 🗓

△ **Arrouach** 15 mars-déc.
    ℰ 05 62 42 11 43, *camping.arrouach@wanadoo.fr*,
    Fax 05 62 42 05 27, *www.camping-arrouach.com*
    – **R** conseillée
    13 ha/3 campables (67 empl.) plat, peu incliné et en
    terrasses, herbeux
    Tarif : 🛉 3,70 € 🚗 2,20 € 🔲 2,20 € [§] (5A) 4,50 €
    Location : 🛏 – appartements
    [⟐] 1 borne
    Pour s'y rendre : NO : quartier de Biscaye

> Nature : ⩽ ♀
> Loisirs : 🖼
> Services : 🚐 🐄 ⊕ 🗓
> À prox. : golf

△ **Le Ruisseau Blanc** 20 mars-10 oct.
    ℰ 05 62 42 94 83 – **R** conseillée
    1,8 ha (110 empl.) plat, herbeux
    Tarif : 🛉 2,50 € 🔲 2,50 € [§] (6A) 3,80 €
    Location : 3 [⟐] (4 à 6 pers.) 315 à 380 €/sem.
    [⟐] 1 borne – 8 🔲 3 €
    Pour s'y rendre : E : 1,5 km, à Anclades par D 97, rte de
    Jarret, pour caravanes, accès conseillé par la D 937 en direc-
    tion de Bagnères-de-Bigorre

> Nature : 🍃 ⩽ ♀♀
> Loisirs : 🖼 🏇
> Services : 🚐 🐄 🖷 ⚄ ⊕ 🗓

△ **La Forêt** avr.- fin oct.
    ℰ 05 62 94 04 38, Fax 05 62 42 14 86 – **R** conseillée
    2,8 ha (133 empl.) plat, herbeux
    Tarif : (Prix 2005) 🛉 3,30 € 🔲 3 € [§] (10A) 7,60 €
    Location : 12 [⟐] (4 à 6 pers.) 350 à 480 €/sem.
    [⟐]
    Pour s'y rendre : O : 3 km, accès conseillé par rue de Pau,
    D 13 à gauche et D 35, rue de la Forêt

> Nature : 🍃 ♀
> Loisirs : 🍸 snack 🏇
> Services : 🚐 ⟊ 🐄 🖷 ⊕ 🗓 🖼 ⤵
> ⤷

509

LUZ-ST-SAUVEUR

✉ 65120 – ③④② L7 – G. Midi Pyrénées – 1 098 h. – alt. 710 – ♨ (début mai-fin oct.) – Sports d'hiver : 1 800/2 450
m ⚡14 ⚞
🅱 OFFICE DU TOURISME, place du 8 mai ℰ 05 62 92 30 30
Paris 882 – Argelès-Gazost 19 – Cauterets 24 – Lourdes 32 – Pau 77 – Tarbes 51.

△△△ **Airotel Pyrénées** fermé oct.-nov.
    ℰ 05 62 92 89 18, *airotel.pyrenees@wanadoo.fr*,
    Fax 05 62 92 96 50, *www.airotel-pyrenees.com* – **R** conseil-
    lée
    2,5 ha (165 empl.) peu incliné et incliné, plat et en terrasses,
    herbeux
    Tarif : 🔲 29,50 € [§] (10A) – pers. suppl. 5 € – frais de réser-
    vation 25 €
    Location ⚞ : 50 [⟐] (4 à 6 pers.) 185 à 695 €/sem.
    [⟐] 2 bornes 8 €
    Pour s'y rendre : NO : 1 km par D 921, rte de Lourdes

> Nature : ❄ ⩽ 🗪 ♀
> Loisirs : 🖼 🎰 🍽 🏇 🖽 🏊 ⛷
> mur d'escalade
> Services : 🕭 🚐 ⟊ 🐄 🎳 🖷 🗓 ⛺ ⊕
> 🖼 ⤵ ⤷

△△△ **International** 15 déc.-15 avr. et juin-sept.
    ℰ 05 62 92 82 02, *camping.international.luz@wanadoo.fr*,
    Fax 05 62 92 96 87, *www.international-camping.fr*
    – **R** conseillée
    4 ha (133 empl.) plat, peu incliné, en terrasses, herbeux
    Tarif : (Prix 2005) 🔲 21,20 € – pers. suppl. 4,55 € – frais de
    réservation 15,50 €
    Pour s'y rendre : NO : 1,3 km par D 921, rte de Lourdes

> Nature : ❄ ⩽ ♀
> Loisirs : 🍸 snack 🖼 jacuzzi 🏇 🖾
> 🏊 ⛷
> Services : 🕭 🚐 ⟊ 🐄 🅜 🎳 🖷 ⛺
> ⊕ 🖼 ⤵ ⤷

LUZ-ST-SAUVEUR

Pyrénévasion Permanent
ℰ 05 62 92 91 54, camping-pyrenevasion@wanadoo.fr,
Fax 05 62 92 98 34, www.campingpyrenevasion.com –
alt. 834 – **R** conseillée
2,8 ha (75 empl.) en terrasses, peu incliné, herbeux, gravier
Tarif : 🔲 20 € – pers. suppl. 4,60 €
Location : 8 ⬚ (4 à 6 pers.) 250 à 490 €/sem. – 4 ⬚ (4
à 6 pers.) 250 à 530 €/sem.
Pour s'y rendre : À Sazos, NO : 3,4 km par D 921, rte de
Gavarnie, et D 12 rte de Luz-Ardiden

Nature : ≤
Loisirs : 🍷 🛶 ⬚ terrain omnis-
ports
Services : ⬚ ⬚ ⬚ ⬚ ⬚ ⬚ ⬚ ⬚ ⬚
⬚ ⬚ ⬚

Les Cascades fermé oct.-nov.
ℰ 05 62 92 85 85, Fax 05 62 92 96 95 – **R** indispensable
1,5 ha (77 empl.) peu incliné et en terrasses, herbeux,
pierreux
Tarif : 🔲 20 € – pers. suppl. 6 €
Location : 20 ⬚ (4 à 6 pers.) 300 à 500 €/sem.
Pour s'y rendre : Au Sud de la localité, rue Ste-Barbe, bord
de torrents, accès conseillé par rte de Gavarnie

Nature : ⬚ ≤ ⬚
Loisirs : 🍷 🗙 ⬚ 🛶 🚲 ⬚
Services : ⬚ ⬚ ⬚ ⬚ ⬚ ⬚ ⬚
⬚
À prox. : canoë

So de Prous fermé nov.-19 déc.
ℰ 05 62 92 82 41, jj.poulou@wanadoo.fr,
Fax 05 62 92 34 10, www.sodeprous.com – **R** conseillée
2 ha (80 empl.) plat, peu incliné, en terrasses, herbeux
Tarif : 🔲 18 € 🔋 (6A) – pers. suppl. 4 € – frais de réser-
vation 8 €
Location : 10 ⬚ (4 à 6 pers.) 190 à 450 €/sem. – ⬚
Pour s'y rendre : NO : 3 km par D 921, rte de Lourdes, à
80 m du Gave de Gavarnie

Nature : ≤ ⬚
Loisirs : 🍷 ⬚ 🛶 ⬚ (petite pis-
cine)
Services : ⬚ ⬚ ⬚ ⬚ ⬚ ⬚ ⬚ ⬚
⬚ ⬚

Le Bergons fermé 26 oct.-14 déc.
ℰ 05 62 92 90 77, abordenave@club-internet.fr, www.cam
ping-bergons.com – **R** conseillée
1 ha (78 empl.) plat, peu incliné et terrasses, herbeux
Tarif : (Prix 2005) 🔲 13,75 € 🔋 (6A) – pers. suppl. 3,20 € –
frais de réservation 10 €
Location : 5 ⬚ (4 à 6 pers.) 200 à 440 €/sem.
Pour s'y rendre : À Esterre, E : 0,5 km par D 918, rte de
Barèges

Nature : ≤ ⬚
Loisirs : ⬚ 🛶
Services : ⬚ ⬚ (saison) ⬚ ⬚ ⬚
⬚ ⬚ ⬚

▲ **Le Bastan** fermé 16 oct.-4 nov.
  ℘ 05 62 92 94 27, *camping.bastan@wanadoo.fr*,
  Fax 05 62 92 84 00, *www.casyph.free.fr/campingbastan* – **R**
  1 ha (70 empl.) peu incliné, plat, herbeux, pierreux
  Tarif : 🔲 14 € – pers. suppl. 3,20 €
  Pour s'y rendre : À Esterre, E : 0,8 km par D 918, rte de
  Barèges, bord du Bastan

| Nature : ❄ ≤ 👥 |
| Loisirs : 🏠 🏊 ⚓ |
| Services : ♿ ⊶ GB ⚡ ▥ 🗑 🛒 ⊚ |
| 🗑 |

▲ **Le Nére** 15 juin-15 sept.
  ℘ 05 62 92 81 30, Fax 05 62 92 81 30 – **R**
  1,2 ha (67 empl.) plat, herbeux
  Tarif : 👤 3,20 € 🔲 3,20 € 🔌 (6A) 4,57 €
  Pour s'y rendre : NO : 2,8 km par D 921, rte de Lourdes, à
  100 m du Gave de Gavarnie

| Nature : ≤ 👤 |
| Loisirs : 🏠 🏊 ⚓ |
| Services : ⊶ ⚡ 🗑 ⊚ 🗑 |

▲ **Toy** fermé 18 avr.-12 mai et 30 sept.-2 déc.
  ℘ 05 62 92 86 85 – **R** indispensable
  1,2 ha (100 empl.) peu incliné et en terrasses, herbeux, pierreux
  Tarif : 👤 3,70 € 🔲 3,70 € 🔌 (6A) 5,20 €
  Pour s'y rendre : Centre bourg, pl. du 8-Mai, bord du Bastan

| Nature : ≤ 👤 |
| Services : ⊶ ▥ 〰 ⊚ |
| À prox. : ⚓ |

MADIRAN

✉ 65700 – 342 L3 – 536 h. – alt. 125
Paris 750 – Aire-sur-l'Adour 28 – Auch 72 – Mirande 48 – Pau 49 – Tarbes 42.

▲ **Municipal le Madiran**
  ℘ 05 62 31 92 83, *irma.hofstede@wanadoo.fr*,
  Fax 05 62 31 92 83, *http://perso.wanadoo.fr/madrian/*
  0,3 ha (10 empl.) plat, peu incliné, herbeux
  Pour s'y rendre : Au bourg par la D 48

| Nature : 〰 |
| Services : ♿ ⊚ |
| À prox. : ✂ ⚓ |

ORINCLES

✉ 65380 – 342 M6 – 261 h. – alt. 360
Paris 845 – Bagnères-de-Bigorre 16 – Lourdes 13 – Pau 52 – Tarbes 14.

▲ **Aire Naturelle le Cerf Volant** 15 mai-15 oct.
  ℘ 05 62 42 99 32, Fax 05 62 42 99 32 – **R** conseillée
  1 ha (23 empl.) non clos, plat et terrasse, herbeux
  Tarif : (Prix 2005) 👤 2,10 € ⛺ 1 € 🔲 1,50 € 🔌 (15A) 2,20 €
  Pour s'y rendre : S : 2,2 km par D 407 et chemin en face, à
  300 m du D 937, bord d'un ruisseau
  À savoir : Autour d'une ferme

| Nature : 〰 👤 |
| Loisirs : 🏠 🏊 |
| Services : ♿ ⊶ ⊚ |

OUZOUS

✉ 65400 – 342 L4 – 187 h. – alt. 550
Paris 862 – Toulouse 188 – Tarbes 35 – Pau 55 – Lourdes 13.
Schéma à Argelès-Gazost

▲ **Aire Naturelle la Ferme du Plantier** juin-sept
  ℘ 05 62 97 58 01, Fax 05 62 97 58 01 – **R** conseillée
  0,6 ha (15 empl.) incliné, plat, terrasse, herbeux
  Tarif : 👤 2,30 € ⛺ 2 € 🔲 3 € 🔌 (6A) 4 €
  Pour s'y rendre : Au bourg

| Nature : 〰 ≤ montagnes |
| Loisirs : 🏊 |
| Services : ♿ ⊶ ⚡ 🗑 〰 ⊚ 🗑 |

PEYROUSE

✉ 65270 – 342 L6 – 233 h. – alt. 350
Paris 855 – Laruns 44 – Lourdes 8 – Pau 37.

▲▲ **Le Prat Dou Rey** 14 mai-15 sept.
  ℘ 05 62 41 81 54, *pradourey@wanadoo.fr*,
  Fax 05 62 41 89 76, *www.pradourey.com* – **R** conseillée
  4,5 ha (167 empl.) plat, herbeux
  Tarif : 👤 3,50 € 🔲 3,60 € 🔌 (6A) 2,70 €
  Location (mars-10 oct.) : 16 🏠 (2 à 4 pers.) 205 à
  365 €/sem. – appartements
  Pour s'y rendre : O : 5,5 km par D 937, rte de Pau par
  Lestelle-Bétharram

| Nature : 👥 |
| Loisirs : 🏠 ✂ ⚓ |
| Services : ♿ ⊶ GB ⚡ 🗑 ⊚ 🗑 |

POUEYFERRÉ

⊠ 65100 – 342 L4 – 780 h. – alt. 360
Paris 853 – Toulouse 179 – Tarbes 26 – Pau 39 – Lourdes 5.

▲ **Relais Océan-Pyrénées** mai-sept.
  𝒫 05 62 94 57 22, Fax 05 62 94 57 22, *www.camping-relais-ocean-pyrenees.com* – **R** conseillée
  1,2 ha (90 empl.) en terrasses, peu incliné, herbeux
  Tarif : ▣ 15,63 € – pers. suppl. 3,81 €
  Location : 4 ⊡ (4 à 6 pers.) 183 à 442 €/sem.
  Pour s'y rendre : S : 0,8 km, à l'intersection des D 940 et D 174

Nature : ⪪ ⊑ 🛇🛇	
Loisirs : ⛻ 🖈 ﹏ bowling	
Services : ᕕ ⟲ ⅁⅊ ▥ 🖻 ⊕ ⚊ ⚏	
🖳	

POUZAC

⊠ 65200 – 342 M4 – G. Midi-Pyrénées – 1 064 h. – alt. 505
Paris 823 – Toulouse 149 – Tarbes 19 – Pau 60 – Auch 89.

▲ **Bigourdan** 8 avr.-25 oct.
  𝒫 05 62 95 13 57, *www.camping-bigourdan.com* – **R** conseillée
  1 ha (48 empl.) plat, herbeux
  Tarif : ✦ 3,80 € ▣ 3,90 € ⚡ (6A) 4,50 €
  Location : 4 ⊡ (2 à 4 pers.) 150 à 250 €/sem. – 4 ⊡ (4 à 6 pers.) 210 à 425 €/sem.
  Pour s'y rendre : S : par D 935

Nature : 🛇🛇	
Loisirs : ⛻ 🖈 ﹏	
Services : ᕕ ⟲ ⅏ 🖻 ⚏ ⊕ 🖳	
À prox. : 🛒	

*Informieren Sie sich über die gültigen Gebühren,
bevor Sie Ihren Platz beziehen. Die Gebührensätze
müssen am Eingang des Campingplatzes angeschlagen sein.
Erkundigen Sie sich auch nach den Sonderleistungen.
Die im vorliegenden Band gemachten Angaben
können sich seit der Überarbeitung geändert haben.*

512

ST-LARY-SOULAN

⊠ 65170 – 342 N8 – G. Midi Pyrénées – 1 024 h. – alt. 820 – Sports d'hiver : 1 680/2 450 m ⪪2 ⪪30 ⪫
🛈 *Office de tourisme, 37, rue Vincent Mir* 𝒫 05 62 39 50 81, Fax 05 62 39 50 06
Paris 830 – Arreau 12 – Auch 103 – Bagnères-de-Luchon 44 – St-Gaudens 66 – Tarbes 74.

▲ **Municipal** fermé 2 oct.-2 déc.
  𝒫 05 62 39 41 58, *camping@saintlary-vacances.com*,
  Fax 05 62 40 01 40, *www.saintlary-vacances.com* – **R** indispensable
  1 ha (76 empl.) plat et peu incliné, herbeux, pierreux
  Tarif : (Prix 2005) ✦ 4,80 € ▣ 4,80 € ⚡ (10A) 5,90 €
  Location : ⊨
  ⊡ 1 borne
  Pour s'y rendre : Au bourg, à l'Est du D 929
  À savoir : Au centre du bourg, agréable îlot de verdure

Nature : ❄ ⪪ ⪪ 🛇🛇	
Loisirs : ⛻ 🖈	
Services : ᕕ ⟲ ⅁⅊ ⅏ Ⓜ ▥ 🖻 ⊕ ⚏ ⚏ 🖳	
À prox. : ✂ ﹏	

STE-MARIE-DE-CAMPAN

⊠ 65710 – 342 N7
Paris 841 – Arreau 26 – Bagnères-de-Bigorre 13 – Luz-St-Sauveur 37 – Pau 77 – Tarbes 35.

▲ **L'Orée des Monts** Permanent
  𝒫 05 62 91 83 98, *oree.des.monts@wanadoo.fr*,
  Fax 05 62 91 83 98, *www.camping-oree-des-monts.com* –
  alt. 950 – **R** conseillée
  1,8 ha (88 empl.) plat et peu incliné, herbeux
  Tarif : ▣ 25 € ⚡ (10A) – pers. suppl. 4,50 €
  ⊡ 1 borne
  Pour s'y rendre : SE : 3 km par D 918, rte du col d'Aspin, bord de l'Adour de Payolle

Nature : ⪪ ⬡	
Loisirs : ⛻ 🖈 ﹏ 🎣	
Services : ⟲ ⅏ ▥ 🖻 ⚏ ⚏ ⊕ 🖳	
⚊ ⚏	

SASSIS

⊠ 65120 – 342 L7 – 60 h. – alt. 700
Paris 879 – Toulouse 206 – Tarbes 53 – Pau 72 – Lourdes 30.
Schéma à Luz-St-Sauveur

▲ **Le Hounta** fermé 22 oct.-15 déc.
⌀ 05 62 92 95 90, *le-hounta@wanadoo.fr*,
Fax 05 62 92 92 51, *www.campinglehounta.com* – **R** indispensable
2 ha (91 empl.) plat et peu incliné, herbeux
Tarif : (Prix 2005) 🅴 19 € �🄶 (10A) – pers. suppl. 3,20 €
Location ⌂ (vac. scol. et hiver) : ⌂ (4 à 6 pers.) 210 à 440 €/sem.
Pour s'y rendre : S : 0,6 km par D 12

Nature : ❄ ⌂ ≤ ♀	
Loisirs : ⌂	
Services : ⌂ ⟲ ⌂ ▥ ⌂ ⊕ ⌂	

TRÉBONS

⊠ 65200 – 342 M2 – 684 h. – alt. 525
Paris 825 – Toulouse 151 – Tarbes 16 – Pau 58 – Auch 87.

▲ **Parc des Oiseaux** avr.-oct.
⌀ 05 62 95 30 26 – **R** conseillée
2,8 ha (66 empl.) plat, peu incliné, herbeux
Tarif : 🅴 15,50 € �🄶 (10A) – pers. suppl. 3 €
Pour s'y rendre : S : 1,5 km par D 87 et D 26, rue de la poste
À savoir : Cadre très boisé

Nature : ⌂ ♀♀	
Services : ⟲ ⌂ ⌂ ⌂ ⊕ ⌂	

VIELLE-AURE

⊠ 65170 – 342 N6 – 343 h. – alt. 800
🄱 *Office de tourisme, le village* ⌀ 05 62 39 50 00, Fax 05 62 40 00 04
Paris 828 – Toulouse 155 – Tarbes 70 – Lourdes 66 – Saint 64.

▲▲ **Le Lustou** Permanent
⌀ 05 62 39 40 64, *camping.lustou@libertysurf.fr*,
Fax 05 62 39 40 72 – **R** conseillée
2,8 ha (65 empl.) plat, gravier, herbeux
Tarif : ⭐ 4 € 🅴 4,20 € �🄶 (10A) 6,50 €
Location ⌂ : 6 ⌂ (4 à 6 pers.) 260 à 420 €/sem. – gîte d'étape
Pour s'y rendre : NE : 2 km sur D 19, à Agos, près de la Neste-d'Aure et d'un étang
À savoir : Belle entrée ornée de plantes des Pyrénées

Nature : ❄ ≤ ♀♀	
Loisirs : ⌂ ⌂ ⌂	
Services : ⌂ ⟲ ⌂ Ⓜ ▥ ⌂ ⌂ ⌂ ⊕	
⌂ ⌂ ⌂ ⌂	
À prox. : ⌂ ⌂	

513

Tarn (81)

ANGLÈS

⊠ 81260 – 338 H9 – 563 h. – alt. 750
🄱 *Syndicat d'initiative, route Saint-Pons* ⌀ 05 63 74 59 13, Fax 05 63 74 59 13
Paris 753 – Béziers 79 – Carcassonne 74 – Castres 36 – Lodève 98 – Narbonne 78.

▲▲ **Le Manoir de Boutaric** Pâques-sept.
⌀ 05 63 70 96 06, *manoir@boutaric.com*,
Fax 05 63 70 96 05, *www.boutaric.com* – **R** conseillée
3,3 ha (178 empl.) plat et peu incliné, terrasse, herbeux
Tarif : 🅴 26 € ⌂ (5A) – pers. suppl. 5,50 €
Location : 28 ⌂ (4 à 6 pers.) 244 à 595 €/sem. – 35 ⌂ (4 à 6 pers.) 260 à 680 €/sem. – ⌂ – (hôtel)
Pour s'y rendre : Au Sud du bourg, rte de Lacabarède
À savoir : Parc agréable autour d'un manoir du 19e s.

Nature : ⌂ ⌂ ♀	
Loisirs : ♉ ✗ ⌂ ⌂ discothèque	
⌂ ⌂ ⌂	
Services : ⌂ ⟲ ⌂ ⟲ ⌂ ⌂ ⊕ ⌂	
⌂ ⌂ ⌂	
À prox. : ⌂ ⌂ (plage) ⌂ ⌂ ⌂	

Le BEZ

☒ 81260 – 🔲🔲🔲 G9 – 716 h. – alt. 644
🆔 *Syndicat d'initiative, Maison du Sidobre - Vialavert* 📞 *05 63 74 63 38, Fax 05 63 73 04 57*
Paris 745 – Albi 63 – Anglès 12 – Brassac 5 – Castres 24 – Mazamet 25.

⛺ **Le Plô** 20 mai-sept.
📞 05 63 74 00 82, *info@leplo.com, www.leplo.com*
– **R** conseillée
2,5 ha (60 empl.) en terrasses, peu accidenté, herbeux, bois
Tarif : 🔲 15,30 € – pers. suppl. 2,80 €
Pour s'y rendre : O : 0,9 km par D 30 rte de Castres et
chemin à gauche

Nature : 🏕 ≤ 💧	
Loisirs : 🏠 🚴	
Services : & 🚿 🛁 🅰	
À prox. : ✂ 🏊	

BRASSAC

☒ 81260 – 🔲🔲🔲 G9 – G. Midi Pyrénées – 1 427 h. – alt. 487
🆔 *Syndicat d'initiative, place de l'Hôtel de Ville* 📞 *05 63 74 56 97, Fax 05 63 74 57 44*
Paris 747 – Albi 65 – Anglès 14 – Castres 26 – Lacaune 22 – Vabre 15.

⛺ **Municipal de la Lande** mai-sept.
📞 05 63 74 00 82, *info@sidobretouristique.com, www.si
dobretouristique.com* – **R** conseillée
1 ha (50 empl.) plat, herbeux
Tarif : 🔲 9,10 € 🔲 (6A) – pers. suppl. 1,75 €
Pour s'y rendre : Sortie Sud-Ouest vers Castres et à droite
après le pont, près de l'Agout et au bord d'un ruisseau,
pour caravanes, faire demi-tour au rond-point

Nature : 🏕 💧💧	
Loisirs : 🏠	
Services : 🛁 🅰 🖻	
À prox. : 🚴 ✂ 🏊	

*Avant de vous installer, consultez les tarifs en cours,
affichés obligatoirement à l'entrée du terrain,
et renseignez-vous sur les conditions particulières de séjour.
Les indications portées dans le guide ont pu être modifiées depuis la mise à jour.*

514

Les CABANNES

☒ 81170 – 🔲🔲🔲 D6 – 320 h. – alt. 200
Paris 653 – Albi 27 – Montauban 57 – Rodez 80 – Toulouse 84.

⛰ **Le Garissou** 15 avr.-sept.
📞 05 63 56 27 14, *legarissou@wanadoo.fr,*
Fax 05 63 56 26 95, *www.cordes-sur-ciel.org* – **R** conseillée
🏕
7 ha/4 campables (42 empl.) en terrasses et peu incliné,
pierreux, herbeux
Tarif : 🔲 13 € – pers. suppl. 3 €
Location (permanent) : 30 🏠 (4 à 6 pers.) 230 à
580 €/sem.
Pour s'y rendre : O : 1,6 km par D 600, rte de Vindrac et
chemin à gauche
À savoir : Belle situation dominante

Nature : 🏕 ≤ Cordes-sur-Ciel et Vallée 🔲	
Loisirs : 🏠 🚴 🏊	
Services : & 🚿 🛁 🖻 🅰 🅐 🖻	
À prox. : ✂	

Les CAMMAZES

☒ 81540 – 🔲🔲🔲 E10 – G. Midi Pyrénées – 209 h. – alt. 610
🆔 *Syndicat d'initiative, 25, rue de la Fontaine* 📞 *05 63 74 17 17*
Paris 736 – Aurillac 241 – Castres 35 – Figeac 183 – St-Céré 241.

⛰ **La Rigole** 15 avr.-15 oct.
📞 05 63 73 28 99, *mary@campingdlr.com,*
Fax 05 63 73 28 99, *www.campingdlr.com* – **R** conseillée
3 ha (58 empl.) plat et peu incliné, terrasses, herbeux
Tarif : 🔲 20,40 € 🔲 (13A) – pers. suppl. 4,40 €
Location (avr.-1er nov.) : 5 🏠 (4 à 6 pers.) 260 à
549 €/sem. – 9 🏠 (4 à 6 pers.) 260 à 549 €/sem.
Pour s'y rendre : Sortie Sud par D 629 et rte du barrage à
gauche

Nature : 🏕 🔲 💧💧	
Loisirs : 🍴 snack 🚴 🏊	
Services : & 🚿 GB 🛁 🖻 🅐 🅰 🖻	
À prox. : 🏊 🎣 💧	

CASTELNAU-DE-MONTMIRAL

✉ 81140 – ████ C7 – 895 h. – alt. 287
🛈 *Office de tourisme, place de la Mairie* 🖉 *05 63 33 15 11*
Paris 645 – Albi 31 – Bruniquel 22 – Cordes-sur-Ciel 22 – Gaillac 12 – Montauban 49.

⚠ **Le Chêne Vert** juin-sept
🖉 05 63 33 16 10, *campingduchenevert@wanadoo.fr*,
Fax 05 63 33 20 80 – **R** conseillée
10 ha/2 campables (45 empl.) peu accidenté, plat et peu
incliné, en terrasses, herbeux
Tarif : (Prix 2005) 🔲 15,50 € 🔋 (10A) – pers. suppl. 3,90 €
Location (permanent) : 20 🏠 (4 à 6 pers.) 130 à
550 €/sem. – bungalows toilés
Pour s'y rendre : NO : 3,5 km par D 964, rte de Caussade,
D 1 et D 87, rte de Penne, à gauche
À savoir : Agréable chênaie

| Nature : 🌳 ≤ 🗪 💮 |
| Loisirs : 🛋 🏊 |
| Services : 🕭 ⚡ 🔲 🐾 🗂 🗻 ⊕ 🖼 |
| À la base de loisirs (800m) : 🍴 snack |
| 🚴 🎿 ⛳ 🔥 🛶 (plage) ⛷ |

Des vacances réussies sont des vacances bien préparées !
Ce guide est fait pour vous y aider... mais :
– N'attendez pas le dernier moment pour réserver
– Évitez la période critique du 14 juillet au 15 août
Pensez aux ressources de l'arrière-pays,
à l'écart des lieux de grande fréquentation.

CORDES-SUR-CIEL

✉ 81170 – ████ D6 – G. Midi Pyrénées – 996 h. – alt. 279
🛈 *Office de tourisme, grande rue Raymond VII* 🖉 *05 63 56 00 52, Fax 05 63 56 19 52*
Paris 655 – Albi 25 – Montauban 59 – Rodez 78 – Toulouse 82 – Villefranche-de-Rouergue 47.

⚠ **Moulin de Julien** mai-sept.
🖉 05 63 56 11 10, Fax 05 63 56 11 10, *www.campingmou
lindejulien.com* – **R** conseillée
9 ha (130 empl.) plat, incliné et en terrasses, herbeux, étang
Tarif : 🔲 23 € 🔋 (5A) – pers. suppl. 6 € – frais de réservation 8 €
Location : 🏠 (4 à 6 pers.) 320 à 500 €/sem.
Pour s'y rendre : SE : 1,5 km par D 922 rte de Gaillac, bord
d'un ruisseau

| Nature : ♀ |
| Loisirs : 🍴 🛋 🚴 🔥 🏊 ⛷ 🛶 |
| Services : 🕭 ⚡ 🐾 ⊕ 🖼 |
| À prox. : 🍴 |

515

⚠ **Camp Redon** avr.-oct.
🖉 05 63 56 14 64, *info@campredon.com*,
Fax 05 63 56 14 64, *www.campredon.com* – **R** conseillée
2 ha (40 empl.) plat, peu incliné, herbeux
Tarif : 🔲 20 € 🔋 (6A) – pers. suppl. 5 €
Pour s'y rendre : SE : 5 km par D 600 rte d'Albi puis 0,8 km
par D 107, rte de Virac à gauche

| Nature : 🌳 🗪 ♀ |
| Loisirs : 🛋 🚴 🏊 |
| Services : ⚡ ⊕ 🖼 |

DAMIATTE

✉ 81220 – ████ D9 – 767 h. – alt. 148
Paris 698 – Castres 26 – Graulhet 16 – Lautrec 18 – Lavaur 16 – Puylaurens 11.

⚠ **Le Plan d'Eau St-Charles** 27 mai-10 sept.
🖉 05 63 70 66 07, *pierre.wosinski@tiscali.fr*,
Fax 05 63 70 52 14, *www.campingplandeau.com*
– **R** conseillée
7,5 ha/2 campables (82 empl.) plat, pierreux, herbeux
Tarif : 🔲 18 € 🔋 (5A) – pers. suppl. 3,80 €
Location (15 avr.-1er oct.) : 16 🚐 (4 à 6 pers.) 390 à
555 €/sem. – 13 🏠 (4 à 6 pers.) 420 à 625 €/sem. –
bungalows toilés
Pour s'y rendre : Sortie rte de Graulhet puis 1,2 km par rte
à gauche avant le passage à niveau
À savoir : Agréable situation autour d'un beau plan d'eau

| Nature : 🌳 ≤ 🗪 ♀♀ ⛰ |
| Loisirs : snack 🛋 🚴 🚲 ⛷ 🛶 |
| Services : 🕭 ⚡ 🐾 🗂 🗻 ⊕ 🛶 🗆 🖼 |
| 🖎 |
| À prox. : 🐎 golf (18 trous) |

GIROUSSENS

⊠ 81500 – 圆圆圆 C8 – 1 040 h. – alt. 204
Paris 672 – Albi 41 – Castelnaudary 99 – Castres 50 – Montauban 50 – Toulouse 43.

⚠ **Aire Naturelle la Rigaudié** avr.-nov.
    ℰ 05 63 41 67 20, *bernard.gaben@wanadoo.fr, www.lari gaudie.com* – **R** conseillée
1,3 ha (24 empl.) plat, herbeux
Tarif : 🔲 11,50 € (½) (6A) – pers. suppl. 4,50 €
Pour s'y rendre : SE : 3,8 km par D 631, rte de Graulhet et chemin à gauche

Nature : 🐾 ΩΩ
Loisirs : 🏠 ♨ (petite piscine)
Services : & ⚬₋ ♺ 🖫 ⊕ 🛒 ⚐ 📵

MAZAMET

⊠ 81200 – 圆圆圆 G10 – G. Midi Pyrénées – 10 544 h. – alt. 241
🅱 *Office de tourisme, rue des Casernes* ℰ 05 63 61 27 07, Fax 05 63 61 31 35
Paris 739 – Albi 64 – Béziers 90 – Carcassonne 50 – Castres 21 – Toulouse 92.

⚠ **Municipal la Lauze** juin-sept.
    ℰ 05 63 61 24 69, *camping.mazamet@imsnet.fr,*
Fax 05 63 61 24 69 – **R** conseillée
1,7 ha (65 empl.) peu incliné, plat, herbeux
Tarif : 🔲 15 € (½) (10A) – pers. suppl. 3 €
Location (permanent) ⌂ : 4 ⌂ (4 à 6 pers.) 125 à 425 €/sem.
⌂ 1 borne 6 €
Pour s'y rendre : Sortie Est par N 112, rte de Béziers et à droite

Nature : 🗆 ΩΩ
Loisirs : 🏠 ♨️ ♣ 🎠
Services : & ⚬₋ GB ♺ ▥ 🖫 ⚌ 📵 ⊕ 🛒 ⚐ 📵
À prox. : ✕ 🎣 ♨ 🛝 golf (18 trous), parcours sportif

Donnez-nous votre avis sur les terrains que nous recommandons.
Faites-nous connaître vos observations et vos découvertes.

MIRANDOL-BOURGNOUNAC

⊠ 81190 – 圆圆圆 E6 – 1 081 h. – alt. 393
🅱 *Office de tourisme, 2, place de la Liberté* ℰ 05 63 76 97 65
Paris 653 – Albi 29 – Rodez 51 – St-Affrique 79 – Villefranche-de-Rouergue 39.

⚠ **Les Clots** mai-sept.
    ℰ 05 63 76 92 78, *campclots@wanadoo.fr,*
Fax 05 63 76 92 78, *www.campinglesclots.info* – **R** conseillée
7 ha/4 campables (62 empl.) en terrasses, pierreux, herbeux
Tarif : 🔲 24,80 € (½) (6A) – pers. suppl. 4,60 € – frais de réservation 10 €
Pour s'y rendre : N : 5,5 km par D 905 rte de Rieupeyroux et chemin sur la gauche, à 500 m du Viaur (accès direct)

Nature : 🐾 ⩻ ΩΩ
Loisirs : 🏠 ♨️ 🎣 ♨
Services : ⚬₋ ♺ 🖫 📵 ⊕ 📵
À prox. : 🎣

NAGES

⊠ 81320 – 圆圆圆 I8 – 330 h. – alt. 800 – Base de loisirs
🅱 *Syndicat d'initiative, ferme de Rieumontagné* ℰ 05 63 37 06 01
Paris 717 – Brassac 36 – Lacaune 14 – Lamalou-les-Bains 45 – Olargues 32 – St-Pons-de-Thomières 35.

⚠⚠⚠ **Indigo Rieu-Montagné** 10 juin-17 sept.
    ℰ 05 63 37 24 71, *rieumontagne@camping-indigo.com,*
Fax 05 63 37 15 42, *www.camping-indigo.com* – **R** indispensable
8,5 ha (171 empl.) en terrasses, herbeux, pierreux
Tarif : 🔲 27,50 € (½) (10A) – pers. suppl. 5,50 € – frais de réservation 16 €
Location = 41 ⌂ (4 à 6 pers.) 190 à 560 €/sem. – 5 ⌂ (4 à 6 pers.) 330 à 710 €/sem.
Pour s'y rendre : S : 4,5 km par D 62 et rte à gauche, à 50 m du lac de Laouzas
À savoir : Belle et agréable situation dominante

Nature : 🐾 ⩻ lac et montagnes boisées 🗆 Ω
Loisirs : 🍷 brasserie 🏠 🅖 nocturne 🎯 ♨
Services : ⚬₋ GB ♺ 🖫 ⚌ ⊕ ⚐ 🛒 📵 ♨ 🛝
À prox. : ♨️ 🎠 🚣 ✕ 🎣 ≋ (plage) ⚓ 🐎

PAMPELONNE

✉ 81190 – ▣▣▣ F6 – 669 h. – alt. 430
🛈 *Syndicat d'initiative, place du Foirail* 𝒫 05 63 76 39 66
Paris 662 – Albi 30 – Baraqueville 34 – Cordes-sur-Ciel 30 – Rieupeyroux 34.

  ▲ **Thuriès** 15 juin-août
     𝒫 05 63 76 44 01, *campthuries@wanadoo.fr*,
     Fax 05 63 76 92 78, *www.campinglesclots.info* – **R** conseillée
     1 ha (35 empl.) plat, herbeux
     Tarif : ♣ 3,80 € ▣ 4,20 € 🔌 (6A) 2,60 € – frais de réservation 10 €
     Pour s'y rendre : NE : 2 km par D 78, bord du Viaur
     À savoir : Site agréable

Nature : ⟳ ♤♤
Loisirs : 🖼
Services : o━ ⚲ 🖥 ☺

RIVIÈRES

✉ 81600 – ▣▣▣ D7 – 721 h. – alt. 125 – Base de loisirs
Paris 661 – Albi 17 – Gaillac 7 – Graulhet 21 – St-Antonin-Noble-Val 42.

  ▲ Les Pommiers d'Aiguelèze
     𝒫 05 63 41 50 50 – **R** conseillée
     7 ha (74 empl.) plat, herbeux
     Location : 🏠
     Pour s'y rendre : À Aiguelèze, SE : 2,3 km, à 200 m du Tarn (port de plaisance et plan d'eau)

Nature : ⌑ ♤
Loisirs : 🍴 ♨ ⚤
Services : & o━ 🖥 ☺ ▣
à la base de loisirs : ⚏, ✗ ⁻⊛ ✂ ⊥ₘ
⅃ ◐ **golf (practice et compact)**

ROUQUIÉ

✉ 81260 – ▣▣▣ H9
Paris 725 – Anglès 11 – Brassac 17 – Lacaune 19 – St-Pons-de-Thomières 31 – La Salvetat-sur-Agout 9.

  ▲▲ **Rouquié** mai-oct.
     𝒫 05 63 70 98 06, *camping.rouquie@wanadoo.fr*,
     Fax 05 63 50 49 58, *www.campingrouquie.fr* – **R** indispensable
     3 ha (76 empl.) en terrasses, herbeux
     Tarif : ▣ 17 € 🔌 (6A) – pers. suppl. 3,80 €
     Location (avr.-oct.) : 4 🚐 (4 à 6 pers.) 250 à 484 €/sem. – 7 🏠 (4 à 6 pers.) 243 à 525 €/sem.
     À savoir : Au bord du lac de la Raviège

Nature : ⟳ ⪝♤ ⪲
Loisirs : 🍴 snack ⚤ 🚲 ⚲ pédalos, canoë
Services : & o━ ⚲ ♨ ☺ ▣ ⚏

517

SORÈZE

✉ 81540 – ▣▣▣ E10 – G. Midi Pyrénées – 2 164 h. – alt. 272
🛈 *Office de tourisme, rue Saint-Martin* 𝒫 05 63 74 16 28, Fax 05 63 50 86 61
Paris 732 – Castelnaudary 26 – Castres 27 – Puylaurens 19 – Toulouse 59.

  ▲ **St-Martin** 15 juin-15 sept.
     𝒫 05 63 73 28 99, *mary@campingdlr.com*,
     Fax 05 63 73 28 99, *www.campingsaintmartin.com* – **R** conseillée
     1 ha (47 empl.) plat, herbeux
     Tarif : ▣ 16,80 € – pers. suppl. 4,40 €
     Pour s'y rendre : Au Nord du bourg, accès par rue de la Mairie, au stade

Nature : ⟳ ♤
Loisirs : ⚤ ✂ ⅃
Services : o━ ⚲ ☺

TEILLET

✉ 81120 – ▣▣▣ G7 – 442 h. – alt. 475
🛈 *Syndicat d'initiative, Mairie* 𝒫 05 63 55 70 08, Fax 05 63 55 76 17
Paris 717 – Albi 23 – Castres 43 – Lacaune 49 – St-Affrique 68.

  ▲▲ **L'Entre Deux Lacs** Permanent
     𝒫 05 63 55 74 45, *contact@campingdutarn.com*,
     Fax 05 63 55 75 65, *www.campingdutarn.com* – **R** conseillée
     4 ha (65 empl.) en terrasses, pierreux, gravillons, herbeux
     Tarif : ▣ 18,50 € 🔌 (10A) – pers. suppl. 4 € – frais de réservation 15 €
     Location : 17 🏠 (4 à 6 pers.) 255 à 560 €/sem.
     Pour s'y rendre : Sortie Sud par D 81, rte de Lacaune
     À savoir : Agréable châtaigneraie

Nature : ⟳ ⌑ ♤♤
Loisirs : 🍴 snack ⚤ 🚲 ⅃
Services : & o━ GB ⚲ 🖥 ☺ ▣ ⚏

BEAUMONT-DE-LOMAGNE

✉ 82500 – 337 B8 – G. Midi Pyrénées – 3 690 h. – alt. 400 – Base de loisirs
🛈 Office de tourisme, 3, rue Pierre Fermat ✆ 05 63 02 42 32, Fax 05 63 65 61 17
Paris 662 – Agen 60 – Auch 51 – Castelsarrasin 27 – Condom 64 – Montauban 35 – Toulouse 58.

⋀⋀⋀ Le Lomagnol Pâques-sept.
✆ 05 63 26 12 00, villagedeloisirslelomagnol@wanadoo.fr,
Fax 05 63 65 60 22, www.villagelelomagnol.fr – **R** conseillée
6 ha/1,5 campable (100 empl.) plat, herbeux
Tarif : 🔲 16 € (½) (10A) – pers. suppl. 3,50 €
Location (permanent) 🅟 : 6 🛖 (4 à 6 pers.) 245 à
410 €/sem. – 24 🛖 (4 à 6 pers.) 200 à 480 €/sem.
Pour s'y rendre : 0,8 km à l'E, accès par la déviation et
chemin, bord d'un plan d'eau
À savoir : Location à la nuitée sauf juil.-août

| Nature : ≤ 🔲 ⚲ |
| Loisirs : 🔲 🔄 nocturne 🏃 🕊 jacuzzi 🛶 🚲 ✗ ⤓ ⤓ ⤓ canoë, pédalos |
| Services : ⊶ 🅶🅱 🔄 🗄 🖨 ⊕ ⤓ ▽ 🗐 🛒 |
| À prox. : ✗ parcours de santé |

CAUSSADE

✉ 82300 – 337 F7 – G. Périgord Quercy – 5 971 h. – alt. 109
🛈 Office de tourisme, 11, rue de la République ✆ 05 63 26 04 04
Paris 606 – Albi 70 – Cahors 38 – Montauban 28 – Villefranche-de-Rouergue 52.

⋀ Municipal la Piboulette mai-sept.
✆ 05 63 93 09 07 – **R** conseillée
1,5 ha (100 empl.) plat, herbeux
Tarif : (Prix 2005) ⚹ 2,05 € 🔲 1,40 € (½) 1,40 €
🛒 1 borne 3,45 €
Pour s'y rendre : NE : 1 km par D 17, rte de Puylaroque et
à gauche, au stade, à 200 m d'un étang

| Nature : 🖐 ⚲ |
| Services : ⚷ ⊶ (.) 🔄 🏛 🗄 🛒 ⊕ 🗐 |
| À prox. : ✗ 🖼 ⤓ |

Use this year's Guide.

CAYLUS

✉ 82160 – 337 G6 – G. Périgord Quercy – 1 324 h. – alt. 228
🛈 Syndicat d'initiative, rue Droite ✆ 05 63 67 00 28
Paris 628 – Albi 60 – Cahors 59 – Montauban 50 – Villefranche-de-Rouergue 30.

⋀ Vallée de la Bonnette mai-1er oct.
✆ 05 63 65 70 20, campingdelabonnette@wanadoo.fr,
Fax 05 63 65 70 20, http://campingdelabonnette.mon
site.wanadoo.fr – **R**
1,5 ha (60 empl.) plat, herbeux
Tarif : 🔲 16,60 € (½) (10A) – pers. suppl. 3,80 €
Location : 4 🛖 (4 à 6 pers.) 249 à 349 €/sem.
🛒 1 borne
Pour s'y rendre : Sortie NE par D 926, rte de Villefranche-
de-Rouergue et D 97 à dr., rte de St-Antonin-Noble-Val,
bord de la Bonnette et à proximité d'un plan d'eau

| Nature : 🔲 ⚲ |
| Loisirs : 🚣 |
| Services : ⚷ ⊶ 🛒 ⊕ ⤓ 🗐 sèche-linge |
| À prox. : ⤓ 🔄 |

CAYRIECH

✉ 82240 – 337 F6 – 208 h. – alt. 140
Paris 608 – Cahors 39 – Caussade 11 – Caylus 17 – Montauban 40.

⋀⋀ Le Clos de la Lère Permanent
✆ 05 63 31 20 41, le-clos-de-la-lere@wanadoo.fr,
www.camping-leclosdelalere.com – **R** indispensable
1 ha (49 empl.) plat, herbeux
Tarif : 🔲 15,30 € (½) (10A) – pers. suppl. 3,40 € – frais de
réservation 8 €
Location : 4 🛖 (4 à 6 pers.) 195 à 430 €/sem. – 8 🛖 (4
à 6 pers.) 230 à 460 €/sem.
🛒 1 borne – 5 🔲 10 €
Pour s'y rendre : Sortie SE par D 9, rte de Septfonds
À savoir : Belle décoration arbustive et florale. Location à la
nuitée hors sais.

| Nature : 🖐 🔲 ⚲⚲ |
| Loisirs : 🚣 ⤓ |
| Services : ⚷ ⊶ 🅶🅱 🔄 🏛 🗄 🛒 ⊕ 🗐 sèche-linge 🛒 |
| À prox. : ✗ terrain omnisports |

ST-NICOLAS-DE-LA-GRAVE

⊠ 82210 – 337 C7 – 2 009 h. – alt. 73 – Base de loisirs
🛈 Office de tourisme, place du Château ℘ 05 63 94 82 81
Paris 640 – Agen 38 – Castelsarrasin 12 – Lavit-de-Lamagne 17 – Moissac 9 – Montauban 32.

⚠ **Le Plan d'Eau** 15 juin-15 sept.
℘ 05 63 95 50 02, basedeloisirs.stnicolas@cg82.fr,
Fax 05 63 95 50 01 – **R** conseillée
1,6 ha (42 empl.) plat, herbeux
Tarif : 🔲 11,90 € (ï) (6A) – pers. suppl. 3,35 €
Pour s'y rendre : N : 2,5 km par D 15 rte de Moissac, à
100 m du plan d'eau du Tarn et de la Garonne (base de
loisirs)

> Nature : 00
> Loisirs :
> Services : ⚷ 🖬 🔊 ☺ 🖂
> À prox. : pizzeria 🏊 🚴 ⚓ 🛶 🌊 ⛵ 🏇

TOUFFAILLES

⊠ 82190 – 337 C6 – 346 h. – alt. 200
Paris 622 – Agen 41 – Cahors 47 – Moissac 24 – Montaigu-de-Quercy 10 – Valence 28.

⚠ **Municipal** mai-sept.
℘ 05 63 94 48 91, mairie-touffailles@wanadoo.fr,
Fax 05 63 94 48 91, www.cdg82.fr/touffailles – **R**
0,3 ha (11 empl.) plat, herbeux
Tarif : 🕴 2 € 🔲 3 €
Pour s'y rendre : Par D 41, face à la mairie

> Nature : 00
> Services : ☺
> À prox. : ✂

NORD-PAS-DE-CALAIS

S. Sauvignier/Michelin

Selon un dicton local, « les gens du Nord ont dans le cœur ce qu'ils n'ont pas dehors ». Comprenez que les horizons sans fin du Plat Pays, qui n'ont « que des vagues de dunes pour arrêter les vagues », ne brisent en rien leur infatigable entrain : lors des Rondes de géants, des ducasses ou des kermesses, écoutez-les chanter, les ch'timis… Regardez-les rire à cette débauche de moules-frites qui fait le sel des grandes braderies de Lille, et trinquer autour d'une bière dans l'ambiance bon enfant des estaminets. À table, pas davantage le temps de s'ennuyer : chicons braisés, carbonade, potjevleesch, tarte au maroilles… D'autres agréments ? Le joyeux concert des carillons au sommet des beffrois, la silhouette aérienne des moulins et… la possibilité de franchir le « Pas » pour saluer nos voisins britanniques.

As the local saying goes, »the hearts of the men of the north are warm enough to thaw the chilly climate". Just watch as they throw themselves body and soul into the traditional « Dance of the Giants » at countless fairs, fêtes and carnivals: several tons of chips and mussels — and countless litres of beer! — sustain a million visitors to Lille's huge annual street market. The influence of Flanders can be heard in the names of towns and people, seen in the wealth of Gothic architecture and tasted in filling dishes like beef in amber beer and *potjevleesch* stew. Joyful bells ringing from their slender belfries, neat rows of miners' houses and the distant outline of windmills remind visitors that they are on the border of Belgium, or, as a glance across the Channel will prove, in sight of the cliffs of Dover!

AUBENCHEUL-AU-BAC

✉ 59265 – 302 G6 – 480 h. – alt. 40
Paris 187 – Arras 32 – Cambrai 13 – Douai 15 – Lille 57 – Valenciennes 48.

� Municipal les Colombes

     ℘ 03 27 89 25 90, Fax 03 27 94 58 11 – places limitées pour le passage
2,5 ha (101 empl.) plat, herbeux
Pour s'y rendre : Sortie S par N 43, rte de Cambrai puis 0,5 km par D 71 à gauche
À savoir : Au bord d'un étang et près du canal de la Sensée

> Loisirs : 🛶🎣
> Services : ⊶ ⓐ

AVESNES-SUR-HELPE

✉ 59440 – 302 L7 – G. Picardie Flandres Artois – 5 003 h. – alt. 151
🛈 *Office de tourisme, 41, place du Général Leclerc* ℘ *03 27 56 57 20*
Paris 215 – Charleroi 56 – St-Quentin 66 – Valenciennes 44 – Vervins 31.

⚠ **Municipal le Champ de Mars** 15 avr.-sept.
     ℘ 03 27 57 99 04 – **R** conseillée
1 ha (44 empl.) peu incliné, herbeux
Tarif : 🔲 15 € – pers. suppl. 3 €
Pour s'y rendre : À Avesnelles, rue Léo-Lagrange

> Nature : 🗔 ♀
> Services : ♿ ⊶ 🏢 🗄 ⓐ

Avant de vous installer, consultez les tarifs en cours,
affichés obligatoirement à l'entrée du terrain,
et renseignez-vous sur les conditions particulières de séjour.
Les indications portées dans le guide ont pu être modifiées depuis la mise à jour.

BUYSSCHEURE

✉ 59285 – 302 B3 – 453 h. – alt. 25
Paris 269 – Béthune 44 – Calais 47 – Dunkerque 31 – Lille 64 – Saint-Omer 13.

⚠ **La Chaumière** avr.-sept.
     ℘ 03 28 43 03 57, camping.lachaumiere@wanadoo.fr, cam pinglachaumiere.com – **R** conseillée
1 ha (22 empl.) plat, herbeux, pierreux, petit étang
Tarif : 🔲 16 € ⓖ (6A) – pers. suppl. 7 €
🚐 1 borne
Pour s'y rendre : Au bourg

> Nature : 🐚 🗔
> Loisirs : 🍸 snack 🛶🎣 🛝 (petite piscine)
> Services : ♿ ⊶ 🗑 ⓐ 🚿 🗑

525

Pêche à pied à Mers

G. Targat/Michelin

COUDEKERQUE

✉ 59380 – 302 C2 – 1 080 h. – alt. 1
Paris 283 – Calais 50 – Dunkerque 7 – Hazebrouck 39 – Lille 69 – St-Omer 36.

⚠ **Le Bois des Forts** Permanent
    ✆ 03 28 61 04 41 – places limitées pour le passage
    – **R** conseillée
    3,25 ha (130 empl.) plat, herbeux
    Tarif : 🔲 11,60 € – pers. suppl. 1,60 €
    Pour s'y rendre : NO : à 0,7 km de Coudekerque-Village,
    sur le D 72

| Nature : ⌨ |
| Loisirs : 🍸 🏇 |
| Services : & ⚬⚏ ⚙ 🗑 ⊕ 🚿 🗑 |

FLOYON

✉ 59219 – 302 L7 – 515 h. – alt. 154
Paris 207 – Cambrai 51 – Hirson 23 – Maubeuge 32 – St-Quentin 57.

⚠ Anielou
    ✆ 03 27 59 14 14, *anielou5@aol.com*, Fax 03 27 59 26 01,
    www.camping-anielou.com – **R** conseillée
    2,8 ha (73 empl.) plat, peu incliné, herbeux, étang
    Pour s'y rendre : NO : 2,3 km par D 116, rte de Beaure-
    paire-sur-Sambre et chemin à droite, rte de Chevireuil

| Nature : ⧖ ⌨ |
| Loisirs : 🍸 🏛 |
| Services : & ⚬⚏ 🗑 ⊕ ⊕ |

Ne pas confondre :
⚠ ... à ... ⚠⚠⚠ : *appréciation* **MICHELIN**
et
★ ... à ... ★★★★ : *classement officiel*

GRAND-FORT-PHILIPPE

526

✉ 59153 – 302 A2 – 6 078 h. – alt. 5
Paris 289 – Calais 28 – Cassel 40 – Dunkerque 24 – St-Omer 38.

⚠ Municipal de la Plage
    ✆ 03 28 65 31 95, Fax 03 28 65 47 40 – **R** conseillée
    1,5 ha (84 empl.) plat, herbeux
    Pour s'y rendre : Au Nord-Ouest de la localité, rue du
    Maréchal Foch

| Services : & ⚬⚏ ▥ 🗑 ⩲ ⊕ 🚿 🖳 |

LEFFRINCKOUCKE

✉ 59495 – 302 C1 – 4 949 h. – alt. 5
🅸 *Office de tourisme, 726, boulevard Trystam* ✆ 03 28 69 62 18
Paris 292 – Calais 53 – Dunkerque 7 – Hazebrouck 48 – Lille 78 – St-Omer 52 – Veurne 20.

⚠⚠ Mer et Vacances
    ✆ 03 28 20 17 32, Fax 03 28 20 17 32 – **R** conseillée
    2 ha (93 empl.) plat, peu incliné, sablonneux, herbeux
    Pour s'y rendre : Au Nord-Est de la localité par bd
    J.B.-Trystram
    À savoir : Bordé de dunes et proche d'une plage de sable
    fin

| Nature : ⧖ ⌨ |
| Loisirs : 🏊 ✂ |
| Services : & ⚬⚏ ▥ 🗑 ⊕ ⩲ 🚿 🖳 |
| À prox. : 🏟 terrain omnisports |

MAUBEUGE

✉ 59600 – 302 L6 – G. Picardie Flandres Artois – 33 546 h. – alt. 134
🅸 *Office de tourisme, Porte de Mons* ✆ 03 27 62 11 93, Fax 03 27 64 10 23
Paris 242 – Charleville-Mézières 95 – Mons 21 – St-Quentin 114 – Valenciennes 39.

⚠⚠ **Municipal du Clair de Lune** fermé déb. vac. scol.
    Noël-10 fév.
    ✆ 03 27 62 25 48, Fax 03 27 62 25 48 – **R** conseillée
    2 ha (92 empl.) plat, herbeux
    Tarif : 🔲 14,95 € ⚡ (10A) – pers. suppl. 3,20 €
    Pour s'y rendre : N : 1,5 km par N 2, rte de Bruxelles
    À savoir : Décoration florale et arbustive

| Nature : ⌨ ⚲ |
| Loisirs : 🏇 |
| Services : ⚬⚏ ⚙ ▥ ⊕ 🚿 🗑 🖳 |

ST-AMAND-LES-EAUX

✉ 59230 – ⬛⬛⬛ I5 – G. Picardie Flandres Artois – 17 175 h. – alt. 18 – ⚜ (début mars-fin nov.)
🛈 *Office de tourisme, 89, Grand Place* 📞 *03 27 22 48 96, Fax 03 27 22 48 92*
Paris 216 – Denain 21 – Douai 35 – Lille 43 – Tournai 20 – Valenciennes 15.

⚠ Mont des Bruyères 15 mars-15 nov.
📞 03 27 48 56 87, Fax 03 27 48 56 87 – **R** conseillée
3,5 ha (94 empl.) plat et en terrasses, sablonneux, herbeux, gravier
Tarif : 🔳 13,50 € 🛱 (10A) – pers. suppl. 3,50 €
Pour s'y rendre : SE : 3,5 km, en forêt de St-Amand, accès conseillé par D 169 (déviation)
À savoir : Au coeur de la forêt

| Nature : 🦢 🗺 ⵔⵔ |
| Loisirs : 🍸 🏊 |
| Services : ⛽ ⚗ 🏢 🗄 ⊕ 🚿 ⬚ 🗑 |

WATTEN

✉ 59143 – ⬛⬛⬛ B2 – G. Picardie Flandres Artois – 2 925 h. – alt. 8
🛈 *Office de tourisme, 12, rue de Dunkerque* 📞 *03 21 88 27 78*
Paris 269 – Calais 38 – Cassel 21 – Dunkerque 33 – Lille 75 – St-Omer 14.

⚠ Le Val Joly avr.-oct.
📞 03 21 88 23 26 – places limitées pour le passage – **ℝ**
2,4 ha (136 empl.) plat, herbeux
Tarif : 🚶 2,80 € 🔳 2,80 € 🛱 (3A) 2,55 €
Pour s'y rendre : À l'O du bourg, près de l'Aa (canal)

| Services : ⛽ 🗄 ⊕ |

*Les localités possédant des ressources sélectionnées dans ce guide
sont signalées sur les **cartes MICHELIN** détaillées à 1/150 000.*

WILLIES

✉ 59740 – ⬛⬛⬛ M7 – 139 h. – alt. 167 – Base de loisirs
Paris 225 – Avesnes-sur-Helpe 16 – Cambrai 69 – Charleroi 48 – Charleville-Mézières 81 – Lille 114 – Vervins 44.

⚠ Val Joly avr.-sept.
📞 03 27 61 83 76, *valjolyresa@valjoly.com*,
Fax 03 27 61 83 09, *valjoly.com* – **R** conseillée
4 ha (160 empl.) plat, peu incliné, herbeux
Tarif : 🚶 3,95 € 🔳 6,10 € 🛱 1,70 €
Location (5 fév.-15 nov.) : 30 🏠 (4 à 6 pers.) 172 à 428 €/sem.
Pour s'y rendre : E : 1,5 km par D 133 rte d'Eppe-Sauvage, à 300 m du lac
À savoir : Situation dominante sur le lac

| Nature : 🦢 ♀ |
| Loisirs : 🛋 ✂ ♒ |
| Services : ⛽ 🏧 ⚗ 🗄 ⊕ 🗄 🚿 |
| À prox. : 🜄 |

527

Pas-de-Calais (62)

ARDRES

✉ 62610 – ⬛⬛⬛ E2 – G. Picardie Flandres Artois – 4 154 h. – alt. 11
🛈 *Office de tourisme, place d'Armes* 📞 *03 21 35 28 51*
Paris 273 – Arras 93 – Boulogne-sur-Mer 38 – Calais 18 – Dunkerque 43 – Lille 90 – St-Omer 25.

⚠ St-Louis avr.-1er nov.
📞 03 21 35 46 83, *dominine@aol.com*, Fax 03 21 00 19 78,
www.campingstlouis.com – places limitées pour le passage
– **R** indispensable
1,5 ha (84 empl.) plat, herbeux
Tarif : 🔳 19 € 🛱 (6A) – pers. suppl. 4 €
🚐 1 borne – 2 🔳
Pour s'y rendre : À Autingues, S : 2 km par D 224, rte de Licques et D 227 à gauche

| Nature : 🦢 🗺 ♀ |
| Loisirs : 🛋 🏊 |
| Services : 🚻 ⛽ 🏧 ⚗ 🗄 🚿 ⊕ 🚿 🗑 🗄 |

AUDRUICQ

✉ 62370 – 301 F2 – 4 555 h. – alt. 10
Paris 275 – Arras 95 – Boulogne-sur-Mer 56 – Calais 24 – St-Omer 25.

⚠ **Municipal les Pyramides** avr.-sept.
    𝒫 03 21 35 59 17, Fax 03 21 34 87 87 – places limitées pour
le passage – **R** conseillée
2 ha (86 empl.) plat, herbeux
Tarif : ▣ 18,50 € – pers. suppl. 5 €
Pour s'y rendre : Au NE de la localité, accès par rocade (D 219), près d'un canal

Nature : ⌐
Loisirs : 🛋
Services : ♿ ⚷ 🖵 ☺ 🏕 ⚐ 🗑

AUXI-LE-CHÂTEAU

✉ 62390 – 301 F6 – G. Picardie Flandres Artois – 3 065 h. – alt. 32
Paris 193 – Abbeville 26 – Amiens 45 – Arras 57 – Hesdin 21.

⚠ **Municipal des Peupliers** avr.-sept.
    𝒫 03 21 41 10 79, Fax 03 21 04 10 22 – places limitées pour
le passage – **R** indispensable
1,6 ha (82 empl.) plat, herbeux
Tarif : (Prix 2005) 👤 2,10 €   🚗 1,10 €   ▣ 2,10 €
⚡ (6A) 2,60 €
Pour s'y rendre : Sortie SO vers Abbeville et 0,6 km par rte
à droite, au stade, bord de l'Authie

Nature : ⌐
Loisirs : 🛶
Services : ♿ ⚷ 🚲 🖵 ☺ 🗑
À prox. : 🏪 🖾

Utilisez le guide de l'année.

BEAURAINVILLE

✉ 62990 – 301 E5 – 1 994 h. – alt. 17
Paris 230 – Abbeville 46 – Amiens 95 – Berck-sur-Mer 28 – Le Crotoy 37 – Hesdin 13.

⚠ **Municipal de la Source** Permanent
    𝒫 03 21 81 40 71, *commune.beaurainville@wanadoo.fr*,
Fax 03 21 90 02 88 – places limitées pour le passage
– **R** conseillée
2,5 ha (120 empl.) plat, herbeux, étang
Tarif : (Prix 2005) 👤 3,10 € ▣ 3,95 € ⚡ (10A) 2,45 €
Pour s'y rendre : E : 1,5 km par D 130, rte de Loison et
chemin à droite après le pont, entre la Canche et le Fliez

Nature : 🏞
Loisirs : 🛋 🛶
Services : ♿ ⚷ 🚲 ⊞ 🖵 ☺ 🗑
À prox. : 🐎 🍴

Chars à voile sur la plage de Berk-sur-Mer

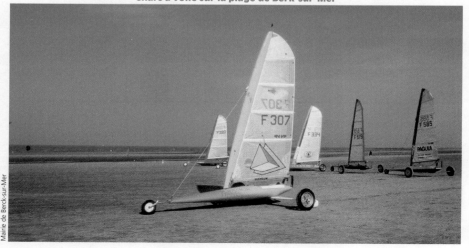

Mairie de Berck-sur-Mer

CONDETTE

62360 – 301 C4 – 2 675 h. – alt. 35
🛈 Syndicat d'initiative, Mairie ✆ 03 21 32 88 88, Fax 03 21 87 26 60
Paris 254 – Boulogne-sur-Mer 10 – Calais 47 – Desvres 19 – Montreuil 31 – Le Touquet-Paris-Plage 22.

Caravaning du Château avr.-oct.
✆ 03 21 87 59 59, campingduchateau@libertysurf.fr,
Fax 03 21 87 59 59, camping-caravaning-du-chateau.com
– **R** conseillée
1,2 ha (70 empl.) plat, herbeux, gravillons
Tarif : 23,20 € (10A) – pers. suppl. 5,60 €
1 borne 5 €
Pour s'y rendre : Sortie S, sur D 119

| Nature : |
| Loisirs : |
| Services : |
| À prox. : |

FILLIÈVRES

62770 – 301 F6 – 499 h. – alt. 46
Paris 206 – Arras 52 – Béthune 46 – Hesdin 13 – St-Pol-sur-Ternoise 17.

Les Trois Tilleuls avr.-sept.
✆ 03 21 47 94 15, campingdes3t@wanadoo.fr,
Fax 03 21 04 81 32, www.camping3tilleuls.com – places limi-
tées pour le passage – **R** conseillée
4,5 ha (120 empl.) plat et peu incliné, herbeux
Tarif : 13,50 € (6A) – pers. suppl. 2,50 €
Pour s'y rendre : Sortie SE, sur D 340, rte de Frévent
À savoir : Au coeur de la vallée de la Canche

| Loisirs : terrain omnisports |
| Services : sèche-linge |

GUÎNES

62340 – 301 E2 – G. Picardie Flandres Artois – 5 221 h. – alt. 5
🛈 Office de tourisme, rue Clemenceau ✆ 03 21 35 73 73, Fax 03 21 85 88 38
Paris 282 – Arras 102 – Boulogne-sur-Mer 29 – Calais 11 – St-Omer 34.

La Bien-Assise 15 avr.-21 sept.
✆ 03 21 35 20 77, Fax 03 21 36 79 20, www.camping-bien-
assise.fr – **R** conseillée
20 ha/12 campables (176 empl.) plat, peu incliné, herbeux,
petit étang
Tarif : 5 € 14 € 4 € – frais de réservation 10 €
Location : 4 (4 à 6 pers.) 400 à 700 €/sem. –
(hotel)
1 borne 5 €
Pour s'y rendre : Sortie SO par D 231 rte de Marquise

| Nature : |
| Loisirs : snack (découverte l'été) |
| Services : |

529

ISQUES

62360 – 301 C3 – 1 102 h. – alt. 15
Paris 247 – Lille 125 – Arras 122 – Calais 44 – Dunkerque 85.

Les Cytises avr.-15 oct.
✆ 03 21 31 11 10, Fax 03 21 31 11 10 – **R** conseillée
2,5 ha (100 empl.) plat, terrasse, herbeux
Tarif : 15,40 € (6A) – pers. suppl. 3,30 €
Pour s'y rendre : Au bourg, accès par N 1, près du stade.
Par A 16 sortie 28

| Nature : |
| Loisirs : |
| Services : |
| À prox. : |

LICQUES

62850 – 301 E3 – G. Picardie Flandres Artois – 1 440 h. – alt. 81
Paris 276 – Arras 97 – Boulogne-sur-Mer 31 – Calais 25 – Dunkerque 55 – St-Omer 27.

Le Canchy 15 mars-oct.
✆ 03 21 82 63 41, Fax 03 21 82 63 41 – **R** conseillée
1 ha (72 empl.) plat, herbeux
Tarif : 3,40 € 3,80 € (5A) 3,20 €
Pour s'y rendre : E : 2,3 km par D 191, rte de St-Omer et
rue de Canchy à gauche

| Nature : |
| Loisirs : snack |
| Services : |

MONTREUIL

✉ 62170 – **301** D5 – G. Picardie Flandres Artois – 2 428 h. – alt. 54
🛈 *Office de tourisme, 21, rue Carnot 𝒫 03 21 06 04 27, Fax 03 21 06 57 85*
Paris 232 – Abbeville 49 – Arras 86 – Boulogne-sur-Mer 38 – Calais 73 – Lille 116 – St-Omer 54.

⚠ **La Fontaine des Clercs**
𝒫 03 21 06 07 28, Fax 03 21 06 07 28 – **R** conseillée
2 ha (82 empl.) plat et en terrasses, herbeux, pierreux
Pour s'y rendre : Sortie N et rte d'accès près du passage à niveau, bord de la Canche
À savoir : Au pied des remparts et de la citadelle

Nature : 🐾 🗔 🎋
Services : ⊶ 🏢 🔄 ⊕ 🖫

OYE-PLAGE

✉ 62215 – **301** F2 – 5 882 h. – alt. 4
Paris 295 – Calais 18 – Cassel 44 – Dunkerque 28 – St-Omer 35.

⚠ **Les Oyats** mai-sept.
𝒫 03 21 85 15 40, Fax 03 28 60 38 33 – **R** indispensable
4,5 ha (150 empl.) plat, herbeux, sablonneux
Tarif : 🟊 6 € 🔲 7 € 🗲 3,50 €
Pour s'y rendre : NO : 4,5 km, 272 Digue Verte, à 100 m de la plage (accès direct)
À savoir : Belle décoration arbustive

Nature : 🐾 🗔 🔺
Loisirs : 🎴 🚴 🏓 ⛳ 🛶
Services : ⊶ 🔄 🌊 ⊕ 🖫

REBECQUES

✉ 62120 – **301** G4 – 398 h. – alt. 33
Paris 242 – Arras 62 – Béthune 35 – Boulogne-sur-Mer 62 – Hesdin 44 – St-Omer 16.

⚠ **Le Lac** avr.-oct.
𝒫 03 21 39 58 58 – places limitées pour le passage
– **R** conseillée
14 ha/3 campables (95 empl.) plat, herbeux, gravier
Tarif : 🟊 2,50 € 🔲 8 € 🗲 (6A) 2 €
Pour s'y rendre : S : 1 km par D 189, rte de Thérouanne et chemin à gauche
À savoir : Autour d'un petit lac aménagé pour la pêche et les loisirs

Nature : 🗔
Loisirs : 🍷 🚣 🎣
Services : 🚻 ⊶ 🚗 ⊕ ⚒ 🚰 🖫

530

Randonnée ventée au Cap Blanc

S. Sauvignier/Michelin

ST-OMER

⊠ 62500 – 301 G3 – G. Picardie Flandres Artois – 15 747 h. – alt. 23
🛈 *Office de tourisme, 4, rue du Lion d'Or* ℰ *03 21 98 08 51, Fax 03 21 98 08 07*
Paris 257 – Arras 77 – Béthune 50 – Boulogne-sur-Mer 52 – Calais 43 – Dunkerque 45 – Ieper 57 – Lille 65.

 Château du Ganspette avr.-sept.
    ℰ 03 21 93 43 93, *contact@chateau-gandspette.com*,
    Fax 03 21 95 74 98, *www.chateau-gandspette.com*
    – **R** conseillée
    11 ha/4 campables (150 empl.) peu incliné, herbeux
    Tarif : 🔳 26 € [⚡] (6A) – pers. suppl. 6 €
    🚐, 1 borne
    Pour s'y rendre : À Eperlecques-Ganspette, NO : 11, 5 km
    par N 43 et D 207 rue du Ganspette
    À savoir : Dans le parc boisé du château

> Nature : 🐾
> Loisirs : 🍷 grill 🎪 🚣 ※ 🎿
> Services : ⊶ GB ⚙ 🗊 🔾 ⊕ 🔲
> 🍴

TOURNEHEM-SUR-LA-HEM

⊠ 62890 – 301 F3 – 1 219 h. – alt. 39
Paris 268 – Calais 28 – Cassel 39 – Dunkerque 44 – Lille 83 – St-Omer 18.

 Bal Caravaning Permanent
    ℰ 03 21 35 65 90, *philippe.baudens@wanadoo.fr*,
    Fax 03 21 35 18 57 – places limitées pour le passage
    – **R** conseillée
    2,5 ha (63 empl.) peu incliné, herbeux
    Tarif : (Prix 2005) 🔳 20 € [⚡] (10A) – pers. suppl. 4,30 €
    Location : 🛏 – (hôtel)
    Pour s'y rendre : Sortie E par D 218
    À savoir : Face à un parc d'attractions

> Loisirs : ※
> Services : 🚿 ⊶ GB ⚙ 🎢 🗊 ⊕ 🚃
> ♨ 🔲
> À prox. : 🍷 ✗ self service 🚵 🚣
> 🏊

WACQUINGHEN

⊠ 62250 – 301 C3 – 236 h. – alt. 61
Paris 260 – Lille 134 – Arras 132 – Calais 27 – Dunkerque 68.

 L'Escale 15 mars-1ᵉʳ nov.
    ℰ 03 21 32 00 69, Fax 03 21 32 00 69 – places limitées pour
    le passage – **R**
    11 ha (198 empl.) plat et peu incliné, herbeux
    Tarif : ♟ 4,20 € 🚗 2,20 € 🔳 4,20 € [⚡] (4A) 3,20 €
    🚐, 1 borne 2 € – 5 🔳 7,50 €
    Pour s'y rendre : Sortie NE. Par A 16 sortie 4

> Loisirs : 🍷 🎪 🚣
> Services : 🚿 ⊶ GB ⚙ 🎢 🗊 ⊕ 🔲

531

NORMANDIE

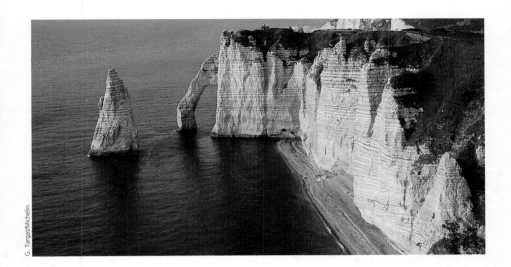

G. Targat/Michelin

Muse des impressionnistes et des poètes, la Normandie vogue entre luxe, calme et volupté. Côté mer, les prestigieuses stations balnéaires, l'éblouissante baie du Mont-St-Michel, les hautes falaises crayeuses et les plages du Débarquement imposent une contemplation silencieuse. Côté terre le bocage, où paissent chevaux et vaches, et les vergers de pommiers déroulent un tapis verdoyant semé de chaumières à colombages et de fringants manoirs. Éclairée d'une lumière à nulle autre pareille, la Seine méandre paisiblement, jalonnant son cours d'une succession de trésors architecturaux : cités médiévales, châteaux, abbayes... Cette esquisse de la région serait incomplète sans l'évocation des bons produits du terroir : beurre, crème fraîche, camembert, livarot, cidre et calvados méritent à eux seuls votre visite.

Normandy, the inspiration of writers and artists, offers pure rural pleasure. Take a walk along the coast to fill your lungs with sea air and admire the elegant resorts. You will be left breathless when you first catch sight of Mont Saint-Michel rising from the sands or look down over Étretat's white cliffs, and it is impossible not to be moved by the memory of the men who gave their lives on Normandy's beaches in June 1944. Further inland, acres of neat, hedge-lined fields meet the eye. Drink in the sight and scent of apple blossom, admire the pretty, half-timbered cottages and follow the Seine past medieval cities, daunting castles and venerable abbeys. And who could forget Normandy's culinary classics: fresh seafood, creamy Camembert, cider and the famous apple brandy, Calvados.

- Localité citée avec camping
- Localité citée avec camping et locatif
- Lourdes Localité disposant d'emplacements camping-car
- Moyaux Localité disposant d'au moins un terrain agréable
- Aire de service pour camping-car sur autoroute

ALDERNEY

Omonville-la-Rogue

CHERBOURG-OCTEVILLE

Maupertus-s-M.

Siouville-Hague

Tourlaville

les Pieux

St-Vaast-la-Hougue

le Rozel

Ravenoville

Surtainville
Baubigny

Barneville-Carteret

Ste-Mère-Église

Colleville-s-M.

Courseulles-s-M.

Carteret

St-Sauveur-le-Vicomte

Port-en-Bessin

Bernières-s-M.

St-Jean-de-la-Rivière
St-Georges-de-la-R.

Ste-Marie-du-Mont

Arromanches-les-Bs

St-Aubin-s-M.

Villers-s-M.

Surrain

Luc-s-M.

Denneville

St-Symphorien-le-Valois

Isigny-s-M.

Trévières

Tracys-s-M.

Houlgate

St-Germain-s-Ay

Carentan

Étréham

Bayeux

Creully

Dives-s-M.

JERSEY

Martragny

Merville-Franceville-Pl.

Gonneville-en-A.

St-Martin-d'Aubigny

St-Lô

A 13

N 13

MANCHE

CAEN

N 13

Agon-Coutainville

Coutances

CALVADOS

Annoville

Aunay-s-Odon

Îles Chausey

Bréville-s-M.
Donville-les-B.

Bréhal

Thury-Harcourt

Granville

Pont-Farcy

Falaise

St-Pair-s-Mer

Jullouville

Villedieu-les-Poêles

Paramé

Genêts

Brécey

Flers

Guildo

la Richardais

St-Coulomb

St-Lunaire

Cancale

St-Briac-s-M.

St-Benoît-des-Ondes

le-Mont-St-Michel

Avranches

Argentan

St-Malo

St-Père

Courtils

ORNE

Lancieux

St-Guinoux

Beauvoir

Ducey

ncoët

St-Marcan

St-Hilaire-du-Harcouët

Domfront

Bagnoles-de-l'O.

St-Samson-s-R.

N 176

Pontorson

les Biards

N 176

Carrouges

ugon-les-Lacs

Taden

Dol-de-Bretagne

N 12

Alençon

la Chapelle-aux-Filtzméens

Tinténiac

Feins

Fougères

Ambrières-les-Vallées

N 12

Mayenne

Fresnay-s-Sarthe

RENNES

Châtillon-en-Vendelais

MAYENNE

Bais

Méxières-s/s-Lavardi

Paimpont

Andouillé

Sillé-le-Guillaume

Châteaugiron

Évron

Tennie

Conlie

ILLE-ET-VILAINE

St-Berthevin

Laval

Marcillé-Robert

le Pertre

Meslay-du-Maine

Loué

ARROMANCHES-LES-BAINS

✉ 14117 – 303 I3 – G. Normandie Cotentin – 552 h.
🛈 Office de tourisme, 2, rue du Maréchal Joffre ℰ 02 31 22 36 45, Fax 02 31 22 92 06
Paris 266 – Bayeux 11 – Caen 34 – St-Lô 46.

Municipal avr.-3 nov.
ℰ 02 31 22 36 78, Fax 02 31 21 80 22 – **R** conseillée
1,5 ha (105 empl.) plat, peu incliné, terrasses, herbeux
Tarif : (Prix 2005) 🖃 16 € 🔌 (10A) – pers. suppl. 3,50 €
Location 🛏 : 7 ⛺ (4 à 6 pers.) 300 à 375 €/sem.
Pour s'y rendre : Au Sud du bourg

Nature : ♀	
Loisirs : 🏊	
Services : ⚐ ⛽ (saison) ⚐ 🗄 ☺ 🗄	
À prox. : ✗ 🖾 🔭 ♦ 🐎 terrain omnisports	

AUNAY-SUR-ODON

✉ 14260 – 303 I5 – 2 902 h. – alt. 188
🛈 Office de tourisme, rue de Verdun ℰ 02 31 77 60 32, Fax 02 31 77 94 97

Municipal la Closerie
ℰ 02 31 77 32 46 – **R**
0,5 ha (49 empl.) plat, peu incliné, herbeux
Pour s'y rendre : NE : 0,7 km par D 8, route de Caen, près du stade

Nature : ♀♀	
Services : ☺	
À prox. : ✗	

Avant de vous installer, consultez les tarifs en cours,
affichés obligatoirement à l'entrée du terrain,
et renseignez-vous sur les conditions particulières de séjour.
Les indications portées dans le guide ont pu être modifiées depuis la mise à jour.

BAYEUX

✉ 14400 – 303 H4 – G. Normandie Cotentin – 14 961 h. – alt. 50
🛈 Office de tourisme, pont Saint-Jean ℰ 02 31 51 28 28, Fax 02 31 51 28 29
Paris 265 – Caen 31 – Cherbourg 95 – Flers 69 – St-Lô 36 – Vire 60.

Municipal mai-sept.
ℰ 02 31 92 08 43, Fax 02 31 92 08 43 – **R** conseillée
2,5 ha (140 empl.) plat, herbeux, goudronné
Tarif : ✱ 3,10 € 🖃 3,83 € 🔌 (5A) 3,14 €
⛽ 1 borne – 40 🖃 3,83 €
Pour s'y rendre : N : sur bd périphérique d'Eindhoven
À savoir : Décoration arbustive

Nature : ♀♀	
Loisirs : 🏛 🏊	
Services : ⚐ ⛽ ⚏ ⚐ 🗄 ⚒ ☺ 🗄	
À prox. : 🛒 ✗ 🏊 (découverte en saison) terrain omnisports	

Falaises du Nez de Jobourg

G. Targat/Michelin

BERNIÈRES-SUR-MER

✉ 14990 – 303 J4 – 1 882 h.

🛈 *Syndicat d'initiative, 159, rue Victor Tesnières* ℘ *02 31 96 44 02, Fax 02 31 96 98 96*

⚠ **Le Havre de Bernières** avr.-oct.

℘ 02 31 96 67 09, *campingnormandie@aol.com,*
Fax 02 31 97 31 06, *www.camping-normandie.com* – places
limitées pour le passage – **R** conseillée
6,5 ha (240 empl.) plat, herbeux
Tarif : ▣ 29 € [≴] (10A) – pers. suppl. 6,70 € – frais de réservation 23 €
Location : 20 ⊡ (4 à 6 pers.) 290 à 655 €/sem.
⊑⊑, 1 borne 3,50 €
Pour s'y rendre : À l'Ouest de la station par D 154, à 300 m
de la plage

Nature : ⊙⊙
Loisirs : 🍴 snack 🛏 ⊒
Services : ᴕ ⊶ ♂ 🎪 🖪 ⊟ ⊜ ⊛ 🖩
⊭
À prox. : 🐾 ✕ 🐎

BLANGY-LE-CHÂTEAU

✉ 14130 – 303 N4 – 627 h. – alt. 60

🛈 *Office de tourisme, le bourg* ℘ *02 31 65 48 36*
Paris 197 – Caen 56 – Deauville 22 – Lisieux 16 – Pont-Audemer 26.

⚠ **Le Brévedent** 29 avr.-24 sept.

℘ 02 31 64 72 88, *contact@campinglebrevedent.com,*
Fax 02 31 64 33 41, *www.campinglebrevedent.com*
– **R** conseillée ✀
6 ha/3,5 campables (138 empl.) plat et incliné, herbeux
Tarif : ▣ 24,90 € [≴] (10A) – pers. suppl. 6 € – frais de réservation 15 €
Location : 6 ⊡ (4 à 6 pers.) 225 à 630 €/sem.
⊑⊑, 1 borne
Pour s'y rendre : SE : 3 km par D 51, au château, bord d'un
étang à, Le Brévedent
À savoir : Dans le parc d'un château du 14e s. agrémenté
d'un étang

Nature : ⧈ ≤ ⊙⊙
Loisirs : 🍴 snack, pizzeria 🛏 🏃
🚣 🚴 ⊒ ⊚
Services : ᴕ ⊶ ⊞ 🖪 ⊟ ⊛ 🖩 ⊒
⊭
À prox. : ✕ 🐎 golf

537

COLLEVILLE-SUR-MER

✉ 14710 – 303 G3 – G. Normandie Cotentin – 172 h. – alt. 42
Paris 281 – Bayeux 18 – Caen 48 – Carentan 36 – St-Lô 40.

⚠ **Le Robinson** avr.-oct.

℘ 02 31 22 45 19, *dourthe.le.robinson@wanadoo.fr,*
Fax 02 31 22 45 19 – **R** conseillée
1 ha (53 empl.) plat, herbeux
Tarif : ✦ 5,50 € ⇌ 2,70 € ▣ 5,40 € [≴] (6A) 4,35 € – frais de
réservation 15 €
Location : 13 ⊡ (4 à 6 pers.) 455 à 535 €/sem.
⊑⊑, 1 borne
Pour s'y rendre : NE : 0,8 km par D 514, rte de Port-en-
Bessin

Nature : ⊏⊐
Loisirs : 🍴 🚣 ⊒ 🏊
Services : ᴕ ⊶ ⊞ ♂ 🖪 ⊿ ⊛ 🖩
À prox. : ✕ 🐎 golf

COURSEULLES-SUR-MER

✉ 14470 – 303 J4 – G. Normandie Cotentin – 3 886 h.

🛈 *Office de tourisme, 5, rue du 11 novembre* ℘ *02 31 37 46 80, Fax 02 31 37 29 25*
Paris 252 – Arromanches-les-Bains 14 – Bayeux 24 – Cabourg 41 – Caen 20.

⚠ **Municipal le Champ de Course** avr.-sept.

℘ 02 31 37 99 26, *camping.courseulles@wanadoo.fr,*
Fax 02 31 37 96 37 – **R** conseillée
7,5 ha (380 empl.) plat, herbeux
Tarif : (Prix 2005) ▣ 17,30 € [≴] (9A) – pers. suppl. 4 €
Location : 19 ⌂ (4 à 6 pers.) 244 à 547 €/sem.
Pour s'y rendre : N : av. de la Libération
À savoir : Situation près de la plage

Nature : ⊏⊐
Loisirs : 🛏 🚣
Services : ᴕ ⊶ ⊞ ♂ 🖪 ⊜ ⊛ ⊿
⊽ 🖩
À prox. : ✕ ⊓ ⊒ 💧 🐎 ⊑⊑

CREULLY

✉ 14480 – 303 I4 – G. Normandie Cotentin – 1 426 h. – alt. 27
Paris 253 – Bayeux 14 – Caen 20 – Deauville 62.

△ **Intercommunal des 3 Rivières** avr.-sept.
  ✆ 02 31 80 90 17, Fax 02 31 80 12 00 – **R** conseillée
  2 ha (82 empl.) plat et peu incliné, herbeux
  Tarif : (Prix 2005) 🅴 12,95 € – pers. suppl. 3,10 €
  Pour s'y rendre : NE : 0,8 km, rte de Tierceville, bord de la Seulles
  À savoir : Plaisant cadre verdoyant

Nature : 🐟 ⇚ �️ ⚲	
Loisirs : 🏠 ⅋⅏ 🎿 ⚓	
Services : ⚲⊸ ▥ 🅵 ⊕ 🔳	
À prox. : 🐎 parcours de santé	

DIVES-SUR-MER

✉ 14160 – 303 L4 – G. Normandie Vallée de la Seine – 5 812 h. – alt. 3
🄸 Office de tourisme, rue du Général-de-Gaulle ✆ 02 31 91 24 66, Fax 02 31 24 42 28
Paris 219 – Cabourg 2 – Caen 27 – Deauville 22 – Lisieux 34.

△ **Municipal les Tilleuls** 7 avr.-17 sept.
  ✆ 02 31 91 25 21, Fax 02 31 91 72 13 – **R** conseillée
  4 ha (250 empl.) herbeux, plat, peu incliné
  Tarif : 🕴 3,10 € 🚗 1,90 € 🅴 2,70 € 🔌 (9A) 3,50 €
  Pour s'y rendre : Sortie Est, rte de Lisieux

Nature : ⇚ ⚲	
Services : ⚴ ⊸ 🔤 ⚴ ⊕	
À prox. : 🛒	

△ **Camping du Golf** avr.-sept.
  ✆ 02 31 24 73 09, campingdugolf@wanadoo.fr,
  Fax 02 31 24 73 09, http://monsite.wanadoo.fr/camping dugolf – places limitées pour le passage – **R** conseillée
  2,8 ha (155 empl.) plat, herbeux
  Tarif : 🅴 17,70 € 🔌 (10A) – pers. suppl. 3,70 €
  Location : 6 🛖 (4 à 6 pers.) 359 à 489 €/sem.
  Pour s'y rendre : Sortie Est, D 45, route de Lisieux sur 3,5 km

Nature : 🚍 ⚲	
Loisirs : 🍸 🏊 ≈	
Services : ⚴ ⊸ ⚴ 🔤 ⊕ 🔳	

538

*Les localités possédant des ressources sélectionnées dans ce guide sont signalées sur les **cartes MICHELIN** détaillées à 1/150 000.*

ÉTRÉHAM

✉ 14400 – 303 H4 – 233 h. – alt. 30
Paris 276 – Bayeux 11 – Caen 42 – Carentan 40 – St-Lô 38.

△△ **Reine Mathilde** avr.-sept.
  ✆ 02 31 21 76 55, camping.reine-mathilde@wanadoo.fr,
  Fax 02 31 22 18 33, www.campingreinemathilde.com
  – **R** conseillée
  6,5 ha (115 empl.) plat, herbeux
  Tarif : 🕴 6 € 🅴 5,60 € 🔌 (6A) 4,50 € – frais de réservation 20 €
  Location 🏊 : 6 🛖 (4 à 6 pers.) 390 à 675 €/sem. – 4 🏠 (4 à 6 pers.) 263 à 373 €/sem. – 6 bungalows toilés
  Pour s'y rendre : O : 1 km par D 123 et chemin à droite

Nature : 🐟 🚍 ⚲⚲	
Loisirs : 🍸 snack 🏠 🏊 🎿 poneys	
Services : ⚴ ⊸ ⚴ 🔤 🔥 ⊕ 🔳 ⚴	

FALAISE

✉ 14700 – 303 K6 – G. Normandie Cotentin – 8 434 h. – alt. 132
🄸 Office de tourisme, boulevard de la Libération ✆ 02 31 90 17 26, Fax 02 31 90 98 70
Paris 264 – Argentan 23 – Caen 36 – Flers 37 – Lisieux 45 – St-Lô 107.

△△ **Municipal du Château** mai-sept.
  ✆ 02 31 90 16 55, camping@falaise.fr, Fax 02 31 90 53 38,
  www.otsifalaise.com – **R** conseillée
  2 ha (66 empl.) plat et peu incliné, terrasse, herbeux
  Tarif : 🕴 3,30 € 🅴 4 € 🔌 (6A) 2,50 €
  Pour s'y rendre : À l'Ouest de la ville, au val d'Ante
  À savoir : Cadre verdoyant au pied du château

Nature : ⇚ château ⚲	
Loisirs : 🏠 🏊 🎿	
Services : ⚴ ⊸ 🔤 ⚴ ▥ 🅵 ⊕	
À prox. : 🧗 mur d'escalade	

GONNEVILLE-EN-AUGE

✉ 14810 – **303** K4 – 351 h. – alt. 16

▲ **Le Clos Tranquille** 25 mars-sept.
℘ 02 31 24 21 36, *le.clos.tranquille@wanadoo.fr,*
Fax 02 31 24 28 80, *www.leclostranquille.com* – **R** conseillée
1,3 ha (78 empl.) plat, herbeux
Tarif : 🏕 5 € 🔲 5 € [½] 4,80 €
Location (mars-déc.) : 4 [⛺] (4 à 6 pers.) 365 à
450 €/sem.
Pour s'y rendre : S : 0,8 km par D 95A

> Nature : 🐿 ♀(verger)
> Loisirs : 🏓 🚣 🚲
> Services : ⚡ GB 🐕 🏪 🛁 ⊛ 🔲
> À prox. : 🍴 ♘ 🐎 golf

HONFLEUR

✉ 14600 ·· **303** N3 – G. Normandie Vallée de la Seine – 8 178 h. – alt. 5
Env. Pont de Normandie - Péage en 2005 : 5,00 autos, 5,80 caravanes, autocars 6,30 à 12,50 et gratuit pour
motos
🚹 *Office de tourisme, quai Lepaulmier* ℘ *02 31 89 23 30, Fax 02 31 89 31 82*
Paris 195 - Caen 69 – Le Havre 27 – Lisieux 38 – Rouen 83.

▲▲▲ **La Briquerie** avr.-sept.
℘ 02 31 89 28 32, *info@campinglabriquerie.com,*
Fax 02 31 89 08 52, *www.campinglabriquerie.com* – places
limitées pour le passage – **R** conseillée
8 ha (430 empl.) plat, herbeux
Tarif : 🔲 22,50 € [½] (10A) – pers. suppl. 5,50 €
Location (15 mars-1er nov.) 🚲 : 8 🏠 (4 à 6 pers.) 275
à 480 €/sem.
🚐 1 borne
Pour s'y rendre : SO : 3,5 km par rte de Pont-l'Évêque et
D 62 à droite, à Equemauville

> Nature : 🗺 ♀
> Loisirs : 🍴 🍴 self-service 🏓 📺 🎿
> 🛁 jacuzzi 🚣 🏕 ⛳ 🎿
> Services : ♿ ⚡ 🐕 🏪 🏪 🛁 ⊛ 🚿 🚾
> 🔲 🍴
> À prox. : 🎣 🍴 🛶 ♞ 🐎

539

HOULGATE

✉ 14510 – **303** L4 – G. Normandie Vallée de la Seine – 1 832 h. – alt. 11
🚹 *Office de tourisme, boulevard des Belges* ℘ *02 31 24 34 79, Fax 02 31 24 42 27*
Paris 214 - Caen 29 – Deauville 14 – Lisieux 33 – Pont-l'Évêque 25.

▲▲▲ **La Vallée** avr.-15 oct.
℘ 02 31 24 40 69, *campinglavallee@wanadoo.fr,*
Fax 02 31 24 42 42, *www.campinglavallee.com* – **R** indispensable
11 ha (350 empl.) peu incliné et en terrasses, plat, herbeux
Tarif : 🔲 30 € [½] (6A) – pers. suppl. 6 € – frais de réservation 16 €
Location : 35 [⛺] (4 à 6 pers.) 300 à 620 €/sem.
🚐 1 borne 2 €
Pour s'y rendre : S : 1 km par D 24ᴬ rte de Lisieux et D 24 à
droite, 88 rue de la Vallée
À savoir : Cadre agréable autour d'anciens bâtiments de
style normand

> Nature : ← 🗺 ♀
> Loisirs : 🍴 🏓 🏕 🚣 🚲 🍴 🎿
> Services : ♿ ⚡ GB 🐕 🏪 🛁 ⊛ 🚿
> 🚾 🍴 🔲 🛁 🍴
> À prox. : 🖼 ♦ poneys , golf

▲▲▲ Les Falaises
℘ 02 31 24 81 09, *camping.lesfalaises@voila.fr,*
Fax 02 31 28 04 11
12 ha (450 empl.) en terrasses, plat, incliné, herbeux
Pour s'y rendre : NE : 3 km par D 163, route de la Corniche.
Accès direct à la plage par petit chemin et escalier abrupt

> Nature : 🐿 ♀
> Loisirs : 🍴 🍴 🏓 🚣 🎿
> Services : ♿ ⚡ 🏪 🛁 ⊛ 🔲 🛁 🍴
> À prox. : ♦ 🐎 golf

▲ **Municipal des Chevaliers** avr.-sept.
℘ 02 31 24 37 93, Fax 02 31 28 37 13 – **R** conseillée
3 ha (195 empl.) peu incliné, terrasses et plat, herbeux
Tarif : 🏕 2,60 € 🚗 1,17 € 🔲 1,58 € [½] 3,97 €
Pour s'y rendre : S : 1,5 km par D 24ᴬ, rte de Lisieux et D 24
à droite et chemin à gauche des Chevaliers

> Nature : ←
> Services : ♿ ⚡ GB 🐕 ⊛ 🛁 🚾
> À prox. : 🍴 🖼 ♦ 🐎 golf

ISIGNY-SUR-MER

✉ 14230 – 303 F4 – G. Normandie Cotentin – 2 920 h. – alt. 4
🛈 *Office de tourisme, 1, rue Victor Hugo* ℘ *02 31 21 46 00, Fax 02 31 22 90 21*
Paris 298 – Bayeux 35 – Caen 64 – Carentan 14 – Cherbourg 63 – St-Lô 29.

⋀⋀ **Escapade Terre Océane Le Fanal** 13 mai-16 sept.
℘ *02 31 21 33 20, info@campingterreoceane.com,*
Fax 02 31 22 12 00, *www.campingterreoceane.com*
– **R** conseillée
11 ha/8 campables (94 empl.) plat, herbeux
Tarif : 🔳 29 € – pers. suppl. 4,50 € – frais de réservation 25 €
Location : 70 🚐 (4 à 6 pers.) 290 à 850 €/sem.
🚐 1 borne
Pour s'y rendre : O : accès par le centre ville, près du terrain de sports
À savoir : Cadre agréable et soigné autour d'un plan d'eau

| Nature : 🐾 ♀ |
| Loisirs : 🏠 🚣 ※ ⚲ 🛁 (petite piscine) ⚓ ◊ parcours sportif |
| Services : ♿ ⚡ GB ⚙ ▥ 🗑 ⓐ 🚿 ⏚ 📷 |
| À prox. : pédalos |

Les indications d'accès à un terrain sont généralement indiquées, dans notre guide, à partir du centre de la localité.

LISIEUX

✉ 14100 – 303 N5 – G. Normandie Vallée de la Seine – 23 166 h. – alt. 51
🛈 *Office de tourisme, 11, rue d'Alençon* ℘ *02 31 48 18 10*

⋀ **Municipal de la Vallée**
℘ *02 31 62 00 40, tourisme@cclisieuxpaysdauge.fr,*
Fax 02 31 48 18 11, *www.lisieux-tourisme.com*
1 ha (100 empl.) plat, herbeux, gravillons
Location : 5 🚐
Pour s'y rendre : Sortie N par D 48, route de Pont-l'Évêque

| Nature : ♀♀ |
| Services : ♿ ⚡ ⓐ |
| À prox. : ※ complexe aquatique couvert |

540

LUC-SUR-MER

✉ 14530 – 303 J4 – G. Normandie Cotentin – 3 036 h.
🛈 *Office de tourisme, 3, place du Petit Enfer* ℘ *02 31 97 33 25, Fax 02 31 96 65 09*
Paris 249 – Arromanches-les-Bains 23 – Bayeux 29 – Cabourg 28 – Caen 18.

⋀⋀ **Municipal la Capricieuse** avr.-15 nov.
℘ *02 31 97 34 43, info@campinglacapricieuse.com,*
Fax 02 31 97 43 64, *www.campinglacapricieuse.com* – **R** indispensable
4,6 ha (232 empl.) plat, peu incliné, herbeux
Tarif : 🔳 18,60 € 🔌 (10A) – pers. suppl. 4,20 €
Location (avr.-15 déc.) ⚡ : 18 🚐 (4 à 6 pers.) 290 à 490 €/sem. – 10 🏠 (4 à 6 pers.) 240 à 490 €/sem.
🚐 1 borne
Pour s'y rendre : À l'Ouest de la localité, allée Brummel, à 200 m de la plage

| Nature : 🏕 ♀ |
| Loisirs : 🏠 🚣 ※ |
| Services : ♿ ⚡ GB ⚙ 🗑 🛁 ⓐ 🚿 ⏚ 📷 |
| À prox. : ⚲ 🛁 ◊ 🐎 🎣 |

MARTRAGNY

✉ 14740 – 303 I4 – 325 h. – alt. 70
Paris 257 – Bayeux 11 – Caen 23 – St-Lô 47.

⋀⋀⋀ **Château de Martragny** mai-15 sept.
℘ *02 31 80 21 40, chateau.martragny@wanadoo.fr,*
Fax 02 31 08 14 91, *www.chateau-mantragny.com*
– **R** conseillée
13 ha/4 campables (160 empl.) plat, herbeux
Tarif : 🛖 5 € 🔳 11 € 🔌 3 € – frais de réservation 8 €
Location : 4 🛏
Pour s'y rendre : Sur l'ancienne N 13, par le centre bourg
À savoir : Dans le parc d'une belle demeure du XVIIIe s.

| Nature : 🐾 ♀♀ |
| Loisirs : 🍽 🚣 🚲 ※ ⚲ 🛁 ⚓ |
| Services : ♿ ⚡ GB ⚙ 🗑 🛁 ⓐ 📷 🏊 ⛽ |
| À prox. : 🐎 |

MERVILLE-FRANCEVILLE-PLAGE

✉ 14810 – 303 K4 – G. Normandie Vallée de la Seine – 1 521 h. – alt. 2

🇮 *Office de tourisme, place de la Plage* ✆ *02 31 24 23 57, Fax 02 31 24 17 49*

Paris 225 – Arromanches-les-Bains 42 – Cabourg 7 – Caen 20.

⚠ **Municipal le Point du Jour** mars-15 nov.

✆ 02 31 24 23 34, *camp.lepointdujour@wanadoo.fr*,
Fax 02 31 24 15 54, *www.mairie-mervillefranceville.fr*
– **R** conseillée
2,7 ha (142 empl.) plat, herbeux, sablonneux
Tarif : 🛊 5,50 € 🔲 6 € (½) (10A) 5 €
Pour s'y rendre : Sortie Est par D 514 rte de Cabourg
À savoir : Agréable situation en bordure de plage

Nature : ⌁ ▲
Loisirs : 🏠 ⚡🏇
Services : ♿ ⚬─ GB ⚙ 🍴 🗄 🛁 ⊛
🛢
À prox. : ✗ 🔭ₘ 🏇 golf

⚠ **Les Peupliers** avr.-oct.

✆ 02 31 24 05 07, *asl-mondeville@wanadoo.fr*,
Fax 02 31 24 05 07, *www.asl-mondeville.com* – **R** indispensable
2 ha (165 empl.) plat, herbeux
Tarif : 🔲 25 € – pers. suppl. 6,45 €
Location : 11 🚐 (4 à 6 pers.) 330 à 620 €/sem.
Pour s'y rendre : E : 2,5 km par rte de Cabourg et à droite, à l'entrée de Hôme

Loisirs : snack 🏠 ⚡🏇 🏊
Services : ♿ ⚬─ GB ⚙ 🍴 🗄 🛁 ⊛
🛢
À prox. : ✗ 🔭ₘ 🏇 golf

Ce guide n'est pas un répertoire de tous les terrains de camping mais une sélection des meilleurs campings dans chaque catégorie.

MOYAUX

✉ 14590 – 303 O4 – 1 235 h. – alt. 160

Paris 173 – Caen 64 – Deauville 31 – Lisieux 13 – Pont-Audemer 24.

541

⚠ Le Colombier

✆ 02 31 63 63 08, *mail@camping-lecolombier.com*,
Fax 02 31 63 15 97, *www.camping-lecolombier.com*
– **R** conseillée
15 ha/6 campables (180 empl.) plat, herbeux
🚐 1 borne
Pour s'y rendre : NE : 3 km par D 143, rte de Lieurey
À savoir : Piscine dans le jardin à la française du château

Nature : 🦌 💧(verger)
Loisirs : 🍸 ✗ crêperie 🏠 bibliothèque ⚡🏇 🚲 ✗ 🔭ₘ 🏊
Services : ♿ ⚬─ 🗄 🛁 ⊛ 🔋 🛢 ⚒
🛗

ORBEC

✉ 14290 – 303 O5 – G. Normandie Vallée de la Seine – 2 564 h. – alt. 110

🇮 *Office de tourisme, 6, rue Grande* ✆ *02 31 32 56 68, Fax 02 31 32 04 37*

Paris 173 – L'Aigle 38 – Alençon 80 – Argentan 53 – Bernay 18 – Caen 85 – Lisieux 21.

⚠ **Syndacal les Capucins** 24 mai-9 sept.

✆ 02 31 32 76 22, *sivom.14290@wanadoo.fr* – **R** conseillée
1 ha (42 empl.) plat, herbeux
Tarif : 🛊 2,10 € ⇔ 1,20 € 🔲 1,60 € (½) 2 €
Pour s'y rendre : NE : 1,5 km par D 4 rte de Bernay et chemin à gauche, au stade
À savoir : Cadre verdoyant très soigné

Nature : 🦌 💧
Loisirs : 🏠
Services : ⚬─ ⚙ 🛁 ⊛ 🔋 ⚒
À prox. : ✗ 🖼 🏇

PONT-FARCY

✉ 14380 – 303 F6 – 512 h. – alt. 72

Paris 296 – Caen 63 – St-Lô 30 – Villedieu-les-Poêles 22 – Villers-Bocage 36 – Vire 19.

⚠ Municipal

✆ 02 31 68 32 06, *pontfarcy@free.fr*, Fax 02 31 68 32 06
1,5 ha (60 empl.) plat, herbeux
Pour s'y rendre : Sortie Nord par D 21, rte de Tessy-sur-Vire
À savoir : Au bord de la Vire

Loisirs : 🏠 ⚡🏇
Services : ♿ ⚬─ 🗄 ⊛
À prox. : 🚲 ✗ 🔭ₘ canoë, pédalos

PONT-L'ÉVÊQUE

✉ 14130 – ③⓪③ N4 – G. Normandie Vallée de la Seine – 4 133 h. – alt. 12 – Base de loisirs
🛈 *Office de tourisme, 16, rue Saint-Michel* 📞 *02 31 64 12 77, Fax 02 31 64 76 96*
Paris 190 – Caen 49 – Le Havre 43 – Rouen 78 – Trouville-sur-Mer 12.

△ **Le Stade**
📞 02 31 64 15 03 – **R** conseillée
1,7 ha (60 empl.) plat, herbeux
Pour s'y rendre : Sortie Sud-Ouest par N 175 rte de Caen et D 118 à droite rte de Beaumont-en-Auge

Nature : ♀
Loisirs : 🚣
Services : ⊶ 🗑 ⊛
À prox. : ✖ 🐎 golf, canoë

△ **Le Lac** 18 mars- oct.
📞 02 31 65 29 21, *info@normandie-challenge.com,*
Fax 02 31 65 03 46, *www.normandie-challenge.com* – **R**
100 ha/4 campables (280 empl.) plat, herbeux
Tarif : 🔲 21,20 € 🔌 (6A) – pers. suppl. 5,50 €
Pour s'y rendre : SE : 2 km par D 48, route de Coquain-villiers, au plan d'eau, entre lac et rivière

Nature : ♀♀
Loisirs : 🏠 ≋
Services : ⊶ 🗑 ⊛ 🛒 ⌇ 🖥
À prox. : ♈ ✖ 🚣 ✖ ⚓ ♭ poneys jet-ski, karting des mers, canoë, pédalos

PORT-EN-BESSIN

✉ 14520 – ③⓪③ H3 – G. Normandie Cotentin – 2 139 h. – alt. 10
🛈 *Office de tourisme, 40, quai Baron Gérard* 📞 *02 31 22 45 80*

⋀⋀⋀ **Port'Land** avr.-5 nov.
📞 02 31 51 76 76, *campingportland@wanadoo.fr,*
Fax 02 31 51 76 49, *www.camping-portland.com*
– **R** conseillée
8,5 ha (256 empl.) plat, herbeux
Tarif : 🔲 32,30 € – pers. suppl. 7,30 €
Location : 60 🛖
🛒 1 borne 5 €
Pour s'y rendre : O : 1,2 km par D 514, route de Ste-Honorine et chemin à droite au phare - à 600 m de la plage
À savoir : Jolie décoration florale et arbustive autour des différents étangs

Nature : ⋟ ⊏⊐
Loisirs : ♈ ✖ 🏠 ⋔ 🚣 ▨ (découverte en saison) ⟋ terrain omnisports, parcours de santé
Services : ♿ ⊶ 🆖 ⌀ Ⓜ 🗑 ⊛ ⊛ 🛒 ⌇ 🖥 ♨ 🚿
À prox. : ✖ ♭ golf

ST-ARNOULT

✉ 14800 – ③⓪③ M3 – 903 h. – alt. 4
Paris 198 – Caen 43 – Le Havre 41 – Rouen 90 – Sotteville 87.

⋀⋀⋀ **La Vallée** avr.-oct.
📞 02 31 88 58 17, *campinglavalleededeauville@wanadoo.fr,*
Fax 02 31 88 11 57, *campingdeauville.com* – places limitées pour le passage – **R** conseillée
10 ha (440 empl.) plat, herbeux, joli plan d'eau
Tarif : 🔲 29 € 🔌 (10A) – pers. suppl. 7 € – frais de réservation 23 €
Location 🏱 : 50 🛖 (4 à 6 pers.) 350 à 750 €/sem.
🛒 1 borne
Pour s'y rendre : S : 1 km par D 27, rte de Varaville et D 275, rte de Beaumont-en-Auge à gauche, bord d'un ruisseau

Nature : ⊏⊐ ♀
Loisirs : ♈ snack 🏠 ⊛ ⋔ 🚣 ⴵ ▨ ⟋ karting, quad
Services : ♿ ⊶ 🆖 ⌀ 🗑 🖥 ♨ ⌇ ⊛ ☏ 🖥 ⌇ ♨
À prox. : ⊹ ✖ ▨ 🎿 ▨ ♭ 🐎 golf

ST-AUBIN-SUR-MER

✉ 14750 – ③⓪③ J4 – G. Normandie Cotentin – 1 810 h.
🛈 *Office de tourisme, 1, rue Pasteur* 📞 *02 31 97 30 41, Fax 02 31 96 18 92*
Paris 252 – Arromanches-les-Bains 19 – Bayeux 29 – Cabourg 32 – Caen 20.

⋀⋀⋀ **Yellow Village La Côte de Nacre** avr.-16 sept.
📞 02 31 97 14 45, *camping-cote-de-nacre@wanadoo.fr,*
Fax 02 31 97 22 11, *www.camping-cote-de-nacre.com* –
places limitées pour le passage – **R** indispensable
8 ha (440 empl.) plat, herbeux
Tarif : 🔲 38,70 € – pers. suppl. 8 €
Location : 30 🛖 (4 à 6 pers.) 245 à 798 €/sem.
🛒 1 borne
Pour s'y rendre : Au Sud du bourg par D 7b
À savoir : Parc aquatique en partie couvrable

Loisirs : ♈ snack 🏠 ⊛ ⋔ 🚣 🚲 ▨ ⴵ terrain omnisports
Services : ♿ ⊶ 🆖 ⌀ 🎞 🗑 ⊛ 🖥 sèche-linge ⌇ ♨
À prox. : ✖

SURRAIN

✉ 14710 – 303 G4 – 139 h. – alt. 40
Paris 278 – Cherbourg 83 – Rennes 187 – Rouen 167.

▲▲ **La Roseraie** avr.-sept.
     𝒫 02 31 21 17 71, *camping.laroseraie@neuf.fr*,
Fax 02 31 21 17 71 – **R** conseillée
3 ha (66 empl.) plat, peu incliné, incliné, herbeux
Tarif : 🅴 19,60 € – pers. suppl. 5,20 € – frais de réservation 15 €
Location : 2 🛏 (4 à 6 pers.) 330 à 487 €/sem. – 15 🏠 (4 à 6 pers.) 254 à 520 €/sem.
Pour s'y rendre : Sortie Sud par D 208 rte de Mandeville-en-Bessin

> Nature : 🏕 ⚲
> Loisirs : 🛖 ✕ ᵐ ⚊
> Services : 🚿 ⟜ GB ⚇ 📷 ⊕ ⚐ ✇
> 🗑
> À prox. : 🐎 (centre équestre)

THURY-HARCOURT

✉ 14220 – 303 J6 – G. Normandie Cotentin – 1 825 h. – alt. 45 – Base de loisirs
🛈 *Office de tourisme, 2, place Saint-Sauveur* 𝒫 02 31 79 70 45, Fax 02 31 79 15 42
Paris 257 – Caen 28 – Condé-sur-Noireau 20 – Falaise 27 – Flers 32 – St-Lô 68 – Vire 41.

▲ **Le Traspy** avr.-1ᵉʳ oct.
     𝒫 02 31 79 61 80, Fax 02 31 79 61 80 – **R** conseillée
1,5 ha (92 empl.) plat et terrasse, herbeux
Tarif : 🅴 16,50 € 🌢 (10A) – pers. suppl. 4,30 € – frais de réservation 12,20 €
🚐 1 borne 2 €
Pour s'y rendre : À l'Est du bourg par bd du 30-Juin-1944 et chemin à gauche
À savoir : Au bord du Traspy et près d'un plan d'eau

> Nature : ⚲
> Loisirs : 🛖 ⚏ 🏹 spa
> Services : 🚿 ⟜ ⚇ 📷 ⊕ ⚐ ✇ 🗑
> À prox. : 🚲 ✕ 🎣 ⚓ mur d'escalade, parapente, canoë

TRACY-SUR-MER

✉ 14117 – 303 I3 – 240 h. – alt. 60
Paris 267 – Bayeux 10 – Caen 35 – Saint-Lô 45.

▲ **Les Bas Carreaux** 15 avr.-15 sept.
     𝒫 02 31 92 54 33 – **R** indispensable
0,5 ha (22 empl.) plat, herbeux
Tarif : 🅴 14 € – pers. suppl. 3 €
🚐 1 borne 4 €
Pour s'y rendre : E : 0,5 km sur D 514, rte d'Arromanches

> Nature : ≪
> Services : 🚿 ⟜ 📷 🗑 ⊕
> À prox. : ✕ 🎿 🎣 ⚓ 🐎 terrain omnisports

TRÉVIÈRES

✉ 14710 – 303 G4 – 905 h. – alt. 14
🛈 *Office de tourisme, place du Marché* 𝒫 02 31 22 04 60
Paris 283 – Bayeux 19 – Caen 49 – Carentan 31 – St-Lô 32.

▲ **Municipal Sous les Pommiers** Pâques-fin sept.
     𝒫 02 31 92 89 24 – **R**
1,2 ha (73 empl.) plat, herbeux
Tarif : 🅱 2,70 € 🚗 1,10 € 🅴 2,10 € 🌢 2,60 €
Pour s'y rendre : Sortie Nord par D 30, rte de Formigny, près d'un ruisseau
À savoir : Emplacements sous les pommiers

> Nature : 🏕 ⚲
> Loisirs : 🏹
> Services : 🚿 ⚇ 📷 ⊕ ⚐ 🗑
> À prox. : 🎣 🐎 poneys

VILLERS-SUR-MER

✉ 14640 – 303 L4 – G. Normandie Vallée de la Seine – 2 318 h. – alt. 10
🛈 *Office de tourisme, place Jean Mermoz* 𝒫 02 31 87 01 18
Paris 208 – Caen 35 – Deauville 8 – Le Havre 52 – Lisieux 31.

▲▲ **Bellevue** avr.-oct.
     𝒫 02 31 87 05 21, *camping.bellevue@wanadoo.fr*,
Fax 02 31 87 09 67, *www.campingbellevue.com* – places limitées pour le passage – **R** conseillée
5,5 ha (257 empl.) plat et en terrasses, incliné, herbeux
Tarif : 🅴 23,40 € 🌢 (6A) – pers. suppl. 6,20 € – frais de réservation 16 €
Location : 20 🛏 (4 à 6 pers.) 305 à 575 €/sem.
Pour s'y rendre : SO : 2 km par D 513, rte de Cabourg
À savoir : Situation dominante sur la baie de Deauville

> Nature : ≪ 🏕
> Loisirs : 🍷 🛖 🌃 nocturne 🏹 ⚊
> Services : 🚿 ⟜ GB ⚇ 📷 ⊕ ⚐ ✇
> À prox. : 🛒 🚲 ✕ 🎣 🎣 🏊 🐎 golf

543

Le BEC-HELLOUIN

✉ 27800 – 304 E6 – G. Normandie Vallée de la Seine – 406 h. – alt. 101
Paris 153 – Bernay 22 – Évreux 46 – Lisieux 46 – Pont-Audemer 23 – Rouen 41.

Municipal St-Nicolas avr.-sept.
℘ 02 32 44 83 55, Fax 02 32 44 83 55 – **R** conseillée
3 ha (90 empl.) plat, herbeux
Tarif : 🔲 7,55 € – pers. suppl. 2,85 €
Pour s'y rendre : E : 2 km par D 39 et D 581, rte de Malleville-sur-le-Bec et chemin à gauche
À savoir : Cadre fleuri et soigné

Nature : ⟨⟩ ⚲
Loisirs : 🏓 ⚒
Services : ⚅ ⟞ ⚗ ⊞ ⚗ ☺ 🏛
À prox. : 🐎 (centre équestre)

BERNAY

✉ 27300 – 304 D7 – G. Normandie Vallée de la Seine – 11 024 h. – alt. 105
🄳 Syndicat d'initiative, 29, rue Thiers ℘ 02 32 43 32 08, Fax 02 32 45 82 68
Paris 155 – Argentan 69 – Évreux 49 – Le Havre 72 – Louviers 52 – Rouen 60.

Municipal mai-sept.
℘ 02 32 43 30 47, camping@bernay27.fr,
Fax 02 32 43 05 83, www.ville-bernay27.fr – **R** conseillée
1 ha (50 empl.) plat, herbeux
Tarif : (Prix 2005) 🧍 2,75 € 🚗 2,85 € 🔲 4,50 € 🔌 3,20 €
🚐 1 borne 7,40 €
Pour s'y rendre : SO : 2 km par N 138 rte d'Alençon et rue à gauche, accès conseillé par la déviation et ZI Malouve
À savoir : Partie campable verdoyante et soignée

Nature : ⊏⊐ ⚲
Loisirs : 🍴 🏓
Services : ⚅ ⟞ ⚗ ⊞ ⚗ ☺ 🏊 ⚐
À prox. : ⚒ 🎣 🏊

BOUAFLES

✉ 27700 – 304 I6 – 618 h. – alt. 19
Paris 100 – Rouen 44 – Évreux 33 – Argenteuil 82 – Versailles 91.

544

Château de Bouafles fermé 16 déc.-14 janv.
℘ 02 32 54 03 15, Fax 02 32 54 03 15 – places limitées pour le passage – 🌲
9 ha (191 empl.) plat, herbeux, gravier
Tarif : 🔲 15,45 € 🔌 (16A) – pers. suppl. 4,65 €
Pour s'y rendre : Sortie Nord par D 313, bord de la Seine
À savoir : Dans un cadre de verdure soigné et agréable

Nature : ⟨⟩ ⊏⊐ ⚲
Loisirs : 🍴 🍴 🏓 ⚒
Services : ⚅ ⟞ ⚗ ⊞ ⚗ 🏊 ⚐ 🏛
À prox. : 🎣 🏊 ⚆ 🐎 (centre équestre)

BOURG-ACHARD

✉ 27310 – 304 E5 – G. Normandie Vallée de la Seine – 2 517 h. – alt. 124
Paris 141 – Bernay 39 – Évreux 62 – Le Havre 62 – Rouen 30.

Le Clos Normand avr.-sept.
℘ 02 32 56 34 84, Fax 02 32 56 34 84 – **R** conseillée
1,4 ha (85 empl.) plat et peu incliné, herbeux, bois attenant (0,5 ha)
Tarif : 🔲 15,50 € 🔌 (6A) – pers. suppl. 4 €
Pour s'y rendre : Sortie Ouest, rte de Pont-Audemer
À savoir : Cadre verdoyant et fleuri

Nature : ⊏⊐ ⚲
Loisirs : 🍴 🏓 🎠 🏊
Services : ⟞ 🅖🅑 ⚗ ⊞ 🏊 ☺ 🏛 ⚐

FIQUEFLEUR-ÉQUAINVILLE

✉ 27210 – 304 B5 – 563 h. – alt. 17
Paris 189 – Deauville 24 – Honfleur 7 – Lisieux 40 – Rouen 78.

Domaine Catinière 7 avr.-24 sept.
℘ 02 32 57 63 51, info@camping-catiniere.com,
Fax 02 32 42 12 57, www.camping-catiniere.com – **R** indispensable
3,8 ha (82 empl.) plat, herbeux
Tarif : 🔲 22 € 🔌 (13A) – pers. suppl. 5 €
Location : 12 🚚 (4 à 6 pers.) 290 à 640 €/sem.
Pour s'y rendre : 1 km au sud de Fiquefleur par D 22, entre deux ruisseaux

Nature : ⊏⊐ ⚲
Loisirs : 🍴 🍴 🏓 🏊
Services : ⚅ ⟞ 🅖🅑 ⚗ ⊞ 🏊 ☺ 🏊
🏛

Le GROS-THEIL

✉ 27370 – **304** F6 – 827 h. – alt. 145
Paris 136 – Bernay 30 – Elbeuf 16 – Évreux 34 – Pont-Audemer 31.

△△△ **Salverte** Permanent

𝒫 02 32 35 51 34, Fax 02 32 35 92 79, *www.camping-sal verte.com* – places limitées pour le passage – **R** conseillée
17 ha/10 campables (300 empl.) plat, herbeux
Tarif : 🚶 5,50 € 🚗 1,80 € 🔲 1,90 € [⚡] 3 €
Pour s'y rendre : SO : 3 km par D 26, rte de Brionne et chemin à gauche
À savoir : Agréable cadre boisé

Nature : 〜 🏕 ⊙⊙
Loisirs : 🍷 snack 🎱 salle d'anima-tion 🏓 ⁻🎯 🖼 ♂ 🎬 (découverte l'été)
Services : ⚓ 🅶🅱 ⫙ 🗑 ☺ 🚿 🚰 🔳 ♨

LOUVIERS

✉ 27400 – **304** H6 – G. Normandie Vallée de la Seine – 18 328 h. – alt. 15
🛈 *Syndicat d'initiative, 10, rue du Maréchal Foch* 𝒫 *02 32 40 04 41, Fax 02 32 61 28 85*
Paris 104 – Les Andelys 22 – Bernay 52 – Lisieux 75 – Mantes 51 – Rouen 33.

△△△ **Le Bel Air** mars-oct.

𝒫 02 32 40 10 77, *le.belair@wanadoo.fr*, Fax 02 32 40 10 77, *www.lebelair.fr.st* – places limitées pour le passage
– **R** conseillée
2,5 ha (92 empl.) plat, herbeux
Tarif : 🚶 4,20 € 🔲 5,50 € [⚡] (6A) 3,10 €
Location 🐾 : 6 🛖 (4 à 6 pers.) 210 à 390 €/sem.
🚐 1 borne – 3 🔲
Pour s'y rendre : O : 3 km par D 81, rte de la Haye-Malherbe

Nature : 🏕 ⊙⊙
Loisirs : 🏛 🏓 ⤳
Services : ⚓ 🅶🅱 🐎 ⫙ 🗑 ☺ 🔳
À prox. : patinoire ✂ 🖼

LYONS-LA-FORÊT

✉ 27480 – **304** I5 – G. Normandie Vallée de la Seine – 795 h. – alt. 88
🛈 *Syndicat d'initiative, 20, rue de l'Hôtel de Ville* 𝒫 *02 32 49 31 65, Fax 02 32 48 10 60*
Paris 104 – Les Andelys 21 – Forges-les-Eaux 30 – Gisors 30 – Gournay-en-Bray 25 – Rouen 33.

△ **Municipal St-Paul** avr.-oct

𝒫 02 32 49 42 02 – places limitées pour le passage
– **R** conseillée
3 ha (100 empl.) plat, herbeux
Tarif : (Prix 2005) 🔲 15 € [⚡] (6A) – pers. suppl. 2,50 €
Pour s'y rendre : Au Nord-Est du bourg, par D 321, au stade, bord de la Lieure

Nature : 🏕 ♀
Loisirs : 🏛 🏓
Services : ♿ ⚓ ⫙ 🗑 ☺ 🚿 🚰 🔳
À prox. : ✂ ⤳ 🐎 (centre éques-tre)

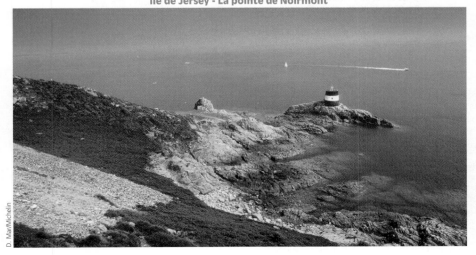

Île de Jersey - La pointe de Noirmont

D. Mar/Michelin

PONT-AUTHOU

✉ 27290 – ③⓪④ E6 – 675 h. – alt. 49
Paris 152 – Bernay 22 – Elbeuf 26 – Évreux 45 – Pont-Audemer 21.

△ **Municipal les Marronniers** Permanent
  𝒫 02 32 42 75 06, Fax 02 32 56 34 51 – places limitées pour
  le passage – **R** conseillée
  2,5 ha (64 empl.) plat, herbeux
  Tarif : (Prix 2005) 🛉 2,30 € ⟵ 1,60 € 🖃 2,30 € (10A) 2,80 €
  Pour s'y rendre : Au Sud du bourg, par D 130 rte de
  Brionne, bord d'un ruisseau

> Services : & ⟿ ⌇ ▥ 🖃 ☺

POSES

✉ 27740 – ③⓪④ H6 – 1 107 h. – alt. 9 – Base de loisirs
Paris 114 – Les Andelys 26 – Évreux 36 – Louviers 14 – Pont-de-l'Arche 8 – Rouen 26.

△ **Les Étangs des 2 Amants** avr.-oct.
  𝒫 02 32 59 11 86, lery.poses@wanadoo.fr,
  Fax 02 32 59 11 86 – places limitées pour le passage
  – **R** conseillée
  4 ha (170 empl.) plat, herbeux
  Tarif : 🖃 12,90 € (10A) – pers. suppl. 3,35 €
  Pour s'y rendre : SE : 1,5 km par rte de St-Pierre-du-Vauvray,
  à la base de plein air et de loisirs, à 250 m d'un plan d'eau
  À savoir : Au bord de la Seine

> Nature : ♀♀
> Loisirs : 🏕
> Services : ⟿ ⅁Ⴆ ☺ ⚲ ⌇ 🖫
> À prox. : 🍸 ✗ snack 🎱 🖼 ⌁ ♨
> canoë, pédalos, golf

ST-GEORGES-DU-VIÈVRE

✉ 27450 – ③⓪④ D6 – 640 h. – alt. 138
🖸 Office de tourisme, route de Lieurey 𝒫 02 32 56 34 29, Fax 02 32 57 52 90
Paris 161 – Bernay 21 – Évreux 54 – Lisieux 36 – Pont-Audemer 15 – Rouen 49.

△ **Municipal du Vièvre** avr.-sept.
  𝒫 02 32 42 76 79, info@saintgeorgesduvievre.org,
  Fax 02 32 42 80 42, http://www.camping-normand.com
  – **R** conseillée
  1,1 ha (50 empl.) plat, herbeux
  Tarif : (Prix 2005) 🖃 9,50 € (5A) – pers. suppl. 2,10 €
  Pour s'y rendre : Sortie Sud-Ouest par D 38 rte de Noards

> Nature : ☙ ⌂
> Loisirs : 🚲
> Services : & ⌇ 🖫 ☺ ⚲ ⌁
> À prox. : 🎱 ⅂

TOUTAINVILLE

✉ 27500 – ③⓪④ C5 – 1 013 h. – alt. 10
Paris 167 – Caen 70 – Évreux 70 – Le Havre 39 – Lisieux 39 – Rouen 56.

⚠ **Municipal Risle-Seine - Les Étangs** 15 mars-15 nov.
  𝒫 02 32 42 46 65, camping@ville-pont-audemer.fr,
  Fax 02 32 42 46 65, www.ville-pont-audemer.fr – **R** conseillée
  2 ha (61 empl.) plat, herbeux
  Tarif : (Prix 2005) 🛉 2,75 € 🖃 7,10 € (10A) 3,40 €
  Pour s'y rendre : E : 2,5 km, par rte des Étangs, à gauche
  sous le pont de l'autoroute, près de la base nautique

> Nature : ⋖ ⌂
> Loisirs : 🏕 ⚡
> Services : & ⟿ ⅁Ⴆ ⌇ 🖫 ☺ ⚲ ⌁
> 🖫
> À prox. : 🎣 ♨

Manche (50)

AGON-COUTAINVILLE

✉ 50230 – ③⓪③ C5 – 2 723 h. – alt. 36
🖸 Office de tourisme, place du 28 Juillet 𝒫 02 33 76 67 30, Fax 02 33 76 67 31
Paris 348 – Barneville-Carteret 48 – Carentan 43 – Cherbourg 80 – Coutances 13 – St-Lô 41.

△ **Municipal le Marais** juil.-août
  𝒫 02 33 47 05 20, martinetmarais@wanadoo.fr,
  Fax 02 33 47 31 95, http://perso.wanadoo.fr/cam
  pings.martinetmarais – **R** conseillée
  2 ha (148 empl.) plat, herbeux
  Tarif : 🛉 3,50 € ⟵ 1,40 € 🖃 3,60 € (6) 2,30 €
  Pour s'y rendre : Sortie Nord-Est, près de l'hippodrome

> Loisirs : ⚡
> Services : & ⟿ ⅁Ⴆ ⌇ 🖫 ☺ 🖫
> À prox. : 🛒 🎱 ⌁ golf, école de voile

⚠ **Municipal le Martinet** avr.-oct.
🖉 02 33 47 05 20, *martinetmarais@wanadoo.fr*,
Fax 02 33 47 31 95, *http://perso.wanadoo.fr/cam
pings.martinetmarais* – **R** conseillée ⚓
1,5 ha (122 empl.) plat, herbeux
Tarif : ⚡ 3,30 € ⚘ 1,40 € 🖼 3,20 € 😳 2,30 €
🚐 1 borne 4,50 €
Pour s'y rendre : Sortie Nord-Est, près de l'hippodrome

Nature : ♀
Loisirs : 🏊
Services : ⚐ ⚐ GB ⚐ ⚐ 🖼 sèche-
linge
À prox. : 🏇 ⚐ 🏇 golf, école de
voile

ANNOVILLE

✉ 50660 – 303 C6 – 547 h. – alt. 28
Paris 348 – Barneville-Carteret 57 – Carentan 48 – Coutances 14 – Granville 20 – St-Lô 42.

⚠ **Municipal les Peupliers** juin-15 sept.
🖉 02 33 47 67 73 – **R**
2 ha (100 empl.) plat, sablonneux, herbeux
Tarif : ⚡ 2,30 € 🖼 2,80 € 😳 2,60 €
Pour s'y rendre : SO : 3 km par D 20 et chemin à droite, à
500 m de la plage

Nature : 🌿
Loisirs : 🏊 🏇
Services : ⚐ ⚐ 🖼 ⚐ 🖼 ⚐

Ne pas confondre :
⚠ ... à ... ⚠⚠⚠ : *appréciation* **MICHELIN**
et
★ ... à ... ★★★★ : *classement officiel*

BARNEVILLE-CARTERET

✉ 50270 – 303 B3 – G. Normandie Cotentin – 2 429 h. – alt. 47
🛈 *Office de tourisme, 10, rue des Ecoles* 🖉 02 33 04 90 58, Fax 02 33 04 93 24
Paris 356 – Caen 123 – Carentan 43 – Cherbourg 39 – Coutances 47 – St-Lô 62.

⚠ **Les Bosquets** saison
🖉 02 33 04 73 62, Fax 02 33 04 35 82 – **R** conseillée
10 ha/6 campables (331 empl.) plat et accidenté,
sablonneux, herbeux
Tarif : ⚡ 5,50 € 🖼 5,50 € 😳 (10A) 3,50 €
Location : 20 🛖 (4 à 6 pers.) 250 à 480 €/sem.
Pour s'y rendre : SO : 2,5 km par rte de Barneville-Plage et
rue à gauche, à 450 m de la plage
À savoir : Dans les dunes boisées de pins, environnement
sauvage

Nature : 🌿 🏕 ♀
Loisirs : 🍴 🏠 🏊 🏊
Services : ⚐ GB ⚐ 🖼 ⚐ 🖼 sèche-
linge
À prox. : ⚐ 🏊 🏇 parapente, golf,
char à voile

BARNEVILLE-CARTERET

⚠ **La Gerfleur** avr.-oct.
📞 02 33 04 38 41, *alabouriau@aol.com*, Fax 02 33 04 38 41,
www.camping-la-gerfleur.com – **R** conseillée
2,3 ha (94 empl.) plat, peu incliné, herbeux
Tarif : 目 20 € – pers. suppl. 5 €
Location 🛇 : 11 ⟦⟧ (4 à 6 pers.) 300 à 515 €/sem.
Pour s'y rendre : O : 0,8 km par D 903E rte de Carteret
À savoir : En bordure d'un petit étang

Nature : 🗒 ♀
Loisirs : 🍸 🛖 🚣 ⤢ ⤡
Services : ♿ ⚬ᅳ ⅁⅀ ⅏ 🗗 ⊕ 🖽
À prox. : 🐎 ✕ 🖾 🏊 ♨ ⬧ 🐎 (centre équestre) golf

BAUBIGNY

✉ 50270 – ③⓪③ B3 – 166 h. – alt. 30
Paris 361 – Barneville-Carteret 9 – Cherbourg 33 – Valognes 28 – Laval 202.

⚠ **Bel Sito** 15 avr.-15 sept.
📞 02 33 04 32 74, *camping@bel-sito.com*,
Fax 02 33 04 32 74, *www.bel-sito.com* – **R**
6 ha/4 campables (85 empl.) incliné à peu incliné, plat,
sablonneux, herbeux, dunes
Tarif : ⚹ 5,50 € 目 9 € 🔌 (6A) 3,50 €
Location (15 avr.-oct.) : 7 ⟦⟧ (4 à 6 pers.) 295 à
650 €/sem.
Pour s'y rendre : Au Nord du bourg
À savoir : Site sauvage dans les dunes

Nature : 🗻 ≤
Loisirs : 🛖 🚣
Services : ♿ ⚬ᅳ (juil.-août) ⅏ 🗗 ♨
⊕ 🖽 sèche-linge

BEAUVOIR

✉ 50170 – ③⓪③ C8 – G. Normandie Cotentin – 427 h.
Paris 358 – Caen 125 – Saint 81 – Rennes 63 – Saint 56.

⚠ **Aux Pommiers** 20 mars-13 nov.
📞 02 33 60 11 36, *pommiers@aol.com*, Fax 02 33 60 11 36,
www.camping-auxpommiers.com – **R** conseillée
1,75 ha (107 empl.) plat, herbeux
Tarif : ⚹ 4,20 € 目 5,20 € 🔌 (6A) 3 €
Location : 6 ⟦⟧ (4 à 6 pers.) 275 à 545 €/sem. – 5 ⟦⟧ (4
à 6 pers.) 290 à 520 €/sem. – 5 bungalows toilés
Pour s'y rendre : Au bourg, par D 976

Nature : ♀
Loisirs : 🍸 snack 🚣 ⤢ ⤡ 🐎 (centre équestre)
Services : ⚬ᅳ ⅁⅀ ⅏ 🗗 ⊕ 🖽
À prox. : 🚲 ✕ 🖾 ⸚

548

BIARDS

✉ 50540 – ③⓪③ E8 – alt. 495 – Base de loisirs
Paris 358 – Alençon 108 – Avranches 22 – Caen 126 – Fougères 32 – Laval 74 – St-Lô 79.

⚠ **La Mazure** mai-sept.
📞 02 33 89 19 50, *contact@lamazure.com*,
Fax 02 33 89 19 55, *www.lamazure.com* – **R** conseillée
3,5 ha/0,4 campable (28 empl.) plat, terrasse, herbeux
Tarif : ⚹ 3 € 目 5 € 🔌 2,50 €
Location (permanent) : 16 ⟦⟧ (4 à 6 pers.) 250 à
380 €/sem. – gîtes, gîte d'étape
Pour s'y rendre : SO : 2,3 km par D 85E, à la base de loisirs,
en bordure du lac de Vezins

Nature : 🗻 🗒
Loisirs : 🍸 🛖 🎯 🚣 🚲 ⸚ ✕ ⬧
🐎
Services : ♿ ⚬ᅳ ⅏ 🗗 ⊕ ⸚ ⬦ 🖽
⸚

BRÉCEY

✉ 50370 – ③⓪③ F7 – 2 113 h. – alt. 75
🛈 *Syndicat d'initiative, place de l'Hôtel de Ville* 📞 *02 33 89 21 13*
Paris 328 – Avranches 17 – Granville 42 – St-Hilaire-du-Harcouët 20 – St-Lô 49 – Villedieu-les-Poêles 16 – Vire 29.

⚠ **Municipal le Pont Roulland** juin-sept.
📞 02 33 48 60 60, *mairie-brecey@wanadoo.fr*,
Fax 02 33 89 21 09 – **R**
1 ha (50 empl.) plat et peu incliné, herbeux
Tarif : (Prix 2005) ⚹ 2,35 € 目 2,20 € 🔌 2 €
Pour s'y rendre : E : 1,1 km par D 911 rte de Cuves
À savoir : Cadre champêtre près d'un plan d'eau

Nature : 🗻 ♀
Loisirs : 🛖 🚣 ⤢ ⤡
Services : ⚬ᅳ ⅏ 🗗 ⊕ 🖽
À prox. : ✕ 🐎 canoë, pédalos

BRÉHAL

✉ 50290 – 303 C6 – 2 599 h. – alt. 69

🄸 *Office de tourisme, rue du Général-de-Gaulle* ℰ *02 33 90 07 95, Fax 02 33 50 51 98*

 La Vanlée mai-sept.

ℰ 02 33 61 63 80, *camping.vanlee@wanadoo.fr,*
Fax 02 33 61 87 18 – **R** conseillée
11 ha (480 empl.) plat, vallonné, sablonneux, herbeux
Tarif : (Prix 2005) 🄴 15,80 € 🄶 (6A) – pers. suppl. 3,90 €
🄿🄿, 1 borne 5 €
Pour s'y rendre : O : 5,6 km par D 592, route de St-Martin-de-Bréhal, plage des Salines
À savoir : Cadre agréable dans un site sauvage en bordure de mer

Nature : 🅂 �’
Loisirs : brasserie, pizzeria 🄳 🅂
Services : 🅶 ⚬ GB 🄲 🅵 🅂 🅰 🄰
sèche-linge 🄿 🄰
À prox. : golf

BRÉVILLE-SUR-MER

✉ 50290 – 303 K4 – 611 h. – alt. 70

Paris 341 – Caen 108 – Saint 50 – Saint 95 – Fougères 74.

 La Route Blanche avr.-oct.

ℰ 02 33 50 23 31, *larouteblanche@camping-breville.com,*
Fax 02 33 50 26 47, *www.camping-breville.com* – **R** indispensable
4,5 ha (273 empl.) plat, herbeux, sablonneux
Tarif : 🆊 4,50 € 🚐 2 € 🄴 13 € 🄶 3,60 €
Location 🆊 : 16 🄸 (4 à 6 pers.) 300 à 680 €/sem.
Pour s'y rendre : NO : 1 km par rte de la plage, près du golf

Loisirs : 🄰🄰 terrain omnisports
Services : ⚬ GB 🄲 🅵 🅰 🄰
À prox. : 🆊 🅂 (découverte en saison) 🄰 🐎 parcours sportif, golf, piste de roller

Benutzen Sie
– zur Wahl der Fahrtroute
– zur Berechnung der Entfernungen
– zur exakten Lokalisierung eines Campingplatzes (mit Hilfe der Angaben im Ortstext)
*die für diesen Führer unentbehrlichen **MICHELIN-Karten** im Ma1 : 150 000.*

CARENTAN

✉ 50500 – 303 E4 – G. Normandie Cotentin – 6 340 h. – alt. 18

🄸 *Office de tourisme, boulevard de Verdun* ℰ *02 33 71 23 50, Fax 02 33 42 74 01*

Paris 308 – Avranches 89 – Caen 74 – Cherbourg 52 – Coutances 36 – St-Lô 29.

 Le Haut Dick 15 janv.-oct.

ℰ 02 33 42 16 89, *lehautdick@aol.com,* Fax 02 33 42 16 89,
www.camping-municipal.com – **R** conseillée
2,5 ha (120 empl.) plat, herbeux, vallonné, sablonneux
Tarif : 🆊 2,50 € 🚐 1,20 € 🄴 3,20 € 🄶 3,20 €
Location (15 avr.-15 sept.) : 7 🄸 (4 à 6 pers.) 260 à 350 €/sem.
🄿🄿, 1 borne
Pour s'y rendre : Au bord du canal, près de la piscine
À savoir : Agréable cadre verdoyant

Nature : 🅂 🄿 🄰
Loisirs : 🄳 🄰🄰 ₘ
Services : 🅶 ⚬ 🄲 🅵 🄰
À prox. : 🆊 🄿 🅂 🄰 🐎 canoë

CARTERET

✉ 50270 – 303 B3 – G. Normandie Cotentin

🄸 *Office de tourisme, place des Flandres-Dunkerque* ℰ *02 33 04 94 54*

Paris 357 – Caen 124 – Saint 67 – Cherbourg 38 – Équeurdreville 43.

Schéma à Barneville-Carteret

 Le Bocage avr.-sept.

ℰ 02 33 53 86 91, Fax 02 33 04 35 98 – **R** conseillée
4 ha (200 empl.) plat, herbeux
Tarif : 🆊 5,50 € 🄴 8 € 🄶 (3A) 2,10 €
Pour s'y rendre : Par rue face à la mairie

Nature : 🄿 🄰
Loisirs : 🄳 🄰🄰
Services : ⚬ (mai-sept.) GB 🄲 🅵 🄰 🄰 🄰 sèche-linge
À prox. : 🆊 ₘ 🄿 🐎 parapente, char à voile

COURTILS

✉ 50220 – ▨▨▨ D8 – 257 h. – alt. 35
Paris 349 – Avranches 13 – Fougères 43 – Pontorson 15 – St-Hilaire-du-Harcouët 26 – St-Lô 70.

⚠ **St-Michel** 15 mars-15 oct.
     ℘ 02 33 70 96 90, *infos@campingsaintmichel.com*,
     Fax 02 33 70 99 09, *www.campingsaintmichel.com*
     – **R** conseillée
     2,5 ha (100 empl.) plat et peu incliné, herbeux
     Tarif : 🔲 17,40 € – pers. suppl. 5,15 €
     Location : 25 ⛺ (4 à 6 pers.) 252 à 590 €/sem.
     🚐 1 borne 4,50 € – 10 🔲
     Pour s'y rendre : Sortie Ouest par D 43, rte du Mont-St-Michel
     À savoir : Agréable petit parc animalier dans un cadre champêtre

Nature : 🔲 ⚲
Loisirs : pizzeria 🔲 🏕 🚲 ⛵ parc animalier
Services : 🔌 GB 🐕 ▥ 🔲 🚿 ♿ 🔲 sèche-linge 🔲
À prox. : ✂ 🐎

DENNEVILLE

✉ 50580 – ▨▨▨ C4 – 478 h. – alt. 5
🛈 *Syndicat d'initiative, 4, rue de la Mer* ℘ 02 33 07 58 58
Paris 347 – Barneville-Carteret 12 – Carentan 34 – St-Lô 53.

⚠ **L'Espérance** avr.-sept.
     ℘ 02 33 07 12 71, *camping.esperance@wanadoo.fr*,
     Fax 02 33 07 58 32, *www.camping-esperance.fr* – places limitées pour le passage – **R** conseillée
     3 ha (104 empl.) plat, herbeux, sablonneux
     Tarif : 🔲 22,90 € 🔌 (6A) – pers. suppl. 5,20 €
     Location : 10 ⛺ (4 à 6 pers.) 300 à 600 €/sem.
     Pour s'y rendre : O : 3,5 km par D 137, à 500 m de la plage
     À savoir : Décoration arbustive

Nature : 🔲 ⚲
Loisirs : 🍹 🏕 🔲 🔲
Services : 🔌 GB 🐕 🔲 ♿ 🔲 sèche-linge
À prox. : ✂

DONVILLE-LES-BAINS

✉ 50350 – ▨▨▨ C6 – 3 351 h. – alt. 40
🛈 *Office de tourisme, 95 ter, route de Coutances* ℘ 02 33 50 12 91
Paris 341 – Caen 107 – Saint 53 – Saint 93 – Fougères 72.

⚠ **L'Ermitage** 15 avr.-15 oct.
     ℘ 02 33 50 09 01, *camping-ermitage@wanadoo.fr*,
     Fax 02 33 50 88 19, *www.camping-ermitage.com*
     – **R** conseillée
     5,5 ha (350 empl.) plat et peu incliné, herbeux, sablonneux
     Tarif : (Prix 2005) 🚶 3,85 € 🚗 1,40 € 🔲 3,45 €
     🔌 (10A) 2,65 €
     🚐 1 borne
     Pour s'y rendre : N : 1 km par rue du Champ de Courses
     À savoir : Près d'une belle plage de sable fin

Loisirs : 🔲 🔲 🏃 🏕
Services : ♿ 🔌 🔲 🚿 ♿ 🔲 🔲 🔲
sèche-linge
À prox. : 🔲 🍹 ✗ snack 🔲 🐎 🔲 (découverte en saison) 🔲 🐎 bowling, parcours sportif, golf, piste de roller

DUCEY

✉ 50220 – ▨▨▨ E8 – G. Normandie Cotentin – 2 174 h. – alt. 15
🛈 *Office de tourisme, 4, rue du Génie* ℘ 02 33 60 21 53, Fax 02 33 60 54 07
Paris 348 – Avranches 11 – Fougères 41 – Rennes 80 – St-Hilaire-du-Harcouët 16 – St-Lô 68.

⚠ **Municipal la Sélune** avr.-sept.
     ℘ 02 33 48 46 49, Fax 02 33 48 87 59 – **R** conseillée
     0,42 ha (40 empl.) plat, herbeux
     Tarif : 🚶 2,52 € 🔲 1,91 € 🔌 1,61 €
     Pour s'y rendre : Sortie Ouest par N 176 et D 178, rte de St-Aubin-de-Terregatte à gauche, au stade
     À savoir : Emplacements bien délimités par des haies de thuyats

Nature : 🔲
Services : ♿ 🐕 🔲 ♿
À prox. : ✂ 🔲 🔲

GENÊTS

✉ 50530 – 𝟛𝟘𝟛 D7 – G. Normandie Cotentin – 439 h. – alt. 2
Paris 345 – Avranches 11 – Granville 24 – Le Mont-St-Michel 33 – St-Lô 66 – Villedieu-les-Poêles 33.

⚠ **Les Coques d'Or** avr.-sept.
     ℰ 02 33 70 82 57, *information@campinglescoques
dor.com*, Fax 02 33 70 86 83, *www.campinglescoques
dor.com* – **R** indispensable
4,7 ha (225 empl.) plat, herbeux
Tarif : 🖬 18,30 € [½] (10A) – pers. suppl. 5,10 € – frais de
réservation 9,30 €
Location : 7 🚐
Pour s'y rendre : NO : 0,7 km par D 35E1 rte du Bec
d'Andaine

> Nature : 🐟 ⌂ ♀
> Loisirs : ♈ 🏓 ⛷
> Services : ⅋ ⚡ GB ♺ 🗄 ⌂ ⊕ 📷
> sèche-linge
> À prox. : ♞ sentiers pédestre, VTT et
> équestre

GRANVILLE

✉ 50400 – 𝟛𝟘𝟛 C6 – G. Normandie Cotentin – 12 687 h. – alt. 10
🛈 *Office de tourisme, 4, cours Jonville ℰ 02 33 91 30 03, Fax 02 33 91 30 03*
Paris 342 – Avranches 27 – Caen 109 – Cherbourg 105 – Coutances 29 – St-Lô 57 – St-Malo 93 – Vire 56.

⛰ **Lez-Eaux** avr.-29 sept.
     ℰ 02 33 51 66 09, *lez-eaux@wanadoo.fr*,
Fax 02 33 51 92 02, *www.lez-eaux.com* – **R** conseillée
12 ha/8 campables (229 empl.) plat et peu incliné, herbeux
Tarif : 🖬 41 € [½] (5A) – pers. suppl. 8,50 €
Location : 37 🏠 (4 à 6 pers.) 280 à 990 €/sem.
🚐 1 borne 5 €
Pour s'y rendre : SE : 7 km par D 973, rte d'Avranches
À savoir : Dans le parc du château, bel ensemble aquatique

> Nature : 🐟 ♀
> Loisirs : ♈ 🏠 ♺ 🏓 🚲 ✂ ⛷ ⚲
> Services : ⅋ ⚡ GB ♺ 🗄 ⊕ ⌂ ⚱
> ⚒ 📷 sèche-linge ⚒ ⚒
> À prox. : ♞ 🎣 ♨ ♞

⚠ **La Vague** mai-sept.
     ℰ 02 33 50 29 97 – **R** conseillée ✗
2 ha (145 empl.) plat, herbeux, sablonneux
Tarif : (Prix 2005) ✚ 6,30 € 🖬 6,50 € [½] (4A) 4 €
🚐 1 borne
Pour s'y rendre : SE : 2,5 km par D 911, rte de St-Pair et
D 572 à gauche, quartier St-Nicolas, à 150 m de la plage
À savoir : Cadre verdoyant, plaisant et soigné

> Nature : ⌂ ♀
> Loisirs : 🏠 ♞
> Services : ⅋ ⚡ ♺ 🗄 ⊕ 📷
> À prox. : 🎿 (découverte en saison)
> ♨ ♞

551

> *Pour choisir et suivre un itinéraire*
> *Pour calculer un kilométrage*
> *Pour situer exactement un terrain (en fonction des*
> *indications fournies dans le texte) :*
> *Utilisez les **cartes MICHELIN** détaillées à 1/150 000,*
> *compléments indispensables de cet ouvrage.*

JULLOUVILLE

✉ 50610 – 𝟛𝟘𝟛 C7 – G. Normandie Cotentin – 1 506 h. – alt. 60
🛈 *Office de tourisme, place de la Gare ℰ 02 33 61 82 48, Fax 02 33 61 52 99*
Paris 346 – Avranches 24 – Granville 9 – St-Lô 63 – St-Malo 90.

⚠ **La Chaussée** 8 avr.-17 sept.
     ℰ 02 33 61 80 18, *jmb@camping-lachaussee.com*,
Fax 02 33 61 45 26, *www.camping-lachaussee.com*
– **R** conseillée
6 ha/4,7 campables (265 empl.) plat, peu incliné,
sablonneux, herbeux
Tarif : (Prix 2005) 🖬 28 € [½] (16A) – pers. suppl. 5 €
Location : 10 🚐 (4 à 6 pers.) 340 à 665 €/sem.
🚐 1 borne 3 €
Pour s'y rendre : Sortie Nord rte de Granville, à 150 m de la
plage
À savoir : Cadre plaisant agrémenté d'une petite pinède

> Nature : ♀
> Loisirs : 🏠 🏓 ♨ ⛷
> Services : ⚡ GB ♺ 🗄 ⊕ 📷
> À prox. : ✂ ♞ ♞

JULLOUVILLE

MAUPERTUS-SUR-MER

⊠ 50330 – **303** D2 – 270 h. – alt. 119
Paris 359 – Barfleur 21 – Cherbourg 13 – St-Lô 80 – Valognes 22.

▲▲▲ **L'Anse du Brick** avr.-sept.
 ℰ 02 33 54 33 57, *welcome@anse-du-brick.com*,
Fax 02 33 54 49 66, *www.anse-du-brick.com* – **R** conseillée
17 ha/7 campables (180 empl.) accidenté et en terrasses,
pierreux, herbeux, bois attenant
Tarif : ♣ 6 € 国 14,40 € [½] (10A) 4 €
Location (permanent) : 33 ⟦⟧⟧ (4 à 6 pers.) 278 à
700 €/sem. – 4 ☖ (4 à 6 pers.) 364 à 821 €/sem.
⟦⟧, 1 borne 6,50 €
Pour s'y rendre : NO : sur D 116, à 200 m de la plage, accès
direct par passerelle
À savoir : Agréable cadre verdoyant et ombragé dans un
site sauvage

> Nature : ⟧ ← ⟧ 𝟿𝟿
> Loisirs : ♟ pizzeria ⟦⟧ 🖥 🏊 🚲 🔸
> ✂ 🏊 🏄
> Services : ⅙ ⌐ 🖭 🗜 🖥 🛏 ☺ 🖼
> sèche-linge ⟧,
> À prox. : ✗ 🖾 🔲 centre nautique

Le MONT-ST-MICHEL

⊠ 50170 – **303** C8 – G. Normandie Cotentin - Bretagne – 46 h. – alt. 10
🖪 *Office de tourisme, boulevard Avancée* ℰ 02 33 60 14 30, Fax 02 33 60 06 75
Paris 359 – Alençon 135 – Avranches 23 – Fougères 45 – Rennes 68 – St-Lô 80 – St-Malo 55.

▲▲▲ **Le Mont-St-Michel** 15 fév.-11 nov.
 ℰ 02 33 60 22 10, *contact@camping-montsaintmi
chel.com*, Fax 02 33 60 20 02, *www.le-mont-saint-mi
chel.com* – **ℝ**
4 ha (350 empl.) plat, herbeux
Tarif : 国 16,90 € [½] (5A) – pers. suppl. 4 €
Location : ☖ (4 à 6 pers.) 238 à 357 €/sem. – ⊨ – (hôtel)
⟦⟧, 1 borne 2,60 € – 10 国 8 €
Pour s'y rendre : SE : 2,4 km intersection de la D 976, rte
du Mont-St-Michel et D 275, rte de Ducey
À savoir : Cadre verdoyant et ombragé

> Nature : ⟧ 𝟿𝟿
> Loisirs : ♟ ✗ cafétéria ⟦⟧ 🚲 🔸
> Services : ⅙ ⌐ 🖭 🗜 🖥 🛏 ☺ 🖼
> sèche-linge ⟧,
> À prox. : ✗ 🖾 🐎 (centre éques-
> tre)

552

OMONVILLE-LA-ROGUE

✉ 50440 – 303 A1 – 520 h. – alt. 25

△ **Municipal du Hable** avr.-sept.
℘ 02 33 52 86 15, Fax 02 33 01 86 01 – **R** conseillée
1 ha (60 empl.) plat, gravillons, herbeux
Tarif : 🔲 12,50 € – pers. suppl. 2,30 €
Location : 10 gîtes
🚐 1 borne 3 €
Pour s'y rendre : Au bourg, accès au port par chemin
piétonnier

Nature : 🏞
Services : ⊖B ⚿ 🔋 ⊕ 🖼 sèche-
linge
À prox. : 🍴 🎣

Les PIEUX

✉ 50340 – 303 B2 – 3 477 h. – alt. 104
🚩 *Office de tourisme, 31, route de Flamanville* ℘ *02 33 52 81 60*
Paris 366 – Barneville-Carteret 18 – Cherbourg 22 – St-Lô 48 – Valognes 30.

▲▲▲ **Le Grand Large** 8 avr.-17 sept.
℘ 02 33 52 40 75, *le-grand-large@wanadoo.fr*,
Fax 02 33 52 58 20, *legrandlarge.com* – **R** conseillée
3,7 ha (220 empl.) plat et peu incliné, sablonneux, herbeux
Tarif : 🔲 32 € 🔌 (6A) – pers. suppl. 6 €
Location : 39 🛖 (4 à 6 pers.) 250 à 790 €/sem.
🚐 1 borne 8 €
Pour s'y rendre : SO : 3 km par D 117 et D 517 à droite puis
1 km par chemin à gauche
À savoir : Agréable situation dans les dunes au bord de la
plage de Sciottot

Nature : 🏞 ⬇ 🏕 🔺
Loisirs : snack 🛖 🏊 🎣 🏊
Services : ⚿ ⚒ ⊖B ⚿ 🔋 ⊕ ⊕ 🖼
sèche-linge

Donnez-nous votre avis sur les terrains que nous recommandons.
Faites-nous connaître vos observations et vos découvertes.

553

PONTORSON

✉ 50170 – 303 C8 – G. Normandie Cotentin – 4 107 h. – alt. 15
🚩 *Office de tourisme, place de l'Hôtel de Ville* ℘ *02 33 60 20 65, Fax 02 33 60 85 67*
Paris 359 – Avranches 23 – Dinan 50 – Fougères 39 – Rennes 59 – St-Malo 47.

▲▲▲ **Haliotis** avr.-5 nov.
℘ 02 33 68 11 59, Fax 02 33 58 95 36, *www.camping-halio
tis-mont-saint-michel.com* – **R** conseillée
6 ha/3,5 campables (154 empl.) plat, herbeux
Tarif : 🔲 18,40 € 🔌 (6A) – pers. suppl. 5 €
Location : 20 🛖 (4 à 6 pers.) 280 à 560 €/sem. – 4 🏠
(4 à 6 pers.) 280 à 560 €/sem.
🚐 1 borne 3 €
Pour s'y rendre : NO : par D 19, rte de Dol-de-Bretagne,
près du Couesnon

Nature : ⬇ 🏕
Loisirs : 🍴 🛖 🏃 ⛷ jacuzzi 🏊
🚲 🎣 🏊 parcours de santé
Services : ⚿ ⚒ ⊖B ⚿ 🏧 🔋 🛁 🔧
⊕ 🛒 🖼 sèche-linge
À prox. : 🎰 🦜 🐴 (centre équestre)

RAVENOVILLE

✉ 50480 – 303 E3 – 252 h. – alt. 6
Paris 328 – Barfleur 27 – Carentan 21 – Cherbourg 40 – St-Lô 49 – Valognes 19.

▲▲▲ **Le Cormoran** avr.-24 sept.
℘ 02 33 41 33 94, *lecormoran@wanadoo.fr*,
Fax 02 33 95 16 08, *www.lecormoran.com* – places limitées
pour le passage – **R** conseillée
6,5 ha (256 empl.) plat, herbeux, sablonneux
Tarif : 🔲 28,80 € 🔌 (6A) – pers. suppl. 7 €
Location 🏊 : 40 🛖 (4 à 6 pers.) 280 à 760 €/sem.
🚐 1 borne 2 € – 32 🔲 14 €
Pour s'y rendre : NE : 3,5 km par D 421, rte d'Utah Beach,
près de la plage
À savoir : Belle décoration florale et arbustive

Nature : 🏕
Loisirs : 🍴 snack, pizzeria 🛖 🎦
🏊 🚲 🛁 🎣 🏊 terrain omnis-
ports
Services : ⚿ ⚒ ⊖B ⚿ 🔋 🛁 ⊕ 🛒
🛒 sèche-linge 🏊 🛁
À prox. : 🐴

Le ROZEL

✉ 50340 – ▨▨▨ B3 – 261 h. – alt. 21
Paris 369 – Caen 135 – Cherbourg 26 – Rennes 197.

△△ **Le Ranch** avr.-oct.
     ✆ 02 33 10 07 10, *contact@camping.leranch.com*,
Fax 02 33 10 07 11, *www.camping-leranch.com* – **R** indispensable
4 ha (130 empl.) plat, terrasse, vallonné, sablonneux, herbeux
Tarif : ✦ 5 € ▣ 11 € ⚡ 3,80 €
Location : 13 ⛺ (4 à 6 pers.) 250 à 570 €/sem.
Pour s'y rendre : SO : 2 km par D 117 et D 62 à droite
À savoir : En bordure de plage

Nature : ⬨ ⛰
Loisirs : ▼ ✗ 🏠 🚣 🎣 🎱 🏊
Services : ♿ ⚫ (juil.-août) GB 🐕
▥ ⚙ ☺ 🚿 sèche-linge
À prox. : ◗ 🐴 poneys , char à voile

ST-GEORGES-DE-LA-RIVIÈRE

✉ 50270 – ▨▨▨ B3 – 212 h. – alt. 20
Paris 350 – Caen 118 – Saint 62 – Cherbourg 41 – Équeurdreville 46.
Schéma à Barneville-Carteret

△ **Les Dunes** avr.-oct.
     ✆ 02 33 52 03 84, Fax 02 33 52 03 84 – places limitées pour
le passage – **R** conseillée
1 ha (101 empl.) plat, sablonneux, herbeux
Tarif : ✦ 4,80 € ▣ 5,80 € ⚡ 4,20 €
Location : 4 ⛺ (4 à 6 pers.) 275 à 510 €/sem.
Pour s'y rendre : SO : 2 km par D 132, à 200 m de la plage
À savoir : Dans les dunes, environnement sauvage

Nature : ⬨ ⛱
Loisirs : 🏠
Services : ♿ ⚫ GB 🐕 ▥ ☺ 🏊 🚿
À prox. : ✗ ◗ 🐴 parapente, golf, char à voile

Benutzen Sie
– zur Wahl der Fahrtroute
– zur Berechnung der Entfernungen
– zur exakten Lokalisierung eines Campingplatzes (mit Hilfe der Angaben im Ortstext)
die für diesen Führer unentbehrlichen **MICHELIN-Karten** *im Ma1 : 150 000.*

ST-GERMAIN-SUR-AY

✉ 50430 – ▨▨▨ C4 – 797 h. – alt. 5
🛈 *Syndicat d'initiative, 1, rue du Renard* ✆ 02 33 07 02 75
Paris 345 – Barneville-Carteret 26 – Carentan 35 – Coutances 27 – St-Lô 42.

△△ **Aux Grands Espaces** mai-15 sept.
     ✆ 02 33 07 10 14, Fax 02 33 07 22 59, *www.auxgrandsespa
ces.com* – places limitées pour le passage – **R** conseillée
13 ha (580 empl.) plat et accidenté, sablonneux, herbeux
Tarif : ▣ 19,60 € – pers. suppl. 4,80 €
Location 🏠 : 20 ⛺ (4 à 6 pers.) 275 à 560 €/sem. – 10
bungalows toilés
Pour s'y rendre : O : 4 km par D 306, à St-Germain-Plage

Nature : ⬨ ⛱ ⚘
Loisirs : ▼ 🏠 🚣 ✗ 🎱 🏊
Services : ⚫ GB 🐕 ▥ ☺ ▣ 🏊
🚿
À prox. : 🚲 🐴 sentier pédestre, char à voile

ST-HILAIRE-DU-HARCOUËT

✉ 50600 – ▨▨▨ F8 – G. Normandie Cotentin – 4 368 h. – alt. 70
🛈 *Office de tourisme, avenue du Maréchal Leclerc* ✆ 02 33 79 38 88, Fax 02 33 79 38 89
Paris 339 – Alençon 100 – Avranches 27 – Caen 102 – Fougères 29 – Laval 66 – St-Lô 69.

△△ **Municipal de la Sélune** avr.-15 sept.
     ✆ 02 33 49 43 74, *info@st-hilaire.fr*, Fax 02 33 79 38 71,
www.st-hilaire.fr – **R** conseillée
1,9 ha (90 empl.) plat, herbeux
Tarif : ✦ 2,25 € ⛟ 1 € ▣ 2,35 € ⚡ 1,85 €
⛺ 1 borne 2 € – 7 ▣ 3,50 €
Pour s'y rendre : NO : 0,7 km par N 176 rte d'Avranches et
à droite, près de la rivière

Loisirs : 🏠 🚣
Services : ♿ ⚫ 🐕 ▥ ☺ ▣
À prox. : ✗ 🎱 🎿

ST-JEAN-DE-LA-RIVIÈRE

✉ 50270 – 303 B3 – 279 h. – alt. 20
Paris 351 – Caen 119 – Saint 63 – Cherbourg 40 – Équeurdreville 45.

Schéma à Barneville-Carteret

Les Vikings 15 mars-15 nov.
 📞 02 33 53 84 13, *campingviking@aol.com*,
 Fax 02 33 53 08 19, *campingviking.com* – places limitées
 pour le passage – **R** conseillée
 6 ha (250 empl.) plat, herbeux, sablonneux
 Tarif : ♣ 6,20 € 🔲 7,20 € (4A) 3,63 €
 Location (permanent) 🛖 (juil.-août) : 🚐 (4 à 6 pers.)
 284 à 567 €/sem.
 Pour s'y rendre : Par D 166 et chemin à droite
 À savoir : Entrée agrémentée de fleurs et petits palmiers

> Nature : 🌿 🏞
> Loisirs : 🍹 ✗ 🛖 🎣 salle d'ani-
> mation
> Services : ⚡ 🏧 🚿 🍴 ⚓ 🗑
> À prox. : 🎯 🐎 parapente, golf,
> char à voile

Si vous désirez réserver un emplacement pour vos vacances,
faites-vous préciser au préalable les conditions particulières de séjour,
les modalités de réservation, les tarifs en vigueur et les conditions de paiement.

ST-MARTIN-D'AUBIGNY

✉ 50190 – 303 D5 – 471 h. – alt. 50
Paris 331 – Carentan 23 – Coutances 18 – Lessay 16 – St-Lô 23.

Aire Naturelle Municipale 15 avr.-15 oct.
 📞 02 33 07 73 92, *mairie-st-martin-daubigny@wanadoo.fr*,
 Fax 02 33 07 02 53 – **R** conseillée
 0,4 ha (15 empl.) non clos, plat, herbeux
 Tarif : ♣ 1,80 € 🚐 1,50 € 🔲 1,50 € 2 €
 Pour s'y rendre : Au bourg, derrière l'église

> Nature : 🌿
> Loisirs : 🎯
> Services : 🚿 ⚓

ST-PAIR-SUR-MER

✉ 50380 – 303 C7 – G. Normandie Cotentin – 3 616 h. – alt. 30
🛈 Office de tourisme, 3, rue Charles Mathurin 📞 02 33 50 52 77
Paris 342 – Avranches 24 – Granville 4 – Villedieu-les-Poêles 29.

Schéma à Jullouville

Angomesnil 20 juin-10 sept.
 📞 02 33 51 64 33 – **R** 🚫
 1,2 ha (45 empl.) plat, herbeux
 Tarif : 🔲 14,20 € (3A) – pers. suppl. 3,50 €
 🚐 1 borne
 Pour s'y rendre : SE : 4,9 km par D 21 rte de St-Michel-des-
 Loups et D 154 à gauche, rte de St-Aubin-des-Préaux

> Nature : 🌿 🌳
> Loisirs : 🛖 🎣
> Services : ⚓ 🚿 🍴 ⚓ 🗑
> À prox. : 🎯 🗻 🖼 (découverte en
> saison) 🐎 parcours sportif, piste
> de roller

La Gicquelière
 📞 02 33 50 62 27 – **R**
 1,5 ha (90 empl.) peu incliné et plat, herbeux
 Pour s'y rendre : SE : 3 km par D 21 et rte à droite

> Nature : 🌿 🌳
> Services : ⚓ ⚓
> À prox. : 🎯 🗻 🖼 (découverte en
> saison) 🐎

ST-SAUVEUR-LE-VICOMTE

✉ 50390 – 303 C3 – G. Normandie Cotentin – 2 204 h. – alt. 30
🛈 Office de tourisme, 1, rue Barbey d'Aurevilly 📞 02 33 21 50 44, Fax 02 33 95 88 85
Paris 336 – Barneville-Carteret 20 – Cherbourg 37 – St-Lô 56 – Valognes 16.

Municipal du Vieux Château 15 mai-15 sept.
 📞 02 33 41 72 04, *ot.ssv@wanadoo.fr*, Fax 02 33 95 88 85,
 www.saintsauveurlevicomte.fr.st – **R** conseillée
 1 ha (57 empl.) plat, herbeux
 Tarif : ♣ 2,65 € 🔲 3,60 € 1,75 €
 Pour s'y rendre : Au bourg, bord de la Douve
 À savoir : Au pied du château médiéval

> Loisirs : 🛖
> Services : 🚿 ⚓ 🍴 ⚓ 🗑 sèche-
> linge
> À prox. : 🎯 canoë

ST-SYMPHORIEN-LE-VALOIS

✉ 50250 – ③⓪③ C4 – 713 h. – alt. 35
Paris 335 – Barneville-Carteret 19 – Carentan 25 – Cherbourg 47 – Coutances 30 – St-Lô 45.

⚠ **L'Étang des Haizes** avr.-16 oct.
 ℘ 02 33 46 01 16, *etang.des.haizes@wanadoo.fr*,
 Fax 02 33 47 23 80, *www.campingetangdeshaizes.com*
 – **R** conseillée
 3,5 ha (98 empl.) plat, et peu incliné, herbeux
 Tarif : 🔳 30 € [⚡] (10A) – pers. suppl. 6 €
 Location (10 avr.-sept.) 🚫 : 20 🚐 (4 à 6 pers.) 204 à
 699 €/sem.
 🚐 1 borne 1 € – 3 🔳 5 €
 Pour s'y rendre : Sortie Nord par D 900 rte de Valognes et
 D 136 à gauche vers le bourg
 À savoir : Agréable cadre verdoyant autour d'un bel étang

| Nature : 🖾 |
| Loisirs : 🍸 snack 🛏 🏄 🚴 🛴 🍺 🎣 |
| Services : 🚿 🔑 ☎ 🗊 🛒 🗑 ⊚ 🔲 sèche-linge |

Benutzen Sie
 – zur Wahl der Fahrtroute
 – zur Berechnung der Entfernungen
 – zur exakten Lokalisierung eines Campingplatzes (mit Hilfe der Angaben im Ortstext)
 *die für diesen Führer unentbehrlichen **MICHELIN-Karten** im Ma1 : 150.000.*

ST-VAAST-LA-HOUGUE

✉ 50550 – ③⓪③ E2 – G. Normandie Cotentin – 2 097 h. – alt. 4
🅑 *Office de tourisme, 1, place Gal-de-Gaulle* ℘ 02 33 23 19 32, Fax 02 33 54 41 37
Paris 347 – Carentan 41 – Cherbourg 31 – St-Lô 68 – Valognes 19.

⚠ **La Gallouette** avr.-sept.
 ℘ 02 33 54 20 57, *contact@camping-lagallouette.fr*,
 Fax 02 33 54 16 71, *www.lagallouette.com* – **R** conseillée
 2,3 ha (170 empl.) plat, herbeux
 Tarif : 🔳 24,90 € [⚡] (6A) – pers. suppl. 5,70 €
 Location : 17 🚐 (4 à 6 pers.) 265 à 687 €/sem.
 🚐 1 borne
 Pour s'y rendre : Au Sud du bourg, à 500 m de la plage

| Nature : 🖾 |
| Loisirs : 🍸 🛏 🎮 🏄 🎣 |
| Services : 🚿 🔑 ☎ 🗑 ⛽ 🛁 ⊚ 🔲 sèche-linge |
| À prox. : 🏓 🚣 parcours de santé |

STE-MARIE-DU-MONT

✉ 50480 – ③⓪③ E3 – G. Normandie Cotentin – 804 h. – alt. 31
Paris 318 – Barfleur 38 – Carentan 11 – Cherbourg 47 – St-Lô 39 – Valognes 26.

⚠ **Utah-Beach** avr.-sept.
 ℘ 02 33 71 53 69, *utah.beach@wanadoo.fr*,
 Fax 02 33 71 07 11, *www.campingutahbeach.com* – places
 limitées pour le passage – **R** indispensable
 4,2 ha (110 empl.) plat et peu incliné, herbeux
 Tarif : 🔳 23 € [⚡] (6A) – pers. suppl. 4,70 €
 Location : 15 🚐 (4 à 6 pers.) 260 à 690 €/sem.
 🚐 1 borne
 Pour s'y rendre : NE : 6 km par D 913 et D 421, à 150 m de
 la plage

| Nature : 🦢 🖾 |
| Loisirs : 🍸 snack 🛏 salle d'anima- tion 🏄 🏓 🎿 🍺 |
| Services : ☎ 🛒 🗑 ⊚ 🔲 sèche- linge 🛁 🔧 |
| À prox. : char à voile |

STE-MÈRE-ÉGLISE

✉ 50480 – ③⓪③ E3 – G. Normandie Cotentin – 1 585 h. – alt. 28
🅑 *Office de tourisme, 6, rue Eisenhower* ℘ 02 33 21 00 33, Fax 02 33 21 39 29
Paris 321 – Bayeux 57 – Cherbourg 39 – St-Lô 42.

⚠ Municipal
 ℘ 02 33 41 35 22, Fax 02 33 41 79 15 – **R** conseillée
 1,3 ha (70 empl.) plat, herbeux
 🚐 1 borne
 Pour s'y rendre : Sortie Est par D 17 et à droite, près du
 terrain de sports

| Nature : 🦢 |
| Loisirs : 🛏 salle omnisports 🏄 🚴 🏓 🎱 |
| Services : ☎ 🗑 ⊚ 🔲 sèche-linge |

556

SIOUVILLE-HAGUE

⊠ 50340 – **303** A2 – 995 h. – alt. 76
Paris 372 – Barneville-Carteret 156 – Cherbourg 21 – Valognes 35.

△ **Municipal Clairefontaine** Permanent
    𝒫 02 33 52 42 73, *mairiesiouvillehague@wanadoo.fr*,
    Fax 02 33 87 60 04, *www.ville-siouville-hague.fr* – **R** conseil-
    lée
    3,6 ha (100 empl.) plat, peu incliné, herbeux, sablonneux
    Tarif : 🏕 2,14 € ⇔ 1,11 € 🗐 2,58 € 🗲 (10A) 2,73 €
    Pour s'y rendre : Sortie NE par D 64ᴱ ³, à proximité de la
    mer

> Nature : 🐟 ♀
> Services : ᵯ ⟳ ᴤᵛ ▥ ⊕ ▨

SURTAINVILLE

⊠ 50270 – **303** B3 – 1 072 h. – alt. 12
Paris 367 – Barneville-Carteret 12 – Cherbourg 29 – St-Lô 42 – Valognes 31.

△ **Municipal les Mielles** Permanent
    𝒫 02 33 04 31 04, *camping.lesmielles@wanadoo.fr*,
    Fax 02 33 04 31 04 – **R** conseillée
    1,6 ha (129 empl.) plat, herbeux, sablonneux, gravillons
    Tarif : 🏕 2,67 € 🗐 2,67 € 🗲 (4A) 2,48 €
    Location : 7 gîtes
    Pour s'y rendre : O : 1,5 km par D 66 et rte de la mer, à
    80 m de la plage, accès direct

> Nature : 🐟
> Loisirs : 🎦 🚣
> Services : ᵯ ⟳ ᴤᵛ ▥ 🗐 ⊕ ▨ ⫲
> ▨ sèche-linge
> À prox. : ✗ char à voile

Utilisez le guide de l'année.

TOURLAVILLE

⊠ 50110 – **303** C2 – 17 551 h. – alt. 27
Paris 359 – Carentan 52 – Carteret 43 – Cherbourg 5 – Volognes 22.

557

▲▲ Le Collignon
    𝒫 02 33 20 16 88, *camping-collignon@wanadoo.fr*,
    Fax 02 33 20 53 03 – **R** conseillée
    10 ha/2 campables (82 empl.) plat, herbeux, sablonneux
    🖭 1 borne
    Pour s'y rendre : N : 2 km par D 116, rte de Bretteville, près
    de la plage

> Nature : 🗖
> Loisirs : 🎦 🚣
> Services : ᵯ ⟳ 🗐 🛁 ⊕ ▨ ▨
> À prox. : ☂ 🛶 ✗ 🎣 ⚓ centre
> nautique, parcours de santé

Saint-Cénéri-le-Gérei

S. Sauvignier/Michelin

VILLEDIEU-LES-POÊLES

✉ 50800 – 🖬🖬🖬 E6 – G. Normandie Cotentin – 4 102 h. – alt. 105
🗗 Office de tourisme, place des Costils ℰ 02 33 61 05 69, Fax 02 33 91 71 79
Paris 314 – Alençon 122 – Avranches 26 – Caen 82 – Flers 59 – St-Lô 35.

▲▲ **Municipal Jean-louis Bougourd** Pâques-20 sept.
ℰ 02 33 61 02 44, camping-bougourd@wanadoo.fr,
Fax 02 33 61 18 58, www.ot-villedieu.fr – **R** conseillée
1,2 ha (100 empl.) plat, herbeux, gravillons
Tarif : (Prix 2005) ✲ 2,60 € ⇆ 1,10 € 🔲 2,50 € 🔌 2,50 €
Pour s'y rendre : Accès par centre ville, rue des Costils à gauche de la poste
À savoir : Cadre agréable et soigné au bord de la Sienne

| Nature : 🕭 🗀 ♀ |
| Loisirs : 🗀 ⛳ 🎿 |
| Services : ㅎ ⊶ ♂ 🖩 ⊛ 🖩 sèche-linge |
| À prox. : 🔳 ⚓ |

Orne (61)

ALENÇON

✉ 61000 – 🖬🖬🖬 J4 – G. Normandie Cotentin – 28 935 h. – alt. 135
🗗 Office de tourisme, place de la Magdeleine ℰ 02 33 80 66 31, Fax 02 33 80 66 32
Paris 190 – Chartres 119 – Évreux 119 – Laval 90 – Le Mans 54 – Rouen 150.

▲▲ Municipal de Guéramé
ℰ 02 33 26 34 95, Fax 02 33 26 34 95 – **R** conseillée
1,5 ha (84 empl.) plat et en terrasses, herbeux, gravillons
🖪 1 borne
Pour s'y rendre : Au Sud-Ouest de la ville, par bd périphérique, rte de Guéramé
À savoir : Cadre agréable, au bord de la Sarthe

| Nature : ♀ |
| Loisirs : 🗀 ⛳ 🎿 |
| Services : ㅎ ⊶ 🖩 🖩 ⊛ ⚲ ☈ 🖩 |
| À prox. : 🍷 🍴 🔳 🎿 ⚓ 🎣 🐎 |

558

ARGENTAN

✉ 61200 – 🖬🖬🖬 I2 – G. Normandie Cotentin – 16 596 h. – alt. 160
🗗 Office de tourisme, place du Marché ℰ 02 33 67 12 48, Fax 02 33 39 96 61
Paris 191 – Alençon 46 – Caen 59 – Dreux 115 – Évreux 119 – Flers 42 – Lisieux 58.

▲ **Municipal de la Noë** avr.-sept.
ℰ 02 33 36 05 69, tourisme.argentan@wanadoo.fr,
Fax 02 33 39 96 61, www.argentan.fr – **R** conseillée
0,3 ha (23 empl.) plat, herbeux
Tarif : (Prix 2005) ✲ 2,05 € ⇆ 1,75 € 🔲 2,25 € 🔌 2,25 €
🖪 1 borne 2 €
Pour s'y rendre : Au Sud de la ville, rue de la Noë, à proximité de l'Orne, accès par centre ville
À savoir : Situation agréable près d'un parc et d'un plan d'eau

| Nature : 🗀 |
| Loisirs : 🗀 |
| Services : ㅎ ⊶ ♂ 🖩 ⊛ 🖩 sèche-linge |
| À prox. : 🎿 🔳 🎿 parcours de santé |

BAGNOLES-DE-L'ORNE

✉ 61140 – 🖬🖬🖬 G3 – G. Normandie Cotentin – 893 h. – alt. 140 – ♨ (mi-mars-fin oct.)
🗗 Office de tourisme, place du Marché ℰ 02 33 37 85 66, Fax 02 33 30 06 75
Paris 236 – Alençon 48 – Argentan 39 – Domfront 19 – Falaise 48 – Flers 28.

▲▲ Municipal la Vée
ℰ 02 33 37 87 45, camping-de-la-vee@wanadoo.fr,
Fax 02 33 30 14 32, www.bagnoles-de-lorne.com – **R**
2,8 ha (250 empl.) plat, peu incliné, herbeux
🖪 1 borne – 10 🔲
Pour s'y rendre : SO : 1,3 km, près de Tessé-la-Madeleine, à 30 m de la rivière

| Nature : 🕭 🗀 |
| Loisirs : snack 🗀 |
| Services : ㅎ ⊶ 🖩 🖩 ⚶ ⊛ ⚲ ☈ |
| À prox. : 🏌 🎿 🎣 🎿 🐎 golf, parcours de santé |

BELLÊME

✉ 61130 – 310 M4 – G. Normandie Vallée de la Seine – 1 774 h. – alt. 241
🛈 *Office de tourisme, boulevard Bansard des Bois* 𝒫 *02 33 73 09 69, Fax 02 33 83 95 17*
Paris 168 – Alençon 42 – Chartres 76 – La Ferté-Bernard 23 – Mortagne-au-Perche 18.

Municipal 15 avr.-15 oct.
𝒫 02 33 85 31 00, *mairie.belleme@wanadoo.fr*,
Fax 02 33 83 58 85 – **R** conseillée
1,5 ha (50 empl.) plat et peu incliné, terrasses, herbeux
Tarif : 🔲 7,40 € – pers. suppl. 1,50 €
Pour s'y rendre : Sortie Ouest par D 955, rte de Mamers et
chemin à gauche, près de la piscine

> Nature : 🏞 ⌂ ♀
> Services : ⚐ ⟲ 🗑 ⊕ ♨
> À prox. : 🛒 ✕ 🎣 ⛴ golf

CARROUGES

✉ 61320 – 310 I3 – G. Normandie Cotentin – 743 h. – alt. 335
🛈 *Office de tourisme, 24, place Leveneur* 𝒫 *02 33 27 40 62, Fax 02 33 27 43 04*
Paris 217 – Alençon 29 – Argentan 23 – Domfront 40 – La Ferté-Macé 18 – Mayenne 52 – Sées 27.

Municipal juin-15 sept.
𝒫 02 33 27 20 38, *mairie.carouges@free.fr*,
Fax 02 33 28 73 20 – **R** conseillée
0,5 ha (10 empl.) plat, terrasse, herbeux
Tarif : ★ 2,50 € 🚗 1,10 € 🔲 1 € 🔌 2 €
Pour s'y rendre : NE : 0,5 km par rte de St-Sauveur-de-
Carrouges, au stade

> Nature : 🏞 ⌂
> Services : ⚐ ⟲ ⊕
> À prox. : ✕

DOMFRONT

✉ 61700 – 310 F3 – G. Normandie Cotentin – 4 262 h. – alt. 185
🛈 *Office de tourisme, 12, place de la Roirie* 𝒫 *02 33 38 53 97, Fax 02 33 37 40 27*
Paris 250 – Alençon 62 – Argentan 55 – Avranches 65 – Fougères 55 – Mayenne 34 – Vire 41.

Municipal le Champ Passais avr.-sept.
𝒫 02 33 37 37 66, *mairie@domfront.com*,
Fax 02 33 30 60 67, *www.domfront.com* – **R** conseillée
1,5 ha (34 empl.) en terrasses, plat, herbeux
Tarif : (Prix 2005) ★ 2 € 🔲 4,30 € 🔌 3 €
Pour s'y rendre : Au Sud de la ville par rue de la gare et à
gauche, rue du Champ-Passais

> Nature : ⌂
> Loisirs : 🎱 🏊
> Services : ⚐ ⟲ 🍴 🗑 ⊕ ♨ 🗣 🏪
> À prox. : ✕ 🎣 sentier VTT

559

FLERS

✉ 61100 – 310 F2 – G. Normandie Cotentin – 16 947 h. – alt. 270
🛈 *Office de tourisme, place du Docteur Vayssières* 𝒫 *02 33 65 06 75, Fax 02 33 65 09 84*
Paris 234 – Alençon 73 – Argentan 42 – Caen 60 – Fougères 77 – Laval 86 – Lisieux 82 – St-Lô 68 – Vire 31.

Municipal la Fouquerie avr.-15 oct.
𝒫 02 33 65 35 00, *camping.paysdeflers@wanadoo.fr*,
www.agglo-paysdeflers.fr – **R** conseillée
1,5 ha (50 empl.) peu incliné, herbeux
Tarif : (Prix 2005) 🔲 12,10 € 🔌 (10A) – pers. suppl. 2,50 €
🚐 1 borne
Pour s'y rendre : E : 1,7 km par D 924, rte d'Argentan et
chemin à gauche

> Nature : 🏞 ⌂ ♀
> Loisirs : 🎱 🏊
> Services : ⚐ ⟲ 🍴 🗑 ⊕ ♨ 🗣

GACÉ

✉ 61230 – 310 K2 – 2 041 h. – alt. 210
🛈 *Office de tourisme, Mairie* 𝒫 *02 33 35 50 24, Fax 02 33 35 92 82*
Paris 166 – L'Aigle 28 – Alençon 48 – Argentan 28 – Bernay 41.

Municipal le Pressoir juin-1er sept.
𝒫 02 33 35 50 24, *ville.gace@wanadoo.fr*,
Fax 02 33 35 92 82 – **R̶**
0,8 ha (24 empl.) peu incliné, herbeux
Tarif : ★ 1,50 € 🔲 2 € 🔌 2 €
Pour s'y rendre : À l'Est du bourg par N 138

> Nature : ⌂
> Loisirs : 🏊
> Services : 🌲 ⊕
> À prox. : 🛒 ✕ 🎣 ⛴

LONGNY-AU-PERCHE

✉ 61290 – 310 N3 – 1 590 h. – alt. 165

🛈 *Syndicat d'initiative, place de l'Hôtel de Ville* ℘ *02 33 73 66 23*

Paris 131 – Alençon 63 – Chartres 65 – Dreux 54 – Mortagne-au-Perche 18 – Nogent-le-Rotrou 30.

▲ **Monaco Parc** Permanent

℘ 02 33 73 59 59, *monaco.parc@wanadoo.fr,*
Fax 02 33 25 77 56, *www.campingmonacoparc.com* –
places limitées pour le passage – **R** conseillée
18 ha/7 campables (124 empl.) plat, en terrasses, herbeux,
étang
Tarif : (Prix 2005) 🔳 16,10 € – pers. suppl. 3,10 €
Location (fév.-oct.) : 10 🛖 (4 à 6 pers.) 256 à
430 €/sem.
🛒 1 borne 2,30 €
Pour s'y rendre : SO : 2,4 km par D 111 rte de Monceaux-
au-Perche, près de la Jambée

Nature : 🖵
Loisirs : 🍸 snack, pizzeria 🏠 🎨 diurne 🚣 🏊 (bassin)
Services : 🚰 GB 🐾 🗑 ⊕ 🚿 🖼 sèche-linge 🌊
À prox. : 🛒 🎿 🐎 pédalos

LES GUIDES VERTS **MICHELIN**
Paysages, monuments
Routes touristiques
Géographie
Histoire, Art
Itinéraire de visite
Plans de villes et de monuments

MARCHAINVILLE

✉ 61290 – 310 N3 – 233 h. – alt. 235

Paris 124 – L'Aigle 28 – Alençon 65 – Mortagne-au-Perche 28 – Nogent-le-Rotrou 36 – Verneuil-sur-Avre 22.

▲ **Municipal les Fossés** avr.-oct.

℘ 02 33 73 65 80, Fax 02 33 73 65 80 – **R**
1 ha (17 empl.) plat et peu incliné, herbeux
Tarif : 🔳 5,30 € – pers. suppl. 1,15 €
Pour s'y rendre : Au Nord du bourg par D 243

Nature : 🐟 🖵
Loisirs : 🎿
Services : 👤 ⊕ 🚿

ST-EVROULT-NOTRE-DAME-DU-BOIS

✉ 61550 – 310 L2 – G. Normandie Vallée de la Seine – 430 h. – alt. 355

Paris 153 – L'Aigle 14 – Alençon 56 – Argentan 42 – Bernay 41.

▲ Municipal des Saints-Pères

℘ 02 33 24 18 86, Fax 02 33 34 93 12 – **R**
0,6 ha (27 empl.) plat et terrasse, herbeux, gravillons, bois
attenant
Pour s'y rendre : Au Sud-Est du bourg
À savoir : Agréable situation, au bord d'un plan d'eau

Nature : ♀
Loisirs : 🚣 🎿 🔩 🏊
Services : 👤 ⊕
À prox. : 🐎 pédalos

VIMOUTIERS

✉ 61120 – 310 K1 – G. Normandie Vallée de la Seine – 4 418 h. – alt. 95

🛈 *Office de tourisme, 10, avenue du Général-de-Gaulle* ℘ *02 33 39 30 29, Fax 02 33 67 66 11*

Paris 185 – L'Aigle 46 – Alençon 31 – Argentan 40 – Caen 60 – Falaise 36 – Lisieux 29.

▲ **Municipal la Campière** mars-29 oct.

℘ 02 33 39 18 86, *campingmunicipalvimoutiers@wana
doo.fr,* Fax 02 33 39 18 86, *www.mairie-vimoutiers.fr*
– **R** conseillée
1 ha (40 empl.) plat, herbeux
Tarif : 🚶 2,85 € 🚗 2 € 🔳 2 € 🔌 2,40 €
Pour s'y rendre : N : 0,7 km vers rte de Lisieux, au stade,
bord de la Vie
À savoir : Bâtiments de style Normand dans un cadre
verdoyant et fleuri

Nature : 🖵 ♀
Loisirs : 🏠 🚣 🎿
Services : 👤 🚰 GB 🐾 🖼 ⊕
À prox. : 🛒

AUMALE

✉ 76390 – ③⓪④ K3 – G. Normandie Vallée de la Seine – 2 577 h. – alt. 130
🖪 *Syndicat d'initiative, rue de l'Hôtel de Ville* ℘ 02 35 93 41 68
Paris 136 – Amiens 48 – Beauvais 49 – Dieppe 69 – Gournay-en-Bray 35 – Rouen 74.

Municipal le Grand Mail 14 avr.-sept.
℘ 02 35 93 40 50, *communeaumale@wanadoo.Fr*,
Fax 02 35 93 86 79 – **R**
0,6 ha (40 empl.) plat, herbeux
Tarif : (Prix 2005) ⚓ 2,10 € ⬅ 2,10 € 🔲 1,60 € [½] (6A) 2,10 €
🚐 1 borne 2 €
Pour s'y rendre : Par centre ville
À savoir : À flanc de colline sur les hauteurs de la ville

Nature : ♀
Services : ⅍ M ⅏ 🗄 ☺

BAZINVAL

✉ 76340 – ③⓪④ J2 – 299 h. – alt. 120
Paris 165 – Abbeville 33 – Amiens 62 – Blangy-sur-Bresle 9 – Le Tréport 20.

Municipal de la Forêt avr.-oct.
℘ 02 32 97 04 01, Fax 02 32 97 04 01 – **R** conseillée
0,4 ha (20 empl.) plat, peu incliné, herbeux
Tarif : (Prix 2005) ⚓ 2 € ⬅ 2 € 🔲 2 € [½] (10A) 4 €
Pour s'y rendre : Sortie Sud-Ouest par D 115 et rte à
gauche, près de la mairie
À savoir : Décoration arbustive des emplacements

Nature : 🗀 ♀
Services : ⅏ ☺

BLANGY-SUR-BRESLE

✉ 76340 – ③⓪④ J2 – 3 405 h. – alt. 70
🖪 *Syndicat d'initiative, 1, rue Duquesne* ℘ 02 35 93 52 48
Paris 156 – Abbeville 29 – Amiens 56 – Dieppe 55 – Neufchâtel-en-Bray 31 – Le Tréport 26.

Municipal les Etangs 15 mars-15 oct.
℘ 02 35 94 55 65, Fax 02 35 94 06 14 – **R** conseillée
0,8 ha (59 empl.) plat, herbeux
Tarif : (Prix 2005) ⚓ 2,31 € ⬅ 1,44 € 🔲 1,90 € [½] (10A) 2,31 €
Pour s'y rendre : SE : entre deux étangs et à 200 m de la
Bresle, accès par rue du Maréchal-Leclerc, près de l'église et
rue des Étangs

Nature : ⋞
Loisirs : 🚲 🔧
Services : ⅍ ⊶ 🗄 ☺
À prox. : ✖

561

CANY-BARVILLE

✉ 76450 – ③⓪④ D3 – G. Normandie Vallée de la Seine – 3 364 h. – alt. 25
🖪 *Office de tourisme, place Robert Gabel* ℘ 02 35 57 17 70
Paris 187 – Bolbec 34 – Dieppe 45 – Fécamp 21 – Rouen 56.

Municipal avr.-sept.
℘ 02 35 97 70 37, *mairie-de-cany-barville@wanadoo.fr*,
Fax 02 35 97 72 32, *www.cany-barville.fr* – **R** conseillée
2,9 ha (100 empl.) plat, cimenté, herbeux
Tarif : (Prix 2005) 🔲 11,08 € – pers. suppl. 1,85 €
Pour s'y rendre : Sortie Sud par D 268, rte d'Yvetot, après
le stade

Nature : ⋞ 🗀
Loisirs : 🏠
Services : ⅍ ⊶ ⅗ ⅏ 🗄 ☺ 🚿 ⚊ 📷
À prox. : 🗲 ✖ 🖾 ≋ (plage) 🏊 squash, pédalos, luge, canoë, ski nautique

DIEPPE

✉ 76200 – ③⓪④ G2 – G. Normandie Vallée de la Seine – 34 653 h. – alt. 6
🖪 *Syndicat d'initiative, pont Jehan Ango* ℘ 02 32 14 40 60, Fax 02 32 14 40 61
Paris 197 – Abbeville 68 – Beauvais 107 – Caen 176 – Le Havre 111 – Rouen 66.

Vitamin' avr.-15 oct.
℘ 02 35 82 11 11, *camping.vitamin@wanadoo.fr*,
Fax 02 35 82 11 11, *camping-vitamin.com* – places limitées
pour le passage – **R** conseillée
5,3 ha (152 empl.) plat, herbeux
Tarif : 🔲 15,60 € [½] (10A) – pers. suppl. 4,30 €
Pour s'y rendre : S : 3 km par N 27, rte de Rouen et à
droite, chemin des Vertus

Nature : 🗀
Loisirs : 🍸 🏠 ♨ 🏊
Services : ⅍ ⊶ GB ⅗ ⅏ 🗄 ☺ 📷
À prox. : 🗲 ✗ squash ✖ 🖾 🖾

DIEPPE

△△ **La Source** 15 mars-15 oct.
⌖ 02 35 84 27 04, Fax 02 35 82 25 02 – places limitées pour
le passage – **R** conseillée
2,5 ha (120 empl.) plat, herbeux
Tarif : ⋆ 4 € ⇔ 1 € 🅴 7 € (4) (6A) 3 €
🚐 1 borne 5 € – 10 🅴 8 €
Pour s'y rendre : SO : 3 km par D 925, rte du Havre puis
D 153 à gauche, à Petit-Appeville
À savoir : Cadre pittoresque au bord de la Scie

| Nature : ♀ |
| Loisirs : 🍸 🏠 🏇 🛶 |
| Services : ₲ ⛽ 🖪 🖭 🖼 |

ÉTRETAT

✉ 76790 – 304 B3 – G. Normandie Vallée de la Seine – 1 615 h. – alt. 8
🅱 *Office de tourisme, place Maurice Guillard* ⌖ 02 35 27 05 21, Fax 03 25 28 87 20
Paris 206 – Bolbec 30 – Fécamp 16 – Le Havre 29 – Rouen 90.

△ **Municipal** 15 mars-15 oct.
⌖ 02 35 27 07 67 – **R**
1,2 ha (93 empl.) plat, herbeux, gravier
Tarif : (Prix 2005) 🅴 14 € (4) (6A) – pers. suppl. 2,90 €
Pour s'y rendre : SE : 1 km par D 39, rte de Criquetot-l'Esneval
À savoir : Entrée fleurie et ensemble très soigné

| Nature : ♀ |
| Loisirs : 🏠 🏇 |
| Services : ⛽ GB 🚿 🖪 🖭 |
| À prox. : aquarium ✂ 🖼 🎿 |

Le HAVRE

✉ 76600 – 304 A5 – G. Normandie Vallée de la Seine – 190 905 h. – alt. 4
Env. Pont de Normandie - Péage en 2005 : 5,00 autos, 5,80 caravanes, autocars 6,30 à 12,50 et gratuit pour
motos
🅱 *Office de tourisme, 186, boulevard Clemenceau* ⌖ 02 32 74 04 04, Fax 02 35 42 38 39
Paris 198 – Amiens 184 – Caen 90 – Lille 318 – Nantes 382 – Rouen 87.

△△ **Chlorophile**
⌖ 02 35 46 52 39
3,8 ha (202 empl.) plat, peu incliné, herbeux
Pour s'y rendre : Nord par D 32 rte de Montvilliers et rte à
gauche, dans la forêt de Montgeon
À savoir : Cadre et site agréables en forêt

| Nature : 🌿 ♀♀ |
| Loisirs : 🍸 snack, (dîner seulement) 🏠 🚲 |
| Services : ₲ ⛽ 🖪 🛁 🖭 🛒 ⛄ 🖼 |

INCHEVILLE

✉ 76117 – 304 I1 – 1 431 h. – alt. 19
Paris 169 – Abbeville 32 – Amiens 65 – Blangy-sur-Bresle 16 – Le Crotoy 36 – Le Tréport 13.

△△ **Municipal de l'Etang** mars-oct.
⌖ 02 35 50 30 17, Fax 02 35 50 30 17 – places limitées pour
le passage – **R** conseillée
2 ha (190 empl.) plat, herbeux
Tarif : (Prix 2005) ⋆ 2,20 € 🅴 3,50 € (4) (10A) 3,20 €
Pour s'y rendre : Sortie Nord-Est rte de Beauchamps et
rue Mozart à droite
À savoir : Près d'un étang de pêche

| Loisirs : 🏠 🏇 |
| Services : ₲ ⛽ 🖭 🛁 🖼 |
| À prox. : ✂ 🛶 |

MARTIGNY

✉ 76880 – 304 G2 – 531 h. – alt. 24
Paris 196 – Dieppe 10 – Fontaine-le-Dun 29 – Rouen 64 – St-Valery-en-Caux 37.

△△ **Municipal les 2 Rivières** 31 mars-15 oct.
⌖ 02 35 85 60 82, *martigny.76@wanadoo.fr,*
Fax 02 35 85 95 16, *www.camping-2-rivieres.com* – places li-
mitées pour le passage – **R** conseillée
3 ha (110 empl.) plat, herbeux
Tarif : (Prix 2005) 🅴 14,10 € – pers. suppl. 2,65 €
Location : 6 🛖 (4 à 6 pers.) 235 à 373 €/sem.
Pour s'y rendre : NO : 0,7 km rte de Dieppe
À savoir : Situation agréable en bordure de rivière et de
plans d'eau

| Nature : ≼ |
| Loisirs : 🏠 🏇 |
| Services : ₲ ⛽ GB 🚿 🖪 🖭 🖼 |
| À prox. : 🏊 (découverte l'été) 🛶 ♦ canoë |

OFFRANVILLE

✉ 76550 – 304 G2 – G. Normandie Vallée de la Seine – 3 470 h. – alt. 80
Paris 191 – Abbeville 74 – Beauvais 104 – Caen 170 – Le Havre 105 – Rouen 60.

 Municipal du Colombier avr.-15 oct.
    ℘ 02 35 85 21 14, Fax 02 35 04 52 67 – places limitées pour
le passage – **R** conseillée
1,2 ha (103 empl.) plat, herbeux
Tarif : (Prix 2005) 🔳 16 € [⚡] (10A) – pers. suppl. 3,60 €
Location : 5 🏠 (4 à 6 pers.) 190 à 290 €/sem.
Pour s'y rendre : Au bourg, par la rue Loucheur
À savoir : Dans l'enceinte de l'agréable parc de loisirs et
floral

> Nature : ⌑ ♀
> Services : ♿ ⊶ ⚙ ⌐ ☺ ⚏ ⊽
> À prox. : ▼ ✕ ⚓ ✗ 🎿 ⌧ ⊼ ▨
> poneys (centre équestre)

QUIBERVILLE

✉ 76860 – 304 F2 – 467 h. – alt. 50
🅱 *Office de tourisme, 1, rue de l'Église* ℘ *02 35 04 08 32*
Paris 199 – Dieppe 18 – Fécamp 50 – Rouen 67.

 Municipal de la Plage avr.-oct.
    ℘ 02 35 83 01 04, *campingplage@normandnet.fr*,
Fax 02 35 83 67 33 – places limitées pour le passage
– **R** conseillée
2,5 ha (202 empl.) plat, herbeux
Tarif : (Prix 2005) 🚶 3,95 € 🚗 3,10 € 🔳 5,20 €
[⚡] (10A) 4,70 €
🚐 1 borne 3,20 €
Pour s'y rendre : À Quiberville-Plage, accès par D 127, rte
d'Ouville-la-Rivière
À savoir : À 100 m de la mer

> Nature : ⇐ ⌑
> Loisirs : 🎬 ⚓
> Services : ♿ ⊶ GB ⚙ ⌐ ⚏ ☺ ▨
> À prox. : ✗ ♨

Benutzen Sie
– zur Wahl der Fahrtroute
– zur Berechnung der Entfernungen
– zur exakten Lokalisierung eines Campingplatzes (mit Hilfe der Angaben im Ortstext)
*die für diesen Führer unentbehrlichen **MICHELIN-Karten** im Ma1 : 150 000.*

ST-AUBIN-SUR-MER

✉ 76740 – 304 F2 – G. Normandie Cotentin – 280 h. – alt. 15
Paris 191 – Dieppe 21 – Fécamp 46 – Rouen 59 – Yvetot 36.

 Municipal le Mesnil avr.-oct.
    ℘ 02 35 83 02 83 – **R** conseillée
2,2 ha (115 empl.) plat et en terrasses, herbeux
Tarif : (Prix 2005) 🚶 5,17 € 🚗 2 € 🔳 2,85 € [⚡] (10A) 3,50 €
🚐 1 borne 3,95 €
Pour s'y rendre : O : 2 km par D 68 rte de Veules-les-Roses
À savoir : Dans une ancienne ferme normande

> Nature : 🦢 ⌑
> Loisirs : 🎬 ⚓
> Services : ♿ ⊶ GB ⚙ �📶 ⌐ ☺ ▨
> ⊼

ST-MARTIN-EN-CAMPAGNE

✉ 76370 – 304 H2 – 1 000 h. – alt. 118
Paris 209 – Dieppe 13 – Rouen 78 – Le Tréport 18.

 Les Goélands avr.-oct.
    ℘ 02 35 83 82 90, *info@camping-les-goelands.com*,
Fax 02 35 83 21 79, *www.camping-les-goelands.com* –
places limitées pour le passage – **R** conseillée
3 ha (154 empl.) en terrasses, peu incliné, herbeux
Tarif : 🔳 27 € [⚡] (16A) – pers. suppl. 3 €
Location : 10 🚐 (4 à 6 pers.) 175 à 490 €/sem.
Pour s'y rendre : NO : 2 km, à St-Martin-Plage
À savoir : Belle salle de billard

> Nature : ⇐ ⌑
> Loisirs : 🎬 ⚓ ✗ ⊼
> Services : ♿ ⊶ GB ⚙ 📶 ⌐ ☺ ⚏
> ⊽ ⚲ ▨

ST-VALERY-EN-CAUX

✉ 76460 – 304 E2 – G. Normandie Vallée de la Seine – 4 782 h. – alt. 5
🛈 *Office de tourisme, quai d'Aval* ✆ 02 35 97 00 63, Fax 02 35 97 32 65
Paris 190 – Bolbec 46 – Dieppe 35 – Fécamp 33 – Rouen 59 – Yvetot 31.

Municipal Etennemare Permanent
✆ 02 35 97 15 79, Fax 02 35 97 15 79 – places limitées pour le passage – **R** conseillée
4 ha (116 empl.) plat, peu incliné, herbeux
Tarif : (Prix 2005) 🔲 15,55 € [⚡] (10A) – pers. suppl. 2,75 €
Location : 9 🏠 (4 à 6 pers.) 213 à 335 €/sem.
Pour s'y rendre : Au Sud-Ouest de la ville, vers le hameau du bois d'Entennemare

> Nature : 🌳 🗏
> Loisirs : 🏛
> Services : 🚿 ⛽ ⟲ ✗ 🏧 🛒 ♨ ⊛ 🔱 ⚱ 🗑
> À prox. : ✗ 🏊 parcours sportif

TOUFFREVILLE-SUR-EU

✉ 76910 – 304 H2 – 207 h. – alt. 45
Paris 171 – Abbeville 46 – Amiens 101 – Blangy-sur-Nesle 35 – Le Tréport 10.

Municipal les Acacias Pâques-sept.
✆ 02 35 50 66 33, *mairie.touffrevillesureu@wanadoo.fr*, Fax 02 35 86 70 16
1 ha (50 empl.) plat, herbeux
Tarif : (Prix 2005) 🔲 7,25 € – pers. suppl. 1,55 €
Pour s'y rendre : SE : 1 km par D 226 et D 454, rte de Guilmecourt

> Nature : 🌳 🗏
> Services : ✗ 🛒 🏊 ⊛

TOUSSAINT

✉ 76400 – 304 C3 – 679 h. – alt. 105
Paris 196 – Bolbec 24 – Fécamp 5 – Rouen 69 – St-Valery-en-Caux 34 – Yvetot 31.

Municipal du Canada 12 mars-15 oct.
✆ 02 35 29 78 34, *mairie-toussaint@wanadoo.fr*, Fax 02 35 27 48 82 – places limitées pour le passage – **R** conseillée
2,5 ha (100 empl.) plat et peu incliné, herbeux
Tarif : (Prix 2005) ♟ 2,22 € 🚗 1,06 € 🔲 1,85 € [⚡] (10A) 2,80 €
Pour s'y rendre : NO : 0,5 km par D 926, rte de Fécamp et chemin à gauche

> Nature : 🗏 ♀
> Services : 🚿 ⛽ ⟲ ✗ 🛒 ⊛ 🗑
> À prox. : 🚴 ✗ 🏇

Le TRÉPORT

✉ 76470 – 304 I1 – G. Normandie Vallée de la Seine – 5 900 h. – alt. 12
🛈 *Office de tourisme, quai Sadi Carnot* ✆ 02 35 86 05 69, Fax 02 35 86 73 96
Paris 180 – Abbeville 37 – Amiens 92 – Blangy-sur-Bresle 26 – Dieppe 30 – Rouen 95.

Municipal les Boucaniers Pâques-sept.
✆ 02 35 86 35 47, Fax 02 35 86 55 82, *www.ville-le-treport.fr* – **R**
5,5 ha (340 empl.) plat, herbeux
Tarif : (Prix 2005) ♟ 2,85 € 🚗 2,65 € 🔲 2,75 € [⚡] (6A) 6,65 €
Location (permanent) : 22 🏠 (4 à 6 pers.) 188 à 405 €/sem.
Pour s'y rendre : Av. des Canadiens, près du stade

> Nature : ♀
> Loisirs : 🏛 🚴 🏇
> Services : 🚿 ⛽ (juil.-août) ⟲ ✗ 🏧 🛒 ⊛ 🗑
> À prox. : ✗

VEULES-LES-ROSES

✉ 76980 – 304 E2 – G. Normandie Vallée de la Seine – 676 h. – alt. 15
🛈 *Office de tourisme, 27, rue Victor-Hugo* ✆ 02 35 97 63 05, Fax 02 35 57 24 51
Paris 188 – Dieppe 27 – Fontaine-le-Dun 8 – Rouen 57 – St-Valery-en-Caux 8.

Municipal des Mouettes mars-nov.
✆ 02 35 97 61 98, *camping-les-mouettes@wanadoo.fr*, Fax 02 35 97 33 44 – **R** conseillée
3,6 ha (150 empl.) plat, herbeux
Tarif : 🔲 19,20 € – pers. suppl. 4 €
🚐 1 borne 3 €
Pour s'y rendre : Sortie Est par D 68, rte de Sotteville-sur-Mer, à 500 m de la plage

> Nature : 🌳 🗏
> Loisirs : 🏛 🚴
> Services : 🚿 ⛽ ⟲ ✗ 🅼 🏧 🛒 ♨ ⊛ 🗑

VITTEFLEUR

✉ 76450 – 304 D3 – 641 h. – alt. 9
Paris 190 – Bolbec 38 – Dieppe 43 – Fécamp 25 – Rouen 59 – Yvetot 27.

 Municipal les Grands Prés avr.-sept.
  📞 02 35 97 53 82 – places limitées pour le passage
  – **R** conseillée
  2,6 ha (100 empl.) plat, herbeux
  Tarif : 🚶 2,85 € 🚐 2,85 € 🔌 2,53 €
  Pour s'y rendre : N : 0,7 km par D 10, rte de Veulettes-sur-Mer
  À savoir : Au bord de la Durdent

Loisirs : 🛶 ⛵ 🚲
Services : ♿ 🚐 🗑 ⊘ 🛒
À prox. : 🛒 squash 🎾 🔲 ⛷ 🛶
pédalos, luge, ski nautique, canoë

566

PAYS DE LA LOIRE

D'abord il y a, baigné par la Loire, le « jardin de la France », son atmosphère paisible, ses châteaux somptueux et leurs magnifiques parterres fleuris, ses vergers plantureux et ses vignobles dont le nectar rehausse d'arômes subtils la dégustation de rillettes, d'une matelote d'anguilles ou d'un fromage de chèvre. Ensuite le pays Nantais, encore imprégné des senteurs d'épices du Nouveau Monde, et qui partage aujourd'hui sa fierté entre le muguet et le muscadet. Enfin la Vendée, authentique par son bocage encore marqué par la révolte des chouans, secrète par ses marais gardiens de coutumes ancestrales, décontractée dans ses stations balnéaires, ludique lors des spectacles du Puy-du-Fou… Gourmande aussi, mais dans la simplicité d'un plat de mojettes, d'une chaudrée ou d'une brioche vendéenne.

First there is the « Garden of France », renowned for its peaceful ambience, sumptuous manor houses and castles, magnificent floral gardens and acres of orchards and vineyards. Tuck into a slab of rillettes pâté or a slice of goat's cheese while you savour a glass of light Loire wine. Continue downriver to Nantes, once steeped in the spices brought back from the New World: this is the home of the famous dry Muscadet. Further south, the Vendée still echoes to the cries of the Royalists' tragic last stand. Explore the secrets of its salt marshes, relax in its seaside resorts or head for the spectacular attractions of the Puy du Fou amusement park. Simple, country fare is not lacking, so make sure you taste a piping-hot plate of chaudrée, the local fish stew, or a mouth-watering slice of fresh brioche.

ANCENIS

⊠ 44150 – 📖📖📖 I3 – G. Châteaux de la Loire – 7 010 h. – alt. 13
🏢 Office de tourisme, 27, rue du Château ℘ 02 40 83 07 44
Paris 347 – Angers 55 – Châteaubriant 48 – Cholet 49 – Laval 100 – Nantes 41 – La Roche-sur-Yon 109.

⩕ **L'Île Mouchet** avr.-7 oct.
℘ 02 40 83 08 43, efberthelot@wanadoo.fr,
Fax 02 40 83 16 19, www.camping-estivance.com
– **R** conseillée
3,5 ha (105 empl.) plat, herbeux
Tarif : 💲 2,50 € ⇌ 1,85 € 🔳 7 € (ϟ) 2,30 €
Location : 7 (4 à 6 pers.) 300 à 450 €/sem. – bungalows toilés
🔳 1 borne 5 €
Pour s'y rendre : sortie Ouest par bd Joubert et à gauche
avant le stade, près de la Loire

Nature : ℘
Loisirs : 🏓 🏊 🛝 (petite piscine) mur d'escalade
Services : 🚿 🔌 (juil.-août) 🅶🅱 🚙 🌫 🅰 🔳 🧺
À prox. : 🎿 🏕 🔳 🎣 parcours sportif

La BAULE

⊠ 44500 – 📖📖📖 B4 – G. Bretagne – 15 831 h. – alt. 31
🏢 Office de tourisme, 8, place de la Victoire ℘ 02 40 24 34 44, Fax 02 40 11 08 10
Paris 450 – Nantes 76 – Rennes 120 – St-Nazaire 19 – Vannes 74.

⩕⩕ **La Roseraie** avr.-28 sept.
℘ 02 40 60 46 66, camping@laroseraie.com,
Fax 02 40 60 11 84, www.laroseraie.com – **R** conseillée
5 ha (235 empl.) plat, sablonneux, herbeux
Tarif : 💲 7,50 € 🔳 13 € (ϟ) 5 € – frais de réservation 30 €
Location 🛁 : 80 (4 à 6 pers.) 300 à 700 €/sem.
🔳 2 bornes 13 €
Pour s'y rendre : Sortie Nord-Est de la Baule-Escoublac

Nature : 🌳 ℘
Loisirs : 🍴 ✕ 🏓 🎦 nocturne 🛷 salle d'animation 🏇 🎯 🎿 🏕 🏊 terrain omnisports
Services : 🚿 🔌 🅶🅱 🚙 🗜 🛁 🅰 🔳 🧺 🍴

La BERNERIE-EN-RETZ

570

⊠ 44760 – 📖📖📖 D5 – 2 139 h. – alt. 24
🏢 Office de tourisme, 3, chaussée du Pays de Retz ℘ 02 40 82 70 99, Fax 02 51 74 61 40
Paris 426 – Challans 40 – Nantes 46 – St-Nazaire 36.

⩕⩕ **Les Écureuils** 29 avr.-17 sept.
℘ 02 40 82 76 95, camping.les-ecureuils@wanadoo.fr,
Fax 02 40 64 79 52, camping-les-ecureuils.com – **R** indispensable
5,3 ha (325 empl.) plat et peu incliné, herbeux
Tarif : 🔳 30 € – pers. suppl. 6,50 € – frais de réservation 18 €
Location (avr.-sept.) 🛁 : 50 (4 à 6 pers.) 330 à
700 €/sem. – 19 🏠 – (sans sanitaires)
Pour s'y rendre : Sortie Nord-Est, rte de Nantes et à
gauche après le passage à niveau, av. Gilbert-Burlot, à 350 m
de la mer

Nature : ℘
Loisirs : 🍴 🎦 nocturne 🏃 🏇 🚴 🎿 🛝 🏊
Services : 🚿 🔌 🅶🅱 🚙 🗜 🛁 🅰 🚲 🍴 🔳 🧺
À prox. : 🛒 ⚓

BLAIN

⊠ 44130 – 📖📖📖 F3 – G. Bretagne – 7 733 h. – alt. 23
🏢 Office de tourisme, 2, place Jean Guihard ℘ 02 40 87 15 11
Paris 411 – Nantes 41 – Nort-sur-Erdre 22 – Nozay 16 – St-Nazaire 44.

⩕ **Municipal le Château** mai-sept.
℘ 02 40 79 11 00, Fax 02 40 79 83 72, www.ville-blain.fr
– **R** conseillée
1 ha (44 empl.) plat, herbeux
Tarif : (Prix 2005) 🔳 8,80 € (ϟ) (10A) – pers. suppl. 1,60 €
Pour s'y rendre : Sortie Sud-Ouest par N 171, rte de
St-Nazaire et chemin à gauche, à 250 m du canal de Nantes
à Brest (halte fluviale)
À savoir : Cadre verdoyant et soigné, près d'un château du
14e s.

Nature : ℘
Loisirs : 🏓 🏇
Services : 🚿 🔌 (juil.-août) 🚙 🗜 🛁 🅰 🔳
À prox. : 🚲 🍴 ✕ 🎿 🏕 🔳 (décou-verte l'été) 🏇

CAREIL

✉ 44350 – 𝟛𝟙𝟞 B4 – G. Bretagne
Paris 455 – Nantes 78 – Saint 18 – Vannes 65 – Saint 72.

⚠   **Trémondec**
       ℰ 02 40 60 00 07, *info@camping.tremondec.com*,
       Fax 02 40 60 91 10, *www.camping.tremondec.com* – **R** in-
       dispensable
       2 ha (100 empl.) peu incliné et en terrasses, herbeux
       Location : 🏚
       Pour s'y rendre : 48 rue du Château

Nature : 🗔 ♀
Loisirs : 🍸 🛖 🚣
Services : ♿ ⚷ 🗓 🖤 🔅 ⊕ 🖲 🧺
À prox. : 🛒

GUÉMENÉ-PENFAO

✉ 44290 – 𝟛𝟙𝟞 F2 – 4 572 h. – alt. 37
🛈 *Office de tourisme, 9 bis, place Simon* ℰ *02 40 79 30 83, Fax 02 40 51 16 13*
Paris 408 – Bain-de-Bretagne 35 – Châteaubriant 39 – Nantes 59 – Redon 20 – St-Nazaire 57.

⚠   **L'Hermitage** avr.-sept.
       ℰ 02 40 79 23 48, *contact@campinglhermitage.com*,
       Fax 02 40 51 11 87, *www.campinglhermitage.com*
       – **R** conseillée
       2,5 ha (83 empl.) plat, et peu incliné, herbeux
       Tarif : 🔲 12,90 € 🔌 (6A) – pers. suppl. 3 €
       Location : 5 🏚 (4 à 6 pers.) 250 à 450 €/sem. – bunga-
       lows toilés – gîte d'étape
       Pour s'y rendre : E : 1,2 km par rte de Châteaubriant et
       chemin à droite, près de la piscine municipale
       À savoir : Agréable cadre boisé

Nature : ♀♀
Loisirs : 🛖 🚣 🚲 🏊 (petite pis-
cine) 🛷
Services : ♿ ⚷ 🐾 🗓 ⊕ ☇ 🖲
À prox. : 🚤 ✂ 🗔 🏹 🐎 terrain
omnisports

Avant de vous installer, consultez les tarifs en cours,
affichés obligatoirement à l'entrée du terrain,
et renseignez-vous sur les conditions particulières de séjour.
Les indications portées dans le guide ont pu être modifiées depuis la mise à jour.

571

GUÉRANDE

✉ 44350 – 𝟛𝟙𝟞 B4 – G. Bretagne – 13 603 h. – alt. 54
🛈 *Office de tourisme, 1, place du Marché au Bois* ℰ *02 40 24 96 71, Fax 02 40 62 04 24*
Paris 450 – La Baule 6 – Nantes 77 – St-Nazaire 20 – Vannes 69.

⚠   **L'Étang** 15 mai-15 sept.
       ℰ 02 40 61 93 51, *camping-etang@wanadoo.fr*,
       Fax 02 40 61 96 21, *camping-etang.com* – **R** indispensable
       2 ha (109 empl.) plat, herbeux
       Tarif : 🔲 17,50 € 🔌 (10A) – pers. suppl. 3,65 €
       Location (8 avr.-sept.) : 16 🏚 (4 à 6 pers.) 250 à
       520 €/sem. – 2 🏠 (4 à 6 pers.) 290 à 560 €/sem. –
       bungalows toilés
       Pour s'y rendre : NE : 5 km par rte de St-Lyphard puis 3 km
       par D 48, à droite et rte à gauche,
       À savoir : Agréable cadre verdoyant et ombragé près d'un
       étang

Nature : 🏞 🗔 ♀
Loisirs : 🍸 snack 🚣 🏊
Services : ♿ ⚷ (juil.-août) 🇬🇧 🐾
🗓 🖤 🔅 ⊕ 🖲 🧺
À prox. : ⚊ 🗔 🏹 🐎

HERBIGNAC

✉ 44410 – 𝟛𝟙𝟞 C3 – 4 353 h. – alt. 18
🛈 *Syndicat d'initiative, 2, rue Pasteur* ℰ *02 40 19 90 01*
Paris 446 – La Baule 23 – Nantes 72 – La Roche-Bernard 9 – St-Nazaire 28 – Vannes 49.

⚠   **Le Ranrouet** Pâques-fin oct.
       ℰ 02 40 88 96 23 – **R** conseillée
       1,5 ha (83 empl.) plat, herbeux
       Tarif : (Prix 2005) 🧍 3,30 € 🚗 2 € 🔲 2,60 € 🔌 (6A) 2,60 €
       Pour s'y rendre : Sortie Est par D 33, rte de Pontchâteau
       et à droite, rue René-Guy-Cadou

Nature : ♀♀
Loisirs : 🛖 🚣
Services : ♿ ⚷ 🐾 🗓 ⊕ 🖲
À prox. : 🛒 ✂ ⚊ (plan d'eau avec
plage 7 km)

MACHECOUL

✉ 44270 – 316 F6 – G. Poitou Vendée Charentes – 5 420 h. – alt. 5
🛈 *Office de tourisme, 14, place des Halles* ✆ *02 40 31 42 87*
Paris 420 – Beauvoir-sur-Mer 23 – Nantes 39 – La Roche-sur-Yon 56 – St-Nazaire 56.

△ **La Rabine** 15 avr.-sept.
✆ *02 40 02 30 48, camprabine@aol.com,* Fax 02 40 02 30 48
– **R** conseillée
2,8 ha (131 empl.) plat, herbeux
Tarif : (Prix 2005) 🧍 2,10 € ⬅ 1,20 € ▣ 1,60 €
🔌 (13A) 3,15 €
Pour s'y rendre : Sortie Sud par D 95, rte de Challans, bord
du Falleron

| Nature : 🙂🙂 |
| Loisirs : salle d'animation 🏊 🎿 |
| Services : 🔧 🔌 GB 🐕 🗑 ⊕ 🖨 |
| À prox. : ✂ 🖼 🏇 |

MESQUER

✉ 44420 – 316 B3 – 1 467 h. – alt. 6
🛈 *Office de tourisme, avenue Plage Quimiac* ✆ *02 40 42 64 37*
Paris 460 – La Baule 16 – Muzillac 32 – Pontchâteau 35 – St-Nazaire 29.

△ **Soir d'Été** avr.-oct
✆ *02 40 42 57 26, nadine-houssais@wanadoo.fr,*
Fax 02 51 73 97 76, *www.camping-soirdete.com* – **R** indis-
pensable
1,5 ha (92 empl.) plat et peu incliné, herbeux, sablonneux
Tarif : ▣ 21,60 € 🔌 (6A) – pers. suppl. 5,40 €
Location : 10 🛖 (4 à 6 pers.) 229 à 575 €/sem. – 16 🏠
(4 à 6 pers.) 229 à 575 €/sem.
Pour s'y rendre : NO : 2 km par D 352 et rte à gauche
À savoir : Cadre ombragé

| Nature : 🏖 🗔 🙂🙂 |
| Loisirs : 🍸 snack 🎱 🏊 🎿 |
| Services : 🔧 🔌 GB 🐕 🗑 ⊕ 🖨 |
| 🚿 |
| À prox. : 🚴 ✂ 🎣 🏇 |

△ **Le Praderoi** 24 juin-10 sept.
✆ *02 40 42 66 72, camping.praderoi@wanadoo.fr,*
Fax 02 40 42 66 72, *http://perso.wanadoo.fr/mtger.de*
bonne – **R**
0,4 ha (30 empl.) plat, sablonneux, herbeux
Tarif : ▣ 19,50 € 🔌 (5A) – pers. suppl. 4 €
Location : 3 🛖 (2 à 4 pers.) 240 à 330 €/sem.
🛖 1 borne
Pour s'y rendre : NO : 2,5 km, à Quimiac, à 100 m de la
plage

| Nature : 🏖 🙂 |
| Loisirs : 🏊 |
| Services : 🔧 🔌 🗑 🚿 ⊕ 🖨 |
| À prox. : 🎣 |

Si vous recherchez :

△　*Un terrain au bord de l'eau avec possibilité de baignade*
🏖　*Un terrain agréable ou très tranquille*
L　*Un terrain effectuant la location de caravanes, de mobile homes,*
　　de bungalows ou de chalets
P　*Un terrain ouvert toute l'année*
🛖　*Un terrain possédant une aire de services pour camping-cars*
Consultez le tableau des localités

NANTES

✉ 44000 – 316 G4 – G. Bretagne – 270 251 h. – alt. 8
🛈 *Office de tourisme, 7, rue de Valmy* ✆ *02 40 20 60 00, Fax 02 40 89 11 99*
Paris 381 – Angers 88 – Bordeaux 325 – Lyon 660 – Quimper 233 – Rennes 109.

△ **Le Petit Port** Permanent
✆ *02 40 74 47 94, camping-petit-port@nge-nantes.fr,*
Fax 02 40 74 23 06, *www.nge-nantes.fr* – **R**
8 ha (200 empl.) plat, peu incliné, herbeux, gravillons
Tarif : (Prix 2005) ▣ 18,20 € – pers. suppl. 3,45 €
Location 🎿 : 36 🛖 (4 à 6 pers.) 315 à 365 €/sem.
🛖 1 borne
Pour s'y rendre : Bd du Petit-Port, bord du Cens

| Nature : 🗔 🙂🙂 |
| Loisirs : 🏊 🚴 🎣 |
| Services : 🔧 🔌 GB 🐕 🎰 🗑 🚿 ⊕ |
| 🚿 🗑 🖨 |
| À prox. : ✗ crêperie patinoire, bo- |
| wling 🖼 |

572

NORT-SUR-ERDRE

✉ 44390 – 📖 G3 – 5 885 h. – alt. 13
🅱 *Office de tourisme, 12, place du Bassin* 𝒫 *02 51 12 60 74, Fax 02 40 72 17 03*
Paris 372 – Ancenis 27 – Châteaubriant 37 – Nantes 32 – Rennes 82 – St-Nazaire 65.

△ **Municipal du Port-Mulon** mars-oct.
𝒫 02 40 72 23 57, *ludovic.pillet@nort-sur-erdre.fr*,
Fax 02 40 72 16 09, *www.nort-sur-erdre.fr* – **R** conseillée
1,8 ha (70 empl.) plat, herbeux
Tarif : 🔲 10 € – pers. suppl. 1,70 €
Pour s'y rendre : S : 1,5 km par rte de l'hippodrome et à gauche
À savoir : Dans une agréable chênaie, à 100 m de l'Erdre

Nature : 🐟 ⌁ 🎵
Loisirs : 🎣🏊
Services : 🔒 (juil.-août) 🚿 🅰 🏊
🚰 🖼
À prox. : au plan d'eau : 🍴 🍽 halte fluviale

NOZAY

✉ 44170 – 📖 G2 – 3 155 h. – alt. 50
🅱 *Office de tourisme, 44, rue Alexis Letourneau* 𝒫 *02 40 79 31 64, Fax 02 40 79 41 57*
Paris 384 – Bain-de-Bretagne 33 – Nantes 45 – Pontchâteau 46.

△ Municipal Henri Dubourg
𝒫 02 40 87 94 33, *mairie@nozay44.fr*, Fax 02 40 79 35 64,
www.nozay44.fr
1 ha (25 empl.) plat, herbeux
Pour s'y rendre : Sortie Nord par D 121, rte de Château-briant, à proximité d'un étang
À savoir : Beaux emplacements délimités et ombragés

Nature : ⌁ ♀
Services : ♿ 🚿 🅰
À prox. : 🍽 🖼 m 🏊 🎣 🛶

PIRIAC-SUR-MER

✉ 44420 – ③①⑥ A3 – G. Bretagne – 1 898 h. – alt. 7
🛈 Office de tourisme, 7, rue des Cap-Horniers ✆ 02 40 23 51 42, Fax 02 40 23 51 19
Paris 462 – La Baule 17 – Nantes 88 – La Roche-Bernard 33 – St-Nazaire 31.

Armor Héol 8 avr.-24 sept.
✆ 02 40 23 57 80, armor.heol@wanadoo.fr,
Fax 02 40 23 59 42, www.camping-armor-heol.com
– **R** conseillée
4,5 ha (210 empl.) plat, herbeux, petit étang
Tarif : 🔲 33,25 € 🔌 (5A) – pers. suppl. 7,45 € – frais de
réservation 20 €
Location : 61 🚐 (4 à 6 pers.) 265 à 765 €/sem. – 16 🏠
(4 à 6 pers.) 265 à 765 €/sem.
Pour s'y rendre : SE : 1 km sur D 333, rte de Guérande
À savoir : Bel ensemble aquatique, loisirs et commercial

| Nature : 🔲 ♋♋ |
| Loisirs : 🍽 snack 🍴 🎦 nocturne ⛹ 🎠 salle d'animation 🎠 🎾 🏊 🏊 🎯 terrain omnisports |
| Services : 🚿 ⊆🖭 ⚡ 🔖 🖵 🛁 😊 🖭 |
| À prox. : 🛒 🏊 🔖 🐎 (centre équestre) |

Parc du Guibel avr.-sept.
✆ 02 40 23 52 67, camping@parcduguibel.com,
Fax 02 40 15 50 24, www.parcduguibel.com – **R** conseillée
14 ha (450 empl.) plat, peu incliné, herbeux
Tarif : ✱ 4,50 € – 🚗 3 € 🔲 4,50 € 🔌 (10A) 4,10 € – frais de
réservation 16 €
Location : 97 🚐 (4 à 6 pers.) 245 à 441 €/sem. – 34 🏠
(4 à 6 pers.) 427 à 756 €/sem.
🚐 1 borne
Pour s'y rendre : E : 3,5 km par D 52, rte de Mesquer et rte
de Kerdrien à gauche
À savoir : Agréable cadre boisé

| Nature : 🐟 🔲 ♋♋ |
| Loisirs : 🍽 snack 🍴 🎠 🚲 🏊 terrain omnisports |
| Services : 🚿 ⊶ ⊆🖭 ⚡ 🖵 😊 🖭 ⚓ 🛁 🖭 |
| À prox. : 🛒 🎾 🔖 🐎 (centre équestre) |

Mon Calme mai-sept.
✆ 02 40 23 60 77, campingmoncalme@free.fr,
Fax 02 40 23 62 28, campingmoncalme.com – **R** conseillée
1,2 ha (105 empl.) plat, herbeux
Tarif : 🔲 25 € 🔌 (10A) – pers. suppl. 6 € – frais de réservation 12 €
Location 🛏 (juil.-août) : 13 🚐 (4 à 6 pers.) 225 à
560 €/sem.
Pour s'y rendre : S : 1 km par rte de la Turballe et à gauche,
à 450 m de l'océan

| Nature : ♋♋ |
| Loisirs : 🍽 pizzeria 🎠 🏊 |
| Services : 🚿 ⊶ (mai-sept.) ⚡ 🖵 🛁 😊 🖭 |
| À prox. : 🛒 🎾 🔖 🐎 |

La PLAINE-SUR-MER

✉ 44770 – ③①⑥ C5 – 2 517 h. – alt. 26
🛈 Office de tourisme, place du Fort Gentil ✆ 02 40 21 52 52
Paris 438 – Nantes 58 – Pornic 9 – St-Michel-Chef-Chef 7 – St-Nazaire 28.

La Tabardière mai-sept.
✆ 02 40 21 58 83, info@camping-la-tabardiere.com,
Fax 02 40 21 02 68, www.camping-la-tabardiere.com
– **R** conseillée
4 ha (210 empl.) en terrasses, herbeux
Tarif : 🔲 25,20 € 🔌 (8A) – pers. suppl. 5,50 € – frais de
réservation 16 €
Location (2 avr.-1er oct.) 🛏 : 23 🏠 (4 à 6 pers.) 170 à
620 €/sem.
🚐 1 borne – 7 🔲 9 €
Pour s'y rendre : E : 3,5 km par D 13, rte de Pornic et rte à
gauche

| Nature : 🐟 ♋♋ |
| Loisirs : 🍽 🍴 ⛹ 🎠 🏊 🔖 🏊 🏊 terrain omnisports |
| Services : 🚿 ⊶ ⊆🖭 ⚡ 🖵 🛁 ⚓ 😊 🖭 ⚓ 🛁 |
| À prox. : 🛒 🎾 🐎 (centre équestre) |

Le Ranch avr.- sept.
✆ 02 40 21 52 62, ranch@free.fr, Fax 02 51 74 81 31,
www.camping-le-ranch.com – **R** indispensable
3 ha (180 empl.) plat, herbeux
Tarif : 🔲 23,30 € – pers. suppl. 4,50 €
Location 🛏 : 🚐 (4 à 6 pers.) 256 à 550 €/sem. – 🏠 –
(sans sanitaires)
Pour s'y rendre : NE : 3 km par D 96, rte de St-Michel-Chef-
Chef

| Nature : ♀ |
| Loisirs : 🍽 🍴 🎠 🏊 🏊 |
| Services : 🚿 ⊶ ⊆🖭 ⚡ 🖵 🛁 ⚓ 😊 🖭 |
| À prox. : 🛒 🐎 (centre équestre) |

PONTCHÂTEAU

✉ 44160 – ⬛⬛⬛ D3 – G. Bretagne – 7 773 h. – alt. 7
🛈 *Office de tourisme, 1, place du Marché* 𝒫 *02 40 88 00 87*
Paris 425 – La Baule 40 – Nantes 51 – Redon 28 – La Roche-Bernard 22 – St-Nazaire 25.

⚠ **Le Bois de Beaumard** mars-1ᵉʳ oct.
𝒫 02 40 88 03 36, *obocamp@aol.com*, Fax 02 40 88 03 36,
campingbeaumard.com – **R** conseillée
1 ha (25 empl.) plat, herbeux, bois attenant
Tarif : ▣ 13,50 € ⍫ (10A) – pers. suppl. 3 €
Pour s'y rendre : Sortie Nord-Ouest par D 33, rte d'Herbignac puis à droite, 2 km par D 126 rte de Sévérac et rte de Beaumard à gauche
À savoir : Agréable cadre boisé et fleuri

Nature : 🦌 ⌂ 🌳🌳
Loisirs : 🎣 🏕 🚲
Services : ♿ ⛟ ⚗ 🗑 ☺ 🔥
À prox. : 🛒 ✖ ▣ (découverte l'été)

PORNIC

✉ 44210 – ⬛⬛⬛ D5 – G. Poitou Vendée Charentes – 11 903 h. – alt. 20
🛈 *Office de tourisme, place de la Gare* 𝒫 *02 40 82 04 40, Fax 02 40 82 90 12*
Paris 429 – Nantes 49 – La Roche-sur-Yon 89 – Les Sables-d'Olonne 93 – St-Nazaire 30.

⚠⚠ **La Boutinardière** avr.-sept.
𝒫 02 40 82 05 68, *info@laboutinardiere.com*,
Fax 02 40 82 49 01, *www.camping-boutinardiere.com*
– **R** conseillée
7,5 ha (400 empl.) peu incliné, herbeux
Tarif : ▣ 34 € ⍫ (10A) – pers. suppl. 6 € – frais de réservation 25 €
Location : 80 🛖 (4 à 6 pers.) 260 à 780 €/sem. – 37 🏠 (4 à 6 pers.) 300 à 740 €/sem.
🚐 1 borne 7 €
Pour s'y rendre : SE : 5 km par D 13 et rte à droite, à 200 m de la plage

Nature : 🦌 ⌂ ♀
Loisirs : 🎣 ✖ snack 🏕 🌙 nocturne 🏕 🚲 ♪ ▣ ⌨ 🏐 terrain omnisports
Services : ♿ ⛟ 🅖🅑 ⚗ 🗑 ♨ 🐾 ☺ 🧺 ⚖ 🔥 🔥 🍴
À prox. : 🛒 ✖ 🎣 ♪ 🐎 (centre équestre) golf (18 trous)

⚠⚠ **La Chênaie** saison.
𝒫 02 40 82 07 31, *la.chenaie44@wanadoo.free.fr*,
Fax 02 40 82 07 31, *www.campinglachenaie.com*
– **R** conseillée
4,5 ha (134 empl.) peu incliné, terrasses, herbeux
Tarif : ▣ 22,50 € ⍫ (10A) – pers. suppl. 5 €
Location 🐾 : 12 🛖 (4 à 6 pers.) 260 à 600 €/sem.
🚐 1 borne 3 €
Pour s'y rendre : E : par D 751, rte de Nantes et rte à gauche

Nature : ⌂
Loisirs : 🎣 🏕 🚲 ♪
Services : ♿ ⛟ 🅖🅑 ⚗ 🗑 🐾 ☺ 🔥
À prox. : 🛒 ✖ 🎣 ▣ ♪ 🐎 (centre équestre) golf (18 trous)

575

Le POULIGUEN

✉ 44510 – ⬛⬛⬛ B4 – G. Bretagne – 5 266 h. – alt. 4
🛈 *Office de tourisme, 6, boulevard du Général-de-Gaulle* 𝒫 *02 40 42 31 05*
Paris 453 – Guérande 8 – La Baule 4 – Nantes 80 – St-Nazaire 23.

⚠ **Municipal les Mouettes** avr.-15 oct.
𝒫 02 40 42 43 98, *lesmouettes@mairie-lepouliguen.fr*,
Fax 02 40 42 43 98 – **R**
4,7 ha (220 empl.) plat, sablonneux, herbeux, petit lac
Tarif : ▣ 15,40 € ⍫ (6A) – pers. suppl. 4,20 €
🚐 1 borne 2 €
Pour s'y rendre : À l'Ouest de la station par D 45, attenant au stade, 45 bd de l'Atlantique

Nature : ⌂ ♀
Loisirs : 🏕 🏕
Services : ♿ ⛟ (juil.-août) 🅖🅑 ⚗ 🐾 ☺
À prox. : 🛒 ♪

⚠ Municipal le Clein
𝒫 02 40 42 43 99, *leclein@mairie-le-pouliguen.fr*,
Fax 02 40 42 43 99 – **R**
1,5 ha (128 empl.) plat, sablonneux, herbeux
Pour s'y rendre : 22 rue de Kerdun, à proximité du centre-ville et de la plage

Loisirs : 🏕
Services : ♿ ⛟ 🗑 🐾 ☺
À prox. : 🛒 ♪

PRÉFAILLES

✉ 44770 – 🗗🗗🗗 C5 – 1 038 h. – alt. 10

🏢 *Office de tourisme, 17, Grande Rue* ℘ *02 40 21 62 22, Fax 02 40 64 53 45*

Paris 440 – Challans 56 – Machecoul 38 – Nantes 60 – St-Nazaire 30.

⋀⋀⋀ **Éléovic** 7 avr.-1er nov.
℘ 02 40 21 61 60, *info@camping-eleovic.com*,
Fax 02 40 64 51 95, *www.camping-eleovic.com* – **R** conseillée
3 ha (138 empl.) plat, peu incliné, herbeux
Tarif : 🔲 30,40 € – pers. suppl. 7 € – frais de réservation 15 €
Location : 50 🚐 (4 à 6 pers.) 250 à 720 €/sem.
🚐 1 borne – 4 🔲
Pour s'y rendre : O : 1 km par D 75, rte de la Pointe
St-Gildas
À savoir : Situation dominant l'océan et des criques pittoresques

Nature : 🏖 🗄 ♀
Loisirs : 🍴 🏠 ☺ nocturne 🕴 🎿
🚣 🖼 🔲
Services : 🚿 ⌇ 🅶🅱 🅰 🎞 📶 ⊕ 🔲
À prox. : **parcours sportif**

Ne pas confondre :
⚠ ... à ... ⋀⋀⋀ : *appréciation* **MICHELIN**
et
★ ... à ... ★★★★ : *classement officiel*

ST-BRÉVIN-LES-PINS

✉ 44250 – 🗗🗗🗗 C4 – 9 594 h. – alt. 9

Pont de St-Nazaire : 3 km

🏢 *Office de tourisme, 10, rue de l'Église* ℘ *02 40 27 24 32*

Paris 438 – Challans 62 – Nantes 64 – Noirmoutier-en-l'Île 70 – Pornic 18 – St-Nazaire 14.

⋀⋀⋀ **Le Fief** avr.-15 oct.
℘ 02 40 27 23 86, Fax 02 40 64 46 19 – **R** indispensable
7 ha (413 empl.) plat, herbeux
Tarif : 🔲 37 € 🔌 (5A) – pers. suppl. 8 € – frais de réservation 20 €
Location (avr.-6 nov.) : 108 🚐 (4 à 6 pers.) 340 à
770 €/sem. – 10 🏠 (4 à 6 pers.) 340 à 825 €/sem. –
bungalows toilés
Pour s'y rendre : S : 2,4 km par rte de Saint-Brévin-l'Océan
et à gauche, chemin du Fief
À savoir : Bel espace aquatique

Nature : 🗄 ♀
Loisirs : 🍴 snack 🏠 ☺ nocturne
🕴 salle d'animation 🚴 🎯 🎾 🔲
🚣 🛷 terrain omnisports
Services : 🚿 ⌇ 🅶🅱 🅰 🗄 ♨ ⊕ ⚓
🚾 🖼 🚮 🔲
À prox. : 🎣 🚴 🐶 🐴 (centre éques-
tre)

⋀⋀⋀ **Les Pierres Couchées** déb. avr.-mi-oct.
℘ 02 40 27 85 64, *contact@pierres-couchees.com*,
Fax 02 40 64 97 03, *www.pierres-couchees.com*
– **R** conseillée
14 ha/9 campables (473 empl.) plat et accidenté,
sablonneux, herbeux
Tarif : 🔲 28 € – pers. suppl. 5,50 € – frais de réserva-
tion 15 €
Location : 17 🚐 (4 à 6 pers.) 320 à 685 €/sem. – 85 🏠
(4 à 6 pers.) 245 à 610 €/sem.
Pour s'y rendre : S : 5 km par D 213, au lieu-dit l'Ermitage
À savoir : Agréable cadre boisé à 450 m de la plage

Nature : ♀♀
Loisirs : 🍴 🍴 🏠 ☺ nocturne 🕴
🎿 🚴 🚲 🎾 🎯 🚣 🛷 terrain
omnisports, théâtre de plein air
Services : 🚿 ⌇ 🅶🅱 🅰 🗄 ♨ ⊕
🖼 🚮 🔲
À prox. : 🐴

⋀ **Mindin** Permanent
℘ 02 40 27 46 41, *info@camping-de-mindin.com*,
Fax 02 40 39 20 53, *www.camping-de-mindin.com*
– **R** conseillée
1,7 ha (87 empl.) plat, sablonneux, herbeux
Tarif : 🔲 18,15 € 🔌 (6A) – pers. suppl. 5,10 €
Location : 22 🚐 (4 à 6 pers.) 240 à 600 €/sem.
🚐 1 borne 3 €
Pour s'y rendre : N : 2 km, près de l'océan (accès direct)

Nature : ♀
Loisirs : 🍴 snack 🏠
Services : 🚿 ⌇ 🅶🅱 🅰 🗄 ♨ ⊕
🖼
À prox. : 🍴

ST-ÉTIENNE-DE-MONTLUC

⊠ 44360 – 🗺️ F4 – 6 231 h. – alt. 17
🅱️ *Syndicat d'initiative, 13, place de la Mairie* 🕿 *02 40 85 95 13*
Paris 396 – Nantes 21 – Nozay 41 – Pontchâteau 36 – St-Nazaire 41.

▲ **La Coletterie** Permanent
🕿 02 40 86 97 44, Fax 02 40 86 98 78 – places limitées pour
le passage – 🏂
0,75 ha (53 empl.) plat et peu incliné, herbeux (camping),
gravillons (caravaning)
Tarif : 👤 2,15 € 🚗 2,45 € 🔌 3,30 €
Pour s'y rendre : En ville, sortie Sautron
À savoir : Partie campable soignée et plaisante

| Nature : 🌳 ♀ |
| Services : 🚿 ▥ 🍴 ⊕ 🚻 ♿ 🔥 |

ST-PÈRE-EN-RETZ

⊠ 44320 – 🗺️ D4 – 3 454 h. – alt. 14
Paris 425 – Challans 54 – Nantes 45 – Pornic 13 – St-Nazaire 25.

▲ **Le Grand Fay**
🕿 02 40 21 72 89 – **R** conseillée
1,2 ha (91 empl.) plat et peu incliné, herbeux
Location : 🏚️
Pour s'y rendre : Sortie Est par D 78, rte de Frossay puis
0,5 km par rue à droite, près du parc des sports et d'un lac

| Nature : ♀ |
| Loisirs : 🎯 🏊 (petite piscine) |
| Services : 🔌 🍴 ⊕ 🔥 |
| À prox. : ✗ |

Pour choisir et suivre un itinéraire
Pour calculer un kilométrage
Pour situer exactement un terrain (en fonction des
indications fournies dans le texte) :
*Utilisez les **cartes MICHELIN** détaillées à 1/150 000,*
compléments indispensables de cet ouvrage.

577

STE-LUCE-SUR-LOIRE

⊠ 44980 – 🗺️ H4 – 11 261 h. – alt. 9
Paris 378 – Nantes 7 – Angers 82 – Saint 68 – Cholet 58.
Schéma à Nantes

▲ **Belle Rivière** Permanent
🕿 02 40 25 85 81, *belleriviere@wanadoo.fr*,
Fax 02 40 25 85 81, *www.camping-belleriviere.com*
– **R** conseillée
3 ha (100 empl.) plat, herbeux
Tarif : 👤 3,60 € 🚗 1,80 € 🚗 3,95 € 🔌 (10A) 3,80 € – frais
de réservation 15 €
🏕️ 1 borne
Pour s'y rendre : NE : 2 km par D 68, rte de Thouaré
puis au lieu-dit la Gicquelière, 1 km par rte à droite, accès
direct à un bras de la Loire
À savoir : Agréable cadre pittoresque

| Nature : 🌳 ♀ |
| Loisirs : 🎯 |
| Services : 🔌 🍴 (14 juil.-15 août) |
| 🆔 ✂️ ▥ 🍴 ⊕ 🚻 🔥 |
| À prox. : 🐎 (centre équestre) |

THARON-PLAGE

⊠ 44730 – 🗺️ C5
Paris 444 – Nantes 59 – Saint 25 – Vannes 94 – Saint 56.

▲▲ **La Riviera** fermé déc.-janv.
🕿 02 28 53 54 88, Fax 02 28 53 54 62 – places limitées pour
le passage – **R** conseillée
6 ha (250 empl.) plat, terrasses, herbeux, pierreux
Tarif : (Prix 2005) 🚗 22 € – pers. suppl. 5 € – frais de réservation 13 €
Location (avr.-oct.) : 🏚️ (4 à 6 pers.) 240 à 495 €/sem.
Pour s'y rendre : À l'Est de la station, par D 96 rte de
St-Michel-Chef-Chef

| Loisirs : 🍽️ 🎮 🏊 |
| Services : 🔌 🍴 ✂️ ▥ 🍴 ⊕ 🚻 🔥 |
| 🔥 |

La TURBALLE

✉ 44420 – 📖 A3 – G. Bretagne – 4 042 h. – alt. 6
🛈 *Office de tourisme, place du Général-de-Gaulle* ☎ *02 40 11 87 62*
Paris 457 – La Baule 13 – Guérande 7 – Nantes 84 – La Roche-Bernard 31 – St-Nazaire 27.

⩕ **Parc Ste-Brigitte** avr.-1ᵉʳ oct.
    ☎ 02 40 24 88 91, *saintebrigitte@wanadoo.fr*,
    Fax 02 40 15 65 72, *www.campingsaintebrigitte.com*
    – **R** conseillée
    10 ha/4 campables (150 empl.) plat, peu incliné, herbeux,
    étang
    Tarif : 🔳 27,40 € – pers. suppl. 5,70 € – frais de réser-
    vation 15,25 €
    Pour s'y rendre : SE : 3 km rte de Guérande
    À savoir : Agréable domaine boisé

> Nature : 🌳🌳
> Loisirs : ✕ 🏠 ⛵ 🚲 🏊 (décou-
> verte l'été) 🎣
> Services : 🚿 ⊶ ♻ 🗄 ⊕ 🔥 ♨ 🚮
> 🚰
> À prox. : 🛒 ✕ ♨ 🎣 🏇

⩕ **Municipal les Chardons Bleus** fin avr.-fin sept.
    ☎ 02 40 62 80 60, *camping.les.chardons.bleus@wana
    doo.fr*, Fax 02 40 62 85 40 – **R**
    5 ha (300 empl.) plat, sablonneux, herbeux
    Tarif : (Prix 2005) 🔳 19,10 € – pers. suppl. 3,80 €
    Pour s'y rendre : S : 2,5 km, bd de la Grande Falaise
    À savoir : Près de la plage avec accès direct

> Nature : ⛰
> Loisirs : ♟ brasserie 🏠 ⛵ 🏊
> Services : 🚿 ⊶ ♻ ♨ 🔥 ⊕ 🚮
> 🚰
> À prox. : 🛒 🚲 ✕ 🎣 🏇 parcours
> sportif

Benutzen Sie
– zur Wahl der Fahrtroute
– zur Berechnung der Entfernungen
– zur exakten Lokalisierung eines Campingplatzes (mit Hilfe der Angaben im Ortstext)
*die für diesen Führer unentbehrlichen **MICHELIN-Karten** im Ma1 : 150 000.*

VERTOU

578

✉ 44120 – 📖 H4 – 20 268 h. – alt. 32
🛈 *Office de tourisme, place du Beau Verger* ☎ *02 40 34 12 22, Fax 02 40 34 06 86*
Paris 389 – Nantes 10 – Saint 78 – Cholet 54 – La Roche 68.
                                      Schéma à Nantes

⩕ **Municipal le Loiry** avr.-sept.
    ☎ 02 40 80 07 10, *campingloiry@mairie-vertou.fr*,
    Fax 02 40 80 07 10 – **R** conseillée
    2 ha (73 empl.) plat, herbeux
    Tarif : (Prix 2005) 🔳 11,55 € 🔌 (10A) – pers. suppl. 2,35 €
    🚐 1 borne
    Pour s'y rendre : Au Sud du bourg, sur D 115, rte de Rezé
    À savoir : Dans un cadre verdoyant, près d'un plan d'eau
    (parc de loisirs) et de la Sèvre Nantaise

> Nature : 🌿 🌳
> Loisirs : 🏠
> Services : 🚿 ⊶ ♻ ♨ 🗄 ⊕ 🚮
> À prox. : 🛒 ♟ brasserie ⛵ ✕ 🎣
> 🏊 🎣 🏇 (centre équestre) par-
> cours sportif, canoë

Maine-et-Loire (49)

ALLONNES

✉ 49650 – 📖 J5 – 2 558 h. – alt. 28
Paris 292 – Angers 64 – Azay-le-Rideau 43 – Chinon 28 – Noyant 29 – Saumur 13.

⩕ **Le Pô Doré**
    ☎ 02 41 38 78 80, *camping.du.po.dore@wanadoo.fr*,
    Fax 02 41 38 78 80, *http://perso.wanadoo.fr/campinglepo
    dore/*
    2 ha (90 empl.) plat, herbeux
    Location : 🛖
    Pour s'y rendre : NO : 3,2 km par D 10, rte de Saumur et
    chemin à gauche

> Nature : 🍃 🌿
> Loisirs : ♟ ✕ 🏠 ⛵ 🚲 🏊
> Services : 🚿 ⊶ 🗄 ♨ ⊕ 🔥 🚮
> 🚰

ANGERS

✉ 49000 – ᗱᒪᒫ F4 – G. Châteaux de la Loire – 151 279 h. – alt. 41 – Base de loisirs
🛈 *Office de tourisme, 7, place Kennedy* 🕾 *02 41 23 50 00, Fax 02 41 23 50 09*
Paris 294 – Caen 249 – Laval 79 – Le Mans 97 – Nantes 88 – Saumur 67 – Tours 108.

Lac de Maine 25 mars-10 oct.
🕾 02 41 73 05 03, *camping@lacdemaine.fr*,
Fax 02 41 73 02 20, *www.lacdemaine.fr* – **R** conseillée
4 ha (163 empl.) plat, herbeux, gravillons
Tarif : 📧 19,20 € – pers. suppl. 2,50 €
Location : 8 🛖 (4 à 6 pers.) 256 à 556 €/sem. – bungalows toilés
🚐 1 borne
Pour s'y rendre : SO : 4 km par D 111, rte de Pruniers, près
du lac (accès direct) et à proximité de la base de loisirs

Nature : 🏞 ♀	
Loisirs : snack 🎲 🏓 🏊 🚲 🎣	
Services : 🔥 ⚡ ⛽ 🧺 📺 🏧 🛒 🛁 ♿	
🛋 🚰 🔲 🛒	
À prox. : ✂ 🚤 🎣 🏊 ⛳ swin golf, canoë, pédalos	

Om een reisroute uit te stippelen en te volgen,
om het aantal kilometers te berekenen,
om precies de ligging van een terrein te bepalen
(aan de hand van de inlichtingen in de tekst),
*gebruikt u de **Michelinkaarten** schaal 1 : 150 000 ;*
een onmisbare aanvulling op deze gids.

BAUGÉ

✉ 49150 – ᗱᒪᒫ I3 – G. Châteaux de la Loire – 3 663 h. – alt. 55
🛈 *Office de tourisme, place de l'Europe.* 🕾 *02 41 89 18 07, Fax 02 41 89 04 43*
Paris 262 – Angers 40 – La Flèche 19 – Le Mans 62 – Saumur 39 – Tours 67.

Municipal du Pont des Fées 15 mai-15 sept.
🕾 02 41 89 14 79, *mairie@ville-bauge.fr*, Fax 02 41 84 12 19,
www.ville-bauge.fr – **R** conseillée
1 ha (65 empl.) plat, herbeux
Tarif : 👤 2,50 € 🚗 1,50 € 📧 1,50 € 🔌 2,20 €
Pour s'y rendre : À l'Est par D 766, rte de Tours et rue à
gauche, bord du Couasnon

Nature : 🏞 🏞 ♀	
Services : ⚡ 📺 🏧 🛁 🔲	
À prox. : ✂ 🎣 🏊	

579

BOUCHEMAINE

✉ 49080 – ᗱᒪᒫ F4 – 6 153 h. – alt. 25
🛈 *Syndicat d'initiative, Hôtel de Ville* 🕾 *02 41 22 20 00, Fax 02 41 22 20 01*
Paris 302 – Angers 10 – Candé 40 – Chenillé 45 – Le Lion-d'Angers 27.

Municipal le Château juin-août
🕾 02 41 77 11 04, *adm.generale@ville-bouchemaine.fr*,
Fax 02 41 22 20 01, *www.ville-bouchemaine.fr* – **R** conseillée
1 ha (71 empl.) plat, herbeux
Tarif : 👤 2,50 € 🚗 2,50 € 📧 2,50 € 🔌 2,50 €
Pour s'y rendre : Sud par D 111, rte de Possonnière, près
de la Maine

Nature : ♀♀	
Loisirs : 🍷	
Services : ⚡ (juil.-août) 📺 🏊 🛁	
🔲	
À prox. : ✕ ✂ 🏊	

BRAIN-SUR-L'AUTHION

✉ 49800 – ᗱᒪᒫ G4 – 2 803 h. – alt. 22
Paris 291 – Angers 16 – Baugé 28 – Doué-la-Fontaine 38 – Longué 28 – Saumur 39.

Escapades Terre Océane Caroline 17 juin-16 sept.
🕾 02 41 80 42 18, *info@campingterreoceane.com*,
Fax 02 41 79 03 93, *www.campingterreoceane.com*
– **R** conseillée
3,5 ha (121 empl.) plat, herbeux
Tarif : 📧 12 € – pers. suppl. 3 € – frais de réservation 25 €
Pour s'y rendre : Sortie Sud par D 113, rte de la Bohalle, à
100 m de l'Authion

Nature : 🏞 ♀	
Loisirs : 🎲 🏓	
Services : 🔥 🛒 📺 🏧 🛁 🏊 ♿ 🔲	
À prox. : 🎣 terrain omnisports, piste de skate-board	

BRISSAC-QUINCÉ

✉ 49320 – 317 G4 – 2 296 h. – alt. 65
🛈 Office de tourisme, 8, place de la République 𝒫 02 41 91 21 50, Fax 02 41 91 28 12
Paris 307 – Angers 18 – Cholet 62 – Doué-la-Fontaine 23 – Saumur 39.

⛰ **L'Étang** 15 mai-15 sept.
𝒫 02 41 91 70 61, info@campingetang.com,
Fax 02 41 91 72 65, www.campingetang.com – **R** conseillée
3,5 ha (150 empl.) plat, herbeux, petit étang
Tarif : 🔲 29 € – pers. suppl. 6,50 € – frais de réservation 12 €
Location (15 avr.-3 oct.) 🏖 : 13 🚐 (4 à 6 pers.) 280 à
650 €/sem.
🚐 1 borne
Pour s'y rendre : NE : 2 km par D 55 rte de St-Mathurin et
chemin à droite, bord de l'Aubance et près d'un étang
À savoir : Emplacements spacieux et confortables, sur les
terres d'une ancienne ferme

| Nature : 🐾 🏕 |
| Loisirs : 🏠 🚲 🛝 (couverte hors saison) |
| Services : 🚿 ⚡ 🅖🅑 🚗 🏛 🗄 🚽 ⊛ 🔲 |
| À prox. : ⛸ petit parc de loisirs |

Si vous désirez réserver un emplacement pour vos vacances,
faites-vous préciser au préalable les conditions particulières de séjour,
les modalités de réservation, les tarifs en vigueur et les conditions de paiement.

CHALLAIN-LA-POTHERIE

✉ 49440 – 317 C3 – 774 h. – alt. 58
Paris 340 – Ancenis 36 – Angers 47 – Château-Gontier 42.

⛺ **Municipal de l'Argos** mai-sept.
𝒫 02 41 94 12 64, Fax 02 41 94 12 48 – **R** conseillée
0,8 ha (20 empl.) plat, herbeux, non clos, plat, herbeux
Tarif : (Prix 2005) 🔲 6 € – pers. suppl. 1,50 €
Pour s'y rendre : Au Nord-Est du bourg par D 73, rte de
Loiré
À savoir : Agréable situation près d'un étang et à proximité
du château

| Nature : ⪡ 🏕 ♀ |
| Loisirs : 🏄 🐾 |
| Services : 🚿 ⊛ |

580

CHALONNES-SUR-LOIRE

✉ 49290 – 317 E4 – G. Châteaux de la Loire – 5 594 h. – alt. 25
🛈 Office de tourisme, 3 bis, rue Carnot 𝒫 02 41 78 60 78, Fax 02 41 78 26 92
Paris 322 – Nantes 82 – Angers 26 – Cholet 40 – Laval 94.

⛺ **Escapades Terre Océane Le Landais** 17 juin-16
sept.
𝒫 02 41 78 02 27, info@campingterreoceane.com,
Fax 02 41 78 94 07, www.campingterreoceane.com
– **R** conseillée
3 ha (210 empl.) plat, herbeux
Tarif : 🔲 12 € – pers. suppl. 3 € – frais de réservation 25 €
Pour s'y rendre : E : 1 km par D 751, rte des Ponts-de-Cé,
bord de la Loire et près d'un plan d'eau

| Nature : ♀ |
| Loisirs : 🏠 🐾 |
| Services : 🚿 🗄 🔥 ⊛ 🔲 |
| À prox. : 🛒 🚲 🍴 🏖 🛝 canoë |

CHÂTEAUNEUF-SUR-SARTHE

✉ 49330 – 317 G2 – 2 409 h. – alt. 20
🛈 Office de tourisme, quai de la Sarthe 𝒫 02 41 69 82 89
Paris 278 – Angers 31 – Château-Gontier 25 – La Flèche 33.

⛺ **Municipal du Port** mai-sept.
𝒫 02 41 69 82 02, Fax 02 41 96 15 29 – **R** conseillée
1 ha (60 empl.) plat, herbeux
Tarif : (Prix 2005) 🔲 9,15 € – pers. suppl. 2,15 €
Pour s'y rendre : Sortie Sud-Est par D 859, rte de Durtal et
2ème chemin à droite après le pont, bord de la Sarthe (halte
nautique)

| Nature : 🏕 ♀ |
| Services : 🚿 ⚡ 🗄 🔥 ⊛ 🔲 |

CHEMILLÉ

✉ 49120 – ⬛⬛⬛ E5 – 6 169 h. – alt. 84
🛈 *Office de tourisme, 5, rue de l'Arzille* 𝄢 *02 41 46 14 64, Fax 02 41 46 03 46*
Paris 331 – Angers 43 – Cholet 22 – Saumur 60.

⚠ **Hôtellerie de Plein Air de Coulvée** mai-15 sept.
𝄢 02 41 30 39 97, *camping-chemille-49@wanadoo.fr*,
Fax 02 41 30 39 00, *www.cc-region-chemille.fr* – **R** conseillée
2 ha (42 empl.) plat, herbeux
Tarif : 🖃 12,80 € – pers. suppl. 2,90 €
Location (permanent) : 12 🏚 (4 à 6 pers.) 150 à
375 €/sem.
Pour s'y rendre : Sortie Sud par N 160, rte de Cholet et
chemin à droite, près d'un plan d'eau

Nature : 🖂
Services : ♿ ⛺ 🖫 ⊛ ♨ 🚿 🏺
À prox. : 🏊 🏊

*La catégorie (1 à 5 tentes, **noires** ou rouges) que nous attribuons
aux terrains sélectionnés dans ce guide est une appréciation qui nous est propre.
Elle ne doit pas être confondue avec le classement (1 à 4 étoiles)
établi par les services officiels.*

CHOLET

✉ 49300 – ⬛⬛⬛ D6 – G. Châteaux de la Loire – 54 204 h. – alt. 91 – Base de loisirs
🛈 *Office de tourisme, place Rougé* 𝄢 *02 41 49 80 00*
Paris 353 – Ancenis 49 – Angers 64 – Nantes 60 – Niort 131 – La Roche-sur-Yon 70.

⛰⛰ **Centre Touristique Lac de Ribou** avr.-sept.
𝄢 02 41 49 74 30, *lacderibou@cholet-sports-loisirs.fr*,
Fax 02 41 58 21 22, *www.cholet-sports-loisirs.fr* – **R** conseillée
5 ha (162 empl.) plat et peu incliné, herbeux
Tarif : 🖃 23,28 € – pers. suppl. 4,69 € – frais de réservation 15,60 €
Location (permanent) 🏊 : 14 🏚 (4 à 6 pers.) 240,50 à
525 €/sem. – 30 🏚 (4 à 6 pers.) 345 à 630 €/sem. – gîtes
🚐 1 borne 4,70 €
Pour s'y rendre : SE : 5 km par D 20, rte de Maulevrier et
D 600 à droite
À savoir : À 100 m du lac (accès direct)

Nature : 🌿 🖂
Loisirs : 🍷 ✗ 🏛 🖳 nocturne 🏃 🏹 ✂ ⛴ 🏊
Services : ♿ ⛺ ⊖🖪 ✂ ▥ 🖫 ⊛ ♨ 🚿 🏺 sèche-linge 🧺
À prox. : 🎣 ⛴ 🐎 🏌 practice de golf

581

Gabarre mouillant sur la Loire

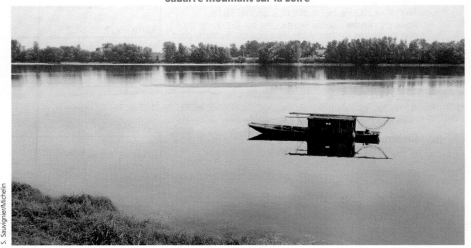

S. Sauvignier/Michelin

CONCOURSON-SUR-LAYON

49700 – **317** G5 – 546 h. – alt. 55
Paris 332 – Angers 44 – Cholet 45 – Saumur 25.

La Vallée des Vignes 19 mars-15 oct.
02 41 59 86 35, *campingvdv@wanadoo.fr*,
Fax 02 41 59 09 83, *www.campingvdv.com* – **R** indispensable
3,5 ha (63 empl.) plat, herbeux
Tarif : 23 € (10A) – pers. suppl. 4,50 € – frais de réservation 10 €
Location : 3 (4 à 6 pers.) 230 à 570 €/sem.
1 borne
Pour s'y rendre : O : 0,9 km par D 960, rte de Vihiers et rte à droite après le pont, bord du Layon
À savoir : Cadre champêtre

Nature :
Loisirs : nocturne
Services :

COUTURES

49320 – **317** G4 – 478 h. – alt. 81
Paris 303 – Angers 25 – Baugé 35 – Doué-la-Fontaine 23 – Longué 22 – Saumur 29.

Parc de Montsabert 29 avr.-15 sept.
02 41 57 91 63, *camping@parcdemontsabert.com*,
Fax 02 41 57 90 02, *www.parcdemontsabert.com*
– **R** conseillée
5 ha (159 empl.) plat et peu incliné, herbeux, pierreux, sous bois
Tarif : 23,80 € – pers. suppl. 3 €
Location : 20 (4 à 6 pers.) 295 à 680 €/sem.
Pour s'y rendre : NE : 1,5 km, près du château de Montsabert
À savoir : Agréable parc boisé

Nature :
Loisirs : snack
(couverte hors saison) swin golf
Services :

582

DOUÉ-LA-FONTAINE

49700 – **317** H5 – G. Châteaux de la Loire – 7 450 h. – alt. 75
Office de tourisme, 30, place des Fontaines 02 41 59 20 49, Fax 02 41 59 93 85
Paris 322 – Angers 40 – Châtellerault 86 – Cholet 50 – Saumur 19 – Thouars 30.

Municipal le Douet avr.-sept.
02 41 59 14 47 – **R** conseillée
2 ha (148 empl.) plat, herbeux
Tarif : (Prix 2005) 2,61 € 2,87 € (10A) 3,43 €
Pour s'y rendre : Sortie Nord-Ouest par D 761, rte d'Angers et chemin à droite. Attenant au parc des sports, bord du Doué

Nature :
Loisirs :
Services : (15 juin-15 sept.)
À prox. :

DURTAL

49430 – **317** H2 – G. Châteaux de la Loire – 3 224 h. – alt. 39
Syndicat d'initiative, Vitrine du Pays Baugeois 02 41 76 37 26, Fax 02 41 76 37 26
Paris 261 – Angers 38 – La Flèche 14 – Laval 66 – Le Mans 63 – Saumur 66.

International Pâques-sept.
02 41 76 31 80, *contact@camping-durtal.com*,
Fax 02 41 76 32 67, *www.camping-durtal.com* – **R** conseillée
3,5 ha (125 empl.) plat, herbeux
Tarif : (Prix 2005) 10 € (6A) – pers. suppl. 3 €
Location : bungalows toilés
Pour s'y rendre : Sortie Nord-Est par rte de la Flèche et rue à droite
À savoir : Situation et cadre agréables en bordure du Loir

Nature :
Loisirs :
Services :
À prox. :

Le LION-D'ANGERS

✉ 49220 – 317 E3 – G. Châteaux de la Loire – 3 347 h. – alt. 45
🛈 *Office de tourisme, rue de la Mairie* ℰ *02 41 95 83 19, Fax 02 41 95 17 82*
Paris 295 – Angers 27 – Candé 27 – Château-Gontier 22 – La Flèche 51.

⚠ **Municipal les Frênes** 15 mai-oct.
　　ℰ 02 41 95 31 56 – ℞
　　2 ha (94 empl.) plat, herbeux
　　Tarif : ✸ 1,76 € 回 1,86 € ⚡ (10A) 2,35 €
　　Pour s'y rendre : Sortie Nord-Est par N 162, rte de Châ-
　　teau-Gontier
　　À savoir : Au milieu de frênes majestueux, au bord de
　　l'Oudon

> Nature : ♀
> Loisirs : 🏠 🚣
> Services : ❹ ⚙ (juil.-août) 🐾 ⊚
> À prox. : 🏇 hippodrome

MONTREUIL-BELLAY

✉ 49260 – 317 I6 – G. Châteaux de la Loire – 4 112 h. – alt. 50
🛈 *Office de tourisme, place du Concorde* ℰ *02 41 52 32 39, Fax 02 41 52 32 35*
Paris 335 – Angers 54 – Châtellerault 70 – Chinon 39 – Cholet 61 – Poitiers 80 – Saumur 16.

⚠⚠ **Les Nobis** avr.-oct.
　　ℰ 02 41 52 33 66, *campinglesnobis@yahoo.fr,*
　　Fax 02 41 38 72 88, *www.campinglesnobis.com* – ℞ conseil-
　　lée
　　4 ha (165 empl.) plat, terrasse, herbeux
　　Tarif : 回 18,90 € – pers. suppl. 3,50 €
　　Location : 20 🚐 (4 à 6 pers.) 335 à 487 €/sem.
　　Pour s'y rendre : Sortie Nord-Ouest, rte d'Angers et che-
　　min à gauche avant le pont
　　À savoir : Situation agréable sur les rives du Thouet et au
　　pied des remparts du château

> Nature : ♀♀
> Loisirs : 🍴 ✗ 🏠 🚣 🎣
> Services : ❹ ⊶ GB 🐾 🍽 🔺 ⌂ ⊚
> 🖼
> À prox. : 🏇 🛶 pédalos, canoë

Raadpleeg, voordat U zich op een kampeerterrein installeert,
de tarieven die de beheerder verplicht
is bij de ingang van het terrein aan te geven.
Informeer ook naar de speciale verblijfsvoorwaarden.
De in deze gids vermelde gegevens kunnen
sinds het verschijnen van deze heredtie gewijzigd zijn.

583

MONTSOREAU

✉ 49730 – 317 J5 – G. Châteaux de la Loire – 544 h. – alt. 77
🛈 *Office de tourisme, avenue de la Loire* ℰ *02 41 51 70 22*
Paris 292 – Angers 75 – Châtellerault 65 – Chinon 18 – Poitiers 82 – Saumur 11 – Tours 56.

⚠⚠ **L'Isle Verte** mars-oct.
　　ℰ 02 41 51 76 60, *isleverte@wanadoo.fr,*
　　Fax 02 41 51 08 83, *www.cutloisirs.com* – ℞ conseillée
　　2,5 ha (105 empl.) plat, herbeux
　　Tarif : 回 19,80 € ⚡ (16A) – pers. suppl. 3,20 € – frais de
　　réservation 12 €
　　🚐 1 borne 6 €
　　Pour s'y rendre : Sortie Nord-Ouest par D 947, rte de
　　Saumur, bord de la Loire

> Nature : ♀♀
> Loisirs : 🏠 🚣 ※ 🎣
> Services : ❹ ⊶ GB 🐾 🍽 ⌂ ⊚ 🖼
> 🧹

NOYANT-LA-GRAVOYÈRE

✉ 49520 – 317 D2 – 1 761 h. – alt. 95
Paris 317 – Ancenis 46 – Angers 49 – Châteaubriant 34 – Laval 57 – Rennes 81 – Vitré 55.

⚠ **Parc de St-Blaise** 29 avr.-sept.
　　ℰ 02 41 61 75 39, Fax 02 41 61 73 05
　　1,2 ha (50 empl.) en terrasses, herbeux
　　Tarif : ✸ 3 € 回 2,50 € ⚡ (5A) 2,50 €
　　Pour s'y rendre : N : 0,7 km à 200 m d'un étang (accès
　　direct) et à proximité du site de la Mine Bleue

> Nature : 🌳 ≤ 🏞
> Loisirs : 🍴 🚣
> Services : ❹ ⊶ 🐾 🍽 ⊚
> À prox. : ✗ 🏇 🚤 🏊 🎣 pédalos,
> canoë

NYOISEAU

✉ 49500 – 3⒘ D2 – G. Châteaux de la Loire – 1 275 h. – alt. 40
Paris 316 – Ancenis 50 – Angers 47 – Châteaubriant 39 – Laval 47 – Rennes 86 – Vitré 55.

⚑ **La Rivière**
℘ 02 41 92 26 77, Fax 02 41 92 26 65 – **R** conseillée
1 ha (25 empl.) plat, herbeux
Pour s'y rendre : SE : 1,2 km par D 71, rte de Segré et rte à
gauche, bord de l'Oudon

> Nature : 🏞 ⚤
> Loisirs : 🏠 🛶
> Services : 🚿 🛒 🏪 ⊕
> À prox. : 🚵 piste de bi-cross

Les PONTS-DE-CÉ

✉ 49130 – 3⒘ F4 – G. Châteaux de la Loire – 11 387 h. – alt. 25
Paris 302 – Nantes 92 – Angers 7 – Cholet 57 – Laval 84.

⚑ **Île du Château** avr.-sept.
℘ 02 41 44 62 05, ile-du-chateau@wanadoo.fr,
Fax 02 41 44 62 05, www.camping-ileduchateau.com – **R**
indispensable
2,3 ha (135 empl.) plat, herbeux, jardin public attenant
Tarif : 🔲 16,10 € 🔌 (6A) – pers. suppl. 2,80 €
Location 🏕 : bungalows toilés
🚐
Pour s'y rendre : Sur l'île du château
À savoir : Cadre arboré, près de la Loire

> Nature : 🏕 ⚤
> Loisirs : snack 🏠 🎯 🛶 🎣
> Services : 🚿 🛒 GB 🏪 🏪 🗑 ⊕ 🚰 🛠
> ♨ 🖨
> À prox. : ✂ 🏊 ⚓ 🛶 canoë

PRUILLÉ

✉ 49220 – 3⒘ F3 – 531 h. – alt. 30
Paris 308 – Angers 22 – Candé 34 – Château-Gontier 33 – La Flèche 65.

⚑ **Municipal le Port** juil.-août
℘ 02 41 32 67 29, mairie.pruille@wanadoo.fr,
Fax 02 41 32 40 28 – **R** conseillée
1,2 ha (41 empl.) plat, herbeux
Tarif : (Prix 2005) ⚹ 1,50 € 🔲 1,80 € 🔌 1,60 €
Pour s'y rendre : Au Nord du bourg, bord de la Mayenne
(halte nautique)

> Nature : 🏞 ⚲
> Loisirs : ✂
> Services : 🗑 🔥 ⊕

Les ROSIERS-SUR-LOIRE

✉ 49350 – 3⒘ H4 – G. Châteaux de la Loire – 2 242 h. – alt. 22
🛈 Syndicat d'initiative, place du Mail ℘ 02 41 51 90 22
Paris 304 – Angers 32 – Baugé 27 – Bressuire 66 – Cholet 80 – La Flèche 45 – Saumur 18.

⚑ **Le Val de Loire**
℘ 02 41 51 94 33, Fax 02 41 51 89 13 – **R** conseillée
3,5 ha (110 empl.) plat, herbeux
Location : 🚐 – 🏠
Pour s'y rendre : Sortie Nord par D 59, rte de Beaufort-en-
Vallée, près du carrefour avec la D 79
À savoir : Agréable cadre verdoyant

> Nature : 🏕 ⚲
> Loisirs : 🏠 🚲 🛶
> Services : 🚿 🛒 🗑 🛠 ⊕ 🚰 ♨ 🖨
> À prox. : ✂ 🚵 🛶

ST-GEORGES-SUR-LAYON

✉ 49700 – 3⒘ G5 – 591 h. – alt. 65
Paris 328 – Angers 39 – Cholet 45 – Saumur 27 – Thouars 36.

⚑ **Les Grésillons** avr.-sept.
℘ 02 41 50 02 32, camping.stgeorgessurlayon@wana
doo.fr, Fax 02 41 50 03 16 – **R** conseillée
1,5 ha (43 empl.) peu incliné et en terrasses, herbeux
Tarif : 🔲 11,80 € 🔌 (10A) – pers. suppl. 2,85 €
Location : huttes
Pour s'y rendre : S : 0,8 km par D 178, rte de Concourson-
sur-Layon et chemin à droite, à proximité de la rivière

> Nature : 🏞 ≤
> Loisirs : 🚲 🛶 (petite piscine) 🎣
> Services : 🚿 🛒 (juil.-août) 🏪 🗑 ⊕
> 🖨

ST-HILAIRE-ST-FLORENT

✉ 49400 – 317 I5 – G. Châteaux de la Loire
Paris 324 – Nantes 131 – Angers 45 – Tours 72 – Cholet 72.

Chantepie 15 mai-15 sept.
℘ 02 41 67 95 34, *info@campingchantepie.com*,
Fax 02 41 67 95 85, *www.campingchantepie.com* – **R** indispensable
10 ha/5 campables (150 empl.) plat, herbeux
Tarif : ▣ 29 € – pers. suppl. 6,50 € – frais de réservation 15 €
Location : 12 ▥ (4 à 6 pers.) 350 à 565 €/sem. – bungalows toilés
🚐 1 borne
Pour s'y rendre : NO : 5,5 km par D 751, rte de Gennes et chemin à gauche, à la Mimerolle

> Nature : 🏞 < vallée de la Loire ⌂
> Loisirs : 🍸 snack 🏠 🏕 🎯 🚲 🔲
> 🔲 🔲 poneys piste de bi-cross
> Services : ⚒ ⚬ GB 🔧 🔲 🔲 🔲 🔲
> 🔲 🔲

Benutzen Sie
– zur Wahl der Fahrtroute
– zur Berechnung der Entfernungen
– zur exakten Lokalisierung eines Campingplatzes (mit Hilfe der Angaben im Ortstext)
*die für diesen Führer unentbehrlichen **MICHELIN-Karten** im Ma1 : 150 000.*

ST-LAMBERT-DU-LATTAY

✉ 49750 – 317 F5 – G. Châteaux de la Loire – 1 466 h. – alt. 63
🛈 *Syndicat d'initiative, étang de la Coudray* ℘ 02 41 78 44 26
Paris 315 – Ancenis 54 – Angers 26 – Cholet 39 – Doué-la-Fontaine 33.

S.I. la Coudraye avr.-4 nov.
℘ 02 41 78 44 26 – **R** conseillée
0,5 ha (20 empl.) peu incliné, herbeux
Tarif : ▣ 10,90 € 🔌 (10A) – pers. suppl. 2,20 €
Location : huttes
Pour s'y rendre : Au Sud du bourg, près d'un étang

> Nature : 🏞 ⌂
> Loisirs : 🎯
> Services : ⚒ ⚬ (juil.-août) 🔧 🔲 🔲
> 🔲 🔲 🔲 🔲
> À prox. : 🎣

585

SAUMUR

✉ 49400 – 317 I5 – G. Châteaux de la Loire – 29 857 h. – alt. 30
🛈 *Office de tourisme, place de la Bilange* ℘ 02 41 40 20 60
Paris 300 – Angers 67 – Châtellerault 76 – Cholet 70 – Le Mans 124 – Poitiers 97 – Tours 64.

L'Île d'Offard avr.-sept.
℘ 02 41 40 30 00, *iledoffard@wanadoo.fr*,
Fax 02 41 67 37 81, *www.cutloisirs.com* – **R** conseillée
4,5 ha (258 empl.) plat, herbeux
Tarif : ▣ 26 € – pers. suppl. 5 € – frais de réservation 12 €
Location 🐾 : ⌂
🚐 1 borne 8 €
Pour s'y rendre : Accès par centre ville
À savoir : Situation agréable à la pointe de l'Île avec vue sur le château

> Nature : < ⌂ 🔲
> Loisirs : 🍸 brasserie 🏠 🏕 🎯
> 🚲 🔲 🔲 🔲 (olympique) 🎣
> Services : ⚒ ⚬ GB 🔧 🔲 🔲 🔲 🔲
> 🔲 🔲 🔲 🔲
> À prox. : 🛶 canoë

THOUARCÉ

✉ 49380 – 317 G5 – 1 682 h. – alt. 35
🛈 *Syndicat d'initiative, Mairie* ℘ 02 41 54 14 36, *Fax 02 41 54 09 11*
Paris 318 – Angers 29 – Cholet 43 – Saumur 38.

Municipal de l'Écluse 15 avr.-15 sept.
℘ 02 41 54 14 36, *mairie.thouarce@wanadoo.fr*,
Fax 02 41 54 09 11 – **R**
0,5 ha (30 empl.) plat, herbeux
Tarif : (Prix 2005) ▣ 5,90 € – pers. suppl. 1,40 €
Pour s'y rendre : Au Sud-Ouest du bourg par av. des Trois-Epis, bord du Layon

> Nature : 🔲🔲
> Loisirs : 🎣
> Services : ⚬ (juil.-août) 🔧 🔲
> À prox. : 🛶 🔲

La VARENNE

✉ 49270 – ▨▨▨ B5 – 1 366 h. – alt. 65

🛈 *Syndicat d'initiative, Mairie* 𝄞 *02 40 98 51 04*

Paris 361 – Ancenis 15 – Clisson 32 – Nantes 26.

⚠ **Municipal des Grenettes** juin-15 sept.
  𝄞 02 40 98 58 92, *mairie-lavarenne@wanadoo.fr*,
  Fax 02 40 98 53 06 – **R** conseillée ✂
  0,7 ha (20 empl.) plat, peu incliné, herbeux
  Tarif : 🛉 1,53 € 🔲 3,60 € 🔋 1,66 €
  Pour s'y rendre : Sortie Est rte de Champtoceaux puis à
  gauche 2 km par rte du bord de Loire

Nature : ⛲ ⌁ ♀
Services : ☞ (juil.-août) ♂✓ ⊛
À prox. : ✗

VARENNES-SUR-LOIRE

✉ 49730 – ▨▨▨ J5 – 1 800 h. – alt. 27

Paris 292 – Bourgueil 15 – Chinon 22 – Loudun 30 – Saumur 11.

⚠ **L'Étang de la Brèche** 15 mai-15 sept.
  𝄞 02 41 51 22 92, *mail@etang-breche.com*,
  Fax 02 41 51 27 24, *www.etang-breche.com* – **R** conseillée
  14 ha/7 campables (201 empl.) plat, herbeux, sablonneux
  Tarif : 🔲 33 € 🔋 (10A) – pers. suppl. 7 € – frais de réservation 15 €
  Pour s'y rendre : O : 6 km par D 85, N 152, rte de Saumur
  et chemin à droite
  À savoir : Cadre et situation agréables au bord d'un étang

Nature : ⛲ ⌁ ♀
Loisirs : 🛉 ✗ 🎱 ⓓ nocturne 🏃 🐎 🚲 ✗ ♏ 🏊 ⛷ 🕊 swin-golf, terrain omnisports
Services : ⚕ ☞ GB ♂✓ 🗑 ⊛ ⊛ ⚶ 🖵 🖩 ⚱ ⚓

*Donnez-nous votre avis
sur les terrains que nous recommandons.
Faites-nous connaître vos observations et vos découvertes.*

586

VIHIERS

✉ 49310 – ▨▨▨ F6 – 3 992 h. – alt. 100

Paris 334 – Angers 45 – Cholet 29 – Saumur 40.

⚠ **Municipal de la Vallée du Lys** déb. juin-fin août
  𝄞 02 41 75 00 14, Fax 02 41 75 58 01 – **R** conseillée
  0,3 ha (30 empl.) plat, herbeux
  Tarif : (Prix 2005) 🛉 2,02 € 🔲 2,52 € 🔋 1,91 €
  Pour s'y rendre : Sortie Ouest par D 960, rte de Cholet puis
  D 54 à droite rte de Valanjou, bord du Lys

Nature : ⛲ ♀
Loisirs : 🎱 🏃 ♏
Services : ⚕ ♂✓ ⊛

Mayenne (53)

AMBRIÈRES-LES-VALLÉES

✉ 53300 – ▨▨▨ F4 – 2 903 h. – alt. 144

🛈 *Syndicat d'initiative, 9, rue de la Chaussée* 𝄞 *02 43 08 93 28*

Paris 248 – Alençon 60 – Domfront 22 – Fougères 46 – Laval 42 – Mayenne 13 – Mortain 69.

⚠ **Municipal de Vaux** 3 avr.-23 sept.
  𝄞 02 43 04 90 25, *otsiambrieres@wanadoo.fr*,
  Fax 02 43 08 93 28 – **R** conseillée
  1,5 ha (61 empl.) plat et en terrasses, herbeux, gravillons
  Tarif : (Prix 2005) 🔲 12,50 € – pers. suppl. 2,70 €
  Location (permanent) : 5 🛏 (4 à 6 pers.) 195 à
  295 €/sem. – 20 🏠 (4 à 6 pers.) 230 à 385 €/sem.
  Pour s'y rendre : SE : 2 km par D 23, rte de Mayenne et à
  gauche, à la piscine
  À savoir : Agréable parc boisé au bord de la Varenne (plan
  d'eau)

Nature : ⛲ ⌁ ♀♀
Loisirs : 🎱 🚲
Services : ⚕ ☞ GB ♂✓ 🗑 ⊛ ⚶ ⚓ 🖩 sèche-linge
À prox. : 🏃 🕊 ✗ ♏ 🏊 ⛷ 🕊 🐎 canoë

ANDOUILLÉ

✉ 53240 – ▨▨▨ E5 – 2 042 h. – alt. 103
Paris 282 – Fougères 42 – Laval 15 – Mayenne 23 – Rennes 85 – Vitré 48.

⚠ **Municipal le Pont** 25 mars-oct.
   ✆ 02 43 01 18 10, *mairie.and53@wanadoo.fr*,
Fax 02 43 68 77 77 – **⋔**
0,8 ha (31 empl.) plat, herbeux
Tarif : (Prix 2005) ⛺ 1,29 € 🔲 1,29 € [⚡] 1,18 €
Location (permanent) : 4 🏠 (4 à 6 pers.) 153 à
271 €/sem.
Pour s'y rendre : Par D 104, rte de St-Germain-le-Fouilloux,
attenant au jardin public, bord de l'Ernée

Nature : ⌑ ♀
Services : ♿ ⚬⌐ (juil.-août) ⌁ 🗊 ⚲
☺ 🖻
À prox. : 🏇 parcours de santé

BAIS

✉ 53160 – ▨▨▨ G5 – 1 487 h. – alt. 183
🏠 *Syndicat d'initiative, rue du Château* ✆ 02 43 37 02 41
Paris 250 – Laval 44 – Le Mans 54 – Mayenne 20 – Sablé-sur-Sarthe 54.

⚠ **Municipal Claires Vacances** 15 mai-15 sept.
   ✆ 02 43 37 02 41, *otsi.bais@wanadoo.fr*, Fax 02 43 37 02 41
– **⋔** conseillée
1 ha (20 empl.) plat, herbeux
Tarif : (Prix 2005) 🔲 4,80 € – pers. suppl. 1,60 €
Pour s'y rendre : Sortie Ouest par D 241 rte d'Hambers
À savoir : Cadre ombragé et verdoyant, près d'un étang

Nature : ⌑ ♀♀
Loisirs : ✂ ⚒ ⤳
Services : ⚬⌐ ⌁ ☺ ⚲ 🖻

Benutzen Sie
– zur Wahl der Fahrtroute
– zur Berechnung der Entfernungen
– zur exakten Lokalisierung eines Campingplatzes (mit Hilfe der Angaben im Ortstext)
die für diesen Führer unentbehrlichen **MICHELIN-Karten** *im Ma1 : 150 000.*

587

BOUÈRE

✉ 53290 – ▨▨▨ G7 – 907 h. – alt. 81

⚠ **Village Vacances nature et jardin** (location
exclusive de 11 chalets) Permanent
   ✆ 02 43 06 08 56, *vvnj@wanadoo.fr*, Fax 02 43 06 24 37,
www.paysmeslaygrez.fr – empl. traditionnels également
disponibles – **⋔** conseillée
3 ha plat, peu incliné, herbeux
Location : 🏠 (4 à 6 pers.) 235 à 395 €/sem.
Pour s'y rendre : Au bourg, sortie Sud par D 14 rte de
St-Denis-d'Anjou, au bord d'un plan d'eau
À savoir : Des ateliers Nature et Jardin sont proposés toute
l'année

Nature : ⤳ ⌑
Loisirs : 🎱 ♱ 🚲 ⤳
Services : ⚬⌐ ⌁ 🖻
À prox. : 🏇 🎿 ⛴

CHÂTEAU-GONTIER

✉ 53200 – ▨▨▨ E8 – G. Châteaux de la Loire – 11 131 h. – alt. 33
🏠 *Office de tourisme, quai d'Alsace* ✆ 02 43 70 42 74
Paris 288 – Angers 50 – Châteaubriant 56 – Laval 30 – Le Mans 95 – Rennes 107.

⚠ Le Parc
   ✆ 02 43 07 35 60, *camping.parc@cc-chateau-gontier.fr*,
Fax 02 43 70 38 94, *www.sud-mayenne.com* – **⋔** conseillée
2 ha (55 empl.) plat et peu incliné, herbeux
Location : 10 🏠 – 🛏
Pour s'y rendre : N : 0,8 km par N 162 rte de Laval, près du
complexe sportif
À savoir : Emplacements bordés d'une grande variété d'arbres et de la Mayenne

Loisirs : 🎱 🚲 -⛴ ⤳
Services : ⚬⌐ ☺
À prox. : mur d'escalade, canoë

CRAON

✉ 53400 – **310** D7 – 4 659 h. – alt. 75

🛈 *Syndicat d'initiative, 4, rue du Mûrier* 𝒫 *02 43 06 10 14*

Paris 309 – Fougères 70 – Laval 29 – Mayenne 60 – Rennes 73.

⚠ **Municipal** mai-15 sept.
  𝒫 02 43 06 96 33, *contact@ville-craon53.fr*,
  Fax 02 43 06 39 20, *www.ville-craon53.fr* – **R** conseillée
  1 ha (51 empl.) plat, herbeux
  Tarif : (Prix 2005) 🔲 11,28 € – pers. suppl. 2,83 €
  Location (permanent) : 4 🏠 (4 à 6 pers.) 169 à
  416 €/sem.
  Pour s'y rendre : E : 0,8 km rte de Château-Gontier et
  chemin à gauche
  À savoir : Cadre agréable près d'un plan d'eau

Nature : 🏕 ◌◌
Loisirs : 🏛 🏃
Services : 🚿 ⊶ 🐾 🗑 🏪 ⊕ 🖥
À prox. : 🛒 🍽 ✕ 🍴 🗾 🏊 🛶 ♒ 🐎

---

*Utilisez les **cartes MICHELIN** détaillées à 1/150 000,*
complément indispensable de ce guide.
(Ø) *Ce symbole signale la localité sélectionnée*
*dans le **guide Michelin « CAMPING CARAVANING FRANCE ».***

DAON

✉ 53200 – **310** F8 – G. Châteaux de la Loire – 440 h. – alt. 42 – Base de loisirs

Paris 292 – Angers 46 – Château-Gontier 11 – Châteauneuf-sur-Sarthe 15 – Segré 23.

⚠ **Municipal**
  𝒫 02 43 06 94 78, *tourisme@sud-mayenne.com*,
  Fax 02 43 70 36 05, *www.sud-mayenne.com* – **R** conseillée
  1,8 ha (98 empl.) plat, herbeux
  Location : 10 🏠
  Pour s'y rendre : Sortie Ouest par D 213 rte de la Ricoul-
  lière et à droite avant le pont, près de la Mayenne

Nature : 🏞 🌳
Loisirs : 🏛
Services : 🚿 ⊶ 🗑 ⊕ 🖥
À prox. : 🍽 ✕ 🏃 🗾 🏊 ♒ pé-dalos halte nautique (port de plai-sance)

588

ÉVRON

✉ 53600 – **310** G6 – G. Normandie Cotentin – 7 283 h. – alt. 114

🛈 *Office de tourisme, place de la Basilique* 𝒫 *02 43 01 63 75, Fax 02 43 01 63 75*

Paris 250 – Alençon 58 – La Ferté-Bernard 98 – La Flèche 69 – Laval 32 – Le Mans 55 – Mayenne 25.

⚠ **Municipal de la Zone Verte** Permanent
  𝒫 02 43 01 65 36, *camping@evron.fr*, Fax 02 43 37 46 20
  – **R** conseillée
  3 ha (92 empl.) plat et peu incliné, herbeux, gravillons
  Tarif : (Prix 2005) 🔲 10,30 € – pers. suppl. 1,90 €
  Location : 11 🏠 (4 à 6 pers.) 200 à 330 €/sem.
  🚐 1 borne 1,60 € – 5 🔲
  Pour s'y rendre : Sortie Ouest, bd du Maréchal-Juin

Nature : 🏕 🌳
Loisirs : 🏛 🏃 🎯 parcours spor-tif
Services : ⊶ 🐾 🗑 🏪 ⊕ 🛁 🚰 🖥
À prox. : 🛒 ✕ 🗾 🏊 🛶

LAVAL

✉ 53000 – **310** E6 – G. Normandie Cotentin – 50 947 h. – alt. 65

🛈 *Office de tourisme, 1, allée du Vieux Saint-Louis* 𝒫 *02 43 49 46 46, Fax 02 43 49 46 21*

Paris 280 – Angers 79 – Caen 148 – Le Mans 86 – Nantes 134 – Rennes 76 – St-Nazaire 153.

⚠ **S.I. le Potier** fin avr.-fin sept.
  𝒫 02 43 53 68 86, *office.tourisme@mairie-laval.fr*,
  Fax 02 43 49 46 21, *www.laval-tourisme.com* – **R** conseillée
  1 ha (42 empl.) plat et en terrasses, herbeux, verger
  attenant
  Tarif : 🔲 8,10 € – pers. suppl. 2,70 €
  Pour s'y rendre : S : 4,5 km par rte d'Angers et à droite
  après Thévalles, accès direct à la Mayenne. Par A 81, sortie 3
  Laval-Est, puis direction Angers
  À savoir : Beaux emplacements, décoration florale et ar-
  bustive

Nature : 🏕 🌳
Loisirs : 🏛 🏃
Services : 🚿 ⊶ (juil.-août) 🆑 🐾 🗑 ⊕ 🖥 sèche-linge
À prox. : 🛒 🍴 ✕ 🗾 🏊 🛶 ♒ 🐎 golf

MAYENNE

✉ 53100 – **3⃞1⃞0⃞** F5 – G. Normandie Cotentin – 13 724 h. – alt. 124
🛈 *Office de tourisme, quai de Waiblingen* ☎ *02 43 04 19 37, Fax 02 43 00 01 99*
Paris 283 – Alençon 61 – Flers 56 – Fougères 47 – Laval 30 – Le Mans 89.

⛰ **Intercommunal du Gué St-Léonard** 15 mars-sept.
☎ *02 43 04 57 14, tourism-pays-mayenne@wanadoo.fr,*
Fax 02 43 30 21 10 – **R** conseillée
1,8 ha (70 empl.) plat, herbeux
Tarif : 🖭 12,60 € – pers. suppl. 2 €
Location (permanent) : 5 🛏 (4 à 6 pers.) 137 à
342 €/sem.
Pour s'y rendre : Au Nord de la ville, par av. de Loré et rue
à droite
À savoir : Situation plaisante au bord de la Mayenne

Nature : 🌳🌳
Loisirs : snack 🏓 ⛵ 🎣
Services : ⅊ ⚡ 🅶🅱 🚐 📶 🗄 🔌 ♨
🖼 sèche-linge
À prox. : 🐎 🍴 canoë

*The classification (1 to 5 tents, **black** or red) that we award to*
selected sites in this Guide is a system that is our own.
It should not be confused with the classification (1 to 4 stars) of official organisations.

MÉNIL

✉ 53200 – **3⃞1⃞0⃞** E8 – 785 h. – alt. 32
Paris 297 – Angers 45 – Château-Gontier 7 – Châteauneuf-sur-Sarthe 21 – Laval 37 – Segré 21.

⛰ **Municipal du Bac** mi-avr.-sept.
☎ *02 43 70 24 54, menil@cc-chateau-gontier.fr,*
Fax 02 43 70 24 54 – **R** conseillée
0,5 ha (39 empl.) plat, herbeux
Tarif : 🖭 8,40 € – pers. suppl. 2,60 €
Location (permanent) : 5 🛖 (4 à 6 pers.) 145 à
345 €/sem.
Pour s'y rendre : À l'Est du bourg
À savoir : Cadre et situation agréables, près de la Mayenne

Nature : 🌿 🚐 🌳(verger)
Loisirs : snack 🐎 ⛵
Services : ⅊ 📶 🗄 ♨
À prox. : pédalos

589

MESLAY-DU-MAINE

✉ 53170 – **3⃞1⃞0⃞** F7 – 2 612 h. – alt. 90
🛈 *Syndicat d'initiative, 31, boulevard du Collège* ☎ *02 43 64 24 06, Fax 02 43 98 73 06*
Paris 268 – Angers 60 – Château-Gontier 21 – Châteauneuf-sur-Sarthe 34 – Laval 23 – Segré 43.

⛰ **Districal de la Chesnaie** avr.-sept.
☎ *02 43 98 48 08, campinglachesnaie@wanadoo.fr,*
Fax 02 43 98 75 52 – **R** conseillée
7 ha/0,8 campable (60 empl.) plat, herbeux
Tarif : 🖭 10,65 € – pers. suppl. 2,95 €
Location (permanent) : 13 🛖 (4 à 6 pers.) 150 à
365 €/sem.
Pour s'y rendre : NE : 2,5 km par D 152, rte de St-Denis-du-
Maine
À savoir : Au bord d'un beau plan d'eau

Nature : 🌿 ⛰ 🚐 🌳
Loisirs : 🚲
Services : ⅊ ⚡ 📶 🗄 ♨ 🖼
à la base de loisirs : 🍴 ✕ 🏓 🛶 🐎
🚣 ⛵ 🎣 💧 swin golf, parcours de
santé, pédalos

ST-BERTHEVIN

✉ 53940 – **3⃞1⃞0⃞** E6 – 6 873 h. – alt. 108
🛈 *Syndicat d'initiative, place de l'Europe* ☎ *02 43 69 28 27, Fax 02 43 69 20 88*
Paris 289 – Nantes 128 – Laval 10 – Rennes 66 – Angers 83.

⛰ Municipal de Coupeau
☎ *02 43 68 30 70, mairie.saint-berthevin@wanadoo.fr,*
Fax 02 43 69 20 88 – **R** conseillée
0,4 ha (24 empl.) plat et terrasses, herbeux
Pour s'y rendre : Au Sud du bourg, à 150 m du Vicoin
À savoir : Situation dominante sur une vallée verdoyante
et reposante

Nature : 🌿 🚐
Loisirs : 🏓
Services : ⅊ ♨
À prox. : 🍴 🖼 🛶 parcours de
santé

La SELLE-CRAONNAISE

✉ 53800 – ▨▨▨ C7 – 882 h. – alt. 71
Paris 316 – Angers 68 – Châteaubriant 32 – Château-Gontier 29 – Laval 36 – Segré 26.

⚠ **Base de Loisirs de la Rincerie** fév.-nov.
℘ 02 43 06 17 52, larincerie@wanadoo.fr,
Fax 02 43 07 50 20, http://www.la-rincerie.com – **R** conseillée
120 ha/5 campables (50 empl.) plat, peu incliné, herbeux
Tarif : 🗉 12,40 € – pers. suppl. 2,70 €
Location (avr.-sept.) : 5 bungalows toilés
Pour s'y rendre : NO : 3,5 km par D 111, D 150, rte de Ballots et rte à gauche
À savoir : Près d'un plan d'eau, nombreuses activités nautiques

| Nature : ⌇ ≼ |
| Loisirs : diurne |
| Services : ⅏ ⚊ ⚘ ▥ 🖪 ☺ 🡒 ⚐ |
| à la base de loisirs : 🚣 🤿 ⚲ swin golf, circuit pédestre, VTT et équestre, canoë |

Utilisez le guide de l'année.

VILLIERS-CHARLEMAGNE

✉ 53170 – ▨▨▨ E7 – 859 h. – alt. 105
Paris 277 – Angers 61 – Châteaubriant 61 – Château-Gontier 12 – Laval 20 – Sablé-sur-Sarthe 32.

⚠ **Village Vacances Pêche** Permanent
℘ 02 43 07 71 68, mairie.villiers.charlemagne@wanadoo.fr,
Fax 02 43 07 72 77, www.paysmeslaygrez.fr – **R** conseillée
9 ha/1 campable (20 empl.) plat, herbeux
Tarif : (Prix 2005) 🗉 17 € – pers. suppl. 7 €
Location (permanent) : 18 🏠
🚐 1 borne 2 € – 4 🗉
Pour s'y rendre : Sortie Ouest par D 4, rte de Cossé-le-Vivien et chemin à gauche près du stade
À savoir : Agréable plan d'eau pour la pêche

| Nature : ⌇ ≼ ▭ ♀ |
| Loisirs : 🏠 diurne 🚣 🚲 ⚲ |
| Services : ⅏ ⚊ (avr.-sept.) ⚘ Ⓜ – 20 sanitaires individuels (🚿 ⚲ 🛁 wc) ☺ 🡒 🖫 réfrigérateurs |
| À prox. : ✗ 🖾 |

590

Sarthe (72)

AVOISE

✉ 72430 – ▨▨▨ H7 – 491 h. – alt. 112
Paris 242 – La Flèche 28 – Le Mans 41 – Sablé-sur-Sarthe 11.

⚠ **Municipal des Deux Rivières** juin-août
℘ 02 43 92 76 12, Fax 02 43 95 62 48 – **R** conseillée
1,8 ha (50 empl.) plat, herbeux
Tarif : 🗉 6,50 € – pers. suppl. 1,80 €
Pour s'y rendre : Au bourg, par D 57
À savoir : Au bord de la Sarthe

| Nature : ▭ ♀♀ |
| Loisirs : 🚣 |
| Services : 🖪 ☺ 🡒 ⚐ |
| À prox. : halte nautique |

BEAUMONT-SUR-SARTHE

✉ 72170 – ▨▨▨ J5 – 1 973 h. – alt. 76
🄷 Office de tourisme, 14, place de la Libération ℘ 02 43 33 03 03
Paris 223 – Alençon 24 – La Ferté-Bernard 70 – Le Mans 29 – Mayenne 62.

⚠ **Municipal du Val de Sarthe** mai-sept.
℘ 02 43 97 01 93, beaumont-sur-sarthe@wanadoo.fr,
Fax 02 43 97 02 21 – **R** conseillée
1 ha (73 empl.) plat, herbeux
Tarif : 🗉 8,05 € 🚻 (5A) – pers. suppl. 1,70 €
🚐 1 borne 2,70 €
Pour s'y rendre : Au Sud-Est du bourg
À savoir : Cadre et situation agréables au bord de la Sarthe

| Nature : ⌇ ▭ ♀ |
| Loisirs : 🏠 🚣 parcours de santé |
| Services : ⅏ ⚊ ⊖ ⚘ Ⓜ 🖪 ☺ 🖫 |
| À prox. : 🛶 🏊 |

BESSÉ-SUR-BRAYE

✉ 72310 – 310 N7 – 2 597 h. – alt. 72

🛈 Syndicat d'initiative, place Henri IV ℘ 02 43 63 09 77, Fax 02 43 63 09 78

Paris 198 – La Ferté-Bernard 43 – Le Mans 57 – Tours 56 – Vendôme 31.

Municipal du Val de Braye mi-avr.-sept.
℘ 02 43 35 31 13, mairiebessesurbraye@wanadoo.fr,
Fax 02 43 35 58 86 – **R** conseillée
2 ha (120 empl.) plat, herbeux
Tarif : (Prix 2005) ✱ 2,50 € ⇔ 1,50 € 🅴 1,50 € 🅿 2 €
🚐 1 borne
Pour s'y rendre : Sud-Est par D 303, rte de Pont-de-Braye
À savoir : Belle décoration arbustive, en bordure de la Braye

Nature : ♀
Loisirs : 🏕 🏊
Services : ♿ ☎ (saison) 🅶🅱 ♻ 🖪
☺ 🖭
À prox. : ✕ ✗ 🛶 ⚲

BOULOIRE

✉ 72440 – 310 M7 – 1 883 h. – alt. 105

🛈 Syndicat d'initiative, 1, rue de la Grosse Pierre ℘ 02 43 29 22 00, Fax 02 43 29 22 09

Paris 187 – La Chartre-sur-le-Loir 34 – Connerré 13 – Le Mans 31 – Vendôme 48.

Municipal
℘ 02 43 35 52 09
1,3 ha (30 empl.) plat, peu incliné et terrasse, herbeux
Pour s'y rendre : Sortie Est, rte de St-Calais

Nature : ♀
Services : ☎ 🏭 ☺
À prox. : 🛒

To select the best route and follow it with ease,
To calculate distances,
To position a site precisely from details given in the text :
Get the appropriate **MICHELIN regional map,** *1 : 150 000.*

CONLIE

✉ 72240 – 310 I6 – 1 665 h. – alt. 129

Paris 219 – Alençon 54 – Laval 74 – Le Mans 23 – Sablé-sur-Sarthe 45 – Sillé-le-Guillaume 11.

Municipal la Gironde avr.-oct.
℘ 02 43 20 81 07, camping.conlie@wanadoo.fr,
Fax 02 43 20 99 37 – **R** conseillée
3 ha/0,8 campable (35 empl.) plat, herbeux
Tarif : ✱ 1,57 € 🅴 1,57 € 🅿 (6A) 2,55 €
Pour s'y rendre : Au bourg
À savoir : Cadre ombragé et beaux emplacements délimités, près d'un étang

Nature : 🌲 🖵 ♀♀
Loisirs : 🏇
Services : ♿ ☎ (juil.-août) ♻ ☺ 🛒
♻ 🖭
À prox. : 🚴 ⚲ (petite piscine pour enfants) 🏊 piste de bi-cross

COURDEMANCHE

✉ 72150 – 310 M8 – 617 h. – alt. 80

Paris 208 – La Flèche 60 – Le Mans 40 – St-Calais 22 – Tours 54 – Vendôme 47.

Municipal de l'Étangsort
℘ 02 43 44 80 19, mairie.courdemanche@wanadoo.fr,
Fax 02 43 79 25 56 – **R** conseillée
0,5 ha (13 empl.) plat, herbeux
Pour s'y rendre : Au bourg, bord d'un ruisseau

Nature : 🌲 ♀
Services : ♿ 🖪 ☺

DOLLON

✉ 72390 – 310 M6 – 1 234 h. – alt. 103

Paris 177 – Châteaudun 64 – Mamers 47 – Le Mans 35 – Nogent-le-Rotrou 42.

Municipal
℘ 02 43 93 42 23, mairie.dollon@wanadoo.fr,
Fax 02 43 71 53 88
1 ha (30 empl.) plat, herbeux
Pour s'y rendre : Sortie Est par D 302, au stade

Nature : ♀♀
Loisirs : 🏇
Services : 🖪 ☺
À prox. : ✗ 🛶 ⚲

591

ÉCOMMOY

✉ 72220 – ③①① K8 – 4 316 h. – alt. 85
🆔 Syndicat d'initiative, 13 bis, route du Mans ℘ 02 43 42 69 26
Paris 220 – Château-du-Loir 20 – La Flèche 34 – Le Grand-Lucé 19 – Le Mans 23.

⚠ **Municipal les Vaugeons** mai.-sept.
℘ 02 43 42 14 14, mairie.ecommoy@wanadoo.fr,
Fax 02 43 42 62 80 – ⋔
1 ha (60 empl.) plat et peu incliné, sablonneux
Tarif : (Prix 2005) ✳ 2,85 € 🔲 1,80 € 🔋 (6A) 2,15 €
Pour s'y rendre : Sortie Nord-Est, rte du stade
À savoir : Entrée fleurie, cadre ombragé et soigné

Nature : 🔾🔾
Loisirs : 🏄
Services : ⊶ (juin-août) GB ✃ 🗒 ☺ 🖼
À prox. : 🍴 🔲 (découverte l'été)

La FERTÉ-BERNARD

✉ 72400 – ③①① M5 – G. Châteaux de la Loire – 9 239 h. – alt. 90 – Base de loisirs
🆔 Office de tourisme, 15, place de la Lice ℘ 02 43 71 21 21, Fax 02 43 93 25 85
Paris 164 – Brou 44 – Châteauroux 65 – Le Mans 54 – Nogent-le-Rotrou 22 – St-Calais 33.

⚠ **Municipal le Valmer** mai-15 sept.
℘ 02 43 71 70 03, camping@la-ferte-bernard.com,
Fax 02 43 71 70 03 – ⋔
3 ha (90 empl.) plat, herbeux
Tarif : (Prix 2005) 🔲 13,30 € 🔋 (12A) – pers. suppl. 3 €
Pour s'y rendre : SO : 1,5 km par N 23
À savoir : À la base de loisirs, au bord de l'Huisne

Nature : 🏞 🖾 ⍥
Loisirs : 🔲 🏄
Services : ⅙ ⊶ GB ✃ 🗒 ☺ 🎣 🚾 🖼
À prox. : 🍴 🔲 🔲 ⚓ (plage) ⬇ canoë

*Informieren Sie sich über die gültigen Gebühren,
bevor Sie Ihren Platz beziehen. Die Gebührensätze
müssen am Eingang des Campingplatzes angeschlagen sein.
Erkundigen Sie sich auch nach den Sonderleistungen.
Die im vorliegenden Band gemachten Angaben
können sich seit der Überarbeitung geändert haben.*

592

La FLÈCHE

✉ 72200 – ③①① I8 – G. Châteaux de la Loire – 15 241 h. – alt. 33
🆔 Office de tourisme, boulevard de Montréal ℘ 02 43 94 02 53, Fax 02 43 94 43 15
Paris 244 – Angers 52 – Châteaubriant 106 – Laval 70 – Le Mans 44 – Tours 71.

⚠ **Municipal de la Route d'Or** mars-oct.
℘ 02 43 94 55 90, camping@ville-lafleche.fr,
Fax 02 43 94 55 90 – ⋔ conseillée
4 ha (250 empl.) plat, herbeux
Tarif : 🔲 12,15 € 🔋 (10A) – pers. suppl. 2,20 €
🚐 1 borne
Pour s'y rendre : Sortie Sud vers rte de Saumur et à droite,
allée de la Providence, bord du Loir

Nature : 🖾 ⍥
Loisirs : 🔲 🚲 🍴 🔲
Services : ⅙ ⊶ GB ✃ 🎣 🗒 🚾 ☺ 🖼

FRESNAY-SUR-SARTHE

✉ 72130 – ③①① J5 – G. Normandie Cotentin – 2 335 h. – alt. 95
🆔 Office de tourisme, 19, avenue du Dr Riant ℘ 02 43 33 28 04, Fax 02 43 34 19 62
Paris 235 – Alençon 22 – Laval 73 – Mamers 30 – Le Mans 41 – Mayenne 54.

⚠ **Municipal Sans Souci** avr.-sept.
℘ 02 43 97 32 87, camping-fresnay@wanadoo.fr
– ⋔ conseillée
2 ha (90 empl.) plat, en terrasses, herbeux
Tarif : ✳ 2,40 € 🔲 4,30 € 🔋 2,60 €
Location (permanent) : 5 🏠 (4 à 6 pers.) 158,50 à
453,60 €/sem.
Pour s'y rendre : O : 1 km par D 310 rte de Sillé-le-Guillaume
À savoir : Beaux emplacements délimités en bordure de la
Sarthe

Nature : 🏞 🖾
Loisirs : 🔲 🏄 🍴
Services : ⅙ ⊶ ✃ 🗒 ☺ 🚾 🖼 🏊
À prox. : 🔲 🛶 canoë

LAVARÉ

⊠ 72390 – 310 M6 – 736 h. – alt. 122
Paris 173 – Bonnétable 26 – Bouloire 14 – La Ferté-Bernard 19 – Le Mans 40.

⚠ **Municipal du Lac**
– **R** conseillée
0,3 ha (20 empl.) plat, herbeux
Pour s'y rendre : sortie Est par D 302, rte de Vibraye
À savoir : Agréable situation près d'un plan d'eau

> Nature : ≤ 🖵 ♀
> Loisirs : 🏄 ⤴
> Services : ☺ ♨
> À prox. : 🦖 ≌ ♪ piste de bi-cross, roller, skate

LOUÉ

⊠ 72540 – 310 I7 – G. Châteaux de la Loire – 2 042 h. – alt. 112
Paris 230 – Laval 59 – Le Mans 30.

⚠ **Village Loisirs**
🕽 02 43 88 65 65, villageloisirs@wanadoo.fr,
Fax 02 43 88 59 46
1 ha (16 empl.) plat, herbeux
Location : 🏠
Pour s'y rendre : Sortie Nord-Est par D 21, rte du Mans, à la piscine
À savoir : Situation agréable au bord de la Vègre

> Loisirs : ♈ snack 🖼 🏄 ⛷ ⤴
> Services : ⚒ Ⓜ 🗓 ☺ 🖳
> À prox. : sentier pédestre

LUCHÉ-PRINGÉ

⊠ 72800 – 310 J8 – G. Châteaux de la Loire – 1 531 h. – alt. 34
🖹 Syndicat d'initiative, 4, rue Paul Doumer 🕽 02 43 45 44 50, Fax 02 43 45 75 71
Paris 242 – Château-du-Loir 31 – Écommoy 24 – La Flèche 14 – Le Lude 10 – Le Mans 39.

⚠ **Municipal la Chabotière** avr.-15 oct.
🕽 02 43 45 10 00, lachabotiere@ville-luche-pringe.fr,
Fax 02 43 45 10 00, www.ville-luche-pringe.com – **R** conseillée
3 ha (75 empl.) en terrasses, herbeux
Tarif : 🗉 11,20 € 🛭 (10A) – pers. suppl. 3 €
Location (permanent) : 🏠 (4 à 6 pers.) 221 à 443 €/sem. – bungalows toilés
Pour s'y rendre : À l'Ouest du bourg
À savoir : À la base de loisirs, au bord du Lot

> Nature : 🐟 🖵 ♀
> Loisirs : 🖼 🏄 ⛡
> Services : ⚒ ⚷ Ⓟ GB ⛏ 🗓 ♨ ☺ 🖳
> À prox. : 🦖 ⏚ ⛷ ⤴ canoë, pédalos

593

MALICORNE-SUR-SARTHE

⊠ 72270 – 310 I8 – G. Châteaux de la Loire – 1 686 h. – alt. 39
🖹 Office de tourisme, 5, place Du Guesclin 🕽 02 43 94 74 45, Fax 02 43 94 59 61
Paris 236 – Château-Gontier 52 – La Flèche 16 – Le Mans 32.

⚠ **Municipal Port Ste Marie** avr.-oct.
🕽 02 43 94 80 14, mairie.malicorne@wanadoo.fr,
Fax 02 43 94 57 26, www.ville-malicorne.fr – **R** conseillée
1 ha (80 empl.) plat, herbeux
Tarif : 🛉 2,80 € 🚲 1,30 € 🗉 2,75 € 🛭 2,60 €
Location : bungalows toilés
🚐 1 borne 2 €
Pour s'y rendre : À l'Ouest du bourg par D 41 rte de Noyen-sur-Sarthe
À savoir : Cadre et situation agréables, près de la Sarthe

> Nature : ♀
> Loisirs : 🖼 🏄
> Services : ⚒ ⚷ GB ⛏ 🗓 ♨ ☺ 🖳
> À prox. : ⛷ 🦖 🖾 ⛷ ⤴ 🐎 (centre équestre) canoë, pédalos

MAMERS

⊠ 72600 – 310 L4 – G. Normandie Vallée de la Seine – 6 084 h. – alt. 128
🖹 Office de tourisme, 29, place Carnot 🕽 02 43 97 60 63, Fax 02 43 97 42 87
Paris 185 – Alençon 25 – Le Mans 51 – Mortagne-au-Perche 25 – Nogent-le-Rotrou 40.

⚠ **Municipal du Saosnois** Permanent
🕽 02 43 97 68 30, camping.mamers@free.fr,
Fax 02 43 97 38 65, www.mairie-mamers.fr – **R** conseillée
1,5 ha (50 empl.) peu incliné et en terrasses, herbeux
Tarif : (Prix 2005) 🛉 2,15 € 🚲 1,70 € 🗉 2 € 🛭 (10A) 2,55 €
Location : 3 🚐 (4 à 6 pers.) 205 à 336 €/sem.
Pour s'y rendre : N : 1 km par rte de Mortagne-au-Perche et D 113 à gauche rte de Contilly, près de deux plans d'eau

> Nature : 🖵 ♀
> Loisirs : ♈ ≌ (plage)
> Services : ⚷ ⛏ 🎪 🗓 ☺ 🖳
> À prox. : 🏄 🦖 ⏚ 🗺 ⤴ 🐎 parcours de santé, pédalos

MANSIGNÉ

⊠ 72510 – 🗓🗓🗓 J8 – 1 355 h. – alt. 80 – Base de loisirs
🛈 *Syndicat d'initiative, route du Plessis* 🕿 *02 43 46 14 17, Fax 02 43 46 16 65*
Paris 235 – Château-du-Loir 28 – La Flèche 21 – Le Lude 17 – Le Mans 32.

⛰ **Municipal de la Plage**
  🕿 *02 43 46 14 17, campingmansigne@wanadoo.fr,*
  Fax *02 43 46 16 65, www.ville-mansigne.fr*
  3 ha (175 empl.) plat, herbeux
  Location : bungalows toilés
  Pour s'y rendre : Sortie Nord par D 31 rte de la Suze-sur-Sarthe, à 100 m d'un plan d'eau (plage)

| Nature : ♀ |
| Loisirs : 🏠 🚴 ✂ 🎣 🏊 |
| Services : ♿ ⚷ 🗑 ⊕ 🖼 sèche-linge, bureau d'informations touristiques |
| À prox. : ♈ 🏄 🖾 🏊 🚣 🦆 pédalos |

MARÇON

⊠ 72340 – 🗓🗓🗓 M8 – 984 h. – alt. 59 – Base de loisirs
🛈 *Office de tourisme, 8, place de l'Église* 🕿 *02 43 79 91 01*
Paris 245 – Château-du-Loir 10 – Le Grand-Lucé 51 – Le Mans 52 – Tours 43.

⛰ **Lac des Varennes** 25 mars-20 oct.
  🕿 *02 43 44 13 72, camping.des.varennes.marcon@wana
  doo.fr,* Fax *02 43 44 54 31, www.ville-marcon.fr* – **R** conseillée
  5,5 ha (250 empl.) plat, herbeux
  Tarif : 🔲 14 € 🔋 (6A) – pers. suppl. 4,10 €
  Pour s'y rendre : O : 1 km par D 61 rte du Port Gautier, près de l'espace de loisirs
  À savoir : Situation agréable autour d'un lac aménagé en base de loisirs

| Nature : ♀ |
| Loisirs : 🏠 🏄 🚴 🏊 (plage) 🦆 |
| Services : ♿ ⚷ GB ↻ 🗑 🏠 ⊕ 🖼 🖾 🏊 |
| À prox. : 🍴 ✂ 🎣 🦆 🐎 terrain omnisports, canoë, pédalos |

MAYET

⊠ 72360 – 🗓🗓🗓 K8 – 2 915 h. – alt. 74
🛈 *Office de tourisme, place de l'Hôtel de Ville* 🕿 *02 43 46 33 72*
Paris 226 – Château-la-Vallière 26 – La Flèche 32 – Le Mans 31 – Tours 58 – Vendôme 70.

△ **Municipal du Fort des Salles** mi-avr.-mi-sept.
  🕿 *02 43 46 68 72, Fax 02 43 46 07 61* – **R** conseillée
  1,5 ha (56 empl.) plat, herbeux
  Tarif : 🔲 8,62 € – pers. suppl. 2,47 €
  Pour s'y rendre : Sortie Est par D 13, rte de St-Calais et rue du Petit-Moulin à droite
  À savoir : Situation agréable au bord d'un étang

| Nature : 🐟 ⛲ |
| Loisirs : 🏄 🦆 |
| Services : ♿ ⚷ (saison) ⊕ 🖼 sèche-linge |
| À prox. : 🏊 |

MÉZIÈRES-SOUS-LAVARDIN

⊠ 72240 – 🗓🗓🗓 J6 – 415 h. – alt. 75
Paris 221 – Alençon 38 – La Ferté-Bernard 69 – Le Mans 25 – Sillé-le-Guillaume 16.

△ **Parc des Braudières** Permanent
  🕿 *02 43 20 81 48, camping.braudieres@wanadoo.fr,*
  Fax *02 43 20 81 48, www.camping-braudieres.com*
  – **R** conseillée
  1,7 ha (52 empl.) plat et peu incliné, herbeux, gravillons
  Tarif : 🔲 13 € 🔋 (5A) – pers. suppl. 3,50 €
  🚐 1 borne 3,50 € – 3 🔲 9,50 €
  Pour s'y rendre : E : 4,5 km par rte secondaire de St-Jean
  À savoir : En bordure d'un petit étang de pêche

| Nature : 🐟 ⛲ ♀ |
| Loisirs : 🏄 🏊 🦆 |
| Services : ⚷ ↻ 🗑 🖾 ⊕ |

NEUVILLE-SUR-SARTHE

⊠ 72190 – 🗓🗓🗓 K6 – 2 221 h. – alt. 60
Paris 207 – Beaumont-sur-Sarthe 20 – Conlie 18 – Le Mans 9 – Mamers 39.

⛰ **Le Vieux Moulin**
  🕿 *02 43 25 31 82, vieux.moulin@wanadoo.fr,*
  Fax *02 43 25 38 11*
  4,8 ha (100 empl.) plat, herbeux
  Location : 🏠
  Pour s'y rendre : Sortie Ouest par rue du Vieux-Moulin et chemin à gauche avant le pont, près de la Sarthe

| Nature : 🐟 ⛲ ♀ |
| Loisirs : 🏠 🏄 ✂ 🎣 🏊 (petite piscine) |
| Services : ⚷ 🏢 🗑 ⊕ 🖼 |
| À prox. : ✕ |

594

PRÉCIGNÉ

✉ 72300 – 310 H8 – 2 645 h. – alt. 36
Paris 256 – Angers 50 – Château-Gontier 32 – La Flèche 22 – Sablé-sur-Sarthe 10.

△ **Municipal des Lices** juin-15 sept.
℘ 02 43 95 46 13 – **R** conseillée
0,8 ha (50 empl.) plat et peu incliné, herbeux
Tarif : (Prix 2005) ⚬ 2,40 € ▣ 2,40 € (½) 2,30 €
Pour s'y rendre : Sortie Nord rte de Sablé-sur-Sarthe et rue de la Piscine à gauche
À savoir : Cadre verdoyant et soigné

> Nature : ▭ ♀
> Services : ⌷ ⊛
> À prox. : ✖ ⤓

ROÉZÉ-SUR-SARTHE

✉ 72210 – 310 J7 – 2 327 h. – alt. 33
Paris 221 – La Flèche 29 – Le Mans 17 – Sablé-sur-Sarthe 36.

△ **Municipal La Cohue** 25 mai-10 sept.
℘ 02 43 77 47 89, *mairie-roeze@wanadoo.fr,*
Fax 02 43 77 42 51 – **R** conseillée
0,8 ha (44 empl.) plat, herbeux
Tarif : (Prix 2005) ▣ 9,80 € – pers. suppl. 1,60 €
Pour s'y rendre : Sortie Sud par D 251, rte de Parigné-le-Polen, à gauche après le pont
À savoir : Plaisante situation au bord de la Sarthe

> Nature : ▭
> Loisirs : ⛲ ⤓
> Services : ⚹ ⚬ ⌀ ◿ ⊛

RUILLÉ-SUR-LOIR

✉ 72340 – 310 M8 – 1 205 h. – alt. 56
Paris 213 – La Chartre-sur-le-Loir 6 – Le Grand-Lucé 63 – Le Mans 50 – Tours 47.

△ **Municipal les Chaintres**
℘ 02 43 44 44 25, *mairie.ruillesurloir@wanadoo.fr,*
Fax 02 43 44 29 63
0,5 ha (30 empl.) plat, herbeux
Pour s'y rendre : Au Sud du bourg, rue de l'Industrie
À savoir : Cadre agréable au bord du Loir

> Nature : ◿ ♀
> Services : ⚹ ⌷ ⊛

595

SABLÉ-SUR-SARTHE

✉ 72300 – 310 G7 – G. Châteaux de la Loire – 12 716 h. – alt. 29
🛈 *Office de tourisme, place Raphaël-Elizé* ℘ 02 43 95 00 60, Fax 02 43 92 60 77
Paris 252 – Angers 64 – La Flèche 27 – Laval 44 – Le Mans 61 – Mayenne 60.

△△ **Municipal de l'Hippodrome** 25 mars-10 oct.
℘ 02 43 95 42 61, *camping-sable@wanadoo.fr,*
Fax 02 43 92 74 82, *www.sable-sur-sarthe.com* – **R** conseillée
2 ha (84 empl.) plat, herbeux
Tarif : (Prix 2005) ⚬ 2,11 € ▣ 4,12 € (½) 2,10 €
Location ⛺ : ⌂ (4 à 6 pers.) 230 à 350 €/sem.
Pour s'y rendre : S : sortie en direction d'Angers et à gauche, attenant à l'hippodrome
À savoir : Belle décoration arbustive, au bord de la Sarthe

> Nature : ◿ ▭ ♀♀
> Loisirs : ⛱ ⛲ ✶ ⛳ 🕹 ⤓ ⤓
> Services : ⚹ ⚬ ⌷ ⊛ ▣
> À prox. : ✖ ▨ ⛵ 🐎 (centre équestre) canoë, golf

ST-CALAIS

✉ 72120 – 310 N7 – G. Châteaux de la Loire – 3 785 h. – alt. 155
🛈 *Office de tourisme, place de l'Hôtel de ville* ℘ 02 43 35 82 95, Fax 02 43 35 15 13
Paris 188 – Blois 65 – Chartres 102 – Châteaudun 58 – Le Mans 47 – Orléans 97.

△△ **Le Lac** avr.-15 oct.
℘ 02 43 35 04 81, Fax 02 43 63 15 19 – **R** conseillée
2 ha (85 empl.) plat, herbeux
Tarif : (Prix 2005) ⚬ 2,64 € ▣ 2,32 € (½) (6A) 2,69 €
Pour s'y rendre : Sortie Nord par D 249, rte de Montaillé
À savoir : Près d'un plan d'eau

> Nature : ▭
> Loisirs : ⛱
> Services : ⚹ ⚬ ⌀ ⌷ ⊛ ⤓ ▣
> À prox. : 🛒 ✖ ⤓

SILLÉ-LE-GUILLAUME

⊠ 72140 – 300 I5 – G. Normandie Cotentin – 2 585 h. – alt. 161
🛈 Office de tourisme, place de la Résistance ℰ 02 43 20 10 32, Fax 02 43 20 01 23
Paris 230 – Alençon 39 – Laval 55 – Le Mans 35 – Sablé-sur-Sarthe 42.

⚕ **Les Molières** juin-août
ℰ 02 43 20 16 12, campingsilleplage@wanadoo.fr,
Fax 02 43 20 84 82, www.campingsilleplage.com
– **R** conseillée
3,5 ha (133 empl.) plat, herbeux
Tarif : 🔲 11,60 € 🗲 (10A) – pers. suppl. 3,20 €
Pour s'y rendre : N : 2,5 km par D 5, D 105, D 203 et
chemin à droite
À savoir : Dans la forêt, près d'un plan d'eau et de deux
étangs

| Nature : 🐟 ♤♤ |
| Loisirs : 🔲 |
| Services : 🕭 ⊶ ⌷ GB ⌁ 🗔 🕭 |
| À prox. : ▾ crêperie ♨ ♪ 🐎 (centre équestre) pédalos |

SILLÉ-LE-PHILIPPE

⊠ 72460 – 300 L6 – 867 h. – alt. 35
Paris 195 – Beaumont-sur-Sarthe 25 – Bonnétable 11 – Connerré 15 – Mamers 33 – Le Mans 19.

⚕ **Château de Chanteloup** juin-3 sept.
ℰ 02 43 27 51 07, chanteloup.souffront@wanadoo.fr,
Fax 02 43 89 05 05, www.chateau-de-chanteloup.com – **R**
indispensable
20 ha (100 empl.) plat, peu incliné, sablonneux, herbeux,
étang, sous-bois
Tarif : 🛉 7 € 🔲 11 € 🗲 3 €
Location : ⌷
Pour s'y rendre : SO : 2 km par D 301, rte du Mans

| Nature : 🐟 ♧♧♧ |
| Loisirs : ▾ snack 🔲 ③ 🎣 🚴 🏊 |
| Services : ⊶ GB 🗔 🕭 ⊛ 🔲 🛁 |

TENNIE

596

⊠ 72240 – 300 I6 – 978 h. – alt. 100
Paris 224 – Alençon 49 – Laval 69 – Le Mans 26 – Sablé-sur-Sarthe 40 – Sillé-le-Guillaume 11.

⚕ **Municipal de la Vègre** mai-1er oct.
ℰ 02 43 20 59 44, camping.tennie@wanadoo.fr,
http://perso.wanadoo.fr/campingtennie – places limitées
pour le passage – **R** conseillée
2 ha (83 empl.) plat, herbeux
Tarif : 🔲 9,70 € 🗲 (6A) – pers. suppl. 2,10 €
Location : 5 🏠 (4 à 6 pers.) 150 à 350 €/sem.
🔲 1 borne 3 €
Pour s'y rendre : Sortie Ouest par D 38, rte de Ste-Suzanne
À savoir : Cadre agréable au bord d'une rivière et d'un
étang

| Nature : 🐟 ⊡ ♤♤ |
| Loisirs : 🔲 🎣 ♨ ♪ 🏊 |
| Services : 🕭 ⊶ ⌁ 🗔 🕭 🛁 ⊛ 🔲 |
| À prox. : ✗ 🎣 |

Vendée (85)

L'AIGUILLON-SUR-MER

⊠ 85460 – 300 I10 – G. Poitou Vendée Charentes – 2 206 h. – alt. 4
🛈 Office de tourisme, avenue de l'Amiral-Courbet ℰ 02 51 56 43 87
Paris 458 – Luçon 20 – Niort 83 – La Rochelle 51 – La Roche-sur-Yon 47 – Les Sables-d'Olonne 53.
Schéma à la Tranche-sur-Mer

⚕ **La Cléroca** juil.-août
ℰ 02 51 27 19 92, camping.lacleroca@wanadoo.fr,
Fax 02 51 97 09 84, www.camping.la.cleroca.com – **R** indis-
pensable
1,5 ha (60 empl.) plat, herbeux
Tarif : 🔲 14,50 € 🗲 (10A) – pers. suppl. 3,40 €
Pour s'y rendre : NO : 2,2 km par D 44, rte de Grues

| Nature : ♀ |
| Loisirs : 🔲 🎣 |
| Services : 🕭 ⊶ ⌁ 🛁 🔲 ⊛ 🔲 |

AIZENAY

⊠ 85190 – ▓▓▓ G7 – 6 095 h. – alt. 62

🯄 *Office de tourisme, rond-point de la Gare* ℰ *02 51 94 62 72, Fax 02 51 94 62 72*

Paris 435 – Challans 26 – Nantes 60 – La Roche-sur-Yon 18 – Les Sables-d'Olonne 33.

△ **La Forêt** Pâques-1ᵉʳ oct.
ℰ 02 51 34 78 12, *rougier.francoise@wanadoo.fr,*
Fax 02 51 34 78 12, *www.camping-laforet.com* – **R** conseil-
lée
2,5 ha (92 empl.) plat, herbeux, bois attenant
Tarif : (Prix 2005) ▣ 18,10 € ⚡ (6A) – pers. suppl. 3 €
Location : 9 🛏 (4 à 6 pers.) 365 à 396 €/sem.
Pour s'y rendre : SE : 1,5 km par D 948, rte de la Roche-
sur-Yon et chemin à gauche

> Nature : 💯
> Loisirs : 🖾 🔟
> Services : 🖧 🗝 GB ♻ ▦ ☺ 📺
> À prox. : 🎯 ⚔ piste de bi-cross,
> parcours de santé

ANGLES

⊠ 85750 – ▓▓▓ H9 – G. Poitou Vendée Charentes – 1 582 h. – alt. 10

🯄 *Office de tourisme, place du Champ de Foire* ℰ *02 51 97 56 39, Fax 02 51 97 56 40*

Paris 450 – Luçon 23 – La Mothe-Achard 38 – Niort 86 – La Rochelle 57 – La Roche-sur-Yon 32 – Les
Sables-d'Olonne 35.

⏶⏶⏶ **Atlantique** avr.-23 sept.
ℰ 02 51 27 03 19, *contact@camping-atlantique.com,*
Fax 02 51 27 69 72, *www.camping-atlantique.com* – places
limitées pour le passage – **R** conseillée
6,9 ha (363 empl.) plat, herbeux, pierreux
Tarif : (Prix 2005) ▣ 30 € ⚡ (6A) – pers. suppl. 6 € – frais de
réservation 27 €
Location : 56 🛏 (2 à 4 pers.) 150 à 595 €/sem. – 80 🛏
(4 à 6 pers.) 180 à 760 €/sem. – 30 🏠 (4 à 6 pers.) 315 à
760 €/sem. – bungalows toilés – tentes
Pour s'y rendre : Au bourg, sortie la Tranche-sur-Mer et r.
à gauche

> Nature : 🖾 🔟
> Loisirs : 🍴 self service, crêperie 🖾
> 🕯 nocturne 🎯 🛝 salle d'anima-
> tion 🏇 🚴 🎯 ⚔ 🖾 🔟 🔟 🔟
> Services : 🖧 🗝 GB ♻ ▦ ☺ 🛁
> 🔟 🚰 ▦ 🚿 🚰

⏶⏶⏶ **Moncalm et Atlantique** 8 avr.-23 sept.
ℰ 02 51 97 55 50, *camping-apv@wanadoo.fr,*
Fax 02 51 28 91 09, *www.camping-moncalm.com*
– **R** conseillée
3 ha (200 empl.) plat, herbeux, pierreux
Tarif : (Prix 2005) ▣ 30 € ⚡ (6A) – pers. suppl. 6 € – frais de
réservation 27 €
Location : 🛏 (2 à 4 pers.) 150 à 595 €/sem. – 🛏 (4 à
6 pers.) 180 à 760 €/sem. – 🏠 (4 à 6 pers.) 315 à
760 €/sem. – bungalows toilés – tentes
Pour s'y rendre : Au bourg, sortie la Tranche-sur-Mer et
rue à gauche

> Nature : 🖾 🔟
> Loisirs : 🍴 self-service, crêperie 🖾
> 🕯 nocturne 🎯 🛝 salle d'ani-
> mation 🏇 🚴 🎯 ⚔ 🚻 🖾 🔟 🔟
> Services : 🖧 🗝 GB ♻ ▦ ☺ 🛁
> 🚿 ▦ 🚰 🚰

⏶⏶⏶ **Le Clos Cottet** 8 avr.-23 sept.
ℰ 02 51 28 90 72, *contact@camping-closcottet.com,*
Fax 02 51 28 90 50, *www.camping-closcottet.com* – **R** in-
dispensable
4,5 ha (196 empl.) plat, herbeux, petit étang
Tarif : ▣ 25 € – pers. suppl. 4 € – frais de réservation 20 €
Location : 62 🛏 (4 à 6 pers.) 241 à 597 €/sem. – 9 🏠
(4 à 6 pers.) 298 à 654 €/sem. – bungalows toilés
🛏 1 borne 5 €
Pour s'y rendre : S : 2,2 km par rte de la Tranche-sur-Mer,
près de la D 747
À savoir : Autour d'une ferme soigneusement restaurée

> Nature : 🖾
> Loisirs : 🍴 snack 🖾 🕯 nocturne 🛝
> 🛝 salle d'animation 🏇 🚴 🚻 🖾
> 🔟 ⚔ terrain omnisports
> Services : 🖧 🗝 GB ♻ ▦ ☺ 📺
> navette gratuite pour les plages

Do not confuse :
△ *... to ...* ⏶⏶⏶ *:* **MICHELIN** *classification*
and
★ *... to ...* ★★★★ *: official classification*

597

APREMONT

✉ 85220 – ▣▣▣ F7 – G. Poitou Vendée Charentes – 1 119 h. – alt. 19

🛈 *Office de tourisme, place du Château* ℰ *02 51 55 70 54*

Paris 448 – Challans 17 – Nantes 64 – La Roche-sur-Yon 30 – Les Sables-d'Olonne 33 – St-Gilles-Croix-de-Vie 21.

⛺ **Les Charmes** avr.-15 sept.

ℰ *02 51 54 48 08, contact@campinglescharmes.com,*
Fax 02 51 54 48 08, *www.campinglescharmes.com*
– **R** conseillée

1 ha (55 empl.) plat, herbeux

Tarif : ▣ 17,80 € ⚡ (10A) – pers. suppl. 4,20 € – frais de réservation 14 €

Location (permanent) : 7 🛏 (4 à 6 pers.) 174 à 504 €/sem. – 5 🏠 (4 à 6 pers.) 185 à 590 €/sem.

Pour s'y rendre : N : 3,6 km par D 21, rte de Challans et rte à droite, direction la Roussière

| Nature : 🐟 🛏 ♀ |
| Loisirs : 🎣 🚣 🚲 🛝 |
| Services : ♿ ⚡ GB 🐕 🖼 ⓐ 🗑 |

---

*Die Klassifizierung (1 bis 5 Zelte, **schwarz** oder rot), mit der wir die Campingplätze auszeichnen, ist eine Michelin-eigene Klassifizierung. Sie darf nicht mit der staatlich-offiziellen Klassifizierung (1 bis 4 Sterne) verwechselt werden.*

AVRILLÉ

✉ 85440 – ▣▣▣ H9 – 1 008 h. – alt. 45

🛈 *Syndicat d'initiative, 2, place des Halles* ℰ *02 51 22 30 70*

Paris 445 – Luçon 27 – La Rochelle 70 – La Roche-sur-Yon 27 – Les Sables-d'Olonne 25.

⛺ Les Mancellières

ℰ *02 51 90 35 97, camping.mancellieres@tiscali.fr,*
Fax 02 51 90 39 31, *www.lesmancellieres.co* – **R** conseillée

2,6 ha (130 empl.) plat et peu incliné, herbeux

Location : 🛏 – bungalows toilés

Pour s'y rendre : S : 1,7 km par D 105 rte de Longeville-sur-Mer

| Nature : 🛏 ♀♀ |
| Loisirs : snack 🚣 🛝 🏊 |
| Services : ♿ ⚡ 🖼 🛝 ⓐ 🗑 |

⛺ **Le Beauchêne** mai-15 sept.

ℰ *02 51 22 30 49, campinglebeauchene@wanadoo.fr,*
Fax 02 51 22 37 60, *www.lebeauchene.com* – **R** indispensable

2,5 ha (160 empl.) plat et peu incliné, herbeux

Tarif : ▣ 15,90 € ⚡ (6A) – pers. suppl. 3 € – frais de réservation 16 €

Location (vac. de Printemps-15 sept.) : 🛏 (4 à 6 pers.) 140 à 536 €/sem.

Pour s'y rendre : Sortie Sud-Est par D 949 rte de Luçon, bord d'un petit étang

| Nature : ♀ |
| Loisirs : 🚣 🛝 |
| Services : ♿ ⚡ GB 🐕 ⓐ 🛝 🗑 |

La BOISSIÈRE-DE-MONTAIGU

✉ 85600 – ▣▣▣ I6 – 1 568 h. – alt. 62

Paris 384 – Cholet 139 – Nantes 46 – La Roche-sur-Yon 50.

⛺ **Domaine de l'Eden** mars-15 nov.

ℰ *02 51 41 62 32, contact@domaine-eden.fr,*
Fax 02 51 41 56 07, *domaine-eden.fr* – **R** conseillée

15 ha/8 campables (150 empl.) plat, pierreux, herbeux, prairies, étang et sous-bois

Tarif : ▣ 17,50 € – pers. suppl. 4,10 €

Location (permanent) : 22 🛏 (4 à 6 pers.) 190 à 500 €/sem. – 5 🏠 (4 à 6 pers.) 220 à 560 €/sem.

🛏 1 borne – 4 ▣ 14,50 €

Pour s'y rendre : SO : 2,5 km par D 62, rte de Chavagnes-en-Paillers puis rte à droite

À savoir : Agréable domaine boisé

| Nature : 🐟 🛏 ♀♀ |
| Loisirs : 🍴 snack 🎪 salle d'animation 🎮 🛝 🏊 🐎 poneys piste de bi-cross, terrain omnisports, parcours de santé |
| Services : ♿ ⚡ GB 🐕 🖼 ⓐ 🛝 🗑 |

BOURNEZEAU

✉ 85480 – 316 I8 – 2 439 h. – alt. 73
🛈 Syndicat d'initiative, 1, rue du Centre 𝒫 02 51 40 02 90, Fax 02 51 40 79 30
Paris 416 – Cholet 67 – Nantes 78 – Niort 70 – La Rochelle 68 – La Roche-sur-Yon 22.

⚠ **Municipal les Humeaux** juin-15 sept.
𝒫 02 51 40 01 31, mairie@bournezeau.fr,
Fax 02 51 40 79 30, www.bournezeau.fr – **R** conseillée
0,6 ha (15 empl.) plat, herbeux
Tarif : ⚬ 2,70 € 🔲 2,70 € 🔌 2,70 €
Pour s'y rendre : Sortie Nord par D 7, rte de St-Martin-des-Noyers

| Nature : ⚬ |
| Services : ♿ 🗑 ☺ 🖼 |
| À prox. : 🏄🏊 |

BREM-SUR-MER

✉ 85470 – 316 F8 – 2 054 h. – alt. 13
🛈 Office de tourisme, 21 ter, rue de l'Océan 𝒫 02 51 90 92 33, Fax 02 51 20 14 67
Paris 454 – Aizenay 26 – Challans 29 – La Roche-sur-Yon 34 – Les Sables-d'Olonne 16.

⚠ **Le Chaponnet** 20 avr.-sept.
𝒫 02 51 90 55 56, campingchaponnet@wanadoo.fr,
Fax 02 51 90 91 67, www.le-chaponnet.com – **R** indispensable
6 ha (340 empl.) plat, herbeux
Tarif : 🔲 30,90 € 🔌 (6A) – pers. suppl. 5 € – frais de réservation 17 €
Location (avr.-15 oct.) : 30 🚐 (4 à 6 pers.) 205 à 655 €/sem. – 20 🏠 (4 à 6 pers.) 314 à 705 €/sem.
Pour s'y rendre : À l'Ouest du bourg
À savoir : Décoration florale et arbustive, bel ensemble aquatique

| Nature : 🌊 🗺 ⚬⚬ |
| Loisirs : 🍴 snack, pizzeria 🏛 🎦 nocturne 🎯 🎰 ⛳ 🏄 🚴 🎾 📺 🏊 🏖 terrain omnisports |
| Services : ♿ GB 🐕 🗑 🖼 ☺ 🔥 🚿 🖼 🧺 |

⚠ **Le Brandais** avr.-sept.
𝒫 02 51 90 55 87, camping.lebrandais@wanadoo.fr,
Fax 02 51 20 12 74, www.campinglebrandais.com – places limitées pour le passage – **R** conseillée
2,3 ha (172 empl.) plat et peu incliné, herbeux
Tarif : 🔲 22,50 € 🔌 (6A) – pers. suppl. 4,50 € – frais de réservation 15 €
Pour s'y rendre : Sortie Nord-Ouest par D 38 et rte à gauche

| Nature : 🌊 🗺 ⚬⚬ |
| Loisirs : 🍴 🏛 🏄 🏊 |
| Services : ♿ 🔥 (saison) GB 🐕 🗑 🖼 ☺ 🖼 🧺 |
| À prox. : 🎾 |

⚠ **L'Océan** avr.-15 oct.
𝒫 02 51 90 59 16, contact@campingdelocean.fr,
Fax 02 51 90 14 21, www.campingdelocean.fr – **R** conseillée
4 ha (210 empl.) plat, herbeux, sablonneux
Tarif : 🔲 21 € 🔌 (6A) – pers. suppl. 4,20 €
Pour s'y rendre : O : 1 km

| Nature : 🌊 🗺 ⚬ |
| Loisirs : 🍴 snack 🏛 🏄 🏊 |
| Services : ♿ 🔥 GB 🐕 🗑 🖼 🔥 🧺 ☺ 🖼 🧺 |
| À prox. : 🎾 |

599

BRÉTIGNOLLES-SUR-MER

✉ 85470 – 316 E8 – 2 686 h. – alt. 14
🛈 Office de tourisme, 1, boulevard du Nord 𝒫 02 51 90 12 78, Fax 02 51 22 40 72
Paris 459 – Challans 30 – La Roche-sur-Yon 36 – Les Sables-d'Olonne 18.

⚠ **Les Dunes** avr.-11 nov.
𝒫 02 51 90 55 32, Fax 02 51 90 54 85 – places limitées pour le passage – **R** conseillée
12 ha (760 empl.) plat, sablonneux
Tarif : 🔲 34 € – pers. suppl. 7 €
Location : 100 🚐 (4 à 6 pers.) 220 à 715 €/sem.
Pour s'y rendre : S : 2,5 km par D 38 et rte à droite, à 200 m de la plage (accès direct)

| Nature : 🗺 ⚬⚬ |
| Loisirs : 🍴 🍽 pizzeria 🏛 🎯 🏄 🚴 🎱 🎾 📺 🏊 🏖 terrain omnisports |
| Services : 🔥 GB 🐕 🗑 🔥 ☺ 🧺 🖼 🧺 |
| À prox. : 🏇 |

BRÉTIGNOLLES-SUR-MER

⚠ **La Motine** avr.-sept.

ℰ 02 51 90 04 42, *campinglamotine@wanadoo.fr,*
Fax 02 51 33 80 52, *www.lamotine.com* – **R** indispensable
1,8 ha (103 empl.) peu incliné, herbeux
Tarif : 🔲 26 € ⚡ (10A) – pers. suppl. 5,40 € – frais de réservation 20 €
Location : 12 🚐 (4 à 6 pers.) 270 à 580 €/sem.
🚐 1 borne 11 €
Pour s'y rendre : Par av. de la Plage et à droite, rue des Morinières
À savoir : Décoration arbustive

Nature : 🏕
Loisirs : 🍸 🍴 crêperie 🏊
Services : 🔧 ⚡ 🅶🅱 🚿 🗄 🔁 ⚕ 🚱
🚽 🖥 🛁
À prox. : 🔥

⚠ **La Trevillière** avr.-24 sept.

ℰ 02 51 90 09 65, *info@camping-chadotel.com,*
Fax 02 51 33 94 04, *www.chadotel.com* – **R** conseillée
3 ha (204 empl.) plat, peu incliné, herbeux
Tarif : 🔲 27,50 € – pers. suppl. 5,80 € – frais de réservation 25 €
Location : 🚐 (4 à 6 pers.) 210 à 695 €/sem. – 🏠 (4 à 6 pers.) 260 à 760 €/sem.
Pour s'y rendre : Sortie Nord par la rte du stade et à gauche

Nature : 🏕 ⚶
Loisirs : 🍸 🏊 🔥 🏊 🏊
Services : 🔧 ⚡ 🅶🅱 🚿 🗄 🔁 ⚕ 🏊
🚽 🖥 🛁

⚠ **Les Vagues** avr.-sept.

ℰ 02 51 90 19 48, *lesvagues@free.fr,* Fax 02 40 02 49 88,
www.campinglesvagues.fr – places limitées pour le passage
– **R** conseillée
4,5 ha (269 empl.) plat, peu incliné, herbeux
Tarif : (Prix 2005) 🔲 24,50 € ⚡ (6A) – pers. suppl. 5 € – frais de réservation 15 €
Location 🚫 : 30 🚐 (4 à 6 pers.) 240 à 580 €/sem.
Pour s'y rendre : Au Nord du bourg, par D 38 en direction de St-Gilles-Croix-de-Vie

Nature : 🏕 ⚶⚶
Loisirs : 🏚 🏊 🍴 🏊 🏊 🏊
Services : 🔧 ⚡ 🅶🅱 🚿 🗄 🔁 ⚕ 🖥

⛺ **Le Marina** mai-sept.

ℰ 02 51 33 83 17, Fax 02 51 33 83 17 – **R** conseillée
2,7 ha (131 empl.) plat, herbeux
Tarif : 🔲 18 € – pers. suppl. 4 € – frais de réservation 15 €
Location : 4 🚐 (4 à 6 pers.) 250 à 450 €/sem.
Pour s'y rendre : Sortie Nord-Ouest par D 38, rte de St-Gilles-Croix-de-Vie puis à gauche 1 km par rte des-Fermes-Marines et chemin à droite

Nature : 🏕 ⚶
Loisirs : 🏚
Services : 🔧 ⚡ 🚿 🗄 🔁 ⚕ 🚱 🚽 🖥
À prox. : 🏊

⛺ **Le Bon Accueil** 15 juin-15 sept.

ℰ 02 51 90 15 92, Fax 02 51 90 15 92 – **R** conseillée
3 ha (146 empl.) plat, peu incliné, herbeux
Tarif : 🔲 18 € – pers. suppl. 4 €
Location : 6 🚐 (4 à 6 pers.) 320 à 450 €/sem.
Pour s'y rendre : NO : 1,2 km par D 38 rte de St-Gilles-Croix-de-Vie
À savoir : Cadre Champêtre

Nature : ⚶⚶
Loisirs : 🏊
Services : 🔧 ⚡ 🚿 🗄 🏊 ⚕ 🖥

600

CHAILLÉ-LES-MARAIS

✉ 85450 – 🅱🅿🅶 J9 – G. Poitou Vendée Charentes – 1 599 h. – alt. 16
🅱 *Office de tourisme, 60 bis, rue de l'an VI, le Nieul* ℰ *02 51 56 71 17*
Paris 446 – Fontenay-le-Comte 23 – Niort 57 – La Rochelle 34 – La Roche-sur-Yon 49.

⚠ **L'Île Cariot** 15 juin-15 sept.

ℰ 02 51 56 75 27, *campingchaille@aol.com,*
Fax 02 51 56 75 27, *www.campingchaille.com* – **R** conseillée
1,2 ha (45 empl.) plat, herbeux
Tarif : 🔦 3,50 € 🚗 1,80 € 🔲 2,20 € ⚡ (10A) 2,50 €
🚐 1 borne 2 €
Pour s'y rendre : Au Sud du bourg, rue du 8-mai-1945, bord de petits ruisseaux et près du stade

Nature : 🏕 ⚶
Loisirs : 🏚 🏊 🚲 🏊
Services : 🔧 ⚡ 🚿 🗄 ⚕ 🖥
À prox. : 🍴

La CHAIZE-GIRAUD

✉ 85220 – 🅱🅸🅶 F8 – 597 h. – alt. 15
Paris 453 – Challans 24 – La Roche-sur-Yon 32 – Les Sables-d'Olonne 21 – St-Gilles-Croix-de-Vie 13.

△ **Les Alouettes**
     📞 02 51 22 96 21, *dominique.masson10@wanadoo.fr*,
     Fax 02 51 22 92 68 – **R** conseillée
     3 ha (140 empl.) plat, en terrasses, peu incliné, herbeux,
     sablonneux
     Location : 🏠 – 🏚
     Pour s'y rendre : O : 1 km par D 12, rte de St-Gilles-Croix-de-Vie

> Nature : 🏕 ♀
> Loisirs : 🏞 🏊 🎣
> Services : 👤 ⊶ 🗄 🛒 ☺ 📷

La CHAPELLE-HERMIER

✉ 85220 – 🅱🅸🅶 F7 – 560 h. – alt. 58
Paris 447 – Aizenay 13 – Challans 25 – La Roche-sur-Yon 29 – Les Sables-d'Olonne 25 – St-Gilles-Croix-de-Vie 20.

△ **Pin Parasol** 28 avr.-25 sept.
     📞 02 51 34 64 72, *campingpinparasol@free.fr*,
     Fax 02 51 34 64 62, *http://campingpinparasol.free.fr*
     – **R** conseillée
     7,7 ha (211 empl.) plat, peu incliné, terrasses, herbeux
     Tarif : 🔲 26,50 € – pers. suppl. 5,50 €
     Location 🏖 : 17 🏚 (4 à 6 pers.) 180 à 630 €/sem. – 24
     🏠 (4 à 6 pers.) 230 à 690 €/sem.
     Pour s'y rendre : SO : 3,3 km par D 42, rte de l'Aiguillon-
     sur-Vie puis 1 km par rte à gauche
     À savoir : Près du lac de Jaunay (accès direct)

> Nature : 🌳 ← 🏕
> Loisirs : 🍹 🏠 🌊 🏊 🎣 🚴 🏞
> 🎳 ⛵
> Services : 👤 ⊶ ☒ 🐕 🗄 🛒 ☺ 📷
> 🍴
> À prox. : 🎣

COMMEQUIERS

✉ 85220 – 🅱🅸🅶 E7 – 2 297 h. – alt. 19
Paris 441 – Challans 13 – Nantes 63 – La Roche-sur-Yon 38 – Les Sables-d'Olonne 36 – St-Gilles-Croix-de-Vie 12.

△ **La Vie** 15 avr.-sept.
     📞 02 51 54 90 04, *campinglavie@fr.st*, Fax 02 51 54 36 63,
     www.camping-la-vie.fr.st – **R** conseillée
     3 ha (73 empl.) plat, herbeux, petit étang
     Tarif : 🚶 4,20 € 🚗 2,50 € 🔲 3,50 € 🔋 3,50 € – frais de
     réservation 12 €
     Location : 10 🏚 (4 à 6 pers.) 230 à 500 €/sem.
     Pour s'y rendre : SE : 1,3 km par D 82 rte de Coëx et
     chemin à gauche

> Nature : 🌳 ♀
> Loisirs : 🍹 🏠 🏊 🎣
> Services : 👤 ⊶ ☒ 🐕 🗄 🛒 ☺ 📷

△ **Le Trèfle à 4 feuilles**
     📞 02 51 54 87 54, *letrefle@free.fr*, Fax 02 28 10 49 19,
     www.trefle-a4feuilles.com – **R** conseillée
     1,8 ha (25 empl.) plat, terrasses, herbeux
     Pour s'y rendre : SE : 3,3 km par D 82, rte de Coëx et
     1,4 km par chemin à gauche, au lieu-dit la Jouère
     À savoir : Sur les terres d'une exploitation agricole, le
     royaume des animaux

> Nature : 🌳
> Loisirs : 🍹 🏠 🏊
> Services : 👤 ⊶ ☺ 📷
> À prox. : parc animalier

Les CONCHES

✉ 85560 – 🅱🅸🅶 H9
Paris 465 – Nantes 109 – La Roche 37 – La Rochelle 63 – Niort 93.
Schéma à Longeville-sur-Mer

△ **Le Clos des Pins** avr.-sept.
     📞 02 51 90 31 69, *philip.jones@freesbee.fr*,
     Fax 02 51 90 30 68, *www.campinginfrance.com* – **R** conseil-
     lée
     1,6 ha (95 empl.) plat et peu accidenté, sablonneux
     Tarif : 🔲 26 € 🔋 (6A) – pers. suppl. 6 €
     Location : 35 🏚 (4 à 6 pers.) 133 à 660 €/sem. – 🏠 (4
     à 6 pers.) 213 à 790 €/sem. – bungalows toilés
     Pour s'y rendre : R. du Dr-Joussemet, à 500 m de la plage

> Nature : 🏕 ♀♀
> Loisirs : 🍹 🏠 🏊 🎣 ⛵
> Services : 👤 ⊶ ☒ 🐕 🗄 🛒 ☺ 📷
> À prox. : ⛳

601

Les CONCHES

🔺 **Le Sous-Bois** juin-15 sept.
    𝒫 02 51 33 36 90, Fax 02 51 33 32 73 – **R** conseillée
    1,7 ha (120 empl.) plat, sablonneux
    Tarif : 🔲 19 € ⚡ (10A) – pers. suppl. 3,60 €
    Location 🚲 : 4 🛖 (4 à 6 pers.) 190 à 450 €/sem.
    Pour s'y rendre : Au lieu-dit la Saligotière

Nature : 🐟 🏕 ♀
Loisirs : 🎮 ⛹ ✂
Services : 🚿 ⚡ ⚙ 🔥 ◉ ⛺ 🔧 🗑

🔺 **Les Ramiers** Pâques-sept.
    𝒫 02 51 33 32 21, *www.campinglesramiers.com*
    – **R** conseillée
    1,4 ha (80 empl.) plat et peu accidenté, en terrasses,
    sablonneux
    Tarif : 🔲 14,50 € ⚡ (5A) – pers. suppl. 4 €
    Location : 6 🛖 (4 à 6 pers.) 458 €/sem.
    À savoir : Pour les tentes, beaux emplacements en ter-
    rasses et en sous-bois

Nature : 🏕 ♀♀
Loisirs : ♟ snack
Services : 🚿 ⚡ ⚙ ◉

*Les localités possédant des ressources sélectionnées dans ce guide
sont signalées sur les **cartes MICHELIN** détaillées à 1/150 000.*

LES EPESSES

✉ 85590 – 🅱🅳🅶 K6 – 2 110 h. – alt. 214
Paris 375 – Bressuire 38 – Chantonnay 29 – Cholet 24 – Clisson 47 – La Roche-sur-Yon 50.

🔺 **La Bretèche** avr.-17 sept.
    𝒫 02 51 57 33 34, *contact@camping-la-breteche.com*,
    Fax 02 51 57 41 98, *www.camping-la-breteche.com*
    – **R** conseillée
    3 ha (115 empl.) plat, peu incliné, herbeux
    Tarif : 🔲 17,70 € – pers. suppl. 3,70 € – frais de réser-
    vation 8 €
    Location : 24 🛖 (4 à 6 pers.) 407 à 590 €/sem.
    🚐, 1 borne 4 €
    Pour s'y rendre : Sortie Nord par D 752, rte de Cholet et
    chemin à droite
    À savoir : Belle décoration arbustive, près d'un étang

Nature : 🏕
Loisirs : ♟ snack 🍴 🏊
Services : 🚿 ⚡ GB ⚙ 🔥 ◉ 🗑
À prox. : 🎭 Puy du Fou (3 km), parc
d'attractions

602

Les ESSARTS

✉ 85140 – 🅱🅳🅶 I7 – G. Poitou Vendée Charentes – 4 186 h. – alt. 78
🅸 *Office de tourisme, 1, rue Armand de Rougé* 𝒫 02 51 62 85 96
Paris 399 – Cholet 49 – Nantes 60 – Niort 92 – La Roche-sur-Yon 20.

🔺 **Municipal le Pâtis** Permanent
    𝒫 02 51 62 95 83, *camping-lepatis@wanadoo.fr*,
    Fax 02 51 62 95 83, *www.campinglepatis.com* – **R** conseillée
    1 ha (50 empl.) plat, herbeux
    Tarif : (Prix 2005) 🔲 11,06 € – pers. suppl. 2,56 €
    Pour s'y rendre : O : 0,8 km par rte de Chauché et à
    gauche, près de deux piscines

Nature : 🐟 ♀♀
Services : 🚿 ⚡ GB ⚙ 🏊 ◉
À prox. : ✂ 🎿 🏊

La FAUTE-SUR-MER

✉ 85460 – 🅱🅳🅶 I9 – 905 h. – alt. 4
🅸 *Office de tourisme, rond-point Fleuri* 𝒫 02 51 56 45 19, Fax 02 51 97 18 08
Paris 465 – Luçon 37 – Niort 106 – La Rochelle 71 – La Roche-sur-Yon 47 – Les Sables-d'Olonne 47.
Schéma à la Tranche-sur-Mer

🔺 Les Flots Bleus
    𝒫 02 51 27 11 11, Fax 02 51 29 40 76 – **R** conseillée
    1,5 ha (124 empl.) plat, sablonneux, herbeux
    Location : 🛖
    Pour s'y rendre : SE : 1 km par rte de la pointe d'Arçay, à
    200 m de la plage

Nature : 🏕 ♀
Loisirs : ♟ ⛹ 🏊
Services : 🚿 🔥 🏊 ◉ 🗑

Le Pavillon Bleu 29 avr.-9 sept.
🕿 02 51 56 08 78, *camping-apv@wanadoo.fr*,
Fax 02 51 27 15 01, *www.camping-apv.com* – **R** conseillée
1,3 ha (85 empl.) plat, sablonneux, herbeux
Tarif : (Prix 2005) 🗐 22,50 € – pers. suppl. 4 € – frais de
réservation 27 €
Location : 🚐 (4 à 6 pers.) 170 à 710 €/sem.
Pour s'y rendre : NO : 2,4 km par rte de la Tranche-sur-Mer
et chemin à droite

Nature : 🖵
Loisirs : 🛶 🏊 (petite piscine)
Services : 🕭 🚰 ⊖B 🔆 🖻 ⊕ 🚙 🛎
🖤

Le FENOUILLER

✉ 85800 – ③①⑥ E7 – 3 213 h. – alt. 10
Paris 455 – Nantes 70 – La Roche 49 – Saint 90 – Saint 72.

Le Chatelier avr.-15 oct.
🕿 02 28 10 50 75, Fax 02 28 10 50 75 – **R**
2,5 ha (80 empl.) plat, herbeux
Tarif : 🗐 18,50 € – pers. suppl. 4,20 €
Location : 4 🚐 (4 à 6 pers.) 210 à 510 €/sem.
Pour s'y rendre : SO : 1,4 km par D 754 et chemin à droite

Nature : ♀
Loisirs : 🍴 🛶 🏊
Services : 🕭 🚰 (juil.-août) 🔆 🛎 ⊕
🚙 🖤

Aire Naturelle le Petit Beauregard avr.-sept.
🕿 02 51 55 07 98 – **R** conseillée
2 ha (50 empl.) plat, herbeux
Tarif : 🗐 15 € (10A) – pers. suppl. 3 €
Pour s'y rendre : Sortie Sud-Ouest par D 754, rte de St-
Gilles-Croix-de-Vie et 0,6 km par chemin à gauche
À savoir : Cadre champêtre

Nature : 🐟 ♀
Loisirs : 🛶
Services : 🕭 🚰 🔆 ⊕ 🖤

FROMENTINE

✉ 85550 – ③①⑥ D6 – G. Poitou Vendée Charentes
Paris 455 – Nantes 69 – La Roche 72 – Saint 70 – Saint 66.

Schéma à St-Jean-de-Monts

603

La Grande Côte
🕿 02 51 68 51 89, *cplgrandecote@atciat.com*,
Fax 02 51 49 25 57, *www.campeoles.fr* – **R** conseillée
21 ha (810 empl.) plat et accidenté, sablonneux
Location : 🚐
Pour s'y rendre : A l' O de la station, rte de la Grande Côte
À savoir : Au bord de la plage

Nature : ♀♀(pinède)
Loisirs : 🍴 🍽 🖗 nocturne 🕴 🚲
🕊 🏊
Services : 🕭 🚰 🖻 🛎 ⊕ 🚙 🖤 🖤
À prox. : ◊

Château et collégiale St-Liphard en bordure de Loire

S. Sauvignier/Michelin

Le GIVRE

✉ 85540 – 𝟛𝟙𝟞 H9 – 273 h. – alt. 20
Paris 446 – Luçon 20 – La Mothe-Achard 33 – Niort 88 – La Rochelle 62 – La Roche-sur-Yon 27 – Les Sables-d'Olonne 33.

   ⚠ **Aire Naturelle la Grisse** 15 avr.-15 oct.
      𝄞 02 51 30 83 03, *lagrisse@85.cernet.fr* – **R** indispensable
      1 ha (25 empl.) plat, herbeux
      Tarif : ✶ 5 € 🅴 3 € 🔌 (6A) 3 €
      Pour s'y rendre : S : 2,5 km par rte reliant la D 949 et la D 747
      À savoir : Cadre champêtre

Nature : 🐟 ⌕	
Loisirs : 🛶	
Services : ♿ ⚬⊸ 🆖 ⚙ 🗑 ♨ 🚰 🛗	

GRAND'LANDES

✉ 85670 – 𝟛𝟙𝟞 G7 – 381 h. – alt. 52
Paris 431 – Aizenay 12 – Challans 21 – Nantes 53 – La Roche-sur-Yon 30 – St-Gilles-Croix-de-Vie 30.

   ⚠ **Municipal les Blés d'Or** Permanent
      𝄞 02 51 98 51 86, *mairiegrandlandes@wanadoo.fr*,
      Fax 02 51 98 53 24 – **R** conseillée
      1 ha (40 empl.) plat, herbeux, peu incliné
      Tarif : 🅴 8,30 € – pers. suppl. 2 €
      Pour s'y rendre : Au bourg, par D 94, rte de St-Etienne-du-Bois, à 100 m d'un étang
      À savoir : Emplacements bien délimités par haies

Nature : ⌕ ⌕	
Services : ♿ ⚙ ♨ 🚰	
À prox. : 🛶 ⌁ 🎣	

Verwechseln Sie bitte nicht :
⚠ ... bis ... ⚠⚠⚠ : **MICHELIN**-*Klassifizierung*
und
★ ... bis ... ★★★★ : *offizielle Klassifizierung*

604

ÎLE DE NOIRMOUTIER

✉ 85 – 𝟛𝟙𝟞 – G. Poitou Vendée Charentes
par le pont routier de Fromentine : gratuit - par le passage du Gois à basse mer (4,5 km)
🛈 *Office de tourisme, rue du Général Passaga* 𝄞 02 51 39 12 42

Barbâtre ✉ 85630 – 1 420 h. – alt. 5
🛈 *Office de tourisme, route du Pont* 𝄞 02 51 39 80 71, Fax 02 51 39 53 16
Paris 453 – Challans 32 – Nantes 70 – Noirmoutier-en-l'Île 11 – St-Nazaire 71.

   ⚠ **Municipal du Midi** 8 avr.-16 sept.
      𝄞 02 51 39 63 74, *camping-du-midi@wanadoo.fr*,
      Fax 02 51 39 58 63, *www.camping-du-midi.com* – **R**
      13 ha (630 empl.) accidenté, sablonneux, herbeux
      Tarif : (Prix 2005) 🅴 28 € – pers. suppl. 5,40 €
      Location : 117 🏠 (4 à 6 pers.) 320 à 798 €/sem.
      Pour s'y rendre : NO : 1 km par D 948 et chemin à gauche
      À savoir : Près de la plage (accès direct)

Nature : ⌕	
Loisirs : 🍴 snack ✂ 🏓 🎣	
Services : ♿ ⚬⊸ 🆖 ⚙ 🗑 ♨ 🚿 🚰 🛗	
À prox. : 🏊	

La Guérinière ✉ 85680 – 1 486 h. – alt. 5
Paris 460 – Challans 39 – Nantes 77 – Noirmoutier-en-l'Île 5 – La Roche-sur-Yon 83 – St-Nazaire 78.

   ⚠ **Le Caravan'Île** mars-15 nov.
      𝄞 02 51 39 50 29, *contact@caravanile.com*,
      Fax 02 51 35 86 85, *www.caravanile.com* – **R** conseillée
      8,5 ha (385 empl.) plat, peu incliné, dunes attenantes, sablonneux, herbeux
      Tarif : (Prix 2005) 🅴 21 € 🔌 (5A) – pers. suppl. 4,40 € – frais de réservation 16 €
      Location : 81 🏠 (4 à 6 pers.) 245 à 680 €/sem.
      Pour s'y rendre : Sortie Est par D 948 et à droite avant le rond-point
      À savoir : Près de la plage (accès direct par escalier)

Nature : ⛰	
Loisirs : 🍴 🍽 🎮 🛶 🏓 🎣 ⛷ terrain omnisports	
Services : ♿ ⚬⊸ 🆖 ⚙ 🗑 ♨ 🚰 🚿	
🛗 🏊	
À prox. : ✗ 🏖 🏊	

La Sourderie avr.-15 oct.
   📞 02 51 39 51 38, *contact@campingsourderie.com*,
Fax 02 51 39 57 97, *www.campingsourderie.com*
– **R** conseillée
5,5 ha (306 empl.) peu incliné et plat, sablonneux, herbeux, dunes
Tarif : 🔳 23 € 🔌 (6A) – pers. suppl. 5,50 € – frais de réservation 15 €
Location : 62 🛖 (4 à 6 pers.) 190 à 670 €/sem.
🚐 1 borne 4,50 €
Pour s'y rendre : Sortie Est par D 948 et à droite avant le rond-point
À savoir : Près de la plage (accès direct par escalier)

Nature : 🏕 ⛰
Loisirs : 🎱 🏸 🏊 ⛱
Services : ♿ ⛽ GB ✂ 🗜 ♨ ⊕ 🖥
🍴
À prox. : 🏖 🍸 🗡 snack 🎣

Noirmoutier-en-l'Île 📮 85330 – 5 001 h. – alt. 8
Paris 468 – Nantes 80 – Saint-Nazaire 82 – Vannes 160 – La Roche-sur-Yon 83.

△ **Municipal le Clair Matin** avr.-Toussaint
   📞 02 51 39 05 56, Fax 02 51 39 74 36 – **R** conseillée
6,5 ha (276 empl.) plat, herbeux, sablonneux
Tarif : (Prix 2005) 🔳 17,20 € 🔌 (10A) – pers. suppl. 2,50 €
🚐 1 borne
Pour s'y rendre : 2 km à l'E, à 200 m de la plage des Sableaux

Nature : 🌳🌳
Loisirs : 🏸 🚲
Services : ♿ (2 cabines) ⛽ (juil.-août) GB ✂ 🗜 ♨ ⊕ 🖥 🏖
À prox. : 🍸 🎣

L'ILE-D'OLONNE

Île aux Oiseaux avr.-oct.
   📞 02 51 90 89 96, *camping-ile-aux-oiseaux@wanadoo.fr*,
Fax 02 51 32 33 07, *www.ile-aux-oiseaux.fr* – places limitées pour le passage – **R** conseillée
2 ha (113 empl.) plat, herbeux
Tarif : 🔳 17,50 € 🔌 (6A) – pers. suppl. 3 € – frais de réservation 14 €
Pour s'y rendre : NE : 0,8 km par D 87, rte de St-Mathurin et rue du Pré-Neuf à gauche

Nature : 🐟 🏕
Loisirs : 🎱 🏸 🏊
Services : ♿ ⛽ (juil.-28 août) GB ✂ 🗜 ♨ ⊕ 🏊 🚮 🖥

605

JARD-SUR-MER

📮 85520 – ᠍316᠍ G9 – 2 235 h. – alt. 14
🛈 *Office de tourisme, place de la Liberté* 📞 *02 51 33 40 47, Fax 02 51 33 96 42*
Paris 453 – Challans 62 – Luçon 36 – La Roche-sur-Yon 35 – Les Sables-d'Olonne 21.

Le Curtys 8 avr.-16 sept.
   📞 02 51 33 06 55, *info@palmiers-ocean.fr*,
Fax 02 51 33 92 01, *www.palmiers-ocean.fr* – places limitées pour le passage – **R**
8 ha (360 empl.) plat, herbeux
Tarif : 🔳 25 € 🔌 (6A) – pers. suppl. 5 € – frais de réservation 25 €
Location : 15 🛖 (2 à 4 pers.) 130 à 520 €/sem. – 210 🛖 (4 à 6 pers.) 150 à 710 €/sem. – 16 🏠 (4 à 6 pers.) 390 à 710 €/sem. – bungalows toilés
Pour s'y rendre : Au Nord de la station

Nature : 🏕 🌳
Loisirs : 🍸 snack 🎱 🌙 nocturne 🎪 salle d'animation 🏸 🚲 ⚽ 🏊 🏊 ⛱ terrain omnisports
Services : ♿ ⛽ GB ✂ 🗜 ♨ ⊕ 🖥 🍴
À prox. : 🛒 🎣

JARD-SUR-MER

▲▲▲ **Les Écureuils** avr.-sept.
    ℱ 02 51 33 42 74, *camping-ecureuils@wanadoo.fr*,
Fax 02 51 33 91 14, *www.camping-ecureuils.com* – **R** indispensable 🏕
4 ha (261 empl.) plat, sablonneux
Tarif : 🗐 28,50 € (⚡) (10A) – pers. suppl. 6,50 €
Location : 30 🚐 (4 à 6 pers.) 260 à 700 €/sem.
Pour s'y rendre : Rte des Goffineaux, à 300 m de l'océan

| Nature : 🐟 ▭ 🎿 |
| Loisirs : 🍸 🏠 🛝 🎿 🤸 🚴 ⛺ ⛵ |
| 🔲 🏊 |
| Services : 🚿 ⛽ GB 🗑 🏧 🛒 @ 🛁 |
| ⛲ ⛽ 🔲 🛒 🛗 |
| À prox. : 🍽 |

▲▲▲ **L'Océano d'Or** avr.-24 sept.
    ℱ 02 51 33 65 08, *info@camping-chadotel.com*,
Fax 02 51 33 94 04, *www.chadotel.com* – **R** conseillée
8 ha (431 empl.) plat, herbeux
Tarif : 🗐 28 € – pers. suppl. 5,80 € – frais de réservation 25 €
Location : 🚐 (4 à 6 pers.) 220 à 705 €/sem. – 🏠 (4 à 6 pers.) 280 à 770 €/sem.
Pour s'y rendre : Au Nord-Est de la station par D 21

| Nature : ▭ 🎿 |
| Loisirs : 🍸 🏠 🕹 nocturne salle |
| d'animation 🤸 🚴 🍽 ⛺ 🏊 🔲 |
| terrain omnisports |
| Services : 🚿 ⛽ GB 🗑 🏧 🛒 @ 🛁 |
| ⛲ 🔲 🛒 🛗 |

▲▲ **La Pomme de Pin** avr.-sept.
    ℱ 02 51 33 43 85, *info@pommedepin.net*,
Fax 02 51 20 31 69, *www.pommedepin.net* – places limitées pour le passage – **R** indispensable
2 ha (150 empl.) plat, sablonneux
Tarif : 🗐 28 € – pers. suppl. 5,80 €
Location : 40 🚐 (4 à 6 pers.) 190 à 745 €/sem. – 8 🏠 (4 à 6 pers.) 200 à 770 €/sem.
Pour s'y rendre : SE : rue Vincent-Auriol, à 150 m de la plage de Boisvinet

| Nature : ▭ 🎿 |
| Loisirs : 🍸 pizzeria 🏠 🤸 🚴 🏊 |
| 🔲 |
| Services : 🚿 ⛽ GB 🗑 🏧 🛒 @ 🔲 |
| 🛒 |

▲ La Mouette Cendrée
    ℱ 02 51 33 59 04, *camping.mc@free.fr*, Fax 02 51 20 31 39,
www.mouettecendree.com – **R** conseillée
1,2 ha (72 empl.) plat, herbeux
Location : 🚐 – bungalows toilés
Pour s'y rendre : Sortie Nord-Est par D 19, rte de St-Hilaire-la-Forêt

| Nature : ▭ 🎿 |
| Loisirs : 🤸 🏊 (petite piscine) 🔲 |
| Services : 🚿 ⛽ 🗑 @ 🔲 |

LANDEVIEILLE

✉ 85220 – **316** F8 – 791 h. – alt. 37
Paris 452 – Challans 25 – Nantes 83 – La Roche-sur-Yon 32 – Les Sables-d'Olonne 19 – St-Gilles-Croix-de-Vie 14.

▲▲▲ **Pong** avr.-15 sept.
    ℱ 02 51 22 92 63, *info@lepong.com*, Fax 02 51 22 99 25,
www.lepong.com – **R** conseillée
3 ha (230 empl.) plat et peu incliné, terrasses, herbeux, petit étang
Tarif : 🗐 24,50 € (⚡) (6A) – pers. suppl. 4,80 € – frais de réservation 18 €
Location : 10 🚐 (4 à 6 pers.) 240 à 570 €/sem.
Pour s'y rendre : Sortie Nord-Est, chemin du stade

| Nature : 🐟 ▭ 🎿 |
| Loisirs : snack 🏠 🛝 ⛱ 🤸 🛶 |
| 🏊 🔲 |
| Services : 🚿 ⛽ GB 🗑 🏧 🛒 @ |
| 🛁 ⛲ 🔲 🛒 |
| À prox. : 🍽 |

▲▲ **L'Orée de l'Océan** 15 juin-5 sept.
    ℱ 02 51 22 96 36, *info@camping-oreedelocean.com*,
Fax 02 51 22 29 09, *www.camping-oreedelocean.com*
– **R** conseillée
2,8 ha (140 empl.) plat et peu incliné, herbeux
Tarif : 🗐 28 € – pers. suppl. 4 €
Location (mai-sept.) : 50 🚐 (4 à 6 pers.) 380 à 650 €/sem. – bungalows toilés
Pour s'y rendre : Sortie Ouest, rte de Brétignolles-sur-Mer, à proximité d'un étang

| Nature : ▭ 🎿 |
| Loisirs : 🏠 🤸 🏊 🔲 terrain omnisports |
| Services : 🚿 ⛽ (juil.-août) GB 🗑 |
| 🗑 🛒 🔲 |
| À prox. : 🍽 |

LONGEVILLE-SUR-MER

☒ 85560 – ▮▮▮ H9 – 1 962 h. – alt. 10

🛈 *Office de tourisme, 9, rue Georges Clemenceau* ℘ *02 51 33 34 64*

Paris 448 – Challans 74 – Luçon 29 – La Roche-sur-Yon 31 – Les Sables-d'Olonne 28.

△△△ **Les Brunelles** avr.-23 sept.

℘ 02 51 33 50 75, *camping@les-brunelles.com,*
Fax 02 51 33 98 21, *www.camp-atlantique.com* – places limitées pour le passage – **R** conseillée
4,8 ha (295 empl.) plat, peu incliné, pierreux
Tarif : ▤ 26 € – pers. suppl. 5 € – frais de réservation 20 €
Location : 16 🚐 (2 à 4 pers.) 110 à 590 €/sem. – 120
🛖 (4 à 6 pers.) 150 à 750 €/sem.
Pour s'y rendre : SO : 1,5 km par rte de la Tranche-sur-Mer
puis 2,2 km par rte à droite

> Nature : ஐ ☐ ♀
> Loisirs : ♀ snack, pizzeria 🎱 ⑤
> nocturne ⚞ ⚟ ⚝ ☒ ⚒ ⚒
> terrain omnisports
> Services : 🕭 ⚓ GB ⚗ ▤ ⚐ ⊕ ⚘
> ⚖ ⚘ ▣ ⚘
> À prox. : ⚡

607

△△ **Jarny Océan** Pâques-Toussaint

℘ 02 51 33 42 21, *jarny-ocean@wanadoo.fr,*
Fax 02 51 33 95 37 – **R** conseillée
7,5 ha (296 empl.) plat et peu incliné, herbeux
Tarif : ▤ 23,60 € – pers. suppl. 3,20 € – frais de réservation 20 €
Pour s'y rendre : SO : 1,5 km par rte de la Tranche-sur-Mer
puis 2 km par rte à droite

> Nature : ஐ ☐ ♀
> Loisirs : ♀ snack 🎱 ⑤ nocturne
> ⚞ ⚝ ⚒ ⚒
> Services : 🕭 ⚓ GB ⚗ ▤ ⊕ ⚘ ⚘
> ▣ ⚘
> À prox. : ⚡

△ **La Michenotière** avr.-oct.

℘ 02 51 33 38 85, *contact@camping-la-michenotiere.fr,*
Fax 02 51 33 28 09, *www.camping-la-michenotiere.fr*
– **R** conseillée
3,5 ha (120 empl.) plat, herbeux
Tarif : ▤ 23,50 € ⓗ (10A) – pers. suppl. 4,50 € – frais de
réservation 20 €
Location : 🛖 (4 à 6 pers.) 170 à 650 €/sem. – ⚿ (4 à 6
pers.) 210 à 790 €/sem.
Pour s'y rendre : SE : 1,5 km par D 70, rte d'Angles et
chemin à droite

> Nature : ஐ ☐ ♀
> Loisirs : ⚞ ⚝ ⚒ ⚒
> Services : 🕭 ⚓ GB ⚗ ▤ ⊕ ▣

Benutzen Sie
– zur Wahl der Fahrtroute
– zur Berechnung der Entfernungen
– zur exakten Lokalisierung eines Campingplatzes (mit Hilfe der Angaben im Ortstext)
die für diesen Führer unentbehrlichen **MICHELIN-Karten** *im Ma1 : 150 000.*

Les LUCS-SUR-BOULOGNE

✉ 85170 – **305** H6 – 2 702 h. – alt. 70
🛈 *Office de tourisme, place du Moustier* ℰ 02 51 46 51 28
Paris 423 – Aizenay 19 – Les Essarts 24 – Nantes 45 – La Roche-sur-Yon 22.

    ▲ **Municipal Val de Boulogne** 11 juin-11 sept.
      ℰ 02 51 46 59 00, *mairies.lucs.boul@wanadoo.fr*,
      Fax 02 51 46 51 20, *www.ville-leslucssurboulogne.fr*
      0,3 ha (19 empl.) plat et peu incliné, herbeux
      Tarif : (Prix 2005) 🏕 2,20 € ⟷ 1,40 € 🔲 1,80 € 🔌 2,30 €
      Pour s'y rendre : Sortie Nord-Est par D 18, rte de St-Sulpice-le-Verdon et chemin à droite
      À savoir : Cadre verdoyant et ombragé, près d'un étang

> Nature : 🏞 ♀
> Services : ☺
> À prox. : 🍷 ✕ ⚓ canoë

MACHÉ

✉ 85190 – **305** F7 – 1 094 h. – alt. 42
Paris 443 – Challans 22 – Nantes 59 – La Roche-sur-Yon 26 – Les Sables-d'Olonne 35.

    ▲▲ **La Résidence du Lac** (location exclusive de mobile homes et bungalows) Permanent
      ℰ 02 51 55 20 30, *laresidencedulac@libertysurf.fr*,
      Fax 02 51 55 20 30, *www.residence-du-lac.com* – empl. traditionnels également disponibles – **R** indispensable
      18 ha plat, herbeux
      Location : 15 🏠 (4 à 6 pers.) 250 à 465 €/sem.
      Pour s'y rendre : Rte d'Apremont et chemin à gauche, accès direct au lac

> Nature : 🏞
> Loisirs : 🍷 🛶 🏊
> Services : ⚬ ⚕ 🔲
> À prox. : 🎾 ⚓ canoë

    ▲ **Le Val de Vie** mai-sept.
      ℰ 02 51 60 21 02, *campingvaldevie@aol.com*,
      Fax 02 51 60 21 02 – **R** conseillée
      2,5 ha (52 empl.) plat, peu incliné, herbeux
      Tarif : 🔲 21,50 € 🔌 (10A) – pers. suppl. 4,25 €
      Location (avr.-oct) ⚡ : 2 🏠 (4 à 6 pers.) 162 à 510 €/sem.
      Pour s'y rendre : Rte d'Apremont et chemin à gauche, à 400 m du lac

> Nature : 🏞
> Loisirs : 🛶 🏊
> Services : ☊ ⚬ 🆎 ⚕ 🔲 ♨ ☺ 🔲
> À prox. : 🎾

MAILLEZAIS

✉ 85420 – **305** L9 – G. Poitou Vendée Charentes – 934 h. – alt. 6
🛈 *Office de tourisme, rue du Dr Daroux* ℰ 02 51 87 23 01, Fax 02 51 00 72 51
Paris 436 – Fontenay-le-Comte 15 – Niort 27 – La Rochelle 49 – La Roche-sur-Yon 73.

    ▲ **Municipal de l'Autize** avr.-sept.
      ℰ 06 31 43 21 33, *mairie-maillezais@wanadoo.fr*,
      Fax 02 51 87 29 63, *www.maillezais.fr* – **R** conseillée
      1 ha (40 empl.) plat, herbeux
      Tarif : 🔲 10,40 € – pers. suppl. 2 €
      Pour s'y rendre : Sortie Sud, rte de Courçon

> Nature : 🏞
> Loisirs : 🏛
> Services : ☊ ⚕ 🔲 ☺ ⛺ ⚙ 🔲
> À prox. : 🛶 🎾 🚲

MAREUIL-SUR-LAY

✉ 85320 – **305** I8 – G. Poitou Vendée Charentes – 2 277 h. – alt. 20
🛈 *Office de tourisme, 36, rue H. de Mareuil* ℰ 02 51 97 30 26, Fax 02 51 30 53 32
Paris 428 – Cholet 78 – Nantes 89 – Niort 70 – La Rochelle 56 – La Roche-sur-Yon 23.

    ▲ **Municipal la Prée** 15 juin-15 sept.
      ℰ 02 51 97 27 26, *www.mareuiltourisme.com* – **R**
      1,5 ha (41 empl.) plat, herbeux
      Tarif : (Prix 2005) 🔲 12,30 € – pers. suppl. 3,40 €
      Pour s'y rendre : Au Sud du bourg, attenant au stade et la piscine
      À savoir : Situation pittoresque en bordure du Lay

> Nature : 🏞
> Loisirs : 🛶
> Services : ☊ ⚬ 🔲 ☺ 🔲
> À prox. : 🎾 🎣 🏊 ⚓

Le MAZEAU

✉ 85420 – ▒▒▒ L9 – 439 h. – alt. 8
Paris 435 – Fontenay-le-Comte 22 – Niort 21 – La Rochelle 53 – Surgères 42.

⚠ **Municipal le Relais du Pêcheur** avr.-15 oct.
     𝒫 02 51 52 93 23, *mairie-le-mazeau@wanadoo.fr*,
Fax 02 51 52 97 58 – **R** conseillée
1 ha (54 empl.) plat, herbeux
Tarif : ✶ 2,50 € ▣ 2,80 € (½) 2 €
Pour s'y rendre : S : à 0,7 km du bourg
À savoir : Cadre et situation agréables au coeur de la Venise Verte

Nature : ⌂ ▱ ♀	
Loisirs : ▱ ▱	
Services : ⚹ ⊶ ⊙ ✓ ▯ ⊕ ▣	
À prox. : ◝	

MERVENT

✉ 85200 – ▒▒▒ L8 – G. Poitou Vendée Charentes – 1 059 h. – alt. 85
🅱 *Office de tourisme, rue de la Citardière* 𝒫 *02 51 00 29 57*
Paris 426 – Bressuire 52 – Fontenay-le-Comte 12 – Parthenay 50 – La Roche-sur-Yon 61.

▲▲ **La Joletière** Pâques-Toussaint
     𝒫 02 51 00 26 87, *camping.la.joletiere@wanadoo.fr*,
Fax 02 51 00 27 55, *www.campinglajoletiere.fr.st*
– **R** conseillée
1,3 ha (73 empl.) peu incliné, herbeux
Tarif : (Prix 2005) ✶ 3,90 € ▣ 4,65 € (½) 3,35 € – frais de réservation 8 €
Location (permanent) ⚹ : ▭ (4 à 6 pers.) 265 à 416 €/sem.
Pour s'y rendre : O : 0,7 km par D 99

Nature : ▱ ♀	
Loisirs : snack ▱ ⚐ ⚲ ▭	
Services : ⚹ ⊶ GB ✓ ▯ ⊕ ⚞ ⚟ ▣	
À prox. : ▾ ✗	

Des vacances réussies sont des vacances bien préparées !
Ce guide est fait pour vous y aider... mais :
– N'attendez pas le dernier moment pour réserver
– Évitez la période critique du 14 juillet au 15 août
Pensez aux ressources de l'arrière-pays,
à l'écart des lieux de grande fréquentation.

609

La MOTHE-ACHARD

✉ 85150 – ▒▒▒ G8 – 2 050 h. – alt. 20
🅱 *Office de tourisme, 56, rue G. Clémenceau* 𝒫 *02 51 05 90 49*
Paris 439 – Aizenay 15 – Challans 40 – La Roche-sur-Yon 19 – Les Sables-d'Olonne 18 – St-Gilles-Croix-de-Vie 27.

▲▲ Le Pavillon
     𝒫 02 51 05 63 46, *campinglepavillon@wanadoo.fr*,
Fax 02 51 09 45 58, *www.campinglepavillon.com*
– **R** conseillée
3,6 ha (117 empl.) plat, herbeux, étang
Location : 6 ▭ – 25 ▭ – bungalows toilés
Pour s'y rendre : SO : 1,5 km, rte des Sables-d'Olonne

Nature : ♀♀	
Loisirs : ▾ ▱ ⚐ nocturne ⚲ ▭ ⚞ ◝ terrain omnisports	
Services : ⚹ ⊶ ▯ ⚞ ⚟ ⊕ ▣	

MOUCHAMPS

✉ 85640 – ▒▒▒ J7 – G. Poitou Vendée Charentes – 2 443 h. – alt. 81
Paris 394 – Cholet 40 – Fontenay-le-Comte 52 – Nantes 68 – La Roche-sur-Yon 35.

⚠ **Le Hameau du Petit Lay** 15 juin-15 sept.
     𝒫 02 51 66 25 72, *mairie@mouchamps.com*,
Fax 02 51 66 25 72, *www.mouchamps.com* – **R** conseillée
0,4 ha (24 empl.) plat, herbeux
Tarif : ▣ 11,90 € – pers. suppl. 2,90 €
Location (permanent) : 15 ⌂ (4 à 6 pers.) 169 à 458 €/sem.
Pour s'y rendre : S : 0,6 km par D 113, rte de St-Prouant, bord d'un ruisseau

Nature : ▱ ♀	
Loisirs : ▱ ⚲ ▭ (petite piscine)	
Services : ⚹ ⊶ GB ✓ ▯ ⊕ ▣	
À prox. : ◝	

MOUILLERON-LE-CAPTIF

✉ 85000 – ▨▨▨ h7 – 3 493 h. – alt. 70
Paris 421 – Challans 40 – La Mothe-Achard 22 – Nantes 63 – La Roche-sur-Yon 8.

⚠ **l'Ambois** Permanent
    ℰ 02 51 37 29 15, *camping-ambois@voila.fr*,
    Fax 02 51 37 29 15 – **R** conseillée
    1,75 ha (25 empl.) plat, peu incliné, herbeux
    Tarif : ✦ 3,30 € 回 2,80 € ₪ 2,80 €
    Location ⛵ : 18 ▦ (4 à 6 pers.) 350 à 390 €/sem. – 4
    🏠 (4 à 6 pers.) 370 à 390 €/sem. – chambres d'hôte
    Pour s'y rendre : Sortie SE par D 2 rte de la Roche-sur-Yon,
    puis 2,6 km par chemin à droite
    À savoir : Cadre champêtre

| Nature : 🦢 ⌂ ♀ |
| Loisirs : 🎪 🏸 🚲 🛶 |
| Services : 🔥 ⚬🚰 🄶🄱 🗳 ▥ ⊕ 🝙 |

NALLIERS

✉ 85370 – ▨▨▨ J9 – 1 880 h. – alt. 9
Paris 435 – Fontenay-le-Comte 18 – Luçon 12 – Niort 52 – La Rochelle 42 – La Roche-sur-Yon 44.

⚠ **Municipal le Vieux Chêne** 15 mai-15 sept.
    ℰ 02 51 30 90 71, *nalliers.mairie@wanadoo.fr*,
    Fax 02 51 30 94 06 – **R** conseillée
    1 ha (25 empl.) plat, herbeux
    Tarif : (Prix 2005) ✦ 2 € 🚐 1,20 € 回 1,40 € ₪ 2,70 €
    Pour s'y rendre : Au Sud du bourg

| Nature : ⌂ ♀ |
| Loisirs : 🏸 |
| Services : 🔥 ⚬🚰 (juil.-août) 🗳 ⊕ |
| À prox. : ✂ |

Les indications d'accès à un terrain sont généralement indiquées,
dans notre guide, à partir du centre de la localité.

610

NOTRE-DAME-DE-MONTS

✉ 85690 – ▨▨▨ D6 – G. Poitou Vendée Charentes – 1 528 h. – alt. 6
🅱 *Office de tourisme, 6, rue de la Barre* ℰ *02 51 58 84 97, Fax 02 51 58 15 56*
Paris 459 – Nantes 74 – La Roche 72 – Saint 75 – Saint 70.
Schéma à St-Jean-de-Monts

⚠ **Les Alizés** 18 fév.-19 nov.
    ℰ 02 28 11 28 50, *contact@campinglesalizes.com*,
    Fax 02 28 11 27 78, *www.campinglesalizes.com* – **R** indis-
    pensable
    3,6 ha (150 empl.) plat, herbeux, sablonneux
    Tarif : 回 24,60 € ₪ (16A) – pers. suppl. 5,10 € – frais de
    réservation 10 €
    Location : ▦ (4 à 6 pers.) 200 à 650 €/sem.
    Pour s'y rendre : N : 1,9 km

| Nature : ⌂ |
| Loisirs : 🍸 snack 🎆 nocturne 🛝 🏸 🚲 🝙 🛶 terrains omnisports |
| Services : 🔥 ⚬🚰 (juil.-août) 🄶🄱 🗳 🗳 ⊕ 📞 🝙 |

⚠ **Le Lagon Bleu** avr.-oct.
    ℰ 02 51 58 85 29, Fax 02 28 11 22 51 – **R** conseillée
    2 ha (150 empl.) plat, herbeux, sablonneux
    Tarif : (Prix 2005) 回 22 € – pers. suppl. 5 €
    Location : 9 ▦ (4 à 6 pers.) 305 à 505 €/sem. – 🏠 (4 à
    6 pers.) 255 à 492 €/sem.
    Pour s'y rendre : N : 2,2 km
    À savoir : Cadre soigné

| Nature : ⌂ ♀ |
| Loisirs : 🍸 snack 🏸 🛶 |
| Services : 🔥 ⚬🚰 🗳 🗳 🗳 ⊕ 🝙 |

⚠ **Le Grand Jardin** avr.-oct.
    ℰ 02 28 11 21 75, Fax 02 51 59 56 66, *www.legrandjar*
    din.net – places limitées pour le passage – **R** conseillée
    2,5 ha (159 empl.) plat, herbeux, sablonneux
    Tarif : (Prix 2005) 回 22,90 € ₪ (10A) – pers. suppl. 3,50 € –
    frais de réservation 19 €
    Location (fermé janv.) : 30 ▦ (4 à 6 pers.) 260 à
    610 €/sem.
    Pour s'y rendre : N : 0,6 km, au bord d'un étier

| Nature : ⌂ ♀ |
| Loisirs : ✗ 🏸 🛶 🎣 |
| Services : ⚬🚰 🄶🄱 🗳 🗳 ⊕ 🝙 🛁 |

▲ **Le Pont d'Yeu** avr.-sept.
  🖉 02 51 58 83 76, *info@camping-pontdyeu.com*,
  Fax 02 28 11 20 19, *www.camping-pontdyeu.com*
  – **R** conseillée
  1,3 ha (96 empl.) plat, sablonneux
  Tarif : 🔲 19,60 € ⚡ (6A) – pers. suppl. 4,50 €
  Location : 🚐 (4 à 6 pers.) 240 à 540 €/sem.
  Pour s'y rendre : S : 1 km

Nature : 🖵 ♀
Loisirs : 🏄 🛶
Services : ⚕ ⚡ 🚿 📷 ♨ 🔥 ⊕ 🔲

▲ **La Ménardière** mai-sept.
  🖉 02 51 58 86 92, *camping.menardiere@wanadoo.fr*,
  Fax 02 51 58 86 92 – **R** indispensable
  0,8 ha (65 empl.) plat, sablonneux, herbeux
  Tarif : 🔲 12,40 € ⚡ (5A) – pers. suppl. 3,60 €
  Pour s'y rendre : S : 1 km

Nature : ♀
Loisirs : 🏠 🏄
Services : ⚕ ⚡ 🚿 ♨ 🔥 ⊕ 🔲

▲ **Les Tranches** avr.-sept.
  🖉 02 51 58 85 37, *camping.lestranches@free.fr*, *www.les-campings.com/tranches* – **R** conseillée
  0,8 ha (70 empl.) plat, herbeux, sablonneux
  Tarif : 🔲 13,10 € ⚡ (10A) – pers. suppl. 3,65 €
  Pour s'y rendre : N : 1,5 km

Nature : ♀
Loisirs : 🏄
Services : ⚕ ⚡ 🚿 📷 ♨ ⊕ 🔲

OLONNE-SUR-MER

✉ 85340 – 🗓🗓🗓 F8 – G. Poitou Vendée Charentes – 10 060 h. – alt. 40
🛈 Office de tourisme, 10, rue du Maréchal Foch 🖉 02 51 90 75 45, Fax 02 51 90 77 30
Paris 458 – Nantes 102 – La Roche 36 – La Rochelle 96 – Saint 110.
　　　　　　　　　　Schéma aux Sables-d'Olonne

611

▲▲ **La Loubine** avr.-24 sept.
  🖉 02 51 33 12 92, *camping.la.loubine@wanadoo.fr*,
  Fax 02 51 33 12 71, *www.la-loubine.fr* – **R** indispensable ✄ (juil.-août)
  8 ha (368 empl.) plat, herbeux
  Tarif : 🔲 29,65 € – pers. suppl. 5 € – frais de réservation 20 €
  Location : 🚐 (4 à 6 pers.) 235 à 835 €/sem. – 🏠 (4 à 6 pers.) 300 à 769 €/sem.
  Pour s'y rendre : O : 3 km
  À savoir : Autour d'une ferme vendéenne du 16e s. et d'un beau complexe aquatique paysager et ludique

Nature : 🖵 ♀
Loisirs : 🍽 snack, pizzeria 🏠 🎦 nocturne 🎣 🎱 🏄 🚲 ✂ 🎿 🏊 terrain omnisports
Services : ⚕ ⚡ 🅶🅱 🚿 📷 ♨ ⊕ 🎿 🗑 🔲 🚽
À prox. : 🐎 poneys

▲▲ **Airotel le Trianon** avr.-sept.
  🖉 02 51 23 61 61, *campingletrianon@wanadoo.fr*,
  Fax 02 51 90 77 70, *www.camping-le-trianon.com* – **R** indispensable ✄
  12 ha (515 empl.) plat, herbeux, petit étang
  Tarif : 🔲 32,35 € ⚡ (16A) – pers. suppl. 5,20 €
  Location : 125 🚐 (4 à 6 pers.) 258 à 802 €/sem. – 32 🏠 (4 à 6 pers.) 319 à 811 €/sem.
  Pour s'y rendre : E : 1 km
  À savoir : Agréable cadre verdoyant et ombragé

Nature : 🖵 ♀♀
Loisirs : 🍽 ✗ 🏠 🎦 🏓 discothèque 🏄 ✂ 🎱 🏊 🎿 🌊 ↩
Services : ⚕ ⚡ (juil.-août) 🅶🅱 🚿 📷 ♨ ⊕ 🎿 🗑 🔲 🚽 🚽

▲▲ **Le Moulin de la Salle** mai-sept.
  🖉 02 51 95 99 10, *moulindelasalle@wanadoo.fr*,
  Fax 02 51 96 96 13, *www.moulindelasalle.com* – **R** conseillée
  2,7 ha (178 empl.) plat, herbeux
  Tarif : 🔲 20 € – pers. suppl. 4 € – frais de réservation 20 €
  Location : 50 🚐 (4 à 6 pers.) 200 à 490 €/sem. – 🛏 – gîtes
  Pour s'y rendre : O : 2,7 km

Nature : 🖵 ♀
Loisirs : 🍽 snack 🏠 🏄 🎿 (découverte l'été) 🏊
Services : ⚕ ⚡ 🚿 📷 ♨ ⊕ 🎿 🗑 🔲 🚽

OLONNE-SUR-MER

⚠️ **Domaine de l'Orée** 25 mars-24 sept.
   ℘ 02 51 33 10 59, *loree@free.fr*, Fax 02 51 33 15 16, *www.l-oree.com* – **R** indispensable
6 ha (320 empl.) plat, herbeux
Tarif : 🔲 28,40 € ⚡ (5A) – pers. suppl. 5 € – frais de réservation 22 €
Location : 🚐 (4 à 6 pers.) 276 à 686 €/sem. – 🏠 (4 à 6 pers.) 290 à 698 €/sem. – gîtes
Pour s'y rendre : O : 3 km

Nature : 🏕 ♀♀
Loisirs : 🍷 snack 🛖 🎲 nocturne 🚴 🏊 ⚙ 🎣 🏐
Services : 🚿 🔌 GB ♒ 🗑 🛗 ⚙ ⚰
🚾 🔥 🚱 🎣
À prox. : 🐎 poneys

⚠️ **Nid d'Été** 8 avr.-sept.
   ℘ 02 51 95 34 38, *info@leniddete.com*, Fax 02 51 95 34 64, *www.leniddete.com* – **R** conseillée
2 ha (119 empl.) plat, herbeux
Tarif : 🔲 21 € ⚡ (6A) – pers. suppl. 4 € – frais de réservation 13 €
Location : 14 🚐 (4 à 6 pers.) 250 à 590 €/sem.
Pour s'y rendre : O : 2,5 km

Nature : 🌿 ♀
Loisirs : 🛖 🚴 🏊
Services : 🚿 🔌 GB ♒ 🅜 🛗 ⚙ ⚰
🔥

⚠️ **Bois Soleil** 8 avr.-24 sept.
   ℘ 02 51 33 11 97, *camping.boissoleil@wanadoo.fr*,
Fax 02 51 33 14 85, *campingboissoleil.com* – **R** indispensable
3,1 ha (160 empl.) plat et peu incliné, herbeux, pierreux
Tarif : (Prix 2005) 🔲 24,50 € ⚡ (6A) – pers. suppl. 3,70 € – frais de réservation 20 €
Location : 50 🚐 (4 à 6 pers.) 225 à 630 €/sem. – bungalows toilés
Pour s'y rendre : NO : 4,1 km par D 80, D 87 rte de l'Ile d'Olonne, près de la réserve ornithologique
À savoir : Au bord des marais salants

Nature : 🌿 ⬳ 🏕 ♀
Loisirs : 🍷 🎲 nocturne 🚴 🎣 🏊 🏐 🏊
Services : 🚿 🔌 GB ♒ 🗑 ⚙ ⚰ ⚰
🚾 🔥 🚱 🎣

⚠️ **Sauveterre** avr.-sept.
   ℘ 02 51 33 10 58, Fax 02 51 21 33 97 – **R** conseillée
3,2 ha (234 empl.) plat, herbeux
Tarif : (Prix 2005) 🔲 17,80 € ⚡ (6A) – pers. suppl. 3,90 € – frais de réservation 10 €
Pour s'y rendre : O : 3 km

Nature : ♀
Loisirs : snack 🏊 🏊
Services : 🚿 🔌 ♒ 🗑 ⚙ 🔥 🚱 🎣
À prox. : 🐎 poneys

Le PERRIER

✉️ 85300 – 🗺️ E7 – 1 506 h. – alt. 4
Paris 449 – Nantes 67 – La Roche 56 – Saint 73 – Saint 67.
                            Schéma à St-Jean-de-Monts

⚠️ **La Maison Blanche**
   ℘ 02 51 49 39 23, *camping.maisonblanche@wanadoo.fr*,
Fax 02 51 49 39 23 – **R** conseillée
3,2 ha (200 empl.) plat, herbeux
Location : 🚐
Pour s'y rendre : Près de l'église, bord d'un étier

Nature : ♀♀
Loisirs : 🛖 🚴 🚴 🏊
Services : 🚿 🔌 🗑 ⚙ ⚰ 🔥
À prox. : ⚙

POUZAUGES

✉️ 85700 – 🗺️ K7 – G. Poitou Vendée Charentes – 5 385 h. – alt. 225
🅸 *Office de tourisme, 28, place de l'Église* ℘ 02 51 91 82 46, Fax 02 51 57 01 69
Paris 390 – Bressuire 30 – Chantonnay 22 – Cholet 42 – Nantes 88 – La Roche-sur-Yon 57.

⚠️ **Le Lac** Permanent
   ℘ 02 51 91 37 55, *campingpouzauges@tele2.fr*,
Fax 02 51 57 07 69, *www.campingpouzauges.com* – **R** conseillée
1 ha (50 empl.) plat et terrasse, peu incliné, herbeux
Tarif : 🚶 3,50 € 🔲 6 € ⚡ (10A) 3,50 €
Pour s'y rendre : O : 1,5 km par D 960 bis, rte de Chantonnay et chemin à droite
À savoir : À 50 m du lac, accès direct

Nature : 🌳 ⛰
Loisirs : 🚴
Services : 🚿 🔌 ♒ ⚙ 🔥
À prox. : ⚓ 🎣

Les SABLES-D'OLONNE

✉ 85100 – ▯▯▯ F8 – G. Poitou Vendée Charentes – 15 532 h. – alt. 4

▯ *Office de tourisme, 1, promenade Joffre* ℰ *02 51 96 85 85, Fax 02 51 96 85 71*

Paris 456 – Cholet 107 – Nantes 102 – Niort 115 – La Rochelle 95 – La Roche-sur-Yon 36.

⩕⩕ **La Dune des Sables** avr.- 24 sept.

ℰ 02 51 32 31 21, *info@camping-chadotel.com*, Fax 02 51 33 94 04, *www.chadotel.com* – **R** conseillée

7,5 ha (290 empl.) plat, en terrasses, sablonneux, herbeux

Tarif : ▯ 28 € – pers. suppl. 5,80 € – frais de réservation 25 €

Location : ▯▯▯ (4 à 6 pers.) 220 à 705 €/sem.

Pour s'y rendre : NO : 4 km

À savoir : Près de la plage

Nature : ⩙ ▯
Loisirs : ▯ snack ▯ ▯ ▯ ▯ ▯
Services : ▯ ▯ GB ▯ ▯ ▯ ▯ ▯ ▯ ▯ ▯

⩕⩕ Le Puits Rochais

ℰ 02 51 21 09 69, *bhjmp@wanadoo.fr*, Fax 02 51 23 62 20 – **R** conseillée

3,9 ha (220 empl.) plat, peu incliné, herbeux

Location : ▯▯▯

Pour s'y rendre : SE : 3,5 km

Nature : ▯
Loisirs : ▯ ▯ ▯ diurne ▯ ▯ ▯ ▯ ▯ ▯ ▯
Services : ▯ ▯ ▯ ▯ ▯ ▯ ▯ ▯ ▯ ▯ ▯

⩕ **Les Roses** avr.- 4 nov.

ℰ 02 51 95 10 42, *info@camping-chadotel.com*, Fax 02 51 33 94 04, *www.chadotel.com* – **R** conseillée

3,3 ha (200 empl.) plat et peu incliné, en terrasses, herbeux

Tarif : ▯ 28 € – pers. suppl. 5,80 € – frais de réservation 25 €

Location : ▯▯▯ (4 à 6 pers.) 220 à 705 €/sem. – ▯▯ (4 à 6 pers.) 260 à 770 €/sem.

Pour s'y rendre : R. des Roses, à 400 m de la plage

Nature : ▯ ▯▯
Loisirs : ▯ ▯ ▯ ▯ ▯
Services : ▯ ▯ GB ▯ ▯ ▯ ▯ ▯
À prox. : ▯ ▯

Les SABLES-D'OLONNE

△△△ **Le Petit Paris** avr.-sept.
　　🞜 02 51 22 04 44, *contact@campingpetitparis.com*,
　　Fax 02 51 33 17 04, *www.campingpetitparis.com*
　　– **R** conseillée
　　3 ha (154 empl.) plat, herbeux
　　Tarif : (Prix 2005) 🔲 21 € 🈁 (10A) – pers. suppl. 4 € – frais de
　　réservation 15 €
　　Location : 10 🛏 (4 à 6 pers.) 190 à 530 €/sem. –
　　bungalows toilés
　　Pour s'y rendre : SE : 5,5 km

> Nature : 🏕
> Loisirs : 🏠 🏓 🎿
> Services : 🚿 ⚊ (juin-sept.) GB 🐕
> 🖥 🛁 ⊕ 🛒 📶 🗑 🔌 ✂
> À prox. : aérodrome

△△△ **Les Fosses Rouges** 8 avr.-sept.
　　🞜 02 51 95 17 95, *info@camping-lesfossesrouges.com*,
　　www.camping-lesfossesrouges.com – **R** conseillée
　　3,5 ha (255 empl.) plat, herbeux
　　Tarif : 🔲 19 € – pers. suppl. 3,40 € – frais de réserva-
　　tion 10 €
　　Pour s'y rendre : SE : 3 km, à la Pironnière

> Nature : 🏞 🏕 ♨♨
> Loisirs : 🍹 🏓 🖼 (découverte en
> saison)
> Services : 🚿 ⚊ (8 juil.-25 août) GB
> 🐕 🖥 ⊕ 🛒 🔌 ✂

*Ce guide n'est pas un répertoire de tous les terrains de camping
mais une sélection des meilleurs campings dans chaque catégorie.*

ST-ÉTIENNE-DU-BOIS

✉ 85670 – 🗺 G7 – 1 451 h. – alt. 38
Paris 427 – Aizenay 13 – Challans 26 – Nantes 49 – La Roche-sur-Yon 27 – St-Gilles-Croix-de-Vie 39.

△ **Municipal la Petite Boulogne** avr.-1er oct.
　　🞜 02 51 34 54 51, *mairie.stetiennedubois@wanadoo.fr*,
　　Fax 02 51 34 54 10 – **R** conseillée
　　1,5 ha (35 empl.) peu incliné et plat, terrasse, herbeux
　　Tarif : (Prix 2005) 🔲 14,60 € – pers. suppl. 3 €
　　Location : 2 🛏 (4 à 6 pers.) 230 à 336 €/sem.
　　Pour s'y rendre : Au Sud du bourg par D 81, rte de
　　Poiré-sur-Vie et chemin à droite, près de la rivière et à
　　250 m d'un étang, chemin piétonnier reliant le camping au
　　bourg

> Nature : 🏞 🏕
> Loisirs : 🚲 🎿 (petite piscine)
> Services : 🚿 ⚊ (juil.-août) 🐕 🖥 ⊕
> 🛒 🗑 🔌
> À prox. : 🏓 ✂ 🏇 🎿

ST-GILLES-CROIX-DE-VIE

✉ 85800 – 🗺 E7 – G. Poitou Vendée Charentes – 6 797 h. – alt. 12
🅑 *Office de tourisme, boulevard de l'Égalité* 🞜 02 51 55 03 66, Fax 02 51 55 69 60
Paris 462 – Challans 21 – Cholet 112 – Nantes 79 – La Roche-sur-Yon 44 – Les Sables-d'Olonne 29.
Schéma à St-Hilaire-de-Riez

△△△ **Domaine de Beaulieu** avr.-24 sept.
　　🞜 02 51 55 59 46, *info@camping.chadotel.com*,
　　Fax 02 51 33 94 04, *www.chadotel.com* – places limitées
　　pour le passage – **R** indispensable
　　8 ha (310 empl.) plat, herbeux
　　Tarif : 🔲 27,50 € – pers. suppl. 5,80 € – frais de réser-
　　vation 25 €
　　Location : 🛏 (4 à 6 pers.) 220 à 705 €/sem. – 🏠 (4 à 6
　　pers.) 260 à 770 €/sem.
　　Pour s'y rendre : SE : 4 km

> Nature : 🏕 ♨♨
> Loisirs : 🍹 snack, pizzeria 🍴 🎪
> nocturne salle d'animation 🚲
> ✂ 🎿 🖼 🛶 terrain omnisports
> Services : 🚿 ⚊ GB 🐕 🖥 🛁 ⊕ 🛒
> ✂ 🗑 🔌

△△△ **Les Cyprès** avr.-15 sept.
　　🞜 02 51 55 38 98, *campingc@free.fr*, Fax 02 51 54 98 94
　　– **R** conseillée
　　4,6 ha (280 empl.) plat et peu accidenté, sablonneux
　　Tarif : 🔲 23 € – pers. suppl. 6 €
　　Location : 34 🛏 (4 à 6 pers.) 304 à 699 €/sem.
　　Pour s'y rendre : SE : 2,4 km par D 38 puis 0,8 km par
　　chemin à droite, à 60 m de la Jaunay
　　À savoir : Accès direct à la mer par dunes boisées

> Nature : 🏞 🏕 ♨♨
> Loisirs : 🍹 🍴 🏓 🖼 🎿 terrain
> omnisports
> Services : 🚿 ⚊ GB 🐕 🖥 🛁 ⊕ 🛒
> 🗑 🔌 ✂

ST-HILAIRE-DE-RIEZ

✉ 85270 – ③①⑥ E7 – G. Poitou Vendée Charentes – 8 761 h. – alt. 8
🛈 *Office de tourisme, 21, place Gaston-Pateau* 📞 *02 51 54 31 97*
Paris 453 – Challans 18 – Noirmoutier-en-l'Île 48 – La Roche-sur-Yon 48 – Les Sables-d'Olonne 33.

Les Biches 13 mai-17 sept.
📞 02 51 54 38 82, *campingdesbiches@wanadoo.fr*,
Fax 02 51 54 30 74, *www.campingdesbiches.com* – places li-
mitées pour le passage – **R** conseillée
13 ha/9 campables (434 empl.) plat, herbeux, sablonneux
Tarif : 🔲 43 € 🔋 (10A) – pers. suppl. 8 € – frais de réservation 20 €
Location (29 avr.-17 sept.) ✂ : 140 🚐 (4 à 6 pers.) 217
à 778 €/sem.
Pour s'y rendre : N : 2 km
À savoir : Agréable cadre verdoyant

Nature : 🐟 ⌂ 🌳🌳
Loisirs : 🍴 pizzeria, brasserie 🍴 🎴
nocturne 🎵 discothèque 🚴 🚲
🍴 🔲 🏊 terrain omnisports
Services : 🚻 ⚡ GB 🔧 🏠 ⊕ 🚿
🚰 🛒 🖼 🚮 ⛟

La Puerta del Sol avr.-sept.
📞 02 51 49 10 10, *info@campinglapuertadelsol.com*,
Fax 02 51 49 84 84, *www.campinglapuertadelsol.com* – **R**
indispensable
4 ha (216 empl.) plat, herbeux
Tarif : 🔲 28 € – pers. suppl. 6,50 €
Location : 42 🚐 (4 à 6 pers.) 310 à 675 €/sem. – 33 🏠
(4 à 6 pers.) 310 à 675 €/sem.
Pour s'y rendre : N : 4,5 km
À savoir : Agréable cadre verdoyant

Nature : ⌂ 🌳
Loisirs : 🍴 self-service, pizzeria 🍴
🎴 nocturne 🚴 🎵 salle d'animation 🚴 🚲 🍴 🏊 ⛷
Services : 🚻 ⚡ GB 🔧 🏠 ⊕ 🚿
🚰 🖼 🚮 ⛟

615

ST-HILAIRE-DE-RIEZ

⚠ **Les Écureuils** mai-15 sept.
📞 02 51 54 33 71, *info@camping-aux-ecureuils.com*,
Fax 02 51 55 69 08, *www.camping-aux-ecureuils.com* –
places limitées pour le passage – **R** conseillée
4 ha (230 empl.) plat, herbeux, sablonneux
Tarif : (Prix 2005) 🔲 32 € 🔋 (6A) – pers. suppl. 5,50 €
Pour s'y rendre : NO : 5,5 km, à 200 m de la plage

Nature : 🐾 ⬚ ♤♤
Loisirs : ♟ snack 🏠 ♨ nocturne
🏓 🎣 ♐ ✗ ☐ ♒ ♒
Services : ♿ ⚬ᵣ GB ♂ 🗄 ♨ ⊕ ♒
♒ 🖼 🍴
À prox. : 🛒 🛖

⚠ **La Plage** 15 avr.-15 sept.
📞 02 51 54 33 93, *campinglaplage@campingscollinet.com*,
Fax 02 51 55 97 02, *www.campingscollinet.com* – places limitées pour le passage – **R** conseillée
5 ha (347 empl.) plat, herbeux, sablonneux
Tarif : 🔲 25 € 🔋 (10A) – pers. suppl. 5 € – frais de réservation 16 €
Location : 40 🛖 (4 à 6 pers.) 300 à 650 €/sem.
Pour s'y rendre : NO : 5,7 km, à 200 m de la plage

Nature : ⬚ ♤
Loisirs : ♟ snack 🏠 🏓 ♐ ☐
♒ ♒ terrain omnisports
Services : ⚬ᵣ GB ♂ 🗄 ♨ ⊕ ♒
♒ 🖼 🍴
À prox. : 🛒 🛖

⚠ **La Ningle** 20 mai-10 sept.
📞 02 51 54 07 11, *campingdelaningle@wanadoo.fr*,
Fax 02 51 54 99 39, *www.campinglaningle.com* – **R** conseillée ✕
3,2 ha (150 empl.) plat, herbeux, petit étang
Tarif : (Prix 2005) 🔲 25,80 € 🔋 (10A) – pers. suppl. 4,20 € –
frais de réservation 16 €
Location (vac. de printemps-10 sept.) : 15 🛖 (4 à 6
pers.) 210 à 615 €/sem.
Pour s'y rendre : NO : 5,7 km
À savoir : Agréable cadre verdoyant et soigné

Nature : 🐾 ♤
Loisirs : ♟ 🏠 🎣 ♐ ✗ ♒ ♒ ☐
Services : ♿ ⚬ᵣ (saison) GB ♂ 🗄
♨ ⊕ ♒ ♒
À prox. : 🛒 🍴 🛖

⚠ **Le Clos des Pins** 15 mai-15 sept.
📞 02 51 54 32 62, *campingleclosdespins@campingscolli
net.com*, Fax 02 51 55 97 02, *www.campingscollinet.com* –
places limitées pour le passage – **R** conseillée
4 ha (230 empl.) plat, terrasses, sablonneux, herbeux
Tarif : 🔲 28 € – pers. suppl. 5 € – frais de réservation 16 €
Pour s'y rendre : NO : 6,2 km

Nature : 🐾 ⬚ ♤(pinède)
Loisirs : ♟ snack 🏠 🍴 ♐ ☐
♒ ♒ terrain omnisports
Services : ♿ ⚬ᵣ ♂ 🗄 ♨ ⊕ ♒ ♒ 🖼

⚠ **La Parée Préneau** mai-9 sept.
📞 02 51 54 33 84, *camplapareepreneau@free.fr*,
Fax 02 51 55 29 57, *www.campinglapareepreneau.com*
– **R** conseillée
3,6 ha (206 empl.) plat, herbeux, sablonneux
Tarif : (Prix 2005) 🔲 21 € 🔋 (6A) – pers. suppl. 4,50 € – frais
de réservation 15 €
Location ✕ : 23 🛖 (4 à 6 pers.) 220 à 540 €/sem. – 7
🏠 (4 à 6 pers.) 220 à 560 €/sem.
Pour s'y rendre : NO : 3,5 km
À savoir : Cadre verdoyant

Nature : ⬚ ♤
Loisirs : ♟ 🏠 ♨ nocturne 🍴 ♐
🚲 ☐ ♒ terrain omnisports
Services : ♿ ⚬ᵣ (juil.-août) GB ♂
🗄 ♨ ⊕ ♒ ♒ 🖼

⚠ **Le Bosquet** juin-15 sept.
📞 02 51 54 34 61, *lebosquet@fr.st*, Fax 02 51 54 22 73,
www.lebosquet.fr.st – **R**
2 ha (115 empl.) plat, herbeux, sablonneux
Tarif : (Prix 2005) 🔲 26 € 🔋 (10A) – pers. suppl. 4,50 €
Location (avr.-oct.) : 23 🛖 (4 à 6 pers.) 200 à
610 €/sem.
Pour s'y rendre : NO : 5 km, à 250 m de la plage

Nature : ♤♤
Loisirs : ♟ snack, pizzeria 🏠 ♐
☐
Services : ♿ ⚬ᵣ GB ♂ 🗄 ♨ ⊕ 🖼
À prox. : 🛒 🍴 🛖

Municipal de la Plage de Riez 7 avr.-oct.
℘ 02 51 54 36 59, riez85@free.fr, Fax 02 51 54 99 00,
www.souslespins.com – **R** conseillée
9 ha (560 empl.) plat, sablonneux
Tarif : 🔲 24,25 € – pers. suppl. 4,70 € – frais de réservation 14 €
🚐 1 borne 4,50 €
Pour s'y rendre : O : 3 km, à 200 m de la plage (accès direct)
À savoir : Sous une pinède, près de la plage

Nature : 🖵 ೦೦(pinède)
Loisirs : 🏇 terrain omnisports
Services : 🚿 ⚭ GB 🖤 🗐 ⊕ 🚮 🗑
🛗
À prox. : 🌊, 🍸 snack 🏇

Le Romarin avr.-sept.
℘ 02 51 54 43 82, Fax 02 51 55 84 33, www.leromarin.fr – **R**
indispensable
4 ha/1,5 campable (97 empl.) plat, vallonné, sablonneux,
herbeux
Tarif : 🔲 24 € 🛇 (10A) – pers. suppl. 4 € – frais de réservation 16 €
Location 🏖 : 10 🏠 (4 à 6 pers.) 200 à 495 €/sem.
Pour s'y rendre : NO : 3,8 km

Nature : 🖵 ೦೦
Loisirs : 🏠 🏇 ✂ 🎿 ⛸
Services : ⚭ (juil.-août) 🖤 🗐 ⊕ 🚮
🏇

La Pège 15 juin-10 sept.
℘ 02 51 54 34 52, campinglapege@free.fr,
Fax 02 51 55 29 57 – **R**
1,8 ha (100 empl.) plat, sablonneux, herbeux
Tarif : (Prix 2005) 🔲 21,50 € 🛇 (6A) – pers. suppl. 4,40 €
Location 🏖 : 10 🏠 (4 à 6 pers.) 210 à 560 €/sem.
Pour s'y rendre : NO : 5 km
À savoir : À 150 m de la plage (accès direct)

Nature : 🖵 ೦
Loisirs : 🏇 🚴 🎿
Services : 🚿 ⚭ 🏇 🖤 🗐 🚮 ⊕ 🗑
À prox. : 🛒 🍸 🏇 🏕

Le Marais Braud
℘ 02 51 68 33 71, Fax 02 51 35 25 32 – **R** conseillée
4 ha (150 empl.) plat, sablonneux, herbeux, étang
Location : 🏠
Pour s'y rendre : N : 6 km par D 38 et D 59, rte de Perrier

Nature : 🐟 🖵 ೦೦
Loisirs : snack 🏠 🏇 ✂ 🎿 ⛸
Services : 🚿 🗐 🚮 ⊕ 🗑

617

Municipal les Demoiselles 30 juin-3 sept.
℘ 02 51 58 10 71, dem85@free.fr, Fax 02 51 60 07 84,
www.souslespins.com – **R** conseillée
13,7 ha (390 empl.) incliné à peu incliné, accidenté, vallonné,
sablonneux, herbeux
Tarif : 🔲 18,50 € – pers. suppl. 4 € – frais de réservation 14 €
Pour s'y rendre : NO : 9,5 km, à 300 m de la plage (hors
schéma)

Nature : 🐟 🖵 ೦೦
Loisirs : 🏇
Services : ⚭ GB 🖤 🗐 ⊕ 🚮 🗑 🗑
À prox. : snack 🏇

Les bords de Loire à Sully

B. Kaufmann/Michelin

ST-HILAIRE-LA-FORÊT

✉ 85440 – **316** G9 – 423 h. – alt. 23
Paris 449 – Challans 66 – Luçon 31 – La Roche-sur-Yon 31 – Les Sables-d'Olonne 24.

La Grand' Métairie 25 mars-23 sept.
  ℘ 02 51 33 32 38, *grand-metairie@wanadoo.fr*,
  Fax 02 51 33 25 69, *www.la-grand-métairie.com* – places limitées pour le passage – **R** conseillée
  3,8 ha (172 empl.) plat, herbeux
  Tarif : 🔲 26 € (6A) – pers. suppl. 8 €
  Location : 71 🏠 (4 à 6 pers.) 190 à 750 €/sem. – 25 🏠
  (4 à 6 pers.) 190 à 780 €/sem. – bungalows toilés
  Pour s'y rendre : Au Nord du bourg par D 70

| Nature : 🦌 🏕 🌳 |
| Loisirs : 🍴 ✕ pizzeria 🏛 🌙 noc-turne 🎿 🏊 🚴 ✂ 🎯 🏓 |
| Services : 🚿 ⛽ (.) GB 🐕 🗑 🏧 ⊙ 🧺 🚰 🔥 🚼 |

Les Batardières juil.-2 sept.
  ℘ 02 51 33 33 85 – **R** conseillée
  1,6 ha (75 empl.) plat, herbeux
  Tarif : 🔲 23 € (6A) – pers. suppl. 3 €
  Pour s'y rendre : À l'Ouest du bourg par D 70 et à gauche,
  rte du Poteau

| Nature : 🦌 🏕 🌳 |
| Loisirs : 🏛 🍴✂ |
| Services : ⛽ 🗑 ⊙ 🧺 🚰 🔥 |

Verwar niet :
⚠ ... tot ... 🏔 : **MICHELIN** indeling
en
★ ... tot ... ★★★★ : *officiële classificatie*

ST-JEAN-DE-MONTS

✉ 85160 – **316** D7 – G. Poitou Vendée Charentes – 6 886 h. – alt. 16
🛈 *Office de tourisme, 67, esplanade de la Mer* ℘ 02 51 59 60 61, Fax 02 51 59 62 28
Paris 451 – Cholet 123 – Nantes 73 – Noirmoutier-en-l'Île 34 – La Roche-sur-Yon 61 – Les Sables-d'Olonne 47.

618

Les Amiaux mai-sept.
  ℘ 02 51 58 22 22, *accueil@amiaux.fr*, Fax 02 51 58 26 09,
  www.amiaux.fr – **R** conseillée
  12 ha (543 empl.) plat, herbeux, sablonneux
  Tarif : 🔲 22,80 € (10A) – pers. suppl. 3,80 € – frais de
  réservation 16 €
  Location (Pâques-sept.) 🐾 : 19 🏠 (4 à 6 pers.) 300 à
  700 €/sem.
  Pour s'y rendre : NO : 3,5 km

| Nature : 🏕 🌳 |
| Loisirs : 🍴 ✕ 🏛 🎣 🎿 🏄 🎯 ✂ 🏓 🏊 ♨ |
| Services : 🚿 ⛽ (juil.-août) GB 🐕 🗑 🏧 ⊙ 🧺 🚰 🔥 🏊 🚼 |

Le Bois Joly avr.-24 sept.
  ℘ 02 51 59 11 63, *boisjoly@compuserve.com*,
  Fax 02 51 59 11 06, *www.camping-lebois-joly.com*
  – **R** conseillée
  7,5 ha (356 empl.) plat, herbeux, sablonneux
  Tarif : 🔲 26 € (6A) – pers. suppl. 4,50 € – frais de réser-
  vation 20 €
  Location 🐾 : 41 🏠 (4 à 6 pers.) 260 à 580 €/sem. – 18
  🏠 (4 à 6 pers.) 275 à 610 €/sem.
  🚐 1 borne 26 €
  Pour s'y rendre : NO : 1 km, bord d'un étier
  À savoir : Bel espace aquatique

| Nature : 🏕 🌳(peupleraie) |
| Loisirs : 🍴 snack 🏛 🌙 nocturne 🎿 🏄 🏊 ♨ 🎿 |
| Services : 🚿 ⛽ (juil.-août) GB 🐕 ▦ 🗑 🏧 ⊙ 🧺 🚰 🔥 🚼 |
| À prox. : 🏇 |

La Yole 8 avr.-29 sept.
  ℘ 02 51 58 67 17, *contact@la-yole.com*, Fax 02 51 59 05 35,
  www.la-yole.com – places limitées pour le passage – **R** indispensable
  5 ha (278 empl.) plat, sablonneux, herbeux, pinède
  attenante (2 ha)
  Tarif : 🔲 29 € (10A) – pers. suppl. 6 € – frais de réservation 28 €
  Location 🐾 : 🏠 (4 à 6 pers.) 305 à 795 €/sem.
  Pour s'y rendre : SE : 7 km
  À savoir : Joli cadre verdoyant, soigné, fleuri et ombragé

| Nature : 🦌 🏕 🌳🌳 |
| Loisirs : 🍴 ✕ crêperie 🏛 🌙 noc-turne 🎿 🏊 🏄 ✂ 🏊 ♨ |
| Services : 🚿 ⛽ GB 🐕 🗑 🏧 ⊙ 🧺 🚰 🔥 🏊 🚼 |

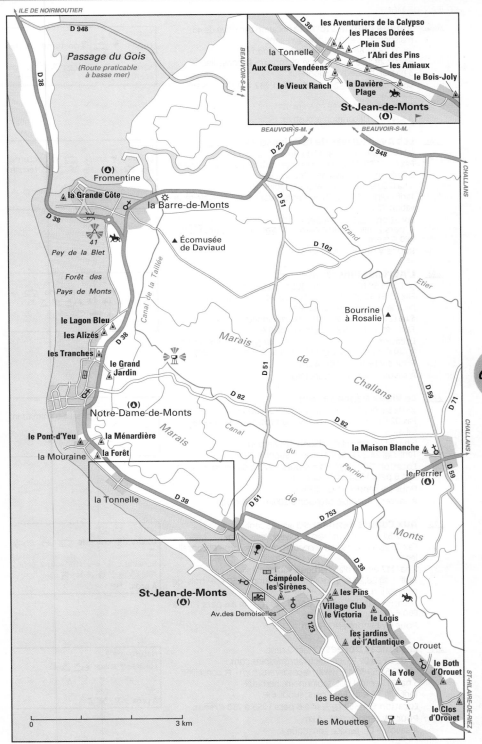

ILE DE NOIRMOUTIER

D 948

Passage du Gois
(Route praticable
à basse mer)

D 38

BEAUVOIR-S-M.

les Aventuriers de la Calypso
les Places Dorées
Plein Sud
la Tonnelle   l'Abri des Pins
Aux Cœurs Vendéens   les Amiaux
le Bois-Joly
le Vieux Ranch   la Davière
Plage
St-Jean-de-Monts
(O)

BEAUVOIR-S-M.   BEAUVOIR-S-M.

D 22

D 948

CHALLANS

(O)
Fromentine

D 38

la Grande Côte

la Barre-de-Monts

D 51

Écomusée
de Daviaud

D 103

Grand

41

Pey de la Blet

Forêt des

Pays de Monts

Canal de la Taillée

Bourrine
à Rosalie

Etier

le Lagon Bleu

les Alizés

D 38

les Tranches

le Grand
Jardin

Marais

de

Challans

D 51

D 59

619

D 82

(O)
Notre-Dame-de-Monts

Marais

Canal

D 82

le Pont-d'Yeu   la Ménardière

la Mouraine   la Forêt

la Maison Blanche

le Perrier
(O)

D 59

du

Perrier

CHALLANS

la Tonnelle   D 38

D 51

de

D 753

Monts

D 38

Campéole
les Sirènes

St-Jean-de-Monts
(O)

Av. des Demoiselles

les Pins

Village Club
le Victoria   le Logis

les jardins
de l'Atlantique

D 123

Orouet

la Yole

le Both
d'Orouet

ST-HILAIRE-DE-RIEZ

les Becs

0   3 km

les Mouettes

le Clos
d'Orouet

ST-JEAN-DE-MONTS

Village Club le Victoria (location exclusive de 45 maisonnettes et 9 studios) avr.-sept.
  📞 02 28 11 66 11, *victoria.le@wanadoo.fr*,
Fax 02 28 11 69 91, *www.le-victoria.fr* – **R** conseillée
3 ha plat, herbeux, sablonneux
Location ℗ : 🏠 (4 à 6 pers.) 232 à 1 458 €/sem. – 9 studios
Pour s'y rendre : SE : 2,5 km
À savoir : Décoration arbustive

Nature : 🖼 👤
Loisirs : 🍴 🏠 🕤 nocturne 🏃 🚲 🎿 terrain omnisports
Services : ♿ ⚡ GB 🐕 🏧 📞 🔲 sèche-linge

Les Aventuriers de la Calypso 8 avr.-23 sept.
  📞 02 51 59 79 66, *camping-apv@wanadoo.fr*,
Fax 02 51 59 79 67, *lesaventuriersdelacalypso.com* – places limitées pour le passage – **R** conseillée
4 ha (250 empl.) plat, herbeux, sablonneux
Tarif : (Prix 2005) 🔲 27 € – pers. suppl. 6 € – frais de réservation 27 €
Location : 🏚 (2 à 4 pers.) 150 à 595 €/sem. – 🏚 (4 à 6 pers.) 180 à 760 €/sem. – 🏠 (4 à 6 pers.) 315 à 760 €/sem.
Pour s'y rendre : NO : 4,6 km

Nature : 🖼
Loisirs : 🍴 snack 🏠 🕤 nocturne 🏃 🛶 🚲 🎿 terrain omnisports
Services : ♿ ⚡ GB 🐕 📦 🚿 🔲

L'Abri des Pins 17 juin-17 sept.
  📞 02 51 58 83 86, *contact@abrisdespins.com*,
Fax 02 51 59 30 47, *www.abrisdespins.com* – places limitées pour le passage – **R** conseillée
3 ha (217 empl.) plat, herbeux, sablonneux
Tarif : 🔲 33 € ⚡ (6A) – pers. suppl. 6 €
Location (15 avr.-17 sept.) 🐾 : 40 🏚 (4 à 6 pers.) 255 à 730 €/sem. – 23 🏠 (4 à 6 pers.) 255 à 730 €/sem.
Pour s'y rendre : NO : 4 km
À savoir : Agréable cadre fleuri

Nature : 🖼 👤
Loisirs : 🍴 snack, pizzeria 🏠 🕤 nocturne 🏃 🛶 🚲 🎿
Services : ♿ ⚡ GB 🐕 📦 🚿

Le Vieux Ranch avr.-sept.
  📞 02 51 58 86 58, *levieuxranch@wanadoo.fr*,
Fax 02 51 59 12 20, *www.levieuxranch.com* – **R** indispensable
5 ha (242 empl.) plat, sablonneux, herbeux
Tarif : 🔲 24,20 € ⚡ (6A) – pers. suppl. 4,80 €
Location 🐾 : 🏚 (4 à 6 pers.) 270 à 647 €/sem. – 🏠 (4 à 6 pers.) 304 à 682 €/sem.
Pour s'y rendre : NO : 4,3 km
À savoir : Agréable situation à 200 m de la plage

Nature : 🌊 🖼 👤
Loisirs : 🍴 🍽 🏠 salle d'animation 🛶 🚲 🎿
Services : ♿ ⚡ GB 🐕 📦 🚿

Aux Coeurs Vendéens 8 avr.-23 sept.
  📞 02 51 58 84 91, *info@coeursvendeens.com*,
Fax 02 28 11 20 75, *www.coeursvendeens.com* – **R** conseillée
2 ha (117 empl.) plat, herbeux, sablonneux
Tarif : 🔲 28,20 € ⚡ (10A) – pers. suppl. 4,50 € – frais de réservation 15 €
Location 🐾 (15 juil.-26 août) : 40 🏚 (4 à 6 pers.) 180 à 660 €/sem.
Pour s'y rendre : NO : 4 km

Nature : 🖼 👤👤
Loisirs : 🍴 crêperie 🏠 🏃 🚲 🎿
Services : ♿ ⚡ (1er juin-2 sept.) GB 🐕 📦 🚿
À prox. : 🍽

Les Places Dorées 17 juin-2 sept.
  📞 02 51 59 02 93, *contact@abrisdespins.com*,
Fax 02 51 59 30 47, *www.placesdorees.com* – **R** conseillée
5 ha (243 empl.) plat, sablonneux, herbeux
Tarif : 🔲 33 € ⚡ (6A) – pers. suppl. 6 €
Location 🐾 : 52 🏚 (4 à 6 pers.) 255 à 730 €/sem.
Pour s'y rendre : NO : 4 km
À savoir : Bel espace aquatique

Nature : 🖼 👤
Loisirs : 🍴 snack 🛶 🎿
Services : ♿ ⚡ GB 🐕 📦 🚿
À prox. : 🍽

ST-LAURENT-SUR-SÈVRE

⊠ 85290 – 𝟑𝟏𝟔 K6 – 3 307 h. – alt. 121
Paris 365 – Angers 76 – Bressuire 36 – Cholet 14 – Nantes 69 – La Roche-sur-Yon 63.

Le Rouge Gorge Permanent
🖉 02 51 67 86 39, campinglerougegorge@wanadoo.fr,
Fax 02 51 67 86 39, lerougegorge.com – **R** indispensable
2 ha (93 empl.) plat, peu incliné, herbeux
Tarif : ▣ 21,50 € (½) (8A) – pers. suppl. 3,50 €
Location : 5 🏠 (4 à 6 pers.) 210 à 550 €/sem.
Pour s'y rendre : O : 1 km par D 111, rte de la Verrie

Loisirs : 🛋 ⎽
Services : ⅋ �o⚬ ⌖ ⍩ ⌂ ⏚ ⌚ ⎓
⌇ ▨
À prox. : ⤳

ST-MICHEL-EN-L'HERM

⊠ 85580 – 𝟑𝟏𝟔 I9 – G. Poitou Vendée Charentes – 1 931 h. – alt. 9
⊠ Syndicat d'initiative, 5, place de l'Abbaye 🖉 02 51 30 21 89
Paris 453 – Luçon 15 – La Rochelle 46 – La Roche-sur-Yon 47 – Les Sables-d'Olonne 54.

Les Mizottes
🖉 02 51 30 23 63, accueil@campinglesmizottes.com,
Fax 02 51 30 23 62, www.campinglesmizottes.com
– **R** conseillée
2 ha (112 empl.) plat, herbeux
Location : 40 🛖
Pour s'y rendre : SO : 0,8 km par D 746 rte de l'Aiguillon-sur-Mer

Nature : ⌾ ⍰ ♀
Loisirs : 🛋 ⚲⚲ ⎽
Services : ⅋ o⚬ ⍩ ⏚ ⌂ ⚲ ▨ ⚲

Benutzen Sie
– zur Wahl der Fahrtroute
– zur Berechnung der Entfernungen
– zur exakten Lokalisierung eines Campingplatzes (mit Hilfe der Angaben im Ortstext)
die für diesen Führer unentbehrlichen **MICHELIN-Karten** *im Ma1 : 150 000.*

623

ST-RÉVÉREND

⊠ 85220 – 𝟑𝟏𝟔 F7 – 910 h. – alt. 19
Paris 453 – Aizenay 20 – Challans 19 – La Roche-sur-Yon 36 – Les Sables-d'Olonne 27 – St-Gilles-Croix-de-Vie 10.

le Pont Rouge avr.-oct.
🖉 02 51 54 68 50, camping.pontrouge@wanadoo.fr,
Fax 02 51 54 68 50, www.camping-lepontrouge.com
– **R** conseillée
2,2 ha (73 empl.) plat et peu incliné, herbeux
Tarif : (Prix 2005) ▣ 17,90 € – pers. suppl. 3,80 €
Location : 5 🛖 (4 à 6 pers.) 215 à 506 €/sem.
Pour s'y rendre : Sortie Sud-Ouest par D 94 et chemin à droite, bord d'un ruisseau
À savoir : Cadre verdoyant

Nature : ⍋ ⍰ ♀
Loisirs : 🏊 ⎽
Services : ⅋ o⚬ ⚲ ⍩ ⏚ ⌂ ⎓ ▨

ST-VINCENT-SUR-JARD

⊠ 85520 – 𝟑𝟏𝟔 G9 – G. Poitou Vendée Charentes – 871 h. – alt. 10
⊠ Syndicat d'initiative, route du Jard 🖉 02 51 33 62 06
Paris 454 – Challans 64 – Luçon 34 – La Rochelle 70 – La Roche-sur-Yon 35 – Les Sables-d'Olonne 23.

Schéma à Jard-sur-Mer

La Bolée d'Air avr.-24 sept.
🖉 02 51 90 36 05, info@camping-chadotel.com,
Fax 02 51 33 94 04, www.chadotel.com – **R** conseillée
5,7 ha (280 empl.) plat, herbeux
Tarif : ▣ 27,50 € – pers. suppl. 5,80 € – frais de réservation 25 €
Location : 70 🛖 (4 à 6 pers.) 220 à 705 €/sem. – 25 🏠 (4 à 6 pers.) 260 à 770 €/sem. – bungalows toilés
Pour s'y rendre : E : 2 km par D 21 et à droite

Nature : ⍰ ♀
Loisirs : ♟ 🛋 ⚓ 🏊 ⚲⚲ ⚲ ⚲
⬜ ⎽ ⚲ terrain omnisports
Services : ⅋ o⚬ ⌖ ⚲ ⍩ ⏚ ⌂ ⎓
⌇ ▨ ⚲ ⚲

SION-SUR-L'OCÉAN

✉ 85270 – █▌█ E7 – G. Poitou Vendée Charentes
Paris 461 – Nantes 77 – La Roche 53 – Saint 88 – Saint 82.

Schéma à St-Hilaire-de-Riez

⚠ **Municipal de Sion** 7 avr.-oct.
     𝒫 02 51 54 34 23, *sion85@free.fr*, Fax 02 51 60 07 84,
www.souslespins.com – **R** conseillée
3 ha (173 empl.) plat, sablonneux, gravillons
Tarif : ▣ 24,90 € – pers. suppl. 4,90 € – frais de réservation 14 €
🚐 **1 borne 4,50 €**
Pour s'y rendre : Sortie Nord
À savoir : À 350 m de la plage (accès direct)

Nature : 🗔 ♀	
Loisirs : 🏠 ⛷	
Services : ᵹ 🗝 GB ᶜᵛ 🗑 ⊕ 🛒 ⛟ 📼	

SOULLANS

✉ 85300 – █▌█ E7 – 3 425 h. – alt. 12
🚩 *Office de tourisme, rue de l'Océan* 𝒫 02 51 35 28 68, Fax 02 51 35 24 26
Paris 443 – Challans 7 – Noirmoutier-en-l'Île 46 – La Roche-sur-Yon 48 – Les Sables-d'Olonne 39 – St-Gilles-Croix-de-Vie 15.

⚠ **Municipal le Moulin Neuf** 15 juin-15 sept.
     𝒫 02 51 68 00 24, *camping-soullans@wanadoo.fr*,
Fax 02 51 68 88 66 – **R** conseillée
1,2 ha (80 empl.) plat, herbeux
Tarif : ▣ 8,80 € – pers. suppl. 2,30 €
Pour s'y rendre : Sortie Nord par D 69, rte de Challans et rue à droite

Nature : 🐂 🗔 ♀	
Services : ᵹ 🗝 ᶜᵛ ⊕ 📼	
À prox. : ✕	

Benutzen Sie
– zur Wahl der Fahrtroute
– zur Berechnung der Entfernungen
– zur exakten Lokalisierung eines Campingplatzes (mit Hilfe der Angaben im Ortstext)
*die für diesen Führer unentbehrlichen **MICHELIN-Karten** im Ma1 : 150 000.*

624

TALMONT-ST-HILAIRE

✉ 85440 – █▌█ C9 – G. Poitou Vendée Charentes – 5 363 h. – alt. 35
🚩 *Office de tourisme, place du Château* 𝒫 02 51 90 65 10, Fax 02 51 20 71 80
Paris 448 – Challans 55 – Luçon 38 – La Roche-sur-Yon 30 – Les Sables-d'Olonne 14.

🔺 **Le Littoral** avr.-sept.
     𝒫 02 51 22 04 64, *info@campinglelittoral.fr*,
Fax 02 51 22 05 37, *www.campinglelittoral.fr* – places limi-
tées pour le passage – **R** indispensable
9 ha (483 empl.) plat et peu incliné, herbeux, sablonneux
Tarif : ▣ 30 € – pers. suppl. 7 €
Location : 🛖 (4 à 6 pers.) 235 à 740 €/sem.
Pour s'y rendre : SO : 9,5 km par D 949, D 4ᴬ et après
Querry-Pigeon, à droite par D 129, rte côtière des Sables-
d'Olonne, à 200 m de l'océan

Nature : 🗔 ♀	
Loisirs : ♟ ✕ crêperie, pizzeria 🏠 🎣 ⛹ 🚲 ✕ 🔲 🏊 ⛵ terrain om-nisports	
Services : ᵹ 🗝 GB ᶜᵛ 🗑 🛒 ⊕ 🛒 ⛟ ✓ 📦 🛁 🛒	
À prox. : golf (18 trous)	

🔺 **Les Cottages St-Martin** (location exclusive de 90
mobile homes et de 15 maisonnettes) Permanent
     𝒫 02 51 21 90 00, *st.martin@odalys-vacances.com*,
Fax 02 51 22 21 24, *www.odalys-vacances.com* – **R** conseillée
3,5 ha plat, herbeux
Location : 🛖 (4 à 6 pers.) 175 à 720 €/sem. – 🏠 (4 à 6
pers.) 190 à 875 €/sem.
Pour s'y rendre : SO : 9,5 km par D 949, D 4ᴬ et après
Querry-Pigeon, à droite par D 129, rte Côtière des Sables-
d'Olonne, à 200 m de l'océan

Nature : 🐂 🗔	
Loisirs : 🏠 ⛹ ⛷ ♟ ✕ 🔲 🏊	
Services : ᵹ 🗝 GB ᶜᵛ 📼	
À prox. : 🏊 ♟ ✕ 🚣 🚲 golf (18 trous)	

TALMONT-ST-HILAIRE

Le Paradis avr.-sept.
℘ 02 51 22 22 36, *info@camping-leparadis85.com*,
Fax 02 51 22 22 36, *www.camping-leparadis85.com*
– **R** conseillée
4,9 ha (148 empl.) plat et peu incliné, en terrasses, herbeux,
sablonneux
Tarif : (Prix 2005) 回 19 € ⚡ (10A) – pers. suppl. 4,10 € – frais
de réservation 18 €
Location : 15 ⌂ (4 à 6 pers.) 150 à 595 €/sem. – 5 ⌂
(4 à 6 pers.) 195 à 795 €/sem. – bungalows toilés
Pour s'y rendre : O : 3,7 km par D 949, rte des Sables-
d'Olonne, D⁴ᴬ à gauche, rte de Querry-Pigeon et chemin à
droite
À savoir : Accès direct à un étang de pêche

Nature : 🐟 🗗 ⚲
Loisirs : 🍴 🕙 nocturne ⚽ 🚴 ✂
🏊 🎣 terrain omnisports
Services : 👤 ⚡ 🕙 🅖🅑 ⚙ 🗗 🍴 @ 🔲
🛁

Benutzen Sie
– zur Wahl der Fahrtroute
– zur Berechnung der Entfernungen
– zur exakten Lokalisierung eines Campingplatzes (mit Hilfe der Angaben im Ortstext)
*die für diesen Führer unentbehrlichen **MICHELIN-Karten** im Ma1 : 150 000.*

TIFFAUGES

✉ 85130 – ③①⑥ J5 – G. Poitou Vendée Charentes – 1 328 h. – alt. 77
Paris 374 – Angers 85 – Cholet 20 – Clisson 19 – Montaigu 17 – Nantes 53 – La Roche-sur-Yon 56.

Aire Naturelle la Vallée avr.-sept.
℘ 02 51 65 75 65, *camplavallee@free.fr*, Fax 02 51 65 75 65,
www.camplavallee.free.fr – **R** conseillée
1 ha (25 empl.) vallonné, herbeux
Tarif : 回 11,30 € – pers. suppl. 3 €
Pour s'y rendre : NO : 1,5 km par D 753, rte de Montaigu
et rte à droite
À savoir : Prestations dans une ancienne grange restaurée

Nature : 🐟 ≼
Loisirs : 🗗 🚲 🏊 (bassin)
Services : 👤 ⚡ 🕙 @
À prox. : 🎣

625

La TRANCHE-SUR-MER

✉ 85360 – ③①⑥ H9 – G. Poitou Vendée Charentes – 2 510 h. – alt. 4
🅑 *Office de tourisme, rue Jules Ferry* ℘ 02 51 30 33 96, Fax 02 51 27 78 71
Paris 459 – Luçon 31 – Niort 100 – La Rochelle 64 – La Roche-sur-Yon 40 – Les Sables-d'Olonne 39.

La TRANCHE-SUR-MER

Le Jard mai-15 sept.
    ℘ 02 51 27 43 79, *info@campingdujard.fr,*
Fax 02 51 27 42 92, *www.campingdujard.fr* – **R** indispensable ⚹
6 ha (350 empl.) plat, herbeux
Tarif : (Prix 2005) 🔲 27,60 € 🔌 (10A) – pers. suppl. 5,10 €
Location : 🚐 (4 à 6 pers.) 260 à 650 €/sem.
Pour s'y rendre : À la Grière, 3,8 km rte de l'Aiguillon

Nature : ♀
Loisirs : � nocturne img ...
Services : ...
À prox. : 🛒

Le Sable d'Or avr.-sept.
    ℘ 02 51 27 46 74, Fax 02 51 30 17 14, *www.le-sable-dor.fr* – **R** indispensable
4 ha (233 empl.) plat, sablonneux, herbeux
Tarif : 🔲 26 € 🔌 (4A) – pers. suppl. 6 € – frais de réservation 16 €
Location ⚹ : 106 🚐 (4 à 6 pers.) 210 à 735 €/sem. – 24 🏠 (4 à 6 pers.) 260 à 790 €/sem.
Pour s'y rendre : NO : 2,5 km par D105, rte des Sables-d'Olonne et à droite, près de la D 105 A
À savoir : Belle piscine couverte

Nature : ▭ ♀
Loisirs : ♟ self-service img nocturne img salle d'animation img terrain omnisports
Services : ...

La Baie d'Aunis 28 avr.-17 sept.
    ℘ 02 51 27 47 36, *info@camping-baiedaunis.com,*
Fax 02 51 27 44 54, *www.camping-baiedaunis.com* – **R** indispensable ⚹ (juil.-août)
2,5 ha (155 empl.) plat, sablonneux
Tarif : 🔲 27,85 € 🔌 (10A) – pers. suppl. 5,70 € – frais de réservation 30 €
Location ⚹ : 10 🚐 (4 à 6 pers.) 330 à 640 €/sem. – 9 🏠 (4 à 6 pers.) 375 à 695 €/sem.
🚐 1 borne
Pour s'y rendre : Sortie Est rte de l'Aiguillon
À savoir : À 50 m de la plage

Nature : ▭ ♀
Loisirs : ♟ img
Services : ...
À prox. : ...

Les Préveils
    ℘ 02 51 30 30 52, *reception@lespreveils-asso-fr,*
Fax 02 51 27 70 04, *www.lespreveils-asso.fr* – **R** conseillée
4 ha (180 empl.) peu vallonné, sablonneux, herbeux
Location : 🛏 – appartements, bungalows toilés
Pour s'y rendre : À la Grière, 3,5 km rte de l'Aiguillon et à droite, à 300 m de la plage (accès direct)

Nature : ▭ ♀♀(pinède)
Loisirs : snack img
Services : ...
À prox. : 🛒

Les Blancs Chênes
    ℘ 02 51 30 41 70, *info@camping-vagues-oceanes.com,*
Fax 02 51 28 84 09, *www.camping-vagues-oceanes.com* – places limitées pour le passage – **R** conseillée
7 ha (375 empl.) plat, herbeux
Location : 🚐 – 🏠 – bungalows toilés
Pour s'y rendre : NE : 2,6 km par D 747, rte d'Angles

Nature : ▭ ♀
Loisirs : ♟ snack img salle d'animation img terrain omnisports
Services : ...

626

TRIAIZE

✉ 85580 – 🔢 I9 – 956 h. – alt. 3
Paris 446 – Fontenay-le-Comte 38 – Luçon 9 – Niort 71 – La Rochelle 39 – La Roche-sur-Yon 41.

Municipal juil.-août
    ℘ 02 51 56 12 76, *mairie.triaize@wanadoo.fr,*
Fax 02 51 56 38 21 – **R**
2,7 ha (70 empl.) plat, herbeux, pierreux, étang
Tarif : (Prix 2005) 🧍 2,25 € 🚗 1,45 € 🔲 1,80 € 🔌 2,25 €
Location (mai-sept.) ⚹ : 6 🚐 (4 à 6 pers.) 175 à 315 €/sem.
Pour s'y rendre : Au bourg, par rue du stade

Nature : 🌿 ▭
Loisirs : img
Services : ...
À prox. : ...

VAIRÉ

⊠ 85150 – ₃₁₆ F8 – 1 002 h. – alt. 49

Paris 448 – Challans 31 – La Mothe-Achard 9 – La Roche-sur-Yon 27 – Les Sables-d'Olonne 13.

⚠ **Le Roc** Permanent

    𝒫 02 51 33 71 89, *contact@campingleroc.com*,
Fax 02 51 33 76 54, *www.campingleroc.com* – **R** indispensable

1,4 ha (100 empl.) peu incliné, herbeux

Tarif : 🔲 18,20 € [⚡] (6A) – pers. suppl. 3,70 € – frais de réservation 12 €

Location : 30 🏠 (4 à 6 pers.) 205 à 470 €/sem.

🚐 1 borne – 3 🔲 10 €

Pour s'y rendre : NO : 1,5 km par D 32, rte de Landevieille et rte de Brem-sur-Mer à gauche

Nature : 🗔 ♀	
Loisirs : 🎣 🚲 🔳 (petite piscine) 🛝	
Services : 👤 ⚬ ⭕ 🅰️ 👁️ ⊙ 🖥️	

VIX

⊠ 85770 – ₃₁₆ K9 – 1 572 h. – alt. 6

Paris 448 – Fontenay-le-Comte 15 – Luçon 31 – Niort 44 – Marans 15 – La Rochelle 39.

⚠ **La Rivière** 15 mars-oct.

    𝒫 02 51 00 65 96, Fax 02 51 00 63 53 – **R** conseillée

0,5 ha (25 empl.) plat, herbeux

Tarif : ⚦ 2,30 € 🚗 1,30 € 🔲 1,30 € [⚡] (10A) 2,30 €

Pour s'y rendre : S : à 4,6 km du bourg, accès par rue de la Guilletrie

À savoir : Situation agréable près de la Sèvre Niortaise

Nature : 🐟 🗔 ♀	
Loisirs : 🛶 canoë, pédalos, bateaux à moteur	
Services : 👤 ⚬ ⭕ 🍴 ⊙ 🛁 🚿 🖥️	
À prox. : 🏊	

PICARDIE

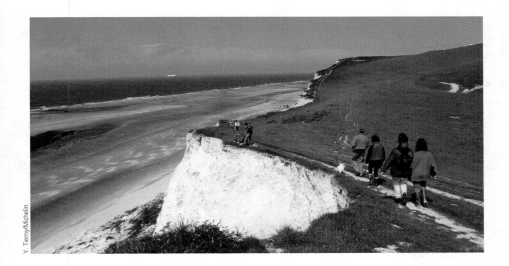

Y. Tierny/Michelin

Une escapade en Picardie vous fera parcourir un livre d'histoire grandeur nature, peuplé d'abbayes cisterciennes, de splendides cathédrales, d'hôtels de ville flamboyants, d'imposants châteaux et d'émouvants témoignages des deux guerres mondiales… Vous préférez la campagne ? À vous les hautes futaies des forêts de Compiègne ou de Saint-Gobain qui bruissent encore du tumulte des chasses royales, les fermes cernées de champs de céréales ou de betteraves et la contemplation du ballet des oiseaux au-dessus du Marquenterre. L'aventure n'est pas votre fort ? Adoptez la devise de Lafleur, illustre marionnette amiénoise : « bien boire, bien manger, ne rien faire »… Soupe des hortillonnages, pâté de canard et gâteau battu vous prouveront qu'en Picardie, la gastronomie n'est pas affaire de dilettante.

Ready for an action-packed ride over Picardy's fair and historic lands? The region that gave France her first king, Clovis, is renowned for its wealthy Cistercian abbeys, splendid Gothic cathedrals and flamboyant town halls, as well as its poignant reminders of the two World Wars. If you prefer the countryside, take a boat trip through the floating gardens of Amiens, explore the botanical reserve of Marais de Cessière or go birdwatching on the Somme estuary and at Marquenterre bird sanctuary: acres of unspoilt hills and heath, woods, pastures and vineyards welcome you with open arms. Picardy's rich culinary talents have been refined over centuries, and where better to try the famous pré-salé lamb, fattened on the salt marshes, some smoked eel or duck pâté, or a dessert laced with Chantilly cream.

BERNY-RIVIÈRE

✉ 02290 – 𝟯𝟬𝟲 A6 – 582 h. – alt. 49
Paris 100 – Compiègne 24 – Laon 55 – Noyon 28 – Soissons 17.

La Croix du Vieux Pont Permanent
    𝒫 03 23 55 50 02, *info@la-croix-du-vieux-pont.com*,
Fax 03 23 55 05 13, *www.la-croix-du-vieux-pont.com* –
places limitées pour le passage – **R** conseillée
20 ha (370 empl.) plat et peu incliné, herbeux
Tarif : ▤ 22,50 €
🚐 1 borne
Pour s'y rendre : S : 1,5 km sur D 91, à l'entrée de Vic-sur-
Aisne, bord de l'Aisne
À savoir : Nombreuses activités nautiques : piscines, rivière
et étang

> Nature : 🏞 🏕 ♀
> Loisirs : ♟ ✗ crêperie 🛁 jacuzzi
> 🚣 🚴 ✗ 🏊 🛝 🚶 poneys
> Services : ♿ ⚡ 🅶🅱 🏧 🗄 ♨ ⊕ ⚐
> 🚰 🖼 ♨ ⚒

CHAMOUILLE

✉ 02860 – 𝟯𝟬𝟲 D6 – 204 h. – alt. 112 – Base de loisirs
Paris 138 – Fère-en-Tardenois 43 – Laon 14 – Reims 43 – Soissons 35.

Le Parc de l'Ailette
    𝒫 03 23 24 66 86, *ailette@wanadoo.fr*, Fax 03 23 24 66 87,
http://perso.wanadoo.fr/ailette – **R** conseillée
4,5 ha (201 empl.) peu incliné, plat, en terrasses, bois
Location : 🏚 – bungalows toilés
🚐 1 borne
Pour s'y rendre : SE : 2 km par D 19, à la base de plein air
et de loisirs, à 200 m du plan d'eau (accès direct)

> Nature : ⪡ 🏕
> Loisirs : snack 🛁
> Services : ♿ ⚡ 🗄 ♨ 🔥 ⊕ 🖼 ♨
> À prox. : 🚣 ✗ ⛱ 🏊 (plage) ⚲ ⚓

CHARLY-SUR-MARNE

✉ 02310 – 𝟯𝟬𝟲 B9 – 2 727 h. – alt. 63
🛈 *Syndicat d'initiative, 20, rue Émile Morlot* 𝒫 *03 23 82 07 49, Fax 03 23 82 68 82*
Paris 82 – Château-Thierry 14 – Coulommiers 33 – La Ferté-sous-Jouarre 16 – Montmirail 27 – Soissons 56.

Municipal des illettes
    𝒫 03 23 82 12 11, Fax 03 23 82 13 99
1,2 ha (43 empl.) plat, herbeux, gravier
Pour s'y rendre : Au Sud du bourg, à 200 m du D 82 (accès
conseillé)

> Nature : 🏕
> Loisirs : 🛁
> Services : ♿ ⚡ 🖿 🗄 ⊕ ♨ 🚰 🖼
> À prox. : 🍴 🚲 ✗ 🀫

La FÈRE

✉ 02800 – 𝟯𝟬𝟲 C5 – G. Picardie Flandres Artois – 2 817 h. – alt. 54
🛈 *Syndicat d'initiative, Hôtel de Ville* 𝒫 *03 23 56 62 00, Fax 03 23 56 40 04*
Paris 137 – Compiègne 59 – Laon 24 – Noyon 31 – St-Quentin 24 – Soissons 43.

Municipal du Marais de la Fontaine
    𝒫 03 23 56 82 94 – **R** conseillée
0,7 ha (26 empl.) plat, herbeux
Pour s'y rendre : Par centre ville vers Tergnier et av.
Auguste Dromas, à droite, au complexe sportif, près d'un
bras de l'Oise

> Nature : 🏕
> Services : ♿ ♨ ⊕
> À prox. : ✗

GUIGNICOURT

✉ 02190 – 𝟯𝟬𝟲 F6 – 2 203 h. – alt. 67
🛈 *Syndicat d'initiative, 19, rue Jean-Francois Millet* 𝒫 *03 23 25 98 86*
Paris 165 – Laon 40 – Reims 33 – Rethel 39 – Soissons 54.

Municipal du Bord de l'Aisne avr.-sept.
    𝒫 03 23 79 74 58, *mairie-guignicourt@wanadoo.fr*,
Fax 03 23 79 74 55, *www.guignicourt.fr* – **R** conseillée
1,5 ha (100 empl.) plat, herbeux
Tarif : (Prix 2005) ▤ 12,50 € – pers. suppl. 2 €
Pour s'y rendre : Sortie Sud-Est par D 925 et rue à droite
À savoir : Au bord de l'Aisne

> Nature : ♀
> Loisirs : ✗
> Services : ⚡ 🅶🅱 ⚒ 🖿 ♨ ⊕

631

LAON

✉ 02000 – 306 D5 – G. Picardie Flandres Artois – 26 265 h. – alt. 181

🛈 *Office de tourisme, place du Parvis Gautier de Mortagne 📞 03 23 20 28 62, Fax 03 23 20 68 11*

Paris 141 – Amiens 122 – Charleville-Mézières 124 – Compiègne 74 – Reims 62 – St-Quentin 48 – Soissons 38.

⚠ **Municipal la Chênaie**
📞 03 23 20 25 56, *aaussel@ville-laon.fr*, Fax 03 23 20 25 56, *www.ville-laon.fr*

1 ha (35 empl.) plat, herbeux, chênaie

🚐 1 borne

Pour s'y rendre : De la gare prendre direction Sud-Ouest : 4 km, accès par chemin près de la caserne Foch, à l'entrée du faubourg Semilly, à 100 m d'un étang

Nature : 🔲
Services : 👤 ⚡ 🚽 ♿

Le NOUVION-EN-THIÉRACHE

✉ 02170 – 306 E2 – 2 917 h. – alt. 185

🛈 *Syndicat d'initiative, Hôtel de Ville 📞 03 23 97 98 06, Fax 03 23 97 98 04*

Paris 198 – Avesnes-sur-Helpe 20 – Le Cateau-Cambrésis 19 – Guise 21 – Hirson 25 – Laon 63 – Vervins 27.

⚠ **Municipal du Lac de Condé**
📞 03 23 98 98 58, Fax 03 23 98 94 90 – **R** conseillée

1,3 ha (56 empl.) plat et peu incliné, herbeux

Pour s'y rendre : S : 2 km par D 26 rte de Guise et chemin à gauche

À savoir : À la lisière de la forêt, près d'un plan d'eau avec parc de loisirs

Nature : 🦆 🔲
Loisirs : 🛶
Services : 👤 ⚡ 🚽 🏊 ♿
À prox. : 🍴 pizzeria bowling ⛸ 🏹 🏌 swin golf, piste de bi-cross

RESSONS-LE-LONG

✉ 02290 – 306 A6 – 740 h. – alt. 72

Paris 97 – Compiègne 26 – Laon 53 – Noyon 31 – Soissons 15.

⚠ **La Halte de Mainville** Permanent
📞 03 23 74 26 69, *lahaltedemainville@wanadoo.fr*, Fax 03 23 74 03 60 – **R** conseillée

5 ha (153 empl.) plat, herbeux, petit étang

Tarif : (Prix 2005) 🔲 19,50 € 🔌 (6A)

Pour s'y rendre : Sortie NE du bourg, rue du Routy

Nature : 🔲
Loisirs : 🛖 ⛸ 🏊
Services : 👤 ⚡ 🍴 🚽 🏊 ♿ 🔥 🏊

Pâturage

S. Sauvignier/Michelin

SERAUCOURT-LE-GRAND

 02790 – **305** B4 – 715 h. – alt. 102
Paris 148 – Chauny 26 – Ham 16 – Péronne 28 – St-Quentin 13 – Soissons 56.

Le Vivier aux Carpes mars-oct.
  P 03 23 60 50 10, *camping.du.vivier@wanadoo.fr*,
  Fax 03 23 60 51 69, *camping-picardie.com* – **R** conseillée
  2 ha (60 empl.) plat, herbeux
  Tarif : ▣ 16,50 € – pers. suppl. 3,50 €
  ▭ 1 borne – 3 ▣ 16,50 €
  Pour s'y rendre : Au N du bourg, sur D 321, près de la poste, à 200 m de la Somme
  À savoir : Situation agréable en bordure d'étangs

Nature : 🌿 ⌑
Loisirs : 🏠 🎣
Services : 👤 ⚡ 🔲 📮 ⊙ 🖼
À prox. : 🏊

Oise (60)

CARLEPONT

 60170 – **305** J3 – 1 369 h. – alt. 59
Paris 103 – Compiègne 19 – Ham 30 – Pierrefonds 21 – Soissons 35.

Les Araucarias Permanent
  P 03 44 75 27 39, *camping-les-araucarias@wanadoo.fr*,
  Fax 03 44 38 12 51, *les-araucarias.com* – places limitées
  pour le passage – **R** conseillée
  1,2 ha (60 empl.) plat et peu incliné, herbeux
  Tarif : ▣ 11,95 € (4) (6A) – pers. suppl. 2,50 €
  Pour s'y rendre : Sortie SO par D 130 rte de Compiègne
  À savoir : Une grande diversité de plantations orne la partie campable

Nature : 🌿 ⌑ ♠♠
Loisirs : 🚴
Services : 👤 ⚡ 🏧 🐾 🔲 🌊 ⊙ 🖼
À prox. : ✕ 🎣

633

PIERREFONDS

 60350 – **305** I4 – G. Picardie Flandres Artois – 1 945 h. – alt. 81
🛈 *Office de tourisme, rue Louis d'Orléans* *P* 03 44 42 81 44, Fax 03 44 42 86 31
Paris 82 – Beauvais 78 – Compiègne 15 – Crépy-en-Valois 17 – Soissons 31 – Villers-Cotterêts 18.

Municipal de Batigny avr.-15 oct.
  P 03 44 42 80 83 – **R** indispensable
  1 ha (60 empl.) plat, terrasse, herbeux
  Tarif : ♣ 2,40 € ▣ 1,45 € (4) 1,90 €
  Pour s'y rendre : Sortie NO par D 973, rte de Compiègne
  À savoir : Agréable décoration arbustive

Nature : ⌑ ♀
Loisirs : 🚴
Services : ⚡ 🔲 📮 ⊙ 🌊 🍴 🖼
À prox. : ✕

ST-LEU-D'ESSERENT

 60340 – **305** F5 – 4 867 h. – alt. 50 – Base de loisirs
🛈 *Office de tourisme, rue de l'Église* *P* 03 44 56 38 10, Fax 03 44 56 25 23
Paris 57 – Beauvais 38 – Chantilly 7 – Creil 9 – Pontoise 40.

Campix 7 mars-nov.
  P 03 44 56 08 48, *campixfr@aol.com*, Fax 03 44 56 28 75
  – **R** conseillée
  6 ha (160 empl.) plat, en terrasses, accidenté, herbeux, pierreux
  Tarif : ▣ 18,50 € (4) (6A) – pers. suppl. 5 €
  ▭ 1 borne 6 €
  Pour s'y rendre : Sortie N par D 12 rte de Cramoisy puis 1,5 km par rue à droite et chemin
  À savoir : Dans une ancienne carrière ombragée, dominant le bourg et l'Oise

Nature : 🌿 ♀
Loisirs : 🏠 🚴 🚲
Services : 👤 ⚡ 🏧 🐾 🔲 ⊙ 🖼

BERTANGLES

✉ 80260 – 301 G8 – G. Picardie Flandres Artois – 654 h. – alt. 95
Paris 154 – Abbeville 44 – Amiens 11 – Bapaume 49 – Doullens 24.

⚠ **Le Château** 21 avr.-11 sept.
    ℘ 03 22 93 37 73, *camping.bertangles@wanadoo.fr*,
Fax 03 22 93 68 36, *http://perso.wanadoo.fr/cha
teau.de.bertangles/* – **R** conseillée
0,7 ha (33 empl.) plat, herbeux
Tarif : ★ 3,25 € ⇔ 2,20 € 🗐 3,30 € 🔌 (5A) 2,50 €
Pour s'y rendre : Au bourg
À savoir : Dans un verger, près du château

Nature : 🏞 🗺 ♀	
Loisirs : 🏕	
Services : 🚻 ⊶ 🗐 ☺	

CAPPY

✉ 80340 – 301 J8 – 485 h. – alt. 43
Paris 139 – Amiens 38 – Bapaume 28 – Péronne 15 – Roye 34.

⚠ **Municipal les Charmilles** avr.-oct.
    ℘ 03 22 76 14 50, *mairiedecappy@wanadoo.fr*,
Fax 03 22 76 62 74 – places limitées pour le passage
– **R** conseillée
2 ha (60 empl.) plat, herbeux
Tarif : 🗐 20 € – pers. suppl. 3,50 €
Pour s'y rendre : O : 1,3 km par D 1, rte de Bray-sur-
Somme et chemin à gauche, bord d'un ruisseau

Nature : 🏞 🗺 ♀	
Services : 🚻 ⊶ (juil.-août) 🎽 🗐 ☺	
À prox. : 🎣	

*Si vous désirez réserver un emplacement pour vos vacances,
faites-vous préciser au préalable les conditions particulières de séjour,
les modalités de réservation, les tarifs en vigueur et les conditions de paiement.*

634

CAYEUX-SUR-MER

✉ 80410 – 301 B6 – G. Picardie Flandres Artois – 2 781 h. – alt. 2
🛈 *Office de tourisme, boulevard du Général Sizaire* ℘ 03 22 26 61 15
Paris 217 – Abbeville 29 – Amiens 82 – Le Crotoy 26 – Dieppe 50.

⚠ Municipal les Galets de la Mollière
    ℘ 03 22 26 61 85, *mairie.de.cayeux.sur.mer@wanadoo.fr*,
Fax 03 22 26 61 85 – **R** conseillée
6 ha (200 empl.) plat, peu incliné, sablonneux, galets,
herbeux, pinède
Location : 🏠
Pour s'y rendre : NE : 3,3 km par D 102, rte littorale, à la
Mollière-d'Aval

Loisirs : 🍴 snack 🎱 🏕	
Services : 🚻 ⊶ 🗐 ☺ 🚿 🚽 🖥	

⚠ Municipal de Brighton les Pins
    ℘ 03 22 26 71 04, Fax 03 22 26 71 04 – places limitées pour
le passage – **R** conseillée
4 ha (163 empl.) plat, herbeux
Pour s'y rendre : NE : 2 km par D 102 rte littorale, à
Brighton, à 500 m de la mer

Nature : 🗺 ♀	
Loisirs : 🍴 🎱 🏕	
Services : 🚻 ⊶ 🎽 🗐 ☺ 🚿 🚽 🖥	

Le CROTOY

✉ 80550 – 301 C6 – G. Picardie Flandres Artois – 2 439 h. – alt. 1
🛈 *Office de tourisme, 1, rue Carnot* ℘ 03 22 27 05 25, Fax 03 22 27 90 58
Paris 210 – Abbeville 22 – Amiens 75 – Berck-sur-Mer 29 – Montreuil 44.

⚠ **Le Ridin** avr.-1er nov.
    ℘ 03 22 27 03 22, *contact@campingleridin.com*,
Fax 03 22 27 70 76, *www.campingleridin.com* – places limi-
tées pour le passage – **R** conseillée
4,5 ha (151 empl.) plat, herbeux
Tarif : 🗐 28,50 € 🔌 (10A) – pers. suppl. 5 €
Pour s'y rendre : N : 3 km par rte de St-Quentin-en-
Tourmont et chemin à droite, au lieu-dit Mayocq

Nature : 🗺	
Loisirs : 🍴 🎱 🏕 🏊	
Services : 🚻 ⊶ 🆖 ♺ 🗐 ☺ 🖥	

Le CROTOY

Les Trois Sablières avr.-8 nov.
    ℘ 03 22 27 01 33, *contact@camping-les-trois-sablie res.com*, Fax 03 22 27 10 06, *www.camping-les-trois-sablie res.com* – places limitées pour le passage – **R** conseillée
1,5 ha (97 empl.) plat, herbeux, sablonneux
Tarif : ▣ 26,10 € [¿] (6A) – pers. suppl. 5 €
Location : 6 ⌷⌷⌷ (4 à 6 pers.) 380 à 545 €/sem.
Pour s'y rendre : NO : 4 km par rte de St-Quentin-en-Tourmont et chemin à gauche, au lieu-dit la Maye, à 400 m de la plage
À savoir : Cadre verdoyant et fleuri

> Nature : 🦈 🗔 🌳
> Loisirs : 🍴 🗔 🏌 🏇 🛶
> Services : 🔥 ⛲ ᏀᏴ 🛒 🗓 ☺ 🗄
> À prox. : 🚣 🏇

Les Aubépines avr.-1er nov.
    ℘ 03 22 27 01 34, *contact@camping-lesaubepines.com*, Fax 03 22 27 13 66, *camping-lesaubepines.com* – places limitées pour le passage – **R** conseillée
2,5 ha (150 empl.) plat, herbeux, sablonneux
Tarif : ▣ 28 € [¿] (10A) – pers. suppl. 4,70 €
Location : 12 ⌷⌷⌷ (4 à 6 pers.) 230 à 550 €/sem.
Pour s'y rendre : N : 4 km par rte de St-Quentin-en-Tourmont et chemin à gauche

> Nature : 🗔
> Loisirs : 🏇 🛶
> Services : 🔥 ⛲ ᏀᏴ 🛒 🗓 ᎐ 🍂 ☺ 🍂 🗄
> À prox. : 🚣 🏇

FORT-MAHON-PLAGE

✉ 80120 – **301** C5 – G. Picardie Flandres Artois – 1 140 h. – alt. 2
🛈 *Office de tourisme, 1000, avenue de la Plage* ℘ 03 22 23 36 00, Fax 03 22 23 93 40
Paris 225 – Abbeville 41 – Amiens 90 – Berck-sur-Mer 19 – Calais 94 – Étaples 30 – Montreuil 29.

Le Royon 5 mars-1er nov.
    ℘ 03 22 23 40 30, *info@campingleroyon.com*, Fax 03 22 23 65 15, *www.campingleroyon.com* – places limitées pour le passage – **R** indispensable
4 ha (272 empl.) plat, herbeux, sablonneux
Tarif : ▣ 27 € [¿] (6A) – pers. suppl. 7 € – frais de réservation 10 €
Location : 59 ⌷⌷⌷ (4 à 6 pers.) 400 à 650 €/sem.
⌷⌷ 1 borne 3 € – 3 ▣ 14 €
Pour s'y rendre : S : 1 km rte de Quend

> Nature : 🗔 🌳
> Loisirs : 🍴 🏇 🛷 terrain omnisports
> Services : 🔥 ⛲ (juil.-août) ᏀᏴ 🛒 🍴 🗓 🍂 ☺ 🍂 🗄
> À prox. : ⛳ golf

635

Vue de la Somme depuis Corbie

S. Sauvignier/Michelin

MOYENNEVILLE

✉ 80870 – 301 D7 – 626 h. – alt. 92
Paris 194 – Abbeville 9 – Amiens 59 – Blangy-sur-Bresle 22 – Dieppe 62 – Le Tréport 33.

⚠ **Le Val de Trie** avr.-oct.
    ✆ 03 22 31 48 88, *raphael@camping-levaldetrie.fr*,
Fax 03 22 31 35 33, *www.camping-levaldetrie.fr* – **R** conseillée
2 ha (100 empl.) plat, herbeux, petit étang
Tarif : 🔲 22,10 € [≴] (6A) – pers. suppl. 4,80 € – frais de
réservation 12,50 €
Location ⤴ : 11 🏠 (4 à 6 pers.) 230 à 580 €/sem.
Pour s'y rendre : NO : 3 km, sur D 86, à Bouillancourt-sous-
Miannay, bord d'un ruisseau
À savoir : Cadre champêtre

| Nature : ⟲ ⌂ 𝟿𝟿(peupleraie) |
| Loisirs : ⤴ 🚲 🛝 |
| Services : � (mai-fin août) GB 🐾 |
| 🏠⛽⊕⚓🚿 |

Benutzen Sie
– zur Wahl der Fahrtroute
– zur Berechnung der Entfernungen
– zur exakten Lokalisierung eines Campingplatzes (mit Hilfe der Angaben im Ortstext)
*die für diesen Führer unentbehrlichen **MICHELIN-Karten** im Ma1 : 150 000.*

NAMPONT-ST-MARTIN

✉ 80120 – 301 D5 – G. Picardie Flandres Artois – 228 h. – alt. 10
Paris 214 – Abbeville 30 – Amiens 79 – Boulogne-sur-Mer 52 – Hesdin 25 – Le Touquet-Paris-Plage 28.

⚠⚠ **La Ferme des Aulnes** mars-1er nov.
    ✆ 03 22 29 22 69, *contact@fermedesaulnes.com*,
Fax 03 22 29 39 43, *www.fermedesaulnes.com* – places limitées pour le passage – **R** conseillée
4 ha (85 empl.) peu incliné, herbeux
Tarif : 🔲 30 € [≴] (10A) – pers. suppl. 7 €
Location : 16 🏠 (4 à 6 pers.) 350 à 770 €/sem.
Pour s'y rendre : SO : 3 km par D 85ᴱ, rte de Villier-sur-
Authie, à Fresne
À savoir : Dans les dépendances d'une agréable ferme
picarde

| Nature : ⟲ ⌂ |
| Loisirs : 🍷 ✗ 🍴 ⏺ nocturne ⛄ |
| ⤴ -⊛🔲 |
| Services : ⌯ ⌂ GB 🐾 🏠⊕⚓🚱 |
| 🚿 |

PENDÉ

✉ 80230 – 301 C7 – 980 h. – alt. 5
Paris 211 – Abbeville 23 – Amiens 76 – Blangy-sur-Bresle 34 – Le Tréport 20.

⚠ **La Baie** Pâques-15 oct.
    ✆ 03 22 60 72 72 – places limitées pour le passage
– **R** conseillée
(107 empl.) plat, herbeux, sablonneux
Tarif : 🔲 14,50 € [≴] (6A) – pers. suppl. 3 €
Pour s'y rendre : N : 2 km, à Routhiauville, rue de la Baie

| Nature : ⟲ ⌂ ♀ |
| Loisirs : ⤴ ♪ |
| Services : ⌯ ⌂ 🐾 🏠⛽⊕⚓🚿 |

PÉRONNE

✉ 80200 – 301 K8 – G. Picardie Flandres Artois – 8 380 h. – alt. 52
🛈 *Office de tourisme, 1, rue Louis XI-B.P 146* ✆ 03 22 84 42 38, Fax 03 22 85 51 25
Paris 141 – Amiens 58 – Arras 48 – Doullens 54 – St-Quentin 30.

⚠⚠ **Port de Plaisance** mars-oct.
    ✆ 03 22 84 19 31, *contact@camping-plaisance.com*,
Fax 03 22 73 36 37, *camping-plaisance.com* – **R** conseillée
2 ha (90 empl.) plat, herbeux
Tarif : 🔲 26,15 € [≴] (10A) – pers. suppl. 4,30 €
Location ⤴ : 4 🏠 (4 à 6 pers.) 265 à 470 €/sem.
🏠 1 borne
Pour s'y rendre : Sortie S, rte de Paris, près du canal du
Nord, entre le port de plaisance et le port de commerce

| Nature : 𝟿𝟿 |
| Loisirs : 🍷 🍴 ⤴ 🛝 🎣 |
| Services : ⌯ ⌂ GB 🐾 ⌸ 🏠⊕🚿 |

636

POIX-DE-PICARDIE

⊠ 80290 – 301 E9 – G. Flandre Artois Picardie – 2 285 h. – alt. 106
🛈 *Office de tourisme, 6, rue Saint-Denis* ℘ *03 22 90 12 23*
Paris 133 – Abbeville 45 – Amiens 31 – Beauvais 46 – Dieppe 87 – Forges-les-Eaux 43.

⚠ **Municipal le Bois des Pêcheurs** avr.-sept.
℘ 03 22 90 11 71, *camping@ville-poix-de-picardie.fr*,
Fax 03 22 90 32 91 – **R** conseillée
2 ha (135 empl.) plat, herbeux
Tarif : (Prix 2005) 🔲 14,80 € – pers. suppl. 2 €
Pour s'y rendre : Sortie O par D 919, rte de Formerie, bord
d'un ruisseau

> Nature : 🖻 ♀
> Loisirs : 🔲
> Services : ⅃ ⊶ 🖊 🖻 ⊚ 🖾
> À prox. : 🛒 🍴 🔳 (découverte
> l'été)

QUEND

⊠ 80120 – 301 C6 – 1 205 h. – alt. 5
🛈 *Office de tourisme, 8, avenue Vasseur* ℘ *03 22 23 32 04, Fax 03 22 23 62 65*
Paris 218 – Abbeville 34 – Amiens 83 – Berck-sur-Mer 15 – Hesdin 34 – Montreuil 25.

⚠ **Les Deux Plages** 25 mars-1ᵉʳ nov.
℘ 03 22 23 48 96, *lionel.pommery@wanadoo.fr*,
Fax 03 22 23 48 69, *www.camping2plages.com* – places limi-
tées pour le passage – **R** conseillée
1,8 ha (100 empl.) plat, herbeux
Tarif : 🔲 21,50 € 🚿 (6A) – pers. suppl. 5,20 €
Location : 7 🏠 (4 à 6 pers.) 270 à 580 €/sem.
🛏 1 borne 2,50 €
Pour s'y rendre : NO : 1,3 km par rte de Quend-Plage-les-
Pins et rte à droite

> Nature : 🐟 🖻 ♀
> Loisirs : 🔲 🚤 🛶
> Services : ⊶ 🖊 🖻 ⊚ 🖾

RUE

⊠ 80120 – 301 D6 – G. Picardie Flandres Artois – 3 075 h. – alt. 9
🛈 *Office de tourisme, 54, rue Porte de Becray* ℘ *03 22 25 69 94, Fax 03 22 25 76 26*
Paris 212 – Abbeville 28 – Amiens 77 – Berck-Plage 22 – Le Crotoy 8.

⚠ **Les Oiseaux** avr.-15 sept.
℘ 03 22 25 71 82, *contact@campingdesoiseaux.com*,
www.campingdesoiseaux.com – places limitées pour le passage – **R**
1,2 ha (71 empl.) plat, herbeux
Tarif : 🔲 14,10 € 🚿 (6A) – pers. suppl. 3,40 €
Pour s'y rendre : S : 3,2 km par D 940, rte du Crotoy et
chemin de Favières à gauche, près d'un ruisseau

> Loisirs : 🔲
> Services : ⅃ ⊶ 🖾 🖻 ⊚ 🖾

Base Nautique du Val Joly

S. Sauvignier/Michelin

ST-QUENTIN-EN-TOURMONT

✉ 80120 – 301 C6 – 334 h.
Paris 218 – Abbeville 29 – Amiens 83 – Berck-sur-Mer 24 – Le Crotoy 9 – Hesdin 38.

⛰ **Les Crocs** avr.-1ᵉʳ nov.
    ℰ 03 22 25 73 33, Fax 03 22 25 75 17 – places limitées pour
le passage – **R** conseillée
1,4 ha (100 empl.) plat, herbeux
Tarif : ✦ 4 € ⛺ 2 € 🚗 3,50 € (6A) 3,50 €
Pour s'y rendre : S : 1 km par D 204, rte de Rue et à droite
À savoir : À proximité d'un parc ornithologique

> Loisirs : 🏠
> Services : 🛠 ⛽ ↻ 🗑 🏁 🛒 @ 🖥
> À prox. : 🐎 (centre équestre)

ST-VALERY-SUR-SOMME

✉ 80230 – 301 C6 – G. Picardie Flandres Artois – 2 686 h. – alt. 27
🅸 Office de tourisme, 2, place Guillaume-Le-Conquérant ℰ 03 22 60 93 50, Fax 03 22 60 80 34
Paris 206 – Abbeville 18 – Amiens 71 – Blangy-sur-Bresle 45 – Le Tréport 25.

⛰ **Domaine de Drancourt** 8 avr.-1ᵉʳ nov.
    ℰ 03 22 26 93 45, chateau.drancourt@wanadoo.fr,
Fax 03 22 26 85 87, www.chateau-drancourt.com – places limitées pour le passage – **R** conseillée
5 ha (326 empl.) plat et peu incliné, herbeux
Tarif : (Prix 2005) 🖥 32 € – pers. suppl. 6,50 € – frais de
réservation 18 €
Location : 🚐 (4 à 6 pers.) 455 à 935 €/sem.
🚐 1 borne
Pour s'y rendre : S : 3,5 km par D 48 et rte à gauche après
avoir traversé le CD 940
À savoir : Dans l'agréable parc du château

> Nature : 🌳 🗗 ♀
> Loisirs : 🍴 🗙 🏠 🏊 🚴 🎯 🏇 🖿
> 🏊 🏊 poneys practice de golf
> Services : 🛠 ⛽ 🖴 🏁 🛒 @ 🖥
> 🚿

VILLERS-SUR-AUTHIE

✉ 80120 – 301 D6 – 362 h. – alt. 5
Paris 215 – Abbeville 31 – Amiens 80 – Berck-sur-Mer 16 – Le Crotoy 14 – Hesdin 29.

⛰ **Le Val d'Authie** avr.-1er nov.
    ℰ 03 22 29 92 47, camping@valdauthie.fr,
Fax 03 22 29 93 30, www.valdauthie.fr – places limitées pour
le passage – **R** indispensable
7 ha (158 empl.) plat et peu incliné, herbeux
Tarif : 🖥 29 € (6A) – pers. suppl. 6 €
Location : 20 🚐 (4 à 6 pers.) 350 à 770 €/sem.
Pour s'y rendre : Sortie S, rte de Vercourt
À savoir : Agréables plantations arbustives

> Nature : 🌳 🗗 ♀
> Loisirs : 🍴 🏠 🕯 nocturne 🚿 ham-
> mam salle d'animation 🏊 🎯 🏊
> terrain omnisports, parcours de
> santé, piste de bi-cross
> Services : 🛠 ⛽ 🖴 ↻ 🗑 🛒 🚮 @
> 🚿 🚰 🖥

VIRONCHAUX

✉ 80150 – 301 D6 – 383 h. – alt. 45
Paris 214 – Abbeville 30 – Amiens 79 – Berck-sur-Mer 25 – Hesdin 23 – Montreuil 26.

⛰ **Les Peupliers** avr.-oct.
    ℰ 03 22 23 54 27, les-peupliers2@wanadoo.fr,
Fax 03 22 29 05 19 – **R** indispensable
1,2 ha (49 empl.) plat, herbeux
Tarif : 🖥 17 € (6A) – pers. suppl. 3,40 €
Pour s'y rendre : Au bourg, 221 rue du Cornet
À savoir : Décoration arbustive et florale

> Nature : 🌳 🗗
> Loisirs : 🍴 🏊 🖿
> Services : 🛠 ⛽ 🖴 ↻ 🗑 @ 🖥

638

POITOU-CHARENTES

B. Kaufmann/Michelin

Avec l'eau pour compagnon de voyage, les délices de la région Poitou-Charentes se consomment sans modération. Commencez par paresser sur une des plages de sable fin bordant la Côte de Beauté : vous y ferez provision d'air pur mêlé d'iode et d'essences de pins. Puis offrez-vous une cure de remise en forme dans la station balnéaire de votre choix, suivie d'une cure d'huîtres de Marennes-Oléron accompagnées de tartines au beurre de Surgères. Requinqué ? Alors, parcourez à vélo les îles, havres de paix aux maisons fleuries de glycines et de roses trémières, et explorez à bord d'une barque manœuvrée à la « pigouille » les mille et une conches de la « Venise verte ». Puis, après une mini-dégustation de cognac, cette eau… de-vie aux reflets ambrés, cap sur le Futuroscope et ses images à couper le souffle !

Names such as Cognac, Angoulême or La Rochelle all echo through France's history, but there's just as much to appreciate in the here and now.Visit a thalassotherapy resort to revive your spirits, or just laze on the sandy beaches, where the scent of pine trees mingles with the fresh sea air. A bicycle is the best way to discover the region's coastal islands, their country lanes lined with tiny blue and white cottages and multicoloured hollyhocks. Back on the mainland, explore the canals of the marshy, and mercifully mosquito-free, « Green Venice ». You will have earned yourself a drop of Cognac or a glass of the local apéritif, the fruity, ice-cold Pineau. If this seems just too restful, head for Futuroscope, a theme park of the moving image, and enjoy an action-packed day of life in the future.

AUNAC

✉ 16460 – 324 L4 – 297 h. – alt. 70
Paris 418 – Angoulême 37 – Confolens 43 – Ruffec 15 – St-Jean-d'Angély 69.

⚠ **Municipal de Magnerit** 15 juin-15 sept.
  ℘ 05 45 22 24 38, *mairie.aunac@wanadoo.fr*,
Fax 05 45 22 23 17 – **R** conseillée
1,2 ha (25 empl.) plat, herbeux
Tarif : (Prix 2005) ✦ 1,70 € ⟵ 1,40 € 🔲 1,90 € 🔋 1,70 €
Pour s'y rendre : SE : 1 km du bourg
À savoir : Situation agréable au bord de la Charente

> Nature : 🐾 ♨
> Loisirs : 🛶 🎣
> Services : ☺ ⚎

COGNAC

✉ 16100 – 324 I5 – G. Poitou Vendée Charentes – 19 534 h. – alt. 25
🅸 *Office de tourisme, 16, rue du 14 juillet* ℘ *05 45 82 10 71, Fax 05 45 82 34 47*
Paris 478 – Angoulême 45 – Bordeaux 120 – Libourne 116 – Niort 83 – La Roche-sur-Yon 172 – Saintes 27.

⚠ **Municipal** 15 avr.-15 oct.
  ℘ 05 45 32 13 32, *info@campingdecognac.com*,
Fax 05 45 32 15 82, *www.campingdecognac.com* – **R** conseillée
2 ha (160 empl.) plat, herbeux
Tarif : (Prix 2005) 🔲 12,10 € – pers. suppl. 3,30 €
Location : 7 🛖 (4 à 6 pers.) 233 à 440 €/sem.
🚐 1 borne
Pour s'y rendre : N : 2,3 km par D 24 rte de Boutiers, entre
la Charente et le Solençon

> Nature : 🏞 ♨
> Loisirs : 🛶 🎣
> Services : & ⚡ (juil.-août) GB ⚎
> 🛠 ⚬ ⊘ 🚿
> À prox. : 🍷 ✗

Le LINDOIS

✉ 16310 – 324 N5 – 330 h. – alt. 270
Paris 453 – Angoulême 41 – Confolens 34 – Montbron 12 – Rochechouart 25.

⚠ **L'Étang** avr.-Toussaint
  ℘ 05 45 65 02 67, Fax 05 45 65 08 96, *www.campingdele*
tang.com – **R** indispensable
10 ha/1,5 campable (25 empl.) plat et peu incliné, herbeux
Tarif : 🔲 18,40 € – pers. suppl. 4 €
Location : 🏠 – (sans sanitaires)
Pour s'y rendre : SO : 0,5 km par D 112, rte de Rouzède
À savoir : Agréable sous-bois en bordure d'un étang

> Nature : 🐾 🏞 ♨
> Loisirs : 🍷 ✗ 🏖 (plage) 🎣
> Services : & ⚡ GB 🚿 🛠 ⊘ 🖼

Le Marais poitevin

S. Sauvignier/Michelin

MANSLE

✉ 16230 – 🔢 L4 – 1 597 h. – alt. 65
🛈 *Office de tourisme, place du Gardoire* 𝒫 *05 45 20 39 91*
Paris 421 – Angoulême 26 – Cognac 53 – Limoges 93 – Poitiers 88 – St-Jean-d'Angély 62.

⚠ **Municipal le Champion** mai-sept.
𝒫 05 45 20 31 41, *mairie.mansle@wanadoo.fr*,
Fax 05 45 22 86 30 – **R** conseillée
2 ha (120 empl.) plat, herbeux
Tarif : (Prix 2005) ⚊ 2,10 € ⚊ 1,80 € 🔲 1,80 € 🔋 2,50 €
Location : 🛖
🚐 1 borne 2 €
Pour s'y rendre : Sortie NE par D 18, rte de Ruffec et à droite, près de l'hippodrome, bord de la Charente

Nature : 🌳 ○○
Loisirs : 🏊 🎣
Services : 🚿 ⚡ (juil.-août) 🅖🅑 ⚙ 🗑 ☺ ⚱ 🛒
À prox. : ✕ snack 🛶 canoë

MONTBRON

✉ 16220 – 🔢 N5 – G. Poitou Vendée Charentes – 2 241 h. – alt. 141
🛈 *Office de tourisme, square du 8 mai* 𝒫 *05 45 23 60 09*
Paris 460 – Angoulême 29 – Nontron 25 – Rochechouart 38 – La Rochefoucauld 14.

△△△ **Les Gorges du Chambon** 15 avr.-16 sept.
𝒫 05 45 70 71 70, *gorges.chambon@wanadoo.fr*,
Fax 05 45 70 80 02, *gorgesduchambon.fr* – **R** conseillée ✄
28 ha/7 campables (120 empl.) plat, peu incliné, incliné, herbeux
Tarif : 🔲 24,70 € 🔋 (6A) – pers. suppl. 6,50 € – frais de réservation 8 €
Location (avr.-oct.) : 13 🛖 (4 à 6 pers.) 252 à 610 €/sem. – 4 🏠 (4 à 6 pers.) 266 à 620 €/sem. – bungalows toilés
Pour s'y rendre : E : 4,4 km par D 6, rte de Piégut-Pluviers, puis à gauche 3,2 km par D 163, rte d'Ecuras et chemin à droite, à 80 m de la Tardoir (accès direct)
À savoir : Joli cadre naturel autour d'une ancienne ferme restaurée

Nature : 🌊 ≤ ○○
Loisirs : 🍸 ✕ 🎦 🎣 🏊 🚲 ⛳ ❀ 🏓 🎣 🏊 ⚽
Services : 🚿 ⚡ 🅖🅑 ⚙ 🏧 🗑 ☺ ☺ 🛒 ⚱
À prox. : 🐎 canoë

*Si vous désirez réserver un emplacement pour vos vacances,
faites-vous préciser au préalable les conditions particulières de séjour,
les modalités de réservation, les tarifs en vigueur et les conditions de paiement.*

MONTIGNAC-CHARENTE

✉ 16330 – 🔢 K5 – G. Poitou Vendée Charentes – 701 h. – alt. 50
🛈 *Office de tourisme, 10, place du Docteur Feuillet* 𝒫 *05 45 22 71 97*
Paris 432 – Angoulême 17 – Cognac 42 – Rochechouart 66 – Ruffec 29.

⚠ **Municipal les Platanes** juin-août
𝒫 05 45 39 89 16, Fax 05 45 22 26 71 – **R** conseillée
1,5 ha (100 empl.) plat, herbeux
Tarif : (Prix 2005) ⚊ 3,60 € 🔋 4,25 €
Pour s'y rendre : NO : 0,2 km par D 115, rte d'Aigré

Nature : ○○
Loisirs : 🎦
Services : 🚿 ⚙ 🗑 ⚱ ☺
À prox. : 🎣

PRESSIGNAC

✉ 16150 – 🔢 O5 – 449 h. – alt. 259
Paris 437 – Angoulême 56 – Nontron 40 – Rochechouart 10 – La Rochefoucauld 34.

△△ **Camping des Lacs** 15 juin-15 sept.
𝒫 05 56 70 15 00, *relaisoleil.aquitaine@wanadoo.fr*,
Fax 05 56 70 15 01, *www.relaisoleil.com/villages/aquitaine*
– **R** conseillée
plat, herbeux
Tarif : 🔲 19,70 € 🔋 (6A) – pers. suppl. 4,40 €
Pour s'y rendre : SO : 4,2 km par D 160, rte de Verneuil, au plan d'eau

Nature : ≤ Sur le lac 🌳 ⚠
Loisirs : 🍸 snack 🏊
Services : 🚿 ⚡ 🅖🅑 ⚙ 🅜 🗑 ☺ ⚱ 🛒 ⚱
À prox. : ✕ 🎣 🎣 ◊ 🐎 pédalos, canoë

643

RUFFEC

✉ 16700 – 324 L3 – 3 630 h. – alt. 101
🚩 *Office de tourisme, 18, place Martyrs de l'Occupation* 📞 *05 45 31 05 42, Fax 05 45 89 09 81*
Paris 402 – Angoulême 43 – Confolens 42 – St-Jean-d'Angély 66.

🅰 **Le Réjallant** juin-15 sept.
📞 05 45 31 29 06, *cdc-ruffec-charente@wanadoo.fr*,
Fax 05 45 31 34 76 – **R** conseillée
1 ha (56 empl.) plat et peu incliné, herbeux
Tarif : (Prix 2005) ✷ 2,20 € ⛟ 1,70 € ▣ 2 € (3) (16A) 2 €
Pour s'y rendre : Sortie S par D 911 puis 1,4 km par rte à
gauche, à 250 m de la Charente

Nature : ▭ 🌿🌿	
Services : 🔥 ⛐ ♻ ⊛ 🗑	
À prox. : 🍴 ✕	

SIREUIL

✉ 16440 – 324 K6 – 1 127 h. – alt. 26
Paris 460 – Angoulême 16 – Barbezieux 24 – Cognac 35 – Jarnac 22 – Rouillac 23.

🅼 **Nizour** mai-sept.
📞 05 45 90 56 27, *campingdunizour@aol.com*,
Fax 05 45 90 92 67, *www.campingdunizour.com*
– **R** conseillée
1,6 ha (40 empl.) plat, herbeux
Tarif : ▣ 16,75 € (3) (3A) – pers. suppl. 3,70 €
Location (juin-août) ⚡ : 6 🚐 (4 à 6 pers.) 334 à
498 €/sem. – 2 🏠 (4 à 6 pers.) 324 à 530 €/sem. – (sans
sanitaires)
Pour s'y rendre : SE : 1,5 km par D 7, rte de Blanzac, à
gauche avant le pont, à 120 m de la Charente (accès direct)

Nature : ▭ 🌿	
Loisirs : 🏛 ⚓ 🛝 🏊	
Services : 🔥 ⛐ ♻ 🗑 ⊛ 🛁 🗑	
À prox. : 🎣	

ANGOULINS

✉ 17690 – 324 D3 – 3 501 h. – alt. 15
🚩 *Syndicat d'initiative, 3, rue de Verdun* 📞 *05 46 56 92 09*
Paris 481 – Poitiers 148 – La Rochelle 12 – Niort 73 – La Roche 91.

🅼 **Les Chirats - La Platère** avr.-sept.
📞 05 46 56 94 16, *contact@campingleschirat.fr*,
Fax 05 46 56 65 95, *www.campingleschirats.fr* – **R** indispensable
4 ha (240 empl.) plat et peu incliné, herbeux, pierreux
Tarif : ▣ 23,50 € (3) (6A) – pers. suppl. 4,30 € – frais de
réservation 16 €
Location (permanent) : 🏠 (4 à 6 pers.) 220,50 à
521 €/sem.
Pour s'y rendre : O : 1,7 km par rue des Salines et rte de la
douane, à 100 m de la plage

Nature : ▭ 🌿	
Loisirs : 🍴 snack 🚐 🗓 nocturne 🎣	
🏊 ⚓ 🎯 🏊 (petite piscine) 🛝 ⛷	
Services : 🔥 ⛐ (juil.-août) 🚗 ♻	
🗑 ⊛ 🛁 🗑 🗑	
À prox. : 🎣	

ARCHIAC

✉ 17520 – 324 I6 – 864 h. – alt. 111
🚩 *Office de tourisme, 1, place de l'Abbé Goiland* 📞 *05 46 49 57 11*
Paris 514 – Angoulême 49 – Barbezieux 15 – Cognac 22 – Jonzac 15 – Pons 22.

🅰 **Municipal** 15 juin-15 sept.
📞 05 46 49 10 46, *archiacmairie@free.fr*, Fax 05 46 49 84 09
– **R** conseillée
1 ha (44 empl.) plat, en terrasses, herbeux, pierreux
Tarif : ✷ 1,84 € ⛟ 1,22 € ▣ 1,22 € (3) 2,45 €
Pour s'y rendre : Près de la piscine

Nature : ▭ 🌿🌿	
Loisirs : 🚐	
Services : ⛐ ♻ 🗑 ⛷ ⊛ 🗑	
À prox. : ✕ 🛝 ⛷	

ARVERT

⊠ 17530 – ③②④ D5 – 2 887 h. – alt. 20

🖪 *Syndicat d'initiative, 22, rue des Tilleuls* 🌀 *05 46 36 89 28, Fax 05 46 36 89 28*

Paris 513 – Marennes 16 – Rochefort 37 – La Rochelle 74 – Royan 19 – Saintes 46.

Schéma aux Mathes

⚠ **Le Presqu'Île** mai.-sept.
   🌀 05 46 36 81 76, *christophe.cantet@free.fr,*
   Fax 05 46 36 81 76 – **R** conseillée
   0,8 ha (66 empl.) plat, herbeux, sablonneux
   Tarif : 🔲 14 € [✚] (6A) – pers. suppl. 2,50 €
   Pour s'y rendre : Au N du bourg, à 150 m de la D 14

Nature : 🔾🔾	
Loisirs : 🏊	
Services : 🔾 ⚬⇥ ⏣ 🗃 ⊕ 📷	
À prox. : 🍴	

⚠ **Le Petit Pont** 15 avr.-15 sept.
   🌀 05 46 36 07 20, *contact@camping-dupetitpont.com,*
   Fax 05 46 36 07 20, *www.camping-dupetit.com* – **R** conseil-
   lée
   0,6 ha (33 empl.) plat, herbeux
   Tarif : 🔲 17,90 € [✚] (10A) – pers. suppl. 4,20 €
   Location : 🏠 (4 à 6 pers.) 230 à 535 €/sem.
   Pour s'y rendre : NO : 2,5 km sur D 14

Nature : 🔾🔾	
Loisirs : 🏠 🏊	
Services : ⚬⇥ (juil.-26 août) 🗃 ⏣ 📷	

Utilisez le guide de l'année.

BENON

⊠ 17170 – ③②④ F2 – 514 h. – alt. 21

Paris 445 – Fontenay-le-Comte 36 – Niort 38 – La Rochelle 33 – Surgères 17.

⚠ **Municipal du Château** mai.-sept.
   🌀 05 46 01 61 48, *benon@mairie17.com,*
   Fax 05 46 01 01 19, *http://www.smic17.fr/mairie.benon*
   – **R** conseillée
   1 ha (70 empl.) plat, peu incliné, herbeux
   Tarif : 🚶 2,70 € 🚗 1,60 € 🔲 1,60 € [✚] (10A) 2,20 €
   Pour s'y rendre : Au bourg
   À savoir : Dans un parc

Nature : 🔾	
Loisirs : 🍴	
Services : 🔾 🗃 ⏣ ⊕ 📷	

645

CADEUIL

⊠ 17250 – ③②④ E5

Paris 492 – Marennes 15 – Rochefort 23 – La Rochelle 59 – Royan 18 – Saintes 26.

⚠ **Lac le Grand Bleu** (location exclusive de chalets et de
   mobile homes)
   🌀 05 46 22 90 99, *campinglegrandbleu@hotmail.com,*
   Fax 05 46 22 14 95 – empl. traditionnels également disponibles – **R** conseillée
   14 ha/2 campables plat, herbeux
   Location : 60 🏠 (4 à 6 pers.) 385 à 693 €/sem. – 30 🏠
   (4 à 6 pers.) 385 à 693 €/sem.
   Pour s'y rendre : Au NE du hameau, par D 733, rte de
   Rochefort

Nature : ⬜ 🔾🔾 🌲	
Loisirs : 🍴 snack 🏊 🎱 🐎	
Services : ⏣ 🗃 ⏣ ⊕ 📷	
À prox. : pédalos, canoë	

CHARRON

⊠ 17230 – ③②④ D2 – 1 650 h. – alt. 4

Paris 457 – Fontenay-le-Comte 37 – Luçon 25 – La Rochelle 17 – La Roche-sur-Yon 59.

⚠ **Municipal les Prés de Charron** 15 juin-15 sept.
   🌀 05 46 01 53 09, *mairie-de-charron@wanadoo.fr,*
   Fax 05 46 01 26 36 – **R** conseillée
   1,2 ha (50 empl.) plat, herbeux
   Tarif : (Prix 2005) 🚶 2,20 € 🚗 ,90 € 🔲 1,60 € [✚] 1,60 €
   Pour s'y rendre : Sortie NE par D 105, rte de Marans et à
   gauche, rue du 19-mars-1962

Services : 🔾 ⊕ 🛁	
À prox. : 🍴	

CHÂTELAILLON-PLAGE

✉ 17340 – 324 D3 – G. Poitou Vendée Charentes – 5 625 h. – alt. 3
🛈 Office de tourisme, 5, avenue de Strasbourg ℘ 05 46 56 26 97
Paris 482 – Niort 74 – Rochefort 22 – La Rochelle 19 – Surgères 29.

△ **L'Océan** 12 juin-19 sept.
℘ 05 46 56 87 97 – **R** conseillée
1,8 ha (94 empl.) plat, herbeux
Tarif : 🔲 19,30 € [½] (10A) – pers. suppl. 3,60 € – frais de
réservation 8 €
Pour s'y rendre : N : 1,3 km par D 202, rte de la Rochelle et
à droite

Nature : 🌳
Loisirs : 🏊
Services : 🏠 ⛽ 🅶🅱 ♿ 🗑 ⊛ 🔋

COZES

✉ 17120 – 324 E6 – 1 830 h. – alt. 43
🛈 Office de tourisme, rue de l'Hôtel de Ville ℘ 05 46 90 80 82
Paris 494 – Marennes 41 – Mirambeau 35 – Pons 26 – Royan 19 – Saintes 27.

△ **Municipal le Sorlut** avr.-15 oct.
℘ 05 46 90 75 99, Fax 05 46 90 75 12 – **R** conseillée
1,4 ha (120 empl.) plat, herbeux
Tarif : (Prix 2005) ✶ 2,16 € 🔲 2,31 € [½] 2,32 €
Pour s'y rendre : Au N de la ville, près de l'ancienne gare,
derrière le supermarché Champion

Nature : 🌿 🌳
Loisirs : 🏊
Services : 🗑 🏠 ⊛ 🔋
À prox. : 🍴 🏪 ✕ 🎣 🏊 🏄

DAMPIERRE-SUR-BOUTONNE

✉ 17470 – 324 H3 – G. Poitou Vendée Charentes – 297 h. – alt. 60
Paris 423 – Beauvoir-sur-Niort 18 – Niort 34 – La Rochelle 72 – Ruffec 56 – St-Jean-d'Angély 19.

△ **Municipal** mai-sept.
℘ 05 46 24 02 36, dampierre-sur-boutonne@mairie-
17.com, Fax 05 46 26 02 36 – **R** conseillée
0,6 ha (16 empl.) plat, herbeux
Tarif : ✶ 2,20 € 🔲 3,50 € [½] 2 €
Pour s'y rendre : Au bourg, derrière la salle municipale,
bord de la Boutonne

Nature : 🌿 ⛺ 🌳
Loisirs : 🎣
Services : 🏠 🅶🅱 🗑 ⊛ 🏄 ♿

FOURAS

✉ 17450 – 324 D4 – G. Poitou Vendée Charentes – 3 835 h. – alt. 5
🛈 Office de tourisme, avenue du Bois Vert ℘ 05 46 84 60 69, Fax 05 46 84 28 04
Paris 485 – Châtelaillon-Plage 18 – Rochefort 15 – La Rochelle 34.

△ Municipal le Cadoret
℘ 05 46 82 19 19, campinglecadoret@mairie.17com,
Fax 05 46 84 51 59 – **R** conseillée
7,5 ha (519 empl.) plat, sablonneux, herbeux
Pour s'y rendre : Côte Nord, bord de l'Anse de Fouras

Nature : ⛺ 🌳
Loisirs : 🍴 snack 🍸 nocturne 🏊
🚲 🏊 🏄
Services : 🏠 ⛽ 🗑 🏠 ⊛ 🏄 ♿ 🔋
À prox. : ✕ 🎣 🎣

△ Municipal la Fumée
℘ 05 46 84 26 77, Fax 05 46 84 51 59 – **R**
1 ha (81 empl.) plat, herbeux
Pour s'y rendre : À la pointe de la Fumée, près de l'embarcadère Île d'Aix et Fort Boyard

Nature : 🌳
Loisirs : 🏊
Services : 🏠 ⛽ 🗑 🏠 ⊛ 🔋

GÉMOZAC

✉ 17260 – 324 F6 – 2 352 h. – alt. 39
Paris 495 – Cognac 35 – Jonzac 30 – Royan 31 – Saintes 22.

△ **Municipal** mi-juin-2 sept.
℘ 05 46 94 50 16, Fax 05 46 94 16 25 – **R** conseillée
1 ha (40 empl.) plat, herbeux
Tarif : (Prix 2005) 🔲 12,45 € – pers. suppl. 3,10 €
Location (avr.-fin sept.) : 10 🏠 (4 à 6 pers.) 330 à
499 €/sem.
Pour s'y rendre : Sortie O, rte de Royan, près de la piscine

Nature : 🌳
Services : ⛽ ♿ 🏠 ⊛ 🔋
À prox. : 🍴 ✕ 🎣 🎣 🏊

646

POITOU-CHARENTES

Ch...

POITOU-CHA...

L'HOUMEAU

⊠ 17137 – 324 C2 – 2 279 h. – alt. 19
Paris 478 – Poitiers 145 – La Rochelle 6 – Niort 83 – La Roche 76.

△ **Au Petit Port de l'Houmeau** avr.-oct.
🕿 05 46 50 90 82, info@aupetitport.com,
Fax 05 46 50 01 33, www.aupetitport.com – **R** conseillée
2 ha (132 empl.) peu incliné, plat, herbeux
Tarif : 🔳 19,20 € (ii) (10A) – pers. suppl. 4,50 €
Location (permanent) : 6 🛏 (2 à 4 pers.) 240 à
360 €/sem. – 🚐 (4 à 6 pers.) 300 à 520 €/sem.
Pour s'y rendre : Sortie NE par D 106, rte de Nieul-sur-Mer,
par le périphérique, direction Île de Ré et sortie Lagord-
l'Houmeau

Nature : 🗀
Loisirs : ⛱ sn
Services : ⊶
À prox. : ✕ 🏞

ÎLE-D'AIX

⊠ 17123 – 324 C3 – G. Poitou Vendée Charentes – 186 h. – alt. 10
Paris 486 – Poitiers 152 – La Rochelle 31 – Niort 78 – La Roche-sur-Yon 111.

△ **Le Fort de la Rade**
🕿 05 46 84 28 28, Fax 05 46 84 00 44
3 ha (70 empl.) plat, en terrasses, herbeux
Pour s'y rendre : à la Pointe Ste-Catherine, à 300 m de la
plage de l'Anse de la Croix
À savoir : Dans le parc du Fort de la Rade entouré d'une
enceinte fortifiée – réservé aux tentes

Nature : 🍃
Loisirs : ✕ 🏕 🏊 ♨
Services : ᵴ ⊶ 🗓 ⛤
À prox. : 🏖 ⛱ 🚲

Demandez à votre libraire le catalogue des **publications MICHELIN.**

ÎLE DE RÉ

647

⊠ 17 – 324 – G. Poitou Vendée Charentes
Pont de l'Île de Ré : péage en 2005 : autos (AR) 16,50 (saison) 9,00 (hors saison), autos et caravanes (AR) 27,00
(saison) 15,00 (hors saison), camions 18,00 ou 45,00, motos 2,00, gratuit pour vélos et piétons - Renseignements par Régie d'Exploitation des Ponts 🕿 05 46 00 51 10

Ars-en-Ré ⊠ 17590 – 1 294 h. – alt. 4
🄳 *Office de tourisme, 26, place Carnot* 🕿 *05 46 29 46 09*
Paris 506 – Fontenay-le-Comte 85 – Luçon 75 – La Rochelle 34.

△ **Airotel le Cormoran** avr.-1ᵉʳ oct.
🕿 05 46 29 46 04, info@cormoran.com, Fax 05 46 29 29 36,
www.cormoran.com – **R** conseillée
3 ha (138 empl.) plat, herbeux, sablonneux
Tarif : (Prix 2005) 🔳 42,65 € (ii) (10A) – pers. suppl. 10,30 € –
frais de réservation 25 €
Location : 🚐 (4 à 6 pers.) 311 à 991 €/sem.
🚐 1 borne 4 €
Pour s'y rendre : O : 1 km

Nature : 🍃 🗀 ♀
Loisirs : ⛱ pizzeria, snack 🏕 🎣
🛶 🚲 ✕ 🏊 terrain omnis-
ports
Services : ᵴ ⊶ ⠶ ✂ 🗓 ⛤ ♨

Le Bois-Plage-en-Ré ⊠ 17580 – 2 235 h. – alt. 5
🄳 *Office de tourisme, 87, rue des Barjottes* 🕿 *05 46 09 23 26, Fax 05 46 09 13 15*
Paris 494 – Fontenay-le-Comte 74 – Luçon 64 – La Rochelle 23.

△ **Interlude** 8 avr.-5 nov.
🕿 05 46 09 18 22, infos@interlude.fr, Fax 05 46 09 23 38,
www.interlude.fr – **R** indispensable
6,5 ha (300 empl.) peu accidenté et plat, sablonneux,
herbeux
Tarif : 🔳 58 € (ii) (6A) – pers. suppl. 11 € – frais de réservation 30 €
Location : 151 🚐 (4 à 6 pers.) 309 à 1 045 €/sem.
🚐 1 borne
Pour s'y rendre : SE : 2,3 km
À savoir : À 150 m de la plage

Nature : 🍃 🗀 ♀
Loisirs : ⛱ cafétéria 🏕 🌙 nocturne
🎯 🎣 🛶 discothèque 🛶 🚲
🏊 (petite piscine) ♨
Services : ᵴ ⊶ ⠶ ✂ 🗓 ⛤ ♨
🚰 🍴 🏊 ⛤
À prox. : ✕ ♀

⚠ **Les Varennes** avr.-sept.
  ℘ 05 46 09 15 43, *les-varennes@wanadoo.fr*,
  Fax 05 46 09 47 27, *www.les-varennes.com* – **R** indispensable
  2 ha (148 empl.) plat, sablonneux, herbeux
  Tarif : (Prix 2005) 🔲 40 € ⚡ (6A) – pers. suppl. 4 €
  Location : 85 🚐 (4 à 6 pers.) 319 à 654 €/sem.
  🚐 1 borne 6,50 €
  Pour s'y rendre : SE : 1,7 km

| Nature : 🏞 🌳 |
| Loisirs : 🍽 🏠 🏊 🚲 🛶 |
| Services : 🚻 ⚡ GB 🐾 🗑 ♨ ⓐ 🧺 |
| 🚿 |
| À prox. : 🍴 |

⚠ **Antioche**
  ℘ 05 46 09 23 86, *camping.antioche@wanadoo.fr*,
  Fax 05 46 09 43 34, *www.antioche.com* – **R** conseillée
  3 ha (135 empl.) plat et peu incliné, terrasses, herbeux,
  sablonneux
  Location : 🚐
  Pour s'y rendre : SE : 3 km
  À savoir : À 300 m de la plage (accès direct)

| Nature : 🏞 🌳 |
| Loisirs : 🍽 🏠 🏊 🚲 |
| Services : 🚻 ⚡ 🗑 ♨ ⓐ 🧺 🧺 |

Benutzen Sie
– zur Wahl der Fahrtroute
– zur Berechnung der Entfernungen
– zur exakten Lokalisierung eines Campingplatzes (mit Hilfe der Angaben im Ortstext)
*die für diesen Führer unentbehrlichen **MICHELIN-Karten** im Ma1 : 150 000.*

La Couarde-sur-Mer ✉ 17670 – 1 179 h. – alt. 1
🛈 *Syndicat d'initiative, rue Pasteur* ℘ 05 46 29 82 93, Fax 05 46 29 63 02
Paris 497 – Fontenay-le-Comte 76 – Luçon 66 – La Rochelle 26.

649

⚠ **La Tour des Prises** avr.-25 sept.
  ℘ 05 46 29 84 82, *camping@lesprises.com*,
  Fax 05 46 29 88 99, *www.camping-la-tour-des-prises.com*
  – **R** conseillée
  2,2 ha (150 empl.) plat, herbeux
  Tarif : 🔲 36,50 € ⚡ (16A) – pers. suppl. 8,20 € – frais de
  réservation 8 €
  Location : 45 🚐 (4 à 6 pers.) 262 à 670 €/sem.
  Pour s'y rendre : NO : 1,8 km par D 735, rte d'Ars-en-Ré et
  chemin à droite
  À savoir : Sur le site d'un ancien verger

| Nature : 🏞 🛏 🌳 |
| Loisirs : 🏠 🏊 🎣 🛶 |
| Services : 🚻 ⚡ GB 🐾 🗑 ♨ ⓐ 🚰 |
| 🏠 🚿 |

La Flotte ✉ 17630 – 2 737 h. – alt. 4
🛈 *Office de tourisme, quai de Sénac* ℘ 05 46 09 60 38
Paris 489 – Fontenay-le-Comte 68 – Luçon 58 – La Rochelle 17.

⚠ **L'Île Blanche** (location exclusive de 50 mobile homes)
  avr.-sept.
  ℘ 05 46 09 52 43, *ileblanche@wanadoo.fr*, *www.ile-blan-
  che.com* – **R** indispensable
  4 ha plat, sablonneux, pierreux
  Location : 🚐 (4 à 6 pers.) 240 à 720 €/sem.
  Pour s'y rendre : O : 2,5 km, accès conseillé par la déviation

| Nature : 🏞 🌳 |
| Loisirs : 🍴 🏠 🚲 🍴 🎣 (décou- |
| verte l'été) |
| Services : ⚡ GB 🐾 🧺 🚿 |

⚠ **Les Peupliers** 29 avr.-23 sept.
  ℘ 05 46 09 62 35, *camping@les-peupliers.com*,
  Fax 05 46 09 59 76, *www.camp-atlantique.com* – places limitées pour le passage – **R** indispensable
  4,5 ha (200 empl.) plat, herbeux, sablonneux
  Tarif : 🔲 33 € – pers. suppl. 8 € – frais de réservation 20 €
  Location (8 avr.-23 sept.) : 120 🚐 (4 à 6 pers.) 260 à
  770 €/sem.
  🚐 1 borne 8 €
  Pour s'y rendre : SE : 1,3 km

| Nature : 🛏 🌳 |
| Loisirs : 🍽 snack 🏠 🏊 🚲 🛶 |
| Services : 🚻 ⚡ GB 🐾 🗑 ♨ 🍴 ⓐ |
| 📞 🧺 |

ÎLE DE RÉ

⛰ **La Grainetière** avr.-sept.
📞 05 46 09 68 86, *lagrainetiere@free.fr*, Fax 05 46 09 53 13,
www.la-grainetiere.com – **R** conseillée
2,3 ha (150 empl.) plat, sablonneux, herbeux
Tarif : 🖳 25,50 € – pers. suppl. 6 € – frais de réservation 15 €
Location : 50 🛖 (4 à 6 pers.) 220 à 700 €/sem.
🚐 1 borne
Pour s'y rendre : À l'O du bourg, près de la déviation, accès
conseillé par la déviation

| Nature : 0 0 |
| Loisirs : 🏠 ⚑ 🚲 🛶 |
| Services : ⚐ ⌒ GB ⚗ 🗑 ♨ ⊕ 🖭 |

Loix ✉ 17111 – 619 h. – alt. 4
🛈 *Office de tourisme, 10, place de la Mairie* 📞 05 46 29 07 91, Fax 05 46 29 28 40
Paris 505 – Fontenay-le-Comte 84 – Luçon 74 – La Rochelle 33.

⛰ **Les Ilates** 18 mars-5 nov.
📞 05 46 29 05 43, *ilates@wanadoo.fr*, Fax 05 46 29 06 79,
camping-loix.com – **R** indispensable
4,5 ha (241 empl.) plat, herbeux
Tarif : 🖳 28 € – pers. suppl. 6 €
Location : 83 🛖 (4 à 6 pers.) 180 à 640 €/sem. – 34 🏠
(4 à 6 pers.) 200 à 600 €/sem.
Pour s'y rendre : Sortie Est, rte de la pointe du Grouin, à
500 m de l'océan

| Nature : 🐾 🖵 |
| Loisirs : ⚑ snack 🏠 ⚑ ⚑ ⚑ ※ |
| 🛶 |
| Services : ⚐ ⌒ GB ⚗ 🗑 ♨ ⊕ 🖭 |
| ⚑ 🖭 ⚑ |

Les Portes-en-Ré ✉ 17880 – 661 h. – alt. 4
🛈 *Office de tourisme, 52, rue de Trousse-Chemise* 📞 05 46 29 52 71, Fax 05 46 29 52 81
Paris 514 – Fontenay-le-Comte 93 – Luçon 83 – La Rochelle 43.

⛰ **La Providence** avr.-10 oct.
📞 05 46 29 56 82, *campingprovidence@wanadoo.fr*,
Fax 05 46 29 61 80, *www.campingprovidence.com*
– **R** conseillée
6 ha (300 empl.) plat, herbeux, sablonneux
Tarif : (Prix 2005) 🖳 29,50 € – pers. suppl. 6,50 € – frais de
réservation 20 €
Location : 40 🛖 (4 à 6 pers.) 305 à 640 €/sem.
Pour s'y rendre : E : par D 101, rte de Trousse-Chemise, à
50 m de la plage

| Nature : 🐾 |
| Loisirs : snack 🏠 🍸 nocturne salle |
| d'animation ⚑ 🚲 ⚑ |
| Services : ⚐ ⌒ ⚗ 🗑 ♨ ⚑ ⊕ 🖭 |
| À prox. : ※ |

St-Clément-des-Baleines ✉ 17590 – 728 h. – alt. 2
🛈 *Office de tourisme, 200, rue du Centre* 📞 05 46 29 24 19, Fax 05 46 29 08 14
Paris 509 – Fontenay-le-Comte 89 – Luçon 79 – La Rochelle 38.

⛰ **Airotel la Plage** 8 avr.-18 sept.
📞 05 46 29 42 62, *info@la-plage.com*, Fax 05 46 29 03 39,
www.la-plage.com – **R** conseillée
2,5 ha (76 empl.) plat, sablonneux, herbeux
Tarif : (Prix 2005) 🖳 42,65 € ⚡ (10A) – pers. suppl. 10,30 € –
frais de réservation 25 €
Location 🅿 : 83 🛖 (4 à 6 pers.) 311 à 991 €/sem.
🚐 1 borne 4 €
Pour s'y rendre : NO : 2 km par D 735 et chemin à droite
À savoir : À 100 m de la plage

| Nature : 🖵 |
| Loisirs : ⚑ snack 🏠 🎣 ⚑ 🛶 |
| terrain omnisports |
| Services : ⚐ ⌒ GB ⚗ 🗑 ♨ ⊕ 🖭 |
| ⚑ |
| À prox. : ※ ⚑ ⚑ parc d'attractions, |
| parc zoologique et floral |

St-Martin-de-Ré ✉ 17410 – 2 637 h. – alt. 14
🛈 *Syndicat d'initiative, quai Nicolas Baudin* 📞 05 46 09 20 06
Paris 493 – Fontenay-le-Comte 72 – Luçon 62 – La Rochelle 22.

⛰ **Municipal Ste-Thérèse** mi-fév.-mi-nov.
📞 05 46 09 21 96, *camping.stmartindere@wanadoo.fr*,
Fax 05 46 09 94 18 – **R** indispensable
3 ha (200 empl.) plat et terrasse, peu incliné, herbeux
Tarif : 🖳 18,20 € ⚡ (10A) – pers. suppl. 4,10 €
Pour s'y rendre : Au village
À savoir : Sur les remparts

| Nature : 0 |
| Loisirs : 🏠 ⚑ |
| Services : ⚐ ⌒ (saison) GB ⚗ 🗑 |
| ⚑ ⊕ 🖭 |

ÎLE D'OLÉRON

✉ 17 – 324 – G. Poitou Vendée Charentes
par le pont viaduc : passage gratuit

La Brée-les-Bains   ✉ 17840 – 760 h. – alt. 5
🖪 *Office de tourisme, 20, rue des Ardillières* 📞 *05 46 47 96 73, Fax 05 46 75 96 73*
Paris 531 – Marennes 32 – Rochefort 53 – La Rochelle 90 – Saintes 73.

Pertuis d'Antioche avr.-sept.
📞 05 46 47 92 00, Fax 05 46 47 82 22 – **R** conseillée
2 ha (128 empl.) plat, herbeux
Tarif : 🔲 18,80 € – pers. suppl. 4,90 € – frais de réservation 15 €
Location : 7 � (2 à 4 pers.) 220 à 398 €/sem. – 10 🚐
(4 à 6 pers.) 270 à 512 €/sem.
🚐, 1 borne
Pour s'y rendre : NO : 1 km par D 273 et à droite, chemin
des Proirres, à 150 m de la plage

| Nature : ⌂ ♀ |
| Loisirs : 🎱 🏄 |
| Services : ♿ ⚡ ⊖🖷 📷 🗑 🛁 ⊛ 🚿 |
| 🚽 📷 ♨ |
| À prox. : 🍴 |

Le Château-d'Oléron   ✉ 17480 – 3 552 h. – alt. 9
🖪 *Office de tourisme, place de la République* 📞 *05 46 47 60 51*
Paris 507 – Marennes 12 – Rochefort 33 – La Rochelle 70 – Royan 43 – Saintes 53.

La Brande 15 mars-15 nov.
📞 05 46 47 62 37, *info@camping-labrande.com,*
Fax 05 46 47 71 70, *www.camping-labrande.com*
– **R** conseillée
4 ha (199 empl.) plat, herbeux, sablonneux
Tarif : 🔲 37,20 € ⚡ (6A) – pers. suppl. 8 € – frais de réservation 16 €
Location 🚿 : 40 🚐 (4 à 6 pers.) 320 à 700 €/sem. – 40
🏠 (4 à 6 pers.) 350 à 900 €/sem.
🚐, 1 borne 10 €
Pour s'y rendre : NO : 2,5 km, à 250 m de la mer

| Nature : ♀ |
| Loisirs : 🍴 🍴 🎱 ⛲ 🏄 🚴 ♨ 📺 |
| 🏊 terrain omnisports |
| Services : ♿ ⚡ ⊖🖷 📷 🗑 🛁 ⊛ 🚿 |
| 🚽 📷 ♨ ♨ |
| À prox. : 🍴 |

Airotel Oléron mars-oct.
📞 05 46 47 61 82, *info@camping-airotel-oleron.com,*
Fax 05 46 47 79 67, *www.camping-airotel-oleron.com*
– **R** conseillée
15 ha/4 campables (133 empl.) plat, accidenté, sablonneux,
herbeux
Tarif : 🔲 24,80 € – pers. suppl. 6 €
Location : 🚐 (4 à 6 pers.) 260 à 590 €/sem. – 🏠 (4 à 6
pers.) 250 à 580 €/sem.
Pour s'y rendre : SO : 1,8 km par rte de St-Trojan et rue de
la Libération à gauche
À savoir : Autour d'une ferme équestre, beau plan d'eau
de mer

| Nature : 🏞 ♀♀ |
| Loisirs : 🍴 snack 🎱 🎲 nocturne |
| 🏄 🚴 ⛲ ♨ 🛶 🏊 🐎 terrain |
| omnisports |
| Services : ♿ ⚡ ⊖🖷 📷 🗑 🛁 ⊛ 📷 |
| ♨ |

651

Fief-Melin mai-sept.
📞 05 46 47 60 85, *lefiefmelin@wanadoo.fr,*
Fax 05 46 47 60 85, *www.camping.fiefmelin.com*
– **R** conseillée
2,2 ha (110 empl.) plat, herbeux
Tarif : 🔲 23,90 € ⚡ (10A) – pers. suppl. 4,30 € – frais de
réservation 15 €
Location (avr.-Toussaint) : 30 🚐 (4 à 6 pers.) 215 à
590 €/sem. – 🏠 (4 à 6 pers.) 270 à 710 €/sem.
Pour s'y rendre : O : 1,7 km par rte de St-Pierre-d'Oléron
puis 0,6 km par rue des Alizés à droite

| Nature : 🏞 ⌂ ♀ |
| Loisirs : 🎱 🏄 🏊 |
| Services : ⚡ ⊖🖷 📷 🗑 ⊛ 📷 |

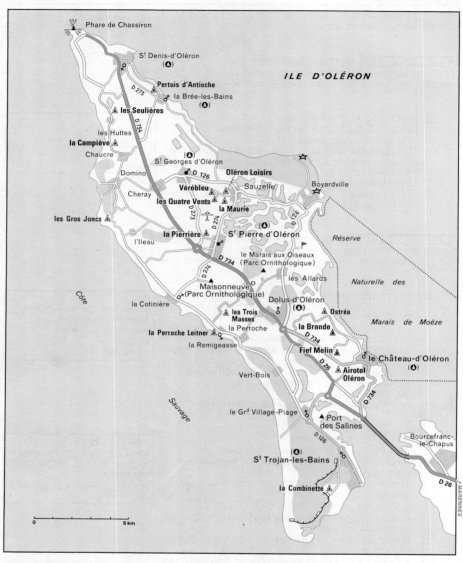

Phare de Chassiron

St Denis-d'Oléron (O)

Pertuis d'Antioche

la Brée-les-Bains (O)

ILE D'OLÉRON

les Seulières

les Huttes

la Campiève

Chaucre

Domino

Cheray

les Gros Joncs

l'Ileau

St Georges d'Oléron (O)

Oléron Loisirs

Sauzelle

Boyardville

Vérébleu

les Quatre Vents

la Maurie

la Pierrière

St Pierre d'Oléron

Réserve

le Marais aux Oiseaux
(Parc Ornithologique)

les Allards

Naturelle des

la Cotinière

Maisonneuve
(Parc Ornithologique)

Dolus-d'Oléron

Ostréa

Marais de Moëze

les Trois Masses

la Perroche

la Brande

le Château-d'Oléron (O)

la Perroche Leitner

la Remigeasse

Fief Melin

Côte

Vert-Bois

Airotel Oléron

Sauvage

le Grd Village-Plage

Port des Salines

Bourcefranc-le-Chapus

St Trojan-les-Bains

la Combinette

MARENNES

0   5 km

652

Dolus-d'Oléron ✉ 17550 – 2 723 h. – alt. 7

🛈 Office de tourisme, Grande Rue 𝄡 05 46 75 32 84, Fax 05 46 75 63 60
Paris 511 – Marennes 17 – Rochefort 39 – La Rochelle 75 – Saintes 58.

⛰ **Ostréa** avr.-sept.
𝄡 05 46 47 62 36, Fax 05 46 75 20 01, www.camping-os
trea.com – **R** conseillée
2 ha (108 empl.) plat, peu incliné, sablonneux, herbeux
Tarif : (Prix 2005) 🔲 24 € – pers. suppl. 5,25 € – frais de
réservation 17 €
Location 🏚 (juil.-août) : 20 🚐 (4 à 6 pers.) 280 à
575 €/sem.
🚐 1 borne 5 €
Pour s'y rendre : E : 3,5 km, près de la mer

Nature : 🐚 🌿
Loisirs : 🏖
Services : ⛟ 🔌 ⊖ 🔳 🏧 🛒 🧺 🚿
♨ 🔲 ⛾ 🔥

⚠ **La Perroche Leitner** avr.-15 sept.
    𝒫 05 46 75 37 33, Fax 05 46 75 37 33 – **R** conseillée
1,5 ha (100 empl.) plat, sablonneux
Tarif : 🔲 28,10 € 🔆 (10A) – pers. suppl. 7,20 € – frais de réservation 19 €
🚐 1 borne 5 €
Pour s'y rendre : SO : 4 km à la Perroche
À savoir : Agréable situation proche de la mer avec accès direct par les dunes

| Nature : 🐚 ♀ ⚘ |
| Loisirs : 🏄 |
| Services : ♿ ⚷ GB 🌡 🛒 😊 🖼 |
| À prox. : ♈ snack |

St-Denis-d'Oléron ✉ 17650 – 1 221 h. – alt. 9
🔢 *Syndicat d'initiative, 2, boulevard d'Antioche* 𝒫 05 46 47 95 53
Paris 527 – Marennes 33 – Rochefort 55 – La Rochelle 92 – Saintes 74.

⚠ **Les Seulières** Pâques-sept.
    𝒫 05 46 47 90 51, Fax 05 46 47 90 51 – **R** indispensable
1,6 ha (100 empl.) plat, sablonneux
Tarif : 🔲 18 € – pers. suppl. 4 €
Location : 5 🏚 (4 à 6 pers.) 350 à 490 €/sem.
Pour s'y rendre : SO : 3,5 km, rte de Chaucre, à 400 m de la plage

| Nature : 🐚 |
| Loisirs : 🏚 |
| Services : ♿ ⚷ 🌡 😊 🖼 |
| À prox. : ✂ |

St-Georges-d'Oléron ✉ 17190 – 3 287 h. – alt. 10
🔢 *Office de tourisme, 28, rue des Dames* 𝒫 05 46 76 63 75, Fax 05 46 76 86 49
Paris 527 – Marennes 27 – Rochefort 49 – La Rochelle 85 – Saintes 68.

🔼 **Oléron Loisirs** 8 avr.-16 sept.
    𝒫 05 46 76 50 20, *info@palmiers-ocean.fr*,
Fax 05 46 76 80 71, *www.palmiers-ocean.fr* – places limitées pour le passage – **R** conseillée
7 ha (330 empl.) plat, herbeux
Tarif : 🔲 25 € 🔆 (6A) – pers. suppl. 5 € – frais de réservation 25 €
Location : 🏚 (2 à 4 pers.) 130 à 590 €/sem. – 🏚 (4 à 6 pers.) 150 à 750 €/sem. – 🏚 (4 à 6 pers.) 390 à 790 €/sem. – bungalows toilés
Pour s'y rendre : SE : 1,9 km par D 273 et rte de Sauzelle à gauche

| Nature : 🐚 ⛺ ♀ |
| Loisirs : ♈ snack 🏚 🌙 nocturne 🤸 salle d'animation 🏄 🚲 ✂ 🎯 🏊 ⛷ terrain omnisports |
| Services : ♿ ⚷ GB 🌡 🛒 😊 🖼 🛁 🚿 |

653

🔼 **Verébleu** 20 mai-17 sept.
    𝒫 05 46 76 57 70, Fax 05 46 76 70 56, *www.verebleu.tm.fr* – **R** indispensable ✂
7,5 ha (360 empl.) plat, herbeux, sablonneux
Tarif : 🔲 29,50 € 🔆 (8A) – pers. suppl. 8 € – frais de réservation 22 €
Location : 87 🏚 (4 à 6 pers.) 300 à 980 €/sem. – 70 🏚 (4 à 6 pers.) 270 à 680 €/sem.
🚐 1 borne
Pour s'y rendre : SE : 1,7 km par D 273 et rte de Sauzelle à gauche
À savoir : Espace aquatique ludique reprenant le thème de Fort Boyard

| Nature : 🐚 ⛺ ♀♀ |
| Loisirs : snack 🌙 nocturne 🤸 🏄 🚲 ⛳ ✂ 🎯 🏊 ⛷ terrain omnisports |
| Services : ♿ ⚷ GB 🌡 🛒 😊 🖼 🚻 🛁 🚿 |

🔼 **La Campière** avr.-sept.
    𝒫 05 46 76 72 25, *la-campiere@wanadoo.fr*,
Fax 05 46 76 54 18, *www.la-campiere.com* – **R** conseillée
1,7 ha (63 empl.) plat, herbeux, sablonneux
Tarif : 🔲 29,30 € 🔆 (10A) – pers. suppl. 6 €
Location : 8 🏚 (4 à 6 pers.) 315 à 695 €/sem.
🚐 1 borne 8 €
Pour s'y rendre : SO : 5,4 km par rte de Chaucre et chemin à gauche
À savoir : Agréable cadre verdoyant et soigné

| Nature : 🐚 ♀ |
| Loisirs : 🏚 🏄 🚲 🏊 |
| Services : ♿ ⚷ (mai-sept.) GB 🌡 🅿 🛒 😊 🛁 🚿 🖼 |

ÎLE D'OLÉRON

Les Quatre Vents 15 juin-15 sept.
   05 46 76 65 47, *4vents.oleron@wanadoo.fr*,
Fax 05 46 36 15 66, *www.domaines-pleinair.com* – places limitées pour le passage – **R** conseillée
7 ha (210 empl.) plat, herbeux
Tarif : 25 € (10A) – pers. suppl. 4,50 € – frais de réservation 20 €
Location (mars-nov.) : (4 à 6 pers.) 230 à 570 €/sem.
Pour s'y rendre : SE : 2 km par D 273 et rte de Sauzelle à gauche

> Nature :
> Loisirs : terrain omnisports
> Services :

La Maurie juin-1er sept.
   05 46 76 61 69, *camping.lamaurie@wanadoo.fr*,
Fax 05 46 76 61 69, *www.lamaurie.com* – **R** conseillée
1,5 ha (70 empl.) plat, herbeux
Tarif : (Prix 2005) 19 € (6A) – pers. suppl. 5 € – frais de réservation 15 €
Location : 18 (4 à 6 pers.) 130 à 550 €/sem.
Pour s'y rendre : SE : 2,3 km par D 273 et rte de Sauzelle à gauche

> Nature :
> Loisirs : (petite piscine)
> Services :

Côte Ouest

Les Gros Joncs mi-mars-mi-oct.
   05 46 76 52 29, *camping.gros.joncs@wanadoo.fr*,
Fax 05 46 76 67 74, *http://www.les-gros-joncs.fr* – places limitées pour le passage – **R** conseillée
3 ha (276 empl.) plat, accidenté et en terrasses, sablonneux
Tarif : 39,10 € – pers. suppl. 10,20 €
Location (permanent) : (4 à 6 pers.) 259 à 824 €/sem. – (4 à 6 pers.) 368 à 1 110 €/sem.
Pour s'y rendre : SO : 5 km, à 300 m de la mer
À savoir : Décoration florale et arbustive

> Nature :
> Loisirs : nocturne
> Services : boulangerie

St-Pierre-d'Oléron ✉ 17310 – 5 944 h. – alt. 8
🛈 *Office de tourisme, place Gambetta*   05 46 47 11 39, Fax 05 46 47 10 41
Paris 522 – Marennes 22 – Rochefort 44 – La Rochelle 80 – Royan 54 – Saintes 63.

La Pierrière 8 avr.-16 sept.
   05 46 47 08 29, *camping-la-pierriere@wanadoo.fr*,
Fax 05 46 75 12 82, *www.camping-la-pierriere.fr*
– **R** conseillée
2,5 ha (140 empl.) plat, herbeux, petit étang
Tarif : 27 € (10A) – pers. suppl. 6 € – frais de réservation 15 €
Location (juil.-août) : 38 (4 à 6 pers.) 300 à 685 €/sem.
Pour s'y rendre : Sortie NO par rte de St-Georges-d'Oléron
À savoir : Belle décoration arbustive et florale

> Nature :
> Loisirs : snack terrain omnisports
> Services :
> À prox. :

Les Trois Masses
   05 46 47 23 96, *campingles3masses@wanadoo.fr*,
Fax 05 46 75 15 54, *www.campingles3masses.com*
– **R** conseillée
3 ha (130 empl.) plat, herbeux, sablonneux
Location :
Pour s'y rendre : SE : 4,3 km, au lieu-dit le Marais-Doux

> Nature :
> Loisirs : snack
> Services :

St-Trojan-les-Bains ⊠ 17370 – 1 624 h. – alt. 5

🚩 *Office de tourisme, carrefour du Port* 🕿 *05 46 76 00 86, Fax 05 46 76 17 64*
Paris 509 – Marennes 16 – Rochefort 38 – La Rochelle 74 – Royan 47 – Saintes 57.

⚠ **La Combinette** avr.-oct.
🕿 05 46 76 00 47, *la-combinette@wanadoo.fr*,
Fax 05 46 76 16 96, *combinette-oleron.com* – **R** conseillée
4 ha (225 empl.) plat et peu accidenté, sablonneux, herbeux
Tarif : (Prix 2005) 🔲 19,30 € 🔌 (10A) – pers. suppl. 4,60 €
Location : 14 🏠 (4 à 6 pers.) 220 à 580 €/sem. – studios
Pour s'y rendre : SO : 1,5 km

> Nature : 🦌 ♀
> Loisirs : 🍴 snack 🛋 🏇 🚲 ♒
> Services : ♿ ⚷ 🚗 🗄 🛁 ♨ ⊕ ⚱
> ☂ 🗜 ⚖ 🔧
> À prox. : 🍴

JONZAC

⊠ 17500 – **324** H7 – G. Poitou Vendée Charentes – 3 817 h. – alt. 40 – ♨ (mi fév.-début déc.)
🚩 *Office de tourisme, 25, place du Château* 🕿 *05 46 48 49 29, Fax 05 46 48 51 07*
Paris 512 – Angoulême 59 – Bordeaux 84 – Cognac 36 – Libourne 81 – Royan 60 – Saintes 44.

⚠ **Les Castors**
🕿 05 46 48 25 65, *camping-les-castors@wanadoo.fr*,
Fax 05 46 04 56 76, *camping-castors.com*
3 ha (73 empl.) peu incliné, plat, herbeux, gravier
Location : 🚐
🚐 1 borne
Pour s'y rendre : SO : 1,5 km par D 19, rte de Montendre
et chemin à droite

> Nature : 🛖 ♀
> Loisirs : 🍴 🛋 🚲 🏊 (petite pis-
> cine)
> Services : ♿ ⚷ 🏧 🗄 ⊕ 🖥

LAGORD

⊠ 17140 – **324** D2 – 6 456 h. – alt. 23
Paris 475 – Poitiers 142 – La Rochelle 6 – Niort 75 – La Roche 72.

⚠ **Municipal le Parc**
🕿 05 46 67 61 54, *personnel@mairie-lagord.fr*,
Fax 05 46 00 62 01 – **R** conseillée
2 ha (120 empl.) plat, herbeux
Location : 🏠
🚐 1 borne
Pour s'y rendre : Sortie Ouest, rue du Parc, par le périphérique, direction Île de Ré et sortie Lagord

> Nature : 🦌 🛖 ♒
> Loisirs : 🛋 ♒
> Services : ♿ ⚷ 🗄 🛁 ⊕ 🖥
> À prox. : 🍴 🖼

655

LANDRAIS

⊠ 17290 – **324** E3 – 526 h. – alt. 12
Paris 455 – Niort 48 – Rochefort 23 – La Rochelle 32 – Surgères 13.

⚠ **Le Pré Maréchat** juin-sept.
🕿 05 46 27 87 29, Fax 05 46 27 79 46, *www.cc-plaine-au
nis.fr* – **R** conseillée
0,6 ha (25 empl.) plat, herbeux, pierreux
Tarif : (Prix 2005) 🔲 11,50 € – pers. suppl. 2,50 €
Pour s'y rendre : Sortie NO par D 112, rte d'Aigrefeuille-
d'Aunis et chemin à gauche, à 120 m d'un étang

> Nature : 🦌 🛖
> Loisirs : 🏇
> Services : ♿ 🚗 ⊕
> À prox. : 🎣

MARANS

⊠ 17230 – **324** E2 – G. Poitou Vendée Charentes – 4 375 h. – alt. 1
🚩 *Office de tourisme, 62, rue d'Aligre* 🕿 *05 46 01 12 87, Fax 05 46 35 97 36*
Paris 461 – Fontenay-le-Comte 28 – Niort 56 – La Rochelle 24 – La Roche-sur-Yon 60.

⚠ **Municipal du Bois Dinot**
🕿 05 46 01 10 51, *campingboisdinot.marans@wanadoo.fr*,
Fax 05 46 01 01 72, *www.ville-marans.fr* – **R** conseillée
7 ha/3 campables (170 empl.) plat, herbeux
Pour s'y rendre : N : 0,5 km par N 137, rte de Nantes, à
80 m du canal de Marans à la Rochelle
À savoir : Au coeur d'un parc boisé

> Nature : 🛖 ♀
> Loisirs : 🏇 🏊 vélodrome
> Services : ♿ ⚷ 🗄 ⊕ 🖥
> À prox. : 🎣 pédalos, canoë

MARENNES

✉ 17320 – **324** D5 – G. Poitou Vendée Charentes – 4 685 h. – alt. 10
🗓 *Office de tourisme, 1, place Chasseloup-Laubat ℰ 05 46 85 04 36, Fax 05 46 85 14 20*
Paris 494 – Pons 61 – Rochefort 22 – Royan 31 – Saintes 41.

Au Bon Air Pâques-sept.
  ℰ 05 46 85 02 40, *contact@aubonair.com,*
  Fax 05 46 36 22 54, *www.aubonair.com* – **R** indispensable
  2,4 ha (140 empl.) plat, sablonneux, herbeux
  Tarif : 🔳 19,50 € [4] (6A) – pers. suppl. 5 € – frais de réser-
  vation 17 €
  Location : 🛖 (4 à 6 pers.) 252 à 665 €/sem. – 🛖 (4 à 6
  pers.) 266 à 637 €/sem.
  Pour s'y rendre : O : 2,5 km à Marennes-Plage
  À savoir : Cadre verdoyant

Nature :	⛺ 🌳🌳
Loisirs :	🍴 🏠 🛶
Services :	🚿 ⚬ GB 🐾 🏕 🛒 ⊕ 🚿 💧
À prox. :	🏊 🚣

Les MATHES

✉ 17570 – **324** D5 – 1 452 h. – alt. 10
🗓 *Office de tourisme, 2, av. de Royan ℰ 05 46 22 41 07, Fax 05 46 22 52 69*
Paris 514 – Marennes 18 – Rochefort 40 – La Rochelle 76 – Royan 16 – Saintes 48.

La Pinède avr.-sept.
  ℰ 05 46 22 45 13, *contact@campinglapinede.com,*
  Fax 05 46 22 50 21, *http://www.campinglapinede.com* –
  places limitées pour le passage – **R** conseillée
  8 ha (372 empl.) plat, sablonneux
  Tarif : 🔳 43,40 € – pers. suppl. 9,95 € – frais de réservation 26,50 €
  Location : 🛖 (4 à 6 pers.) 325 à 820 €/sem. – 🛖 (4 à 6
  pers.) 385 à 820 €/sem.
  Pour s'y rendre : NO : 3 km, à la Fouasse
  À savoir : Grand espace aquatique en partie couvert

Nature :	🌊 ⛺ 🌳🌳
Loisirs :	🍴 ✕ 🏠 🎦 nocturne 🎱 🏋 🛶 🚲 🎯 ⚽ 🎿 🏓 🏊 ⛷ ter- rain omnisports
Services :	🚿 ⚬ GB 🐾 🏕 🛒 ⊕ 🚿 💧 🚿 🔥
À prox. :	🐎 🎢 parc d'attractions, quad

⋀⋀⋀ **L'Orée du Bois** 29 avr.-16 sept.
  ℘ 05 46 22 42 43, *info@camping-oree-du-bois.fr*,
  Fax 05 46 22 54 76, *www.camping-oree-du-bois.fr* – places
  limitées pour le passage – **R** indispensable
  6 ha (388 empl.) plat, sablonneux
  Tarif : 🔳 32 € ⚡ (6A) – pers. suppl. 6 € – frais de réservation 21 €
  Location : 60 ⛺ (4 à 6 pers.) 250 à 740 €/sem.
  Pour s'y rendre : NO : 3,5 km, à la Fouasse

Nature : ⌑ 🌳🌳
Loisirs : 🍸 snack 🏠 🎲 nocturne
🚵🚲 🏊 🏄 terrain omnisports
Services : 🛁 ⛽ 🗑 – 40 sanitaires
individuels (🚿 🍽 🚽 wc) ⓩ 🖼 🛗
🚗

⋀⋀⋀ **L'Estanquet**
  ℘ 05 46 22 47 32, *contact@campinglestanquet.com*,
  Fax 05 46 22 51 46, *www.campinglestanquet.com*
  – **R** conseillée
  5 ha (500 empl.) plat, sablonneux
  Location : ⛺
  Pour s'y rendre : NO : 3,5 km, à la Fouasse

Nature : ⌑ 🌳🌳
Loisirs : 🍸 snack 🎲 nocturne 🚲 🍴
🏊 🏄
Services : 🛁 ⛽ 🗑🍽🐾 ⓩ 🍴 🚗
🖼 🛗 🚗

⋀⋀ **Monplaisir** avr.-1ᵉʳ oct.
  ℘ 05 46 22 50 31, *campmonplaisir@aol.com*,
  Fax 05 46 22 50 31 – **R** conseillée
  2 ha (114 empl.) plat, herbeux, sablonneux
  Tarif : 🔳 20 € – pers. suppl. 5 €
  Location : studios
  Pour s'y rendre : Sortie SO

Nature : 🌳🌳
Loisirs : 🏠 🚣 🍴 🏊
Services : 🛁 ⛽ GB 🐾 🗑 🍽 ⓩ 🖼
À prox. : 🛒 🍸 ✗ quad

⋀ **La Clé des Champs** avr.-sept.
  ℘ 05 46 22 40 53, *contact@la-cledeschamps.com*,
  Fax 05 46 22 56 96, *www.la-cledeschamps.com* – **R** conseillée
  4 ha (300 empl.) plat, sablonneux, herbeux
  Tarif : 🔳 22 € – pers. suppl. 4 € – frais de réservation 19 €
  Location (15 mars-3 nov.) : 31 ⛺ (4 à 6 pers.) 270 à
  640 €/sem.
  Pour s'y rendre : NO : 2,5 km rte de la Fouasse

Nature : 🌳🌳
Loisirs : 🏠 🚲 🍴 🏊 (découverte
en saison) 🐎 poneys
Services : 🛁 ⛽ GB 🐾 🗑 🍽 ⓩ 🖼
🛗 🚗
À prox. : 🍴

657

MÉDIS

✉ 17600 – 324 E6 – 2 158 h. – alt. 29
Paris 498 – Marennes 28 – Mirambeau 48 – Pons 39 – Royan 7 – Saintes 31.
Schéma à Royan

⋀⋀⋀ **Le Clos Fleuri** juin-16 sept.
  ℘ 05 46 05 62 17, *clos-fleuri@wanadoo.fr*,
  Fax 05 46 06 75 61, *le-clos-fleuri.com* – **R** conseillée
  3 ha (140 empl.) plat et peu incliné, herbeux
  Tarif : 🔳 29,80 € ⚡ (10A) – pers. suppl. 7,40 € – frais de
  réservation 20 €
  Location 🏠 : 4 ⛺ (4 à 6 pers.) 270 à 610 €/sem. – 10
  ⛺ (4 à 6 pers.) 290 à 645 €/sem.
  Pour s'y rendre : SE : 2 km sur D 117ᴱ³
  À savoir : Agréable cadre champêtre autour d'une ancienne ferme charentaise

Nature : 🏞 ⌑ 🌳🌳
Loisirs : 🍸 snack 🏠 🍴 🚣 ⦿ 🍴
🏊
Services : 🛁 ⛽ GB 🐾 🗑 ⓩ 🖼
🚗 🚗

MESCHERS-SUR-GIRONDE

✉ 17132 – 324 E6 – G. Poitou Vendée Charentes – 2 234 h. – alt. 5
🅱 *Office de tourisme, 31, rue Paul Massy* ℘ 05 46 02 70 39, Fax 05 46 02 51 65
Paris 511 – Blaye 78 – Jonzac 49 – Pons 37 – La Rochelle 87 – Royan 12 – Saintes 45.

⋀ **Le Soleil Levant**
  ℘ 05 46 02 76 62, *soleil.levant.ribes@wanadoo.fr*,
  Fax 05 46 02 50 56, *www.les-campings.com/camping-so
  leillevant* – **R**
  2 ha (238 empl.) plat, herbeux
  Location 🏠 : ⛺
  Pour s'y rendre : E : 0,5 km par rue Basse et allée de la
  Longée

Nature : 🌿
Loisirs : 🍸 🚣 🏊
Services : ⛽ 🗑 🍽 ⓩ 🖼 🚗

MORTAGNE-SUR-GIRONDE

✉ 17120 – 324 F7 – G. Poitou Vendée Charentes – 967 h. – alt. 51

🗓 *Syndicat d'initiative, 1, place des Halles* 𝒫 05 46 90 52 90

Paris 509 – Blaye 59 – Jonzac 30 – Pons 26 – La Rochelle 115 – Royan 34 – Saintes 36.

⚠ **Municipal Bel Air** juin-sept.
    𝒫 05 46 91 48 84, *mairie-mortagne@smic17.fr*,
    Fax 05 46 90 61 25 – **R** conseillée
    1 ha (20 empl.) en terrasses, plat et peu incliné, herbeux
    Tarif : 🗉 11,30 € – pers. suppl. 2,60 €
    Pour s'y rendre : Rue Bel Air, direction le Port
    À savoir : Estuaire et le petit port

> Nature : 🖵 ♀
> Loisirs : 🏌
> Services : 🚿 ⚡ 📷 🔧 ⊛ 🚿 🚰

MOSNAC

✉ 17240 – 324 G6 – 448 h. – alt. 23

Paris 501 – Cognac 34 – Gémozac 20 – Jonzac 11 – Saintes 33.

⚠ **Municipal les Bords de la Seugne** 15 avr.-15 oct.
    𝒫 05 46 70 48 45, Fax 05 46 70 49 13 – **R** conseillée
    0,9 ha (33 empl.) plat, herbeux
    Tarif : (Prix 2005) 🗉 8,40 € – pers. suppl. 2,10 €
    Pour s'y rendre : Au bourg, bord de la rivière

> Nature : 🌊 ♀
> Loisirs : 🎣
> Services : ⚲ 📶 ⊛

La PALMYRE

✉ 17570 – 324 C5 – G. Poitou Vendée Charentes

🗓 *Office de tourisme, 2, avenue de Royan* 𝒫 05 46 22 41 07, Fax 05 46 22 52 69

Paris 524 – Poitiers 191 – La Rochelle 77 – Rochefort 46 – Saintes 53.

Schéma aux Mathes

⚠⚠ **Bonne Anse Plage** 24 mai-4 sept.
    𝒫 05 46 22 40 90, *Bonne.Anse@wanadoo.fr*,
    Fax 05 46 22 42 30, *http://www.campingbonneanse*
    plage.com – **R** ⚡⚡
    17 ha (850 empl.) plat, terrasses, sablonneux, herbeux
    Tarif : (Prix 2005) 🗉 37 € [½] (6A) – pers. suppl. 8,50 € – frais
    de réservation 25 €
    Location : 40 🛖 (4 à 6 pers.) 230 à 750 €/sem.
    🚐 1 borne
    Pour s'y rendre : O : 2 km, à 400 m de la plage
    À savoir : Cadre et situation agréables

> Nature : 🖵 ♀♀
> Loisirs : 🍴 🍽 🎦 🏌 ♪ 🛶 🏊
> terrain omnisports
> Services : 🚿 ⚡ 🅖🅑 🔧 🛁 ⊛ 📷 🖥
> 🚿 🚰

⚠ **Beausoleil** 15 avr.-15 sept.
    𝒫 05 46 22 30 03, *camping.beausoleil@wanadoo.fr*,
    www.campingbeausoleil.com – **R** conseillée
    4 ha (244 empl.) plat, vallonné, sablonneux, herbeux
    Tarif : 🗉 28 € [½] (10A) – pers. suppl. 4,50 € – frais de réser-
    vation 15 €
    Location : 20 🛖 (4 à 6 pers.) 289 à 589 €/sem.
    Pour s'y rendre : Sortie NO, à 500 m de la plage

> Nature : ♀♀
> Loisirs : 🍴 🏌 🏊 (petite piscine)
> Services : 🚿 ⚡ 🅖🅑 ⚲ 🔧 🛁 ⊛ 🖥

PONS

✉ 17800 – 324 G6 – G. Poitou Vendée Charentes – 4 427 h. – alt. 39

🗓 *Syndicat d'initiative, place de la République* 𝒫 05 46 96 13 31, Fax 05 46 96 34 52

Paris 493 – Blaye 64 – Bordeaux 97 – Cognac 24 – La Rochelle 99 – Royan 43 – Saintes 22.

⚠ **Municipal le Paradis** mai-sept.
    𝒫 05 46 91 36 72, *ville.pons@smic17.fr*, Fax 05 46 96 14 15
    – **R**
    1 ha (60 empl.) plat, herbeux
    Tarif : (Prix 2005) 🗉 13 € – pers. suppl. 3 €
    🚐 1 borne 4 €
    Pour s'y rendre : À l'O de la ville

> Nature : 🌊 ♀♀
> Loisirs : 🎦
> Services : 🚿 ⚲ 🔧 ⊛ 🚿 🚰
> À prox. : 🏊 🏌

658

⚠ **Les Moulins de la Vergne**
    🞉 05 46 94 11 49, *moulinsdelavergne@wanadoo.fr,*
www.moulinsdelavergne.nl
3 ha/1 campable (51 empl.) plat, herbeux, petit bois
Location : appartements
Pour s'y rendre : N : 2 km par D 234, direction Colombiers

Nature : 🦢 ♀
Loisirs : 🍴 ✕ 🛖 🍸 🔨
Services : ⊶ 🗑 ☺ 🖼 🚿

PONT-L'ABBÉ-D'ARNOULT

✉ 17250 – 🟦🟦🟦 E5 – G. Poitou Vendée Charentes – 1 743 h. – alt. 20
🛈 *Syndicat d'initiative, 26, place Général-de-Gaulle* 🞉 *05 46 97 00 19, Fax 05 46 97 12 31*
Paris 474 – Marennes 23 – Rochefort 19 – La Rochelle 59 – Royan 29 – Saintes 23.

⚠ **Parc de la Garenne** 15 mai-25 sept.
    🞉 05 46 97 01 46, *info@lagarenne.net, www.lagarenne.net*
– **R** conseillée
2,7 ha (111 empl.) plat, herbeux
Tarif : 🔲 19,20 € ⚡ (10A) – pers. suppl. 4,10 € – frais de
réservation 12 €
Location (avr.-oct.) : 19 🚃 (4 à 6 pers.) 149 à
549 €/sem.
Pour s'y rendre : Sortie Sud-Est par D 125, rte de Souli-
gnonne

Nature : 🦢 🏞 ♀
Loisirs : 🛖 🚣 🚲 🎿
Services : 🚿 ⊶ 🅶🅱 🐾 🗑 ☺ ☺ 🚿
🚗 🖼 🚿
À prox. : 🛝

Benutzen Sie
– zur Wahl der Fahrtroute
– zur Berechnung der Entfernungen
– zur exakten Lokalisierung eines Campingplatzes (mit Hilfe der Angaben im Ortstext)
die für diesen Führer unentbehrlichen **MICHELIN-Karten** *im Ma1 : 150 000.*

659

ROCHEFORT

✉ 17300 – 🟦🟦🟦 E4 – G. Poitou Vendée Charentes – 25 797 h. – alt. 12 – ⚓ (début fév.-mi déc.)
Pont de Martrou : gratuit
🛈 *Office de tourisme, avenue Sadi-Carnot* 🞉 *05 46 99 08 60, Fax 05 46 99 52 64*
Paris 475 – Limoges 221 – Niort 62 – La Rochelle 38 – Royan 40 – Saintes 44.

⚠ **Le Bateau** 2 janv.-oct.
    🞉 05 46 99 41 00, *lebateau@wanadoo.fr,*
Fax 05 46 99 91 65, *www.campinglebateau.com*
– **R** conseillée
5 ha/1,5 campable (175 empl.) plat, pierreux, herbeux, petit
plan d'eau
Tarif : 🔲 17 € ⚡ (8A) – pers. suppl. 4,30 €
Location (avr.-oct.) : 30 🚃 (4 à 6 pers.) 260 à
340 €/sem.
Pour s'y rendre : Près de la Charente, par rocade Ouest
(bd Bignon) et rte du Port Neuf, près du centre nautique
À savoir : Sanitaires dans les cales d'un chalutier reproduit
grandeur nature

Nature : 🦢 🏞 ♀
Loisirs : 🍴 snack 🛖 🚣 ✕ 🎿 🛝
🔨
Services : 🚿 ⊶ 🅶🅱 🐾 🎬 🗑 ☺ 🚿
🚗 🖼
À prox. : 💧

RONCE-LES-BAINS

✉ 17390 – 🟦🟦🟦 D5 – G. Poitou Vendée Charentes
🛈 *Office de tourisme, place Brochard* 🞉 *05 46 36 06 02, Fax 05 46 36 38 17*
Paris 505 – Marennes 9 – Rochefort 31 – La Rochelle 68 – Royan 27.
Schéma aux Mathes

⚠ **La Pignade** (location exclusive de 60 mobile homes)
    🞉 05 46 36 15 35, *lapignade@haven.fr*, Fax 05 46 85 52 92
– **R** conseillée ✂
15 ha plat, sablonneux
Location : 🚃
Pour s'y rendre : S : 1,5 km par av. du Monard

Nature : 🏞 ♀
Loisirs : 🍴 ✕ fast-food 🍸 nocturne
🎭 salle d'animation 🚲 🎯 🎿 🛝
Services : 🚿 ⊶ 🗑 ☺ ☺ 🚗 🚿 🖼
🚲 🚿
À prox. : ✕ quad

RONCE-LES-BAINS

▲▲▲ **La Clairière** mai-15 sept.
  ℰ 05 46 36 36 63, *info@camping-la-clairiere.com*,
  Fax 05 46 36 06 74, *www.camping-la-clairiere.com* – places
  limitées pour le passage – **R** conseillée
  12 ha/4 campables (165 empl.) plat, herbeux, sablonneux
  Tarif : 🔲 28,50 € 🔌 (6A) – pers. suppl. 7,50 € – frais de
  réservation 19 €
  Location : 🚐 (4 à 6 pers.) 220 à 752 €/sem. – 🛏 –
  (hôtel)
  Pour s'y rendre : S : 3,6 km par D 25, rte d'Arvert et rte à
  droite
  À savoir : Décoration florale et arbustive

Nature : 🐠 ♀♀
Loisirs : 🍸 brasserie, pizzeria 🚚 🎮
nocturne 🎣 🏇 🎾 🎯 🏊 ♒
Services : 🛢 🖭 🕭 🕭 🚐 🛁 ⚙ 🅿 🏧
🚻 🛒
À prox. : 🏇

▲▲▲ **Les Pins** avr.-5 oct.
  ℰ 05 46 36 07 75, *contact@lespins.com*,
  Fax 05 46 36 50 77, *www.lespins.com* – places limitées pour
  le passage – **R** conseillée
  1,5 ha (90 empl.) plat, sablonneux
  Tarif : 🔲 23,80 € 🔌 (3A) – pers. suppl. 4,60 € – frais de
  réservation 18 €
  Location : 34 🚐 (2 à 4 pers.) 165 à 430 €/sem. – 31 🚐
  (4 à 6 pers.) 235 à 575 €/sem. – 13 🏠 (4 à 6 pers.) 282 à
  710 €/sem.
  Pour s'y rendre : S : 1 km

Nature : ♀
Loisirs : 🍸 🏇 🚲 🎯 🏊
Services : 🛢 🖭 🕭 🕭 🚐 🛁 🅿
🏧 🛒
À prox. : 🎾

▲▲▲ **Les Ombrages** juin-15 sept.
  ℰ 05 46 36 08 41, Fax 05 46 36 08 41 – places limitées pour
  le passage – **R** conseillée
  4 ha (200 empl.) plat et sablonneux, herbeux
  Tarif : 🔲 18,80 € – pers. suppl. 4,30 €
  Pour s'y rendre : S : 1,2 km

Loisirs : 🍸 snack 🏇 🏊
Services : 🛢 🖭 🕭 🚐 🛁 🅿 🏧 🚻
🛒
À prox. : 🎾

660

*Avant de vous installer, consultez les tarifs en cours,
affichés obligatoirement à l'entrée du terrain,
et renseignez-vous sur les conditions particulières de séjour.
Les indications portées dans le guide ont pu être modifiées depuis la mise à jour.*

La RONDE

✉ 17170 – 324 F2 – 744 h. – alt. 9
Paris 447 – Fontenay-le-Comte 25 – Luçon 42 – Marans 19 – Niort 35 – La Rochelle 39.

△ **Le Port** avr.-sept.
  ℰ 05 46 27 87 92, Fax 05 46 55 06 43 – **R** conseillée
  0,8 ha (25 empl.) plat, herbeux
  Tarif : 🔲 16 € – pers. suppl. 3 €
  Pour s'y rendre : Au N du bourg par D 116 rte de Maillezais
  et chemin à droite

Nature : 🏞 ♀
Loisirs : 🏇 🚲
Services : 🛢 🖭 🕭 🚐 ⚙ 🛁 🚻 🏧

ROYAN

✉ 17200 – 324 D6 – G. Poitou Vendée Charentes – 17 102 h. – alt. 20
🛈 *Office de tourisme, 1, boulevard de la Grandière* ℰ *05 46 05 04 71, Fax 05 46 06 67 76*
Paris 504 – Bordeaux 121 – Périgueux 183 – Rochefort 40 – Saintes 38.

▲▲▲ **Le Royan** avr.-10 oct.
  ℰ 05 46 39 09 06, *camping.le.royan@wanadoo.fr*,
  Fax 05 46 38 12 05, *www.le-royan.com* – **R** indispensable
  3,5 ha (180 empl.) peu incliné, herbeux
  Tarif : 🔲 30,50 € – pers. suppl. 6 € – frais de réserva-
  tion 18 €
  Location : 29 🚐 (4 à 6 pers.) 200 à 550 €/sem. – 13 🏠
  (4 à 6 pers.) 265 à 635 €/sem.
  Pour s'y rendre : NO : 2,5 km
  À savoir : Bel espace aquatique

Nature : ♀♀
Loisirs : 🍸 snack 🚚 🏇 🏊 🏊
Services : 🛢 🖭 🕭 🕭 🚐 🛁 ⚙ 🅿 🛁
🚻 🏧 🛒

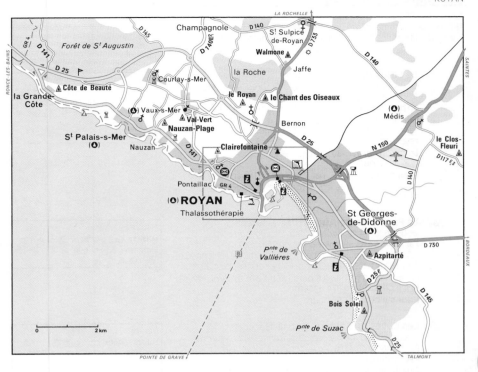

⚲ Clairefontaine 28 mai-12 sept.
℘ 05 46 39 08 11, *camping.clairefontaine@wanadoo.fr*,
Fax 05 46 38 13 79, *camping-clairefontaine.com* – **R** indispensable
5 ha (290 empl.) plat, herbeux
Tarif : 🔳 34,50 € – pers. suppl. 9,50 €
🚐 1 borne 8 €
Pour s'y rendre : À Pontaillac, allée des Peupliers à 400 m de la plage

Nature : ০০
Loisirs : ❦ snack 🖵 ✶ ⤸
Services : ⅄ ⟿ (28 mai-12 sept.) 🗇
⅃ ⊕ 🗐 ⤲

⚲ Le Chant des Oiseaux 17 juin-16 sept.
℘ 05 46 39 47 47, *info@campingchantdesoiseaux.com*,
www.campingchantdesoiseaux.com – **R** conseillée
2,5 ha (150 empl.) plat, herbeux, petit sous-bois
Tarif : 🔳 21,90 € 🔋 (10A) – pers. suppl. 5,50 €
Location : 4 🛏 (4 à 6 pers.) 320 à 530 €/sem.
Pour s'y rendre : NO : 2,3 km

Nature : ⌇ ০
Loisirs : 🖵 ⛵ ⤸
Services : ⅄ ⟿ (juil.-août) ⟳ 🗇 ⅃
⊕ 🗐 ⤲

⚲ Walmone avr.-sept.
℘ 05 46 39 15 81, *campingwalmone@aol.com*,
Fax 05 46 39 15 81, *www.camping-walmone.com*
– **R** conseillée
1,5 ha (116 empl.) plat, herbeux
Tarif : 🔳 20,40 € 🔋 (6A) – pers. suppl. 4,30 €
Location ✷ : 20 🛏 (2 à 4 pers.) 170 à 360 €/sem. – 14
🛏 (4 à 6 pers.) 200 à 670 €/sem.
Pour s'y rendre : N : 4 km

Nature : ০০
Loisirs : ❦ ⛵ ✶ ⤸ (petite piscine)
Services : ⟿ ⟳ 🗇 ⩰ ⊕ 🗐

The Guide changes, so renew your Guide every year.

ST-AUGUSTIN-SUR-MER

⊠ 17570 – **324** D5 – 851 h. – alt. 10

🛈 *Office de tourisme, 1, rue de la Cure* 📞 *05 46 05 53 56, Fax 05 46 02 27 40*

Paris 512 – Marennes 23 – Rochefort 44 – La Rochelle 81 – Royan 11 – Saintes 45.

Schéma aux Mathes

⚠ **Le Logis du Breuil** 15 mai-sept.

📞 05 46 23 23 45, *camping.logis-du-breuil@wanadoo.fr*,
Fax 05 46 23 43 33, *www.logis-du-breuil.com* – **R** conseillée
30 ha/8,5 campables (373 empl.) plat, terrasses, herbeux,
sablonneux
Tarif : 🄴 21,60 € ⚡ (6A) – pers. suppl. 5,35 € – frais de
réservation 8 €
Location (29 avr.-30 sept.) : gîtes
🚐 1 borne
Pour s'y rendre : SE : par D 145 rte de Royan
À savoir : À l'orée de la forêt de St-Augustin, agréable
sous-bois

> Nature : 🏞 ⚬⚬
> Loisirs : 🍴 snack, pizzeria 🎪 🛝
> 🚲 ⚘ 🎯 🏋 terrain omnisports
> Services : ♿ ⊶ GB ⚒ 🚾 🛁 ⚘ 🔌 🗑
> 🛒 ⚗
> À prox. : ✗ 🐎

⚠ **La Ferme de St-Augustin** avr.-15 sept.

📞 05 46 39 14 46, *contact@fermestaugustin.com*,
Fax 05 46 23 43 59, *www.campinglaferme.fr* ⚘
5,3 ha (340 empl.) plat et peu incliné, herbeux, sablonneux
Tarif : (Prix 2005) 🄴 19,80 € ⚡ (6A) – pers. suppl. 4,50 €
Location : 60 🚐 (4 à 6 pers.) 150 à 874 €/sem. – 22 🏠
(4 à 6 pers.) 200 à 874 €/sem.
Pour s'y rendre : Au bourg

> Nature : ⚘
> Loisirs : 🛝 🚲 🎯 🏋 🏊 🛶
> Services : ♿ ⊶ (juil.-août) GB ⚒
> 🚾 🛁 ⚘ 🗑 🚿 🔌 🛒 ⚗

⚠ **Les Côtes de Saintonge** avril-15 sept.

📞 05 46 23 23 48, *lescotesdesaintonge@libertysurf.fr*,
Fax 05 46 39 48 37, *www.lescotesdesaintonge.fr*
– **R** conseillée
2 ha (82 empl.) peu incliné et plat, terrasses, sablonneux,
herbeux
Tarif : 🄴 23 € ⚡ (10A) – pers. suppl. 4,50 €
Location (avr.-oct.) : 15 🚐 (4 à 6 pers.) 255 à
550 €/sem.
Pour s'y rendre : SE : par D 145 rte de Royan

> Nature : ⚘
> Loisirs : snack 🎪 🛝 🛶
> Services : ♿ ⊶ GB ⚒ 🚾 🛁 🏊 🔌
> 🗑 ⚗
> À prox. : ✂

Estacade de la pointe des Dames (Île de Noirmoutier)

S. Sauvignier/Michelin

ST-CHRISTOPHE

✉ 17220 – 324 E3 – 916 h. – alt. 26
Paris 455 – Niort 48 – Rochefort 25 – La Rochelle 20 – Surgères 19.

△ **Municipal la Garenne** mai-15 sept.
  ℘ 05 46 35 16 15, *saintchristophe@mairie17.com*,
  Fax 05 46 35 64 29 – **R** conseillée
  0,4 ha (30 empl.) plat, herbeux
  Tarif : ♦ 2,50 € ⬅ 1,10 € 🅴 2,50 € 🚿 2,50 €
  Pour s'y rendre : Sortie Nord-Est par D 264, rte de la Martinière
  À savoir : Cadre champêtre, près d'un étang

| Nature : 🏞 ⌂ |
| Loisirs : 🏇 🎣 |
| Services : 🚿 🗄 ⓦ |
| À prox. : 🍴 |

ST-GEORGES-DE-DIDONNE

✉ 17110 – 324 D6 – G. Poitou Vendée Charentes – 5 034 h. – alt. 7
🛈 *Office de tourisme, 7, boulevard Michelet* ℘ 05 46 05 09 73, Fax 05 46 06 36 99
Paris 505 – Blaye 84 – Bordeaux 117 – Jonzac 56 – La Rochelle 80 – Royan 4.
Schéma à Royan

▲▲▲ **Bois-Soleil** avr.-oct.
  ℘ 05 46 05 05 94, *camping.bois.soleil@wanadoo.fr*,
  Fax 05 46 06 27 43, *http://www.bois-soleil.com* – **R** indispensable 🚿 (25 juin-3 sept.)
  8 ha (462 empl.) plat, vallonné et en terrasses, sablonneux
  Tarif : 🅴 32,50 € 🚿 (6A) – pers. suppl. 6,50 € – frais de réservation 30 €
  Location 🚿 : 65 🏠 (4 à 6 pers.) 180 à 860 €/sem. – studios
  🏠 1 borne
  Pour s'y rendre : S par D 25, rte de Meschers-sur-Gironde

| Nature : ⌂ 🌳 ⛰ |
| Loisirs : 🍴 🍽 snack, pizzeria 🎪 🎮 nocturne 🏇 🚲 🎯 🏊 terrain omnisports |
| Services : 🚿 ⛽ 🏧 🗄 🛒 🚰 🧺 ⓦ 🚿 🗑 🏠 🚿 |
| À prox. : 🐴 poneys |

△ **Azpitarté** Permanent
  ℘ 05 46 05 26 24, *linette.besson@camping-azpitarte.com*,
  Fax 05 46 05 26 24, *www.camping-azpitarte.com*
  – **R** conseillée
  1 ha (60 empl.) plat et peu incliné, herbeux, pierreux
  Tarif : 🅴 22,45 € 🚿 (10A) – pers. suppl. 4,90 € – frais de réservation 23 €
  Location : 5 🏠 (4 à 6 pers.) 285 à 440 €/sem. – studios
  Pour s'y rendre : En ville, 35 rue Jean-Moulin

| Nature : 🌳 |
| Services : 🚿 ⛽ 🗄 🏠 ⓦ 🚿 🗑 |

663

ST-JEAN-D'ANGÉLY

✉ 17400 – 324 G4 – G. Poitou Vendée Charentes – 7 681 h. – alt. 25
🛈 *Office de tourisme, 8, rue du Grosse Horloge* ℘ 05 46 32 04 72, Fax 05 46 32 20 80
Paris 444 – Angoulême 70 – Cognac 35 – Niort 48 – La Rochelle 72 – Royan 69 – Saintes 36.

△ **Val de Boutonne** 16 mai-sept.
  ℘ 05 46 32 26 16, *info@valbo.net*, *www.valbo.net*
  – **R** conseillée
  1,8 ha (99 empl.) plat, herbeux
  Tarif : 🅴 15 € 🚿 (6A) – pers. suppl. 3,20 € – frais de réservation 12 €
  Location (avr.-oct.) : 4 🏠 (4 à 6 pers.) 149 à 449 €/sem.
  🏠 1 borne 4 €
  Pour s'y rendre : Sortie NO rte de la Rochelle, puis à gauche av. du Port (D 18) et à droite avant le pont, quai de Bernouet, près de la Boutonne (plan d'eau)

| Nature : 🏞 🌳 |
| Loisirs : 🎪 🏇 |
| Services : 🚿 ⛽ 🏧 🗄 🗑 ⓦ 🚿 🚿 |
| À prox. : 🍴 🍽 ⛺ 🏊 🎣 canoë, pédalos, centre nautique couvert |

Benutzen Sie
– zur Wahl der Fahrtroute
– zur Berechnung der Entfernungen
– zur exakten Lokalisierung eines Campingplatzes (mit Hilfe der Angaben im Ortstext)
die für diesen Führer unentbehrlichen **MICHELIN-Karten** *im Ma1 : 150 000.*

ST-JUST-LUZAC

✉ 17320 – 324 D5 – G. Poitou Vendée Charentes – 1 535 h. – alt. 5
Paris 502 – Rochefort 23 – La Rochelle 59 – Royan 26 – Saintes 35.

△△△ **Séquoia Parc** 13 mai-10 sept.
℘ 05 46 85 55 55, *sequoia.parc@wanadoo.fr*,
Fax 05 46 85 55 56, *www.sequoiaparc.com* – **R** indispensable
49 ha/28 campables (426 empl.) plat, herbeux, pierreux, sablonneux, bois
Tarif : 🔳 37 € 🔋 (6A) – pers. suppl. 8 € – frais de réservation 30 €
Location ⌁ : 28 🛖 (4 à 6 pers.) 147 à 700 €/sem. – 44 🏠 (4 à 6 pers.) 245 à 931 €/sem.
🚐 1 borne
Pour s'y rendre : NO : 2,7 km par D 728, rte de Marennes et chemin à droite
À savoir : Bel espace aquatique autour des dépendances d'un château

| Nature : 🌳 ♀ |
| Loisirs : ♥ ✗ pizzeria 🎱 🕙 nocturne 🏃 🏄 🚲 ✗ 🏊 ⛷ terrain omnisports |
| Services : 🔌 ⚡ GB 🚿 Ⓜ 🚽 🛁 ☺ 🗑 ♨ 🚻 🖼 sèche-linge 🛒 🚰 |

Pour choisir et suivre un itinéraire
Pour calculer un kilométrage
Pour situer exactement un terrain (en fonction des indications fournies dans le texte) :
*Utilisez les **cartes MICHELIN** détaillées à 1/150 000, compléments indispensables de cet ouvrage.*

ST-LAURENT-DE-LA-PRÉE

✉ 17450 – 324 D4 – 1 347 h. – alt. 7
Paris 483 – Rochefort 10 – La Rochelle 31.

664

△△△ Les Charmilles
℘ 05 46 84 00 05, *charmilles17@wanadoo.fr*,
Fax 05 46 84 02 84, *www.domainedescharmilles.com* – **R** conseillée
5 ha (270 empl.) plat, herbeux
Location ⌁ : 🛖 – 🏠
Pour s'y rendre : NO : 2,2 km par D 214$^{E\,1}$, rte de Fouras et D 937 à droite, rte de la Rochelle

| Nature : 🌳 ♀♀ |
| Loisirs : ♥ 🎱 🕙 nocturne 🏃 🚲 🏐 🏊 ⛷ terrain omnisports |
| Services : 🔌 ⚡ 🚽 🛁 ☺ 🚻 🖼 |

△ **Le Pré Vert** avr.-sept.
℘ 05 46 84 89 40, *camping.pre-vert@wanadoo.fr*,
Fax 05 46 84 88 32 – **R** indispensable
2 ha (67 empl.) plat, peu incliné, terrasse, herbeux
Tarif : (Prix 2005) 🔳 15,50 € 🔋 (10A) – pers. suppl. 3 €
Location : 25 🛖 (4 à 6 pers.) 200 à 470 €/sem. – 12 🏠 (4 à 6 pers.) 230 à 470 €/sem.
Pour s'y rendre : NE : 2,3 km par D 214, rte de la Rochelle, au lieu-dit St-Pierre - par voie rapide : sortie Fouras

| Nature : 🌳 ♀ |
| Loisirs : 🏃 ≈ (bassin) |
| Services : 🔌 ⚡ (juil.-août) 🚿 🚽 🛁 🌳 ☺ 🚻 🖼 |

ST-NAZAIRE-SUR-CHARENTE

✉ 17780 – 324 D4 – 850 h. – alt. 14
Paris 491 – Fouras 27 – Rochefort 13 – La Rochelle 49 – Saintes 42.

△△ **L'Abri-Cotier** avr.-fin sept.
℘ 05 46 84 81 65, *abri-cotier@wanadoo.fr*,
Fax 05 46 84 81 65, *labricotier.com* – **R** indispensable
1,8 ha (90 empl.) plat, peu incliné, herbeux
Tarif : 🔳 19,30 € 🔋 (6A) – pers. suppl. 4 € – frais de réservation 20 €
Location (mars-fin sept.) : 17 🛖 (4 à 6 pers.) 275 à 585 €/sem.
🚐 1 borne 2 €
Pour s'y rendre : SO : 1 km par D 125^{E}1

| Nature : 🐚 🌳 ♀ |
| Loisirs : snack 🎱 🏃 🏊 |
| Services : 🔌 ⚡ GB 🚿 🚽 🛁 🌳 ☺ 🖼 |

ST-PALAIS-SUR-MER

⊠ 17420 – **324** D6 – G. Poitou Vendée Charentes – 3 343 h. – alt. 5
⌶ *Office de tourisme, 1, avenue de la République* ℘ *05 46 23 22 58, Fax 05 46 23 36 73*
Paris 512 – La Rochelle 82 – Royan 6.

Schéma à Royan

▲ **Côte de Beauté** 28 avr.-sept.
℘ 05 46 23 20 59, *phldct@aol.com*, Fax 05 46 23 37 32,
www.camping-cote-de-beaute.com – **R** conseillée
1,7 ha (115 empl.) plat, herbeux, sablonneux
Tarif : (Prix 2005) 📧 25,15 € 🔌 (6A) – pers. suppl. 3,50 € –
frais de réservation 23 €
Location (Pâques-fin sept.) : 🏠 (4 à 6 pers.) 260 à
610 €/sem.
Pour s'y rendre : NO : 2,5 km, à 50 m de la mer
À savoir : Cadre agréable face à l'océan

Nature : 🏕 🌳
Loisirs : 🏛 🏊
Services : 🚼 ☎ (juin-sept.) 🅿 🖃 🛒
☺ 🖥
À prox. : 🏖 🍴 ✗ 🐎

Om een reisroute uit te stippelen en te volgen,
om het aantal kilometers te berekenen,
om precies de ligging van een terrein te bepalen
(aan de hand van de inlichtingen in de tekst),
gebruikt u de **Michelinkaarten** *schaal 1 : 150 000 ;*
een onmisbare aanvulling op deze gids.

ST-SAVINIEN

⊠ 17350 – **324** F4 – G. Poitou Vendée Charentes – 2 359 h. – alt. 18
⌶ *Office de tourisme, rue Bel Air* ℘ *05 46 90 21 07, Fax 05 46 90 19 45*
Paris 457 – Rochefort 28 – La Rochelle 62 – St-Jean-d'Angély 15 – Saintes 16 – Surgères 30.

 L'Île aux Loisirs avr.-sept.
℘ 05 46 90 35 11, Fax 05 46 91 65 06 – **R** conseillée
1,8 ha (67 empl.) plat, herbeux
Tarif : (Prix 2005) 📧 17,50 € – pers. suppl. 4 € – frais de
réservation 16 €
Location : 4 🏠 (4 à 6 pers.) 239 à 480 €/sem.
Pour s'y rendre : 0,5 km à l'O par D 18 rte de Pont-l'Abbé-
d'Arnoult, entre la Charente et le canal, à 200 m d'un plan
d'eau

Nature : 🏕 🌳
Loisirs : 🍴 snack 🏊
Services : 🚼 ⊖🖼 🅿 🖃 🛒 🔷 ☺ 🖥
🐎
À prox. : ✂ 🎿 ⚓ 🛶 🐟 parcours
sportif

ST-SEURIN D'UZET

⊠ 17120 – **324** F6
Paris 512 – Blaye 65 – La Rochelle 99 – Royan 25 – Saintes 38.

▲ **Municipal le Port** mai-sept.
℘ 05 46 90 44 03, *chenac.saint.seurin.duzet@mai*
rie17.com, Fax 05 46 90 40 02 – **R** conseillée
1 ha (55 empl.) non clos, plat, herbeux
Tarif : (Prix 2005) 📧 8,80 € – pers. suppl. 2,30 €
Pour s'y rendre : Au bourg, près de l'église, bord d'un
chenal

Nature : 🏞 🏕 🌳
Loisirs : 🏊
Services : 🚼 ⊖🖼 🖃 ☺ 🖥

ST-SORNIN

⊠ 17600 – **324** E5 – G. Poitou Vendée Charentes – 328 h. – alt. 16
Paris 495 – Marennes 13 – Rochefort 24 – La Rochelle 60 – Royan 21 – Saintes 29.

▲ **Le Valerick** avr.-sept.
℘ 05 46 85 15 95, *camplevalerick@aol.com*,
Fax 05 46 85 15 95 – **R** conseillée
1,5 ha (50 empl.) plat, incliné, herbeux, petit bois
Tarif : 📧 14,50 € – pers. suppl. 3 €
Pour s'y rendre : NE : 1,3 km par D 118, rte de Pont-l'Abbé

Nature : 🏞 🌳
Loisirs : snack 🏊
Services : 🚼 ⊖🖼 🅿 ☺ 🖥

SAINTES

✉ 17100 – **324** G5 – G. Poitou Vendée Charentes – 25 595 h. – alt. 15
🗗 *Office de tourisme, 62, cours National* ℰ *05 46 74 23 82, Fax 05 46 92 17 01*
Paris 469 – Bordeaux 117 – Niort 73 – Poitiers 138 – Rochefort 42 – Royan 38.

⚠ **Au Fil de l'Eau** avr.-oct.
ℰ 05 46 93 08 00, Fax 05 46 93 61 88, *www.campingsain tes.com* – **R** conseillée
4,7 ha (214 empl.) plat, herbeux
Tarif : (Prix 2005) 🔲 16,90 € 🔌 (5A) – pers. suppl. 4,30 €
🚐 **1 borne**
Pour s'y rendre : N : 1 km par D 128, rte de Courbiac, à la piscine, bord de la Charente

> Nature : ◯◯
> Loisirs : 🍽 snack 🏛 🏄 ⛩ 🛶
> Services : ♿ ⚬— GB ⚙ 🗑 ⚱ ⚤ ⊛ 🗄
> 🏊

SOUMERAS

✉ 17130 – **324** H8 – 279 h. – alt. 55
Paris 529 – Barbezieux 45 – Blaye 33 – Bordeaux 69 – Pons 40 – Ribérac 72.

⚠ **Étangs de la Faïencerie**
ℰ 05 46 70 32 04, Fax 05 46 70 32 04
6 ha/1 campable (25 empl.) plat, herbeux, étangs
Location : 🛖
Pour s'y rendre : O : 1 km sur D 730 direction Mirambeau

> Nature : 🦆 🗔 ♀
> Loisirs : 🏛 🛶 🎣
> Services : ♿ ⚬— 🗑 ⚤

THORS

✉ 17160 – **324** I5 – 411 h. – alt. 23
Paris 466 – Angoulême 53 – Cognac 84 – Limoges 143 – Poitiers 111 – St-Jean-d'Angély 23.

⚠ **Le Relais de l'Étang** juin-sept.
ℰ 05 46 58 26 81, *paysdematha@wanadoo.fr,*
Fax 05 46 58 26 81, *www.paysdematha.com* – **R** conseillée
0,8 ha (25 empl.) plat, herbeux, gravillons
Tarif : 🏃 2 € 🚗 1,50 € 🔲 1,50 € 🔌 (10A) 2,50 €
Pour s'y rendre : Sortie N par D 121, rte de Matha, près de l'étang

> Nature : 🗔 ♀
> Loisirs : 🏄
> Services : ♿ ⚬— ⚙ 🗑 ⊛ 🏊
> À prox. : 🍽 snack ⛩ 🏖 (plage) pédalos

VAUX-SUR-MER

✉ 17640 – **324** D6 – G. Poitou Vendée Charentes – 3 448 h. – alt. 12
🗗 *Syndicat d'initiative, 53, rue de Verdun* ℰ *05 46 38 79 05, Fax 05 46 38 11 46*
Paris 514 – Poitiers 181 – La Rochelle 75 – Rochefort 44 – Saintes 43.

Schéma à Royan

⚠ **Le Nauzan-Plage** avr.-sept.
ℰ 05 46 38 29 13, *camping.le.nauzan@wanadoo.fr,*
Fax 05 46 38 18 43, *www.campinglenauzanplage.com*
– **R** conseillée
3,9 ha (239 empl.) plat, herbeux
Tarif : 🔲 29 € 🔌 (10A) – pers. suppl. 6 € – frais de réservation 15 €
Pour s'y rendre : Av. de Nauzan, à 500 m de la plage
À savoir : En bordure d'un parc

> Nature : 🗔 ♀
> Loisirs : 🍽 snack 🏛 🏄 🛶
> Services : ♿ ⚬— GB ⚙ 🗑 ⚱ ⊛ 🗄
> 🏊 🏊
> À prox. : 🍴 🎮 🎣

⚠ **Val-Vert** 15 avr.-sept.
ℰ 05 46 38 25 51, *camping-val-vert@wanadoo.fr,*
Fax 05 46 38 06 15, *www.camping-val-vert.com* – **R** conseillée
3 ha (157 empl.) plat et terrasse, herbeux, pierreux
Tarif : 🔲 29,10 € 🔌 (10A) – pers. suppl. 5,20 € – frais de réservation 13 €
Location : 34 🛖 (4 à 6 pers.) 180 à 585 €/sem. – 36 🏡 (4 à 6 pers.) 230 à 630 €/sem.
Pour s'y rendre : Au SO du bourg, 106 av. F.-Garnier, bord d'un ruisseau
À savoir : En bordure d'un parc

> Nature : 🗔 ◯◯
> Loisirs : 🏛 🏄 🛶
> Services : ♿ ⚬— GB ⚙ 🗑 ⚱ ⊛ 🗄
> 🏊
> À prox. : 🍴 🎮

ARGENTON-CHÂTEAU

✉ 79150 – **322** D3 – G. Poitou Vendée Charentes – 1 038 h. – alt. 123
🛈 *Office de tourisme, 13, rue de la Porte Virèche* ℰ *05 49 65 96 56*
Paris 355 – Bressuire 19 – Doué-la-Fontaine 30 – Mauléon 26 – Niort 82 – Thouars 20.

⚠ **Municipal du lac d'Hautibus** avril-sept.
ℰ 05 49 65 95 08, *mairie-argenton-chateau@cegetel.net*,
Fax 05 49 65 70 84 – **R** conseillée
1,5 ha (70 empl.) peu incliné et en terrasses, incliné, herbeux
Tarif : 🔲 9,35 € – pers. suppl. 1,90 €
Location (permanent) : 🏠 (4 à 6 pers.) 196 à 280 €/sem.
Pour s'y rendre : À l'O du bourg, rue de la Sablière (accès près du rond-point de la D 748 et D 759)
À savoir : À 150 m du lac avec accès direct (site pittoresque)

> Nature : ≤ ⌂ ⚲
> Loisirs : 🏛
> Services : ⚬🚽 🛒 🖼 ⊕ 🗄
> À prox. : ✖ ⚓ ⤳ pédalos

COULON

✉ 79510 – **322** C7 – G. Poitou Vendée Charentes – 2 074 h. – alt. 6
🛈 *Office de tourisme, 31, rue Gabriel Auchier* ℰ *05 49 35 99 29, Fax 05 49 35 84 31*
Paris 418 – Fontenay-le-Comte 25 – Niort 11 – La Rochelle 63 – St-Jean-d'Angély 58.

⚠ **La Venise Verte** avr.-oct.
ℰ 05 49 35 90 36, *accueil@camping-laveniseverte.com*,
Fax 05 49 35 84 69, *www.camping-laveniseverte.com*
– **R** conseillée
2,2 ha (140 empl.) plat, herbeux
Tarif : 🔲 20 € ⚡ (10A) – pers. suppl. 5 €
Location : 15 🏚 (4 à 6 pers.) 300 à 535 €/sem. – 10 🏠 (4 à 6 pers.) 330 à 595 €/sem. – bungalows toilés
Pour s'y rendre : SO : 2,2 km par D 123, rte de Vanneau, bord d'un canal et près de la Sèvre Niortaise

> Nature : ⚲
> Loisirs : 🍴 snack 🏛 🎠 🛶 🚲 🛶 canoë
> Services : 🕭 🏧 ⟳ 🖼 ⊕ 🗄 ⛟ 🗄 🍴
> À prox. : 🎣 🖼

⚠ **Municipal la Niquière** avr.-sept.
ℰ 05 49 35 81 19, *coulon@agglo-niort.fr*,
Fax 05 49 35 82 75, *www.ville-coulon.fr* – **R** conseillée
1 ha (40 empl.) plat, herbeux
Tarif : (Prix 2005) 👤 1,90 € 🚗 1 € 🔲 1,20 € ⚡ (15A) 2,75 €
Pour s'y rendre : Sortie N par D 1, rte de Benet et chemin à droite

> Nature : ⚲
> Loisirs : 🛶 ✖
> Services : 🕭 (saison) ⟳ ⛁ ⊕

667

Le Marais breton-vendéen

S. Sauvignier/Michelin

COULONGES-SUR-L'AUTIZE

✉ 79160 – 322 C6 – 2 146 h. – alt. 80
🛈 *Syndicat d'initiative, Mairie* ✆ *05 49 06 10 72, Fax 05 49 06 13 26*
Paris 425 – Bressuire 48 – Fontenay-le-Comte 17 – Niort 21 – Parthenay 37 – La Rochelle 70.

▲ **Municipal le Parc**
✆ 05 49 06 27 56, *mcoulonges@cyberscope.fr*,
Fax 05 49 06 13 26 – **R** conseillée
0,5 ha (30 empl.) plat, herbeux
Pour s'y rendre : S : 0,5 km par D 1, rte de St-Pompain et
rue à gauche, près de la piscine et à 100 m d'un jardin public
À savoir : Belle délimitation des emplacements sous sapins

Nature : 🌳 ⚬⚬
Services : ♿ ⊛ 🏪
À prox. : ✗ 🛥

MAUZÉ-SUR-LE-MIGNON

✉ 79210 – 322 B7 – 2 385 h. – alt. 30
🛈 *Office de tourisme, place de la Mairie* ✆ *05 49 26 78 33, Fax 05 49 26 71 13*
Paris 430 – Niort 23 – Rochefort 40 – La Rochelle 43.

▲ **Municipal le Gué de la Rivière** juin-3 sept.
✆ 05 49 26 30 35, *mairie@ville-mauze-mignon.fr*,
Fax 05 49 26 71 13, *www.ville-mauze-mignon.fr*
– **R** conseillée
1,5 ha (75 empl.) plat, herbeux
Tarif : (Prix 2005) 🏕 8,50 € 🔌 (10A) – pers. suppl. 1,95 €
Pour s'y rendre : NO : 1 km par D 101 rte de St-Hilaire-la-
Palud et à gauche, entre le Mignon et le canal

Nature : ⚬
Loisirs : 🏛
Services : 🔌 ⚬ᴠ ⊛

PRAILLES

✉ 79370 – 322 E7 – 620 h. – alt. 150 – Base de loisirs
Paris 394 – Melle 15 – Niort 23 – St-Maixent-l'École 13.

▲ **Le Lambon** juin-sept.
✆ 05 49 32 85 11, *lambon.vacances@wanadoo.fr*,
Fax 05 49 32 94 92, *www.lelambon.com* – **R** conseillée
1 ha (50 empl.) en terrasses, herbeux
Tarif : 🏕 12 € – pers. suppl. 4,50 €
Location : pavillons
🚐 1 borne
Pour s'y rendre : SE : 2,8 km
À savoir : À 200 m d'un plan d'eau

Nature : 🦢 ⚬
À prox. : ✗ 🏛 🛥 ⚬ ✗ 🛥 🏊
(plage) 🛶 🚣 parcours sportif, ca-
noë, pédalos

ST-CHRISTOPHE-SUR-ROC

✉ 79220 – 322 D6 – 453 h. – alt. 125
Paris 397 – Fontenay-le-Comte 47 – Niort 21 – Parthenay 26 – St-Maixent-l'École 14.

▲ **Intercommunal du Plan d'Eau** 15 avr.-15 oct.
✆ 05 49 05 21 38, *plandeaucherveux@aol.com*,
Fax 05 49 75 86 60 – **R** conseillée
1,5 ha (66 empl.) peu incliné, herbeux
Tarif : 🏕 9,95 € – pers. suppl. 2,30 €
Location (permanent) : 4 🏠 (4 à 6 pers.) 196 à
416 €/sem.
Pour s'y rendre : SO : 1,5 km par D 122, rte de Cherveux
À savoir : À 100 m d'un plan d'eau

Nature : 🦢
Services : ♿ ⚬ (juil.-août) ⚬ᴠ 🏪 ⊛ 🏪
À prox. : ✗ 🛥 🛥 🏊 (plage) 🏊 🛶

SECONDIGNY

✉ 79130 – 322 D5 – 1 774 h. – alt. 177
Paris 391 – Bressuire 27 – Champdeniers 15 – Coulonges-sur-l'Autize 22 – Niort 37 – Parthenay 15.

▲ **Municipal du Moulin des Effres** juin-15 sept.
✆ 05 49 95 61 97, *secondigny@mairie-secondigny.fr*,
Fax 05 49 63 55 48 – **R** conseillée
2 ha (90 empl.) peu incliné, plat, herbeux
Tarif : (Prix 2005) 👤 2,40 € 🚗 1,90 € 🏕 1,90 € 🔌 2,80 €
Pour s'y rendre : Sortie S par D 748, rte de Niort et chemin
à gauche, près d'un plan d'eau

Nature : 🌳 ⚬
Loisirs : 🏛
Services : ♿ ⚬ (juil.-août) ⚬ᴠ 🏪 ᴧ
⊛ 🛁 ♨
À prox. : ✗ 🛥 🛥 ✗ 🏊 🛥

AVAILLES-LIMOUZINE

✉ 86460 – 322 J8 – 1 309 h. – alt. 142

🛈 *Office de tourisme, 6, rue Principale* 𝄞 05 49 48 63 05

Paris 410 – Confolens 14 – L'Isle-Jourdain 15 – Niort 100 – Poitiers 67.

⚠ **Municipal le Parc**
 𝄞 05 49 48 51 22, Fax 05 49 48 66 76 – **R** conseillée
 2,7 ha (120 empl.) plat, herbeux
 🚐 1 borne
 Pour s'y rendre : Sortie Est par D 34, à gauche après le pont, bord de la Vienne

Nature : 🌿 00	
Loisirs : 🎦 🏊 🏕 🏹	
Services : 🚿 ⚡ ≡ 🗄 🖥 ⊕ 🚮 🗑	
À prox. : 🍴	

AVANTON

✉ 86170 – 322 H5 – 1 414 h. – alt. 110

Paris 337 – Poitiers 12 – Niort 84 – Châtellerault 37 – Saumur 80.

Schéma à St-Georges-lès-Baillargeaux

⚠ **Futur** avr.-sept.
 𝄞 05 49 54 09 67, *campingdufutur@wanadoo.fr,*
 Fax 05 49 54 09 59, *www.camping-du-futur.com*
 – **R** conseillée
 4 ha/1,5 campable (68 empl.) plat, herbeux
 Tarif : 🆑 21 € 🔌 (10A) – pers. suppl. 3,50 €
 Location : 14 🛖 (4 à 6 pers.) 350 à 525 €/sem. – hôtel
 🚐 1 borne
 Pour s'y rendre : SO : 1,3 km par D 757, rte de Poitiers et rte à droite après le passage à niveau

Nature : 🌳	
Loisirs : 🍴 snack 🏊 🏹 🎿	
Services : 🚿 ⚡ GB 🐾 🖥 🚿 ⊕ 🗑	
🚿	

Benutzen Sie
– zur Wahl der Fahrtroute
– zur Berechnung der Entfernungen
– zur exakten Lokalisierung eines Campingplatzes (mit Hilfe der Angaben im Ortstext)
*die für diesen Führer unentbehrlichen **MICHELIN-Karten** im Ma1 : 150 000.*

669

BONNES

✉ 86300 – 322 J5 – 1 475 h. – alt. 70

Paris 331 – Châtellerault 25 – Chauvigny 7 – Poitiers 25 – La Roche-Posay 34 – St-Savin 25.

⚠ **Municipal** 15 mai-15 sept.
 𝄞 05 49 56 44 34, *camping_bonnes@hotmail.com,*
 Fax 05 49 56 48 51, *http://www.camping.bonnes86.free.fr*
 – **R** conseillée
 1,2 ha (65 empl.) plat, herbeux
 Tarif : 🧍 2,80 € 🚗 1,05 € 🆑 2,10 € 🔌 2,10 €
 Location (permanent) : gîtes
 Pour s'y rendre : Au S du bourg, bord de la Vienne

Loisirs : 🏊 🚲 🎣 🍴 🏹 🏊	
Services : 🚿 ⚡ GB 🐾 🖥 🚿 ⊕ 🚮	
🗑	

CHÂTELLERAULT

✉ 86100 – 322 J4 – G. Poitou Vendée Charentes – 34 126 h. – alt. 52

🛈 *Office de tourisme, 2, avenue Treuille* 𝄞 05 49 21 05 47

Paris 304 – Châteauroux 98 – Cholet 134 – Poitiers 36 – Tours 71.

⚠ **Relais du Miel** 15 mai-août
 𝄞 05 49 02 06 27, *camping@lerelaisdumiel.com, www.lere-laisdumiel.com* – **R** conseillée
 7 ha/4 campables (80 empl.) plat, terrasses, peu incliné, herbeux, pierreux
 Tarif : 🆑 23 € – pers. suppl. 6 €
 Location 🏖 : appartements
 Pour s'y rendre : Sortie N, N 10 rte de Paris, puis rocade à gauche en direction du péage de l'A 10 et à droite par D 1 rte d'Antran, près de la Vienne (accès direct), Par A 10, sortie ?26 Châtellerault-Nord et D 1 à gauche, rte d'Antran
 À savoir : Dans les dépendances d'une demeure du 18e s.

Nature : 🌳	
Loisirs : 🍴 snack 🎦 🏊 🍴 🎿	
Services : 🚿 ⚡ GB 🐾 🖥 ⊕ 🚮 🗑	
🗑	

CHAUVIGNY

✉ 86300 – ③②② J5 – G. Poitou Vendée Charentes – 7 025 h. – alt. 65
🛈 *Office de tourisme, 5, rue Saint-Pierre* ℘ 05 49 46 39 01
Paris 333 – Bellac 64 – Le Blanc 36 – Châtellerault 30 – Montmorillon 27 – Ruffec 91.

Municipal de la Fontaine mi-avr.-mi-oct.
℘ 05 49 46 31 94, *chauvigny@cg86.fr, chauvigny.cg86.fr*
– **R** conseillée
2,8 ha (103 empl.) plat, herbeux, gravillons
Tarif : (Prix 2005) ✦ 1,95 € ⇌ 1,35 € 🄴 1,35 € (½) 2,25 €
Pour s'y rendre : Sortie N par D 2, rte de la Puye et à droite, rue de la Fontaine, bord d'un ruisseau
À savoir : Jardin public attenant, pièces d'eau

Nature : ⬳ Ville haute et château ♀
Loisirs : 🎫 🏕
Services : 🚿 ⚬⛽ �car 📷 🖾 🖪 🛒 �ᵕ 🚮

COUHÉ

✉ 86700 – ③②② H7 – 1 783 h. – alt. 140
🛈 *Office de tourisme, 51, Grand'Rue* ℘ 05 49 59 26 71
Paris 370 – Confolens 58 – Montmorillon 61 – Niort 65 – Poitiers 36 – Ruffec 34.

Les Peupliers 2 mai-sept.
℘ 05 49 59 21 16, *info@lespeupliers.fr*, Fax 05 49 37 92 09,
www.lespeupliers.fr – **R** conseillée
16 ha/3 campables (160 empl.) plat, herbeux, étang
Tarif : 🄴 25,50 € (½) (10A) – pers. suppl. 6,50 €
Location (permanent) : 4 🛖 (2 à 4 pers.) 175 à 470 €/sem. – 4 🛖 (4 à 6 pers.) 235 à 620 €/sem. – 18 🛖 (4 à 6 pers.) 195 à 695 €/sem.
Pour s'y rendre : N : 1 km rte de Poitiers, à Valence
À savoir : Cadre boisé traversé par une rivière pittoresque

Nature : ⬳ 🗏 ♀
Loisirs : 🍷 brasserie 🎫 🎲 nocturne 🏕 🏖 🎣 🛶 🛝 ♣
Services : 🚿 ⚬⛽ 🅶🅱 🚗 🖾 🛒 🗋 🛒 🗇 🖪 🛁 🚿

Raadpleeg, voordat U zich op een kampeerterrein installeert, de tarieven die de beheerder verplicht is bij de ingang van het terrein aan te geven. Informeer ook naar de speciale verblijfsvoorwaarden. De in deze gids vermelde gegevens kunnen sinds het verschijnen van deze heeditie gewijzigd zijn.

670

DISSAY

✉ 86130 – ③②② I4 – G. Poitou Vendée Charentes – 2 634 h. – alt. 69
🛈 *Office de tourisme, place du 8 Mai 1945* ℘ 05 49 62 84 29, Fax 05 49 62 58 72
Paris 324 – Poitiers 16 – Joué 85 – Châtellerault 19 – Saumur 86.
Schéma à St-Georges-lès-Baillargeaux

Municipal du Parc
℘ 05 49 62 84 29, *dissay@cg86.fr*, Fax 05 49 62 58 72,
www.valvert.org – **R** conseillée
1,5 ha (86 empl.) plat, herbeux
Pour s'y rendre : O : 0,6 km par D 15, rte de Jaunay-Clan et rue du Parc à gauche, au centre du bourg

Nature : 〰
Loisirs : 🍴
Services : 🚿 ⚬⛽ 🖾 🛒 🖪

INGRANDES

✉ 86220 – ③②② J3 – 1 723 h. – alt. 50
Paris 305 – Châtellerault 7 – Descartes 18 – Poitiers 41 – Richelieu 31 – La Roche-Posay 29.

Le Petit Trianon 20 mai-20 sept.
℘ 05 49 02 61 47, *chateau@petit-trianon.fr*,
Fax 05 49 02 68 81, *www.petit-trianon.fr* – **R** conseillée
4 ha (95 empl.) peu incliné et plat, herbeux
Tarif : ✦ 7 € ⇌ 3,90 € 🄴 4,10 € (½) (10A) 4,50 € – frais de réservation 12,50 €
🚐 1 borne
Pour s'y rendre : À St-Ustre, NE : 3 km
À savoir : Cadre agréable autour d'un petit château

Nature : ⬳ ⬳ ♀
Loisirs : 🎫 🏖 🎣 🛝 🛶
Services : 🚿 ⚬⛽ 🅶🅱 🚗 🖾 🛒 🗇 ♣ 🖪 🛁

JAUNAY-CLAN

✉ 86130 – 🔲🔲🔲 I4 – alt. 80
🛈 *Office de tourisme, place du Marché* ℘ 05 49 62 85 16

Schéma à St-Georges-lès-Baillargeaux

⚠ **La Croix du Sud** avr.-15 sept.
℘ 05 49 62 58 14, *camping@la-croix-du-sud.fr*,
Fax 05 49 62 57 20, *http://la-croix-du-sud.fr/* – **R** conseillée
4 ha (184 empl.) plat, peu incliné, herbeux, pierreux
Tarif : ♣ 3,70 € 🔲 6,30 € [¼] 3 €
Location (15 mars-11 nov.) : 8 🔲 (4 à 6 pers.) 270 à
330 €/sem. – 8 🏠 (4 à 6 pers.) 330 à 450 €/sem.
🚐 1 borne 4 €
Pour s'y rendre : O : 1 km par D 62, rte de Neuville et rte
d'Avanton à gauche, après le pont de l'A10

Nature : 🔲
Loisirs : 🍸 snack 🎱
Services : ⅙ ⊶ GB 🅰 🖳 ☺ 🛬 ⋎
🍽 🚿

*Informieren Sie sich über die gültigen Gebühren,
bevor Sie Ihren Platz beziehen. Die Gebührensätze
müssen am Eingang des Campingplatzes angeschlagen sein.
Erkundigen Sie sich auch nach den Sonderleistungen.
Die im vorliegenden Band gemachten Angaben
können sich seit der Überarbeitung geändert haben.*

LÉSIGNY

✉ 86270 – 🔲🔲🔲 K3 – 520 h. – alt. 70
🛈 *Office de tourisme, Mairie* ℘ 02 47 91 04 14, Fax 05 49 86 68 88
Paris 308 – Le Blanc 37 – Châteauroux 79 – Châtellerault 19 – Loches 42 – Poitiers 57 – Tours 76.

⚠ **Municipal le Bout du Pont**
℘ 05 49 86 23 15, *lesigny@cg86.fr*, Fax 05 49 86 68 88
0,5 ha (22 empl.) plat, herbeux, sablonneux
Pour s'y rendre : Sortie NE par D 5ᶜ, rte de Barrou, à
gauche après le pont, bord de la rivière

Nature : 🔲
Services : ⅙ ⊶ 🔥 ☺ 🛬
À prox. : 🏊

671

LOUDUN

✉ 86200 – 🔲🔲🔲 G2 – G. Poitou Vendée Charentes – 7 704 h. – alt. 120
🛈 *Syndicat d'initiative, 2, rue des Marchands* ℘ 05 49 98 15 96
Paris 311 – Angers 79 – Châtellerault 47 – Poitiers 55 – Tours 72.

⚠ **Municipal de Beausoleil** 15 mai-août
℘ 05 49 98 15 38, *mairie@ville-loudun.fr*,
Fax 05 49 98 12 88 – **R** conseillée
0,6 ha (33 empl.) plat, terrasse, herbeux
Tarif : 🔲 12,55 € – pers. suppl. 3 €
Pour s'y rendre : Sortie Nord par N 147 direction Angers
et chemin à gauche, au bord d'un ruisseau et près d'un
étang

Nature : 🔲 ♀
Loisirs : 🚣
Services : ⅙ ⊶ (juil.-août) 🅰 🖳 ☺
🛬

MONTMORILLON

✉ 86500 – 🔲🔲🔲 L6 – G. Poitou Vendée Charentes – 6 898 h. – alt. 100
🛈 *Office de tourisme, 2, place du Maréchal Leclerc* ℘ 05 49 91 11 96
Paris 354 – Bellac 43 – Le Blanc 32 – Chauvigny 27 – Poitiers 51 – La Trimouille 15.

⚠⚠ **Municipal de l'Allochon** mars-oct.
℘ 05 49 91 02 33, *montmorillon@cg86.fr*,
Fax 05 49 91 58 26, *ville-montmorillon.fr* – **R** conseillée
2 ha (80 empl.) plat, en terrasses, herbeux
Tarif : (Prix 2005) ♣ 1,16 € 🔲 1,38 € [¼] (10A) 5,20 €
Pour s'y rendre : Sortie Sud-Est par D 54, rte du Dorat, à
50 m de la Gartempe et bord d'un ruisseau

Nature : ♀
Loisirs : 🏠 🚣
Services : ⊶ 🅰 🍴 🖳 ☺ 🖲
À prox. : 🎱 🎣

NEUVILLE-DE-POITOU

✉ 86170 – ▪▪▪ H4 – 4 058 h. – alt. 116
🛈 *Office de tourisme, 28, place Joffre* ℘ 05 49 54 47 80
Paris 339 – Poitiers 17 – Niort 79 – Châtellerault 39 – Saumur 75.
Schéma à St-Georges-lès-Baillargeaux

⚠ **Municipal de la Drouille** juin-août
℘ 05 49 51 11 81, *accueil-neuville@cg86.fr,*
http://www.neuville-de-poitou.com – ℞
0,8 ha (30 empl.) plat et peu incliné, herbeux, pierreux, gravier
Tarif : (Prix 2005) ✳ 1,80 € �"🚗" 1,15 € 🔲 1,85 € 🔌 2,20 €
Pour s'y rendre : E : 1,5 km par D 62, rte de Jaunay-Clan et à l'entrée du lieu-dit Mavault, rue à droite

| Nature : ⌑ ♀ |
| Services : ♿ 🏧 ⊕ ♨ |

La ROCHE-POSAY

✉ 86270 – ▪▪▪ K4 – G. Poitou Vendée Charentes – 1 445 h. – alt. 112 – ♨ O
🛈 *Office de tourisme, 14, boulevard Victor Hugo* ℘ 05 49 19 13 00, Fax 05 49 86 27 94
Paris 325 – Le Blanc 29 – Châteauroux 76 – Châtellerault 23 – Loches 49 – Poitiers 61 – Tours 92.

⛰ **Le Riveau** 4 mars-22 oct.
℘ 05 49 86 21 23, *info@camping-le-riveau.com,*
Fax 05 49 86 21 23, *www.camping-le-riveau.com*
– ℞ conseillée
5,5 ha (200 empl.) plat et peu incliné, herbeux
Tarif : ✳ 3,90 € 🔲 4,20 € 🔌 (16A) 3,20 €
Pour s'y rendre : N : 1,5 km par D 5, rte de Lésigny, près de l'hippodrome, bord de la Creuse
À savoir : Belle délimitation des emplacements

| Nature : 🐟 ⌑ ♀ |
| Loisirs : 🏛 🏊 🎣 |
| Services : ♿ ⚷ ⅁ 🅿 🍴 ⊕ |
| 🅱 |
| À prox. : 🐎 poneys |

ST-CYR

✉ 86130 – ▪▪▪ I4 – G. Poitou Vendée Charentes – 787 h. – alt. 62
Paris 321 – Poitiers 18 – Tours 85 – Joué 82 – Châtellerault 16.
Schéma à St-Georges-lès-Baillargeaux

⛰ **Parc de Loisirs de St-Cyr** avr.-sept.
℘ 05 49 62 57 22, *contact@parcdesaintcyr.com,*
Fax 05 49 52 28 58, *www.parcdesaintcyr.com* – ℞ conseillée
5,4 ha (198 empl.) plat, herbeux
Tarif : (Prix 2005) 🔲 22 € – pers. suppl. 5 €
Location : 13 🛖 (4 à 6 pers.) 290 à 565 €/sem.
Pour s'y rendre : NE : 1,5 km par D 4, D 82 rte de Bonneuil-Matours et chemin à gauche, près d'un plan d'eau - par N 10, accès depuis la Tricherie

| Nature : ⪡ ⌑ ♀ ⚠ |
| Loisirs : snack 🏛 🎭 nocturne 🏃 |
| 🎠 🏊 🚲 🎯 |
| Services : ♿ ⚷ ⅁ 🅿 🍴 ⊕ ♨ ✈ |
| 🅱 🍺 🍴 |
| À prox. : 🍽 🏊 🎣 🛶 pédalos, canoë, golf (9 et 18 trous) |

ST-GEORGES-LÈS-BAILLARGEAUX

✉ 86130 – ▪▪▪ I4 – 3 176 h. – alt. 100
Paris 329 – Poitiers 12 – Joué 89 – Châtellerault 23 – Saumur 88.

⛰ **Le Futuriste** Permanent
℘ 05 49 52 47 52, *campinglefuturiste@wanadoo.fr,*
Fax 05 49 52 47 52, *www.camping-le-futuriste.fr*
– ℞ conseillée
2 ha (112 empl.) plat, peu incliné, herbeux, pierreux, étang
Tarif : 🔲 21,90 € – pers. suppl. 2,50 € – frais de réservation 15 €
Location 🏖 : 6 🛖 (4 à 6 pers.) 276 à 505 €/sem.
🚐 1 borne 4,50 €
Pour s'y rendre : Au S du bourg, accès par D 20
À savoir : Aux portes du Futuroscope, quelques emplacements offrent une vue sur le parc

| Nature : ⪡ ⌑ ♀ |
| Loisirs : 🍽 snack 🏛 🎣 🏊 🎯 🎣 |
| Services : ♿ ⚷ ⅁ 🅿 🍴 ⊕ ♨ |
| ✈ 🅱 |

672

ST-PIERRE-DE-MAILLÉ

✉ 86260 – **322** L4 – 915 h. – alt. 79
Paris 333 – Le Blanc 22 – Châtellerault 32 – Chauvigny 21 – Poitiers 47 – St-Savin 17.

▲ **Municipal** 15 avr.-15 oct.
    ℘ 05 49 48 64 11, *saint-pierre-de-maille@cg86.fr*,
    Fax 05 49 48 43 85 – ⊮
    3 ha (93 empl.) plat et peu incliné, herbeux
    Tarif : (Prix 2005) ⚹ 2,10 € ▣ 2,80 € (²) 1,95 €
    Pour s'y rendre : Sortie NO par D 11 rte de Vicq, bord de la
    Gartempe

> Nature : ᵔᵔ
> Loisirs : ⬟
> Services : ⊶ (juil.-août) ⊛ ⩍

VOUILLÉ

✉ 86190 – 322 G5 – 2 774 h. – alt. 118

🛈 Office de tourisme, 10, place de l'Eglise ℰ 05 49 51 06 69, Fax 05 49 50 87 48

Paris 345 – Châtellerault 46 – Parthenay 34 – Poitiers 18 – Saumur 89 – Thouars 55.

⚠ Municipal

ℰ 05 49 54 20 30, Fax 05 49 51 14 47 – **R** conseillée

0,5 ha (48 empl.) plat, herbeux

Pour s'y rendre : Au bourg, bord de l'Auxance

| Nature : ♀ |
| Loisirs : 🏊 🛝 |
| Services : & 🗄 ☻ |
| À prox. : ✕ |

VOUNEUIL-SUR-VIENNE

✉ 86210 – 322 J4 – 1 835 h. – alt. 58

🛈 Office de tourisme, 34 bis, place de la Libération ℰ 05 49 85 11 99, Fax 05 49 85 06 44

Paris 316 – Châtellerault 12 – Chauvigny 20 – Poitiers 27 – La Roche-Posay 26.

⚠ Les Chalets de Moulière

ℰ 05 49 85 84 40, sbergeron@fol86.org,

Fax 05 49 85 84 69, leschaletsdemouliere.com

1,5 ha (30 empl.) plat, herbeux

Location : 🏠

Pour s'y rendre : Sortie E par D 15, rte de Monthoiron et rue à gauche, à 60 m de la Vienne (accès direct)

| Loisirs : 🛖 🚲 🛝 |
| Services : & 🗄 ☻ 🔧 |
| À prox. : 🎣 |

PROVENCE-ALPES-CÔTE D'AZUR

G. Magnin/Michelin

Le jour se lève en Provence. Sur les marchés colorés les « partisanes » vantent avec une faconde proverbiale la fraîcheur de leur étal. Tsitt… tsitt, face à la « grande bleue », les cigales entament leur chant obsédant, et les sonnailles des moutons transhumants tintent du côté de l'Ubaye. Le soleil darde ses rayons sur les villages perchés, exalte la senteur des lavandes et confine à l'ombre des platanes les gourmands qui dégustent un aïoli ou une bouillabaisse… Puis vient l'heure de la sieste, pratiquée dans les bastides de l'arrière-pays comme dans les cabanons nichés au creux des calanques. À la fraîche entrent en scène les joueurs de pétanque : après force querelles, ils rivaliseront jusqu'à la nuit de galéjades devant une tournée de pastis, « avec l'accent qui se promène et qui n'en finit pas ».

As the fishmongers joke, chat, and cry their wares under clear blue skies, you cannot help but fall in love with the happy-go-lucky spirit of Marseilles. Elsewhere, the sun is climbing higher above the ochre walls of a hilltop village and its fields of lavender below; the steady chirring of the cicadas is interrupted only by the sheep-bells ringing in the hills. Slow down to the gentle pace of the villagers and join them as they gather by the refreshingly cool walls of the café. However, come 2pm, you may begin to wonder where everyone is. On hot afternoons, everyone exercises their God-given right to a nap, from the fashionable Saint Tropez beaches to the seaside cabins of the Camargue, but soon it's time to wake up and get ready for a hotly-disputed game of pétanque and a cool glass of pastis!

675

st-Martin-
d'Uriage
des-Villards
la Toussuire
Bramans
A 32
Valloire

Rochetaillée
le Freney-
d'Oisans
Romanche
N 91
le Bourg-
d'Oisans
tichet
la Grave
Névache
N 91
N 94
le Bourg-d'Arud
St-Laurent-
en-Beaumont
St-Christophe-
en-Oisans
Briançon

Drac
Puy-St-Vincent
l'Argentière-la-Bessée
HAUTES-
ALPES
Château-Queyras
Villar-
Loubière
St-Firmin
Fressinières
la Roche-de-Rame
St-Bonnet-
en-Champsaur
Pont-du-Fossé
Ceillac
N 85
Orcières
Guillestre
St-Etienne-
en-Dévoluy
Ancelle
Réallon
St-Clément-s-Durance
St-Apollinaire
Embrun
Gap
N 94
Chorges
Prunières
Baratier
la Roche-
des-Arnaud
Espinasses
le Sauzé-
du-Lac
Larche
Veynes
A 51
Curbans
Col St-Jean
St-Pons
Ubaye
Clamensane
Seyne
Méolans-
Revel
Barcelonnette

ALPES - DE - HAUTE-
le Vernet
St-Étienne-de-Tinée

Sisteron
PROVENCE
Colmars
Durance
Thoard
St-Martin-d'Entraunes
Volonne
Villars-Colmars
St-Sauveur-
s-Tinée
St-Martin-Vésubie
A 51
N 85
Digne-les-Bains
Roquebillière
N 204
Peyruis
Château-Arnoux-
St-Auban
les Mées
St-André-les-Alpes
ALPES - MARITIMES
Sospel
Puimichel
Mézel
N 85
N 202
Niozelles
Volx
Valensole
Moustiers-Ste-Marie
Castellane
N 202
A 10
Riez
Ste-Croix-de-Verdon
Verdon
Vence
A 8
Menton
St-Martin-de-Brômes
Loup
la Colle-s-Loup
NICE
Eze
Monaco
Gréoux-
les-Bains
les Salles
s-Verdon
N 85
le Bar-s-Loup
Grasse
Cagnes-s-Mer
Montpezat
Siagne
la Roquette-s-S.
Cros-de-Cagnes
Esparron-
de-Verdon
Aups
Callas
Auribeau-s-S.
Villeneuve-Loubet
Villecroze
St-Paul-
en-Forêt
Antibes
St-Maximin-
la-Ste-Baume
Salernes
Draguignan
CANNES
la Bocca
N 1
Argens
CAMBARETTE
le Muy
A 8
les Adrets-
de-l'Esterel
Mandelieu-la-Napoule
Nans-
les-Pins
A 8
Roquebrune-s-Argens
Agay
CAMBARETTE
Brignoles
St-Raphaël
le Camp-
du-Castellet
Ste-Anastasie-
s-Issole
VAR
Puget-s-A.
Fréjus
St-Aygulf
Belgentier
A 57
Grimaud
N 98
LA CHABERTE
Bormes-
les-Mimosas
Gassin
Ramatuelle
La Cadière-
d'Azur
le Lavandou
la Croix-Valmer
TOULON
A 570
St-Clair
Cavalaire-s-Mer
Hyères
Plage de la Favière
A 50
LA BIGUE
St-Mandrier-
s-Mer
Gien
la Londe-
les-Maures
Six-Fours-
les-Plages
Îles d'Hyères

ITALIA
A 6

Légende:
Localité citée avec camping
Localité citée avec camping et locatif
Lourdes   Localité disposant d'emplacements camping-car
Moyaux   Localité disposant d'au moins un terrain agréable
Aire de service pour camping-car sur autoroute

BARCELONNETTE

⊠ 04400 – **334** H6 – G. Alpes du Sud – 2 819 h. – alt. 1 135 – Sports d'hiver : Le Sauze/Super Sauze 1 400/2 000 m
⚡23 ⚡ et Pra-Loup 1 500/2 600 m ⚡3 ⚡29 ⚡
🛈 Office de tourisme, place Frédéric Mistral ℘ 04 92 81 04 71, Fax 04 92 81 22 67
Paris 733 – Briançon 86 – Cannes 161 – Cuneo 98 – Digne-les-Bains 88 – Gap 68 – Nice 145.

à l'Ouest sur D 900 rte du Lauzet-Ubaye :

⋀⋀ **Le Rioclar** 15 mai-15 sept.
℘ 04 92 81 10 32, rioclar@wanadoo.fr, Fax 04 92 81 10 32,
www.rioclar.com – alt. 1 073 – **R** conseillée
8 ha (200 empl.) en terrasses, pierreux, herbeux
Tarif : 🔲 22,40 € – pers. suppl. 5,20 €
Location ⚡ : 22 🔲 (4 à 6 pers.) 360 à 595 €/sem. – 3
🏠 (4 à 6 pers.) 360 à 595 €/sem.
À savoir : Site et cadre agréables

Nature : ⛰ ⬡ ⬜
Loisirs : ✗ 🔲 ⋔ ⛴ 🚴 ⚒ m ⛷ terrain multisports, sports en eaux vives, canoë
Services : 🔧 ⚬ 🔲 ⚙ 🔲 🔲 ⊙ 🔲 ⚡ 🔧
À prox. : ⚡

⋀⋀ **Le Fontarache** 3 juin-3 sept.
℘ 04 92 81 90 42, reception@camping-fontarache.fr,
Fax 04 92 81 90 42, www.camping-fontarache.com –
alt. 1 108 – places limitées pour le passage – **R** conseillée
6 ha (150 empl.) plat, pierreux, gravier
Tarif : 🔲 17 € 🔲 (6A) – pers. suppl. 4,50 €
Location : 11 🔲 (4 à 6 pers.) 260 à 530 €/sem.
🔲 1 borne 3 €
Pour s'y rendre : À 7 km de Barcelonnette, près de l'Ubaye

Nature : ⬡ ⬜
Loisirs : 🍴 ⛴ ⚒ ⛷ ⬜
Services : 🔧 ⚬ ⚙ 🔲 ⚡ ⊙
À prox. : ⚡ ✗ sports en eaux vives, canoë

CASTELLANE

⊠ 04120 – **334** H9 – G. Alpes du Sud – 1 508 h. – alt. 730
🛈 Office de tourisme, rue Nationale ℘ 04 92 83 61 14, Fax 04 92 83 76 89
Paris 797 – Digne-les-Bains 54 – Draguignan 59 – Grasse 64 – Manosque 92.

678

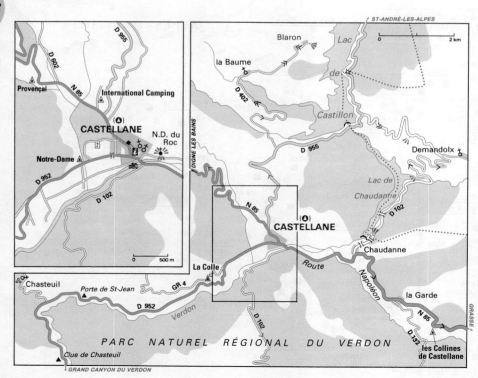

▲▲▲ **Les Collines de Castellane** 22 avr.-23 sept.
   ℰ 04 92 83 68 96, *info@rcn-lescollinesdecastellane.fr*,
   Fax 04 92 83 75 40, *www.rcn-campings.fr* – accès aux emplacements par forte pente, mise en place et sortie des caravanes à la demande – alt. 1 000 – **R** indispensable
   7 ha (200 empl.) en terrasses, peu incliné, pierreux, herbeux, bois attenant
   Tarif : ▣ 40 € – pers. suppl. 5 € – frais de réservation 12,50 €
   Location : 29 ⬚ (4 à 6 pers.) 230 à 635 €/sem. – 8 ⬚ (4 à 6 pers.) 185 à 565 €/sem.
   Pour s'y rendre : À La Garde, SE : 7 km par N 85, rte de Grasse

> Nature : ⟁ ← ⟐ ♤♤(pinède)
> Loisirs : ♟ snack, pizzeria ⌂ ⚶
> ⚶ ✂ ⟐ ⟐
> Services : ⚐ ⟲ GB ⟲ ⟐ ⊕ ⟐ ⟐
> ⟐ ⟐

▲▲ **International Camping** 31 mars-1ᵉʳ oct.
   ℰ 04 92 83 66 67, *info@camping-international.fr*,
   Fax 04 92 83 77 67, *www.camping-international.fr*
   – **R** conseillée
   6 ha (274 empl.) plat, peu incliné, herbeux, pierreux
   Tarif : ▣ 26 € (½) (6A) – pers. suppl. 5 €
   Location : 45 ⬚ (4 à 6 pers.) 190 à 630 €/sem. – 12 ⬚ (4 à 6 pers.) 160 à 630 €/sem.
   ⟐ 1 borne
   Pour s'y rendre : NO : 2 km par N 85 et D 602, rte de la Palud

> Nature : ⟐ ♤
> Loisirs : ✗ pizzeria ⌂ ⟐ ♪ ⟐ ⟐
> Services : ⚐ ⟲ GB ⟲ ⟐ ⊕ ⟐
> ⟐ ⟐ ⟐ ⟐ ⟐ cases réfrigérées
> À prox. : ⟐

▲ **La Colle** avr.-oct.
   ℰ 04 92 83 61 57, *campinglacolle@tiscali.fr*,
   Fax 04 92 83 61 57, *www.campinglacolle.com* – **R** indispensable
   3,5 ha/1 campable (41 empl.) non clos, plat, peu incliné et en terrasses, pierreux, herbeux
   Tarif : ▣ 20,20 € (½) (6A) – pers. suppl. 4,10 €
   Location : 10 ⬚ (4 à 6 pers.) 385 à 516 €/sem.
   Pour s'y rendre : SO : 2,5 km par D 952, rte de Moustiers-Ste-Marie et GR4 à droite
   À savoir : Cadre sauvage, au bord d'un ruisseau

> Nature : ⟁ ← ⟐ ♤♤
> Loisirs : ⌂ ⟐
> Services : ⚐ ⟲ ⟲ ⟐ ⊕ ⟐ ⟐ ⟐
> À prox. : canoë-kayak, rafting, parc-aventure

▲ **Notre-Dame** avr.-14 oct.
   ℰ 04 92 83 63 02, *camping-notredame@wanadoo.fr*,
   Fax 04 92 83 63 02, *www.camping-notredame.com*
   – **R** conseillée
   0,6 ha (44 empl.) plat, herbeux
   Tarif : (Prix 2005) ▣ 18,50 € (½) (6A) – pers. suppl. 3,50 € – frais de réservation 10 €
   Location ⟐ : 9 ⬚ (4 à 6 pers.) 240 à 490 €/sem.
   ⟐ 1 borne 3,50 €
   Pour s'y rendre : SO : 0,5 km par D 952, rte de Moustiers-Ste-Marie, bord d'un ruisseau

> Nature : ←
> Loisirs : ⟐
> Services : ⚐ ⟲ ⟲ ⟐ ⟐ ⊕
> À prox. : canoë-kayak, rafting, aventure-parc

▲ **Provençal** mai-15 sept.
   ℰ 04 92 83 65 50, *yva.bellour@libertysurf.fr*,
   Fax 04 92 83 65 50, *camping-provencal.com* – **R** conseillée
   0,8 ha (45 empl.) plat et peu incliné, herbeux, pierreux
   Tarif : ▣ 16,50 € (½) (6A) – pers. suppl. 4 € – frais de réservation 10 €
   Pour s'y rendre : NO : 2 km par N 85, rte de Digne, près d'un petit ruisseau

> Nature : ← ♤♤
> Loisirs : ⟐
> Services : ⚐ ⟲ ⟲ ⟐ ⟐ ⊕ ⟐

679

Benutzen Sie
– zur Wahl der Fahrtroute
– zur Berechnung der Entfernungen
– zur exakten Lokalisierung eines Campingplatzes (mit Hilfe der Angaben im Ortstext)
*die für diesen Führer unentbehrlichen **MICHELIN-Karten** im Ma1 : 150 000.*

CHÂTEAU-ARNOUX-SAINT-AUBAN

✉ 04160 – 334 E8 – G. Alpes du Sud – 4 970 h. – alt. 440
🛈 *Office de tourisme, ferme de Font-Robert* ℰ 04 92 64 02 64, Fax 04 92 64 54 55

⛰ **Les Salettes** Permanent
ℰ 04 92 64 02 40, *info@lessalettes.com*, Fax 04 92 64 25 06,
www.lessalettes.com – **R** conseillée
4 ha (300 empl.) plat, herbeux

| Nature : 🏕 0 0 |
| Loisirs : 🏠 m ⚲ 丄 ⛳ |
| Services : 🕹 🚿 GB 🐾 🗒 🛒 ⊕ 🖼 |

Tarif : 🔲 22,90 € – pers. suppl. 5,50 € – frais de réservation 10 €
Location : 🛏 (4 à 6 pers.) 330 à 640 €/sem. – 🏡 (4 à 6 pers.) 315 à 660 €/sem.
🚐 1 borne 4,50 €
Pour s'y rendre : Au bord de 2 étangs

CLAMENSANE

✉ 04250 – 334 E7 – G. Alpes du Sud – 131 h. – alt. 694
Paris 720 – Avignon 180 – Grenoble 158 – Marseille 152 – Nice 203.

⛰ **Le Clot du Jay** 15 avr.-17 sept.
ℰ 04 92 68 35 32, *camping@clotdujay.com*,
Fax 04 92 68 35 32, *www.clotdujay.com* – **R** conseillée
6 ha/3 campables (50 empl.) plat, terrasses, herbeux,
pierreux, fort dénivelé, étang, au bord d'une forêt

| Nature : 🐟 🏕 0 0 |
| Loisirs : 丄 |
| Services : 🕹 🚿 GB 🐾 🗒 🎣 ⊕ 🖼 🛁 |
| À prox. : ⚲ |

Tarif : 🔲 18 € (6A) – pers. suppl. 4 €
Location 🦌 : 11 🏡 (4 à 6 pers.) 210 à 530 €/sem. – 7 bungalows toilés
Pour s'y rendre : E : 1 km par D 1 rte de Bayons, près du Sasse

*Les localités possédant des ressources sélectionnées dans ce guide
sont signalées sur les **cartes MICHELIN** détaillées à 1/150 000.*

680

COLMARS

✉ 04370 – 334 H7 – G. Alpes du Sud – 378 h. – alt. 1 235
🛈 *Office de tourisme, le village* ℰ 04 92 83 41 92, Fax 04 92 83 52 31

⛰ **Aire Naturelle les Pommiers** 15 avr.-sept.
ℰ 04 92 83 41 56, *contact@camping-pommier.com*,
Fax 04 92 83 40 86, *www.camping-pommier.com* – alt. 1 250
– **R** conseillée

| Nature : 🐟 ♀ |
| Services : 🕹 🚿 🐾 🖼 |

1 ha (25 empl.) plat, peu incliné, en terrasses, herbeux
Tarif : ★ 4 € 🔲 2,60 € (6) 2 €
🚐 1 borne
Pour s'y rendre : S : 0,6 km par chemin après le pont, devant la caserne des pompiers

COL ST-JEAN

✉ 04140 – 334 G6 – G. Alpes du Sud – alt. 1 333 – Sports d'hiver : 1 300/2 500 m ✦ 15 ✦
Paris 709 – Barcelonnette 34 – Savines-le-Lac 31 – Seyne 10.

⛰ **L'Étoile des Neiges** fermé 30 sept.-18 déc.
ℰ 04 92 35 07 08, *contact@etoile-des-neiges.com*,
Fax 04 92 35 12 55, *www.etoile-des-neiges.com* – alt. 1 300
– **R** conseillée

| Nature : 🐟 ≤ 🏕 |
| Loisirs : ♟ snack 🏠 ⊙ 🏓 ⛷ 🏕 ⚲ 丄 terrain omnisports |
| Services : 🕹 🚿 GB 🐾 M 🎱 🗒 🛒 ⊕ 🎣 🗑 🛁 |
| À prox. : 🏊 🗶 🚲 🐎 parc-aventure, parapente |

3 ha (130 empl.) en terrasses, plat, herbeux, pierreux
Tarif : 🔲 25 € (6A) – pers. suppl. 5 €
Location (permanent) 🦌 (15 juil.-19 août) : 30 🛏 (4 à 6 pers.) 230 à 660 €/sem. – 30 🏡 (4 à 6 pers.) 230 à 680 €/sem.
🚐 1 borne 6 €
Pour s'y rendre : S : 0,8 km par D 207 et chemin à droite à la station

CURBANS

 05110 – 334 E6 – 292 h. – alt. 650

▲ **Le Lac** avr.-oct.
  ℘ 04 92 54 23 10, info@au-camping-du-lac.com,
  Fax 04 92 54 23 11, *www.au-camping-du-lac.com*
  – **R** conseillée
  3,8 ha (90 empl.) plat, peu incliné, herbeux
  Tarif : (Prix 2005) 🔲 20 € – pers. suppl. 3,80 €
  Location (permanent) : 20 ▭ (4 à 6 pers.) 224 à
  590 €/sem.
  Pour s'y rendre : S : 1 km par D 4, rte du barrage de la Saulce,
  au bord du lac

> Nature : 🌿 ≤ ♀
> Loisirs : 🍷 🛝 ↝
> Services : ⚷ GB 🛒 & ⊚ 🗑

DIGNE-LES-BAINS

 04000 – 334 F8 – G. Alpes du Sud – 16 064 h. – alt. 608 – ♨ (mi fév.-début déc.)
🅱 *Office de tourisme, place du Tampinet ℘ 04 92 36 62 62, Fax 04 92 32 27 24*
Paris 744 – Aix-en-Provence 109 – Antibes 140 – Avignon 167 – Cannes 135 – Gap 89 – Nice 152.

▲▲ **Les Eaux Chaudes** avr.-oct.
  ℘ 04 92 32 31 04, info@campingleseauxchaudes.com,
  Fax 04 92 34 58 80, *www.campingleseauxchaudes.com*
  – **R** conseillée
  3,7 ha (140 empl.) plat et peu incliné, herbeux
  Tarif : 🔲 19 € 🔌 (10A) – pers. suppl. 4 € – frais de réservation 15 €
  Location : 34 ▭ (4 à 6 pers.) 287 à 413 €/sem. – 4 🏠 (4
  à 6 pers.) 462 à 560 €/sem.
  ▭ 1 borne 4 €
  Pour s'y rendre : SE : 1,5 km par D 20, rte des thermes, bord
  d'un ruisseau

> Nature : ≤
> Loisirs : 🛋 🎯
> Services : & ⚷ (juil.-août) 🛒 🎱 🗑
> ⊚ 🏊 ↝ &
> À prox. : 🍴

Si vous désirez réserver un emplacement pour vos vacances,
faites-vous préciser au préalable les conditions particulières de séjour,
les modalités de réservation, les tarifs en vigueur et les conditions de paiement.

681

ESPARRON-DE-VERDON

 04800 – 334 D10 – G. Alpes du Sud – 312 h. – alt. 397
🅱 *Office de tourisme, Hameau du Port ℘ 04 92 77 15 97, Fax 04 92 77 16 49*
Paris 795 – Barjols 31 – Digne-les-Bains 58 – Gréoux-les-Bains 13 – Moustiers-Ste-Marie 32 – Riez 17.

▲▲ **Le Soleil** Pâques-sept.
  ℘ 04 92 77 13 78, campinglesoleil@wanadoo.fr,
  Fax 04 92 77 10 45, *www.campinglesoleil.net* – **R** conseillée
  🛝
  2 ha (100 empl.) en terrasses, pierreux, gravillons, fort
  dénivelé
  Tarif : (Prix 2005) 🔲 22 € 🔌 (6A) – pers. suppl. 5,50 € – frais de
  réservation 16 €
  Location : 8 ▭ (4 à 6 pers.) 210 à 600 €/sem.
  ▭ 1 borne
  Pour s'y rendre : Sortie Sud par D 82, rte de Quinson, puis
  1 km par rte à droite
  À savoir : Cadre agréable au bord d'un lac

> Nature : 🌿 🏕 ♀♀ ⚠
> Loisirs : 🍷 snack, pizzeria 🛋 🎯
> canoë
> Services : & ⚷ 🅿 (tentes) GB 🛒
> 🗑 ⊚ 🏊 🖐 &
> À prox. : ⬇ pédalos

▲ **La Grangeonne** 24 juin-27 août
  ℘ 04 92 77 16 87, lagrangeonne@wanadoo.fr,
  Fax 04 92 77 16 87 – **R** conseillée
  1 ha (57 empl.) plat, peu incliné et en terrasses, pierreux,
  herbeux
  Tarif : ★ 4 € 🔲 4 € 🔌 (6A) 2,90 €
  Pour s'y rendre : SE : 1 km par D 82, rte de Quinson et rte à
  droite

> Nature : 🌿 ♀♀
> Loisirs : crêperie, pizzeria
> Services : & ⚷ 🛒 🏊 ⊚ 🗑 &

FORCALQUIER

✉ 04300 – 334 C9 – G. Alpes du Sud – 4 302 h. – alt. 550
🛈 *Office de tourisme, 13, place du Bourguet* ✆ *04 92 75 10 02, Fax 04 92 75 26 76*
Paris 747 – Aix-en-Provence 80 – Apt 42 – Digne-les-Bains 50 – Manosque 23 – Sisteron 43.

⚠ **Indigo Forcalquier** avr.-1ᵉʳ oct.
✆ 04 92 75 27 94, *forcalquier@camping-indigo.com*,
Fax 04 92 75 18 10, *www.camping-indigo.com* – **R** conseillée
2,9 ha (115 empl.) plat, peu incliné, terrasses, pierreux,
herbeux
Tarif : 🗉 24,30 € 🗲 (10A) – pers. suppl. 5,20 € – frais de
réservation 16 €
Location 🅿 : 33 🛏 (4 à 6 pers.) 260 à 610 €/sem. – 4 🏠
(4 à 6 pers.) 290 à 640 €/sem.
🚐 1 borne 3 €
Pour s'y rendre : Sortie E sur D 16, rte de Sigonce

Nature : 🏕 🎡
Loisirs : pizzeria 🎪 🏓 🚲 🏊
Services : ⅙ ⚡ GB 🔌 📷 🗑 ⊕ 🚿
🚾 ♨ 🔧 🚣
À prox. : ✂

Utilisez le guide de l'année.

GRÉOUX-LES-BAINS

✉ 04800 – 334 D10 – G. Alpes du Sud – 1 921 h. – alt. 386 – ♨ (début mars-fin déc.)
🛈 *Office de tourisme, 5, avenue des Marronniers* ✆ *04 92 78 01 08, Fax 04 92 78 13 00*
Paris 783 – Aix-en-Provence 55 – Brignoles 52 – Digne-les-Bains 69 – Manosque 14 – Salernes 50.

⚠ **La Pinède** mars-nov.
✆ 04 92 78 05 47, *lapinede@wanadoo.fr*,
Fax 04 92 77 69 05, *www.camping-lapinede.com* – **R**
3 ha (160 empl.) plat, peu incliné et en terrasses, pierreux,
gravillons
Tarif : (Prix 2005) 🗉 18,50 € 🗲 (10A) – pers. suppl. 4 €
Location : 38 🛏 (4 à 6 pers.) 344 à 564 €/sem.
🚐 1 borne 4 € – 10 🗉 17 €
Pour s'y rendre : S : 1,5 km par D 8, rte de St-Pierre, à 200 m
du Verdon

Nature : 🏞 ≤ 🏕 🎡
Loisirs : 🍸 🎪 🏓 🏊
Services : ⅙ ⚡ GB 🔌 📷 🗑 🌊 ⊕
📷
À prox. : 🎣

⚠ **Verseau** avr.-oct.
✆ 04 92 77 67 10, Fax 04 92 77 67 10 – **R** indispensable
2,5 ha (120 empl.) plat, incliné, pierreux, herbeux
Tarif : 🗉 19 € – pers. suppl. 4 €
Location : 27 🛏 (4 à 6 pers.) 235 à 600 €/sem. – 13 🏠 (4
à 6 pers.) 235 à 600 €/sem.
Pour s'y rendre : S : 1,2 km par D 8, rte de St-Pierre et
chemin à droite, près du Verdon

Nature : 🏞 ≤ 🏕 🎡
Loisirs : 🎪 salle d'animation 🏓
🏊
Services : ⅙ ⚡ GB 🔌 📷 🗑 ⊕ 🚿
🚾 📷

⚠ **Yelloh-Village Verdon Parc** avr.-25 oct.
✆ 04 92 78 08 08, *info@yelloh-village-verdon-parc.com*,
Fax 04 92 78 00 17, *www.yellohvillage-verdon-parc.com*
– **R** conseillée ✂ (2 juil.-19 août)
8 ha (280 empl.) plat, gravier, pierreux, terrasses, herbeux
Tarif : 🗉 29 € – pers. suppl. 5 €
Location ✂ : 100 🛏 (4 à 6 pers.) 238 à 763 €/sem. – 7
bungalows toilés
🚐 1 borne
Pour s'y rendre : S : 0,6 km par D 8, rte de St-Pierre et à
gauche après le pont, au bord du Verdon

Nature : 🏞 🏕 🎡
Loisirs : 🍸 snack 🎪 🍴 diurne 🏃
🏓 ✂ 🏊 🎣 terrains omnisports,
practice de golf
Services : ⅙ ⚡ GB 🔌 🗑 🚿 ⊕ 📷
réfrigérateurs

⚠ **Regain** avr.-20 oct.
✆ 04 92 78 09 23, *camping.regain@club-internet.fr*,
www.camping-regain.com – **R** conseillée
3 ha (83 empl.) plat et terrasse, pierreux, herbeux
Tarif : 🗉 14,20 € – pers. suppl. 3 €
Pour s'y rendre : S : 2 km par D 8, rte de St-Pierre
À savoir : Au bord du Verdon

Nature : 🏞 🎡 ⚠
Loisirs : 🎣
Services : ⅙ ⚡ 🔌 🗑 ⊕ 🚿 🚾 📷

LARCHE

✉ 04530 – ▣▣▣ J6 – G. Alpes du Sud – 83 h. – alt. 1 691
🛈 *Syndicat d'initiative, le village* ☎ 04 92 84 33 58
Paris 760 – Barcelonnette 28 – Briançon 81 – Cuneo 70.

⚠ **Domaine des Marmottes** juin-sept.
☎ 04 92 84 33 64, Fax 04 92 84 33 64 – **R** conseillée
2 ha (50 empl.) non clos, plat, herbeux, pierreux
Tarif : (Prix 2005) ▣ 16,50 € ⚡ (10A) – pers. suppl. 6,50 €
Pour s'y rendre : SE : 0,8 km par rte à droite GR 5-56
À savoir : Cadre sauvage au bord de l'Ubayette

| Nature : ⛰ ≼ ↩ ᦉᦉ (pinède) |
| Services : ᵬ ⚊ ᶜᐟ ⊟ ᦆ ⊕ ▣ ᵬ |

Les MÉES

✉ 04190 – ▣▣▣ D8 – G. Alpes du Sud – 2 925 h. – alt. 410
🛈 *Syndicat d'initiative, 21, boulevard de la République* ☎ 04 92 34 36 38, Fax 04 92 34 31 44
Paris 726 – Digne-les-Bains 25 – Forcalquier 25 – Gréaux-les-Bains 44 – Mézel 27 – Sisteron 22.

⚠ **Municipal de la Pinède** 15 juin-15 sept.
☎ 04 92 34 33 89 – **R**
1 ha (50 empl.) en terrasses, herbeux
Tarif : (Prix 2005) 🏕 3,36 € ▣ 3,36 € ⚡ 3,36 €
Pour s'y rendre : À l' Est du bourg

| Nature : ⛰ ᦉᦉ |
| Services : ᵬ ⚊ ℗ ᶜᐟ ᦆ ⊕ ▣ |
| À prox. : ᨖ ⊼ |

⚠ **Aire Naturelle l'Olivette** 15 avr.-15 sept.
☎ 04 92 34 18 97, *campingolivette@club-internet.fr*,
Fax 04 92 34 18 97, *http://campingolivette.free.fr* – **R**
1 ha (25 empl.) non clos, en terrasses, incliné à peu incliné
Tarif : ▣ 15,80 € ⚡ (6A) – pers. suppl. 3 €
Pour s'y rendre : A 51 sortie 19, direction les Mées par
Oraison sur D 4

| Nature : ⛰ ↩ ᦉᦉ |
| Loisirs : 🛝 |
| Services : ᵬ ⚊ ᶜᐟ ⊕ |

Benutzen Sie
– zur Wahl der Fahrtroute
– zur Berechnung der Entfernungen
– zur exakten Lokalisierung eines Campingplatzes (mit Hilfe der Angaben im Ortstext)
*die für diesen Führer unentbehrlichen **MICHELIN-Karten** im Ma1 : 150 000.*

683

MÉOLANS-REVEL

✉ 04340 – ▣▣▣ H6 – 284 h. – alt. 1 080

⚠ **Domaine Loisirs de l'Ubaye** fermé 10 nov.-15 déc.
☎ 04 92 81 01 96, *info@loisirsubaye.com*,
Fax 04 92 81 92 53, *www.loisirsubaye.com* – alt. 1 073
– **R** conseillée
9,5 ha (267 empl.) plat, herbeux, pierreux, en terrasses
Tarif : ▣ 22,50 € ⚡ (6A) – pers. suppl. 5 €
Location : 16 🚐 (4 à 6 pers.) 260 à 470 €/sem. – 19 🏚 (4
à 6 pers.) 310 à 590 €/sem.
🚐 1 borne
Pour s'y rendre : Sur D 900, route de Barcelonnette

| Nature : ↩ ᦉᦉ (pinède) |
| Loisirs : snack 🍴 ᨖ diurne 🚲 ᨖ ⊼ |
| Services : ᵬ ⚊ ⊝ᕓ ᶜᐟ ᑯ ᦆ ⊕ ᵬ ᵬ ▣ ᵬ ᵬ |
| À prox. : sports en eaux vives |

MÉZEL

✉ 04270 – ▣▣▣ F8 – 536 h. – alt. 585
Paris 745 – Barrême 22 – Castellane 47 – Digne-les-Bains 15 – Forcalquier 51 – Sisteron 41.

⚠ La Célestine
☎ 04 92 35 52 54, *lacelestin@wanadoo.fr*,
Fax 04 92 35 52 54, *www.camping-lacelestine.com*
2,4 ha (100 empl.) plat, herbeux
Location : 8 🚐
🚐 1 borne
Pour s'y rendre : S : 3 km par D 907, rte de Manosque, bord
de l'Asse

| Nature : ᦉᦉ |
| Loisirs : ⚐ ᦆ 🛝 🚲 ᨖ quad |
| Services : ᵬ ᦆ ⊕ ᵬ |

MONTPEZAT

✉ 04500 – 334 E10
Paris 806 – Digne-les-Bains 54 – Gréoux-les-Bains 23 – Manosque 37 – Montmeyan 21 – Moustiers-Ste-Marie 22.

⚠ **Coteau de la Marine** (location exclusive de 60 mobile homes) mai-oct.
ℰ 04 92 77 53 33, accueil@camping-coteau-de-la-marine.com, Fax 04 92 77 59 34 – empl. traditionnels également disponibles – **R** indispensable
10 ha en terrasses, pierreux, gravier
Tarif : 🔲 25 € – pers. suppl. 5 € – frais de réservation 20 €
Location : 🛖 (4 à 6 pers.) 205 à 650 €/sem.
Pour s'y rendre : SE : 2 km par rte de Baudinard

> Nature : 🌿 ⟨ 🛏 💧
> Loisirs : 🍸 snack 🏊 🎱 ⛵ canoë, pédalos, kayak, bateaux électriques
> Services : 🔌 GB 🚿 🔲 🚰 🚽

MOUSTIERS-STE-MARIE

✉ 04360 – 334 F9 – G. Alpes du Sud – 625 h. – alt. 631
🏢 Office de tourisme, place de l'Église ℰ 04 92 74 67 84, Fax 04 92 74 60 65
Paris 783 – Aix-en-Provence 90 – Castellane 45 – Digne-les-Bains 47 – Draguignan 61 – Manosque 50.

⚠ **Le Vieux Colombier** avr.-sept.
ℰ 04 92 74 61 89, camping.vieux.colombier@wanadoo.fr, Fax 04 92 74 61 89, www.lvcm.fr – **R** conseillée
2,7 ha (70 empl.) en terrasses, peu incliné, incliné, pierreux, herbeux
Tarif : 🔲 15,30 € 🔌 (6A) – pers. suppl. 4 € – frais de réservation 10 €
Location : 8 🛖 (4 à 6 pers.) 306 à 500 €/sem.
🚐 1 borne 5 €
Pour s'y rendre : S : 0,8 km

> Nature : ⟨ 🛏 💧
> Loisirs : 🏠
> Services : 🔥 🔌 GB 🚿 🔲 🚰 ⊕ 🚽 🔲 🚽
> À prox. : 🍴

⚠ **St-Clair** mai-25 sept.
ℰ 04 92 74 67 15, direction@camping-st-clair.com, Fax 04 92 74 67 15, www.camping-st-clair.com – **R**
3 ha (215 empl.) peu incliné, en terrasses, pierreux, herbeux
Tarif : ⚹ 4,25 € 🔲 4,20 € 🔌 (6A) 3,20 €
Location : 🛖
Pour s'y rendre : S : 2,5 km, carrefour des D 952 et D 957, bord de la Maïre et de l'Anguire

> Nature : ⟨ 💧💧
> Loisirs : pizzeria 🏊
> Services : 🔥 🔌 GB 🚿 🔲 🚽 🚰 ⊕ 🔲 🚰 🚽 cases réfrigérées
> À prox. : ✗

⚠ **St-Jean** avr.-2 nov.
ℰ 04 92 74 66 85, camping-saint-jean@wanadoo.fr, Fax 04 92 74 66 85, http://perso.wanadoo.fr/camping-saint-jean/ – **R** conseillée
1,6 ha (125 empl.) plat, peu incliné, herbeux
Tarif : 🔲 16,30 € 🔌 (10A) – pers. suppl. 4 € – frais de réservation 9 €
Location 🐾 : 6 🛖 (4 à 6 pers.) 350 à 500 €/sem.
Pour s'y rendre : SO : 1 km par D 952, rte de Riez, bord de la Maïre

> Nature : 🌿 ⟨ 💧💧
> Loisirs : 🏊 🎣
> Services : 🔥 🔌 GB 🚿 🔲 🚰 ⊕ 🚽 🚰 🔲

⚠ **Manaysse** avr.-2 nov.
ℰ 04 92 74 66 71, Fax 04 92 74 62 28, www.camping-manaysse.com – **R** conseillée
1,6 ha (97 empl.) incliné, terrasses, herbeux, gravier, plat
Tarif : ⚹ 3,10 € 🔲 3,10 € 🔌 (10A) 3,30 €
🚐 1 borne
Pour s'y rendre : SO : 0,9 km par D 952, rte de Riez

> Nature : 💧💧
> Loisirs : 🏠
> Services : 🔥 🔌 🚿 🔲 🚰 ⊕ 🔲

Pour choisir et suivre un itinéraire
Pour calculer un kilométrage
Pour situer exactement un terrain (en fonction des indications fournies dans le texte) :
*Utilisez les **cartes MICHELIN** détaillées à 1/150 000, compléments indispensables de cet ouvrage.*

684

NIOZELLES

✉ 04300 – 📖 D9 – 199 h. – alt. 450
Paris 745 – Digne-les-Bains 49 – Forcalquier 7 – Gréoux-les-Bains 33 – Manosque 21 – Les Mées 24.

⚠ **Moulin de Ventre** avr.-7 sept.
℘ 04 92 78 63 31, *moulindeventre@aol.com*,
Fax 04 92 79 86 92, *www.moulindeventre.com* – **R** conseil-
lée
28 ha/3 campables (124 empl.) plat, en terrasses, peu incliné,
herbeux, pierreux
Tarif : 🔲 25 € – pers. suppl. 5,50 €
Location : 14 🏚 (4 à 6 pers.) 259 à 644 €/sem. – 5 🏠 (4
à 6 pers.) 238 à 630 €/sem. – 3 appartements
Pour s'y rendre : E : 2,5 km par N 100, rte de la Brillanne -
Par A 51 sortie 19
À savoir : Au bord du Lauzon et d'un petit lac

Nature : 🌊 ⛺ 🌳
Loisirs : snack 🛖 🏸 ⚽ ♨
Services : ⚙ ⛽ GB 🚐 🏢 🗄 🚿 ☺ 🔳
🏕

Donnez-nous votre avis
sur les terrains que nous recommandons.
Faites-nous connaître vos observations et vos découvertes.

PEYRUIS

✉ 04310 – 📖 D8 – G. Alpes du Sud – 2 217 h. – alt. 402
Paris 727 – Digne-les-Bains 30 – Forcalquier 20 – Manosque 29 – Sisteron 23.

⚠ **Les Cigales** avr.-sept.
℘ 04 92 68 16 04, *les.cigales@mageos.com*,
Fax 04 92 68 16 04, *lescigales.ifrance.com* – **R** conseillée
1 ha (33 empl.) peu incliné à incliné, herbeux, pierreux
Tarif : (Prix 2005) 🔲 15,75 € (🔌) (6A) – pers. suppl. 3,95 € – frais
de réservation 20 €
Pour s'y rendre : Au S du bourg, près du stade et d'un
ruisseau

Nature : ⟨ ⛺ 🌳
Loisirs : ⚽
Services : ⚙ ⛽ (janv. - déc.) 🏢 🗄 🏔 ☺ 🏕 🚿 🔳
À prox. : ⛷ ♨ parcours sportif

685

PUIMICHEL

✉ 04700 – 📖 E9 – 237 h. – alt. 723
Paris 737 – Avignon 140 – Grenoble 175 – Marseille 112 – Nice 175.

⚠ **Les Matherons** 20 avr.-sept.
℘ 04 92 79 60 10, *lesmatherons@wanadoo.fr*,
Fax 04 92 79 60 10, *www.campinglesmatherons.com*
– **R** conseillée
70 ha/4 campables (25 empl.) plat à incliné, herbeux,
pierreux
Tarif : 🧍 3,25 € 🔲 7,50 € (🔌) (3A) 2,50 €
Pour s'y rendre : SO : 3 km par D 12 rte d'Oraison et chemin
empierré à droite
À savoir : Cadre sauvage et naturel au milieu des bois

Nature : 🌊 🌳
Loisirs : ⚽
Services : ⛽ 🅿 🗄 ☺ 🔳

RIEZ

✉ 04500 – 📖 E10 – 1 667 h. – alt. 520
🅱 *Office de tourisme, 4, allée Louis Gardiol* ℘ 04 92 77 99 09, Fax 04 92 77 99 08

⚠ **Rose de Provence** Pâques-fin oct.
℘ 04 92 77 75 45, *info@rose-de-provence.com*,
Fax 04 92 77 75 45, *www.rose-de-provence.com* ✉ 04500
Riez – **R** conseillée
1 ha (91 empl.) plat, terrasse, herbeux, gravier
Tarif : (Prix 2005) 🔲 15,55 € – pers. suppl. 3,50 €
Location (Pâques-oct.) : 3 🏚 (4 à 6 pers.) 250 à
485 €/sem.
Pour s'y rendre : SE : 1 km par D 11, rte de Ste-Croix-du-
Verdon

Nature : ⛺ 🌳
Loisirs : ⚽
Services : ⚙ ⛽ GB 🚐 ☺ 🔳 cases réfrigérées
À prox. : 🛒 ✂

ST-ANDRÉ-LES-ALPES

✉ 04170 – 334 H9 – G. Alpes du Sud – 818 h. – alt. 914
🛈 *Office de tourisme, place de Verdun* ✆ *04 92 89 02 39, Fax 04 92 89 19 23*
Paris 786 – Castellane 20 – Colmars 28 – Digne-les-Bains 43 – Manosque 86 – Puget-Théniers 45.

△ **Municipal les Iscles** mai-sept.
✆ 04 92 89 02 29, *mairie.st-andre.les.alpes@wanadoo.fr,*
Fax 04 92 89 02 56 – alt. 894 – **R** conseillée
2,5 ha (200 empl.) plat, pierreux, herbeux
Tarif : ✝ 3,80 € 🅴 3,30 € [⚡] (4A) 2,60 €
🚐, 1 borne 3 €
Pour s'y rendre : S : 1 km par N 202 rte d'Annot et à gauche,
à 300 m du Verdon

> Nature : ♧♧
> Loisirs : 🏠 ⚡
> Services : ⅙ ⊶ GB ⅍ ⊽ 🗄 🏖 ⚲ ☺ 🗑
> **À prox. :** 🛒 ✗ 🛝 parcours sportif, parapente

ST-MARTIN-DE-BRÔMES

✉ 04800 – 334 D10 – G. Alpes du Sud – 403 h. – alt. 358

△ **Bleu Lavande** mai-oct.
✆ 04 92 77 64 89, *info@camping-bleu-lavande.com,*
Fax 04 92 77 60 32, *www.camping-bleu-lavande.com*
– **R** conseillée
4 ha/2 campables (35 empl.) en terrasses, gravier, plat, non clos, bois attenant
Tarif : (Prix 2005) 🅴 17,50 € [⚡] (10A) – pers. suppl. 4 €
Location : 9 🚐 (4 à 6 pers.) 300 à 550 €/sem.
Pour s'y rendre : Chemin de Pauron, 0,8 km à l'Ouest du bourg et chemin empierré

> Nature : 🦌 ≤ le village et la chaîne du mont Denier 🌳 ♧
> Services : ⅙ ⊶ GB ⅍ 🗄 ☺ 🛝 🚰

ST-PONS

✉ 04400 – 334 H6 – 641 h. – alt. 1 157

△△△ **Le Loup Blanc du Riou** (location exclusive de 13 chalets)
Permanent
✆ 04 92 81 44 97, *leloup.blanc@wanadoo.fr,*
Fax 04 92 81 44 97, *www.leloupblanc.com* – **R** conseillée
2 ha en terrasses, herbeux, pierreux
Location : 13 🏠 (4 à 6 pers.) 310 à 610 €/sem.
Pour s'y rendre : SO : 1 km, derrière l'aérodrome
À savoir : Agréable petit village de chalets, sous une pinède

> Nature : 🦌 ♧♧
> Loisirs : 🔲 ⚡ 🛝
> Services : ⅙ ⊶ 🅿 GB ⅍ 🎦 🗑
> **À prox. :** 🛒 ✗ 🐴 parc aventure, parc de loisirs, vol à voile

Massif de la Sainte-Baume

Campion L/Michelin

STE-CROIX-DE-VERDON

⊠ 04500 – 334 E10 – 102 h. – alt. 530 – Base de loisirs
Paris 780 – Brignoles 59 – Castellane 59 – Digne-les-Bains 51 – Draguignan 53 – Manosque 44.

⚠ **Municipal les Roches** avr.-sept.
    ℘ 04 92 77 78 99, Fax 04 92 77 76 23 – **R** indispensable
    6 ha (233 empl.) plat et en terrasses, vallonné, accidenté,
    herbeux, gravillons
    Tarif : (Prix 2005) 🔲 13 € – pers. suppl. 2,80 €
    Pour s'y rendre : 1 km au NE du bourg, à 50 m du lac de
    Ste-Croix - pour les caravanes, le passage par le village est
    interdit
    À savoir : Bel ombrage sous les oliviers et amandiers

> Nature : ≤ 🌳🌳
> Services : ♿ ⌾ GB ⊘ ⚲ ☺ 🖥 cases réfrigérées
> À prox. : ✗ ⇌ ⚲ canoë, pédalos

SEYNE

⊠ 04140 – 334 G6 – G. Alpes du Sud – 1 440 h. – alt. 1 200
🚹 Office de tourisme, place d'Armes ℘ 04 92 35 11 00, Fax 04 92 35 28 84
Paris 719 – Barcelonnette 43 – Digne-les-Bains 43 – Gap 54 – Guillestre 71.

⚠ **Les Prairies** 16 avr.-16 sept.
    ℘ 04 92 35 10 21, info@campinglesprairies.com,
    Fax 04 92 35 26 96, www.campinglesprairies.com
    – **R** conseillée
    3,6 ha (108 empl.) non clos, plat, pierreux, herbeux
    Tarif : (Prix 2005) 🔲 24,50 € 🔌 (10A) – pers. suppl. 5 € – frais
    de réservation 16 €
    Location : 8 🏚 (4 à 6 pers.) 250 à 520 €/sem. – 8 🏠 (4 à
    6 pers.) 270 à 595 €/sem.
    Pour s'y rendre : S : 1 km par D 7, rte d'Auzet et chemin à
    gauche, bord de la Blanche

> Nature : ⥣ ≤ 🏕 🌳🌳
> Loisirs : 🏓 ⚽ 🏊
> Services : ♿ ⌾ GB ⊘ ⛐ 🖥 ☺ ☺ 🖥 ⛲
> À prox. : ✗ 🏊 🐎 🚴

Benutzen Sie
– zur Wahl der Fahrtroute
– zur Berechnung der Entfernungen
– zur exakten Lokalisierung eines Campingplatzes (mit Hilfe der Angaben im Ortstext)
*die für diesen Führer unentbehrlichen **MICHELIN-Karten** im Ma1 : 150 000.*

687

SISTERON

⊠ 04200 – 334 D7 – G. Alpes du Sud – 6 964 h. – alt. 490
🚹 Office de tourisme, place de la République ℘ 04 92 61 12 03, Fax 04 92 61 19 57
Paris 704 – Barcelonnette 100 – Digne-les-Bains 40 – Gap 52.

⚠ **Municipal des Prés-Hauts** mars-oct.
    ℘ 04 92 61 19 69, camping.sisteron@wanadoo.fr,
    Fax 04 92 61 19 69, sisteron.Fr – **R** conseillée
    4 ha (141 empl.) plat et peu incliné, herbeux
    Tarif : 🔲 13,50 € – pers. suppl. 3,50 €
    Pour s'y rendre : N : 3 km par rte de Gap et D 951 à droite,
    rte de la Motte-du-Caire, près de la Durance
    À savoir : Emplacements bien délimités dans un cadre
    verdoyant

> Nature : ⥣ ≤ 🏕 ♨
> Loisirs : 🏓 ⚽ ✗ 🏊
> Services : ♿ ⌾ GB ⊘ ⛐ 🖥 ☺ ⛲ ⇆ 🖥

THOARD

⊠ 04380 – 334 E8 – 646 h. – alt. 790
Paris 747 – Digne-les-Bains 20 – Folcalquier 53 – Manosque 64 – Sisteron 42.

⚠ **Le Vieux Moulin** avr.-sept.
    ℘ 04 92 34 65 75 – **R** conseillée ✂
    0,5 ha (20 empl.) non clos, plat, herbeux
    Tarif : ✚ 3,80 € 🚗 1 € 🔲 2,30 € 🔌 (6A) 3 €
    Pour s'y rendre : N : 1 km par D 17, à droite avant le pont, au
    lieu-dit le Planas, au bord du Duyes, pour les caravanes,
    l'accès par le village est déconseillé, suivre D 3, rte de Mélan

> Nature : ⥣ ≤ ♨
> Loisirs : 🏓
> Services : ♿ ⌾ ☺ 🖥

VALENSOLE

✉ 04210 – 334 D9 – 2 334 h. – alt. 566

🅱 *Syndicat d'initiative, place des Héros de la Résistance* ℘ 04 92 74 90 02

Paris 758 – Brignolles 64 – Castellane 72 – Digne-les-Bains 46 – Manosque 21 – Salernes 58.

⛰ **Oxygène** 15 avr.-17 sept.
℘ 04 92 72 41 77, sarloxygene@libertysurf.fr,
Fax 04 92 72 41 77, www.camping-oxygene.com
– **R** conseillée
2,5 ha (100 empl.) non clos, plat, pierreux, herbeux, haies de lauriers
Tarif : 🔲 20 € ⚡ (10A) – pers. suppl. 5 €
Location 🛖 : 6 🚐 (4 à 6 pers.) 300 à 626 €/sem.
🚐 1 borne 9 €
Pour s'y rendre : SO : 19 km par D 6, rte de Manosque et D 4, rte d'Oraison, au lieu-dit les Chabrands, à 300 m de la Durance (accès direct), accès conseillé par D 4 - par A 51 sortie 18 Manosque

Nature : 🏞 ⛺ 🌳
Loisirs : 🎠 🏓 ✦
Services : 🚿 ⚡ 🚐 Ⓜ 🗓 🛎 ⊕ 🚿 📧 🔲

Le VERNET

✉ 04140 – 334 G7 – 104 h. – alt. 1 200

Paris 729 – Digne-les-Bains 32 – La Javie 16 – Seyne 11.

⛺ **Lou Passavous** 15 avr.-15 sept.
℘ 04 92 35 14 67, loupassavous@wanadoo.fr,
Fax 04 92 35 09 35, www.loupassavous.com – **R** conseillée
1,5 ha (60 empl.) plat, peu incliné, herbeux, pierreux, non clos
Tarif : 🔲 18 € ⚡ (6A) – pers. suppl. 3,65 €
Pour s'y rendre : N : 0,8 km par rte de Roussimat, bord du Bès

Nature : 🏞 ≤ 🌳
Loisirs : 🍽 pizzeria ✦
Services : 🚿 ⚡ GB 🚐 🗓 🛎 ⊕ 📧 🔲
À prox. : ✂ 🏊 🦢 🐴

688

VILLARS-COLMARS

✉ 04370 – 334 H7 – 209 h. – alt. 1 225

Paris 774 – Annot 37 – Barcelonnette 46 – Colmars 3 – St-André-les-Alpes 26.

⛰ **Le Haut-Verdon** mai-sept.
℘ 04 92 83 40 09, campinglehautverdon@wanadoo.fr,
Fax 04 92 83 56 61, www.lehautverdon.com – **R** conseillée
3,5 ha (109 empl.) plat, pierreux
Tarif : 🔲 23 € – pers. suppl. 4 €
Location (permanent) (fermé vac. de la Toussaint) : 6 🚐 (4 à 6 pers.) 295 à 550 €/sem. – 4 🏠 (4 à 6 pers.) 245 à 500 €/sem.
🚐 1 borne 3 €
Pour s'y rendre : Par D 908, bord du Verdon, accès très déconseillé par le col d'Allos

Nature : ≤ ⛺ 🌲🌲 (pinède)
Loisirs : pizzeria, snack 🍱 ✦ ✂ 🏊
Services : ⚡ GB 🚐 🗓 🛎 ⊕ 🚿 🔲 📧

VOLONNE

✉ 04290 – 334 E8 – G. Alpes du Sud – 1 514 h. – alt. 450

Paris 718 – Château-Arnoux-St-Aubin 4 – Digne-les-Bains 29 – Forcalquier 33 – Les Mées 17 – Sisteron 14.

⛰ **L'Hippocampe** 8 avr.-sept.
℘ 04 92 33 50 00, camping@l-hippocampe.com,
Fax 04 92 33 50 49, www.l-hippocampe.com – **R** conseillée
8 ha (447 empl.) plat, herbeux, verger
Tarif : 🔲 32 € – pers. suppl. 6,50 €
Location : 159 🚐 (4 à 6 pers.) 174 à 910 €/sem. – 6 🏠 (4 à 6 pers.) 282 à 973 €/sem. – 45 bungalows toilés
🚐 1 borne 5 €
Pour s'y rendre : SE : 0,5 km par D 4
À savoir : Cadre agréable, au bord de la Durance

Nature : ≤ ⛺ 🌲🌲
Loisirs : 🍽 pizzeria, self-service, snack 🍹 nocturne ✦ discothèque, salle d'animation ✦ 🎯 ✂ 🏊 canoë, pédalos
Services : 🚿 ⚡ GB 🚐 🗓 🛎 🚿 ⊕ 🚿 🔲 📧 🔲
À prox. : 🐴

VOLX

✉ 04130 – **334** D9 – 2 690 h. – alt. 350
Paris 748 – Digne-les-Bains 51 – Forcalquier 15 – Gréoux-les-Bains 22 – Manosque 9 – Reillanne 22.

▲ **Municipal la Vandelle** juin-sept.
  ℰ 04 92 79 35 85, Fax 04 92 79 32 26, *camping.volx.com*
  – **R** conseillée
  2 ha (50 empl.) plat, peu incliné et terrasses, herbeux,
  pierreux, bois attenant
  Tarif : 🛉 3,30 € ⟨⟩ 1,80 € 🗉 3,50 € 🔌 3,40 €
  Pour s'y rendre : SO : à 1,3 km du bourg

| Nature : 🏕 👥👥 |
| Loisirs : 🏊 |
| Services : 🛇 ↺ ⊕ 🖼 |

Hautes-Alpes (05)

ANCELLE

✉ 05260 – **334** F5 – 619 h. – alt. 1 340 – Sports d'hiver : 1 350/1 807 m ✫13 ⚡
🛈 *Syndicat d'initiative, Mairie* ℰ 04 92 50 83 05, Fax 04 92 50 89 89
Paris 665 – Gap 17 – Grenoble 103 – Orcières 18 – Savines-le-Lac 30.

▲▲ **Les Auches** fermé 15 nov.-15 déc.
  ℰ 04 92 50 80 28, *info@lesauches.com*, Fax 04 92 50 84 58,
  www.lesauches.com – places limitées pour le passage
  – **R** conseillée
  2 ha (90 empl.) peu incliné, terrasses, herbeux
  Tarif : 🗉 18,60 € 🔌 (3A) – pers. suppl. 4,50 € – frais de
  réservation 10 €
  Location ⚡ (haute saison) : 4 🚐 (4 à 6 pers.) 250 à
  500 €/sem. – 12 🏠 (4 à 6 pers.) 250 à 650 €/sem. –
  studios
  Pour s'y rendre : Sortie N par rte de Pont du Fossé et à
  droite

| Nature : 🏕 ≼ |
| Loisirs : snack 🎱 🏇 🏊 |
| Services : 🛇 ↺ 😄 ↻ 🍴 🖥 ⊕ 🖼 |

L'ARGENTIÈRE-LA-BESSÉE

✉ 05120 – **334** H4 – G. Alpes du Sud – 2 289 h. – alt. 1 024
Paris 696 – Briançon 17 – Embrun 33 – Gap 74 – Mont-Dauphin 18 – Savines-le-Lac 44.

▲ **Municipal les Écrins** 18 avr.-15 sept.
  ℰ 04 92 23 03 38, *contact@camping-les-ecrins.com*,
  Fax 04 92 23 09 89, *www.camping-les-ecrins.com*
  – **R** conseillée
  3 ha (120 empl.) plat, herbeux, pierreux
  Tarif : 🗉 14,90 € – pers. suppl. 4,50 € – frais de réser-
  vation 2,50 €
  Pour s'y rendre : S : 2,3 km par N 94 rte de Gap, et D 104 à
  droite
  À savoir : Près d'un plan d'eau et d'un stade d'eau vive

| Nature : ≼ |
| Loisirs : 🎱 🏇 🏊 |
| Services : 🛇 ↺ (juil.-août) 😄 ↻ 🍴 |
| ⊕ 🗄 🖼 🎿 🖼 |
| À prox. : 🍽 🏊 ⚓ 🏇 sports en eaux |
| vives |

BARATIER

✉ 05200 – **334** G4 – 461 h. – alt. 855
Paris 704 – Marseille 214 – Gap 39 – Digne 90 – Briançon 51.

▲▲▲ **Les Airelles** 7 juin-10 sept.
  ℰ 04 92 43 11 57, *info@lesairelles.com*, Fax 04 92 43 69 07,
  www.lesairelles.com – **R** conseillée
  5 ha/4 campables (130 empl.) peu incliné à incliné, terrasses,
  plat, pierreux, herbeux
  Tarif : (Prix 2005) 🛉 4,20 € 🗉 4,20 € 🔌 (10A) 3,30 €
  Location : 28 🏠 (4 à 6 pers.) 255 à 560 €/sem.
  Pour s'y rendre : SE : 1,2 km par D 40, rte des Orres et rte à
  droite, accès direct au village par chemin forestier

| Nature : 🏕 ≼ 👥👥 |
| Loisirs : 🍷 snack, pizzeria 🎱 🍴 |
| nocturne 🏇 🏊 |
| Services : 🛇 ↺ 😄 ↻ 🖥 ♨ ⊜ ⊕ |
| 🖼 |

689

BARATIER

Le Verger Permanent

  📞 04 92 43 15 87, *camping.leverger@wanadoo.fr*,
Fax 04 92 43 49 81, *www.campingleverger.fr* – **R** conseillée
4,3 ha/2,5 campables (110 empl.) peu incliné, en terrasses,
herbeux, pierreux

Location : pavillons

Pour s'y rendre : Sortie O, pour caravanes, accès conseillé
par le village

À savoir : Entrée fleurie et site agréable

Nature : 🏞 < 🛶 ♀♀	
Loisirs : snack 🎱 🏊	
Services : o━ 🗺 ⚙ �🚿 🗋 🛁 ♨ 🏧	
À prox. : 🍴 🦶	

Les Grillons 15 mai-10 sept.

  📞 04 92 43 32 75, *info@lesgrillons.com*, Fax 04 92 43 32 75,
www.lesgrillons.com – **R** conseillée
1,5 ha (90 empl.) peu incliné, herbeux

Tarif : 🔲 16,94 € 🔌 (10A) – pers. suppl. 3,90 € – frais de
réservation 10 €

Location : 8 🏠 (4 à 6 pers.) 295 à 520 €/sem.

Pour s'y rendre : N : 1 km par D 40, D 340 et chemin à
gauche

Nature : 🏞 < ♀	
Loisirs : 🍴 🏊	
Services : ⚬ o━ ⚙ 🗋 🛁 🦅 ♨ 🏧	

Les Esparons 15 juin-1er sept.

  📞 04 92 43 02 73, *info@lesesparons.com*,
Fax 04 92 43 02 73, *www.lesesparons.com* – **R** conseillée
1,5 ha (83 empl.) plat et peu incliné, herbeux

Tarif : 👤 4,15 € 🔲 4,30 € 🔌 (6A) 3,90 € – frais de réservation 15 €

Location 🐾 : 6 🏠 (4 à 6 pers.) 250 à 545 €/sem.

Pour s'y rendre : Sortie N par D 40 et D 340

À savoir : Agréable verger près d'un torrent

Nature : 🏞 < 🛶 ♀♀	
Loisirs : 🐎 🏊	
Services : ⚬ o━ ⚙ 🗋 🦅 ♨ 🏧	

Les Deux Bois 5 mai-10 sept.

  📞 04 92 43 54 14, *info@camping-les2bois.com*,
Fax 04 92 43 54 14, *www.camping-les2bois.com* – **R** conseillée
2,5 ha (100 empl.) plat, incliné à peu incliné, terrasses,
herbeux, pierreux

Tarif : 🔲 18,60 € 🔌 (10A) – pers. suppl. 4 € – frais de réservation 15 €

Pour s'y rendre : Accès au bourg par D 204

Nature : 🏞 < ♀	
Loisirs : 🍷 snack, pizzeria 🐎 🏊	
Services : ⚬ o━ 🗺 ⚙ ⚙ 🗋 🛁 🏧	
À prox. : 🍴 🦶	

BARRET-SUR-MÉOUGE

✉ 05300 – **334** C7 – 232 h. – alt. 640
Paris 700 – Laragne-Montéglin 14 – Sault 46 – Séderon 21 – Sisteron 25.

Les Gorges de la Méouge mai-sept.

  📞 04 92 65 08 47, *campinggorgesdelameouge@wana
doo.fr*, Fax 04 92 65 05 33, *www.camping-meauge.com*
– **R** conseillée
2,5 ha (95 empl.) plat, herbeux

Tarif : 🔲 18,60 € 🔌 (10A) – pers. suppl. 3,90 €

Location : 9 🏠 (2 à 4 pers.) 285 à 325 €/sem. – 13 🏠 (4 à
6 pers.) 323 à 374 €/sem.

Pour s'y rendre : Sortie Est par D 942, rte de Laragne-
Montéglin et chemin à droite, près de la Méouge

Nature : 🏞 < ♀♀	
Loisirs : 🚲 🏊	
Services : ⚬ o━ ⚙ 🗋 🛁 ♨ 🚗 🚐 🏧	

*LES GUIDES VERTS **MICHELIN***
Paysages, monuments
Routes touristiques
Géographie
Histoire, Art
Itinéraire de visite
Plans de villes et de monuments

BRIANÇON

✉ 05100 – 334 H2 – G. Alpes du Sud – 10 737 h. – alt. 1 321 – Sports d'hiver : 1 200/2 800 m 9 🚡 63 🎿 🏂
🛈 Office de tourisme, 1, place du Temple 𝒫 04 92 21 08 50, Fax 04 92 20 56 45
Paris 681 – Digne-les-Bains 145 – Embrun 48 – Grenoble 89 – Gap 119.

   🔺 **Les 5 Vallées** juin-25 sept.
      𝒫 04 92 21 06 27, *infos@camping5vallees.com*,
      Fax 04 92 20 41 69, *www.camping5vallees.com* – **R** conseillée
      5 ha (116 empl.) plat, peu incliné, herbeux
      Tarif : 🔳 22,55 € 🔋 (10A) – pers. suppl. 5,75 €
      Location (fermé oct.-nov.) 🛖 : 24 🚐 (4 à 6 pers.) 440 à
      524 €/sem.
      🚐 1 borne 5 €
      Pour s'y rendre : S : 2 km par N 94

Nature : ≤ 🌳🌳	
Loisirs : 🏠 🏸 🏊	
Services : 🔧 ⚡ 🖥 🐕 🔖 🛁 🎣 😊	
🔳 🚰 🚿	
À prox. : 🎣	

CEILLAC

✉ 05600 – 334 I4 – G. Alpes du Sud – 276 h. – alt. 1 640 – Sports d'hiver : 1 700/2 500 m 🎿 6 🏂
🛈 Office de tourisme, le village 𝒫 04 92 45 05 74
Paris 729 – Briançon 50 – Gap 75 – Guillestre 14.

   🔺 **Les Mélèzes** juin-4 sept.
      𝒫 04 92 45 21 93, *camping-les-melezes@wanadoo.fr*,
      Fax 04 92 45 01 83 – **R** conseillée
      3 ha (100 empl.) peu incliné, accidenté et terrasses, pierreux,
      herbeux
      Tarif : 🛖 4,80 € 🔳 6 € 🔋 (16A) 2,80 €
      Pour s'y rendre : SE : 1,8 km
      À savoir : Site et cadre agréables au bord du Mélezet

Nature : 🏔 ≤ 🌳	
Loisirs : 🏸	
Services : ⚡ 🍴 🔖 🛁 🎣 😊 🎣 🔳	

Benutzen Sie
– zur Wahl der Fahrtroute
– zur Berechnung der Entfernungen
– zur exakten Lokalisierung eines Campingplatzes (mit Hilfe der Angaben im Ortstext)
*die für diesen Führer unentbehrlichen **MICHELIN-Karten** im Ma1 : 150.000.*

691

CHÂTEAU-QUEYRAS

✉ 05350 – 334 I4 – G. Alpes du Sud – alt. 1 380
Paris 716 – Briançon 37 – Gap 80 – Guillestre 19 – St-Véran 13.

   🔺 **Municipal de l'Iscle** 15 juin-10 sept.
      𝒫 04 92 46 76 21, Fax 04 92 46 82 00 – **R** conseillée
      2 ha (75 empl.) plat, pierreux, herbeux
      Tarif : (Prix 2005) 🛖 2,25 € 🚗 1,05 € 🔳 1,70 € 🔋 2,25 €
      Pour s'y rendre : Sortie E par D 947, rte d'Aiguilles, à 50 m
      du Guil

Nature : ≤ 🌳	
Loisirs : 🏸	
Services : 🔧 ⚡ 🐕	
À prox. : 🎣 sports en eaux vives	

CHORGES

✉ 05230 – 334 F5 – 1 882 h. – alt. 864
🛈 Office de tourisme, Grande Rue 𝒫 04 92 50 64 25, Fax 04 92 50 93 44
Paris 676 – Embrun 23 – Gap 18 – Savines-le-Lac 12.

   🔺 **Le Serre du Lac** Permanent
      𝒫 04 92 50 67 57, *campserredulac@aol.com*,
      Fax 04 92 50 67 57, *www.campingleserredulac.com* – places
      limitées pour le passage – **R** conseillée
      2,5 ha (91 empl.) en terrasses, pierreux, herbeux
      Tarif : 🛖 5,20 € 🔳 3,50 € 🔋 3,50 €
      Location : 45 🚐 (4 à 6 pers.) 245 à 460 €/sem.
      Pour s'y rendre : SE : 4,5 km par N 94 rte de Briançon et rte
      de la baie de St-Michel

Nature : ≤ 🗔	
Loisirs : 🏠 🏊	
Services : 🔧 ⚡ 🐕 🍴 🔖 🛁 😊 🎣 🛎	
🔳	

EMBRUN

⊠ 05200 – ₃₃₄ G5 – G. Alpes du Sud – 6 152 h. – alt. 871
🚹 *Office de tourisme, place Général-Dosse* ℘ 04 92 43 72 72, Fax 04 92 43 54 06
Paris 706 – Barcelonnette 55 – Briançon 48 – Digne-les-Bains 97 – Gap 41 – Guillestre 21 – Sisteron 88.

⚠ **Municipal de la Clapière**
℘ 04 92 43 01 83, *info@camping-embrun-clapiere.com*,
Fax 04 92 43 50 22, *camping-embrun-clapiere.com*
– **R** conseillée
6,5 ha (367 empl.) plat, accidenté et en terrasses, pierreux,
herbeux
Location : 8 🏠
🚐 1 borne
Pour s'y rendre : SO : 2,5 km par N 94, rte de Gap et à droite
À savoir : Près d'un plan d'eau

> Nature : ❀❀
> Loisirs : 🎴 ⚘nocturne ⚓
> Services : ⅋ ⊶⊪ 🖫⊕🔥
> À prox. : 🍴🍽🍴 ⚡ ⛾ 🔀 🞧 🔀 🔀 ⚡ parcours sportif

ESPINASSES

⊠ 05190 – ₃₃₄ F6 – 587 h. – alt. 630
Paris 689 – Chorges 19 – Gap 25 – Le Lauzet-Ubaye 23 – Savines-le-Lac 29 – Turriers 16.

⚠ **La Viste** 15 mai-15 sept.
℘ 04 92 54 43 39, *camping@laviste.fr*, Fax 04 92 54 42 45,
http://www.laviste.fr – alt. 900 – **R** conseillée
4,5 ha/2,5 campables (160 empl.) plat, terrasse, peu incliné,
accidenté, herbeux, pierreux
Tarif : (Prix 2005) 👤 5,80 € 🅴 5,50 € 🅹 (5A) 3 € – frais de
réservation 26,80 €
Location : 30 🏠 (4 à 6 pers.) 340 à 690 €/sem.
Pour s'y rendre : NE : 5,5 km par D 900ᴮ, D 3 rte de Chorges
et D 103 à gauche rte de Rousset
À savoir : Belle situation dominant le lac de Serre-Ponçon

> Nature : 🞧 ≤ lac de Serre-Ponçon,
> montagnes et barrage ⚘
> Loisirs : 🍴🍽 snack ⚓ ⚡ ⛸
> Services : ⅋ ⊶ GB ⚶ 🖫 🔀 ⊕ 🔥
> 🔀 🔀
> À prox. : sports en eaux vives

FREISSINIÈRES

⊠ 05310 – ₃₃₄ H4 – G. Alpes du Sud – 169 h. – alt. 1 150
🚹 *Office de tourisme, les Ribes* ℘ 04 92 20 95 49
Paris 707 – Briançon 28 – Embrun 34 – Gap 75 – Mont-Dauphin 19 – Savines-le-Lac 45.

⚠ **Municipal des Allouviers** mai-15 sept.
℘ 04 92 20 93 24, *mairie-de-freissinieres@wanadoo.fr*,
Fax 04 92 20 91 09 – **R** conseillée
3,2 ha (160 empl.) plat, pierreux, herbeux
Tarif : (Prix 2005) 🅴 13,70 € – pers. suppl. 2,70 €
Pour s'y rendre : SE : 3 km par D 238 et chemin à droite
après le pont
À savoir : Au bord de la Biaïsse

> Nature : 🞧 ≤ ❀❀
> Loisirs : snack 🎴 ⚡ 🔀 ⛸ 🔀
> Services : ⊶ (juil.-août) GB ⚶ 🖫 🔀
> 🔀 ⊕ 🔥 🔀

GAP

⊠ 05000 – ₃₃₄ E5 – G. Alpes du Sud – 36 262 h. – alt. 735
🚹 *Office de tourisme, 2a, cours Frédéric Mistral* ℘ 04 92 52 56 56, Fax 04 92 52 56 57
Paris 665 – Avignon 209 – Grenoble 103 – Sisteron 52 – Valence 158.

⚠ **Alpes-Dauphiné** avr.-11 nov.
℘ 04 92 51 29 95, *alpes.dauph@wanadoo.fr*,
Fax 04 92 53 58 42, *www.alpesdauphine.com* – alt. 850
– **R** conseillée
10 ha/6 campables (185 empl.) incliné, en terrasses, herbeux
Tarif : 🅴 20,50 € 🅹 (6A) – pers. suppl. 5,50 € – frais de
réservation 15 €
Location (avr.-15 oct.) : 6 🚐 (2 à 4 pers.) 250 à 385 €/sem.
– 35 🚍 (4 à 6 pers.) 290 à 560 €/sem. – 10 🏠 (4 à 6 pers.)
285 à 620 €/sem. – gîtes
🚐 1 borne 5,50 €
Pour s'y rendre : N : 3 km, sur N 85, rte de Grenoble

> Nature : ≤ ⚘
> Loisirs : 🍴🍽 pizzeria 🎴 ⚡ 🔀
> Services : ⅋ ⊶ GB ⚶ 🖫 🔀 🔀
> ⊕ 🔀 🔀 🔥 🔀 🔀

La GRAVE

✉ 05320 – **334** F2 – G. Alpes du Nord – 511 h. – alt. 1 526 – Sports d'hiver : 1 450/3 250 m ⚡2 ⚡2 ⚡
🛈 *Office de tourisme, route nationale 91* ℘ *04 76 79 90 05, Fax 04 76 79 91 65*
Paris 642 – Briançon 38 – Gap 126 – Grenoble 80 – Col du Lautaret 11 – St-Jean-de-Maurienne 66.

⚠ **La Meije** 15 mai-15 sept.
℘ *06 08 54 30 84, nathalie-romagne@wanadoo.fr,*
Fax 04 76 79 93 34, *www.camping-delameije.com*
– **R** conseillée
2,5 ha (50 empl.) plat, terrasse, peu incliné, herbeux
Tarif : 🏕 14 € [½] (4A) – pers. suppl. 3 €
Pour s'y rendre : E : direction Briançon par RN 91
À savoir : Magnifique panorama sur le glacier de la Grave et sur la Meije

> Nature : 🗻 ≤ ♀
> Loisirs : 🎿 🏠 🔥 ⚓
> Services : ♿ ⛲ ⊕ 🖤 🏪
> À prox. : 🚣 canoë, sports en eaux vives

⚠ **Le Gravelotte** 10 juin-10 sept.
℘ *04 76 79 92 39, roland.jacob@cario.fr, Fax 04 76 79 92 39,*
www.camping-le-gravelotte.com – **R** conseillée
4 ha (75 empl.) plat, herbeux
Tarif : 🏕 11,50 € [½] (5A) – pers. suppl. 3,50 €
Pour s'y rendre : O : 1,2 km par N 91 rte de Grenoble et chemin à gauche
À savoir : Agréable situation au pied des montagnes et au bord de la Romanche

> Nature : ≤
> Loisirs : 🍷 🔥 ⚓
> Services : ♿ ⛲ GB ♻ 🖤 ⊕ 🏪

*The classification (1 to 5 tents, **black** or red) that we award to selected sites in this Guide is a system that is our own.*
It should not be confused with the classification (1 to 4 stars) of official organisations.

GUILLESTRE

✉ 05600 – **334** H5 – G. Alpes du Sud – 2 211 h. – alt. 1 000 – Base de loisirs
🛈 *Office de tourisme, place Salva* ℘ *04 92 45 04 37*
Paris 715 – Barcelonnette 51 – Briançon 36 – Digne-les-Bains 114 – Gap 61.

693

⚠⚠ **Le Villard** Permanent
℘ *04 92 45 06 54, info@camping-levillard.com,*
Fax 04 92 45 00 52 – **R** conseillée
3,2 ha (120 empl.) plat et peu incliné, herbeux, pierreux
Tarif : (Prix 2005) 🏕 19,30 € [½] (10A) – pers. suppl. 4,50 €
Location : 5 🏠 (4 à 6 pers.) 500 €/sem.
Pour s'y rendre : O : 2 km par D 902ᴬ, rte de Gap, bord du Chagne

> Nature : ❄ ≤ ♀
> Loisirs : snack 🍴 🚣 🎿 🔥 ⚓
> Services : ♿ ⛲ ♻ ▥ 🖤 ⊕ 🏪

⚠⚠ **St-James-les-Pins** Permanent
℘ *04 92 45 08 24, camping@lesaintjames.com,*
Fax 04 92 45 18 65, *www.lesaintjames.com* – **R** conseillée
2,5 ha (100 empl.) plat et peu incliné, pierreux, herbeux
Tarif : 🏕 15,70 € [½] (5A) – pers. suppl. 2,90 €
Location 🏠 : 13 🏠 (4 à 6 pers.) 243 à 590 €/sem. – 🛏
🚐 1 borne 4,60 €
Pour s'y rendre : O : 1,5 km par rte de Risoul et rte à droite
À savoir : Agréable pinède, au bord du Chagne

> Nature : ❄ ≤ ♀♀
> Loisirs : 🍴 🚣 ⚓
> Services : ♿ ⛲ GB ♻ ▥ 🖤 ⊕ 🏪
> À prox. : 🎿 🔥

⚠ **La Ribière** juin -15 sept.
℘ *04 92 45 25 54, camping.la.ribiere@wanadoo.fr,*
Fax 04 92 45 25 54, *www.laribiere.fr* – **R** conseillée
5 ha/2 campables (50 empl.) peu incliné, plat, terrasses, herbeux, pierreux
Tarif : 🏕 15,20 € [½] (10A) – pers. suppl. 3 €
Location 🏠 : 5 🏠 (2 à 4 pers.) 210 à 230 €/sem.
🚐 1 borne 5,80 € – 6 🏕 13,50 €
Pour s'y rendre : Au S du bourg, accès par chemin près du carrefour D 902ᴬ et D 86, rte de Risoul
À savoir : Au bord du Chagne

> Nature : 🗻 ≤ ♀
> Loisirs :
> Services : ♿ ⛲ ♻ ⛰ ⊕ 🏪
> À prox. : ▨ 🔥

GUILLESTRE

⚠ **La Rochette** 15 mai-22 sept.
  𝒫 04 92 45 02 15, *guillestre@aol.com*, Fax 04 92 45 02 15,
  www.campingguillestre.com – **R** conseillée
  5,5 ha (198 empl.) plat, incliné à peu incliné, herbeux,
  pierreux
  Tarif : (Prix 2005) 🖪 16,20 € 🔌 (10A) – pers. suppl. 3,60 €
  Pour s'y rendre : O : 1 km par rte de Risoul et rte à droite

> Nature : ≤ 🟢🟢
> Loisirs : snack 🏠 🎠 🐎
> Services : 🚭 ⊶ 🔲 🗄 🛗 ⚙ 🎣
> 🖳 sèche-linge ⚌
> À prox. : 🎿 🏊

NÉVACHE

✉ 05100 – 🔳🔳🔳 H2 – G. Alpes du Sud – 290 h. – alt. 1 640 – Sports d'hiver : 1 400/2 000 m ⚡ 2 🎿
🚩 *Office de tourisme, Ville Haute* 𝒫 04 92 21 38 19
Paris 693 – Bardonècchia 18 – Briançon 21.

⚠ **Fontcouverte** juin-24 sept.
  𝒫 04 92 21 38 21 – croisement difficile pour caravanes –
  alt. 1 860 – ⚕
  2 ha (100 empl.) plat, peu incliné, terrasses, pierreux,
  herbeux
  Tarif : 🚶 2,50 € 🚗 1,50 € 🖪 3 €
  Pour s'y rendre : NO : 6,2 km par D 301ᵀ, aux Chalets de
  Fontcouverte
  À savoir : Site agréable au bord d'un torrent et près de la
  Clarée

> Nature : 🌿 ≤ 🟢
> Loisirs : 🐎
> Services : 🚭 ⊶ 🐄
> À prox. : 🍴

ORCIÈRES

✉ 05170 – 🔳🔳🔳 F4 – G. Alpes du Nord – 810 h. – alt. 1 446 – Sports d'hiver : à Orcières-Merlette : 1 850/2 650 m
🎿 2 ⚡ 26 🎿 – Base de loisirs
🚩 *Office de tourisme, Merlette* 𝒫 04 92 55 89 89
Paris 676 – Briançon 109 – Gap 32 – Grenoble 113 – La Mure 73 – St-Bonnet-en-Champsaur 26.

⚠ Base de Loisirs
  𝒫 04 92 55 76 67, Fax 04 92 55 79 46 – alt. 1 280
  1,2 ha (48 empl.) non clos, plat, pierreux, gravillons
  Location : gîte d'étape
  Pour s'y rendre : SO : à 3,4 km d'Orcières, à la base de loisirs,
  à 100 m du Drac Noir et près d'un petit plan d'eau

> Nature : 🌿 ≤ montagnes 🟢
> Loisirs : 🍷 snack
> Services : 🚭 🗄 🛗 ⚙ 🖳
> À prox. : 🎠 🚵 🛶 🐎 🐎 parcours
> de santé, parapente

694

Massif de la Sainte-Victoire

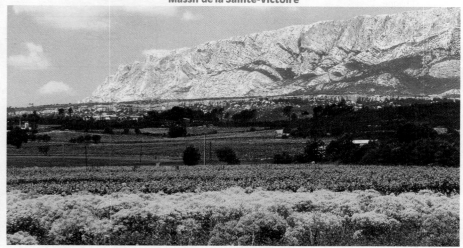

J. Malburet/Michelin

ORPIERRE

⊠ 05700 – 334 C7 – G. Alpes du Sud – 256 h. – alt. 682

🖥 *Office de tourisme, le Village* 🖉 *04 92 66 30 45, Fax 04 92 66 32 52*

Paris 689 – Château-Arnoux 47 – Digne-les-Bains 72 – Gap 55 – Serres 20 – Sisteron 33.

 Les Princes d'Orange avr.-28 oct.

🖉 04 92 66 22 53, *campingorpierre@wanadoo.fr*,
Fax 04 92 66 31 08 – accès aux emplacements par forte
pente, mise en place et sortie des caravanes à la demande
– **R** conseillée
20 ha/4 campables (100 empl.) plat et peu incliné, en
terrasses, pierreux, herbeux
Tarif : 🔳 22,50 € – pers. suppl. 4 € – frais de réservation 10 €
Location : 15 ⌂⌂ (4 à 6 pers.) 275 à 510 €/sem. – 4 ⌂ (4
à 6 pers.) 300 à 540 €/sem.
Pour s'y rendre : S : à 300 m du bourg, à 150 m du Céans

> Nature : ⛰ ⟨ Orpierre et monta-
> gnes ᵠ
> Loisirs : ⍦ pizzeria 🏠 🎿 🏊 🏄
> Services : 🚿 ⛽ ♨ 🗄 ♻ ⊕ 📷
> À prox. : 🍴 ᵐ⍦

*Om een reisroute uit te stippelen en te volgen,
om het aantal kilometers te berekenen,
om precies de ligging van een terrein te bepalen
(aan de hand van de inlichtingen in de tekst),
gebruikt u de **Michelinkaarten** schaal 1 : 150 000 ;
een onmisbare aanvulling op deze gids.*

PONT-DU-FOSSÉ

⊠ 05260 – 334 F4 – G. Alpes du Sud

Paris 673 – Marseille 204 – Gap 24 – Grenoble 102 – Saint 99.

 Le Diamant mai-sept.

🖉 04 92 55 91 25, *camping.diamant@libertysurf.fr*,
Fax 04 92 55 95 97, *www.campingdiamant.com* – **R** conseil-
lée
4 ha (100 empl.) plat, herbeux, peu pierreux
Tarif : 🔳 19,60 € (10A) – pers. suppl. 4,20 €
Location : 12 ⌂⌂ (4 à 6 pers.) 160 à 450 €/sem.
Pour s'y rendre : SO : 0,8 km par D 944 rte de Gap
À savoir : Au bord du Drac

> Nature : ⟨ ᵠᵠ
> Loisirs : 🏠 🎿 🏊
> Services : 🚿 ⛽ (juil.-août) ♨ 🗄 ⛺
> ⊕ ♻ 🍴 📷 🚿
> À prox. : 🚿

⛺ **Municipal le Châtelard** 15 juin-15 sept.

🖉 04 92 55 94 31, *comstjeanstnicolas@wanadoo.fr*,
Fax 04 92 55 95 29 – **R** conseillée
2 ha (60 empl.) plat, herbeux, pierreux
Tarif : 👤 3,35 € ⛟ 1,20 € 🔳 4,50 € ⚡ 2,20 €
Pour s'y rendre : E : 1 km par D 944 et chemin à droite,
chemin pour piétons reliant le camp au village
À savoir : Au bord du Drac

> Nature : ⛰ ⟨ ᵠ
> Loisirs : 🏠 🏊
> Services : 🚿 ⛽ 🆖 ♨ 🍴 🗄 ♻ ⊕
> ♻ 🍴 📷
> À prox. : 🍴

PRUNIÈRES

⊠ 05230 – 334 F5 – 232 h. – alt. 1 018 – Base de loisirs

Paris 681 – Briançon 68 – Gap 23 – Grenoble 119.

 Le Roustou mai-sept.

🖉 04 92 50 62 63, *info@campingleroustou.com, www.cam
pingleroustou.com* – **R**
11 ha/6 campables (180 empl.) plat, incliné à peu incliné,
terrasses, gravier, herbeux
Tarif : 🔳 21,30 € – pers. suppl. 6 €
Location : 26 ⌂ (4 à 6 pers.) 260 à 795 €/sem.
Pour s'y rendre : S : 4 km, sur N 94
À savoir : Site et cadre agréables entre lac et montagnes

> Nature : ⛰ ⟨ ⛱ ᵠ ⛰
> Loisirs : ⍦ snack 🏠 🍴 🏊
> Services : 🚿 ⛽ 🆖 ♨ 🗄 ⛺ ⊕ 📷
> 🚿

695

PUY-ST-VINCENT

✉ 05290 – **334** G4 – G. Alpes du Sud – 267 h. – alt. 1 325
🛈 *Office de tourisme, les Alberts* ☎ *04 92 23 35 80, Fax 04 92 23 45 23*
Paris 700 – L'Argentière-la-Bessée 10 – Briançon 21 – Gap 83 – Guillestre 30 – Pelvoux 6.

⚠ **Croque Loisirs** 15 juin-15 sept.
☎ *04 92 23 44 22, courrier@puysaintvincent.net,*
Fax *04 92 23 45 23, www.paysdesecrins.com* – alt. 1 400
– **R** conseillée
2 ha (60 empl.) en terrasses, herbeux, pierreux, bois attenant
Tarif : 🗉 13 € – pers. suppl. 3,50 €
Pour s'y rendre : S : 1,8 km par rte de Puy-St-Vincent 1600
et chemin à gauche
À savoir : Site et cadre agréables

Nature : 🐟 ≼
Loisirs : 🏠
Services : ᴴ ⟲ (15 juil.-15 août) ⅁ᴮ
⟑ 🗗 ☺ 🗒

Raadpleeg, voordat U zich op een kampeerterrein installeert,
de tarieven die de beheerder verplicht
is bij de ingang van het terrein aan te geven.
Informeer ook naar de speciale verblijfsvoorwaarden.
De in deze gids vermelde gegevens kunnen
sinds het verschijnen van deze hereditie gewijzigd zijn.

RÉALLON

✉ 05160 – **334** G5 – 194 h. – alt. 1 380
🛈 *Office de tourisme, Pra Prunier* ☎ *04 92 44 25 67, Fax 04 92 44 32 52*
Paris 691 – Embrun 16 – Gap 34 – Mont-Dauphin 34 – Savines-le-Lac 13.

⚠ **Municipal de l'Iscle** Permanent
☎ *04 92 44 27 08, Fax 04 92 50 71 13, www.reallon-ski.com*
– alt. 1 434 – **R** conseillée
0,8 ha (50 empl.) peu incliné, gravier, pierreux, herbeux
Tarif : 🗉 18,85 € – pers. suppl. 4 €
Pour s'y rendre : NO : 2 km par D 241
À savoir : Agréable site montagnard, près du Réallon

Nature : 🐟 ≼ montagnes
Loisirs : 🏠 ✗ ≊ (plan d'eau)
Services : ⟲ ⅁ᴮ ⟑ ▥ 🔥 ☺ 🗒

La ROCHE-DE-RAME

✉ 05310 – **334** H4 – 678 h. – alt. 1 000
Paris 701 – Briançon 22 – Embrun 27 – Gap 68 – Mont-Dauphin 12 – Savines-le-Lac 38.

⚠ **Le Verger** Permanent
☎ *04 92 20 92 23, Fax 04 92 20 92 23, www.campinglever*
ger.com – **R** conseillée
1,6 ha (50 empl.) peu incliné, en terrasses, herbeux, verger
Tarif : 🗉 18 € 🛢 (10A) – pers. suppl. 4,50 €
🚐 1 borne 3,50 €
Pour s'y rendre : NO : 1,2 km par N 94, rte de Briançon et
chemin des Gillis à droite

Nature : 🐟 ≼ 🌳
Loisirs : 🏠
Services : ᴴ ⟲ ⟑ ▥ 🗗 ☺ ⚲ 🗒

⚠ **Municipal du Lac** mai-15 sept.
☎ *04 92 20 90 31, camping.lelac@laposte.net,*
Fax *04 92 20 98 51, www.campingdulac.fr.fm* – **R** conseillée
1 ha (95 empl.) plat, peu incliné, herbeux
Tarif : 🗉 17 € 🛢 (6A) – pers. suppl. 3,40 €
Pour s'y rendre : Sortie S
À savoir : Au bord du lac

Nature : ≼ 🌳
Loisirs : 🍷 ✗ ≊ (plage) 🐟
Services : ᴴ ⟲ (30 juin-15 sept.) ⟑
🗗 ⚲ ☺ 🗒
À prox. : canoë

La ROCHE DES ARNAUDS

✉ 05400 – 𝟛𝟛𝟜 D5 – 953 h. – alt. 945
Paris 672 – Corps 49 – Gap 15 – St-Étienne-en-Dévoluy 33 – Serres 28.

⚠ **Au Blanc Manteau** Permanent
𝒫 04 92 57 82 56 – alt. 900 – **R** conseillée
4 ha (40 empl.) plat, pierreux, herbeux
Tarif : (Prix 2005) 🔲 21,35 € [ϟ] (10A) – pers. suppl. 4 €
Pour s'y rendre : SO : 1,3 km par D 18 rte de Ceüze, bord
d'un torrent

Nature : ❄ ⌂ < ♀
Loisirs : ♟ 🍴 ♨ 🚲 ⚒ 🏊
Services : ♿ ⌾ ▥ 🗑 🛁 ☺ 🗄 🍴

ROSANS

✉ 05150 – 𝟛𝟛𝟜 A6 – 493 h. – alt. 708
🈺 Syndicat d'initiative, Écomusée 𝒫 04 92 66 65 81, Fax 04 92 66 64 33
Paris 694 – Carpentras 82 – Nyons 41 – Orange 83 – Sault 71 – Sisteron 60 – Valence 139.

⚠ **Les Rosières** mai-sept.
𝒫 04 92 66 62 06, camping-des-rosieres@wanadoo.fr,
Fax 04 92 66 68 90, www.perso.wanadoo.fr/camping-des-
rosieres – **R** conseillée
9 ha/3 campables (50 empl.) plat, peu incliné, herbeux
Tarif : 🔲 18,50 € [ϟ] (10A) – pers. suppl. 4 €
Location (permanent) : 12 🛏 (4 à 6 pers.) 200 à
540 €/sem. – 5 🏠 (4 à 6 pers.) 250 à 540 €/sem.
Pour s'y rendre : NO : 2,4 km par D 94, rte de Nyons et
chemin à gauche

Nature : ⌂ <
Loisirs : ♟ snack ♨ ♨ 🏊 🐎 (cen-
tre équestre)
Services : ♿ ⌾ ⌸ ⚙ 🗑 ☺ ⌂ ⌇
🗄

Avant de vous installer, consultez les tarifs en cours,
affichés obligatoirement à l'entrée du terrain,
et renseignez-vous sur les conditions particulières de séjour.
Les indications portées dans le guide ont pu être modifiées depuis la mise à jour.

697

ST-APOLLINAIRE

✉ 05160 – 𝟛𝟛𝟜 G5 – 106 h. – alt. 1 285
Paris 684 – Embrun 19 – Gap 27 – Mont-Dauphin 37 – Savines-le-Lac 8.

⚠ **Municipal le Clos du Lac** juin-15 sept.
𝒫 04 92 44 27 43, closdulac@wanadoo.fr,
Fax 04 92 44 27 40, http://perso.wanadoo.fr/clodulac – croi-
sement difficile pour caravanes et camping-cars – alt. 1 450
– **R** conseillée
2 ha (77 empl.) en terrasses et peu incliné, herbeux
Tarif : ⚹ 4 € 🔲 4,50 € [ϟ] 3,20 € – frais de réservation 20 €
Pour s'y rendre : NO : 2,3 km par D 509, à 50 m du lac de
St-Apollinaire
À savoir : Belle situation dominante

Nature : ⌂ < lac de Serre-Ponçon
et montagnes
Loisirs : ,
Services : ⌾ (30 juin-10 sept.) ⚙ 🗑
⌇ ☺ 🗄 ⌇
À prox. : ♟ snack ♨ ⌇

ST-BONNET-EN-CHAMPSAUR

✉ 05500 – 𝟛𝟛𝟜 E4 – G. Alpes du Nord – 1 466 h. – alt. 1 025
🈺 Office de tourisme, place Grenette 𝒫 04 92 50 02 57, Fax 04 92 50 02 57
Paris 652 – Gap 16 – Grenoble 90 – La Mure 50.

⚠ **Camp V.V.F.** mai-sept.
𝒫 04 92 50 01 86, Fax 04 92 50 11 85 – **R** conseillée
0,4 ha (28 empl.) peu incliné, herbeux
Tarif : 🔲 15,50 € [ϟ] (6A) – pers. suppl. 4 € – adhésion obliga-
toire 28 €
Pour s'y rendre : SE : 0,8 km par D 43, rte de St-Michel-de-
Chaillol et à droite

Nature : < ⌂ ♀
Loisirs : ♟ ⌂ ☾ nocturne ⚒ ♨
Services : ⌾ ⚙ ▥ 🗑 ☺ 🗄
À prox. : ⚒ ⌇

ST-CLÉMENT-SUR-DURANCE

✉ 05600 – 334 H5 – 229 h. – alt. 872
Paris 715 – L'Argentière-la-Bessée 21 – Embrun 13 – Gap 54 – Mont-Dauphin 6 – Savines-le-Lac 24.

▲ **Les Mille Vents** 10 juin-1er sept.
℘ 04 92 45 10 90 – **R** conseillée
3,5 ha (100 empl.) plat, terrasse, herbeux, pierreux
Tarif : (Prix 2005) ▣ 14 € ฿ (5A) – pers. suppl. 2,50 €
Pour s'y rendre : E : 1 km par N 94, rte de Briançon et D 994D
à droite après le pont
À savoir : Au bord de la rivière

Nature : ≤ ⚲
Loisirs : 🛶
Services : 🏠 ⚡ 🚗 🛁 🏊 ⚙ 🍴

ST-ÉTIENNE-EN-DÉVOLUY

✉ 05250 – 334 D4 – G. Alpes du Nord – 538 h. – alt. 1 273
🅱 Office de tourisme, le Pré ℘ 04 92 58 91 91, Fax 04 92 58 91 32
Paris 651 – Corps 25 – Gap 32 – Serres 55.

▲ **Les Auches**
℘ 04 92 58 84 71, viletout@aol.com, www.devoluy.com/au
ches – places limitées pour le passage – **R**
1,2 ha (45 empl.) plat, pierreux, gravier, herbeux
Pour s'y rendre : SE : 1,3 km par D 17 rte du col du Noyer,
bord de la Souloise

Nature : 🌲 ≤
Loisirs : 🛶 🎣
Services : 🏠 ⚡ 🏧 ⚙ 🍴
À prox. : 🚲 🎾

Benutzen Sie
– zur Wahl der Fahrtroute
– zur Berechnung der Entfernungen
– zur exakten Lokalisierung eines Campingplatzes (mit Hilfe der Angaben im Ortstext)
*die für diesen Führer unentbehrlichen **MICHELIN-Karten** im Ma1 : 150 000.*

698

ST-FIRMIN

✉ 05800 – 334 E4 – G. Alpes du Nord – 438 h. – alt. 901
🅱 Syndicat d'initiative, pont Richards ℘ 04 92 55 23 21
Paris 636 – Corps 10 – Gap 31 – Grenoble 74 – La Mure 34 – St-Bonnet-en-Champsaur 18.

▲ **La Villette** 15 juin-15 sept.
℘ 04 92 55 23 55 – **R** conseillée
0,5 ha (33 empl.) en terrasses, peu incliné, herbeux, pierreux
Tarif : ⚹ 2,90 € ▣ 2,80 € ฿ 2,90 €
Pour s'y rendre : NO : 0,5 km par D 58 rte des Reculas

Nature : 🌲 ≤ ⚲
Services : ⚡ 🏧 ⚙
À prox. : 🎾 🛶

▲ **La Pra** 15 juin-15 sept.
℘ 04 92 55 48 76 – pour caravanes accès conseillé par D 985A
rte de St-Maurice en V. et D 58 à gauche – **R** conseillée
0,5 ha (32 empl.) non clos, en terrasses, pierreux, herbeux
Tarif : ⚹ 2,80 € ▣ 2,80 € ฿ 2,20 €
Pour s'y rendre : NE : 0,8 km du bourg

Nature : 🌲 ≤ montagnes
Services : ⚡ 🚗 🏧 ⚙

Le SAUZÉ-DU-LAC

✉ 05160 – 334 F6 – 87 h. – alt. 1 052
Paris 697 – Barcelonette 35 – Digne-les-Bains 74 – Gap 40 – Guillestre 41.

▲ **La Palatrière** mai-sept.
℘ 04 92 44 20 98, lapalatriere@wanadoo.fr, www.lapa
triere.com – **R** conseillée
3 ha (30 empl.) en terrasses, pierreux, herbeux
Tarif : ▣ 19,50 € – pers. suppl. 5,50 €
Location (avr.-1er nov.) : 10 🏠 (4 à 6 pers.) 265 à
660 €/sem.
Pour s'y rendre : S : 4,6 km par D 954
À savoir : Belle situation dominant le lac de Serre-Ponçon

Nature : 🌲 ≤ ⚲
Loisirs : 🍸 snack 🍴 🛶 🏊
Services : 🏠 ⚡ 🅶🅱 🚗 🏧 ⚙ 🍴

SERRES

✉ 05700 – 334 C6 – G. Alpes du Sud – 1 204 h. – alt. 670
🛈 *Office de tourisme, place du lac* ☎ *04 92 67 00 67, Fax 04 92 67 16 16*
Paris 670 – Die 68 – Gap 41 – Manosque 89 – La Mure 75 – Nyons 65.

⚠ **Domaine des Deux Soleils** mai-sept.
  ☎ 04 92 67 01 33, *dom.2.soleils@wanadoo.fr*,
  Fax 04 92 67 08 02 – alt. 800 – **R** conseillée
  26 ha/12 campables (72 empl.) en terrasses, pierreux,
  herbeux
  Tarif : 🔲 20,85 € 🄸 (6A) – pers. suppl. 3,50 €
  Location : 8 ⬜ (4 à 6 pers.) 294 à 495 €/sem. – 14 🏠 (4
  à 6 pers.) 245 à 490 €/sem.
  Pour s'y rendre : SE : 0,8 km par N 75, rte de Sisteron puis
  1 km par rte à gauche, à Super-Serres

Nature : 🌳 ⌂ 🌿
Loisirs : snack 🏊 💧 🛝 🛶
Services : 🚿 ⚡ GB ⚐ 🗑 📶 🛒 ⊕ 🏧 👶

*Les indications d'accès à un terrain sont généralement indiquées,
dans notre guide, à partir du centre de la localité.*

VEYNES

✉ 05400 – 334 C5 – 3 093 h. – alt. 827
🛈 *Office de tourisme, avenue Commandant Dumont* ☎ *04 92 57 27 43, Fax 04 92 58 16 18*
Paris 660 – Aspres-sur-Buëch 9 – Gap 25 – Sisteron 51.

⚠ **Les Prés** avr.-sept.
  ☎ 04 92 57 26 22 – alt. 960 – **R** conseillée
  0,35 ha (25 empl.) plat et peu incliné, herbeux
  Tarif : 🔲 13,20 € 🄸 (10A) – pers. suppl. 2,50 €
  Location 🍴 : 7 ⬜ (2 à 4 pers.) 150 à 275 €/sem.
  Pour s'y rendre : NE : 3,4 km par D 994, rte de Gap puis
  5,5 km par D 937 rte du col de Festre et chemin à gauche, au
  lieu-dit le Petit Vaux, près de la Béoux

Nature : 🌳 < 🌿
Loisirs : 🏊 🚲 ≋ (piscine pour enfants)
Services : 🚿 ⚡ GB ⚐ ⊕ 🏧

699

VILLARD-LOUBIÈRE

✉ 05800 – 334 E4 – 62 h. – alt. 1 026
Paris 648 – La Chapelle-en-Valgaudémar 5 – Corps 22 – Gap 43 – La Mure 46.

⚠ **Les Gravières**
  ☎ 04 92 55 35 35, Fax 04 92 55 35 35 – **R** conseillée
  2 ha (50 empl.) plat, pierreux, herbeux, sous-bois
  Pour s'y rendre : E : 0,7 km par rte de la Chapelle-en-
  Valgaudémar et chemin à droite
  À savoir : Cadre et site agréables au bord de la Séveraisse

Nature : 🌳 < 🌿
Loisirs : 🏛 ✂ 🎣
Services : 🚿 ⚡ 📶 ⊕ 🏧

Alpes-Maritimes (06)

ANTIBES

✉ 06600 – 341 D6 – G. Côte d'Azur – 72 412 h. – alt. 2
🛈 *OFFICE DU TOURISME, 11, place du Général-de-Gaulle* ☎ *04 92 90 53 00*
Paris 909 – Aix-en-Provence 160 – Cannes 11 – Nice 21.

⚠ **Antipolis** 3 avr.-17 sept.
  ☎ 04 93 33 93 99, *contact@camping-antipolos.com*,
  Fax 04 92 91 02 00, *www.camping-antipolis.com*
  – **R** conseillée 🍴 (avr.-sept.)
  4,5 ha (260 empl.) plat, herbeux
  Tarif : 🔲 27,60 € – pers. suppl. 7,80 €
  Location : 114 ⬜ (4 à 6 pers.) 270 à 687 €/sem.
  Pour s'y rendre : N : 5 km par N 7 et chemin à gauche, bord
  de la Brague

Nature : ⌂ 🌿🌿
Loisirs : 🍴 snack, pizzeria 🏛 🏊 ✂ 🛝
Services : 🚿 ⚡ GB ⚐ 🗑 📶 ⊕ 🛝 📶 📱 🛒 👶
À prox. : parc d'attractions, parc aquatique

ANTIBES

M   **Le Rossignol** 8 avr.-sept.
     𝒫 04 93 33 56 98, *campinglerossignol@wanadoo.fr*,
     Fax 04 92 91 98 99, *www.campinglerossignol.com*
     – **R** conseillée
     1,6 ha (111 empl.) plat et en terrasses, herbeux, gravier
     Tarif : 🔲 23,90 € 🔋 (10A) – pers. suppl. 5 € – frais de réser-
     vation 16 €
     Location 🏖 (juil.-août) : 4 🚐 (4 à 6 pers.) 300 à
     530 €/sem. – 20 🏚 (4 à 6 pers.) 230 à 585 €/sem.
     🚐 1 borne – 27 🔲
     Pour s'y rendre : N : 3 km par N 7 et av. Jules-Grec à gauche

| Nature : 🏞 ⟨⟨⟨ |
| Loisirs : 🍸 🏕 🛝 |
| Services : 🔥 ⚡ 🅶🅱 🗭 🖾 🖻 👤 ⚲ 🛒 |
| 🛁 🖻 |

AURIBEAU-SUR-SIAGNE _____

✉ 06810 – 𝟑𝟒𝟏 C6 – G. Côte d'Azur – 2 612 h. – alt. 85
🚩 *Syndicat d'initiative, 5, place de la Poste* 𝒫 04 93 40 79 56
Paris 900 – Cannes 15 – Draguignan 62 – Grasse 9 – Nice 42 – St-Raphaël 41.

M   **Le Parc des Monges** 8 avr.-sept.
     𝒫 04 93 60 91 71, Fax 04 93 60 91 71, *www.parcdesmon*
     ges.com – **R** conseillée
     1,3 ha (50 empl.) plat, pierreux, herbeux
     Tarif : 🔲 27,50 € 🔋 (10A) – pers. suppl. 4,70 €
     Location 🏖 : 5 🚐 (4 à 6 pers.) 280 à 550 €/sem.
     Pour s'y rendre : NO : 1,4 km par D 509, rte de Tanneron
     À savoir : Au bord de la Siagne

| Nature : 🐟 🏞 ⟨⟨ |
| Loisirs : 🛝 |
| Services : 🔥 ⚡ 🗭 🖻 👤 ⚲ 🛒 🛁 🖻 |
| À prox. : 🍸 snack 🛶 🏊 |

Ne pas confondre :
 🛆 ... à ... 🛆🛆🛆 : *appréciation* **MICHELIN**
et
 ★ ... à ... ★★★★ : *classement officiel*

Le BAR-SUR-LOUP

✉ 06620 – **341** C5 – G. Côte d'Azur – 2 543 h. – alt. 320

🚹 *Office de tourisme, place de la Tour* ℘ *04 93 42 72 21*

Paris 916 – Cannes 22 – Grasse 10 – Nice 31 – Vence 15.

 Les Gorges du Loup avr.-sept.

℘ 04 93 42 45 06, *info@lesgorgesduloup.com,*
Fax 04 93 42 45 06, *www.lesgorgesduloup.com* – accès aux
emplacements par forte pente, mise en place et sortie des
caravanes à la demande – **R** conseillée

1,6 ha (70 empl.) en terrasses, pierreux, herbeux

Tarif : ▣ 21,50 € – pers. suppl. 3,80 € – frais de réservation 15 €

Location : 11 ⟦⟧ (4 à 6 pers.) 250 à 535 €/sem. – 4 ⌂ (4
à 6 pers.) 250 à 535 €/sem.

Pour s'y rendre : NE : 1 km par D 2210 puis 1 km par chemin
des Vergers à droite

À savoir : Petites terrasses souvent à l'ombre d'oliviers
centenaires

Nature : 🏞 ≤ ⌂ 🌳🌳
Loisirs : 🍴 🏕 🏊
Services : ⟦⟧ 🅿 (tentes) 🐾 🗑 ♨ ⚅ 🚮 ⛲

La BOCCA

✉ 06150 – **341** C6

🚹 *Office de tourisme, 1, avenue Pierre Semard* ℘ *04 93 47 04 12, Fax 04 93 90 99 85*

Paris 903 – Marseille 174 – Nice 39 – Antibes 15 – Cannes 4.

 Le Parc Bellevue avr.-sept.

℘ 04 93 47 28 97, *contact@parcbellevue.com,*
Fax 04 93 48 66 25, *www.parcbellevue.com* – **R** conseillée

5 ha (250 empl.) plat et en terrasses, herbeux

Tarif : (Prix 2005) ▣ 23,40 € – pers. suppl. 4 €

Location : ⟦⟧ (2 à 4 pers.) 160 à 360 €/sem. – 30 ⟦⟧ (4 à
6 pers.) 220 à 580 €/sem.

Pour s'y rendre : N : derrière le stade municipal

Nature : ⌂ 🌳🌳
Loisirs : snack 🍴 🏊
Services : ⚐ ⟦⟧ 🗑 ♨ ⚅ 🚮 ⛲

 Ranch-Camping

℘ 04 93 46 00 11, Fax 04 93 46 44 30 – **R** conseillée

2 ha (130 empl.) peu incliné, en terrasses, herbeux, pierreux

Location : 6 ⟦⟧ – 11 ⟦⟧ – 5 ⌂

Pour s'y rendre : NO : 1,5 km par D 9 puis bd de l'Esterel à
droite

Nature : ⌂ 🌳🌳
Loisirs : 🍴 🏕 🏊 (petite piscine)
Services : ⚐ ⟦⟧ 🗑 ♨ ⚅ 🚮 🌊 🚮 ⛲

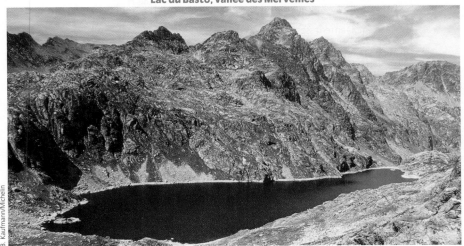

Lac du Basto, vallée des Merveilles

B. Kaufmann/Michelin

CAGNES-SUR-MER

✉ 06800 – **341** D6 – G. Côte d'Azur – 43 942 h. – alt. 20

🛈 *Office de tourisme, 6, boulevard Maréchal Juin* ℘ *04 93 20 61 64, Fax 04 93 20 52 63*

Paris 915 – Antibes 11 – Cannes 21 – Grasse 25 – Nice 13 – Vence 9.

⚑ **La Rivière** fév.-oct.
℘ 04 93 20 62 27, Fax 04 93 20 72 53 – **R** conseillée
1,2 ha (90 empl.) plat, herbeux
Tarif : 🔲 18,70 € 🔋 (6A) – pers. suppl. 3,10 €
Location (avr.-sept.) : 4 🚐 (4 à 6 pers.) 240 à 430 €/sem.
Pour s'y rendre : N : 3,5 km par rue J.-Féraud et chemin des Salles, bord de la Cagne

> Nature : 🐾 ⌸ 🎋
> Loisirs : snack, pizzeria 🏠 ⛱ 🛝
> Services : 🔌 GB 🚿 ⚲ 🗑 ♨ ⌕ 🚽
> 🖼 🗲

⚑ **Le Val de Cagnes** 10 janv.-15 oct.
℘ 04 93 73 36 53, *valdecagnes@wanadoo.fr,*
Fax 04 93 73 36 53, *www.camping-leval-cagnes.com*
– **R** conseillée
1,1 ha (34 empl.) en terrasses, herbeux, pierreux
Tarif : (Prix 2005) 🔲 24 € 🔋 (6A) – pers. suppl. 3,60 €
Location (15 fév.-15 oct.) 🚫 : 4 🚐 (4 à 6 pers.) 270 à 490 €/sem.
🚐 1 borne – 3 🔲 20,50 €
Pour s'y rendre : N : 3,8 km par rue J-Féraud et chemin des Salles
À savoir : Fleurs, plantations et pierres de la région agrémentent les emplacements

> Nature : 🐾 ⌸ 🎋
> Loisirs : 🏠 🛝
> Services : 🔌 ⚲ 🗑 ♨ ⌕ 🚽 🖼

⚑ **Le Colombier** avr.-sept.
℘ 04 93 73 12 77, *campinglecolombier@wanadoo.fr,*
Fax 04 93 73 12 77, *www.campinglecolombier.com* – **R** indispensable 🚫 (juil.-août)
0,5 ha (33 empl.) plat, peu incliné, herbeux, gravier
Tarif : 🔲 22,60 € 🔋 (6A) – pers. suppl. 4 €
Location 🚫 : 2 🚐 (4 à 6 pers.) 240 à 495 €/sem.
🚐 1 borne 5,30 €
Pour s'y rendre : N : 2 km en direction des collines de la rte de Vence et au rond-point chemin de Ste-Colombe

> Nature : 🐾 ⌸ 🎋
> Loisirs : 🏠 🛝 (petite piscine)
> Services : 🔌 ⚲ 🗑 ♨ 🖼

La COLLE-SUR-LOUP

✉ 06480 – 341 D5 – G. Côte d'Azur – 6 697 h. – alt. 90

🛈 *Syndicat d'initiative, 28, avenue Maréchal Foch* ℰ *04 93 32 68 36, Fax 04 93 32 05 07*

Paris 919 – Antibes 15 – Cagnes-sur-Mer 7 – Cannes 26 – Grasse 19 – Nice 18 – Vence 7.

Les Pinèdes 15 mars-sept.

ℰ 04 93 32 98 94, *camplespinedes06@aol.com,*
Fax 04 93 32 50 20, *www.lespinedes.com* – **R** conseillée
3,8 ha (155 empl.) en terrasses, gravillons, herbeux
Tarif : 🔲 29,40 € 🔌 (10A) – pers. suppl. 4,90 € – frais de
réservation 20 €
Location : 16 ▭ (4 à 6 pers.) 295 à 640 €/sem. – 4 ▭ (4
à 6 pers.) 300 à 650 €/sem.
▭, 1 borne 6 € – 30 🔲 29,40 €
Pour s'y rendre : O : 1,5 km par D 6 rte de Grasse, à 50 m du
Loup

Nature : 🏕 0,0
Loisirs : 🍴 ✕ 🏠 ⚓ 🚴 ⛵ 🏊
Services : 🔄 GB 🗓 ▥ 🗒 🛒 ⊕ 🚿
🗑 🖼 🗜 cases réfrigérées
À prox. : 🏊

Le Vallon Rouge avr.-oct.

ℰ 04 93 32 86 12, *auvallonrouge@aol.com,*
Fax 04 93 32 80 09, *www.auvallonrouge.com* – **R** conseillée
3 ha (103 empl.) plat, en terrasses, herbeux, gravillons,
sablonneux
Tarif : ⭐ 4,30 € 🚗 3,50 € 🔲 19 € 🔌 4,30 € – frais de réser-
vation 20 €
Location : 24 ▭ (4 à 6 pers.) 280 à 630 €/sem. – 6 ▭ (4
à 6 pers.) 240 à 690 €/sem.
Pour s'y rendre : O : 3,5 km par D 6, rte de Grasse, bord du
Loup

Nature : 🏞 🏕 0,0
Loisirs : pizzeria, snack 🏠 ⚓ 🚴
🏊
Services : 🔄 🔄 GB 🗓 ▥ 🗒 🛒 🛒 ⊕
🗜 🖼 🗜 🗜

Le Castellas Permanent

ℰ 04 93 32 97 05, *lecastellas.camping@wanadoo.fr,*
Fax 04 93 32 97 05, *www.camping-le-castellas.com* – places
limitées pour le passage – **R** conseillée
1,2 ha (60 empl.) plat, herbeux, gravier
Tarif : 🔲 19,50 € 🔌 (4A) – pers. suppl. 3 €
Location : 25 ▭ (4 à 6 pers.) 385 à 550 €/sem.
Pour s'y rendre : O : 4,5 km par D 6, rte de Grasse, bord du
Loup

Nature : 0,0
Loisirs : snack 🏠 🏊
Services : 🔄 GB 🗓 🗒 ⊕ 🖼

703

*Demandez à votre libraire le catalogue des **publications MICHELIN**.*

CROS-DE-CAGNES

✉ 06800 – 341 D6

Paris 923 – Marseille 194 – Nice 12 – Antibes 11 – Cannes 24.

Schéma à Cagnes-sur-Mer

Green Park avr.-sept.

ℰ 04 93 07 09 96, *info@greenpark.fr,* Fax 04 93 14 36 55,
www.greenpark.fr – places limitées pour le passage
5 ha (156 empl.) plat, en terrasses, herbeux, gravillons
Tarif : 🔲 38,40 € 🔌 (10A) – pers. suppl. 5,70 €
Location (25 mars-16 oct.) : 25 ▭ (4 à 6 pers.) 273 à
945 €/sem. – 36 ▭ (4 à 6 pers.) 252 à 679 €/sem.
▭ 2 bornes
Pour s'y rendre : N : 3,8 km, chemin du Vallon des Vaux

Nature : 🏞 🏕 0
Loisirs : 🍴 ✕ pizzeria 🏠 ⊙ ⚓ 🚴
🚲 🏊 terrain omnisports
Services : 🔄 🔄 GB 🗓 Ⓜ 🗒 🛒 ⊕ 🚿
🗑 🖼 🗜
À prox. : ✕ 🏊 🐎

Le Val Fleuri déb. fév.-fin oct.

ℰ 04 93 31 21 74, *valfleur2@wanadoo.fr,*
Fax 04 93 31 21 74, *www.campingvalfleuri.fr* – **R** conseillée
1,5 ha (93 empl.) plat, herbeux, pierreux, en terrasses
Tarif : (Prix 2005) 🔲 21,60 € 🔌 (10A) – pers. suppl. 4 €
Location (Pâques-oct.) : 9 ▭ (4 à 6 pers.) 220 à
520 €/sem. – 2 studios
Pour s'y rendre : N : 3,5 km, chemin du Vallon des Vaux

Nature : 🏞 0,0
Loisirs : 🍴 🚴 🏊
Services : 🔄 🔄 GB 🗓 Ⓜ 🗒 ⊕ 🖼
À prox. : ✕

CROS-DE-CAGNES

⚠ **Le Todos** avr.-sept.
    ℘ 04 93 31 20 05, *info@letodos.fr*, Fax 04 92 12 81 66,
www.letodos.fr – **R** conseillée
1,6 ha (68 empl.) plat et terrasses, herbeux, pierreux
Tarif : ▣ 38,40 € 🔌 (10A) – pers. suppl. 5,70 € – frais de
réservation 25 €
Location : 11 ▦ (4 à 6 pers.) 301 à 693 €/sem. – 9 ▦ (4
à 6 pers.) 287 à 602 €/sem.
Pour s'y rendre : N : 3,8 km, chemin du Vallon des Vaux

> Nature : 🌳 ♀♀
> Loisirs : 🏊
> Services : 🛗 ⚡ 🕾 ♿ 🛒 ⊕ 🏢
> À prox. : ♀ ✗ pizzeria 🐎 🚗 ⊞
> nocturne (à thèmes) 🏃 🚣 ✗ 🎣
> terrain omnisports

ÉZE

✉ 06360 – 🔢 F5 – G. Côte d'Azur – 2 509 h. – alt. 390
🛈 *Office de tourisme, place du Général-de-Gaulle* ℘ *04 93 41 26 00, Fax 04 93 41 04 80*
Paris 938 – Antibes 33 – Cannes 45 – Menton 17 – Nice 12.

⚠ **Les Romarins** 13 avr.-sept.
    ℘ 04 93 01 81 64, *romarins06@aol.com*, Fax 04 93 76 70 43,
www.campingromarins.com – **R** conseillée
0,6 ha (41 empl.) en terrasses, pierreux, herbeux
Tarif : ▣ 28,70 € – pers. suppl. 6,50 €
Pour s'y rendre : NO : 4 km par D 46, Col d'Éze et D 2564, rte
de Nice et de la Grande Corniche
À savoir : Réservé aux tentes

> Nature : 🌳 ≤ baie de Villefranche et
> St-Jean-Cap-Ferrat ♀
> Loisirs : ♀
> Services : 🛒 ⚡ 🕾 🚿 🏢

*La catégorie (1 à 5 tentes, **noires** ou rouges) que nous attribuons
aux terrains sélectionnés dans ce guide est une appréciation qui nous est propre.
Elle ne doit pas être confondue avec le classement (1 à 4 étoiles)
établi par les services officiels.*

704

ISOLA

✉ 06420 – 🔢 D2 – G. Alpes du Sud – 526 h. – alt. 873
🛈 *Office de tourisme, Immeuble le Pelvos, isola 2000* ℘ *04 93 23 15 15, Fax 04 93 23 14 25*

⚠ **Le Lac des Neiges** saison
    ℘ 04 93 02 18 16, *lacdesneiges@wanadoo.fr*,
Fax 04 93 02 19 40, *www.lacdesneiges.com* – alt. 875
– **R** conseillée
3 ha (98 empl.) plat, pierreux, herbeux
Tarif : (Prix 2005) ▣ 36 € 🔌 (10A) – pers. suppl. 3,95 €
Location 🏠 : 10 ▦ (2 à 4 pers.) 215 à 275 €/sem. – 2
▦ (4 à 6 pers.) 400 à 440 €/sem.
▦ 1 borne 2 € – 12 ▣
Pour s'y rendre : 0,5 km à l'Ouest du bourg, sur D 2205,
route d'Auron près de la Tinée et d'un lac

> Nature : 🔲 ♀
> Loisirs : 🏓 🏊 🚴 🎣 ⛵ pédalos,
> kayak
> Services : 🛗 ⚡ 🕾 🚿 🍴 ⊕ 🚗 🛒
> 🐟
> À prox. : ✗

MANDELIEU-LA-NAPOULE

✉ 06210 – 🔢 C6 – G. Côte d'Azur – 17 870 h. – alt. 4
🛈 *Office de tourisme, avenue de Cannes* ℘ *04 92 97 99 27, Fax 04 92 97 09 18*
Paris 890 – Brignoles 86 – Cannes 9 – Draguignan 53 – Fréjus 30 – Nice 37 – St-Raphaël 32.

⚠⚠ **Les Cigales** Permanent
    ℘ 04 93 49 23 53, *campingcigales@wanadoo.fr*,
Fax 04 93 49 30 45, *www.lescigales.com* – **R** conseillée
2 ha (115 empl.) plat, herbeux, gravier
Tarif : ▣ 38,50 € 🔌 (6A) – pers. suppl. 5,50 € – frais de
réservation 20 €
Location (mars-oct.) : 40 ▦ (4 à 6 pers.) 335 à
715 €/sem. – 8 appartements
▦ 1 borne – 10 ▣ 28 €
Pour s'y rendre : 505, av. de la Mer
À savoir : Beau cadre de verdure au bord de la Siagne,
ponton d'amarrage

> Nature : 🌳 🔲 ♀♀
> Loisirs : 🏊 🏊
> Services : 🛗 ⚡ (mars-oct.) 🕾 🚿
> 🍴 🕾 ⊕ 🚗 🛒 🐟
> À prox. : 🛒 ♀ ✗ 🎣 golf

MANDELIEU-LA-NAPOULE

Les Pruniers

🗂 04 92 97 00 44, *contact@bungalow-camping.com*,
Fax 04 93 49 37 45 – places limitées pour le passage
– **R** conseillée
0,8 ha (55 empl.) plat, herbeux, gravier
Location : 30 🏠
Pour s'y rendre : Par av. de la Mer et r. de Pinéa
À savoir : Au bord de la Siagne, ponton d'amarrage

> Nature : ▭ ♀
> Loisirs : 🛋 ♨ ⅃
> Services : ⊶ ▦ ♒ ⊛ ▣ ♨
> À prox. : ♀ ✕ crêperie ♫ golf

Le Plateau des Chasses avr.-1er oct.

🗂 04 93 49 25 93, *plateau3@wanadoo.fr*,
Fax 04 93 49 25 93, *www.campingduplateaudeschasses.fr* –
places limitées pour le passage – **R** conseillée
4 ha/2 campables (150 empl.) peu incliné, terrasses,
sablonneux, pierreux, herbeux
Tarif : ▣ 28,50 € – pers. suppl. 4 €
Location : 30 🚐 (4 à 6 pers.) 335 à 535 €/sem.
Pour s'y rendre : N : 0,8 km par rte de Grand Duc

> Nature : ♀♀
> Loisirs : ♀ snack 🛋 ♨ ⅃
> Services : ⊶ GB ♒ ▥ ▦ ♨ ⊛ ♨
> ▽ ▣ ♨

Les Deux Rives (location exclusive de 27 pavillons) 15 avr.-7 oct.

🗂 04 93 49 92 85, *info@les-deux-rives.com*,
Fax 04 93 49 60 29, *www.les.deux.rives.com*
1,5 ha plat
Location : 27 🏠 (4 à 6 pers.) 300 à 900 €/sem.
Pour s'y rendre : Par av. de la Mer et r. de Pinéa
À savoir : Au bord de la Siagne, ponton d'amarrage

> Nature : ♨ ▭ ♀
> Loisirs : ♨ ♒
> Services : ℗ ♒ ▥ ▣ sèche-linge
> À prox. : ♀ ✕ crêperie ♫ golf

*Informieren Sie sich über die gültigen Gebühren,
bevor Sie Ihren Platz beziehen. Die Gebührensätze
müssen am Eingang des Campingplatzes angeschlagen sein.
Erkundigen Sie sich auch nach den Sonderleistungen.
Die im vorliegenden Band gemachten Angaben
können sich seit der Überarbeitung geändert haben.*

705

MENTON

✉ 06500 – **341** F5 – G. Côte d'Azur – 28 812 h.
🅱 *Office de tourisme, avenue Boyer 🗂 04 92 41 76 76, Fax 04 92 41 76 58*

Municipal St-Michel 31 avr.-oct.

🗂 04 93 35 81 23, Fax 04 93 57 12 35 – accès difficile pour
caravanes et camping-car – **R**
2 ha (131 empl.) en terrasses, plat, herbeux, gravillons
Tarif : (Prix 2005) ▣ 21,30 € – pers. suppl. 3,45 €
Pour s'y rendre : NE : 1,5 km route de Sospel et à droite
après la voie ferrée, au plateau St-Michel

> Nature : ♀♀ (oliveraie)
> Services : ⊶ ⊛ ▣

ROQUEBILLIÈRE

✉ 06450 – **341** E3 – G. Côte d'Azur – 1 467 h. – alt. 650
🅱 *OFFICE DU TOURISME, 26, avenue Corniglion Molinier 🗂 04 93 03 51 60*
Paris 889 – Lantosque 6 – L'Escarène 35 – Nice 57 – St-Martin-Vésubie 11.

Les Templiers fermé 16 nov.-déc.

🗂 04 93 03 40 28, *camping.templiers@wanadoo.fr*,
Fax 04 93 03 40 28 – **R** conseillée
1,3 ha (75 empl.) plat et terrasses, herbeux, pierreux
Tarif : (Prix 2005) ▣ 23,30 € (⅃) (10A) – pers. suppl. 4,30 €
Location (avr.-sept.) ♨ : 5 🚐 (2 à 4 pers.) 161 à
329 €/sem.
Pour s'y rendre : S : à 0,5 km du vieux village par D 69 et
chemin à gauche (forte pente)
À savoir : Cadre agréable, au bord de la Vésubie

> Nature : ♨ ≤ ▭ ♀♀
> Loisirs : 🛋
> Services : ♿ ⊶ ♒ ▦ ▣ ♒ ⊛ ▣
> À prox. : ✕

La ROQUETTE-SUR-SIAGNE

✉ 06550 – 𝟹𝟺𝟷 C6 – 4 445 h. – alt. 12

  ▲ **St-Louis** avr.-1er oct.
      ℘ 04 92 19 23 13, *caravaning.st-louis@wanadoo.fr*,
      Fax 04 92 19 23 14, *www.campingsaintlouis.com* – places li-
      mitées pour le passage – **R** indispensable
      5 ha (200 empl.) en terrasses et peu incliné, herbeux
      Tarif : 🔲 35,50 € – pers. suppl. 6,50 €
      Pour s'y rendre : NO : 1 km par D 9

> Nature : 🦕 ⌷ 💧💧
> Loisirs : 🍴 pizzeria, snack 🏠 🏊
> Services : ♿ ⚡ ⚕ 🔧 ⊙ 🚿 ☂ 🔌 🔲 ⛽
> À prox. : 🛒 ✕

ST-ÉTIENNE-DE-TINÉE

✉ 06660 – 𝟹𝟺𝟷 C2 – 1 528 h. – alt. 1 147
🛈 *Office de tourisme, rue des communes de France* ℘ 04 93 02 41 96
Paris 788 – Grenoble 226 – Marseille 262 – Nice 90 – Valence 279.

  ▲ **Municipal du Plan d'Eau** juin-sept.
      ℘ 04 93 02 41 57, Fax 04 93 02 46 93 – **R** conseillée
      0,5 ha (23 empl.) terrasses, herbeux, pierreux
      Tarif : 🔲 8,50 € – pers. suppl. 2,30 €
      🚐, 1 borne – 6 🔲 8,50 €
      Pour s'y rendre : Au Nord du bourg
      À savoir : Dominant un joli petit plan d'eau

> Nature : 🦕 ≤ ⌷
> Loisirs : 🔧 🏖 (plage)
> Services : ⚡ 🅿 ⨎ ⚕ Ⓜ
> À prox. : canoë, parcours de santé

ST-MARTIN-D'ENTRAUNES

✉ 06470 – 𝟹𝟺𝟷 B3 – 88 h. – alt. 1 050
Paris 778 – Annot 39 – Barcelonnette 50 – Puget-Théniers 44.

  ⛰ **Le Prieuré** déb. mai-fin sept.
      ℘ 04 93 05 54 99, *le-prieure@wanado.fr*,
      Fax 04 93 05 53 74, *www.le-prieure.com* – alt. 1 070
      – **R** conseillée
      12 ha/1,5 campable (35 empl.) peu incliné à incliné, terrasse,
      herbeux, pierreux
      Tarif : 👤 3,80 € 🔲 7,70 € [⚡] (6A) 3,80 € – frais de réser-
      vation 10 €
      Location (permanent) : 6 🏠 (4 à 6 pers.) 300 à
      560 €/sem. – 6 bungalows toilés – 10 gîtes
      Pour s'y rendre : E : 1 km par D 2202, rte de Guillaumes puis
      1,8 km par chemin à gauche, après le pont du Var

> Nature : 🦕 ≤ 💧
> Loisirs : snack, (dîner seulement)
> 🏠 ⛲ 🏖 ✕ 🏊 (petite piscine)
> Services : ⚡ GB ⚕ ⊙ 🔲 ⛽

ST-MARTIN-VESUBIE

✉ 06450 – 𝟹𝟺𝟷 E3 – G. Alpes du Sud – 1 098 h. – alt. 1 000
🛈 *Office de tourisme, place Félix Faure* ℘ 04 93 03 21 28

  ▲ **A la Ferme St-Joseph** mai-sept.
      ℘ 06 70 51 90 14, *camping.alaferme.stjoseph@wanadoo.fr*,
      www.camping-alafermestjoseph.com – **R** conseillée
      0,6 ha (50 empl.) incliné, plat, herbeux
      Tarif : 🔲 16,80 € [⚡] (6A) – pers. suppl. 2,80 € – frais de
      réservation 15 €
      Pour s'y rendre : S : au stade par D 2565 et à gauche

> Nature : 🦕 💧 (verger)
> Services : ⚡ ⚕ 🔧 🏠 ⊙ 🔲
> À prox. : ✕ 🏊

ST-SAUVEUR-SUR-TINÉE

✉ 06420 – 𝟹𝟺𝟷 D3 – G. Alpes du Sud – 337 h. – alt. 500
🛈 *Syndicat d'initiative, Mairie* ℘ 04 93 02 00 22, Fax 04 93 02 05 20
Paris 816 – Auron 31 – Guillaumes 42 – Isola 2000 28 – Puget-Théniers 44 – St-Étienne-de-Tinée 28.

  ▲ **Municipal** 15 juin-15 sept.
      ℘ 04 93 02 03 20, Fax 04 93 02 05 20 – **R** conseillée
      0,37 ha (20 empl.) plat et terrasses, pierreux, gravillons
      Tarif : (Prix 2005) 🔲 15 € – pers. suppl. 4 €
      Location : gîte d'étape
      Pour s'y rendre : N : 0,8 km sur D 30 rte de Roubion, avant le
      pont, au bord de la Tinée, chemin piétonnier direct pour
      rejoindre le village

> Nature : ≤ 💧💧
> Loisirs : ✕
> Services : ⚡ 🅿 (tentes) ⊙

SOSPEL

⊠ 06380 – 341 F4 – G. Côte d'Azur – 2 885 h. – alt. 360
🛈 Office de tourisme, 19, avenue Jean Médecin ℰ 04 93 04 15 80, Fax 04 93 04 19 96
Paris 967 – Breil-sur-Roya 21 – L'Escarène 22 – Lantosque 42 – Menton 19 – Nice 41.

⋀ **Le Mas Fleuri** (location exclusive de 14 mobile homes et 10 chalets)
ℰ 04 93 04 14 94, camping-le-mas-fleuri@wanadoo.fr, Fax 04 93 04 03 86 – places limitées pour le passage
11,5 ha plat, en terrasses
Location : 🚐 – 🏠
Pour s'y rendre : NO : 2 km par D 2566, route du col de Turini et à gauche

Nature : ♀
Loisirs : ♈ snack 🍴 ⅃
Services : ⊶ 🗎 ♒

⋀ **Domaine Ste-Madeleine** 25 mars-1er oct.
ℰ 04 93 04 10 48, camp@camping-sainte-madeleine.com, Fax 04 93 04 18 37, www.camping-sainte-madeleine.com –
R indispensable
3 ha (90 empl.) en terrasses, herbeux, pierreux
Tarif : 🔲 21,90 € [ℱ] (10A) – pers. suppl. 4 €
Location ❀ (17 juil.-15 août) : 10 🏠 (4 à 6 pers.) 270 à 540 €/sem. – 🛏
Pour s'y rendre : NO : 4,5 km par D 2566, rte du col de Turini

Nature : ⌇ ⩵ ♀♀
Loisirs : 🛶 ⅃
Services : ♿ ⊶ ♒ 🗎 ⌇ ☺ 🗎

⋀ **Municipal**
1 ha (32 empl.) plat, herbeux
Pour s'y rendre : NO : route du col de Turini, au stade, au bord de la rivière

Nature : ♀♀
Services : ⌇ ☺ ♒ ⌁
À prox. : ✕ 🖼

VENCE

⊠ 06140 – 341 D5 – G. Côte d'Azur – 16 982 h. – alt. 325
🛈 Office de tourisme, 8, place du Grand Jardin ℰ 04 93 58 06 38, Fax 04 93 58 91 81
Paris 923 – Antibes 20 – Cannes 30 – Grasse 24 – Nice 23.

707

⋀ **Domaine de la Bergerie** 25 mars-15 oct.
ℰ 04 93 58 09 36, info@camping-domainedelaberge rie.com, Fax 04 93 59 80 44, www.camping-domainedela bergerie.com – **R** conseillée
30 ha/13 campables (450 empl.) plat et en terrasses, rocailleux, herbeux
Tarif : (Prix 2005) 🔲 25,80 € [ℱ] (5A) – pers. suppl. 5,10 € – frais de réservation 15 €
🚐 1 borne 4 €
Pour s'y rendre : O : 4 km par D 2210, rte de Grasse et chemin à gauche
À savoir : Ancienne bergerie joliment restaurée

Nature : ⌇ ⌂ ♔♔
Loisirs : ♈ ✕ 🛶 ✕ ⅃ parcours sportif
Services : ♿ ⊶ GB ♒ 🗎 ♒ ⌇ ☺ ⌁ ⌁ 🗎 ♒ ♒

VILLENEUVE-LOUBET

⊠ 06270 – 341 D6 – G. Côte d'Azur – 12 935 h. – alt. 10
🛈 Office de tourisme, 16, avenue de la Mer ℰ 04 92 02 66 16, Fax 04 92 02 66 19
Paris 915 – Antibes 12 – Cagnes-sur-Mer 3 – Cannes 22 – Grasse 24 – Nice 15 – Vence 10.

à Villeneuve-Loubet-Plage S : 5 km – ⊠ 06270

⋀ **La Vieille Ferme** Permanent
ℰ 04 93 33 41 44, camping.vieilleferme@wanadoo.fr, Fax 04 93 33 37 28, www.vieilleferme.com – **R** conseillée
2,9 ha (153 empl.) en terrasses, plat, gravillons, herbeux
Tarif : 🔲 34,76 € [ℱ] (10A) – pers. suppl. 5 € – frais de réservation 25 €
Location : 29 🏠 (4 à 6 pers.) 340 à 610 €/sem.
🚐 1 borne
Pour s'y rendre : S : 2,8 km par N7, rte d'Antibes et à droite, bd des Groules

Nature : ⌂ ♀♀
Loisirs : 🍴 🛶 ⅃ (couverte l'hiver)
Services : ♿ ⊶ GB ♒ 🗎 ⌁ ☺ ♒ ⌁ ⌁ 🗎 ♒ cases réfrigérées

VILLENEUVE-LOUBET

Parc des Maurettes 10 janv.-15 nov.
  04 93 20 91 91, *info@parcdesmaurettes.com*,
Fax 04 93 73 77 20, *www.parcdesmaurettes.com*
– **R** conseillée
2 ha (140 empl.) en terrasses, pierreux, gravier
Tarif : ▣ 33,50 € [⚡] (10A) – pers. suppl. 4,55 € – frais de
réservation 23 €
Location ⚡ : 10 ⌂ (4 à 6 pers.) 357 à 590 €/sem.
⛟ 1 borne 6 €
Pour s'y rendre : 730 av. du Dr.-Lefebvre par N 7
À savoir : Agréable espace relax'balnéo

> Nature : ▭ 𝟎𝟎
> Loisirs : ▦ ≋ jacuzzi ⚓
> Services : ♿ ⚷ Ⓟ (tentes) ⊞ ⚒
> ▥ ▦ ⊛ ⚱ ⚐ ☎ ▣
> À prox. : ⌂

L'Hippodrome Permanent
  04 93 20 02 00, *blsced@aol.com*, Fax 04 92 13 20 07,
www.meublecamping-hippodrome.com/ – **R** conseillée
0,8 ha (46 empl.) plat, gravillons
Tarif : ▣ 28,50 € – pers. suppl. 4,70 € – frais de réservation 16 €
Location ⚡ : studios
⛟ 1 borne
Pour s'y rendre : 1 et 2 av. des Rives, à 400 m de la plage,
derrière Géant Casino

> Nature : ▭ 𝟎𝟎
> Loisirs : ▦ ⚓ ▦ (découverte en
> saison)
> Services : ♿ ⚷ ⚒ ▥ ▦ ⊛ ⚱ ⚐
> ▣
> À prox. : snack

Si vous recherchez :

⛰   *Un terrain au bord de l'eau avec possibilité de baignade*
🍃   *Un terrain agréable ou très tranquille*
L   *Un terrain effectuant la location de caravanes, de mobile homes,*
     de bungalows ou de chalets
P   *Un terrain ouvert toute l'année*
⛟   *Un terrain possédant une aire de services pour camping-cars*
Consultez le tableau des localités

AIX-EN-PROVENCE

⊠ 13090 – **340** H4 – G. Provence – 134 222 h. – alt. 206
🅱 *Office de tourisme, 2, place du Général-de-Gaulle 🖉 04 42 16 11 61, Fax 04 42 16 11 62*
Paris 752 – Aubagne 39 – Avignon 82 – Manosque 57 – Marseille 30 – Salon-de-Provence 37 – Toulon 84.

Chantecler Permanent
🖉 04 42 26 12 98, *chantecler@wanadoo.fr*,
Fax 04 42 27 33 53, *www.airotel-chantecler.com* – **R** ⚘
8 ha (240 empl.) plat à peu incliné et en terrasses, pierreux,
herbeux
Tarif : ✦ 5,70 € ⇔ 3,50 € ▣ 6,90 € [½] 3,50 €
Location : 18 ⊞ (4 à 6 pers.) 450 à 600 €/sem. – 10 ⌂ (4
à 6 pers.) 450 à 650 €/sem.
⊞
Pour s'y rendre : Par centre ville : SE : 2,5 km, accès par
cours Gambetta, av. du Val St-André
À savoir : Vue sur la Montagne-Ste-Victoire

| Nature : ▱ ♀ |
| Loisirs : ☕ snack ⊞ ⚿ ⚗ ☜ ♨ |
| Services : ⚙ ⚊ ⊞ ⚿ ▥ ▦ ♨ ⊛ ▨ |
| ♨ ☂ |

ARLES

⊠ 13200 – **340** C3 – G. Provence – 50 513 h. – alt. 13
🅱 *Office de tourisme, esplanade Charles-de-Gaulle 🖉 04 90 18 41 20, Fax 04 90 18 41 29*
Paris 719 – Aix-en-Provence 77 – Avignon 37 – Cavaillon 44 – Marseille 94 – Montpellier 84 – Nîmes 32 –
Salon-de-Provence 46.

O : 14 km par N 572 rte de St-Gilles et D 37 à gauche

Crin Blanc 31 mars-sept.
🖉 04 66 87 48 78, *camping-crin.blanc@wanadoo.fr*,
Fax 04 66 87 18 66, *www.camping-crin-blanc.com*
– **R** conseillée ⚘
4,5 ha (89 empl.) plat, herbeux, pierreux
Tarif : ▣ 22 € [½] (10A) – pers. suppl. 4,50 € – frais de réser-
vation 10 €
Location (mars-nov.) : 30 ⊞ (4 à 6 pers.) 336 à
651 €/sem. – 10 ⌂ (4 à 6 pers.) 336 à 651 €/sem.
Pour s'y rendre : Au SO de Saliers par D 37

| Loisirs : ☕ snack ⊞ ☽ nocturne ⚿ |
| ⚗ ⚕ ☇ ♨ ♨ |
| Services : ⚙ ⚊ GB ⚿ ▦ ♨ ⊛ ☇ |
| ▱ ▣ ☂ |
| À prox. : ☇ |

CEYRESTE

⊠ 13600 – **340** I6 – 3 636 h. – alt. 60
Paris 804 – Aubagne 18 – Bandol 18 – La Ciotat 5 – Marseille 34 – Toulon 36.

Ceyreste Pâques-oct.
🖉 04 42 83 07 68, *campingceyreste@yahoo.fr*,
Fax 04 42 83 19 92, *www.campingceyreste.com* – **R** conseillée
3 ha (150 empl.) en terrasses, pierreux
Tarif : (Prix 2005) ▣ 19,80 € [½] (6A) – pers. suppl. 5,10 €
Location (mars-11 nov.) : 10 ⊞ (2 à 4 pers.) 295 à
430 €/sem. – 65 ⊞ (4 à 6 pers.) 360 à 610 €/sem.
Pour s'y rendre : N : 1 km par av. Eugène-Julien

| Nature : ☷ ▱ ♀♀ |
| Loisirs : ☕ ⚗ ♩ |
| Services : ⚙ ⚊ ⚿ ▦ ♨ ⊛ ☇ ♨ ☇ |
| ☇ ▣ ♨ cases réfrigérées |
| À prox. : parcours de santé |

CHÂTEAURENARD

⊠ 13160 – **340** E2 – G. Provence – 12 999 h. – alt. 37
🅱 *Syndicat d'initiative, 11, cours Carnot 🖉 04 90 24 25 50*
Paris 692 – Avignon 10 – Carpentras 37 – Cavaillon 23 – Marseille 95 – Nîmes 44 – Orange 40.

La Roquette mars-oct.
🖉 04 90 94 46 81, *contact@camping-la-roquette.com*,
Fax 04 90 94 46 81, *www.camping-la-roquette.com* – **R** indispensable
2 ha (75 empl.) plat, herbeux
Tarif : ▣ 17 € [½] (6A) – pers. suppl. 4,50 € – frais de réservation 3,80 €
Location ⚘ : 6 ⊞ (4 à 6 pers.) 322 à 450 €/sem.
Pour s'y rendre : E : 1,5 km par D 28 rte de Noves et à droite,
près de la piscine - par A 7 sortie Avignon-Sud

| Loisirs : ☕ snack ⚗ ☻ ♨ |
| Services : ⚙ ⚊ GB ⚿ ▦ ♨ ☇ ⊛ |
| ☇ ☇ ▣ |
| À prox. : ✂ ▥ |

709

La CIOTAT

✉ 13600 – 340 I6 – G. Provence – 31 630 h.
🅱 *Office de tourisme, boulevard Anatole France* 📞 *04 42 08 61 32, Fax 04 42 08 17 88*
Paris 802 – Aix-en-Provence 53 – Brignoles 62 – Marseille 32 – Toulon 36.

⚠ **St-Jean** 10 avr.-sept.
📞 04 42 83 13 01, *stjean@easyconnet.fr,*
Fax 04 42 71 46 41, *www.asther.com/stjean* – ℝ
1 ha (80 empl.) plat, pierreux, herbeux
Tarif : 🔲 31,50 € 🔋 (6A) – pers. suppl. 6 €
Location ⚹ : studios
Pour s'y rendre : NE : 2 km, av. de St-Jean, vers Toulon
À savoir : Au bord de mer

Nature : ♀♀
Loisirs : 🍽 ✕ 🛋
Services : 🅰 ⚬━ GB 🗸 🗒 ⊕ 🖳 🧺
À prox. : 🍹

FONTVIEILLE

✉ 13990 – 340 D3 – G. Provence – 3 456 h. – alt. 20
🅱 *Office de tourisme, 5, rue Marcel Honorat* 📞 *04 90 54 67 49, Fax 04 90 54 69 82*
Paris 712 – Arles 12 – Avignon 30 – Marseille 92 – St-Rémy-de-Provence 18 – Salon-de-Provence 37.

⚠ **Municipal les Pins** avr.-sept.
📞 04 90 54 78 69, Fax 04 90 54 81 25 – ℝ conseillée
3,5 ha (166 empl.) plat et peu incliné, pierreux, herbeux
Tarif : (Prix 2005) 🔲 12,90 € 🔋 (6A) – pers. suppl. 3 €
Pour s'y rendre : Sortie E par D 17, rte de Maussane-les-Alpilles puis à droite 0,9 km par rue Michelet et chemin
À savoir : Plaisante situation au coeur d'une pinède

Nature : 🌿 ⛺ 👥
Loisirs : 🛋 🏃
Services : 🅰 ⚬━ GB 🗸 ⊕ 🛒 ⚂ 🖳
À prox. : ⛷ parcours sportif

*Utilisez les **cartes MICHELIN** détaillées à 1/150 000,
complément indispensable de ce guide.
(◐) Ce symbole signale la localité sélectionnée
dans le **guide Michelin « CAMPING CARAVANING FRANCE ».***

710

GRAVESON

✉ 13690 – 340 D2 – G. Provence – 3 188 h. – alt. 14
🅱 *Office de tourisme, cours National* 📞 *04 90 95 88 44*
Paris 696 – Arles 25 – Avignon 14 – Cavaillon 30 – Nîmes 38 – Tarascon 12.

⚠ **Micocouliers** 15 mars-15 oct.
📞 04 90 95 81 49, *micocou@free.fr,* Fax 04 90 95 81 49,
http://micocou.free.fr – ℝ conseillée
3,5 ha/2 campables (60 empl.) plat, pierreux, herbeux
Tarif : 🔲 20,20 € 🔋 (13A) – pers. suppl. 4,80 € – frais de réservation 16 €
Location : 2 🛏 (4 à 6 pers.) 390 à 566 €/sem.
Pour s'y rendre : SE : 1,2 km par D 28, rte de Châteaurenard et D 5 à droite, rte de Maillane

Nature : ⛺
Loisirs : ⛷
Services : 🅰 ⚬━ GB 🗸 M 🛒 ⊕ 🖳

MALLEMORT

✉ 13370 – 340 G3 – 4 984 h. – alt. 120
🅱 *Office de tourisme, avenue des Frères Roqueplan* 📞 *04 90 57 41 62, Fax 04 90 59 43 34*
Paris 716 – Aix-en-Provence 34 – Apt 38 – Cavaillon 20 – Digne-les-Bains 124 – Manosque 72.

⚠ **Durance et Lubéron** avr.-15 oct.
📞 04 90 59 13 36, *duranceluberon@aol.com,*
Fax 04 90 57 46 62, *www.campingduranceluberon.com* –
pour les caravanes, l'accès par le centre ville est déconseillé, accès par N 7 et D 561, rte de Charleval – ℝ conseillée
4 ha (110 empl.) plat, herbeux
Tarif : (Prix 2005) 🔻 4,10 € 🔲 6,20 € 🔋 (10A) 3,50 € – frais de réservation 10 €
Location : 6 🛏 (4 à 6 pers.) 370 à 480 €/sem.
Pour s'y rendre : SE : 2,8 km par D 23, à 200 m du canal, vers la centrale E.D.F. - par A7 sortie 26 et 7

Nature : 🌿 ⛺ ♀
Loisirs : snack 🛋 🏃 🚲 ✕ ⛷ 🐎
Services : ⚬━ 🗸 ▥ 🛒 ⊕ ⚂ 🖳 🧺

MAUSSANE-LES-ALPILLES

✉ 13520 – 340 D3 – 1 968 h. – alt. 32
🛈 *Office de tourisme, place Laugier de Monblan* ℘ 04 90 54 52 04
Paris 712 – Arles 20 – Avignon 30 – Marseille 81 – Martigues 44 – St-Rémy-de-Provence 10 – Salon-de-Provence 29.

⚠ Municipal les Romarins
℘ 04 90 54 33 60, *camping-municipal-maussane@wanadoo.fr*, Fax 04 90 54 41 22 – **R** conseillée
3 ha (144 empl.) plat, herbeux, pierreux
Pour s'y rendre : Sortie N par D 5, rte de St-Rémy-de-Provence

Nature : 🌳 ΩΩ
Loisirs : 🎱 🏊 ✗
Services : ♿ ⊶ 🗑 ⊕ 🏕 ⬆ 🖼
À prox. : 🛶

MOURIÈS

✉ 13890 – 340 E3 – 2 752 h. – alt. 13
🛈 *Office de tourisme, 2, rue du Temple* ℘ 04 90 47 56 58, Fax 04 90 47 67 33
Paris 713 – Arles 29 – Les Baux-de-Provence 12 – Cavaillon 26 – Istres 24 – Salon-de-Provence 22.

⚠ **Le Devenson** avr.-15 sept.
℘ 04 90 47 52 01, *devenson@libertysurf.fr*,
Fax 04 90 47 63 09, *www.camping-devenson.com*
– **R** conseillée – séjour minimum 1 semaine
12 ha/3,5 campables (60 empl.) en terrasses, pierreux, rocheux, oliveraie
Tarif : 🔲 17,50 € – pers. suppl. 4,50 €
Pour s'y rendre : NO : 2 km par D 17 et D 5 à droite
À savoir : Agréable situation sous les pins et parmi les oliviers

Nature : 🌿 ≤ 🏕 ΩΩ (pinède)
Loisirs : 🎱 🛶
Services : ⊶ ⟨ 🗑 ♨ ⊕ 🖼 cases réfrigérées

*To select the best route and follow it with ease,
To calculate distances,
To position a site precisely from details given in the text :
Get the appropriate **MICHELIN regional map,** 1 : 150 000.*

711

NOVES

✉ 13550 – 340 E2 – G. Provence – 4 440 h. – alt. 97
🛈 *Syndicat d'initiative, place Jean Jaurès* ℘ 04 90 92 90 43, Fax 04 90 92 90 43
Paris 688 – Arles 38 – Avignon 46 – Carpentras 33 – Cavaillon 17 – Marseille 86 – Orange 36.

⚠ **Marie Rose** fermé janv.
℘ 04 90 95 41 64, *camping.marie-rose@tiscali.fr*,
Fax 04 32 61 17 85, *www.camping-marie-rose.com*
– **R** conseillée
1,3 ha (38 empl.) plat, herbeux
Tarif : 🔲 19 € [2] (8A) – pers. suppl. 4 € – frais de réservation 8 €
Location : 5 🏠 (4 à 6 pers.) 310 à 472 €/sem.
Pour s'y rendre : À Paluds-de-Noves, SE : 4 km par D 30, rte de St-Rémy-de-Provence et D 29, rte de Verquières à gauche

Nature : 🏕
Loisirs : 🍴 ✗ crêperie 🏊 🛶
Services : ♿ ⊶ 🅶🅱 ⟨ 🗑 ♨ ⊕ 🖼 🔥

PUYLOUBIER

✉ 13114 – 340 J4 – 1 473 h. – alt. 380
🛈 *Syndicat d'initiative, square Jean Casanova* ℘ 04 42 66 36 87
Paris 775 – Aix-en-Provence 26 – Rians 38 – St-Maximin-la-Ste-Baume 19.

⚠ **Municipal Cézanne** avr.-2 nov.
℘ 04 42 66 36 33, *contact@le-cezanne.com*,
Fax 04 42 66 36 33, *www.le-cezanne.com* – **R** conseillée
1 ha (50 empl.) peu incliné et en terrasse, pierreux, herbeux
Tarif : 👤 4,50 € 🚗 2 € 🔲 6 € [2] (10A) 2 €
Pour s'y rendre : Sortie E par D 57, au stade
À savoir : Au pied de la Montagne Ste-Victoire

Nature : ΩΩ
Loisirs : ✗
Services : ⊶ (avr.-2 nov.) ⟨ ⊕ 🖼

La ROQUE-D'ANTHÉRON

⊠ 13640 – **340** G3 – G. Provence – 4 446 h. – alt. 183

🖪 *Office de tourisme, 3, cours Foch* 🖉 *04 42 50 70 74, Fax 04 42 50 70 76*

Paris 726 – Aix-en-Provence 29 – Cavaillon 34 – Manosque 60 – Marseille 58 – Salon-de-Provence 27.

⚠ Silvacane en Provence 27 mai-16 sept.

🖉 04 42 50 40 54, *campoclub@wanadoo.fr*,
Fax 04 42 50 41 75, *www.campoclub.com* – **R** indispensable
6 ha/4 campables (133 empl.) plat, peu incliné, en terrasses, pierreux, herbeux
Tarif : 🔲 19,50 € [4] (10A) – pers. suppl. 4,80 € – frais de réservation 20 €
Location (mars-15 oct.) : 6 ⤶ (4 à 6 pers.) 225 à 580 €/sem.
Pour s'y rendre : Sortie O par D 561, rte de Charleval, près du canal

Nature : ≤ ⌂ 〰
Loisirs : 🏠 ⚓ 🏊 mur d'escalade
Services : & ⚡ (juin) GB 🐾 ▥ 🗄 ⊕ 🗃 🔩
À prox. : 🛒

Des vacances réussies sont des vacances bien préparées !
Ce guide est fait pour vous y aider... mais :
– N'attendez pas le dernier moment pour réserver
– Évitez la période critique du 14 juillet au 15 août
Pensez aux ressources de l'arrière-pays,
à l'écart des lieux de grande fréquentation.

ST-ÉTIENNE-DU-GRÈS

⊠ 13103 – **340** D3 – 2 103 h. – alt. 7

Paris 706 – Arles 16 – Avignon 24 – Les Baux-de-Provence 15 – St-Rémy-de-Provence 9 – Tarascon 8.

⚠ Municipal

🖉 04 90 49 00 03 – **R** conseillée
0,6 ha (40 empl.) plat, herbeux, pierreux
Pour s'y rendre : Sortie NO par D 99, rte de Tarascon, près du stade, à 50 m de la Vigueira

Nature : ⌂ 〰
Services : ⚡ ⊕ 🗃 🛒

712

ST-RÉMY-DE-PROVENCE

⊠ 13210 – **340** D3 – G. Provence – 9 806 h. – alt. 59

🖪 *Office de tourisme, place Jean Jaurès* 🖉 *04 90 92 05 22, Fax 04 90 92 38 52*

Paris 702 – Arles 25 – Avignon 20 – Marseille 89 – Nîmes 45 – Salon-de-Provence 39.

⚠ Mas de Nicolas mi-mars-mi-oct.

🖉 04 90 92 27 05, *camping-masdenicolas@nerim.fr*,
Fax 04 90 92 36 83, *www.camping-masdenicolas.com*
– **R** conseillée
4 ha (140 empl.) plat, peu incliné, herbeux, pierreux
Tarif : (Prix 2005) 🔲 18,10 € – pers. suppl. 4,60 € – frais de réservation 17 €
Location : 8 ⤶ (4 à 6 pers.) 300 à 580 €/sem. – 13 🏠 (4 à 6 pers.) 280 à 580 €/sem.
Pour s'y rendre : Sortie N rte d'Avignon puis 1 km par D 99 (déviation) rte de Cavaillon, à droite et rue Théodore-Aubanel à gauche

Nature : 🌿 ≤ ⌂ 🌳
Loisirs : 🏠 🎣 ≋ hammam jacuzzi ⚓ 🏊
Services : & ⚡ GB 🐾 🗄 🛁 ⊕ 🗃 🛒 🔩

⚠ Monplaisir mars-10 nov.

🖉 04 90 92 22 70, *reception@camping-monplaisir.fr*,
Fax 04 90 92 18 57, *www.camping-monplaisir.fr* – **R** conseillée
2,8 ha (130 empl.) plat, herbeux, pierreux
Tarif : 🔲 20,80 € [4] (6A) – pers. suppl. 5,80 € – frais de réservation 17 €
Location 🚫 : 2 🏠 (4 à 6 pers.) 320 à 580 €/sem.
⤶ 2 bornes
Pour s'y rendre : NO : 0,8 km par D 5 rte de Maillane et chemin à gauche
À savoir : Agréable cadre fleuri autour d'un mas provençal

Nature : 🌿 ⌂ 🌳
Loisirs : 🏠 ⚓ 🏊
Services : & ⚡ (.) GB 🐾 ▥ 🗄 🔩 ⊕ 🗃 🔩
À prox. : 🛒

⚠️ **Pégomas** mars-oct.
 ℘ 04 90 92 01 21, *contact@campingpegomas.com,*
 Fax 04 90 92 01 21, *www.campingpegomas.com*
 – **R** conseillée
 2 ha (105 empl.) plat, herbeux
 Tarif : 🔳 18,40 € ⚡ (6A) – pers. suppl. 4,70 € – frais de
 réservation 16 €
 Location 🏠 : 6 ⬛ (4 à 6 pers.) 200 à 500 €/sem.
 Pour s'y rendre : Sortie E par D 99ᴬ rte de Cavaillon et à
 gauche, à l'intersection du chemin de Pégomas et av.
 Jean-Moulin (vers D 30, rte de Noves)

Nature : 🌳 🌿
Loisirs : 🍴 ⛵
Services : 🚿 ⚡ 🅶🅱 🗑 📶 🛒 ♿ 🔲
À prox. : 🍴 🎣

STES-MARIES-DE-LA-MER

✉️ 13460 – **340** B5 – G. Provence – 2 478 h. – alt. 1
🄸 *Office de tourisme, 5, avenue Van Gogh* ℘ 04 90 97 82 55, Fax 04 90 97 71 15
Paris 761 – Aigues-Mortes 31 – Arles 40 – Marseille 131 – Montpellier 67 – Nîmes 55 – St-Gilles 36.

⚠️ **Le Clos du Rhône** mars-Toussaint
 ℘ 04 90 97 85 99, *leclos@saintesmaries.com,*
 Fax 04 90 97 78 85 – **R** indispensable
 7 ha (448 empl.) plat, sablonneux
 Tarif : (Prix 2005) 🔳 25,90 € ⚡ (10A) – pers. suppl. 7,80 €
 Location : ⬛ (4 à 6 pers.) 343 à 674 €/sem. – 🏠 (4 à 6
 pers.) 218 à 556 €/sem. – bungalows toilés
 🚐 1 borne
 Pour s'y rendre : O : 2 km par D 38 et à gauche
 À savoir : Près du petit Rhône et de la plage

Loisirs : 🎣 ⛵ 🏊 🎣
Services : 🚿 ⚡ 🅶🅱 📶 🗑 🛒 ♿ 🔲 🚿
🔲 📶 🔲
À prox. : 🐎

SALON-DE-PROVENCE

✉️ 13300 – **340** F4 – G. Provence – 37 129 h. – alt. 80
🄸 *Office de tourisme, 56, cours Gimon* ℘ 04 90 56 27 60, Fax 04 90 56 77 09
Paris 720 – Aix-en-Provence 37 – Arles 46 – Avignon 50 – Marseille 54 – Nîmes 76.

🏕️ **Nostradamus** mars-oct.
 ℘ 04 90 56 08 36, *gilles.nostra@wanadoo.fr,*
 Fax 04 90 56 65 05, *www.camping-nostradamus.com*
 – **R** conseillée
 2,7 ha (83 empl.) plat, herbeux
 Tarif : 🔳 21,30 € ⚡ (6A) – pers. suppl. 5,30 € – frais de
 réservation 15 €
 Location (permanent) : 11 ⬛ (4 à 6 pers.) 260 à
 574 €/sem.
 Pour s'y rendre : NO : 5,8 km par D 17, rte d'Eyguière et
 D 72D à gauche
 À savoir : Au bord d'un canal

Nature : 🐿️ 🌳 🌿
Loisirs : 🎣 🏓 🏊
Services : 🚿 ⚡ 🅶🅱 📶 🗑 🚿 ♿
🚿 🔲 🔲

713

Var (83)

Les ADRETS-DE-L'ESTEREL

✉️ 83600 – **340** P4 – 2 063 h. – alt. 295
🄸 *Office de tourisme, place de la Mairie* ℘ 04 94 40 93 57
Paris 881 – Cannes 26 – Draguignan 44 – Fréjus 17 – Grasse 30 – Mandelieu-la-Napoule 15 – St-Raphaël 18.

⚠️ **Les Philippons** avr.-15 oct.
 ℘ 04 94 40 90 67, *info@philipponscamp.com,*
 Fax 04 94 19 35 92, *www.philipponscamp.com* – **R** conseillée
 5 ha (150 empl.) accidenté, en terrasses, pierreux, herbeux
 Tarif : 🔳 22,50 € ⚡ (10A) – pers. suppl. 5 € – frais de réser-
 vation 12 €
 Location : 10 🏠 (4 à 6 pers.) 255 à 680 €/sem.
 Pour s'y rendre : E : 3 km par D 237, rte de l'Église d'Adrets
 À savoir : Cadre sauvage sous les oliviers, eucalyptus, chê-
 nes-lièges

Nature : 🐿️ 🌊 🌳 🌿
Loisirs : 🍴 snack, pizzeria 🚗 🏊
Services : ⚡ 🅶🅱 📶 🗑 🚿 ♿ 🔲
sèche-linge 🔲 🔲 réfrigérateurs

AGAY

☒ 83530 – 340 Q5 – G. Côte d'Azur
🛈 *Syndicat d'initiative, boulevard de la Plage* ℘ *04 94 82 74 20*
Paris 880 – Cannes 34 – Draguignan 43 – Fréjus 12 – Nice 65 – St-Raphaël 9.

⁂ **Esterel Caravaning** avr.-sept.
℘ 04 94 82 03 28, *contact@esterel-caravaning.fr*,
Fax 04 94 82 87 37, *www.esterel-caravaning.fr* – **R** indispensable
12,5 ha (485 empl.) en terrasses, peu incliné, pierreux
Tarif : 🔲 42 € – pers. suppl. 8 €
Location : 200 🚐 (4 à 6 pers.) 280 à 770 €/sem.
🚐 1 borne
Pour s'y rendre : NO : 4 km
À savoir : Réservé aux caravanes

| Nature : 🏔 🗦 ♉♉ |
| Loisirs : 🍴 ✗ pizzeria 🏛 🎱 🏸 🎣 ♘-🎯 ✗ 🎣 🏊 🏇 squash |
| Services : 🚿 ☛ 🆖 🔳 🖙 🖓 – 18 sanitaires individuels (🛁 ⚰ wc) 🌀 🚿 🗑 🍢 📮 sèche-linge 🗦 🖢 |

⁂ **Vallée du Paradis** 15 mars-15 oct.
℘ 04 94 82 16 00, *vallee-du-paradis@wanadoo.fr*,
Fax 04 94 82 72 21, *www.sudestvacances.fr* – **R** indispensable
3 ha (213 empl.) plat, herbeux
Tarif : 🔲 40 € – pers. suppl. 7,70 € – frais de réservation 26 €
Location : 124 🚐 (4 à 6 pers.) 250 à 799 €/sem.
Pour s'y rendre : NO : 1 km, bord de l'Agay
À savoir : Cadre boisé au pied du Massif de l'Esterel

| Nature : ≤ 🗦 ♉♉ |
| Loisirs : 🍴 ✗ pizzeria 🏛 🎱 nocturne 🏸 🎣 🎣 🏊 🏖 ponton d'amarrage |
| Services : 🚿 ☛ 🆖 🖙 🖓 🍢 📮 🖢 sèche-linge 🗦 🖢 |

⁂ **Les Rives de l'Agay** mars-début nov.
℘ 04 94 82 02 74, *reception@lesrivesdelagay.fr*,
Fax 04 94 82 74 14, *www.lesrivesdelagay.fr* – **R** conseillée
2 ha (171 empl.) plat, herbeux, sablonneux
Tarif : 🔲 33,50 € ⚡ (6A) – pers. suppl. 5 € – frais de réservation 20 €
Location : 🚐 (4 à 6 pers.) 252 à 630 €/sem.
Pour s'y rendre : NO : 0,7 km, bord de l'Agay et à 500 m de la plage

| Nature : 🗦 ♉♉ |
| Loisirs : snack 🏛 🏊 ponton d'amarrage |
| Services : 🚿 ☛ 🆖 🖙 🔳 🖙 🖓 🍢 🖢 🗑 sèche-linge 🗦 🖢 |

⁂ **Azur Rivage** avr.-sept.
℘ 04 94 44 83 12, Fax 04 94 44 84 39, *www.camping-azur-rivage.com* – **R** conseillée
1 ha (66 empl.) plat, en terrasses, peu incliné, pierreux
Tarif : (Prix 2005) 🔲 38 € – pers. suppl. 5 € – frais de réservation 17 €
Location : 🚐 (4 à 6 pers.) 300 à 640 €/sem.
🚐 1 borne
Pour s'y rendre : À Anthéor-Plage, E : 5 km
À savoir : Près de la plage

| Nature : ♉♉ |
| Loisirs : 🍴 ✗ 🏊 |
| Services : 🚿 ☛ 🖙 🖓 🗑 🗦 🖢 |

⁂ **Agay-Soleil** 25 mars-5 nov.
℘ 04 94 82 00 79, *camping-agay-soleil@wanadoo.fr*,
Fax 04 94 82 88 70, *www.agaysoleil.com* – **R** conseillée ✂ (juil.-août)
0,7 ha (53 empl.) plat, peu incliné, terrasses, sablonneux
Tarif : (Prix 2005) 🔲 30,24 € – pers. suppl. 5,50 €
Location ✂ : 5 🚐 (4 à 6 pers.) 320 à 620 €/sem.
🚐 1 borne 8 €
Pour s'y rendre : E : 0,7 km

| Nature : ≤ 🗦 ♉♉ ⛰ |
| Loisirs : 🍴 ✗ pizzeria 🏛 |
| Services : 🚿 ☛ 🅼 🔳 🖙 🖓 🗑 🖢 |
| À prox. : ✂ |

⁂ **Royal-Camping**
℘ 04 94 82 00 20, Fax 04 94 82 00 20 – **R** conseillée
0,6 ha (45 empl.) plat, herbeux, gravier
Location : 7 🚐
Pour s'y rendre : S : 1,5 km

| Nature : ♉♉ ⛰ |
| Loisirs : 🏛 |
| Services : ☛ 🖓 |
| À prox. : 🗑 🖢 🍴 ✗ 🖢 |

The Guide changes, so renew your Guide every year.

714

AUPS

✉ 83630 – 340 M4 – G. Côte d'Azur – 1 903 h. – alt. 496
🛈 *Syndicat d'initiative, place Frédéric Mistral* ℰ *04 94 84 00 69*
Paris 818 – Aix-en-Provence 90 – Castellane 71 – Digne-les-Bains 78 – Draguignan 29 – Manosque 59.

▲▲ **International Camping** avr.-sept.
ℰ 04 94 70 06 80, *camping-aups@internationalcamping-aups.com*, Fax 04 94 70 10 51, *www.internationalcamping-aups.com* – **R** conseillée
4 ha (150 empl.) plat, pierreux, herbeux
Tarif : 🔲 21,90 € – pers. suppl. 6 €
Location : 🛖 (4 à 6 pers.) 300 à 460 €/sem.
Pour s'y rendre : O : 0,5 km par D 60, rte de Fox-Amphoux
À savoir : Cadre pittoresque et soigné

| Nature : 🌢 ◻ 00 |
| Loisirs : discothèque 🎯 🏊 |
| Services : ⊶ GB 🛒 🛁 ⊕ 🖼 ⚗ |

BELGENTIER

✉ 83210 – 340 L6 – 1 724 h. – alt. 152
Paris 822 – Bandol 40 – Brignoles 27 – Cuers 14 – Hyères 23 – Toulon 23.

▲ **Les Tomasses** avr.-sept.
ℰ 04 94 48 92 70, Fax 04 94 48 94 73 – **R** conseillée
2,5 ha (91 empl.) plat, pierreux, herbeux
Tarif : 🔲 17,10 € 🔌 (6A) – pers. suppl. 4 €
Location 🏚 : 🛖 (4 à 6 pers.) 270 à 430 €/sem.
Pour s'y rendre : SE : 1,5 km par rte de Toulon puis 0,7 km par chemin à droite, bord du Gapeau

| Nature : ◻ 00 |
| Loisirs : snack, pizzeria 🛝 🎯 🏊 |
| Services : ⊶ GB 🛒 🛁 ⊕ 🚿 🖼 ⚗ |
| À prox. : 🐎 |

LES GUIDES VERTS MICHELIN
Paysages, monuments
Routes touristiques
Géographie
Histoire, Art
Itinéraire de visite
Plans de villes et de monuments

715

BORMES-LES-MIMOSAS

✉ 83230 – 340 N7 – G. Côte d'Azur – 6 324 h. – alt. 180
🛈 *Office de tourisme, 1, place Gambetta* ℰ *04 94 01 38 38, Fax 04 94 01 38 39*
Paris 871 – Fréjus 57 – Hyères 21 – Le Lavandou 4 – St-Tropez 35 – Ste-Maxime 37 – Toulon 39.

▲▲ **Manjastre** Permanent
ℰ 04 94 71 03 28, *manjastre@infonie.fr*, Fax 04 94 71 63 62 – **R** conseillée 🏚 (juil.-août)
3,5 ha (120 empl.) en terrasses, pierreux, plat et peu incliné
Tarif : 🔲 26,35 € – pers. suppl. 5,35 € – frais de réservation 10 €
🛖 1 borne 5,20 €
Pour s'y rendre : NO : 5 km, sur N 98, rte de Cogolin
À savoir : Bel ensemble de terrasses parmi les mimosas et les chênes-lièges

| Nature : 🌢 ◻ 00 |
| Loisirs : 🍷 🛝 🏊 |
| Services : ♿ ⊶ GB 🏛 🛒 🛁⊕ 🚿 ▽ |
| 🖼 sèche-linge ⚗ |

▲ **La Griotte** 15 avr.-sept.
ℰ 04 94 15 20 72, *info@campinglagriotte.com, www.campinglagriotte.com* – **R** conseillée
0,7 ha (65 empl.) plat et peu incliné, herbeux, gravillons
Tarif : 🔲 23 € 🔌 (10A) – pers. suppl. 3,40 € – frais de réservation 10 €
Location 🏚 : 7 🛖 (2 à 4 pers.) 210 à 450 €/sem. – 14 🛖 (4 à 6 pers.) 295 à 599 €/sem.
Pour s'y rendre : SO : 4,5 km par D 41, D 559 et rte du Fort de Brégançon à droite, accès conseillé par D 559

| Nature : 🌢 00 |
| Loisirs : 🛖 |
| Services : ♿ ⊶ GB 🛒 ⊕ ⚗ |

CADIÈRE-D'AZUR

✉ 83740 – 𝟯𝟰𝟬 J6 – G. Côte d'Azur – 4 239 h. – alt. 144

🛈 *Syndicat d'initiative, place Général-de-Gaulle* 📞 *04 94 90 12 56, Fax 04 94 98 30 13*

Paris 815 – Grenoble 310 – Marseille 45 – Nice 169 – Toulon 22 – Valence 260.

⛰ **La Malissonne** (location exclusive de 24 mobile homes, 17 bungalows et 20 villas) mars-15 nov.

📞 04 94 90 10 60, *info@domainemalissonne.com*, Fax 04 94 90 14 11, *www.domainemalissonne.com* – empl. traditionnels également disponibles – **R** conseillée

4,5 ha (200 empl.) en terrasses, peu incliné, pierreux, herbeux

Location 🏄 **(juil.-août) : ⛺ (4 à 6 pers.) 216 à 873 €/sem. – 🏠 (4 à 6 pers.) 216 à 789 €/sem. – 20 villas**

Pour s'y rendre : NO : 1,8 km sur D 66, rte de la Ciotat - accès conseillé par St-Cyr-sur-Mer

Nature : 🏕 ♀
Loisirs : ♀ pizzeria, snack 🍴 ⛵ ✂ 🎣 🏊 🚤
Services : ♿ 🚰 GB ⚕ 🗄 🛁 ♨ 🏪 🧺 🚿

CALLAS

✉ 83830 – 𝟯𝟰𝟬 O4 – G. Côte d'Azur – 1 388 h. – alt. 398

🛈 *Office de tourisme, place du 18 juin 1940* 📞 *04 94 39 06 77, Fax 04 94 39 06 79*

Paris 872 – Castellane 51 – Draguignan 14 – Toulon 94.

⛰ **Les Blimouses** Pâques-Toussaint

📞 04 94 47 83 41, *camping.les.blimouses@wanadoo.fr*, Fax 04 94 76 77 76, *www.campinglesblimouses.com* – **R** conseillée

6 ha (190 empl.) plat à incliné, en terrasses, pierreux, herbeux

Tarif : 🎫 17,50 € – pers. suppl. 4 € – frais de réservation 20 €

Location : 8 ⛺ (4 à 6 pers.) 280 à 620 €/sem. – 9 🏠 (4 à 6 pers.) 340 à 620 €/sem.

Pour s'y rendre : S : 3 km par D 25 et D 225 rte de Draguignan

Nature : 🍃 ♀♀
Loisirs : snack ⛵ 🎣 🏊
Services : ♿ 🚰 GB ⚕ 🗄 🛁 🧺 ♨ 🏪
🛁 🚿

716

Le CAMP-DU-CASTELLET

✉ 83330 – 𝟯𝟰𝟬 J6

Paris 806 – Aubagne 20 – Bandol 17 – La Ciotat 17 – Marseille 37 – Toulon 29.

⛰ **Les Grands Pins** Permanent

📞 04 94 90 71 44, *granpin@aol.com*, Fax 04 94 32 60 11, *www.grandpin.com* – places limitées pour le passage – **R** conseillée

4,5 ha (200 empl.) plat, pierreux

Tarif : 🎫 18,30 € 🔌 (10A) – pers. suppl. 3,70 € – frais de réservation 16 €

Location : 6 ⛺ (4 à 6 pers.) 215 à 560 €/sem. – 25 🏠 (4 à 6 pers.) 210 à 610 €/sem.

Pour s'y rendre : SE : 0,6 km par D 26, rte du Brulat

Nature : ♀♀ (pinède)
Loisirs : ♀ ✗ snack, pizzeria ⛵ ✂ ♀ 🎣
Services : ♿ 🚰 ⚕ 🗄 🛁 ♨ 🏪 🧺 🚿 🏪
🛁 🚿

CAVALAIRE-SUR-MER

✉ 83240 – 𝟯𝟰𝟬 O6 – G. Côte d'Azur – 5 237 h. – alt. 2

🛈 *Office de tourisme, Maison de la Mer* 📞 *04 94 01 92 10, Fax 04 94 05 49 89*

Paris 880 – Draguignan 55 – Fréjus 41 – Le Lavandou 21 – St-Tropez 20 – Ste-Maxime 22 – Toulon 61.

⛰ **Cros de Mouton** 15 mars-oct.

📞 04 94 64 10 87, *campingcrosdemouton@wanadoo.fr*, Fax 04 94 64 63 12, *www.crosdemouton.com* – accès aux emplacements par forte pente, mise en place et sortie des caravanes à la demande – **R** conseillée

5 ha (199 empl.) en terrasses, pierreux, fort dénivelé

Tarif : 🎫 26 € – pers. suppl. 7,30 € – frais de réservation 20 €

Location : 15 ⛺ (4 à 6 pers.) 360 à 675 €/sem. – 37 🏠 (4 à 6 pers.) 360 à 675 €/sem.

Pour s'y rendre : NO : 1,5 km

Nature : 🍃 🏕 ♀♀
Loisirs : ♀ snack 🍴 ⛵ 🎣
Services : ♿ 🚰 (15 mars-oct.) GB
⚕ 🗄 🛁 ♨ 🏪 🧺 🚿 🏪 🛁 🚿

CAVALAIRE-SUR-MER

⚠ **Roux-Guérard** 25 mars-sept.
📞 04 94 64 05 47, *camping.roux@wanadoo.fr,*
Fax 04 94 05 46 59, *www.campingroux.com* – **R** conseillée
4 ha (245 empl.) peu incliné, en terrasses, pierreux
Tarif : 🖃 24,50 € 🛱 (10A) – pers. suppl. 5 €
Location : 8 studios – 6 appartements
Pour s'y rendre : NE : 3 km par D 559, rte de la Croix-Valmer
et à gauche, rte du cimetière

Nature : 🐟 ♒
Loisirs : snack 🎱 🏇
Services : ♿ ⚡ GB 🐄 🏛 📷 🛋 ☺ ❧ 🔥 🚿

⚠ **La Pinède** 15 mars-15 oct.
📞 04 94 64 11 14, Fax 04 94 64 19 25, *www.le-camping-la-pinede.com* – **R** conseillée
2 ha (165 empl.) plat, peu incliné, herbeux
Tarif : (Prix 2005) 🖃 23 € 🛱 (5A) – pers. suppl. 4,80 €
Pour s'y rendre : Sortie SO par rte du Lavandou et rte à
droite

Nature : 🛏 ♒
Loisirs : 🎱 🏇
Services : ♿ ⚡ GB 🐄 📷 🛋 ☺ 🔥
sèche-linge

Si vous recherchez :

⚖   *Un terrain au bord de l'eau avec possibilité de baignade*
🐟   *Un terrain agréable ou très tranquille*
L   *Un terrain effectuant la location de caravanes, de mobile homes,*
      de bungalows ou de chalets
P   *Un terrain ouvert toute l'année*
🚐   *Un terrain possédant une aire de services pour camping-cars*
Consultez le tableau des localités

La CROIX-VALMER

✉ 83420 – 340 06 – G. Côte d'Azur – 2 734 h. – alt. 120
🛈 *Office de tourisme, esplanade de la Gare* 📞 04 94 55 12 12, Fax 04 94 55 12 10
Paris 873 – Brignoles 70 – Draguignan 48 – Fréjus 35 – Le Lavandou 27 – Ste-Maxime 15 – Toulon 68.
Schéma à Grimaud

⚠ **Sélection Camping** 15 mars-15 oct.
📞 04 94 55 10 30, *camping-selection@wanadoo.fr,*
Fax 04 94 55 10 39, *www.selectioncamping.com* – **R** indispensable ✀ (juil.-août)
4 ha (215 empl.) en terrasses, pierreux, herbeux
Tarif : 🖃 36,50 € 🛱 (10A) – pers. suppl. 9,50 € – frais de
réservation 27 €
Location ✀ : 56 🚐 (4 à 6 pers.) 410 à 850 €/sem. –
studios, appartements
🚐 1 borne
Pour s'y rendre : SO : 2,5 km par D 559, rte de Cavalaire et au
rond-point chemin à droite

Nature : 🐟 🛏 ♒
Loisirs : 🍷 snack 🍴 diurne 🏃 salle
d'animation 🏇 🏓 ⛸
Services : ♿ ⚡ GB 🐄 🏛 📷 🛋 ☺ 🔥
🚿 🚿

La FAVIÈRE

✉ 83230 – 340 N7
Paris 882 – Marseille 105 – Toulon 44 – Cannes 102 – La Seyne 49.
Schéma au Lavandou

⚠ **Le Camp du Domaine** avr.-oct.
📞 04 94 71 03 12, *mail@campdudomaine.com,*
Fax 04 94 15 18 67, *www.campdudomaine.com* – **R** conseillée ✀ (2 juil.-20 août)
38 ha (1200 empl.) plat, accidenté et en terrasses, pierreux,
rocheux
Tarif : 🖃 33 € – pers. suppl. 7,10 €
Location ✀ : 47 🏠 (4 à 6 pers.) 640 à 860 €/sem.
🚐 2 bornes
Pour s'y rendre : S : 2 km

Nature : 🛏 ♒ ⚖
Loisirs : 🍷 🍴 pizzeria, snack 🍴 🍽
🏃 terrain omnisports 🏇 ✂
Services : ♿ ⚡ GB 📷 🛋 ☺ 🚿 💈 ❧
🔥 🚿 🚿 cases réfrigérées

717

FRÉJUS

✉ 83600 – 340 P5 – G. Côte d'Azur – 46 801 h. – alt. 20 – Base de loisirs
🛈 *Office de tourisme, 325, rue Jean Jaurès* ℘ 04 94 51 83 83, Fax 04 94 51 00 26
Paris 868 – Brignoles 64 – Cannes 40 – Draguignan 31 – Hyères 90.

▲▲▲ **La Baume la Palmeraie** avr.-sept.
℘ 04 94 19 88 88, *reception@labaume-lapalmeraie.com*,
Fax 04 94 19 83 50, *www.labaume-lapalmeraie.com* – places
limitées pour le passage – **R** indispensable
26 ha/20 campables (780 empl.) plat et peu incliné, herbeux,
pierreux
Tarif : 🔲 38 € – pers. suppl. 9 € – frais de réservation 31,25 €
Location : 80 ⬚⬚ (4 à 6 pers.) 301 à 900 €/sem. – 180
bastidons (studios)
Pour s'y rendre : N : 4,5 km par D 4, rte de Bagnols-en-Forêt

Nature : ⬚ 🞯🞯
Loisirs : 🍴 ✕ snack, pizzeria ⬚ 🙲
🏃 🎰 discothèque, théâtre de
plein air 🚗 🚲 🎯🎿 🏊 🛝 piste de
roller, skate
Services : ♿ ⚡ 🔲 📶 🚿 ⬚ 🗑 🞦 🞦
🞦 🞦 sèche-linge ⬚, 🞦

▲▲▲ **Domaine du Colombier** 8 avr.-sept.
℘ 04 94 51 56 01, *info@domaine-du-colombier.com*,
Fax 04 94 51 55 57, *www.domaine-du-colombier*
– **R** conseillée
10 ha (400 empl.) en terrasses
Tarif : 🔲 46,50 € 🔲 (10A) – pers. suppl. 8 €
Location : 107 ⬚⬚ (4 à 6 pers.) 371 à 854 €/sem.
Pour s'y rendre : N : 2 km par D 4, rte de Bagnols-en-Forêt

Nature : ⬚
Loisirs : 🍴 ✕ snack, pizzeria ⬚ 🙲
🏃 discothèque 🚗 🏊 🛝
Services : ♿ ⚡ 🔲 📶 🚿 ⬚ 🗑 🞦 🞦
🞦 🞦 sèche-linge ⬚, 🞦

Les Pins Parasols 8 avr.- sept.

☏ 04 94 40 88 43, *lespinsparasols@wanadoo.fr*,
Fax 04 94 40 81 99, *www.lespinsparasols.com* – **R** conseillée
4,5 ha (189 empl.) plat et en terrasses, herbeux, pierreux
Tarif : ▣ 30,10 € ⚡ (6A) – pers. suppl. 6 €
Location ⬩ : 9 ⬩ (4 à 6 pers.) 198 à 658 €/sem.
Pour s'y rendre : N : 4 km par D 4, rte de Bagnols-en-Forêt
À savoir : Beaux empl. en terrasses au milieu des pins parasols

> Nature : ⬩ ⬩⬩
> **Loisirs** : ✗ pizzeria ⬩ ⬩ ⬩ ⬩
> **Services** : ⬩ ⬩ (8 avr.- sept.) ⬩ ⬩
> ⬩ ⬩ – 48 sanitaires individuels (⬩ ⬩
> ⬩ wc) ⬩ ⬩ ⬩ ⬩

La Pierre Verte 8 avr.-sept.

☏ 04 94 40 88 30, *info@campinglapierreverte.com*,
Fax 04 94 40 75 41, *www.campinglapierreverte.com*
– **R** conseillée
28 ha (440 empl.) en terrasses, et accidenté, pierreux, rochers
Tarif : ▣ 31 € – pers. suppl. 7 € – frais de réservation 22 €
Location : 150 ⬩ (4 à 6 pers.) 280 à 780 €/sem.
Pour s'y rendre : N : 6,5 km par D4, rte de Bagnols-en-Forêt et chemin à droite

> Nature : ⬩ ⬩⬩
> **Loisirs** : ⬩ ✗ snack, pizzeria ⬩ ⬩
> ⬩ ⬩ ⬩ ⬩ ⬩ ⬩
> **Services** : ⬩ ⬩ GB ⬩ ⬩ ⬩ ⬩ ⬩
> ⬩ ⬩ ⬩ ⬩

Le Pont d'Argens avr.-15 oct.

☏ 04 94 51 14 97, Fax 04 94 51 29 44 – **R** conseillée
7 ha (500 empl.) plat, herbeux
Tarif : ▣ 27,50 € ⚡ (5A) – pers. suppl. 7,50 € – frais de réservation 35 €
Location : 36 ⬩ (4 à 6 pers.) 300 à 750 €/sem.
⬩, 1 borne
Pour s'y rendre : S : 3 km par N 98, rte de Ste-Maxime (accès direct à la plage)
À savoir : Au bord de l'Argens

> Nature : ⬩⬩
> **Loisirs** : ⬩ snack ⬩ ⬩ ⬩
> **Services** : ⬩ ⬩ GB ⬩ ⬩ ⬩ ⬩ ⬩
> ⬩ ⬩ sèche-linge ⬩ ⬩
> **À prox.** : parc de loisirs aquatiques

719

Camping de Montourey avr.-sept.

☏ 04 94 53 26 41, *montourey@wanadoo.fr*,
Fax 04 94 53 26 75, *www.campingmontourey.com* – places limitées pour le passage – **R** indispensable
5 ha (199 empl.) plat, herbeux
Tarif : ▣ 26 € ⚡ (6A) – pers. suppl. 7 €
Location : 130 ⬩ (4 à 6 pers.) 231 à 721 €/sem.
Pour s'y rendre : N : 4 km par D4, rte de Bagnols-en-Forêt et chemin à droite

> Nature : ⬩ ⬩ ⬩⬩ (peupleraie)
> **Loisirs** : snack ⬩ ⬩ ⬩ ⬩
> **Services** : ⬩ ⬩ GB ⬩ ⬩ ⬩ ⬩ ⬩
> sèche-linge ⬩

Malbousquet avr.-sept.

☏ 04 94 40 87 30, *malbousquet@wanadoo.fr*,
Fax 04 94 40 87 30, *www.camping-malbousquet.com*
– **R** conseillée
3 ha (75 empl.) plat et peu incliné, terrasses, herbeux, pierreux
Tarif : ▣ 24 € ⚡ (6A) – pers. suppl. 6 €
Location : 10 studios
Pour s'y rendre : N : 4,5 km par D 4, rte de Bagnols-en-Forêt et chemin à gauche

> Nature : ⬩ ⬩ ⬩⬩⬩
> **Loisirs** : pizzeria ⬩ jacuzzi ⬩ ⬩
> **Services** : ⬩ ⬩ ⬩ ⬩ ⬩ ⬩ ⬩

LES GUIDES VERTS **MICHELIN**
Paysages, monuments
Routes touristiques
Géographie
Histoire, Art
Itinéraire de visite
Plans de villes et de monuments

GASSIN

✉ 83580 – 340 O6 – G. Côte d'Azur – 2 710 h. – alt. 200
Paris 880 – Marseille 132 – Toulon 72 – Antibes 84 – Cannes 72.

⚲ **Parc Saint-James** fermé 26 nov.-6 janv.
  𝒫 04 94 55 20 20, gassin@camping-parcsaintjames.com,
  Fax 04 94 56 34 77, www.camping-parcsaintjames.com –
  places limitées pour le passage – **R** indispensable
  33 ha/23 campables (650 empl.) plat et en terrasses,
  accidenté, pierreux, herbeux
  Tarif : 🔲 34 € – pers. suppl. 5 € – frais de réservation 23 €
  Location (avr.-15 oct.) : 110 🛖 (4 à 6 pers.) 273 à
  730 €/sem.
  Pour s'y rendre : NO : 3 km par D 89, rte du Bourrian, accès
  conseillé par D 559

> Nature : ☂ 𝄢
> Loisirs : 🍴 ✗ pizzeria 🎪 🎣 🏕 🛶
> discothèque ⚓ ✂ 🎯 ⛱ terrain
> omnisports
> Services : ♿ ⚡ GB 🚗 🗑 ☺ 📷
> sèche-linge 🧺 🛒 cases réfrigé-
> rées

Ce guide n'est pas un répertoire de tous les terrains de camping
mais une sélection des meilleurs campings dans chaque catégorie.

GIENS

✉ 83400 – 340 L7 – G. Côte d'Azur

Schéma à Hyères

⚲ **La Presqu'Île de Giens** avr.-1er oct.
  𝒫 04 94 58 22 86, info@camping-giens.com,
  Fax 04 94 58 11 63, www.camping-giens.com – **R**
  7 ha (460 empl.) plat, en terrasses, herbeux, pierreux
  Tarif : 🔲 24,90 € 🔌 (16A) – pers. suppl. 6,10 € – frais de
  réservation 15 €
  Location : 50 🛖 (4 à 6 pers.) 300 à 720 €/sem. – 56 🏠 (4
  à 6 pers.) 310 à 775 €/sem.
  🚐 1 borne
  Pour s'y rendre : E : 1 km

> Nature : ☂ 𝄢
> Loisirs : 🍴 ✗ 🎪 🎣 diurne 🏕 salle
> d'animation ⚓
> Services : ⚡ GB 🚗 ⛟ 🗑 🛁 ☺ 📷
> 🧺 🛒
> À prox. : bowling, discothèque

GRIMAUD

✉ 83310 – 340 O6 – G. Côte d'Azur – 3 780 h. – alt. 105
🎫 Office de tourisme, 1, boulevard des Aliziers 𝒫 04 94 55 43 83, Fax 04 94 55 72 20
Paris 861 – Brignoles 58 – Fréjus 32 – Le Lavandou 32 – St-Tropez 12 – Ste-Maxime 12 – Toulon 64.

⚠️ **La Pinède** avr.-15 oct.
  𝒫 04 94 56 04 36, *pinede-grimaud@wanadoo.fr*,
  Fax 04 94 56 30 86, *provence-campings.com/sttropez/pi
  nede* – places limitées pour le passage – **R** conseillée
  4,3 ha (204 empl.) plat, peu incliné, herbeux
  Tarif : 🎫 25,85 € (½) (10A) – pers. suppl. 3,80 €
  Pour s'y rendre : E : 3,5 km par D 558 et D 14, rte de
  Ste-Maxime

Nature : 🎯🎯
Loisirs : ✗ snack, pizzeria 🐎
Services : ♿ ⚡ 🅶🅱 🐾 🖼 🔥 ☺ 🔲
sèche-linge 🐾

HYÈRES

✉️ 83400 – 340 L7 – G. Côte d'Azur – 51 417 h. – alt. 40
🚩 *Syndicat d'initiative, 3, avenue Ambroise Thomas* 𝒫 *04 94 01 84 50, Fax 04 94 01 84 51*
Paris 851 – Aix-en-Provence 102 – Cannes 123 – Draguignan 78 – Toulon 19.

⚠️ **Domaine du Ceinturon 3** 8 avr.-sept.
  𝒫 04 94 66 32 65, *ceinturon3@securmail.net*,
  Fax 04 94 66 48 43, *www.provence-campings.com/azur/
  ceinturon3.htm* – **R**
  2,5 ha (200 empl.) plat, herbeux
  Tarif : 🎫 5 € 🎫 6,35 € (½) (10A) 3,50 €
  Location 🏕 : 36 🏠 (4 à 6 pers.) 230 à 520 €/sem.
  Pour s'y rendre : À Ayguade-Ceinturon, SE : 5 km, à 100 m
  de la mer

Nature : 🎯🎯
Loisirs : 🍷 snack 🐎
Services : ♿ ⚡ 🍽 🖼 🔥 ☺ 🔲 🍴
🐾
À prox. : ✗

721

*Pour choisir et suivre un itinéraire
Pour calculer un kilométrage
Pour situer exactement un terrain (en fonction des
indications fournies dans le texte) :
Utilisez les **cartes MICHELIN** détaillées à 1/150 000,
compléments indispensables de cet ouvrage.*

Le LAVANDOU

✉ 83980 – 340 N7 – G. Côte d'Azur – 5 449 h. – alt. 1 – Base de loisirs
🛈 *Office de tourisme, quai Gabriel-Péri,* ℰ *04 94 00 40 50, Fax 04 94 00 40 59*
Paris 873 – Cannes 102 – Draguignan 75 – Fréjus 61 – Ste-Maxime 42 – Toulon 41.

△ **Beau Séjour** Pâques-sept.
ℰ 04 94 71 25 30 – ℞
1,5 ha (135 empl.) plat, gravier
Tarif : (Prix 2005) ✶ 4,60 € 🔲 3,80 € 🔌 3,40 €
Pour s'y rendre : SO : 1,5 km
À savoir : Beaux emplacements délimités et ombragés

> Nature : ⊏⊐ 00
> Loisirs : 🍷 snack
> Services : &. o—¤ ⚡ ⊟ ⚲ ☺ ⚒

△ Clau Mar Jo
ℰ 04 94 71 53 39, *info@camping-claumarjo.com,*
Fax 04 94 24 38 73, *www.camping-claumarjo.com*
– **R** conseillée
1 ha (71 empl.) plat, herbeux
Location : 21 🛖
Pour s'y rendre : SO : 2 km

> Nature : ⊏⊐ 00
> Loisirs : 🍴 ⚓
> Services : &. o—¤ ⊟ ☺ ⚲ ☶ 🔲

△ **St-Pons** 29 avr.-8 oct.
ℰ 04 94 71 03 93, *info@campingsaintpons.com,*
Fax 04 94 71 09 46, *www.campingsaintpons.com* – **R** indispensable
1,7 ha (140 empl.) plat, herbeux
Tarif : (Prix 2005) 🔲 23,20 € – pers. suppl. 4,80 €
Location : 26 🛖 (4 à 6 pers.) 198 à 646 €/sem.
Pour s'y rendre : SO : 1,3 km

> Nature : 00
> Loisirs : ✗ ⚓
> Services : &. o—¤ ⚲ ☺ 🔲 sèche-linge ⚒

La LONDE-LES-MAURES

✉ 83250 – 340 M7 – 8 749 h. – alt. 24
🛈 *Office de tourisme, avenue Albert Roux* ℰ *04 94 01 53 10, Fax 04 94 01 53 19*
Paris 861 – Bormes-les-Mimosas 11 – Cuers 31 – Hyères 10 – Le Lavandou 13 – Toulon 29.

△ **La Pascalinette** juin-15 sept.
    𝒫 04 94 66 82 72 – **R** conseillée
5 ha (269 empl.) plat, herbeux, pierreux
Tarif : 🔲 20,80 €
Location : 12 🛖 (2 à 4 pers.) 165 à 450 €/sem. – 14 🚐 (4 à 6 pers.) 260 à 585 €/sem.
Pour s'y rendre : O : 1,5 km par N 98, rte d'Hyères

> Nature : 🏕 ♧♧
> Loisirs : snack 🍴
> Services : ᴌ ⚊ 🅶🅱 ᴄᴠ 🔲 ④ 📷 ⤴

△ **Les Moulières** juin-2 sept.
    𝒫 04 94 01 53 21, *camping.les.moulieres@wanadoo.fr*,
Fax 04 94 01 53 22, *www.provence-campings.com/azur/moulieres* – **R**
3 ha (250 empl.) plat, herbeux
Tarif : 🔲 29 € [↯] (6A) – pers. suppl. 5,50 €
Pour s'y rendre : S : 2,5 km par rte de Port-de-Miramar et rte à droite

> Nature : ⅏ ♧
> Loisirs : 🍸 snack ⚘ ✂
> Services : ᴌ ⚊ 🔲 ⟰ ④ 📷 ⤴

723

Le MUY

✉ 83490 – 🅱🅰🅾 O5 – 7 826 h. – alt. 27
🅱 *Office de tourisme, 6, route de la Bourgade* 𝒫 04 94 45 12 79, Fax 04 94 45 06 67
Paris 853 – Les Arcs 9 – Draguignan 14 – Fréjus 17 – Le Luc 26 – Ste-Maxime 23.

ᴧᴧᴧ **Les Cigales** avr.-oct.
    𝒫 04 94 45 12 08, *contact@les-cigales.com*,
Fax 04 94 45 92 80, *www.les-cigales.com* – **R** conseillée
10 ha/4 campables (199 empl.) en terrasses, accidenté, pierreux, herbeux, rochers
Tarif : 🔲 31 € [↯] (6A) – pers. suppl. 8 € – frais de réservation 10 €
Location : 6 🚐 (4 à 6 pers.) 260 à 670 €/sem. – 35 🏠 (4 à 6 pers.) 190 à 830 €/sem.
Pour s'y rendre : SO : 3 km, accès par l'échangeur de l'autoroute A 8 et chemin à droite avant le péage
À savoir : Agréable cadre boisé

> Nature : 🏕 ♧♧ (pinède)
> Loisirs : 🍸 snack, pizzeria ⚘ 🚲 ✂
>   🏊 🐎 terrain omnisports
> Services : ᴌ ⚊ 🅶🅱 ᴄᴠ 🔲 ⟰ ⟰ ④
> 🔦 📷 sèche-linge ⤴ ⤴ réfrigé-rateurs

NANS-LES-PINS

✉ 83860 – 🅱🅰🅾 J5 – 3 159 h. – alt. 380
🅱 *Office de tourisme, 2, cours Général-de-Gaulle* 𝒫 04 94 78 95 91, Fax 04 94 78 60 07
Paris 794 – Aix-en-Provence 44 – Brignoles 26 – Marseille 42 – Rians 35 – Toulon 71.

ᴧᴧ **Village Club La Ste-Baume** avr.-sept.
    𝒫 04 94 78 92 68, *ste-baume@wanadoo.fr*,
Fax 04 94 78 67 37, *www.saintebaume.com* – **R** indispensable ✂
5 ha (160 empl.) plat, peu incliné, pierreux, gravier
Tarif : 🔲 30 € – pers. suppl. 7 €
Location : 104 🚐 (4 à 6 pers.) 190 à 875 €/sem. – 12 🏠 (4 à 6 pers.) 190 à 735 €/sem. – bungalows toilés
Pour s'y rendre : N : 0,9 km par D 80 et à droite, Par A 8 : sortie St-Maximin-la-Ste-Baume

> Nature : ⅏ 🏕 ♧♧
> Loisirs : snack, pizzeria 🍴 ⏚ ⚘
> jacuzzi discothèque ⚘ ✂ 🏊 ⚘
> Services : ᴌ ⚊ 🅶🅱 ᴄᴠ 🔲 ⟰ ④ ⟰ 📷
> sèche-linge ⤴ ⤴
> À prox. : 🐎 poneys

NANS-LES-PINS

△ **Municipal la Petite Colle** 15 mars-15 oct.
  ℰ 04 94 78 65 98, *camping.denis@club-internet.fr*,
  Fax 04 94 78 65 98, *www.sudinfo7.com* – **R** conseillée
  1,1 ha (50 empl.) non clos, plat, pierreux, rochers, gravier
  Tarif : ✚ 4 € ⇔ 2 € 🔲 4 € ⍾ (6A) 3,50 €
  Pour s'y rendre : S : 1,5 km par D 80, rte de la Ste-Baume et chemin à gauche
  À savoir : Cadre sauvage dans une forêt de chênes

Nature : ⌂ ♤♤
Services : ⊶ ⌕ 🔲 ⊕ 🖼

PUGET-SUR-ARGENS

✉ 83480 – **3 4 0** P 5 – 6 368 h. – alt. 17
Paris 863 – Les Arcs 21 – Cannes 41 – Draguignan 26 – Fréjus 5 – Ste-Maxime 24.

Schéma à Fréjus

⋀⋀ **La Bastiane** 25 mars-21 oct.
  ℰ 04 94 55 55 94, *info@labastiane.com*, Fax 04 94 55 55 93,
  www.labastiane.com – **R** conseillée
  4 ha (170 empl.) plat et terrasses, pierreux, herbeux
  Tarif : 🔲 31,84 € – pers. suppl. 6,20 €
  Location : 24 🛖 (2 à 4 pers.) 149 à 449 €/sem. – 43 🚐 (4 à 6 pers.) 196 à 651 €/sem.
  Pour s'y rendre : N : 2,5 km
  À savoir : Ensemble soigné

Nature : ♤♤
Loisirs : ☿ ✗ ▭ ⋈ discothèque ⋌ ♻⃝ ∵ ※ ⅃ terrains omnisports
Services : ⊶ ⌸ ⌕ ⫿ 🔲 ♨ ⊕ 🖼 ⌹ ⚘

⋀⋀ **Les Aubrèdes** mai-15 sept.
  ℰ 04 94 45 51 46, *campingaubredes@wanadoo.fr*,
  Fax 04 94 45 28 92, *campingaubredes.com* – **R** conseillée
  3,8 ha (200 empl.) plat, peu incliné, herbeux
  Tarif : 🔲 26,10 € ⍾ (8A) – pers. suppl. 5,20 € – frais de réservation 17 €
  Location (avr.-24 sept.) : 21 🚐 (4 à 6 pers.) 270 à 600 €/sem.
  Pour s'y rendre : N : 1 km

Nature : ♤♤
Loisirs : ☿ snack ▭ ⋌ ※ ⅃
Services : ⊶ ⌸ ⌕ 🔲 ♨ ⌗ ⊕ ⚘ ⌹ 🖼 ⌹ ⚘

Donnez-nous votre avis sur les terrains que nous recommandons.
Faites-nous connaître vos observations et vos découvertes.

Site de Port-Miou

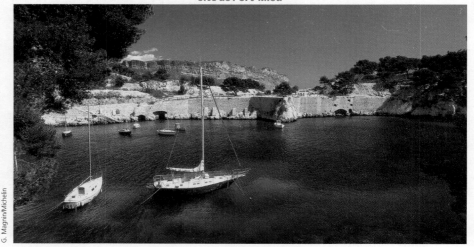

G. Magnin/Michelin

RAMATUELLE

✉ 83350 – 340 06 – G. Côte d'Azur – 2 131 h. – alt. 136

🛈 Office de tourisme, place de l'Ormeau ℘ 04 98 12 64 00, Fax 04 94 79 12 66

Paris 873 – Fréjus 35 – Hyères 52 – Le Lavandou 34 – St-Tropez 10 – Ste-Maxime 15 – Toulon 70.

Schéma à Grimaud

△△△ **Les Tournels** fermé 10 janv.-28 fév.

℘ 04 94 55 90 90, info@tournels.com, Fax 04 94 55 90 99, www.tournels.com – **R** conseillée

20 ha (975 empl.) accidenté, en terrasses, herbeux, pierreux

Tarif : 🔲 33 € [⚡] (10A) – pers. suppl. 7,80 € – frais de réservation 20 €

Location : 🏕 (4 à 6 pers.) 245 à 917 €/sem. – 🏠 (4 à 6 pers.) 252 à 980 €/sem.

🚐 1 borne

Pour s'y rendre : E : 3,5 km, rte du Cap Camarat

Nature : ⬅ 🗔 ⵚ
Loisirs : 🍴 snack, pizzeria ⵚ 🏃 🎣 ⛵ hammam 🏋 ❀ ❀ 🚿 ℍ 🏊 🏄 terrain omnisports, amphithéâtre, discothèque
Services : 🚿 �..r GB 🅰 ⬛ 🗑 🛒 🍴 🚿 🗑 sèche-linge 🛒 cases réfrigérées
À prox. : 🔥

*Om een reisroute uit te stippelen en te volgen,
om het aantal kilometers te berekenen,
om precies de ligging van een terrein te bepalen
(aan de hand van de inlichtingen in de tekst),
gebruikt u de **Michelinkaarten** schaal 1 : 150 000 ;
een onmisbare aanvulling op deze gids.*

ROQUEBRUNE-SUR-ARGENS

✉ 83520 – 340 05 – G. Côte d'Azur – 11 349 h. – alt. 13

🛈 Syndicat d'initiative, rue Jean Aicard ℘ 04 94 45 72 70, Fax 04 94 45 38 04

Paris 862 – Les Arcs 18 – Cannes 49 – Draguignan 23 – Fréjus 14 – Ste-Maxime 21.

Schéma à Fréjus

725

△△△ **Domaine de la Bergerie** 30 avr.-17 sept.

℘ 04 98 11 45 45, info@domainelabergerie.com, Fax 04 98 11 45 46, www.domainelabergerie.com – places limitées pour le passage – **R** conseillée

60 ha (700 empl.) accidenté, en terrasses, pierreux

Tarif : (Prix 2005) 🔲 38 € [⚡] (10A) – pers. suppl. 7,10 € – frais de réservation 20 €

Location (15 fév.-15 nov.) : 🏕 (2 à 4 pers.) 357 à 539 €/sem. – 🏕 (4 à 6 pers.) 273 à 966 €/sem.

Pour s'y rendre : SE : 8 km par D 7, rte de St-Aygulf et D 8 à droite, rte du Col du Bougnon, bord d'étangs

Nature : 🗔 ⵚ
Loisirs : 🍴 ✖ snack, pizzeria 🍴 🏃 ⛵ hammam jacuzzi discothèque, salle d'animation 🏋 ❀ ❀ 🚿 ℍ 🏊 🏄 ❀ terrain omnisports, théâtre de plein air
Services : 🚿 �..r GB 🅰 🗑 🛒 🍴 🚿 🗑 🛒

△△△ **Les Pêcheurs** avr.-sept.

℘ 04 94 45 71 25, info@camping-les-pecheurs.com, Fax 04 94 81 65 13, www.camping-les-pecheurs.com – **R** conseillée

3,3 ha (220 empl.) plat, herbeux

Tarif : 🔲 37,70 € [⚡] (10A) – pers. suppl. 6,30 € – frais de réservation 20 €

Location : 28 🏕 (4 à 6 pers.) 260 à 765 €/sem.

🚐 1 borne

Pour s'y rendre : NO : 0,7 km par D 7 (hors schéma)

À savoir : Agréable cadre boisé et fleuri au bord de l'Argens et près d'un plan d'eau

Nature : 🗔 ⵚⵚ
Loisirs : snack 🍴 ⵚ diurne 🏃 🏄 ℍ 🏊 ❀
Services : 🚿 �..r GB 🅰 ⬛ 🗑 🛒 🍴 🚿 sèche-linge 🛒 🗑
À prox. : ⛵ pédalos, canoë

△△△ **Lei Suves** avr.-15 oct.

℘ 04 94 45 43 95, camping.lei.suves@wanadoo.fr, Fax 04 94 81 63 13, www.lei-suves.com – **R** conseillée

7 ha (310 empl.) en terrasses, plat, pierreux, herbeux

Tarif : 🔲 37,20 € – pers. suppl. 7 € – frais de réservation 20 €

Pour s'y rendre : N : 4 km par D 7 et passage sous l'autoroute A 8 (hors schéma)

À savoir : Cadre boisé agréable et soigné

Nature : ⵚ 🗔 ⵚ
Loisirs : 🍴 snack, pizzeria 🏃 🏋 ✖ 🏊 terrain omnisports, théâtre de plein air
Services : 🚿 �..r GB 🅰 🗑 🍴 🛒 🚿 ⬛ 🗑 🛒

ROQUEBRUNE-SUR-ARGENS

Moulin des Iscles avr.-sept.
℘ 04 94 45 70 74, *moulin.iscles@wanadoo.fr*,
Fax 04 94 45 46 09 – **R** conseillée
1,5 ha (90 empl.) plat, herbeux
Tarif : 圓 22,20 € – pers. suppl. 3,20 € – frais de réservation 15 €
Location : 7 ⌂ (2 à 4 pers.) 210 à 390 €/sem. – 5 studios
Pour s'y rendre : E : 1,8 km par D 7, rte de St-Aygulf et chemin à gauche (hors schéma)
À savoir : Au bord de l'Argens

> Nature : 🌿 ♀♀
> Loisirs : snack 🏠 ♏ 🎣
> Services : ♿ ⚬ 🐕 🔌 ▥ 🗐 🛎 ♨ ⚞
> @ ⚙ 🚿 📞 🛒 🖼 🍽 🚲
> À prox. : canoë

ST-AYGULF

✉ 83370 – 340 P5 – G. Côte d'Azur
🅱 *Office de tourisme, place de la Poste* ℘ 04 94 81 22 09
Paris 872 – Brignoles 69 – Draguignan 35 – Fréjus 6 – St-Raphaël 9 – Ste-Maxime 14.
Schéma à Fréjus

L'Étoile d'Argens avr.- sept.
℘ 04 94 81 01 41, *info@etoiledargens.com*,
Fax 04 94 81 21 45, *www.etoiledargens.com* – **R** indispensable
11 ha (493 empl.) plat, herbeux
Tarif : 圓 49 € – pers. suppl. 8,50 € – frais de réservation 25 €
Location ⚡ : 65 ⌂ (4 à 6 pers.) 400 à 920 €/sem.
Pour s'y rendre : NO : 5 km par D 7, rte de Roquebrune-sur-Argens et D 8 à droite, bord de l'Argens
À savoir : Beaux emplacements spacieux et ombragés, ponton privatif. Navette fluviale pour les plages (durée : 30 mn)

> Nature : 🌿 ⛺ ♀♀
> Loisirs : 🍴 ✗ pizzeria 🎮 🤸 jacuzzi
> discothèque 🚴 🐎 🎿 ✂ ♏ 🛷
> terrain omnisports
> Services : ♿ ⚬ GB 🐕 ▥ 🗐 🛎 @ ⚙
> 🚿 🖼 sèche-linge 🛒 🚲
> À prox. : golf

Au Paradis des Campeurs 29 mars-16 oct.
℘ 04 94 96 93 55, Fax 04 94 49 62 99, *www.paradis-du-campeur.com* – **R**
6 ha/3,5 campables (180 empl.) plat, herbeux
Tarif : 圓 24,50 € 🔌 (6A) – pers. suppl. 5,50 €
Location : 10 ⌂ (4 à 6 pers.) 270 à 550 €/sem.
🚐 1 borne
Pour s'y rendre : S : 2,5 km par N 98, rte de Ste-Maxime, à la Gaillarde, accès direct à la plage (hors schéma)

> Nature : ⛺ ♀♀
> Loisirs : 🍴 ✗ 🎮 discothèque 🚴
> Services : ♿ ⚬ GB 🐕 ▥ 🗐 🛎 ♨
> @ ⚙ 🚿 🖼 sèche-linge 🛒 🚲

Résidence du Campeur avr.-sept.
℘ 04 94 81 01 59, *info@residence-campeur.com*,
Fax 04 94 81 01 59, *www.residence-campeur.com* – places limitées pour le passage – **R** indispensable
10 ha (451 empl.) plat, gravier
Tarif : (Prix 2005) 圓 42,50 € 🔌 (10A) – pers. suppl. 7,35 € – frais de réservation 26 €
Location : 50 ⌂ (4 à 6 pers.) 230 à 800 €/sem.
Pour s'y rendre : NO : 3 km par D 7, rte de Roquebrune-sur-Argens

> Nature : ⛺ ♀
> Loisirs : 🍴 ✗ pizzeria 🎮 🤸 🚴
> ✂ ♏ 🛷
> Services : ⚬ GB 🐕 @ ⚙ 🚿 🖼
> sèche-linge 🛒 🚲

Les Lauriers Roses 23 avr.-7 oct.
℘ 04 94 81 24 46, *camp.leslauriersroses@wanadoo.fr*,
Fax 04 94 81 79 63, *www.info-lauriersroses.com* – accès aux emplacements par forte pente, mise en place et sortie des caravanes à la demande – **R** indispensable
2 ha (95 empl.) en terrasses, fort dénivelé, plat, pierreux
Tarif : 圓 24,30 € 🔌 (5A) – pers. suppl. 6,65 € – frais de réservation 12 €
Location ⚡ : 9 ⌂ (4 à 6 pers.) 495 à 630 €/sem.
Pour s'y rendre : NO : 3 km par D 7, rte de Roquebrune-sur-Argens

> Nature : 🌿 ⟨ ♀
> Loisirs : 🎮 🚴 🛷
> Services : ♿ ⚬ 🗐 🛎 @ 🖼 🚲
> À prox. : 🛒

⚠ **La Barque** avr.-sept.
    📞 04 94 81 31 86, Fax 04 94 81 49 22 – **R** indispensable
3 ha (150 empl.) plat, herbeux
Tarif : (Prix 2005) 🔳 24,20 € – pers. suppl. 5 €
Pour s'y rendre : NO : 5,2 km par D 7, rte de Roquebrune-sur-Argens et D 8 à droite, au bord de l'Argens

> Nature : 🗂 ΩΩ
> Loisirs : snack 🎿 ⛷
> Services : & ⚡ ⊶ GB ♻ 🗑 🛢 🔥 🍴
> 🍹

⚠ Vaudois
    📞 04 94 81 37 70, *camping.vaudois@wanadoo.fr*,
Fax 04 94 81 37 70 – **R** conseillée
3 ha (50 empl.) plat, herbeux
Location : 6 🛖

> Nature : ΩΩ
> Loisirs : 🎿
> Services : & ⚡ ⊶ M 🗑 🛢 🔥
> À prox. : 🎣
Pour s'y rendre : NO : 4,5 km par D 7, rte de Roquebrune-sur-Argens, à 300 m d'un plan d'eau

ST-CLAIR

✉ 83980 – 🔢 N7 – G. Côte d'Azur
Paris 881 – Marseille 104 – Toulon 44 – Cannes 100 – La Seyne 49.

⚠ **St-Clair** Pâques-fin oct.
    📞 04 94 01 30 20, Fax 04 94 71 43 64 – **R** conseillée
2 ha (69 empl.) plat
Tarif : (Prix 2005) 🔳 29,20 € ⚡ (10A)
Location 🏠 : 31 studios
Pour s'y rendre : Sortie E, à 150 m de la plage

> Nature : 🗂 ΩΩ
> Loisirs : 🎿
> Services : & ⚡ ⊶ ♻ 🔥 🗑 🛢 🔥 🍴
> À prox. : 🗡 ✂

Benutzen Sie
– zur Wahl der Fahrtroute
– zur Berechnung der Entfernungen
– zur exakten Lokalisierung eines Campingplatzes (mit Hilfe der Angaben im Ortstext)
*die für diesen Führer unentbehrlichen **MICHELIN-Karten** im Ma1 : 150 000.*

727

ST-CYR-SUR-MER

✉ 83270 – 🔢 J6 – 8 898 h. – alt. 10
🅱 *Office de tourisme, place de l'Appel du 18 Juin 📞 04 94 26 73 73, Fax 04 94 26 73 74*
Paris 810 – Bandol 8 – Brignoles 70 – La Ciotat 10 – Marseille 40 – Toulon 23.

⚠⚠ **Le Clos Ste-Thérèse** avr.-1er oct.
    📞 04 94 32 12 21, *camping@clos-therese.com*,
Fax 04 94 32 29 62, *www.clos-therese.com* – accès aux emplacements par forte pente, mise en place et sortie des caravanes à la demande – **R** conseillée
4 ha (123 empl.) accidenté et en terrasses, pierreux
Tarif : 🔳 24,80 € ⚡ (10A) – pers. suppl. 4,70 € – frais de réservation 20 €
Location : 8 🛖 (4 à 6 pers.) 287 à 623 €/sem. – 17 🏠 (4 à 6 pers.) 287 à 644 €/sem.
Pour s'y rendre : SE : 3,5 km par D 559 rte de Bandol

> Nature : ⬅ 🗂 ΩΩ
> Loisirs : 🍸 🎿 jacuzzi ⛷ 🔥
> Services : & ⚡ ⊶ GB ♻ 🔥 🗑 🛢 🔥
> ⚡ 🛢 🍴
> À prox. : ✂ golf

ST-MANDRIER-SUR-MER

✉ 83430 – 🔢 K7 – G. Côte d'Azur – 5 232 h. – alt. 1
🅱 *Office de tourisme, place des Résistants 📞 04 94 63 61 69, Fax 04 94 63 57 97*
Paris 836 – Bandol 20 – Le Beausset 22 – Hyères 30 – Toulon 13.

⚠⚠ **La Presqu'île** (location exclusive de 140 mobile homes) 25 mars-1er oct.
    📞 04 94 30 74 70, *info@homair-vacances.fr*,
Fax 04 94 30 70 14, *www.homair-vacances.fr* – **R**
2,5 ha (140 empl.) plat et en terrasses, pierreux
Location : 🛖 (4 à 6 pers.) 231 à 770 €/sem.
Pour s'y rendre : O : 2,5 km, carrefour D 18 et rte de la Pointe de Marégau, près du port de plaisance

> Nature : ΩΩ (pinède)
> Loisirs : 🍸 snack 🎿 ⛷ 🔥
> Services : & GB ♻ 🗑 🔥 ⚡ 🛢 🍴
> À prox. : 🍴 ✂

ST-MAXIMIN-LA-STE-BAUME

✉ 83470 – 340 K5 – G. Provence – 12 402 h. – alt. 289
🛈 *Office de tourisme, Hôtel de Ville* ℰ *04 94 59 84 59, Fax 04 94 59 82 92*
Paris 793 – Aix-en-Provence 44 – Brignoles 21 – Draguignan 75 – Marseille 51 – Rians 24 – Toulon 55.

⬥ **Provençal** avr.-sept.
  ℰ 04 94 78 16 97, *camping.provençal@wanadoo.fr,*
  Fax 04 94 78 00 22 – **R** indispensable
  5 ha (100 empl.) en terrasses, pierreux, gravier
  Tarif : 🛠 4,50 € ▣ 4,80 € ▣ (10A) 4,50 € – frais de réservation 10 €
  🚐 1 borne
  Pour s'y rendre : S : 2,5 km par D 64 rte de Mazaugues

Nature : 🌳 ⊏ 00
Loisirs : ✗ ⌂ discothèque 🏃 ⛷
Services : ⚬ ⊡ GB ⚒ ▥ 🖻 ⚓ ⊛ 🖳
ᴣ

ST-PAUL-EN-FORÊT

✉ 83440 – 340 P4 – 1 139 h. – alt. 310
Paris 884 – Cannes 46 – Draguignan 27 – Fayence 10 – Fréjus 23 – Grasse 31.

⬥⬥ **Le Parc** fin mars-fin sept.
  ℰ 04 94 76 15 35, *campingleparc@wanadoo.fr,*
  Fax 04 94 84 71 84, *campingleparc.com* – **R** indispensable
  5 ha (114 empl.) en terrasses, pierreux, herbeux
  Tarif : ▣ 23,10 € ▣ (10A) – pers. suppl. 6,20 € – frais de réservation 16 €
  Location (permanent) : 20 🚖 (4 à 6 pers.) 255 à 555 €/sem.
  Pour s'y rendre : N : 3 km par D 4 rte de Fayence puis chemin à droite

Nature : 🌳 ⑫ (chênaie)
Loisirs : snack ⌂ 🏃 ⛷ ✗ ⚓ ⛷
Services : ⚬ GB ⚒ ▥ 🖻 ⊛ 🖳 ᴣ
À prox. : 🐎 poneys

En juin et septembre les campings sont plus calmes, moins fréquentés et pratiquent souvent des tarifs " hors saison ".

728

ST-RAPHAËL

✉ 83700 – 340 P5 – G. Côte d'Azur – 30 671 h.
🛈 *Office de tourisme, rue Waldeck Rousseau* ℰ *04 94 19 52 52, Fax 04 94 83 85 40*
Paris 870 – Aix-en-Provence 121 – Cannes 42 – Fréjus 4 – Toulon 93.
                    Schéma à Fréjus

⬥⬥⬥ **Douce Quiétude** avr.-oct.
  ℰ 04 94 44 30 00, *sunelia@douce-quietude.com,*
  Fax 04 94 44 30 30, *www.douce-quietude.com* – places limitées pour le passage – **R** indispensable
  10 ha (400 empl.) plat, peu incliné, en terrasses, herbeux, pierreux
  Tarif : ▣ 46 € ▣ (10A) – pers. suppl. 9 € – frais de réservation 30 €
  Location : 200 🚖 (4 à 6 pers.) 350 à 1 190 €/sem.
  Pour s'y rendre : Sortie NE vers Valescure puis 3 km par bd Jacques-Baudino

Nature : 🌳 ⊏ 00
Loisirs : 🍷 ✗ snack 🏃 🎯 🎠 discothèque 🏃 🚲 ⚽ ⚓ ⛷ ⛷
Services : ♿ ⚬ GB ⚒ 🖻 ⊛ ⚓ 🖳 🖳 ⚖ ᴣ

STE-ANASTASIE-SUR-ISSOLE

✉ 83136 – 340 L5 – 1 532 h. – alt. 300
Paris 824 – Brignoles 16 – Draguignan 49 – Marseille 78 – Toulon 41.

⬥ **La Vidaresse** avr.-15 oct.
  ℰ 04 94 72 21 75, *lavidaresse@wanadoo.fr,*
  Fax 04 98 05 01 21, *campinglavidaresse.com* – **R** conseillée
  1,8 ha (100 empl.) plat et terrasses, herbeux, gravillons
  Tarif : ▣ 24,40 € – pers. suppl. 5 € – frais de réservation 10 €
  Location : 11 🚖 (4 à 6 pers.) 235 à 724 €/sem. – 8 🏠 (4 à 6 pers.) 280 à 665 €/sem.
  Pour s'y rendre : Au S du bourg par D 15

Nature : ⊏ 00
Loisirs : 🍷 🏃 🏃 ⚽ 🖼 (découverte en saison)
Services : ♿ ⚬ GB ⚒ ▥ 🖻 ⚓ ⊛ 🖳 ᴣ

SALERNES

✉ 83690 – 340 M4 – G. Côte d'Azur – 3 269 h. – alt. 209
🛈 *Office de tourisme, place Gabriel Peri* 🝿 04 94 70 69 02, Fax 04 94 70 73 34
Paris 830 – Aix-en-Provence 81 – Brignoles 33 – Draguignan 23 – Manosque 65.

⚠ Municipal des Arnauds 2 mai-sept.
🝿 04 94 67 51 95, *lesarnauds@ville-salernes.fr,*
Fax 04 94 70 75 57, *www.ville-salernes.fr* – **R** conseillée
2 ha (52 empl.) plat, herbeux
Tarif : 🔳 22,55 € – pers. suppl. 6,30 €
Location : 4 🏠 (4 à 6 pers.) 187 à 444 €/sem.
Pour s'y rendre : Sortie NO par D 560 rte de Sillans-la-Cascade et à gauche - accès au village par chemin piétonnier longeant la rivière
À savoir : Belle décoration arbustive et florale, près de la Bresque

Nature : 🦌 ⌐ ୦୦
Loisirs : 🛖 🏌 ·⑧ 🔥 ≊ (plan d'eau) 🎣
Services : 🕭 ⊶ GB 🚗 🗑 🛆 ⊛ 🚿 🚽 🖼

Gebruik de gids van het lopende jaar.

Les SALLES-SUR-VERDON

✉ 83630 – 340 M3 – G. Alpes du Sud – 186 h. – alt. 440
🛈 *Office de tourisme, place Font Freye* 🝿 04 94 70 21 84, Fax 04 94 84 22 57
Paris 790 – Brignoles 57 – Digne-les-Bains 60 – Draguignan 49 – Manosque 62 – Moustiers-Ste-Marie 15.

⚠ Les Pins avr.-21 oct.
🝿 04 98 10 23 80, *camping.les.pins@wanadoo.fr,*
Fax 04 94 84 23 27, *www.campinglespins.com* – **R** indispensable
3 ha/2 campables (104 empl.) plat et en terrasses, gravier, pierreux, herbeux
Tarif : 🛉 5 € 🔳 10,75 € 🔌 (6A) – frais de réservation 25 €
🚐 1 borne
Pour s'y rendre : Sortie S par D 71 puis 1,2 km par chemin à droite, à 100 m du lac de Ste-Croix, accès direct pour piétons du centre bourg
À savoir : Agréable cadre ombragé, petite pinède attenante

Nature : ⟵ ⌐ ୦୦
Loisirs : 🛖 🏌
Services : 🕭 ⊶ GB 🚗 🗑 🛆 ⊛ 🚿 🚽 🖼 sèche-linge cases réfrigérées
À prox. : ≊ 🎣 ◍ parcours de santé, canoë

⚠ La Source 8 avr.-10 oct.
🝿 04 94 70 20 40, Fax 04 94 70 20 74, *www.provence-campings.com//verdon//lasource* – **R** conseillée
2 ha (89 empl.) plat et en terrasses, gravier, pierreux, herbeux
Tarif : (Prix 2005) 🛉 4,65 € 🔳 5,40 € 🔌 (6A) 3 €
🚐 1 borne
Pour s'y rendre : Sortie S par D 71 puis 1 km par chemin à droite, à 100 m du lac de Ste-Croix, accès direct pour piétons du centre bourg

Nature : ⌐ ୦୦
Loisirs : 🛖 🏌
Services : 🕭 ⊶ GB 🚗 🗑 🛆 ⊛ 🚿 🚽 🖼 cases réfrigérées
À prox. : ≊ 🎣 ◍ parcours de santé, canoë

729

SANARY-SUR-MER

✉ 83110 – 340 J7 – G. Côte d'Azur – 16 995 h. – alt. 1
Paris 824 – Aix-en-Provence 75 – La Ciotat 23 – Marseille 55 – Toulon 13.

⚠ Campasun Mas de Pierredon avr.-sept.
🝿 04 94 74 25 02, *pierredon@campasun.com,*
Fax 04 94 74 61 42 – **R** conseillée
6 ha/2,5 campables (122 empl.) plat et en terrasses, pierreux, herbeux
Tarif : 🔳 50 € – pers. suppl. 7 €
Location : 12 🚐 (4 à 6 pers.) 350 à 840 €/sem. – 28 🏠 (4 à 6 pers.) 260 à 715 €/sem. – 8 bungalows toilés
🚐 1 borne 4 €
Pour s'y rendre : N : 3 km par rte d'Ollioules et à gauche après le pont de l'autoroute (quartier Pierredon)

Nature : ⌐ ୦୦
Loisirs : 🍽 ✕ 🛖 🏌 🏐 🔥 🏊
Services : 🕭 ⊶ GB 🚗 🗑 🛆 – 16 sanitaires individuels (🚿 ⊜ 🚽 WC) ⊛ 🚿 🚽 🖼 🍴

SIX-FOURS-LES-PLAGES

✉ 83140 – 340 K7 – G. Côte d'Azur – 32 742 h. – alt. 20
🛈 *Office de tourisme, promenade Charles-de-Gaulle* ✆ *04 94 07 02 21*
Paris 830 – Aix-en-Provence 81 – La Ciotat 33 – Marseille 61 – Toulon 12.

⚠ La Pinède
   ✆ 04 94 34 06 39, Fax 04 94 74 99 94 – **R** conseillée ⚸
   10 ha/3,5 campables (200 empl.) plat, pierreux, herbeux
   Location : 7 ⬠
   Pour s'y rendre : S : 3,5 km par D 16, rte de Notre-Dame du
   Mai, au Brusc

Nature : ⅁ ⊏⊐ ⸰⸰(pinède)
Loisirs : pizzeria
Services : ⚲ ⚮ ⊡ ⊛ ⚱
À prox. : 🐴 poneys

VILLECROZE

✉ 83690 – 340 M4 – G. Côte d'Azur – 1 087 h. – alt. 300
🛈 *Office de tourisme, rue Amboise Croizat* ✆ *04 94 67 50 00, Fax 04 94 67 50 00*
Paris 835 – Aups 8 – Brignoles 38 – Draguignan 21 – St-Maximin-la-Ste-Baume 48.

⚠⚠ Le Ruou avr.-28 oct.
   ✆ 04 94 70 67 70, *camping.leruou@wanadoo.fr*,
   Fax 04 94 70 64 65, *www.leruou.com* – places limitées pour
   le passage – **R** conseillée
   4,3 ha (100 empl.) en terrasses, plat, herbeux
   Tarif : 🔲 26 € ⚡ (10A) – pers. suppl. 5 € – frais de réservation 21 €
   Location : 39 ⬜ (4 à 6 pers.) 215 à 775 €/sem. – 19 ⬠ (4
   à 6 pers.) 245 à 735 €/sem. – 26 bungalows toilés
   ⬜ 1 borne 5 € – 10 🔲 15 €
   Pour s'y rendre : SE : 5,4 km par D 251, rte de Barbebelle et
   D 560, rte de Flayosc, accès conseillé par D 560
   À savoir : Beaux emplacements en terrasses

Nature : ⪡ ⸰⸰(pinède)
Loisirs : 🍷 snack, pizzeria 🏠 🏃
🏊 ⚓ ⅃
Services : ⚲ ⚮ ⅁⅃ ⚶ ⚱ ⚘ ⊛ 🔳
⚱

730

Vaucluse (84)

APT

✉ 84400 – 332 F10 – G. Provence – 11 172 h. – alt. 250
🛈 *Office de tourisme, 20, avenue Ph. de Girard* ✆ *04 90 74 03 18, Fax 04 90 04 64 30*
Paris 728 – Aix-en-Provence 56 – Avignon 54 – Carpentras 49 – Cavaillon 33 – Digne-les-Bains 91.

⚠⚠ Le Lubéron avr.-sept.
   ✆ 04 90 04 85 40, *leluberon@wanadoo.fr*,
   Fax 04 90 74 12 19, *www.campingleluberon.com*
   – **R** conseillée
   5 ha (110 empl.) plat et peu incliné, terrasses, gravillons,
   herbeux
   Tarif : 🔲 22,10 € ⚡ (8A) – pers. suppl. 5,30 € – frais de
   réservation 23 €
   Location (mai-15 sept) ⚸ : 2 ⬜ (4 à 6 pers.) 300 à
   545 €/sem.
   ⬜ 1 borne 2 €
   Pour s'y rendre : SE : 2 km par D 48 rte de Saignon

Nature : ⅁ ⪡ ⸰⸰
Loisirs : snack 🏃 ⅃
Services : ⚲ ⚮ ⅁⅃ ⚶ ⊡ ⚘ ⊛ 🔳

⚠ Les Cèdres mars-15 nov.
   ✆ 04 90 74 14 61, *camping-apt@wanadoo.fr*,
   Fax 04 90 74 14 61, *www.francecamping.fr* – **R** conseillée
   1,8 ha (75 empl.) plat, herbeux, pierreux
   Tarif : 🔲 14 € ⚡ (10A) – pers. suppl. 3 € – frais de réservation 16 €
   ⬜ 1 borne 3 €
   Pour s'y rendre : NO : sortie bourg, rte de Rustrel par D22

Nature : ⸰
Loisirs : mur d'escalade 🏃
Services : ⚲ ⚮ ⅁⅃ ⚶ Ⓜ ⚑ ⊡ ⚘
⊛ 🔳

AUBIGNAN

✉ 84810 – 332 D9 – 3 837 h. – alt. 65
🖪 *Office de tourisme, boulevard Louis Guichard* 🕾 *04 90 62 65 36*
Paris 675 – Avignon 31 – Carpentras 7 – Orange 21 – Vaison-la-Romaine 25.

　　⚠ **Le Brégoux** mars-oct.
　　　　🕾 04 90 62 62 50, *camping-lebregoux@wanadoo.fr*,
　　　　Fax 04 90 62 65 21, *www.camping-lebregoux.fr* – **R** conseil-
　　　　lée
　　　　3,5 ha (170 empl.) plat, herbeux
　　　　Tarif : (Prix 2005) ✚ 2,95 € ⟷ 2,70 € 🅴 2,85 € 🔌 2,80 € –
　　　　adhésion obligatoire 20 €
　　　　Pour s'y rendre : SE : 0,8 km par D 55 rte de Caromb et
　　　　chemin à droite

Nature : ⩽ 🌳	
Loisirs : 🏠 🚣 ✂	
Services : ⚬🚽 🔾🇧 🐄 📶 🗔 🔊 ⊕ 🛫	
📠	

AVIGNON

✉ 84000 – 332 B10 – G. Provence – 85 935 h. – alt. 21
🖪 *Office de tourisme, 41, cours Jean Jaurès* 🕾 *04 32 74 32 74, Fax 04 90 82 95 03*
Paris 682 – Aix-en-Provence 82 – Arles 37 – Marseille 98 – Nîmes 46 – Valence 126.

　　⚠ **Camping du Pont d'Avignon** 20 mars-29 oct.
　　　　🕾 04 90 80 63 50, *info@camping-avignon.com*,
　　　　Fax 04 90 85 22 12, *www.camping-avignon.com* – **R** conseillée
　　　　8 ha (300 empl.) plat, herbeux
　　　　Tarif : 🅴 24,85 € – pers. suppl. 4,20 €
　　　　📠 1 borne
　　　　Pour s'y rendre : Sortie NO rte de Villeneuve-lès-Avignon
　　　　par le pont Edouard-Daladier et à droite, dans l'île de la
　　　　Barthelasse

Nature : ⩽ Palais des Papes et le	
Pont 💭 🌳	
Loisirs : 🍴 snack 🏠 🚣 ✂ 🏊	
Services : 🔾🚽 🔾🇧 🐄 🗔 ⊕ 🔊 🛫	

　　⚠ **Les 2 Rhône** Permanent
　　　　🕾 04 90 85 49 70, *contact@camping2rhone.com*,
　　　　Fax 04 90 85 91 75, *www.camping2rhone.com* – **R** conseillée
　　　　1,5 ha (100 empl.) plat, herbeux, gravier
　　　　Tarif : (Prix 2005) 🅴 16,36 € 🔌 (6A) – pers. suppl. 3,53 €
　　　　Location 🏠 : 4 🚐 (4 à 6 pers.) 320 à 480 €/sem. –
　　　　bungalows toilés
　　　　Pour s'y rendre : Sortie NO, rte de Villeneuve-lès-Avignon
　　　　par le pont Edouard-Daladier et à droite, au Nord de l'île de la
　　　　Barthelasse

Nature : 💭 🌳🌳	
Loisirs : 🍴 snack 🏠 🚲 🏊 🎣	
Services : 🔾🚽 🐄 🗔 🔊 ⊕ 🛫 ⚡	
📠	

731

BEAUMES-DE-VENISE

✉ 84190 – 332 D9 – G. Provence – 2 051 h. – alt. 100
🖪 *Office de tourisme, place du Marché* 🕾 *04 90 62 94 39*
Paris 666 – Avignon 34 – Nyons 39 – Orange 23 – Vaison-la-Romaine 23.

　　⚠ **Municipal de Roquefiguier** mi-mars-oct.
　　　　🕾 04 90 62 95 07 – **R**
　　　　1,5 ha (63 empl.) peu incliné et en terrasses, herbeux, pierreux
　　　　Tarif : (Prix 2005) 🅴 10,70 € – pers. suppl. 2,20 €
　　　　📠 1 borne
　　　　Pour s'y rendre : Sortie N par D 90, rte de Malaucène et à
　　　　droite, bord de la Salette

Nature : ⩽ 💭 🌳	
Services : 🔾🚽 🔾🇧 🐄 🔊 ⊕ 🛫 🗔	
À prox. : ✂ 🚴	

BEAUMONT-DU-VENTOUX

✉ 84340 – 332 E8 – 286 h. – alt. 360
Paris 676 – Avignon 48 – Carpentras 21 – Nyons 28 – Orange 40 – Vaison-la-Romaine 13.

　　⚠ **Mont-Serein** 15 avr.-15 sept.
　　　　🕾 06 63 96 16 42, *info@ventoux.fr*, Fax 04 90 65 23 10,
　　　　www.ventoux.fr – alt. 1 400 – **R** conseillée
　　　　1,2 ha (60 empl.) plat, pierreux, herbeux
　　　　Tarif : ✚ 4,20 € 🅴 5,50 € 🔌 3,50 €
　　　　Location : 4 🏠 (4 à 6 pers.) 300 à 450 €/sem.
　　　　Pour s'y rendre : E : 20 km par D 974 et D 164ᴬ, rue du
　　　　Mont-Ventoux par Malaucène, accès conseillé par Malaucène
　　　　À savoir : Agréable situation dominante

Nature : 🐾 ⩽ Mont-Ventoux et	
chaîne des Alpes 💭	
Loisirs : 🏠	
Services : 🔾🚽 🔾🇧 🐄 📶 ⊕ 🛫 🗔 ⚡	

BÉDOIN

✉ 84410 – 332 E9 – 2 609 h. – alt. 295

🛈 *Office de tourisme, rue Portail Olivier* ℘ 04 90 65 63 95

Paris 692 – Avignon 43 – Carpentras 16 – Vaison-la-Romaine 21.

▲ **Municipal la Pinède**
   ℘ 04 90 65 61 03, *la-pinede.camping-municipal@wana
doo.fr*, Fax 04 90 65 95 22 – ℞
6 ha (121 empl.) terrasses, peu incliné, pierreux, herbeux
🚐 1 borne
Pour s'y rendre : Sortie Ouest par rte de Crillon-le-Brave et
chemin à droite, à côté de la piscine municipale

> Nature : ⚲⚲ (pinède)
> Services : 🚿 ⚹ ⚹ ⚹ ⚹ ⚹
> À prox. : ⚹

BOLLÈNE

✉ 84500 – 332 B8 – G. Provence – 14 130 h. – alt. 40

🛈 *Office de tourisme, place Reynaud de la Gardette* ℘ 04 90 40 51 45, Fax 04 90 40 51 44

Paris 634 – Avignon 53 – Montélimar 34 – Nyons 35 – Orange 26 – Pont-St-Esprit 10.

▲ **La Simioune** Permanent
   ℘ 04 90 30 44 62, *la-simioune@wanadoo.fr*,
Fax 04 90 30 44 77, *www.la-simioune.fr* – ℞ conseillée
2 ha (80 empl.) plat et en terrasses, sablonneux
Tarif : 🔲 12,60 € 🔞 (6A) – pers. suppl. 3,40 € – frais de
réservation 10 €
Location : 4 🛖 (2 à 4 pers.) 153 à 260 €/sem. – 4 🏠 (4 à 6
pers.) 305 à 580 €/sem.
Pour s'y rendre : NE : 5 km par rte de Lambisque (accès sur
D 8 par ancienne rte de Suze-la-Rousse longeant le Lez) et
chemin à gauche
À savoir : Dans une agréable pinède

> Nature : ⚲ ⚲⚲
> Loisirs : ⚹ snack ⚹ 🐴 poneys (cen-
> tre équestre)
> Services : 🚿 ⚹ ⚹ ⚹ ⚹ ⚹ ⚹ ⚹ ⚹

732

*Nos **guides hôteliers**, nos **guides touristiques** et nos **cartes routières**
sont complémentaires. Utilisez-les ensemble.*

BONNIEUX

✉ 84480 – 332 E11 – G. Provence – 1 417 h. – alt. 400

🛈 *Office de tourisme, 7, place Carnot* ℘ 04 90 75 91 90, Fax 04 90 75 92 94

Paris 721 – Aix-en-Provence 49 – Apt 12 – Cavaillon 27 – Salon-de-Provence 45.

▲ **Municipal du Vallon** avr.-25 oct.
   ℘ 04 90 75 86 14, Fax 04 90 75 86 14 – ℞
1,3 ha (80 empl.) plat et en terrasses, pierreux, herbeux, bois
attenant
Tarif : 🔲 16,50 € – pers. suppl. 2,50 €
Pour s'y rendre : Sortie S par D 3, rte de Ménerbes et chemin
à gauche

> Nature : ⚲ ⚹ ⚹ ⚲⚲
> Loisirs : ⚹
> Services : ⚹ ⚹ ⚹ ⚹ ⚹ ⚹ ⚹

CADENET

✉ 84160 – 332 F11 – G. Provence – 3 883 h. – alt. 170

🛈 *Office de tourisme, 11, place du Tambour d'Arcole* ℘ 04 90 68 38 21

Paris 734 – Aix-en-Provence 33 – Apt 23 – Avignon 63 – Digne-les-Bains 109 – Manosque 49 –
Salon-de-Provence 34.

▲▲ **Val de Durance** 25 mars-1er oct.
   ℘ 04 90 68 37 75, *info@homair-vacances.fr*,
Fax 04 90 68 16 34, *www.homair-vacances.fr* – ℞ conseillée
10 ha/2,4 campables (232 empl.) plat, herbeux, pierreux
Tarif : 🔲 32 € – pers. suppl. 8 €
Location : 153 🛖 (4 à 6 pers.) 224 à 658 €/sem. –
bungalows toilés
Pour s'y rendre : SO : 2,7 km par D 943 rte d'Aix, D 59 à
droite et chemin à gauche
À savoir : Au bord d'un plan d'eau, à 300 m de la Durance

> Nature : ⚲ ⚹ ⚹ ⚹
> Loisirs : ⚹ pizzeria ⚹ ⚹ ⚹ ⚹
> ⚹ (plan d'eau et plage aménagée)
> Services : 🚿 ⚹ ⚹ ⚹ ⚹ ⚹ ⚹ ⚹
> ⚹ ⚹

CAROMB

✉ 84330 – 332 D9 – 3 117 h. – alt. 95
🛈 *Office de tourisme, place du Cabaret* ✆ 04 90 62 36 21
Paris 683 – Avignon 37 – Carpentras 10 – Malaucène 10 – Orange 29 – Vaison-la-Romaine 19.

⚠ **Le Bouquier** avr.-15 oct.
✆ 04 90 62 30 13, *lebouquier@wanadoo.fr*,
Fax 04 90 62 30 13, *lebouquier.Com* – **R** indispensable
1,5 ha (70 empl.) en terrasses, plat, gravier, pierreux
Tarif : (Prix 2005) ★ 3,20 € ⟾ 2,40 € 🅴 2,80 €
[½] (10A) 2,60 €
Location : 4 🛖 (4 à 6 pers.) 300 à 550 €/sem.
Pour s'y rendre : N : 1,5 km par D 13, rte de Malaucène

Nature : 🗔 ♀
Loisirs : 🏊
Services : 🚿 ⊶ 🅿 (tentes) ✂ 🏧 🗑
🔥 ⊕ 🗑

CARPENTRAS

✉ 84200 – 332 D9 – G. Provence – 26 090 h. – alt. 102
🛈 *Office de tourisme, place Aristide Briand* ✆ 04 90 63 00 78, Fax 04 90 60 41 02
Paris 679 – Avignon 30 – Cavaillon 28 – Orange 24.

⚠⚠ **Lou Comtadou**
✆ 04 90 67 03 16, Fax 04 90 86 62 95 – **R** conseillée
1 ha (99 empl.) plat, pierreux, herbeux, petit plan d'eau
Pour s'y rendre : SE : 1,5 km par D 4, rte de St-Didier et rte à droite, près du complexe sportif

Nature : 🗔
Loisirs : ♈ snack 🏧 🏄
Services : 🚿 ⊶ 🗑 ⊕ 🔥 🗑 🔥 🔥
À prox. : ✂ 🏊 🔥

Do not confuse :
⚠ *... to ...* ⚠⚠⚠ : **MICHELIN** *classification*
and
★ *... to ...* ★★★★ : *official classification*

733

CUCURON

✉ 84160 – 332 F11 – G. Provence – 1 792 h. – alt. 350
🛈 *Office de tourisme, rue Léonce Brieugne* ✆ 04 90 77 28 37
Paris 739 – Aix-en-Provence 34 – Apt 25 – Cadenet 9 – Manosque 35.

⚠ **Le Moulin à Vent** avr.-sept.
✆ 04 90 77 25 77, *bressier@aol.com*, Fax 04 90 77 28 12,
www.camping-moulinavent.com – **R** conseillée
2,2 ha (80 empl.) plat et peu incliné, en terrasses, pierreux
Tarif : 🅴 15,50 € [½] (10A) – pers. suppl. 3,95 €
Location ✋ : 3 🛖 (4 à 6 pers.) 370 à 450 €/sem.
🛖 1 borne 5 € – 3 🅴 11,50 €
Pour s'y rendre : S : 1,5 km par D 182, rte de Villelaure puis 0,8 km par rte à gauche

Nature : 🏔 ⬅ 🗔 ♀♀
Loisirs : 🏧 🏄
Services : 🚿 ⊶ 🆖 ✂ 🗑 🔥 🔥 ⊕
🗑 🔥

L'ISLE-SUR-LA-SORGUE

✉ 84800 – 332 D10 – G. Provence – 16 971 h. – alt. 57
🛈 *Office de tourisme, place de la Liberté* ✆ 04 90 38 04 78, Fax 04 90 38 35 43
Paris 693 – Apt 34 – Avignon 23 – Carpentras 18 – Cavaillon 11 – Orange 35.

⚠⚠⚠ **La Sorguette** 15 mars-15 oct.
✆ 04 90 38 05 71, *sorguette@wanadoo.fr*,
Fax 04 90 20 84 61, *www.camping-sorguette.com*
– **R** conseillée
2,5 ha (164 empl.) plat, herbeux, pierreux
Tarif : 🅴 23,30 € [½] (4A) – pers. suppl. 6,60 € – frais de réservation 20 €
Location : 16 🛖 (4 à 6 pers.) 315 à 525 €/sem. – 12 🏠 (4 à 6 pers.) 385 à 595 €/sem.
🛖 1 borne
Pour s'y rendre : SE : 1,5 km par N 100, rte d'Apt, près de la Sorgue

Nature : 🗔 ♀
Loisirs : snack 🏧 🏄 🚲 🎣
Services : 🚿 ⊶ 🆖 ✂ 🗑 ⊕ 🗑 🔥
À prox. : ✗ canoë

JONQUIÈRES

✉ 84150 – 332 C9 – 3 926 h. – alt. 56
Paris 663 – Avignon 28 – Carpentras 16 – Orange 8 – Vaison-la-Romaine 25.

△ **Municipal les Peupliers** 2 mai-2 oct.
 ℘ 04 90 70 67 09, Fax 04 90 70 59 01 – **R** conseillée
 1 ha (78 empl.) plat, herbeux
 Tarif : (Prix 2005) ▣ 10,30 € ⚡ (10A) – pers. suppl. 3,60 €
 Pour s'y rendre : Sortie E, rte de Carpentras, derrière la piscine

Nature : 🌿🌿
Services : ⚬ ⬧ ⊕ ⬛ cases réfrigérées
À prox. : 🍴 ⛵

LOURMARIN

✉ 84160 – 332 F11 – G. Provence – 1 119 h. – alt. 224
🛈 Syndicat d'initiative, 9, avenue Philippe de Girard ℘ 04 90 68 10 77, Fax 04 90 68 11 01
Paris 732 – Aix-en-Provence 37 – Apt 19 – Cavaillon 73 – Digne-les-Bains 114.

△ **Les Hautes Prairies**
 ℘ 04 90 68 02 89, camping.les.hautes.prairies@wanadoo.fr,
 Fax 04 90 68 23 83 – **R** conseillée
 3,6 ha (158 empl.) peu incliné, plat, herbeux, pierreux
 Location : 16 🏠
 Pour s'y rendre : E : 0,7 km par D 56, rte de Vaugines

Nature : 🌳 🌿
Loisirs : 🍸 🍴 snack ⚓ 🎱
Services : ⬧ ⚬ 🛒 ♨ ⊕ ⚐ 🚿 ⬛ 🚰

Si vous recherchez :
 △ *Un terrain au bord de l'eau avec possibilité de baignade*
 🌳 *Un terrain agréable ou très tranquille*
 L *Un terrain effectuant la location de caravanes, de mobile homes, de bungalows ou de chalets*
 P *Un terrain ouvert toute l'année*
 🚐 *Un terrain possédant une aire de services pour camping-cars*
 Consultez le tableau des localités

MALEMORT-DU-COMTAT

✉ 84570 – 332 D9 – 1 203 h. – alt. 208
Paris 688 – Avignon 33 – Carpentras 11 – Malaucène 22 – Orange 33 – Sault 35.

△ **Font Neuve** mai-sept.
 ℘ 04 90 69 90 00, camping.font-neuve@libertysurf.fr,
 Fax 04 90 69 91 77 – **R** conseillée
 1,5 ha (54 empl.) plat et peu incliné, terrasses, herbeux, pierreux
 Tarif : 🚶 3,50 € 🚗 1,70 € ▣ 4,50 € ⚡ (6A) 4,10 €
 Pour s'y rendre : SE : 1,6 km par D 5, rte de Méthanis et chemin à gauche

Nature : 🌳 ≤ 🌿
Loisirs : 🍴 🍴 ⛵
Services : ⬧ ⚬ ♨ 🛒 🍴 ⊕ ⚐ 🚿 ⬛

MAUBEC

✉ 84660 – 332 D10 – 1 581 h. – alt. 120
Paris 706 – Aix-en-Provence 68 – Apt 25 – Avignon 32 – Carpentras 27 – Cavaillon 9.

△ **Les Royères du Prieuré** avr.-15 oct.
 ℘ 04 90 76 50 34, camping.maubec.provence@wana
 doo.fr, Fax 04 32 52 91 57, www.campingmaubec-lube
 ron.com – **R** conseillée
 1 ha (93 empl.) plat et en terrasses, pierreux, herbeux
 Tarif : (Prix 2005) ▣ 11,60 € ⚡ (10A) – pers. suppl. 2,50 € – frais de réservation 10 €
 Location (permanent) 🚫 : gîte d'étape
 🚐 1 borne
 Pour s'y rendre : Au sud du bourg, chemin de la Combe de St-Pierre
 À savoir : Belles terrasses ombragées

Nature : 🌳 ≤ 🌿🌿
Services : ⚬ ♨ 🍴 ⊕ ⬛

MAZAN

✉ 84380 – 332 D9 – G. Provence – 4 943 h. – alt. 100

🛈 *Office de tourisme, 83, place du 8 Mai ℰ 04 90 69 74 27, Fax 04 90 69 66 31*

Paris 684 – Avignon 35 – Carpentras 9 – Cavaillon 30 – Sault 34.

⚠ **Le Ventoux**
    ℰ 04 90 69 70 94, *camping.le.ventoux@wanadoo.fr*,
    Fax 04 90 69 70 94, *www.camping-le-ventoux.com*
    – **R** conseillée
    0,7 ha (49 empl.) plat, pierreux, herbeux

    Location : 🏠

    Pour s'y rendre : N : 3 km par D 70, rte de Caromb puis chemin à gauche, de Carpentras, itinéraire conseillé par D 974, rte de Bédoin

Nature : 🏞 ≤ ♤♤
Loisirs : 🍷 🏕 🛝
Services : 🚿 🛒 🏢 🔋 🅰 🧺 ♨ 🚗

MONDRAGON

✉ 84430 – 332 B8 – 3 363 h. – alt. 40

Paris 640 – Avignon 45 – Montélimar 40 – Nyons 41 – Orange 17.

⚠ **Municipal la Pinède** Permanent
    ℰ 04 90 40 82 98, *camping.mondragon@wanadoo.fr*
    – **R** conseillée
    3 ha (134 empl.) plat et peu incliné, en terrasses, herbeux, pierreux, sablonneux

    Tarif : 🔲 11,50 € – pers. suppl. 3,20 €

    Pour s'y rendre : NE : 1,5 km par D 26, rte de Bollène et deux fois à droite

Nature : ♤♤
Loisirs : 🛏 🏕
Services : 🛒 🏢 🔋 🅰 🛶 ⚡ 🖥

Pour choisir et suivre un itinéraire
Pour calculer un kilométrage
Pour situer exactement un terrain (en fonction des indications fournies dans le texte) :
*Utilisez les **cartes MICHELIN** détaillées à 1/150 000, compléments indispensables de cet ouvrage.*

735

MONTEUX

✉ 84170 – 332 C9 – 9 564 h. – alt. 42

🛈 *Office de tourisme, parc du Château d'Eau ℰ 04 90 66 97 18, Fax 04 90 66 97 19*

Paris 677 – Avignon 22 – Carpentras 5 – Cavaillon 24 – Orange 23.

⚠ **Municipal Bellerive** avr.-20 oct.
    ℰ 04 90 66 81 88, *ot-monteux@axit.fr*, *www.monteux.fr* –
    R
    1 ha (52 empl.) plat, herbeux, jardin public attenant

    Tarif : 🔸 3 € 🔲 3 € 🔌 2 €

    Pour s'y rendre : Au N du bourg par rte de Loriol-du-Comtat et à droite après le pont

    À savoir : Beaux emplacements délimités, au bord de l'Auzon

Nature : 🛁 ♀
Services : 🔋 🅰

MURS

✉ 84220 – 332 E10 – G. Provence – 415 h. – alt. 510

Paris 704 – Apt 17 – Avignon 48 – Carpentras 26 – Cavaillon 27 – Sault 33.

⚠ **Municipal des Chalottes** vacances de printemps-15 sept.
    ℰ 04 90 72 60 84, *mairiedemurs@wanadoo.fr*,
    Fax 04 90 72 61 73 – **R** conseillée
    4 ha (50 empl.) peu incliné à incliné et accidenté, pierreux

    Tarif : 🔲 12 € 🔌 (6A) – pers. suppl. 3 €

    Pour s'y rendre : Sortie S par D 4, rte d'Apt puis 1,8 km à droite par rte et chemin, après le V.V.F.

    À savoir : Cadre boisé et situation agréable

Nature : 🏞 ≤ ♀
Loisirs : 🏕
Services : 🚿 🐾 🔋 🅰

ORANGE

✉ 84100 – 332 B9 – G. Provence – 27 989 h. – alt. 97
🛈 Office de tourisme, 5, cours Aristide Briand ℘ 04 90 34 70 88, Fax 04 90 34 99 62
Paris 655 – Alès 84 – Avignon 31 – Carpentras 24 – Montélimar 55 – Nîmes 56.

    ▲▲ **Le Jonquier** avr.-sept.
        ℘ 04 90 34 49 48, info@campinglejonquier.com,
        Fax 04 90 51 16 97, www.campinglejonquier.com
        – **R** conseillée
        2,5 ha (75 empl.) plat, herbeux
        Tarif : 🔲 26,70 € ⚡ (6A) – pers. suppl. 5 € – frais de réser-
        vation 20 €
        Location (18 mars-14 oct.) : 6 🛖 (4 à 6 pers.) 290 à
        735 €/sem.
        🚐 1 borne 7 €
        Pour s'y rendre : NO : par N 7 rte de Montélimar et rue à
        gauche passant devant la piscine, quartier du Jonquier, rue
        Alexis-Carrel - par A 7 : sortie Nord, D 17 rte de Caderousse et
        chemin à droite

Nature : 🏞 🖵
Loisirs : 🎮 jacuzzi spa 🏓 ♨ 🛝 (petite piscine) poneys
Services : 🚿 ⚡ 🆖 🅰 🔒 ☺ 🗑

PERNES-LES-FONTAINES

✉ 84210 – 332 D10 – G. Provence – 10 170 h. – alt. 75
🛈 Office de tourisme, place Gabriel Moutte ℘ 04 90 61 34 04
Paris 685 – Apt 43 – Avignon 23 – Carpentras 6 – Cavaillon 20.

    ▲ **Municipal de la Coucourelle** avr.-sept.
        ℘ 04 90 66 45 55, camping@ville-prenes-les-fontaines.fr,
        Fax 04 90 61 32 46 – **R** conseillée
        1 ha (26 empl.) plat, herbeux
        Tarif : 🔲 13 € – pers. suppl. 3,50 €
        🚐 1 borne
        Pour s'y rendre : E : 1 km par D 28, rte de St-Didier, au
        complexe sportif
        À savoir : Beaux emplacements délimités

Nature : 🏞 🖵 🌳
Services : 🚿 ⚡ 🅰 ☺ 🔒 🚽 🗑
À prox. : 🏓 🛝

736

PERTUIS

✉ 84120 – 332 G11 – G. Provence – 17 833 h. – alt. 246
🛈 Office de tourisme, place Mirabeau ℘ 04 90 79 15 56
Paris 747 – Aix-en-Provence 23 – Apt 36 – Avignon 76 – Digne-les-Bains 97 – Manosque 36.

    ▲ **Municipal les Pinèdes** 15 mars-15 oct.
        ℘ 04 90 79 10 98, campinglespinedes@free.fr,
        Fax 04 90 09 03 99, www.campinglespinedes.com
        – **R** conseillée
        5 ha (180 empl.) plat, peu incliné à incliné, terrasse, herbeux,
        pierreux
        Tarif : (Prix 2005) 🚶 3,20 € 🚗 2 € 🔲 2,50 € ⚡ (6A) 3,50 €
        Location : 10 🛖 (4 à 6 pers.) 160 à 470 €/sem.
        🚐 1 borne 3,50 €
        Pour s'y rendre : E : 2 km par D 973 et av. Pierre-Augier à
        droite

Nature : 🖵 🌳🌳
Loisirs : 🍴 snack 🎮 🏇
Services : 🚿 ⚡ 🅰 🔒 ☺ 🚽 🗑
À prox. : 🏓 🏊

Le PONTET

✉ 84130 – 332 C10 – 15 594 h. – alt. 40
Paris 688 – Marseille 100 – Avignon 5 – Aix 83 – Nîmes 50.

    ▲ **Le Grand Bois** mai-15 sept.
        ℘ 04 90 31 37 44, Fax 04 90 31 46 53 – **R** conseillée
        1,5 ha (134 empl.) plat, herbeux
        Tarif : 🔲 19 € ⚡ (5A) – pers. suppl. 3,50 €
        Location : 🛏 – (hôtel)
        Pour s'y rendre : NE : 3 km par D 62, rte de Vedène et rte à
        gauche, au lieu-dit la Tapy, Par A 7 : sortie Avignon-Nord
        À savoir : Agréable cadre boisé

Nature : 🖵 🌳🌳
Loisirs : 🎮 🛝
Services : 🚿 ⚡ 🆖 🅰 ☺ 🔒 🚽 🗑

ROUSSILLON

⊠ 84220 – �⅏ E10 – G. Provence – 1 161 h. – alt. 360
🄳 *Office de tourisme, place de la poste* ℘ *04 90 05 60 25, Fax 04 90 05 63 31*
Paris 720 – Apt 11 – Avignon 46 – Bonnieux 12 – Carpentras 41 – Cavaillon 25 – Sault 31.

🚣 **Arc-en-Ciel** 15 mars-oct.
℘ 04 90 05 73 96 – **R** conseillée
5 ha (70 empl.) accidenté et en terrasses
Tarif : ✹ 3 € ⚗ 1,55 € ▣ 1,55 € (½) (6A) 2,10 € – frais de réservation 10 €
Pour s'y rendre : SO : 2,5 km par D 105 et D 104 rte de Goult
À savoir : Agréable site dans une pinède

Nature : ⌇ 🗓	
Loisirs : 🎬 🚲	
Services : 🕭 ⛽ GB 🐂 🗑 🅦 🚰	
À prox. : 🐎	

Le THOR

⊠ 84250 – ⅏ C10 – G. Provence – 6 619 h. – alt. 50
Paris 688 – Avignon 18 – Carpentras 16 – Cavaillon 14 – L'Isle-sur-la-Sorgue 5 – Orange 30.

🚣 **Le Jantou**
℘ 04 90 33 90 07, *accueil@lejantou.com,*
Fax 04 90 33 79 84, *www.lejantou.com* – **R** conseillée
6 ha/4 campables (160 empl.) plat, herbeux
Location : 🛖
🚐 1 borne
Pour s'y rendre : O : 1,2 km par sortie Nord vers Bédarrides, accès direct à la Sorgue, Accès conseillé par D 1 (contourne-ment)

Nature : ⌇ ♀	
Loisirs : 🎬 🏊 🚲 🏋 ⛵	
Services : 🕭 ⛽ 🗑 ☕ 🅦 🚰 🅿	
🚰 réfrigérateurs	
À prox. : 🛒	

*Die Klassifizierung (1 bis 5 Zelte, **schwarz** oder rot), mit*
der wir die Campingplätze auszeichnen, ist eine Michelin-eigene Klassifizierung.
Sie darf nicht mit der staatlich-offiziellen Klassifizierung
(1 bis 4 Sterne) verwechselt werden.

737

La TOUR-D'AIGUES

⊠ 84240 – ⅏ G11 – G. Provence – 3 860 h. – alt. 250
🄳 *Office de tourisme, le Château* ℘ *04 90 07 50 29, Fax 04 90 07 35 91*
Paris 752 – Aix-en-Provence 29 – Apt 35 – Avignon 81 – Digne-les-Bains 92.

🚣 **Municipal**
℘ 04 90 07 41 08, *mairie.latour84@wanadoo.fr* – **R**
1 ha (50 empl.) plat, herbeux
Pour s'y rendre : Sortie Nord-Est par D 956, rte de Forcal-quier et chemin à droite, bord de l'Eze

Nature : ⌇ 🗓	
Services : ⛽ 🚿 ☕	
À prox. : 🎾 terrain omnisports	

VAISON-LA-ROMAINE

⊠ 84110 – ⅏ D8 – G. Provence – 5 904 h. – alt. 193
🄳 *Office de tourisme, place du Chanoine-Sautel* ℘ *04 90 36 02 11, Fax 04 90 28 76 04*
Paris 664 – Avignon 51 – Carpentras 27 – Montélimar 64 – Pont-St-Esprit 41.

🚣 **Carpe Diem** 25 mars-1er nov.
℘ 04 90 36 02 02, *contact@camping-carpe-diem.com,*
Fax 04 90 36 36 90, *www.camping-carpe-diem.com* – **R** in-dispensable
10 ha/6,5 campables (232 empl.) en terrasses, plat et peu incliné, herbeux
Tarif : ▣ 30,70 € (½) (10A) – pers. suppl. 5 € – frais de réser-vation 20 €
Location : 27 🛖 (4 à 6 pers.) 280 à 680 €/sem. – 14 🏠 (4 à 6 pers.) 343 à 695 €/sem.
Pour s'y rendre : SE : 2 km à l'intersection du D 938, rte de Malaucène et du D 151, rte de St-Marcellin
À savoir : Originale reconstitution d'un amphythéâtre au-tour de la piscine

Nature : ⌇ ⌇ 🗓	
Loisirs : ♀ pizzeria 🍴 nocturne 🏃	
🏊 🚲 🎱 🏋	
Services : 🕭 ⛽ GB 🐂 Ⓜ 🗑 ☕ 🅦 🚰	
🚰 cases réfrigérées	

VAISON-LA-ROMAINE

▲▲ **Le Soleil de Provence** 15 mars-oct.
    𝒫 04 90 46 46 00, *info@camping-soleil-de-provence.fr*,
Fax 04 90 46 40 37, *www.camping-soleil-de-provence.fr*
– **R** conseillée
4 ha (150 empl.) plat et en terrasses, peu incliné, herbeux,
pierreux
Tarif : (Prix 2005) 🔲 21,50 € 🔋 (10A) – pers. suppl. 5,50 € –
frais de réservation 10 €
Location 🏠 : 12 🚐 (4 à 6 pers.) 259 à 550 €/sem.
🚐 1 borne 2,30 €
Pour s'y rendre : NE : 3,5 km par D 938, rte de Nyons

| Nature : ← Ventoux et montagnes de Nyons ⌐ |
| Loisirs : 🛋 ⊥ |
| Services : 🚿 ⊶ 🅲∨ 🔲 🔓 ☺ 🔲 |

▲▲ **Théâtre Romain** 15 mars-15 nov.
    𝒫 04 90 28 78 66, *info@camping-theatre.com*,
Fax 04 90 28 78 76, *www.camping-theatre.com* – **R** conseillée
1,2 ha (75 empl.) plat, herbeux, gravillons
Tarif : 🔲 22,90 € 🔋 (10A) – pers. suppl. 5,70 € – frais de
réservation 11 €
🚐 1 borne 5 €
Pour s'y rendre : Au NE de la ville, quartier des Arts, chemin
du Brusquet, accès conseillé par rocade

| Nature : ⌐ |
| Loisirs : 🛋 ⊥ (petite piscine) |
| Services : 🚿 ⊶ 🔓 ♨ ☺ ☇ ↻ 🔲 |
| À prox. : ✗ |

▲ **L'Ayguette** 15 avr.-sept.
    𝒫 04 90 46 40 35, *info@ayguette.com*, Fax 04 90 46 46 17,
www.ayguette.com – **R** conseillée
2,8 ha (100 empl.) plat, accidenté et en terrasses, herbeux,
pierreux
Tarif : 🔲 20,90 € – pers. suppl. 5 € – frais de réservation 12 €
Pour s'y rendre : Sortie E par D 938, rte de Nyons et 4,1 km
par D 71 à droite, rte de St-Romains-Viennois puis D 86, rte
de Faucon
À savoir : Cadre sauvage

| Nature : ⧠ ⌐ ⋒⋒ |
| Loisirs : snack ⛵ ⊥ |
| Services : 🚿 ⊶ GB 🅲∨ 🔓 ↻ ☺ 🔲 ☇ |

VEDÈNE ─────────────────────────────────

✉ 84270 – 332 C10 – 8 673 h. – alt. 34
Paris 677 – Avignon 13 – Carpentras 17 – Cavaillon 23 – Orange 25 – Roquemaure 21.

▲▲ **Flory** 15 mars-sept.
    𝒫 04 90 31 00 51, *campingflory@wanadoo.fr*,
Fax 04 90 23 46 19, *www.campingflory.com* – **R** conseillée
6 ha (136 empl.) plat, peu incliné, accidenté, herbeux,
sablonneux, rocheux
Tarif : ✝ 5 € 🔲 5,50 € 🔋 (10A) 4 € – frais de réservation 10 €
Location 🏠 : 13 🚐 (4 à 6 pers.) 280 à 550 €/sem.
🚐 1 borne
Pour s'y rendre : NE : 1,5 km par D 53, rte d'Entraigues

| Nature : ⋒⋒ |
| Loisirs : ✗ 🛋 ⛵ ⊥ |
| Services : 🚿 ⊶ 🅲∨ 🔓 ♨ ☺ 🔲 ☇ ☇ |

VILLES-SUR-AUZON ──────────────────────

✉ 84570 – 332 E9 – G. Alpes du Sud – 1 030 h. – alt. 255
Paris 694 – Avignon 45 – Carpentras 19 – Malaucène 24 – Orange 40 – Sault 24.

▲▲▲ **Les Verguettes** 25 mars-15 oct.
    𝒫 04 90 61 88 18, *info@provence-camping.com*,
Fax 04 90 61 97 87, *www.provence-camping.com*
– **R** conseillée
2 ha (88 empl.) plat, peu incliné et terrasses, herbeux,
pierreux
Tarif : 🔲 21,90 € – pers. suppl. 5,50 € – frais de réser-
vation 23 €
Location : 6 🚐 (4 à 6 pers.) 357 à 550 €/sem.
Pour s'y rendre : Sortie O par D 942, rte de Carpentras

| Nature : ⧠ ← Mont Ventoux ⌐ ♀ |
| Loisirs : grill (dîner seulement) ✗ ♪ ⊥ |
| Services : 🚿 ⊶ 🅲∨ 🔓 ↻ ☺ ☇ ↻ 🔲 réfrigérateurs |

VIOLÈS

✉ 84150 – 332 C9 – 1 536 h. – alt. 94
Paris 659 – Avignon 34 – Carpentras 21 – Nyons 33 – Orange 14 – Vaison-la-Romaine 17.

⚠ **Domaine des Favards** 28 avr.-1ᵉʳ oct.
  ✆ 04 90 70 90 93, *favards@free.Fr*, Fax 04 90 70 97 28
  – **R** conseillée
  20 ha/1,5 campable (49 empl.) plat, herbeux
  Tarif : ⚹ 4,50 € 🅔 8 € 🔌 3 €
  Pour s'y rendre : O : 1,2 km par D 67, rte d'Orange
  À savoir : Au milieu des vignes

Nature : ⟨ 🗗
Loisirs : 🛝
Services : ⚫ ⌐ 🔥 ⊙

VISAN

✉ 84820 – 332 C8 – 1 612 h. – alt. 218
Paris 652 – Avignon 57 – Bollène 19 – Nyons 20 – Orange 27 – Vaison-la-Romaine 16.

⚠ **L'Hérein** 15 mars-15 oct.
  ✆ 04 90 41 95 99, *accueil@camping-visan.com*,
  Fax 04 90 41 91 72, *www.camping-visan.com* – **R** conseillée
  3,3 ha (75 empl.) plat, herbeux, pierreux
  Tarif : 🅔 17 € 🔌 (10A) – pers. suppl. 3,10 € – frais de réservation 10 €
  Pour s'y rendre : O : 1 km par D 161, rte de Bouchet, près d'un ruisseau

Nature : 🌊 🗗 00
Loisirs : snack 🎱 🔥 🏐 🛝
Services : ⚫ ⌐ 🖻 🐕 🍴 🗗 🔥 ⊙
🚿 ⛲ 🖼 🚻

RHÔNE-ALPES

F. Isler/Michelin

Terre de contrastes et carrefour d'influences, la région Rhône-Alpes offre mille et une facettes. Du haut des montagnes alpines, la beauté touche au sublime : ce paradis des skieurs dominé par le mont Blanc, toit de l'Europe, déploie un spectacle unique de cimes immaculées et glaciers éblouissants. Quittez cette nature préservée, et vous plongez dans l'intense animation de la vallée du Rhône, symbolisée par la course puissante du fleuve. Des voies romaines au TGV, la principale artère de circulation entre Nord et Midi s'est forgé une réputation de locomotive économique. Sur cette « grand-route des vacances », les touristes bien inspirés s'échappent des bouchons routiers pour goûter la cuisine des bouchons lyonnais et celle des tables renommées qui ont fait de la capitale des Gaules un royaume du palais.

Rhône-Alpes is a land of contrasts and a crossroads of culture. Its lofty peaks are heaven on earth to skiers, climbers and hikers are drawn by the beauty of its glittering glaciers and tranquil lakes, and stylish Chamonix and Courchevel set the tone in alpine chic. Step down from the roof of Europe, past herds of cattle on the mountain pastures, and into the bustle of the Rhône valley: from Roman roads to TGVs, the main arteries between north and south have forged the region's reputation for economic drive. Holidaymakers rush through Rhône-Alpes in their millions every summer, but those in the know always stop to taste its culinary specialities. The region abounds in restaurants, the three-star trend-setters and Lyon's legendary neighbourhood *bouchons* making it a true kingdom of cuisine.

Legend:

- Localité citée avec camping
- Localité citée avec camping et locatif
- _Lourdes_ Localité disposant d'emplacements camping-car
- _Moyaux_ Localité disposant d'au moins un terrain agréable
- Aire de service pour camping-car sur autoroute

Map labels (Haute-Savoie / Savoie region):

St-Laurent-en-Grandvaux · Bonlieu · Clairvaux-les-Lacs · Maisod · St-Claude · Champfromier · Amphion-les-B. · Divonne-les-Bains · Excenevex · Gex · Lugrin · Thonon-les-Bains · Evian-les-B. · LAUSANNE · Sciez · Châtel · St-Jean-d'Aulps · Morzine · les Gets · Taninges · Verchaix · Samoëns · Vallorcine · Argentière · les Praz-de-Chamonix · Chamonix-Mont-Blanc · Neydens · Présilly · Groisy · Contamine-Sarzin · Seyssel · Choisy · La Balme-de-S. · le Grand-Bornand · la Clusaz · Sallanches · les Bossons · Seyssel · Vallières · Artemare · Culoz · FONTANELLES · ANNECY · Alex · Menthon-St-Bernard · Megève · St-Gervais-les-Bains · Rumilly · Sévrier · Duingt · Praz-s-Arly · Ruffieux · St-Jorioz · Bout-du-Lac · les Contamines-Montjoie · Chindrieux · Lathuile · St-Ferréol · Chanaz · Doussard · Flumet · Massignieu-de-Rives · Lescheraines · Marthod · Beaufort · Aix-les-Bains · le Châtelard · Séez · Bourg-St-Maurice · la Rosière 1850 · Le Bourget-du-Lac · L'ARCLUSAZ · St-Pierre-d'Albigny · la Bâthie · Novalaise-Lac · CHAMBÉRY · Challes-les-Eaux · Aigueblanche · Landry · St-Alban-de-Montbel · Lépin-le-lac · les Marches · VAL-GELON · SAVOIE · St-Jean-de-Couz · la Rochette · Brides-les-Bains · Entre-Deux-Guiers · Allevard · les Allues · Pralognan-la-Vanoise · St-Laurent-du-Pont · la Ferrière · Termignon · St-Pierre-de-Chartreuse · St-Jean-de-Maurienne · Sollières-Sardières · Lanslevillard · St-Colomban-des-Villards · Aussois · Villarembert · Modane · la Toussuire · Bramans · St-Martin-d'Uriage · Valloire · Rochetaillée · GRENOBLE · Vizille · le Freney-d'Oisans · Névache · N 91 · N 94 · le Bourg-d'Oisans · Petichet · le Bourg-d'Arud · la Grave · St-Théoffrey · St-Laurent-en-Beaumont · St-Christophe-en-Oisans · la Salle-en-Beaumont · Puy-St-Vincent · Villar-Loubière · HAUTES · Lalley · St-Firmin · Fressini · Lus-la-Croix-Haute · St-Bonnet-en-Champsaur · Pont-du-Fossé · St-Etienne-en-Dévoluy · Orcière · Ancelle · Réal · St-Apollinaire · Gap · Chorges · la Roche-des-Arnaud · Pruni. · Veynes · Espinasses · le Sauze-du-La. · Serres · Curbans · Col St-Jean · Orpierre · Seyne · Clamensane · ALPES-D · Barret-s-Mèouge · Sisteron · Thoard · PROVE · Volonne · Villa. · Peyruis · Château-Arnoux- · Digne-les-B.

Inset map C (Ardèche / Drôme / Gard region):

St-Cirgues-en-Montagne · Privas · Asperjoc · St-Julien-en-St-Alban · Meyras · Darbres · St-Lager-Bressac · Cruas · St-Étienne-de-Lugdarès · Jaujac · Ucel · St-Privat · St-Jean-le-Centenier · St-Laurent-les-Bains · Aubenas · Joannas · Chassiers · Vogüé · Montélimar · Largentière · Montréal · St-Maurice-d'A. · St-Thomé · Sablières · Laurac-en-V. · Chauzon · St-Maurice-d'Ibie · Châteauneuf-du-Rhône · Ribes · Pradon · Viviers · Malarce-s-la-Thines · Joyeuse · Rosières · Ruoms · Lagorce · Larnas · Lablachère · Labeaume · les Mazes · St-Alban-Auriolles · Sampzon · St-Remèze · Chassagnes · Grospierres · DRÔME · Gravières · les Vans · Vallon-Pont-d'Arc · Casteljau · Maison-Neuve · St-Martin-d'Ardèche · Berrias et Casteljau · Bessas · Vagnas · Orgnac-l'Aven · St-Just · Génolhac · Malbosc · St-Sauveur-de-Cruzières · Barjac · Aiguèze · Bollène · le Chambon · Bessèges · St-Ambroix · GARD · Goudargues · Mondragon · le Martinet · St-Victor-de-Malcap · Boisson · Roquebillière · SUISSE · TORINO

ARS-SUR-FORMANS

✉ 01480 – 328 B5 – G. Vallée du Rhône – 1 102 h. – alt. 248
🛈 *Office de tourisme, rue Jean-Marie Vianney ℘ 04 74 08 10 76, Fax 04 74 08 15 42*
Paris 431 – Bourg-en-Bresse 45 – Lyon 38 – Mâcon 46 – Villefranche-sur-Saône 10.

Municipal le Bois de la Dame avr.-sept.
℘ 04 74 00 77 23, Fax 04 74 08 10 62 – **R** conseillée
1 ha (103 empl.) peu incliné et terrasse, herbeux, pierreux
Tarif : (Prix 2005) 🔲 9 € – ⚡ (10A) – pers. suppl. 2 €
Pour s'y rendre : 0,5 km à l'O du centre bourg, près d'un étang

Nature : 🌿 ⛰	
Loisirs : 🛝 🍴	
Services : 🚿 ⚡ 🅿 🔲 ⊕ 🗑	
À prox. : 🎣	

ARTEMARE

✉ 01510 – 328 H5 – 970 h. – alt. 245
Paris 506 – Aix-les-Bains 33 – Ambérieu-en-Bugey 47 – Belley 18 – Bourg-en-Bresse 82 – Nantua 43.

Municipal Au Vaugrais juin-août
℘ 04 79 87 37 34 – **R** conseillée
1 ha (33 empl.) plat, herbeux
Tarif : (Prix 2005) 👤 2 € 🚗 1,30 € 🔲 1,60 € ⚡ (6A) 2,50 €
Pour s'y rendre : O : 0,7 km par D 69ᴰ rte de Belmont, à Cerveyrieu, bord du Séran

Nature : ⬅ ⛰	
Loisirs : 🎣	
Services : 🚿 ⚡ ⊕ 🚿	
À prox. : 🏊	

BOURG-EN-BRESSE

✉ 01000 – 328 E3 – G. Bourgogne – 40 666 h. – alt. 251
🛈 *Office de tourisme, 6, avenue Alsace Lorraine ℘ 04 74 22 49 40, Fax 04 74 23 06 28*
Paris 424 – Annecy 113 – Besançon 152 – Chambéry 120 – Genève 112 – Lyon 82 – Mâcon 38.

Municipal de Challes avr.-15 oct.
℘ 04 74 45 37 21, *camping-municipal-bourgenbresse@wanadoo.fr*, Fax 04 74 22 92 29 – **R** conseillée
1,3 ha (120 empl.) plat, peu incliné, goudronné, herbeux
Tarif : (Prix 2005) 👤 2,95 € 🔲 6,12 € ⚡ (6A) 2 € – frais de réservation 8 €
Pour s'y rendre : Sortie NE par rte de Lons-le-Saunier, à la piscine
À savoir : Emplacements agréablement ombragés

Nature : ⛰⛰	
Loisirs : snack	
Services : ⚡ 🅶🅱 🚿 🔲 ⊕ 🚿	
À prox. : 🏊	

CHAMPDOR

✉ 01110 – 328 G4 – 425 h. – alt. 833
Paris 486 – Ambérieu-en-Bugey 38 – Bourg-en-Bresse 51 – Hauteville-Lompnes 6 – Nantua 28.

Municipal le Vieux Moulin Permanent
℘ 04 74 36 01 79, *champdor@wanadoo.fr*, Fax 04 74 36 07 92, *www.champdor.com* – **R** conseillée
1,6 ha (60 empl.) plat, herbeux
Tarif : (Prix 2005) 👤 3,30 € 🚗 1,10 € 🔲 1,70 € ⚡ (8A) 6 €
Location : gîtes
Pour s'y rendre : NO : 0,8 km par D 57ᴬ, rte de Corcelles
À savoir : Près de deux plans d'eau

Nature : ⬅	
Loisirs : 🏠 🛝 🍴	
Services : 🚿 🚿 🔲 ⊕	
À prox. : 🏊 (bassin) 🎣	

CHAMPFROMIER

✉ 01410 – 328 H3 – 593 h. – alt. 640
Paris 498 – Bellegarde-sur-Valserine 13 – Mijoux 28 – Nantua 24 – Oyonnax 30.

Municipal les Georennes juin-15 sept.
℘ 04 50 56 92 40, *mairie.champfromier@wanadoo.fr*, Fax 04 50 56 96 05 – **R** indispensable
0,7 ha (30 empl.) plat et terrasse, herbeux, pierreux
Tarif : (Prix 2005) 🔲 13 € – pers. suppl. 3 €
Pour s'y rendre : SE : 0,6 km par D 14, rte de Nantua et chemin à gauche

Nature : 🌿 ⬅ ⛰	
Services : 🚿 🚿 🚿 ⊕	

CHÂTILLON-SUR-CHALARONNE

✉ 01400 – 328 C4 – G. Vallée du Rhône – 4 137 h. – alt. 177

🛈 *Office de tourisme, place du Champ de Foire ℰ 04 74 55 02 27, Fax 04 74 55 34 78*

Paris 418 – Bourg-en-Bresse 28 – Lyon 55 – Mâcon 28 – Meximieux 35 – Villefranche-sur-Saône 27.

Municipal du Vieux Moulin 15 avr.-15 sept.
ℰ 04 74 55 04 79, Fax 04 74 55 13 11 – places limitées pour le passage – **R** conseillée
3 ha (140 empl.) plat, herbeux
Tarif : (Prix 2005) 🔳 18,10 € – [½] (10A) – pers. suppl. 4,30 € – frais de réservation 10 €
🚐 1 borne 5 € – 15 🔳
Pour s'y rendre : Sortie SE par D 7 rte de Chalamont, bord de la Chalaronne, à 150 m d'un étang (accès direct)
À savoir : Cadre verdoyant et ombragé en bordure de rivière

Nature : 🏞 ♨♨
Loisirs : 🍴 🏖 🎣
Services : & ⚡ GB ⚖ 🏪 🕹 ☺ 🏧
À prox. : 🍵 🍽 snack 🎿 🛶 ⛷

*Les localités possédant des ressources sélectionnées dans ce guide sont signalées sur les **cartes MICHELIN** détaillées à 1/150 000.*

CHAVANNES-SUR-SURAN

✉ 01250 – 328 F3 – 485 h. – alt. 312

Paris 442 – Bourg-en-Bresse 20 – Lons-le-Saunier 51 – Mâcon 57 – Nantua 37 – Pont-d'Ain 27.

Municipal
ℰ 04 74 51 70 52, Fax 04 74 51 71 83
1 ha (25 empl.) plat, herbeux
Pour s'y rendre : Sortie Est par D 3 rte d'Arnans
À savoir : Cadre verdoyant au bord du Suran

Nature : 🏞 < 🏕
Loisirs : 🎣
Services : 🛖 ☺

CORMORANCHE-SUR-SAÔNE

✉ 01290 – 328 B3 – 904 h. – alt. 172 – Base de loisirs

Paris 399 – Bourg-en-Bresse 44 – Châtillon-sur-Chalaronne 23 – Mâcon 10 – Villefranche-sur-Saône 33.

La Pierre Thorion mai-sept.
ℰ 03 85 23 97 10, *contact@lac-cormoranche.com*,
Fax 03 85 23 97 11, *lac-cormoranche.com* – **R** conseillée
48 ha/4,5 campables (117 empl.) plat, herbeux, sablonneux, bois attenant
Tarif : 🛆 4,65 € – � 3,95 € 🔳 5,75 € – [½] (8A) 2,20 €
Location 🛶 : 5 🛏 (4 à 6 pers.) 200 à 425 €/sem. – 12 🏠 (4 à 6 pers.) 200 à 425 €/sem.
Pour s'y rendre : Sortie O par D 51ᴬ et 1,2 km par rte à dr., à la base de loisirs
À savoir : Décoration arbustive des emplacements, près d'un beau plan d'eau

Nature : 🏕 ♀
Loisirs : 🍽 salle d'animation 🏖 🚲 🎱 ⛱ (plage) 🎣 💧
Services : 🛖 ⚡ GB ⚖ 🏪 ☺ 🛒 🗑 🏧 sèche-linge 🧺

CULOZ

✉ 01350 – 328 H5 – 2 622 h. – alt. 248

🛈 *Syndicat d'initiative, 6, rue de la Mairie ℰ 04 79 87 00 30, Fax 04 79 87 09 73*

Paris 512 – Aix-les-Bains 24 – Annecy 55 – Bourg-en-Bresse 88 – Chambéry 41 – Genève 67 – Nantua 63.

Le Colombier 16 avr.-19 sept.
ℰ 04 79 87 19 00, *camping.colombier@free.fr*,
Fax 04 79 87 19 00, *http://camping.colombier.free.fr*
– **R** conseillée
1,5 ha (81 empl.) plat, gravillons, herbeux
Tarif : 🔳 18 € – [½] (10A) – pers. suppl. 5 € – frais de réservation 10 €
Location : 8 🛏 (4 à 6 pers.) 200 à 480 €/sem.
Pour s'y rendre : E : 1,3 km, au carrefour du D 904 et D 992, bord d'un ruisseau
À savoir : Près d'un centre de loisirs

Nature : < 🏕 ♀
Loisirs : 🍽 🚲
Services : 🛖 ⚡ GB ⚖ 🏪 🕹 ☺ 🛒 🗑 🏧
À prox. : 🎿 🖼 ⛱ ⛴ (petit plan d'eau)

DIVONNE-LES-BAINS

⊠ 01220 – 328 J2 – G. Jura – 6 171 h. – alt. 486 – ⚓ (mi mars-fin nov.)

🄱 *Office de tourisme, rue des Bains* ℘ *04 50 20 01 22, Fax 04 50 20 32 12*

Paris 488 – Bourg-en-Bresse 129 – Genève 18 – Gex 9 – Lausanne 46 – Nyon 9 – Les Rousses 27 – Thonon-les-Bains 51.

ᴀᴀ **Le Fleutron** 25 mars-23 oct.

℘ *04 50 20 01 95, info@homair-vacances.fr,*
Fax 04 50 20 00 35, *www.homair-vacances.fr* – **R** conseillée
8 ha (253 empl.) incliné, en terrasses, pierreux, herbeux
Tarif : ▣ 32 € – pers. suppl. 8 €
Location : 119 ⤋ (4 à 6 pers.) 217 à 658 €/sem.
Pour s'y rendre : N : 3 km, après Villard
À savoir : Cadre boisé adossé à une montagne

Nature : 🍃 ♤♤
Loisirs : ♟ snack 🏠 ♣ 🎾 🏊
Services : ⊶ 🗀 GB ⭗ ⊞ ⊕ 🛆 🗏 🖥
🛁

DOMPIERRE-SUR-VEYLE

⊠ 01240 – 328 E4 – 968 h. – alt. 285

Paris 439 – Belley 70 – Bourg-en-Bresse 18 – Lyon 58 – Mâcon 54 – Nantua 47 – Villefranche-sur-Saône 46.

ᴀ **Municipal** avr.-sept.

℘ *04 74 30 31 81, mairiedompierre@wanadoo.fr,*
Fax 04 74 30 36 61, *www.dompierre-sur-veyle.fr* – places limitées pour le passage – **R**
1,2 ha (50 empl.) plat, herbeux
Tarif : (Prix 2005) ♣ 2,50 € ⇆ 1 € ▣ 1,50 € (⚡) 1,50 €
Pour s'y rendre : Sortie O par D 17 et à gauche, bord de la Veyle et à 150 m d'un étang
À savoir : Cadre champêtre

Nature : 🍃 🗀 ♀
Services : ⊶ 🗀 ⊕
À prox. : 🎾

Pour choisir et suivre un itinéraire
Pour calculer un kilométrage
Pour situer exactement un terrain (en fonction des
indications fournies dans le texte) :
*Utilisez les **cartes MICHELIN** détaillées à 1/150 000,*
compléments indispensables de cet ouvrage.

GEX

⊠ 01170 – 328 J3 – G. Jura – 7 733 h. – alt. 626

🄱 *Office de tourisme, square Jean Clerc* ℘ *04 50 41 53 85, Fax 04 50 41 81 00*

Paris 490 – Genève 19 – Lons-le-Saunier 93 – Pontarlier 110 – St-Claude 42.

ᴀ **Municipal les Genêts** 27 mai-17 sept.

℘ *04 50 41 61 46, camp-gex-@cc-pays-de-gex.fr,*
Fax 04 50 41 68 77, *www.pays-de-gex.org* – **R** conseillée
3,3 ha (140 empl.) peu incliné et plat, goudronné, gravillons, herbeux
Tarif : (Prix 2005) ♣ 3,40 € ▣ 5,10 € (⚡) (16A) 2,70 €
Pour s'y rendre : E : 1 km par D 984 rte de Divonne-les-Bains et chemin à droite

Nature : ≼ 🗀
Loisirs : snack 🏠
Services : ♿ ⊶ ⭗ ⊞ 🗀 ⊕ 🛆 🗏
🖥
À prox. : 🎾 🏊

HAUTECOURT

⊠ 01250 – 328 F4 – 676 h. – alt. 370

Paris 442 – Bourg-en-Bresse 20 – Nantua 24 – Oyonnax 33 – Pont-d'Ain 15.

ᴀᴀ **L'Île de Chambod** mai-1er oct.

℘ *04 74 37 25 41, camping.chambod@free.fr,*
Fax 04 74 37 28 28, *www.camping-ile-chambod.com* – **R** conseillée
2,4 ha (110 empl.) plat, herbeux
Tarif : ▣ 18,50 € – pers. suppl. 4,60 €
Pour s'y rendre : SE : 4,5 km par D 59 rte de Poncin puis rte à gauche, à 300 m de l'Ain (plan d'eau)

Nature : ≼ 🗀 ♀
Loisirs : ♟ snack 🏊
Services : ♿ ⊶ GB ⭗ 🗀 🛆 ⊕ 🖥
À prox. : ⛄ ⛵ 🎣 parcours sportif

MASSIGNIEU-DE-RIVES

✉ 01300 – 328 H6 – 498 h. – alt. 295
Paris 516 – Aix-les-Bains 26 – Belley 10 – Morestel 37 – Ruffieux 16 – La Tour-du-Pin 41.

 Le Lac du Lit du Roi 16 avr.-2 oct.
     04 79 42 12 03, *acamp@wanadoo.fr*, Fax 04 79 42 19 94,
www.camping-savoie.com – **R** conseillée
4 ha (120 empl.) en terrasses, herbeux
Tarif : ▣ 23 € – pers. suppl. 6 €
Location ⌖ : 10 ⛺ (4 à 6 pers.) 330 à 630 €/sem.
⛽ – 8 ▣ 17 €
Pour s'y rendre : N : 2,5 km par rte de Belley et chemin à droite
À savoir : Situation agréable au bord d'un plan d'eau formé par le Rhône

Nature : 🏞 ≤ lac et collines ⌂ ♀ ⚠
Loisirs : ▾ snack ≒ ✗ 🏊 ♒
Services : ♿ ⛟ GB ⚙ 🗑 ⊕ ♨ ⚐
▣

MATAFELON-GRANGES

✉ 01580 – 328 G3 – 483 h. – alt. 453
Paris 460 – Bourg-en-Bresse 37 – Lons-le-Saunier 56 – Mâcon 75 – Oyonnax 15.

 Les Gorges de l'Oignin avr.-sept.
     04 74 76 80 97, *camping.lesgorgesdeloignin@wana
doo.fr*, Fax 04 74 76 80 97, *www.gorges-de-loignin.com*
– **R** conseillée
2,6 ha (128 empl.) en terrasses, gravier, herbeux
Tarif : ▣ 18 € ⚡ (10A) – pers. suppl. 3,60 € – frais de réservation 8 €
Location ⌖ (juil.-août) : 2 ⛺ (4 à 6 pers.) 256 à 492 €/sem. – 10 ⛺ (4 à 6 pers.) 226 à 512 €/sem.
Pour s'y rendre : À 0,9 km au Sud du bourg par chemin
À savoir : Près d'un lac

Nature : ≤
Loisirs : ▾ snack ≒ 🏊
Services : ♿ ⛟ GB ⚙ Ⓜ ▥ 🗑 ⚐
⊕ ♨ ⚐ ▣
À prox. : ≒ ♒

747

MONTREVEL-EN-BRESSE

✉ 01340 – 328 D2 – 1 994 h. – alt. 215 – Base de loisirs
🛈 *Office de tourisme, place de la Grenette*   04 74 25 48 74
Paris 395 – Bourg-en-Bresse 18 – Mâcon 25 – Pont-de-Vaux 22 – St-Amour 24 – Tournus 36.

 La Plaine Tonique 15 avr.-22 sept.
     04 74 30 80 52, *plaine.tonique@wanadoo.fr*,
Fax 04 74 30 80 77, *www.laplainetonique.com* – **R** indispensable
27 ha/15 campables (548 empl.) plat, herbeux, pierreux
Tarif : ✹ 4,50 € ▣ 11 € ▣ 21,70 € – pers. suppl. 5,10 €
Location ⌖ : 38 ⛺ (4 à 6 pers.) 283 à 560 €/sem. – 18 appartements – gîte d'étape, gîtes
⛽ 1 borne 2 €
Pour s'y rendre : E : 0,5 km par D 28, à la base de plein air
À savoir : Au bord d'un lac et d'un bel ensemble aquatique

Nature : ⌂ ♀ ⚠
Loisirs : ▾ ✗ snack ≒ 🕯 nocturne
🏃 ≒ ♨ ✗ ♒ 🏊 ♒ ♒ ♒
parcours sportif
Services : ♿ ⛟ 🗑 ⊕ ♨ ⚐ ▣
♒ ⚐ point d'informations touristiques

MURS-ET-GELIGNIEUX

✉ 01300 – 328 G7 – 204 h. – alt. 232
Paris 509 – Aix-les-Bains 37 – Belley 17 – Chambéry 42 – Crémieu 41 – La Tour-du-Pin 24.

 Île de la Comtesse 24 avr.-5 sept.
     04 79 87 23 33, *camping.comtesse@wanadoo.fr*,
Fax 04 79 87 23 33, *www.ile-de-la-comtesse.com* – **R** indispensable
3 ha (100 empl.) plat, pierreux, herbeux
Tarif : ▣ 27 € ⚡ (6A) – pers. suppl. 7,50 €
Location : 10 ⛺ (4 à 6 pers.) 290 à 690 €/sem.
Pour s'y rendre : SO : 1 km sur D 992, rte des Abrets
À savoir : Près du Rhône (plan d'eau)

Nature : ≤
Loisirs : ▾ snack ≒ ≒ 🚲 🏊
Services : ♿ ⛟ GB ⚙ 🗑 ⊕ ⊕ ▣
♒ ⚐
À prox. : ♒ ⛽

PONCIN

01450 – 328 F4 – 1 360 h. – alt. 255

🛈 *Office de tourisme, 10, place Bichat ℘ 04 74 37 23 14, Fax 04 74 37 23 14*
Paris 456 – Ambérieu-en-Bugey 20 – Bourg-en-Bresse 28 – Nantua 25 – Oyonnax 36 – Pont-d'Ain 7.

Vallée de l'Ain avr.-1er oct.
℘ 04 74 37 20 78, *campingvalleedelain@wanadoo.fr*,
Fax 04 74 37 20 78, *www.chez.com/campingponcin* –
places limitées pour le passage – **R** conseillée
1,5 ha (89 empl.) plat, herbeux
Tarif : 🔲 15,50 € [½] (16A) – pers. suppl. 3,50 €
Location : 4 🚐 (4 à 6 pers.) 260 à 370 €/sem. – 3 🏠 (4 à 6 pers.) 280 à 430 €/sem.
🚐 1 borne – 6 🔲 15 €
Pour s'y rendre : NO : 0,5 km par D 91 et D 81 rte de Meyriat, près de l'Ain

Nature : ♀	
Loisirs : 🍸 snack 🏊	
Services : 🚰 GB 🔌 📷 ♨ ⊕ 🖥	
À prox. : 🍴 🛶 🎣	

PONT-DE-VAUX

01190 – 328 C2 – G. Bourgogne – 2 004 h. – alt. 177

🛈 *Office de tourisme, 2, rue de Lattre de Tassigny ℘ 03 85 30 30 02, Fax 03 85 30 68 69*
Paris 380 – Bourg-en-Bresse 40 – Lons-le-Saunier 69 – Mâcon 24.

Champ d'Été mai-15 oct.
℘ 03 85 23 96 10, *pdv.ain@wanadoo.fr*, Fax 03 85 23 99 12,
www.pontdevaux.com – **R** conseillée
3,5 ha (150 empl.) plat, herbeux
Tarif : 🔲 21 € – pers. suppl. 4 €
Location (permanent) : 🏠 (4 à 6 pers.) 215 à 550 €/sem. – 🛏 – gîtes
Pour s'y rendre : NO : 0,8 km par D 933 direction Mâcon et chemin à droite, près d'un plan d'eau

Loisirs : 🚣 🏓 🏊 ⛷	
Services : 🛗 🚰 (juil.-août) GB 🔌	
📷 ⊕ ♨ 🚾 🖥	
À prox. : 🎣 🐎 poneys	

ST-PAUL-DE-VARAX

01240 – 328 D4 – G. Vallée du Rhône – 1 187 h. – alt. 240
Paris 436 – Bourg-en-Bresse 15 – Châtillon-sur-Chalaronne 18 – Pont-d'Ain 22 – Villars-les-Dombes 15.

Intercommunal l'Étang du Moulin fin mai-déb. sept.
℘ 04 74 42 53 30, *moulin@campingendombes.fr*,
Fax 04 74 42 51 57, *www.campingendombes.fr* – **R** conseillée 🏊
34 ha/4 campables (182 empl.) plat, herbeux, bois attenant
Tarif : (Prix 2005) 🧍 3,50 € 🚗 2 € 🔲 7 € [½] (5A)
Location : 🏠 (4 à 6 pers.) 260 à 475 €/sem.
Pour s'y rendre : À la base de plein air, SE : 2 km par D 70B rte de St-Nizier-le-Désert puis 1,5 km par rte à gauche, près d'un étang
À savoir : Superbe piscine géante (5500m²) dans un site agréable

Nature : 🗺 ♀	
Loisirs : 🍸 🚣 🏄 🎣 🏊 ⛷ 🚤	
Services : 🛗 🚰 GB 🔌 📷 🍴 ⊕ 🖥	

SERRIÈRES-DE-BRIORD

01470 – 328 F6 – 960 h. – alt. 218 – Base de loisirs
Paris 481 – Belley 29 – Bourg-en-Bresse 57 – Crémieu 24 – Nantua 69 – La Tour-du-Pin 33.

Le Point Vert avr.-sept.
℘ 04 74 36 13 45, *nelly@camping-ain-bugey.com*,
Fax 04 74 36 71 66, *www.camping-ain-bugey.com* – places limitées pour le passage – **R** conseillée
1,9 ha (137 empl.) plat, herbeux
Tarif : (Prix 2005) 🔲 19,50 € – pers. suppl. 5 €
Location : 6 🚐 (4 à 6 pers.) 400 à 530 €/sem.
Pour s'y rendre : O : 2,5 km, à la base de loisirs
À savoir : Au bord d'un plan d'eau

Nature : ≤ ♀ ⛰	
Loisirs : 🛏 🏊 🚤	
Services : 🛗 🚰 GB 🔌 📷 ⊕ ♨ 🚾	
🖥 🚿	
À prox. : 🍸 🍴 🚿 🍴 🛥 (plage) 🚣	

SEYSSEL

✉ 01420 – 328 H5 – G. Jura – 801 h. – alt. 258
Paris 517 – Aix-les-Bains 33 – Annecy 41 – Genève 52 – Nantua 48.

▲▲ **International** juin-sept.
     📞 04 50 59 28 47, *camp.inter@wanadoo.fr*,
     Fax 04 50 59 28 47 – **R** conseillée
     1,5 ha (45 empl.) en terrasses, herbeux
     Tarif : 🔳 19 € (ϟ) (10A) – pers. suppl. 4,40 €
     Location (28 avr.-sept.) : 12 🛖 (4 à 6 pers.) 210 à
     500 €/sem.
     Pour s'y rendre : SO : 2,4 km par D 992, rte de Culoz et
     chemin à droite

> Nature : 🐟 ⋖ ⛺ 🌳
> Loisirs : snack 🎯 🚲 🛶
> Services : ⚡ ⛽ GB 🚲 🗄 ⟐ ⊕ 🗄

VILLARS-LES-DOMBES

✉ 01330 – 328 D4 – G. Vallée du Rhône – 4 190 h. – alt. 281
🚩 *Office de tourisme, 3, place de l'Hôtel de Ville* 📞 04 74 98 06 29, Fax 04 74 98 29 13
Paris 433 – Bourg-en-Bresse 29 – Lyon 37 – Villefranche-sur-Saône 29.

▲▲ **Municipal les Autières**
     📞 04 74 98 00 21, *campingdesautieres@wanadoo.fr*,
     Fax 04 74 98 05 82 – places limitées pour le passage
     – **R** conseillée
     5 ha (238 empl.) plat, peu incliné, herbeux
     Pour s'y rendre : Sortie SO, rte de Lyon et à gauche, av.
     des Nations, près de la piscine
     À savoir : Cadre agréable au bord de la Chalaronne

> Nature : ⛺ 🌳
> Loisirs : 🍴 snack 🎬 🎯
> Services : ♿ ⚡ 🗄 ⊕ 🗄
> À prox. : 🍴 🖼 🛶 🏊

VIRIEU-LE-GRAND

✉ 01510 – 328 G5 – 949 h. – alt. 267
🚩 *Syndicat d'initiative, avenue de la Gare* 📞 04 79 87 85 22
Paris 500 – Aix-les-Bains 39 – Ambérieu-en-Bugey 41 – Belley 14 – Bourg-en-Bresse 76 – Nantua 46.

▲ **Camping du Lac** mai-15 sept.
     📞 06 13 27 18 84, *campingvirieu@aol.com*,
     Fax 04 79 87 82 02, *campingvirieu.com* – **R** conseillée
     1,7 ha (81 empl.) plat et en terrasses, pierreux, gravier,
     herbeux
     Tarif : 🔳 13,60 € – pers. suppl. 3,20 €
     Pour s'y rendre : S : 2,5 km par D 904, rte d'Ambérieu-en-
     Bugey et chemin à gauche
     À savoir : Au bord du lac

> Nature : ⋖ 🌳
> Loisirs : snack 🍴
> Services : ♿ ⚡ 🚲 🗄 ⊕
> À prox. : 🏖 (plage)

749

Ardèche (07)

AUBENAS

✉ 07200 – 331 I6 – G. Vallée du Rhône – 11 018 h. – alt. 330
🚩 *Office de tourisme, 4, boulevard Gambetta* 📞 04 75 89 02 03, Fax 04 75 89 02 04
Paris 627 – Alès 76 – Mende 112 – Montélimar 41 – Privas 32 – Le Puy-en-Velay 91.

▲▲ **La Chareyrasse** avr.-10 sept.
     📞 04 75 35 14 59, *camping-la-chareyrasse@wanadoo.fr*,
     Fax 04 75 35 00 06, *www.camping-la-chareyrasse.fr*
     – **R** conseillée
     2,3 ha (90 empl.) plat, herbeux, pierreux
     Tarif : 🔳 24,90 € – pers. suppl. 5,50 € – frais de réser-
     vation 10 €
     Location : 28 🛖 (4 à 6 pers.) 250 à 680 €/sem. –
     bungalows toilés
     Pour s'y rendre : SE : 3,5 km par rte à partir de la gare, à
     St-Pierre-sous-Aubenas
     À savoir : Agréable cadre boisé, au bord de l'Ardèche

> Nature : 🐟 🌳🌳
> Loisirs : 🍴 pizzeria 🎯 🛶 🎣
> Services : ♿ ⚡ GB 🚲 🏛 🗄 🗄 🛁 🍴
> ⊕ 🚿 🍴 🗄 🛁 🍴
> À prox. : 🍴

ASPERJOC

✉ 07600 – ▨▨▨ I5 – G. Vallée du Rhône – 361 h. – alt. 430
Paris 636 – Antraigues-sur-Volane 8 – Aubenas 14 – Privas 41 – Vals-les-Bains 9.

△ **Vernadel** Pâques-Toussaint
    ℘ 04 75 37 55 13, *vernadel@wanadoo.fr*, *www.domainedu vernadel.com* – accès par D 543 difficile pour caravanes, pente assez forte – alt. 500 – places limitées pour le passage – **R** conseillée
12 ha/5 campables (22 empl.) en terrasses, peu incliné, herbeux, pierreux
Tarif : (Prix 2005) 🄴 18,30 € – pers. suppl. 4,50 €
Location : 16 🏠 (4 à 6 pers.) 225 à 625 €/sem. – 🛏
Pour s'y rendre : N : 3,7 km par D 243 et D 543 à droite, rte de Thieuré
À savoir : Belle situation dominant un cadre sauvage

Nature : 🏞 ≤ vallée et montagnes 🏕 ♀
Loisirs : 🏊 🛶
Services : 🚿 🔒 🛒 ⚡ ☺ 🚮 🚽 🗑

BERRIAS ET CASTELJAU

✉ 07460 – ▨▨▨ H7 – 566 h. – alt. 126
Paris 668 – Aubenas 40 – Largentière 29 – St-Ambroix 18 – Vallon-Pont-d'Arc 22 – Les Vans 10.

⛰ **Les Cigales** avr.-sept.
    ℘ 04 75 39 30 33, *camping-lescigales@wanadoo.fr*, Fax 04 75 39 30 33, *www.camping-lescigales.com* – **R** conseillée
3 ha (70 empl.) plat et peu incliné, terrasses, herbeux
Tarif : 🄴 17 € – pers. suppl. 3 €
Location : 7 🏠 (4 à 6 pers.) 230 à 460 €/sem. – gîtes
Pour s'y rendre : NE : 1 km, à la Rouvière
À savoir : Cadre agréable et fleuri

Nature : 🏞 ♀
Loisirs : 🍽 snack 🏕 🏊 🎱 🛶
Services : 🚿 🔒 (juil.-août) 🛒 🗑 🚿
🚮 ☺ 🗑 🚰

⛰ **La Source** mai-sept.
    ℘ 04 75 39 39 13, *camping.la.source@wanadoo.fr*, Fax 04 75 39 02 52, *perso.wanadoo.fr/camping.la.source* – **R** indispensable
2,5 ha (81 empl.) plat, pierreux, herbeux
Tarif : 🄴 17,90 € 🔌 (6A) – pers. suppl. 4,20 € – frais de réservation 25 €
Location : 22 🚐 (4 à 6 pers.) 195 à 535 €/sem.
Pour s'y rendre : Sortie NE, rte de Casteljau

Nature : 🏞 🏕 ♀
Loisirs : snack, pizzeria 🏕 🏊 🛶
Services : 🚿 🔒 (juil.-août) 🛒 🗑 🚿
☺ 🗑 🚰 🚰

Site du Pont d'Arc

Damase J/Michelin

BESSAS

✉ 07150 – 331 H7 – 166 h. – alt. 280
Paris 673 – Alès 35 – Florac 89 – Privas 78 – Vallon-Pont-d'Arc 17.

⚠ **La Fontinelle** 15 juin-15 sept.
  𝒢 04 75 38 65 69, *la-fontinelle@wanadoo.fr*,
  Fax 04 75 38 64 91, *www.camping-la-fontinelle.com*
  – **R** conseillée
  1,5 ha (12 empl.) en terrasses, plat, gravillons, herbeux
  Tarif : 🔲 17 € 🔌 (3A) – pers. suppl. 2,50 €
  Location (permanent) : pavillons
  Pour s'y rendre : SO : 1 km par D 202 et D 255, rte de
  St-Sauveur-de-Cruzières

Nature : 🐟 ⩽ 🗔
Loisirs : 🏠 ⥱s 🏊 ⛵
Services : & ⊶ ⚙ 📅 ☺ 📷

CASTELJAU

✉ 07460 – 331 H7
Paris 665 – Aubenas 38 – Largentière 28 – Privas 69 – St-Ambroix 30 – Vallon-Pont-d'Arc 32.

⚠⚠ **La Rouveyrolle** avr.-25 sept.
  𝒢 04 75 39 00 67, *rouv@club-internet.fr*,
  Fax 04 75 39 07 28, *www.vivarais.com* – **R** conseillée
  3 ha (100 empl.) plat, herbeux, pierreux
  Tarif : 🔲 22,70 € – pers. suppl. 6,30 €
  Location : 56 🛖 (4 à 6 pers.) 251 à 654 €/sem.
  Pour s'y rendre : À l'E du bourg, à 100 m du Chassezac

Nature : 🐟 🗔 ♀♀
Loisirs : 🍴 ✕ 🏠 🏊 ⛵
Services : & ⊶ (juil.-août) 🅶🅱 ⚙
📅 ☺ 📷 🏊 🍴
À prox. : 🏊 🚣 canoë

⚠⚠ **Les Tournayres** avr.-sept.
  𝒢 04 75 39 36 39, *camping-tournayres@worldonline.fr*,
  Fax 04 75 39 36 39 – **R** conseillée
  1,3 ha (30 empl.) peu incliné et plat, herbeux
  Tarif : 🔲 21 € 🔌 (5A) – pers. suppl. 6 €
  Location 🏷 : 5 🛖 (4 à 6 pers.) 275 à 470 €/sem. – 🏠
  (4 à 6 pers.) 375 à 570 €/sem.
  Pour s'y rendre : N : 0,5 km rte de Chaulet plage

Nature : 🗔 ♀
Loisirs : 🍴 snack 🏠 🏊 ⛵
Services : & ⊶ ⚙ 📅 🍴 ☺ 📷
À prox. : 🚣 canoë

⚠⚠ **Chaulet Plage** avr.-1ᵉʳ nov.
  𝒢 04 75 39 30 27, *contact@chaulet-plage.com*,
  Fax 04 75 39 35 42, *www.chaulet-plage.com* – **R** conseillée
  1,5 ha (62 empl.) en terrasses, pierreux, herbeux
  Tarif : 🔲 14,50 € 🔌 (6A) – pers. suppl. 2,80 €
  Location : 12 🏠 (4 à 6 pers.) 315 à 469 €/sem. – gîtes
  Pour s'y rendre : N : 0,6 km, rte de Chaulet-Plage
  À savoir : Site agréable, accès direct au Chassezac

Nature : 🐟 ♀♀ 🏔
Loisirs : 🍴 snack 🚣 canoë
Services : & ⊶ 🅶🅱 ⚙ 📅 🍴 ☺ 📷
🏊 🍴

751

CHASSAGNES

✉ 07140 – 331 H7
Paris 644 – Lyon 209 – Privas 67 – Nîmes 85 – Avignon 93.

⚠⚠ **Les Chênes** avr.-sept.
  𝒢 04 75 37 34 35, *reception@domaine-des-chenes.fr*,
  Fax 04 75 37 20 10, *www.domaine-des-chenes.fr*
  – **R** conseillée
  2,5 ha (122 empl.) en terrasses, herbeux, pierreux
  Tarif : 🔲 23 € – pers. suppl. 4 € – frais de réservation 20 €
  Location : 22 🛖 (4 à 6 pers.) 240 à 590 €/sem. –
  maisonnettes

Nature : 🐟 ⩽ ♀
Loisirs : 🍴 pizzeria 🏠 ⛵
Services : & ⊶ 🅶🅱 ⚙ 📅 🍴 ☺ 📷
À prox. : 🚣 canoë

⚠⚠ **Lou Rouchétou** avr.sept.
  𝒢 04 75 37 33 13, *rouchetou@libertysurf.fr*,
  Fax 04 75 94 95 28, *www.lou-rochetou.com* – **R** conseillée
  1,5 ha (100 empl.) plat et peu incliné, herbeux, pierreux
  Tarif : 🔲 19,50 € 🔌 (6A) – pers. suppl. 4,20 €
  Location : 10 🛖 (4 à 6 pers.) 344 à 570 €/sem.
  À savoir : Au bord du Chassezac

Nature : 🐟 ⩽ ♀♀ 🏔
Loisirs : 🍴 pizzeria 🏊 ⛵ 🚣
Services : & ⊶ ⚙ 📅 🍴 ☺ 📷 🏊
🍴

CHASSIERS

✉ 07110 – 331 H6 – 866 h. – alt. 340
Paris 643 – Aubenas 16 – Largentière 4 – Privas 48 – Valgorge 22 – Vallon-Pont-d'Arc 24.

▲▲▲ **Les Ranchisses** 14 avr.-24 sept.
 ℰ 04 75 88 31 97, *reception@lesranchisses.fr*,
 Fax 04 75 88 32 73, *www.lesranchisses.fr* – **R** indispensable
 4 ha (150 empl.) plat, peu incliné, herbeux
 Tarif : 🔲 34 € – pers. suppl. 7 € – frais de réservation 15 €
 Location 🏖 : 60 🚐 (4 à 6 pers.) 238 à 875 €/sem. – 7
 🏠 (4 à 6 pers.) 303 à 927 €/sem. – bungalows toilés
 🚐 1 borne 4 €
 Pour s'y rendre : NO : 1,6 km, accès par D 5, rte de
 Valgorge
 À savoir : Sur le domaine d'un mas de 1824, au bord de la
 Ligne

| Nature : 🏕 ⚏ ⛰ |
| Loisirs : 🍸 🗙 pizzeria 🏃 ⛷ 🎯 ⛵ |
| 🏊 🎣 terrain omnisports |
| Services : 🔥 ⚬━ GB 📺 Ⓜ 🅖 🛎 ☺ |
| 🚿 🗑 🎱 ⛲ |

*Les indications d'accès à un terrain sont généralement indiquées,
dans notre guide, à partir du centre de la localité.*

CHAUZON

✉ 07120 – 331 I7 – 255 h. – alt. 128
Paris 649 – Aubenas 20 – Largentière 14 – Privas 51 – Ruoms 6 – Vallon-Pont-d'Arc 14.
Schéma à Vallon-Pont-d'Arc

▲▲ **La Digue** 28 mars-1er nov.
 ℰ 04 75 39 63 57, *info@camping-la-digue.fr*,
 Fax 04 75 39 75 17, *www.camping-la-digue.fr* – croisement
 difficile pour caravanes – **R** conseillée
 2 ha (106 empl.) plat et en terrasses, herbeux
 Tarif : 🔲 25 € (10A) – pers. suppl. 4,80 € – frais de réservation 8 €
 Location : 12 🚐 (4 à 6 pers.) 260 à 590 €/sem. – 15 🏠
 (4 à 6 pers.) 268 à 610 €/sem.
 Pour s'y rendre : E : 1 km du bourg, à 100 m de l'Ardèche
 (accès direct)

| Nature : 🏞 ⚏ |
| Loisirs : 🍸 snack 🏃 🎯 🏊 |
| Services : 🔥 ⚬━ GB 📺 🎱 🅖 🛎 ☺ |
| 🅖 ⛲ |
| À prox. : 🚣 |

▲ **Beaussement** 10 mars-sept.
 ℰ 04 75 39 72 06, *beaussement@wanadoo.fr*,
 Fax 04 75 39 71 97, *www.beaussement.com* – accès et croi-
 sement difficiles pour caravanes – **R** conseillée
 2,3 ha (83 empl.) plat et terrasses, peu incliné, pierreux,
 herbeux
 Tarif : (Prix 2005) 🔲 17 € – pers. suppl. 3,70 €
 Location : 8 🚐 (4 à 6 pers.) 400 à 460 €/sem.
 Pour s'y rendre : N : 0,7 km du bourg
 À savoir : Au bord de l'Ardèche

| Nature : 🏞 ⚏ |
| Loisirs : 🚣 |
| Services : 🔥 ⚬━ GB 📺 🅖 🛎 ☺ 🚿 |
| 🗑 🅖 |

Le CHEYLARD

✉ 07160 – 331 I4 – 3 514 h. – alt. 450
🅱 *Office de tourisme, rue de la Poste* ℰ 04 75 29 18 71, Fax 04 75 29 46 75
Paris 598 – Aubenas 50 – Lamastre 21 – Privas 47 – Le Puy-en-Velay 62 – St-Agrève 19 – Valence 59.

▲ **Municipal la Chèze** Pâques-Toussaint
 ℰ 04 75 29 09 53, *mosslercat@wanadoo.fr*,
 Fax 04 75 29 09 53 – **R** conseillée
 3 ha (96 empl.) plat et en terrasses
 Tarif : 🔲 14,50 € (10A) – pers. suppl. 3 €
 Pour s'y rendre : Sortie NE par rte de la Voulte puis
 à droite, 1 km par D 204 et D 264, rte de St-Christol, au
 château
 À savoir : Belle situation dominante dans le parc d'un
 château

| Nature : 🏞 ⬱ le Cheylard et mon- |
| tagnes ⚏ |
| Loisirs : 🏠 🏃 parcours de santé |
| Services : 🔥 ⚬━ GB 📺 🅖 ☺ 🅖 |

CRUAS

07350 – **331** K6 – G. Vallée du Rhône – 2 400 h. – alt. 83

Office de tourisme, 9, place George Clemenceau ℘ 04 75 49 59 20, Fax 04 75 51 47 43

Paris 594 – Aubenas 49 – Montélimar 16 – Privas 24 – Valence 39.

Les Ilons fermé 3 fév.-19 fév., 26 oct.-5 nov. et 22 déc.-3 janv.

℘ 04 75 49 55 43, *contactcamping@wanadoo.fr*, Fax 04 75 49 55 43, *www.campinglesilons.com* – **R** conseillée

2,5 ha (80 empl.) plat, herbeux, gravillons

Tarif : 17 € (10A) – pers. suppl. 4 € – frais de réservation 20 €

Location (Pâques-sept.) : (4 à 6 pers.) 320 à 500 €/sem.

1 borne

Pour s'y rendre : E : 1,4 km rte du Port, près d'un plan d'eau, à 300 m du Rhône

| Nature : |
| Loisirs : |
| Services : (juin-sept.) GB |
| À prox. : |

DARBRES

07170 – **331** J6 – 212 h. – alt. 450

Paris 618 – Aubenas 18 – Montélimar 34 – Privas 21 – Villeneuve-de-Berg 14.

Les Lavandes 10 avr.-12 sept.

℘ 04 75 94 20 65, *sarl.leslavandes@online.fr*, Fax 04 75 94 20 65, *www.les-lavandes-darbes.com* – **R** conseillée

1,5 ha (70 empl.) plat, en terrasses, herbeux, pierreux

Tarif : 20 € (6A) – pers. suppl. 3,50 € – frais de réservation 15 €

Location : 12 (4 à 6 pers.) 240 à 570 €/sem.

Pour s'y rendre : Au bourg

| Nature : |
| Loisirs : snack |
| Services : GB |

753

ECLASSAN

07370 – **331** K3 – 702 h. – alt. 420

Paris 534 – Annonay 21 – Beaurepaire 46 – Condrieu 42 – Privas 80 – Tournon-sur-Rhône 21.

L'Oasis 15 avr.-sept.

℘ 04 75 34 56 23, *oasis.camp@wanadoo.fr*, Fax 04 75 34 47 94, *www.oasisardeche.com* – accès aux emplacements par forte pente, mise en place et sortie des caravanes à la demande – **R** conseillée

4 ha (59 empl.) en terrasses, pierreux, herbeux

Tarif : 21,60 € (6A) – pers. suppl. 3,80 €

Location : 4 (2 à 4 pers.) 216 à 360 €/sem. – 16 (4 à 6 pers.) 290 à 598 €/sem.

Pour s'y rendre : NO : 4,5 km par rte de Fourany et chemin à gauche

À savoir : Agréable situation en terrasses, près de l'Ay

| Nature : |
| Loisirs : snack, pizzeria |
| Services : GB |

FÉLINES

07340 – **331** K2 – 1 106 h. – alt. 380

Paris 520 – Annonay 13 – Beaurepaire 31 – Condrieu 24 – Tournon-sur-Rhône 46 – Vienne 34.

Bas-Larin avr.-sept.

℘ 04 75 34 87 93, *camping.baslarin@wanadoo.fr*, Fax 04 75 34 87 93, *www.bas-larin.com* – **R** conseillée

1,5 ha (67 empl.) incliné à peu incliné, en terrasses, herbeux

Tarif : 17,50 € (10A) – pers. suppl. 3,50 €

Location : 4 (4 à 6 pers.) 250 à 425 €/sem.

Pour s'y rendre : SE : 2 km, par N 82 rte de Serrières et chemin à droite

| Nature : |
| Loisirs : snack |
| Services : |

GRAVIÈRES

⊠ 07140 – 331 G7 – G. Lyon et la vallée du Rhône – 369 h. – alt. 220
Paris 636 – Lyon 213 – Privas 71 – Nîmes 92 – Alès 48.

⚠ **Le Mas du Serre** avr.-1er oct
  𝒫 04 75 37 33 84 – **R** conseillée
  1,5 ha (75 empl.) plat, peu incliné, terrasses, herbeux
  Tarif : 回 19 € – pers. suppl. 4 €
  Pour s'y rendre : SE : 1,3 km par D 113 et chemin à gauche,
  à 300 m du Chassezac
  À savoir : Belle situation autour d'un ancien mas

Nature : 🐾 ≤ 🌳🌳
Loisirs : 🎠 ⤡
Services : ⅃ ⚬⇥ ⅏ ⌨ ⚘ ⊕ ▤
À prox. : ⚓

GROSPIERRES

⊠ 07120 – 331 H7 – 624 h. – alt. 124
Paris 659 – Aubenas 32 – Largentière 22 – Privas 63 – St-Ambroix 27 – Vallon-Pont-d'Arc 14.

⚠ **Aire Naturelle les Chadenèdes** avr.-sept.
  𝒫 04 75 39 09 19, les-chadenedes@wanadoo.fr,
  Fax 04 75 39 09 19 – **R** conseillée
  1 ha (25 empl.) en terrasses, plat, peu incliné, herbeux
  Tarif : 回 14,15 € 🔌 (5A) – pers. suppl. 3,20 €
  Location : gîtes
  🚐 1 borne
  Pour s'y rendre : Au S du bourg

Nature : 🐾 ≤ 🌳
Loisirs : 🎠 ⤡
Services : ⅃ ⅏ ⌨ ⚘ ⊕ ▤

ISSARLÈS

⊠ 07470 – 331 G4 – G. Vallée du Rhône – 166 h. – alt. 946
🛈 *Syndicat d'initiative, le Village* 𝒫 04 66 46 26 26, Fax 04 66 46 20 61
Paris 574 – Coucouron 16 – Langogne 36 – Le Monastier-sur-Gazeille 18 – Montpezat-sous-Bauzon 35 –
Privas 71.

754

⚠ **La Plaine de la Loire** juin-août
  𝒫 04 66 46 25 77, campingdelaplaine@wanadoo.fr –
  alt. 900 – **R** conseillée
  1 ha (55 empl.) plat, herbeux
  Tarif : (Prix 2005) 回 13 € 🔌 (10A) – pers. suppl. 3 €
  Pour s'y rendre : O : 3 km par D 16, rte de Coucouron et
  chemin à gauche avant le pont
  À savoir : Au bord de la Loire

Nature : 🐾 ≤ 🌳
Loisirs : 🎠 ⤡
Services : ⚬⇥ ⅏ ⊕ ▥

Le Beaufortin

F. Isler/Michelin

JAUJAC

✉ 07380 – 331 H6 – 1 065 h. – alt. 450
🛈 *Syndicat d'initiative, place du Champ de Mars* ℘ 04 75 93 28 54
Paris 612 – Privas 44 – Le Puy-en-Velay 81.

▲ **Bonneval** Pâques-fin sept.
℘ 04 75 93 27 09, *bonneval.camping@wanadoo.fr*,
Fax 04 75 93 23 83 ✉ 07380 Fabras – **R** conseillée
3 ha (60 empl.) plat, peu incliné et en terrasses, herbeux
Tarif : (Prix 2005) 🗐 21 € ⚡ (5A) – pers. suppl. 3,80 €
Location : 4 🏠 (4 à 6 pers.) 280 à 520 €/sem.
Pour s'y rendre : NE : 2 km par D 19 et D 5, rte de
Pont-de-Labeaume, au lieu-dit les Plots, à 100 m du Lignon
et des coulées basaltiques

Nature : 🐟 ≤ Chaine du Tanargue 🌳🌳	
Loisirs : 🍸 🏸 🛝	
Services : 🚿 ⚐ ⚙ 🛒 🍴 📷	
À prox. : 🏊	

JOANNAS

✉ 07110 – 331 H6 – 304 h. – alt. 430
Paris 650 – Aubenas 23 – Largentière 8 – Privas 55 – Valgorge 15 – Vallon-Pont-d'Arc 30.

▲▲ **Le Roubreau** 14 avr.-17 sept.
℘ 04 75 88 32 07, *camproubreau@aol.com*,
Fax 04 75 88 31 44, *www.leroubreau.com* – **R** conseillée 🦌
3 ha (100 empl.) plat et peu incliné à incliné, herbeux,
pierreux
Tarif : 🗐 22 € – pers. suppl. 6 €
Location : 10 🛖 (4 à 6 pers.) 275 à 480 €/sem. – 19 🏠
(4 à 6 pers.) 275 à 480 €/sem.
🛒 1 borne 8 €
Pour s'y rendre : O : 1,4 km par D 24, rte de Valgorge et
chemin à gauche
À savoir : Au bord du Roubreau

Nature : 🐟 ≤ 🌿 🌳🌳	
Loisirs : 🍸 snack 🎱 🏸 ✂ 🛝 🎣	
Services : 🚿 ⚐ GB ⚙ 🍴 🛒 🔥 ⚙	
📷 🚿	
À prox. : canoë	

▲▲ **La Marette**
℘ 04 75 88 38 88, *nina@lamarette.com*, Fax 04 75 88 36 33,
www.lamarette.com – **R** conseillée
4 ha (55 empl.) en terrasses et accidenté, herbeux, bois
Location : 🛖
Pour s'y rendre : O : 2,4 km par D 24, rte de Valgorge

Nature : 🐟 ≤ 🌿 🌳🌳	
Loisirs : 🍸 🎱 🏸 🚲 🛝	
Services : 🚿 ⚐ 🍴 ⚙ 📷 🚿	

JOYEUSE

✉ 07260 – 331 H7 – G. Vallée du Rhône – 1 483 h. – alt. 180
🛈 *Office de tourisme, montée de la Chastellane* ℘ 04 75 89 80 92, Fax 04 75 89 80 95
Paris 650 – Alès 54 – Mende 97 – Privas 55.

▲▲ **La Nouzarède** avr.-sept.
℘ 04 75 39 92 01, *campingnouzarede@wanadoo.fr*,
Fax 04 75 39 43 27, *www.camping-nouzarede.fr*
– **R** conseillée
2 ha (103 empl.) plat, herbeux, pierreux
Tarif : 🗐 26,25 € – pers. suppl. 5,20 € – frais de réser-
vation 8 €
Location : 40 🛖 (4 à 6 pers.) 229 à 640 €/sem.
Pour s'y rendre : Au N du bourg par rte du stade, à 150 m
de la Beaume (accès direct)

Nature : 🌿 🌿	
Loisirs : 🍸 ✗ snack, pizzeria 🎱	
🏸 🛝	
Services : 🚿 ⚐ GB ⚙ 🍴 ⚙ 📷 🚿	
🚿 📷 🚿	
À prox. : 🍴 🏊 🎣 canoë	

▲▲ **Bois Simonet** (location exclusive de 33 chalets) mai-
15 sept.
℘ 04 75 39 58 60, *boissimo@aol.com*, Fax 04 75 39 46 79,
www.bois-simonet.com – **R**
2,5 ha en terrasses, pierreux
Location : 35 🏠 (4 à 6 pers.) 189 à 900 €/sem.
Pour s'y rendre : N : 3,8 km par D 203, rte de Valgorge

Nature : 🐟 ≤ vallée de la Beaume	
🌿 🌿(pinède)	
Loisirs : 🍸 snack 🏸 🚲 🛝	
Services : ⚐ GB ⚙ 🍴 ⚙ 📷 🚿	

LABLACHÈRE

✉ 07230 – ③③① H7 – 1 520 h. – alt. 182
Paris 653 – Aubenas 27 – Largentière 16 – Privas 58 – St-Ambroix 31 – Vallon-Pont-d'Arc 22.

    ⚠ **Le Ch'ti Franoi** Pâques-mi-sept.
        ℘ 04 75 36 64 09, *campinglechti@wanadoo.fr*,
        Fax 04 75 35 91 19, *www.campinglechtifranoi.com* – **R** in-
        dispensable
        2,8 ha (40 empl.) plat et peu incliné, terrasses, pierreux,
        herbeux
        Tarif : 🔲 25,70 € ⚡ (10A) – pers. suppl. 3,50 € – frais de
        réservation 30 €
        Location : 29 🏠 (4 à 6 pers.) 182 à 538 €/sem.
        Pour s'y rendre : NO : 4,3 km par D 4 rte de Planzolles

> Nature : 🦅 < 🏛
> Loisirs : 🍴 snack ✂ ♪ 🌳
> Services : 🔥 ⚡ 🚗 🔋 🚿 ⊕ 🚽 📷
> À prox. : canoë

LABEAUME

✉ 07120 – 493 h. – alt. 116
Paris 659 – Lyon 197 – Privas 55 – Nîmes 99 – Avignon 93.
                               Schéma à Vallon-Pont-d'Arc

    ⚠ **Le Peyroche** avr.-17 sept.
        ℘ 04 75 39 79 39, *reception@camping-peyroche.com*,
        Fax 04 75 39 79 40, *www.camping-peyroche.com*
        – **R** conseillée
        8 ha/5 campables (160 empl.) plat, herbeux, sablonneux
        Tarif : 🔲 18 € – pers. suppl. 3,50 €
        Location 🏖 : 19 🏠 (4 à 6 pers.) 229 à 649 €/sem. –
        bungalows toilés
        Pour s'y rendre : E : 4 km
        À savoir : Au bord de l'Ardèche

> Nature : 🌳🌳 ⛰
> Loisirs : snack 🚣 🚲
> Services : 🔥 ⚡ 🇬🇧 🚗 🔋 🚿 ⊕ 📷
> 🏊

Utilisez le guide de l'année.

LAGORCE

✉ 07150 – 700 h. – alt. 120
Paris 648 – Aubenas 23 – Bourg-St-Andéol 34 – Privas 54 – Vallon-Pont-d'Arc 6 – Viviers 46.
                             Schéma à Vallon-Pont-d'Arc

    ⚠ **L'Ibie** avr.-10 sept.
        ℘ 04 75 88 01 26, *camping.ibie@free.fr*, Fax 04 75 88 06 58
        – **R** conseillée
        8 ha/3 campables (48 empl.) plat et en terrasses, pierreux,
        herbeux
        Tarif : 🔲 15 € ⚡ (5A) – pers. suppl. 4 €
        Location : 5 🏠 (4 à 6 pers.) 418 à 610 €/sem. – 6 🏡
        (4 à 6 pers.) 440 à 654 €/sem.
        Pour s'y rendre : SE : 3 km par D 1, rte de Vallon-Pont-
        d'Arc, puis 2 km à gauche par D 558, rte de la Vallée de l'Ibie
        et chemin à gauche avant le pont, près de la rivière

> Nature : 🦅 < 🌳🌳
> Loisirs : snack 🍴 🌳
> Services : 🔥 ⚡ 🇬🇧 🚗 🔋 ⊕ 📷

LALOUVESC

✉ 07520 – ③③① J3 – G. Vallée du Rhône – 494 h. – alt. 1 050
🅱 Office de tourisme, rue Saint-Régis ℘ 04 75 67 84 20, Fax 04 75 67 80 09
Paris 553 – Annonay 24 – Lamastre 25 – Privas 80 – St-Agrève 32 – Tournon-sur-Rhône 39 – Valence 56 –
Yssingeaux 43.

    ⚠ **Municipal le Pré du Moulin** 13 mai-sept.
        ℘ 04 75 67 84 86, Fax 04 75 67 85 69 – **R** conseillée
        2,5 ha (70 empl.) en terrasses, peu incliné, herbeux
        Tarif : ✹ 2,30 € 🚗 1,60 € 🔲 2,50 € ⚡ 3,10 €
        Location : 🏠 (4 à 6 pers.) 138 à 290 €/sem. – huttes
        Pour s'y rendre : Au N de la localité

> Nature : 🦅
> Loisirs : 🏓 🚣 ✂ 🍴
> Services : 🔥 ⚡ 🇬🇧 🚗 ⊕ 🚽 🎣 📷

LAMASTRE

 07270 – 331 J4 – G. Vallée du Rhône – 2 467 h. – alt. 375
🛈 *Office de tourisme, place Montgolfier* 𝒫 *04 75 06 48 99, Fax 04 75 06 37 53*
Paris 577 – Privas 55 – Le Puy-en-Velay 72 – Valence 38.

Le Retourtour 15 avr.-sept.
𝒫 04 75 06 40 71, *campingderetourtour@wanadoo.fr,*
Fax 04 75 06 40 71, *www.campingderetourtour.com*
– **R** conseillée
2,9 ha (130 empl.) plat et peu incliné, herbeux, gravillons
Tarif : (Prix 2005) 🔲 18,10 € 🔲 (13A) – pers. suppl. 3,50 €
Location : 11 🔲 (4 à 6 pers.) 219 à 529 €/sem.
🔲 1 borne
Pour s'y rendre : NO : 2,6 km par D 533 et chemin à droite, à Retourtour Plage
À savoir : Près d'un plan d'eau

Nature : 🌿 ♀
Loisirs : 🍴 snack, pizzeria 🏠 🌙 nocturne 🏋 🎣
Services : 🚿 ⛽ 🚙 📶 🛒 🗑 ⊕ 🚮 🔋 🛁
À prox. : ✕ 🏖 (plage)

LARNAS

 07220 – 331 J7 – G. Lyon et la Vallée du Rhône – 90 h. – alt. 300
Paris 631 – Aubenas 41 – Bourg-St-Andéol 12 – Montélimar 24 – Vallon-pont-d'Arc 24.

Le Domaine d'Imbours 25 mars-7 oct.
𝒫 04 75 54 39 50, *imbours@france-location.fr,*
Fax 04 75 54 39 20, *www.domaine-imbours.com*
– **R** conseillée
270 ha (250 empl.) plat, peu incliné à incliné, pierreux, herbeux
Tarif : 🔲 29,40 € 🔲 (6A) – pers. suppl. 6,30 €
Location : 117 🔲 (4 à 6 pers.) 189 à 1 015 €/sem. –
51 🏠 (4 à 6 pers.) 210 à 1 099 €/sem. – hôtel - gîtes
Pour s'y rendre : SO : 2,5 km par D 262. Pour caravanes, de Bourg-St-Andéol passer par St-Remèze et Mas du Gras (D 4, D 362 et D 262)

Nature : 🌿 ♀♀
Loisirs : 🍴 ✕ snack 🏠 🌙 nocturne 🏋 🎣 ⛵ 🏐 🎱 🏊 🎣
Services : 🚿 ⛽ GB 📶 🗑 ⊕ 🚮 🐎 🛁 🛁
À prox. : 🐎 canoë

LAURAC-EN-VIVARAIS

07110 – 784 h. – alt. 182
Paris 646 – Alès 60 – Mende 102 – Privas 50.
Schéma à Vallon-Pont-d'Arc

Les Châtaigniers avr.-sept.
𝒫 04 75 36 86 26, *chataigniers@hotmail.com,*
Fax 04 75 36 86 26, *www.chataigniers-laurac.com*
– **R** conseillée
1,2 ha (71 empl.) plat, peu incliné, herbeux
Tarif : 🔲 16,30 € 🔲 (10A) – pers. suppl. 3 €
Location 🚫 : 7 🔲 (4 à 6 pers.) 250 à 500 €/sem.
Pour s'y rendre : Au SE du bourg, accès conseillé par D 104

Nature : ♀♀
Loisirs : 🏠 🏋 🎱
Services : 🚿 ⛽ GB 📶 🗑 ⊕ 🔋

MAISON-NEUVE

07230 – 331 H7
Paris 662 – Aubenas 35 – Largentière 25 – Privas 67 – St-Ambroix 22 – Vallon-Pont-d'Arc 21.

Pont de Maisonneuve avr.-1er oct.
𝒫 04 75 39 39 25, *camping.pontdemaisonneuve@wana doo.fr*, Fax 04 75 39 39 25, *www.camping-pontdemaison neuve.com* ✉ 07460 Beaulieu – **R** conseillée
3 ha (100 empl.) plat, herbeux
Tarif : 🔲 17,90 € – pers. suppl. 3,40 €
Location : 11 🔲 (4 à 6 pers.) 260 à 480 €/sem.
Pour s'y rendre : Sortie S par D 104 rte d'Alès et à droite, rte de Casteljau, après le pont
À savoir : Au bord du Chassezac

Nature : ♀♀
Loisirs : 🍴 🏠 🏋 🎱 🏊 🏖 🎣
Services : 🚿 ⛽ GB 📶 🗑 ⊕ 🔋 🛁
À prox. : canoë

MALARCE-SUR-LA-THINES

✉ 07140 – 🔳🔳🔳 G7 – 258 h. – alt. 340
Paris 626 – Aubenas 48 – Largentière 38 – Privas 79 – Vallon-Pont-d'Arc 42 – Villefort 21.

⚲ **Les Gorges du Chassezac** mai-août
   𝒫 04 75 39 45 12, *campinggorgeschassezac@wanadoo.fr*,
www.campinggorgeschassezac.com – **R** conseillée
2,5 ha (80 empl.) plat, peu incliné et en terrasses, pierreux,
herbeux
Tarif : (Prix 2005) 🔲 16 € ⚡ (6A) – pers. suppl. 3 €
Location : 8 🚐 (4 à 6 pers.) 350 à 430 €/sem.
Pour s'y rendre : SE : 4 km par D 113, rte des Vans, lieu-dit
Champ d'Eynès
À savoir : Au bord du Chassezac (accès direct)

> Nature : 🐃 ≤ 🎄🎄
> Loisirs : 🏊 ⌇
> Services : ⊶ (juil.-août) 🖳 🗓 ☺ 🎞
> ⛱

MALBOSC

✉ 07140 – 🔳🔳🔳 G7 – 169 h. – alt. 450
Paris 644 – Alès 45 – La Grand-Combe 29 – Les Vans 19 – Villefort 27.

⚲⚲ **Le Moulin de Gournier** 24 juin-août
   𝒫 04 75 37 35 50, *moulindegournier@aol.com*,
Fax 04 75 37 35 50, *www.moulin-de-gournier.com*
– **R** conseillée
4 ha/1 campable (29 empl.) en terrasses, pierreux, herbeux
Tarif : (Prix 2005) 🔲 18 € ⚡ (10A) – pers. suppl. 5 €
Pour s'y rendre : NE : 7 km par D 216 rte des Vans
À savoir : Cadre agréable au bord de la Ganière

> Nature : 🐃 ⌂ 🎄
> Loisirs : snack 🚲 🏊 ⌇
> Services : ♿ ⊶ 🖳 🗓 ☺ 🎞 🔧

Si vous recherchez :

⚲   *Un terrain au bord de l'eau avec possibilité de baignade*
🐃   *Un terrain agréable ou très tranquille*
L   *Un terrain effectuant la location de caravanes, de mobile homes,*
     de bungalows ou de chalets
P   *Un terrain ouvert toute l'année*
🚐 *Un terrain possédant une aire de services pour camping-cars*
Consultez le tableau des localités

MARCOLS-LES-EAUX

✉ 07190 – 🔳🔳🔳 I5 – 301 h. – alt. 730
Paris 616 – Aubenas 37 – Le Cheylard 24 – Le Monastier-sur-Gazeille 50 – Privas 35.

⚲ **Municipal de Gourjatoux** 15 juin-août
   𝒫 04 75 65 60 35, *mairie.marcols.les.eaux@inforoutes-ar
deche.fr*, Fax 04 75 65 65 21 – accès difficile pour véhicules
venant de Mézilhac – **R** conseillée
0,7 ha (28 empl.) en terrasses, herbeux
Tarif : (Prix 2005) 🔲 9,80 € – pers. suppl. 2,60 €
Pour s'y rendre : S : à 0,5 km du bourg, près de la Glueyre

> Nature : 🐃 ≤ 🎄
> Loisirs : 🎱 🏊 🎱 ⌇
> Services : 🖳 ☺

MARS

✉ 07320 – 🔳🔳🔳 H3 – 216 h. – alt. 1 060
Paris 579 – Annonay 49 – Le Puy-en-Velay 44 – Privas 71 – Saint-Étienne 67.

⚲ **La Prairie** 15 mai-15 sept.
   𝒫 04 75 30 24 47, *camplaprairie@aol.com*,
Fax 04 75 30 24 47 – **R** conseillée
0,6 ha (30 empl.) clos, plat, herbeux, sablonneux
Tarif : 🧍 2,90 € 🚗 1,40 € 🔲 4 € ⚡ 2,90 €
🚐 1 borne 4 €
Pour s'y rendre : Au NE du bourg par D 15, rte de St-
Agrève et chemin à gauche

> Nature : 🐃 ≤
> Loisirs : snack 🏊
> Services : ♿ ⊶ 🎱 ☺
> À prox. : 🎯 🎱 🏊 (plan d'eau) golf
> (18 trous)

Les MAZES

✉ 07150 – 331 I7
Paris 669 – Lyon 207 – Privas 58 – Nîmes 83 – Avignon 84.

Schéma à Vallon-Pont-d'Arc

La Plage Fleurie 28 avr.-15 sept.
  ☎ 04 75 88 01 15, *info@laplagefleurie.com*,
Fax 04 75 88 11 31, *www.laplagefleurie.com* – **R** indispensable
12 ha/6 campables (300 empl.) plat et peu incliné, terrasses, herbeux
Tarif : 🔲 26,90 € – pers. suppl. 6,20 € – frais de réservation 25 €
Location : 97 🚐 (4 à 6 pers.) 355 à 710 €/sem.
Pour s'y rendre : O : 3,5 km
À savoir : Au bord de l'Ardèche

Nature : ≤ 🎋 ≜
Loisirs : 🍸 ✗ snack, pizzeria 🏃
🏊 🔆 ☇
Services : 🚿 🔌 🅾 🗑 ☢ 🔲 ⚱ 🔧

Beau Rivage mai-15 sept.
  ☎ 04 75 88 03 54, *a.massot@worldonline.fr*,
Fax 04 75 88 03 54, *www.beaurivage-camping.com*
– **R** conseillée ⚡
2 ha (100 empl.) plat et terrasse, herbeux
Tarif : 🔲 26,10 € 🔌 (6A) – pers. suppl. 5,20 €
Location ⚡ : 14 🚐 (4 à 6 pers.) 275 à 585 €/sem.

Nature : 🏞 🎋 ≜
Loisirs : snack 🔆 ☇ ☇ canoë
Services : 🚿 🔌 GB 🅾 🗑 🔆 ☇ ☢
🔲 ⚱

Arc-en-Ciel 20 mai-9 sept.
  ☎ 04 75 88 04 65, *info@arcenciel-camping.com*,
Fax 04 75 37 16 99, *www.arcenciel-camping.com*
– **R** conseillée
5 ha (218 empl.) plat et peu incliné, herbeux, pierreux
Tarif : (Prix 2005) 🔲 24,60 € 🔌 (6A) – pers. suppl. 5 € – frais de réservation 12 €
Location ⚡ : 27 🚐 (4 à 6 pers.) 250 à 560 €/sem.
À savoir : Au bord de l'Ardèche (plan d'eau)

Nature : 🏞 🎋 ≜
Loisirs : 🍸 pizzeria 🎞 🔆 ☇ ☇
Services : 🚿 🔌 GB 🅾 🗑 🔆 ☇ ☢
🔲 ⚱ 🔧

759

Ce guide n'est pas un répertoire de tous les terrains de camping mais une sélection des meilleurs campings dans chaque catégorie.

MEYRAS

✉ 07380 – 331 H5 – 775 h. – alt. 450
🛈 *Office de tourisme, Neyrac-les-Bains* ☎ 04 75 36 46 26, *Fax 04 75 36 45 28*
Paris 609 – Aubenas 17 – Le Cheylard 54 – Langogne 49 – Privas 46.

La Plage avr.-oct.
  ☎ 04 75 36 40 59, *contact@lecampingdelaplage.com*,
Fax 04 75 36 43 70, *www.lecampingdelaplage.com*
– **R** conseillée
0,8 ha (45 empl.) en terrasses et plat, herbeux, pierreux
Tarif : 🔲 25 € 🔌 (10A) – pers. suppl. 5 €
Location : 23 🚐 (4 à 6 pers.) 210 à 500 €/sem. – 7 🏠 (4 à 6 pers.) 210 à 530 €/sem. – appartements
Pour s'y rendre : À Neyrac-les-Bains, SO : 3 km par N 102, rte du Puy-en-Velay
À savoir : Agréable situation au bord de l'Ardèche

Nature : 🏞 ≤ ⛺ 🎋
Loisirs : 🍸 🎞 salle d'animation
🔆 ☇ ☇ ☇
Services : 🚿 🔌 GB 🅾 🎸 🗑 🔆 ☇
☢ ⚡ ☇ 🔲 🔧
À prox. : canoë

Le Ventadour avr.-sept.
  ☎ 04 75 94 18 15, *jplai2@wanadoo.fr*, Fax 04 75 94 18 15,
www.leventadour.com – **R** conseillée
3 ha (142 empl.) plat et peu incliné, herbeux
Tarif : 🔲 17 € 🔌 (10A) – pers. suppl. 3 € – frais de réservation 15 €
Location : 12 🚐 (4 à 6 pers.) 280 à 445 €/sem.
Pour s'y rendre : SE : 3,5 km, par N 102 rte d'Aubenas, bord de l'Ardèche

Nature : ≤ ⛺ 🎋 ≜
Loisirs : 🍸 snack, pizzeria 🔆
Services : 🚿 🔌 GB 🅾 🎸 🗑 ☇ ☢
🔲 🔧
À prox. : canoë

MONTRÉAL

✉ 07110 – **331** H6 – 462 h. – alt. 180

Paris 649 – Aubenas 22 – Largentière 5 – Privas 53 – Vallon-Pont-d'Arc 22.

Schéma à Vallon-Pont-d'Arc

▲▲ **Le Moulinage** avr.-15 sept.
    𝒫 04 75 36 86 20, *moulinage@aol.com*, Fax 04 75 36 98 46,
www.ardeche-camping.com – **R** conseillée
4 ha (90 empl.) peu incliné, terrasses, herbeux, pierreux
Tarif : 🔲 24 € – pers. suppl. 4,50 € – frais de réservation 28 €
Location : 20 ⏢ (4 à 6 pers.) 330 à 627 €/sem. – 29 ⌂
(4 à 6 pers.) 380 à 715 €/sem. – bungalows toilés, maisonnettes
Pour s'y rendre : SE : 5,5 km par D 5, D 104 et D 4 rte de
Ruoms
À savoir : Au bord de la Ligne

> Nature : ≤ ⚲⚲
> Loisirs : 🍸 snack 🏠 ⚬ 🛁 ⚓ 🎣
> Services : 🧑‍🦽 ⚬ ⛽ GB ⚙ 🍽 🛁 ⚐ 🛒
> ↗
> À prox. : canoë

Les OLLIÈRES-SUR-EYRIEUX

✉ 07360 – **331** J5 – 797 h. – alt. 200

🅑 *Office de tourisme, le pont* 𝒫 04 75 66 30 21

Paris 593 – Le Cheylard 28 – Lamastre 33 – Montélimar 53 – Privas 19 – Valence 34.

▲▲ **Le Mas de Champel** 28 avr.-16 sept.
    𝒫 04 75 66 23 23, *masdechampel@wanadoo.fr*,
Fax 04 75 66 23 16, *www.masdechampel* – **R** conseillée
4 ha (95 empl.) en terrasses, herbeux
Tarif : 🔲 26 € (10A) – pers. suppl. 6 €
Location 🏖 : 40 ⏢ (4 à 6 pers.) 260 à 660 €/sem. –
bungalows toilés
Pour s'y rendre : Au N du bourg par D 120, rte de la
Voulte-sur-Rhône et chemin à gauche, près de l'Eyrieux

> Nature : ≤ ⚲
> Loisirs : 🍸 snack 🏠 🎣 ⚡ 🚴 ⚬
> 🛁 ⚓ 🎣
> Services : 🧑‍🦽 ⚬ GB ⚙ 🍽 ⚐ 🛒 ↗

▲▲▲ **Domaine des Plantas** 29 avr.-10 sept.
    𝒫 04 75 66 21 53, *plantas.ardeche@wanadoo.fr*,
Fax 04 75 66 23 65, *www.domainedesplantas.com*
– **R** conseillée
27 ha/7 campables (100 empl.) en terrasses, pierreux,
herbeux
Tarif : 🔲 30 € (10A) – pers. suppl. 7 € – frais de réservation 20 €
Location : 30 ⏢ (4 à 6 pers.) 230 à 580 €/sem. – 20 ⌂
(4 à 6 pers.) 300 à 720 €/sem.
Pour s'y rendre : E : à 3 km du bourg par rte étroite, accès
près du pont, bord de l'Eyrieux

> Nature : 🏞 ≤ 🗔 ⚲⚲ ⛰
> Loisirs : 🍸 ✕ pizzeria 🏠 🎣 ⚡
> 🚴 🛁 🎣
> Services : 🧑‍🦽 ⚬ GB ⚙ M 🍽 🛁 🎣
> ⚐ 🛒 🚿 ↗

▲▲ **Eyrieux-Camping** 8 avr.-17 sept.
    𝒫 04 75 66 30 08, *blotjm@aol.com*, Fax 04 75 66 63 76,
www.france-tourinfo.com/eyrieux.camping/ – **R** conseillée
3 ha (94 empl.) en terrasses, plat, herbeux
Tarif : 🔲 21,50 € (6A) – pers. suppl. 4,60 €
Location : 21 ⏢ (4 à 6 pers.) 253,50 à 560 €/sem. – 29
⌂ (4 à 6 pers.) 264 à 604 €/sem.
Pour s'y rendre : Sortie E par D 120, rte de la Voulte-sur-
Rhône et chemin à droite, à 100 m de l'Eyrieux (accès direct)

> Nature : ≤ 🗔 ⚲
> Loisirs : 🍸 snack 🎣 ⚡ 🚴 ⚬ 🛁 🛁
> ⚓ 🎣 terrain omnisports
> Services : 🧑‍🦽 ⚬ GB ⚙ 🍽 🛁 ⚐ 🛒
> 🚿 réfrigérateurs

ORGNAC-L'AVEN

✉ 07150 – **331** I8 – 341 h. – alt. 190

Paris 655 – Alès 44 – Aubenas 49 – Pont-St-Esprit 23 – Privas 84 – Vallon-Pont-d'Arc 18.

Schéma à St-Remèze

▲ **Municipal** juin-août
    𝒫 04 75 38 63 68, *info@orgnacvillage.com* – **R** conseillée
2,6 ha (150 empl.) plat, pierreux
Tarif : 🔲 16,60 € (6A) – pers. suppl. 3,50 €
Pour s'y rendre : Au N du bourg par D 217, rte de Vallon-
Pont-d'Arc

> Nature : ⚲⚲(chênaie)
> Loisirs : 🏠 ✂ 🛁
> Services : 🧑‍🦽 ⚬ GB ⚙ 🍽 ⚐ 🛒
> À prox. : 🏃

PRADONS

✉ 07120 – 331 I7 – 295 h. – alt. 124
Paris 647 – Aubenas 20 – Largentière 16 – Privas 52 – Ruoms 4 – Vallon-Pont-d'Arc 12.

Schéma à Vallon-Pont-d'Arc

Les Coudoulets 15 avr.-15 sept.
    ℘ 04 75 93 94 95, *camping@coudoulets.com*,
Fax 04 75 39 65 89, *www.coudoulets.com* – **R** conseillée
3,5 ha/2,5 campables (123 empl.) plat et peu incliné,
pierreux, herbeux
Tarif : (Prix 2005) 🔲 23,60 € 🔋 (6A) – pers. suppl. 4,20 €
Location : 11 🚐 (4 à 6 pers.) 220 à 500 €/sem. – gîtes
Pour s'y rendre : Au NO du bourg
À savoir : Accès direct à l'Ardèche

Nature : ⏚ 🏕 ♀ ⚠
Loisirs : ▼ snack 🏇 🏊
Services : 🚿 🔁 ⛽ 🗓 🛒 ⛲ ☺ 🖼
À prox. : 🛶 canoë

International avr.-1er oct.
    ℘ 04 75 39 66 07, *contact@cia-ardeche.com*,
Fax 04 75 39 79 08, *www.cia-ardeche.com* – **R** conseillée
1,5 ha (45 empl.) peu incliné, plat, herbeux
Tarif : (Prix 2005) 🔲 26 € – pers. suppl. 5,50 €
Location (avr.-13 nov.) : 14 🏠 (4 à 6 pers.) 200 à
525 €/sem.
Pour s'y rendre : NE sur D 579, rte d'Aubenas
À savoir : Accès direct à l'Ardèche (escalier)

Nature : ♀
Loisirs : 🏖 🏇 🛶 🏊 🎣
Services : 🚿 🔁 ⛽ 🗓 ☺ 🖼
À prox. : canoë

Laborie saison
    ℘ 04 75 39 72 26, *camping-de-laborie@wanadoo.fr*,
Fax 04 75 39 72 26, *www.campingdelaborie.com*
– **R** conseillée
3 ha (100 empl.) plat, herbeux
Tarif : 🧍 3,50 € 🔲 16,50 € 🔋 (5A) 3,50 €
Location : 7 🚐 (4 à 6 pers.) 195 à 480 €/sem.
Pour s'y rendre : NE : 1,8 km par rte d'Aubenas
À savoir : Au bord de l'Ardèche

Nature : 🌳
Loisirs : ▼ 🏖 🏇 🛶 🏊 🎣
Services : 🚿 🔁 (juil.-août) ⛽ 🗓 ☺ 🖼
À prox. : canoë

Le Pont avr.-18 sept.
    ℘ 04 75 93 93 98, *sabine-boucher2@wanadoo.fr*,
Fax 04 75 93 93 98, *www.ot-pays-ruomsois.com/camping dupont* – **R** conseillée
1,2 ha (65 empl.) plat, herbeux, pierreux
Tarif : (Prix 2005) 🔲 21,70 € 🔋 (6A) – pers. suppl. 4,30 €
Location : 4 🚐 (4 à 6 pers.) 220 à 520 €/sem. – (sans
sanitaires)
Pour s'y rendre : O : 0,3 km par D 308 rte de Chauzon
À savoir : Accès direct à l'Ardèche (escalier)

Nature : 🏕 ♀♀
Loisirs : ▼ 🏖 🏇 🛶 🏊 🎣
Services : 🚿 🔁 (juil.-août) ⛽ 🗓 🖼 ☺ 🖼
À prox. : canoë

761

PRIVAS

✉ 07000 – 331 J5 – G. Vallée du Rhône – 9 170 h. – alt. 300
🏢 *Office de tourisme, 3, place du Général-de-Gaulle* ℘ 04 75 64 33 35, Fax 04 75 64 73 95
Paris 596 – Alès 107 – Mende 140 – Montélimar 34 – Le Puy-en-Velay 91 – Valence 41.

Ardèche Camping avr.-sept.
    ℘ 04 75 64 05 80, *jcray@wanadoo.fr*, Fax 04 75 64 59 68,
www.ardechecamping.fr – **R** conseillée
5 ha (166 empl.) plat, terrasses, peu incliné à incliné,
herbeux
Tarif : 🔲 21,50 € 🔋 (9A) – pers. suppl. 4,50 € – frais de
réservation 15 €
Location : 9 🚐 (4 à 6 pers.) 230 à 570 €/sem. – 10 🏠
(4 à 6 pers.) 270 à 650 €/sem.
Pour s'y rendre : S : 1,5 km par D 2 rte de Montélimar et
bd de Paste à droite, bord de l'Ouvèze

Nature : ≤ ♀
Loisirs : 🏇 🏊
Services : 🚿 🔁 ⛽ 🗓 🛒 ☺ 🖼
À prox. : 🏖 🛶 🖼

RIBES

✉ 07260 – 331 H7 – 284 h. – alt. 380

Paris 656 – Aubenas 30 – Largentière 19 – Privas 61 – St-Ambroix 39 – Vallon-Pont-d'Arc 28.

△ **Les Cruses** 15 avr.-sept.
℘ 04 75 39 54 69, *les-cruses@wanadoo.fr,*
Fax 04 75 39 42 00, *campinglescruses.com* – **R** conseillée
0,7 ha (37 empl.) en terrasses
Tarif : 🔲 22,80 € ⚡ (6A) – pers. suppl. 4,30 € – frais de réservation 16 €
Location : 6 🛖 (4 à 6 pers.) 200 à 580 €/sem. – 10 🏠 (4 à 6 pers.) 304 à 640 €/sem.
Pour s'y rendre : SE : 1 km du bourg, par D 450
À savoir : Agréable sous-bois

Nature : 🌿 ♨
Loisirs : 🏠 🏊 🚲 ⛴ (petite piscine)
Services : ⚬ (juil.-août) 🐾 📋 🛁 ⚿ ☺ 🔥 ♨ 🖥
À prox. : 🎿 canoë

△ **Les Châtaigniers** avr.-sept.
℘ 04 75 39 50 73, *camping-les-chataigniers@wanadoo.fr,*
Fax 04 75 39 50 73, *www.camping-les-chataigniers.com*
– **R** conseillée
0,35 ha (23 empl.) en terrasses, pierreux, herbeux
Tarif : 🔲 14 € ⚡ (10A) – pers. suppl. 2,50 €
Location (fév.-nov.) : 6 🛖 (2 à 4 pers.) 140 à 220 €/sem.
– 3 🛖 (4 à 6 pers.) 170 à 500 €/sem. – 2 🏠 (4 à 6 pers.) 170 à 500 €/sem.
Pour s'y rendre : Au NE du bourg, accès direct à la Beaume par chemin piétonnier
À savoir : Belle situation dominante sur la vallée

Nature : 🌿 ← ♨♨
Services : ⚬ (juil.-août) 🐾 ⚿ ☺ 🖥
À prox. : canoë

Demandez à votre libraire le catalogue des **publications MICHELIN.**

ROSIÈRES

✉ 07260 – 331 H7 – 993 h. – alt. 175

🛈 *Office de tourisme, le Grillou* ℘ 04 75 39 51 98, Fax 04 75 39 51 12

Paris 649 – Aubenas 22 – Largentière 12 – Privas 54 – St-Ambroix 34 – Vallon-Pont-d'Arc 20.

△△ **Arleblanc** 20 mars-11 nov.
℘ 04 75 39 53 11, *info@arleblanc.com,* Fax 04 75 39 93 98,
www.arleblanc.com – **R** indispensable
7 ha (167 empl.) plat, herbeux
Tarif : (Prix 2005) 🔲 25,70 € – pers. suppl. 3,40 €
Location : 40 🛖 (4 à 6 pers.) 300 à 560 €/sem. – gîtes
Pour s'y rendre : Sortie NE rte d'Aubenas et 2,8 km par chemin à droite, longeant le centre commercial Intermarché
À savoir : Situation agréable au bord de la Beaume

Nature : ♨♨
Loisirs : 🍴 🍽 pizzeria 🏊 🎿 🔥 ⛴
Services : 🛁 ⚬ 🔲 🐾 📋 🛁 ⚿ ☺ 🔥 🖥 🚿 🛒
À prox. : 🐴 canoë

△△ **La Plaine** avr.-20 sept.
℘ 04 75 39 51 35, *campinglaplaine@aol.com,*
Fax 04 75 39 96 46, *www.campinglaplaine.com* – **R** conseillée
4,5 ha/3,5 campables (128 empl.) plat, peu incliné, herbeux
Tarif : 🔲 24,50 € – pers. suppl. 4 € – frais de réservation 15 €
Location : 30 🛖 (4 à 6 pers.) 160 à 600 €/sem.
Pour s'y rendre : NE : 0,7 km par D 104 rte d'Aubenas

Nature : 🏞 ♨♨
Loisirs : 🍴 🏠 🏊 🔥 ⛴
Services : 🛁 ⚬ 🐾 📋 ⚿ ☺ 🖥
À prox. : 🎿 canoë

△ Les Platanes
℘ 04 75 39 52 31, *contact@campinglesplatanes-arde che.com,* Fax 04 75 39 90 86, *www.campinglesplatanes-ar deche.com* – **R** conseillée
2 ha (90 empl.) plat, herbeux
Pour s'y rendre : Sortie NE rte d'Aubenas et 3,7 km par chemin à droite longeant le centre commercial Intermarché
À savoir : Accès direct à la Beaume

Nature : 🌿 ← ♨♨ ⛰
Loisirs : 🍴 snack 🏠 🏊 ⛴ 🚣
Services : 🛁 ⚬ 📋 ⚿ ☺ 🖥 🚿 🛒
À prox. : 🐴 canoë

ROSIÈRES

⚠ **Les Acacias** 15 mars-15 oct.
    ℘ 04 75 39 95 85, *camping.acacias@wanadoo.fr*,
    Fax 04 75 39 95 85 – **R** indispensable
    1,2 ha (32 empl.) plat, herbeux
    Tarif : 🎫 11,50 € – pers. suppl. 3,80 €
    Location : 5 🚐 (4 à 6 pers.) 380 à 510 €/sem.
    Pour s'y rendre : NO : 1,5 km par D 104, rte de Joyeuse,
    D 303, rte de Vernon à droite et chemin à gauche, accès
    direct à Joyeuse par chemin piétonnier
    À savoir : Au bord de la Beaume

> Nature : 🐟 ⌂ 🌳🌳
> Loisirs : 🏠 ⚒ ≥ (plan d'eau) 🎣
> Services : ⅙ ⚬ (15 juin-août) ⚙ 🏠
> 🌊 ⊙ 🖼 🚿

⚠ **Le Moulinet** avr.-sept.
    ℘ 04 75 36 80 35, Fax 04 75 36 80 35 – **R** indispensable
    5 ha/1,5 campable (40 empl.) en terrasses, peu incliné,
    pierreux, herbeux
    Tarif : 🎫 9,20 € – pers. suppl. 3,75 €
    Location : 4 🚐 (4 à 6 pers.) 285 €/sem.
    Pour s'y rendre : N : 3 km par D 104 et par D 212, rte de
    Laurac, puis chemin à droite
    À savoir : Cadre sauvage et naturel

> Nature : 🐟 🌳🌳
> Services : ⅙ ⚙ 🏠 ⊙ 🖼

⚠ **Les Hortensias** mai-sept.
    ℘ 04 75 39 91 38, *campingleshortensias@wanadoo.fr*,
    www.leshortensias.com – **R** conseillée
    1 ha (34 empl.) plat, herbeux, sablonneux
    Tarif : 🎫 18,50 € 🔌 (10A) – pers. suppl. 2,50 €
    Location : 22 🚐 (4 à 6 pers.) 206 à 530 €/sem. – gîte
    Pour s'y rendre : NO : 1,8 km par D 104, rte de Joyeuse,
    D 303, rte de Vernon à droite, et chemin à gauche

> Nature : 🐟 ⌂ 🌳🌳
> Loisirs : ⚒
> Services : ⅙ ⚬ (juil.-août) ⚙ 🏠 ⊙
> 🌊 🖼
> À prox. : ≥ (plan d'eau) 🎣 canoë

RUOMS

✉ 07120 – 331 I7 – 2 132 h. – alt. 121
🛈 *Syndicat d'initiative, rue Alphonse Daudet* ℘ 04 75 93 90 15
Paris 651 – Alès 54 – Aubenas 24 – Pont-St-Esprit 49.

763

                                  Schéma à St-Remèze

⛰ **Domaine de Chaussy** Pâques-fin sept.
    ℘ 04 75 93 99 66, *infos@domainedechaussy.com*,
    Fax 04 75 93 90 56, *www.domainedechaussy.com*
    – **R** conseillée
    18 ha/5,5 campables (250 empl.) plat et peu accidenté,
    herbeux, pierreux, sablonneux
    Tarif : 🎫 35 € 🔌 (10A) – pers. suppl. 6 €
    Location (mars-20 oct.) : 85 🚐 (4 à 6 pers.) 195 à
    693 €/sem. – hôtel - 17 pavillons
    Pour s'y rendre : E : 2,3 km par D 559 rte de Lagorce

> Nature : 🐟 🌳🌳(chênaie)
> Loisirs : 🍴 ✗ pizzeria 🏠 ⊙ noc-
> turne 🏃 ⛷ 🚴 🎯 ⚒ 🎣 ⚒ par-
> cours de santé
> Services : ⅙ ⚬ 🏧 ⚙ 🏠 ⊙ 🖼
> 🌊 🚿
> À prox. : canoë

⛰ **Domaine de la Bastide** avr.-25 nov.
    ℘ 04 75 39 64 72, *info@rcn-labastideenardeche*,
    Fax 04 75 39 73 28, *www.rcn-campings.fr* – **R** conseillée
    7 ha (300 empl.) plat, herbeux, pierreux
    Tarif : 🎫 48,50 € – frais de réservation 12,50 €
    Location : 27 🏠 (4 à 6 pers.) 170 à 870 €/sem.
    Pour s'y rendre : SO : 4 km, à Labastide
    À savoir : Accès direct à l'Ardèche

> Nature : ≤ 🌳🌳 ⛰
> Loisirs : 🍴 ✗ pizzeria 🏃 🎣 ≥
> 🏄 ✗ ⚒
> Services : ⅙ ⚬ 🏧 ⚙ 🎱 🏠 ⊙ ⊙
> 🌊 ⚘ 🖼 🌊 🚿
> À prox. : canoë

⛰ **Yelloh-Village La Plaine** avr.-17 sept.
    ℘ 04 75 39 65 83, *laplaine@yellohvillage.com*,
    Fax 04 75 39 74 38, *www.yellohvillage-la-plaine.com*
    – **R** conseillée
    4,5 ha (217 empl.) plat, peu incliné, sablonneux, herbeux
    Tarif : 🎫 36 € 🔌 (6A) – pers. suppl. 6 €
    Location 🏄 : 52 🚐 (4 à 6 pers.) 245 à 693 €/sem.
    Pour s'y rendre : S : 3,5 km
    À savoir : Au bord de l'Ardèche

> Nature : 🐟 ≤ 🌳🌳 ⛰
> Loisirs : 🍴 ✗ 🏃 🎣 ⚒ (beau
> complexe aquatique) 🎣
> Services : ⅙ ⚬ 🏧 ⚙ 🎱 🏠 ⊙ 🌊
> ⊙ 🌊 ⚘ 🖼 🌊
> À prox. : canoë

RUOMS

⚠️ Les Paillotes avr.-sept.
℘ 04 75 39 62 05, *contact@campinglespaillotes.com*,
Fax 04 75 39 62 05, *campinglespaillotes.com* – places limitées pour le passage – **R** indispensable
1 ha (45 empl.) plat, herbeux
Tarif : 🔲 32 € – pers. suppl. 7 €
Location : 🚐 (4 à 6 pers.) 220 à 660 €/sem. – bungalows toilés
Pour s'y rendre : N : 0,6 km par D 579 rte de Pradons et
chemin à gauche

Nature : 🗖
Loisirs : 🍴 🔨 🏊
Services : 🗲 ⊶ 🗈 🗐 ☺ 🔥 🎲 🔲
À prox. : canoë

⚠️ La Grand'Terre 8 avr.-16 sept.
℘ 04 75 39 64 94, *infos@campinglagrandterre.com*,
Fax 04 75 39 78 62, *www.campinglagrandterre.com*
– **R** conseillée
10 ha (300 empl.) plat, sablonneux, herbeux
Tarif : 🔲 29,50 € ⚡ (10A) – pers. suppl. 7,50 €
Location 🌐 : 28 🚐 (4 à 6 pers.) 240 à 560 €/sem.
Pour s'y rendre : S : 3,5 km
À savoir : Au bord de l'Ardèche (accès direct)

Nature : 💭
Loisirs : 🍴 snack, pizzeria 🛖 🎭
nocturne 🔨 🏊 ✂️ 🏊
Services : 🗲 ⊶ 🗈 🗐 🎲 🔥 ☺
🔲 🔧
À prox. : canoë

⚠️ Le Mas de Barry
℘ 04 75 39 67 61, *campingbarry@wanadoo.fr*,
Fax 04 75 39 22 26, *www.masdebarry.com* – **R** conseillée
1,5 ha (80 empl.) plat, peu incliné, herbeux
Location 🌐 : 🏠
Pour s'y rendre : S : 2 km

Nature : ≤ ♀
Loisirs : 🍴 snack 🛖 🏊
Services : 🗲 ⊶ 🗐 🔥 ☺ 🎲 🔧 🔲
À prox. : ⚓ 🎣 🐎 canoë

764

⚠️ La Chapoulière Pâques-oct.
℘ 04 75 39 64 98, *camping@lachapouliere.com*,
Fax 04 75 39 64 98, *www.lachapouliere.com* – **R** conseillée
2,5 ha (100 empl.) plat et peu incliné, herbeux
Tarif : 🔲 28 € – pers. suppl. 7 €
Location 🌐 : 14 🚐 (4 à 6 pers.) 270 à 560 €/sem.
Pour s'y rendre : S : 3,5 km
À savoir : Au bord de l'Ardèche

Nature : 🌊 💭
Loisirs : 🍴 pizzeria 🛖 🏊 ⚓ 🎣
Services : 🗲 ⊶ 🗈 🗐 🔥 🎲 ☺
🔲
À prox. : ✂️ 🐎 canoë

⚠️ Le Petit Bois avr.-sept.
℘ 04 75 39 60 72, *vacances@campinglepetitbois.fr*,
Fax 04 75 93 95 50, *www.campinglepetitbois.fr* – **R** conseillée
2,5 ha (84 empl.) peu incliné et plat, en terrasses, pierreux,
rochers, herbeux
Tarif : 🔲 22,50 € ⚡ (6A) – pers. suppl. 5 € – frais de réservation 8 €
Location 🌐 : 15 🚐 (4 à 6 pers.) 185 à 590 €/sem. – 14
🏠 (4 à 6 pers.) 250 à 700 €/sem. – gîtes
Pour s'y rendre : N : 0,8 km du bourg, à 80 m de l'Ardèche
- accès piétonnier à la rivière par une rampe abrupte

Nature : 🌊
Loisirs : 🍴 🛖 🔨 🏊 (couverte
hors saison) 🏊
Services : 🗲 ⊶ 🗈 🗐 🔥 🎲 ☺
🔲
À prox. : 🎣 canoë

⚠️ Le Carpenty avr.-3 sept.
℘ 04 75 39 74 29, *jean-luc.blachere@wanadoo.fr*,
www.campingcarpenty.com – **R** indispensable
0,7 ha (45 empl.) plat, pierreux, herbeux
Tarif : 🔲 16 € – pers. suppl. 2,80 €
Location 🌐 : 🚐 (4 à 6 pers.) 330 à 470 €/sem.
Pour s'y rendre : S : 3,6 km
À savoir : Au bord de l'Ardèche (accès direct)

Nature : ♀♀
Loisirs : 🔨 ⚓
Services : 🗲 ⊶ 🗐 🗐 🎲 ☺ 🔲

Benutzen Sie
– zur Wahl der Fahrtroute
– zur Berechnung der Entfernungen
– zur exakten Lokalisierung eines Campingplatzes (mit Hilfe der Angaben im Ortstext)
die für diesen Führer unentbehrlichen MICHELIN-Karten im Ma1 : 150 000.

SABLIÈRES

✉ 07260 – 331 G6 – 101 h. – alt. 450
Paris 629 – Aubenas 48 – Langogne 58 – Largentière 38 – Les Vans 25.

La Drobie avr.-oct.
℘ 04 75 36 95 22, *ladrobie@tiscali.fr*, Fax 04 75 36 95 68,
www.ladrobie.com – **R** conseillée
1,5 ha (80 empl.) incliné, en terrasses, herbeux, pierreux
Tarif : 🗉 16 € – pers. suppl. 3,50 €
Location : 10 (2 à 4 pers.) 270 €/sem. – 10 (4 à 6 pers.) 390 à 515 €/sem.
Pour s'y rendre : O : 3 km par D 220 et rte à droite, bord de rivière - pour caravanes : itinéraire conseillé depuis Lablachère par D 4

Nature :
Loisirs :
Services :

ST-AGRÈVE

✉ 07320 – 331 I3 – 2 688 h. – alt. 1 050
🛈 Office de tourisme, Grand'Rue ℘ 04 75 30 15 06, Fax 04 75 30 60 93
Paris 582 – Aubenas 68 – Lamastre 21 – Privas 64 – Le Puy-en-Velay 51 – St-Étienne 69 – Yssingeaux 34.

Riou la Selle mai-sept.
℘ 04 75 30 29 28, *jmc-rolin@wanadoo.fr*,
Fax 04 75 30 29 28 – **R** conseillée
1 ha (29 empl.) plat et peu incliné, terrasses, herbeux
Tarif : 🗉 18,90 € – pers. suppl. 5 €
Location : 2 (4 à 6 pers.) 300 à 450 €/sem.
Pour s'y rendre : SE : 2,8 km par D 120, rte de Cheylard, D 21, rte de Nonières à gauche et chemin de la Roche, à droite

Nature :
Loisirs :
Services : (juil.-août)

*Om een reisroute uit te stippelen en te volgen,
om het aantal kilometers te berekenen,
om precies de ligging van een terrein te bepalen
(aan de hand van de inlichtingen in de tekst),
gebruikt u de **Michelinkaarten** schaal 1 : 150 000 ;
een onmisbare aanvulling op deze gids.*

765

ST-ALBAN-AURIOLLES

✉ 07120 – 331 H7 – 736 h. – alt. 108
Paris 656 – Alès 49 – Aubenas 28 – Pont-St-Esprit 55 – Ruoms 7 – Vallon-Pont-d'Arc 15.
Schéma à Vallon-Pont-d'Arc

Le Ranc Davaine 7 avr.-17 sept.
℘ 04 75 39 60 55, *camping-ranc-davaine@wanadoo.fr*,
Fax 04 75 39 38 50, *www.camping.ranc-davaine.fr* – **R** indispensable
13 ha (435 empl.) plat et peu incliné, rocailleux, herbeux
Tarif : 🗉 39,80 € – pers. suppl. 9,50 €
Location : 163 (4 à 6 pers.) 315 à 889 €/sem. – 14 (4 à 6 pers.) 385 à 980 €/sem.
Pour s'y rendre : SO : 2,3 km par D 208 rte de Chandolas (hors schéma)
À savoir : Près du Chassezac

Nature :
Loisirs : pizzeria nocturne discothèque canoë
Services : (juil.-août)

Le Mas du Sartre 15 avr.-sept.
℘ 04 75 39 71 74, *masdusartre@wanadoo.fr*,
Fax 04 75 39 71 74, *www.masdusartre.com* – **R** conseillée
1,6 ha (49 empl.) plat et peu incliné, en terrasses, pierreux, herbeux
Tarif : 🗉 23,30 € – [½] (10A) – pers. suppl. 4 €
Location : (4 à 6 pers.) 250 à 480 €/sem. – (4 à 6 pers.) 260 à 500 €/sem.
Pour s'y rendre : À Auriolles, NO : 1,8 km

Nature :
Loisirs : snack
Services :
À prox. : canoë

ST-CIRGUES-EN-MONTAGNE

✉ 07510 – 331 G5 – G. Vallée du Rhône – 285 h. – alt. 1 044
🛈 Syndicat d'initiative, place de l'Église ✆ 04 75 38 96 37, Fax 04 75 38 94 95
Paris 586 – Aubenas 40 – Langogne 31 – Privas 68 – Le Puy-en-Velay 55.

⚠ **Les Airelles** avr.-oct.
✆ 04 75 38 92 49 – **R** conseillée
0,7 ha (50 empl.) en terrasses et peu incliné, pierreux,
herbeux
Tarif : 🔲 12,60 € 🛁 (6A) – pers. suppl. 2,60 €
Location (juin-août) : 🛏
🚐 1 borne 2 €
Pour s'y rendre : Sortie N par D 160, rte du Lac-d'Issarlès,
rive droite du Vernason

Nature : 🏞 ≼ ♀	
Loisirs : 🍽 snack, pizzeria 🏕 ≊ 🐎	
Services : ⚡ (juin-sept.) 🔳 🔧 ⊛ 🚻	
À prox. : 🎿 ✗ 🐎 (centre équestre)	

ST-ÉTIENNE-DE-LUGDARÈS

✉ 07590 – 331 F6 – 458 h. – alt. 1 037
🛈 Office de tourisme, le village ✆ 04 66 46 65 36, Fax 04 66 46 55 04
Paris 589 – Aubenas 49 – Langogne 17 – Largentière 52 – Mende 62.

⚠ **Municipal les Aygues Douces** 15 juin-15 sept.
✆ 04 66 46 65 65, mairie.st.etienne.de.lugdares@inforou
tes-ardeche.fr, Fax 04 66 46 65 95 – **R** conseillée
0,6 ha (25 empl.) plat, herbeux, pierreux
Tarif : (Prix 2005) 🔲 10,36 € – pers. suppl. 2,29 €
Pour s'y rendre : SE : 2,5 km par D 19, rte d'Aubenas et
D 301 à droite, rte de la Borne
À savoir : Au bord du Masméjean

Nature : 🏞 ≼	
Loisirs : 🎿 🐎	
Services : ⚿ ♻ ⊛ 🚿	

Benutzen Sie
– zur Wahl der Fahrtroute
– zur Berechnung der Entfernungen
– zur exakten Lokalisierung eines Campingplatzes (mit Hilfe der Angaben im Ortstext)
*die für diesen Führer unentbehrlichen **MICHELIN-Karten** im Ma1 : 150 000.*

ST-FORTUNAT-SUR-EYRIEUX

✉ 07360 – 331 K5 – 542 h. – alt. 145
Paris 586 – Aubenas 52 – Le Cheylard 35 – Crest 38 – Lamastre 30 – Privas 21 – Valence 27.

⚠ **La Gare des Amis** mai-sept.
✆ 04 75 65 22 80, luxro@wanadoo.fr, Fax 04 75 65 22 80,
www.camping-st-fortunat.com – **R** indispensable
0,7 ha (45 empl.) plat, et peu incliné, herbeux
Tarif : 🔲 19,50 € 🛁 (6A) – pers. suppl. 4 €
Pour s'y rendre : Sortie S par D 265 rte de St-Vincent-de-
Durfort, à gauche après le pont, à proximité de l'Eyrieux

Nature : ≼ ♀♀	
Loisirs : 🎣 🛝	
Services : ⚡ ♻ ⊛ 🚿	
À prox. : 🎿 ✗ ≊ 🐎	

ST-JEAN-DE-MUZOLS

✉ 07300 – 331 K3 – 2 394 h. – alt. 123
Paris 541 – Annonay 34 – Beaurepaire 53 – Privas 62 – Romans-sur-Isère 22 – Tournon-sur-Rhône 4.

⚠ **Le Castelet** avr.-25 sept.
✆ 04 75 08 09 48, courrier@camping-lecastelet.com,
Fax 04 75 08 49 60, www.camping-lecastelet.com
– **R** conseillée
3 ha (66 empl.) en terrasses, plat, herbeux, pierreux
Tarif : 🔲 17 € – pers. suppl. 3,60 €
Location : 3 🚐 (4 à 6 pers.) 260 à 540 €/sem.
Pour s'y rendre : SO : 2,8 km par D 238, rte de Lamastre,
bord du Doux

Nature : 🏞 ≼ 🏕 ♀	
Loisirs : 🍽 🏕 🎿 🛝 ≊ 🐎	
Services : ⚡ ♻ 🔳 🛁 ⊛ 🏠	

ST-JEAN-LE-CENTENIER

✉ 07580 – J6 – 573 h. – alt. 350
Paris 623 – Alès 83 – Aubenas 20 – Privas 24.

⚠ **Les Arches** mai-15 sept.
℘ 04 75 36 75 45, *info@camping-les-arches.com*,
Fax 04 75 36 75 45, *www.camping-les-arches.com*
– **R** conseillée
1,2 ha (47 empl.) en terrasses, plat, peu incliné, herbeux
Tarif : 🔳 19 € 🔌 (10A) – pers. suppl. 3,50 €
Location (permanent) : 10 🏠 (4 à 6 pers.) 180 à
550 €/sem.
🚐 1 borne
Pour s'y rendre : O : 1,2 km par D 458A et D 258, rte de
Mirabel puis chemin à droite

Nature : 🌿
Loisirs : 🏊 ≅ (plan d'eau)
Services : 🔧 o🔥 GB 🐾 🍴 🔥 ⊕ 🗄

*Raadpleeg, voordat U zich op een kampeerterrein installeert,
de tarieven die de beheerder verplicht
is bij de ingang van het terrein aan te geven.
Informeer ook naar de speciale verblijfsvoorwaarden.
De in deze gids vermelde gegevens kunnen
sinds het verschijnen van deze hereditie gewijzigd zijn.*

ST-JULIEN-EN-ST-ALBAN

✉ 07000 – K5 – 1 022 h. – alt. 131
Paris 587 – Aubenas 41 – Crest 29 – Montélimar 35 – Privas 9 – Valence 32.

⚠ **L'Albanou** 28 avr.-22 sept.
℘ 04 75 66 00 97, *camping.albanou@wanadoo.fr*,
Fax 04 75 66 00 97, *www.camping.albanou.free.fr*
– **R** conseillée
1,5 ha (60 empl.) plat, herbeux
Tarif : 🔳 19 € 🔌 (6A) – pers. suppl. 4 €
🚐 1 borne
Pour s'y rendre : E : 1,4 km par N 304, rte de Pouzin et
chemin de Celliers à droite, près de l'Ouvèze

Nature : 🌿 ≼ 🗆 ♀
Loisirs : 🏊 🟤
Services : 🔧 o🔥 GB 🐾 🍴 🔥 ⊕ 🗄
🛁

767

ST-JUST

✉ 07700 – J8 – 1 161 h. – alt. 64
Paris 637 – Montélimar 36 – Nyons 51 – Pont-St-Esprit 6 – Privas 66.

⚠⚠ **La Plage** 23 avr.-17 sept.
℘ 04 75 04 69 46, *info@campingdelaplage.com*,
Fax 04 75 04 69 46, *www.campingdelaplage.com*
– **R** conseillée
2,5 ha (117 empl.) plat, herbeux
Tarif : 🔳 19,30 € 🔌 (10A) – pers. suppl. 3,20 €
Location 🏠 : 4 🚐 (4 à 6 pers.) 235 à 445 €/sem.
Pour s'y rendre : S : 2,5 km par N 86, rte de Pont-St-Esprit
et à droite avant le pont, à 100 m de l'Ardèche

Nature : 🗆 ♀♀
Loisirs : 🏊 🟤
Services : o🔥 GB 🐾 🍴 ⊕ 🗄
À prox. : ≅

ST-LAGER-BRESSAC

✉ 07210 – K5 – 663 h. – alt. 180
Paris 591 – Aubenas 45 – Montélimar 21 – Pont-St-Esprit 58 – Privas 14 – Valence 36.

⚠ **Municipal les Civelles d'Ozon** mai-sept.
℘ 04 75 65 01 86, *camping@saintlagerbressac.com*,
Fax 04 75 65 13 02, *www.saintlagerbressac.com* – **R** conseillée
1,3 ha (40 empl.) plat, pierreux, herbeux
Tarif : 🔳 13 € – pers. suppl. 3 €
Pour s'y rendre : E : 0,5 km par D 322, rte de Baix, bord
d'un ruisseau

Nature : 🗆
Loisirs : 🏊 🌸 🟤
Services : 🔧 o🔥 (juil.-août) 🐾 ⊕ 🛁
🚐 🗄

ST-LAURENT-DU-PAPE

✉ 07800 – 331 K5 – G. Vallée du Rhône – 1 295 h. – alt. 100
Paris 578 – Aubenas 56 – Le Cheylard 43 – Crest 29 – Privas 25 – Valence 19.

La Garenne mars-1er nov.
𝒫 04 75 62 24 62, *info@lagarenne.org*, Fax 04 75 62 24 62,
www.lagarenne.org – **R** conseillée
6 ha/4 campables (116 empl.) plat, en terrasses, pierreux,
herbeux
Tarif : 🔲 29,50 € 🔌 (4A) – pers. suppl. 5,50 €
Pour s'y rendre : Au N du bourg, accès près de la poste

Nature : 🍃
Loisirs : ✗ snack 🏠 🛝 🎿 ⛷
Services : ᕕ ⚬ 🔥 🖫 🏧 ♨ 🗑 ⚓

ST-LAURENT-LES-BAINS

✉ 07590 – 331 F6 – G. Vallée du Rhône – 182 h. – alt. 840
🚩 *Office de tourisme, le village* 𝒫 04 66 46 69 94
Paris 603 – Aubenas 64 – Langogne 30 – Largentière 52 – Mende 56.

Le Ceytrou avr.-15 nov.
𝒫 04 66 46 02 03, *campingleceytron@wanadoo.fr*,
Fax 04 66 46 02 03, *leceytrou.fr.st* – **R** conseillée
2,5 ha (60 empl.) plat et peu incliné, terrasses, pierreux,
herbeux
Tarif : 🔲 17,30 € 🔌 (10A) – pers. suppl. 3,30 €
Pour s'y rendre : SE : 2,1 km par D4
À savoir : Agréable situation au coeur des montagnes du
Vivarais Cévenol

Nature : 🌿 ⩽ 🍃
Loisirs : 🏠 ✗ 🎿 🛶 ⚓
Services : ᕕ ⚬ 🏧 🖫 ♨ ⚓ 🗑

St-MARTIAL

✉ 07310 – 331 H4 – 271 h. – alt. 850
Paris 591 – Aubenas 51 – Langogne 61 – Privas 55 – Le Puy-en-Velay 53.

Municipal le Lac 15 juin-15 sept.
𝒫 04 75 29 20 32, Fax 04 75 29 15 78 – **R** conseillée
13 ha/2 campables (50 empl.) plat, peu incliné, terrasse,
herbeux
Tarif : (Prix 2005) ♟ 4,60 € 🔌 2 €
Pour s'y rendre : NE : 1,5 km par D 215, rte de St-Martin-
de-Valamas et rte à gauche
À savoir : Près d'un plan d'eau

Nature : 🌿 ⩽ village et montagne
Loisirs : snack 🛝 ✗ 🎿 🛶 ⚓
Services : ᕕ ⚬ 🖫 ♨ 🗑

ST-MARTIN-D'ARDÈCHE

✉ 07700 – 331 I6 – 642 h. – alt. 46
🚩 *Office de tourisme, place de l'Église* 𝒫 04 75 98 70 91, Fax 04 75 98 69 82
Paris 641 – Bagnols-sur-Cèze 21 – Barjac 27 – Bourg-St-Andéol 13 – Pont-St-Esprit 10 – Vallon-Pont-d'Arc 30.

ST-MARTIN-D'ARDÈCHE

▲ **Le Pontet** avr.-sept.
 ℘ 04 75 04 63 07, *contact@campinglepontet.com*,
 Fax 04 75 98 76 59, *www.campinglepontet.com*
 – **R** conseillée
 1,8 ha (100 empl.) plat et terrasse, herbeux
 Tarif : (Prix 2005) ▣ 22 € – pers. suppl. 5 € – frais de réservation 8 €
 Location (permanent) : 8 ⌂ (4 à 6 pers.) 240 à 490 €/sem. – 4 ⌂ (4 à 6 pers.) 310 à 540 €/sem.
 ⌂, 1 borne 3 € – 4 ▣
 Pour s'y rendre : E : 1,5 km par D 290 rte de St-Just et chemin à gauche

Nature : ⌂ ⌂⌂
Loisirs : ⌂ snack ⌂ ⌂ ⌂
Services : ⌂ ⌂ ⌂ ⌂ ⌂ ⌂ ⌂ ⌂ ⌂ ⌂

▲ **Les Gorges**
 ℘ 04 75 04 61 09, *info@camping-des-gorges.com*,
 Fax 04 75 04 61 09, *www.camping-des-gorges.com*
 – **R** conseillée
 1,2 ha (92 empl.) plat, terrasses, herbeux, pierreux
 Location : ⌂
 Pour s'y rendre : NO : 1,5 km, au lieu-dit Sauze
 À savoir : Près de l'Ardèche

Nature : ⌂ ⌂⌂
Loisirs : ⌂ ✗ ⌂ ⌂ ⌂ ⌂ ⌂
Services : ⌂ ⌂ ⌂ ⌂ ⌂ ⌂ ⌂ ⌂ ⌂

▲ **Le Castelas** 12 mars-2 oct.
 ℘ 04 75 04 66 55, *camping-le-castelas@wanadoo.fr*,
 Fax 04 75 04 66 55, *www.camping-le-castelas.com* – **R** indispensable
 1,1 ha (65 empl.) peu incliné, herbeux
 Tarif : ▣ 12,40 € ⊠ (4A) – pers. suppl. 2,50 € – frais de réservation 8 €
 Pour s'y rendre : Sortie NO par D 290 et chemin à gauche, à 250 m de l'Ardèche

Nature : ⌂ vieux village d'Aiguèze ⌂
Loisirs : ⌂ ⌂
Services : ⌂ ⌂ ⌂ ⌂ ⌂ ⌂
À prox. : ✗ ⌂ ⌂ ⌂

▲ **Municipal le Village**
 ℘ 04 75 04 65 25 – **R** conseillée
 1,5 ha (70 empl.) plat et peu incliné, terrasses, herbeux, gravillons
 Location : ⌂
 Pour s'y rendre : Au Nord du bourg, à 300 m de l'Ardèche

Nature : ⌂
Services : ⌂ ⌂ ⌂ ⌂ ⌂
À prox. : ⌂ pédalos, canoë

769

▲ **Municipal le Moulin** 15 avr.-25 sept.
 ℘ 04 75 04 66 20, *contact@camping-lemoulin.com*,
 Fax 04 75 04 60 12, *www.camping-lemoulin.com*
 – **R** conseillée
 6,5 ha (200 empl.) plat, peu incliné, sablonneux, herbeux
 Tarif : ▣ 18,50 € – pers. suppl. 3 €
 Location : 6 ⌂ (4 à 6 pers.) 230 à 470 €/sem.
 Pour s'y rendre : Sortie SE par D 290 rte de St-Just et à droite (D 200), bord de l'Ardèche

Nature : ⌂
Loisirs : snack ⌂ ⌂ ⌂
Services : ⌂ ⌂ ⌂ ⌂ ⌂ ⌂ ⌂ ⌂ ⌂ ⌂ ⌂

ST-MAURICE-D'ARDÈCHE

✉ 07200 – ▦▦▦ I6 – 241 h. – alt. 140
Paris 639 – Aubenas 12 – Largentière 16 – Privas 44 – Vallon-Pont-d'Arc 20 – Viviers 37.

Schéma à Vallon-Pont-d'Arc

▲ **Le Chamadou** avr.-sept.
 ℘ 04 75 37 00 56, Fax 04 75 37 70 61, *www.camping-le-chamadou.com* ✉ 07120 Balazuc – **R** conseillée
 1 ha (86 empl.) peu incliné, plat, herbeux
 Tarif : (Prix 2005) ▣ 22,50 € ⊠ (6A) – frais de réservation 10 €
 Location : 14 ⌂ (4 à 6 pers.) 270 à 550 €/sem. – gîtes
 Pour s'y rendre : SE : 3,2 km par D 579, rte de Ruoms et chemin à gauche, à 500 m d'un étang

Nature : ⌂ ⌂ ⌂
Loisirs : ⌂ pizzeria, snack ⌂ ⌂ ⌂
Services : ⌂ ⌂ ⌂ ⌂ ⌂ ⌂ ⌂ ⌂
À prox. : ⌂

ST-MAURICE-D'IBIE

✉ 07170 – 331 I6 – 160 h. – alt. 220
Paris 636 – Alès 64 – Aubenas 23 – Pont-St-Esprit 63 – Ruoms 25 – Vallon-Pont-d'Arc 16.

Schéma à St-Remèze

▲ **Le Sous-Bois** mai-mi-sept.
℘ 04 75 94 86 95, *camping.lesousbois@wanadoo.fr*,
Fax 04 75 37 78 36, *www.le-sous-bois.com* – **R** conseillée
2 ha (50 empl.) plat, herbeux, pierreux, non clos
Tarif : 回 19,80 € – pers. suppl. 4,20 €
Location (avr.-mi-sept.) : 8 ⊡ (4 à 6 pers.) 230 à 567 €/sem.
Pour s'y rendre : S : 2 km par D 558 rte de Vallon-Pont-d'Arc, puis chemin empierré à droite
À savoir : Au bord de l'Ibie, agréable cadre sauvage

Nature : 🌿 ♤♤
Loisirs : 🍽 pizzeria, (dîner seulement) 🏊 🚲 🏊
Services : 🚿 ⚬━ (saison) GB 🐕 🛄 🔥 🛖 ☺ 📷 🛁

Benutzen Sie
– zur Wahl der Fahrtroute
– zur Berechnung der Entfernungen
– zur exakten Lokalisierung eines Campingplatzes (mit Hilfe der Angaben im Ortstext)
die für diesen Führer unentbehrlichen **MICHELIN-Karten** *im Ma1 : 150 000.*

ST-PRIVAT

✉ 07200 – 331 I6 – 1 427 h. – alt. 304
Paris 631 – Lyon 169 – Privas 26 – Valence 65 – Alès 79.

▲ **Le Plan d'Eau** 8 avr. – 29 sept.
℘ 04 75 35 44 98, *leplandeau@wanadoo.fr*,
Fax 04 75 35 44 98, *www.campingleplandeau.com*
– **R** conseillée
3 ha (100 empl.) plat, pierreux, herbeux
Tarif : 回 24,20 € 🔌 (8A) – pers. suppl. 5,50 € – frais de réservation 25 €
Location 🐾 : 6 ⊡ (2 à 4 pers.) 195 à 385 €/sem.
Pour s'y rendre : SE : 2 km par D 259 rte de Lussas
À savoir : Au bord de l'Ardèche

Nature : 🌿 ♤♤
Loisirs : 🍽 snack 🏊 🏖 🎣
Services : 🚿 ⚬━ (avr. - sept) GB 🐕 🛄 🔥 🛖 ☺ 📷

ST-REMÈZE

✉ 07700 – 331 J7 – 555 h. – alt. 365
Paris 645 – Barjac 30 – Bourg-St-Andéol 16 – Pont-St-Esprit 27 – Privas 60 – Vallon-Pont-d'Arc 14.

▲▲ **Carrefour de l'Ardèche** Pâques-15 oct.
℘ 04 75 04 15 75, *carrefourardeche@yahoo.fr*,
Fax 04 75 04 35 05, *www.ardechecamping.net* – **R** conseillée
1,7 ha (90 empl.) plat, peu incliné, herbeux, pierreux
Tarif : 回 27 € 🔌 (6A) – pers. suppl. 5 € – frais de réservation 15 €
Location : 13 ⊡ (4 à 6 pers.) 260 à 660 €/sem. – 5 🏠 (4 à 6 pers.) 260 à 560 €/sem.
Pour s'y rendre : Sortie E, par D 4, rte de Bourg-St-Andéol

Nature : ⬚ 🏕
Loisirs : 🍽 snack 🎱 🏊 🏊
Services : 🚿 ⚬━ GB 🐕 🛄 🔥 ☺ 📷 🛁
À prox. : canoë

▲ **La Résidence** 6 avr.-sept.
℘ 04 75 04 26 87, *mail@campinglaresidence.net*,
Fax 04 75 04 39 52, *www.campinglaresidence.net*
– **R** conseillée
1,6 ha (60 empl.) peu incliné à incliné, en terrasses, herbeux, pierreux, verger
Tarif : 回 20 € 🔌 (5A) – pers. suppl. 4,75 € – frais de réservation 10 €
Location : 22 ⊡ (4 à 6 pers.) 210 à 590 €/sem.
Pour s'y rendre : Au bourg vers sortie E, rte de Bourg-St-Andéol

Nature : ⬚ ♀
Loisirs : 🍴 🏊 🏊
Services : 🚿 ⚬━ GB 🐕 🛄 ☺ 📷 🛁
À prox. : canoë

771

771

⚠ **Domaine de Briange** mai-sept.

   📞 04 75 04 14 43, *briange07@aol.com*, Fax 04 75 04 14 43,
www.campingdebriange.com – **R** conseillée
4 ha (80 empl.) plat, peu incliné, herbeux, sablonneux,
pierreux
Tarif : 🔲 19 € ⚡ (6A) – pers. suppl. 5 €
Location (avr.-15 nov.) : 17 🏠 (4 à 6 pers.) 260 à
630 €/sem.
Pour s'y rendre : N : 2 km par D 362, rte de Gras

| Nature : 🏞 ♀ |
| Loisirs : snack 🛝 ✕ ⚓ |
| Services : 🚿 ⛟ 🅶🅱 🐾 🚮 ⊕ 🗑 |
| À prox. : canoë |

ST-SAUVEUR-DE-CRUZIÈRES

✉ 07460 – 🔢🔢🔢 H8 – 491 h. – alt. 150
Paris 674 – Alès 28 – Barjac 9 – Privas 81 – St-Ambroix 9 – Vallon-Pont-d'Arc 22.

⚠ **La Claysse** avr.-sept.

   📞 04 75 35 40 65, *camping.claysse@wanadoo.fr*,
Fax 04 75 36 68 65, *www.campingdelaclaysse.com* – **R** in-
dispensable
5 ha/1 campable (60 empl.) plat et terrasses, herbeux
Tarif : 🔲 17 € ⚡ (6A) – pers. suppl. 4,50 €
Location : 13 🏠 (4 à 6 pers.) 190 à 475 €/sem.
Pour s'y rendre : Au NO du bourg, bord de la rivière

| Nature : ♀ |
| Loisirs : snack 🏠 🛝 🚲 ⚓ 🛶 ⚓ |
| Services : 🚿 ⛟ 🗑 🎣 ⊕ 🗑 |
| À prox. : site d'escalade |

*Informieren Sie sich über die gültigen Gebühren,
bevor Sie Ihren Platz beziehen. Die Gebührensätze
müssen am Eingang des Campingplatzes angeschlagen sein.
Erkundigen Sie sich auch nach den Sonderleistungen.
Die im vorliegenden Band gemachten Angaben
können sich seit der Überarbeitung geändert haben.*

ST-SAUVEUR-DE-MONTAGUT

✉ 07190 – **331** J5 – 1 248 h. – alt. 218
🚩 *Syndicat d'initiative, quartier de la Tour ℰ 04 75 65 43 13*
Paris 597 – Le Cheylard 24 – Lamastre 29 – Privas 24 – Valence 38.

⛰ **L'Ardéchois**
   ℰ 04 75 66 61 87, *ardechois.camping@wanadoo.fr*,
   Fax 04 75 66 63 67, *www.ardechois.camping.fr*
   37 ha/5 campables (107 empl.) en terrasses, herbeux
   Location : 🏠 – 🏡
   🚐 1 borne
   Pour s'y rendre : O : 8,5 km par D 102, rte d'Albon
   À savoir : Au bord de la Glueyre

Nature : 🌿 ≤ ⁰⁰
Loisirs : 🍸 ✕ 🏠 🏍 🚲 ⛴ 🎣
Services : 🏥 🗄 🛁 🛒 🗑 🧺
À prox. : canoë

ST-THOMÉ

✉ 07220 – **331** J6 – G. Vallée du Rhône – 358 h. – alt. 140
Paris 619 – Montélimar 19 – Nyons 56 – Pont-St-Esprit 36 – Privas 45 – Vallon-Pont-d'Arc 33.

⛰ **Le Médiéval** Pâques-5 sept.
   ℰ 04 75 52 68 76, *contact@campinglemedieval.com*,
   Fax 04 75 52 51 93, *www.campinglemedieval.com* – **R** indis-
   pensable
   3,3 ha (119 empl.) plat, peu incliné, herbeux
   Tarif : 🔲 20,40 € – pers. suppl. 4,30 €
   Location : 32 🏠 (4 à 6 pers.) 210 à 590 €/sem. –
   studios
   Pour s'y rendre : N : 1,7 km par D 210, D 107, rte d'Alba-la-
   Romaine et chemin à gauche, bord de l'Escoutay - accès
   difficile en venant d'Alba-la-Romaine, faire demi-tour sur le
   parking des Crottes
   À savoir : Au bord de l'Escoutay

Nature : ≤ ♀
Loisirs : 🍸 ✕ snack, pizzeria 🏠 🏍 🎣 ⛴ (petite piscine) 🎣
Services : 🏥 🔌 🗄 🛁 🛒 🗑

SALAVAS

✉ 07150 – **331** I7 – 504 h. – alt. 96
Paris 668 – Lyon 206 – Privas 58 – Nîmes 77 – Avignon 79.
Schéma à Vallon-Pont-d'Arc

⛰ **Le Péquelet** avr.-sept.
   ℰ 04 75 88 04 49, *le-pequelet.camping@wanadoo.fr*,
   Fax 04 75 37 18 46, *http://lepequelet.com* – **R** conseillée
   2 ha (60 empl.) plat, herbeux
   Tarif : 🔲 22 € – pers. suppl. 5,50 € – frais de réserva-
   tion 10 €
   Location : 9 🏡 (4 à 6 pers.) 335 à 594 €/sem.
   Pour s'y rendre : Sortie S par D 579, rte de Barjac et 2 km
   par rte à gauche
   À savoir : Au bord de l'Ardèche (accès direct)

Nature : 🌿 🏕 ♀♀ ⛰
Loisirs : 🏠 ✂ 🎣 canoë
Services : 🏥 🔌 ⟲🅑 🗄 🛁 🗑

⛰ **Le Casque Roi** 25 mars-13 nov.
   ℰ 04 75 88 04 23, *casqueroi@aol.com*, Fax 04 75 37 18 64,
   www.casqueroi.com – **R** indispensable
   0,4 ha (29 empl.) plat, herbeux
   Tarif : (Prix 2005) 🔲 24 € 🔌 (10A) – pers. suppl. 4 € – frais de
   réservation 9 €
   Location : 20 🏠 (4 à 6 pers.) 240 à 580 €/sem.
   Pour s'y rendre : À la sortie N du bourg, rte de Vallon-
   Pont-d'Arc

Nature : 🏕 ♀♀
Loisirs : 🍸 snack 🏠 ⛴
Services : 🏥 🔌 ⟲ ▥ 🗄 🗑 🧺 🗄

SAMPZON

07120 – 183 h. – alt. 120
Paris 660 – Lyon 198 – Privas 56 – Nîmes 85 – Avignon 86.
Schéma à Vallon-Pont-d'Arc

Yelloh-Village Soleil Vivarais 8 avr.-16 sept.
 04 75 39 67 56, *info@soleil-vivarais.com*,
Fax 04 75 39 64 69, *www.soleil-vivarais.com* – **R** indispensable
12 ha (350 empl.) plat, herbeux, pierreux
Tarif : 39 € (10A) – pers. suppl. 7,80 €
Location : 189 (4 à 6 pers.) 245 à 1 036 €/sem. – 11 (4 à 6 pers.) 245 à 840 €/sem. – bungalows toilés
 1 borne
À savoir : Au bord de l'Ardèche, sur la presqu'île de Sampzon, bel espace aquatique

Nature : ⩽ ⚇⚇ ⚲
Loisirs : ▼ ✕ pizzeria ⚑ nocturne ⚗ discothèque ▱ ⚙ ⚓ ✕ ⚊
⚌ ⚒
Services : ⅃ ⚋ GB ⚩ ▥ ⬚ ⚘ ⚐
⚎ ⚏ ▦ ⚑ ⚌
À prox. : canoë

Aloha Plage avr.-20 sept.
 04 75 39 67 62, *reception@camping-aloha-plage.fr*,
Fax 04 75 89 10 26, *www.camping-aloha-plage.fr*
– **R** conseillée
1,5 ha (120 empl.) plat, terrasses, peu incliné, herbeux, sablonneux
Tarif : 29,50 € – pers. suppl. 6 € – frais de réservation 12 €
Location : 30 (4 à 6 pers.) 250 à 567 €/sem. – bungalows toilés
À savoir : Au bord de l'Ardèche, sur la presqu'île de Sampzon (accès direct)

Nature : ⚇⚇ ⚲
Loisirs : ▼ ⚒ ⚓
Services : ⅃ ⚋ GB ⚩ ⬚ ⚏ ⚘ ▦
À prox. : canoë

Sun Camping avr.-sept.
 04 75 39 76 12, *sun.camping@wanadoo.fr*,
Fax 04 75 39 76 12, *www.suncamping.com* – **R** conseillée
1,2 ha (70 empl.) plat, terrasses, herbeux
Tarif : 23,90 € (10A) – pers. suppl. 4,60 € – frais de réservation 8 €
Location : 8 (2 à 4 pers.) 189 à 336 €/sem. – 8 (4 à 6 pers.) 294 à 567 €/sem.
Pour s'y rendre : À 200 m de l'Ardèche
À savoir : Sur la presqu'île de Sampzon

Nature : ⚇⚇
Loisirs : ▼ pizzeria ▱
Services : ⅃ ⚋ (juin-août) GB ⚩
⬚ ⚘ ⚏ ⚘ ▦
À prox. : ⚌ ✕ ⚐ ⚒

Le Mas de la Source avr.-sept.
 04 75 39 67 98, *camping.masdelasource@wanadoo.fr*,
Fax 04 75 39 67 98, *www.campingmasdelasource.com* – **R** indispensable
1,2 ha (30 empl.) en terrasses, plat, herbeux
Tarif : 28,50 € (6A) – pers. suppl. 5,70 € – frais de réservation 15 €
Location : 4 (4 à 6 pers.) 320 à 590 €/sem.
À savoir : Sur la presqu'île de Sampzon, au bord de l'Ardèche (accès direct)

Nature : ⚘ ▱ ⚇⚇ ⚲
Loisirs : ▱ ⚒ ⚓
Services : ⅃ ⚋ GB ⚩ ⬚ ⚘ ⚌
⚏ ▦
À prox. : canoë

SATILLIEU

07290 – 331 J3 – 1 592 h. – alt. 485
Paris 542 – Annonay 13 – Lamastre 36 – Privas 87 – St-Vallier 21 – Tournon-sur-Rhône 29 – Valence 47 – Yssingeaux 54.

Municipal le Grangeon 15 juin-15 sept.
 04 75 34 96 41, Fax 04 75 33 12 76 – **R**
1 ha (52 empl.) en terrasses, herbeux
Tarif : (Prix 2005) 2,40 € 1,80 € 2,50 € (5A) 3,30 €
Location (permanent) : 5 (4 à 6 pers.) 200 à 370 €/sem.
Pour s'y rendre : SO : 1,1 km par D 578[A], rte de Lalouvesc et à gauche
À savoir : Au bord du Ay

Nature : ⩽ ▱
Loisirs : ▼ snack ▱
Services : ⅃ ⚋ ⚩ ⬚ ⚘ ⚌ ⚏ ▦
À prox. : ⚌ (plan d'eau aménagé)

TOURNON-SUR-RHÔNE

✉ 07300 – 331 L3 – G. Vallée du Rhône – 9 946 h. – alt. 125

🛈 *Office de tourisme, 2, place Saint-Julien* ✆ 04 75 08 10 23

Paris 545 – Grenoble 98 – Le Puy-en-Velay 104 – St-Étienne 77 – Valence 18 – Vienne 60.

⚠ **Les Acacias** avr.-sept.
✆ 04 75 08 83 90, *acacias-camping@wanadoo.fr,*
Fax 04 75 08 22 21, *acacias-camping.com* – **R** conseillée
2,7 ha (80 empl.) plat, herbeux
Tarif : 🔲 18 € ⚡ (6A) – pers. suppl. 3,90 €
Location : 10 🚐 (4 à 6 pers.) 240 à 780 €/sem.
🚐 1 borne 2 €
Pour s'y rendre : O : 2,6 km par D 532, rte de Lamastre, accès direct au Doux

Nature : 🌿🌿
Loisirs : snack 🏠 🎯 ⛺ 🎣 🛶
Services : 🚿 ⚡ GB 🔧 🚻 🐕 ⊕ 🗄
À prox. : ✕

⚠ **Le Manoir** avr.-sept.
✆ 04 75 08 02 50, *info@lemanoir-ardeche.com,*
Fax 04 75 08 20 31, *www.lemanoir-ardeche.com*
– **R** conseillée
2 ha (80 empl.) plat, herbeux
Tarif : 🔲 19 € ⚡ (10A) – pers. suppl. 3 €
Location : 6 🚐 (4 à 6 pers.) 230 à 530 €/sem. – 🛏 – (hôtel)
Pour s'y rendre : O : 3 km par D 532, rte de Lamastre, bord du Doux

Nature : 🌿🌿
Loisirs : 🍽 snack 🏠 🚲 🛶 🎣
Services : 🚿 ⚡ GB 🔧 ⊕ 🗄 ♨

UCEL

✉ 07200 – 331 I6 – G. Vallée du Rhône – 1 750 h. – alt. 270

Paris 626 – Aubenas 6 – Montélimar 44 – Privas 31 – Vals-les-Bains 3 – Villeneuve-de-Berg 19.

774

⛰ **Domaine de Gil** 14 avr.-17 sept.
✆ 04 75 94 63 63, *info@domaine-de-gil.com,*
Fax 04 75 94 01 95, *www.domaine-de-gil.com* – **R** indispensable
4,8 ha/2 campables (80 empl.) plat, herbeux, pierreux
Tarif : 🔲 31,30 € – pers. suppl. 5,50 € – frais de réservation 20 €
Location : 40 🚐 (4 à 6 pers.) 220 à 705 €/sem.
🚐 1 borne
Pour s'y rendre : Sortie NO par D 578[B], rte de Vals-les-Bains
À savoir : Au bord de l'Ardèche

Nature : ⬕ 🌿🌿 ⛰
Loisirs : 🍽 ✕ 🏠 🌙 nocturne 🏊
🎯 🛶 🎣 golf (8 trous)
Services : 🚿 ⚡ GB 🔧 🚻 ⊕ 🏊
🗄 ♨

⚠ **Les Pins** juin-15 sept.
✆ 04 75 37 49 20, *campinglespins-d-ucel@wanadoo.fr,*
Fax 04 75 37 49 20, *www.campinglespinsducel.com* – accès aux emplacements par forte pente, mise en place et sortie des caravanes à la demande – **R** conseillée
1 ha (34 empl.) en terrasses, plat, herbeux
Tarif : 🔲 15,50 € ⚡ (6A) – pers. suppl. 4 €
Location : 🚐 (4 à 6 pers.) 220 à 400 €/sem. – 🏡 (4 à 6 pers.) 250 à 460 €/sem.
Pour s'y rendre : NE : 1,5 km par rte devant l'église, croisement difficile pour caravanes à certains endroits
À savoir : Joli cadre boisé

Nature : 🏊 ⬕ 🌿🌿
Loisirs : 🏠 🎯 ⛺ (petite piscine)
Services : 🚿 ⚡ (juil.-août) 🔧 ⊕ 🗄

LES GUIDES VERTS **MICHELIN**
Paysages, monuments
Routes touristiques
Géographie
Histoire, Art
Itinéraire de visite
Plans de villes et de monuments

VAGNAS

✉ 07150 – ▒▒▒ I7 – 430 h. – alt. 200
Paris 670 – Aubenas 40 – Barjac 5 – St-Ambroix 20 – Vallon-Pont-d'Arc 9 – Les Vans 37.
Schéma à St-Remèze

La Rouvière-Les Pins Pâques-15 sept.
🕿 04 75 38 61 41, *rouviere07@aol.com*, Fax 04 75 38 63 80,
www.rouviere07.com – **R** conseillée
2 ha (100 empl.) plat et peu incliné, terrasses, herbeux
Tarif : (Prix 2005) 🔲 19,10 € 🔋 (6A) – pers. suppl. 4,10 € –
frais de réservation 15 €
Pour s'y rendre : Sortie S par rte de Barjac puis 1,5 km par
chemin à droite

Nature : ⌇ ♀
Loisirs : ♟ pizzeria, snack ⌂ ⟲
⤓
Services : ⊶ ⊞ ⌁ ⚑ ⌂ ⚄ ⚙ ⟆ ▣

VALLON-PONT-D'ARC

✉ 07150 – ▒▒▒ I7 – G. Vallée du Rhône – 2 027 h. – alt. 117
⚑ *Office de tourisme, 1, place de l'ancienne gare* 🕿 04 75 88 04 01, Fax 04 75 88 41 09
Paris 658 – Alès 47 – Aubenas 32 – Avignon 81 – Carpentras 95 – Montélimar 59.

L'Ardéchois 8 avr.-sept.
🕿 04 75 88 06 63, *ardecamp@bigfoot.com*,
Fax 04 75 37 14 97, *www.ardechois-camping.com*
– **R** conseillée
5 ha (244 empl.) plat, herbeux
Tarif : 🔲 39 € 🔋 (6A) – pers. suppl. 8,30 € – frais de réser-
vation 35 €
Location ⟲ (8 juil.-19 août) : 24 ⌂ (4 à 6 pers.) 500 à
790 €/sem.
⌂ 1 borne 8,30 €
Pour s'y rendre : SE : 1,5 km
À savoir : Accès direct à l'Ardèche

Nature : ⇐ ⌂ ♀♀ ▲
Loisirs : ♟ ✗ snack ⌂ ⚙ nocturne
⤻ ⚹ ♒ ⌇ ➰ balnéo, canoë
Services : ⅏ ⊶ ⊞ ⚑ ⚄ ⌂ ⟆
▣ ⚒ ⚙
À prox. : ⛓

Mondial-Camping avr.-sept.
🕿 04 75 88 00 44, *reserv-info@mondial-camping.com*,
Fax 04 75 37 13 73, *www.mondial-camping.com* – **R** indispensable
4 ha (240 empl.) plat, herbeux
Tarif : (Prix 2005) 🔲 34,20 € 🔋 (10A) – pers. suppl. 7,50 € –
frais de réservation 30 €
Location ⟲ : 20 ⌂ (4 à 6 pers.) 390 à 730 €/sem.
⌂ 1 borne 5 €
Pour s'y rendre : SE : 1,5 km
À savoir : Accès direct à l'Ardèche

Nature : ⇐ ♀♀ ▲
Loisirs : ♟ ✗ snack, pizzeria ⌂
discothèque ⤻ ⚙ ⚹ ⌇ ⚄ ➰
canoë
Services : ⅏ ⊶ ⊞ ⚑ ⫿ ⚄ ⌂
⚙ ⟆ ⚌ ▣ ⚒
À prox. : ⛓

La Roubine 22 avr.-16 sept.
🕿 04 75 88 04 56, *roubine.ardeche@wanadoo.fr*,
Fax 04 75 88 04 56, *www.camping-roubine.com* – **R** conseillée
7 ha/4 campables (135 empl.) plat, herbeux, sablonneux
Tarif : 🔲 35,20 € – pers. suppl. 6,70 € – frais de réser-
vation 30 €
Location ⟲ : 18 ⌂ (4 à 6 pers.) 290 à 780 €/sem.
Pour s'y rendre : O : 1,5 km
À savoir : Au bord de l'Ardèche (plan d'eau)

Nature : ⌇ ⌂ ♀♀ ▲
Loisirs : ♟ ✗ snack, pizzeria ⌂
⤻ ⚹ ♒ ⌇ ➰
Services : ⅏ ⊶ ⊞ ⚑ ⫿ ⌂ ⚄ ⚙
▣ ⚒ ⚙

Le Provençal 10 avr.-20 sept.
🕿 04 75 88 00 48, *camping.le.provencal@wanadoo.fr*,
Fax 04 75 88 02 00, *www.camping-le-provencal* – **R** conseillée
3,5 ha (200 empl.) plat, herbeux
Tarif : (Prix 2005) 🔲 32,50 € 🔋 (8A) – pers. suppl. 6,50 €
Location ⟲ : 22 ⌂ (4 à 6 pers.) 390 à 710 €/sem.
Pour s'y rendre : SE : 1,5 km
À savoir : Accès direct à l'Ardèche

Nature : ⇐ ⌂ ♀♀ ▲
Loisirs : ♟ ✗ ⌂ ⤻ ⚹ ⌇ ➰
Services : ⅏ ⊶ ⊞ ⚑ ⫿ ⌂ ⚙ ⚄
▣ ⚒ ⚙
À prox. : ⛓ canoë

775

776

Montréal (O)

Uzer

D 104

D 5

D 234

St-Maurice
d'Ardèche
(O)

Tour

Les Châtaigniers

le Chamadou

le Moulinage

Balazuc

Ligne

Ardèche

D 579

Beaussement

la Digue

(O)
Chauzon

Laborie

les Coudoulets

International

Gorges

D 4

D 308

le Pont

Pradons
(O)

Défilé

D 1

le Petit-Bois

D 579

Ruoms-Bateaux

D 245

D 4

(O)
Ruoms

(O)
Labeaume

le
Peyroche

D 559

D 208

Domaine de Chaussy

Lagorce
(O)

Beaume

le Mas de Barry

D 1

Auriolles

D 579

Le Mas
du Sartre

la Chapoulière

(O)
St.Alban-
Auriolles

Soleil Vivarais

D 558

le Carpenty

la Plaine

Sun Camping

Aloha Plage

Chassezac

la Grand'terre

Chalamelas

l'Esquiras

la Bastide

Le Mas
de la Source

D 1

Ibie

Sampzon

(O)

D 579

D 761

Rocher

les Mazes

Vallon-Pont-d'Arc
(O)

Arc-en-Ciel

D 111

la Plage Fleurie

Beau Rivage

la Roubine

D 4

ARDÈCHE

International

D 390

Vieux-Vallon

le Chauvieux

D 290

le Casque Roi

le Provençal

Salavas
(O)

Ch^au

l'Ardéchois

Mondial-Camping

D 579

le Péquelet

*Grotte des
Tunnels*

(O) Laurac en Vivarais

B

0   2 km

VALLON-PONT-D'ARC

Le Chauvieux fin avr.-mi-sept.
    ℰ 04 75 88 05 37, *camping.chauvieux@wanadoo.fr*,
Fax 04 75 88 05 37, *www.camping-le-chauvieux.com*
– **R** conseillée
1,8 ha (100 empl.) plat et peu incliné, herbeux, sablonneux
Tarif : 23,50 € (6A) – pers. suppl. 5 € – frais de réservation 8 €
Pour s'y rendre : SO : 1 km, à 100 m de l'Ardèche

Nature :
Loisirs : ▼ snack, pizzeria
Services :
À prox. :

International mai -17 sept.
    ℰ 04 75 88 00 99, *inter.camp@wanadoo.fr*,
Fax 04 75 88 05 67, *www.internationalcamping07.com*
– **R** conseillée
2,7 ha (130 empl.) plat, peu incliné, herbeux, sablonneux
Tarif : 28 € (6A) – pers. suppl. 6 €
Location (14 avr.-17 sept.) : 14 (4 à 6 pers.) 199 à 600 €/sem.
Pour s'y rendre : SO : 1 km
À savoir : Bord de l'Ardèche

Nature :
Loisirs : ▼ snack
Services :

La Rouvière 15 mars-25 sept.
    ℰ 04 75 37 10 07, *ardbat@aol.com*, Fax 04 75 88 03 99,
www.campinglerouviere.com – **R** conseillée
3 ha (152 empl.) en terrasses, peu incliné et plat, sablonneux, pierreux, herbeux
Tarif : 21 € (6A) – pers. suppl. 5 €
Location : 23 (4 à 6 pers.) 280 à 610 €/sem.
Pour s'y rendre : SE : 6,6 km par D 290, rte des Gorges, à Chames (hors schéma)
À savoir : Accès direct à l'Ardèche

Nature :
Loisirs : snack canoë, terrain omnisports
Services :

Le Midi avr.-fin sept.
    ℰ 04 75 88 06 78, *info@camping-midi.com*,
Fax 04 75 88 06 78, *www.camping-midi.com*
1,6 ha (52 empl.) en terrasses, peu incliné, herbeux, sablonneux
Tarif : 23,50 € (10A) – pers. suppl. 6 € – frais de réservation 10 €
Pour s'y rendre : SE : 6,5 km par D 290, rte des Gorges, à Chames (hors schéma)
À savoir : Accès direct à l'Ardèche

Nature :
Loisirs :
Services :

777

L'Esquiras avr.-sept.
    ℰ 04 75 88 04 16, *esquiras@wanadoo.fr*,
Fax 04 75 88 04 16, *www.sud-ardeche.com/tourisme/es quiras* – **R** conseillée
0,5 ha (34 empl.) plat, peu incliné, herbeux, pierreux
Tarif : 20 € – pers. suppl. 3 €
Location : (4 à 6 pers.) 245 à 488 €/sem.
1 borne 8 € – 5 6 €
Pour s'y rendre : NO : 2,8 km par D 579, rte de Ruoms et chemin à droite après la station-service Intermarché

Nature :
Loisirs : snack
Services : (juil.-août)

Les VANS

✉ 07140 – G7 – G. Provence – 2 664 h. – alt. 170
🛈 *Office de tourisme, place Ollier* ℰ 04 75 37 24 48, Fax 04 75 37 27 46
Paris 663 – Alès 44 – Aubenas 37 – Pont-St-Esprit 66 – Privas 68 – Villefort 24.

Le Pradal avr.-sept.
    ℰ 04 75 37 25 16, *camping.lepradal@free.fr*, *www.cam ping-lepradal.com* – **R** conseillée
1 ha (36 empl.) en terrasses, peu incliné, herbeux, pierreux
Tarif : 17 € (6A) – pers. suppl. 6 €
Pour s'y rendre : O : 1,5 km par D 901, rte de Villefort

Nature :
Loisirs : ▼
Services :

VION

⊠ 07610 – 𝟛𝟛𝟙 K3 – G. Vallée du Rhône – 753 h. – alt. 128
Paris 537 – Annonay 30 – Lamastre 34 – Tournon-sur-Rhône 7 – Valence 25.

L'Iserand avr.sept.
℘ 04 75 08 01 73, iserand@tele2.fr, Fax 04 75 08 55 82,
www.iserand.com – **R** conseillée
1,3 ha (60 empl.) en terrasses, pierreux, herbeux
Tarif : 🔳 16 € – pers. suppl. 4 €
Location ⊗ : 8 🏠 (4 à 6 pers.) 260 à 500 €/sem.
Pour s'y rendre : N : 1 km par N 86, rte de Lyon

Nature : ≤ ⚲
Loisirs : snack, pizzeria 👟 ⏛ 🎿
Services : ♿ ⚷ 🗊 🦺 ⊕ 🗑 🚰

VIVIERS

⊠ 07220 – 𝟛𝟛𝟙 K7 – G. Vallée du Rhône – 3 413 h. – alt. 65
🛈 Office de tourisme, 5, place Riquet ℘ 04 75 52 77 00, Fax 04 75 52 81 63
Paris 618 – Montélimar 12 – Nyons 50 – Pont-St-Esprit 30 – Privas 42 – Vallon-Pont-d'Arc 35.

Rochecondrie avr.-15 oct.
℘ 04 75 52 74 66, campingrochecondrie@wanadoo.fr,
Fax 04 75 52 74 66, www.campingrochecondrie.com
– **R** conseillée
1,5 ha (80 empl.) plat, herbeux
Tarif : 🔳 21 € 🔌 (6A) – pers. suppl. 5 €
Location ⊗ : 10 🚐 (4 à 6 pers.) 230 à 510 €/sem.
Pour s'y rendre : NO : 1,5 km par N 86, rte de Lyon, accès
direct à l'Escoutay

Nature : ▭ ⚲
Loisirs : 🍽 ⏛ 👟 🎿
Services : ⚷ GB ⚡ 🗊 ⊕ 🗑
À prox. : 🚣

Municipal de Valpeyrouse avr.-sept.
℘ 04 75 52 82 95 – **R** conseillée
1 ha (30 empl.) plat, terrasses, gravillons, herbeux
Tarif : 🔳 13,15 € – pers. suppl. 2,65 €
Pour s'y rendre : À l'O du bourg, à proximité du centre
culturel

Nature : 🌿 ≤ ▭
Loisirs : ⏛
Services : ♿ ⚷ ⚡ 🗊 ⊕ 🚐 🚱
À prox. : 🍴 🎿

VOGÜÉ

⊠ 07200 – 𝟛𝟛𝟙 I6 – G. Vallée du Rhône – 726 h. – alt. 150
🛈 Syndicat d'initiative, quartier de la gare ℘ 04 75 37 01 17
Paris 638 – Aubenas 9 – Largentière 16 – Privas 40 – Vallon-Pont-d'Arc 24 – Viviers 36.

Domaine du Cros d'Auzon avr.-15 sept.
℘ 04 75 37 75 86, cros.d.auzon@wanadoo.fr,
Fax 04 75 37 01 02, www.camping-cros-auzon.com
– **R** conseillée
18 ha/6 campables (170 empl.) plat, pierreux, sablonneux,
herbeux
Tarif : 🔳 28,20 € 🔌 (6A) – pers. suppl. 6,50 € – frais de
réservation 28 €
Location (avril-15 oct.) : 28 🚐 (4 à 6 pers.) 200 à
700 €/sem. – hôtel, motel
🚐 1 borne – 4 🔳 13 €
Pour s'y rendre : S : 2,5 km par D 579 et chemin à droite à
Vogüé-Gare
À savoir : Site et cadre agréables, au bord de l'Ardèche

Nature : 🌿 ▭ ⚲⚲
Loisirs : 🍽 snack ⏛ ☾ nocturne
🏃 👟 🚴 🎾 ⛱ 🎿 ⚓ 🛶 🚣
parcours sportif
Services : ♿ ⚷ GB ⚡ 🗊 ⊕ 🚐 🚱
🗑 🚿 🚰
À prox. : canoë

Les Peupliers
℘ 04 75 37 71 47, campingpeupliers@aol.com,
Fax 04 75 37 70 83 – **R** conseillée
3 ha (100 empl.) plat, herbeux, sablonneux, pierreux
Location : 🚐 – 🚐 – 🏠
Pour s'y rendre : S : 2 km par D 579 et chemin à droite, à
Vogüé-Gare
À savoir : Au bord de l'Ardèche

Nature : 🌿 ⚲⚲
Loisirs : 🍽 snack 👟 ⛱ 🎿 ⚓ 🚣
Services : ⚷ 🗊 🚿 ⊕ 🗑 🚱
À prox. : canoë

△ **Les Roches** mai-2 sept.
  ℰ 04 75 37 70 45, *hm07@free.fr*, Fax 04 75 37 70 45,
  www.campinglesroches.fr – **R** conseillée
  2,5 ha (120 empl.) accidenté, plat, herbeux, rocheux
  Tarif : (Prix 2005) 🔲 22,60 € 🔋 (10A) – pers. suppl. 4,60 € –
  frais de réservation 8 €
  Location 🏚 : 8 🛏 (4 à 6 pers.) 350 à 600 €/sem.
  🛒, 1 borne 4 €
  Pour s'y rendre : S : 1,5 km par D 579, à Vogüé-Gare, à
  200 m de l'Auzon et de l'Ardèche
  À savoir : Cadre sauvage

```
Nature : 🏞 ♀♀
Loisirs : 🍷 🏠 ⛵ 🎿 🛶
Services : 🚻 ⚡ 🚐 🗄 �️ ⚗ 🅿 📷
À prox. : 🏊
```

△ **Les Chênes Verts** avr.-sept.
  ℰ 04 75 37 71 54, *chenesverts2@wanadoo.fr*,
  Fax 04 75 37 71 54, *www.chenesverts.com* – accès aux em-
  placements par forte pente, mise en place et sortie des ca-
  ravanes à la demande – **R** conseillée
  2,5 ha (42 empl.) en terrasses, pierreux, herbeux
  Tarif : 🔲 21 € 🔋 (10A) – pers. suppl. 4 €
  Location : 21 🏚 (4 à 6 pers.) 250 à 550 €/sem.
  Pour s'y rendre : SE : 1,7 km par D 103, rte de St-Germain

```
Nature : ♀♀
Loisirs : snack ⛵ 🎿
Services : 🚻 ⚡ 🚐 🅿 📷 🔧
À prox. : 🍴
```

△ **L'Oasis des Garrigues**
  ℰ 04 75 37 03 27, *oasisdesgarrigues@wanadoo.fr*,
  Fax 04 75 37 16 32, *www.oasisdesgarrigues.com*
  – **R** conseillée
  1,2 ha (61 empl.) plat, herbeux, pierreux
  Location 🏚 : 🛏
  🛒, 1 borne
  Pour s'y rendre : S : 2 km par D 579, au rond-point et à
  droite

```
Loisirs : 🍷
Services : 🚻 ⚡ 🗄 🔧 ⚗ 🅿 📷
À prox. : 🏊 🚣 canoë
```

779

Drôme (26)

BARBIÈRES

✉ 26300 – 332 D4 – 647 h. – alt. 426
Paris 586 – Lyon 124 – Valence 23 – Grenoble 79 – Saint 130.

⚠ **Le Gallo-Romain** mai-1ᵉʳ oct.
  ℰ 04 75 47 44 07, *info@legalloromain.net*,
  Fax 04 75 47 44 07, *www.legalloromain.net* – **R** conseillée
  3 ha (50 empl.) plat et peu incliné, terrasses, herbeux,
  pierreux
  Tarif : 🔲 24,70 € – pers. suppl. 4 €
  Location : 14 🛏 (4 à 6 pers.) 300 à 500 €/sem.
  Pour s'y rendre : SE : 1,2 km par D 101, rte du Col de
  Tourniol, bord de la Barberolle

```
Nature : 🏞 🌳 ♀♀
Loisirs : 🍷 pizzeria 🏠 🎿 🚣
Services : 🚻 ⚡ 🖃 🚐 ▥ 🗄 🔧 ⚗
🔧 📷 🔧
```

BEAUMONT-EN-DIOIS

✉ 26310 – 332 F6 – 75 h. – alt. 650
Paris 650 – Châtillon-en-Diois 20 – Dié 28 – Montélimar 96 – Valence 93.

△ **Municipal St-Martin**
  ℰ 04 75 21 38 05
  1 ha (30 empl.) plat, herbeux, pierreux
  Pour s'y rendre : S : 0,5 km, bord d'un ruisseau

```
Nature : 🏞 ♀
Loisirs : 🚣
Services : 🚻 🗄 ⚗ 🔧 🚰
```

BENIVAY-OLLON

✉ 26170 – 332 E8 – 57 h. – alt. 450
Paris 689 – Lyon 227 – Valence 126 – Avignon 71 – Salon 98.

L'Écluse mai-mi-sept.
🖉 04 75 28 07 32, camp.ecluse@wanadoo.fr,
Fax 04 75 28 16 87, www.campecluse.com – **R** indispensable
4 ha (45 empl.) plat et en terrasses, accidenté, gravillons,
pierreux, herbeux
Tarif : 🛉 4 € 🗐 7 € (⊉) (6A) 4 € – frais de réservation 15 €
Location (15 avr.-déb. oct.) : 10 ⏛ (4 à 6 pers.) 215 à
610 €/sem. – 10 🏠 (4 à 6 pers.) 200 à 610 €/sem.
Pour s'y rendre : S : 1 km sur D 347, bord d'un ruisseau
À savoir : Sous les cerisiers, au milieu d'une vigne

Nature : 🐾 ⇐ 🖾 ♀
Loisirs : ☏ snack, pizzeria 🏖 🏸
🏊 🏹 ⛱
Services : 🚰 🐕 ♨ ☺ 🖭

BÉZAUDIN-SUR-BÎNE

✉ 26460 – 332 E6 – 55 h. – alt. 496
Paris 622 – Lyon 159 – Valence 57 – Avignon 102 – Gap 114.

Aire Naturelle le Moulin 15 avr.-sept.
🖉 04 75 53 37 21, arno-campmoulin26@aol.com,
Fax 04 75 53 37 21 – **R**
2,5 ha (25 empl.) plat, herbeux
Tarif : 🛉 3 € �car 2,50 € 🗐 2,50 € (⊉) (4A) 2 €
Pour s'y rendre : Sortie O rte de Bourdeaux, bord de la
Bîne

Nature : 🐾 ⇐
Loisirs : 🏖 🏊
Services : 🚰 🐕 🖅 ☺ 🖭

BOURDEAUX

✉ 26460 – 332 D6 – 563 h. – alt. 426
🚩 Office de tourisme, rue Droite 🖉 04 75 53 35 90
Paris 608 – Crest 24 – Montélimar 42 – Nyons 40 – Pont-St-Esprit 83 – Valence 51.

Les Bois du Châtelas 15 avr.-1er oct.
🖉 04 75 00 60 80, contact@chatelas.com,
Fax 04 75 00 60 81, www.chatelas.com – **R** indispensable
17 ha/6,5 campables (80 empl.) en terrasses, peu incliné,
pierreux, herbeux
Tarif : 🗐 25,50 € (⊉) (10A) – pers. suppl. 4,50 € – frais de
réservation 10 €
Location : 18 ⏛ (4 à 6 pers.) 290 à 530 €/sem.
⏛, 1 borne 1 €
Pour s'y rendre : SO : 1,4 km par D 538, rte de Dieulefit

Nature : 🐾 ⇐ 🖾
Loisirs : ☏ ✗ snack, pizzeria 🏖
jacuzzi 🏸 🏌 🏊 ⛱
Services : 🖤 🚰 ⮂ 🐕 Ⓜ ▥ 🖅 ♨
🏊 ☺ 🏊 ⛱ 🖭 🛒 🥘
À prox. : ✗ 🐎

Municipal le Gap des Tortelles avr.-sept.
🖉 04 75 53 30 45, info@campingdebourdeaux.com,
Fax 04 75 53 30 45, www.campingdebourdeaux.com
– **R** conseillée
0,7 ha (43 empl.) plat et terrasse, herbeux, pierreux
Tarif : 🗐 12,50 € – pers. suppl. 3,50 €
Pour s'y rendre : Sortie SE par D 70, rte de Nyons et
chemin à droite, bord du Roubion

Nature : 🐾 ⇐ ♀♀
Loisirs : 🏸 ⛱
Services : 🖤 🚰 ⮂ 🐕 🖅 🏊 ☺ 🖭
À prox. : ✗ 🏊

BUIS-LES-BARONNIES

✉ 26170 – 332 E8 – G. Alpes du Sud – 2 226 h. – alt. 365
🚩 Office de tourisme, boulevard Eysserie 🖉 04 75 28 04 59, Fax 04 75 28 13 63
Paris 685 – Carpentras 39 – Nyons 29 – Orange 50 – Sault 38 – Sisteron 72 – Valence 130.

Les Éphélides
🖉 04 75 28 10 15, ephelides@wanadoo.fr,
Fax 04 75 28 13 04, www.ephelides.com – **R** indispensable
2 ha (40 empl.) plat, herbeux, pierreux
Location : ⏛ – 🏠 – bungalows toilés
Pour s'y rendre : SO : 1,4 km par av. de Rieuchaud
À savoir : Sous les cerisiers, au bord de l'Ouvèze

Nature : 🐾 ⇐ ♀
Loisirs : snack 🏸 🏊
Services : 🖤 🚰 🖅 ☺ 🖭
À prox. : ✗ 🐎 piste de skate-
board

△ **Municipal du Jalinier** mars-11 nov.
     ℰ 04 75 28 04 96
1,2 ha (55 empl.) plat, herbeux, gravier
Tarif : ♦ 2,50 € ⇦ 1,80 € ▣ 3,60 € ⟨⟩ (10A) 3,20 €
Pour s'y rendre : Au NE du bourg vers rte de Séderon,
près de la piscine et à 50 m de l'Ouvèze

Nature : ⩽ ♀
Services : ⅙ ▤ ☺
À prox. : ⟋

△ **La Gautière** mars-1er oct.
     ℰ 04 75 28 02 68, *accueil@camping-lagautiere.com*,
Fax 04 75 28 24 11, *www.camping-lagautiere.com*
– **R** conseillée
6 ha/3 campables (40 empl.) incliné à peu incliné, terrasses,
pierreux, herbeux
Tarif : ▣ 17,85 € ⟨⟩ (6A) – pers. suppl. 4,60 € – frais de
réservation 15 €
Location : 8 ⟨⟩ (4 à 6 pers.) 299 à 536 €/sem.
Pour s'y rendre : SO : 5 km par D 5, puis à droite, chemin
du Domaine de Roustillan

Nature : ⧈ ⩽ ♀
Loisirs : ⚹♦ ⌀
Services : ⅙ ⚬╼ GB ⅔ ▤ ☺ ▨

The Guide changes, so renew your Guide every year.

CHABEUIL

✉ 26120 – **332** D4 – 5 861 h. – alt. 212
🛈 *Office de tourisme, place Génissieu* ℰ 04 75 59 28 67, Fax 04 75 59 28 60
Paris 569 – Crest 21 – Die 59 – Romans-sur-Isère 18 – Valence 12.

△△△ **Le Grand Lierne** 28 avr.-10 sept.
     ℰ 04 75 59 83 14, *contact@grandlierne.com*,
Fax 04 75 59 87 95, *www.grandlierne.com* – **R** conseillée ⚤
(8 juil.-18 août)
3,6 ha (160 empl.) plat, pierreux, herbeux
Tarif : ▣ 35,30 € ⟨⟩ (10A) – pers. suppl. 8,30 € – frais de
réservation 30 €
Location ⚤ : 60 ⟨⟩ (4 à 6 pers.) 294 à 910 €/sem. – 7
⌂ (4 à 6 pers.) 301 à 889 €/sem.
Pour s'y rendre : NE : 5 km par D 68, rte de Peyrus, D 125 à
gauche et D 143 à droite - par A 7 sortie Valence Sud et
direction Grenoble

Nature : ⧈ ⌑ ♀♀
Loisirs : ♀ snack ⊙ nocturne ⚹♦
⚲ ⽥ ⧈ (petite piscine) ⟋ ⚹
Services : ⅙ ⚬╼ GB ⅔ ▤ ☖ ▨ ☺
⚞ ▨ ☲ ⚲ cases réfrigérées

781

CHARMES-SUR-L'HERBASSE

✉ 26260 – **332** D3 – 713 h. – alt. 251
Paris 550 – Annonay 45 – Beaurepaire 28 – Romans-sur-Isère 16 – Tournon-sur-Rhône 22 – Valence 31.

△ **Les Falquets** mai-2 sept.
     ℰ 04 75 45 75 57, *lesfalquets@free.fr*, *lesfalquets.free.fr*
– **R** conseillée
1 ha (75 empl.) plat, herbeux
Tarif : ▣ 14,80 € ⟨⟩ (6A) – pers. suppl. 3,50 €
Pour s'y rendre : Sortie SE, par D 121, rte de Margès, bord
de l'Herbasse

Nature : ⧈ ♀♀
Loisirs : ⚹♦ ⚞
Services : ⅙ ⚬╼ ⅔ ▤ ☺

CHÂTEAUNEUF-DE-GALAURE

✉ 26330 – **332** C2 – 1 276 h. – alt. 253
Paris 531 – Annonay 29 – Beaurepaire 19 – Romans-sur-Isère 27 – St-Marcellin 41 – Tournon-sur-Rhône 25 –
Valence 41.

△△△ **Château de Galaure** avr.-sept.
     ℰ 04 75 68 65 22, *www.galaure.com* – **R**
12 ha (200 empl.) plat, herbeux
Tarif : ▣ 26 € ⟨⟩ (10A) – pers. suppl. 4,50 €
Pour s'y rendre : SO : 0,8 km par D 51, rte de St-Vallier
À savoir : Bel ensemble de piscines

Nature : ♀♀
Loisirs : ♀ ⚐ ⚹♦ ⟋ ⚹ skate
board
Services : ⅙ ⚬╼ ▤ ☖ ⚲ ☺ ▨
À prox. : ⚹ ⚲ parcours de santé

CHÂTEAUNEUF-DU-RHÔNE

✉ 26780 – 332 B7 – G. Vallée du Rhône – 2 220 h. – alt. 80
Paris 615 – Aubenas 42 – Grignan 23 – Montélimar 9 – Pierrelatte 15 – Valence 60.

▲ **Municipal la Graveline**
📞 04 75 90 80 96, *chateauneufdurhone@wanadoo.fr*,
Fax 04 75 90 69 49, *www.chateauneuf-du-rhone.fr*
– **R** conseillée
0,6 ha (66 empl.) plat et peu incliné, herbeux
Pour s'y rendre : Sortie N par D 73, rte de Montélimar puis chemin à droite

Nature : 🐟 ♀
Services : ☎ 🏠 ⊛
À prox. : 🍽 🛶

CHÂTILLON-EN-DIOIS

✉ 26410 – 332 F5 – 523 h. – alt. 570
🛈 *Office de tourisme, rue du Reclus* 📞 04 75 21 10 07
Paris 637 – Die 14 – Gap 79 – Grenoble 97 – La Mure 65.

▲ **Le Lac Bleu** avr.-sept.
📞 04 75 21 85 30, *info@lacbleu-diois.com*,
Fax 04 75 21 82 05, *www.lacbleu-diois.com* – **R** indispensable
9 ha/3 campables (90 empl.) plat, herbeux, pierreux
Tarif : 🔲 20,70 € – pers. suppl. 5,10 € – frais de réservation 10 €
Location : 25 🛖 (4 à 6 pers.) 203 à 661 €/sem.
🚐 1 borne 2 € – 10 🔲 8,50 €
Pour s'y rendre : SO : 4 km par D 539, rte de Die et D 140, de Menglon, chemin à gauche, avant le pont

Nature : ≤ ♀ ⛰
Loisirs : 🍸 🍽 pizzeria 🏖 🛶
Services : ⅊ ☎ ⊙ 🛒 🏠 ⊛ 🗄 🖥
🕳

▲ **Municipal les Chaussières Piemard** avr.-oct.
📞 04 75 21 10 30 – **R** conseillée
2 ha (182 empl.) plat, herbeux, pierreux
Tarif : (Prix 2005) 🚶 2,65 € 🔲 4,20 € 🔌 (10A) 2,52 €
Location : 6 🛖 (4 à 6 pers.) 230 à 450 €/sem.
🚐 1 borne 3 €
Pour s'y rendre : Au bourg

Nature : ≤ ♀
Loisirs : 🏖 🍽
Services : ⅊ ☎ ⊙ 🛒 🏠 ⊛ 🖥
À prox. : 🛶 🎿 🛝 🕳 🚤 🛶

En juin et septembre les campings sont plus calmes, moins fréquentés et pratiquent souvent des tarifs " hors saison ".

Le lac de Serre-Ponçon

B. Kaufmann/Michelin

CREST

📫 26400 – 332 D5 – G. Vallée du Rhône – 7 739 h. – alt. 196
🛈 *Office de tourisme, place du Docteur Rozier* 📞 *04 75 25 11 38, Fax 04 75 76 79 65*
Paris 585 – Die 37 – Gap 129 – Grenoble 114 – Montélimar 37 – Valence 28.

⚠️ **Les Clorinthes** avr.-1er oct.
📞 04 75 25 05 28, *clorinthes@wanadoo.fr,*
Fax 04 75 76 75 09, *www.lesclorinthes.com* – **R** conseillée
4 ha (160 empl.) plat, peu incliné, herbeux
Tarif : 📧 19,40 € – pers. suppl. 4,60 € – frais de réservation 18,50 €
Location : 5 🚐 (4 à 6 pers.) 270 à 540 €/sem. – 4 🏠 (4
à 6 pers.) 250 à 520 €/sem.
Pour s'y rendre : Sortie S par D 538 puis chemin à gauche
après le pont, près de la Drôme et du complexe sportif

> Nature : ≤ ⚲
> Loisirs : 🍽 pizzeria 🏊 ⛵
> Services : ♿ ⚡ GB 🐕 🍴 ♨ ⛽ ⚙
> 🚿
> À prox. : ✂ 🐾 poneys

Benutzen Sie
– zur Wahl der Fahrtroute
– zur Berechnung der Entfernungen
– zur exakten Lokalisierung eines Campingplatzes (mit Hilfe der Angaben im Ortstext)
die für diesen Führer unentbehrlichen **MICHELIN-Karten** *im Ma1 : 150 000.*

DIE

📫 26150 – 332 F5 – G. Alpes du Sud – 4 451 h. – alt. 415
🛈 *Office de tourisme, rue des Jardins* 📞 *04 75 22 03 03, Fax 04 75 22 40 46*
Paris 623 – Gap 92 – Grenoble 110 – Montélimar 73 – Nyons 77 – Sisteron 103 – Valence 66.

⚠️ **La Pinède** 8 avr.-9 sept.
📞 04 75 22 17 77, *info@camping-pinede.com,*
Fax 04 75 22 22 73, *www.camping-pinede.com* – accès par
chemin et pont étroits – **R** conseillée
8 ha/2,5 campables (110 empl.) plat et en terrasses,
pierreux, herbeux
Tarif : (Prix 2005) 📧 24 € 🔌 (10A) – pers. suppl. 7 €
Location : 33 🚐 (4 à 6 pers.) 350 à 889 €/sem. – 22 🏠
(4 à 6 pers.) 420 à 812 €/sem.
Pour s'y rendre : O : 1,7 km par D 93, rte de Crest puis
1 km par chemin à gauche
À savoir : Cadre agréable au bord de la Drôme

> Nature : 🌲 ≤ 🏞 ⚲
> Loisirs : 🍽 🍴 pizzeria 🏖 ✂ ♒ ⛵
> Services : ♿ ⚡ GB 🐕 🍴 ♨ ⛽ ⚙
> 🚿 ♨ 🚿

783

⚠️ **Le Glandasse**
📞 04 75 22 02 50, *camping-glandasse@wanadoo.fr,*
Fax 04 75 22 04 91, *www.camping-glandasse.com*
– **R** conseillée
3,5 ha (90 empl.) plat, peu incliné, herbeux, pierreux
Location : 6 🚐
Pour s'y rendre : SE : 1 km par D 93, rte de Gap puis
chemin à droite
À savoir : Au bord de la Drôme

> Nature : 🌲 ≤ 🏞 ⚲⚲
> Loisirs : snack, pizzeria 🏖 🏖 🚲
> ♒ 🚤
> Services : ♿ ⚡ 🍴 ♨ ⛽ ⚙ 📧 🚿

DIEULEFIT

📫 26220 – 332 D6 – G. Vallée du Rhône – 3 096 h. – alt. 366
🛈 *Office de tourisme, 1, place Abbé Magnet* 📞 *04 75 46 42 49, Fax 04 75 46 36 48*
Paris 614 – Crest 30 – Montélimar 29 – Nyons 30 – Orange 58 – Pont-St-Esprit 69 – Valence 57.

⚠️ **Les Grands Prés Atmosphère** 15 mars-15 oct.
📞 04 75 46 87 50, *info@camping-grandpres.com,*
www.camping-grandpres.com – **R** conseillée
1,8 ha (101 empl.) plat, herbeux
Tarif : (Prix 2005) 📧 12,10 € 🔌 (10A) – pers. suppl. 2,75 €
Pour s'y rendre : Sortie O par D 540, rte de Montélimar,
près du Jabron, chemin piétonnier reliant directement le
camping au bourg

> Nature : 🌲 ⚲⚲
> Loisirs : 🏖 🚤
> Services : ♿ ⚡ (juil.-10 sept.) GB
> 🐕 ▥ ♨ ⚙ 📧
> À prox. : 🏖 ✂ ⛵

DIEULEFIT

▲ La Source du Jabron avr.-sept.
📞 04 75 90 61 30, *lejabron@aol.com*, Fax 04 75 90 61 30,
www.campinglasource.com – **R** indispensable
4 ha (50 empl.) plat, peu incliné et en terrasses, herbeux,
pierreux
Tarif : 🔲 19,30 € 🔌 (6A) – pers. suppl. 4,20 €
Location : 15 🚐 (4 à 6 pers.) 270 à 530 €/sem. – 6 🏚
(4 à 6 pers.) 230 à 460 €/sem. – bungalows toilés
Pour s'y rendre : NE : 3,5 km par D 538, rte de Bourdeaux
et chemin à droite, bord du Jabron

Nature : 🔻 ⇔ ♀	
Loisirs : 🏠 🛥	
Services : o▬ 🗑 ⚄ ⊕ 📷 🛒	

GRANE

✉ 26400 – 332 C5 – 1 567 h. – alt. 175
🚹 *Syndicat d'initiative, le village* 📞 04 75 62 66 08
Paris 583 – Crest 10 – Montélimar 34 – Privas 29 – Valence 26.

▲ Les Quatre Saisons Permanent
📞 04 75 62 64 17, *camping.4saisons@wanadoo.fr*,
Fax 04 75 62 69 06, *www.camping.4saisons.com*
– **R** conseillée
2 ha (80 empl.) en terrasses, herbeux, sablonneux, pierrieux
Tarif : 🔲 19 € 🔌 (16A) – pers. suppl. 5 €
Location : 9 🏚 (4 à 6 pers.) 270 à 400 €/sem.
Pour s'y rendre : Sortie SE, 0,9 km par D 113, rte de la
Roche-sur-Grâne

Nature : 🔻 ⇔ ⌂ ♀	
Loisirs : 🍽 🛥	
Services : 🔥 o▬ 🇬🇧 🗑 M 🏧 🗑 🛒	
⚄ 🛒 🛁 📷 🛒	
À prox. : ✂	

Gebruik de gids van het lopende jaar.

GRIGNAN

784

✉ 26230 – 332 C7 – 1 353 h. – alt. 198
🚹 *Office de tourisme, place Sévigné* 📞 04 75 46 56 75, Fax 04 75 46 55 89
Paris 629 – Crest 46 – Montélimar 25 – Nyons 25 – Orange 52 – Pont-St-Esprit 38 – Valence 74.

▲ Les Truffières 20 avr.-sept.
📞 04 75 46 93 62, *info@lestruffieres.com*,
Fax 04 75 46 93 62, *www.lestruffieres.com* – **R** conseillée
✂
1 ha (85 empl.) plat, herbeux, pierreux, bois attenant
Tarif : 🔲 20,20 € – pers. suppl. 4,70 € – frais de réser-
vation 10 €
Location : 6 🚐 (4 à 6 pers.) 270 à 450 €/sem.
Pour s'y rendre : SO : 2 km par D 541, rte de Donzère, D 71,
rte de Chamaret à gauche et chemin
À savoir : Cadre boisé

Nature : 🔻 ⌂ ♀♀	
Loisirs : snack 🏠 🛥 🛥	
Services : 🔥 o▬ 🗑 ⊕ 📷	

LUS-LA-CROIX-HAUTE

✉ 26620 – 332 H6 – G. Alpes du Sud – 437 h. – alt. 1 050
🚹 *Syndicat d'initiative, le Haut Village* 📞 04 92 58 51 85
Paris 638 – Alès 207 – Die 45 – Gap 49 – Grenoble 75.

▲ Champ la Chèvre 28 avr.-1er oct.
📞 04 92 58 50 14, *info@campingchamplachevre.com*,
Fax 04 92 58 55 92, *www.campingchamplachevre.com*
– **R** conseillée
3,6 ha (100 empl.) plat, en terrasses, peu incliné,
incliné, herbeux
Tarif : 🔲 14,90 € 🔌 (6A) – pers. suppl. 3,40 € – frais de
réservation 10 €
Location (28 janv.-10 nov.) : 4 🚐 (4 à 6 pers.)
440 €/sem. – 4 🏚 (4 à 6 pers.) 490 €/sem.
🚐 1 borne
Pour s'y rendre : Au SE du bourg, près de la piscine

Nature : 🔻 ⇔ ♀	
Loisirs : 🏠	
Services : 🔥 o▬ 🇬🇧 🗑 ⊕ 📷	
À prox. : 🏇	

MENGLON

✉ 26410 – 332 F6 – 355 h. – alt. 550
Paris 645 – Lyon 183 – Valence 80 – Grenoble 90 – Gap 84.

⚑⚑⚑ **L'Hirondelle** 28 avr.-17 sept.
    ℘ 04 75 21 82 08, *contact@campinghirondelle.com*,
Fax 04 75 21 82 85, *www.campinghirondelle.com* – **R** indispensable
7,5 ha/4 campables (100 empl.) non clos, plat et peu accidenté, herbeux
Tarif : 🔲 26,75 € 🔌 (6A) – pers. suppl. 6,80 € – frais de réservation 18,50 €
Location (4 avr.-sept.) : 16 🚐 (4 à 6 pers.) 270 à 686 €/sem. – 20 🏠 (4 à 6 pers.) 291 à 728 €/sem.
Pour s'y rendre : NO : 2,8 km par D 214 et D 140, rte de Die, près du D 539 (accès conseillé)
À savoir : Cadre et situation agréables au bord du Bez

> Nature : ⚲ ⟨ ⌑ ♨
> Loisirs : 🍷 ✗ snack, pizzeria 🍴 ☝ nocturne 🏸 🏊 🎣 🏖 (plan d'eau) 🏖
> Services : 🚿 ⛽ 🅶🅱 🚗 🧺 🏕 ♨ 🔥
> 🌀 🚿

MIRABEL-ET-BLACONS

✉ 26400 – 332 D5 – 815 h. – alt. 225
Paris 595 – Crest 7 – Die 30 – Dieulefit 33 – Grignan 48 – Valence 38.

⚑⚑⚑ **Gervanne** avr.-1er nov.
    ℘ 04 75 40 00 20, *info@gervanne-camping.com*,
Fax 04 75 40 03 97, *www.gervanne-camping.com* – **R** conseillée
3,7 ha (150 empl.) plat et peu incliné, herbeux
Tarif : 🔲 20,40 € 🔌 (6A) – pers. suppl. 5,10 € – frais de réservation 10 €
Location 🏖 (juil.-août) : 9 🏠 (4 à 6 pers.) 270 à 610 €/sem.
🚐 1 borne 4,20 €
Pour s'y rendre : À Blacons, au confluent de la Drôme et de la Gervanne
À savoir : Cadre verdoyant au bord d'un plan d'eau

> Nature : ⚲ ♨ ⛰
> Loisirs : 🍷 pizzeria 🍴 🏊 🎣
> Services : 🚿 ⛽ 🅶🅱 🚗 🏕 ♨ 🌀
> 🌀 🏊 🚿
> À prox. : parcours de santé

785

La MOTTE-CHALANCON

✉ 26470 – 332 F7 – 395 h. – alt. 547
🛈 *Syndicat d'initiative, place du Pont* ℘ 04 75 27 24 67
Paris 643 – Aspres-sur-Buëch 49 – Die 47 – Nyons 37 – Rémuzat 10 – Serres 38.

⚑ **Le Moulin** juin-sept.
    ℘ 04 75 27 24 06, *campingmoulin@wanadoo.fr*,
Fax 04 75 27 24 06, *www.campingmoulin.net* – **R** conseillée
1,2 ha (48 empl.) plat, herbeux
Tarif : (Prix 2005) 🔲 15,50 € 🔌 (20A) – pers. suppl. 3 €
Pour s'y rendre : Sortie S par D 61, rte de Rémuzat et à droite après le pont
À savoir : Au bord de l'Ayguebelle

> Nature : ⚲ ⟨ ♨
> Loisirs : 🏊 🚲
> Services : 🚿 ⛽ 🧺 ♨ 🌀 🔥

NYONS

✉ 26110 – 332 D7 – G. Provence – 6 723 h. – alt. 271
🛈 *Office de tourisme, place de la Libération* ℘ 04 75 26 10 35, Fax 04 75 26 01 57
Paris 653 – Alès 109 – Gap 106 – Orange 43 – Sisteron 99 – Valence 98.

⚑ **L'Or Vert** avr.-sept.
    ℘ 04 75 26 24 85, *camping-or-vert@wanadoo.fr*,
Fax 04 75 26 17 89, *www.camping-or-vert.com* – **R** indispensable 🏖 (juil.-août)
1 ha (79 empl.) plat et en terrasses, pierreux, gravillons, herbeux, petit verger
Tarif : 🔲 16,80 € 🔌 (6A) – pers. suppl. 4 €
Pour s'y rendre : À Aubres, NE : 3 km par D 94, rte de Serres, bord de l'Eygues

> Nature : ⟨ ⌑ ♨
> Loisirs : snack 🍴 🏊 🎣 🏹
> Services : ⛽ 🧺 🏕 ♨ 🌀 🔥 réfrigérateurs

NYONS

🔺 **Les Terrasses Provençales** 15 avr.-15 sept.
    𝒫 04 75 27 92 36, *novezan@lesterrassesprovencales.com*,
    Fax 04 75 27 92 36, *www.lesterrassesprovencales.com*
    – **R** conseillée � (juil.-août)
    2,5 ha (70 empl.) terrasses, plat, gravillons, pierreux, herbeux
    Tarif : 🔲 18,70 € 🔌 (10A) – pers. suppl. 4,50 € – frais de réser-
    vation 8 €
    Location : 🛖 (4 à 6 pers.) 280 à 450 €/sem.
    Pour s'y rendre : NO : 7 km par D 538, puis D 232 à droite

| Nature : 🏞 🌳 |
| Loisirs : 🛋 ⛸ |
| Services : 👤 ⛽ GB 🅿 🗑 🛎 ⊙ 🚿 |
| 🖼 |

PIERRELONGUE

✉ 26170 – **332** E8 – G. Alpes du Sud – 127 h. – alt. 285
Paris 679 – Buis-les-Baronnies 7 – Carpentras 32 – Nyons 22 – Vaison-la-Romaine 16 – Sault 39.

🔺 **Les Castors**
    𝒫 04 75 28 74 67, *castorscamp@aol.com*,
    Fax 04 75 28 74 67, *www.campinglescastors.com*
    – **R** conseillée
    1,3 ha (50 empl.) plat et terrasses, pierreux, herbeux
    Location : 🛖
    Pour s'y rendre : SO : 0,6 km par D 5, rte de Mollans
    À savoir : Au pied des montagnes et au bord de l'Ouvèze

| Nature : ⪡ 🌳 |
| Loisirs : 🍴 snack ⛸ 🛶 |
| Services : ⛽ 🗑 🛎 ⊙ 🖼 🚿 |

POËT-CÉLARD

✉ 26460 – **332** D6 – 145 h. – alt. 590
Paris 618 – Lyon 156 – Valence 53 – Avignon 114 – Gap 118.

⛰ **Le Couspeau** 15 avr.-17 sept.
    𝒫 04 75 53 30 14, *info@couspeau.com*, Fax 04 75 53 37 23,
    www.couspeau.com – alt. 600 – **R** conseillée
    6 ha (133 empl.) plat, en terrasses et peu incliné, herbeux
    Tarif : 🔲 26 € 🔌 (6A) – pers. suppl. 6 € – frais de réser-
    vation 16 €
    Location : 20 🛖 (4 à 6 pers.) 230 à 589 €/sem. – 20 🏠
    (4 à 6 pers.) 280 à 589 €/sem.
    Pour s'y rendre : SE : 1,3 km par D 328A

| Nature : 🏞 ⪡ 🛋 🌳 |
| Loisirs : 🍴 🍴 snack 🕐 nocturne 🏇 🚴 ✂ 🅼 🎯 (petite piscine) ⛸ |
| Services : 👤 ⛽ GB 🅿 Ⓜ 🗑 🖩 🚿 ⊙ ⛲ 🖼 🛁 🚿 |

Le POËT-LAVAL

✉ 26160 – **332** D6 – G. Vallée du Rhône – 809 h. – alt. 311
Paris 619 – Crest 35 – Montélimar 25 – Nyons 35 – Orange 78 – Pont-St-Esprit 65 – Valence 61.

🔺 **Municipal Lorette** mai-sept.
    𝒫 04 75 91 00 62, *camping.lorette@wanadoo.fr*,
    Fax 04 75 46 46 45 – **R** conseillée
    2 ha (60 empl.) peu incliné à incliné, herbeux
    Tarif : 🔹 3,05 € 🔲 3,05 € 🔌 1,85 €
    🛖 1 borne
    Pour s'y rendre : E : 1 km par D 540, rte de Dieulefit
    À savoir : Au bord du Jabron

| Nature : ⪡ 🌳 |
| Loisirs : ⛸ 🛶 |
| Services : 👤 ⛽ (juil.-août) GB 🅿 |
| ⊙ 🛁 🖼 |
| À prox. : ✗ |

POMMEROL

✉ 26470 – **332** F7 – 21 h. – alt. 916
Paris 656 – Carpentras 90 – Nyons 50 – Orange 92 – Sault 82 – Sisteron 69 – Valence 99.

🔺 **Aire Naturelle du Moulin** 15 avr.-15 oct.
    𝒫 04 75 27 25 63, Fax 04 75 27 25 63 – pour les caravanes,
    itinéraire conseillé par la Charce, D 338 et D 438 rte de Pom-
    merol – **R** conseillée
    1 ha (25 empl.) en terrasses, peu incliné à incliné, plat,
    pierreux, herbeux
    Tarif : 🔲 12 € – pers. suppl. 3 €
    Pour s'y rendre : E : 1 km par D 438 et chemin à gauche
    À savoir : Au pied d'un beau village provençal accroché à la
    montagne

| Nature : 🏞 ⪡ |
| Loisirs : 🛋 |
| Services : ⛽ 🅿 🗑 🛎 ⊙ 🖼 |

786

RECOUBEAU-JANSAC

✉ 26310 – 332 F6 – 207 h. – alt. 500
Paris 637 – La Chapelle-en-Vercors 55 – Crest 51 – Die 14 – Rémuzat 43 – Valence 80.

Le Couriou mai-août
    ℘ 04 75 21 33 23, *camping.lecouriou@wanadoo.fr*,
Fax 04 75 21 38 42, *www.campinglecouriou.com* – **R** conseillée
7 ha/4,5 campables (138 empl.) non clos, en terrasses, peu
incliné, herbeux, pierreux, gravier, bois
Tarif : ▣ 23,40 € (6A) – pers. suppl. 5,50 €
Location (avr.-oct.) : 11 ⌂ (4 à 6 pers.) 183 à
582 €/sem. – 15 ⌂ (4 à 6 pers.) 153 à 630 €/sem.
Pour s'y rendre : NO : 0,7 km par D 93, rte de Die
À savoir : Espace aquatique et joli petit village de chalets

Nature : ⩹ ⌂ ♀
Loisirs : ⵟ snack 🏠 ⌗ 🏊
Services : ⅗ ⚬━ GB ⅗ 🖭 🗑 ⌗ ⧖ ⌾
🖾 🏪

ROMANS-SUR-ISÈRE

✉ 26100 – 332 D3 – G. Vallée du Rhône – 32 667 h. – alt. 162
🄸 *Office de tourisme, place Jean Jaurès* ℘ 04 75 02 28 72
Paris 558 – Die 78 – Grenoble 81 – St-Étienne 121 – Valence 20 – Vienne 73.

Les Chasses avr.-15 oct.
    ℘ 04 75 72 35 27 – **R** conseillée
1 ha (40 empl.) plat, herbeux
Tarif : ✹ 2 € ⛺ 1,15 € ▣ 2,30 € (2) 3,65 €
Pour s'y rendre : NE : 3,5 km par N 92 rte de St-Marcellin
puis 0,9 km par rte à gauche, près de l'aérodrome

Nature : ⌂ ♀
Services : ⅗ ⚬━ ⌾ 🖾
À prox. : ⵟ ✕ ⵞ 🐟

SAHUNE

✉ 26510 – 332 E7 – 292 h. – alt. 330
🄸 *Syndicat d'initiative, quartier Saint-Jean, chez Monsieur Jouve* ℘ 04 75 27 45 35, Fax 04 75 27 45 35
Paris 647 – Buis-les-Baronnies 27 – La Motte-Chalancon 22 – Nyons 16 – Rosans 25 – Vaison-la-Romaine 31.

Vallée Bleue avr.-sept.
    ℘ 04 75 27 44 42, *info@lavaleebleue.com*,
Fax 04 75 27 44 42, *www.lavaleebleue.com* – **R** conseillée
3 ha (45 empl.) plat, pierreux, herbeux
Tarif : ▣ 19 € (6A) – pers. suppl. 5 €
Pour s'y rendre : Sortie SO par D 94, rte de Nyons, bord de
l'Eygues

Nature : ⩹ ♀
Loisirs : snack ⌗ ⌕ m ⌗
Services : ⅗ ⚬━ ⅗ 🖾 ⌾ ⧖ 🖭

787

ST-AVIT

✉ 26330 – 332 C2 – 242 h. – alt. 348
Paris 536 – Annonay 33 – Lyon 81 – Romans-sur-Isère 22 – Tournon-sur-Rhône 26.

Domaine la Garenne 22 avr.-17 sept.
    ℘ 04 75 68 62 26, *garenne.drome@wanadoo.fr*,
Fax 04 75 68 60 02, *www.domaine-la-garenne.com*
– **R** conseillée
14 ha/6 campables (100 empl.) incliné à peu incliné, plat et
en terrasses, herbeux
Tarif : ▣ 19 € (6A) – pers. suppl. 5 €
Location (permanent) ⵗ : 8 ⌂ (4 à 6 pers.) 280 à
588 €/sem. – 7 ⌂ (4 à 6 pers.) 336 à 672 €/sem.
Pour s'y rendre : NO : par D 207 et D 53

Nature : ⌇ ⩹ ♀♀
Loisirs : 🏠 ⌕ ⌗ ⌗
Services : ⅗ ⚬━ ⅗ 🖾 ⌾ ⧖ 🖭
À prox. : ⌇

ST-DONAT-SUR-L'HERBASSE

✉ 26260 – 332 C3 – G. Vallée du Rhône – 3 132 h. – alt. 202
🄸 *Office de tourisme, 32, avenue Georges Bert* ℘ 04 75 45 15 32, Fax 04 75 45 20 42
Paris 545 – Grenoble 92 – Hauterives 20 – Romans-sur-Isère 13 – Tournon-sur-Rhône 18 – Valence 27.

Les Ulèzes 15 avr.-sept.
    ℘ 04 75 45 10 91, *camping.ulezes@wanadoo.fr*,
Fax 04 75 45 22 21, *www.domaine-des-ulezes.com*
– **R** conseillée
2,5 ha/0,7 campable (40 empl.) plat, herbeux, petit étang
Tarif : ▣ 21,50 € (10A) – pers. suppl. 3,50 €
Pour s'y rendre : Sortie SE par D 53, rte de Romans et
chemin à droite, près de l'Herbasse

Nature : ⌂ ♀
Loisirs : ⵟ 🏠 ⌕ ⌗ ⌗
Services : ⅗ ⚬━ 🖭 ⌾ ⧖ ⵗ 🖭

ST-DONAT-SUR-L'HERBASSE

▲▲ **Lac Champos** mai-mi-sept.
  📞 04 75 45 17 81, *contact@lacdechampos.com,*
  Fax 04 75 45 03 63, *www.lacdechampos.com* – **R** conseillée
  43 ha/6 campables (60 empl.) plat, en terrasses, herbeux
  Tarif : 🅴 14,30 € 🔌 (10A) – pers. suppl. 3,60 €
  Location (avr.-mi-déc.) : 21 🏠 (4 à 6 pers.) 220 à
  490 €/sem.
  🚐 1 borne – 5 🅴
  Pour s'y rendre : NE : 2 km par D 67
  À savoir : Cadre agréable au bord du lac de Champos

| Nature : ♀ |
| Loisirs : 🍷 snack 🛏 🚣 ⚲ 🏊 ⛷ 🌊 |
| Services : 🚿 ⊶ GB 🚐 ♻ 🚰 ⊕ 🔋 |

ST-FERRÉOL-TRENTE-PAS

✉ 26110 – 332 E7 – 212 h. – alt. 417
Paris 634 – Buis-les-Baronnies 30 – La Motte-Chalancon 34 – Nyons 14 – Rémuzat 25 – Vaison-la-Romaine 29.

▲▲ **Le Pilat** avr.-sept.
  📞 04 75 27 72 09, *info@campinglepilat.com,*
  Fax 04 75 27 72 34, *www.campinglepilat.com* – **R** conseillée
  1 ha (70 empl.) plat, pierreux, herbeux
  Tarif : 🚶 4,70 € 🚗 1,50 € 🅴 5,20 € 🔌 (6A) 3 €
  Location (avr.-1er nov.) ⚡ : 3 🛖 (2 à 4 pers.) 150 à
  250 €/sem. – 10 🏠 (4 à 6 pers.) 235 à 575 €/sem.
  Pour s'y rendre : N : 1 km par D 70, rte de Bourdeaux,
  bord d'un ruisseau
  À savoir : Au milieu de la lavande

| Nature : 🌳 ≤ 🚐 ♀ |
| Loisirs : snack 🛏 🚣 🎿 ⚲ 🌊 |
| Services : 🚿 ⊶ 🚐 🖫 ♻ 🚰 ⊕ 🔋 |
| 🏊 |

ST-JEAN-EN-ROYANS

✉ 26190 – 332 E3 – G. Alpes du Nord – 2 895 h. – alt. 250
🅱 *Office de tourisme, 13, place de l'Église 📞 04 75 48 61 39, Fax 04 75 47 54 44*
Paris 584 – Die 62 – Romans-sur-Isère 28 – Grenoble 71 – St-Marcellin 20 – Valence 44 – Villard-de-Lans 34.

▲ **Municipal** mai-sept.
  📞 04 75 47 74 60, Fax 04 75 48 66 40 – 🏮
  4 ha (135 empl.) plat, herbeux
  Tarif : (Prix 2005) 🚶 2,80 € 🅴 2,10 € 🔌 (10A) 1,90 €
  Location (permanent) : 🏠 (4 à 6 pers.) 190 à 400 €/sem.
  🚐 1 borne
  Pour s'y rendre : Sortie SO par D 70, rte d'Oriol-en-Royans,
  bord de la Lyonne

| Nature : 🌳 🚐 ♀♀ |
| Loisirs : 🚣 |
| Services : ⊶ (juil.-août) 🚐 🖫 ⊕ 🔋 |
| À prox. : ⚲ 🎿 |

ST-MARTIN-EN-VERCORS

✉ 26420 – 332 F3 – G. Alpes du Nord – 295 h. – alt. 780
Paris 601 – La Chapelle-en-Vercors 9 – Grenoble 51 – Romans-sur-Isère 46 – St-Marcellin 34 – Villard-de-Lans 20.

▲ **La Porte St-Martin** 29 avr.-sept.
  📞 04 75 45 51 10, *infos@camping-laportestmartin.com,*
  www.camping-laportestmartin.com – **R** conseillée
  1,5 ha (66 empl.) plat et en terrasses, incliné, herbeux,
  gravier, pierreux
  Tarif : 🅴 16,30 € – pers. suppl. 5 €
  Location : 4 bungalows toilés
  Pour s'y rendre : Sortie N par D 103

| Nature : ≤ |
| Loisirs : 🛏 🚲 🎿 (petite piscine) |
| Services : 🚿 ⊶ 🚐 ⊕ 🔋 |

ST-NAZAIRE-EN-ROYANS

✉ 26190 – 332 E3 – G. Alpes du Nord – 498 h. – alt. 172
Paris 576 – Grenoble 69 – Pont-en-Royans 9 – Romans-sur-Isère 19 – St-Marcellin 15 – Valence 35.

▲ **Municipal** mai-sept.
  📞 04 75 48 41 18, *mairie-stnazaire@wanadoo.fr,*
  Fax 04 75 48 44 32
  1,5 ha (75 empl.) plat et peu incliné, herbeux
  Tarif : 🅴 11,60 € 🔌 (6A) – pers. suppl. 3,10 €
  Pour s'y rendre : SE : 0,7 km rte de St-Jean-en-Royans
  À savoir : Au bord de la Bourne (plan d'eau)

| Nature : 🚐 ♀ |
| Loisirs : 🚣 |
| Services : 🚿 ⊶ (saison) 🚐 ⊕ 🔋 |

ST-NAZAIRE-LE-DÉSERT

✉ 26340 – 332 E6 – 183 h. – alt. 552
🄸 *Office de tourisme, le village* ℘ *04 75 27 53 10*
Paris 627 – Die 37 – Nyons 41 – Valence 70.

⚠ Le Lavandin
℘ 04 75 27 52 31, *postmaster@campinglelavandin.com*,
Fax 04 75 27 52 31, *www.camping-lelavandin.com*
– **R** conseillée
0,85 ha (43 empl.) en terrasses et peu incliné, pierreux,
herbeux
Pour s'y rendre : SE : 1 km par D 135 rte de Volvent et à
gauche

| Nature : |
| Loisirs : snack |
| Services : |

ST-VALLIER

✉ 26240 – 332 B2 – G. Vallée du Rhône – 4 154 h. – alt. 135
🄸 *Office de tourisme, avenue Désiré Valette* ℘ *04 75 23 45 33, Fax 04 75 23 44 19*
Paris 526 – Annonay 21 – St-Étienne 61 – Tournon-sur-Rhône 16 – Valence 35 – Vienne 41.

⚠ **Municipal les Îsles de Silon** 15 mars-15 nov.
℘ 04 75 23 22 17 – **R**
1,35 ha (92 empl.) plat, herbeux, pierreux
Tarif : (Prix 2005) 🄴 9,30 € – pers. suppl. 2,10 €
Pour s'y rendre : N par av. de Québec (N7) et chemin à
gauche, près du Rhône

| Nature : |
| Services : |
| À prox. : |

TAIN-L'HERMITAGE

✉ 26600 – 332 C3 – 5 503 h. – alt. 124
🄸 *Office de tourisme, place du 8 mai 1945* ℘ *04 75 08 06 81, Fax 04 75 08 34 59*
Paris 545 – Grenoble 97 – Le Puy-en-Velay 105 – St-Étienne 76 – Valence 18 – Vienne 59.

⚠ **Municipal les Lucs** 15 mars-oct.
℘ 04 75 08 32 82, *camping.tainlhermitage@wanadoo.fr*,
Fax 04 75 08 32 06 – **R**
2 ha (98 empl.) plat, herbeux, pierreux
Tarif : (Prix 2005) 🄴 17,20 € [⚡] (10A) – pers. suppl. 2,20 €
Pour s'y rendre : Sortie SE par N 7, rte de Valence, près du
Rhône

| Nature : |
| Loisirs : |
| Services : |
| À prox. : snack |

789

Site du Plan du Lac

F. Isler/Michelin

TULETTE

✉ 26790 – 332 C8 – 1 714 h. – alt. 147

🛈 *Syndicat d'initiative, place des Tisserands* ℘ *04 75 98 34 53, Fax 04 75 98 36 16*

Paris 648 – Avignon 53 – Bollène 15 – Nyons 20 – Orange 23 – Vaison-la-Romaine 16.

⚠ **Les Rives de l'Aygues** saison

℘ *04 75 98 37 50, camping.aygues@wanadoo.fr,*
Fax *04 75 98 36 70, www.lesrivesdelaygues.com*
– **R** conseillée

3,6 ha (100 empl.) plat, pierreux, herbeux

Tarif : 🔲 19,70 € ⚡ (6A) – pers. suppl. 4,40 € – frais de réservation 10 €

Location (permanent) ⛺ : 7 🏠 (4 à 6 pers.) 340 à 626 €/sem.

Pour s'y rendre : S : 3 km par D 193, rte de Cairanne et chemin à gauche

À savoir : Cadre sauvage au milieu des vignes

| Nature : 🌿 ⛺ 0.0 |
| Loisirs : 🍽 pizzeria 🏊 |
| Services : 🚿 ⛽ GB 🐕 🔲 ⓐ ⚲ 🔲 ♨ |

Pas de publicité payée dans ce guide.

VASSIEUX-EN-VERCORS

✉ 26420 – 332 F4 – 290 h. – alt. 1 040

🛈 *Office de tourisme, avenue du Mémorial* ℘ *04 75 48 27 40*

Paris 614 – Die 31 – Grenoble 70 – Romans-sur-Isère 57 – Valence 73.

⚠ **Aire Naturelle les Pins** 15 juin-août

℘ *04 75 48 28 82 –* 📷

2,5 ha (25 empl.) plat, peu incliné, herbeux

Tarif : 🔲 12,50 € – pers. suppl. 5 €

Pour s'y rendre : SE : 2 km par D 615, rte du Col de Vassieux et rte à gauche

| Nature : 🌿 ≤ 0.0 (pinède) |
| Loisirs : 🐎 |
| Services : ⛽ ⚲ ⓐ |

790

VERCHENY

✉ 26340 – 332 E5 – 387 h. – alt. 400

Paris 611 – Crest 25 – Die 18 – Dieulefit 49 – Valence 54.

⚠ **Les Acacias** avr.-sept.

℘ *04 75 21 72 51, infos@campinglesacacias.com,*
Fax *04 75 21 73 98, www.campinglesacacias.com* – **R** indispensable

3 ha (100 empl.) plat, en terrasses, pierreux, herbeux

Tarif : 🔲 18,30 € ⚡ (10A) – pers. suppl. 3,90 €

Location : 5 🚐 (2 à 4 pers.) 150 à 300 €/sem.

Pour s'y rendre : SO : 2 km sur D 93, rte de Crest

À savoir : Cadre et situation agréables au bord de la Drôme

| Nature : 0.0 |
| Loisirs : 🏠 🛝 🏊 🎣 |
| Services : ⛽ GB 🐕 🔲 ⚲ ⓐ 🔲 ♨ |

VINSOBRES

✉ 26110 – 332 D7 – 1 089 h. – alt. 247

🛈 *Syndicat d'initiative,* ℘ *04 75 27 36 63, Fax 04 75 27 36 63*

Paris 662 – Bollène 29 – Grignan 24 – Nyons 9 – Vaison-la-Romaine 15 – Valence 107.

⚠ **Sagittaire** Permanent

℘ *04 75 27 00 00, camping.sagittaire@wanadoo.fr,*
Fax *04 75 27 00 39, www.le-sagittaire.com* – **R** indispensable

14 ha/8 campables (270 empl.) plat, herbeux, gravillons

Tarif : 🔲 32,60 € ⚡ (10A) – pers. suppl. 7,05 € – frais de réservation 20 €

Location : 80 🏠 (4 à 6 pers.) 336 à 784 €/sem.

🚐 1 borne 4 €

Pour s'y rendre : Au Pont-de-Mirabel, angle des D 94 et D 4, près de l'Eygues (accès direct)

| Nature : ≤ ⛺ 0.0 |
| Loisirs : 🍽 🍴 snack 🏠 🛝 🛝 ✂ 🎪 🏊 🏊 (plan d'eau) 🎿 |
| Services : 🚿 ⛽ GB 🐕 🛏 🔲 ⚲ ⓐ 🔲 ⚲ 🔲 ♨ |

⚠ **Municipal Chez Antoinette** Rameaux-fin oct.
 𝒫 04 75 27 61 65, *camping-municipal@club-internet.fr*,
Fax 04 75 27 61 65 – **R** conseillée
1,9 ha (70 empl.) plat, pierreux, herbeux
Tarif : ★ 2,50 € 🚗 1,60 € 🅴 1,60 € [⚡] (8A) 2,70 €
🛱 1 borne 10 €
Pour s'y rendre : Au S du bourg par D 190, au stade

> Nature : ≤ 𝟬𝟬
> Loisirs : 🏄⁺
> Services : ⅙ 🔒 GB ⓐ 🖫

Isère (38)

Les ABRETS

✉ 38490 – 𝟛𝟛𝟛 G4 – 2 705 h. – alt. 398
🚩 *Syndicat d'initiative, place Eloi Cuchet* 𝒫 04 76 32 11 24
Paris 514 – Aix-les-Bains 45 – Belley 31 – Chambéry 38 – Grenoble 49 – La Tour-du-Pin 13 – Voiron 22.

⚠⚠ **Le Coin Tranquille** avr.-oct.
 𝒫 04 76 32 13 48, *contact@coin-tranquille.com*,
Fax 04 76 37 40 67, *www.coin-tranquille.com* – **R** conseillée
4 ha (180 empl.) plat, herbeux, peu incliné
Tarif : 🅴 29,50 € [⚡] (6A) – pers. suppl. 6,50 € – frais de
réservation 16 €
Location (mars-1er déc.) 🅿 : 14 🏠 (4 à 6 pers.) 290 à
760 €/sem.
Pour s'y rendre : E : 2,3 km par N 6, rte du Pont-de-
Beauvoisin et rte à gauche

> Nature : 🌿 ⌖ 𝟬𝟬
> Loisirs : 🍽 ✕ 🍴 ⏲ diurne 🏃 🏇 ⛷
> 🚴 ⚉ 🏊
> Services : ⅙ 🔒 GB ⅗ 🗑 🛉 🏕 ⓐ
> 🖫 sèche-linge ⎙ ⚗

Des vacances réussies sont des vacances bien préparées !
Ce guide est fait pour vous y aider... mais :
– N'attendez pas le dernier moment pour réserver
– Évitez la période critique du 14 juillet au 15 août
Pensez aux ressources de l'arrière-pays,
à l'écart des lieux de grande fréquentation.

ALLEVARD

✉ 38580 – 𝟛𝟛𝟛 J5 – G. Alpes du Nord – 3 081 h. – alt. 470 – ♨ (mi-av.-fin oct.)
🚩 *Office de tourisme, place de la Résistance* 𝒫 04 76 45 10 11, Fax 04 76 97 59 32
Paris 593 – Albertville 50 – Chambéry 33 – Grenoble 40 – St-Jean-de-Maurienne 68.

⚠⚠ **Clair Matin** mai-10 oct.
 𝒫 04 76 97 55 19, *jdavallet1@aol.com*, Fax 04 76 45 87 15,
www.achatgrenoble.com/campingclairmatin – **R** conseillée
5,5 ha (200 empl.) plat, peu incliné et en terrasses, herbeux
Tarif : (Prix 2005) 🅴 21 € [⚡] (10A) – pers. suppl. 2,80 € – frais
de réservation 12,20 €
Location : 17 🏠 (4 à 6 pers.) 231 à 612 €/sem.
Pour s'y rendre : Sortie Sud-Ouest par D 525, rte de Grenoble à droite

> Nature : 🌿 ≤ 𝟬𝟬
> Loisirs : 🍴 🏊
> Services : ⅙ 🔒 GB ⅗ 🗑 🏕 ⓐ ⚗
> ⚞ 🖫 sèche-linge
> À prox. : 🛒

AUBERIVES-SUR-VARÈZE

✉ 38550 – 𝟛𝟛𝟛 B5 – 1 159 h. – alt. 195
Paris 500 – Annonay 32 – Grenoble 103 – Lyon 44 – St-Étienne 63 – Valence 61.

⚠⚠ **Les Nations** Permanent
 𝒫 04 74 84 97 17, Fax 04 74 84 95 13 – **R** conseillée
1 ha (60 empl.) plat, herbeux
Tarif : 🅴 15 € – pers. suppl. 6,50 €
🛱 1 borne
Pour s'y rendre : S : 1 km sur N 7

> Nature : 𝟬𝟬
> Loisirs : 🍽 🍴 🏊
> Services : ⅙ 🔒 ⅗ 🗑 🗑 ⓐ
> À prox. : ✕

AUTRANS

✉ 38880 – ▊▊▊ G6 – 1 541 h. – alt. 1 050 – Sports d'hiver : 1 050/1 650 m ⚡13 ⚡
🅳 OFFICE DU TOURISME, rue du Cinéma ✆ 04 76 95 30 70, Fax 04 76 95 38 63
Paris 586 – Grenoble 36 – Romans-sur-Isère 58 – St-Marcellin 47 – Villard-de-Lans 16.

Au Joyeux Réveil fermé avr., oct.-nov.
✆ 04 76 95 33 44, camping-au-joyeux-reveil@wanadoo.fr,
Fax 04 76 95 72 98, camping-au-joyeux-reveil.fr – **R** conseillée
1,5 ha (100 empl.) plat, herbeux
Tarif : 🅴 30,60 € 🔌 (10A) – pers. suppl. 5 €
Location : 10 🚐 (4 à 6 pers.) 300 à 650 €/sem. – 4 🏠
(4 à 6 pers.) 290 à 680 €/sem.
🚐 1 borne – 16 🅴
Pour s'y rendre : Sortie Nord-Est par rte de Montaud et à droite

Nature : ❄ ≪
Loisirs : 🏠 🏕 🚣 ⛷
Services : 👤 ⛽ 🅶🅱 🗓 Ⓜ 📷 🔥 🔥
♨ 📞 📷

Le Vercors fermé 1er mai-19 mai et 26 sept.-19 nov.
✆ 04 76 95 31 88, camping.le.vercors@wanadoo.fr,
Fax 04 76 95 36 82, www.camping-du-vercors.fr – **R** conseillée
1 ha (90 empl.) non clos, en terrasses, herbeux, pierreux
Tarif : 🅴 21,40 € 🔌 (10A) – pers. suppl. 4,10 €
Location : 8 🚐 (4 à 6 pers.) 235 à 475 €/sem.
Pour s'y rendre : S : 0,6 km par D 106c rte de Méaudre

Nature : ❄ ≪
Loisirs : 🏠 🚣 ⛷
Services : 👤 ⛽ 🅶🅱 🗓 📷 🔥 🔥 ♨
À prox. : ✗ ⛰

Les AVENIÈRES

✉ 38630 – ▊▊▊ G4 – 4 308 h. – alt. 245
🅳 Office de tourisme, 23, rue de Ciers ✆ 04 74 33 66 22, Fax 04 74 33 66 22
Paris 506 – Les Abrets 14 – Aix-les-Bains 48 – Belley 24 – Chambéry 42 – La Tour-du-Pin 18.

Les Épinettes Permanent
✆ 04 74 33 92 92, infos@camping.les.avenieres.com,
Fax 04 74 33 92 92, www.camping.les.avenieres.com –
places limitées pour le passage – **R** indispensable
2,7 ha (84 empl.) plat et peu incliné, herbeux, gravier
Tarif : 🅴 13,20 € – pers. suppl. 4,50 €
🚐 1 borne 3,40 €
Pour s'y rendre : À 0,8 km du centre bourg par D 40 rte de
St-Genix-sur-Guiers puis à gauche

Nature : 🌳 ♉♉
Loisirs : 🏠 🚲
Services : 👤 ⛽ 🅶🅱 🗓 🔥 🔥 ♨ ⚡ 🔥 📷 📷
À prox. : ✗ 🎣 ⛷

BILIEU

✉ 38850 – ▊▊▊ G5 – 922 h. – alt. 580
Paris 526 – Belley 44 – Chambéry 47 – Grenoble 38 – La Tour-du-Pin 24 – Voiron 11.

Municipal Bord du Lac 15 avr.-sept.
✆ 04 76 06 67 00, mairie.bilieu@paysvoironnais.com,
Fax 04 76 06 67 15 – places limitées pour le passage
– **R** conseillée
1,3 ha (81 empl.) plat, herbeux, gravillons, en terrasses
Tarif : (Prix 2005) ✦ 2,95 € 🅴 2,55 € 🔌 (10A) 3,95 €
Pour s'y rendre : O : 1,9 km, accès conseillé par D 50D et D 90
À savoir : Empl. en terrasses, au bord du lac de Paladru

Nature : 🏖 ≪ ♉♉(boulaie) ⛰
Loisirs : 🚣 ponton d'amarrage
Services : 👤 ⛽ 🗓 📷 🔥 ♨ 📷

Le BOURG-D'ARUD

✉ 38520 – ▊▊▊ J8 – G. Alpes du Nord – Base de loisirs
Paris 628 – L'Alpe-d'Huez 25 – Le Bourg-d'Oisans 15 – Les Deux-Alpes 29 – Grenoble 66.

Le Champ du Moulin fermé mai et 16 sept.-14 déc.
✆ 04 76 80 07 38, christian.avallet@wanadoo.fr,
Fax 04 76 80 24 44, www.champ-du-moulin.com – **R** conseillée
1,5 ha (80 empl.) non clos, plat, herbeux, pierreux
Tarif : 🅴 23,50 € 🔌 (10A) – pers. suppl. 4,70 € – frais de
réservation 15 €
Location : 4 🚐 (4 à 6 pers.) 200 à 510 €/sem. – 10 🏠
(4 à 6 pers.) 250 à 570 €/sem. – 4 appartements
🚐 1 borne
Pour s'y rendre : Sortie Ouest par D 530
À savoir : Entouré par les montagnes de l'Oisans, bord du
Vénéon

Nature : ❄ 🏖 ♀
Loisirs : 🍷 snack, le soir uniquement 🏠 🚣
Services : 👤 ⛽ 🅶🅱 🗓 📷 🔥 🔥 ♨ 📷 🔥
À prox. : à la base de loisirs : 🚣 ⛵ ✗ ⛷ 🚴 sports en eaux vives, parc aventure

Le BOURG-D'OISANS

✉ 38520 – ▨▨▨ J7 – G. Alpes du Nord – 2 984 h. – alt. 720 – Sports d'hiver : ⚲
🛈 *Office de tourisme, quai Girard* ℘ *04 76 80 03 25, Fax 04 76 80 10 38*
Paris 614 – Briançon 66 – Gap 95 – Grenoble 52 – St-Jean-de-Maurienne 72 – Vizille 32.

À la Rencontre du Soleil 10 mai-15 sept.
℘ 04 76 79 12 22, *rencontre.soleil@wanadoo.fr*,
Fax 04 76 80 26 37, *www.joliefrance.com/ars* – **R** conseillée
1,6 ha (73 empl.) plat, herbeux
Tarif : 🔲 28,20 € [½] (10A) – pers. suppl. 6 €
Location (17 déc.-15 sept.) : 10 🏠 (4 à 6 pers.) 300 à
650 €/sem.
Pour s'y rendre : NE : 1,7 km rte de l'Alpe-d'Huez

Nature : ≤ ⌂ ♡♡
Loisirs : pizzeria, snack 🛖 ≞ ⚞ terrain omnisports
Services : ⊶ GB ⚥ 🖃 ♨ ☺ ✆ 🖼
À prox. : 🛒

Le Colporteur mi-mai-mi-sept.
℘ 04 76 79 11 44, *info@camping-colporteur.com*,
Fax 04 76 79 11 49, *www.camping-colporteur.com*
– **R** conseillée
3,3 ha (135 empl.) plat, herbeux
Tarif : 🔲 24,90 € – pers. suppl. 5,50 € – frais de réservation 13 €
Location (15 déc.-sept.) : 28 🏠 (4 à 6 pers.) 294 à
580 €/sem.
Pour s'y rendre : Au Sud de la localité, accès par rue de la piscine
À savoir : Au bord d'une petite rivière

Nature : ⟋ ≤ ⌂ ♡♡
Loisirs : 🍸 snack, pizzeria, uniquement le soir 🛖 ≞ ≞
Services : ♿ ⊶ GB ⚥ 🖃 ♨ ☺ 🖼 ♨
À prox. : 🛒 ⚊ ⚞

La Cascade 15 déc.-sept.
℘ 04 76 80 02 42, *lacascade@wanadoo.fr*,
Fax 04 76 80 22 63, *http://lacascadesarenne.com*
– **R** conseillée
2,4 ha (140 empl.) plat, herbeux, pierreux
Tarif : 🔲 27,20 € [½] (16A) – pers. suppl. 5,80 € – frais de réservation 17 €
Location (permanent) : 16 🏠 (4 à 6 pers.) 386 à
756 €/sem.
Pour s'y rendre : NE : 1,5 km rte de l'Alpe-d'Huez, près de la Sarennes

Nature : ❄ ≤ ⌂ ♡♡
Loisirs : 🛖 ≞ ⚊
Services : ⊶ GB ⚥ ⅏ 🖃 ♨ ☺ 🖼
À prox. : 🛒

CHARAVINES

✉ 38850 – ▨▨▨ G5 – 1 423 h. – alt. 500
🛈 *Office de tourisme, rue des Bains* ℘ *04 76 06 60 31, Fax 04 76 06 60 50*
Paris 534 – Belley 47 – Chambéry 49 – Grenoble 40 – La Tour-du-Pin 65 – Voiron 13.

Les Platanes avr.-sept.
℘ 04 76 06 64 70, *campinglesplatanes@wanadoo.fr*,
Fax 04 76 06 64 70, *www.campinglesplatanes.fr* – **R** conseillée
1 ha (67 empl.) plat, herbeux
Tarif : 🔲 14,60 € – pers. suppl. 3,80 € – frais de réservation 10 €
Pour s'y rendre : Sortie Nord par D 50⁰, rte de Bilieu, à
150 m du lac

Nature : ♡♡
Loisirs : 🛖
Services : ♿ ⊶ ⚥ 🖃 ☺ 🖼
À prox. : 🛒 🍸 snack ✖ ⚞ (plage) ⚲ ⚙ pédalos

CHORANCHE

✉ 38680 – ▨▨▨ F7 – 130 h. – alt. 280
Paris 588 – La Chapelle-en-Vercors 24 – Grenoble 52 – Romans-sur-Isère 32 – St-Marcellin 20 – Villard-de-Lans 20.

Le Gouffre de la Croix 15 avr.-15 sept.
℘ 04 76 36 07 13, *camping.gouffre.croix@wanadoo.fr*,
Fax 04 76 36 07 13, *www.camping-choranche.com*
– **R** conseillée
2,5 ha (52 empl.) plat et en terrasses, herbeux, non clos
Tarif : (Prix 2005) 🔲 17,50 € [½] (6A) – pers. suppl. 4 €
🚐 1 borne
Pour s'y rendre : Au Sud-Est du bourg, rte de Chatelas,
bord de la Bourne
À savoir : Cadre sauvage et boisé au fond de la vallée

Nature : ⟋ ≤ ♡♡
Loisirs : 🍸 ⚞ ⚲
Services : ♿ ⊶ GB ⚥ ☺ ⚆ ☺ 🖼

ENTRE-DEUX-GUIERS

⊠ 38380 – ▤▤▤ H5 – G. Alpes du Nord – 1 477 h. – alt. 380
Paris 553 – Les Abrets 24 – Chambéry 24 – Grenoble 39 – Le Pont-de-Beauvoisin 16 – St-Laurent-du-Pont 5.

⚠ **L'Arc-en-Ciel** mars-15 oct.
     🖉 04 76 66 06 97, *info@camping-arc-en-ciel.com,*
Fax 04 76 66 88 05, *www.camping-arc-en-ciel.com* – places
limitées pour le passage – **R** conseillée
1 ha (50 empl.) plat, herbeux
Tarif : ▣ 17,80 € ⅙ (4A) – pers. suppl. 4,40 €
Location : 5 ⛟ (4 à 6 pers.) 210 à 450 €/sem.
⛽ 1 borne 4,50 €
Pour s'y rendre : Au bourg, par rue piétonne vers les
Échelles, près du vieux pont, bord du Guiers

> Nature : ← 9 9
> Loisirs : ▦ 🏕 ⛳ ❦
> Services : ⅙ o─ ⊆ ⚙ ▥ 🗑 ≈ ⊕
> 🖻 sèche-linge
> À prox. : ✖ ⛏

FARAMANS

⊠ 38260 – ▤▤▤ D5 – 734 h. – alt. 375
Paris 518 – Beaurepaire 12 – Bourgoin-Jallieu 35 – Grenoble 60 – Romans-sur-Isère 50 – Vienne 32.

⚠ **Municipal des Eydoches** Permanent
     🖉 04 74 54 21 78, *mairie.faramans@wanadoo.fr,*
Fax 04 74 54 20 00 – places limitées pour le passage
– **R** conseillée
1 ha (60 empl.) plat, herbeux
Tarif : ✸ 4,50 € ▣ 5,10 € ⅙ 6 €
⛽ 1 borne 6,20 € – 12 ▣
Pour s'y rendre : Sortie Est par D 37, rte de la Côte-St-
André

> Nature : 9
> Services : ⅙ o─ ⚙ ▥ 🗑 ⊕ ⩙ ⩩
> 🖻
> À prox. : ✖ ❦ golf, practice de
> golf

Benutzen Sie
– zur Wahl der Fahrtroute
– zur Berechnung der Entfernungen
– zur exakten Lokalisierung eines Campingplatzes (mit Hilfe der Angaben im Ortstext)
die für diesen Führer unentbehrlichen **MICHELIN-Karten** *im Ma1 : 150 000.*

794

La FERRIÈRE

⊠ 38580 – ▤▤▤ J6 – 214 h. – alt. 926
Paris 613 – Lyon 146 – Grenoble 52 – Chambéry 47 – Annecy 95.

⚠ **Neige et Nature** 15 mai-15 sept.
     🖉 04 76 45 19 84, *contact@neige-nature.fr, www.neige-*
nature.fr – alt. 900 – **R** conseillée
1,2 ha (45 empl.) plat, peu incliné, terrasses, herbeux
Tarif : ▣ 17,70 € ⅙ (10A) – pers. suppl. 4,70 €
Location ⇜ : 2 ⛟ (2 à 4 pers.) 275 €/sem.
Pour s'y rendre : À l'Ouest du bourg, bord du Bréda
À savoir : Cadre verdoyant et soigné

> Nature : ⩊ ← ▱ 9
> Loisirs : ▦
> Services : ⅙ o─ ⚙ M ▥ ▦ 🗑 ⊕ 🖻
> ⩙
> À prox. : ⩺ (bassin)

Le FRENEY-D'OISANS

⊠ 38142 – ▤▤▤ J7 – 221 h. – alt. 926
🖪 *Syndicat d'initiative,* 🖉 04 76 80 05 82
Paris 626 – Bourg-d'Oisans 12 – La Grave 16 – Grenoble 64.

⚠ **Le Traversant** mai-oct.
     🖉 04 76 80 18 84, *letraversant38@aol.com,*
Fax 04 76 80 18 84 – **R** conseillée
1,5 ha (67 empl.) non clos, en terrasses, plat, gravillons,
herbeux
Tarif : ▣ 21,50 € – pers. suppl. 4,50 € – frais de réservation 15 €
Location (permanent) : 3 ⛺ (4 à 6 pers.) 350 à
490 €/sem.
Pour s'y rendre : S : 0,5 km par N 91 rte de Briançon

> Nature : ← 9 9
> Loisirs : 🍷 ▦ ❦
> Services : o─ ⚙ 🗑 ⊕ ⩙ 🖻

GRESSE-EN-VERCORS

⊠ 38650 – ▣▣▣ G8 – G. Alpes du Nord – 299 h. – alt. 1 205 – Sports d'hiver : 1 300/1 700 m ⚡16 ⚡
🏠 *Office de tourisme, le Faubourg* ℘ *04 76 34 33 40, Fax 04 76 34 31 26*
Paris 610 – Clelles 22 – Grenoble 48 – Monestier-de-Clermont 14 – Vizille 43.

⚠ **Les 4 Saisons** fermé 16 mars-avr. et oct.-17 déc.
℘ *04 76 34 30 27, pieter.aalmoes@wanadoo.fr,*
Fax *04 76 34 39 52, www.camping-les4saisons.com*
– **R** conseillée
2,2 ha (90 empl.) en terrasses, plat, pierreux, gravillons,
herbeux
Tarif : ▣ 19 € ⚡ (10A) – pers. suppl. 4,70 € – frais de réservation 10 €
Location (permanent) ⚡ : 7 ⛺ (4 à 6 pers.) 283 à
490 €/sem. – 3 ⛺ (4 à 6 pers.) 290 à 660 €/sem.
⛽ 1 borne 5 € – 10 ▣ 19 €
Pour s'y rendre : SO : 1,3 km, au lieu-dit la Ville
À savoir : Situation agréable au pied du massif du Vercors

| Nature : ❄ ⌇ ≤ massif du Vercors |
| Loisirs : ▤ ⛲ ⌇ |
| Services : ⚡ ⌁ GB ⌁ 🗑 🛒 ⊕ ▣ |
| À prox. : 🍴 snack ⌁ ⌁ ⚡ ⚒ |

HIÈRES-SUR-AMBY

⊠ 38118 – ▣▣▣ E3 – 998 h. – alt. 216

⚠ **Municipal le Val d'Amby** juin-sept.
℘ *04 74 95 10 02, camping-hieres.sur.amby@wanadoo.fr,*
Fax *04 74 95 10 02, mairie-hieres-sur-amby.com*
– **R** conseillée
0,8 ha (42 empl.) plat, herbeux
Tarif : ⚡ 3,70 € ▣ 3,80 € ⚡ 2 €
Pour s'y rendre : NO : 1 km par D 52^A à gauche direction
Marignieu et au stade

| Nature : ⌇ ≤ |
| Loisirs : ▤ |
| Services : ⚡ ⌁ ⌁ 🗑 🛒 ⊖ |

795

LALLEY

⊠ 38930 – ▣▣▣ H9 – 184 h. – alt. 850
🏠 *Syndicat d'initiative, la Poste* ℘ *04 76 34 70 39, Fax 04 76 34 75 02*
Paris 626 – Grenoble 63 – La Mure 30 – Sisteron 80.

⚠ **Belle Roche** 3 avr.-oct.
℘ *04 76 34 75 33, gildapatt@campingbelleroche.com,*
Fax *04 76 34 75 33, www.campingbelleroche.com* – alt. 860
– **R** conseillée
2,4 ha (60 empl.) plat, terrasse, pierreux, herbeux
Tarif : ▣ 17,20 € – pers. suppl. 3 €
⛽ 1 borne
Pour s'y rendre : Au Sud du bourg, par rte de Mens et
chemin à droite
À savoir : Situation agréable face au village

| Nature : ⌇ ≤ ▱ |
| Loisirs : 🍴 snack ⛲ ⌇ |
| Services : ⚡ ⌁ GB ⌁ 🗑 🛒 ⊕ ▣ ⌁ |
| À prox. : ⚒ |

MÉAUDRE

⊠ 38112 – ▣▣▣ G7 – G. Alpes du Nord – 1 039 h. – alt. 1 012 – Sports d'hiver : 1 000/1 600 m ⚡10 ⚡
🏠 *Office de tourisme, le Village* ℘ *04 76 95 20 68*
Paris 588 – Grenoble 38 – Pont-en-Royans 26 – Tullins 53 – Villard-de-Lans 10.

⚠ **Les Buissonnets** fermé 2 nov.-14 déc.
℘ *04 76 95 21 04, camping-les-buissonnets@wanadoo.fr,*
Fax *04 76 95 26 14, www.camping-les-buissonnets.com* –
places limitées pour le passage – **R** conseillée
2,8 ha (100 empl.) peu incliné, herbeux et plat
Tarif : ▣ 22 € ⚡ (10A) – pers. suppl. 4 €
Location ℗ : 11 ⛺ (4 à 6 pers.) 280 à 430 €/sem.
⛽ 1 borne 4 €
Pour s'y rendre : NE : 0,5 km par D 106 et rte à droite, à
200 m du Méaudret

| Nature : ❄ ⌇ ≤ �昷 |
| Loisirs : ▤ ⛲ |
| Services : ⚡ ⌁ GB ⌁ 🗑 🛒 ⊖ ⊕ ▣ |
| À prox. : ⚒ ⌇ |

MÉAUDRE

▲ **Les Eymes** fermé vacances de printemps et de Toussaint
ℰ 04 76 95 24 85, *camping.les.eymes@free.fr,*
Fax 04 76 95 20 35, *camping-les-eymes.com* – **R** conseillée
1,3 ha (40 empl.) en terrasses et peu incliné, herbeux,
pierreux, bois attenant
Tarif : 🔲 16 € – pers. suppl. 4,50 €
Location : 6 ▦ (4 à 6 pers.) 275 à 430 €/sem. – 3 ⌂ (4
à 6 pers.) 330 à 525 €/sem.
Pour s'y rendre : N : 3,8 km par D 106^c, rte d'Autrans et rte
à gauche

Nature : 🐾 ≤
Loisirs : snack 🏊
Services : 🔥 ⛲ 🏪 GB 🧺 ﹏ 🏧 🛒 ⊕ 🚿
🚰 🖼 🪣 ⛽

MEYRIEU-LES-ÉTANGS

✉ 38440 – ▦▦▦ E4 – 725 h. – alt. 430 – Base de loisirs
Paris 515 – Beaurepaire 31 – Bourgoin-Jallieu 14 – Grenoble 78 – Lyon 54 – Vienne 27.

▲ **Base de Loisirs du Moulin** 15 avr.-sept.
ℰ 04 74 59 30 34, *contact@camping-meyrieu.com,*
Fax 04 74 58 36 12, *www.camping-meyrieu.com*
– **R** conseillée
1 ha (75 empl.) plat, peu incliné, en terrasses, herbeux
Tarif : (Prix 2005) 🔲 19,50 € – pers. suppl. 4,50 €
Location 🐾 🅿 : 7 ⌂ (4 à 6 pers.) 207 à 486 €/sem.
Pour s'y rendre : SE : 0,8 km par D 56^B, rte de Châtonnoy
et rte de Ste-Anne à gauche, à la base de loisirs, près d'un
plan d'eau
À savoir : Les emplacements en terrasses dominent le lac

Nature : 🐾 🏕 🎣
Loisirs : 🏕 🏓 🎿
Services : 🔥 ⛲ GB 🧺 🛒 ⊕ 🚿 🚰
🖼
À prox. : 🍽 snack 🛶 🚣 ♒ 🏊
pédalos, canoë, kayak

Avant de vous installer, consultez les tarifs en cours,
affichés obligatoirement à l'entrée du terrain,
et renseignez-vous sur les conditions particulières de séjour.
Les indications portées dans le guide ont pu être modifiées depuis la mise à jour.

MONESTIER-DE-CLERMONT

✉ 38650 – ▦▦▦ G8 – G. Alpes du Nord – 921 h. – alt. 825 – Base de loisirs
🅸 *Office de tourisme, 103 bis, rue Grande ℰ 04 76 34 15 99*
Paris 598 – Grenoble 36 – La Mure 29 – Serres 72 – Sisteron 107.

▲ **Municipal les Portes du Trièves** mai-sept.
ℰ 04 76 34 01 24, *camping.lesportesdutrieves@wana*
doo.fr, Fax 04 76 34 19 75 – **R** conseillée
1 ha (47 empl.) plat et en terrasses, gravillons, herbeux
Tarif : 🧍 3,70 € 🔲 3,70 € 🔋 2,70 €
Pour s'y rendre : O : à 0,7 km de la localité, par chemin des
Chambons, derrière la piscine

Nature : 🐾 ≤ 🏕 🎣
Loisirs : 🏕 🚣
Services : 🔥 ⛲ GB 🧺 🛒 ⊕ 🖼
À prox. : 🍴 🐾 🏊

MONTALIEU-VERCIEU

✉ 38390 – ▦▦▦ F3 – 2 178 h. – alt. 213 – Base de loisirs
🅸 *Office de tourisme, 1, rue du Rhône ℰ 04 74 88 48 56*
Paris 478 – Belley 36 – Bourg-en-Bresse 54 – Crémieu 25 – Nantua 66 – La Tour-du-Pin 34.

▲ **Vallée Bleue** avr.-sept.
ℰ 04 74 88 63 67, *ot.montalieu@wanadoo.fr,*
Fax 04 74 88 62 11, *www.paysdelapierre.org* – **R** conseillée
120 ha/1,8 campable (119 empl.) plat, peu incliné, herbeux,
gravier
Tarif : (Prix 2005) 🔲 16,30 € – pers. suppl. 5,30 € – frais de
réservation 12 €
Location : 5 ⌂ (4 à 6 pers.) 200 à 450 €/sem.
Pour s'y rendre : Sortie Nord par N 75 rte de Bourg-en-
Bresse puis 1,3 km par D 52^F à droite, à la base de plein air
et de loisirs
À savoir : Au bord du Rhône rive gauche (plan d'eau)

Nature : 🐾 ≤ 🎣
Loisirs : 🍽 snack 🏓 🚴 🎿 🛶 ♒ 🚿
Services : 🔥 ⛲ 🧺 🛒 ⊕ 🚿 🚰 🖼
À prox. : 🍽 🛶 🚴 🎿 🎣 ♒ 🐴
pédalos, jet ski, squad, ponton
d'amarrage

MORESTEL

⊠ 38510 – ▦▦▦ F3 – 3 034 h. – alt. 220
🇧 *Office de tourisme, 100, place des Halles* 𝒫 04 74 80 19 59, Fax 04 74 80 56 71
Paris 496 – Bourg-en-Bresse 72 – Chambéry 51 – Grenoble 67 – Lyon 63 – La Tour-du-Pin 16.

▲ **Municipal la Rivoirette**
  𝒫 04 74 80 14 97 – ℝ
  1,3 ha (58 empl.) plat, herbeux
  Pour s'y rendre : Sortie Ouest par D 517, rte de Crémieu,
  près du complexe sportif

| Nature : ⚲ |
| Services : ⅏ ⚬⊸ 🖥 ⚎ ☺ |
| À prox. : ✗ ⛴ |

PALADRU

⊠ 38850 – ▦▦▦ C5 – G. Vallée du Rhône – 863 h. – alt. 503
Paris 523 – Annecy 84 – Chambéry 47 – Grenoble 43 – Lyon 72.

▲ **Le Calatrin** 4 avr.-sept.
  𝒫 04 76 32 37 48, *lecalatrin@wanadoo.fr*,
  Fax 04 76 32 42 02, *www.paladru.com* – **R** indispensable
  2 ha (60 empl.) en terrasses, plat, herbeux
  Tarif : 🔲 14,50 € – pers. suppl. 5 €
  Pour s'y rendre : À la sortie du bourg, direction Charavines

| Nature : ⚲ ≤ |
| Loisirs : 🎦 ⚏ |
| Services : ⅏ ⚬⊸ ⚶ 🎞 🖥 ⚎ ☺ 🖬 |
| À prox. : ☂ snack ⚌ (plage) |

Si vous désirez réserver un emplacement pour vos vacances,
faites-vous préciser au préalable les conditions particulières de séjour,
les modalités de réservation, les tarifs en vigueur et les conditions de paiement.

PETICHET

⊠ 38119 – ▦▦▦ H7
Paris 592 – Le Bourg-d'Oisans 41 – Grenoble 30 – La Mure 11 – Vizille 11.

⚔ **Ser-Sirant** mai-sept.
  𝒫 04 76 83 91 97, *campingsersirant@wanadoo.fr*,
  Fax 04 76 30 83 69, *www.euro-campsite.com* – **R** conseillée
  2 ha (100 empl.) plat, terrasse, herbeux, pierreux, bois
  attenant
  Tarif : 🔲 19,90 € 🔌 (10A) – pers. suppl. 4,80 € – frais de
  réservation 15 €
  Location ⚙ : 6 🏠 (4 à 6 pers.) 400 à 610 €/sem.
  🚐 1 borne 2 € – 6 🔲 5 €
  Pour s'y rendre : Sortie Est et chemin à gauche

| Nature : ⚲ ⚤ ▲ |
| Loisirs : ☂ 🎦 ⚒ ⚏ barques de pêche |
| Services : ⚬⊸ ⚶ 🖥 ☺ ⚑ 🖬 |
| À prox. : ⚓ |

ROCHETAILLÉE

⊠ 38520 – ▦▦▦ I7
Paris 613 – Lyon 146 – Grenoble 41 – Chambéry 96 – Gap 94.

⛰ **Belledonne** 15 mai-9 sept.
  𝒫 04 76 80 07 18, *belledon@club-internet.fr*,
  Fax 04 76 79 12 95, *www.le-belledonne.com* – **R** indispen-
  sable
  3,5 ha (150 empl.) plat, herbeux
  Tarif : 🔲 26,90 € 🔌 (6A) – pers. suppl. 5,90 € – frais de
  réservation 15 €
  Location : 17 🚃 (4 à 6 pers.) 195 à 590 €/sem.
  À savoir : Ensemble très verdoyant et fleuri

| Nature : ≤ ⚤ |
| Loisirs : ☂ snack, pizzeria 🎦 ⚑ nocturne ⚌ hammam ⚒ ⚲ ✗ ⛴ parcours de santé |
| Services : ⅏ ⚬⊸ GB ⚶ 🎞 🖥 ⚎ ☺ 🖬 ⚑ ⚐ |

⛰ **Le Château** 20 mai-10 sept.
  𝒫 04 76 11 04 40, *jcp@camping-le-chateau.com*,
  Fax 04 76 80 21 23, *www.camping-le-chateau.com* – **R** in-
  dispensable
  2,6 ha (135 empl.) plat, herbeux
  Tarif : 🔲 27 € 🔌 (10A) – pers. suppl. 5,70 € – frais de réser-
  vation 15 €
  Location (.) : 32 🚃 (4 à 6 pers.) 190 à 620 €/sem.

| Nature : ≤ ⚏ ⚤ |
| Loisirs : ☂ snack, pizzeria 🎦 ⚑ nocturne ⚶⚶ ⚗ ⚌ ⚒ ⚲ ⛴ mur d'escalade |
| Services : ⅏ ⚬⊸ GB ⚶ 🖥 ☺ ☺ ⚐ ⚑ 🖬 ⚐ |

ROYBON

✉ 38940 – ▣▣▣ E6 – 1 231 h. – alt. 518

🛈 *Office de tourisme, 114, Grand Rue* ✆ *04 76 36 25 86*

Paris 541 – Beaurepaire 25 – Grenoble 58 – Romans-sur-Isère 35 – St-Marcellin 17 – Voiron 38.

△ **Le Roybon** 15 avr.-15 oct.
✆ 04 76 36 23 67, *camping-aiguenoire@hotmail.fr*,
Fax 04 76 36 33 02, *campingroybon.fr.st* – places limitées
pour le passage – **R** conseillée
2 ha (90 empl.) plat et peu incliné, terrasses, gravier,
herbeux
Tarif : (Prix 2005) 🛉 3 € ⛺ 1,50 € 🅴 3,90 € ⚡ (6A) 2,65 €
Pour s'y rendre : S : 1,5 km par D 20, rte de St-Antoine
À savoir : Au bord d'un plan d'eau et d'un ruisseau

Nature : 🐾 ♀
Loisirs : 🍴 🏊 🎣
Services : ⚓ 🖙 GB 🗂 📷 🔌 ⚙ 🚿
À prox. : 🛥 pédalos

ST-CHRISTOPHE-EN-OISANS

✉ 38520 – ▣▣▣ K8 – G. Alpes du Nord – 106 h. – alt. 1 470

🛈 *Office de tourisme, la Ville* ✆ *04 76 80 50 01*

Paris 635 – L'Alpe-d'Huez 31 – La Bérarde 12 – Le Bourg-d'Oisans 21 – Grenoble 73.

△ **Municipal la Bérarde** juin-sept.
✆ 04 76 79 20 45, Fax 04 76 79 20 45 – croisement parfois
impossible hors garages de dégagement – alt. 1 738 – **R**
2 ha (165 empl.) non clos, peu incliné et plat, en terrasses,
pierreux, herbeux, rocher
Tarif : 🛉 4 € ⛺ 2 € ⚡ 2,50 €
Pour s'y rendre : SE : 10,5 km par D 535 à la Bérarde, accès
direct au hameau par petit pont de bois
À savoir : Très agréable site sauvage au bord du Vénéon

Nature : 🐾 ⪡ Parc National des Écrins ♀
Loisirs : 🍴 🎣
Services : 📷 ▥ 🗂 ⚙ 🔌 🚿
À prox. : 🏊 ♟ ✕

ST-CLAIR-DU-RHÔNE

✉ 38370 – ▣▣▣ B5 – G. Vallée du Rhône – 3 605 h. – alt. 160

Paris 501 – Annonay 35 – Givors 26 – Le Péage-de-Roussillon 10 – Rive-de-Gier 24 – Vienne 15.

△ **Le Daxia** avr.-sept.
✆ 04 74 56 39 20, *info@campingledaxia.com*,
Fax 04 74 56 93 46, *www.campingledaxia.com* – **R** conseil-
lée
7,5 ha (120 empl.) plat, herbeux
Tarif : (Prix 2005) 🛉 3,50 € ⛺ 1,85 € 🅴 4,95 €
⚡ (6A) 2,85 € – frais de réservation 12 €
🚐 1 borne
Pour s'y rendre : S : 2,7 km par D 4 rte de Péage-du-
Roussillon et chemin à gauche, accès conseillé par N 7 et
D 37
À savoir : Beaux emplacements délimités, au bord de la
Varèze

Nature : 🐾 ⛱ ♀♀
Loisirs : ♟ pizzeria, le soir unique-ment 🍴 🏊 ♟ 🎠 🏊 🎣
Services : ⚓ 🖙 GB 📷 🗂 ⚙ 🔌 ⚙ 📷 🚰

ST-LAURENT-DU-PONT

✉ 38380 – ▣▣▣ H5 – G. Alpes du Nord – 4 222 h. – alt. 410

🛈 *Office de tourisme, 1, place de la Mairie* ✆ *04 76 06 22 55, Fax 04 76 06 21 21*

Paris 560 – Chambéry 29 – Grenoble 34 – La Tour-du-Pin 42 – Voiron 15.

△ **Municipal les Berges du Guiers** 15 juin-15 sept.
✆ 04 76 55 20 63, *tourisme.st-laurent-du-pont@wana*
doo.fr, Fax 04 76 06 21 21 – **R** conseillée
1 ha (45 empl.) plat, herbeux
Tarif : 🅴 14,50 € ⚡ (5A) – pers. suppl. 4 € – frais de réservation 9,50 €
Pour s'y rendre : Sortie Nord par D 520, rte de Chambéry
et à gauche, bord du Guiers Mort, chemin et passerelle pour
piétons reliant le camp au village

Nature : ⪡ ♀
Services : ⚓ 🖙 📷 🗂 ⚙ 🔌 ⚙
À prox. : 🏊 ✕ 🏊

ST-LAURENT-EN-BEAUMONT

⊠ 38350 – 333 I8 – 372 h. – alt. 900
Paris 613 – Le Bourg-d'Oisans 43 – Corps 16 – Grenoble 51 – Mens 22 – La Mure 10.

Belvédère de l'Obiou avr-15 oct.
℘ 04 76 30 40 80, *info@camping-obiou.com*,
Fax 04 76 30 44 86, *www.camping-obiou.com* – **R** conseillée
1 ha (45 empl.) plat, peu incliné, terrasses, herbeux
Tarif : 🔲 23,50 € 🔌 (10A) – pers. suppl. 4,50 € – frais de
réservation 12 €
Location (mai-sept.) : 5 🚐 (4 à 6 pers.) 320 à
540 €/sem.
🚐 1 borne 5 €
Pour s'y rendre : SO : 1,3 km par N 85, au lieu-dit les Egats

Nature : ≤ ♀
Loisirs : snack 🔲 🛶 🚲 🔲 (pe-
tite piscine découverte l'été)
Services : ♿ ⚡ GB ⚡ 🔲 🔲 🔲 ♨ ⊕
📞 🔲 ♨
À prox. : ♀

Benutzen Sie
– zur Wahl der Fahrtroute
– zur Berechnung der Entfernungen
– zur exakten Lokalisierung eines Campingplatzes (mit Hilfe der Angaben im Ortstext)
*die für diesen Führer unentbehrlichen **MICHELIN-Karten** im Ma1 : 150 000.*

ST-MARTIN-DE-CLELLES

⊠ 38930 – 333 G8 – 118 h. – alt. 750

La Chabannerie mai-oct.
℘ 04 76 34 00 38, *sylvain.couetoux@club-internet.fr*,
Fax 04 76 34 00 38, *www.camping-chabannerie.com*
– **R** conseillée ✂
2,5 ha (49 empl.) en terrasses, plat, peu incliné, pierreux,
herbeux
Tarif : 🔲 17,50 € 🔌 (10A) – pers. suppl. 3,30 €
Pour s'y rendre : N : 1 km sur D 252ᴬ et chemin à droite

Nature : 🌳 ≤ 🔲 ♀♀(sapinière)
Loisirs : 🔲 🛶
Services : ⚡ 🔲 ⊕ 🔲 ♨

799

ST-MARTIN-D'URIAGE

⊠ 38410 – 333 I7 – G. Alpes du Nord – 4 794 h. – alt. 600
🚩 Office de tourisme, 5, av. des Thermes ℘ 04 76 89 10 27, Fax 04 76 89 26 68
Paris 579 – Le Bourg-d'Oisans 45 – Chamrousse 16 – Grenoble 14 – Vizille 13.

Le Luiset mai-sept.
℘ 04 76 89 77 98, *camping@leluiset.com, www.lelui
set.com* – **R** conseillée
1,5 ha (65 empl.) en terrasses, plat, peu incliné, herbeux
Tarif : 🔲 11,60 € – pers. suppl. 3,50 €
Pour s'y rendre : Au bourg, derrière l'église

Nature : 🌳 ≤ ♀♀
Loisirs : 🛶
Services : ♿ ⚡ 🔲 ⊕ 🔲
À prox. : ✂ 🛶

ST-PIERRE-DE-CHARTREUSE

⊠ 38380 – 333 H5 – G. Alpes du Nord – 770 h. – alt. 885 – Sports d'hiver : 900/1 800 m 🎿1 🎿13 🎿
🚩 Office de tourisme, place de la Mairie ℘ 04 76 88 62 08, Fax 04 76 88 68 78
Paris 571 – Belley 62 – Chambéry 39 – Grenoble 28 – La Tour-du-Pin 52 – Voiron 25.

De Martinière 29 avr.-17 sept.
℘ 04 76 88 60 36, *brice.gaude@wanadoo.fr*,
Fax 04 76 88 69 10, *www.campingdemartiniere.com*
– **R** conseillée
1,5 ha (100 empl.) non clos, plat et peu incliné, herbeux
Tarif : 🔲 20,90 € 🔌 (6A) – pers. suppl. 5,20 € – frais de
réservation 8 €
Location (6 mai-17 sept.) ✂ : 4 🚐 (4 à 6 pers.) 243 à
460 €/sem.
🚐 1 borne – 2 🔲
Pour s'y rendre : SO : 3 km par D 512, rte de Grenoble
À savoir : Site agréable au cœur de la Chartreuse

Nature : ≤ ♀
Loisirs : 🔲 🛶 🛶
Services : ⚡ GB ⚡ 🔲 🔲 ♨ ⊕ 🔲
À prox. : ✗

ST-THÉOFFREY

✉ 38119 – 班班 H8 – 342 h. – alt. 936
Paris 595 – Le Bourg-d'Oisans 44 – Grenoble 33 – La Mure 10 – Villars-de-Lans 61.

⛺ **Les Mouettes** juil.-25 août
      🏕 04 76 83 02 49, *campmouettes@yahoo.fr*, *http://camp
mouettes.free.fr* – alt. 1 000 – **R** conseillée
1,5 ha (33 empl.) plat, peu incliné à incliné, herbeux
Tarif : 🅴 14,75 € (๗) (6A) – pers. suppl. 3,40 € – frais de
réservation 10 €
Pour s'y rendre : SE : 2,8 km par N 85, rte de la Mure et
D 115 à gauche, au lieu-dit les Théneaux
À savoir : Agréable situation dominant le lac

> Nature : 🐾 ⬅ Sur le lac ⛰
> Loisirs : 🏠 🏖
> Services : ⚕ ⊶ ⏦ M 🗑 🔥 🐾 ☺ 🔲

La SALLE-EN-BEAUMONT

✉ 38350 – 班班 I8 – 241 h. – alt. 756
Paris 614 – Le Bourg-d'Oisans 44 – Gap 51 – Grenoble 52.

⛺ **Le Champ Long** avr.-sept.
      🏕 04 76 30 41 81, *champ.long@tiscali.fr*,
Fax 04 76 30 47 21, *www.camping-champlong.com* – accès
aux emplacements par forte pente, mise en place et sortie
des caravanes à la demande – **R** indispensable
5 ha (97 empl.) non clos, en terrasses, plat, vallonné,
accidenté, herbeux, pierreux
Tarif : 🅴 18,50 € (๗) (10A) – pers. suppl. 3,80 € – frais de
réservation 11 €
Location (fermé 16 oct.-14 nov.) : 12 🛖 (4 à 6 pers.)
250 à 650 €/sem.
🚐 1 borne 5 €
Pour s'y rendre : SO : 2,7 km par N 85, rte de la Mure et
chemin du Bas-Beaumont à gauche, mise en place des
caravanes pour les empl. à forte pente

> Nature : 🐾 ⬅ Vallée et lac 🗔
> 🌲🌲(sapinière)
> Loisirs : 🍴 snack 🏠 🏖 🚲 🛝
> Services : ⚕ ⊶ GB ⏦ 🗑 ☺ 🔲 🐾

800

THEYS

✉ 38570 – 班班 I6 – G. Alpes du Nord – 1 572 h. – alt. 615
🛈 *Syndicat d'initiative, Mairie* 🏕 04 76 71 05 92
Paris 595 – Allevard 18 – Le Bourg-d'Oisans 75 – Chambéry 38 – Grenoble 30.

⛺ **Les 7 Laux** juin-15 sept.
      🏕 04 76 71 02 69, *camping.les7laux@wanadoo.fr*,
Fax 04 76 71 08 85, *www.camping-7-laux.com* – alt. 920
– **R** conseillée
1 ha (61 empl.) non clos, plat, peu incliné, en terrasses,
herbeux, pierreux
Tarif : (Prix 2005) 🅴 18 € (๗) (10A) – pers. suppl. 4,50 €
Location 🛝 : 2 🛖 (4 à 6 pers.) 230 à 475 €/sem.
🚐 1 borne
Pour s'y rendre : S : 3,8 km, à 400 m du col des Ayes
À savoir : Agréable structure fleurie et soignée, belle situa-
tion dominante

> Nature : 🐾 ⬅ 🗔 🌿
> Loisirs : 🏠 🏖 🛝
> Services : ⚕ ⊶ GB ⏦ ⏦ 🗑 ☺ 🔲
> 🐾

TREPT

✉ 38460 – 班班 E3 – 1 540 h. – alt. 275 – Base de loisirs
Paris 495 – Belley 41 – Bourgoin-Jallieu 13 – Lyon 52 – Pérouges 35 – La Tour-du-Pin 21.

⛺ **Les 3 Lacs du Soleil** mai-15 sept.
      🏕 04 74 92 92 06, *info@les.3.lacsdusoleil.com*,
Fax 04 74 92 93 35, *www.les3lacsdusoleil.com* – **R** conseillée
25 ha/3 campables (160 empl.) plat, herbeux
Tarif : 🅴 31 € (๗) (6A) – pers. suppl. 7 €
Location : 10 🛖 (4 à 6 pers.) 250 à 784 €/sem. – 8 🛖
(4 à 6 pers.) 200 à 700 €/sem. – 10 bungalows toilés
Pour s'y rendre : E : 2,7 km par D 517, rte de Morestel et
chemin à droite, près de deux plans d'eau

> Nature : 🐾 🌿 ⛰
> Loisirs : 🍴 🏠 🏖 🛶 ✂ 🎣 🏊
> (plage) 🛝 🐾
> Services : ⚕ ⊶ GB ⏦ 🗑 ☺ 🔲

VERNIOZ

✉ 38150 – C5 – 888 h. – alt. 250
Paris 500 – Annonay 38 – Givors 25 – Le Péage-de-Roussillon 12 – Rive-de-Gier 41 – Vienne 14.

Bontemps avr.-sept.
    04 74 57 83 52, info@campinglebontemps.com,
Fax 04 74 57 83 70, *www.campinglebontemps.com*
– **R** conseillée
6 ha (100 empl.) plat, herbeux, étangs
Tarif : 🔲 21 € 🔋 (6A) – pers. suppl. 5 €
Location ⌁ : (4 à 6 pers.) 185 à 360 €/sem. – 🏠
(4 à 6 pers.) 245 à 430 €/sem.
1 borne – 15 🔲
Pour s'y rendre : À St-Alban-de-Varèze, Est : 4,5 km par
D 37 et chemin à droite, bord de la Varèze

Nature : ⌁ ⌁ ⌁
Loisirs : ⌁ ✗ ⌁ salle d'animation ⌁ ⌁ ⌁ ⌁ poneys
Services : ⌁ ⌁ GB ⌁ ⌁ ⌁ ⌁ ⌁ ⌁ ⌁ ⌁ ⌁

VILLARD-DE-LANS

✉ 38250 – G7 – G. Alpes du Nord – 3 798 h. – alt. 1 040 – Sports d'hiver : 1 160/2 170 m ⌁2 ⌁27 ⌁
🅱 *Office de tourisme, 101, place Mure Ravaud* *04 76 95 10 38, Fax 04 76 95 98 39*
Paris 584 – Die 67 – Grenoble 34 – Lyon 123 – Valence 67 – Voiron 44.

L'Oursière fermé oct.-2 déc.
    04 76 95 14 77, info@camping-oursiere.fr,
Fax 04 76 95 58 11, *www.camping-oursiere.fr* – **R** conseillée
4 ha (186 empl.) plat, peu incliné, pierreux, gravier, herbeux
Tarif : 🔲 20,40 € 🔋 (10A) – pers. suppl. 4,25 € – frais de
réservation 8 €
Location ⌁ : 14 (4 à 6 pers.) 252 à 599 €/sem.
1 borne 4,30 € – 15 🔲 14,45 €
Pour s'y rendre : Sortie Nord par D 531, rte de Grenoble,
chemin piétonnier reliant le camping au village

Nature : ❄ ⌁
Loisirs : ⌁ ⌁
Services : ⌁ ⌁ GB ⌁ ⌁ ⌁ ⌁ ⌁ ⌁
À prox. : ⌁ ⌁ ⌁ bowling, pati-
noire

VIZILLE

801

✉ 38220 – H7 – G. Alpes du Nord – 7 465 h. – alt. 270
🅱 *Office de tourisme, place du Château* *04 76 68 15 16, Fax 04 76 78 94 49*
Paris 582 – Le Bourg-d'Oisans 32 – Grenoble 20 – La Mure 22 – Villard-de-Lans 49.

Le Bois de Cornage mai-sept.
    04 76 68 12 39, campingvizille@wanadoo.fr,
Fax 04 76 68 12 39, *www.campingvizille.com* – **R** conseillée
2,5 ha (128 empl.) peu incliné, en terrasses, herbeux
Tarif : 🔲 15,60 € 🔋 (10A) – pers. suppl. 4,80 €
Location (permanent) : 14 (4 à 6 pers.) 250 à
395 €/sem.
Pour s'y rendre : Sortie Nord vers N 85, rte de Grenoble et
av. de Venaria à droite
À savoir : En partie ombragé d'arbres centenaires

Nature : ⌁ ⌁ ⌁
Loisirs : pizzeria, le soir uniquement ⌁ ⌁
Services : ⌁ ⌁ ⌁ ⌁ ⌁ ⌁ ⌁ ⌁ ⌁

Loire (42)

BALBIGNY

✉ 42510 – E5 – 2 616 h. – alt. 331
Paris 423 – Feurs 10 – Noirétable 44 – Roanne 29 – St-Étienne 56 – Tarare 28.

La Route Bleue avr.-sept.
    04 77 27 24 97, camping.balbigny@wanadoo.fr,
Fax 04 77 27 24 97, *laroutebleu.com* – **R** conseillée
2 ha (100 empl.) plat, peu incliné, herbeux
Tarif : ⌁ 3,30 € 🔲 3,30 € 🔋 (6A) 2,80 €
1 borne – 8 🔲 12,30 €
Pour s'y rendre : 2,8 km au NO par N 82 et D 56 à gauche,
rte de St-Georges-de-Baroille
À savoir : Site agréable au bord de la Loire

Nature : ⌁ ⌁
Loisirs : ⌁ snack ⌁ ⌁ ⌁
Services : ⌁ ⌁ GB ⌁ ⌁ ⌁ ⌁ ⌁
sèche-linge

BELMONT-DE-LA-LOIRE

✉ 42670 – **327** F3 – 1 501 h. – alt. 525
🛈 *Syndicat d'initiative, chemin de Biesse* ☎ 04 77 63 63 87, Fax 04 77 63 69 39
Paris 405 – Chauffailles 6 – Roanne 35 – St-Étienne 108 – Tarare 46 – Villefranche-sur-Saône 50.

⚑ **Municipal les Écureuils** juin-sept.
☎ 04 77 63 72 25, *mairie@belmontdelaloire.fr*,
Fax 04 77 63 62 71, *www.belmontdelaloire.fr* – **R** conseillée
0,6 ha (28 empl.) peu incliné à incliné, en terrasses,
gravillons, herbeux
Tarif : ♦ 1,84 € ▣ 1,84 € [½] 2,04 €
Location (permanent) : 8 🏠 (4 à 6 pers.) 218 à
282 €/sem.
Pour s'y rendre : O : 1,4 km par D 4, rte de Charlieu et
chemin à gauche, à 300 m d'un étang

| Nature : 🦆 ⌂ |
| Services : ⚕ 🛒 ⊕ 📷 |
| À prox. : 🍴 🎣 |

CHARLIEU

✉ 42190 – **327** E3 – G. Vallée du Rhône – 3 582 h. – alt. 265
🛈 *Office de tourisme, place Saint-Philibert,* ☎ 04 77 60 12 42, Fax 04 77 60 16 91
Paris 398 – Digoin 48 – Lapalisse 55 – Mâcon 77 – Roanne 18 – St-Étienne 102.

⚑ Municipal
☎ 04 77 69 01 70, *camp-charlieu@voila.fr* – **R** conseillée
2,7 ha (100 empl.) plat, herbeux
Pour s'y rendre : À l'Est de la ville, au stade, bord du Sornin

| Nature : ⌂ |
| Loisirs : snack 🏊 |
| Services : ⚬ ⊕ 🍴 🛒 📷 |
| À prox. : 🍴 🎣 |

CORDELLE

✉ 42123 – **327** D4 – 779 h. – alt. 450
Paris 409 – Feurs 35 – Roanne 14 – St-Just-en-Chevalet 27 – Tarare 41.

⚑ **Camping le Mars**
☎ 04 77 64 94 42, *escampo@aol.com*
1,2 ha (65 empl.) plat et en terrasses, peu incliné, herbeux
Location : 7 🏠
Pour s'y rendre : 4,5 km au S par D 56 et chemin à dr.
À savoir : Agréable situation dominant les gorges de la
Loire

| Nature : 🦆 ⋖ ⌂ |
| Loisirs : 🍷 🍴 snack, pizzeria 🏠 |
| nocturne 🏊 🚲 🎿 |
| Services : ⚬ 🍴 ⊕ 🛒 📷 |
| À prox. : 🎣 |

FEURS

✉ 42110 – **327** E5 – G. Vallée du Rhône – 7 669 h. – alt. 343
🛈 *Office de tourisme, place du Forum* ☎ 04 77 26 05 27, Fax 04 77 26 00 55
Paris 433 – Lyon 69 – Montbrison 24 – Roanne 38 – St-Étienne 47 – Thiers 68 – Vienne 93.

⚑ **Municipal du Palais** mars-oct.
☎ 04 77 26 43 41, Fax 04 77 26 43 41 – **R**
9 ha (385 empl.) plat, herbeux, petit étang
Tarif : ♦ 2,20 € 🚗 2 € ▣ 2,50 € [½] (10A) 5 €
🚐 1 borne
Pour s'y rendre : Sortie N par N 82 rte de Roanne et à dr.,
rte de Civens

| Nature : 🌳 |
| Loisirs : 🏊 |
| Services : ⚐ ⚬ ⚕ 🍴 🛒 📷 ⊕ 🛒 |
| À prox. : 🍴 🎿 |

JEANSAGNIÈRE

✉ 42920 – **327** C5 – 103 h. – alt. 1 050
Paris 440 – Lyon 111 – Saint-Étienne 84 – Clermont-Ferrand 88 – Villeurbanne 114.

⚑ **La Droséra** (location exclusive de 10 chalets) Permanent
☎ 04 77 24 81 44, *patrick@parc-de-la-drosera.fr*,
Fax 04 77 24 81 44, *www.parc-de-la-drosera.fr*
16 ha en terrasses, pierreux, herbeux, rochers
Location : 🏠 (4 à 6 pers.) 490 à 725 €/sem.
Pour s'y rendre : 5 km au N par D 101

| Nature : 🦆 ⋖ sur les Monts du |
| Forez 🌳 |
| Loisirs : 🍴 🏠 🏊 🎿 parc de |
| promenade, sentiers de randonnée |
| Services : ⚬ 🅶🅱 ⚕ |

802

MONTBRISON

✉ 42600 – ﹇327﹈ D6 – G. Vallée du Rhône – 14 589 h. – alt. 391
🚩 *Office de tourisme, place de l'Hôtel de Ville* 📞 *04 77 96 08 69, Fax 04 77 96 20 88*
Paris 444 – Lyon 103 – Le Puy-en-Velay 99 – Roanne 68 – St-Étienne 45 – Thiers 68.

   ⚠ **Le Bigi** 15 juin-15 sept.
     📞 04 77 58 06 39, Fax 04 77 58 06 39, *campingle bigi.site.voila.fr* – places limitées pour le passage – **R** conseillée
     1,5 ha (37 empl.) en terrasses et peu incliné, herbeux, gravillons
     Tarif : ▣ 13,20 € – pers. suppl. 3,20 €
     Location : 6 🛖 (4 à 6 pers.) 320 à 450 €/sem.
     🚐 1 borne 6 €
     Pour s'y rendre : SO : 2 km par D 113 rte de Lérigneux

Nature : ⇐ ⌂ ⒬	
Loisirs : 🏠 ※ ⛷	
Services : ⚡ GB ⊘ 🏧	

   ⚠ **Municipal le Surizet** avr.-oct.
     📞 04 77 58 08 30, Fax 04 77 58 08 30, *mairiemontbrison.fr* – places limitées pour le passage – **R** conseillée
     2,5 ha (96 empl.) plat, herbeux
     Tarif : (Prix 2005) 🧍 2,50 € – 🚗 1,25 €   ▣ 1,65 € 🔌 (10A) 5,30 €
     Pour s'y rendre : À Moingt, S : 3 km par D 8 rte de St-Étienne et rte à droite, bord du Moingt

Nature : ⒬⒬	
Loisirs : 🛶 ⛷	
Services : ⚡ ⊘ ⊕ 🚿 🏧	
À prox. : 🏠	

Benutzen Sie den Hotelführer des laufenden Jahres.

Les NOËS

✉ 42370 – ﹇327﹈ C3 – 163 h. – alt. 610
Paris 401 – Lyon 109 – Saint-Étienne 100 – Clermont-Ferrand 101 – Villeurbanne 113.

   ⚠ **Parc Résidentiel de Loisirs** (location exclusive de 8 chalets) Permanent
     📞 04 77 64 21 13, *GSNdesnoes@free.fr*, Fax 04 77 66 46 52
     1 ha en terrasses, herbeux
     Location ♿ 🅿 : 8 🛖 (4 à 6 pers.) 180 à 400 €/sem. – 1 gîte
     Pour s'y rendre : Au bourg

Loisirs : 🚲 ⛷ 🎣	
Services : ⊘	
À prox. : 🏧 sèche-linge 🍽 ✗ ⛽ quad	

803

NOIRÉTABLE

✉ 42440 – ﹇327﹈ B5 – G. Auvergne – 1 637 h. – alt. 720
🚩 *Office de tourisme, 8, rue des Tilleuls* 📞 *04 77 24 93 04*
Paris 421 – Ambert 46 – Lyon 116 – Montbrison 45 – Roanne 45 – St-Étienne 90 – Thiers 25.

   ⚠ **Municipal de la Roche** avr.-oct.
     📞 04 77 24 72 68, Fax 04 77 24 92 20 – **R** conseillée
     0,6 ha (40 empl.) plat et en terrasses, peu incliné, herbeux
     Tarif : (Prix 2005) 🧍 1,75 € 🚗 1,05 € ▣ 1,05 € 🔌 2,20 €
     Pour s'y rendre : 1 km au S par N 89 et D 110 à dr.
     À savoir : Au bord d'un plan d'eau

Nature : ⇐ ⌂ ⒬	
Loisirs : 🏠	
Services : ♿ ⊘ ⊕	
À prox. : 🍽 snack 🛶 ※ ⛷ 🎣	

La PACAUDIÈRE

✉ 42310 – ﹇327﹈ C2 – 1 168 h. – alt. 363
🚩 *Syndicat d'initiative, le Petit Louvre* 📞 *04 77 64 11 06*
Paris 370 – Lapalisse 24 – Marcigny 21 – Roanne 25 – Thiers 89 – Vichy 48.

   ⚠ **Municipal Beausoleil** mai-sept.
     📞 04 77 64 11 50, *lapacaudiere@wanadoo.fr*, Fax 04 77 64 14 40, *www.lapacaudiere.fr* – **R** conseillée
     1 ha (35 empl.) peu incliné, herbeux
     Tarif : (Prix 2005) 🧍 2,30 € 🚗 1,40 € ▣ 1,70 € 🔌 2,50 €
     Pour s'y rendre : 0,7 km à l'E par D 35, rte de Vivans et à dr., près du terrain de sports et du collège

Nature : ⌂	
Loisirs : 🏠 🛶 ※ 🎣 ⛷	
Services : ♿ ⚡ ⊘ 🏠 ⛺ ⊕ 🏕 🚿 🏧	

PONCINS

✉ 42110 – **327** D5 – 754 h. – alt. 339
Paris 446 – Lyon 77 – Saint-Étienne 50 – Clermont-Ferrand 109 – Villeurbanne 81.

▲ **Le Nid Douillet** (location exclusive de 6 chalets)
Permanent
℘ 04 77 27 80 36, Fax 04 77 27 02 70, *www.le-nid-douil let.com*
2 ha plat, herbeux
Location : 🏠 (4 à 6 pers.) 325 à 500 €/sem.
Pour s'y rendre : 2 km au S par D 60 et 500 m par chemin à dr.

| Nature : 🦢 |
| Loisirs : snack 🏠 🦆 |
| Services : ⚬ 🖃 🗗 |
| À prox. : 🐎 |

POUILLY-SOUS-CHARLIEU

✉ 42720 – **327** D3 – 2 720 h. – alt. 264
Paris 393 – Charlieu 5 – Digoin 43 – Roanne 15 – Vichy 75.

▲ **Municipal les Ilots** mai-15 sept.
℘ 04 77 60 80 67, *mairie-pouilly-sous-charlieu42@wana doo.fr* – **R** conseillée
1,5 ha (57 empl.) plat, herbeux
Tarif : (Prix 2005) 🧍 1,80 € 🖃 2 € (10A) 3 €
Pour s'y rendre : Sortie Nord par D 482 rte de Digoin et à droite, au stade, bord du Sornin

| Nature : 🦢 ♀ |
| Services : ⚬ 🖃 ⊕ 🖫 |
| À prox. : 🍴 🦆 |

Pour choisir et suivre un itinéraire
Pour calculer un kilométrage
Pour situer exactement un terrain (en fonction des indications fournies dans le texte) :
*Utilisez les **cartes MICHELIN** détaillées à 1/150 000,*
compléments indispensables de cet ouvrage.

804

ST-GALMIER

✉ 42330 – **327** E6 – G. Vallée du Rhône – 5 293 h. – alt. 400
🛈 *Office de tourisme, 3, bd Docteur Gabriel Cousin* ℘ 04 77 54 01 10
Paris 457 – Lyon 82 – Montbrison 25 – Montrond-les-Bains 11 – Roanne 68 – St-Étienne 24.

▲▲ **Val de Coise** avr.-sept.
℘ 04 77 54 14 82, *cplvaldecoise@atciat.com*,
Fax 04 77 54 02 45, *www.campeoles.fr* – places limitées pour le passage – **R** conseillée
3,5 ha (100 empl.) plat, en terrasses, peu incliné, herbeux
Tarif : 🖃 17,90 € (10A) – pers. suppl. 5 €
Location : bungalows toilés
Pour s'y rendre : E : 2 km par D 6 rte de Chevrières et chemin à gauche, bord de la Coise

| Loisirs : 🏠 🦆🏊 🦆 |
| Services : ⚬ 🖃 🗗 ▥ 🖫 🛁 ⊕ 🖫 |
| À prox. : 🦆 |

ST-GENEST-MALIFAUX

✉ 42660 – **327** F7 – 2 691 h. – alt. 980
🛈 *Office de tourisme, 1, rue du Feuillage* ℘ 04 77 51 23 84, Fax 04 77 51 23 85
Paris 528 – Annonay 33 – St-Étienne 16 – Yssingeaux 46.

▲ **Municipal de la Croix de Garry** avr.-sept.
℘ 04 77 51 25 84, *gite.camping.st.genest.malifaux@wana doo.fr*, Fax 04 77 51 26 71 – alt. 928 – places limitées pour le passage – **R**
2 ha (85 empl.) plat, terrasses, peu incliné, herbeux
Tarif : (Prix 2005) 🖃 15 € (6A) – pers. suppl. 3 €
Location (permanent) 🌿 : 8 🏠 (4 à 6 pers.) 250 à 450 €/sem. – gîte d'étape
Pour s'y rendre : Sortie Sud par D 501, rte de Montfaucon-en-Velay, près d'un étang et à 150 m de la Semène

| Nature : ≼ |
| Services : ♿ ⚬ (saison) 🗗 ▥ 🖫 🛁 |
| ⊕ 🖫 |
| À prox. : 🍴 🦆 |

ST-PAUL-DE-VÉZELIN

✉ 42590 – **327** D4 – 299 h. – alt. 431
Paris 415 – Boën 19 – Feurs 30 – Roanne 26 – St-Just-en-Chevalet 27 – Tarare 39.

 Arpheuilles mai-6 sept
  ☏ 04 77 63 43 43, *arpheuilles@wanadoo.fr*,
  Fax 04 77 63 48 83 – croisement difficile pour caravanes
  – **R** conseillée
  3,5 ha (80 empl.) peu incliné, en terrasses, herbeux
  Tarif : 🔲 20 € ⚡ (6A) – pers. suppl. 4,50 €
  Pour s'y rendre : N : 4 km, à Port Piset, près du fleuve
  (plan d'eau)
  À savoir : Belle situation dans les gorges de la Loire

> Nature : 🏞 ⪕ ♀ ⛰
> Loisirs : 🍽 🛏 ⚓ 🏃 ⛴ 🎣 canoë,
> catamaran
> Services : ♿ ⚡ 🏪 ⊛ 🚮 🚰 🔳 🛁

ST-SAUVEUR-EN-RUE

✉ 42220 – **327** F8 – 1 105 h. – alt. 780
Paris 541 – Annonay 22 – Condrieu 39 – Montfaucon-en-Velay 24 – St-Étienne 29 – Vienne 61.

△ **Municipal des Régnières** avr.-sept.
  ☏ 04 77 39 24 71, Fax 04 77 39 24 71 – places limitées pour
  le passage – **R** conseillée
  1 ha (40 empl.) en terrasses, plat, herbeux, pierreux
  Tarif : 🔲 13 € ⚡ (10A) – pers. suppl. 3 €
  Pour s'y rendre : SO : 0,8 km par D 503 rte de Monfaucon,
  près de la Deôme

> Nature : ⪕ ⛱
> Loisirs : 🍽 snack 🛏 ≅ (bassin)
> Services : ⚡ (juil.-août) 🐕 ⊛ 🚰
> 🚮 🔳
> À prox. : 🏃

Rhône (69)

ANSE

✉ 69480 – **327** H4 – 4 744 h. – alt. 170
🚹 Office de tourisme, place du 8 mai 1945 ☏ 04 74 60 26 16, Fax 04 74 67 29 74
Paris 436 – L'Arbresle 17 – Bourg-en-Bresse 57 – Lyon 27 – Mâcon 51 – Villefranche-sur-Saône 7.

△△△ **Les Portes du Beaujolais** mars-oct.
  ☏ 04 74 67 12 87, *campingbeaujolais@wanadoo.fr*,
  Fax 04 74 09 90 97, *www.camping-beaujolais@wanadoo.fr*
  – **R** conseillée
  7,5 ha (198 empl.) plat, herbeux
  Tarif : 🔲 18,90 € ⚡ (6A) – pers. suppl. 4,80 €
  Location : 14 🛖 (4 à 6 pers.) 300 à 374 €/sem. – 31 🏚
  (4 à 6 pers.) 333 à 455 €/sem.
  🚐 1 borne
  Pour s'y rendre : Sortie SE, rte de Lyon et 0,6 km par
  chemin à gauche avant le pont, au confluent de l'Azergues
  et de la Saône

> Nature : ⛱ ♀
> Loisirs : 🍽 snack 🛏 ⚓ 🚲 ⛹ 🏃
> ⛴
> Services : ♿ ⚡ 🌐 🐕 🏛 🔳 ⊛ 🚰
> 🚮 🔳 🛁
> À prox. : 🎣

CUBLIZE

✉ 69550 – **327** F3 – 1 047 h. – alt. 452
🚹 Office de tourisme, lac des Sapins ☏ 04 74 89 58 03, Fax 04 74 89 58 68
Paris 422 – Amplepuis 7 – Chauffailles 29 – Roanne 30 – Villefranche-sur-Saône 41.

 Intercommunal du Lac des Sapins avr.-sept.
  ☏ 04 74 89 52 83, *camping@lac-des-sapins.fr*,
  Fax 04 74 89 58 90, *www.lac-des-sapins.fr* – places limitées
  pour le passage – **R** conseillée
  4 ha (155 empl.) plat, herbeux, pierreux, gravillons
  Tarif : 🔲 16,50 € ⚡ (10A) – pers. suppl. 3 €
  Location (permanent) 🏡 : 18 🏚 (4 à 6 pers.) 229 à
  379 €/sem.
  Pour s'y rendre : S : 0,8 km, bord du Reins et à 300 m du
  lac (accès direct)

> Nature : 🏞 ⪕ ⛱
> Loisirs : 🎾 terrain omnisports
> Services : ♿ ⚡ 🌐 🐕 🔳 ⚲ ⊛ 🚰
> 🚮 🔳
> À la base de loisirs : ⚓ 🏃 ≅ ⛷
> 🎣

DARDILLY

✉ 69570 – 327 H5 – 7 589 h. – alt. 338

▲ Camping International Permanent
𝒫 04 78 35 64 55, *camping-lyon@mairie-lyon.fr*,
Fax 04 72 17 04 26, *www.camping-lyon.com*
6 ha (150 empl.) plat, herbeux, gravillons
Tarif : (Prix 2005) ▣ 18,76 € – pers. suppl. 2,98 €
Location : 15 ⌂ (4 à 6 pers.) 140 €/sem. – 5 ⌂ (4 à 6
pers.) 160 €/sem.
⌂ 1 borne 2 €
Pour s'y rendre : Par A 6 : sortie Limonest

Nature : ♀
Loisirs : ♀ snack 🏊 🎣 🛝
Services : 👤 o—ⁿ ⒼⒷ ⊞ 🧺 🛁 ⊕ 🚿
🚽 🖼 sèche-linge

FLEURIE

✉ 69820 – 327 H2 – G. Vallée du Rhône – 1 190 h. – alt. 320
Paris 410 – Bourg-en-Bresse 46 – Chauffailles 44 – Lyon 58 – Mâcon 22 – Villefranche-sur-Saône 27.

▲ Municipal la Grappe Fleurie mi-mars-mi-oct.
𝒫 04 74 69 80 07, *camping@fleurie.org*, Fax 04 74 69 85 71,
www.fleurie.org – **R** conseillée
2,5 ha (96 empl.) plat, herbeux
Tarif : (Prix 2005) ▣ 14 € – pers. suppl. 5 €
Location : 4 ⌂
⌂ 1 borne
Pour s'y rendre : 0,6 km au S du bourg par D 119E et à dr.
À savoir : Au coeur du vignoble

Nature : 🌳 ≤ 🏡
Loisirs : 🎣 ✾ 🛝
Services : 👤 o—ⁿ ⒼⒷ ⊘ 🧺 🛁 ⊕ 🚿
🚽 🐾 🖼 sèche-linge
À prox. : ⚖ ✗

MORNANT

✉ 69440 – 327 H6 – G. Vallée du Rhône – 4 672 h. – alt. 380
Paris 478 – Givors 12 – Lyon 26 – Rive-de-Gier 13 – St-Étienne 36 – Vienne 23.

▲ Municipal de la Trillonière mai-sept.
𝒫 04 78 44 16 47, *mairiemornant@wanadoo.fr*,
Fax 04 78 44 91 70, *www.ville-mornant.fr* – **R** ✗
1,5 ha (60 empl.) peu incliné, plat, herbeux
Tarif : (Prix 2005) 👤 2,80 € ▣ 2,95 € ⚡ 3,60 €
Pour s'y rendre : Sortie S, carrefour D 30 et D 34, près d'un
ruisseau
À savoir : Au pied de la cité médiévale

Services : 👤 o—ⁿ ⒼⒷ ⊘ ⊕
À prox. : ✾ 🏇 🛝

POULE-LES-ÉCHARMEAUX

✉ 69870 – 327 F3 – 834 h. – alt. 570
Paris 446 – Chauffailles 17 – La Clayette 25 – Roanne 47 – Tarare 46 – Villefranche-sur-Saône 39.

▲ Municipal les Écharmeaux 15 avr.-15 oct.
𝒫 04 74 03 64 48 – **R** conseillée
0,5 ha (24 empl.) en terrasses, gravillons, herbeux
Tarif : ▣ 9 € – pers. suppl. 1 €
Pour s'y rendre : À l'Ouest du bourg
À savoir : Terrasses individuelles surplombant un étang

Nature : 🌳 ≤ 🏡
Loisirs : ✾
Services : 🧺 ⊠ ⊕

PROPIÈRES

✉ 69790 – 327 F2 – 419 h. – alt. 680
Paris 449 – Chauffailles 16 – Lyon 67 – Mâcon 54 – Roanne 49 – Villefranche-sur-Saône 42.

▲ Municipal 15 juin-15 sept.
𝒫 04 74 03 60 08, Fax 04 74 03 62 79 – croisement difficile
– **R** conseillée ✗
2 ha/0,3 campable (16 empl.) plat, terrasse, herbeux
Tarif : 👤 2 € 🚗 1 € ▣ 2 €
Location (permanent) : gîtes
Pour s'y rendre : S : à 1 km du bourg par chemin
À savoir : Près d'un étang et d'un petit plan d'eau

Nature : 🌳 ≤ 🏡
Loisirs : 🏇 poneys
Services : 👤 ⊘ ⊕ 🛁 🖼
À prox. : ⚓

806

ST-SYMPHORIEN-SUR-COISE

✉ 69590 – 327 F6 – G. Vallée du Rhône – 3 069 h. – alt. 558
Paris 489 – Andrézieux-Bouthéon 26 – L'Arbresle 36 – Feurs 30 – Lyon 40 – St-Étienne 33.

⚠ **Intercommunal Centre de Loisirs de Hurongues** avr.-1ᵉʳ oct.
    𝄐 04 78 48 44 29, *camping.hurongues@wanadoo.fr*,
Fax 04 78 48 44 29 – **R** conseillée
3,6 ha (120 empl.) peu incliné et en terrasses, pierreux
Tarif : (Prix 2005) 🔲 15,20 € 🔌 (8A) – pers. suppl. 3,80 €
🚐 1 borne 3,80 €
Pour s'y rendre : O : 3,5 km par D 2 rte de Chazelles-sur-Lyon, à 400 m d'un plan d'eau
À savoir : Agréable cadre boisé autour d'un parc de loisirs

Nature : 🐟 ⌂ ΩΩ
Loisirs : 🏠
Services : ⊶ GB ⚙ Ⅲ 🗄 🛁 ☺ 🖼
À prox. : 🚴 🎿 🏊 🎣

STE-CATHERINE

✉ 69440 – 327 G6 – 856 h. – alt. 700
Paris 488 – Andrézieux-Bouthéon 38 – L'Arbresle 37 – Feurs 43 – Lyon 37 – St-Étienne 38.

⚠ **Municipal du Châtelard** mars-nov.
    𝄐 04 78 81 80 60, *mairie-ste-catherine@wanadoo.fr*,
Fax 04 78 81 87 73, *www.cc-paysmornantais.fr* – alt. 800 –
places limitées pour le passage – **R** conseillée
4 ha (61 empl.) en terrasses, herbeux, gravier
Tarif : (Prix 2005) 🏃 2 € 🔲 2,30 € 🔌 (6A) 2,25 €
Pour s'y rendre : 2 km au S, lieu-dit le Châtelard

Nature : 🐟 ≤ Mont Pilat et Monts du Lyonnais ⌂
Loisirs : 🏠
Services : ⊶ ⚙ 🗄 ☺ 🖼

Om een reisroute uit te stippelen en te volgen,
om het aantal kilometers te berekenen,
om precies de ligging van een terrein te bepalen
(aan de hand van de inlichtingen in de tekst),
gebruikt u de **Michelinkaarten** *schaal 1 : 150 000 ;*
een onmisbare aanvulling op deze gids.

807

VILLEFRANCHE-SUR-SAÔNE

✉ 69400 – 327 H4 – G. Vallée du Rhône – 30 647 h. – alt. 190
🚩 *Office de tourisme, 96, rue de la sous-préfecture* 𝄐 *04 74 07 27 40, Fax 04 74 07 27 47*
Paris 432 – Bourg-en-Bresse 54 – Lyon 33 – Mâcon 47 – Roanne 73.

⚠ Municipal
    𝄐 04 74 65 33 48, Fax 04 74 60 68 18 – **R** conseillée
2 ha (127 empl.) plat, herbeux
Pour s'y rendre : SE : 3,5 km
À savoir : Emplacements agréablement ombragés, près de la Saône et d'un plan d'eau

Nature : ΩΩ
Loisirs : 🍽 ⚓ (plage)
Services : ♿ ⊶ 🗄 ☺ 🖼

Savoie (73)

AIGUEBLANCHE

✉ 73260 – 333 M4 – 2 664 h. – alt. 461

⚠ **Marie-France** mi-mars-fin oct.
    𝄐 04 79 24 22 21, Fax 04 79 22 94 81, *www.camping-studio-savoie.com* – **R** conseillée
0,5 ha (30 empl.) plat, en terrasses, herbeux
Tarif : 🏃 2,40 € 🔲 3,80 € 🔌 (10A) 3,53 €
Location (permanent) : 40 studios

Nature : ≤ ⌂ ΩΩ
Loisirs : 🎡
Services : ♿ ⊶ ⚙ 🗄 🖼
À la base de loisirs : 🍽 ✕ 🚴 🎿 ♨
🏊 🏊 🎣 🐎 rafting, canoë-kayak, parcours sportif

AIX-LES-BAINS

✉ 73100 – 🔲🔲🔲 I3 – G. Alpes du Nord – 25 732 h. – alt. 200 – ⚕ (mi-janv.à mi-déc.)
🛈 Office de tourisme, place Maurice Mollard ℘ 04 79 88 68 00, Fax 04 79 88 68 01
Paris 539 – Annecy 34 – Bourg-en-Bresse 115 – Chambéry 18 – Lyon 107.

⛰ **International du Sierroz** 15 mars-15 nov.
℘ 04 79 61 21 43, campingsierroz@aixlesbains.com,
Fax 04 79 61 21 43, www.aixlesbains.com/campingsierroz–
🏧
5 ha (290 empl.) plat, herbeux, gravier
Tarif : 🔲 18,40 € [½] (10A) – pers. suppl. 3,60 €
🚐 1 borne 2 € – 36 🔲
Pour s'y rendre : NO : 2,5 km, bd Robert-Barrier
À savoir : Cadre boisé, proche du lac

Nature : 🛏 🎣🎣	
Loisirs : 🍷 🛋	
Services : 🕭 🍴 GB 🐕 🎞 🖻 🎱 🛎	
🛁 🗑 🖻 sèche-linge 🖳 🍴	
À prox. : 🎣 ⚓	

Les ALLUES

✉ 73550 – 🔲🔲🔲 M5 – 1 869 h. – alt. 1 125
Paris 615 – Albertville 35 – Annecy 80 – Bourg-St-Maurice 36 – Méribel-les-Allues 6 – Moûtiers 9.

⛰ **Le Martagon** 15 déc.-25 avr.
℘ 04 79 00 56 29, Fax 04 79 00 44 92 – alt. 1 310 – **R** indispensable
0,5 ha (15 empl.) plat, terrasse, pierreux
Tarif : 🔲 30 € [½] (10A) – pers. suppl. 5 €
Pour s'y rendre : S : 3,3 km par D 90, rte de Méribel, au Raffort, près du Doron, à 100 m des télécabines

Nature : ❄ ≤	
Loisirs : 🍷 ✕	
Services : 🕭 🍴 GB Ⓜ 🎞 🖻 🎱 🛎	
🗑 🖻 sèche-linge 🍴	

AUSSOIS

✉ 73500 – 🔲🔲🔲 N6 – G. Alpes du Nord – 628 h. – alt. 1 489
🛈 Office de tourisme, route des Barrages ℘ 04 79 20 30 80, Fax 04 79 20 37 00
Paris 670 – Albertville 97 – Chambéry 110 – Lanslebourg-Mont-Cenis 17 – Modane 7 – St-Jean-de-Maurienne 38.

808

⛰ **Municipal la Buidonnière** Permanent
℘ 04 79 20 35 58, camping@aussois.com,
Fax 04 79 20 35 58, www.aussois.com – **R** conseillée
4 ha (160 empl.) en terrasses et peu incliné, pierreux, herbeux
Tarif : 🔲 16 € [½] (10A) – pers. suppl. 5,10 €
Pour s'y rendre : Sortie S par D 215, rte de Modane et chemin à gauche

Nature : ❄ 🦢 ≤ Parc de la Vanoise	
🛏	
Loisirs : 🍴 🚴 💪 🎣 ✕ ♫ 🏊 (bassin) parcours sportif	
Services : 🕭 🍴 GB 🐕 🎞 🖻 🦢 🎱	
🖻 sèche-linge	

La BÂTHIE

✉ 73540 – 🔲🔲🔲 L4 – 2 022 h. – alt. 360
Paris 589 – Albertville 9 – Bourg-St-Maurice 46 – Méribel-les-Allues 32 – Moûtiers 18.

⛰ **Le Tarin** Permanent
℘ 04 79 89 60 54 – **R** conseillée
1 ha (43 empl.) plat, herbeux
Tarif : 🔲 17 € – pers. suppl. 4 €
Pour s'y rendre : O : 0,5 km par D 66, rte d'Esserts-Blay, près N 90 (voie express : sortie 33)

Nature : ≤ ♀	
Loisirs : 🍷 ✕ discothèque	
Services : 🕭 🍴 GB 🎞 🖻 🎱 🛁 🗑	

BEAUFORT

✉ 73270 – 🔲🔲🔲 M3 – G. Alpes du Nord – 1 985 h. – alt. 750
🛈 Office de tourisme, Grande Rue ℘ 04 79 38 37 57, Fax 04 79 38 16 70
Paris 601 – Albertville 21 – Chambéry 72 – Megève 37.

⛰ Municipal Domelin
℘ 04 79 38 33 88, Fax 04 79 38 33 88 – **R** conseillée
2 ha (100 empl.) plat, peu incliné, herbeux
Pour s'y rendre : N : 1,2 km par rte d'Albertville et rte à droite

Nature : 🦢 ≤ ♀	
Services : 🕭 🍴 🖻 🎱 🖻 sèche-linge	

BEAUFORT

Les Sources 15 mai-15 sept.
   ℘ 04 79 38 31 77, *campingsources@aol.com*,
Fax 04 79 38 31 77, *www.campingsources.com* – alt. 1 000 –
R indispensable
0,9 ha (55 empl.) plat, herbeux
Tarif : 15 € (6A) – pers. suppl. 3,50 €
Pour s'y rendre : SE : 5 km par D 925, rte de Bourg-St-Maurice, à 100 m du Doron
À savoir : Dans un site agréable, au pied des cascades

Nature :
Loisirs :
Services :
À prox. :

BOURGET-DU-LAC

73370 – I4 – G. Alpes du Nord – 3 945 h. – alt. 240
Office de tourisme, place Général Sevez ℘ 04 79 25 01 99, Fax 04 79 26 10 76
Paris 531 – Aix-les-Bains 10 – Annecy 44 – Chambéry 13 – Grenoble 67.

International l'Île aux cygnes
   ℘ 04 79 25 01 76, *camping@bourgetdulac.com*,
Fax 04 79 25 32 94, *www.bougetdulac.com* – **R** conseillée
2,5 ha (267 empl.) plat, herbeux, gravillons
Location : 4
1 borne
Pour s'y rendre : N : 1 km, au bord du lac

Nature :
Loisirs : snack diurne
Services : sèche-linge
À prox. : ponton d'amarrage

Use this year's Guide.

BOURG-ST-MAURICE

73700 – N4 – G. Alpes du Nord – 6 747 h. – alt. 850 – Sports d'hiver : aux Arcs : 1 600/3 226 m 6 54
Office de tourisme, 105, place de la Gare ℘ 04 79 07 04 92, Fax 04 79 07 24 90
Paris 635 – Albertville 54 – Aosta 79 – Chambéry 103 – Chamonix-Mont-Blanc 74 – Moûtiers 28 – Val-d'Isère 33.

Le Versoyen fermé 3-24 mai et 6 nov.-16 déc.
   ℘ 04 79 07 03 45, *leversoyen@wanadoo.fr*,
Fax 04 79 07 25 41, *www.leversoyen.com* – **R** conseillée
3,5 ha (200 empl.) plat, herbeux, goudronné, pierreux, bois
attenant
Tarif : 20,70 € (10A) – pers. suppl. 5,55 € – frais de
réservation 10 €
Location : 11 (4 à 6 pers.) 230 à 570 €/sem.
1 borne 3 € – 25
Pour s'y rendre : Sortie NE par N 90, rte de Séez puis
0,5 km par rte des Arcs à droite, près d'un torrent
À savoir : Navette gratuite pour le funiculaire

Nature :
Loisirs :
Services : sèche-linge
Au parc de loisirs : parcours sportif

809

BRAMANS

73500 – N6 – 362 h. – alt. 1 200
Office de tourisme, Chef-lieu ℘ 04 79 05 03 45, Fax 04 79 05 36 07
Paris 673 – Albertville 100 – Briançon 71 – Chambéry 113 – St-Jean-de-Maurienne 41 – Torino 107 –
Val-d'Isère 68.

Municipal Le Val d'Ambin 15 mai-sept.
   ℘ 04 79 05 03 05, *campingdambin@aol.com*,
Fax 04 79 05 23 16, *www.bramans-tourisme.com*
– **R** conseillée
4 ha (166 empl.) non clos, plat et terrasses, vallonné,
herbeux, petit étang
Tarif : (Prix 2005) 12,90 € (6A) – pers. suppl. 2,60 €
Pour s'y rendre : 0,7 km au NE de la commune, près de
l'église et à 200 m d'un torrent, accès conseillé par le
Verney, sur N6
À savoir : Belle situation panoramique

Nature :
Loisirs :
Services : (juil.août) sèche-linge
À prox. :

BRIDES-LES-BAINS

✉ 73570 – 🔢 M5 – G. Alpes du Nord – 593 h. – alt. 580
🏢 *Office de tourisme, place du Centenaire* 📞 *04 79 55 20 64, Fax 04 79 55 20 40*
Paris 612 – Albertville 32 – Annecy 77 – Chambéry 81 – Courchevel 18.

⚠ **La Piat** 15 avr.-15 oct.
📞 *04 79 55 22 74, campinglapiat@wanadoo.fr,*
Fax 04 79 55 28 55 – **R** conseillée
2 ha (60 empl.) en terrasses, herbeux
Tarif : 👤 3,10 € 🔲 3,80 € 🚿 3,60 €
Location (avr.-15 oct.) : 5 🏠 (4 à 6 pers.) 220 à 390 €/sem.
🚐 1 borne 3 €
Pour s'y rendre : Au bourg, au S de la station, accès par centre ville

Nature : ≤ ⚘
Services : 🔧 ⚡ (déb. mai-fin sept.) 🆖 🐕 🍴 📺 🛒 ⊕ 📺 sèche-linge

Donnez-nous votre avis
sur les terrains que nous recommandons.
Faites-nous connaître vos observations et vos découvertes.

CHALLES-LES-EAUX

✉ 73190 – 🔢 I4 – G. Alpes du Nord – 3 931 h. – alt. 310 – ♨ (début avril-fin oct.)
🏢 *Office de tourisme, place de la Liberté* 📞 *04 79 72 86 19, Fax 04 79 71 38 51*
Paris 566 – Albertville 48 – Chambéry 6 – Grenoble 52 – St-Jean-de-Maurienne 71.

⚠ **Municipal le Savoy** mai-sept.
📞 *04 79 72 97 31, camping73challes-les-eaux@wanadoo.fr,*
Fax 04 79 72 97 31, *www.ville-challeseseaux.com*
– **R** conseillée
2,8 ha (88 empl.) plat, herbeux, gravillons
Tarif : 👤 3,10 € 🚗 1,30 € 🔲 2,65 € 🚿 (10A) 5,05 € – frais de réservation 10,80 €
Pour s'y rendre : Par rue Denarié, à 100 m de la N 6
À savoir : Beaux emplacements bordés de haies, à proximité d'un plan d'eau

Nature : 🏕 ⚘
Loisirs : 🏠 🚴
Services : 🔧 ⚡ (mai - sept.) 🆖 🐕
📺 ⊕ 🛒 🛒 📺
À prox. : ✂ 🍴

CHANAZ

✉ 73310 – 🔢 H3 – 442 h. – alt. 232
Paris 521 – Aix-les-Bains 21 – Annecy 53 – Bellegarde-sur-Valserine 44 – Belley 18 – Chambéry 36.

⚠ **Municipal des Îles**
📞 *04 79 54 58 51, Fax 04 79 54 58 51* – places limitées pour le passage – **R** conseillée
1,5 ha (103 empl.) plat, gravier, herbeux
Location : 10 🏠
Pour s'y rendre : O : 1 km par D 921, rte de Culoz et chemin à gauche après le pont, à 300 m du Rhône (plan d'eau et port de plaisance)
À savoir : Près d'un pittoresque village et du canal de Savière

Nature : ≤ ⚘⚘
Loisirs : 🏠
Services : 🔧 ⚡ 🐕 🍴 📺 ⊕ 🛒 📺
À prox. : 🍸 snack 🚴 ✂ 🏊 (petite piscine) 🎣 ponton d'amarrage

Le CHÂTELARD

✉ 73630 – 🔢 J3 – G. Alpes du Nord – 546 h. – alt. 750
🏢 *Office de tourisme, place de la Grenette* 📞 *04 79 54 84 28*
Paris 562 – Aix-les-Bains 30 – Annecy 30 – Chambéry 35 – Montmélian 35 – Rumilly 32.

⚠ **Les Cyclamens** 15 mai-15 sept.
📞 *04 79 54 80 19, camping@cyclamens.fr, www.cyclamens.fr* – **R** conseillée
0,7 ha (34 empl.) plat, herbeux
Tarif : (Prix 2005) 👤 3,50 € 🔲 4,20 € 🚿 (6A) 3,40 €
Pour s'y rendre : Vers sortie NO et chemin à gauche, rte du Champet

Nature : 🌳 ≤ ⚘⚘
Loisirs : 🏠 🚴
Services : 🔧 ⚡ 🐕 📺 🛒 ⊕ 📺

CHINDRIEUX

✉ 73310 – ▓▓▓ I3 – 1 092 h. – alt. 300
Paris 520 – Aix-les-Bains 16 – Annecy 48 – Bellegarde-sur-Valserine 39 – Bourg-en-Bresse 96 – Chambéry 33.

△ **Les Peupliers** avr.-sept.
    ℘ 04 79 54 52 36, *camping-les-peupliers@wanadoo.fr*,
    Fax 04 79 52 20 45, *www.campinglespeupliers.net*
    – **R** conseillée
    1,5 ha (65 empl.) plat, herbeux, gravier
    Tarif : 🔲 15 € – pers. suppl. 3 €
    Location (mai-sept.) 🛇 : 4 ⬛ (4 à 6 pers.) 275 à
    430 €/sem.
    Pour s'y rendre : S : 1 km par D 991 rte d'Aix-les-Bains et
    chemin à droite, à Chaudieu

> Nature : ≤ 🖵 👥
> Loisirs : 🏊 ※
> Services : 🚻 ⟶ 🐾 🗑 ⊕ 🗻 ♨ 🔒

FLUMET

✉ 73590 – ▓▓▓ M3 – G. Alpes du Nord – 769 h. – alt. 920
🅑 *Syndicat d'initiative, rue du Mont-Blanc* ℘ 04 79 31 61 08, *Fax 04 79 31 84 67*
Paris 582 – Albertville 22 – Annecy 51 – Chambéry 73 – Chamonix-Mont-Blanc 43 – Megève 10.

△ Le Vieux Moulin
    ℘ 04 79 31 70 06, Fax 04 79 31 70 06 – alt. 1 000
    1,5 ha (80 empl.) non clos, plat, herbeux, gravier
    Pour s'y rendre : NE : 1,8 km par N 212, rte de Megève et
    rte à droite, à 200 m du télésiège et des téléskis
    À savoir : Au bord de l'Arly

> Nature : ❄ ≤
> Loisirs : 🏚
> Services : 🚻 ⟶ ⏍ ⊕ 🔒
> À prox. : 🍽 ✕

Pour choisir et suivre un itinéraire
Pour calculer un kilométrage
Pour situer exactement un terrain (en fonction des
indications fournies dans le texte) :
Utilisez les cartes MICHELIN détaillées à 1/150 000,
compléments indispensables de cet ouvrage.

811

LANDRY

✉ 73210 – ▓▓▓ N4 – 628 h. – alt. 800
Paris 630 – Albertville 49 – Bourg-St-Maurice 7 – Moûtiers 23.

△△ **L'Eden** fermé 2 mai-24 mai et 26 sept.-14 déc.
    ℘ 04 79 07 61 81, *info@camping-eden.net*,
    Fax 04 79 07 62 17, *www.camping-eden.net* – alt. 740
    – **R** conseillée
    2,5 ha (133 empl.) peu incliné, en terrasses, plat, herbeux,
    gravillons
    Tarif : 🚶 5,70 € 🔲 10 € 🔌 (10A) 4 € – frais de réserva-
    tion 10 €
    Pour s'y rendre : NO : 0,7 km par D 87ᴱ, après le passage à
    niveau, près de l'Isère

> Nature : ❄ ≤ 🖵 👥
> Loisirs : 🍽 snack, le soir uniquement
> 🏚 🏊 🛝
> Services : 🚻 ⟶ 🅶🅱 🐾 Ⓜ ⏍ 🗑 ⊕
> 🗻 ♨ 🔒 🚿

LANSLEVILLARD

✉ 73480 – ▓▓▓ O6 – G. Alpes du Nord – 431 h. – alt. 1 500 – Sports d'hiver : 1 400/2 800 m ⫞1 ⫞21 ⫞
🅑 *Office de tourisme, rue Sous Église* ℘ 04 79 05 99 15, *Fax 04 79 05 87 90*
Paris 689 – Albertville 116 – Briançon 87 – Chambéry 129 – Val-d'Isère 51.

△ **Caravaneige Municipal** 15 déc.-avr. et 15 juin-15
    sept.
    ℘ 04 79 05 90 52, Fax 04 79 05 90 52 – **R** conseillée
    3 ha (100 empl.) plat, herbeux, pierreux
    Tarif : 🚶 2,60 € 🔲 3,20 € 🔌 (10A) 7,80 € – frais de réser-
    vation 27 €
    🚰 1 borne 5,50 €
    Pour s'y rendre : Sortie SO, rte de Lanslebourg, bord d'un
    torrent

> Nature : ❄ ≤
> Loisirs : 🍽 ✕ 🏚 🏊
> Services : 🚻 ⟶ 🐾 ⏍ 🗑 ⊕ 🔒 sè-
> che-linge 🚿
> À prox. : ※ 🎿

LÉPIN-LE-LAC

✉ 73610 – ᴵᴵᴵ H4 – 282 h. – alt. 400
🛈 Office de tourisme, place de la Gare ℘ 04 79 36 00 02
Paris 555 – Belley 36 – Chambéry 24 – Les Échelles 17 – Le Pont-de-Beauvoisin 12 – Voiron 33.

△ **Le Curtelet** 15 mai-sept.
℘ 04 79 44 11 22, lecurtelet@wanadoo.fr,
Fax 04 79 44 11 22, www.camping-le-curtelet.com
– **R** conseillée
1,3 ha (94 empl.) peu incliné, herbeux
Tarif : ★ 3,60 € ⬌ 1,50 € 🅴 2,70 € (6A) 2,90 € – frais de
réservation 10 €
Pour s'y rendre : NO : 1,4 km

> Nature : ≤ ⚲ ⚑
> Loisirs : ♟ ♫ ⚡
> Services : ⚹ ⊶ (juil.-août) ♥ Ⓜ 🖳
> ♨ ⚠ ⚐ 🖼 sèche-linge
> À prox. : ✖ ♪

LESCHERAINES

✉ 73340 – ᴵᴵᴵ J3 – 556 h. – alt. 649 – Base de loisirs
🛈 Office de tourisme, le Pont ℘ 04 79 63 37 36
Paris 557 – Aix-les-Bains 26 – Annecy 26 – Chambéry 29 – Montmélian 39 – Rumilly 27.

⚠ **Municipal l'Île** 15 avr.-24 sept.
℘ 04 79 63 80 00, camping-lescheraines@wanadoo.fr,
Fax 04 79 63 80 00, www.iles-du-cheran.com – **R** conseillée
7,5 ha (250 empl.) non clos, plat, terrasses, herbeux
Tarif : 🅴 14,70 € (10A) – pers. suppl. 3,40 €
Location (permanent) : 5 🏠 (4 à 6 pers.) 255 à
468 €/sem. – 5 bungalows toilés
Pour s'y rendre : SE : 2,5 km par D 912, rte d'Annecy et rte
à droite, à 200 m du Chéran
À savoir : Au bord d'un plan d'eau, entouré de montagnes
boisées

> Nature : ⚲ ≤ ⚲ ⚑
> Loisirs : 🏠
> Services : ⚹ ⊶ ⊝ ♥ 🖳 ♨ ⚠ ⚐
> ⚐ 🖼 sèche-linge
> À la base de loisirs : ♟ snack ⚡ ✖
> ♪ ⚓ ⚡ 🐎 poneys pédalos, canoë

Les MARCHES

✉ 73800 – ᴵᴵᴵ I5 – 2 135 h. – alt. 328
Paris 572 – Albertville 43 – Chambéry 12 – Grenoble 44 – Montmélian 6.

△ **La Ferme du Lac** 15 avr.-sept.
℘ 04 79 28 13 48, Fax 04 79 28 13 48 – **R** indispensable
2,6 ha (100 empl.) plat, herbeux
Tarif : ★ 4 € 🅴 4,60 € (10A) 2,70 €
🚐 1 borne 4 € – 6 🅴 9,40 €
Pour s'y rendre : SO : 1 km par N 90, rte de Pontcharra et
D 12 à droite

> Nature : ⚲⚲
> Loisirs : 🏠 ⚓
> Services : ⚹ ⊶ ♥ 🖳 ♨ ⚠ ⚐ 🖼

812

MARTHOD

✉ 73400 – 🔲🔲🔲 L3 – 1 276 h. – alt. 520
Paris 577 – Albertville 7 – Annecy 42 – Bourg-Saint-Maurice 61 – Megève 28.

▲ **Municipal du Lac** 24 juin-3 sept.
  ℘ 04 79 37 65 64, *mairie.marthod@wanadoo.fr,*
  Fax 04 79 37 63 09 – **R** conseillée
  1,5 ha (85 empl.) plat, herbeux
  Tarif : 🔳 12,50 €
  Pour s'y rendre : SE : 2,2 km par D 103 et chemin à gauche
  avant le passage à niveau, bord d'un ruisseau et à 100 m
  d'un petit lac, à proximité de la voie rapide (N 212)

Nature : ≤
Services : 🚿 🗜 🗟 🖾 🕘 🖼
À prox. : 🎾 🗮

MODANE

✉ 73500 – 🔲🔲🔲 N6 – G. Alpes du Nord – 3 658 h. – alt. 1 057 – Sports d'hiver : La Norma - 1 350/2 750 m 🚡1
🎿17 🚶
Tunnel du Fréjus : péage en 2005 : autos 30,50, autos et caravanes 40,40, P. L. 108,70 à 231,70, motos 20,20 -
Tarifs spéciaux AR (validité limitée)
Paris 663 – Albertville 90 – Chambéry 103 – Lanslebourg-Mont-Cenis 23 – Col du Lautaret 59 –
St-Jean-de-Maurienne 31.

▲ **Les Combes**
  ℘ 04 79 05 00 23, *camping-modane@wanadoo.fr,*
  Fax 04 79 05 00 23 – **R**
  3 ha (55 empl.) non clos, peu incliné, herbeux, pierreux
  Pour s'y rendre : Sur bretelle d'accès au tunnel routier du
  Fréjus, à 0,8 km au Sud-Ouest de Modane-ville

Nature : ≤ 🌳
Loisirs : 🏕 🏄
Services : 🔌 🗓 🗟 🕘 🛁 🖼
À prox. : 🎾 parcours de santé

NOVALAISE-LAC

✉ 73470 – 1 432 h. – alt. 427
Paris 524 – Belley 24 – Chambéry 21 – Les Échelles 24 – Le Pont-de-Beauvoisin 17 – Voiron 40.
Schéma à Lépin-le-Lac

▲▲ **Le Grand Verney** avr.-oct.
  ℘ 04 79 36 02 54, *contact@camping-legrandverney.com,*
  Fax 04 79 36 06 60, *www.camping-legrandverney.com* –
  places limitées pour le passage – **R** conseillée
  2,5 ha (112 empl.) plat, peu incliné et en terrasses, herbeux
  Tarif : 🔳 16 € 🔋 (6A) – pers. suppl. 4 €
  Location : 12 🏚 (4 à 6 pers.) 290 à 540 €/sem.
  Pour s'y rendre : SO : 1,2 km, au lieu-dit le Neyret

Nature : ≤ 🗔 🌳
Loisirs : 🏊
Services : 🔌 🔌 🗜 🗟 🖾 🕘 🛁 🚰 🖼

PRALOGNAN-LA-VANOISE

✉ 73710 – 🔲🔲🔲 N5 – G. Alpes du Nord – 756 h. – alt. 1 425 – Sports d'hiver : 1 410/2 360 m 🚡 1 🎿 13 🚶
🅱 *Office de tourisme, avenue Chasseforêt* ℘ 04 79 08 73 22, Fax 04 79 08 76 74
Paris 634 – Albertville 53 – Chambéry 103 – Moûtiers 28.

▲▲ **Le Parc Isertan** 16 déc.-23 avr. et 25 mai-oct.
  ℘ 04 79 08 75 24, *isertan@pralognan-la-vanoise.com,*
  Fax 04 79 01 41 50, *www.pralo.com* – **R** conseillée
  4,5 ha (180 empl.) non clos, en terrasses, herbeux, pierreux
  Tarif : 🔳 22 € 🔋 (10A) – pers. suppl. 5,20 €
  Location : 3 🏚 (4 à 6 pers.) 250 à 950 €/sem. – 📟
  🏚 1 borne – 10 🔳
  Pour s'y rendre : Au S du bourg
  À savoir : Site agréable au bord d'un torrent

Nature : ❄ 🐾 ≤
Loisirs : 🍸 🍴 pizzeria 🗮
Services : 🔌 🔌 GB 🗜 🗟 🛁 🕘
À prox. : 🏄 🎯 🎾 🔥 🏊 🎿 mur d'escalade, patinoire

▲ **Municipal le Chamois** saison
  ℘ 04 79 08 71 54, Fax 04 79 08 78 77 – **R** conseillée
  4 ha (200 empl.) non clos, plat, en terrasses, herbeux,
  pierreux
  Tarif : (Prix 2005) ★ 3,40 € 🔳 3,35 € 🔋 (10A) 3,90 €
  Pour s'y rendre : Au S du bourg
  À savoir : Site agréable au bord d'un torrent

Nature : 🐾 ≤
Loisirs : 🏄
Services : 🔌 GB 🗜 🗓 🖾 🕘
À prox. : 🎯 🎾 🔥 🏊 🎿 patinoire, mur d'escalade

813

La ROCHETTE

✉ 73110 – ▣▣▣ J5 – G. Alpes du Nord – 3 098 h. – alt. 360
🖼 *Office de tourisme, Maison des Carmes* ℰ 04 79 25 53 12
Paris 588 – Albertville 41 – Allevard 9 – Chambéry 28 – Grenoble 47.

⛰ **Municipal le Lac St-Clair**
     ℰ 04 79 25 73 55, Fax 04 79 25 78 25, *www.larochette.com*
     – **R** conseillée
     2,2 ha (65 empl.) plat et peu incliné, herbeux
     Location 🏠 : 8 🏡
     Pour s'y rendre : SO : 1,4 km par D 202 et rte de Détrier à
     gauche

Nature : ⩽ ♀
Services : 🚿 ⛝ 🗑 ⊛ ♨ 🚽 ▩
À prox. : snack 🍴 🍹

La ROSIÈRE 1850

✉ 73700 – ▣▣▣ O4 – G. Alpes du Nord – alt. 1 850 – Sports d'hiver : 1 100/2 600 m ⚡20 ⛷
Paris 657 – Albertville 76 – Bourg-St-Maurice 22 – Chambéry 125 – Chamonix-Mont-Blanc 52 – Val-d'Isère 32.

⛰ **La Forêt** 24 juin-16 sept., 16 déc.-25 avr.
     ℰ 04 79 06 86 21, *campinglaforet@free.fr,*
     Fax 04 79 40 16 25, *www.campinglaforet.free.fr* – alt. 1 730
     – **R** conseillée
     1,5 ha (67 empl.) non clos, en terrasses, peu incliné,
     pierreux
     Tarif : ▣ 25 € 🔌 (10A) – pers. suppl. 5 €
     Location 🏠 : 2 🛏 (4 à 6 pers.) 310 à 625 €/sem. –
     huttes
     Pour s'y rendre : S : 2 km par N 90, rte de Bourg-St-
     Maurice, chemin piétonnier reliant le camping au village
     À savoir : Agréable situation surplombant la vallée

Nature : ❄ 🍃 ⩽ ♀♀(sapinière)
Loisirs : 🍸 🎯 🏊 (petite piscine)
Services : 🚿 ⛝ GB 🐕 ▥ 🗑 ⊛ ▩
À prox. : 🍴

Ask your bookseller for the catalogue of MICHELIN publications.

814

RUFFIEUX

✉ 73310 – ▣▣▣ I2 – 666 h. – alt. 282
🖼 *Office de tourisme, lieu-dit Saumont* ℰ 04 79 54 54 72
Paris 517 – Aix-les-Bains 20 – Ambérieu-en-Bugey 58 – Annecy 51 – Bellegarde-sur-Valserine 36.

⛰ **Saumont** 29 avr.-sept.
     ℰ 04 79 54 26 26, *camping.saumont@wanadoo.fr,*
     Fax 04 79 54 24 74, *www.campingsaumont.com*
     – **R** conseillée
     1,6 ha (66 empl.) non clos, plat, herbeux, gravier
     Tarif : ▣ 21,50 € 🔌 (10A) – pers. suppl. 4 € – frais de réser-
     vation 10 €
     Location : 14 🛏 (4 à 6 pers.) 240 à 620 €/sem.
     Pour s'y rendre : O : 1,2 km accès sur D 991, près du carre-
     four du Saumont, vers Aix-les-Bains et chemin à droite,
     bord d'un ruisseau

Nature : 🏞 ♀♀
Loisirs : 🍸 🍴 🏊
Services : 🚿 ⛝ GB 🐕 ▥ 🗑 ♨ ⛝
⊛ 🚽 ▩ sèche-linge

ST-ALBAN-DE-MONTBEL

✉ 73610 – ▣▣▣ H4 – 447 h. – alt. 400
Paris 551 – Belley 32 – Chambery 21 – Grenoble 74 – Voiron 33.

Schéma à Lépin-le-Lac

⛰ **Base de Loisirs du Sougey** mai-10 sept.
     ℰ 04 79 36 01 44, *info@camping-sougey.com,*
     Fax 04 79 44 19 01, *www.camping-sougey.com* – **R** indis-
     pensable
     4 ha (159 empl.) plat, terrasses, incliné, herbeux, gravillons
     Tarif : ▣ 19,20 € 🔌 (10A) – pers. suppl. 3,40 € – frais de
     réservation 15 €
     Pour s'y rendre : NE : 1,2 km, à 300 m du lac

Nature : 🏞 ♀
Loisirs : 🎦 🏃 🎯 🚴
Services : 🚿 ⛝ GB 🐕 Ⓜ 🗑 ♨ ⊛
🚽 ▩ sèche-linge
À prox. : 🏊 🍸 snack 🚣 🍴 🏄
pédalos

ST-COLOMBAN-DES-VILLARDS

✉ 73130 – 🎲🎲🎲 K6 – 195 h. – alt. 1 100
🛈 *Office de tourisme, chef-lieu* ✆ 04 79 56 24 53

⚠ **La Perrière** 10 juin.-9 sept.
✆ 04 79 59 16 07, Fax 04 79 59 15 17 – **R** conseillée
2 ha (46 empl.) en terrasses, plat, herbeux, gravier, bois attenant
Tarif : ✸ 3,50 € ⇌ 1,50 € 🔲 6,50 € 🔋 3 €
Location : 6 appartements – 2 gîtes
🚐 1 borne – 14 🔲
Pour s'y rendre : SO : 0,7 km par rte du col du Glandon (D 9), à 100 m d'un petit plan d'eau

> Nature : ≤ montagnes et pic du Puy Gris (2 950 m) ♀
> Services : ♿ 🗑 ☺
> À prox. : ≈ 🦅 terrain omnisports, escalade (via ferrata et mur)

ST-JEAN-DE-COUZ

✉ 73160 – 🎲🎲🎲 H5 – 215 h. – alt. 630
Paris 561 – Aix-les-Bains 31 – Chambéry 16 – Le Pont-de-Beauvoisin 24 – St-Laurent-du-Pont 14 – La Tour-du-Pin 44.

⚠ **La Bruyère** 20 avr.-10 oct.
✆ 04 79 65 74 27, *bearob@libertysurf.fr*, Fax 04 79 65 74 27, *www.camping-labruyere.com* – **R** conseillée
1 ha (60 empl.) plat, herbeux
Tarif : (Prix 2005) 🔲 11,50 € 🔋 (6A) – pers. suppl. 3 €
Pour s'y rendre : S : 2 km par N 6 et rte de Côte Barrier
À savoir : Au pied du Massif de la Chartreuse

> Nature : 🏞 ≤ 🏕 ♀
> Loisirs : 🍴 🚣
> Services : ⚓ 🐾 ☺ 🚿

ST-JEAN-DE-MAURIENNE

✉ 73300 – 🎲🎲🎲 L6 – G. Alpes du Nord – 8 902 h. – alt. 556
🛈 *Office de tourisme, place de la Cathédrale* ✆ 04 79 83 51 51, Fax 04 79 83 42 10

⚠ **Municipal les Grands Cols** mai-15 sept.
✆ 04 79 64 28 02, *camping@saintjeandemaurienne.fr*, Fax 04 79 64 28 02, *www.saintjeandemaurienne.fr/tourisme/campfr.html* – **R** conseillée
2,5 ha (80 empl.) en terrasses, plat, herbeux
Tarif : 🔲 16 € 🔋 (16A) – pers. suppl. 3,50 €
🚐 1 borne 4 €
Pour s'y rendre : Au SE de la ville par rte de St-Michel-de-Maurienne (av. du Mont-Cenis) et à droite avant le pont de l'Arvan

> Nature : ≤ montagnes
> Loisirs : snack 🍴 🚣 terrain omnisports
> Services : ⚓ 🏧 🐾 Ⓜ 🗑 ☺ 🚿 🚰
> 🅿

815

Vallée du Drac Blanc (05)

B. Kaufmann/Michelin

ST-PIERRE-D'ALBIGNY

✉ 73250 – ⅢⅢ J4 – 3 269 h. – alt. 410

🛈 *Office de tourisme, rue Auguste Domenget* 𝄞 *04 79 71 44 07, Fax 04 79 71 44 55*

Paris 587 – Aix-les-Bains 43 – Albertville 27 – Annecy 52 – Chambéry 27 – Montmélian 13.

⌂ **Le Carouge**
  𝄞 04 79 28 58 16, *campingdecarouge@wanadoo.fr,*
  www.campingdecarouge.com – **R** conseillée
  1,6 ha (80 empl.) plat, herbeux
  Pour s'y rendre : S : 2,8 km par D 911 et chemin à gauche,
  à 300 m de la N 6
  À savoir : Au bord du lac

| Nature : ⬅ ⌁ ♀ |
| Loisirs : 🍸 |
| Services : 🚿 ⚡ 🖪 🛆 �ã 🖥 |
| **À prox.** : snack 🏇 🚉 poneys pédalos |

SÉEZ

✉ 73700 – ⅢⅢ N4 – 1 968 h. – alt. 904

🛈 *Office de tourisme, rue Célestin Freppaz* 𝄞 *04 79 41 00 15*

Paris 638 – Albertville 57 – Bourg-St-Maurice 4 – Moûtiers 31.

⌂ **Le Reclus**
  𝄞 04 79 41 01 05, *campinglereclus@wanadoo.fr,*
  Fax 04 79 40 18 54 – **R** indispensable
  1,5 ha (108 empl.) peu incliné et en terrasses, herbeux,
  pierreux
  Pour s'y rendre : Sortie NO par N 90, rte de Bourg-St-Maurice, bord du Reclus

| Nature : ❄ ♀♀ |
| Loisirs : 🛋 |
| Services : 🚿 ⚡ 🏢 🖪 🛆 🖥 sèche-linge |

SOLLIÉRES-SARDIÈRES

816

✉ 73500 – ⅢⅢ N6 – 162 h. – alt. 1 350

🛈 *Office de tourisme, Sollières Endroit* 𝄞 *04 79 20 52 45*

Paris 678 – Bessans 21 – Chambéry 118 – Lanslebourg-Mont-Cenis 8 – Modane 16 – Susa 46.

⌂ **Le Chenantier** juin-15 sept.
  𝄞 04 79 20 52 34, *veillem@wanadoo.fr,* Fax 04 79 20 53 43
  – **R** conseillée
  1,5 ha (58 empl.) non clos, en terrasses, herbeux, pierreux,
  bois attenant
  Tarif : 🧍 3,10 € ⬅ 1 € 🔲 2,50 € [⚡] 3,50 €
  Pour s'y rendre : À l'entrée de Sollières-Envers, à 50 m de
  l'Arc et de la N 6

| Nature : ◊ ⬅ |
| Services : 🚿 ⚡ ⚙ 🖪 🔊 🛆 🖥 |
| **À prox.** : 🦐 |

TERMIGNON

✉ 73500 – ⅢⅢ N6 – G. Alpes du Nord – 426 h. – alt. 1 290

🛈 *Office de tourisme, place de la Vanoise* 𝄞 *04 79 20 51 67, Fax 04 79 20 51 82*

Paris 680 – Bessans 18 – Chambéry 120 – Lanslebourg-Mont-Cenis 6 – Modane 18 – Susa 43.

⌂ **La Fennaz** juil.-août
  𝄞 04 79 20 51 41, *info@campingtermignon.com,*
  Fax 04 79 20 52 46, *www.campingtermignon.com*
  – **R** conseillée
  1,5 ha (83 empl.) peu incliné et en terrasses, incliné,
  herbeux, pierreux
  Tarif : 🧍 2,85 € ⬅ 1,50 € 🔲 2,60 € [⚡] (10A) 7,20 €
  Pour s'y rendre : À 0,8 km au Nord de la commune

| Nature : ◊ ⬅ montagnes |
| Services : ⚙ 🛆 |
| **À prox.** : 🏇 🍴 |

⌂ **Les Mélèzes** fermé 16 oct.-19 déc.
  𝄞 04 79 20 51 41, *info@campingtermignon.com,*
  Fax 04 79 20 52 46, *www.campingtermignon.com*
  – **R** conseillée
  0,7 ha (66 empl.) plat, herbeux
  Tarif : 🧍 2,85 € ⬅ 1,50 € 🔲 2,60 € [⚡] (10A) 7,20 €
  Location : 9 🛖 (2 à 4 pers.) 135 à 250 €/sem. – 4 🛖 (4
  à 6 pers.) 300 à 350 €/sem.
  Pour s'y rendre : Au bourg, bord d'un torrent

| Nature : ◊ ⬅ ♀♀ |
| Loisirs : 🛋 🦐 |
| Services : 🚿 ⚡ (mai-sept.) ⚙ 🏢 🛆 🖥 |

La TOUSSUIRE

✉ 73300 – ▤▤▤ K6 – G. Alpes du Nord – alt. 1 690
Paris 651 – Albertville 78 – Chambéry 91 – St-Jean-de-Maurienne 16.

⚠ **Caravaneige du Col** fermé 23 avr.-9 juin et 3 sept.-14 déc.
     📞 04 79 83 00 80, *campingducol@free.fr*,
     Fax 04 79 83 03 67 – alt. 1 640 – **R** indispensable
     0,8 ha (40 empl.) plat, herbeux
     Tarif : ▣ 15,90 € ⚡ (10A) – pers. suppl. 3,60 €
     Location : 2 ▦ (4 à 6 pers.) 370 à 500 €/sem. – 2 appartements
     ▦ 1 borne 6 €
     Pour s'y rendre : À 1 km à l'E de la station, sur la rte de St-Jean-de-Maurienne
     À savoir : Navette gratuite pour la station

| Nature : ❄ 🐟 ≤ Les Aiguilles d'Arves |
| Loisirs : 🍴 snack 🎮 🏓 |
| Services : 🚿 🚰 ᴳᴮ 🅲 📶 🗄 🛒 🐕 |
| 🖨 sèche-linge |

VALLOIRE

✉ 73450 – ▤▤▤ L7 – G. Alpes du Nord – 1 243 h. – alt. 1 430 – Sports d'hiver : 1 430/2 600 m ❄2 ✚31 ⛷
ℹ *Office de tourisme, rue des Grandes Alpes* 📞 *04 79 59 03 96, Fax 04 79 59 09 66*
Paris 664 – Albertville 91 – Briançon 52 – Chambéry 104 – Lanslebourg-Mont-Cenis 57 – Col du Lautaret 25.

⚠⚠ **Ste Thècle** Permanent
     📞 04 79 83 30 11, *camping-caravaneige@valloire.net*,
     Fax 04 79 83 35 13 – **R** conseillée
     1,5 ha (81 empl.) plat, peu incliné, terrasses, herbeux, pierreux
     Tarif : (Prix 2005) 👤 5,50 € ▣ 3,70 € ⚡ 2,10 € – frais de réservation 10 €
     ▦ 1 borne
     Pour s'y rendre : Au N de la localité, au confluent de deux torrents

| Nature : ❄ 🐟 ≤ |
| Loisirs : 🎮 🏓 |
| Services : 🚿 🚰 ᴳᴮ 🐕 📶 🗄 🛒 🖨 |
| À prox. : patinoire, bowling 🎿 ⛸ |
| 🏕 terrain omnisports |

VILLAREMBERT

✉ 73300 – ▤▤▤ K6 – 290 h. – alt. 1 296
ℹ *Office de tourisme, le Corbier* 📞 *04 79 83 04 04, Fax 04 79 83 02 90*
Paris 647 – Aiguebelle 49 – Chambéry 87 – St-Jean-de-Maurienne 12 – La Toussuire 7.

⚠ **Municipal la Tigny** juil.-août
     📞 04 79 56 74 65, Fax 04 79 83 03 64 – **R** conseillée
     0,3 ha (27 empl.) non clos, plat et peu incliné, terrasses, gravier, herbeux
     Tarif : 👤 3,20 € 🚗 2,10 € ▣ 2,60 € ⚡ 2,60 €
     Pour s'y rendre : Sortie S par D 78 et chemin à gauche
     À savoir : Cadre verdoyant près d'un ruisseau

| Nature : ≤ 💧 |
| Loisirs : 🏓 |
| Services : 🐕 ♨ |

Haute-Savoie (74)

ALEX

✉ 74290 – 792 h. – alt. 589
Paris 545 – Albertville 42 – Annecy 12 – La Clusaz 20 – Genève 49.
Schéma à Doussard

⚠ **La Ferme des Ferrières** juin-sept.
     📞 04 50 02 87 09, *campingfermedesferrieres@voila.fr*,
     Fax 04 50 02 80 54, *www.camping-des-ferrieres.com*
     – **R** conseillée
     5 ha (200 empl.) peu incliné à incliné, herbeux
     Tarif : ▣ 12,40 € ⚡ (5A) – pers. suppl. 2,30 €
     Pour s'y rendre : O : 1,5 km par D 909, rte d'Annecy et chemin à droite

| Nature : 🐟 ≤ 💧 |
| Loisirs : 🍴 🎮 🏓 |
| Services : 🚿 🚰 🐕 🛒 🖨 |

817

AMPHION-LES-BAINS

✉ 74500 – 328 M2 – G. Alpes du Nord
🛈 *Office de tourisme, 215, rue de la Plage* 𝒫 *04 50 70 00 63, Fax 04 50 70 03 03*
Paris 573 – Annecy 81 – Évian-les-Bains 4 – Genève 40 – Thonon-les-Bains 6.

La Plage fermé 2 nov.-24 déc.
𝒫 04 50 70 00 46, *info@camping-dela-plage.com*,
Fax 04 50 70 84 45, *www.camping-dela-plage.com*
– **R** conseillée
0,7 ha (43 empl.) plat, herbeux
Tarif : 🔲 26 € (💧) (6A) – pers. suppl. 7 € – frais de réservation 11 €
Location : 4 (4 à 6 pers.) 287 à 600 €/sem. – 5 ⌂ (4 à 6 pers.) 287 à 600 €/sem. – studios – 3 bungalows toilés
Pour s'y rendre : À 200 m du lac Léman

| Nature : ♀ |
| Loisirs : 🏓 🏊 (petite piscine) |
| Services : 🚿 GB 🔒 |
| À prox. : ✂ parcours sportif |

*Nos **guides hôteliers,** nos **guides touristiques** et nos **cartes routières** sont complémentaires. Utilisez-les ensemble.*

ARGENTIÈRE

✉ 74400 – 328 O5 – G. Alpes du Nord – alt. 1 252 – Sports d'hiver : voir Chamonix
🛈 *Office de tourisme, 24, route du village* 𝒫 *04 50 54 02 14, Fax 04 50 54 06 39*
Paris 619 – Annecy 106 – Chamonix-Mont-Blanc 10 – Vallorcine 10.

Le Glacier d'Argentière 20 mai-sept.
𝒫 04 50 54 17 36, Fax 04 50 54 03 73, *www.camping-chamonix.com* – **R**
1 ha (80 empl.) incliné à très incliné, herbeux
Tarif : ✳ 4,60 € 🚗 1,70 € 🔲 3,30 € (💧) 4,20 €
Pour s'y rendre : S : 1 km par rte de Chamonix, aux Chosalets, à 200 m de l'Arve

| Nature : ≤ ♀ |
| Loisirs : 🛏 |
| Services : 🚿 (juil.-août) 🔒 sèche-linge |

LA BALME-DE-SILLINGY

✉ 74330 – 328 J5 – 3 729 h. – alt. 480
🛈 *Syndicat d'initiative, route de Choisy* 𝒫 *04 50 68 78 70, Fax 04 50 68 88 21*
Paris 524 – Dijon 250 – Grenoble 111 – Lons-le-Saunier 136 – Lyon 141 – Mâcon 139.

Camping de la Caille mai-sept.
𝒫 04 50 68 85 21, *contact@aubergedelacaille.com*,
Fax 04 50 68 74 56, *www.aubergedelacaille.com*
– **R** conseillée
4 ha/1 campable (30 empl.) plat, peu incliné, herbeux
Tarif : 🔲 23 € (💧) (12A) – pers. suppl. 7 €
Location (permanent) 🅿 (chalets) : 10 ⌂ (4 à 6 pers.) 530 à 690 €/sem. – 7 ⊨ – 2 gîtes
🚐 1 borne
Pour s'y rendre : N : 4 km par N 508 rte de Frangy et chemin à droite

| Nature : 🌳 ♀ |
| Loisirs : 🏓 🍴 🛏 🚲 ✂ 🏊 |
| Services : 🚿 GB 🔒 |

Les BOSSONS

✉ 74400 – 328 O5 – G. Alpes du Nord – alt. 1 005
Paris 614 – Lyon 222 – Annecy 89 – Thonon 99 – Annemasse 73.
Schéma à Chamonix-Mont-Blanc

Les Deux Glaciers fermé 16 nov.-14 déc.
𝒫 04 50 53 15 84, *glaciers@clubinternet.fr*,
Fax 04 50 53 15 84 – **R** conseillée
1,6 ha (130 empl.) en terrasses, herbeux
Tarif : 🔲 19,70 € (💧) (10A) – pers. suppl. 4,90 €
Location 🎿 : 4 ⌂ (4 à 6 pers.) 280 à 580 €/sem.
Pour s'y rendre : Rte du tremplin olympique
À savoir : À proximité des glaciers, cadre agréable

| Nature : ❄ ≤ ♀♀ |
| Loisirs : snack |
| Services : 🚿 GB 🔒 sèche-linge |

818

Les BOSSONS

▲ **Les Écureuils** avr.-fin sept.
      ℘ 04 50 53 83 11, *contact@campingdesecureuils.fr*,
      Fax 04 50 53 83 11, *campindesecureuils.fr* – **R** indispensable
      0,6 ha (45 empl.) non clos, plat et peu incliné, herbeux,
      gravillons
      Tarif : ✶ 3,90 € ▣ 3,70 € (½) (6A) 2,90 €
      Location : 1 ⬚ (4 à 6 pers.) 310 à 365 €/sem.
      Pour s'y rendre : Au bourg, à 100 m de l'Arve
      À savoir : Cadre agréable au bord d'un torrent

> Nature : ≤ massif du Mont-Blanc et
> glaciers 🏔
> **Loisirs :** 🏠 🚲
> Services : ⊶ ⊖ ⊘ ▥ 🗎 ☺ 🔲
> sèche-linge

BOUT-DU-LAC

✉ 74210 – 🅱🅰🅱 K6
Paris 553 – Albertville 29 – Annecy 17 – Megève 43.

                                   Schéma à Doussard

⚠⚠⚠ **International du Lac Bleu** avr.-sept.
      ℘ 04 50 44 30 18, *lac-bleu@nwc.fr*, Fax 04 50 44 84 35,
      www.camping-lac-bleu.com – **R** conseillée
      3,3 ha (221 empl.) plat, herbeux, pierreux
      Tarif : (Prix 2005) ▣ 28,10 € (½) (8A) – pers. suppl. 5,60 € –
      frais de réservation 25 €
      Location : 26 ⬚ (4 à 6 pers.) 340 à 690 €/sem. – ⊨ –
      studios – appartements
      Pour s'y rendre : Rte d'Albertville
      À savoir : Situation agréable au bord du lac (plage)

> Nature : ≤ ⌂ 🏔 ⚠
> **Loisirs :** 🍴 snack 🏓 ⛴
> Services : 🚿 ⊶ (15 mai-15 sept.)
> ⊖ ⊘ 🗎 🐾 ☺ ⚓ 🔲 sèche-linge
> 🐕
> **À prox. :** 🏖 ✕ 🍴 🎣 ◐ ponton
> d'amarrage, point d'informations
> touristiques, vol biplace, parapente

---

*Kataloge der **MICHELIN-Veröffentlichungen** erhalten Sie beim Buchhändler und direkt von*
***Michelin** (Karlsruhe).*

819

CHAMONIX-MONT-BLANC

✉ 74400 – 🅱🅰🅱 05 – G. Alpes du Nord – 9 830 h. – alt. 1 040 – Sports d'hiver : 1 035/3 840 m ≰14 ≰36 🎿
Tunnel du Mont-Blanc : péage en 2005, aller simple : autos 30,50, autos et caravanes 40,40, camions 108,70 à
231,70, motos 20,20 - Renseignements ATMB ℘ 04 50 55 55 00
🛈 *Office de tourisme, 85, place du Triangle de l'Amitié* ℘ 04 50 53 00 24, Fax 04 50 53 58 90
Paris 610 – Albertville 65 – Annecy 97 – Aosta 57 – Genève 82 – Lausanne 110.

CHAMONIX-MONT-BLANC

△ **Les Rosières** 8 juin-10 sept.
  & 04 50 53 10 42, *info@campinglesrosieres.com,*
  Fax 04 50 53 29 55, *www.campinglesrosieres.com*
  – **R** conseillée
  1,6 ha (147 empl.) plat, herbeux
  Tarif : 🔲 22,10 € 🔆 (10A) – pers. suppl. 6,20 €
  Location : 🏚 **(4 à 6 pers.) 380 à 570 €/sem.**
  Pour s'y rendre : NE : 1,2 km par N 506, à 50 m de l'Arve

Nature : ≼ vallée et massif du Mont-Blanc ♀
Loisirs : snack 🍴 🚲
Services : 🚿 ⚡ 🐕 🔲 ⛽ ♨ ⚙ 🔁 sèche-linge 🧺
À prox. : 🎣

△ **L'Île des Barrats** 8 mai-1er oct.
  & 04 50 53 51 44, Fax 04 50 53 51 44 – **R**
  0,8 ha (56 empl.) peu incliné et plat, herbeux
  Tarif : 🎣 6,20 € 🚗 2,30 € 🔲 5 € 🔆 (10A) 4,20 €
  🏚 1 borne 7 €
  Pour s'y rendre : Au SO de la ville, à 150 m de l'Arve

Nature : ≼ Massif du Mont-Blanc et glaciers 🔲 ♀
Loisirs : 🍴
Services : 🚿 ⚡ 🐕 🔲 ⚙ 🔁 🔄 🌐 sèche-linge

CHÂTEL

✉ 74390 – 📖 03 – G. Alpes du Nord – 1 190 h. – alt. 1 180 – Sports d'hiver : 1 200/2 100 m ⛷2 ⛷52 ⛸
🏢 *Office de tourisme, Chef-Lieu* *&* 04 50 73 22 44
Paris 578 – Annecy 113 – Évian-les-Bains 34 – Morzine 38 – Thonon-les-Bains 39.

△ **L'Oustalet** 22 déc.-avr. et 20 juin-3 sept.
  & 04 50 73 21 97, *oustalet@valdabondance.com,*
  Fax 04 50 73 37 46, *www.oustalet.com* – alt. 1 110
  – **R** conseillée – en hiver, séjour minimum 1 semaine
  3 ha (100 empl.) plat et peu incliné, herbeux, pierreux,
  gravillons
  Tarif : (Prix 2005) 🔲 28,80 € 🔆 (10A) – pers. suppl. 5,40 €
  Location 🚫 : 10 🏚 **(4 à 6 pers.) 380 à 730 €/sem.**
  🏚 1 borne 6 €
  Pour s'y rendre : SO : 2 km par la rte du col de Bassachaux,
  bord de la Dranse
  À savoir : Site agréable de la vallée d'Abondance

Nature : ❄ ≼
Loisirs : 🍴 🍴 ⏺ diurne 🏃 🛝 🏊 ✂ 🔲 🚲
Services : 🚿 ⚡ GB 🐕 Ⓜ 🔲 🔲 ♨ ⚙ 🔁 sèche-linge
À prox. : 🛒 🍴 snack 🧺 🚲 🎠 🏌 poneys , practice de golf

CHOISY

✉ 74330 – 📖 J5 – 1 365 h. – alt. 626
Paris 523 – Annecy 18 – Bellegarde-sur-Valserine 29 – Bonneville 38 – Genève 40.

△ **Chez Langin** 14 avr.-1er sept.
  & 04 50 77 41 65, Fax 04 50 77 45 01 – **R** conseillée
  4 ha/2 campables (54 empl.) peu incliné, herbeux
  Tarif : 🔲 24,40 € 🔆 (6A) – pers. suppl. 4,50 €
  Location 🚫 : 5 🏚 – (sans sanitaires)
  Pour s'y rendre : NE : 1,3 km par D 3, rte d'Allonzier-la-
  Caille puis 1,3 km par rte des Mégevands à gauche et che-
  min - par autoroute A 41 : sortie Cruseilles et D 3
  À savoir : Prairie à l'orée d'un bois, face aux montagnes

Nature : 🐟 ≼
Loisirs : snack 🍴 🛝 🏊 (petite piscine) , parcours panoramique avec table d'orientation
Services : ⚡ 🐕 🔲 ♨ 🔄 ⚙ 🌐 🧺

La CLUSAZ

✉ 74220 – 📖 L5 – G. Alpes du Nord – 2 023 h. – alt. 1 040 – Sports d'hiver : 1 100/2 600 m ⛷6 ⛷49 ⛸
🏢 *Office de tourisme, Chef-lieu* *&* 04 50 32 65 00, Fax 04 50 32 65 01
Paris 564 – Albertville 40 – Annecy 32 – Bonneville 26 – Chamonix-Mont-Blanc 60 – Megève 27 – Morzine 65.

△ **Le Plan du Fernuy** 17 juin-2 sept et 17 déc.-avr.
  & 04 50 02 44 75, *info@plandufernuy.com,*
  Fax 04 50 32 67 02, *www.plandufernuy.com* – **R** conseillée
  1,3 ha (80 empl.) en terrasses, peu incliné, gravier, herbeux
  Tarif : (Prix 2005) 🔲 35 € 🔆 (13A) – pers. suppl. 5 €
  Location 🚫 : 10 🏚 **(4 à 6 pers.) 380 à 1 500 €/sem. – 5**
  appartements
  🏚 1 borne 5 €
  Pour s'y rendre : E : 1,5 km par rte des Confins
  À savoir : Belle piscine d'intérieur et site agréable au pied
  des Aravis

Nature : ❄ 🐟 ≼ 🔲 ♀
Loisirs : 🍴 🍴 🛝 🔲
Services : 🚿 ⚡ GB 🐕 🔲 ♨ ⚙ 🔄 🔁 🌐 sèche-linge

CONTAMINE-SARZIN

✉ 74270 – 328 I4 – 350 h. – alt. 450
Paris 516 – Annecy 25 – Bellegarde-sur-Valserine 22 – Bonneville 46 – Genève 29.

⚠ **Le Chamaloup** juin-15 sept.
    ℘ 04 50 77 88 28, *camping@chamaloup.com,*
Fax 04 50 77 99 79, *www.chamaloup.com* – **R** conseillée
1,5 ha (75 empl.) non clos, plat, herbeux
Tarif : 📧 22 € – pers. suppl. 5,50 € – frais de réservation 10 €
Location (permanent) : 16 🏠 (4 à 6 pers.) 300 à
550 €/sem.
Pour s'y rendre : S : 2,8 km par D 123, près de la N 508 et
de la rivière les Usses

| Nature : 🏕 00 |
| Loisirs : ♈ 🏊 ⚒ |
| Services : ♿ ⛽ GB 📷 🍽 ⊛ 🔲 |

Les CONTAMINES-MONTJOIE

✉ 74170 – 328 N6 – G. Alpes du Nord – 1 129 h. – alt. 1 164 – Sports d'hiver : 1 165/2 500 m ⛷4 ⛷22 ⛷
🅱 Office de tourisme, 18, route de Notre-Dame de la Gorge ℘ 04 50 47 05 10, Fax 04 50 47 09 54
Paris 606 – Annecy 93 – Bonneville 50 – Chamonix-Mont-Blanc 33 – Megève 20 – St-Gervais-les-Bains 9.

⚠ **Le Pontet** fermé oct.-nov.
    ℘ 04 50 47 04 04, *campingdupontet@wanadoo.fr,*
Fax 04 50 47 18 10, *www.campinglepontet.fr.nr*
– **R** conseillée
2,8 ha (157 empl.) plat, gravillons, herbeux
Tarif : (Prix 2005) 📧 24,90 € 🔌 (10A) – pers. suppl. 4,20 €
Location : gîte d'étape
Pour s'y rendre : S : 2 km par D 902, bord du Bon Nant
À savoir : Site agréable au départ des pistes de ski et de
randonnée

| Nature : ❄ ⬚ 🏕 00 |
| Loisirs : 🏠 🏊 ⚒ |
| Services : ♿ ⛽ ⬚ 🍽 ⊛ 🔲 sèche-linge |
| À prox. : ♈ ✗ snack ⬚ ✗ ⚒ 🐎 practice de golf |

Michelinkaarten en -gidsen zijn te koop in de meeste boekhandels.

821

DOUSSARD

✉ 74210 – 328 K6 – 2 781 h. – alt. 456
Paris 555 – Albertville 27 – Annecy 20 – La Clusaz 36 – Megève 42.

⚠ **Campéole la Nublière** 28 avr.-24 sept.
    ℘ 04 50 44 33 44, *nubliere@wanadoo.fr,*
Fax 04 50 44 31 78, *www.campeoles.fr* – **R** conseillée
9,2 ha (467 empl.) plat, herbeux, pierreux
Tarif : (Prix 2005) 📧 23,80 € – pers. suppl. 6 €
Location : 50 🚐 (4 à 6 pers.) 259 à 699 €/sem. – 70 🏠
(4 à 6 pers.) 159 à 619 €/sem. – bungalows toilés
Pour s'y rendre : N : 1,8 km
À savoir : Situation agréable au bord du lac (plage)

| Nature : 00 ⛰ |
| Loisirs : ♈ ✗ 🏓 salle d'activité 🏊 ⚒ |
| Services : ♿ ⛽ GB 📷 🍽 ⊛ 🔲 |
| À prox. : ⬚ ✗ ⚒ 🎣 ponton d'amar-rage, point d'informations touris-tiques, vol biplace, parapente |

⚠ **La Serraz** 15 mai-15 sept.
    ℘ 04 50 44 30 68, *info@campinglaserraz.com,*
Fax 04 50 44 81 07, *www.campinglaserraz.com* – **R** conseil-
lée
3,5 ha (197 empl.) plat, herbeux
Tarif : 📧 22 € – pers. suppl. 5,80 € – frais de réserva-
tion 25 €
Location : 30 🚐 (4 à 6 pers.) 260 à 670 €/sem.
Pour s'y rendre : Au bourg, sortie E près de la poste

| Nature : ≤ 00 |
| Loisirs : ♈ 🏠 🏊 🚲 ⚒ |
| Services : ♿ ⛽ GB 📷 🍽 ⊛ ⚒ 🍴 🔲 |

⚠ **Simon de Verthier** mai-sept.
    ℘ 04 50 44 36 57
1 ha (26 empl.) plat, herbeux
Tarif : (Prix 2005) 📧 14 € 🔌 (4A) – pers. suppl. 2 €
Pour s'y rendre : NE : 1,6 km, à Verthier, près de l'Eau
Morte

| Nature : ≤ 00 |
| Services : ♿ 📷 🍽 ⬚ ⊛ |

GENÈVE

ST MARTIN-BELLEVUE

BELLEGARDE

A 41

N 201

Cran-Gevrier

N 508

A 41

RUMILLY

ANNECY

Chavoire

M! Baron
1252

D 909

D 16

D 609

**La Ferme
des Ferrières**

Alex (Ⓐ)

AIX-LES-BAINS

N 201

Veyrier

D 909A

Bluffy

822

D 41

GR

les Puisots

N 508

**Sévrier
(Ⓐ)**

Au Cœur du Lac

le Panoramic

D 269

le Clos Don Jean

**Menthon-St-Bernard
(Ⓐ)**

D 169

GR

le Solitaire du Lac

601

Talloires

LAC

D'ANNECY

**S! Jorioz
(Ⓐ)**

**Municipal
les Champs Fleuris**

**Duingt
(Ⓐ)**

Angon

D 42

Europa

**International
du Lac d'Annecy**

le Familial

N 508

1150

*Col de la
Forclaz*

D 909A

D 912

D 10

Chaparon

la Ravoire

le Tailtefer

les Fontaines

l'Idéal

International du Lac Bleu

1699

Crêt de Châtillon

S! Eustache

Bout du lac

**Campéole
la Nublière**

**Simon de
Verthier**

**Lathuile
(Ⓐ)**

GR 96

D 180

D 110

D 10

897

Col de Leschaux

Entraver
nes

**Doussard
(Ⓐ)**

la Serraz

N 508

Eau Morte

D 912

GR

CHAMBÉRY

0   2 km

Fier

GR

DUINGT

✉ 74410 – 797 h. – alt. 450
🛈 *Office de tourisme, Mairie* ✆ *04 50 68 67 07, Fax 04 50 77 03 17*
Paris 548 – Albertville 34 – Annecy 12 – Megève 48 – St-Jorioz 3.

Schéma à Doussard

⚠ **Municipal les Champs Fleuris** 29 avr.-16 sept.
   ✆ 04 50 68 57 31, *camping@duingt.fr, Fax 04 50 77 03 17,*
   www.camping-duingt.com – **R** conseillée
   1,3 ha (112 empl.) plat et peu incliné, terrasses, herbeux
   Tarif : 🔳 18,05 € 🔋 (10A) – pers. suppl. 4,15 €
   Location : 4 🚐 (4 à 6 pers.) 355 à 475 €/sem.
   Pour s'y rendre : O : 1 km

> Nature : ≤
> Loisirs : 🏌
> Services : 🚿 ⚡ 🗑 📶 ⚙ 📷
> sèche-linge
> À prox. : 🚗

⚠ **Le Familial** avr.-20 oct.
   ✆ 04 50 68 69 91, *contact@annecy-camping-famillial.com,*
   Fax 04 50 68 69 91, *www.annecy-camping-famillial.com*
   – **R** conseillée
   0,5 ha (40 empl.) plat et peu incliné, herbeux
   Tarif : 🔳 14,60 € 🔋 (6A) – pers. suppl. 2,50 €
   Location (avr-sept.) 🏸 : 3 🚐 (4 à 6 pers.) 250 à
   480 €/sem.
   Pour s'y rendre : SO : 1,5 km

> Nature : ≤ ♀
> Loisirs : 🏠
> Services : ⚡ 🗑 ⚙ 📷

Raadpleeg, voordat U zich op een kampeerterrein installeert,
de tarieven die de beheerder verplicht
is bij de ingang van het terrein aan te geven.
Informeer ook naar de speciale verblijfsvoorwaarden.
De in deze gids vermelde gegevens kunnen
sinds het verschijnen van deze hereditie gewijzigd zijn.

823

EXCENEVEX

✉ 74140 – 🗺 L2 – G. Alpes du Nord – 682 h. – alt. 375
🛈 *Office de tourisme, Chef-lieu* ✆ *04 50 72 89 22*
Paris 564 – Annecy 71 – Bonneville 42 – Douvaine 9 – Genève 27 – Thonon-les-Bains 13.

⚠ **La Pinède** 14 avr.-24 sept.
   ✆ 04 50 72 85 05, *cplpinede@atciat.com,*
   Fax 04 50 72 93 00, *www.campeoles.fr* – places limitées
   pour le passage – **R** conseillée
   12 ha (619 empl.) plat, sablonneux, peu incliné
   Tarif : 🔳 22,80 € – pers. suppl. 5 €
   Location : 54 🚐 (4 à 6 pers.) 550 à 619 €/sem. –
   bungalows toilés
   🚗 1 borne
   Pour s'y rendre : SE : 1 km par D 25
   À savoir : Agréable site boisé en bordure d'une plage du
   lac Léman

> Nature : 🗺 ♀♀
> Loisirs : 🏠 🚢 🎿 🏌 ponton
> d'amarrage
> Services : 🚿 ⚡ 🏧 📶 🗑 ⚙
> 📷 sèche-linge 🧺
> À prox. : 🍴 ✕ snack 🚴 🎾 🏊 🎣
> pédalos

Les GETS

✉ 74260 – 🗺 N4 – G. Alpes du Nord – 1 352 h. – alt. 1 170 – Sports d'hiver : 1 170/2 000 m 🎿5 🚡47 🎿
🛈 *Office de tourisme, place Mairie* ✆ *04 50 75 80 80*
Paris 579 – Annecy 77 – Bonneville 33 – Chamonix-Mont-Blanc 60 – Cluses 19 – Morzine 7 – Thonon-les-Bains 36.

⚠ **Le Frêne** 24 juin-10 sept.
   ✆ 04 50 75 80 60, Fax 04 50 75 84 39 – alt. 1 315 – **R**
   0,3 ha (32 empl.) non clos, en terrasses, peu incliné,
   herbeux
   Tarif : 🔳 20 € 🔋 (4A) – pers. suppl. 4 €
   Pour s'y rendre : Sortie SO par D 902 rte de Taninges puis
   2,3 km par rte des Platons à droite

> Nature : 🌳 ≤ Aiguille du Midi, mas-
> sif du Mt-Blanc 🗺
> Loisirs : 🏠 🏌
> Services : 🚿 ⚡ 🏧 📶 🗑 🔥 ⚙ 🧺
> 🚰 📷

Le GRAND-BORNAND

✉ 74450 – 328 L5 – G. Alpes du Nord – 2 115 h. – alt. 934 – Sports d'hiver : 1 000/2 100 m ⛷2 ⛷37 ⛷
🏢 *Office de tourisme, Chef-lieu* ℘ 04 50 02 78 00, Fax 04 50 02 78 01
Paris 564 – Albertville 47 – Annecy 31 – Bonneville 23 – Chamonix-Mont-Blanc 76 – Megève 34.

▲▲▲ **L'Escale** fermé 24 avr.-19 mai et 25 sept.-1er déc.
℘ 04 50 02 20 69, *contact@campinglescale.com*,
Fax 04 50 02 36 04, *www.campinglescale.com* – **R** conseillée
2,8 ha (149 empl.) plat et peu incliné, terrasse, herbeux,
pierreux
Tarif : 🎫 30,40 € 🔌 (10A) – pers. suppl. 5,60 € – frais de
réservation 12 €
Location (permanent) : 8 🛏 – 7 studios – 19 appartements
🚐 1 borne
Pour s'y rendre : À l'E du bourg, à proximité de l'église,
près du Borne
À savoir : Agréable complexe aquatique ludique

Nature : ❄ 🦌 ≼
Loisirs : 🍽 ✕ 🏠 jacuzzi 🚴 ✗ 🔳 🏊
Services : 🚿 ⊶ GB 🚗 Ⅲ 🗑 🚽 🔲
🔲 🔲 🔳 sèche-linge 🔳
À prox. : 🔳 🔳 ♥ parcours sportif

▲ **Le Clos du Pin** fermé 11 mai-14 juin et 21 sept.-nov.
℘ 04 50 02 70 57, *contact@le-clos-du-pin.com*,
Fax 04 50 02 27 61, *www.de-clos-du-pin.com* – alt. 1 015 –
places limitées pour le passage – **R** conseillée
1,3 ha (61 empl.) peu incliné, herbeux
Tarif : 🎫 23 € 🔌 (10A) – pers. suppl. 4,05 €
Pour s'y rendre : E : 1,3 km par rte du Bouchet, bord du
Borne

Nature : ❄ 🦌 ≼ chaîne des Aravis
Loisirs : 🏠
Services : 🚿 ⊶ 🚗 Ⅲ Ⅲ 🗑 🚽 🔲
🔲 🔳 sèche-linge

Benutzen Sie
– zur Wahl der Fahrtroute
– zur Berechnung der Entfernungen
– zur exakten Lokalisierung eines Campingplatzes (mit Hilfe der Angaben im Ortstext)
die für diesen Führer unentbehrlichen **MICHELIN-Karten** *im Ma1 : 150 000.*

824

GROISY

✉ 74570 – 328 K4 – 2 605 h. – alt. 690
Paris 534 – Dijon 228 – Grenoble 120 – Lons-le-Saunier 146 – Lyon 154 – Mâcon 149.

▲ **Le Moulin Dollay** mai-sept.
℘ 04 50 68 00 31, Fax 04 50 68 00 31 – **R** indispensable
3 ha (30 empl.) plat, herbeux, pierreux, bois attenant
Tarif : 🎫 19 € 🔌 (6A) – pers. suppl. 5 €
Location (permanent) : 2 gîtes
🚐 1 borne 4 € – 6 🎫
Pour s'y rendre : SE : 2 km, au lieu-dit Le Plot, au bord de
la rivière

Nature : 🔲 🌳
Loisirs : 🏠 🚴
Services : 🚿 ⊶ 🚗 Ⅲ Ⅲ 🗑 🚽 🔲
🔲 🔳 sèche-linge

LATHUILE

✉ 74210 – 328 K6 – 729 h. – alt. 510
Paris 554 – Albertville 30 – Annecy 18 – La Clusaz 38 – Megève 45.
Schéma à Doussard

▲▲▲ **La Ravoire** 15 mai-15 sept.
℘ 04 50 44 37 80, *info@camping-la-ravoire.fr*,
Fax 04 50 32 90 60, *www.camping-la-ravoire.fr* – **R** indis-
pensable
2 ha (110 empl.) plat, herbeux
Tarif : 🎫 35,10 € 🔌 (15A) – pers. suppl. 5,90 €
Location (fermé oct.-24 déc.) ✗ : 4 🏠 (4 à 6 pers.)
410 à 700 €/sem.
Pour s'y rendre : N : 2,5 km
À savoir : Beau cadre de verdure près du lac

Nature : ≼ 🌳
Loisirs : 🏠 🚴 🔳 🔳
Services : 🚿 ⊶ GB 🚗 Ⅲ 🗑 🚽 🔲
🔲 🔲 🔳 sèche-linge
À prox. : 🔳

LATHUILE

ᐯᐯ **Les Fontaines** 14 mai-16 sept.
  ℰ 04 50 44 31 22, *info@campinglesfontaines.com*,
  Fax 04 50 44 87 80, *www.campinglesfontaines.com*
  – **R** conseillée
  3 ha (170 empl.) plat, peu incliné, en terrasses, herbeux
  Tarif : ▣ 24,50 € – pers. suppl. 5 € – frais de réserva-
  tion 16 €
  Location (15 avr.-sept.) ⚡ : 40 ⌸ (4 à 6 pers.) 250 à
  610 €/sem. – 5 ⌂ (4 à 6 pers.) 300 à 650 €/sem.
  Pour s'y rendre : N : 2 km, à Chaparon

| Nature : 🐟 ≤ 🌊 |
| Loisirs : 🍴 snack ⌂ 🎮 🏊 ⛷ |
| Services : 🛆 ⚊ 🅶🅱 ⚙ Ⓜ 🗒 🔒 ⊕ |
| 🐾 🖥 sèche-linge ⚖ ⚒ |

ᐯ **L'Idéal** mai-17 sept.
  ℰ 04 50 44 32 97, *camping-ideal@wanadoo.fr*,
  Fax 04 50 44 36 59, *www.camping-ideal.com* – **R** conseillée
  ⚡
  3,2 ha (300 empl.) plat et peu incliné, herbeux
  Tarif : ▣ 24,50 € – pers. suppl. 5 €
  Location (9 avr.-17 sept.) : 54 ⌸ (4 à 6 pers.) 210 à
  600 €/sem.
  Pour s'y rendre : N : 1,5 km

| Nature : 🐟 ≤ 🌊 |
| Loisirs : 🍴 snack ⌂ 🎮 diurne ⛷ |
| ✂ 🛝 🏊 ⛷ |
| Services : 🛆 ⚊ 🅶🅱 ⚙ 🗒 🔒 ⊕ 🐾 |
| 🖥 sèche-linge ⚖ ⚒ |

ᐃ **Le Taillefer** mai-sept.
  ℰ 04 50 44 30 30, *info@campingletaillefer.com*,
  Fax 04 50 44 30 30, *www.campingletaillefer.com*
  – **R** conseillée
  1 ha (32 empl.) plat, incliné, en terrasses, herbeux
  Tarif : ▣ 17,40 € 🔌 (6A) – pers. suppl. 3,20 €
  Pour s'y rendre : N : 2 km, à Chaparon

| Nature : ≤ 🌊 |
| Loisirs : 🍴 ⌂ ⛷ |
| Services : 🛆 ⚊ ⚙ ⊕ 🖥 sèche- |
| linge |

✉ 74500 – ₃₂₈ N2 – G. Alpes du Nord – 1 997 h. – alt. 413
🛈 *Syndicat d'initiative, Mairie ℰ 04 50 76 00 38, Fax 04 50 76 08 62*
Paris 584 – Annecy 91 – Évian-les-Bains 8 – St-Gingolph 12 – Thonon-les-Bains 17.

825

ᐯ **Vieille Église** 10 avr.-oct.
  ℰ 04 50 76 01 95, *campingvieilleeglise@wanadoo.fr*,
  Fax 04 50 76 13 12, *www.camping-vieille-eglise.com*
  – **R** conseillée
  1,6 ha (100 empl.) plat et peu incliné, terrasses, herbeux
  Tarif : ▣ 21 € 🔌 (10A)
  Location : 12 ⌸ (4 à 6 pers.) 350 à 600 €/sem.
  Pour s'y rendre : O : 2 km, à Vieille Église

| Nature : ≤ 🌊 |
| Loisirs : 🛝 🏊 |
| Services : 🛆 ⚊ 🅶🅱 ⚙ 🗒 🔒 ⊕ ⚒ |
| 🐾 🖥 sèche-linge |
| À prox. : 🛒 |

ᐃ **Les Myosotis** 10 mai-20 sept.
  ℰ 04 50 76 07 59, Fax 04 50 76 07 59 – **R** conseillée
  1 ha (58 empl.) en terrasses, herbeux
  Tarif : ▣ 15 € 🔌 (6A) – pers. suppl. 2,70 €
  Pour s'y rendre : S : 0,6 km
  À savoir : Belle situation dominante sur le lac Léman

| Nature : 🐟 ≤ 🌊 |
| Services : ⚊ (juil.-août) ⚙ 🗒 ⛰ ⊕ |
| 🖥 |

✉ 74120 – ₃₂₈ M5 – G. Alpes du Nord – 4 509 h. – alt. 1 113 – Sports d'hiver : 1 113/2 350 m ⛷9 ⛷70 🎿
🛈 *Office de tourisme, rue Monseigneur Conseil ℰ 04 50 21 27 28, Fax 04 50 93 03 09*
Paris 598 – Albertville 32 – Annecy 60 – Chamonix-Mont-Blanc 33 – Genève 71.

ᐃ **Bornand** 15 juin-août
  ℰ 04 50 93 00 86, *camping.bornand@tiscali.fr*,
  Fax 04 50 93 02 48 – alt. 1 060 – **R** conseillée
  1,5 ha (80 empl.) non clos, incliné et en terrasses, herbeux
  Tarif : 🛆 3,60 € ▣ 4,10 € 🔌 (6A) 2,90 €
  Pour s'y rendre : NE : 3 km par N 212 rte de Sallanches et
  rte de la télécabine à droite

| Nature : ≤ 🌊 |
| Loisirs : ⌂ |
| Services : 🛆 ⚊ 🅶🅱 ⚙ 🗒 ⊕ 🖥 |
| sèche-linge |
| À prox. : 🍴 |

MEGÈVE

△ **Gai-Séjour** 20 mai-15 sept.
    📞 04 50 21 22 58 – alt. 1 040 – **R** conseillée
1,2 ha (60 empl.) plat, peu incliné, herbeux, pierreux
Tarif : 🔲 12,30 € [⚡] (4A) – pers. suppl. 2,70 €
Pour s'y rendre : SO : 3,5 km par N 212, rte d'Albertville, à
Cassioz, bord d'un ruisseau

> Nature : ⬤ ♀
> Services : ☰ GB ⌗ ▥ ⊕

MENTHON-ST-BERNARD

✉ 74290 – ③②⑧ K5 – G. Alpes du Nord – 1 659 h. – alt. 482
🛈 *Office de tourisme, Chef-lieu 📞 04 50 60 14 30, Fax 04 50 60 22 19*
                                        Schéma à Doussard

△ **Le Clos Don Jean** juin-15 sept.
    📞 04 50 60 18 66, *donjean74@wanadoo.fr,*
Fax 04 50 60 18 66, *clos-don-jean.com* – **R** conseillée
1 ha (60 empl.) peu incliné, plat, herbeux
Tarif : 🔲 18,60 € [⚡] (6A) – pers. suppl. 4 €
Location (mai-15 sept.) : 9 🛏 (4 à 6 pers.) 250 à
460 €/sem.
Pour s'y rendre : Sortie par rte de Veyrier-du-lac et chemin
à droite, au sud des Moulins

> Nature : ⬤ ♀
> Loisirs : 🎮
> Services : ☰ ⌗ ⊕ ▥

MORZINE

✉ 74110 – ③②⑧ N3 – G. Alpes du Nord – 2 948 h. – alt. 960 – Sports d'hiver : 1 000/2 100 m ⚡6 ⚡61 ⚡
🛈 *Office de tourisme, place de l'Office du tourisme 📞 04 50 74 72 72, Fax 04 50 79 03 48*
Paris 586 – Annecy 84 – Chamonix-Mont-Blanc 67 – Cluses 26 – Genève 58 – Thonon-les-Bains 31.

△ **Les Marmottes** 23 déc.-23 avr. et 24 juin-3 sept.
    📞 04 50 75 74 44, *camping.les.marmottes@wanadoo.fr,*
Fax 04 50 75 74 44, *http://perso.wanadoo.fr/cam
ping.les.marmottes/* – alt. 938 – **R** conseillée
0,5 ha (26 empl.) plat, gravier, herbeux
Tarif : 🔲 20 € – pers. suppl. 6,50 €
Location ⚡ : 1 🛏 (4 à 6 pers.) 310 à 497 €/sem. –
appartements
Pour s'y rendre : À Essert-Romand, NO : 3,7 km par D 902,
rte de Thonon-les-Bains et D 329 à gauche

> Nature : ❄ ⬤
> Loisirs : 🎮
> Services : ♿ ☰ ⌗ M ▥ ⌗ 🍴 ⊕ ⚡ ⚡
> ⚡ ▥ sèche-linge

NEYDENS

✉ 74160 – ③②⑧ J4 – 1 100 h. – alt. 560
Paris 525 – Annecy 36 – Bellegarde-sur-Valserine 33 – Bonneville 34 – Genève 16 – St-Julien-en-Genevois 5.

⚠ **La Colombière** avr.-sept.
    📞 04 50 35 13 14, *la.colombiere@wanadoo.fr,*
Fax 04 50 35 13 40, *www.camping-la-colombiere.com* – **R**
indispensable
2,2 ha (107 empl.) plat, herbeux, gravier
Tarif : 🔲 28 € [⚡] (6A) – pers. suppl. 5,50 € – frais de réservation 12 €
Location (permanent) : 10 🏠 (4 à 6 pers.) 350 à
795 €/sem. – gîtes
🛏 1 borne 5 € – 4 🔲
Pour s'y rendre : À l'E du bourg

> Nature : ⬤ ▱ ♀
> Loisirs : 🍴 ✗ 🎮 ⊙ diurne ⚡ 🚲
> ⚡
> Services : ♿ ☰ GB ⌗ M ▥ ⌗ 🍴
> ⊕ ⚡ ⚡ ⚡ ▥ ⚡

Les PRAZ-DE-CHAMONIX

                    Schéma à Chamonix - Mont-Blanc

△ **La Mer de Glace** 28 avr.-1ᵉʳ oct.
    📞 04 50 53 44 03, *info@chamonix-camping.com,*
Fax 04 50 53 60 83, *www.chamonix-camping.com* – **R**
2 ha (150 empl.) plat, herbeux, pierreux
Tarif : 🔲 23,10 € – pers. suppl. 6,20 €
Pour s'y rendre : Aux Bois, à 80 m de l'Arveyron (accès
direct)

> Nature : ⬤ ⬤ vallée et massif du
> Mont-Blanc ▱ ♀
> Loisirs : 🎮
> Services : ♿ ☰ ▥ ⌗ 🍴 ⊕ ▥ sè-
> che-linge

PRAZ-SUR-ARLY

✉ 74120 – 328 M5 – 1 081 h. – alt. 1 036
🛈 *Office de tourisme, 54, route du Val d'Arly* 📞 *04 50 21 90 57, Fax 04 50 21 98 08*
Paris 609 – Lyon 179 – Annecy 55 – Genève 75 – Aoste 91.

△ **Les Prés de l'Arly** Permanent
📞 04 50 21 93 24 – places limitées pour le passage
– **R** conseillée
1 ha (81 empl.) non clos, plat, herbeux, pierreux
Tarif : 🔲 15 € 🔌 (10A)
Location : 4 appartements
🔳 1 borne 5 €
Pour s'y rendre : À 0,5 km au SE du bourg, à 100 m de
l'Arly

> Nature : ❄ 🦫 ≤
> Loisirs : 🏠 🖍
> Services : ⚡ 🔧 🎽 🚿 ⊕ 🏊 ♨ 🏪
> À prox. : 🎿 ⛳ 🎣 terrain multis-
> ports, mur d'escalade

PRÉSILLY

✉ 74160 – 328 J4 – 622 h. – alt. 683
Paris 530 – Annecy 29 – Bellegarde-sur-Valserine 38 – Bonneville 40 – Genève 21.

△ **Le Terroir** mai-sept.
📞 04 50 04 42 07, *camping.le.terroir@wanadoo.fr,*
Fax 04 50 04 55 53, *www.camping-le-terroir.fr* – **R** conseillée
1 ha (38 empl.) plat, herbeux, bois attenant
Tarif : 🔲 13,10 € 🔌 (10A) – pers. suppl. 3,50 €
Pour s'y rendre : NE : 2,3 km par D 218 et D 18 à gauche,
rte de Viry

> Nature : 🦫 ♨♨
> Services : ⚡ 🔧 🎽 🚿 ⊕ 🏪

*Informieren Sie sich über die gültigen Gebühren,
bevor Sie Ihren Platz beziehen. Die Gebührensätze
müssen am Eingang des Campingplatzes angeschlagen sein.
Erkundigen Sie sich auch nach den Sonderleistungen.
Die im vorliegenden Band gemachten Angaben
können sich seit der Überarbeitung geändert haben.*

RUMILLY

✉ 74150 – 328 I5 – G. Alpes du Nord – 11 230 h. – alt. 334 – Base de loisirs
🛈 *Office de tourisme, 4, place de l'Hôtel de Ville* 📞 *04 50 64 58 32, Fax 04 50 01 03 53*
Paris 530 – Aix-les-Bains 21 – Annecy 19 – Bellegarde-sur-Valserine 37 – Belley 45 – Genève 64.

⋀⋀ **Le Madrid** mai-oct.
📞 04 50 01 12 57, *contact@camping-le-madrid.com,*
Fax 04 50 01 29 49, *www.camping-le-madrid.com*
– **R** conseillée
3,2 ha (109 empl.) plat, herbeux, pierreux
Tarif : 🔲 18 € – pers. suppl. 3,50 € – frais de réservation 15 €
Location (permanent) : 21 🏠 (4 à 6 pers.) 350 à
600 €/sem.
Pour s'y rendre : SE : 3 km par D 910 rte d'Aix-les-Bains
puis D 3 à gauche et D 53 à droite rte de St-Félix, à 500 m
d'un plan d'eau

> Nature : ⌐ ♨
> Loisirs : 🍽 snack 🏠 🖍 🛝
> Services : ⚡ 🔧 GB 🎽 🚿 🏪 🏊 ⊕
> 🏊 ♨ 🏪 🔳 cases réfrigérées
> À prox. : 🏊 🚣 🚐

ST-FERRÉOL

✉ 74210 – 328 K6 – 798 h. – alt. 516
Paris 564 – Albertville 19 – Annecy 28 – La Clusaz 29 – Megève 34.

△ **Municipal les Pins** 15 juin-15 sept.
📞 04 50 32 47 71, *st.ferreol@wanadoo.fr,*
Fax 04 50 44 49 76, *pays-defaverges.com* – **R** conseillée
1,5 ha (120 empl.) non clos, plat, herbeux
Tarif : (Prix 2005) 🔲 14,75 € – pers. suppl. 2,10 €
Pour s'y rendre : À l'E du bourg, près du stade

> Nature : ≤ ♨
> Services : ⚡ ⊶ (juil.-août) 🎽 🚿 ⊕
> 🏪

ST-GERVAIS-LES-BAINS

✉ 74170 – **328** N5 – G. Alpes du Nord – 5 276 h. – alt. 820 – ♨ – Sports d'hiver : 1 400/2 000 m – ⚡2 ⚡25 ⚡
🛈 Office de tourisme, 43, rue du Mont-Blanc ℘ 04 50 47 76 08, Fax 04 50 47 75 69
Paris 597 – Annecy 84 – Bonneville 42 – Chamonix-Mont-Blanc 25 – Megève 12 – Morzine 54.

⚠ **Les Dômes de Miage** 13 mai -24 sept.
℘ 04 50 93 45 96, info@camping-mont-blanc.com,
Fax 04 50 78 10 75, www.camping-mont-blanc.com –
alt. 890 – **R** conseillée
3 ha (150 empl.) plat, herbeux
Tarif : 🔲 20,50 € [₰] (10A) – pers. suppl. 4 € – frais de réservation 10 €
🚐 1 borne – 10 🔲
Pour s'y rendre : S : 2 km par D 902, rte des Contamines-
Montjoie, au lieu-dit les Bernards

Nature : 🌳 ≤
Loisirs : 🛶
Services : 🚿 ⚡ GB 🚗 🗄 🛁 @ 🧴
🧺 sèche-linge
À prox. : 🍴 🍽 🎣

Benutzen Sie
– zur Wahl der Fahrtroute
– zur Berechnung der Entfernungen
– zur exakten Lokalisierung eines Campingplatzes (mit Hilfe der Angaben im Ortstext)
*die für diesen Führer unentbehrlichen **MICHELIN-Karten** im Ma1 : 150 000.*

ST-JEAN-D'AULPS

✉ 74430 – **328** M3 – 1 022 h. – alt. 810
🛈 Office de tourisme, Chef-lieu ℘ 04 50 79 65 09, Fax 04 50 79 67 95
Paris 591 – Abondance 19 – Annecy 89 – Évian-les-Bains 31 – Morzine 8 – Thonon-les-Bains 24.

⚠ **Le Solerey** Permanent
℘ 04 50 79 64 69, lesolerey@voila.fr, Fax 04 50 79 64 69
– **R** conseillée
0,6 ha (35 empl.) peu incliné et en terrasses, gravillons,
herbeux
Tarif : 🔲 19 € [₰] (10A) – pers. suppl. 4 €
Pour s'y rendre : Sortie SE par D 902 rte de Morzine, bord
de la Dranse

Nature : ❄ ≤ 🏕 Ω
Loisirs : 🛋
Services : ⚡ 🚗 ▦ 🗄 @ 🧺 sèche-
linge
À prox. : 🍴

ST-JORIOZ

✉ 74410 – 5 002 h. – alt. 452
🛈 Office de tourisme, 92, route de l'Église ℘ 04 50 68 61 82, Fax 04 50 68 96 11
Paris 545 – Albertville 37 – Annecy 9 – Megève 51.
Schéma à Doussard

⚠⚠ **Europa** 6 mai-13 sept.
℘ 04 50 68 51 01, info@camping-europa.com,
Fax 04 50 68 55 20, www.camping-europa.com – **R** indis-
pensable
3 ha (210 empl.) plat, herbeux, pierreux
Tarif : (Prix 2005) 🔲 29,50 € [₰] (6A) – pers. suppl. 5,70 €
Location 🏕 : 68 🛖 (4 à 6 pers.) 280 à 720 €/sem. – 4
🏠 (4 à 6 pers.) 340 à 760 €/sem.
Pour s'y rendre : SE : 1,4 km
À savoir : Bel ensemble aquatique

Nature : ≤ Ω
Loisirs : 🍴 🍽 snack 🎯 🛶 🚲 ⛷
⛸ terrain omnisports
Services : 🚿 ⚡ GB 🚗 🗄 🛁 🔀 @
🌿 ⚡ 🧺 sèche-linge 🎣

⚠⚠ **Le Solitaire du Lac** 15 avr.-20 sept.
℘ 04 50 68 59 30, campinglesolitaire@wanadoo.fr,
Fax 04 50 68 59 30, www.campinglesolitaire.com – croise-
ment difficile – **R** conseillée
3,5 ha (200 empl.) plat, herbeux
Tarif : 🔲 20 € – pers. suppl. 4 €
Location 🏕 : 13 🛖 (4 à 6 pers.) 350 à 588 €/sem.
🚐 1 borne
Pour s'y rendre : N : 1 km
À savoir : Situation agréable près du lac (accès direct)

Nature : 🌳 ΩΩ ⚠
Loisirs : 🛋 🛶 🎣 🎯
Services : 🚿 ⚡ GB 🚗 🗄 🛁 🔀 @
🧺 sèche-linge 🎣

ST-JORIOZ

⚠ International du Lac d'Annecy 15 mai-15 sept.
    𝒫 04 50 68 67 93, *campannecy@wanadoo.fr*,
    Fax 04 50 09 01 22, *www.campannecy.com* – **R** conseillée
    2,5 ha (163 empl.) plat, herbeux
    Tarif : (Prix 2005) 📧 20,80 € 🚰 (6A) – pers. suppl. 3,70 € –
    frais de réservation 20 €
    Location 🏚 : 14 ⛺ (4 à 6 pers.) 240 à 540 €/sem.
    Pour s'y rendre : SE : 1 km

Nature : ♀
Loisirs : 🍸 🏛 ♨ 🚲 🏊 terrain omnisports
Services : ♿ ⚡ GB ♂ 🔖 🛁 ⊘ 🚿 ☕ 🏧

SAMOËNS

✉ 74340 – 328 N4 – 2 323 h. – alt. 710
🔹 *Office de tourisme, place de la Gare* 𝒫 04 50 34 40 28, Fax 04 50 34 95 82

⚠ Le Giffre Permanent
    𝒫 04 50 34 41 92, *camping@samoens.com*,
    Fax 04 50 34 98 84, *www.samoens.com* – **R** conseillée
    7 ha (312 empl.) plat, herbeux, pierreux
    Tarif : 📧 21,30 € 🚰 (10A) – pers. suppl. 3,50 €
    Location : 6 appartements
    ⛺ 1 borne 5 €
    Pour s'y rendre : SO : 1 km par D 4, rte de Morillon, bord
    du Giffre
    À savoir : Dans un site agréable, près d'un lac et d'un parc
    de loisirs

Nature : ❄ ≤ ♀
Loisirs : 🎣
Services : ♿ ⚡ GB ♂ 🔖 🛁 ⊘ ☕ 🏧
À prox. : 🍸 snack ♨ ⊙ 🎾 🏊 🛶 ⛷ 🚣 patinoire, practice de golf, parcours sportif, parc aventure, base de rafting

Des vacances réussies sont des vacances bien préparées !
Ce guide est fait pour vous y aider... mais :
– N'attendez pas le dernier moment pour réserver
– Évitez la période critique du 14 juillet au 15 août
Pensez aux ressources de l'arrière-pays,
à l'écart des lieux de grande fréquentation.

829

SALLANCHES

✉ 74700 – 328 M5 – G. Alpes du Nord – 14 383 h. – alt. 550
🔹 *Office de tourisme, 31, quai de l'Hôtel de Ville* 𝒫 04 50 58 04 25, Fax 04 50 58 38 47
Paris 585 – Annecy 72 – Bonneville 29 – Chamonix-Mont-Blanc 28 – Megève 14 – Morzine 42.

⚠ Municipal des Îles juin-15 sept.
    𝒫 04 50 58 45 36, *tourisme@mairie-passy.fr*,
    Fax 04 50 93 67 61, *http://www.passy-mont-blanc.com*
    – **R** conseillée 🏚
    4,6 ha (260 empl.) plat, herbeux, pierreux
    Tarif : (Prix 2005) 📧 15,95 € 🚰 (8A) – pers. suppl. 4,20 €
    Pour s'y rendre : SE : 2 km, bord d'un ruisseau et à 250 m
    d'un plan d'eau. Par A 40 : sortie Passy

Nature : ≤ 🏞 ♀♀
Loisirs : 🍸 🎣 diurne 🏃
Services : ♿ ⚡ GB ♂ 🛁 ⊘ ⊙ 🚿 ☕ 🏧 🛁
À prox. : 🚴 🐎 (centre équestre)

SCIEZ

✉ 74140 – 328 L3 – 4 268 h. – alt. 406
🔹 *Syndicat d'initiative, port de Sciez* 𝒫 04 50 72 64 57
Paris 561 – Abondance 37 – Annecy 69 – Annemasse 24 – Genève 25 – Thonon-les-Bains 9.

⚠ Le Chatelet avr.-21 oct.
    𝒫 04 50 72 52 60, *info@camping-chatelet.com*,
    Fax 04 50 72 37 67, *www.camping-chatelet.com* – places li-
    mitées pour le passage – **R** conseillée
    2,5 ha (121 empl.) plat, herbeux, pierreux
    Tarif : 📧 19 € 🚰 (6A) – pers. suppl. 5,30 €
    Location : 10 🏠 (4 à 6 pers.) 315 à 589 €/sem.
    ⛺ 1 borne 4 €
    Pour s'y rendre : NE : 3 km par N 5, rte de Thonon-les-
    Bains et rte du port de Sciez-Plage à gauche, à 300 m de la
    plage

Nature : 🌿
Loisirs : ♨
Services : ♿ ⚡ GB ♂ 🔖 🛁 ⊘ 🔔 🏧 sèche-linge
À prox. : 🍴 🚴 🛶 pédalos

SÉVRIER

✉ 74320 – 328 J5 – 3 421 h. – alt. 456
🏢 *Office de tourisme, 2000, route d'Albertville* 📞 04 50 52 40 56, Fax 04 50 52 48 66
Paris 541 – Albertville 41 – Annecy 6 – Megève 55.

Schéma à Doussard

⚠ **Le Panoramic** mai-sept.
📞 04 50 52 43 09, *info@camping-le-panoramic.com*,
Fax 04 50 52 73 09, *www.camping-le-panoramic.com*
– **R** conseillée
3 ha (193 empl.) plat, incliné, herbeux
Tarif : 🔲 21,20 € 📳 (6A) – pers. suppl. 3,20 € – frais de
réservation 10 €
Location : 16 🚐 (4 à 6 pers.) 260 à 595 €/sem. – 17 🏠
(4 à 6 pers.) 260 à 620 €/sem.
Pour s'y rendre : S : 3,5 km
À savoir : Situation surplombant le lac

> Nature : ≤ ♀
> Loisirs : ♈ snack 🎱 💥 ⛷
> Services : ᴊ ☛ GB ♉ 🔲 ⌂ ⊛ 🔲
> sèche-linge ⌷, ☂
> À prox. : 🐎

⚠ **Au Coeur du Lac** avr.sept.
📞 04 50 52 46 45, *info@aucoeurdulac.com*,
Fax 04 50 19 01 45, *www.campingaucoeurdulac.com*
– **R** conseillée 🞵 (20 juin-28 août)
1,7 ha (100 empl.) en terrasses et peu incliné, herbeux,
gravillons
Tarif : 🔲 20,90 € – pers. suppl. 3 €
🚐 1 borne
Pour s'y rendre : S : 1 km
À savoir : Situation agréable près du lac (accès direct)

> Nature : ≤ 🔲 ♀
> Loisirs : 🎱 ⌖ diurne 💥 kayak
> Services : ᴊ ☛ Ⓜ ⏣ 🔲 ⊛ 🔲 ⌷
> À prox. : ⇲ ✕ 🐟 🐎

SEYSSEL

✉ 74910 – 328 I5 – G. Jura – 1 793 h. – alt. 252
🏢 *Office de tourisme, 2, chemin de la Fontaine* 📞 04 50 59 26 56, Fax 04 50 56 21 94
Paris 517 – Aix-les-Bains 32 – Annecy 40.

⚠ **Le Nant-Matraz**
📞 04 50 59 03 68, Fax 04 50 59 03 68 – **R** conseillée
1 ha (74 empl.) plat et peu incliné, herbeux
Pour s'y rendre : Sortie N par D 992

> Nature : ≤ 🔲 ♀♀
> Loisirs : ♈
> Services : ☛ 🔲 ⊛ 🔲
> À prox. : ⇲

TANINGES

✉ 74440 – 328 M4 – G. Alpes du Nord – 3 140 h. – alt. 640
🏢 *Office de tourisme, avenue des Thézières* 📞 04 50 34 25 05, Fax 04 50 34 83 96
Paris 570 – Annecy 68 – Bonneville 24 – Chamonix-Mont-Blanc 51 – Cluses 10 – Genève 42 – Morzine 16.

⚠ **Municipal des Thézières** Permanent
📞 04 50 34 25 59, *camping.taninges@wanadoo.fr*,
Fax 04 50 34 39 78, *www.taninges.com* – **R** conseillée
2 ha (113 empl.) plat, herbeux, pierreux
Tarif : 🔲 14,55 € 📳 (10A) – pers. suppl. 2,30 €
🚐 1 borne 3,50 € – 3 🔲 7,65 €
Pour s'y rendre : Sortie S rte de Cluses, bord du Foron et à
150 m du Giffre

> Nature : 🌿 ≤ ♀♀
> Services : ᴊ ☛ GB ♉ ⏣ 🔲 ⊛ 🔲
> sèche-linge
> À prox. : 🎱 💥 ✕

VALLIÈRES

✉ 74150 – 328 I5 – 1 277 h. – alt. 347

⚠ **Les Charmilles** avr.-oct.
📞 04 50 62 10 60, *les.charmilles.camping@wanadoo.fr*,
Fax 04 50 62 19 45, *www.campinglescharmilles.com*
– **R** conseillée
3 ha (81 empl.) plat, herbeux
Tarif : (Prix 2005) 🔲 17,30 € 📳 (10A) – pers. suppl. 3,50 € –
frais de réservation 10 €
Location (permanent) : 19 🏠 (4 à 6 pers.) 230 à
542 €/sem.
Pour s'y rendre : NO : 0,5 km par D 14, rte de Seyssel

> Nature : ≤ ♀♀
> Loisirs : ♈ snack 🎱 💥 ✕ ⛷
> Services : ᴊ ☛ GB ♉ 🔲 ⌂ 🔲
> sèche-linge

VALLORCINE

✉ 74660 – **328** 04 – G. Alpes du Nord – 390 h. – alt. 1 260 – Sports d'hiver : 1 260/1 400 m ✦2 ✦
🛈 *Office de tourisme, Chef-lieu* ✆ *04 50 54 60 71, Fax 04 50 54 61 73*
Paris 628 – Annecy 115 – Chamonix-Mont-Blanc 19 – Thonon-les-Bains 96.

⚠ **Les Montets** juin-mi-sept.
✆ 04 50 54 60 45, *camping.des.montets@wanadoo.fr*,
Fax 04 50 54 60 45 – alt. 1 300 – **R** conseillée
1,7 ha (75 empl.) non clos, plat, terrasse, peu incliné,
herbeux, pierreux
Tarif : ✷ 3,70 € ⬌ 1,10 € 🄴 4,20 € 🄶 (6A) 3 €
Pour s'y rendre : SO : 2,8 km par N 506, rte de Chamonix-
Mont-Blanc, au lieu-dit le Buet, accès par chemin de la gare
À savoir : Site agréable au bord d'un ruisseau et près de
l'Eau Noire

> Nature : 🐾 ≤ ♀
> **Loisirs :** snack, (dîner seulement)
> **Services :** ⅙ ⚮ (10 juil.-15 août) 🅿
> (tentes) ⚱ Ⓜ 🔲
> **À prox. :** ✕ ➴

VERCHAIX

✉ 74440 – **328** N4 – 558 h. – alt. 800
🛈 *Office de tourisme, Chef-lieu* ✆ *04 50 90 10 08*
Paris 580 – Annecy 74 – Chamonix-Mont-Blanc 59 – Genève 52 – Megève 47 – Thonon-les-Bains 54.

⚠ **Municipal Lac et Montagne** Permanent
✆ 04 50 90 10 12, Fax 04 50 54 39 60 – alt. 660 – **R** indispensable
2 ha (107 empl.) non clos, plat, herbeux, pierreux
Tarif : 🄴 15,50 € 🄶 (10A) – pers. suppl. 2,10 €
Pour s'y rendre : S : 1,8 km sur D 907, à Verchaix-Gare,
bord du Giffre

> Nature : ≤ ♀
> **Loisirs :** 🛶 ✕
> **Services :** ⅙ ⚮ ⚱ ▥ 🔲 Ⓐ 🔲 sè-
> che-linge
> **À prox. :** ▽ ✕ ⅄

831

ANDORRE (PRINCIPAUTÉ D')

Canillo

343 H9 – alt. 1 531
Andorra-la-Vella 13.

△ **Santa-Creu** juin-sept.
  ℘ (00-376) 85 14 62, Fax (00-376) 85 14 62 – **R** conseillée
  0,5 ha peu incliné et terrasse, herbeux
  Tarif : ⚹ 3,50 € ⇌ 3,50 € ▣ 3,50 € [₫] (3A)
  Pour s'y rendre : Au bourg, bord du Valira del Orient (rive gauche)

Nature : ≤ ℚ
Loisirs : ♈
Services : ♿ ⌾ ☺ ▣

△ **Jan-Ramon** juin-sept.
  ℘ (00-376) 85 14 54, *elsmeners@andorra.ad*,
  Fax (00-376) 85 14 54 – **R** conseillée
  0,6 ha plat, herbeux
  Tarif : ⚹ 3,50 € ⇌ 3,50 € ▣ 3,50 € [₫] (3A) 3,20 €
  Location : 16 appartements
  Pour s'y rendre : 0,4 km au NE par rte de Port d'Envalira, bord du Valira del Orient (rive gauche)

Nature : ≤ ℚ
Loisirs : ♈ ✕
Services : ⌾ 🔊 ☺ ▣ 🚿

La Massana

343 H9 – alt. 1 241
🛈 *Office de tourisme, avenue Sant-Antoni* ℘ *(00-376) 82 56 93, Fax (00-376) 82 86 93*
Andorra-la-Vella 6.

△△ **La Xixerella** fermé en oct.
  ℘ (00-376) 83 66 13, *c-xixerella@campingxixerella.com*,
  Fax (00-376) 83 91 13, *www.campingxixerella.com* –
  alt. 1 450 – **R** conseillée
  5 ha plat, peu incliné, en terrasses, pierreux, herbeux
  Tarif : ⚹ 4,95 € ⇌ 4,95 € ▣ 4,95 € [₫] 5 €
  Location (permanent) 🚲 : 13 🏠 (4 à 6 pers.) 490 à 1 085 €/sem. – appartements
  Pour s'y rendre : 3,5 km au NO par rte de Pal, bord d'un ruisseau

Nature : ≤ ℚ(peupleraie)
Loisirs : ♈ ✕ snack 🎱 🏊 🎣 🛷
Services : ♿ ⌾ 🆖 Ⓜ ▥ 🍴 ☺ ☺ ▣ 🏧

Ordino

343 H9 – alt. 1 304
Andorra-la-Vella 8.

▲▲ **Borda d'Ansalonga** week-ends du 24 oct. au 24 avril,
vac. de Noël,une semaine à Pâques et 15 juin-15 sept.
        ℘ (00-376) 85 03 74, *campingansalonga@andorra.ad*,
Fax (00-376) 85 03 74 – **R** indispensable
3 ha plat, herbeux
Tarif : ▣ 22,90 € ⅌ (10A) – pers. suppl. 4,80 €
Location : appartements
Pour s'y rendre : 2,3 km au NO par rte du Circuit de
Tristaina, bord du Valira del Nord

Nature : ⩿ ♀(peupleraie)
Loisirs : ☕ snack 🎮 🛝 ⚓
Services : ♿ ⚷ GB 🏧 ⚘ 🪣 sèche-linge ⚘

Sant-Julia-de-Loria

343 G10 – alt. 909
Andorra-la-Vella 7.

▲ **Huguet** Permanent
        ℘ (00-376) 84 37 18, *campinghuguet@hot-mail.com*,
Fax (00-376) 84 38 03 – **R**
1,5 ha plat, terrasses, herbeux, gravillons
Tarif : ✷ 4,70 € ⇆ 4,70 € ▣ 4,80 € ⅌ 5 €
Pour s'y rendre : Sortie S, bord du Gran Valira (rive droite)

Nature : ⩿ ♀♀(peupleraie)
Loisirs : 🎮 🛝 ⚓
Services : ⚷ (juil.-août) GB Ⓜ 🏧 🛗 ⚘
À prox. : ☕ snack

837

839

D

843

M

845

847

849

851